MW01287024

מקראות גדולות

ישעיהו
חלק א׳

ISAIAH
VOLUME ONE

מקראות גדולות

ישעיהו
חלק א׳

תורגם מחדש לאנגלית

מתורגם ומבואר עם כל דבורי
רש״י ולקט המפרשים על ידי

הרב אברהם י. ראזענבערג

הוצאת יודאיקא פרעסס

Mikraoth Gedoloth

ISAIAH
VOLUME ONE

A NEW ENGLISH TRANSLATION

TRANSLATION OF TEXT, RASHI
AND OTHER COMMENTARIES BY

RABBI A. J. ROSENBERG

THE JUDAICA PRESS, INC.

Fifth Printing, 2007

ISBN 978-0-910818-50-6

THE JUDAICA PRESS, INC.
123 Ditmas Avenue / Brooklyn, NY 11218
718-972-6200 / 800-972-6201
Fax 718-972-6204
info@judaicapress.com
judaicapress.com

Manufactured in the United States of America

Dedicated to
two gracious and warm
chaverim

הרב משה חיים ב״ר יעקב מרדכי לוסטיג ע״ה
Rabbi Murray H. Lustig
נפ׳ כ׳ סיון תש״מ

ישראל משה בר׳ צבי יהוד׳ רוטנברג ע״ה
Israel "Izzy" Rottenberg
נפ׳ ה׳ טבת תשל״ט

whose absence has left a void
in many lives

May their many good deeds
act as advocates of goodwill
for all of their family and friends
now and forevermore

CONTENTS

RABBI MOSES FEINSTEIN
455 F. D. R. DRIVE
New York 2, N. Y.

OREGON 7-1222

משה פיינשטיין
ר"מ תפארת ירושלים
בנוא יארק

בע"ה

הנה ידוע ומפורסם טובא בשער בת רבים ספרי הוצאת **יודאיקא פרעסס** על תנ"ך שכבר יצא לאור על ספרי יהושע ושמואל ועכשיו בחסדי השי"ת סדרו לדפוס ג"כ על ספר שופטים והוא כולל הפירושים המקובלים בתנ"ך הנקוב בשם מקראות גדולות ועל זה הוסיפו תרגום אנגלית שהוא השפה המדוברת במדינה זו על פסוקי תנ"ך וגם תרגום לפרש"י מלה במלה עם הוספות פירושים באנגלית הנצרכים להבנת פשוטו של קרא והכל נערך ע"י תלמידי היקר הרב הגאון ר' אברהם יוסף ראזענבערג שליט"א שהוא אומן גדול במלאכת התרגום, והרבה עמל השקיע בכל פרט ופרט בדקדוק גדול, וסידר את הכל בקצור כדי להקל על הלומדים שיוכלו לעיין בנקל ואפריון נמטיה למנהל יודאיקא פרעסס מהור"ר יעקב דוד גאלדמאן שליט"א שזכה ומזכה את הרבים בלימוד התנ"ך שמעורר לומדיה לאהבה וליראה את שמו הגדול ולהאמין בו ובעבדיו הנביאים שהוא יסוד ושורש בעבודתו יתברך ואמינא לפעלא טבא יישר ויתברכו כל העוסקים בכל ברכות התורה וחכמינו ז"ל בברוך אשר יקים את דברי התורה הזאת.

וע"ז באתי עה"ח ביום ה' [illegible]

משה פיינשטיין

FOREWORD

This book, volume one of Isaiah, is the seventh of the Judaica series of the Prophets, the first of the Latter Prophets. Let it be made clear that we have divided the Book of Isaiah solely for convenience. It should be no indication that we subscribe to any theory of two authors. As in the six volumes of the Early Prophets, we have translated the text into a modern language, except in instances in which accuracy would suffer. In such cases, we have rendered the text literally. As in our previous volumes, our translation is based mainly on Rashi's commentary, which is of primary interest. The difference between Rashi and other commentaries is much more pronounced in the Latter Prophets than in the Early Prophets. This is accounted for by the fact that the works of the Early Prophets are predominantly historical, and consequently, prosaic. The Latter Prophets, however, are mostly prophetic and consequently poetic, leaving much leeway for various interpretations. Although we have sometimes encountered difficulty in rendering the text according to Rashi's interpretation, we have seldom deviated from this pattern. In addition to basing our translation on Rashi, we have presented Rashi verbatim, drawing attention to variant readings from Rashi manuscripts presented by Rabbi I. Maarsen of the Hague in his critical edition of Rashi, known as *Parshandatha.* This work is indeed enlightening; in addition to affording us a more accurate text than that appearing in the printed editions of Nach, many of Rashi's sources are revealed here. For variant readings, we also consulted *Shem Ephraim* by Rabbi Ephraim Z. Margalioth, as well as emendations in Rashi from manuscript in Nach Etz Chaim, Jerusalem 1974, and *K'li Paz* by Rabbi Samuel Laniado, who quotes verbatim Rashi, Ibn Ezra, Redak, and Abarbanel.

After Rashi, we drew from Redak, Ibn Ezra, and Rabbi Joseph Kara, and Mezudoth, whose commentaries all appear in Nach Lublin. Where space allowed, we drew from Abarbanel, Malbim, and other noted works on Isaiah, as are listed in the bibliography. For accuracy in Ibn Ezra's commentary, we have consulted Michael Friedlander's critical edition.

Last, but of major importance, we have quoted frequently from Talmudic and Midrashic literature. We have attempted to trace each passage to its original source, not being satisfied with secondary sources, such as Rashi, Redak, Yalkut Shimoni, and Yalkut Machiri. In some instances, however, the original midrashim are no longer found, except for fragments quoted by medieval authors who were in possession of these prized gems.

A.J.R.

ACKNOWLEDGEMENTS

We wish to thank Rabbi Benzion Cohen for lending us his rare copy of *K'li Paz,* to copy our work. This invaluable volume was of great assistance, both for accurate readings of the classical commentaries and for ingenious original interpretations.

Again, we wish to thank our friend, Dr. Paul Forchheimer, who, as in earlier volumes, has enlightened us regarding Old French expressions found in Rashi's commentary.

PREFACE

I. Authorship

The Talmud (Baba Bathra 15a) ascribes the recording of Isaiah's prophecies to Hezekiah and his company. Isaiah himself did not record his own prophecy. Rashi (ad loc.) explains that the prophets did not write their prophecies until shortly before their death. Since Isaiah was assassinated by Manasseh, he had no time to write his prophecy. This task was therefore undertaken by the company of Hezekiah, who lived after their king during the reign of his son, Manasseh. Traditionally, the entire Book contains the prophecy of Isaiah. The theory of the two Isaiah's is *completely* alien to Jewish tradition. See Redak 6:8, where he quotes a midrash (*Pesikta d'Rav Kahana* 125b) in which Isaiah is depicted as accepting his prophetic mission by reciting a verse from ch. 50, attributed by the critics to the so-called 'second Isaiah.' Moreover, all the prophecies commencing with repetitious expressions, e.g. הִתְעוֹרְרִי הִתְעוֹרְרִי, אָנֹכִי אָנֹכִי, נַחֲמוּ נַחֲמוּ, etc. are ascribed by the aforementioned Pesikta, to Isaiah. All these prophecies are found in the latter half of the Book, attributed by the so-called critics, to the 'second Isaiah.' This matter will, G-d willing, be discussed in the second volume.

Isaiah was the next in line in the transmission of the Oral Law, after Amos. The latter prophesied "in the days of Uzziah the king of Judah . . . two years before the earthquake (Amos 1:1)," whereas Isaiah commenced to prophesy "in the year of the death of King Uzziah (Isaiah 6:1)," which according to the Rabbis, means the year Uzziah was stricken with zaraath, the twenty-seventh year of his reign. Amos commenced his prophecy two years before the earthquake, also an allusion to the time Uzziah entered the *heichal* to burn incense, when the earth attempted to swallow him up like Korah. See Commentary Digest 6:4.

To present the historic background of Isaiah and his contemporaries, it is worthwhile to render verbatim Redak's introduction to this Book:

> These four Books, viz. Isaiah, Jeremiah, Ezekiel, and the Twelve, are prophecies, exhortations, and consolations for Israel. These books contain, also, prophecies concerning retribution destined to come upon the nations of the world. Since they harmed Israel, these prophecies were recorded among the prophecies in Scriptures, as the prophets prophesied concerning them, to indicate that God wrought vengeance upon them because of what they did to Israel.
>
> [As mentioned in the initial verse,] Isaiah prophesied during the reigns of

these four kings, [namely, Uzziah, Jotham, Ahaz, and Hezekiah.] Hosea, too, we find, prophesied in the days of these four kings about Judah and Jerusalem, and in Hosea he mentions Jeroboam son of Joash, king of Israel (1:1), since he prophesied the downfall of the house of Jehu and the termination of the kingdom of Ephraim, whereas Isaiah prophesied only about Judah and Jerusalem. Although Isaiah prophesied, "And in another sixty-five years, Ephraim shall be broken, no longer to be a people (7:8)," this verse did not come to prophesy concerning Jehu, but to allay Judah's fears of Ephraim. Similarly, "(9:8) And the entire people shall know—Ephraim and the dwellers of Samaria," was pronounced because of Judah, as the chapter ends, "(verse 20) Manasseh with Ephraim, and Ephraim with Manasseh, together they shall [unite] against Judah." Similarly, what he says, "(28:1) Woe is to the crown of the pride of the drunkards of Ephraim," is because Judah learned from their deeds, as he says, "(verse 7) These, too, erred because of wine and strayed because of strong wine, etc." In any case, the bulk of his prophecy was concerning Judah.

The Rabbis stated (Mechilta, Exodus 15:9f.) that in the year Uzziah was afflicted with *zaraath,* Isaiah's prophecy began, since Scripture states: "(6:1) In the year of the death of King Uzziah," and he says further: "(verse 8) Whom shall I send and who will go for us?" and I said, "Here I am; send me." That chapter should indeed have been the beginning of the Book, but there is no early and late in the Torah.

It is, however, possible that Isaiah's prophecy commenced at the beginning of Uzziah's reign, for the Chronicler (II Chron. 27:22) states: "And the rest of the happenings of Uzziah, the first ones and the last ones, Isaiah son of Amoz the prophet wrote." Hence, it appears that also in his [i.e. Uzziah's] first years he prophesied, but in the year of King Uzziah's death [i.e. his affliction], he saw the great vision, the likes of which he had never seen before. He, therefore, became frightened from that vision. God's question, "Whom shall I send?" [can be explained as follows:] There were also other prophets in his time, for there was Amos, and there was Zechariah "who understood visions of God (II Chron. 26:5)," and there was Hosea the son of Beeri. And He said, "Whom shall I send who will know to admonish this people? For I have sent prophets to them and they were of no avail." Isaiah replied, "Here I am; send me." I.e., I am still here. Send me, for if I have not helped until now, perhaps I will yet help. It is also possible to explain the verse of Chronicles, that the first happenings of Uzziah that took place before his prophecy, he wrote in his Book together with the last ones after he prophesied.

This introduction appears in Nach Lublin before the Book of Jeremiah.

II. Position

According to the Talmud (Baba Bathra 14b), the order of the Latter Prophets is as follows: Jeremiah, Ezekiel, Isaiah and the Twelve. Although chronologically Isaiah preceded Jeremiah and Ezekiel, the Book of Jeremiah is the first of Latter Prophets, following Kings, since Kings ends with destruction and Jeremiah deals completely (i.e. mainly) with destruction. Ezekiel begins with destruction and ends with consolation, and Isaiah deals entirely (i.e. mainly,) with consolations, we juxtapose destruction to destruction and consolation to consolation. Concerning the Twelve, i.e. the Minor Prophets, although Hosea was the first of that period, since his prophecy is brief, it was incorporated into one Book, ending with Haggai, Zechariah, and Malachi, who were the last prophets. Upon close scrutiny of the numbers of the *remazim* of *Yalkut Shimoni,* it becomes apparent that he, too, followed the Talmudic order.

The popular order, however, places Isaiah as the first Book of the Latter Prophets, followed by Jeremiah, Ezekiel, and the Twelve. Abarbanel accounts for this in the following manner. He justifies Isaiah's position as the first Book upon five reasons:

1) **Chronologically, Isaiah was the first.** Therefore, just as the Early Prophets were arranged in chronological order, so should the Latter Prophets be arranged. This is especially true of the three prophets: Isaiah, Jeremiah, and Ezekiel, since their books are, so to speak, branches of the Book of Kings. Therefore, since Isaiah prophesied during the reigns of Uzziah, Jotham, Ahaz, and Hezekiah, Jeremiah prophesied during the reigns of Josiah and Johoiakim and Zedekiah, his sons, and Ezekiel prophesied during the exile of Jehoiachin, it is proper that they be arranged in this order.

2) **Isaiah was the greatest of these authors.** Both through his own merits and the status of his family, Isaiah was superior to the other prophets. The Rabbis tell us that Amoz and Amaziah, king of Judah, were brothers. Hence, Isaiah was the nephew of Amaziah, the cousin of Uzziah. As a member of the royal family, he castigated the people without fear of reprisals. Although he says, "(50:6) I gave my back to smiters and my cheek to pullers; my face I did not hide from embarassments and spit," he does not state that he was actually attacked by the people. He merely states that he was ready to suffer any kind of humiliation for the sake of God. On the contrary, in the following verse, he states, "The Lord God shall help me, therefore, I was not embarrassed; therefore, I made my face like a hard rock, and I knew that I would not be ashamed." Moreover, the beauty of his style indicates education available only to the nobility.

Concerning his status as a prophet, the Rabbis compare him to a city dweller who saw the King, as opposed to Ezekiel, whom they compare to a villager who saw the King. Therefore, Ezekiel's account of the Heavenly chariot was so much more elaborate than Isaiah's. The villager, unused to seeing the king's court, is astonished by the spectacle and recounts his experience in detail, whereas the city dweller, accustomed to the king's court, recounts it briefly.

3) **His prophecy was of a higher degree than other prophets.** As is known, there are various degrees of prophecy, each prophet perceiving his prophecy according to his spiritual level. As the Torah tells us, (Num. 12:6), Moses' prophecy was superior to that of all other prophets, in that God conveys His prophecy to them "with a vision . . . in a dream." These were the two general levels of all prophets except Moses. The dream, coming to the prophet in an unconscious state, when his imaginative forces are unrestrained, is inferior to the vision, in which his imaginative forces are restrained and controlled, giving a clearer picture of the prophecy. The words, "And the word of the Lord was to . . ." indicates the dream. This expression is found often in the books of Jeremiah and Ezekiel. In Isaiah, however, this expression appears only once, when Hezekiah was ill, that Scripture states: "(38:4) And the word of the Lord came to Isaiah." Perhaps his faculties were dulled by the extreme grief he experienced when his beloved king seemed doomed to die. He was seized by a deep sleep and therefore perceived the prophetic message in a dream. On no other occassion, however, do we find this expression in the entire Book.

4) **The contents of the Book are more important.** In two ways, the contents of this Book are more important than the contents of the other Prophetic Books, in that the number of favorable prophecies in Isaiah exceeds that of any other prophetic book. Abarbanel enumerates fifteen favorable prophecies in Isaiah, as compared to ten in Ezekiel and six in Jeremiah. Other books contain still fewer favorable prophecies. Moreover, Isaiah reveals more particulars concerning the ultimate redemption and the Resurrection than any other prophet. Again, Abarbanel enumerates fourteen principles concerning the future, all found in the Book of Isaiah, in contradistinction to all other prophetic books, in which only certain of these principles are mentioned.

5) **The aim of the Book is of paramount importance.** The aim of this Book is to bring a person to his goal in the World to Come. The World to Come will be revealed after the Resurrection. There are two schools of thought among Jewish scholars, whether the World to Come will be a place of reward for the souls only, or whether the soul will remain in the body and together they will enjoy the pleasure of the splendor of the Shechinah. Abarbanel again enumerates fourteen principles regarding the ultimate reward in the Hereafter, and where they are mentioned in this Book. It is not within the scope of this volume to dwell at length on these matters. We will, therefore, leave it to the reader to look up these sources according to his ability.

III. Piety of the People

Superficial reading of the Book of Isaiah, as well as other prophetic books, may give the impression that the Jews who lived in Isaiah's time were a nation of evildoers, oppressors of the poor, even murderers, a nation akin to Sodom and Gemorrah. If we delve deeper into the Scriptures, however, we find that this is indeed far from the truth. In the initial chapter of this Book, the prophet castigates the people very severely. Yet, he mentions that they brought sacrifices, they performed the three manditory pilgrimages annually, and that they prayed at length with outspread palms. They assembled on Sabbaths and New Moons to hear words of Torah. Yet, God was dissatisfied with their deeds. Since they did not protect the rights of the widows and the orphans, it was considered as though they had shed their blood. Many such instances can be cited. See *Behold a People,* by Rabbi Avigdor Miller, chapter 10, where he discusses this period at length.

Moreover, it is obvious that the people the prophet calls "a sinful nation! people heavy with iniquity, evildoing seed, corrupt children (1:4)," cannot be the same people about whom he complains, "With their mouth and with their lips they honor Me, but their heart they draw far away from Me, and their fear of Me has become a command of people, which has been taught" (29:13). If they were totally evil, how could they be castigated for insincerity in their devotions? The obvious answer is that the prophet was addressing different groups. The nation, as a whole, were righteous, observant Jews. There was, however, room for improvement. Therefore, the prophet castigates them for their lack of sincerity. There were, however, some, a small segment of the population, who were indeed evildoers, heavy with iniquity. Since the Jewish nation is regarded as one body, the entire nation was responsible for allowing these renegades to continue with their evil deeds. This too is found frequently throughout the Prophets and also in the Torah. For more examples, see *Doroth Harishonim,* by Yitzak Isaac Halevi, vol. 6, ch. 24.

Even King Ahaz, known for his idolatrous tendencies, humbled himself before the prophet and hid his face with a washers' utensil. See 7:3.

IV. Historic Background

When studying this book, it must be kept in mind that the prophet is encouraging the people under the threat of the attack of Pekah son of Remaliah, king of Israel, and his ally, Rezin, king of Aram. These two formidable enemies had taken their toll of casualties in earlier attacks. The people were, therefore, terrified when these two foes joined forces against

Judah. Under this threat, the prophet exhorts Ahaz not to fear "these two smoking butts of torches." This situation is discussed in a number of places.

Another situation prophesied many times throughout the first volume is the Assyrian invasion of Judah. This was indeed a terrifying situation. All the fortified cities of Judah had capitulated to Sennacherib, leaving only Jerusalem. Even there the majority of the inhabitants advocated surrender. This group was led by Shebna, who was appointed over the Temple. Even Hezekiah was inclined to believe that Divine Providence favored Shebna since he represented the majority. Here the prophet assures him that a band of wicked is not counted as a majority. Time and time again, this threat is predicted. It is contrasted with the threat of the above two nations, as being much more formidable. During this invasion, all the wicked of Judah were swept away by the invading armies, leaving only the faithful with Hezekiah in Jerusalem.

The sudden miraculous annihilation of the vast Assyrian camp was indeed a world-shattering event. In one moment, the greatest world power was reduced to ashes. The greatest monarch fled shamefacedly to his land, where he was assassinated by his sons. All the captives of Cush and Egypt were converted to God's worship. In the wake of this victory, a period of prosperity, both spiritual and material, reigned in the land. Even young children gained fluency in the most intricate fields of halachah, e.g. ritual purity and contamination.

Likewise, the fall of Judah into the hands of the Chaldees was prophesied, and the subsequent fall of Babylon was prophesied in detail. As mentioned above, the consolations for the future are mentioned many times, the war of Gog and Magog, the Ingathering of the Exiles, the Messianic era, and the Resurrection of the dead. Many chapters can be interpreted either as consolations in Hezekiah's time, from the threat of the Assyrians, or as consolations for the future, for the Messianic Era. Each of these will be discussed in its place according to the classical exegetes and the Rabbinic literature.

V. So-Called Christological Inferences

The Christians, as far back as the Christian Bible itself, have hunted the Scriptures for allusions to the principles of their faith. Their favorite sources are in the Book of Isaiah. Although we discuss each reference in its place, we will, for the sake of convenience, reiterate all those references appearing in this volume.

Therefore, the Lord, of His own, shall give you a sign; behold the young woman is with child, and she shall bear a son, and she shall call his name

Immanuel (7:14). The Christians, basing their contention on Matthew 1:22f, take this to be a prophecy of the virgin birth. They translate עַלְמָה as 'virgin.' Abarbanel refutes this interpretation with seven arguments, several of them already appearing in earlier commentaries. They are as follows:

1) The word, הִנֵּה, *behold,* denotes an immediate occurrence, as evidenced by "(Gen. 15:4) And behold the word of the Lord came to him saying, . . ." According to the Christians, this took place many hundreds of years later. Scripture should have stated: "And it shall be at the end of days," or some other expression to that effect.

2) The word עַלְמָה is taken by the Christian exegetes to mean 'virgin.' Since they find this word used to describe Rebecca and Miriam, both of whom were virgins at the time, they deduce that עַלְמָה and בְּתוּלָה are synonymous. The truth of the matter is, however, that the word עַלְמָה means a young woman, regardless of her virginity. This is evidenced by "(Prov. 30:18ff) Three were hidden from me, and four I did not know: The way of an eagle in the sky, the way of a serpent on a rock, the way of a ship in the heart of the sea, and the way of a man with a young woman (בְּעַלְמָה). So is the way of an adulterous woman; she eats and wipes her mouth, and says, 'I have committed no sin.'" The implication is clear that these four things are undetectable immediately after their occurrence. This is definitely untrue in the case of a virgin, who is deflowered by the man having intimacy with her. Moreover, it cannot be compared to the adulterous woman who conceals her adultery.

3) The statement, "The young woman is with child," appears in the present tense, meaning that she was pregnant at the time, not six hundred years later. (See Rashi).

4) And she shall call his name Immanuel. No one called Jesus of Nazereth Immanuel, neither his mother nor anyone else. They claim that Immanuel was his natural name, regardless of whether anyone called him that. This is, however, erroneous, because were that true, Scripture would state, "And his name *shall be* Immanuel."

5) Scripture states further (verse 16): "For when the lad does not yet know how to reject bad and choose good . . ." According to Christian tradition, the Nazarene was born perfect, and this expression would not fit for him in any way. They claim that his body required perfection, but in his spirit he was a god. This is, however, erroneous, because, if he was a god, his godliness would give him infinite powers and would not allow his mental capacities to be dulled by his physical being.

6) . . . the land whose two kings you dread shall be abandoned (verse 16). Now if Ahaz feared Pekaḥ and Rezin, and the prophet gave him a sign to allay his fears, how would he give him a sign of an incident destined to occur

six hundred years later? They claim that this was not a sign, but a prophecy of a greater salvation than the defect of the attacking kings. This, however, is inconsistent with the previous verses, in which Ahaz is told to ask for a sign, which he refuses to do. Then, the prophet tells him that God will give a sign, even though it is not requested, and this is a sign, that the young woman will bear a son, etc.

7) The following verses, foretelling the invasion of the king of Assyria, indicate that the prophet is still speaking of the situation at hand, not future events.

See also *Awake My Glory* pp. 67f.

The Christian scholars understand the epithet, "prince of peace," as referring to the Nazarene. This has been explained in the Commentary Digest on 9:5 either as referring to Hezekiah or to the Almighty. They base their contention on an erroneous reading, "And his name shall be called . . . prince of peace," rather than the massoretic reading, "And He called."

Another favorite source is 52:13–53:12. This will be dealt with at length in the second volume.

VI. Chronology

A. Uzziah or Azariah assumed the throne (3115).

B. Uzziah was stricken with zaraath. Isaiah prophesied first prophecy (3142).

C. Jotham assumed the throne (3167).

D. Ahaz assumed the throne (3183).

E. Hezekiah assumed the throne. (3199).

F. Exile of Samaria (3206).

G. Assyrian invasion of Judah and their destruction (3213).

H. Manasseh assumed the throne (3228).

I. Isaiah slain during Manasseh's reign.

Reminder: It is imperative that the reader consult all Biblical references cited for a fuller understanding.

An asterisk (*) in the Commentary Digest indicates additional corresponding notations cited in the Appendix in back of the volume.

OUTLINE OF ISAIAH

VOLUME I

I. Vision of Isaiah, castigation for failure to execute justice. Prophecy of Babylonian exile or Assyrian siege.

II. 1–5. Prophecy of Messianic period
 6–22. Prophecy of Judgment Day

III. 1–15. Dire predictions of Assyrian siege
 16–26. Reprimand concerning immorality of women of Jerusalem.

IV. 1. Dire conditions during Ahaz' reign, when Pekah kills 120,000 men in Judah.
 2–6. Messianic prophecy.

V. 1–7. Song of the Vineyard
 8. Exile because of oppression of the poor

VI. 1–7. Vision of Heavenly court
 8. Isaiah's mission
 9–13. Prophecy of exile.

VII. 1–16. Attack by kings of Israel and Aram and prophet's encouragement
 17–19. Prophecy of Assyrian attack
 20–25. Prophecy of downfall of Assyria and salvation of Jerusalem

VIII. 1–4. Prophecy of exile of Samaria
 5–18. Castigation of those who conspired to defect to Rezin and Pekah or castigation of Shebna and his company, who conspired to defect to Sennacherib
 19–20. Prophecy of Beeri, father of Hosea
 21–23. Prophecy of the three exiles of Israel

IX. 1–7. Prophecy of downfall of Sennacherib and succes of Hezekiah
 8–20. Castigation of the Ten Tribes for relying on their kings and on Rezin

X. 1–4 Castigation of dishonest judges
 5–34. Castigation of Sennacherib and prediction of his downfall

XI. Prophecy of Messianic Era

XII. Thanksgiving and joy after return from exile

XIII and XIV. Prophecy of downfall of Babylon and return from Babylonian exile

XV and XVI. Downfall of Moab

XVII. 1–6. Exile of Damascus and Samaria

XVIII. Return of Israel from exile

XIX. 1–17. Harsh prophecy of Egypt

18–22. Egyptians who adopt worship of God and return of Egypt to former status

23–25. After Assyria's downfall, the three great powers: Israel, Egypt, and Assyria.

XX. Exile of Egypt and Cush, upon whom Judah had depended for aid

XXI. 1–12. Prophecy of the downfall of Babylon

13–17. Harsh prophecy concerning Arabia

XXII. 1–14. Prophecy of exile of Judah

15–25. Downfall of Shebna and promotion of Eliakim.

XXIII. Downfall of Tyre

XXIV. Exile of the Ten Tribes or of Judah and the return in the days of the Messiah

XXV. War of Gog and Magog

XXVI. The song of the final redemption and the resurrection of the dead

XXVII. More prophecies of the future redemption

XXVIII. Castigation of Judah for emulating Samaria and not obeying the prophets

XXIX. Castigation of Judah and Jerusalem for insincerity in sacrifices, siege of Jerusalem by Sennacherib, war of Gog and Magog, and ultimate redemption

ספר ישעיה

חלק א

•

מקראות גדולות

ISAIAH

VOLUME ONE

א א חֲזוֹן יְשַׁעְיָהוּ בֶן־אָמוֹץ אֲשֶׁר חָזָה
עַל־יְהוּדָה וִירוּשָׁלִָם בִּימֵי
עֻזִּיָּהוּ יוֹתָם אָחָז יְחִזְקִיָּהוּ מַלְכֵי יְהוּדָה׃
ב שִׁמְעוּ שָׁמַיִם וְהַאֲזִינִי אֶרֶץ כִּי יְהוָה

תרגום

א נְבוּאַת יְשַׁעְיָה בַר
אָמוֹץ דְאִתְנַבֵּי
עַל אֱנָשׁ יְהוּדָה וְיָתְבֵי
יְרוּשְׁלֵם בְּיוֹמֵי עֻזִיָה
יוֹתָם אָחָז יְחִזְקִיָהוּ
מַלְכַיָא דְבֵית יְהוּדָה׃
ב שְׁמַעוּ שְׁמַיָא זוּעוּ כַּד
יְהָבִית אוֹרָיְתִי לְעַמִּי
נְאֵצִיתִי אַרְעָא

ה״א חזון ישעיהו . פסקים סז סוסס י כפא בפרא סו : שפסו שפים . עקידה שער סג זוכר האזינו :

רש״י

א (א) חזון ישעיהו בן אמוץ וגו׳. א״ר לוי דבר זה מסורת בידינו מאבותינו אמוץ ואמציה מלך יהודה אחים היו: אשר חזה על יהודה וירושלם. והלא על כמה אומות נתנבא משא בבל משא מואב הא למדת שאין זה תחלת הספר ולא נקרא הספר על שם החזון הזה וכן שנינו בברייתא דמכילתא בשנת מות המלך עוזיהו תחלת הספר אלא שאין מוקדם ומאוחר בסדר והדברים מוכיחים שהרי ביום הרעש יום שנצטרע עוזיהו נאמר ואשמע את קול ה׳ אומר את מי אשלח ומי ילך לנו (לקמן ו) ואומר הנני שלחני למדנו שהוא תחלת שליחותו ונבואה זו נאמרה אח״כ ועל זו לבדה נאמר אשר חזה על יהודה וירושלים כשם שאמר על משא כל אומה ואומה משא אומה פלונית אף כאן כתב חזון זה חזה על יהוד׳ וירושלים ולפי שהם תוכחות קושי קראם חזון שהי׳ קשה מעשרה לשונות שנקראת נבואה כמו שאמר בבראשית רבה וראיה לדבר חזות קשה הוגד לי (לקמן כ״א): בימי עוזיהו יותם אחז יחזקיהו מלכי יהודה. ד׳ מלכים הללו קפח בימיו ביום שנצטרע עוזיהו שרתה שכינה עליו ונתנבא כל ימי המלכים הללו עד שעמד מנשה והרגו (ונבואה זו נאמרה בימי חזקיהו אחר שגלו עשרת השבטים כת״י): (ב) שמעו שמים והאזיני ארץ. ומשה אמר האזינו השמים ותשמע הארץ (דברים ל״ב) למה שינה ישעיה את הלשון שנו רבותינו

מהר״י קרא

א (א) חזון ישעיה בן אמוץ אשר חזה על יהודה וירושלם. וקיפח ארבעת המלכים בימיו. התחיל להתנבאות ביום שנתנגע עוזיהו ונמשכה נבואתו כל ימי ארבעת המלכים האלו וכו׳: (ב) שמעו שמים והאזיני ארץ. שסרו ישראל מאחרי: כי ה׳ דבר. שתהיו עדים בדבר. כדכתיב העידותי

אבן עזרא

סודות מאד עמקו וגבהו. יראום נבונו לב ויתמהו.
יתן אלהים עוז לאברהם. הבא לפרש ספר ישעיהו.

השם אחד ודברו אחד רק המעלות משתנות כפי כח כל נביא כי אין מעלותם שוות יש מהם שנבואתם בחזיון לילה כמו אברהם וגד החוזה גם כן ישעיהו:

א (א) חזון נו״ן חזון נוסף ויש בדברי יחיד כי כל נביא שנזכר שם אביו גם הוא נביא ויש מי שאומר שהוא מזרע המלוכה כי אמוץ ואמציה אחים היו על כן לא יכלו רשעי ישראל להרע לו כאשר הרעו לירמיהו והנה כתיב גוי נתתי למכים. ועל דרך הפשט כי כל נביא שנזכר שם אביו הוא גדול ונודע סודו בדורו ויש מהם שהוא נביא ויש שאינו נביא כמו נאם דוד בן ישי והנה דוד איש האלהים וכאשר נאמר יהוא בן נמשי אין נמשי מלך והנה מצאנו בחזון ישעיהו בן אמוץ הנביא והנה יתכן שיהי׳ הנביא שב אל ישעיהו או שיהי׳ דבק עם אמוץ וכאשר מצאנו אל ישעיהו הנביא בן אמוץ ידענו כי הוא הנביא. וכן הזכיר אבות לפניה בעבור חזקיהו. וטעם אשר חזה כי רובי נבואותיו על ערי יהודה שיתפשם מלך אשור ועל ירושלם שנמלטה מידו וכן מחצי הספר על גלות יהודה כי לא הזכיר אחר השבטים ונבואתו היתה בימי עוזיהו והקרוב אלי כי בשנת מותו התחיל להתנבאות כאשר אפרש עוד. ועל דרך הפשט כי בימי חזקיהו מת כי אילו נמשכו ימיו עד ימי מנשה היה זה כתוב ויש בדברי יחיד שהרגו מנשה בעבור שאמר ראו עיני ואף הדבר קבלה הוא באמת: (ב) שמעו. יש מלות נגזרות משמות והם פעלים כמו והאזיני ארץ והטעם הטי אוזן והנה אין הפרש על דרך הפשט בין שמעו ובין האזינו והחל לקרוא לעדים שהעיד משה לישראל כי אבד תאבדון והנה בא העת: כי ה׳ דבר. אחר שהשם הוא המדבר שמעו דברו או כי ה׳ דבר שתשמעו: בנים. נמשלו ישראל לבנים שאין כח להם

רד״ק

(א) חזון ישעיהו בן אמוץ. לא ידענו יחסו מאי זה שבט היה אלא שרבותינו ז״ל קבלו כי אמוץ ואמציה אחים היו: (ב) שמעו שמים. החל ספרו בדברי תוכחה כי בני דורו היו רעים ואע״פ שכתוב בעזיהו ויעש הישר בעיני ה׳ וכן יותם הרי נאמר בעזיהו וכחזקתו גבה לבו עד להשחית. ובימי שניהם היו העם מזבחים ומקטרים בבמות. וכתוב בדברי הימים במלכות יותם עוד העם משחיתים כל שכן בימי אחז שהיה רע ועשה רעות גדולות כמו שכתוב וכל העם היו רעים בימיו כמש״כ בעזבם את ה׳ אלהי אבותם ואף בימי חזקיהו לא היה לבבם שלם את ה׳ כמש״כ בד״ה. ואמר בפתחו דברי תוכחת שמעו שמים. וכן אמר מרע״ה כשבא להוכיח את ישראל אמר

מצודת דוד

א (א) חזון. זו היא מראית הנבואה של ישעיה אשר ראה במראה הנבואה על יהודה וירושלים ואין זה תחלת הספר לומר שכל נבואותיו היתה על יהודה וירושלים לבד כי באמת ניבא גם על אומות העול׳ וכו׳ אלא שבא לומר הנבואה הזאת היתה על יהודה וירושלים וכדרך שאמר משא בבל משא מואב אבל תחלת הספר הוא בשנת מות המלך עוזיהו וגו׳ ואין מוקדם ומאוחר בסדר והדברים מוכיחים כן שהרי שם נאמר ואשמע וגו׳ את מי אשלח וגו׳ למדנו שאז היתה תחלת השליחות: בימי עוזיהו וגו׳. בימי ארבעת המלכים האלה ניבא עד שעמד מנשה והרגו: (ב) שמעו שמים. מה שאני קובל ומתרעם על ישראל: והאזיני ארץ. בלשון יחיד כי סדנא דארעא חד הוא משא״כ השמים כי שבעה רקיעים הם לפי תכונות הקדמונים: כי ה׳ דבר. לא מאלי אני אומר כי דבר ה׳ כפי

מצודת ציון

א (א) חזון. ענין ראיה והבטה כמו ותחז בציון עינינו (מיכה ד׳) ועפ״ז נקרא הנביא בשם חוזה כי רואה במראה הנבואה וכאשר יקרא רואה ונופה: (ב) והאזיני. הטי אוזן לשמוע

he lived in that country, as distinguished from Amos, who prophesied concerning Israel.

Moreover, Isaiah prophesied mainly that the cities of Judah would be captured by Assyria, and Jerusalem would be spared.—[*Ibn Ezra*].

1

1. The vision of Isaiah the son of Amoz, which he saw concerning Judah and Jerusalem, in the days of Uzziah, Jotham, Ahaz, [and] Hezekiah, kings of Judah. 2. Hear, O heavens, and give ear, O earth, for the Lord

1. **the vision of Isaiah the son of Amoz**—*Said Rabbi Levi: We have a tradition from our ancestors that Amoz and Amaziah, king of Judah,* were brothers [*Rashi, Redak* from *Megillah* 10b]. *Ibn Ezra* understands this statement to be based on the fact that, unlike Jeremiah, who was persecuted by the wicked of his generation (see Jer. 38), Isaiah was free from persecution. The Rabbis, therefore, conclude that he was of royal descent. He contends that Isaiah was indeed persecuted, as he states in 50:6, *"I gave my back to smiters."* See Commentary Digest ad loc and preface.

We find too, that every prophet whose name is mentioned along with his father's name, was a prophet the son of a prophet, thus making Amoz a prophet as well as his son Isaiah [*Megillah* 15a, *Lev. Rabbah* 6:16]. *Ibn Ezra* maintains that Amoz is mentioned because of his prominence among the members of his generation.

which he saw concerning Judah and Jerusalem—*Now, did he not prophesy concerning many nations, viz. the prophecy of Babylonia (ch. 13), the prophecy of Moab (ch. 15)? Thus you learn that this is not the beginning of the Book, and that the Book is not given its name for this prophecy. So we learned in the Baraitha of the Mechilta* (Exod. 15:9, 10): *"In the year of King Uzziah's death* (6:1)" *is the beginning of the Book, but there is no early and late in the order.* I.e. the order of the chapters is no indication of the chronological order. Others read: *There is no early and late in the Book (Parshandatha).* The intention is the same. *The context proves this point, for, on the day of the earthquake* (see Zech. 14:5), *the day Uzziah became a metzora* (see 2 Chron. 26:19), *it was said: "Whom shall I send and who will go for us?" And I said, "Here I am; send me* (6:8)." *We learn that this was the beginning of his mission, and this prophecy was said afterwards. And concerning this alone, it is stated: which he saw concerning Judah and Jerusalem, just as Scripture says concerning each nation, "the prophecy of such and such a nation." Here too, Scripture writes: "which he saw concerning Judah and Jerusalem." Since they are harsh reproofs, he calls them "chazon," which is the harshest of the ten expressions by which prophecy is called, as is stated in Gen. Rabbah (44:7), and proof of this is the verse (infra 21:2). "A harsh prophecy (חָזוּת) was told to me."*—[*Rashi*].

Rabbi Elijah of Vilna maintains that *The vision of Isaiah* is indeed the title of the Book. Although he prophesied concerning other nations, his main prophecies were concerning Judah and Jerusalem, since

דבר בנים גדלתי ורוממתי והם פשעו
בי: ג ידע שור קנהו וחמור אבוס
בעליו ישראל לא ידע עמי לא התבונן:

דאתרגישת מן קדם
פתגמי ארי יי מליל
עמי בית ישראל קריתי
להון בנין חביבתינון
ויקרתינון ואנון מרדו
במימרי : ג ידע תורא
ובניה וחמרא אוריא

ה"א ידע שור (מכות כג) עקידה שער פ' :

הגי

מהר"י קרא

בכם את השמים ואת הארץ : בנים גדלתי ורוממתי . קובלני על בני שגדלתים ורוממתים . אחר כל חטובה הזאת לא זכרו הטובה ושבו כאחרי ופשעו בי שאילו לא גדלתים ולא רוממתים ופשעו בי . עדין היה כדאי לחפלות עליהם עון שפשעו בי שאין לך אומה בעולם שהמיר אלהות שלו אע"פ שלא הטיב לו אלוה שלו כלום . על אחת כמה וכמה שכדאי להעלות עליהם חימה ולנקום בהם שגדלתי' ורוממתים והם פשעו בי : (ג) ידע שור קונהו . אפילו השור היה מכיר האדון שהוא קנין שלו . שאין קונהו האמור כאן אלא לשון קנין . כשם אומרו קונה שמים וארץ . ומן מקנה קניני אשר רכש : ישראל לא ידע . וישראל שהוא אחד משבע' קנינים שקניתי בעולמי שעם זו קניתי

רש"י

בדבר זה ומדרשות רבים בפרשת האזינו בספרי ונחלקו חכמים עליהם יאמרו אין הדבר כן אלא בזמן שהעדים באים ומעידים ונמצאו דבריהם מכוונין עדותן קיימת ואם לאו אין עדותן קיימת אילולא בא ישעיה ונתן שמיעה לשמים והאזנה לארץ היו השמים מעידים ואומרים כשנקראנו לעדות זו בימי משה שאמר העידותי בכם היום בהאזנה שמענו והארץ מעידה אני נקראתי בלשון שמיעה ואין עדותן מכוונת בא ישעיה וחלף את הדבר נמצאו שניהם מעידים בלשון האזנה ובלשון שמיעה: כי ה' דבר. שתהיו עדים בדבר כשהתרתי בם בימי משה לכן באו ושמעו שאני מתוכח עמם שעברו על התראה אני לא סרחתי בהם אלא גדלתים ורוממתים והם פשעו בי . (ס"א) שתהיו עדים בדבר והיכן דבר האזינו השמים ואדברה (שם) במכילתא : (ג) קונהו . מתקנו בחרישה ביום ומאחר שהרגילו בכך יודע בו אבל חמור אטום אינו מבין בעליו עד שיאכילנו וישראל לא נתפקח לידע כשור כשקראתיו ישראל יהיה שמך והודעתיו קלת חוקותי והם עזבוני כדמפורש (ביחזקאל כ' לט) ואומר איש את גלולי וגו' ואף לאחר שהוצאתים ממצרים והאכלתים את המן וקראתי אותם עמי בני ישראל לא התבוננו כחמור (סא"א) . ד"א ידע שור קנהו מכיר השור קונהו להיות מוראו עליו לא שינה מה שגזרתי עליו לומר איני חורש היום והמור לא אמר לבעליו איני טוען היום ומה אלו שנבראו לשמשכם ואינם לא לקיבול שכר אם יזכו ולא לשילום פורענות אם חוטאים לא שינו את מדתם שגזרתי עליהם וישראל שאם זוכים מקבלי' שכר ואם חוטאים מקבלים פורענות : לא ידע . לא אבו

רד"ק

האזינו השמים כי הם עדים בין ה' ובין ישראל כמו שכתוב ואעידה בם את השמים ואת הארץ לפי שהם קיימין לעולם יהדורות הולכין . או לפי שאם יעברו על הברית השמים לא יתנו טלם והארץ לא תתן את יבולה ויש דרשות למה אמר שמעו לשמים והאזיני לארץ בהפך מה שאמר משה רבינו ע"ה ואחד מהם לפי שהיה משה קרוב לשמים לפיכך אמר האזינו השמים . ולפי שהיה רחוק מן הארץ לפיכך אמר ותשמע הארץ . בא ישעיה ואמר שמעו שמים לפי שהיה רחוק מן השמים ואמר והאזיני ארץ שהיה קרוב לארץ: כי ה' דבר. מה שאני אומר הם דברי ה' אשר שלחני שהוא צועק על בניו : ואמר בנים גדלתי ורוממתי והם פשעו בי . כי גדלתי אותם ורוממתים על כל עם והכפל לחזק הענין במלים שונים והענין אחד . וכן מנהג המקרא במקומות רבים . ואדוני אבי ז"ל פירש גדלתים בתורתי ורוממתים בשכינתי : והם פשעו בי . מרדו בי במרד ובמעל עברו על תורתי להכעיסני כי יש מכירים וכופרים ויש שאין מכירים ועליהם אמר : (ג) ידע שור . זכר הבהמות שהן גדלות עם האדם לעבודתו ואף על פי שאינן בני דעת בכח ההכר' שיש בהם לרחק מן הנזק ולקרב אל התועלת יכירו מי שייטיב להם תמיד והם הבעלים ושבים לביתם ולמקום

אבן עזרא

והאב גדלם ורומם מעלתם על בני גילם : והם פשעו בי . שיצאו מתחת רשותי כמו ויפשע אדום מתחת יד יהודה על כל דבר פשע : (ג) ידע . הזכירו השור והחמור . כי הם הנמצאים תמיד עם בני אדם : אבום . מקום אכילתו והוא במקום מוכרת וסמוך שוה וממנו וברבורים אבוסים ומשור אבום פעול והטעם שהוא עומד באבום : ישראל לא ידע . והנה הבהמות טובות בדעת יותר ממנו : עמי לא התבונן . הטעם כפול כדרך רוב נבואות ושירת האזינו גם משלי בלעם

מצודת ציון

וכן אזון עד תבונותיכם (איוב ל"ב) : פשעו . מרדו כמו מלך מואב פשע בי (מ"ב ג') : (ג) אבוס . הוא המקום המיוחד למאכל הבהמו'

מצודת דוד

ולזה שמעו אמרי : בנים גדלתי . ר"ל וזהו דברי ראו מה הטובה שעשיתי לבני בכורי ישראל אשר גדלתים ורוממתים על כל האומות והם לא השיבו כגמולי כי מרדו בי : (ג) ידע שור . הלא אף השור יודע ומכיר את בעליו אשר קנהו ונשמע הוא אליו והחמור הזה עם שהוא כסל ביותר עכ"ז יודע הוא מקום האבוס של בעליו והולך שמה להנאתו : לא ידע . לא אבו לדעת אותי להיות נשמעין לי : עמי . עם שהמה עמי ואני בעזרתם עכ"ז לא יתבוננו לדעת מה טוב

Therefore, come and hear what I reason with them, for they transgressed the warning, I did not sin against them, but I raised them and exalted them, yet they rebelled against me.—[*Rashi*]. Another version reads: *That you should be witnesses in this matter. Now, where did He speak? Give ear, O heavens and I will speak* (ibid. 32:1). [*So this was taught*] *in Mechilta* (*Bo* 12). (Bracketed words are omitted in some editions.)*

children have I raised and exalted—They are compared to children without strength, who, through their father's efforts are enabled to distinguish themselves among their companions.[*Ibn Ezra*]*

yet they have rebelled against

has spoken: Children I have raised and exalted, yet they have rebelled against Me. 3. An ox knows his owner and a donkey his master's crib; Israel does not know, my people does not consider.

in the days of Uzziah, Jotham, Ahaz, [and] Hezekiah, kings of Judah.—*These four kings he buried,* i.e. he outlived, *in his lifetime. On the day Uzziah became a metzora, the Shechinah rested upon him, and he prophesied all the days of these kings, until Manesseh arose and killed him.*—[*Rashi* from *Pesachim* 87b, *Sanh.* 103b, *Yebamoth* 49b. See 2 Kings 21:23, Com. Dig.] *And this prophecy was said in the days of Hezekiah after the ten tribes were exiled.*—[*Rashi* from ms., quoted also by *Abarbanel. Abarbanel,* however, theorizes that the prophecy was recited during the reign of Uzziah and repeated three times, during the reign of each of the subsequent monarchs.]

2. **Hear, O heavens, and give ear, O earth**—He commenced the Book with words of reproof since the people of his generation were evil. Even though Scripture states concerning Uzziah: *And he did what was right in the eyes of the Lord* (2 Kings 15:3), and so concerning Jotham, it also states concerning Uzziah: *When he was strong, his heart was lifted up until he dealt corruptly . . . and he went into the Temple of the Lord to burn incense . . .* (2 Chron. 26:16), and during the reigns of both of them, Scripture states; that the people were still bringing up offerings on the high places. Concerning Jotham's reign, we find in 2 Chron. 27:2: *The people were still acting corruptly.* During Ahaz' reign, there is no question that the people sinned, for Ahaz steeped the entire land with pagan idols. Even during Hezekiah's reign, they did not worship God wholeheartedly, as it is stated in Chron.—[*Redak*]

Hear, O heavens, and give ear, O earth—*And Moses said, "Give ear, O heavens, . . . and may the earth hear* (Deut. 32:1). *Why did Isaiah change the wording? Our masters taught concerning this matter[, and] many midrashim [are] in the section entitled "Ha'azinu" in Sifrei, but the Sages disagreed with them and said: A matter is not so unless witnesses come and testify. If their words coincide, their testimony is fulfilled; if not, their testimony is not fulfilled. Had Isaiah not addressed the heavens with giving ear and the earth with hearing, the heavens would testify and say, "When we were called to this testimony in Moses' time, when he said,* (Deut. 30:19) *'I call heaven and earth to witness against you,' we heard with an expression of giving ear," and the earth would testify, "I was called with an expression of hearing," hence their testimony would not coincide.* Therefore, *Isaiah came and reversed the matter. Consequently, both are found to testify with an expression of giving ear and with an expression of hearing.*—[*Rashi*].

for the Lord has spoken—*That you should be witnesses in this matter, when I warned them in Moses' time.*

ד הוי גוי חטא עם כבד עון זרע מרעים
בנים משחיתים עזבו את־יהוה נאצו
את־קדוש ישראל נזרו אחור: ה על־
מה

ת"א בנים משחיתים . קידושין לו:

דמרודי ישראל לא אליף למדע דחלתי עמא לא אסתכל למתב לאוריתי: ד וי על דאתקריאו עם קדיש וחטו כנישא בחירא וצנגיאו חובין אתבניאו בזרעא דחימא ואבאישו אתאמר להון בנין חביבין וחבילו אורחתהון שבקו ית פולחנא דיי קצו בדחלת קדישא דישראל ובדיל עובדיהון בישיא אסתחרו והוו לאחורא: ה לא מסתכלין למימר

רש"י

לידע וידעו ודשו בעקב ועמי לא נתן לב להתבונן: (ד) הוי. כל הוי שבמקרא לשון קובל וקינה כאדם הגונח מלבו וצועק אהה אלא שיש מהם מועטין שהם לשון צעקת קריאת קול כמו הוי הוי ונוסו מארץ צפון (זכריה ב) ותרגומו אכלו לשון הכרזה: הוי. יש לזעוק על גוי קדוש שנהפך להיות גוי חוטא ועם שנא' בו כי עם קדוש אתה נהפך להיות עם כבד עון: עם כבד עון. כבדות עון. כבד אדם שהוא כבד (פיסנ"ט בלע"ז). כבד שם דבר של כבדות (פס"ילטומא בלע"ז) ודבוה עם תיבת עון: זרע מרעים. והם היו זרע ברך ה' בנים היו להקב"ה ונהפכו למשחיתים: נאצו. הרגיזו: נזורו אחור. אין נזירה בכל מקום אלא ל' פרישות וכה"א וינזרו מקדשי בני ישראל (ויקרא כב) נזיר אחיו (בראשית מט) אף כאן נזורו נסוגו לאחוריה' מאצל המקום: (ה) על מה הכו וגו'. אדם שלקה וחזר על סרחונו חבירו מוכיחו ואומר לו על זה לקית ואינך נותן לב לומר על סורחן

מהר"י קרא

אינם מכירים את קוניהן: (ד) הוי גוי חוטא. הוי לשונאיהם של ישראל שנקראו גוי גדול כדכתיב מי גוי גדול אשר לו אלהים קרובים אליו. וכן הוא אומר ומי כעמך ישראל גוי אחד בארץ. וחטאו: עם כבד עון. נקראו עם קדוש דכתיב כי עם קדוש אתה. וכבד עונם לפני: זרע מרעים. נקראו זרע ברוכי ה' והרי הם הרעו לעשות: בנים משחיתים. לא זזתי מחבתם עד שקראתים בנים אתם לה' אלהיכם. והרי הם משחיתים דרכם לפני: עזבו את ה'. מיום שהניחו לבם ללכת בדרכי המקום ומאסו להם חוקי המקום. נסוגו אחור: נזורו אחור. פירושו לשון פרישות כמו נזיר אחיו. תרגומו פרישא דאחוהי: (ה) על מה תכו. לשוא הכיתי שהגליתי מכם עשרת

אבן עזרא

והטעם כי אני גדלתי' והם לא הכירוני: (ד) הוי. יש מפרשי' ה"א תחת אל"ף כמו אדורס הדורס איך והיך ולפי דעתי שהוא סימן קריאה ועיקר המלה מגזרת היה בעבור שמלאכו הוי הוי ויבואו הוי ציון המלטי ע"כ אמר אחריו לכה על מה תכו: כבד עון. שם התואר והוא סמוך כמו ערל לב וערל בשר: זרע מרעים. בעבור היותם הם עם אבותיהם רעים או הטעם כמו אביך האמורי ואמך התית כאשר אפרש: משחיתים. נפשם או דרכם: עזבו את ה'. הטעם עבודת השם: נאצו. הכעיסו: נזורו אחור. מגזרת וינזרו מקדשי על משקל ולא יכלו ואם איננו במקום מוכרת. ורבים אמרו שהוא מבנין נפעל כמו נכונו ללצים מגזרת זר: (ה) על מה

רד"ק

מאכלם כשבאים ממלאכתם ואין פיר' קונהו קונה אותו בדמים לבד אלא המגדלו ועושה לו צרכיו תמיד וכן אביך קנך וכן אמר קונה שמים וארץ. ופירוש אבוס מקום מאכל הבהמה והוא בצר"י בשקל אטון והוא אחד בסמוך ובמוכרת. ותנה אלה הבהמות אף על פי שהם בהמות מכירים המטיב להם וישראל שהם עמי שקניתים מבית עבדים הם לא ידעו כי אני המטיב להם ונתתי להם ארץ נחלה וגרשתי גוים מפניהם שאם הכירו זה לא עזבוני ולא עבדו אלהים אחרים במקומי והם לא התבוננו כי בשמרם את תורתי הם בטובה ובעזבם אותה הם ברעה. איך לא התבוננו זה: (ד) הוי גוי חוטא. הוי לשון קריאה וצעקה הן לאבל הן להשמיע השומע. וי"ת זה לשון אבל כמו אוי שתרגם ווי על עם דאתקריאו עם קדיש וחטו: כבד. שם תאר בשקל מלך עבד והוא אחר בסמוך ובמוכרת: מרעי'. אינו אומר על האבות אלא עליהם אומר שהם זרע המרעים לעצמם במעשיהם הרעים הפך זרע ברוכי ה'. וכן הם בנים משחיתי' דרכיהם: נאצו. הכעיסו: את קדוש ישראל. שנתקדש בתוכם בנפלאותיו ובנקמותיו אשר עשה באויביהם והם עזבוהו: נזרו. בשקל יכלו מענין וינזרו מקדשי בני ישראל. כלו' נבדלו מהאל והלכו להם אחורנית מעבודתו. או פירושו שהפכו לאל ערף ולא פנים כמו שאמר ויהיו לאחור ולא לפנים. ותרגם יונתן חזרו לפולחני קדל וגו' ויתכן להיות נזרו מבנין נפעל בשקל שדים נכונים. נסגו מענין זר. ויונתן תרגם נזורו אחור לענין העונש ולא לענין המעשה שתרגם ובדיל עובדיהן וגו': (ה) על מה תכו. לא תעלו על לבבכם על מה אתם מכים: כי עוד תוסיפו סרה. ולא תחשבו כי האל הוא המכה אתכם על

מצודת דוד

להם כי הלא בשמעם טוב הארץ יאכלו ואיכם אפילו כחמור הזה המכיר בטובה: (ד) הוי. הנביא מתאונן וקובל על ישראל שהיו מאז גוי קדוש ונהפכו להיות גוי חוטא: עם כבד עון. מאז היו עם קדוש ונהפכו להיות עם כבד עון: זרע מרעים. מאז היו זרע ברך ה' ונהפכו להיות זרע מריעים: בנים משחיתים. מאז היו בני אל חי ונהפכו להיות בנים המשחיתים את דרכם: נזרו אחור. פרשו מה' ללכת לאחור כאדם הממאן לשמוע דברי המדבר אליו:

מצודת ציון

וכן אם ילין על אבוסך (איוב ל"ט): (ד) הוי. המלה הזאת היא ענין קריאה בין לצער בין לשמחה כמו הוי אחי והוי אחות (ירמיה כ"ב) וכמו הוי ציון המלטי (זכריה ב'): כבד. ענין רבוי כמו עמך הכבד הזה (מ"א ג'): מרעים. רשעים: נאצו. הוא מושאל על הבזיון וכן כי נאצו האנשים את מנחת ה' (ש"א ב'): נזורו. ענין הפרשה כמו אשר נזורו מעלי (יחזקאל י"ד): (ה) סרה. ענין הסרה מדרך הישר וכן כי דבר סרה (דברים י"ג): דוי. ענין מכאוב כמו

Israel has become a sinful nation, a people heavy with iniquity, evil-doing seed, corrupt children . . .*

They forsook the Lord—I.e. they forsook His worship.—[*Ibn Ezra*]

they provoked—Heb. **נָאֲצוּ**, *they angered.*—[*Rashi, Ibn Ezra, Redak*] *Jonathan* renders: *they despised the fear of the Holy One of Israel. Redak* in *Shorashim* points out that the two definitions are closely related.

they drew backwards—The root נְזִירָה, *wherever it appears, is only an expression of separation. Similarly, Scripture states: "And they shall separate* (וְיִנָּזְרוּ) *from the holy things*

4. Woe to a sinful nation, a people heavy with iniquity, evildoing seed, corrupt children. They forsook the Lord; they provoked the Holy One of Israel; they drew backwards.

Me—I.e. they withdrew from My command.—[*Ibn Ezra*] They violated My commandments in order to provoke Me.—[*Redak*]

3. **An ox knows his owner . . .**—He mentions the ox and the donkey since they are in common use among people.—[*Ibn Ezra*]

his owner—This follows *Rabbi Joseph Kara. Rashi,* according to some editions, however, renders קֹנֵהוּ like מְתַקְּנוֹ, *the one who affixes him* to the *plowshare for plowing by day, and since he has accustomed him to this, he knows him. The dull donkey, however, does not recognize his master until he feeds him. Israel was not intelligent like the ox, to know, when I called him and said, "Israel will be your name* (Gen. 35:10)," *and I informed them of several of My statutes, yet they deserted Me, as is related in Ezekiel* (20:39): *"Let each one go and worship his idols." Even after I took them out of Egypt and fed them the manna and called them, "My people, the children of Israel," they did not consider even as a donkey.*—[*Rashi*]

In some editions, the above does not appear. *Another explanation is: An ox knows its owner—An ox recognizes his owner so that his fear is upon him. He did not deviate from what I decreed upon him, by saying, "I will not plow today." Neither did a donkey say to his owner, "I will not bear burdens today." Now, these* creatures *who were created to serve you, and are not destined to receive reward if they merit, or to be punished if they sin, did not change their manner, which I decreed upon them. Israel, however, who, if they merit receive reward, and if they sin are punished,* **does not know**—i.e. *did not want to know; they knew but trod with their heels, and my people did not take heart to consider.*—[*Rashi*]

4. **Woe**—*Every instance of* הוֹי *in Scripture is an expression of complaining and lamenting, like a person who sighs from his heart and cries, "Alas!" There are, however, several, which are an expression of a cry, the vocative voice, e.g. "Ho, ho, flee from the land of the north"* (Zech. 2:10), *which the Targum renders,* אַכְלוֹ, *an expression of announcing. Woe. There is a reason to cry about a holy nation that turned into a sinful nation, and a people referred to by the expression, "for you are a holy people* (Deut. 7:6)," *turned into a people with iniquity.*—[*Rashi*]

a people heavy with iniquity—*The heaviness of iniquity. The word denotes a person who is heavy, pesant in French, ponderous. The word* כֶּבֶד *is a substantive of heaviness, pesantoma in French, and is in the construct state, and is connected with the word* עָוֹן, *iniquity.*—[*Rashi*]

evildoing seed—*And they were seed whom the Lord blessed* (Isa. 61:9). *Similarly, they were children of the Holy One, blessed be He, and they became corrupt.* [*Rashi*] Thus, according to *Rashi,* the prophet is not addressing the people, but complaining about them to himself, as though to say, "It is lamentable that

מֶה תֻכּוּ עוֹד תּוֹסִיפוּ סָרָה כָּל־רֹאשׁ
לָחֳלִי וְכָל־לֵבָב דַּוָּי׃ ו מִכַּף־רֶגֶל וְעַד־
רֹאשׁ אֵין־בּוֹ מְתֹם פֶּצַע וְחַבּוּרָה וּמַכָּה
טְרִיָּה לֹא־זֹרוּ וְלֹא חֻבָּשׁוּ וְלֹא רֻכְּכָה

תרגום

עַל מָה לָקָאָ עוֹד מוֹסְפִין לְמֶחְטֵי וְלָא אָמְרִין מָה בֵין כָּל רֵישׁ מְרַע וְכָל לֵב דְוָי׃
ו מִשְׁאַר עַמָא וְעַד רֵישָׁא לֵית בְּהוֹן דִשְׁלִים בְּדַחַלְתֵּי כּוּלְהוֹן סָרְבִין וּמָרְדִין אִתְגְּעַלוּ בְחוֹבִין

קמץ בז"ק

מהר"י קרא

השבטים בימי הושע בן אלה. והנשארים בכם תם שבט יהודה ובנימן. מוסר לא לקחו. אלא עוד תוסיפו סרה. סרה שם דבר. והוא לשון מרד. לכן בעונכם כל ראש לחלי וגו': (ו) אין בו מתם. אין בו שלם. וכן בתילים אין מתום בבשרי מפני זעמך. וכן בספר משלי. נבלעם כשאול חיים ותמימים כיורדי בור. כשם שהשאול בולעת את המתים. שמשמת אדם מורידין אותו שאולה. כמו כן נבלעם כמו שהם שלימים כיורדי בור. שאין מנתחין אותו אבר אבר. אלא שלם מורידין אותו אל ירכתי בור. כך אנו נבלעם חיים ותמימים כיורדי בור. ופירושו מכף רגל ועד ראש אין בו מתום. מן הקטנים ועד הגדולים אין בהם אחד שיעשה תשובה. ויעלה צרי למכתו. שתשובה ומעשים טובים הוא גורם שאין בו מתום: פצע וחבורה ומכה טריה. דימה הגזירה שנגזרה עליהם בעונם לפצע חבורה שלא זורו כדרך שעושין לפצע חבורה שליחה מכונס בה שזורין אותה מבחוץ להוציא ממנה ליחה. זורו. לשון מזור. וכן ויזר את הגזה. שפת' עצר את הגזה שהיתה מלאה טל. וימץ ממנה מלא הספל מים: ולא חובשו. כדרך פצע וחבורה שקושרין לאחר שעוצרין הליחה ממנה ליישב העצם למקומו: חובשו. לשון קשירה. כמו ויחבש. [וכמו בן] אדם את זרוע [פרעה] מלך מצרים שברתי והנה לא חבשה. וכן ולנשברת לא (יחבוש)

רש"י

זה לקיתי לא אשוב לעשות עוד אף כאן על מה תוכו מאחר שעדיין אתם מוסיפים סרה לסור מאחרי המקום הלא כבר כל ראש לחלי ולמה לא תבינו: (ו) מתום. ל' תמימות שלם אין מכאוב: פצע. מכת חרב: חבורה. לשון חבלה: ומכה טריה. ת"י מרססא כתותה ומרוססת: טריה. (דמוניל"א בלע"ז) ובל' גמרא יש טרייה לרישיה ומנחם פי' ל' לחות כלומר לחה ורטובה תמיד נובעת (מייסט"א בלע"ז): לא זורו. הנגעים האלה לא זורו על ידי רופאים אבקת סממני תחבושת ל' יזורה על נוהו גפרית (איוב יח) ומנחם פי' ל' רפואה כמו אין דן דינך למזור (ירמיה ל): ולא חובשו. ל' רפואה: ולא רככה בשמן. לא רככה מכתם בשמן כמשפט שאר מכות ואין נופל כאן לומר לא רוככו בשמן שאין מרככין אלא במקום המכה אבל המזור והחבישה נופל לשונם על כל הגוף לפיכך נופל בם ל' רבים לא זורו הנגעים ולא חובשו ויונתן פתר כל המקרא בל' דוגמא על שהם מלוכלכים ומנוגעים בעון ותרגם מכף רגל ועד ראש מקטנים ועד גדולים אין בו מתום אין טוב בו פצע וחבורה פשעים ועוות וחטאים: לא זורו וגו'. כלומר לא

רד"ק

עונותיכם אלא תלכו בקרי ותאמרו כי הרע בא עליכם דרך מקרה ולא עונש עונותיכם. ויש מפרשים על מה תכו מה יועיל הכות אתכם כי לא תוסרו בזה. כי עדין אחר המכות תוסיפו לחטוא ולא תוסרו על ידי המכות. וסרה שם תואר כלומר דרך סררת ומעוותת: כל ראש לחלי. לא תחשבו אם האל יתברך מכה אתכם ותאמרו דרך מקרה נפלו החלאים הרעים על כולכם אין זה כי אם על עונש עונותיכ' כי כל ראש מזומן לחלי וכל לבב דוי כמ' שאמר בתוכחות משה רבינו עליו השלום יככה ה' בשגעון ובעורון ובתמהון לבב: (ו) מכף. כמו שכתוב בתוכחות יככה ה' בשחין רע על הברכים ועל השוקים אשר לא תוכל להרפא מכף רגלך ועד קדקדך: לא זרו ולא חבשו ולא רככה בשמן. כי לא תועיל בה רפואה כמו שאמר בתוכחות אשר לא תוכל להרפא. ורפואת המכה לזור אותה ולחבש' ולרכך איתה במשיחה וכיון שאתם רואים כי לא תועיל רפואה למכתכם היה לכם לחשוב כי מהשם היה כמו שיעד לכם בתוכחות. ופירוש מתום ר"ל שלמות כלומר אין בבשרכם דבר שלום ובריא כי כלו נגוע. ופירוש פצע מכה המוציאה דם

אבן עזרא

תכו. תי"ו תכו לרגליך שורש על משקל ושפו עצמותיו ובמקו' הזה הוא לנוכח והטעם כל מה שתכו תוסיפו אתם עוד למרוד כי הראוי הי' לעשות תשובה כמו ובעת הצר לו ויוסיף למעול: סרה. תחסר מלה. או דברה מגזרת סורר או יהיה שם: כל ראש לחלי. פי' על מה תכו כי כל ראש מוכן לכל חולי. והזכיר הראש והלב כי שניהם הם השרים: דוי. תואר השם כמו גנב סלח: (ו) מכף. מתם. מקום שיה' בו תום כמו בריאות והוא משונה בדקדוק כי הי' ראוי להיות על משקל מעוז וכמוהו אין מתום בבשרי. ויאמר רבי משה הכהן ז"ל כי הוא כמו מתים בעבור שמלא מעיר מתים והטעם אין בהם מה שיש למתים והוא טעם רחוק ותחסר מלת רק אין בו מתם רק פצע וחבורה וכמוהו אין טוב לאדם שיאכל ושתה: פצע. ריצוץ העצם: וחבורה. מכה שתתחבר אליה הלחה: טריה. שאיננה יבשה כמו לחי החמור טרי' וכן בלשון ישמעאל: לא זורו. כמו ויזר את הגזה כי המכה לא תרפא עד שתזור הליחה. גם חובשו כטעם עוצר וחתול

מצודת ציון

על ערש דוי. (תהלים מ"א): (ו) מכף רגל. כן נקרא שטחות הרגל וכמו שנקרא שטחית היד כף יד: מתום. מלשון תמימות ושלימות: פצע. מכה הנבקעה ונפתחה ומוציאה דם: וחבורה. מכה שנצרר הדם תחתיה ומבחוץ נראה כתם אדום כמו ונמר חברברותיו (ירמיה י"ג) וכן פצע תחת פצע חבורה וגו' (שמות כ"א): טריה. לחה כמו לחי חמור טריה (שופטים ט"ו): זורו. ענין פזור כמו וזריתי פרש (מלאכי ב'): חבשו. ענין קשור הכריכה שעל המכה כמו לנשברת לא חבשתם (יחזקאל ל"ד): רככה. מלשון רך וטוב (בראשית

מצודת דוד

(ה) על מה תוכו. על העבירה עצמה שלקיתם עליה על העבירה ההיא בעצמה תוסיפו עוד לעשות סרה רצה לומר עשיתם סוף העבירה ההיא בתוספות איסור ואינכם משימים על לב לחשוב הלא בשבילה לקיתם: כל ראש לחלי. הלא ע"י ההכאה נחלה כל הראש וכל הלב ומדוע לא תקחו מוסר: (ו) אין בו. אין בכל אחד מקום שלם מהמכה במקום אחד יש פצע ובמקום וגו': לא זורו. לא נפזר עליהם אבק סממני המרפאים: ולא חובשו. לא נכרך עליהם מטלית כדרך שכורכים על המכות: ולא רככה. לא נתרכך המכה בשמן כדרך שמרככין המכות ר"ל הלא עדיין לא נרפאתם מהמכות אשר באו עליכם מאז על העבירות שעשיתם ומדוע חזרתם לעשות טוב וסוס

(Jeremiah 30:13): "*No one pronounced your judgment for healing* (לְמָזוֹר)."—[*Rashi*].

neither was it softened with oil—*Their wound was not softened with oil, as is customary with other*

5. Why are you beaten when you still continue to rebel? Every head is [afflicted] with illness and every heart with malaise.
6. From the sole of the foot until the head there is no soundness—wounds and contusions and lacerated sores; they have not sprinkled, neither have they been bandaged, nor was it softened with oil.

of the children of Israel" (Lev. 22:2), *"the one separated* (נְזִיר) *from his brothers"* (Gen. 49:26). *Here too, they drew away from being near the Omnipresent.* [*Rashi*]*

5. **Why are you beaten . . .**—*A person who was punished* (lit. beaten) *and repeats his sin—his friend admonishes him and says to him, "For this you have been punished, yet you do not take heart to say, 'For this I have been punished. I will not repeat it again.'" Here too, why are you beaten since you continue disobedience, to turn away from following the Omnipresent? Is not every head afflicted with illness and every heart with malaise? Why then do you not understand?*—[*Rashi* and *Redak*]

The latter suggests an alternative interpretation: You do not ponder the reason you have been beaten, for you still continue to rebel. This interpretation follows *Jonathan.**

every head is [afflicted] with illness and every heart with malaise.—Take heart that these illnesses have not befallen you by chance. They are rather instances of divine retribution. These ailments can be identified with those prophesied by Moses in Deut. 29:28: The Lord will smite you with madness and with blindness and with confusion of the heart.—[*Redak*]

6. soundness—*An expression of perfection, sound without pain.*—[*Rashi*]

wounds—Heb. פֶּצַע, *i.e., a wound of a sword.*—[*Rashi*] *Ibn Ezra* interprets it as a fracture.

contusions—*Heb.* חַבּוּרָה, *an expression of a bruise.*—[*Rashi*] Some editions read: *Other bruises.* [*Parshandatha*] *Rashi* on Genesis 4:23 and Exodus 21:25 explains that חַבּוּרָה is a contusion, in which the blood comes together and the skin is not broken. *Ibn Ezra* renders it as a boil.

and lacerated sores—*Jonathan renders:* מְרַסְּסָא, *lacerated and crushed. demarçéjjre, in O.F., and in the language of the Talmud, we find, "he* **bumped** (טַרְיֵה) *his head* (*Chullin* 45b)." *Menahem explained it as an expression of moisture, i.e. moist and wet, always oozing (muyte in O.F.).*—[*Rashi*] The latter interpretation is accepted in *Ibn Ezra* and *Redak*. The latter adds that this is a symptom of a wound that will not heal.

they have not been sprinkled—*These lesions were not sprinkled with medicinal powders by physicians. This is an expression of:* (Job 18:15) *"Sulphur shall be sprinkled (יְזֹרֶה) on his dwelling." Menahem explained it as an expression of healing, as in*

בַּשָּׁמֶן׃ ז אַרְצְכֶם שְׁמָמָה עָרֵיכֶם
שְׂרֻפוֹת אֵשׁ אַדְמַתְכֶם לְנֶגְדְּכֶם זָרִים
אֹכְלִים אֹתָהּ וּשְׁמָמָה כְּמַהְפֵּכַת זָרִים׃
ח וְנוֹתְרָה בַת־צִיּוֹן כְּסֻכָּה בְכָרֶם
כמלונה

כְּמָחָא מְרַסְסָא לָא שָׁבְקִין מְזִדוֹנֵיהוֹן וְלָא מְחַמְדִין לְתִיוּבְתָּא אַף לָא נְכוֹן לְהוֹן לַאֲגָנָא עֲלֵיהוֹן׃ ז אַרְעֲכוֹן צַדְיָא קִרְוֵיכוֹן יְקִידַת נוּר אַרְעֲכוֹן לָקֳבְלֵיכוֹן עַמְמַיָא מַחְסְנִין יָתַהּ וּבְחוֹבֵיהוֹן צְדִיאַת מִנְכוֹן אִתְחַלָפַת וַהֲוָה לְנוּכְרָאִין׃ ח וְאִשְׁתְּאַרַת כְּנִשְׁתָּא דְצִיוֹן כְּמִטַלַלְתָּא בְּכַרְמָא בָּתַר דְקַטְפוּהִי כְּעַרְסָל

רש"י

נתרפאו לשוב בתשובה שלימה ולא רוככה בשמן אפי' לב הרהור תשובה אין בלבם: (ז) לנגדיכם זרים אוכלים אותה. לעיניכם יאכלוה אויביכם: ושממה. מכם כנחלה הנהפכת לזרים והוא שממה מבעליה. כדת"י: (ח) ונותרה בת ציון. ריקנית מיושביה כי יגלו מתוכה כאשר תותר סוכת הכרם שעשאה נוצר ובעת יבצר הכרם מניח סוכתו

מהר"י קרא

[חבשתם]: ולא רככה בשמן. המכה טריה. ולא רוככה בשמן כשם שעושין למכה שנצטרר הדם לתוכה ולא יצא חוץ עד שמרככין אותה בשמן שיהא העור שעל המכה נפתח ויצא הליחה ממנה. פצע וחבורה שהם שנים הוא אומר לשון רבים לא זורו ולא חובשו: מכה טריה. שהוא לשון יחיד הוא אומר לשון לא רוככה בשמן בגללכם: (ז) ארצכם שממה עריכם שרופות אש אדמתכם. אל"ף של אדמתכם נקוד ברביע והוא מודיע פת' המקרא. וכן הוא אומר פת' אדמתכם אינם רואים לנגדיכם. לעיניכם. שזרים אוכלים אותה. ואין לאל ידיכם להצילה מיד זרים: ושממה כמהפכת זרים. ולא כמלך שמרדה בו מדינה אחת ממדינת מלכותו. והוא מגיים גייסות עליה וכובשה. והורג את המורדים ומניח את שאינן מורדין. אבל בזמן שזרים כובשין לא להם. שמים כל הארץ לשממה: (ח) ונותרה בת ציון כסכה בכרם. מידה זו תופס בכל הקירייה. במקום שיאמר העיר ובנותיה. כמו את חברון ואת בנותיה. קרא כל ערי הפרזות הנחשבים על שם העיר פלונית. כמו בת ציון הם ציון ובנותיה. ציון·ומקראיה. וכן בת כשדים בכל המקומות הנחשבים על שדה כשדים. וכן בת בבל על שדה ארץ הנחשב על שם בבל. וכן בת ירושלם ועריה סביבותיה הנחשבים עליה. וכן בת גלים. שדה הארץ הנחשב על שם הארץ ששמו גלים. כמו שנא' ויתנה לפלטי בן ליש אשר מגלים. וכן מנחם פירש ונותרה בת ציון כסוכה בכרם לאחר שנבצר הכרם. כי כל עוד שהכרם עומד לבצר נשמר אנב יינו

אבן עזרא

ומגזרתו לא היה חובש: בשמן. שהיה ראוי לה: (ז) ארצכם. הנזכר למעלה משל שנלקחה על ארצם ויש מהם שממה שאין שם אדם ויש מהם שרופות אש ויש זורים אוכלים תבואתה כטעם בעלבון תאכלנה. וטעם כמהפכת זרים פי' ארצכם שממה ויתכן היות זרים מגזרת זרם ויהיה המ"ם שורש לא לשון רבים ויהיו שנים משקלים: (ח) ונותרה. הטעם שערי יהודה הבצורות תהיינה נתפשות ולא תותר רק ציון: כסכה בכרם. מקום השומר

רד"ק

או ליחה שנפצע הבשר. ופירוש חבורה מכה שנצרר הדם או הליחה. ופירוש טריה לחה כלומר מכתכם טריה היא שלא תתגגב לעולם אלא כל זמן היא לחה. וזה סימן למכה שאין לה רפואה. ויונתן תרגם הפסוק הזה על דרך משל משאר עמא ועד רישא וגו': (ז) ארצכם. כמו שכתוב בתוכחות והיתה ארצכם שממה ועריכם יהיו חרבה. ופירוש שרופות אש כאלו הם שרופות אש כל כך הם חרבות. ופירוש אדמתכם שדות הזריעה ואילנותיהם: זרים אוכלים אותה. לעיניכם ולנגדכם ואין בכם יכולת למנעם כמו שכתוב בתוכחות ישא ה' עליך גוי מרחוק וגו'. ואכל פרי בהמתך ופרי אדמתך וגו': כמהפכת זרים. והנה נותרה האדמה שממה. כי גוים זרים באים ואוכלים אותה מה שימצאו ואתם אין אתם יכולים לעבוד את האדמה עוד כי הנה האויבים באים עליכם יום יום. והנה האדמה שממה והיא כמהפכת סדום ועמרה שהיו זרים מיראת האל. וכן כתוב בתוכחות כמהפכת סדום וגו'. ויונתן תרגם ובחוביכון וגו'. ויש מפרשים זרים כמו זרם מטר כלומר המקום ששטף המטר הסחף: (ח) ונותרה. כי רוב ערי יהודה היו חרבות ובימי חזקיהו כל הערים הבצורות תפשם מלך אשור והנה נותרה ירושלם לבדה כמו הסכה שהיא בכרם וכמו המלונה שהיא בשדה הקשואין שאין סביבותיה בית וסכה אחרת וסכה ומלונה ענין אחד במלות שונות כי הסכה היא שילין בה השומר הקרא מלונה. ויונתן תרגם כמטללתא בכרמא וגו'. ופירוש דאבעיוהו חפשוהו שלא נשארו בו קשואים מן נבעו מצפוניו. ורוצה לומר שלא נשארו בו קשואים אחר שנקטפו הענבים שהולך לו השומר. וכן כמלונה במקשה אחר שלקטו הקשואים וחפשו המקשה שלא נשאר בה קשואים והולך לו השומר כן נשארה ציון בלא שומר כי הקב"ה ששומר ישראל סילק שכינתו מהם ואמר סוכה בכרם ומלונה במקשה ולא כסוכה בגן כי בסוכת הגן כל הימים השומר שם כי אחר שילקטו פרי זה או ירק זה ישאר אחר וכן כל השנה אבל בכרם ובמקשה אחר שילקטו הענבים והקשואים לא נשאר דבר לשמור

מצודת דוד

דרך משל לאמר הלא מאז באה הפורעניות על השרים ועל יתר העם ועדיין מתמשכת בכם ולמה תתמאו עוד: (ז) ארצכם. לכן תהיה ארצכם שממה: אדמתכם. פרי אדמתכם: לנגדכם. בעיניכם תראו ואין לאל ידכם לעמוד כנגדם: ושממה. ותהיה שוממה כאלו אשר יבואו עליה אויבים זרים ורחוקים כי המה מהפכים ומחריבים הכל ועושים שממה על כי המה לא יעמדו בה מאח"כ כשהאויב הוא מבני הארץ הזאת וסמוך עליה: (ח) ונותרה. תשאר רקנית מיושבים כמו סוכת הכרם מה שהשומר יושב בה כי בעת

מצודת ציון

י"ח): (ח) בת ציון. עיר ציון: כמלונה. מלשון מלון: במקשה.

hut in a vineyard, made by a watchman, and when the produce of the vineyard is gathered, he leaves his hut and goes away, after they gather it.—[*Rashi*] Here *Rashi* quotes *Targum Jonathan* and explains it in Hebrew. Since the translation of both is identical, we have stated it only once. *Ibn Ezra* and *Redak* explain this as a prophecy that the fortified cities of Judah will be taken by Assyria, and only Zion, or Jerusalem will remain uncaptured. The hut represents the place of the

7. Your land is desolate; your cities burnt with fire. Your land—in your presence, strangers devour it; and it is desolate as that turned over to strangers. 8. And the daughter of Zion shall be left like a hut in a vineyard,

wounds. It would be inappropriate to say here, "They were not softened with oil," for they soften only the place of the sore, not the wound and the contusion but the sprinkling and the bandaging applies to all three, i.e., the wound, the contusion, and the lacerated sore. *Therefore, the plural number applies to them; the lesions were not sprinkled and not bandaged. Jonathan interprets the entire verse figuratively, referring to the fact that they were soiled and afflicted with iniquity. Accordingly he rendered, "From the sole of the foot until the head," from the smallest to the greatest, there is no soundness. There is none good among them, wounds and contusions, rebellious deeds, iniquities, and inadvertent sins.*—[*Rashi*]

they have not been sprinkled . . .—*I.e. they have not been healed by repenting wholeheartedly, nor has it been softened with oil, not even a trace of repentant thought has entered their heart.*—[*Rashi*]*

7. **Your land is desolate**—As the Torah (Lev. 33:33) warns: And your land shall be desolate and your cities shall be waste.—[*Redak*]

your cities burnt with fire—I.e. they will be so desolate as though they were burnt with fire.—[*Redak*]*

in your presence, strangers devour it—*Before your eyes, your enemies will devour it.*—[*Rashi*]

This is in fulfillment of Moses' prophecy, (Deut. 28:49ff) The Lord shall bring up a nation upon you from afar . . . And they shall devour the offspring of your cattle and the produce of your soil until you are destroyed . . .—[*Redak*]

and desolate—*of you as a heritage turned over to strangers, which is desolate of its owners. Jonathan renders in this manner.*—[*Rashi*]

Alternatively, the soil will be as desolate as the overturning of Sodom and Gemorrah, who were strange to the fear of God. The word זָרִים may also be related to זֶרֶם, *a stream* or *a flood.* Thus, we render: *and desolate like land overturned by a flood.*—[*Redak, Ibn Ezra, Malbim*]

Malbim sees this as an interpretation of the allegory in verse 5. *Every head is [afflicted] with illness,* alludes to the commonwealth as a whole just as the brain is the main organ of the body. *Every heart with malaise,* alludes to the cities burnt with fire, for, just as the limbs feel the pain of the heart more than they feel the pain of the head, so do the people feel the destruction of the cities more than they feel the fall of the commonwealth. In verse 6, *From the sole of the foot until the head, there is no soundness,* alludes to the soil belonging to each individual: *they have not been sprinkled* . . . alludes to the soil overturned by the flood, which is completely destroyed.

8. **And the daughter of Zion shall be left**—*devoid of its inhabitants, for they will be exiled from its midst, as a*

כִּמְלוּנָה בְמִקְשָׁה כְּעִיר נְצוּרָה׃ ט לוּלֵי
יְהוָה צְבָאוֹת הוֹתִיר לָנוּ שָׂרִיד כִּמְעָט
כִּסְדֹם הָיִינוּ לַעֲמֹרָה דָּמִינוּ׃ י שִׁמְעוּ
דְבַר־יְהוָה קְצִינֵי סְדֹם הַאֲזִינוּ תּוֹרַת
אלהינו

מַבְתּוּתָא בְּמִקְשְׁיָא
בָּתַר דְאַבְעֲיוּהִי כְּקַרְתָּא
דְצָיְרִין עֲלַהּ׃ ט אִלוּלְפוֹן
מוֹתַר טוּבֵיהּ דַיְיָ צְבָאוֹת
אַשְׁאַר לָנָא שֵׁיזָבָא
בְּרַחֲמוֹהִי אִית עַמָּנָא
חוֹבִין דְכֶאֱנָשׁ סְדוֹם פּוֹן
אֲבַדְנָא וּכְיָתְבֵי עֲמוֹרָה
אִשְׁתֵּיצָנָא׃ י קַבִּילוּ
פִּתְגָּמָא דַיְיָ שִׁלְטוֹנַיָּא דְעוֹבָדֵיהוֹן בִּישִׁין כְּשִׁלְטוֹנֵי סְדוֹם אֲצִיתוּ לְאוֹרַיְתָא דֶאֱלָהָנָא עַמָּא

ת"א כסדום היינו. ברכות יט ודף ס כתובות ח ה: שמעו דבר ה'. ברכות שם כתובות שם:

מהר"י קרא

לכשיבצר הולך לו השומר והכרם עשוי למרמס לכל עובר: כמלינה במקשה. כבית לינת הקישואין: כעיר נצורה. כעיר שצרים עליה שכל הצרים עליה והמציקים לה מציב לו שצר איש בית מצב סביבות העיר כל ימי היות העיר במצור המלון קיים הלכו להם הגייסות כן נותרה בת ציון. וכן פירש יונתן כעיר נצורה. כערים שצרים עליה לאחר שהלכו להם הגייסות. אך שים לבך על סוכה בכרם. קורא אותה סוכה לפי ששומרים אותה ביום ובלילה. ביום מפני העופות. ובלילה מפני הגנבים והליסטים. ובית לינת קישואים קורא מלונה. על שם ששומרין אותה בלילה בלבד ולנים בה מפני הגנבים. אבל ביום אין צריך לשומרה שהרי אין ראויין לאכילה וכל זאת משל ודימוי על ירושלם. כי בהיות ירושלם יושבת בשלוה ועריה סביבותיה תם משולים לכרם כענין שאמר ישעיה כי כרם ה' צבאות בית ישראל. ומקום ציון דימה לסוכה ששומר הכרם דר בה ושומרו דכתיב ויהי בשלם סוכו ומעונתו בציון כל זה בהיות הכרם קיים עד שלא תשאה הארץ שממה. אבל מיום גלות הארץ ערינו שרופות אש. ואדמתנו לעינינו זרים אוכלים אותה. ונותרה בת ציון כסוכה בכרם. לאחר שנבצר הכרם. כמלונה במקשה. לאחר שנקלטו הקישואים. כעיר נצורה לאחר שהלכו להם הגייסות: (ט) לולי [ה' צבאות] הותיר לנו. אנשי יהודה וירושלם: שריד כמעט. שלא נשארנו בארץ כי אם שבט יהודה ובנימן שהרי בשנת שש ליחזקיהו גלו להם עשרת שבטים. שלא נשארנו בארץ כי אם שבטים שנים הם שבט יהודה ובנימן. ולולי שנשאר אותו מעט כסדום היינו שלא נותרה בת פליטה: (י) שמעו דבר ה'. קצינים שנידמו להם

רש"י

והולך בתר דקטפוהי לאחר שבצרו אותה: כמלונה במקשה. כאשר תעזב המלונה שעשה נוצר בראש המקשה לשמור קישואין שלה ומשתלקט מניחה והולך. וזו שבכרם קרויה סוכה לפי שהוא גר שם יומם ולילה. ביום שומרה מן העופות ובלילה מן הגנבים אבל הקישואין קשין הם ואין ליראה מן העופות וא"צ לשומרה ביום לפיכך נקראת מלונה על שהיא לינת הלילות. וי"ת כערסל מבתותא כמשכב המלונה במקשה במקשי' בתר דאבעיוהי לאחר שלקטוהו הוא לשון המשנה שלש אבעיות ביום: כעיר נצורה. כעיר שצרו עליה ועושים סוכות סביב לה להסתתר שם החילות וכשמסתלקים מעליה מניחין אותם והולכין. כל זה ת"י: (ט) לולא וגו' הותיר לנו שריד. מאליו וברחמיו ולא בצדקותינו: כמעט כסדום היינו. כולנו כלים: (י) קציני סדום. שרים שמעשיהם כסדום מכאן אמרו אל יפתח אדם

רד"ק

והולך לו השומר: כעיר נצורה. פירוש כעיר חרבה מאנשים וכן ובנצורים ילינו ונצורי ישראל להשיב ענין חרבה. ויונתן תרגם כקרתא דציירין עלה: (ט) לולי ה' צבאות. כן נקרא על שם צבאות מעלה ועל צבאות מטה שהם ישראל שנקראו צבאות לפיכך לא רצה לכלותינו כולנו כמו שהיינו חייבים והותיר לנו שריד למען שמו הנקרא עלינו. והשריד הוא מעט ולולי כי ברחמיו הותיר לנו כמעט כסדום היינו ולעמורה דמינו שלא היה בהם שריד ופליט כי אנחנו עשינו מעשיהם והיינו חייבים כליה כמוהם. וכ"ף כמעט כ"ף האמתות שבאה על המילין לאמת הדבר כמו השבעה לי כיום כי אותו כהיום תמצאון אותו היו שרי יהודה כמשיגי גבול והדומים להם כמו שכתבנו בספר מכלול וזה הפסוק הוא לשון הנביא וכלל עצמו עם הפושעים לכבוד ישראל כמו שאמר ירמיהו נחנו פשענו ומרינו ואמר הקב"ה למשה רבינו עד אנה מאנתם לשמור מצותי חקותי וגו': (י) שמעו. אמר לשרים ולעם כי הקצינים הם דומים לקציני סדום ועמרה בעשקם העניים ובהטותם המשפטים והעם גם כן דומה לעם סדום ועמורה במעשיהם הרעים ואמר להם שמעו דבר ה' ותורת אלהינו והדבר והתור' היא זאת התוכחה שאמר להם למה לי רוב זבחיכם וכל הפרשה:

אבן עזרא

והטעם על הסכינה: כמלונה. מקום ללון השומר בשדה קישואים: כעיר נצורה. חרבה כמו ובנצורים ילינו: (ט) לולי. דברי הנביא בעבור ישראל שהם אומרים וכמעט דבק עם שריד בעבור טעם המפסיק כי עיקר גדול הוא לשמור דרך הטעמים: (י) שמעו. זאת תשובת הנביא בעבור שאמרו הם כסדום היינו אמר אילו הייתם כן כן הדין

מצודת ציון

מלשון קשואין והוא שם פרי: נצורה. מלשון מצור: (ט) לולי. לשון אם לא: שריד. שארית כמו פליט ושריד (איכה ב'): דמינו. מלשון דמיון והשואה: (י) קציני. ענין שררה כמו כל קציניך נדדו

מצודת דוד

ילך כרמו מניח סוכתו ריקן והולך לו: כמלונה במקשה. כמו המלונה העשויה בשדה קשואין כי משתלקט מניחה ריקן והולך לו (זה שבכרם קרוי סוכה כי השומר יושב בה ביום ומשמרה מפני העופות ובלילה מפני הגנבים אבל הקשואים קשים הם למאכל העופות ואינו שומרם אלא מפני הגנבים ובלילה ולכן נקראת מלונה עשויה ללינה): כעיר נצורה. כמו העיר אשר האויבים צרים עליה העושים הסוכות לעמוד להסתתר בהם וכשמסתלקין מעליה נשארים הסוכות ריקן: (ט) לולי ה'. אם לא היה המקום משאיר לנו בחסדו שארית כחשבון המעט: כסדום. היינו ראוים להיות כלים כסדום ועמורה מבלי שארית מה: (י) קציני סדום. שרים הדומים לשרי סדום:

were like the rulers of Sodom and their people like the people of Gomorrah.—[*Ibn Ezra, Rabbi Joseph Kara,* and *Redak*]

rulers of Sodom—*Princes whose deeds are like those of Sodom. From here* [the Rabbis] *deduced that a person should not open his mouth to Satan.*—[*Rashi* from *Berachoth* 19a, *Ketuboth* 8b]. The intention is that one should not say evil about himself, because the Accuser will claim that this is a confession of guilt, and the Divine Attribute of Mercy will

like a lodge in a cucumber field, like a besieged city. 9. "Had
not the Lord of Hosts left us a remnant, we would soon be like
Sodom; we would resemble Gomorrah." 10. Hear the word of
the Lord, O rulers of Sodom; give ear to the law of

Watchman, i.e. the temple built in honor of the Almighty.

Rashi apparently sees this as a prediction of the exile of Judah.

like a lodge in a cucumber field—*As the lodge which the watchman made at the end of a cucumber field, to watch its cucumber, is left, for after it is gathered, he leaves it and goes away; the one in the vineyard is called a hut since he lives in it day and night; by day, he guards it from the birds and by night from the thieves, but cucumbers are hard, and there is no fear of the birds, and one need not watch them by day. It is, therefore, called a lodge since it is a place of lodging at night. Jonathan renders: Like a bed in a lodge* (again repeated in Hebrew), in *a cucumber field, in a cucumber field after it has been picked* (בָּתַר דְאַבְעֲיוּהִי), *after it has been picked.* This is the expression of the Mishnah (*Peah* 4:5): *There are three gatherings* (אַבְעָיוֹת) *a day.*—[*Rashi*] This means that the poor are permitted to enter private fields three times a day to gather their due. Since this word is never found in the sense of gathering or picking, but in the sense of searching or seeking, it is conjectured that *Rashi* means that the field is searched by the poor three times a day. Here, too, the lodge is deserted after the cucumber field has been searched and found to contain no more cucumbers.—[*Aruch, Musaph He-aruch*]

like a besieged city—*Like a city which was besieged, and they make huts around it to hide the troops, and when they give up the siege (*lit. *when they go away from it), they leave them and go away. All this is Jonathan's translation.*—[*Rashi*] Others render: *as a deserted city.*—[*Ibn Ezra, Redak*]

9. **"Had not the Lord of Hosts left us a remnant**—*by His own volition and with His mercy, not because of our merits.*—[*Rashi*] Now the prophet speaks in the name of the people of Israel.—[*Ibn Ezra*]

we would soon be like Sodom—*All of us would be destroyed.*—[*Rashi*]

Others render: Had not ... a small remnant. This interpretation follows the punctuation signs.—[*Ibn Ezra, Redak,* and *Rabbi Joseph Kara*]

This small remnant was the two tribes of Judah and Benjamin, which remained after the exile of the ten tribes of the northern kingdom, in the sixth year of Hezekiah. Were it not for that small remnant, we would be like Sodom.—[*Rabbi Joseph Kara*] The prophet includes himself with the transgressors in honor of the Jewish people.—[*Redak*]

10. **Hear the word of the Lord, O rulers of Sodom**—Since they said that they would indeed be like Sodom, the prophet replies that if that were so, they would indeed deserve that fate, for their rulers

אֱלֹהֵינוּ עַם עֲמֹרָה׃ יא לָמָּה לִּי רֹב־
זִבְחֵיכֶם יֹאמַר יְהוָֹה שָׂבַעְתִּי עֹלוֹת
אֵילִים וְחֵלֶב מְרִיאִים וְדַם פָּרִים
וּכְבָשִׂים וְעַתּוּדִים לֹא חָפָצְתִּי׃ יב כִּי
תָבֹאוּ לֵרָאוֹת פָּנָי מִי־בִקֵּשׁ זֹאת מִיֶּדְכֶם
רְמֹס חֲצֵרָי׃ יג לֹא תוֹסִיפוּ הָבִיא מִנְחַת־
שָׁוְא

דְעוֹבָדֵיהוֹן דָמְיָן לְעַם
עֲמוֹרָה׃ יא לָא רַעֲוָא
קֳדָמַי בְּסַגִיאוּת נִכְסַת
קוּדְשֵׁיכוֹן אֲמַר יְיָ
שְׂבַעִית מִסַתִי עֲלָוָת
דִכְרִין וּתְרַב פַּטִימִין
וַדְם תּוֹרִין וְאִמְרִין וְגַדְיָן
דִבְאִלֵין לָא רַעֲוָא קֳדָמַי
בְּהוֹן׃ יב כַּד אַתּוּן אָתָן
לְאִתְחֲזָאָה קֳדָמַי מַן
תְּבַע דָא מִיֶדְכוֹן לְמֵיתֵי
וּלְאִתְדְשָׁא עֲזָרָתִי׃
יג לָא תוֹסְפוּן לְאַיְתָאָה

ת"א רוב זבחיכם · ברכות ה חגיגה ט ד: לראות פני. שם ·

רש"י

פיו לשטן: (יא) שבעתי עולות אילים. כמו פן ישבעך ושנאך (משלי כ"ה י"ז): מריאים. בהמות ואלו פטומות: לא חפצתי. אחר שאתם עוברים על תורתי זבח רשעים תועבה: (יב) מי בקש זאת מידכם רמוס חצרי. לרמוס את חצרי אחרי שאין לבבכם שלם עמי: (יג) לא תוסיפו הביא מנחת שוא. מתרה אני בכם לא תביאו לי מנחת שוא שלכם שהעשן העולה ממנה קיטור של תיעוב

מהר"י קרא

מעשיהם לעם עמורה: (יא) למה לי רוב זבחיכם. שאתם מרבים בזביחתכם: יאמר ה'. פת' אומר ה'. דבר הווה הוא ולא להבא כמו ככה יעשה איוב. שפת' ככה היה עושה איוב: (יב) כי תבואו לראות פני. להראות פני: מי בקש זאת מידכם. כל איש מכם שנכנס לעזרה להראות לפני. (מי בקש). אני מעלה עליו כאילו בא לרמוס חצירי. רמוס כמו לרמוס: (יג) לא

אבן עזרא

כי שריכם הם כשרי סדום וזה טעם קציני סדום והעם כעם עמורה: (יא) למה. הטעם למה אשאירכם עוד בארץ בעבור רוב עולותיכם. ומלת שבעתי כדרך בן אדם דבר הכתוב. והאמת אם ארעב לא אומר לך: אילים. הם גדולים: מריאים. מין ממיני השור וגדול ממנו וחלבו אסור. והגאון אמר שהוא מלשון משנה כמו בריאים: פרים וכבשים. הם קטנים: ועתודים. גדולים והם התיישים העולים על הצאן: (יב) כי. לראות פני. כמו לפני כי אין פני פעולים: רמוס. שם הפועל: (יג) לא תוסיפו. ליווי כמו לא תוסיפו על הדבר: הביא. כמו להביא כי מנחתכם

רד"ק

(יא) למה לי רוב זבחיכם. אף על פי שהיו מזבחים ומקטרים בבמות היו מביאים גם כן קרבנו' לבית המקדש בחדשים ובמועדים והואיל ואתם עוזבים תורתי למה לי רוב זבחיכם כי לא צויתי אתכם עליהם אלא כדי שתזכרוני ותעלוני על לבבכם תמיד ולא תחטאו. ואם חטאתם שתתודו עם הקרבן ותשובו מדרכיכם הרעים ואלו עשיתם כן היו לי לריח ניחוח כמו שאמור בתורה אבל עתה אני קץ בהם ומואסם כאדם השבע מן הדבר שהוא קץ בו ומואסו וזהו שאמר שבעתי עולות אלים ודם פרים וכבשים וגו': (יב) כי תבאו בשלש רגלים זו הראיה מי בקשה מידכם שתבואו לפני יתמרו את דברי איני חושב לכם זה לכבוד אלא לבזיון שתרמסו חצרי. ואמר חצרי כי בחצרות בית השם היו עומדים ישראל ולא היה נכנס להיכל כי אם הכהנים: (יג) לא תוסיפו. אם עשיתם עד עתה לא תביאו עוד מכאן ואילך כי תביאו מנחה לפני ואין לבבכם אלי זאת היא מנחת שוא והבל ותועבה היא לפני. וכשתקראו מקרא קדש ותאספו ואתם נעצרים בביתי לקדש חדש או מועד

מצודת דוד

(יא) למה לי וגו'. הלא כל עקר הזבח בא להתוודות עם הבאתו ואתם הואיל ואינכם שבים למה לי הזבח: שבעתי וגו'. ר"ל אני קץ בהם כאדם השבע שהוא קץ בדבר שהוא שבע ממנו: לא חפצתי. הואיל ואינכם שבים: (יב) כי תבואו. כאשר תבואו לראות פני ברגל אז אומר לכם מי בקש זאת מידכם לדרוך ולרמוס בחצרי: (יג) מנחת שוא. כי הואיל ואינה לי לרצון היא מנחת שוא כי אין

מצודת ציון

(לקמן כ"ב): (יא) מריאים. פטומים ושמנים וכן ושלם מריאכם (עמוס ה'): ועתודים. הם הזכרים מן העזים: (יב) פני. כמו לפני ותחסר הלמ"ד: רמוס. ענין דריכה ברגל כמו ורמסי בחומר

and disobey My commands? I do not deem this pilgrimage an honor but a degradation, that you trample My courts. It was the Temple court where the Israelites stood when they made their pilgrimages to the Temple, since only the priests would enter the Temple proper.—[*Redak*] The plural form is used to denote the two temple courts: the women's court and the Israelites' court.—[*Be'ur HaGra*]

13. **You shall bring no more vain meal-offerings**—*I warn you, you shall not bring Me your vain meal-offering, for the smoke that rises from it is smoke of abomination to Me, and not for My satisfaction.*—[*Rashi*] Since the meal-offering is not to My liking, it is vain, of no use.—[*Abarbanel, Metzudath David*]

Rashi interprets קְטֹרֶת, as *burning*, or *smoke*; i.e. the smoke that rises when the *kometz*, the handful of flour, is burnt on the altar. This is the remembrance of the offering. See

our God, O people of Gomorrah! 11. Of what use are your
many sacrifices to Me? says the Lord. I am sated with the
burnt-offerings of rams and the fat of fattened cattle; and the
blood of bulls and sheep and hegoats I do not want. 12. When
you come to appear before Me, who requested this of you, to
trample My courts? 13. You shall no longer bring vain
meal-offerings,

not be able to defend him.—[*Hakothev, Ein Yaakov, Berachoth* ibid.] Here too, since the Jews said, "We would soon be like Sodom . . . ," the Divinely inspired prophecy replied, "Hear the word of the Lord, O rulers of Sodom. . . ," intimating that they were, indeed, deservant of the punishment meted out to Sodom and Gomorrah.

11. ***Of what use***—*Jonathan* paraphrases: I have no desire. *Ibn Ezra* renders: Why should I leave you any longer in the land? Is it because of your many sacrifices?

Says the Lord—The Hebrew is in the future tense. The intention is the present, however, as in Job 1:5.—[*Rabbi Joseph Kara*]

I am sated with the burnt-offerings of rams—*This is similar to: "Lest he have too much of you and hate you* (Proverbs 25:18.—[*Rashi*] I.e. the verse is anthropomorphic.—[*Ibn Ezra*]

Although they sacrificed on the high places, they, nevertheless, observed the festival and New Moon services in the Temple. The prophet castigates them by saying, "Since you have neglected My Torah, of what use are your many sacrifices? I enjoined you to offer them only in order that you remember Me and always keep Me in mind, so that you do not sin. If you do sin, you must confess your sins with the sacrifice and repent of your evil ways. Had you done this, your sacrifices would be desirable to Me, as the Torah states. Now, however, I despise them like a person who is sated from food, and therefore, is nauseated by it.—[*Redak*]

fattened cattle—*Fattened cattle and sheep.*—[*Rashi*] This view is shared by Rav Hai Gaon, quoted by *Ibn Ezra. Ibn Ezra*, himself, and *Ibn Janach* maintain that this is a species akin to the ox, but larger.

bulls and sheep—This refers to the small ones.—[*Ibn Ezra*]

and hegoats—These are the old goats, (comp. Gen. 31:10). *Jonathan* renders: kids.

I do not want—Since you transgress My Torah, the sacrifice of the wicked is an abomination.—[*Rashi* from Prov. 21:27]

12. **When you come to appear before Me**—on the three Pilgrimage Festivals.—[*Redak*]

who requested this of you, to trample My courts—*to trample* [the preposition is absent in the Hebrew] *My courts, since your heart is not whole with Me.*—[*Rashi*] Who requested of you to come before Me

שוא קטרת תועבה היא לי חדש
ושבת קרא מקרא לא־אוכל און
ועצרה: יד חדשיכם ומועדיכם שנאה
נפשי היו עלי לטרח נלאיתי נשא:
טו ובפרשכם כפיכם אעלים עיני מכם
גם כי־תרבו תפלה אינני שמע ידיכם

ת"א חדשיכם. שבת כב קמה מגלה לא: ובפרשכם כפיכם. ברכות לב: הרבו תפלה. (ברכות ז תענית כז):

תרגום

מנחת אניסא קורבן מרחק הוא קדמי ירחין ושבין כנישא אתון מתכנשין לא שבקין חוביכון לקבלא צלותכון בעדן כנישתכון: יד ירחיכון ומועדיכון רחיק מימרי הוו קדמי לרחוק אסגיתי למשבק: טו וכד כהניא פרסין ידהון לצלאה עליכון מסליקנא אפי שכנתי מנכון ואף כד אתון מסגן לצלאה לא רענא קדמי לקבלא צלותכון מדי ידכון דם זכאי

רש"י

הוא לי ולא לנחת רוח: חודש ושבת קרוא מקרא לא אוכל וגו'. ולקרות מקרא חודש ושבת שאתם כאספים לקרוא עצרה ואסיפה בהם לא אוכל לסבול און שבלבבכם הנוטה לעכו"ם והעצרה עמו שאין שני הדברים האלו ראוין יחד לקרוא עצרה ליאסף לפני והאון שבלבבכם לע"ז ואין אתם מוציאין אותו מתוך לבבכם: (טו) ובפרשכם כפיכם אעלים עיני מכם. לפי שידכם דמים מלאו:

מהר"י קרא

תוסיפו הביא מנחת שוא. אדם כי יקריב מכם מנחה לשוא הוא מביאה: קטורת תועבה היא לי. פת' גם קטורת שאתם מקטירים לפני תועבת היא לקבלו מכם: חודש ושבת קרוא מקרא. פת' גם שאתם אומרים שבת היום. היום מתחדש החדש. ואף מועדי כי תקראו אותם במקראי קודש ששלוחי ב"ד יוצאין בכל גבול ישראל ומודיעין אותם כך וכך קידשו את החודש מפני תקנת המועדות על כן נקראו מקראי קודש ששלוחי בית דין קוראין ומכריזין עליהם. וגם בדבר זה איני חפץ. ומגיד בצדו. מי גורם שאיני חפץ בחדשיכם ובמועדיכם ובשבתותיכם. דבר זה גורם שלא אוכל און ועצרה. איני יכול להכיל שני דברים הללו שיבואו כאחד שישתמשו זה עם זה. שישתמשו לע"ז שנקראת און. ותהיו (קרואים) [קוראים] שבת היום. ראש חודש היום. אך חדלו לכם מע"ז אז ארצה ואכבדה ביום שמחתכם ומועדיכם ובראשי חדשיכם. אבל כל זמן שאינכם מושכים ידיכם מע"ז חדשיכם ומועדיכם שנאה נפשי: (יד) היו עלי לטורח נלאיתי נשוא. עד עכשיו הייתי נשוא עונם וכבר הרביתי לסלוח. שכל מה שאני מרבה לסלוח אתם מוסיפים לחטוא. נשוא (דעזרטי"ר בלע"ז): (טו) ובפרשכם כפיכם. בתפלה: אעלים עיני מכם וגו'. לפי שאמר למעלה [מן] הענין. למה לי רוב זבחיכם שמלבדנו שמאס ברוב זבחינו

רד"ק

שהוא יום שבתון ובלבבכם און ושוא לא אוכל אני לראות זה און ועצרה וכפל עוד ואמר: (יד) חדשיכם. לטורח למשא כבד היו עלי עד שנלאתי לסבול אותם יונתן תרגם אסגיתי למשבק כלומר הרבה נשאתי וסלחתי לכם עונותיכם ולא אוכל עוד לסלוח: (טו) ובפרישכם. הרי"ש בחיר"ק תחת סגול כדברכם פרישת כפים היא לתפלה כמו אפרוש כפי אל ה' ואיך לא תבושו ותפרושו אלי כפיכם ששפכו דמים לפיכך אני אעלים

אבן עזרא

היא שוא בעיני והקטורת היא תועבה: חדש. מפורש בתורה שהוא ראש חדש: קרא מקרא. שתקראו אותם מקראי קודש והזכירם עם העולות והמנח' בעבור המוספים: לא אוכל און. תחסר מלת נשוא כמו חמור להם. וטעם ועצרה כמו מעוצר וממשפט לוקח שלא תעשה כל מלאכה וכן עצרת והטעם לא אוכל לסבול און עם עצרה כי מה תועלת יש לעצרה עם און: (יד) חדשיכם. היו עלי לטורח. על כן אסירכם ויעבתו: נלאיתי נשא. דרך משל: (טו) ובפרשכם. בא הרי"ש בחיר"ק תחת פתח קטן והטעם שאסתיר הרחמים מכם וכן אינני שומע והטעם

מצודת ציון

(נחום ג'): (יג) קטורת. ענין העלת עשן והוא מלשון קטור הארץ כקיטור הכבשן (בראשית י"ט): אוכל. מלשון יכולת: און. ענינו מחשבת שקר כמו הנה יחבל און (תהלים ז'): ועצרה. ענין קבולת אנשים כמו עצרת בוגדים (ירמיה ט') ע"ש שהם עצורים ועכובים במקום אחד: (יד) נלאיתי. ענין יגיעה כמו ומה הלאיתיך (מיכה ו'): נשוא. מלשון משא: (טו) אעלים. מלשון העלמה והסתרה:

מצודת דוד

כה תועלת כי הקטרת הקומן היא תועבה לפני: חודש ושבת. בין בר"ח בין בשבת בין בימי המועד אשר תקראו מקרא קודש ואתם נעצרים לפני בהבאת קרבנות הנה לא אוכל לסבול האון שבלבבכם עם העצרה שאתם נעצרים לפני כי אין שני אלו ראוים להתאחד: (יד) חדשיכם. זבחי החדשים וגו': לטורח. למשא כבד המטריח עד שאני עיף לשאת את המשא ואמר בלשון הנופל באדם להשמיע האוזן כפי שסורגלה: (טו) ובפרשכם כפיכם. בעת התפלה:

---

you, I will withdraw My presence from you. The Rabbis interpret this as an allusion to the priestly blessing, which is recited with outspread hands. Hence, they deduce that a *kohen* who committed murder is disqualified from blessing the people, since the prophet ends the verse with the words, "*Your hands are full of blood,*" implying that, because your hands are full of blood, I will hide My eyes from you and not hearken to your blessing.—[*Berachoth* 32b]

And when you spread out your hands, I will hide My eyes from you—*because your hands are full of blood.*—[*Rashi*] adds the word, "because" to make sense of the verse

it is smoke of abomination to Me; New Moons and Sabbaths,
calling convocations, I cannot [bear] iniquity with assembly.
14. Your New Moons and your appointed seasons My soul
hates, they are a burden to Me; I am weary of bearing [them].
15. And when you spread out your hands, I will hide My eyes
from you, even when you pray at length, I do not hear; your
hands are full of blood.

Levit. 2:2.—[*Metzudath David*] Others interpret it as referring to the incense, rendering: *Incense, [too], is an abomination to Me.* I.e. the incense you burn before Me is an abomination to Me.—[*Rabbi Joseph Kara*]

New Moons—lit. month. This is synonymous with רֹאשׁ חֹדֶשׁ, *the beginning of the month.* We find this short form in the Pentateuch.—[*Ibn Ezra*] Friedlander presumes that Ibn Ezra refers to Num. 28:14, where חֹדֶשׁ is used instead of רֹאשׁ חֹדֶשׁ.

New moons and Sabbaths, calling, convocations, I cannot . . .—*and* (sic, does not appear in *Parshandatha*) *to call convocations, i.e. New Moons and Sabbaths when you gather to call a convocation and an assembly on them, I cannot bear the iniquity in your hearts that is inclined to paganism, and the convocation with it, for these two things are incompatible: to call a convocation to gather before Me, and the iniquity that is in your hearts for paganism, and you do not take it out of your hearts.*—[*Rashi*] The last clause does not appear in *Parshandatha.* Apparently, it does not appear in early editions, since it is unnecessary for the understanding of the verse.*

14. **Your New Moons and your appointed seasons**—This refers to the newly ordained New Moon and festival celebrations in honor of the pagan deities. Scripture, therefore, calls them, "*your* New Moons," and "*your* appointed seasons." My soul hates them, and I cannot bear them any longer as I have done until now. He does not mention the Sabbath since the idolators did not ordain their own Sabbath. This indicates that the prophet is not referring to the divinely ordained New Moons and festivals, but to the idolatrous New Moons and festivals during which the people would assemble to eat and drink and worship the pagan deities.*

I am weary of bearing—This follows *Ibn Ezra. Jonathan,* however, renders: *I am weary of forgiving.* Until now, I have forgiven you your transgressions. Now, I am weary of forgiving, since the more I forgive you, the more you sin.—[*Rabbi Joseph Kara*]

15. **And when you spread out your hands**—at the time of prayer, when you stand with your hands spread out toward heaven, I will not listen to your prayers.—*Abarbanel* and *Metzudath David*] *Jonathan,* however, renders: *And when the priests spread out their hands to pray for*

דמים מלאו: טז רחצו הזכו הסירו רע
מעלליכם מנגד עיני חדלו הרע:
יז למדו היטב דרשו משפט אשרו חמוץ
שפטו יתום ריבו אלמנה: יח לכו־נא

סלין: טז תובו לאוריתא ואדכו מחוביכון ואעדו בישות עובדיכון מקביל מימרי אתמניעו מלאבאשא: יז אליפו לאוטבא תבעו דינא זכו דאנים דונו דין יתמא עבידו קבילו קבילת ארמלתא:
יח בכן כד תתובון לאוריתא תבעון מן קדמי ואעביד בעותכון אמר יי אם יהון חוביכון

ת"א דמים מלאו. נדה יג: רחצו. (ר"ה נט): למדו היטב. יומא לט קידושין כ"ג: אשרו חמוץ. סנהדרין לה:

רש"י

דמים. רציחה: (טז) רחצו הזכו. (פתח הוא) ל' צווי לפי שהוא מגזירת רחץ. אבל רחצו קמץ לשון עבר שהוא מגזרת רחץ: רחצו. הזכו. הסירו. חדלו. למדו. דרשו. אשרו. שפטו. ריבו. לכו. י' אזהרות של ל' תשוב' יש כאן כנגד עשרת ימי התשוב' וכנגד י' מלכיות זכרונות ושופרות: חדלו הרע. הדלו ממעשים הרעים: הרע. כמו להרע ואינו צריך לכתוב (מלהרע) שכן לשון המקרא נופל על לשון חדלה והדל לעשות הפסח (במדבר ט) עד כי הדל לספור (בראשית ג"א מ"ט): כלומר חדלה הספירה חדלה העשיה אף כאן תחדלו הרעה: (יז) למדו. רפי נקוד והוא מגזרת למד היו למדין להטיב המלמד לעצמו הוא ממשקולת ל' קל לפיכך צווי ל' רבים שלו נקוד בחירק כמו אמרו שמעו אבל המלמד לאחרים הוא ממשקולת ל' כבד המדגיש ואם בא לצוות את הרבים הוא נקוד למדו וכן דרשו מגזר' דרוש אבל אשרו שהשי"ן מודגשת ממשקולות ל' כבד ומגזרת אשר לפיכך ל' צווי לרבים נקוד פתח (כמו אשרו דברו ספרו בשרו): אשרו חמוץ. החזיקו את הגזול והוא לשון משנה אשרנוהי אי איסר חילי ישר כחך ל"א הדריכוהו בנתיב אמת לזכות בשלו לשון באשורו אחזה רגלי (איוב כ"ג י"א) ואשר בדרך לבך (משלי כ"ג י"ט): (שפטו יתום. פלוני זכאי ופלוני חייב: ריבו אלמנה. השתדלו בריבם להתווכח בעדה שאינה יוצאת להזור אחרי בעלי דינה סא"א): חמוץ. גזול ודומה לו מכף מעול וחומץ (תהלים עא): (יח) לכו נא ונוכחה. יחד אני ואתם ונדע

מהר"י קרא

בעונינו. הזר ואמר גם כי תרבו תפלה (איננו) עם רוב זבחיכם איננו שומע: ידיכם דמים מלאו. כשהן פרושות בתפלה. אך אותם ידים שמלאו דם: (טז) רחצו הזכו. כלומר הטהרו ומנער עצמיכם שפיכות דמים: הסירו רוע מעלליכם מנגד עיני. אז יהיו עיני פתוחות בפרישכם כפיכם בתפלה: חדלו. ומנעו עצמיכם מלהרע: (יז) למדו היטב. להיטב: אשרו חמוץ. עשו יושר לנחמס. חמוץ (ועוול) [הנעוול] והנגזל. דחומץ הוא (הנגזל) [הגזלן] שכן אמר דוד (הציל מעוול חמוץ) [מכף מעול וחומץ]. וכן שנו רבותינו מנין שנזקקין לתובע תחילה דכתיב אשרו חמוץ הוא הנגזל. מדברים הללו למדנו כי חמוץ הוא הנעוול והנחמץ: שפטו יתום ריבו אלמנה. מתוך שטף הלשון שתפס שפטו וריבי אלמנה. את למד שאם בא לפניך משפט אלמנה והוצאתו לאמיתו עדיין לא יצאתה ידי חובתך עד שתריב בעדה לבעל הדין שכנגדה והוציא מתחת ידו את שהוא חייב לה: (יח) לכו נא ונוכחה יאמר ה'. ואף ונוכחה זה אינו לשון ויכוח. שלא תמצא לעולם ויכוח בלא תי"ו. אלא כמו שם ישר נוכח עמו. שפר' ישר ונוכחה עמו. וכן לא ידעו עשות נכוחה. אף כאן לכו נא ונוכחה. פת' לכו נא ונלך בדרך

אבן עזרא

שלא הושיעכם בעבור כי ידיכם דמים מלאו והטעם שפיכות דמים: (טז) רחצו הזכו. הטעם רחצו ידיכם מהדם ששפכו: הזכו. מבנין התפעל ובולע התי"ו בדגשת הזי"ן כמו ולקח למטהר: (יז) למדו היטב. שם הפועל והטעם להיטב: אשרו חמוץ. האל"ף תחת יו"ד והפך זה תתימרו וחמוץ שם התואר כמו קרוב מגזרת מעול וחומץ. ורבים פירשוהו שיחמצו הדין. והטעם שלא ידינו מיד ויהיה טעם אשרו כמו אשרוני בנות: שפטו יתום. דינו משפט יתום שאין לו עוזר וכמוהו שפטני אלהים וריבה ריבי. וכן ריבו אלמנה: (יח) לכו. יש אומר כי ונוכחה דברי השם

רד"ק

עיני מכם ולא אקבל תפלתכם אפילו תרבו תפלה ותצעקו כל היום. ורבותינו זכרונם לברכה דרשו הפסוק בנשיאת כפים בכהן ואמרו כל כהן שהרג הנפש לא ישא כפיו שנאמר ובפרישכם כפיכם ידיכם דמים מלאו: (טז) רחצו הזכו. רחיצת הלב וזכותו ופירוש הסירו רוע מעלליכם. חדלו הרע חדלו לכם מלהרע איש לאחיו. ורבינו שלמה ז"ל פירש חדלו הרע כמו להרע: (יז) למדו. מן הטוב ומן הרע חדלו ותלמדו להטיב איש לחבירו: דרשו משפט. בין עושק לעשוק: אשרו. כמו ישרו: חמוץ. הוא הגזול כמו מכף מעול וחומץ שפירושו גוזל. ישרו מי שהוא גזול ומעוות בדינו. ורבותינו פירשו לשון חמץ ואמרו אשרי הדיין שמחמץ את דינו: שפטו יתום ריבו אלמנה. שפטו משפט יתום ריבו ריב אלמנה. כי הם העשוקים ברוב ואינכם משימים אזניכם לצעקתם: (יח) לכו

מצודת דוד

ידיכם וגו'. לפי שידיכם מלאים משפיכת דם: (טז) רחצו הזכו. הסירו כתמות העון בתשובה: הסירו וגו'. לפי שרוע מעללי גבר עומדים מול ה' לקטרג עליו לזה אמר עשו תשובה ובזה תסירם מנגד עיני: הרע. מלהרע: (יז) היטב. להטיב מעשיכם: דרשו. חקרו המשפט לדעת הדין עם מי והיו מישרים את העשוק ושפטו משפט היתו' וריבו ריב האלמנ' כי המה הנעשקים ע"פ רוב: (יח) ונוכחה. נברר הדברים לדעת מי סרח על מי: אם יהיו וגו'. ר"ל וכאשר

מצודת ציון

(טז) הזכו. מלשון זכות ובהירות: חדלו. מנעו: (יז) אשרו. מלשון ישר ובאה האל"ף במקום היו"ד וכן בהפוך כמו ובכבודם תתימרו (לקמן ס"א) ומשפטו תתאמרו: חמוץ. עשוק כמו מכף מעול וחומץ (תהלים ע"א): (יח) לכו. הוא ענין לשון

plead the case of the widow—*Endeavor in their quarrel to plead for her, for she cannot go out to pursue her opponents.*—[*Rashi* in some editions]) We reversed the order of *Rashi* to conform with the order of the verse. Why these two headings were inserted out of sequence, is not known. *Parshandatha* does not quote them at all.

16. Wash, cleanse yourselves, remove the evil of your deeds from before My eyes, cease to do evil. 17. Learn to do good, seek justice, strengthen the robbed, perform justice for the orphan, plead the case of the widow.

and to connect the two clauses.

blood—*Murder.*—[*Rashi*]

16. **Wash, cleanse yourselves**—*Voweled with a 'patach,' the imperative form, since it is derived from* רְחַץ, *but* רָחֲצוּ, in the past tense, is voweled with a 'kamatz' because it is derived from רָחַץ.—[*Rashi*] רַחֲצוּ is a transitive verb. Consequently, *Ibn Ezra* interprets it as: Wash your hands of the blood they shed.

cleanse yourselves—This is the reflexive conjugation. Ordinarily, there should be a 'tav' after the 'hey.' In this verb, however, the 'tav' is substituted for by the 'dagesh forte' in the 'zayin.' —[*Ibn Ezra*]

Wash, cleanse yourselves, remove, learn, seek, strengthen, perform justice, plead, go—*Ten exhortations of the expression of repentance are* [listed] *here, corresponding to the Ten Days of Penitence and to the ten verses of Kingship, Remembrances, and Shofaroth* in the musaf service of Rosh Hashanah.—[*Rashi*]

cease to do evil—*Desist from your evil deeds.*—[*Rashi*]

to do evil—*like* לְהָרֵעַ, *to do evil. Rashi* explains this because the preposition is absent in Hebrew. *Scripture does not have to write* מֵהָרֵעַ, *desist from doing evil, for so does the Biblical language treat the expression of* חֲדָלָה, *stopping,* e.g. "*and he failed to make* (לַעֲשׂוֹת) *the pesach* (Num. 9:13)," "*until he stopped counting*" (לִסְפֹּר) (Gen. 41:49)." *That is to say, the counting stopped, the making failed, here too, stop the evildoing.*—[*Rashi*]

17. **Learn**—*It is punctuated 'raphe,' weak, without a dagesh. This is from the form* לְמֹד, *learn to do good. One who teaches himself is of the 'kal' form. Therefore, its imperative plural is voweled with a 'chirik' like* אִמְרוּ, שִׁמְעוּ, *but one who teaches others is of the form of the 'heavy conjugation' (pi'el) with a 'dagesh,' and if one comes to command a number of people, the word is voweled* לַמְּדוּ. *And so,* דִּרְשׁוּ, *from the form* דְּרֹשׁ, *but* אַשְּׁרוּ, *in which the 'shin' has a 'dagesh,' is from the 'heavy conjugation,' and from the form* אַשֵּׁר; *therefore the imperative plural is voweled with a 'pattach' like* בַּשְּׂרוּ, סַפְּרוּ, דַּבְּרוּ.—[*Rashi*]

strengthen the robbed—Heb. אַשְּׁרוּ חָמוֹץ. *This is a Mishnaic term,* אֲשַׁרְנוּהִי, "*we have verified it* (*Ketuboth* 21a)," "*if I had strength* (אִישַׁר) (*Gittin* 30b)," "*May your strength be strengthened* (יִישַׁר) (*Shabbath* 87a)." *Another explanation is: Lead him in the path of truth to acquire what rightfully belongs to him. An expression of:* "(Job 23:11) *My foot held its path* (בַּאֲשׁוּרוֹ)," "(Prov. 23:19) *And go* (וְאַשֵּׁר) *in the way of your heart.*—[*Rashi*]

the robbed—Heb. חָמוֹץ, *similar to* "(Ps. 71:4) *from the hand of the unrighteous and the robber* (וּמְחַמֵּץ)."

(**perform justice**—*So and so is innocent and so and so is guilty.*—[*Rashi*]

ונוכחה יאמר יהוה אם־יהיו חטאיכם
כשנים כשלג ילבינו אם־יאדימו
כתולע כצמר יהיו : יט אם־תאבו

כְּתִיסִין כִּצְבְעוֹנִין כְּתַלְגָא יְחַוְרוּן אִם יִסְמְקוּן כִּזְהוֹרִיתָא כַּעֲמַר נְקִי יְהוֹן : יט אִם תֵּיבוּן

ת״א ונוכחה . שבת יב) : חטאיכם כשנים . שבת פו יומא סז סח (יומא כט) : כשלג ילבינו . שבת יט : אם תאבו קידושין סא :

מהר״י קרא

נכוחה. כך אמר ה׳. שאמר לכם. וכן דרך הנביאים להיות כוללים עצמם בתוכחה שמוכיחים לישראל. שאין אומר להם יישרו עצמיכם אלא כוללים עצמם ואומ׳ ניישר עצמינו. וכן הושע אמר. לכו ונשובה אל ה׳. לכו שובו אל ה׳ אינו אומר אלא לכו ונשובה. דעו ורדפו לדעת את ה׳ אינו אומר אלא [נדעה] נרדפה לדעת את ה׳. וכן כולם כוללים עצמם בתוכחה כדי שינעם תוכחה שלהם לשומעיהם. ואל תשיבני במה שאמרו חכמים ז״ל יאמר ה׳. אמר ה׳ מיבעי ליה שהם הסבו את התיבה אחר המדרש להבא ולעבר ולהווה. אבל לפי פשוטו של דבר יאמר זה דבר הווה הוא. ואין לנו מידה יתירה כפשוטו של מקרא. שאף במקום המדרש למדנו רבותינו שאין המקרא יוצא מידי פשוטו : אם יהיו חטאיכם כשנים כשלג ילבינו. אם תכינו עצמיכם ללכת בדרך נכוחה. הרי ארחיץ עון ידיכם שדמים מלאו שאפילו אם יהיו אדומים ידיכם כצבעים שנקרא שנים כשם שנאמר כחוט השני שפתותיך הריני מלבנם כשלג. ואם יאדימו כתולע כשממחין אותו לעשות ממנו צבע נקרא אותו צבע שני. וכמו שיאמר שני מצבע אחד כן יאמר כצבעים הרבה שנים אע״פ שכולו מין אדום. שנים יוודע לך. מדה זו נוהגת בכל הקריה שבכל מקום שאתה מוצא תוכחה במקרא. וכחתם התוכחה הפסקה שאנו קורין פרימא. והענין של אחריו מדבר בנחמה. אל ישיאך לבך להפסיק ולהפליג ולהרחיק שאחר הפסקה ענין של מעלה לפי שיש שם הפסקה. לא בא אלא לחבוש שבר של מעלה. ואפרש לך מקצתו. הרי הוא אומר יען כי גבהו בנות ציון. וסיפח ה׳ קדקד בנות ציון וה׳ פתהן יערה. ביום ההוא יסיר ה׳ את תפארת העכסים וכל הענין עד והחזיקו שבע נשים באיש אחד אסוף חרפתנו. וכפסיק הענין ומתחיל אחריו ביום ההוא יהיה צמח ה׳ לצבי ולכבוד. ודע כי מחובר היא לענין של מעלה. וכה פת׳ ביום שהיינה בנות ציון שמהלכות עתה נטיות גרון ומסקרות עינים לחרפה בפני האומות שיתעוללו בהן יהיה צמח ה׳ לצבי ולכבוד. אלו הצדיקים הנשארים בדור. ופרי הארץ לגאון ולתפארת. ואף כי יסיר ה׳ תפארת העכסים ישאיר צדיקי הדור שנ׳ בהם אמרו צדיק כי טוב כי פרי מעלליהם יאכלו לגאון ולתפארת. שיסיר תפארת העכסים ויקיים תפארת הצדיקים. וכן ביחזקאל הוא אומר בן אדם חוד חידה ומשול משל ואמרת כה אמר [וגו׳] הנשר הגדול. בא אל הלבנון ויקח את צמרת הארז. ויקח מזרע הארץ. [ולקחתי אני מצמרת הארז] הרמה ונתתי מראש ינקותיו [רך] אקטוף ושתלתי אני על כל הר גבוה ותלול בהר מרום ישראל אשתלנו ונשא ענף ועשה פרי והיה לארז אדיר. ודע אע״פ שתמצא שם הפסקה מחובר הוא לענין של מעלה. וכה פתרונו נטיעה ששתל נבוכדנצר בארץ ישראל הוא צדקיהו שהמליכו כשם שנאמר וימלוך מלך בבל את מתניה דודו תחתיו ויסב את שמו צדקיה. לא נתקיימה. אבל נטיעה שלי שאני עתיד ליטע הוא מלך המשיח הוא תתקיים. אף כאן לפי שאמר למעלה בענין ידיכם דמים מלאו וחתם את התוכחה והפסיק הענין. וחזר לומר אם יהיו חטאיכם כשנים כשלג ילבינו. דע והבן הוא מחובר לענין של מעלה. להלבין ידים שדמים מלאו והפסקה שבעניינים להפסיק בין תוכחה לנחמה. אך סמוכים לעד לעולם עשוים באמת. לבך אל יפנה. ורעה אליך לא תאונה: (יט) אם תאבו

רש״י

מי סרח על מי ואם אתם סרחתם עלי עודני נותן לכם תקוה לשוב : אם יהיו חטאיכם כשנים. כתומים לפני כאודם שניס אלבינס כשלג : יאמר ה׳. תמיד הוא אומר לכם כן כמו על פי ה׳ יחנו (במדבר ט׳ כ׳). ד״א לכו נא ונוכחה מה כתוב למעלה ממנו חדלו הרע למדו היטב ואחר שתשובו אלי לכו נא ונוכח׳ יחד להודיעני שיכנו מה שעלינו עשה מה שעליך ואני אומר אם יהיו חטאיכם כשנים כשלג וגו׳ : כתולע. לצבע שלובעים בו אדום גרעינים הם ויש תולעים בכל אחד

רד״ק

נא. לכו אינו ענין הליכה ממש אלא ענין זירוז וכן לכו ונחשבה על ירמיהו לכה נא אנסכה בשמחה והדומים להם שכתבנו בספר מכלל : ונוכחה. ענין ספור הטענות בעל דין עם בעל דינו וכן שם ישר נכח עמו ועם ישראל יתוכח והדומים להם יאמר האל שיתוכחו עמו ויספר הוא הטובות שעשה לכם והרעות שעשיתם אתם לפניו ואתם כיון שלא תוכלו לטעון כנגדו דבר תתחרטו על מעשיכם הרעים ואם תעשו כן אם יהיו חטאיכ׳ כשנים כשלג ילבינו ופירוש תולע כמו תולעת השני שהו׳ צבע (קרימאזי״ן) ואף על פי שזכר שנים שפירושו אדום זכר אחריו תילע רצה ב׳ יתר אדום ודמה החטא לאדום שהוא צבע חזק ונראה למרחוק ואם יהיה בבגד כתם מאותו צבע לא יסור בכיבוס. וכן אמר אם תכבסי בנתר ותרבי לך בורית נכתם עונך לפני. והתשובה היא לבון הכתם : ילבינו יאדימו. פועלים עומדים : כצמר יהיו. חסר התואר ופירושו כצמר לבן ונקי וכן הנותן שלג כצמר וכמוהם בחסרון התאר וזכר המתאר מלובשים בגדים. זרע אנשים. ימותו אנשים בא באנשים. ופיר׳ אדוני אבי ז״ל אם יהיו חטאיכם כשנים שאינו אדום מאד כשלג ילבינו אכפר על עונותיכם ואם יהיו אדומים מאד כתולע אז יהיו כצמר שאינו לבן מאד כמו השלג : (יט) אם

אבן עזרא

כמו ועם ישראל יתוכח. והנכון בעיני שהוא דברי הנביא לישראל כאומרו השם אמר לי שנקבל תוכחת כי גם הנביא אמר ויסרני מלכת כאשר אפרש : כשנים. כמו שני התולעת והטעם הפך כי אם תכבסו בנתר כי יסור העון ותשובו נקיים מכל חטא וזה פי׳ רחצו : כשלג וכלמר. כפול בטעם : (יט) אם תאבו ושמעתם טוב הארץ תאכלו. שיאכלו

מצודת ציון

זרוז כמו ועתה לכו ונהרגהו (בראשית ל״ז) והלא לא הלכו אליו : ונוכחה. ענין בירור דבר כמו אשר הוכיח ה׳ (שם כ״ד) : כשנים. חוטים לבוע אדום כמו ותולעת שני (שמות כ״ה) : כתולע. הוא שם הצבע שצובעים בו אדום : (יט) תאבו. תרצו כמו לא אבה יבמי

מצודת דוד

הודו שהדין עמדי ותשובו לי אז אם יהיו חטאיכם אדומים כשני תולעת יולבנו כשלג ר״ל אכפר על חטאתכם (דימה העון לכתם אדום שהוא צבע חזק ונראה למרחוק ולא יוסר מהר בכבוס) : (יט) אם תאבו. להיות מוכנעים לי ובמעתם בקולי אז תאכלו מיטב

sinned by yourselves, but have not caused others to sin, and your sins have not become part and parcel of you, through repentance they will become completely obliterated, as white as snow. If, however, they are like the crimson dye itself, either causing others to sin, as the dye transmits its red color to fabrics or inherently sinful and rebellious, just as the dye plant is inherently red, they will become as white as white wool, but not as white as snow; a slight trace of the sins will remain.*

18. Come now, let us debate, says the Lord. If your sins prove to be like crimson, they will become white as snow; if they prove to be as red as crimson dye, they shall become as wool.

18. **Come now, let us debate**—*together, I and you, and we will know who offended whom, and if you offended Me, I still give you hope to repent.*—[*Rashi*] *Redak,* too, follows this interpretation. *Ibn Ezra,* although he, too, quotes it, prefers to think that the words apply to the prophet, who says, "God said to me that we (including himself) should submit to His reproof, for the prophet himself states (infra 8:11), "And He admonished me from going in the way of this people." Rabbi Joseph Kara renders: *Come now, let us go in the proper way, says the Lord.* I.e. God commanded me to say this to you. The prophet includes himself in the reproof as is customary in many instances; when the prophet tells the people to improve their ways, he says, "Let us improve our ways."

if your sins prove to be like crimson—*Stained before Me like crimson red, I will make them as white as snow.*—[*Rashi*]

says the Lord—The verb is in the future form to denote that *He always says this to you, like*: (Num. 9:20) *By the word of the Lord they would camp* (יַחֲנוּ), also a future form. *Another explanation is: Come now, let us debate. What is written above this? Cease to do evil; learn to do good. And after you return to Me, come now, and let us debate together, to notify Me, "We have done what is incumbent upon us: You do what is incumbent upon You; and I say, "If your sins prove to be like crimson, they will become white as snow . . .*—[*Rashi*]

as crimson dye—Heb. תּוֹלָע, lit. a worm. *Dye with which they dye fabrics red. They are kernels, each one of which has a worm inside it.* Hence the name תּוֹלָע.—[*Rashi*]

Redak explains that the Lord calls upon Israel to debate with Him, to determine whether they have sinned. When they are convinced that they *have* sinned, and they will be unable to argue, they will regret their evil deeds. "Then," says the Lord, "if your sins be red as crimson fabric, they will become as white as snow. If, however, they be still redder, as red as crimson dye, itself, they will be whitened only to the shade of white wool, but will not become as white as snow." The prophet compares sin to red dye, which is visible from a distance, and cannot be removed by washing. Yet, by repenting, God will remove the effects of the sins. *Ibn Ezra,* too, explains this analogy of sin to crimson dye.

Malbim explains that there are two differences between crimson fabrics and crimson dye. The fabric received its color from another source, whereas the dye is inherently red. Moreover, the fabric cannot transmit its color to another object, whereas the dye can. Thus, the prophet reproves the people: Why are you worried and afraid to repent? Is it not so, that if your sins are like crimson, i.e. if you have

וּשְׁמַעְתֶּם טוּב הָאָרֶץ תֹּאכֵלוּ׃ כ וְאִם־
תְּמָאֲנוּ וּמְרִיתֶם חֶרֶב תְּאֻכְּלוּ כִּי פִּי
יְהוָה דִּבֵּר׃ כא אֵיכָה הָיְתָה לְזוֹנָה קִרְיָה
נֶאֱמָנָה מְלֵאֲתִי מִשְׁפָּט צֶדֶק יָלִין בָּהּ

ותקבלו למימרי טובא
דארעא תיכלון: כ ואם
תסרבון ולא תקבלון
למימרי בחרב סנאה
תתקטלון ארי מימרא
דיי גזר כן: כא איכדין
תבו עובדהא למהוי
כטעיתא קרתא
מהימנתא

ת"א חרב תאכלו. שם סב: היתה לזונה. מגלה לא: מלאתי משפט. סנהדרין לא זוהר מלורע:

רש"י

ואחד: (כ) כי פי ה' דבר. והיכן דבר והבאתי עליכם חרב (ויקרא כ"ו כ"ה): (כא) לזונה. תועה מעל אלהיה: קריה. שהיתה נאמנה ומלאה משפט וצדק היה לן בה ועתה מרצחים: מלאתי משפט. כגון רבתי עם (איכה א): צדק ילין בה. תמיד של שחר היה מכפר על עבירות של הלילה ושל בין הערבים מכפר על של היום. ד"א שהיו מלינים בה דיני נפשות כשלא היו מוצאין לו זכות ביום הא' משפט. פתרונו מלאת משפט. כמו רבתי עם שרתי במדינות:

מהר"י קרא

ושמעתם וגו': (כ) ואם תמאנו ומריתם חרב. זהו שאמרו רבותינו חרב וסייף ירדו כרוכין זה בזה. וכתוב בו אם תאבו ושמעתם וגו' אם תמאנו ומריתם חרב. אם לא שאמרו רבותינו היכן דיבר והבאתי עליכם חרב. כל מקום שהייתי קורא ט ה' דיבר לא הייתי מחפש אחריו היכן דיבר שהייתי סומך על דברי הנביא ומאמין לדבריו שהייתי אומר כי ה' דיבר: (כא) איכה היתה לזונה קריה נאמנה. ונקראת מלאתי משפט. ונקראת לינת הצדק. וכאשר נשתנית שרבו בקרבה מעוותי משפט ורבו הרמאין בקרבה התחיל הנביא מקונן עליה. איכה היתה לזונה קריה נאמנה לשעבר: מלאתי צדק ילין בה. אנשי הצדק היו לנים בה מתחילה שלא היו בה לא

אבן עזרא

הזרים שהזכיר למעלה: (כ) ואם. הטעם אם תשמעו תאכלו ואם מריתם תאכלו אכילת חרב. או יחסר אות בי"ת כמו הנמצא בית ה' וזה האמת כי פי ה' דבר: (כא) איכה. הנה הוכיחם הנביא ולא שמעו: לזונה. תחת אשה אחר היותה כאשה נאמנה. יו"ד מלאתי משפט נוסף כיו"ד גנובתי יום: צדק ילין בה ועתה מרצחים. הטעם על זמן עומד כי אין לו סימן בלשון הקודש: מרצחים. פועל יוצא

רד"ק

תאבו. טוב הארץ. מה שאוכלים זרים לעיניכ' תאכלו אתם: (כ) ואם תמאנו ומריתם. לא תהיו אוכלים אבל אכולים לחרב: חרב. כמו בחרב חסר בי"ת השימוש וכן הנמצא בית ה' לזונית בית אביה ויקברוהו ביתו ירחצומים כי ששת ימים והדומים להם: כי פי ה' דבר. וכיון שדבר הוא יקים את דברו: (כא) איכה. הזונה אינה נאמנת לבעלה אבל משקרת בו ומזנה תחתיו וכן ירושלם שהיתה נאמנת לאל בימי דוד ובימי שלמה ובימי אסא ובימי יהושפט לא היו מזבחים ומקטרים בבמות אלא בבית המקדש ואחר כך שבה להיות זונה ועזבו בית ה' והם מזבחים ומקטרים בבמות ולאשרות: מלאתי משפט. היו"ד נוספת אומר כי ירושלים היתה מלאה משפט מתחיל' כי יהושפט העמיד שופטים בכל ערי יהודה ואמר להם ראו מה אתם עושים כי לא לאדם תשפטו כי אם לאלהים וגו'. וגם בירושלם העמיד למשפט ה' ולריב וגו'. ועתה אין בה משפט כמו שאמר בסמוך כלו אוהב שחד ורודף שלמונים: צדק ילין בה. ילין אינו לשון לינה ממש אלא לשון שקידה והתמדה בדבר וכן ובהמרותכם תלן עיני ובצוארו ילין עוז ולנה בתוך ביתו והדומים לו וירושלם היה הצדק תמידי בה ועתה מרצחים

מצודת דוד

האכן: (כ) ואם תמאנו. אם תהיו ממאנים לשמוע אמרי ותמרו פי: חרב תאוכלו. לא תהיו אוכלים הלא אכולים לחרב: כי פי ה' דבר. וכידו לקיים מאמרו: (כא) איכה. מתאונן לומר איך ירושלים עיר אמונה נהפכה להיות משקרת בה' כזונה המשקרת בבעלה: מלאתי. מעולם היתה מלאה משפט והצדק התמיד בה ועתה נהפכו

מצודת ציון

(דברים כ"ה): (כ) תמאנו. מלשון מיאון וסרוב: ומריתם. מל' מרי ומרד: (כא) קריה. עיר: מלאתי. היו"ד נוספת וכעכור

would atone for the sins committed *at night, and the* daily *afternoon* sacrifice *would atone for those of the day.* — [*Rashi, Yalkut Shimoni, Yalkut Machiri* from *Pesikta d'Rav Kahana,* p. 61b, p. 122a] *Another explanation is that they would allow capital cases to rest overnight when they could find no merit for him,* i.e. for the defendant; *they would not conclude his verdict until the morrow, perhaps they would find a merit for him, and now they have become murderers.* — [*Rashi* from *Sanh.* 35a] There, *Rashi* explains that, since they did not practice the procedure of allowing the case to rest overnight, they were regarded as murderers. We find in *Pesikta* [*d'Rav Kahana* p. 121a]: *Rabbi Menahem bar Oshia* [according to Parshandatha, Rabbi Phinehas in the name of Rabbi Oshia] *said: Four hundred eighty-one synagogues were in Jerusalem, corresponding to the numerical value of* מְלֵאֲתִי.—[*Rashi* and *Abarbanel*]. According to our edition of *Pesikta,* there were four hundred eighty synagogues. This is based on *Lamentations Rabbah* 2:2. According to *Mattenoth Kehunnah,* the word is written without an

19. If you be willing and obey, you shall eat the best of the
land. 20. But if you refuse and rebel, you shall be devoured by
the sword, for the mouth of the Lord spoke. 21. How has she
become a harlot, a faithful city; full of justice, in which righteousness would lodge, but now murderers.

19. **If you be willing . . . the best of the land**—The land now being plundered by strangers, as in verse 7, will be yours to eat its produce.—[*Ibn Ezra* and *Redak*]

the land—the well-known land, Eretz Israel.—[*Abarbanel*]

In view of the fact that you have so much to gain by repenting and so much to lose by failing to do so, why do you not repent? Is it indeed too difficult to repent? See Deut. 30:11–14: "For this commandment, which I command you this day, is not hidden from you, neither is it far off . . . But this thing is very close to you, in your mouth and in your heart, to perform it." According to *Ramban* (loc. cit.), this refers to the precept of repentance.—[*Malbim*]

for the mouth of the Lord spoke—and since He spoke, He will surely fulfill His word.—[*Ibn Ezra* and *Redak*] I.e. in either case, whether you obey or not, God's promise will be fulfilled; if you obey, you will eat the best of the land, and if you disobey, the enemies will devour you.—[*Abarbanel*]

Where did He speak? (Lev. 26:25) *"And I will bring upon you a sword."*—[*Rashi, Rabbi Joseph Kara, Yalkut Machiri* from *Mechilta Bo,* sec. 12]

Rabbi Joseph Kara comments that, had the Rabbis not identified this prophecy with that of Moses in the Pentateuch, he would not seek the source of this statement, but would rely on the prophet and believe his words, that God had, indeed, made such a statement. [I.e. he would interpret it as part of Isaiah's prophecy.]

21. **a harlot**—*Astray from her God.*—[*Rashi*]

city—*which was faithful and full of justice, and righteousness would lodge therein, but now murderers.* —[*Rashi*]

The harlot is unfaithful to her husband; she betrays him by living with other men. So was Judah, who, in the days of David, Solomon, Asa, and Jehoshaphat, did not sacrifice on high places, turned into a harlot to sacrifice on high places and even to the *asherim.*—[*Redak*]

full of justice—Heb. מְלֵאֲתִי מִשְׁפָּט, equivalent to מְלֵאַת מִשְׁפָּט, the "yud" being superfluous, *as in* (Lamentations 1:1) רַבָּתִי עָם, *great in population,* equivalent to רַבַּת עָם.—[*Rashi, Redak,* and *Metzudath Zion*]

Redak comments that Jehoshaphat appointed judges throughout the land of Judah, especially in Jerusalem, and charged them to judge honestly with fear of God, as in 1 Chron. 19. The prophet is contrasting the conditions in his time to those in the time of Jehoshaphat.

in which righteousness would lodge—*The daily dawn sacrifice*

וְעַתָּה מְרַצְּחִים: כב כַּסְפֵּךְ הָיָה לְסִיגִים
סָבְאֵךְ מָהוּל בַּמָּיִם: כג שָׂרַיִךְ סוֹרְרִים
וְחַבְרֵי גַּנָּבִים כֻּלּוֹ אֹהֵב שֹׁחַד וְרֹדֵף
שַׁלְמֹנִים יָתוֹם לֹא יִשְׁפֹּטוּ וְרִיב אַלְמָנָה

ת"א היה לסיגים. ב"ב סו:

תרגום

מְהֵימְנָתָא דַהֲוַת סַלְיָא
עָבְדֵי דִינָא קוּשְׁטָא הֲוָה
מִתְעֲבִיד בַּהּ וּכְעַן אִינוּן
קָטְלֵי נַפְשָׁן: כב כַּסְפִּיךְ
הֲוָה לְפְסוּלָא וְחַמְרֵיךְ
מְעָרַב בְּמַיָא:
כג רַבְרְבַיִךְ סָרְבִין
וְשׁוּתָּפִין לְגַנָּבִין כּוּלְהוֹן
רָחֲמִין לְקַבָּלָא שׁוּחֲדָא
אָמְרִין גְּבַר לְחַבְרֵיהּ עֲבִיד לִי טַב בְּדִינִי וַאֲשַׁלֵּם לָךְ בְּדִינָךְ דִין יַתְמָא לָא דָיְנִין וּקְבִילַת

מהר"י קרא

מעותי משפט ולא מעוותי מדות. ועתה מרצחים: (כב) ואף כספך. שהייתם תחילה משתמשים במטבעות של כסף נהפך עתה לסיגים: ואף סבאך. שהוא היין שהיו מוכרים אותו בלי אונאת. עכשיו הוא מהול במים: (כג) שריך. שהיו נשמעים תחילה להקב"ה. חזרו להיות סוררים וחברי גנבים: כולו אוהב שוחד ורודף שלמונים. שלם לי בדיני ואשלם לך בדינך: יתום לא ישפוטו. ועל אחת כמה וכמה שריב אלמנה שצריכת

רש"י

לא היו גומרין את דינו עד למחרת אולי ימצאו לו זכות ועתה נעשו רוצחין. ומצאנו בפסיקתא ר' מנחם בר אושעיה אמר תפ"א בתי כנסיות היו בירושלים כמנין מלאתי בגי'. ועתה מרחצים. הרגו את אוריה הרגו את זכריה: (כב) כספך היה לסיגים. שהיו עושין מעות נחשת ומצפין אותן בכסף להונות בהם: סבאך מהול במים. משקים שלהם מעורבים במים כדאיתא בפסיקתא. מהול מערב ואין לו דמיון במקרא. ומ"א פותר לשחוק אמרתי מהולל (קהלת ב' ב') מעורב: (כג) סוררים. סרים מן הדרך הישרה: ורודף שלמונים. תשלומין ת"י אמרין גבר לחבריה עביד לי טב בדיני ואשלם לך בדינך שופט שהיה גזלן והנגזל צועק עליו בפני שופט אחר. זה אומר לו לדקני היום ואני אשלם גמולך כשיצעקו עליך בפני. הוי רודף תשלום גמולות: וריב אלמנה לא יבוא אליהם. האלמנה באה לצעוק והיתום יוצא וזו פוגעת בו ושאלתו מה הועלת בצעקתך לפני השופט והוא אומר כל היום הזה יגעתי לו במלאכה וסופו לא הועלתי וזו חוזרת לאחוריה ואומרת ומה זה שהוא איש לא הועיל אני לא כ"ש. הוי יתום לא ישפטו וריב אלמנה לא

רד"ק

ועוד כספם היה לסיגים וגו' כל זה הפך הצדק ורבותינו ז"ל אמרו דיני ממונות גומרין בו ביום בין לזכות בין לחובה ודיני נפשות גומרין בו ביום לזכות וביום שלאחריו לחובה ועשו לפסוק הזה סמך וחשבם מרצחים כשאין מלינים בו דיני נפשות אלא דנין אותו בו ביום: (כב) כספך. עושים בה מטבע שקר וחושבים בני אדם כי כלו כסף ויש בו סיגים נחשת ובדיל והדומים להם ומחופה בכסף ומטעין בו בני אדם וכן מוכרי יין חושבים הקונים שהם קונים יין חי והוא מעורב במים. סבאך הוא היין הנמכר בחנות לפי שבאים שם רקים ופוחזים וסובאים ומשתכרין שם: מהול. מעורב ואין לו ריע במקרא ואדוני אבי הביא לו חבר מהערבי אלמהל: (כג) שריך. השרים שהיה להם לתקן המעוות הם סוררים ומעוותים הישר והם חברי גנבים כי הגנבים חולקים עמהם לפיכך לא ייסרו אותם ולא ימנעום מלגנוב: כלו. דרך כלל על השרים כי כלם בדרך אחד לפיכך אמר כלו בלשון יחיד והם אוהבים לקבל שחד ומטים המשפט: ורודף שלמונים. כתרגומו אמרין גבר לחבריה עביד לי טב בדיני ואשלם לך בדינך: יתום לא ישפוטו. מן העושקים אותו: לא יבוא אליהם. כי אינם רוצים לשפוט משפטה ולריב ריבה מן העושקים אותה לפיכך לא תביא אליהם ריבה כי לא תועיל. ויונתן תרגם קבילת ארמלתא לא עלת קדמיהון כלומר

אבן עזרא

לשניס פסולים והטעם על הדיינים: (כב) כספך. דרך משל על השופטים ועל השרים על כן אחריו שריך סוררים והטעם המובחרים שבהם הם סיגים. ה"א מהול שורש ואין לו ריע במקרא: (כג) שריך. שלמונים. מגזרת שלם ישלם והטעם שהיו מטי משפט ואומר הדיין תן לי כך ואני אשלם לך הגמול בהשפטך עם רעך: יתום. שלא יפחדו ממנו איכם עושים לו משפט: וריב אלמנה. שיש לה לא

מצודת ציון

תוספות היו"ד נהפכה הה"א לתי"ו והסמיכה אל היו"ד: ילין. ענין התמדה וכן ולנה בתוך ביתו (זכריה ה'): (כב) לסיגים. הוא פסולת הכסף כמו סיגים כסף היו (יחזקאל כב): סבאך. כן נקראים משקים המשכרים כמו ונסבאה שכר (לקמן כ"ז): מהול. מזוג ומעורב ודומה לו לשחוק אמרתי מהולל (קהלת ב'): (כג) שלמונים.

מצודת דוד

אנשים לסיות מרצחים: (כב) כספך. הכסף שאתה נותן לזולת הוא סיגים ואתה מרמה ומאנה אותו: (כג) סוררים. סרים מדרך הטוב ומתחברים עם הגנבים: כלו. כל העם: שלמונים. האחד אומר לחבירו הצדיקני היום בדיני ולמחר אצדיקך בדינך: לא יבוא. ברצותה שאף היתום לא הועיל עם כי הוא איש ומכ"ש היא ותחדל

not come to them—*The widow comes to complain, and the orphan is coming out, when this one meets him and asks him, "What did you accomplish in your case?" He replies, "All day long I toiled at work, but I did not accomplish anything." And this one turns around and says, "If this one, who is a man, did not accomplish anything, surely I will not." This is the meaning of, "the orphan they do not judge, and the quarrel of the widow does not come to them" at all.*—[*Rashi* from *Pesikta* ibid.] *Pesikta* states that the orphan says that he used up all the money he brought for his expenditures and accomplished nothing thereby. *Rashi's* reading, *I toiled all day long,* alludes to the practice of the judges to order the litigants to

22. Your silver has become dross; your wine is diluted with water. 23. Your princes are rebellious and companions of thieves; everyone loves bribes and runs after payments; the orphan they do not judge, and the quarrel of the widow does not come to them.

"aleph"; some theorize that together with the Temple itself, there were four hundred eighty-one. For references, see *Pesikta d'Rav Kahana*, p. 121, note 55; Buber's edition of *Midrash Eichah* p. 100, note 44.

and now murderers—*They killed Uriah; they killed Zechariah.*—[*Rashi* from *Pesikta d'Rav Kahana* 122a] Uriah lived in the days of Jeremiah. For his unfavorable prophecies, he was killed by Jehoiakim. See Jer. 26:20–26. Zechariah the son of Jehoiada reproved the people during the reign of Joash, king of Judah, by whose order he was murdered. See II Chron. 24:15–22. *Pesikta* (ibid.) relates that he was killed in the *Ezrath Kohanim*, the court of the priests, on Yom Kippur, which fell on the Sabbath, and that, when Nebuzaradan invaded Jerusalem, he found the blood seething, and sought to appease him by slaughtering eighty thousand young priests. Finally, God ordered the blood to stop seething, and it was absorbed in its place. This account is found in *Yerushalmi Taanith* 4:5; introduction to *Lamentations Rabbah* 23, ibid. 2:2; *Sanh.* 96b; *Gittin* 57b.

22. **Your silver has become dross**—*They would make copper coins and plate them with silver, in order to cheat with them.*—[*Rashi* from *Pesikta*, p. 122b]

your wine is diluted with water—*Your drinks are mixed with water, as is stated in Pesikta* (ibid.).—[*Rashi*] *Pesikta* states that, since the coins were known to be counterfeit, the wine sellers would dilute their wine to avoid being cheated. *Rashi* continues to explain that the word *means 'mixed,' although there is no similar word in Scripture to prove it, but the Midrash Aggadah explains* (Ecc. 2:2): *Of laughter I said, it makes one mad,* (מְהוֹלָל) *to mean that it is confused, or mixed up.*—[*Rashi*]

Ibn Ezra explains this figuratively, as describing the judges, viz. that the outstanding judges were really inferior.

23. **rebellious**—*Deviating from the straight path.*—[*Rashi*]

and runs after payments—*This word is similar to the Talmudic* תַּשְׁלוּמִין. *Jonathan paraphrases: One man says to another, "Do me a favor in my case, and I will repay you in your case."* This refers to *a judge who was a robber, and the robbery victim complains about him before another judge. This one says to him, "Declare me innocent today, and I will repay you when they complain about you before me." This is the meaning of running after payments.*—[*Rashi, Ibn Ezra, Redak, Rabbi Joseph Kara*]

the orphan—whom they do not fear, they do not judge.—[*Ibn Ezra*]

and the quarrel of the widow does

לא־יבוא אליהם: כד לכן נאם האדון
יהוה צבאות אביר ישראל הוי אנחם
מצרי ואנקמה מאויבי: כה ואשיבה ידי
עליך ואצרף כבר סיגיך ואסירה
כל־בדיליך: כו ואשיבה שפטיך
כבראשנה ויעציך כבתחלה אחרי־

ארמלתא לא עללת
לקדמיהון: כד בכן
אמר רבון עלמא יי
צבאות תקיפא דישראל
קרתא ירושלם אנא
עתיד לנחמותה ברם
ני לרשיעיא כד אתגלי
למעבד פורענות דין
מסנאי עמי ואתיב
נקמא לבעיל דבבי:
כה ואתיב מחת גבורתי
עלך ואברר כמא דמנקן
בבוריתא כל רשיעיא
ואעדי כל חובך: כו ואמני ביך דיני קושטא תקנין כבקדמיתא ומלכי מלכך כד מן אולא

ת"א ואשיבה ידי. שבת כ"ט קל"ט מגלה כ' ע"ז סנהדרין י"א ל"ח: ואצרוף כבור. סנהדרין שם: ואשיבה וגו' שבת ל' קל"ט מגלה כ' י"ז סנהדרין י"א ל"ח.

רש"י

יבא אליהם כלל: (כד) נאם האדון. שהכל שלו ובידו לעקור אתכם מארצכם ולנטוע בה אחרים: אביר ישראל. תקפו של ישראל: הוי. ל' הזמנה והכרזה ודומה לו הוי הוי ונוסו מארץ צפון (זכריה ב' י') וידעו הכל כי אנחם מצרי שהכעיסוני במעשיהם: (כה) ואשיבה ידי עליך. מכה אחר מכה עד כלות הפושעים: כבור. ל' בורית (סבו"ן בלע"ז) ולשונו ל' נקיון כמו ובר לבב (תהלים כ"ד) ע"ש שהוא מנקה הבגד מכתמיו: סגיך. האמור למעלה כמו כספך היה לסיגים תערובת נחשת בכסף קרוי סיג אף כאן תערוב' רשעים עם הכשרים אני אכלה הפושעי' שהם הסיג: כל בדיליך. בדיל המוערב בכסף כלומר הרשעים שבך. בדיל (אשטיי"ם בלע"ז): (כו) כבראשונה. אעמיד

מהר"י קרא

שיריב בעדה לבעל דינה עד שיוציא הגזל מידו לא יבוא אליתם: (כד) לכן נאם האדון ה' צבאות אביר ישראל. תוקפן של ישראל: הוי אנחם מצרי. צריו הם הנזכרים למעלה בענין משמשי מטבעות נחושת מצופין כסף ומערבי יין במים. ושרי סוררים וחברי גנבים אהבי שוחד ורודפי שלמונים אוי להם שאפרע מהן והניחותי חמתי בהם והנחמתי: ואנקמה מאויבי. הם הנזכרים למעלה ולאחר שאבצר מכם המורדים והפושעים: (כה) ואשיבה ידי עליך ואצרוף כבור סיגיך. אותם בני אדם שהיו מערבים סיגים בכסף. לאחר מיכן: (כו) ואשיבה שופטיך כבראשונה. שהיתה קריה נאמנה כאשר עד לא היתה לזונה וזהו שפירשתי למעלה הענין בכל מקום שאתה מוצא הפסקת בתוכחה ופרשת שאחר הפסקה מדבר בנחמה. דע שהנחמת

אבן עזרא

ירצו לשומעה על כן לא יגיע אליהם: (כד) לכן. נאם. הוא שם כמו ויכאמו נאום והאומר כם תחת נאום הוא כם כי לא יעלם האל"ף. וטעם האדון בעבור השופטים שהם אדוני הארץ. וטעם ה' צבאות שהוא באמת אדון והצבאות לעדים ולמה נסמך השם לצבאות מפורש בשמואל: אביר ישראל. שהם במטה כנגד צבאות מעלה כי גם הם יקראו צבאות השם ככתוב בתורה: הוי. כמו אוי להם בעשות כך: אנחם. אמלא נחמה כי הכעיסוני על דרך לשון בן אדם: (כה) ואשיבה ידי. מכתי כמו הנה יד ה' הויה: כבור. כאילו כבורית והנכון שהוא כבור ידי וטעם סיגיך בעבור שאמר בתחילה כספך היה לסיגים. ויאמר רבי משה הכהן נ"ע כי השבעה מיני מתכות לא ימצאו במקרא על לשון רבים והנה שבא כל בדיליך: (כו) ואשיבה שופטיך. הטעם שיגלו ישראל ושופטיהם גם יסורו שופטי אחז ויעמיד חזקיהו שופטי צדק כי כן כתוב: כבראשונה. כימי דוד

רד"ק

צועקת לפניהם על ריבה ואינם שומעים אותה: (כד) לכן האדון. כי בעת ההיא יכירו הכל כי הוא אדון הכל וכן אדון צבאות מעלה ומטה: אביר ישראל. שיהיה עוד חוזק העשוקים על ישראל ויקח נקמת מהעושקים אותם והם צריו ואויביו נקמה שלמה יקח מהם עד שינחם מהם כלומר שיכלה כעסו וינחם ומלת הוי פירשתיה: (כה) ואשיבה ידי. פעם אחר פעם עד שאצרוף אותך ותשארי נקיה והסיגים והבדיל תם הרשעים: כבר. כמו הדבר המברר הכסף מן הסיגים וישאר נקי ואני שמעתי כבור היינו כבורית ספין בלע"ז כמו שהבורית מוציא כל כתם כך אוציא אני סיגיך ובדיליך בדיליך מה ר"ל כי הבדיל מעורב בכסף עד שינקוהו ממנו. ואמר בלשון רבים בדיליך להביא כל התערובות המעורבים בו: (כו) ואשיבה שופטיך כבראשונה. כמו שאמר מלאתי משפט וזה יהיה

מצודת דוד

לבוא: (כד) האדון. שהכל שלו ובידו מאין מוחה: אנחם. כמה שאשלם כגמול' אנחם על הכעס שהכעיסוני: (כה) ואשיבה. להכותך מכה אחר מכה: ואצרוף. אסיר ממך הסיג כמו שמסירים כתמי הבגד על ידי הבורית ור"ל לומר אכלה ממך הפושעים והמורדים: (כו) ואשיבה. אעמיד עליך שופטים כשרים וצדיקים כמו שהיה מאז:

מצודת ציון

מלשון תשלומין: (כד) אביר. חוזק כמו מידי אביר יעקב (בראשית מ"ט): (כה) ואצרוף. ענין זכוך וזקוק: כבור. כבורית שמנקין בו הבגדים מכתמיהם: בדיליך. היא מין מתכת כמו ואת הבדיל

its judges will be exiled; also, Ahaz' judges will be deposed, and Hezekiah will appoint righteous judges.—[*Ibn Ezra*] see below 29:19.

as at first—*I will appoint for you pious judges.*—[*Rashi*] The expression "as at first" refers to the time of David and Solomon [*Ibn Ezra*], when Jerusalem was a faithful city, and had not yet become "a harlot."

24. "Therefore," says the Master, the Lord of Hosts, the
Mighty One of Israel, "Oh, I will console Myself from My
adversaries, and I will avenge Myself of My foes. 25. And I will
return My hand upon you and purge away your dross as with
lye, and remove all your tin. 26. And I will restore your judges
as at first and your counsellors as in the beginning;

work for them. Hence, the orphan complains that he worked all day for the judge, yet his case was not tried.

24. **says the Master**—*Who possesses everything, and in Whose power it is to uproot you from your land and to settle others in it.*—[*Rashi*]

Redak remarks that at that time, all will recognize that He is the Master of all, of the hosts of the heaven and the hosts of earth.

the Mighty One of Israel—*the strength of Israel.*—[*Rashi*]

Israel represents the hosts of the Lord on earth, corresponding to the hosts of heaven.—[*Ibn Ezra*]

Oh—*An expression of preparation and announcement, and similar to this is* (Zech. 2:10): *"Ho, ho, flee from the land of the north." And let all know that I will console Myself of My adversaries, who angered Me with their deeds.*—[*Rashi*] *Ibn Ezra* explains: Woe is to them when I will do this. See above verse 4.

Redak explains that the adversaries and the foes are those who oppress Israel.

I will console Myself—This is an anthropomorphism.—[***Ibn Ezra***]

25. **And I will return My hand upon you**—*One blow after another, until the transgressors have been completely destroyed.*—[*Rashi*]

The expression, *My hand,* denotes *My blow,* as in Exod. 9:3.—[*Ibn Ezra*]

as with lye—*This is an expression meaning soap* (*sbon in O.F., savon* in modern French). *Its deviation is an expression of cleanliness, similar to* (Ps. 24:4): *"and pure (בָּר) of heart," since it cleanses the garment of its stains.*—[*Rashi*] *Ibn Ezra* prefers: *And I will purge away your dross as with purity. Redak* suggests: *As with a purifying agent.*

your dross—*mentioned above, as: Your silver has become dross; a mixture of silver with copper is called dross. Here too, a mixture of the wicked with the righteous. I will destroy the transgressors, who are all dross.*—[*Rashi*]

all your tin—*The tin mixed with silver, that is to say, the wicked among you.* בְּדִיל *is called estejjn (etain) in O.F.* (tin).—[*Rashi*]

The word appears in the plural to include all foreign metals mixed with silver.—[*Redak*]

26. ***And I will restore your judges***—The kingdom of Israel and

כֵּן יִקָּרֵא לָךְ עִיר הַצֶּדֶק קִרְיָה נֶאֱמָנָה׃
כז צִיּוֹן בְּמִשְׁפָּט תִּפָּדֶה וְשָׁבֶיהָ
בִּצְדָקָה׃ כח וְשֶׁבֶר פֹּשְׁעִים וְחַטָּאִים
יַחְדָּו וְעֹזְבֵי יְהוָה יִכְלוּ׃ כט כִּי יֵבֹשׁוּ
מֵאֵילִים אֲשֶׁר חֲמַדְתֶּם וְתַחְפְּרוּ

ה״א ציון במשפט. שבת קל״ט. סנהדרין צח: ושבר פושעים. מגילה ב׳ ט״ו: ועוזבי ה׳. ברכות ח׳ ח׳:

תרגום

וּבָתַר כֵּן יִתְקְרֵי לִיךְ קַרְתָּא דְקוּשְׁטָא קַרְתָּא מְהֵימַנְתָּא: כז צִיוֹן כַּד יִתְעֲבֵד בַּהּ דִינָא תִּתְפְּרוּק וְדַעֲבְדֵי אוֹרַיְתָא יְתוּבוּן לַהּ בִּזְכוּ: כח וְיִתַּבְּרוּן מָרוֹדִין וְחַיָבִין כַּחֲדָא וְדִשְׁבַקוּ אוֹרַיְתָא דַיְיָ יִשְׁתֵּיצוּן: כט אֲרֵי תִתְכַּהֲתוּן מֵאִילָנֵי

מהר״י קרא

באה לרפאות תוכחות של מעלה. כמו בכאן שאמר למעלה בענין וחוזר ומרפא מעין התוכחה שהוכיחו שאמר ואחרי כן יקרא לך עיר הצדק קריה נאמנה: (כז) ציון במשפט תפדה. במשפט שיעשה: ושבית בצדקה. הם אותם שישובו אל ציון מן המקומות אשר נפוצו שמה. באיזה זכות הגליות מתקבצות וחוזרות לציון בשביל שישובו להיות אנשי אמת וצדקה. ודע שבכל מקום שאתה מוצא צדקה אצל משפט אותה צדקה אינה נתינת מעות אלא לשון דין אמת. וכן לעשות צדקה ומשפט. ויהי דוד עושה משפט וצדקה לכל עמו. וכן משפט וצדק תראה במדינה. וכן כולם: (כח) ושבר פושעים וחטאים יחדו. כפוף עצמך למקרא ובענין זה תפתור מקרא זה במקפא של מעלה הימנו. אותו היום ואותה שעה שיפדו בני ציון בזכות המשפט מן המקומות אשר נפוצו שם באותו היום ובאותה שעה יהיו שבר פושעים הנזכרים למעלה בענין גדלתי ורוממתי והם פשעו בי. וחטאים. אף הם בני אדם הנזכרים בענין הוי גוי חוטא עם כבד עון. עוזבי ה׳. הם שהזכיר הנביא למעלה עזבו את ה׳. ושני דברים הללו שציון במשפט תפדה. ושבר פושעים וחטאים יחדו יבואו שניהם. ואף אותה שעה שבני אדם עזבו את הקב״ה יכלו: (כט) ואם רצונך לידע מה הוא סירחונן של אלו מה חטאו שעתידין לשבר הזה. כי יבשו מאילים אשר חמדתם זהו פשעם וחטאתם שתפשו להן מעשים שאתם תופשים. שחמדו להם אילים לע״ז שאתם חומדים וכשם שאתם עתידים ללקות דעו איפא שגם אתם תחפרו מהגנות אשר בחרתם. שבוחרין בתוך הגן עץ לא ירקב להכין

רש״י

לכם שופטים כשרים: עיר הצדק. כבתחלה צדק ילין בה: (כז) במשפט תפדה. ע״י שיהיו בה עושי משפט: תפדה. מעונותיה: ושביה. עושי תשובה שבתוכם: (בצדקה. במצדיקים עצמם במשפט ובצדקה שבתוכם): (כח) ושבר פושעים וגו׳. שבכולן הוכיחן למעלה. והם פשעו בי. גוי חוטא. עזבו את ה׳: פושעים. מורדים ומינין והעובדים לעכו״ם: וחטאים. אלו עבריינים העוברים על שאר איסורין: (כט) מאילים. לשון אלה מין אילן שקורין (אולמ״א בלע״ז): אשר חמדתם. לעבוד תחתיהם עבוד׳ כוכבים כענין שנאמר תחת אלון ולבנה ואלה כי

רד״ק

בימות המשיח שיכלו הרשעים כלם ושארית ישראל לא יעשו עולה ולא ידברו כזב: (כז) ציון במשפט. שיעשו ישראל תפדה כלומר יפדו הם וישובו לה ובצדקה שיעשו ישובו לה הגולים ממנה זהו ושביה בצדקה: (כח) ושבר. ואז ישברו ויכלו הפושעים וחטאים יחדו כמו שאמר בנבואת מלאכי והיו כל זדים וכל עושי רשעה קש ולהט אותם היום הבא: (כט) כי יבשו. אמר יבשו ואמר תחפרו כי כן מנהג המקראות לדבר לנכח ושלא לנכח כאחד כמו שמעו עמים כלם תשובו ובאו נא והדומים להם כמו שכתבנו בספר מכלל. אלה הג׳ פסוקים עד סוף הפרשה אינם לימות המשיח כי מימי חרבן בית ראשון ואילך לא היו עובדים עכו״ם בישראל בגנות ותחת כל עץ רענן כמו שהיו ואין זכרון אלים וגנות אלא לאותם דורות שהיו בבית ראשון. לפי שזכרו כליון הרשעים כלם בין מעובדי עכו״ם בין משאר עבירות וזה יהיה בימות המשיח אמר כי כליון עכו״ם תהיה טרם זהו וזהו בחרבן בית ראשון שיכלו עובדי עכו״ם בישראל שהיו בוחרים הגנות והאילים לאשירה ואז בחרבן הבית יבשו כי יראו כי לא יועילו להם האשרים ולא יצילום מיד האויב המחריב אותם והמגלה אותם אז יבשו ויחפרו וידעו כי שקר היה נסכם ועבודתם לעכו״ם לפיכך לא היה בבית שני עובדי עכו״ם כלל בישראל ואילים כמו אילנים וכן הנחמים באלים אילי הצדק ותרגם יונתן ארי תתבהתון מאילני טעותא דחמדתון והפסוק כפול בענין במלות שונות

אבן עזרא

ושלמה והבי״ת נוסף: (כז) ציון. בעבור המשפט תפדה מיד סנחריב: ושביה. יפדה. הם שעשו תשובה: (כח) ושבר פושעים. היוצאים מתחת הרשות והם חמורים מחטאים והטעם על כל ערי יהודה הבצורות שנתפשו: ועוזבי ה׳. כפול כמשפט: (כט) כי. מאילים. מגזרת אלה וחוברה על סימן זכרי׳ כמו נשים גם שלש שאים והעד מהגנות. יש אומרים כי יו״ד יבושו תחת וי״ו הנוכח וכמוהו אמרו רבים ולפי דעתי שהוא דבוק עם יכלו ואחר כך שב לדבר עם הנוכח וכמוהו רבים: ותחפרו. כמו תבושו:

מצודת ציון

(כט) מאילים. שם אילן סרק כמו הנחמים באלים (במדבר נ״ז):

מצודת דוד

(כז) במשפט. על ידי המשפט שיעשה בה תהיה פדויה מן האומות ושביה. השבה מן הגולה תהיה על ידי הצדקה אשר יעשו.
(כח) ושבר. הפושעים והחוטאים בהם ישברו יחדיו זה כזה איש לא נעדר: יכלו. בלי שארית: (כט) כי יבושו. עוזבי ה׳ יבושו מן ממה שחמדו האלים להעמיד עבודת כוכבים ומזלות בצלה כמ״ש תחת אלון ולבנה ואלה כי טוב צלה (הושע ד׳): מהגנות. ממה

(*orme* in modern French, an elm).—[*Rashi*]

Jonathan renders: For you shall be ashamed of the trees dedicated to idol worship, which you desired. Thus, he identifies אֵלִים with the Aramaic אִילָנִין, trees, meaning all species of trees.—[*Redak*] See below verse 30.

that you desired—*to worship idols under them, similar to what is stated* (Hosea 4:13): *"Under the oak and the aspen, and the elm, for its shade is good."*—[*Rashi*]

afterwards you shall be called City of Righteousness, Faithful
City. 27. Zion shall be redeemed through justice and her peni-
tent through righteousness. 28. And destruction shall come
over rebels and sinners together, and those who forsake the
Lord shall perish. 29. For they shall be ashamed of the elms
that you desired, and you shall be humiliated

City of Righteousness—*As in the beginning, righteousness will lodge therein.*—[*Rashi*]

Unlike *Ibn Ezra,* quoted above, *Redak* understands this prophecy as referring to the Messianic Era. This interpretation is substantiated by the fact that the men of the Great Assembly incorporated in the daily silent prayer, the blessing, "Restore our judges as at first and our counselors as in the beginning." This indicates that this prophecy has yet to be realized. See also *Meg.* 17b, where the Talmud states that this blessing is indeed derived from our verse.

27. **shall be redeemed through justice**—*Since there will be in it people who practice justice.*—[*Rashi*] According to some mss., this is an addition by R. Jos. Kara. See *Parshandatha.*

shall be redeemed—*from her iniquities.*—[*Rashi*]

As above, *Ibn Ezra* interprets this verse as referring to the redemption from the threat of Sennacherib's conquest of Jerusalem. By practicing justice, they will be redeemed from his hand.

and her penitent—*those penitent among them.*—[*Rashi*]. *Parshandatha* reads: *Those penitent within her.* This fits the wording of the Scripture more aptly. *Ibn Ezra,* too, explains this in the sense of repentance.*

(**through righteousness**—*through those who make themselves righteous.*—[Joseph, according to Oxford and Berlin mss. According to *Parshandatha,* this is Rabbi Joseph Kara] *through justice . . . and through righteousness—that are in her midst* or, *among them.*) The aforementioned appears in our editions in parentheses. As already mentioned, this is an addition to *Rashi,* partly by his contemporary, Rabbi Joseph Kara.

28. **And destruction shall come upon rebels . . .**—*For with all these expressions he reproved them above: and they rebelled against Me* (verse 2); *sinful nation; they forsook the Lord* (verse 4).—[*Rashi.* In several manuscripts, this is missing. In others, it appears as an addition by Rabbi Joseph Kara, *Parshandatha.*]

rebels—*Rebels and sectarians and those who worship idols.*—[*Rashi*]

and sinners—*Apostates guilty of other sins.*—[*Rashi*]*

together—I.e. there will be total destruction of the rebels and sinners, leaving no survivors.—[*Metzudath David*]*

29. **of the elms**—מֵאֵילִים in Heb., *an expression derived from* אֵלָה, *a species of tree called olme in O.F.*

מֵהַגַּנּוֹת אֲשֶׁר בְּחַרְתֶּם׃ ל כִּי תִהְיוּ
כְּאֵלָה נֹבֶלֶת עָלֶהָ וּכְגַנָּה אֲשֶׁר־מַיִם
אֵין לָהּ׃ לא וְהָיָה הֶחָסֹן לִנְעֹרֶת וּפֹעֲלוֹ
לְנִיצוֹץ וּבָעֲרוּ שְׁנֵיהֶם יַחְדָּו וְאֵין
מְכַבֶּה

טַעֲוָתָא דַּחֲמַדְתּוּן
וְתִתְכַּנְעוּן מִגִּנֵּי טַעֲוָתָא
דַּאֲתוּן מִסְתַּיְעִין בְּהוֹן׃
ל אֲרֵי תְהוֹן כְּבוּטְמָא דִי
מְנַתַּר טַרְפּוֹהִי וּכְגִנַּת
שַׁקְיָא דְמַיִן לֵית לַהּ׃
לא וִיהֵי תּוּקְפֵיהוֹן
דְּרַשִׁיעַיָּא כִּנְעוֹרֶת כִּתָּנָא
וְעוֹבַד יְדֵיהוֹן כְּנִיצוֹץ
נוּרָא כְּמָא דְּמִקָּרְבִין דֵּין לִסְטַר דֵּין וְדָלְקִין כַּחֲדָא תַּרְוֵיהוֹן כֵּן יְסוּפוּן רַשִׁיעַיָּא אִינוּן

רש"י

טוב צלה (הושע ד): מהגנות. שם היו עובדים עכו"ם כמה דאת אמר המתקדשים והמטהרים אל הגנות (לקמן סו יז): (ל) נובלת עלה. העלה שלה נובלת כמוש (פלישטישכ"ט בלע"ז) בלא עליו שרב או קרה הוא כמוש ולחלוחו אבד וכלה ואין נובל ל' רקבון כמו בלה שאין נו"ן נופלת באותו ל' אלא נובל ל' דבר הנלאה וכלה כמו מגזרת נבול תבול (שמות יח) כמו תנבול ומתרגמינן מילאה תילאה: אשר מים אין לה. להשקות זרעיה בדבר שחוטאים בו משווה פורענותם: (לא) החסון. התוקף שהיו אונסים את העניים וגוזלין אותן ומתחסנין בממון שאמר למעלה והברי גנבים יהיה אותן ממון לנעורת שמנערין מן הפשתן שהוא קל ונוח לישרף: ופועלו. והעושה אותו תוקף יהיה לניצוץ אש ובערו זה בזה: לניצוץ. (אישטנציל"א בלע"ז) ת"י ופועלו ועובד ידיהון ואין זה אחר ל' העברית שא"כ היה לו לינקד ופעלו חטף קמץ ויהא כבאר ל' פעול עכשיו שהוא נקוד מלאפום (ר"ל חולם) כבאר ל' פועל: ואין מכבה. ת"י ולא יהא עליהון חים:

מהר"י קרא

פסל לע"ז: (ל) כי תהיו כאלה נבלת עלה. בחרתם גנות. לכן תהיו כגנה אשר מים אין לה: (לא) והיה החסן לנערת. חסון הוא אלון כמד"א וחסון הוא כאלונים ופתרונו והית האלון אשר חמדתם ואשר בחרתם להיות לכם לתוקף ולעזר הוא יהיה לכם לנעורת כאדם שקונה לו פשתה כהה וכסבור שכחו יפה ואינו מספיק להקיש עליו אחת או שתים עד שהוא שוברו. אף אלה שבחרתם לאלוה ולמעוז יהיה לנעורת: ופועלו לניצוץ. ופעלו נקוד במלאפום. פתרונו מי שפועל אותו יהית לניצוץ ובערו וגו':

אבן עזרא

(ל) כי. אחר שאמר שיבשו מהאילים שחמדו וגזלו המשילם לאלה שנבלו עליה ודיקדוק נובלת עליה שהיה כן מפאת עליה וכן ותאבדו דרך וכמוהו שנאמר בוידוי קשינו עורף והנה התברר כי אילים נגזרת כאלה והנה אחרי כן וכגנה: (לא) והי' החסון. תקיף והוא תואר השם כי השם הוא חוסן: לנעורת. הוא שינוער מהפשתים: לניצוץ. כמו שביבים וכמוהו ונוצצים כעין נחושת קלל והטעם על הפסילים שיחזקום שלא ימוטו. הפועלים בעת צרתם בעבור שלא הושיעום ישרפום גם הם ישרפו וזה טעם ובערו שניהם כמו מדוע לא יבער הסנה: ואין מכבה. ואין עוזר:

רד"ק

כמנהג: (ל) כי תהיו. יאמר אתם המרתם אותי באילים ותהיו כאלה נובלת אתם בחרתם גנות ותהיו כגנה אשר אין מים לה: עלה. חסר יו"ד הרבים מהמכתב אמר כן תהיו כאלה נובלת עליה שלא ישאר בה דבר ירוק כן תהיה כל ארצכם חרבה שלא ישאר בה אחד מכם ותהיו כמו הגנה אשר מים אין לה להשקותה שיבשו הירקות והזרעים לא יצמחו וכאשר המשילם לאלה הבטיחם שישובו לארצם כמו האלה שתוציא העלים עוד לזמן הנצת האילנות וכן כגנה כשיבאו מים לה תצמיח זרעיה וילחלחו שרשי הירקות ואלה תרגומו בוטמא וכן תרגם רבינו סעדיה בערבי בוטמא: כאלה נובלת עליה. פירושו אלה שעליה נובלים וכן מגלחי זקן שזקנם מגלח ודמה אותם לאלה ולא לאילן אחר כי האלה והאלון כשיפלו עליהם ידמה שהם יבשים מכל וכל יותר משאר אילנות וזכר אחד מהם למשל: (לא) והיה החסון. אמר על האלילים ועל עובדיהם. אמר כי החסון והחזק שבפסילים כמו שאמר עץ לא ירקב יבחר. אמר מה יועילו להם חוזק הפסילים כי כמו הנעורת יהיו שיכלה מהרה מפני נצוץ האש כן ישרפו מהרה וכן היה כי נבוזראדן שרף כל בתי ירושלם באש ובהם היו הפסילים והאלילים ואמר ופועלו לנצוץ כי העושה אותו פסל הוא גרם לו הבערה כמו שהנצוץ מבעיר הנעורת וכשהנצוץ נאחז בנעורת במעט זמן יכבו שניהם. כי הנצוץ אינו אש שיעמוד אלא מעט והוא כבה וכן הנעורת הבוערת לא תהיה בוערת אלא זמן מועט ותכבה כן יהיו פועלי

מצודת דוד

שבחרו הגנות להעמיד בה עבודת כוכבים ומזלות כיינין שנאמר המתקדשים והמטהרים אל הגנות (לקמן ס"ו): (ל) כי תהיו. בעבור שבחרתם באלה תהיו דומים להם בדבר העונש כי תהיו כמושים מבלי לחלוחית טובה כעלי אילן האלה הכמושים ביותר: אין לה. להשקותה ולרוות למאוכה: (לא) החסון. הפסל העשוי מען חזק כמ"ש עץ לא ירקב יבחר (לקמן מ'): לנעורת. שהוא דבר חלש וקל להשרף: ופועלו. החרש העושה הפסל. יהיה דומה לניצוץ אש: שניהם. הפסל והחרש: ואין מכבה. לא ימצא מי מכבה ואין ביד הפסל לעזור ואף לא לעצמו:

מצודת ציון

(לקמן כ"ז): (ל) נבלת. ענין כמישה כמו נבל ציץ (לקמן מ'): עלה. העלין שלה: (לא) החסן. החזק וכן חסין יה (תהלים פ"ט): לנעורת. היא הפסולת שמנערין מעלי הפשתן: לניצוץ. הוא הניתז מן תבערת האש וכן ונוצצים כעין נחושת (יחזקאל א'): ובערו. ענין שרפה והדלקה: מכבה. מלשון כבוי:

idols? They are but like tow, which is easily ignited and burns quickly." So indeed it occurred, when Nebuzaradan burnt all the houses of Jerusalem, in which there were all sorts of graven images. The prophet goes on to say that the one who made those idols will be as a spark, for he is guilty of its being burnt, and they both will burn and perish, just as the tow is immediately consumed.—[*Redak*]

with no one to extinguish—*Jonathan renders: And no one will pity them.*—[*Rashi*] *Redak* renders: *And no one will save them.*

because of the gardens that you chose. 30. For you shall be like
an elm whose leaves are wilting, and like a garden that has no
water. 31. And the[ir] strength shall become as tow, and its
perpetrator as a spark, and both of them shall burn together,
with no one to extinguish [the fire].

because of the gardens—*There they would worship idols, as it is stated:* "(infra 66:17) *Those who prepare themselves and purify themselves for the gardens.*"—[*Rashi*]

The commentators endeavor to account for the switch from the third person at the beginning of the verse, to the second person from there on. *Ibn Ezra* quotes authorities who claim that the "yud" in יֵבשׁוּ is a substitute for a "tav"; thus, the beginning of the verse is written in the second person, as is the second half. He, himself, suggests that the prophet finishes talking about the rebels, sinners, and those who forsook God, and then returns to speak to the people. *Redak* maintains that it is not unusual for Scripture to switch from one person to another.*

30. **like an elm**—*Jonathan* renders בּוּטְמָא, which is identified with the terebinth by *Ibn Janach.* See *Shorashim* by *Redak* and *Shorashim* by *Ibn Janach.* An explanation is required for his rendering the same word in verse 29 as *trees.*

whose leaves wilt—*Its leaf* (Other editions read: *whose leaf*) *wilts, becomes wilted (flatisant in O.F.). When heat or cold comes upon it, it wilts and its moisture is lost and destroyed.* The word נבל *is not an expression of decay like* בלה, *for no "nun" is found in that expression, but* נבל is an expression of something that becomes fatigued and its strength is curtailed, from the root of נָבֹל תִּבֹּל (Exod. 18:18), *which Onkelos renders: You will surely be exhausted.*—[*Rashi*]

that has no water—*to water its seeds; to the thing with which they sin, he compares their punishment.*—[*Rashi*]*

31. **the[ir] strength**—*with which they take from the poor by force and rob them and strengthen themselves with the money. That money will become as tow, which is shaken out of the flax, which is light and easily ignited.*—[*Rashi*]

and its perpetrator—*the one who amasses this power will become as a spark of fire, and they will burn, one with the other.*—[*Rashi*]

as a spark—*Éstencéle in O.F.* (étincelle in modern French), *a spark. Jonathan renders* וְעוֹבַד יְדֵיהוֹן: *and the work of their hands. This does not follow the Hebrew, however, for, were it so, it would have to be voweled* וּפָעֳלוֹ *with a 'kamatz chatuf,' a hurried 'kamatz,' and it would be explained as an expression of work. Now, that it is voweled with a 'cholam,' it is an expression of a worker, or perpetrator.*—[*Rashi*]

Ibn Ezra and *Redak* explain חָסֹן as the strong one, denoting the idols constructed of strong wood. The prophet reproves the people by saying, "Of what use are your strong

מַכָּה: ב א הַדָּבָר אֲשֶׁר חָזָה יְשַׁעְיָהוּ
בֶּן־אָמוֹץ עַל־יְהוּדָה וִירוּשָׁלָםִ: ב וְהָיָה ׀
בְּאַחֲרִית הַיָּמִים נָכוֹן יִהְיֶה הַר בֵּית־
יְהוָה בְּרֹאשׁ הֶהָרִים וְנִשָּׂא מִגְּבָעוֹת
וְנָהֲרוּ אֵלָיו כָּל־הַגּוֹיִם: ג וְהָלְכוּ עַמִּים

ת"א ונהרו אליו. נכא כתרא א"ד׳. והלכו עמים. פסחים ח׳ פ"ב:

תרגום

ועובדיהון כישיא ולא יהא עליהון חים:
א פתגם נבואה דאתנבי ישעיה בר אמוץ על אנש יהודה ויתבי ירושלם: ב ויהי בסוף יומיא מתקן יהי טור בית מקדשא דיי בריש טוריא ומנטל מרמתא ויתפנון למפלח עלוהי כל מלכותא: ג ויהכון

מהר"י קרא

ב (א) הדבר אשר. מידה במקרא אין לך נביא ונביא שהכה את ישראל בדבר תוכחתו שבו בלשון אתה מוצא רפואתו בעדו. אף כאן כלפי שקינתרן למעלה בלשון קשה הוא חזון שאמר חזון ישעיה בן אמוץ. וחזון הוא קשה מכל עשר לשונות שנקראו נבואה כמד"א חזות קשה הוגד לי. חזר ונחמן בלשון נחמה הוא דיבר. כמד"א היה דבר ה׳ אל אברם במחזה לאמר. וכלפי שאמר למעלה ונותרה בת ציון כסוכה בכרם חזר וריפא כאן: (ב) נכון יהיה הר בית ה׳. במקום שעבדו שם הגוים את אלהיהם על ההרים הרמים ועל הגבעות: ונשא מגבעות. ימאסן איש את אלהיו:

רש"י

ב (ב) באחרית הימים. לאחר שיכלו הפושעים: נכון. מתוקן: בראש ההרים. בהר שהוא ראש לכל ההרים בחשיבות ההרים: ונשא מגבעות. יגדל נס שנעשה בו מנסי סיני וכרמל ותבור: ונהרו. יתקבלו ימשכו

רד"ק

הפסל והאליל כי שניהם יכלו יחד כי בחרבן ירושלם נשרפו הבתים והאלילים עמהם ונהרגו העובדים הפסילים והעושים אותם: ואין מכבה. ואין מציל אותם מן הדלקה. ונעורת הוא מה שמנערין מן הפשתן כשהוא בלע"ז ונצוץ היא שביב האש בלאגא בלע"ז ויונתן תרגם הפסוק כן ויהי תוקפהון דרשיעיא וגו׳: (א) הדבר. אחר שאמר הפורענות אשר חזה על יהודה וירושלם אמר הנחמה אשר חזה על יהודה וירושלם גם כן: (ב) והיה באחרית הימים. כל מקום שנאמר באחרית הימים הוא ימות המשיח: הר בית ה׳. זהו הר המוריה שבו נבנה בית המקדש: בראש ההרים. שיהא נכון ונשא ונעלה מכל שאר הר וגבעה שכל הגוים יכבדוהו וינשאוהו ויבאו לעבוד בו לשם ה׳ וזוכר הרים לפי שהגוים היו עובדים את אלהיהם על ההרים הרמים: ונהרו. וירוצו ומזה נקרא מקום מרוצת מים הרבים נהר: (ג) והלכו. לכו ונעלה. כל עם יאמר לחברו: כי מציון. זה דברי הנביא לא דברי העמים כלומר למה יאמרו הגוים לכו ונעלה ויורינו מדרכיו כי מציון תצא תורה ומצוה לכל העמים והמורה

אבן עזרא

ב (א) הדבר. זאת נבואה אחרת גם היא בבקה כי ציון עתה תפדה מיד סנהריב ועוד יבוא עת שתהיה לה מעלה גדולה והנה אמר באחרית הימים והם ימי המשיח שהם אחרית ימי עולם: (ב) והיה. והנה לא היו ימים אחרי ישעיהו שלא היו שם מלחמות והנה זה כתב בספר בן גוריון ובספרי פרס ומדי *) כי המלחמה לא שקטה בבית שני ועוד הכתוב העיד ולא ילמדו עוד ידענו כי הר הבית לא היה נשא רק פירושו נכון יהיה הר הבית שירוצו אליו מארבע הפיאות כאילו הוא נשא מכל הגבעות: ונהרו. מגזרת נהר

*) נ"א ורומי

מצודת ציון

ב (ב) נכון. מוכן ומתוקן: ונהרו. ר"ל ימשכו אליו כנהר המושך

מצודת דוד

ב (ב) באחרית הימים. בימי המשיח: הר בית ה׳. ההר שיעמיד עליו בה"מ: בראש ההרים. בהר החשוב והראש שבכל ההרים: ונשא. ינשא במעלה והשיבות: (ג) והלכו. עם לעם: ואמרו. אלו לאלו: ויורנו. המקום ילמד אותנו ע"י יודעי התורה:

mountain that is the head of all the mountains in the importance of the mountains.—[*Rashi*]

and it shall be raised above the hills—*The miracle performed on it, will be greater than the miracles of Sinai, Carmel, and Tabor.*—[*Rashi*] The miracle of Sinai was the giving of the Torah; the miracle of Carmel was the fire that descended from heaven to burn Elijah's sacrifice on the altar, and the miracle of Tabor was the victory over Sisera by Barak and Deborah.

Ibn Ezra, too, explains that the Temple Mount will certainly not be physically raised over the other mountains and hills. Scripture means that it will be established in such a way that the nations will run to it from all four corners of the earth, as though it was exalted over the hills.

will stream—*will gather and*

2

1. The word that Isaiah, son of Amoz, prophesied concerning Judah and Jerusalem. 2. And it shall be at the end of the days, that the mountain of the Lord's house shall be firmly established at the top of the mountains, and it shall be raised above the hills, and all the nations shall stream to it.

1. **The word**—After Isaiah told the people of his harsh prophecy, he immediately afterward consoled them with the prophecy of the Messianic Era [*Redak* and *Kara*] Ibn Ezra connects the two prophecies in a different manner, viz. just as Jerusalem will be rescued from the threat of Sennacherib's conquest, so will there be a greater redemption at the end of days, in the times of the Messiah.

Concerning Judah and Jerusalem—This expression seems to indicate that the following prophecy pertains exclusively to Judah and Jerusalem, whereas it actually deals with a new world order, thus pertaining to the entire world. Abarbanel cites that many scholars of his time were of the opinion that the word *davar* appearing in the Prophetic Books denotes a prophetic dream, replete with symbols and figures, much like the prophecies of Zechariah. Accordingly, we explain that Isaiah dreamed of the land of Judah, with Jerusalem exalted over the land, and the nations of the world paying allegiance to it. He objects to this interpretation, however. He believes that this was a vision in which the prophet heard God speaking to him and revealing to him the distant future of Messianic times. Since this prophecy reflects the exaltation of Judah and Jerusalem, insofar as all nations will stream there to learn God's word, the author gives this prophecy the title, "concerning Judah and Jerusalem."

2. **At the end of the days**—*after the rebels perish.*—[*Rashi*]

As mentioned above, this refers to the Messianic Era.—[*Ibn Ezra, Redak, Abarbanel, Metzudath David*] *Ibn Ezra* states emphatically that this can refer to no period in history that has already passed, since we know from the works of Josephus, as well as from the literature of the Persians and the Medes, that during the time of the Second Temple, there were constant wars, contrary to the prophet's declaration, *"Neither shall they learn war anymore."*

firmly established—*fixed.*—[*Rashi*]

at the top of the mountains—*On a*

רַבִּים וְאָמְרוּ לְכוּ וְנַעֲלֶה אֶל־הַר־יְהוָה
אֶל־בֵּית אֱלֹהֵי יַעֲקֹב וְיֹרֵנוּ מִדְּרָכָיו
וְנֵלְכָה בְּאֹרְחֹתָיו כִּי מִצִּיּוֹן תֵּצֵא תוֹרָה
וּדְבַר־יְהוָה מִירוּשָׁלָם׃ ד וְשָׁפַט בֵּין
הַגּוֹיִם וְהוֹכִיחַ לְעַמִּים רַבִּים וְכִתְּתוּ
חַרְבוֹתָם לְאִתִּים וַחֲנִיתוֹתֵיהֶם
לְמַזְמֵרוֹת לֹא־יִשָּׂא גוֹי אֶל־גּוֹי חֶרֶב וְלֹא־
יִלְמְדוּ עוֹד מִלְחָמָה׃ ה בֵּית יַעֲקֹב לְכוּ

ת״א כי מציון כלא בתרא ב׳ כ״א : והוכיח וגו׳ עקידה שער מ״ו : וכתתו חרבותם. (שבת ה׳):

תרגום

עַמְמִין סַגִיאִין וְיֵימְרוּן אֱתוֹ וְנִסַק לְטוּר בֵּית מַקְדְשָׁא דַיְיָ לְבֵית שְׁכִנַת אֱלָהֵיהּ דְיַעֲקֹב וְיַלְפִינָנָא מֵאוֹרְחָן דְתַקְנָן קֳדָמוֹהִי וּנְהַךְ בְּאוּלְפַן אוֹרַיְתֵיהּ אֲרֵי מִצִיוֹן תִּפּוֹק אוֹרַיְתָא וְאוּלְפַן פִּתְגָמָא דַיְיָ מִירוּשְׁלֶם: ד וְיְדִין בֵּין מַלְכְוָתָא וְיוֹכַח לְעַמְמִין סַגִיאִין וִיעַפְּפוּן סַיְפֵיהוֹן לְסִכִּין וּמוּרְנְיָתֵיהוֹן לְמַגְלִין לָא יִטוֹל עַם בְּאַפֵּי עַם זֵין וְלָא יִתְאַלְפוּן עוֹד מִבְּבֵן קְרָבָא: ה יֵימְרוּן דְבֵית

רש״י

אליו כנהרות : (ג) אל בית אלהי יעקב. לפי שהוא קראו בית אל לפיכך יקרא על שמו אבל אברהם קראו הר בהר ה׳ יראה יצחק קראו שדה לשוח בשדה: (ד) לאתים. (קולטר״ש בלע״ז) : למזמרות. (שרפ״ש בלע״ז) שזומרין בהן הכרמים : (ה) בית יעקב וגו׳. האומות יאמרו להן כן

מהר״י קרא

(ג) ואמרו לכו ונעלה אל הר ה׳. כי מציון תצא תורה. כל זה דברי האומות כך אנו רואים כי מציון יוצאה תורה. תצא תורה לשון הווה : (ד) ושפט. הר בית ה׳. הוא הר ציון יהיה שופט בין הגוים. כלומר בני אדם שדרין בו יהיו שופטין בין הגוים להוכיח. (בלע״ז אדריצ״ר): וכתבו חרבותיהם לאיתים. מזמרות. (בלע״ז שפר״ש) : ולא ישא גוי אל גוי חרב. כלפי שאמר למעלה אדמתכם לנגדכם זרים אוכלים אותה. ואמר חרב תאוכלו. חזר ואמר לא ישא גוי אל גוי חרב. ולא ילמדו עוד מלחמה : (ה) בית יעקב לכו ונלכה באור ה׳. בתורת ה׳ שהיא אור לנתיבותם. מקרא סמך לענין של מעלה. וכן אמר להם הנביא לישראל האומות שאינם יוצאי ירך יעקב עתידין להיות מואסין בהבליהם ואומר זה לזה לכו ונעלה אל הר ה׳ וגו׳. אתם שאתם בני יעקב על אחת כמה וכמה שהדין עליכם

אבן עזרא

בעבור מרולתו : (ד) ושפט. השופט והוא המשיח כמו אשר ילדה אותה ללוי: לאתים. כמו את מחרשתו ואת אתו ודגשתו התי״ו לחסרון הנח הנעלם שהוא במלת אתו: למזמרות. שיזמרו בהם הכרמים : (ה) בית. אלה דברי הנביא מוכיח את ישראל והטעם אחר שתדעו כי צון תפדה

רד״ק

הוא מלך המשיח ועליו אמר ושפט : (ד) ושפט. השופט הוא מלך המשיח. וכן ויגד ליעקב המגיד ויאמר ליוסף האומר והדומים להם כמו שכתבנו בספר מכלל. אמר כי אם יהיה בין גוי לגוי מלחמה או תביעות ביניהם יבאו למשפט לפני מלך המשיח שיהא אדון כל העמים והוא יוכיח להם ויאמר למי שימצא בו העול ישר המעוות לבעל דינך ומפני זה לא תהיה מלחמה בין עם לעם כי הוא ישלים ביניהם ולא יצטרכו לכלי מלחמה וכתתי אותם לעשות מהם כלי לעבודת האדמה : לאתים. המר שחופרים בו נקרא את ודגש תי״ו לאתים מקום הנח אשר במלת את מחרשתו ואת אתו : למזמרות. הם הכלים שזומרים בהם הגפנים ושאר אילנות כמו וכרמך לא תזמר : (ה) בית יעקב. אלה דברי הנביא לאנשי דורו. ואמר בית יעקב לפי שאמר למעלה כי לעתיד יאמרו כל העמים לכו ונעלה אמר אתם שאתם חייבים ומצווים כעתה ללכת באור ה׳ לכו ונלכה באור ה׳. ואור ה׳ הוא התורה והמצות. ומלת

מצודת דוד

מדרכיו. מה מדרכיו : כי מציון. כי התורה האמתית היא היוצאת מציון ואין זולתה בעולם : (ד) ושפט. ר״ל וכאשר יבקשו כן יהיה כי השופט והוא מלך המשיח הוא ישפוט בין האומות בדברי ריבותם והוא יברר המשפט לעמים רבים : וכתתו. ישברו כלי המלחמה לעשות מהם כלי עבודת אדמה כי לא יעשו עוד מלחמה ולא ילמדו אותה כי המשיח ישפוט בדברי ריבותם : (ה) בית יעקב. הנביא מזרזם לומר הואיל וכן יהיה נלכה נא באור ה׳ ר״ל באור התורה

מצודת ציון

וכן ונהרו אל טוב ה׳ (ירמיה ל״א) : (ג) לכו. הוא ענין לשון זרוז : ויורנו. ענין למוד : (ד) והוכיח. ענין ברור דברים : וכתתו. ענין כתישה : לאתים. הם כלי החפירה וכן את מחרשתו ואת אתו (ש״א י״ג) : למזמרות. הם הכלי שכורתין בו הזמורות

that holy mountain will judge the nations and reprove the peoples.—[*Kara, Abarbanel*]

into plowshares—*koltres in O.F.*—[*Rashi*] This is not the entire plowshare, but the blade that cuts into the ground, known in English as a colter.

pruning hooks—*sarpes in O.F.* (*serpes* in modern French), *with which they prune the vineyards.*—[*Rashi*]

nation shall not lift . . .—since the King Messiah will judge between them and solve their differences.—[*Metzudath David*]

This prophecy is the opposite of 1:7, in which he prophesies that the strangers will devour the produce of the land.—[*Kara*]

3. And many peoples shall go, and they shall say, "Come, let
us go up to the Lord's mount, to the house of the God of Jacob,
and let Him teach us of His ways, and we will go in His paths,"
for out of Zion shall the Torah come forth, and the word of the
Lord from Jerusalem. 4. And he shall judge between the
nations and reprove many peoples, and they shall beat their
swords into plowshares and their spears into pruning hooks;
nation shall not lift the sword against nation, neither shall they
learn war anymore. 5. "O house of Jacob, come

stream to it like rivers.—[*Rashi, Ibn Ezra, Redak, Metzudath Zion*]

3. **And many peoples shall go**—one people to another.—[*Metzudath David* and *Malbim*].

and they shall say—i.e. each one to the other—[*Redak, Metzudath David, Malbim*]

come, let us go up—You come, and we will all go up.—[*Malbim*]

to the house of the God of Jacob—From the mountain let us ascend to the Sanctuary.—[*Malbim*]

Since he (Jacob) *called it* (the Temple site) *Beth El* (the house of God), *therefore, it will be called on his name, but Abraham called it a mount, "on God's mount shall He appear* (Gen. 22:14)*; Isaac called it a field, "to meditate in the field* (ibid. 24:63)"—[*Rashi* from *Pesachim* 88a] The three names given the Temple site allude to the three temples to be built there. The first would resemble a mountain, unfit for plowing and sowing, since it was destined to be destroyed. The second would resemble a field, which, although arable, would be plowed up and left desolate. The third, however, will be a house, a permanent dwelling, to which all nations of the world will make pilgrimage.—[*Rif* on *Ein Yaakov*]

and let Him teach us—Let the Almighty teach us through those knowledgeable of the Torah.—[*Metzudath David*] *Ibn Ezra* and *Redak* explain that the King Messiah will teach, who will likewise judge. See verse 4.

for out of Zion—These are the words of the prophet, not the nations. He explains that the nations will be inspired to make pilgrimage to Zion, since instruction for all nations will emanate therefrom.—[*Redak*] Zion will be the source of prophecy, which will then be widespread.—[*Abarbanel*]

Others interpret this as the conclusion of the statement of the nations. They, themselves, will state, "For from Zion does instruction come forth, and the word of the Lord from Jerusalem."—[*Kara*]

4. **And he will judge**—I.e. the King Messiah will judge. [*Redak, Metzudath David*] Others render: And it shall judge—i.e. *that mountain.*—[*Rashi* as quoted by *Abarbanel*] The tribunals convening on

וְנֵלְכָה בְּאוֹר יְהֹוָה׃ ו כִּי נָטַשְׁתָּה עַמְּךָ
בֵּית יַעֲקֹב כִּי מָלְאוּ מִקֶּדֶם וְעֹנְנִים
כַּפְּלִשְׁתִּים וּבְיַלְדֵי נָכְרִים יַשְׂפִּיקוּ׃
ז וַתִּמָּלֵא אַרְצוֹ כֶּסֶף וְזָהָב וְאֵין קֵצֶה
לְאֹצְרֹתָיו וַתִּמָּלֵא אַרְצוֹ סוּסִים וְאֵין

תרגום

יַעֲקֹב אֱתוֹ וּנְהָךְ בְּאוּלְפַן
אוֹרָיְתָא דַיְיָ׃ ו אֲרֵי
שְׁבַקְתּוּן דַחֲלָא תַקִיפָא
דַהֲוָה פָרִיק לְכוֹן דְבֵית
יַעֲקֹב אֲרֵי אִתְמְלִיאַת
אַרְעֲכוֹן טַעֲוָן כְּמִלְקַדְמִין
וְעָנְנִין כִּפְלִשְׁתָּאֵי
וּבְנִימוּסֵי עַמְמַיָא אָזְלִין׃
ז וְאִתְמְלִיאַת אַרְעֲהוֹן
כְּסַף וּדְהַב וְלֵית סוֹף

מהר"י קרא

שתתקינו עצמיכם לכך שתשובו מדרכיכם הרעים. **לכו ונלכה באור ה'**. כמד"א ותורה אור: (ו) **כי נטשתה עמך בית יעקב.** אי זה עון גורם להם שנטשתה עמך בית יעקב. **שמלאו מקדם.** שמלאו אחר מעשים של בני קדם. אחר כנענים שישבו בה לפנים בארץ ישראל: **ועוננים כפלשתים.** לשון מעונן ומנחש: **ובילדי נכרים ישפיקו.** פתרונו מתגלגלים הם במעשה נכרים. כשם שאמר אדם לחבירו במה (על) [אתה] מתגלגל: (ז) (**ותמלא ארצו סוסים**) **ותמלא ארצו כסף וזהב.** גרם להם:

רש"י

והמקרא הזה הוא מוסב על והלכו עמים רבים וגו': **לכו ונלכה באור ה'.** יאמרו להם כן וי"ת ימרון דבית יעקב אתו וגו': (ו) **כי נטשתה עמך בית יעקב.** הנביא מיסב הדיבור אל השכינה ואומר כי עד הנה **עזבת** את עמך בשביל עונם (ד"א הנביא מוכיחן ואמר להם כן. כי נטשתה עמך בית יעקב גו' עזבת את מעשה הטוב אשר **על ידו** נהיית לעם אתם בית יעקב): **כי מלאו מקדם.** נתמלאו לבאותם ממעשי ארמים שהיו יושבים במזרח שהיו מכשפים ומשתמשים בשם עבודת כוכבים: **ובילדי נכרים ישפיקו.** בועלים בנות עכו"ם ומתערבים בהם ויולדות להם ילדים ובהם הם מספיקים תמיד ומתעסקים ומתרפקין ונטרחים בהם ל' פן יסיתך בשפק (איוב לו) (דיבטימנ"ט בלע"ז): (ז) **ואין קצה.** ל' קץ:

רד"ק

לכו פירשנו למעלה שהוא ענין זרוז. ויונתן תרגם ויימרון וגו'. ואמר ונלכה נשתתף הנביא עמהם כמו שפירשנו בפסוק לולי ה' צבאות: (ו) **כי נטשתה.** כנוי נטשתה כנגד האל. אמר אתה האל שנטשתה עמך בית יעקב עתה הדין עמך כי הם מלאו מקדם. ויונתן פירשו כנגד ישראל ארי שבקתון דחלא תקיפא דהוה פריק לכון דבית יעקב. ופירוש עמך לפי דעתו אתה שהיית עושה מעשה עמך. כמו שאמרו רבותי' ז"ל בעושה מעשה עמך ואז היית גואל אותם מכל צרה ועתה נטשת אותו: **כי מלאו מקדם.** פירוש מלאו כשפים יותר מבני קדם. וידוע היה זה ביניהם כי בני קדם היו מכשפים ומעוננים. וכן פלשתים היו יותר מעוננים מבני קדם וישראל כהם. ועננים שם תאר. וכן בני עננה. ונקראו ארם בני קדם לפי שהם למזרח ארץ ישראל. והם למדו מעשים רעים מאשר לפניהם ומאשר לאחריהם. וכן ארם מקדם ופלשתים מאחור: **ובילדי נכרים ישפיקו.** עוזבים תורת ה' ומתעסקים בספרי הכשופים והנחושים ומספיקים בהם. והם אומרים דיינו באלה הספרים. והם ספרים נולדים להם מקרוב. כמו שאמר משה רבינו עליו השלום חדשים מקרוב באו שלמדו אותם מהאומות שהם העכו"ם והתור' שלמדו אותם מקדם ונצטוו בה הם ואבותיהם מכמה שנים עזבו אותה. ויונתן תרגם כי מלאו מקדם ארי אתמליאת וגו'. ר"ל כמו שהיתה בימי הכנענים. ותרגם ובילדי נכרים ישפיקו ובנמוסי' עממיא אזלין: (ז) **ותמלא ארצו.** ארצו של זה העם שזכר כי נטשת עמך אמר כאשר נתמלאה ארצו כסף וזהב וסוסים עד שאין סוף לאוצרותיו ולמרכבותיו אז נמלאה ארצו אלילים. כמו שנאמר וישמן ישורון ויבעט. ואמר וכסף הרביתי להם וזהב עשו לבעל. וזה היה בימי שלמה שהיתה ארץ ישראל מלאה כסף וזהב. כמו שכתוב ויתן שלמה את הכסף בירושלם כאבנים וכן זהב לרוב שהיו מביאין לו מאופיר וממלכת שבא ומכל המלכים. וסוסים

אבן עזרא

עתה בעבור המשפט ועוד יבוא זמן ישועה גדולה **לה** חייבין אנחנו שנאמין כולנו בדברי הנבואה' שהן אמת כאור והכניס הנביא עצמו עמהן דרך מוסר כאשר דבר משה וסלחת לעונינו או בעבור שגדל עמהם ולמד מדרכי דברי פיהם כאשר אפרש: (ו) **כי.** יש אומרים כי תי"ו נטשת לנכח השם והטע' שיודה הנביא לשם כי באמת נטשם כי מלאו מקדם ורבי משה הכהן אמר כי תי"ו הנכח לישראל והטע' כי שכחת עמך ותורתו: **כי מלאו.** יש אומרים השתגעו כמו קראו אחריך מלא והנכון בעיני כי הם מלאים מחכמת בני קדם והם ארם וכן כתב ארם מקדם ופלשתים מאחור על כן אחרי כן ועוננים כפלשתים ויהיה בית יעקב כדרך קריא כראשון: **ובילדי נכרים ישפיקו.** מה שהולידו במחשבת כי האמצעי בין שתי' המחברות יקרא נולד וישפיקו כמו אם ישפוק עפר שמרון ואם הם שנים בנייני' והטעם כי די להם בחכמות החיצונות ולא יבקשו הנבואה שהיא האור: (ז). **ותמלא כסף.** קודם זהב בעבור רובו

מצודת ציון

מלשון ובמך לא תוסיף (ויקרא כ"ה): (ו) **נטשתה.** עזבת: **ועוננים.** היא מין כשוף כמו לא תנחשו ולא תעוננו (שם י"ט): **ובילדי.** כן יקראו המחשבות והעלות לפי שהלב מוליד אותם: **ישפיקו.** ענין די הצורך כמו אם יספוק עפר שומרון (מלכים א' כ'): (ז) **ואין קצה.** אין סוף:

מצודת דוד

והמלוה כי יש תקוה: (ו) **כי נטשתה:** הנביא מיסב הדבור כלפי המקום ואמר כי עד הנה בדין עזבת עמך כי מלאו כשפים יותר מבני קדם המלאים כשפים: **ובילדי נכרים ישפיקו.** מספיקים עצמם במחשבות ועלות פילוסופיות ואינם חוששים למחשבת התור' ועלתה: (ז) **ותמלא.** בעבור שארצו של העם הנז' נתמלא בכסף ובזהב וגו'

with the daughters of the heathens and mingle with them, and they would bear children to them, with whom they are always pleased, and they occupy themselves with them *and long for them and bother with them. This is an expression similar to* that of "(Job 36:18) *lest he incite you because of abundance* (בְּשָׂפֶק)" (*débatemént in O.F.*)—[*Rashi*]

Others render: *And with the ideas of the gentiles they satisfy themselves.* I.e. they are satisfied to study the wisdom of the heathens and do not

and let us go in the light of the Lord." 6. For You have forsaken Your people, the house of Jacob, for they are full of [witchcraft] from the East and soothsayers like the Philistines, and with children of gentiles they please themselves. 7. And his land became full of silver and gold, without end to his treasures; and his land became full of horses, without end to his chariots.

5. **O house of Jacob . . .**—*The nations will say this to them, and this verse refers back to* the verse commencing with, *"And many peoples shall go . . .*—[*Rashi*]

come and let us go in the light of the Lord—*They will say this to them. Jonathan, however, renders: And those of the house of Jacob will say, ["Come and let us go in the teaching of the Law of the Lord."*]—[*Rashi*]

Others explain that the prophet is admonishing the Israelites of his generation and saying to them, "Since, in the future, all the nations will come to you to lead them to the mount of God and to guide them in His ways, it is incumbent upon you to go in the light of the Lord," i.e. to observe the Torah and its commandments. He uses the first person, including himself in the admonition, as was customary in the prophetic teachings.—[*Redak*] Ibn Ezra explains the passage in a similar manner, adding that since "Zion shall now, as you are aware, be redeemed through justice," and there will come a time of great salvation, we are all obliged to believe the words of the prophecies, which are true as the light.

6. **For You have forsaken Your people, the house of Jacob**—*The prophet addresses the Shechinah and says, "For until now You have forsaken Your People because of their iniquity.* Other editions read: *". . . that which You have forsaken Your people was because of their iniquity, for they are full of [witchcraft] from the East," and the entire section, and all the chapters follow one another, until (ch. 5) "I will sing now . . ." Therefore, in the end of days, when the sinners perish, it will be good for them (Parshandatha). (Another explanation is: The prophet admonishes them and says this to them, "For you have forsaken your people, O house of Jacob . . ." You have forgotten [the deed of your people (Parshandatha)] the good deed through which you became a people, you house of Jacob.)*—[*Rashi*] *Ibn Ezra,* too, cites both interpretations.

for they are full . . . from the east—Their hosts have become full of the deeds of the Arameans who dwell in the East, who were sorcerers and used the name of pagan deities.—[*Rashi*] Other editions read: *. . .and used the name of defilement* (sorcery and demonism—*Rashi* ad loc.), *as we say in Ch. Chelek* (*Sanh.* 91a): *Abraham gave gifts* (Gen. 25:6)—*He gave them the name of defilement—and sent them away to the land of the East.*—[*Rashi* as quoted by *Parshandatha*]

and with children of gentiles they please themselves—*They cohabit*

קָצֶה לְמַרְכְּבֹתָיו: ח וַתִּמָּלֵא אַרְצוֹ
אֱלִילִים לְמַעֲשֵׂה יָדָיו יִשְׁתַּחֲווּ לַאֲשֶׁר
עָשׂוּ אֶצְבְּעֹתָיו: ט וַיִּשַּׁח אָדָם וַיִּשְׁפַּל־
אִישׁ וְאַל־תִּשָּׂא לָהֶם: י בּוֹא בַצּוּר
וְהִטָּמֵן בֶּעָפָר מִפְּנֵי פַּחַד יְהוָה וּמֵהֲדַר
גְּאֹנוֹ: יא עֵינֵי גַּבְהוּת אָדָם שָׁפֵל וְשַׁח
רוּם אֲנָשִׁים וְנִשְׂגַּב יְהוָה לְבַדּוֹ בַּיּוֹם

תרגום

לְגִנְזוֹהִי וְאִתְמְלִיאַת
אַרְעֲהוֹן סוּסָוָן וְלֵית סוֹף
לִרְתִיכוֹהִי: ח וְאִתְמְלִיאַת
אַרְעֲהוֹן טַעֲוָן לְעוֹבָדֵי
יְדֵיהוֹן סָגְדִין לִדְאַתְקִינָא
אֶצְבְּעָתֵיהוֹן: ט וְיִמָּאַךְ
אֱנָשָׁא וְיִתְחַלַּשׁ תְּקוֹף
גַּבְרִין וְלָא תִשְׁבּוֹק
לְהוֹן: י וְיֵעֲלוּן לִמְעָרַק
בִּמְעָרַק בְּטִנָרָא
וּלְאִטְמָרָא בְּעַפְרָא מִן
קֳדָם דְּחִילָא דַיְיָ וּמִזִּיו
יְקָרֵיהּ: יא עֵינֵי רָמוּת
אֱנָשָׁא יִמְאֲכָן וְיִתְחַלַּשׁ

רש"י ת"א ונשגב ה' וגו'. ר"ה לא סנהדרין י"א ל"ב ודף ל':

(ח) ישתחוו. כמו משתחוים: (ט) וישח אדם. הקטנים: וישפל איש. הגדולים והגבורים אנשי החיל: ואל תשא להם. הנביא אומר להקב"ה וידעתי כי לא תסלח להם מלהפרע מהם: (י) בוא בצור. לבוא בצור לברוח בנקרת הצורים: והטמן בעפר. ולהטמן בעפר: (יא) עיני גבהות

מהר"י קרא

(ה) ותמלא ארצו אלילים. וכן הוא אומר וכסף (וזהב) חרביתי לה וזהב עשו לבעל. ואף ותמלא ארצו סוסים גרם שהשתחוו למעשה ידיהם שיורדים למצרים למען הרבות סוסים. ורואין את שיקוציהם ואת גילוליהם עץ ואבן כסף וזהב אשר עמהם. ופונים לבם לעבוד את אלהיהם. ומיום שבאו לידי מידה זו מאותה [שעה]: (ט) וישח אדם וישפל איש. (שאו) [שחו] והושפלו בעיני האומות. שח הוא שהאדם שוחה מעט. שפל הוא שאדם נופל עד הארץ, וכן הוא אומר כי השח יושבי מרום. קריה נשגבה ישפילנה ישפילה עד ארץ: ואל תשא להם. עון זה שהשתחוו למעשה ידיהם לא נשאת להם. מתחילת הענין מתחיל הנביא לדבר פה אל פה שאמר כי נטשת. ואף כאן הוא מדבר פה אל פה: ואל תשא. פתרונו לא נשאת להם: (י) בוא בצור והטמן בעפר. בוא כמו לבוא בצור ולהטמן בעפר בקומו לערוץ רשעי ארץ: (יא) עיני גבהות אדם שפל. כמו יהשפל ושח להבא הוא. וביום שישח גבהות אדם

אבן עזרא

ה"א קלה נוסף כה"א לילה על כן המלה מלעיל והנה הזכיר למעלה שהוא חכם ובפסוק הזה שהוא עשיר וגבור כאשר יזכירם ירמיהו: (ח) ותמלא. אלילים. מגזרת אל שאין בהן ממש: למעשה ידיו. של צורף. ישתחוו כולם וכן אצבעותיו: (ט) וישח. מבניין נפעל כמו וימס לבב העם והטעם בעבור זה באו לידי שפלות: ואל תשא להם. יש אומרים שהתי"ו לנוכח השם וטעמו סליחה והקרוב אלי שאין נפש לאחד מהם שתשא ראש או נפש להם בעבור שהוא דבק בטעם כטעם וישפל או תחסר מלת ארץ כמו ולא נשא אותם הארץ והמדקדק שאמר שמלת אל לא תמצא כי אם על ציווי איננו נכון והעד ודרך נתיבה אל מות: (י) בא. שם הפועל כמו כי בא יבוא או ציווי שיאמר כן כל איש לרעהו וכן הטמן מבנין נפעל: (יא) עיני. יש עין לשון זכר והנה הטעם כל אחד מעיני כמו בנות צעדה עלי שור: ושח

רד"ק

כמו שכתוב ויהי לו ארבעים אלף ארוות סוסים. ובימות שלמה החלו לעשותם ולעבוד להם ואף בחייו החלו לעשות כמו שכתוב. ופירוש ואין קצה. ואין סוף. כלומר אין סוף למספרם. והוא דרך הפלגה: (ח) ותמלא. פירשנוהו: (ט) וישח אדם וישפל איש. כפל הענין במלות שונות. ויש מפרשים אדם הקטנים. איש הגדולים. וישח וישפל בוי"ו פתוחה עבר במקום עתיד כמנהג הלשון. וברוב דברי הנבואה אמר עוד יבא זמן שישפלו בני אדם ולא יגבהו ברוב כסף וזהב וברוב סוסים. וזה יהיה בימות המשיח שיתקבצו כל הגוים להלחם בירושלם ואז יראו כי לא יועילו להם לא כספם וזהבם ולא גבורתם ולא הרבות עמים ואז תשפל גבהותם וישח גאונם: ואל תשא. תי"ו תשא כנגד האל. אמר לא תשא ולא תסלח להם מה שהרעו לישראל אלא תענישם בפעם ההיא על כל מה שעשו: (י) בא בצור. ואז יאמר איש לאחיו בא בצור: בעפר. במחלות עפר: (יא) עיני גבהות אדם. לפי שגבהות

מצודת דוד

ובעבור שנתמלא ארצו סוסים וגו': (ח) ותמלא. מוסב למעלה לומר בעבור שנתמלא ארצו כסף וגו' לכן נתמלא ארצו אלילים וכן נאמר וכסף הרביתי להם וזהב עשו לבעל (הושע ב'): ישתחוו. כולם ישתחוו כל אחד למעשה ידיו: (ט) וישח. בעבור זה יהיה כ"א כפוף ושפל: וישפל. כפל הדבר במ"ש: ואל תשא. הן ידעתי שלא תשא להם העון: (י) בוא. אז יאמר איש לאחיו בוא להטמן בנקיקי הצור ובמחילות העפר מפני הפחד והוא ענין מליצה כי אין מסתור לפניו: (יא) עיני גבהות וגו'. אז ישפיל עיני גבהות שבאדם ר"ל בעלי הגאוה: ושח וגו'. כפל הדבר במ"ש: ונשגב וגו'. אז יודע לכל

מצודת ציון

(ט) וישח. ענין השפלה וכפיפה כמו שחו רעים לפני טובים (משלי י"ד): תשא. ענין מחילת העון: (י) גאונו. מלשון גאוה וממשלה:

there is no one who will raise [his head or soul].

10. **Come into the rock**—*To come into the rock to escape in the cracks of the rocks.*—[*Rashi*]

and hide in the dust—*and to hide in the dust.*—[*Rashi*] *Rashi* explains these two verbs as infinitives. Ibn Ezra, too, interprets them in this manner. He suggests, however, that they may be the imperative, meaning that each one will say to his friend, "Come into the rock and hide in the dust."—[*Ibn Ezra, Metzudath David*]

The Scripture speaks figuratively,

8. And his land is full of idols; to the work of his hands he prostrates himself, to that which his fingers made. 9. And man has become bowed down, and man has become humble, and You shall not forgive them. 10. Come into the rock and hide in the dust, because of fear of the Lord and because of the splendor of His pride. 11. The haughty eyes of man will be humbled, and the height of men shall be bowed down, and the Lord alone shall be exalted on that day.

seek the prophecy, which is, in reality, light.—[*Ibn Ezra, Redak*]

Jonathan renders: *For your land has become full of idols as in days of yore, and soothsayers like the Philistines, and the customs of the heathens they follow.*

7. **end**—Heb. קְצֵה, *an expression derived from* קֵץ.—[*Rashi*]

8. **And his land is full of idols**—Because his land became full of silver and gold, and also full of horses and chariots, it eventually became full of idols. The prophet refers to the time of King Solomon, when much silver and gold was brought into the country, as well as many horses. Both the amassing of wealth and the acquisition of horses were prohibited to Jewish sovereigns. Eventually, these practices led to idolatry, which exerted a strong influence over the world at that time. See 1 Kings 10.—[*Redak*]

they prostrate themselves—*Although the form is future, it is to be rendered* like מִשְׁתַּחֲוִים, *they prostrate themselves.*—[*Rashi*]

Each one prostrates himself to the idols he wrought.—[*Metzudath David*]

to that which his fingers made—i.e. to the idols he himself made with his own fingers. Could anything be more foolish than that?—[*Malbim*]

9. **And man has become bowed down**—This refers to *inferior* men.—[*Rashi*]

and man has become humble—This refers to *great* men, *heroes, and warriors.*—[*Rashi, Redak*] Although the verbs appear in the past tense, the future is intended, as in many instances of prophecy. Prior to the coming of the Messiah, when all nations assemble to attack Jerusalem, they will see that neither their riches, their prowess, nor their equestrian power will avail them. Then they will humble themselves before the Almighty.—[*Redak*]

and You shall not forgive them—The prophet says to the Holy One, blessed be He, "And I know that you shall not forgive them from punishing them."—[*Rashi, Redak, Metzudoth* from *Jonathan*] You will not forgive them for the harm they did to Israel, but You will punish them at that time for all they have done.—[*Redak*] In order to create a parallel with the beginning of the verse, *Ibn Ezra* explains this in the sense of lifting or raising, rendering:

הַהוּא׃ יב כִּי יוֹם לַיהוָה צְבָאוֹת עַל כָּל־
גֵּאֶה וָרָם וְעַל כָּל־נִשָּׂא וְשָׁפֵל׃ יג וְעַל
כָּל־אַרְזֵי הַלְּבָנוֹן הָרָמִים וְהַנִּשָּׂאִים וְעַל
כָּל־אַלּוֹנֵי הַבָּשָׁן׃ יד וְעַל כָּל־הֶהָרִים
הָרָמִים וְעַל כָּל־הַגְּבָעוֹת הַנִּשָּׂאוֹת׃
טו וְעַל כָּל־מִגְדָּל גָּבֹהַּ וְעַל כָּל־חוֹמָה
בְּצוּרָה׃ טז וְעַל כָּל־אֳנִיּוֹת תַּרְשִׁישׁ וְעַל
כל

ת"א ההרים הרמים. סוטה ה שבועות ו:

תרגום

תְּקוֹף גַּבְרִין וְתַקִּיף יְיָ בִּלְחוֹדוֹהִי בְּעִדָּנָא הַהִיא׃ יב אֲרֵי יוֹמָא בְעָתִיד לְמֵיתֵי מִן קֳדָם יְיָ צְבָאוֹת עַל כָּל גֵּיוְתָנַיָא וּרְמֵי לִבָּא וְעַל כָּל תַּקִּיפַיָא וְיִמְאֲכוּן׃
יג וְעַל כָּל רַבְרְבָנֵי עַמְמַיָא תַּקִּיפַיָא וַחֲסִינַיָא וְעַל כָּל טוּרְנֵי מְדִינָתָא׃ יד וְעַל כָּל טוּרַיָא רָמַיָא וְעַל כָּל רָמָתָא מְנַטְלָתָא׃
טו וְעַל כָּל דְּיָתְבִין בְּמִגְדָּל רָם וְעַל כָּל דְּשָׁרָן בְּשׁוּר כְּרִיךְ׃ טז וְעַל כָּל דְּיָתְבִין בְּנִסֵּי יַמָּא וְעַל כָּל דְּשָׁרָן בְּבִירָנְיָתָא שַׁפִּירָן׃

רש"י

אדם. גסות הרוח וכן כל לשון גובה עינים שבמקרא כמד"א גבה עיני' ורחב לבב (תהלים ק"א): (יג) ארזי הלבנון. דוגמא הוא על הגבורים (ס"א המלכים): אלוני הבשן. שלטונים כמו שאלונים פחותים מן הארזים: (יד) ועל כל ההרים הרמים. על יושביהם: (טז) ועל כל אניות. תירגם יונתן ועל כל

מהר"י קרא

וישפל רום אנשים. ואז ונשגב ה' לבדו ביום ההוא: (יב) כי יום לה' צבאות על כל גאה ורם. להשפילם. ועכשיו הולך ומפרש מי הוא גאה ורם: (יג) ארזי הלבנון (והנשארים) [הרמים והנשאים]. הם המלכים והשרים המשולים אל ארזי הלבנון: (יד) ועל כל ההרים הרמים. אשר עבדו שם הגוים אלהיהם: (טו) ועל כל מגדל גבוה. על כל הבוטח במגדלים ובחומות בצורות: (טז) ועל כל כל אניות תרשיש. הם הסוחרים היורדים באניות: שכיות החמדה. אוצרות החמדה. אלו בני אדם שכל עוסקם וענינם אינו אלא לאסוף ולכנוס.

אבן עזרא

רום אנשים. להפך כמו יגיה חשכי: (יב) כי. ושפל. כמו וישפל כי הוי"ו השיבו לעתיד כמו וכא השמש וטהר: (יג) ועל. יתכן היות הארזים גם ההרי' וכולם כמשמעו או הטעם דרך משל לבחורים והגדולים והעשירים והגבורים והמלכים: (יד) ועל. ההרים. לפי דעתי מגזרת הרה כאשר אפרש בספר תהלות: (טו) ועל. מגדל. בארמון המלך: (טז) ועל. אם הטעם על דרך משל יהיו הסוחרים

רד"ק

האדם נראה בעינים לפיכך סמך עיני אל גבהות. וכן אמר עינים רמות. רום עינים: שפל. בשקל כי חפץ בבת יעקב. והוא עבר במקום עתיד. כמו ישפל. וטעמו לגבהות. כמו ושח גבהות אדם. או טעמו לעיני. כמו ועיני גביהים תשפלנה. ואמר שפל על כל אחד ואחד. וגמצא עין בלשון זכר. שבעה עינים. עיניך לנוכח יביטו. עיני ה' המה משוטטים: ונשגב ה' לבדו. כמו שאמר והיה ה' למלך על כל הארץ: (יב) כי יום. טעם למה שאמר ונשגב. אמר כי יום לה' צבאות כי כל גאה ורם ונשא ישפל ואותו היום יהיה לה' כי הכל יכירו במלכותו: ושפל. כמו וישפל: (יג) ועל כל ארזי. ארזי ואלוני משל על מלכי העכו"ם. וזכר ארזים ואלונים כי הם הגדולים מכל העצים. וכן אשר כגובה ארזים גבהו. וחסון הוא כאלונים. ותרגם יונתן על כל מלכי עממיא וגו': (יד) ועל כל ההרים. זכר הדברים אשר יתגאה האדם בהם וכל הגאות ישפל ביום ההוא. כי האל יגבה על כלם ויודו לו גבהותו וישפלו לפניו. והדברים שיתגאה אדם בהם על בני אדם הם ההרים הרמים והגבעות הנשאות שיהיה נשגב בהם מפני אויביו. ויעשה חוא בהם והם לא יעשו בו. וכן מי שיש לו במישור מגדל גבוה או חומות העיר בצורה. וכן מתגאה האדם בעושר וברוב נכסים גדולים הבאים לאדם דרך סחורת הים ברוב. ועל כן אמר: (טז) ועל כל אניו' תרשיש. וזכר תרשיש כי הוא חוף אניות, ויונתן תרגם ועל כל דיתבין בניסי ימא. ויתגאה אדם גם כן בדירות גדולות ונאות ומצויירות: ועל כל שכיות החמדה. פירוש שכיות ציורים. כמו איש בחדרי

מצודת דוד

שהכח הוא לה' לבדו: (יב) כי יום. יש יום מוכן לשלם לכ"א כפי הגמול: (יג) ארזי הלבנון וגו'. הוא משל על המלכים והשלטונים: (יד) ועל כל ההרים וגו' ר"ל. על היושבים שמה: (טו) מגדל גבוה. ר"ל הבוטחים במבצר חוזק המגדל: (טז) אניות תרשיש. ההולכים באניות על ים תרשיש:

מצודת ציון

(יג) אלוני הבשן. שם אילן הגדל בבשן:

will be exalted over everyone, who will admit His exaltation and will humble himself before Him. The things in which a person takes pride are the high mountains and the exalted hills where he can fortify himself against his enemies, and from where he can wage battle against himself and not be vulnerable to them. Likewise, if one has a lofty tower on a plain, or a fortified city wall. Similarly, a person takes pride in his wealth and his many possessions imported from overseas by ship.—[*Redak*]

15. **lofty tower**—in the king's palace.—[*Ibn Ezra*]

This symbolizes those who trust in their fortifications for protection.—[*Metzudath David*]

12. For the Lord of Hosts has a day over everyone proud and high, and over everyone exalted, and he shall become humble.
13. And over all the cedars of the Lebanon, high and exalted, and over all the oaks of the Bashan; 14. And over all the high mountains and over all the exalted hills; 15. And over every lofty tower and over every fortified wall; 16. And over all the ships of Tarshish and over

for no one can hide from the Almighty.—[*Metzudath David*]

11. **The haughty eyes of man**—This means *the haughty spirit, and so, every expression of haughty eyes in the Scriptures, as it is said: "Whoever is haughty of eye, lustful in heart* . . . (Ps. 101:5)."—[*Rashi*]

Haughtiness is attributed to the eyes, since there it is visible.—[*Redak*]

and the Lord alone shall be exalted—Similar to: (Zech. 14:9) *And the Lord shall be King over all the earth* . . . All will recognize His sovereignty.—[*Redak*]

12. **For the Lord of Hosts has a day**—a day destined for retribution for everyone, according to his just deserts.—[*Metzudath David*]

This verse gives the reason for the preceding one: The Lord will be exalted alone on that day since He will mete out retribution to all the haughty, who will then humble themselves before Him.—[*Redak*]

Hence, this chapter is divided into three parts: the first is a prophecy of the Messianic Era at the end of days, the second is admonition derived from this prophecy, and the third is likewise a prophecy of the Messianic Era.—[*Abarbanel*]

a day—a time.—[ibid.]

over everyone proud and high—to humble them. Now he elaborates on who the haughty ones are.—[*Rabbi Joseph Kara*]

and he will become humble—This follows *Targum Jonathan* and *Ibn Ezra. Abarbanel,* however, explains: *and over everyone lifted up and humble,* i.e. over everyone who is haughty in his heart, but appears humble on the surface.

13. **the cedars of the Lebanon**—*This is symbolic of the heroes* (var. *the kings*).—[*Rashi*]

the oaks of the Bashan—*the governors, just as the oaks are inferior to the cedars.*—[*Rashi*] This proves that the correct version of the preceding is the second one. The prophet compares the kings of the nations to the cedars of the Lebanon, and the governors to the oaks of the Bashan. This interpretation is found in the commentaries of *Kara, Redak, Abarbanel, Metzudath David,* and *Targum Jonathan,* as quoted by *Redak* and *Abarbanel*]

14. **And over all the high mountains**—*over their inhabitants.*—[*Rashi*]

The prophet enumerates all the things with which a person prides himself over others. All pride will be humbled on that day, for the Lord

כָּל־שְׂכִיּוֹת הַחֶמְדָּה׃ יז וְשַׁח גַּבְהוּת
הָאָדָם וְשָׁפֵל רוּם אֲנָשִׁים וְנִשְׂגַּב יְהוָה
לְבַדּוֹ בַּיּוֹם הַהוּא׃ יח וְהָאֱלִילִים כָּלִיל
יַחֲלֹף׃ יט וּבָאוּ בִּמְעָרוֹת צֻרִים וּבִמְחִלּוֹת
עָפָר מִפְּנֵי פַּחַד יְהוָה וּמֵהֲדַר גְּאוֹנוֹ
בְּקוּמוֹ לַעֲרֹץ הָאָרֶץ׃ כ בַּיּוֹם הַהוּא
יַשְׁלִיךְ הָאָדָם אֵת אֱלִילֵי כַסְפּוֹ וְאֵת
אֱלִילֵי זְהָבוֹ אֲשֶׁר עָשׂוּ־לוֹ לְהִשְׁתַּחֲוֺת

תרגום

יז וְיִמְאַךְ רָמוּת אֱנָשָׁא וְיִחֲלַשׁ תְּקוֹף גַּבְרִין וְתַקִּיף יְיָ בִּלְחוֹדוֹהִי בְּעִדָּנָא הַהִיא׃ יח וְטַעֲוָתָא גְמִירָא יְסוּפוּן׃ יט וְיֵעֲלוּן בִּמְעָרַת טִנָרַיָא וּבִמְחִילֵי עַפְרָא מִן קֳדָם דַחַלְתָּא דַיָי וּמִזִיו יְקָרֵיהּ בְּאִתְגַלְיוּתֵיהּ לְמִתְבַּר רַשִׁיעֵי אַרְעָא׃ כ בְּעִדָּנָא הַהִיא יִרְחֲקוּן בְּנֵי אֱנָשָׁא יַת טַעֲוַת כַּסְפֵּיהוֹן וְיַת טַעֲוַת דְהַבְהוֹן דַעֲבָדוּ לְהוֹן לְמִסְגֵיד לְטַעֲוָתָא ולצלמניא

רש״י

דיתבין בכיסי ימא באיי הים שמוצאן ומובאן באניות: הרשיש. שם ים ששמו תרשיש: שכיות החמדה. פלטרין רצופין במשכיות רצפת שיש כמו ואבן משכית (ויקרא כ״ו) על שם שסוככים בו את הקרקע: (יז) ביום ההוא. הוא יום הדין: (יח) כליל יחלוף. כלו יחליף כולם יאבדו: (יט) ובאו. יושבי הארץ: במערות צורים ובמחילות. הם הם מערות: בקומו. ליום הדין: לערוץ הארץ. לשבור רשעי הארץ: (כ) להשתחות לחפור פרות. גלולים בדמות חפרפרות מיני שרצים שחופרין הארץ שקורין

מהר״י קרא

ובוטחים בחילם וקופאים על שמריהם ואומרים בלבביהם לא ייטיב ה׳ ולא ירע: (יז) ונשגב ה׳ לבדו ביום ההוא. מאותת שעה: (יח) והאלילים כליל יחלוף. כל האלילים יעביר. האלילים הם הנזכרים למעלה. ותמלא ארצו אלילים: (יט) ובאו. עובדיהם בנקרת צורים: (כ) ביום ההוא ישליך האדם את אלילי כספו ואת אלילי זהבו. והיכן ישליכם לחפר פרות

אבן עזרא

ואלה האניות הן לישראל ההולכות אל תרשיש: שכיות. כמו אבן משכית: (יז) ושח. פעם אחרת כי בעבור כל אלה הנזכרים יגבה לב בעליהן ובאבדם ישחו: (יח) והאלילים. יחלוף. יכרות וכן כל בני חלוף שיש עליהם מיתה וקרוב ממנו חלף הלך לו: כליל. מלה נופלת על יחיד זכר ונקבה ועל רבים והטעם הכל כמו כליל תכלת כליל תהיה ויו״ד יחלוף שב אל השם הנכבד: (כ) ביום. אשר עשו לו. העושים כמו ויאמר ליוסף את אשר כבר עשוהו: לחפר פרות. לפי דעתי שהאחת חפרפרת והוא שם עוף יעוף בלילה כעטלף ומביא עצמו ביום במקום סתר. ויש אומרים

רד״ק

משכיתו. ותרגם יונתן ועל כל ברניות שופרא: (יז) ושח. מפורש הוא: (יח) והאלילים. אף על פי שהאלילים כבר פסקו מרוב האומות היום עוד יש בקצה המזרח עובדי אלילים ועוד יחשבו גם הם עכו״ם שהם משתחוים ועובדים לגילולים. ואז בימות המשיח כל האלילים יכרתו עד גמירא. לפיכך אמר כליל וכן כליל תקטר. ופירוש יחלוף. יכרית. כלומר האל יכרית אותם כלם וכן בענין כריתה אם יהלוף ויסגיר וחלפה רקתו: (יט) ובאו במערות צרים. מערות לא נשתנה בסמיכות. אמר עכו״ם יתחבאו במערות ובמחלות כי יחשבו להנצל שם: לערוץ הארץ. כתרגומו למתבר רשיעי ארעא: (כ) ביום ההוא. בימות המשיח כשיעשה האל משפט ברשעים: אלילי כספו ואלילי זהבו. כמו שפירש׳. כי עוד היום בקצה ארץ המזרח עובדים אלילי כסף וזהב. וכן בצורות של כסף ושל זהב: לחפר פירות. טעם הלמ״ד למלת ישליך שזכר. כלומר אל החפירות ואל חורי העטלפים שם ישליכו האלילים. ויונתן פירש טעם הלמ״ד למלת להשתחות הסמוך לה. שתרגם למיסגד לטעותא ולצלמניא. תרגם ולעטלפים וצלמניא. כי יש עובדים צורות עטלף. ולפירושו גם כן יהיה לחפור פירות פירוש כמו מלה אחת אף על פי שהוא שתי מלות. ויש מפרשים שרץ שחופר בארץ ומפרשים אותו עוף שמנקר הפירות. ולפיכך יהיה פירושו לחפר פירות פירוש שתי מלות. ויהיה פירוש פירות חפירות. חפירות והיו עובדים צורתו.

מצודת דוד

שכיות החמדה. השכיה סיובכים בסיכלי עונג הרלופים ברלפת אבנים חמודים: (יז) ושח. אז ישפל גבהות האדם: (יח) כליל יחלוף. את כולם יעביר מן העולם: (יט) ובאו. עובדי כוכבים יבואו להטמן במערות וגו׳: הארץ. יושבי הארץ: (כ) אשר עשו

מצודת ציון

(טז) שכיות. מלשון סכך ומכסה והוא הרלפה וכן ואבן משכית (ויקרא כ״ו): (יח) כליל. מלשון כל וכן כליל תכלת (שמות ל״ח): יחלף. ענין העברה מן העולם: (יט) ובמחלות. הוא כעין מערה: לערץ. לשבר כמו לא תערוץ מפניהם (דברים ז):

Heb. לַחְפֹּר פֵּרוֹת *idols in the likeness of moles, a species of rodents who dig in the earth, called talpes in O.F.* (*taupes* in modern French)—[*Rashi*]

and to bats—*kalbe soric* (*chauve-souris* in modern French). [*Cf. Rashi* Levit. 11:9, Deut. 14:16, where he states this French word for תִּנְשֶׁמֶת.] *Alternatively, this may be interpreted to mean that man will cast his idols that he made for himself, before which to prostrate himself, into pits*

all coveted floors. 17. And the loftiness of man shall be bowe
down, and the haughtiness of man shall be humbled, and th
Lord alone shall be exalted on that day. 18. And the idols sha
completely pass away. 19. And they shall come into the cave
of the rocks and into the hollows of the earth, because of th
fear of the Lord and because of the splendor of His pride, whe
He rises to break the earth. 20. On that day, man will cast awa
his silver idols and his gold idols, which they made for him
[before which] to prostrate himself to moles and to bats.

16. **And over all the ships**—*Jonathan renders: And over all those who inhabit the islands of the sea, who go and come by ship.*—[*Rashi*]

Tarshish—*the name of a sea called Tarshish.*—[*Rashi*] *Redak* sees it as a port. For its identification, see 1 Kings 10:22, where it is variantly identified as Carthage in North Africa and as Tartessus, the most ancient Phoenician colony in Spain. If taken figuratively, they signify the merchants. These ships belonged to Israelites and would travel to Tarshish.—[*Ibn Ezra*] cf. 23:1.

and over all coveted floors—Heb. שְׂכִיּוֹת, *palaces paved with coverings of marble floors, similar to*: (Levit. 26:1) *and a covering stone (מַשְׂכִּית וְאֶבֶן), since they cover the ground with it.*—[*Rashi*]

Alternatively, this refers to the mosaic designs on the floors of the palaces, to be rendered: over all the coveted pictures. People take pride in beautiful dwellings, decorated with pictures.—[*Redak*]

17. **on that day**—*That is the Day of Judgment.*—[*Rashi*] This means, at that time.—[*Kara*]

18. **shall completely pass away**—*They will all pass away; they will a vanish.*—[*Rashi*]

19. **And they shall come**—i.e. *th inhabitants of the earth* shall com *into the caves of the rocks.*—[*Rashi*

and into the hollows—*They ar caves.*—[*Rashi*] We have broken u *Rashi's* commentary according t *Parshandatha*. As it is printed in ou editions, it makes little sense, sinc it explains the word מְעָרוֹת by repeating the identical word. *Rabbi Josep Kara* explains: And their worshippers will enter the caverns of th rocks.

when He rises—*for Judgmen Day.*—[*Rashi*]

to break the earth—*to break th wicked of the earth.*—[*Rashi* an *Redak* from *Jonathan*] *Reda* remarks that the pagans, unaware o God's omnipresence, will expect t find shelter in the caves when th Lord executes judgment upon th wicked of the earth.

20. **On that day**—During th Messianic Era, when God mete judgment upon the wicked.—[*Redak*] *Jonathan* renders: *In tha time.*

to prostrate himself to moles—

לַחְפֹּר פֵּרוֹת וְלָעֲטַלֵּפִים: כא לָבוֹא
בְּנִקְרוֹת הַצֻּרִים וּבִסְעִפֵי הַסְּלָעִים מִפְּנֵי
פַּחַד יְהוָה וּמֵהֲדַר גְּאוֹנוֹ בְּקוּמוֹ לַעֲרֹץ
הָאָרֶץ: כב חִדְלוּ לָכֶם מִן־הָאָדָם אֲשֶׁר
נְשָׁמָה בְּאַפּוֹ כִּי־בַמֶּה נֶחְשָׁב הוּא:

ת״א חדלו לכם · ברכות יד זוהר תלוה:

תרגום

וּלְצִלְמַנַיָא: כא לְמֵיעַל
בִּמְעָרַת טִנָרַיָא וּבִשְׁקִיפֵי
כֵּיפַּיָא מִן קֳדָם דַחֲלְתָא
דַיְיָ וּמִזִיו יְקָרֵיהּ
בְּאִתְגַלְיוּתֵיהּ לְמִתְבַּר
רַשִׁיעֵי אַרְעָא:
כב אִתְמְנָעוּ לְכוֹן
מִלְאִשְׁתַּעְבָּדָא לַאֲנָשָׁא
בְּמֶעְבְּדֵיהּ דַחֲלָא
דְנִשְׁמַת רוּחַ חַיִין
בְּאַפּוֹהִי אֲרֵי יוֹמָא דֵין כי

מהר״י קרא

ולעטלפים. לנומות שחפרוה חפר פרות ולעטלפים: (כב) חדלו לכם מן האדם אשר נשמה באפו. פתר בו אחי אבא ר' מנחם בי״ר חלבו. הואיל וסוף עובדיה של ע״ז לבא בנקרת הצורים ובמחילות עפר ולהיות משליכים איש אלילי כספו ואיש אלילי זהבו ולהיות נחחם גזר דינם לבאר שחת. חדלו לכם ממנה בטרם יבא אף ה' ליפרע מעובדיה וצא ולמד מן האדם הזה אשר נשמה באפו כי במה נחשב הוא. היום כאן ומחר בקבר. על אחת כמה וכמה ע״ז שאין בה רוח חיים. אך אילו הילוך המקראות לא יוכל כפתרון שהרי כתיב בצדו כי הנה האדון ה' צבאות מסיר מירושלם ומיהודה משען ומשענה. ותיבת כי בא לפרש וליתן טעם בדבר לענין של מעלה להגיד מי גרם ולדברי אחי אבא האיך יפרש כי הנה האדון ה' צבאות מקרא של מעלה שאמר הדלו לכם מן האדם. אבל לפי פשוטו והילוכו אני אומר הכפרש יוסף בי״ר שמעון לפי שמתחיל בענין כי יום לה' צבאות על כל גאה ורם. ושח גבהות אדם וגו' הוא חותם בסוף הענין חדלו לכם מן האדם אשר נשמה באפו. תצא רוחו ישוב לאדמתו ביום ההוא אבד גבהות האדם. ומדוע תתנשאו ותתגאו כי במה נחשב הוא. בכה עתיד להיות נחשב [גאות] וגבהות שלכם:

רש״י

(טלפ״ש בלע״ז): ולעטלפים. קילבא (שורי״ץ בלע״ז) יש לפתור עוד את אליליו אשר עשה לו להשתחות ישליך האדם בחריליס ובנעילין שימלא לפניו כשהולך לברוח ולהטמן: (כב) חדלו לכם מן האדם. שלא לשמוע לאותן המתעים אתכם מאחרי ולהשתחוות למעשה ידיו: אשר נשמה באפו. אשר כל חיותו וכחו תלויה בנשמת אפו שהוא רוח פורח שהיום ישנה בו ומחר תצא ממנו וק״ו לדמות חפרפרות שאין בו ממש ד״א חדלו לכם מכל הדרכים הרעים ולמדו מן האדם אשר נשמה באפו הראית' למה נחשב הוא וקל וחומר לכו״ם למעשה ידיו שאינו נחשב לכלום:

רד״ק

ודומה לו בדברי רבותינו פירא דשפולי. שפירושו חפירה שמשליכים שם גרעיני התמרים. ואמר שישליך האדם האלילים למקומות שיחפרו החפירות להסתר שם וישליכו האלילים שם דרך בזיון כי לא הועילו להם ואם ינצלו להיות כסף וזהב לא צלמים: (כא) לבא בנקרת הצורים. רצה לומר יברחו לחכנס במערות הצורים. ונקראו המערות נקרות. וכן ושמתיך בנקרת הצור לפי שמנקרים בצורים ועושים שם מערות: ובסעיפי הסלעים. ויבאו גם כן להשגב בשיני הסלעים הגבוהים. ודמה שן הסלע לסעיף האילן הגבוה. וכן בסעיף סלע עיטם: (כב) חדלו לכם. אז יאמר כל אחד לחבירו הדלו לכם מן האדם כי יהיה פחד ה' על כל העולם. ויאמר איש לאחיו לא יהיה עוד מורא בשר ודם עליכם אלא מורא האל לבדו. כי האדם כאין נחשב כי במעט רגע ימות כי הנשמה באפו. כלומר קרוב לצאת. ואמר באפו כי רוח החיים תלוי באף. כי דרך נקבי האף יצא החום הטבעי אשר בלב תמיד. וכן יכנס אליו דרך נקבי האף קרירות האויר ובזה חיי האדם כמו שידוע בחכמת הטבע. אם כן שחייו קצרים במה

אבן עזרא

שהוא עוף שיאכל הפירות בלילות והם שתי מלות: (כא) לבוא בנקרת. מקום מנוקר: ובסעיפי. כדמות בדים יוצאים מהסלע יסתרו שם: לערוץ. לגלה מגזרת עריץ ויש אומרים להפחיד והנה יהיה פועל יוצא ויתכן היות אל תערוץ גם כן ויחסר מלת לבך ונקרא עריץ שם התואר יוצא כמו האמים: (כב) חדלו. אחר שהשם גזר עליכם וזהו מפני פחד ה' אין כח באדם לבטל גזירותיו על כן חדלו לכם מן האדם שלא יושיעו אתכם כי הבל המה:

מצודת ציון

(כ) לחפר פרות. פתרונו כמו מלה אחת והוא מלשון חפורה וככפלה הפי״ן והלמ״ד הפעל לומר בחפורות עמוקות כמו אדמדם שפירוש אדום ביותר וכן ירקרק והדומות: ולעטלפים. שם עוף עטלף והוא הפורח בלילה: (כא) בנקרות. ענין חור ונקב כמו ואל מקבת בור נקרתם (לקמן נ״א): ובסעיפי. ענינו שן הסלע הבולט וכן בסעיף סלע עיטם (שופטים ט״ו) והוא לשון מושאל מהענף הבולט מן האילן הנקרא סעיף כמ״ש וכלה סעיפיה (לקמן כ״ז):

מצודת דוד

לו. אשר עשו כולם כ״א לעצמו להשתחות אליה: לחפור פרות. מוסב על מלת ישליך לומר האלילים ישליך אל החפירות העמוקות ואל חורי העטלפים: (כא) לבוא. ר״ל כשילך לבוא בנקרות הצורים וגו' אז בדרך מהלכו ישליך האלילים מידו: (כב) חדלו לכם. מנעו עצמכם מעבודת האלילים כי תבינו הדבר מן האדם אשר יש נשמה באפו הראיתם במה נחשב הוא הלא תצא רוחו ישוב לאדמתו ואיך א״כ ראוי לעבוד האליל שאפילו נשמת חיים אין בו:

humble himself before the animal kingdom.

The Rabbis derive from this verse the interdict of visiting one's friends to greet them before reciting the morning prayers, for, by doing this, one gives more esteem to his fellowman than to God.—[*Ber.* 14a]

21. To come into the clefts of the rocks and the hollows of the cliffs, because of the fear of the Lord and because of the splendor of His pride, when He rises to break the earth. 22. Withdraw yourselves from man whose breath is in his nostrils, for in what merit is he to be esteemed?

and ditches that he finds before him when he goes to escape and hide.—[*Rashi*]

Redak, too, quotes both interpretations.

21. **To come into the clefts of the rocks**—They will flee to enter the clefts of the rocks, i.e. the caverns, and also in the hollows of the high cliffs.—[*Redak*]

and in the hollows of the cliffs—lit. the branches, since they are branch-like pieces projecting from the rock, under which people take shelter.—[*Ibn Ezra*]

to break—Some explain as "to defeat," and others as "to frighten."—[*Ibn Ezra*]

22. **Withdraw yourselves from man**—*not to heed those who cause you to stray from following Me and to prostrate yourselves to the work of his hands.*—[*Rashi*]

whose breath is in his nostrils—*whose entire life and strength are dependent upon the breath of his nostrils, which is a fleeting spirit, in him today and leaving him tomorrow. Surely the image of the moles and the bats has no substance. Another explanation is: Withdraw yourselves from all the evil ways and learn from the man who has a soul in his nostrils. Have you seen to what he is esteemed? Surely the image of his handiwork is of no esteem.*—[*Rashi*]

Redak explains that each one will say this to his friend when the fear of God will fall upon the whole world. He will admonish him to abandon fear of mortal man and to fear God only, for man has but a breath of life in his nostrils and may die at any time. Since his life is so short, of what esteem is he?—[*Redak*]

Since God has issued His decrees against you, no man has the power to nullify them. Therefore, cease to rely on man; he will not help you, for he is of no substance.—[*Ibn Ezra*]

Malbim explains: *Cease calling yourselves "man," who has a soul in his nostrils, for of what esteem is he?* If man must worship such lowly creatures as moles and bats and prostrate himself before them, what is his superiority over dumb animals? The very statement that man must worship dumb animals is self-contradictory. The appellation, "man," denotes superiority over the animal kingdom. Consequently, either the predicate of the sentence is incorrect, for man must not bow before animals, or the subject is incorrect, for this creature should not be called man, since he must

ג א כִּי הִנֵּה הָאָדוֹן יְהוִה צְבָאוֹת מֵסִיר
מִירוּשָׁלַםִ וּמִיהוּדָה מַשְׁעֵן וּמַשְׁעֵנָה כֹּל
מִשְׁעַן־לֶחֶם וְכֹל מִשְׁעַן־מָיִם: ב גִּבּוֹר
וְאִישׁ מִלְחָמָה שׁוֹפֵט וְנָבִיא וְקֹסֵם וְזָקֵן:
ג שַׂר־חֲמִשִּׁים וּנְשׂוּא פָנִים וְיוֹעֵץ וַחֲכַם

ת״א האדון ה׳. חגיגה י״ד:

תרגום

הוּא קַיָם וּמְחַר לֵיתוֹהִי וְכִלְמָא חֲשִׁיב הוּא:
א אֲרֵי הָא רִבּוֹן עָלְמָא יְיָ צְבָאוֹת מַעְדֵי מִירוּשְׁלֵם וּמִיהוּדָה סְמַךְ וּסְעֵיד כָּל סְמַךְ מֵיכַל וְכָל סְעֵיד מִשְׁתֵּי:
ב גִּבָּר וּגְבַר עֲבֵיד קְרָב דַיָן וְסָפַר וּמִשְׁתְּאֵל וְסָב:
ג רַב חַמְשִׁין וּנְסֵב אַפִּין וּמָלֵיךְ מֵילַךְ וַאֲמַר וּמִשְׁתְּמַע

רש״י

ג (א) מסיר מירושלים וגו׳. כולה מפורשת במס׳ חגיגה י״ח קללות קלל ישעיה את ישראל ולא נתקררה דעתו עד שאמר ירהבו הנער בזקן והנקלה בנכבד: (ב) וקוסם. זה מלך שנא׳ קסם על שפתי מלך (משלי טז): (ג) ויועץ. יודע לעבר שנים ולקבוע חדשים: וחכם חרשים. שכשפותח בד״ת נעשו

מהר״י קרא

ג (א) כי הנה. ה׳ צבאות עתיד להסיר מירושלם ומיהודה. משען ומשענה כו׳ ומה המשען. כל משען לחם. ומה המשענה כל משען מים: (ב) וקסם. זה חכם הרואה את הנולד. קסם על שפתי מלך. ומגיד אחרית דבר מראשיתו. ולא ימעל פיו אלא כל אשר ידבר בוא יבוא: (ג) ונשוא פנים. שנושאין לו פנים ולדורו בעבורו: וחכם חרשים. אומנות שלא

אבן עזרא

ג (א) כי. יתכן היות זאת הפרשה פירוש האחרים והחרים וכלם או יתכן שתהיה דבקה עם חדלו לכם מן האדם והוא הנכון בעיני: משען ומשענה. דרך צחות. והטעם כל משען ופי׳ כל משען לחם ומים: (ב) גבור. שיש לו כח: ואיש מלחמה. שהוא רגיל: שופט. שישאלו שיורנו בדרך הישרה בדת וכן הנביא גם הקוסם בחכמת המזלות: וזקן. שנסה דברי העולם: (ג) שר. וחכם חרשים.

רד״ק

נחשב הוא ואיך יתכן לבטוח עליו או לירא ממנו: (א) כי הנה האדון. אמר בפרשה שלמעלה גמול הרשעים וכלתם בימי מלך המשיח. ועתה אמר כי עתה יעשה דין ברשעים בירושלם וביהודה ויתמו ברעב ובחרב הגדולים שבהם וישארו הנערים והתעלולי׳. ואמר האדון להודיעם כי הוא אדון ובידו להרום ולבנות להשביע ולהרעיב. והם אינם חושבים כי הוא אדון ויפנה אל מעשיהם כי אם היו חושבים זה לא היו חוטאים ולא היו יוצאים מרשותו וממצותו: משען ומשענה. לפי שכפל הענין לחזק כמנהג שנה הענין במלות שונות זכר ונקבה. ואחר כך פירש כל משען לחם ומשען מים. ואמר משען כי המאכל והמשת׳ משען גוף האדם ובהם ישען ויחיה. וכן אמר בתורה בתוכחות בשברי לכם מטה לחם כמו המטה שישען האדם עליו כן ישען במאכל ובמשתה: (ב) גבור ואיש מלחמה. אלה ימותו בשדה בחרב: שופט ונביא וקוסם וזקן. אלה ימותו בעיר ברעב ובדבר. ואלה הארבעה אנשים הנכבדים שבעם. ויונתן תרגם ונביא וספר ותרגם וקוסם ודמשתאיל. ר״ל סופר מזהיר בעם. ודמשתאיל האדם הנשאל שישאלו את פיו על העתידות כמו חוזה בככבים: (ג) שר חמשים. אפילו שר חמשים אין צריך לומר שרי אלפים ושרי מאות: ונשוא פנים. מי שהוא נכבד מרוב עשרו וגדולתו: ויועץ. מי שיש לו דעה ודעת בדרכי העולם ובעסקים שבין אדם לחבירו: וחכם חרשים. הוא מי שמתעסק בחכמות וקנה אותם וידעם: וחרשים. בפלס חכמים. ופירוש חרשים מענין מחשבה. כמו אל תחרוש על רעך רעה. כי עיקר החכמה במחשבת הלב. ואמר וחכם סמוך לומר כי הוא חכם על חכמים אחרים כלומר שיש לו תלמידים חכמים: ונבון לחש. פירוש מי שהוא נבון בהכמת הטענה והדבר. ואמר לחש שהוא הדבור בחשאי ובנחת. כמו כי עבדיו מתלחשים. לפי שבענין זה הם דברי חכמים. כמו שכתוב דברי חכמים בנחת נשמעים. ובאלה הד׳ שזכר הוא תיקון העיר וקיומה וזולתם הוא חרבות העיר והשחתה. והחכם הגדול רבי משה בר׳ מיימון פירש יועץ בקרא מי שעצתו נכונה ועסקיו כראוי בדברים המנהגים אך לא יבין שום שכל ואשר ישלו החכמות המושגות בפעל הוא נקרא חכם חרשים. ואשר הוא מבין וזך הטבע ויכול להשלים הענינים בפירוש קצר מתוקן הוא הנקרא נבון לחש אך לא התעסק בחכמה ולא השיג החכמות ויונתן תרגם רב חמשין וגו׳. ובדברי רבותינו ז״ל י״ח קללות קלל ישעיהו הנביא את ישראל ולא נתקררה דעתו עד שאמר להם ירהבו הנער בזקן והנקלה בנכבד. מאי היא דכתיב כי הנה האדון ה׳ צבאות וגו׳. ומשען אלו בעלי מקרא. משענה אלו בעלי משנה. כל משען לחם אלו בעלי תלמוד. שנאמר לכו לחמו בלחמי. וכל משען מים אלו בעלי אגדה שמושכין לבו של אדם כמים. גבור אלו בעלי שמועות. ואיש מלחמה זה שיודע לישא וליתן במלחמתה של תורה. שופט זה דיין שדן דין אמת לאמתו. נביא כמשמעו. קוסם זה מלך. שנא׳ קסם על שפתי מלך במשפט לא ימעל פיו. זקן זה שראו לישב

מצודת דוד

ג (א) מסיר וגו׳. ר״ל לא ימלא בהם לא איש ולא אשה אשר יחזיק דליים להספיק להם להם ומים: (ב) גבור וגו׳. מוסב על מלת מסיר שאמר במקרא שלפניו: (ג) שר חמשים. מסיר שר חמשים כי יבוטל השררה מכל וכל: ונשוא פנים. איש נכבד שהכל נושאים

מצודת ציון

ג (א) משען לחם. על כי חיות האדם תלויים בלחם ובמים ונשען בהם אמר משען להם וכמ״ש כל מטה לחם שבר (תהל׳ קה): (ב) וקוסם. הוא החוזה בכוכבים ויודע מהעתידות: חרשים. הוא ענין מחשבה כמו אל תחרש על רעך רעה (משלי ג׳) כ״ל הכמים כי

ary importance to a prophet.—[*Malbim*]

an elder—one who is experienced in worldly matters.—[*Ibn Ezra*] Minor in importance to a judge.—[*Malbim*]

The Talmud (*Chagigah* 14a) explains this verse in a somewhat different manner, as follows:

hero—one who possesses extensive knowledge of the Law.

warrior—one capable of debating matters of law.

judge—who judges a case fairly and justly.

prophet—according to its simple meaning.

soothsayer—*This denotes the king,*

3

1. For, behold, the Master, the Lord of Hosts removes from Jerusalem and from Judah a support and a stay, every support of bread and every support of water; 2. Hero and warrior; judge and prophet and soothsayer and elder; 3. Captain of fifty and man of esteem, and counsellor and skillful craftsman, and one who understands secrets.

1. **For, behold, the Master . . .**—The above chapter deals with the destruction of the wicked in the times of the Messiah. In the following chapter, Isaiah prophesies for his own generation, when the Lord will mete out justice upon the wicked in Judah and Jerusalem, and the prominent citizens will perish through famine and war. God is spoken of as the Master, to impress upon the people that He is indeed the Master, able to build and demolish, to sate and starve. Were the people aware of His mastership, they would not sin and would not forsake His precepts and think to free themselves from His jurisdiction.—[*Redak*]*

removes from Jerusalem . . .—*This entire section is explained in Tractate Chagigah* (14a): *Isaiah cursed Israel* (i.e. prophesied tribulations for them) *with eighteen curses, yet he was not satisfied until he said,* "(verse 5) *The youth shall behave haughtily against the old, and the base against the honorable.*"—[*Rashi*]

a support and a stay—The word is repeated for emphasis. For poetic beauty, the second word is in the feminine gender.—[*Redak*]*

every support of bread and every support of water—This is an apposition to the preceding "support and a stay," describing what type of support is meant.—[*Ibn Ezra, Redak, Kara*]*

2. **Hero**—One who has strength to wage a successful war.—[*Ibn Ezra*]

a warrior—One experienced in battle.—[*Ibn Ezra*]

These two, despite their military prowess, are destined to fall in battle.—[*Redak*]

Malbim visualizes the hero as one resembling Samson. Such a hero was obviously a major support. The warrior is an ordinary man, trained in military tactics, representing a minor support.

judge—one who can be consulted for instruction in the Torah.—[*Ibn Ezra*] *Malbim* explains this a judge over all Israel, such as Joshua. This again is the major support.

prophet—The prophet too is a major support.—[*Malbim*]

Jonathan renders: a scribe, meaning one who admonishes the people.—[*Redak*]

and soothsayer—who foretells the future through astrology.—[*Ibn Ezra*] Such a person was of second-

חרשים ונבון לחש: ד ונתתי נערים
שריהם ותעלולים ימשלו בם: ה ונגש
העם איש באיש ואיש ברעהו ירהבו
הנער בזקן והנקלה בנכבד: ו כי יתפש

ת״א כי יתפוש. שבת קיט:

תרגום

וחכים וסוכלתן בעצה:
ד ואמני ינקיא פרנסיהון
וחלשיא ישלטון בהון:
ה ויתגרון עמא גבר
בגבר וגבר בחבריה
ישלטון עולימיא בסבא
ודשיט ביקיר: ו ארי
יחוד גבר באחוהי

מזרעית

מהר״י קרא

יותר בהם אחד שיכול לפרנס באומנתו: ונבון לחש. שלא יהא אדם שיבין כשנותנין לו עצה אם טובה היא אם לאו: (ד) ותעלולים. בני אדם עולגין כשהן מלעיגים במלאכי אלהים ובנביאיו. תעלולים מגזרת פי יבואו הערלים האלה והתעללו בי דשאול. וכן ויתעללו בה כל הלילה דפלגש בגבעה וכן אשר התעללתי במצרים: (ו) כי יתפש איש באחיו בית אביו. אין דעתי נתקררה עד שאביאם לעוני גדול כזה. כי יתפוש איש באחיו ויאמר לו שמלה לך קצין תהיה לנו. והוא הדין שיתפוש איש אחר אלא שדיבר הכתוב בהווה. (אלא) שאין אדם בוש לעשות צרכיו מאחיו ובית אביו כמו שהוא בוש מאחרים: והמכשלה הזאת תחת ידך. ודבר זה שאני נכשל עליה לפי שהוא חסר ממנה אבל מן התשובה שהנשאל שואלו

רש״י

הכל כחרשי׳: ונבון לחש. ראוי למסור לו סתרי תורה שנתנו בלחש כגון מעשה בראשי׳ ומעשה מרכב׳: (ד) ונתתי נערים שריהם. אלו בני אדם המנוערים מן המצות: ותעלולים ימשלו בם. שועלים בני אדם הלשים ואני אומר לפי פשוטו תעלולים ליצני בני אדם המתעוללי׳ בהם ומבזין אותם כמו (איוב ט״ו) ועוללתי בעפר קרני את אשר התעללתי (שמות י): (ה) ונגש העם. יהיו דוחקין ונוגשין זה על זה בתיגור וחירוס: ירהבו הנער בזקן. יתגדל הנער על הזקן: והנקלה בנכבד. כפשוטו ומדרשו יבא מי שחמורות דומות עליו כקלות וירהב במי שהקלות דומות עליו ככבדות: (ו) כי יתפש איש באחיו. כאשר יתפוש איש באחיו בבית אביו לאמר עשיר אתה בתורה ומהוורת היא בידך כשמלה:

רד״ק

בישיבה. שר חמשים זה שיודע לישא וליתן בחמשה חומשי תורה. דבר אחר שר המשים אמר רבי אבהו מכאן שאין מעמידין תורגמן על הצבור פחות מחמשים שנה: ונשוא פנים. זה שנושאים פנים לדורו בעבורו למעלה כגון רבי חנינא בן דוסא למטה כגון רבי אבהו בקסרי: יועץ. זה שיודע לעבר שנים ולקבוע חדשים: חכם. זה תלמיד המחכם את רבותיו: חרשים. שבשעה שפותח פיו נעשו הכל כחרשים: ונבון. זה המבין דבר מתוך דבר: לחש. זה מי שראוי למסור לו דברי תורה בלחש. ואמר עוד אין מוסרין סתרי תורה אלא למי שיש לו חמשה דברים הללו יועץ וחכם חרשים ונבון לחש: (ד) ונתתי נערים. כיון שהוא הסיר הזקנים הרי הוא כאלו נותן הנערים להיות שרים עליהם. ודרך הדרש אלו בני אדם שמנוערין מן המצות: ותעלולים. כמו נערים. וכן עוללים שאלו לחם. אלא שהוא משקל אחר. והיא תאר בשקל תחלואי רעב. ויונתן תרגם וחלשיא. והדרש תעלי בני תעלי. פירוש שועלים: (ה) ונגש העם. עוד קללה אחרת שלא יכנעו מפני שריהם ומפני המושלים שישימו עליהם אלא כל אחד יהיה נעשה נוגש ושוטר בחברו ואפילו הקטן בגדול. ופירוש ירהבו יחזיקו עליו ויעיזו בו פניהם הנער בזקן והנקלה בנכבד: ירהבו. ענין חוזק. מן ורהבם עמל ואון. ויונתן תרגום ונגש ויתגרון. ותרגם ירהבו ישלטו. וענין אחד הוא כמו שפירשתי. והדרש הנער בזקן מי שמנוער מן המצות ירהב במי שמלא מצות כרמון: והנקלה בנכבד. מי שחמורות דומות עליו כקלות ירהב במי שקלות דומות עליו כחמורות: (ו) כי יתפש. כאשר יתפוש איש באחיו. כלומר שיתפשוהו בבגדו לדבר עמו ולבקש ממנו זה. ופירוש בית אביו משפחת בית אביו כי אינו רוצה לומר אחיו בן אביו אלא איש ממשפחתו שיש לו קרוב דעת עמו. ויאמר לו בבקשה כיון ששמלה לך. כלומר

אבן עזרא

הוא האומן: ונבון לחש. אפילו המבין ללחוש הנחשים ויש אומרים מגזרת מתלהשים: (ד) ונתתי. תי״ו תעלולים. נוסף מגזרת עולל והנה הוא שם התואר גם אני אבחר בתעלוליהם שם: (ה) ונגש. בנין נפעל כמו נלב לריב ויש אומרים כי הנו״ן שורש מהבניין הכבד הדגוש: ירהבו. כמו ישלטו ויגלחו כמו המהלבת רהב: (ו) כי. בית אביו.

מצודת ציון

החכמה היא במחשבה: לחש. ענין קול נמוך הנאמר בלחישת האוזן: (ד) ותעלולים. ענין שחוק ולעג כמו כי התעללת בי (במדבר כ״ב): (ה) ונגש. ענין לחץ כמו מפני נוגשיו (שמות ג׳): ירהבו. ענין התחזקות וגאוה כמו רהב הם שבת (לקמן ל׳): בזקן. הבי״ת היא במקום על כמו כן ינתן בו (ויקרא כ״ד) ומשפטו עליו כי על פונם ממון ידבר: (ו) יתפוש. ענין אחיזה: שמלה. ענין מלבוש:

מצודת דוד

לו פנים: וחכם חרשים. חכם על הכמים אחרים כלומר שיש לו תלמידים חכמים: ונבון לחש. המבין סתרי תורה הנאמרים בלחש והם מעשה בראשית ומעשה מרכבה: (ד) נערים שריהם. כי הנער לפי עזות נערותו ישתרר בהם: ותעלולים. הליצנים ימשלו בם ע״י ליצנותם בדברי שחוק: (ה) ונגש העם. כ״א יהיה נוגש בחבירו על כי לא יהיה בהם מושל: ירהבו. הנער יתגאה על הזקן ואדם נקלה על איש נכבד: (ו) כי יתפוש. כאשר יתפוש איש באחיו ולא אחיו ממש אלא הקרוב אליו מבית אביו ויאמר לו הלא יש לך שמלה כ״ל הלא אתה מלובש מלבושי פאר ושעתך מללהת ויהיו

4. **And I will appoint youths as their princes**—*These are people devoid of any observance of the commandments.*—[*Rashi* and *Redak* from *Chagigah* 14a] According to *peshat*, since the elders will be taken away, the youths will automatically assume the leadership.—[*Redak*]

and scorners will rule over them—Heb. וְתַעֲלוּלִים, related to the Aramaic תַּעֲלֵי, *foxes*, i.e. *weak people.* This is according to the *derash* of the *Gem.* (ibid.). *But I say that according to the simple meaning,* תַּעֲלוּלִים *means scornful people, people who mock them,* as in Job 16:15: *"I soiled* (וְעוֹלַלְתִּי) *my radiance in the dust," and* in Exod. 10:2: *"how I mocked* (הִתְעַלַּלְתִּי) *the Egyptians."*—[*Rashi*]

4. And I will appoint youths as their princes, and scorners shall rule over them. 5. And the people shall be oppressed, man against man, and man against his fellow; they shall behave haughtily, the youth against the elder and the base against the honorable.

as it is stated: (Prov. 16:10) [Like]*soothsaying on the lips of a king.*—[Quoted by *Rashi*] The king was expected to promulgate decisions as true and as definite as those indicated by the stars. He is, therefore, referred to as a soothsayer.

elder—fit to sit in the tribunal.

3. **Captain of fifty**—There will not even be a captain over such a small number as fifty men, surely not over one hundred or one thousand.—[*Redak*]

man of esteem—One esteemed because of his vast wealth and greatness.—[*Redak*]

Malbim explains this to denote one who, although not an official, is nevertheless esteemed. Thus we have the major support and the minor support.

counsellor—one knowledgeable in the ways of the world and in matters between people.—[*Redak*]

skillful craftsman—following *Ibn Ezra. Redak* interprets this as a teacher of the wise.

one able to understand a secret—or one skilled in speech. I.e. one able to argue a point, such as a lawyer. The word לַחַשׁ means whispering, since wise men speak softly and do not raise their voices. *Ibn Ezra* quotes some who interpret this as "snake charmers." Even these will be taken away. All these, except the heroes and the warriors, will die of hunger in the city.—[*Redak*]

The Talmud (ibid.) explains this verse as follows:

captain of fifty—explained as "captain of fifths," i.e. one capable of discussing the five fifths (books) of the Pentateuch. Alternatively, a translator of the Torah in the synagogue, who was required to be at least fifty years old.

man of esteem—one whose generation is esteemed in his merit, such as Rabbi Chanina ben Dosa, whose generation was esteemed in heaven because of him, and Rabbi Abahu, whose generation was esteemed by the Roman emperor because of him.—[*Redak, Kara*]

counsellor—*One who knows how to intercolate the years and fix the months.*—[*Rashi* and *Redak* from *Chagigah* 14a]

skillful craftsman—explained by the Talmud as "wise of the deaf," meaning that *when he commences* to speak of *words of Torah, all become as deaf,* i.e. unable to refute his statement.—[*Rashi, Redak*]

one who understands secrets—The Talmud separates this into two, explaining "understanding" as one capable of deducing a decision from an earlier premise. "Secret" is explained as *one fit to be entrusted with secrets of the Torah, given in whispers, such as the story of Creation and the account of the Celestial Chariot, related in Ezekiel 1.*—[*Rashi, Redak*]

אִישׁ בְּאָחִיו בֵּית אָבִיו שִׂמְלָה לְכָה קָצִין
תִּהְיֶה־לָּנוּ וְהַמַּכְשֵׁלָה הַזֹּאת תַּחַת
יָדֶךָ׃ ז יִשָּׂא בַיּוֹם הַהוּא ׀ לֵאמֹר לֹא־
אֶהְיֶה חֹבֵשׁ וּבְבֵיתִי אֵין לֶחֶם וְאֵין
שִׂמְלָה לֹא תְשִׂימֻנִי קְצִין עָם׃ ח כִּי
כָשְׁלָה יְרוּשָׁלִַם וִיהוּדָה נָפָל כִּי־לְשׁוֹנָם
וּמַעַלְלֵיהֶם אֶל־יְהוָה לַמְרוֹת עֲנֵי

חסר י׳ ת״א והמכשלה . גטין מג :

תרגום

מִזַרְעִית בֵּית אֲבוּהִי לְמֵימַר כְּסוּ אִית לָךְ רַב תְּהֵא עֲלָנָא וּמַגְבִּיתָא הָדָא תְּהֵא תְּחוֹת יְדָךְ׃ ז יְתִיב בְּעִדָּנָא הַהִיא לְמֵימַר לֵית אֲנָא כְּשַׁר לְמֶהֱוֵי רֵישׁ וּבְבֵיתִי לֵית מָה דְאֵיכוֹל וְלֵית מָה דְאִתְכַּסֵי לָא תְמַנּוּנִי רַב בְּרֵישׁ כָּל עַמָּא׃ ח אֲרֵי אִתְקִילוּ יָתְבֵי יְרוּשְׁלֵם וַאֲנָשׁ יְהוּדָה גְלוֹ אֲרֵי מְמַלֵּל פּוּמְהוֹן וַאֲגַר עוֹבָדֵיהוֹן גְּלַן קֳדָם יְיָ ומרגזין

רש״י

קצין תהיה לנו . ותלמדנו : והמכשלה הזאת . שאנו נכשלים בה באיסור או בהיתר בטומאה או בטהרה תחת ידיך הוא שאתה יודע להורות לנו . דבר אחר שמלה לך להלביש ערום: והמכשלה.(פולנג"א בלע"ז)מחסרוני שאני מחוסר להם תחת ידיך להספיקני ולכך קצין תהיה לנו והוא משיב בביתי אין לחם ואין שמלה ומה טיבי לקצין : (ז) ישא ביום ההוא . אין ישא אלא לשון שבועה הוא ישבע להם לא אהיה חובש לא אהיה מחובשי בית המדרש ובביתי אין להם ושמלה אין בידי לא טעם משנה ולא טעם אגדה . דבר אחר לפי פשוטו לא אהיה חובש לא אהיה שופט שהוא חובש את הגדונים בבית הסוהר : (ח) כי כשלה ירושלים . כולם הסירים ונפולים ואין עוזר זה לזה ולמה כי אמנו לשמוע ועשה כולם מכעיסים : כי לשונם ומעלליהם אל ה׳ .

מהר״י קרא

אם הוא הלחם תחת ידו. ועליו השואל משיבו בביתו אין לחם ואין שמלה לא אהיה חובש . כי אין יכולת לעצור אותך בביתו . וכן נעצרה נא אותך דמנוח כשאדם מאסף את חבירו מן השוק לתוך ביתו קורא לשון עצר : (ח) כי כשלת ירושלם ויהודה נפל . מכל הדברים הללו הנזכרים למעלה תכשל ירושלם , שלא יהא בהן משען ומשענה . לא גבור ולא איש מלחמה . לא קוסם ולא נביא וכו׳ . ומי גרם להם שלא יהא בהם אהד מכל אלה : כי לשנם ומעלליהם אל ה׳ למרות עיני

אבן עזרא

משפחתו : שמלה לכה . אף על פי שהוא בה״א הוא כמו חביריו והטעם לא נבקש ממך שתתן לנו שמלה: והמכשלה. הטעם על ירושלם וכן כתב כי כשלה כדרך בן אדם שידבר כן בעת הכעס : (ז) ישא . ישבע כמו לא תשא את שם ה׳ : חובש . כמו חובש מכה והטעם עוצר וכתיב יורש עצר : ואין שמלה . אפילו לנפשי : (ח) לשונם ומעלליהם . כל דיבורם וכל מעשיהם לפאת השם : למרות . פתחות הלמ״ד בעבור ה״א הבנין החסר וכמוהו לנחותם הדרך

רד״ק

שאתה מלובש בגדים נאים ותתראה גדול וישאו פניך תהית קצין לנו ותוכיח כי שראוי להוכיח ותהיה תחת ידך ותחת ממשלתך המכשלה הזאת שאנחנו נכשלים איש ברעהו ואין אנחנו יראים מפני רעהו : לכה . כתוב בה״א נוספת . כמו ולכת איפוא מה אעשה בני . ודרש שמלה דברים שמתכסה אדם שהם כשמלה . והמכשלה דברים שאין בני אדם עומדין עליהם אלא אם כן נכשלים בהם ישנן תחת ידך . קצין תהיה לנו . וי״ת המכשלה ומגביתא . כלומר לגבות חמס שהיו מלכי העכו״ם מטילים עליהם . כמו שכתוב בפרעה נכה ויתן עונש על הארץ מאה ככר כסף וככר זהב: (ז) ישא . פירוש ישא האל בפיו כלומר ישבע . וכן לא תשא את שם ה׳ אלהיך לשוא : וחובש . מושל . נקרא כן לפי שחובש ואוסר העוברים על מצותיו . וכמוהו האף שונא משפט יחבש . וטעם לא אהיה . כי איני ראוי לכך כי אין בביתי לחם ושמלה . ואף על פי שאני מתראה בחוץ בשמלה זו . וכל זה אמר להודיע כי עניות ומסכנות רב יהיה בעיר כי אפילו המתראים בחוץ ביתם רק מכל טוב . והדרש לא אהיה חובש לא הייתי מחובשי עצמן בבית המדרש ובידי אין לחם ואין שמלה שאין בידי לא טעם מקרא ולא טעם משנה : (ח) כי כשלה . ומה טעם כשלו ונפלו . לפי שחטאו לה׳ בפה ובמעשה להכעיסו . וזה למרות עיני כבודו . כלומר כי הוא רואה מעשיהם והם עוברים על מצותי

מצודת דוד

דבריך מקובלים לזאת תהא לנו קצין ולראש : והמכשלה הזאת . מה שאנו נכשלים איש ברעת רעהו תהיה תחת יד ממשלתך ר״ל אתה תסיר המכשול בכח הזרוע : (ז) ישא . והוא ישיב לומר בשבועה לא אהיה מושל החובש את המחויב במאסר כי אינני ראוי למשול ובביתי . ר״ל אף שאני מתראה כהון לבוש מלבושי פאר הנה בביתי אין כל ואין שמתי מלאכת למשול : (ח) כי כשלה . במרכית השוני :

מצודת ציון

לכה . כמו לך : קצין . שר : (ז) ישא . ענין שבועה כמו לא תשא (שמות כ׳) : חובש . ענין מאסר כלא כמו חבוש בטמון (איוב מ) : (ח) ומעלליהם . ומעשיהם : למרות . כמו להמרות והוא מלשון

and this obstacle—upon which we are stumbling, in prohibition or permissibility, in defilement or in purity, shall be under your hand, for you know how to instruct us. Another explanation is: You have a garment to clothe the naked.—[*Rashi*]

and this obstacle—*fajjlejjnca in O.F.* (*faibless* in modern French). "*My want, that I lack bread, is under your hand to supply me. Therefore, you shall be to us as an officer.*" *He replies,* "*In my house there is neither bread nor clothing. What then are my qualifications as an officer?*"—

6. When a man shall seize his brother of the house of his father, [saying], "You have a garment, be an officer to us, and this obstacle shall be under your hand," 7. He shall swear on that day, saying, "I will not be a ruler, while in my house there is neither bread nor clothing; do not make me an officer over the people." 8. For Jerusalem has stumbled, and Judah has fallen, for their tongue and their deeds are against the Lord, to provoke the eyes of His glory.

Others explain it as "children".—[*Ibn Ezra, Redak*]

5. **And the people shall be oppressed**—*They shall be pressed and oppressing each other with competition and strife.*—[*Rashi*]

This is a further curse, that they will not subordinate themselves to their rulers, but each one will become a self-appointed officer to coerce his fellows to obey the law.—[*Redak*]

they shall behave haughtily, the youth against the elder—The *youth will raise himself over the elder.*—[*Rashi*]

Ibn Ezra explains it as an expression of ruling and overpowering. *Redak* explains that they will overpower the elders and behave insolently to them.

and the base against the honorable—This is to be interpreted *according to its simple meaning. The derash is as follows: Let one to whom grave interdicts seem light, come and raise himself over one to whom light interdicts seem grave.*—[*Rashi* and *Redak* from aforementioned Talmudic source] This is indeed a curse that the Jewish community will be dominated by people who take the most serious laws of Judaism lightly. Their say will be accepted over those to whom every detail of the law is regarded as grave.

6. **When a man shall seize his brother**—*When a man shall seize his brother in his father's house, saying, "You are wealthy in Torah, and it is as white to you as a garment."*—[*Rashi* from unknown Midrashic source]

In the Talmud (*Chagigah* 14a, *Shabbat* 119b), the garment symbolizes those parts of the Torah known to very few. When one is asked about them, he hides as if covering himself with a blanket.—[*Redak*] The simple meaning is that one will seize his relative by his coat to speak with him and to beg him concerning this matter. It does not necessarily mean a real brother, but any member of his father's household. He will say, "You have a garment. You are well dressed and appear to be a great man. Please be our ruler, since your words of admonition will surely be accepted and obeyed."—[*Redak, Metzudath David*]

Ibn Ezra explains: The garment shall be yours; we do not request you to clothe us.

be an officer to us—*and teach us.*—[*Rashi*]

כְּבוֹדוֹ׃ ט הַכָּרַת פְּנֵיהֶם עָנְתָה בָּם
וְחַטָּאתָם כִּסְדֹם הִגִּידוּ לֹא כִחֵדוּ אוֹי
לְנַפְשָׁם כִּי־גָמְלוּ לָהֶם רָעָה׃ י אִמְרוּ
צַדִּיק כִּי־טוֹב כִּי־פְרִי מַעַלְלֵיהֶם יֹאכֵלוּ׃
יא אוֹי לְרָשָׁע רָע כִּי־גְמוּל יָדָיו יֵעָשֶׂה לּוֹ׃

ת"א הכרת פניהם. יבמות קכ בכורות מו (סוטה כג יבמות טו): אמרו לדיק. יומא לח חגיגה יב קדושין מ ב"ב יא עקידה שער מה (פלה טו ט):

תרגום

וּמַרְגְּזִין קֳדָם יְקָרֵיהּ׃
ט אִשְׁתְּמוֹדָעוּת אַפֵּיהוֹן
בְּדִינָא אַסְהֵיד בְּהוֹן
וְחַטָאֵיהוֹן כִּסְדוֹמָאֵי
קַבְלִין וְלָא מְנְעִין וַי
לְנַפְשֵׁיהוֹן אֲרֵי גְרַמוּ
דְתֵיתֵי לְהוֹן בִּישְׁתָא׃
י אֱמָרוּ לְצַדִּיקָא
טוּבֵיכוֹן אֲרֵי פֵּרֵי
עוֹבָדֵיהוֹן יִשְׁתַּלְמוּן׃
יא וַי לְרַשִׁיעַיָא

מהר"י קרא

כבודו. ומי שלא למד בילדותו תורה. איך יהיה בזקנותו חכם. שופט ונביא קוסם וזקן או שר חמשים וגו' שהרי אם אין גדולים אין ראשים אם אין קטנים אין גדולים אם אין חכמים אין נביאים: (ח) הכרת פניהם ענתה בם. מעזות פניהם נכרים מעשיהם הרעים מהם. והכרת פניהם ענתה בם. כעידה בהם: וחטאתם כסדום הגידו לא כחדו. שכשאדם עובר עבירה בגלוי הרי הוא ר"ש לשמים לבריות הרי הוא רשע: אוי לנפשם כי גמלו להם רעה. שהם גרמו לעצמם שלא נמצא בהם איש שופט ונביא וגו': (י) אמרו צדיק כי טוב. פתרונו שבחו צדיק כי טוב יהיה לו באחריתו. ומה היא הטובה: כי פרי מעלליהם

רש"י

לנגדו להכעיסו: למרות עיני כבודו. להקניט לפני כבודו. ד"א עניני כבודו: (ט) הכרת פניהם. עון שהם מכירים פנים בדין היא ענתה בם לפני. ל"א הכרת פניהם ניכרים הם בעזות פניהם: כסדום הגידו לא כחדו. בפרהסיא עשו: (י) אמרו. למי שהוא לדיק כי טוב עשה: (יא) אוי לרשע רע. שהוא רע לעצמו ורע לאחרים גורם רעה לו ולאחרים בתנחומא והמקרא מוסב על אמרו לדיק כי טוב לו ואוי לו לרשע רע:

רד"ק

כאלו הוא אינו רואה מעשיהם: למרות. כמו להמרות: עני. חסר היו"ד עי"ן הפעל: (ט) הכרת. מענין ואת אחיו לא הכיר. ר"ל כי בפניהם יוכל האדם להכיר שהם רעים וחטאים כסדום והם גם הם מגידים חטאתם בפיהם ואינם מכחידים כמו שהיו אנשי סדום עושים שהיו מתפארים ברשעם. ואדוני אבי ז"ל פ' הכרת הה"א שרש ופירש עזות פניהם. וכן פירוש לא תבושו תהכרו לי. תעיזו פניכם לי. ודמהו ללשון ערב שאומרים הכר לעזות מצח. ויונתן תרגם הכרת פניהם שהם מכירים פניהם בדין. אשתמודעת אפיהון בדינא אסהיד בהון: אוי לנפשם. כלומר שתאבד נפשם במותם מפני מעשים הרעים לבד מן הפורעניות שיבא להם בחייהם והנה הם גמלו רעה לנפשם. כלומר לעצמם ברעה שעושין לאחרים: (י) אמרו. אינו צווי לאנשים מיוחדים אלא לכל אדם. כמו ראה ריח בני. אמר למלך ולגבירה. והדומים להם. אומר לכל מי שיכיר האמת וידע כי משפט האל אמת. אמרו וקראו לכל כי אל צדיק ה' ישלם לכל צדיק כצדקתו ולרשע כרשעתו. וסמך זה לפסוק אוי לנפשם. לפי שלפעמים יהיה טוב לרשע בעולם הזה. אמר כי על כל פנים האבד נפשו גמול מעשיו הרעים כי אל אמונה ואין עול: צדיק כי טוב. פירוש צדיק כאשר יהיה טוב שלא ישוב מצדקתו ועשה עול אמרו כי פרי מעלליהם יאכלו בזה ובבא. וכן אמרו: (יא) אוי לרשע רע. אוי לרשע שיעשה רע. ולא שב מרשעתו כי על כל פנים גמול ידיו יעשה לו בזה

אבן עזרא

וטעם עיני בפרהסיא: (ט) הכרת. יש אומרים מגזר' כרת והישר מגזרת הכירוהו והדגש לחסרון הנו"ן והנה נראה במלת יככר שורא הטעם מי שיכיר בפנים לדעת תולדת הגוף הם יענו ויודו דרך האמת אין לריך לעדי' על כן: וחטאתם כסדום הגידו. וטעם לא כחדו כי המכחד עוד יש לו מעט בושת: (י) אמרו. יש אומרים שבחו כמו את ה' האמרת. והישר בעיני שהוא מלשון אמירה בלב ובפה: יאכלו. כל הלדיקים והוא דרך קלרה והטעם שלא תחשוב כי לדיק אחד לבדו יאכל פרי מעלליו וטעם זה הפסוק דבוק עם אוי לנפשם: (יא) אוי. יש אומרים כי רע

מצודת ציון

תמורה וחלוף: (ט) ענתה. העידה כמו לא תענה (שמות כ'): לא כחדו. לא מנעו: (י) אמרו. ענינו שבח ורוממות כמו את ה'

מצודת דוד

אל ה'. ר"ל להקניט אותו: למרות עיני כבודו. ר"ל שאומרים שעיני המקום המה מחולפים מעיני האדם כי לא ידיע ולא ישגיח במעשה הבריות: (ט) הכרת. היכר עזות פניהם העידה על רשעותם: וחטאתם. מפרסמים חטאם כאנשי סדום כי המה מגידים ומספרים אותה ולא מנעו מלהגיד וכפל הדבר במ"ש: כי גמלו. במעשיהם גמלו רעה לעצמם: (י) אמרו צדיק. שבחו ורוממו את הלדיק כי עשה את הטוב כי הלדיקים יאכלו גמול מעשיהם ולזה שבחוהו למען ילמדו ממנו לשוב להם: (יא) אוי. אבל רשע האוחז ברע ולא סר ממנו אוי לו כי יקבל גמולו משלם:

deeds, they have brought evil upon themselves. It is completely their fault that they have no more prophets, judges, etc.—[*Kara*]

In addition to the evil they have brought upon themselves in their lifetime, woe is to their soul, which will be destroyed after their death, for they, themselves, have brought harm to their soul.—[*Redak*]

10. **Praise the righteous man for he is good**—Praise the righteous for he has performed good deeds, for the righteous will eat the fruit of their deeds, and others will learn from them to perform good deeds.—[*Metzudath David*]

Rabbi Joseph Kara deviates slightly and explains: Praise the righteous for it will be good for him in the hereafter, for the . . . *Abarbanel* relates this verse to the man who refuses the appointment as leader, judging his abilities to be inadequate

9. The recognition of their faces testified against them, and
their sin, like Sodom they told, they did not deny; woe is to
their soul, for they have paid themselves [with] evil. 10. Praise
the righteous man for he is good, for the fruit of their deeds
they shall eat. 11. Woe to the wicked [who does] evil, for the
recompense of his hands shall be done to him.

[*Rashi*] According to *Parshandatha*, this is labeled, "Joseph," indicating that it was added by Rabbi Joseph Kara.

7. **He shall swear on that day**—lit. he will raise. The word יִשָּׂא, *is only an expression of swearing; he will swear to them, "I will not be a 'Chovesh.' I will not be one of those confined to the study hall, since, in my house there is neither bread nor clothing; I have understanding neither of the Mishnah nor of the Aggadah. Another explanation according to the simple meaning is: I will not be a confiner; I will not be a judge, who confines the convicts to prison.*—[*Rashi*]

Redak explains that he will bear the Lord's Name in his mouth, similar to: *You shall not bear the Name of the Lord your God in vain.* He will swear that, although he appears to be well dressed, in reality, he has no food nor clothing in his house. This prophecy tells of the dire poverty that will exist in the city, that even those who appear well dressed, will, in reality, be impoverished.

8. **For Jerusalem stumbled**—*They are all faulty and falling, and no one assists the next one. Why? Because they refused to obey, and now, they all provoke.*—[*Rashi*] This commentary, too, is labeled, "Joseph."

for their tongue and their deeds are against the Lord—lit. to the Lord; *against Him to provoke Him.*—[*Rashi*] I.e. they sinned against God in speech and in deed.—[*Redak*]

to provoke the eyes of His glory—*to provoke before His glory. Another explanation is: to provoke the matters of His glory.*—[*Rashi*]

They transgress His commandments as though He did not see. —[*Redak*]

The recognition of their faces—*The sin that they recognize faces* [i.e. show favoritism] *in judgment testified against them before Me. Another version is: The recognition of their faces—They are recognizable by the boldness of their faces.* —[*Rashi*] I.e. their evil deeds are recognizable by the boldness of their faces.—[*Kara, Ibn Ezra, Redak, Metzudath David*] Rabbi Joseph Kimchi explains the expression as: *The boldness of their faces testified against them,* basing this on an Arabic root.

like Sodom they told, they did not deny—*they committed* sins *publicly.*—[*Rashi*] In addition to their sins being recognizable from the expression of their faces, they tell about their sins and do not conceal them, much like the inhabitants of Sodom, who prided themselves with their sins.—[*Redak*]

woe is to their soul, for they have paid themselves [with] evil—By their

יב עַמִּי נֹגְשָׂיו מְעוֹלֵל וְנָשִׁים מָשְׁלוּ בוֹ
עַמִּי מְאַשְּׁרֶיךָ מַתְעִים וְדֶרֶךְ אֹרְחֹתֶיךָ
בִּלֵּעוּ: יג נִצָּב לָרִיב יְהוָה וְעֹמֵד לָדִין
עמים

ת״א ונשים משלו. זוהר ויקרא:

תרגום

דְעוֹבָדֵיהוֹן בִּישִׁין אֲרֵי גְמָלָא דִידֵיהוֹן יִתְיְהֵב לְהוֹן: יב עַמִּי דְסַרְכוֹהִי בְּזָזוֹהִי כִּמְעַלְלֵי לְכַרְמָא וּכְמָרֵי חוֹבָא שַׁלִיטוּ בֵיהּ עַמִּי מְשַׁבְּחָךְ אַטְעִיוּךְ וְאוֹרַח שְׁבִילָךְ קַלְקִילוּ: יג עָתִיד לְמֵדַן יְיָ וּמִתְגְלֵי לְמֶעְבַּד פּוּרְעֲנוּת דִין מִן עַמְמַיָא:

רש״י

(יב) נגשיו מעולל. לילנים הם: ונשים משלו בו. נשים נואפות משלו בו כמו שאמר למטה יען כי גבהו בנות ציון והטו לבם לרעה לפיכך כל הלשים משלו בו ויונתן תירגם לשון נושים: מאשריך. מדריכיך שיש להם לאשרך בדרך טוב הם מתעים אותך: בלעו. קלקלו: (יג) נצב לריב. של ישראל מעומד שלא לדקדק בדינם: ועומד לדין עמים. מתעכב ומאריך בדינם. עמידה זו לשון עכבה:

אבן עזרא

הוא תואר גוי והנכון שהוא תואר רשע: (יב) עמי. כל אחד מנוגשיו הוא עולל והמ״ם נוסף והוא תואר השם ואיננו פועל. אל״ף מאשריך תחת יו״ד כי אותיות יהו״א מתחלפין כמו אשרו המוץ והטעם הראויים שיישרוך המה יתעוך: בלעו. שחתו עד לא יודע הדרך: (יג) נצב. על כן נלב השם לריב ואיננו שם כי אם שם הפועל מהבנין הכבד הנוסף וכמוהו לדין והטעם על גזירותיו: עמים. טעמו

מהר״י קרא

יאכלו. אם היום יתמנה ללמוד תורה להכיר את קונו. מחר יתמנה שופט. יועץ חכם חרשים: (יב) עמי נוגשיו [מעולל]. נוגשיו ושוטריו של עמי משחקים בעמי: ונשים משלו בו. אין לך אומה קשה אפילו כנשים וכמרי חובא שליטו ביה. שאין מושלים בהם בישראל*): עמי מאשריך מתעים. אותך לומר סורו מני דרך הטו מני אורח: ודרך ארחותיך בלעו. פתרונו כסו. כמו כבלע את הקודש. ומתרגמ׳ כד מכסן. פתרונו מכסין ממך דרך הישר ומטעים אותך לדרך רעה: (יג) נצב לריב ה׳ ועומד לדין. עומד לדין עמים תרגומו ומתגלי

*) עירוב דברים נראה כאן

רד״ק

או בבא. אבל בזה העולם יהיה גמולם ברוב כמו שתראו בישראל כי כשלו ונפלו מפני מעשיהם הרעים ועליהם תצדיקו את הדין. ורז״ל דרשו הפסוק אמרו צדיק כי טוב. וכי יש צדיק טוב ויש צדיק שאינו טוב אלא טוב לשמים וטוב לבריות. זהו צדיק טוב. ועליו נאמר כי פרי מעלליהם יאכלו שאוכל פירות בעוה״ז. והקרן קיימת לעוה״ב. טוב לשמים ואינו טוב לבריות זהו צדיק שאינו טוב. אוי לרשע רע. וכי יש רשע רע ורשע שאינו רע אלא רע לשמים ורע לבריות זהו רשע רע. רע לשמים ואינו רע לבריות זהו רשע שאינו רע. ורשע רע גמול ידיו יעשה לו בעולם הזה. ואמרו הזכות יש לה קרן ויש לה פירות. שנאמר כי פרי מעלליהם יאכלו. עבירה יש לה קרן ואין לה פירות. שנאמר כי גמול ידיו יעשה לו. שהעבירה עקרה היא ואין לה פירות. אלא אם כן עשתה פירות כגון שבא על הערוה והוליד ממנה בן. ויונתן תרגם אמרו לצדקיא טוביכון וגו׳: (יב) עמי נוגשיו מעולל. כמו עולל. כמו שאמר ונתתי נערים שריהם וגו׳. ויונתן תרגם עמי דסרכוהי בזוהי כמעללי לכרמא: ונשים משלו בו. חלשים כמו נשים. או פירוש מרוב רודפם תאותם במשגל משלו בהם הנשים הפך והוא ימשל בך. ויונתן תרגם נשים מענין נושה בה״א. וכמרי חובא שליטו ביה: עמי מאשריך מתעים. מי שאומר לך אשריך כשתעשה מעשים רעים אותם הם מתעים אותך והם נביאי השקר שמשבחים אותך במעשיך הרעים והם בלעו ושחתו דרך אורחותיך שלא חזרת לדרך הטובה והלכת בדרך רעה וכן תרג׳ יונתן משבחך אטעיוך ואורח שבילך קלקילו. ויש מפרשים מאשריך כמו מישריך. כלומר אותם שהיו ראויים לישר אותך בדרך הטובה הם הטעו אותך: (יג) נצב לריב. כמו להריב. וכן לדין כמו להדין. ואלו היה שם היה הלמ״ד בשוא. לדין עמים. אמר אל תחשבו כי לא יענישכם האל על הרעות שתעשו כי בכל זמן הוא נצב ועומד לדין כל העכו״ם

מצודת דוד

(יב) נוגשיו מעולל. הלילנים בבהם המה לוהליט אותם ומושלים בהם והנשים הנואפות המה משלו בהם כי הטו לב השרים אחרי דעתן: מאשריך. המנהיגים המדריכים אותך המה מתעים אותך מדרך הישר: בלעו. משחיתים דרך הישר שהלכת בו מאז למען לא תשוב אליו וכפל הדבר במ״ש: (יג) נצב. לכן נלב ה׳ לעשות

מצודת ציון

האמרת (דברים כ״ו) והוא לשון מושאל מהמוץ העליון ברוש האילן הנקרא אמיר כמ״ש בראש אמיר (לקמן י״ז): (יב) נוגשיו. לוחציו: מעולל. ענין שחוק ולעג: מאשריך. ענין דרך והלוך כמו אם תטה אשורי (איוב ל״א): מתעים. מלשון תועה: בלעו. ענין השחתה:

that, because of their uncontrollable lust for women, they allowed them to govern them.

Alternatively, this is an expression denoting weaklings; i.e. weaklings govern them. *Rashi's* commentary seems to be a combination of both. Perhaps it should read: *Another explanation is: Therefore, all weaklings governed them.* In fact, certain manuscripts omit the first explanation entirely, and others have it at the end, introduced by the words, *"Another interpretation."*—[*Parshandatha*]

Your leaders—*Heb.* מְאַשְּׁרֶיךָ *Your leaders, who should have led you on the good way, lead you astray.*—[*Rashi*] Perhaps *Rashi,* like *Ibn Ezra,* interprets the word מְאַשְּׁרֶיךָ like מְיַשְּׁרֶיךָ, those who straighten you, or, lead you straight. *Redak,* too, suggests this interpretation.

Alternatively; Those who praise you, lead you astray. I.e. the false prophets, who praise you when you

12. As for My people, their rulers are mockers, and women govern them; O My people! Your leaders lead you astray, and the way of your paths they have destroyed. 13. The Lord stands to plead, and He stands to judge the peoples.

for the position. Praise this humble, righteous man, for . . .

Others explain the verse simply to mean: *Say to the righteous man that he did good.*—[*Rashi*]

Redak explains this verse in conjunction with the preceding one, thus: Although sometimes the wicked prosper in this world, woe is to their soul: they will eventually receive their just deserts, for they have paid themselves with evil. Say to everyone about the righteous man, however, that if he is good and does not revert to evil, he will eat the fruit of his deeds both in this world and in the next.

11. **Woe to the wicked [who does] evil**—*for he is bad to himself and to others; he brings about harm to himself and to others.* This is found *in Tanchuma* (Emor 5). *This verse refers back to: Say to the righteous that he is good and woe is to the wicked [who does evil].*—[*Rashi*]

Redak explains this verse in the same vein as the preceding one: Woe is to the wicked who continues to do evil and does not repent, for, in all cases, the recompense of his hands shall be done to him both in this world and in the hereafter.

The Talmud (*Kid.* 40a) asks: Is there a good righteous man and a righteous man who is not good? Rather, one who is good to Heaven and also to his fellow-man is a good righteous man. One who is good to Heaven but not to his fellow-man is a righteous man who is not good. Similarly, *Woe to the evil wicked man.* Now, is there an evil wicked man and a wicked man who is not evil? Rather, one who is evil both to Heaven and to his fellow-man is an evil wicked man, whereas one who is evil to Heaven but not to his fellow-man is a wicked man who is not evil. As Scripture concludes, the good righteous man eats the fruit of his deeds; in addition to his reward in the Hereafter, he eats of the fruit of his deeds in this world, much like a plant, the fruit of which can be eaten without disturbing the plant itself—[*Redak*].

12. **their rulers are mockers**—Heb. נֹגְשָׂיו מְעוֹלֵל *They are mockers.*—[*Rashi*] *Metzudoth* renders: The mockers among them oppress them and rule over them. Others render: their rulers are babes (עוֹלָל).—[*Redak, Ibn Ezra*] *Jonathan* renders: My people, whose rulers rob him like those who glean the vineyard. [See Lev. 19:10.]

and women govern them—Heb. נָשִׁים. *Adulterous women govern them, as he states below:* "(verse 16) *Since the daughters of Zion were haughty,*" *and they turned their hearts to evil; therefore, all weaklings governed them. Jonathan renders it as an expression of creditors* (נוֹשִׁים), rendering: and as creditors they govern them.—[*Rashi*] *Redak,* too, explains

עמים: יד יהוה במשפט יבוא עם־זקני
עמו ושריו ואתם בערתם הכרם גזלת
העני בבתיכם: טו מלכם תדכאו עמי
ופני עניים תטחנו נאם־אדני יהוה
צבאות: טז ויאמר יהוה יען כי גבהו
בנות ציון ותלכנה נטוות גרון

יד יי בדינא יעול ית
סבי עמא וסרכוהי
ואתון אנסתון ית עמי
חטוף מסכנא בבתיכון:
טו מה לכון דאתון
ממסכנין ית עמי ואפי
חשיכיא מבלין אתון
ומיתין בדיניהון אמר יי
אלהים צבאות: טז ואמר
יי חלף דאתרברבא
בנת ציון ואזלן מריםן
צואר ומסרבקן עינין
אולן

ה"א ה' במשפט, שבת כו: ואתם בערתם, ברכות ו: כי גבהו, שבת סב יומא ט: נטויות גרון, סוטה מז.:

מהר"י קרא

מה לכם קרי נטויות קרי

למעבד פורענות דין עממיא: (יד) ה' במשפט יבוא. ה' בדינא ייעול ית סבי עמא וסרכוהי: (טו) תדכאו עמי. מה אתון ממסכינין ית עמי: נצב לריב ה' ועומד לדין. פת' לשפוט. שהלמ"ד נקודה בפתח לא בהטף: עמים. אלו ישראל. כמו עמים הר יקראו ותרגומו שבטיא דישראל. והענין מוכיח אחריו שאינו מדבר אלא בישראל. שאומר אחריו. ה' במשפט יבא עם זקני עמו ושריו. וכן יאמר לכם אתם בערתם את הכרם. כי כרם ה' צבאות בית ישראל גזילת העני בבתיכם: (טז) ויאמר [ה'] יען כי גבהו בנות ציון. ולמעלה הוא אומר בענין ושח גבהות אדם ושפל רום אנשים. ולפי שעד כאן דיבר בגבהות וברום אנשים. חוזר ומתנבא בגבהות בנות ציון: נטויות גרון. תרגומו מריםן צואר: תעכסנה. מרגזן תרגומו: ותלכנה נטויות גרון ומשקרות עינים. שהיו מסקרות עיניהם בסיקרא:

רש"י

(יד) ה' במשפט יבוא עם זקני עמו. שהי' להם למחות. ולעכו"ם אומר אתם בערת' את כרמי אני קלפתי מעט ואתם עזרתם לרעה: גזלת העני. דור שהיו עניים במעשים טובים כל זה במדרש אגדה ולפי משמעות פשוטו כל הענין על ישראל ועומד לדין עמים הם השבטים: ואתם בערהם הכרם. הזקנים והשרים אכלו את שאר העם: (טו) מלכם. כמו מה לכם: תטחנו. תכתתו ותמעיטו לבזות' בדינם: (טז) ויאמר ה'. על הנשים אשר מסלו

רד"ק

כל שכן עמו ישראל שהשגחתו יותר עליהם מפני שהם קרובים אליו יותר משאר העכו"ם: (יד) ה' במשפט יבא. כי גם זקני העם ושריו עליהם עון העם שלא יוכיחו אותם וגם הם אונסים וגוזלים דלת העם: ואתם בערתם. יאמר להם בשפטו אותם ישר' הנקר' כרם השם אתם בערתם וכליתם אותו. ובערתם מענין ובער בשדה אחר: גזלת העני. מי שיחפש אחריכם ימצא גזלת העני בבתיכם שמלתו וכלי ביתו שאתם גוזלים אותם. ובדברי רז"ל עם זקני עמו ושריו. אם שרים חטאו זקנים מה חטאו אלא לפי שלא מיחו בשרים: (טו) מלכם. פירוש מלה אחת. הה"א נבלעת בדגש. וקרי מה לכם. וכן מזה בידך. אמר להם לשרים מה לכם תדכאו עמי והם העניים. וכן אם כסף תלוה את עמי את העני עמך. וקרא אותם עמי לפי שהעניים אין להם עזר וסמך אלא האל יתברך לא די לכם שתגזלו ממתם אלא שתדכאו אותם בגופם ותמרטו פניהם. כלומר תכו אותם ותכתתו פניהם. ר"ל מכת לחי: נאם ה'. הוא אומר לכם זה כי הוא יודע במעשיכם הרעים ואתם תחשבו אין ה' רואנו והנה הוא מעיד בכם את גזלת העני שהיא בבתיכם ועל מה שתדכאו ותכו עניים והוא רואה הכל וישפוט אתכם על הכל כי הוא אדון צבאות מעלה וצבאות מטה: (טז) ויאמר ה'. גבהו. פירושו לפניו: נטויות גרון וגו'. אלה דברי גבהות וגאות. ורבותינו פירשו מהלכות בקומה זקופה: בנות ציון. ציון היתה עיר מלוכה לפיכך זכר בנות ציון. ועוד כי רוב א"י היתה הרבה בימי אחז והיו הנשים מתגאו' ביופיין ומראות עצמן בשוקים וברחובו': נטויות גרון. שיסתכלו בהן הנואפים. ורבותינו פירשו נטויות גרון שהיו מהלכות ארוכה בצד קצרה: ומשקרות עינים. כלומר

אבן עזרא

רבים כמו עמים הר יקראו: (יד) ה'. טעם ואתם איך תשפטו עמי ואתם בערתם הכרם כמו רעיתם כמו ובער בשדה אחר והכרם הם ישראל: (טו) מלכם. דגשות הלמ"ד בעבור החסרון ה"א מה והם שתי מלות כמו מזה בידך: תטחנו. כמו תשחקו דרך משל על הקלון והבזיון: (טז) ויאמר. ומשקרות. המסתכלות הרבה וכדברי רז"ל

מצודת ציון

(יד) ואתם. הוי"ו היא במקום אבל כמו ועבדיך באו (בראשית מ"ב): בערתם. רעיתם כמו ובער בשדה אחר (שמות כ"ב): (טז) גרון. צואר כמו קרא בגרון (לקמן נ"ח): ומשקרות. ענינו הבטת קריצה ורמיזה כי עין שזפתו (איוב כ') תרגומו עינא

מצודת דוד

מריבה עם העמים ולדון אותם (ולפי שכל שבט לעצמו קרוי עם לזה קרא לכל ישראל בכללם בלשון עמים): (יד) ה' במשפט. יערוך ויכוח עם זקני עמו ושריו וכה יאמר לא האומות השחיתו עמי אבל אתם בעצמכם רעיתם את כרמי ר"ל ישראל הקרואים כרם ה' לבאות (לקמן ה') הם היו לכם למרעה כי אכלתם אותם בכל פה: גזלת העני. לא הספקתם אף על העני וגזלתם אותו והנה עדיין בבתיכם ולא חזרתם לו: (טו) מה לכם. ר"ל מדוע תדכאון את עמי ומדוע תטחנו פני עניים: (טז) יען כי גבהו. בעבור שהולכות בקומה זקופה: נטויות גרון. נוטות בגרון אילך ואילך לבראות יפיין:

[*Rashi*] *Ibn Ezra*, too, explains this as an expression of degradation and disgrace.

Redak, however, interprets it as an expression of physical abuse. Not only do you rob the poor, but you also crush their bodies and strike their faces.

says the Lord—He says this to you for He knows of your evil deeds. Although you think that God does not see you, He bears witness against you that the spoils of the poor are in your houses and that you crush and strike the poor, He will judge you for everything, since

14. The Lord will enter into judgment with the elders of His people and their officers. And you have ravaged the vineyard; the spoils of the poor are in your houses. 15. What do you mean that you crush My people and the faces of the poor you grind? says the Lord God of Hosts. 16. And the Lord said: Because the daughters of Zion are so haughty; and they walk with neck stretched forth,

commit evil deeds, lead you astray.—[*Redak, Jonathan*]

they have destroyed—*Spoiled.*—[*Rashi, Jonathan*] I.e., they destroyed the good paths you once followed and prevented you from repeating and returning to the service of the Almighty.—[*Redak, Ibn Ezra, Mezudath David*]

Alternatively, they have concealed; i.e., they have concealed the proper path and have led you astray to the path of evil.—[*Rabbi Joseph Kara*]

13. **stands to plead**—I.e. to judge the case *of Israel standing,* so to speak, *so as not to be strict in their judgment.*—[*Rashi*]

and stands to judge the nations—*He delays and dwells on their judgment. This expression of standing means delay.*—[*Rashi*]

Others explain: Do not think that God will not punish you for your misdeeds, for the Lord always stands prepared to judge all nations, surely Israel, His people, the objects of His Providence.—[*Redak*]

14. **The Lord will enter into judgment with the elders of His people**—*For they should have protested (Shabbat 55a), and to the nations He says, "And you have ravaged My vineyard. I became slightly incensed* against them, *and you helped to do harm."* (See *Exodus Rabbah* 5:12, *Tanchuma Kedoshim* 1.)

the spoils of the poor—Of *a poor generation, for they were poor in good deeds* (Source unknown). *All this is in the Midrash Aggadah, but according to its simple meaning, the entire section deals with Israel, and "stands to judge the peoples," refers to the tribes.*—[*Rashi*]

and you have ravaged the vineyard—*The elders and the officers "ate up" the rest of the people.*—[*Rashi*] This may be an expression of clearing out or one of devouring. The prophet takes the officers to task for exploiting the populace. He takes the elders to task for failing to protest these injustices and for failing to castigate the officers. Just those appointed to protect the oppressed and to give them redress for their grievances, were guilty of this very offense of exploitation.—[*Abarbanel*]

15. **What to you mean**—Heb. מַלְּכֶם, ***like*** מַה־לָּכֶם, *what do you mean?* Lit. What is to you?—[*Rashi, Redak, Ibn Ezra*]

you grind—*Crush and degrade to disgrace them in their lawsuit.*—

וּמְשַׂקְּרוֹת עֵינָיִם הָלוֹךְ וְטָפוֹף תֵּלַכְנָה
וּבְרַגְלֵיהֶם תְּעַכַּסְנָה׃ יז וְשִׂפַּח אֲדֹנָי
קָדְקֹד בְּנוֹת צִיּוֹן וַיהוָה פָּתְהֵן יְעָרֶה׃
יח בַּיּוֹם הַהוּא יָסִיר אֲדֹנָי אֵת תִּפְאֶרֶת

אָזְלָן וּבְפָתְהָן מְקַפָּן
וּבְרַגְלֵהֶן מַרְגְּזָן׃
יז וִישַׁעְבֵּיד יְיָ יְקָרַת
בְּנָת צִיּוֹן וַייָ יְקָרְהֶן
יַעֲדֵי׃ יח בְּיוֹמָא הַהוּא
יַעֲדֵי יְיָ יַת תּוּשְׁבְּחַת
דִּמְסָנַיָא וּשְׁבִיסַיָא
וסבכיא

רש״י

בעמי יען כי גבהו וגו׳: ומשקרות עינים. לשון הבטה ד״א צובעות עיניהם בסיקרא ובכחול: הלוך וטפוף תלכנה. לשון דבר לף על גבי הבירו כמו (דברים יא) אשר הציף ומתרגמינן דאטיף כך היתה ארוכה מהלכת בין שתי קצרות כדי שתהא נראית צפה למעלה מהם ויונתן תירגם ובפתהן מקפן. היו קושרות פיאות נכריות קליעת שערות תלושין כורכו׳ עם קליעותיהן שיראו גסות וטפופות: וברגליהם תעכסנה. כשהיו עוברות בשוק אצל בחורי ישראל דורסתו ברגליו ורמזתו לד חיבת נואפות כדי להבעיר בו יצר הרע כעכס זה של נחש. עכס הוא ארס של נחש: (יז) ושפח. לשון צרעת כמו (ויקרא יג) מספחת היא ועל שנכתב בשי״ן דרשו בו רבותינו שתעשה ספחות מכודנות ויש שדרשוהו שהרבה בהן משפחות משפחות של כנים: פתהן יערה. כליהן יערה ל׳ ארמי היא פתיא אוכמא. הן היו אומרת ימהר יחישה מעשהו שר רואה אותי ונוטל אותי כשבא הפורענות היו שרי נ״נ נוטלין אותן להיות לנשים מחמת יופין. רמז הקב״ה למעיינות שלהם והיו שופעות דם זיבה כאדם המערה מכלי אל כלי והיו נמאסות עליהן ומשליכין אותן לארץ מעל קרונות שלהן. וי״ת יקרהן יעדי: פהגן. ל׳ רוחב ל׳ גודל: (יח) ביום ההוא. לעתיד לבוא כשיבא הקב״ה להשיב את ישראל אליו יסיר ה׳ מהם

מהר״י קרא

הלוך וטפוף תלכנה. הולכות הלוך ודבר. כמו והטף אל דרום: [תעכסנה]. שהי׳ הולכו׳ מנעליהן מצויירין ומטה שאומ׳ בסמוך יסיר ה׳ תפארת העכסים אני למד שתעכסנה האמור כאן פת׳ תהלכנה במנעלים מצויירין: (יז) ושפח ה׳ קדקד בנות ציון. והלקה ה׳ קדקד: וה׳ פתהן יערה. הכליהן יריקו ויפלו: (יח) ביום ההוא יסיר ה׳ את תפארת העכסים והשביסים.

אבן עזרא

סקרנית: וטפוף. יש אומרים מלשון דבור כמו והטף אל דרום ואיננו נכון בדקדוק ואחרים אמרו כי היא מגזרת תרגום בארמית אשר הציף כאדם שיצוף על פני המים ויש אומ׳ כי הוא מגזרת טף והוא היושר בעיני והטעם הולכות מהלך טף: תעכסנה. תשימנה עכסים ברגליהם כמשפט הגבורים הרוכבים. ויש אומרים כי העכסים משמיעות קול: (יז) ושפח. כמו מספחת היא ואם הוא בשי״ן והנה כן בשורי מהם: פתהן. יש אומר חסר אלף פאתהן והטעם פאת ראשיהן והנכון בעיני שהוא מגזרת והפותו׳ רמז לאחוריה והנה הזכיר למעלה ומטה: יערה. יגלה: (יח) ביום: העכסים. הם ברגלים: השביסים. אין לו

רד״ק

רומזות להם עיניהן שילכו אחריהן לבית. ותרגום עין שזפתו עינא דשקרתיה. ורז״ל פירשו שהיו הולכות עקב בצד גודל: תעכסנה. מקשקשות ברגליהם בעכסים שתלויין בהם שהם הפעמונים ומשמיעין קול: (יז) ושפח ה׳. כתוב בשי״ן והוא ענין ספחת. אמר במקו׳ שהיו מתגאות בו. תהיינה נספחות והקדקד הוא מקום חלוק השער לכאן ולכאן והיו מחלקות שער ראשן ומתיפים בו והאל יביא על קדקדן מספחת הפך גאותן ביופיין: פתהן יערה. פתהם יגלה. והוא כנוי לבית הערוה, כלומר שתלכנה ערומות לפני האויב המוליך אותן בשביה. וי״ת יקריהון יעדי ובדברי רז״ל רב ושמואל חד אמר שנשפכו כקיתון וחד אמר שנעשו פתחיהן כיער: (יח) ביום ההוא. זת

מצודת דוד

ומשקרות עינים. רומזות עם העינים אל הנואפים: הלוך וטפוף. הולכות דרך גאוה בנחת כדבר הצף על פני המים: תעכסנה. כשהיא עוברת אצל בחורי ישר׳ דורסת במנעלה אשר ברגלה ומבערת בו את היצה״ר כארס של נחש: (יז) ושפח. בגמול זה תהיינה מוכות בצרעת על הקדקד: פתהן יערה. לפי שאמרו ימהר יחיש מעשהו ומה בכך דוכס רואה אותי ביפיי ויקחני במרכבתו וכן הי׳ באמת ורמז הקדוש ברוך הוא למעינותיהן והיו שופעות דם זיבה ונמאסו ונשלכו מן המרכבה. או ר״ל שילכו בגולה ערומות בגילוי ערוה: (יח) יסיר ה׳. ר״ל לא יתקשטו עוד בתכשיטי פאר כמאז:

מצודת ציון

דסקרתא: וטפוף. ענין הלפה ממעל כי אשר הציף (דברים י) ת״א דאטיף: תעכסנה. ענין ארס כמו וכעכס אל מוסר אויל (משלי ז׳): (יז) ושפח. מלשון ספחת הצרעת כמו שאת או ספחת (ויקרא י״ג): קדקד. היא אמצעית הראש מקום יחלק שם השער אילך ואילך: פתהן. כליהן ובדרז״ל פתיא אוכמא (פסחים פ״ח) ועל בית הרחם יאמר על שם שכל הנפתח בילדו נפתח בם או הוא מלשון והפותות לדלתות (מ״א ז׳): יערה. ענין הרקה ושפיכה כמו ותער כדה (בראשית כ״ד) או היא ענין גלוי ערוה כמו מקורה הערה (ויקרא כ׳): (יח) העכסים. המנעלים ברגליהן אשר בהם

"sin," rather than with a "sam-mech," the Rabbis expounded it as though it were a "shin," thereby arriving at the two aforementioned interpretations.

shall pour out their "vessels"—Heb. פָּתְהֵן יְעָרֶה *Their vessels He shall pour out. This is the Aramaic language, like "a black vessel"* (פַּתְיָא אוּכְמָא in *Pesachim 88a*). *They would say, "Let Him hurry and hasten His deed"* to bring on the invaders. An officer will see me and take me. *When the retribution came, Nebuchadnezzar's officers took them for wives because of their beauty.* Thereupon, *the Holy One, blessed be He, hinted to their "fountains," and blood of an issue flowed from them profusely, as a person pours from one vessel to another. They became loathesome to them, and they cast them to the ground from upon their chariots* (*Lamentations Rabbah*

and winking eyes; walking and raising themselves they walk; and with their feet they spout "venom." 17. And the Lord shall smite with *zaraath* the crown of the heads of the daughters of Zion, and the Lord shall pour out their "vessels." 18. On that day, the Lord shall remove the glory of

He is the Lord of the Hosts of heaven and earth.—[*Redak*]

16. **And the Lord said**— *Concerning the women who governed My people, "Since the daughters of Zion are so haughty . . ."*—[*Rashi*]

Until now, he spoke of haughtiness in men. Now he speaks of haughtiness in women.—[*Rabbi Joseph Kara*]

Abarbanel suggests that the expression may refer to physical height, i.e. they stand upright and make themselves look tall.

And they walk with neck stretched forth—to display their jewelry.—[*Lamentations Rabbah* 4:15] They would, therefore, walk slowly, since they did not look at the ground where they were walking.—[*Shabbath* 62b, *Rashi* ad loc.]

and winking eyes—Heb. וּמְשַׂקְּרוֹת, *an expression of looking.*—[*Rashi*] I.e., looking wantonly about.—[*Ibn Ezra*] alternatively, winking and hinting to prospective patrons to follow them home. — [*Redak, Metzudath David*] *Another explanation is: They paint their eyes with vermilion or with blue eye shade.*—[*Rashi*] Both interpretations are found in *Shabbath* 62b.

walking and raising themselves they walk—This is *an expression of something floating on another, as* (Deut. 11:4): "over *whom He caused . . . to flow* (הֵצִיף)," *which the Targum renders as* אַטֵּיף. *Thus a tall one would walk between two short ones, in order to appear to be floating over them.* (*Shabbath* 62b). *Jonathan, however, renders: and with wigs they surround themselves. They would tie wigs, braids of cut off hair. They would twist together with their braids so that they would appear thick and broad.*—[*Rashi*]

Some interpret it as: walking and mincing as they go. I.e., walking with small steps like children (טַף).—[*Ibn Ezra*]

and with their feet they spout venom— *When they would pass in the street near Jewish youths, they would stamp their feet and hint to them of the affection of the adulteresses, in order to arouse their temptation, like the venom of a serpent.* עֶכֶס *is the venom of a serpent.*—[*Rashi* from *Pesikta Rabbathi* 28:5]*

17. **And the Lord shall smite with *zaaraath***—Heb. וְשִׂפַּח This is *an expression of zaraath* (believed to be leprosy, see Commentary Digest II Kings 5:1), *as* (in Leviticus 13:6): *It is a mispachath* (מִסְפַּחַת). *But since it is written with a "sin," our Sages expounded about it that they would become enslaved maidservants* (שְׁפָחוֹת), *and some expounded it to mean that He smote them with many families* (מִשְׁפָּחוֹת) of lice.—[*Rashi* from *Lamentations Rabbah* ibid.] Since the word וְשִׂפַּח is spelled with a

הָעֲכָסִים וְהַשְּׁבִיסִים וְהַשַּׂהֲרֹנִים׃
יט הַנְּטִפוֹת וְהַשֵּׁירוֹת וְהָרְעָלוֹת׃
כ הַפְּאֵרִים וְהַצְּעָדוֹת וְהַקִּשֻּׁרִים וּבָתֵּי

תרגום

וְסַבְּכַיָא : יט עֲנְקַיָא וְשֵׁירֵי יְדַיָא וַחֲנִיסְנְסַיָא : כ כְּלִילַיָא וְשֵׁירֵי רִגְלַיָא וְקַלְמְסְמְסַיָא וְקְדָשַׁיָא וחליטתא

מהר"י קרא

בלע"ז קושי"ש : והשהרינים. בלשון כנען מונישם"א. והם מרגלי' צבועות (יקרות) [ירוקות] ואדומות וחרוזות בחוט אחד והנשים תולות אותם בציאריהן: הפארים. הם פארי המגבעות שקורין בלע"ז וולנ"ש : (יט) השרות. שקורין בויג"ש. כמו והצמידים על ידיה ותרגומו ושיריא : והרעלות. אף הוא קשר הראש שמתעטפות בהן את ראשן וקורין אותו בלשון צרפית מולשר"ן. ועל שם שמתעטפות בהן את ראשן [קורא] אותן רעילות. ול' משנה היא. (מדיות)[ערביות]יוצאו' רעולו' ופתרונו מעוטפות : (כ) הפארים. כבר פירשנו : והצעדות. אצעדה וצמיד. גם הוא תכשיט שקורין בונג"ש. אלא אותן שביד קרואין שירין : והקשורים. קישרי הראש שקורין בלע"ז קדנ"א : ובתי הנפש. שתולין אותן כנגד הלב. בתי הנפש

רש"י

את תפארת העכסים שלא יהיו תולין תפארתם בגוי תכשיטי נשים ודברי נבלה: **העכסים**. המנעלים אשר ברגליהם אשר בהם תכעסנה: **והשביסים**. מיני שבכה לתכשיטי הראש והרבה יש בלשון משנה שבים של שבכה: **והשהרונים**. יונתן תירגם סיבכיא: **(יט) הנטיפות**. ענקיא לשון ענקים לגרגרותיך (משלי א) ולשון נטיפות ע"ש שתלויות על הצואר ונוטפות על החזה והן כמין מרגליות נקובות וחרוזות בחוט (ובלע"ז מושטיגלא"ש): **והשרות**. צמידי הזרוע דמתרגם ושיריא: **והרעלות**. לניף שמלניפות כל פרצופיהם חוץ מגלגל העין כדי שיתאוה אדם ליזון במראות הלסתות (סא"א) ל"א והרעלות מיני סרבלים נאים להתעטף בהן ובל' משנה יש ערביות רעולות (במס' שבת): **(כ) הפארים**. תרגום כליליא (שמות ל"ט) כמו פארי המגבעות: **והצעדות**. אצעדה של שוקים: **והקשורים**. כמשמעו קשורים קלרים שקושרי' בהן שערן ויש שעושין אותן מוזהבים (פרשייל"ש בלע"ז): **ובתי הנפש**. שכנגד הלב (נושק"א בלע"ז): **והלחשים**.

רד"ק

וביום ההוא הבא אחריו י"מ בימי אחז יחזקיהו כי הפורענות אשר בפרשה היה בימי אחז ולנשארים היה הטוב והכבוד בימי חזקיה. ועליו נאמר צמח ה' לצבי ולכבוד. ויש לפרש כל זה בשוב הגלות שיכלו רבים מישראל שלא שבו לה' בכל לבם כמו שנאמר עליה' וברותי מכם המורדים והפושעי' בי וגו'. ונאמר עוד עליהם והבאתי את שלישיתם באש והנשארים יהיו ענוים וקדושים הפך מה שהיו בימי אחז שהיו גאים וטמאים ולא תהיינה הנשים עוד מתפארות בתכשיטיהן. לפיכך אמר יסיר ה' את תפארת העכסים וגו'. ונאמר בנבואת צפניה אז אסיר מקרבך עליזי גאותך ולא תוסיפי לגבהה עוד בהר קדשי והשארתי בקרבך עם עני ודל וחסו בשם ה'. ועתה זכר הדברים אשר היו מתגאות ומתפארות בהם בימי אחז שכולם יהיו בטלים לעתיד לבא שלא תהיה אז גאוה לא באנשים ולא בנשים והדברים ההם הם העכסים והשביסים והשהרונים. ופירוש העכסים עדי שמשימה האשה ברגליה שמקשקש. ויונתן תרגם מסניא. ואפשר שיהיה זה שמקשקש תלוי במנעל: והשביסים. כמו בצד"י. מן ושבצת את הכתנת שש. והוא כלי עשוי כמלאכת תשבץ: והשהרונים. כלי עשוי בדמות ירחא סהרא. ויונתן תרגם וסבכיא כולן מיני שבכה: (יט) הנטפות. מן נטף ושחלת. ופירוש כלי שמניחין בו הצרי ותולין אותו הנשים בצואריהן. ויש מפרשים הענקים שעושין אותו מאבני הבדולח הקטנים וכן נקרא הבדולח הזך בערבי אלנטף. וכן תרגם יונתן ענקיא: והשרות. ת"י ושירי ידיא. והם הצמידים כתרגומו: והרעלות. מן המשנה ערביות רעולות. ופירשו הגאונים צעיף משימות על ראשן ומתכסות בו כל הפנים שאין נראה להם אלא העינים וקושרות למטה. ויונתן תרגם חניסנסיא כמו שתרגם חמנים. וכן תרגם אנקלוס חמניכם חניסיכון: (כ) הפארים. כמו מגבעות מן את פארי המגבעות. פארי פשתים יהיו על ראשם. ויונתן תרגם כלילא: והצעדות. כמו אצעד' והוא עדי שנושאות הנשים בשוקיהן. וכן תרגם יונתן ושירי רגליא: והקשורים. יתרי משי שקושרות מהם ראשן. ויונתן תרגם קלמסמסיא. ולא ידעתי מה הוא:

אבן עזרא

אח ויש אומר כי הם בשוקי': **והשהרונים**. כדמות ירח בהגורה מגזרת ארמית ועל דעת רבים כן אגן הסהר: **(יט) הנטיפות**. אין רע לו יש אומרים בשער: **והשרות**. באזנים והוא תר"ס ארמית לדעת אחרים: **והרעלות**. מלה לבדה בלחיים: **(כ) הפארים**. מגזרת תפארת בידי': **והצעדות**. באזרוע והעד מאצעדת שאול כי האל"ף נוסף כאל"ף אזרוע: **והקשורים**. ידועים בגרון: **ובתי הנפש**.

מצודת ציון

תעכסנה: והשביסים. מין שבכה לתכשיט הראש ובדרז"ל שבים של שבכה (נגעים פי"א): והשהרונים. תכשיט עשוי בדמות ירח כי תרגום של ירח הוא סיהרא וכן לבד מן השהרונים (שופטים ח): (יט) הנטיפות. מרגליות חרוזות בחוט התלוי בצואר ונוטף על החזה: והשרות. צמידי הזרוע כי תרגום של צמידים הוא שיריא: והרעלות. סרבלים נאים עשויין להתעטף ובדרז"ל ערביות רעולות (שבת ס"ה): (כ) הפארים. ענין כיפת כובע כמו פארי המגבעות (שמות ל"ט): והצעדות. העדי שמשימות בשוקיהן כמו אצעדה וצמיד (במדבר ל"א): והקשרים. חוטי משי שקושרות בהם שער ראשן: ובתי הנפש. עדי זהב שהנשים תולות בין שדיהן על לבן:

Bracelets for the arm, translated **וְשֵׁירַיָא**.—[*Rashi, Redak*] *Ibn Ezra* considers it an ornament for the ears.

and the veils—Heb. וְהָרְעָלוֹת *A veil with which they envelop their entire countenance except the eyeball, so that a man will desire to satisfy himself by gazing at the cheeks. Another explanation is that they are types of pretty shawls, with which to enwrap themselves, and in the language of the Mishnah, there is an instance: ''Shawled* (רְעוּלוֹת) *Arabian women'' in Tractate Shabbath* (65a).—[*Rashi*] *Jonathan* renders: sun images.

20. **The tiaras**—Heb. פְּאֵרִים *The Targum renders: tiaras. This resembles* (Exodus 39:28): *the beautiful hats* (פַּאֲרֵי הַמִּגְבָּעוֹת).—[*Rashi, Redak, Mezudath Zion*]

and the foot chains—Heb. וְהַצְּעָדוֹת

the shoes and the embroidered headdresses and the hairnets.
19. The necklaces and the bracelets and the veils, 20. The
tiaras and the foot chains and the hair ribbons and the clasps

4:15). *Jonathan, however, rendered: He will remove their glory.* פָּתְהֵן *means wideness or greatness.—[Rashi]*

Others render: Will uncover their secret parts, meaning that they will be driven into exile naked.—[*Redak*]

18. **On that day**—*In the future, when the Holy One, blessed be He, will come to restore Israel to Him, the Lord shall remove from them the glory of the shoes, that they will not depend for their glory on the beauty of women's jewelry and objects of vanity.—[Rashi]*

Redak quotes authorities who claim that the retribution took place during the reign of Ahaz, and the survivors experienced honor and glory during the reign of Hezekiah. In reference to this, the prophet states below (4:2): "On that day, the sprout of the Lord shall be for beauty and for honor." He also suggests that both passages refer to the return from exile, when many who did not return to God will perish, as it is said (Ezekiel 20:38): "And I will purge from you those who rebel and transgress against Me." Also, the prophet Zechariah (13:9) states: "And I will bring a third into fire and I will refine them as silver is refined." Thus, the survivors will be holy and pious, unlike the generation of Ahaz, who were haughty and sinful. Then, the women will no longer take pride in their ornaments, as the prophet Zephaniah states (3:11): ". . . for then I will remove from your midst those who rejoice with your haughtiness, and you will no longer be haughty on My holy mount." Now, the prophet enumerates all the ornaments in which they took pride in the generation of Ahaz.

the shoes—*The shoes that were on their feet with which they spouted venom.—[Rashi] Redak* questions whether the bells were attached to the feet or to the shoes. He quotes *Jonathan* who renders: shoes.

and the embroidered headdresses—*Types of headdresses for the ornaments of the head. Many* instances of this word *are found in the language of the Mishnah: the embroidered headdress of the hair net* (*Kelim* 28:10).—[*Rashi*] According to *Rabbenu Shimshon* (ad loc.), this was worn on the forehead.

and the hair nets—Heb. וְהַשַּׂהֲרֹנִים. *Jonathan renders: the hair nets.—[Rashi]*

Others explain this as a crescent-shaped ornament, originating from סִיהֲרָא, Aramaic for "moon."—[*Ibn Ezra, Redak*]

19. **The necklaces**—Jonathan renders: עִנְקַיָּא, *necklaces, an expression similar to* (Proverbs 1:9): *And necklaces* (עֲנָקִים) *for your throat. They are called* נְטִפוֹת, meaning "to drip," *because they hang on the neck and drip onto the breast, and they are a sort of pierced pearls, strung on a string, mostneçs in O.F.—[Rashi] Redak* suggests that it may be derived from נָטָף, *balm,* explaining it as a sachet containing balm.

and the bracelets—Heb. וְהַשֵּׁרוֹת

כא הַנֶּפֶשׁ וְהַלְּחָשִׁים׃ כא הַטַּבָּעוֹת וְנִזְמֵי
הָאָף׃ כב הַמַּחֲלָצוֹת וְהַמַּעֲטָפוֹת
וְהַמִּטְפָּחוֹת וְהָחֲרִיטִים׃ כג הַגִּלְיֹנִים
וְהַסְּדִינִים וְהַצְּנִיפוֹת וְהָרְדִידִים׃
כד וְהָיָה תַחַת בֹּשֶׂם מַק יִהְיֶה וְתַחַת

תרגום

נַחֲלִיטְתָא׃ כא עִזְקָתָא וְשַׁלְטוֹלַיָא׃ כב כִּתּוּנַיָא וְשׁוּשִׁיפַיָא לְבוּרְנְקַיָא וּמַחְכַּיָא׃ כג וּמַחֲזְיָתָא וְקַרְטַסְיָא וְכִתְּרַיָא וּכְבֵינָתָא׃ כד וִיהֵי אֲתַר דַּהֲוָאָה יְהָבָן בּוּסְמִין יִתְמְסֵי אֲתַר דַּהֲוָאָה אַסְרָן פְּסִיקַיָא יְהֵי רוּשְׁמִין דִּמְחָא וַחֲלַף

רש"י

נזמי האוזן מקום שלוחשין לה שם: (כב) המחלצות. כיתוניא כמו (שמואל ב' ב) וקח לך את חליצתו שהגוף מלובש בהם וכשפושטין אותם חוליצין אותם מן הגוף: והמעטפות. מלעות המטה כתרגומו שושיפיא: והמטפחות. מפות: והחריטים. תרגומו מחכיא דפוס של בית הרחם כדמתרגמינן וכומז מחוך (שמות ל"ה): (כג) הגליונים. הן המראות כתרגומו מחזייתא (ספיקיי"ן בלע"ז) על שם שמגלות צורות הפנים קרוין גליונים או שמא מראות שלהם נגללות היו: והסדינים. של פשתן הם המתעטפין בהם: והצניפות. (מולקינ"ש בלע"ז): והרדידים. כבינתא (פרמל"ן בלע"ז) והם של זהב שמכבנין בה הסרבל שהאשה מתעטפת בו: (כד) והיה תחת בשם מק. מקום שהיו מתבשמות בו יהיה נימק: ותחת חגורה נקפה. מקום

מהר"י קרא

בלע"ז טשיי"ש: והלחשים. שמשימין נשים באזניהם שקורין בלע"ז אונוקו"ש. לפי שתולות אותן באזניהם שלוחשות בהן נקראו לוחשים ובחוטם תולים הנזמים והם נקראים נזמי האף: (כב) המחלצות וגו'. כיתוניא ושושיפיא ולבורנקיא ומחכיא. (והגליונים) והמעטפות. הם בגדי רוקם של פשתן שהולכות בהן מעוטפות כנען ולובשות אותם במקום שלובשות הנשים שלנו טליתות וקורין אותו בלשון כנען פלינק"א. ויש שקורין אותו בלשון כנען אודיז"א: והמטפחות. היא המפה של השולחן: והחריטים. הוא סינר שהשרות חוגרות כשרוכבות על הסוסים. וקורין אותו פורצינ"ש בלע"ז: (כג) הגליונים. הוא שפה שתופרין אותו בשולי עורות של נשים. וקורין אותן לישט"א. הגליונים. תרג' ומחזיתא וקרטסיא וכיתריא וכבינתא: והסדינים. הוא שפורשין על המטות. וקורין אותן לינצול"ש: והצניפות. הוא צניף שקורין אותן בינדי"ל ומשימין אותן על מצחן: והרדידים. של זהב שמקרעין פחי זהב. ונקרין פרישבטו"ר: (כד) והיה תחת בושם מק יהיה. במקום שמתקשטות עצמן יהיו נמקין: ותחת חגורה נקפה. במקום שחוגרין עצמן יהיו נקפים נקפים: ותחת מעשה מקשה קרחה. במקום שקושרין מעשה מקשה הוא פריישבטו"ר בלע"ז שמקיש על טס של זהב בקורנס עד שמרדדו ומעלין עליו

אבן עזרא

על החזה שהוא בית הנפש כי בו הוא הלב: והלחשים. כתבים כתובים בזהב ובכסף על דרך לחישה: (כא) הטבעות. באצבעות: ונזמי האף. פירשתיו: (כב) המחלצות. אלה בגדים כמו וקח לך את חליצתו: והמעטפות. יש אומרים בלבוש תתעטף בו האשה. ויש אומרים מחללות חלוק ומעטפות מכנסי': והמטפחו'. כמו הבי המטפחת אשר עליך: והחריטים. יש אומר כדמות טלית קרוב ג:לשון ישמעאל או הוא מגזרת בחרט אנוש כאשר אפרש עוד: (כג) הגליונים. כמו גליון גדול: והסדיני'. כמו סדין עשתה: והצניפות. בראש: והרדידים. כדמות טלית בלשון ישמעאל והכלל כי כל אלה הם מלבושים וישתנו כמנהג המקומות: (כד) והיה. בושם. יעמיד הבשר

רד"ק

ובתי הנפש. הוא עדי שתולות הנשים בין שדיהן על לבן. ויונתן תרגם קדשיא: והלחשים. הוא עדי שתולין אותו הנשים באזניהם נקראו כן לפי שהאזנים בעלות הלחש. ויונתן תרגם וחליטתא. וכן תרגום ותעד נזמה וחליטה ואתקונת בקדשהא ובחליטת מרגליתהא: (כא) הטבעות. ידוע וכן נזמי האף. וכן ואשים הנזם על אפה: (כב) המחלצות. כמו והלבש אותך מחלצות והם לבושים נאים. וכן תרגם יונתן כתוניא: והמעטפות. כסות שמתעטפת בו: והמטפחות. כמין צעיף. וכן הבא המטפחת אשר עליך: החריטים. כיסים. וכן בשני חריטים. וכן נקרא בערבי הכיס כרטא והחי"ת בעברי בערבי כ"ף במקומות רבים. ויונתן תרגם ומחכיא. ותרגום אונקלוס וכומז ומחוך: (כג) והגליונים. המראות נקראו כן לפי שנגלים בו פנים לרואה בהם. וכן תרגם יונתן ומחזייתא. וכן תרגם אונקלוס במראות הצובאות במחזיית נשייא: והסדינים. ידוע: והצניפות. ידוע כמו מצנפת בד יצנף: והרדידים. הוא לבוש דק נקרא בערבי אריד. וכן נשאו את רדידי מעלי. וכן תרגם יונתן כבנתיא. ובדברי רז"ל תנתן כבנתי לבתי. והיה זו הקללה עד סוף הפרשה בימי אחז: (כד) והיה. הבשם מחזיק הבשר ומעמידו ויהיה מק בהפכו והוא מסיסת הבשר. כמו ולשונו תמק בפיהם: נקפה. יהית

מצודת דוד

(כד) תחת בושם. במקום שהיו מתבשמות שם יהיה שמה סמקה והמסה: ותחת חגורה. במקום שהיו חוגרות שם בתכשיטי

מצודת ציון

והלחשים. נזמי האוזן התלוי במקום שלוחשין שם: (כב) המחלצות. מין מלבוש נאה וכן והלבש אותך מחלצות (זכריה ג'): והמעטפות. כסות שמתעטפות בו: והמטפחות. כעין לעיף וכן הבי המטפחת (רות ג'): והחריטים. מין כיסים נאים וכן ויצר וגו' בשני חריטים (מ"ב ה'): (כג) הגליונים. הם המראות ע"ש שפני האדם נגלה אליו כשרואה בו או כן יקרא האבנט (ובעדיות פ"ג גלגולין (וע"ש בתוי"ט): והסדינים. סדיני פשתן עשויין להתעטף: והצניפות. מלנפות הראש: והרדידים. תכשיט מה מרודד ודק כמו נשאו את רדידי (ש"ה ה'): (כד) מק. ענין המסה והמגה כמו המק בשרו

in.—[*Rashi*] See above v. 20: and the clasps. Perhaps those above were used to close an undergarment and these to close the outer shawl. *Ibn Ezra* claims that it was a garment resembling a tallith. *Redak* interprets it as a thin garment. He adds that this curse was fulfillled during the reign of Ahaz.

24. **And it shall come to pass, that, instead of perfume, there will be decay**—*The place where they would perfume themselves will be decayed.*—[*Rashi*]

and the earrings. 21. The finger-rings and the nose-rings. 22. The tunics and the bedspreads and the tablecloths and the purses. 23. The mirrors and the turbans and the clasps. 24. And it shall come to pass, that, in the place of perfume, will be decay, and in the place of

circlets for the legs.—[*Rashi, Redak, Mezudath Zion*] *Ibn Ezra* theorizes that they were on the arm.

and the hair ribbons—Lit. ties, *as the name implies, short ties with which they tie their hair, and some make them gilded, fres in O.F.*—[*Rashi, Redak*] *Ibn Ezra* places them on the neck. *Jonathan* renders it as ornaments for the hair. [See *Aruch*.]

and the clasps—Heb. וּבָתֵּי הַנֶּפֶשׁ, the houses of the soul *opposite the heart, nosche in O.F.*—[*Rashi*] *Redak* explains this as an ornament women hang between their breasts, over the heart. The breast is the "house" of the soul, for there is the heart.—[*Ibn Ezra*]

Jonathan renders: earrings.

and the earrings—Heb. לְחָשִׁים, *rings for the ear, the place into which people whisper* (לוֹחֲשִׁים).—[*Rashi, Redak, Metzudath Zion*]

Ibn Ezra considers it to mean amulets.

Jonathan renders חֲלִיטָתָא, explained by Kohut as earrings. See previous heading.

21. **The finger-rings**—This follows *Ibn Ezra*. This cannot be rendered: signet rings, since women did not wear signet rings. See *Shabbath* 62a.

22. **The tunics**—Heb. הַמַּחֲלָצוֹת *Jonathan* renders: כִּתּוּנַיָּא *as in* Samuel 2 2:21: *and take to yourself his clothing* (חֲלִיצָתוֹ), *for the body is clothed with them, and when they are removed, they are removed from the body* (חוֹלְצִין).—[*Rashi*] *Redak* interprets it as: beautiful garments.

and the bedspreads—Heb. וְהַמַּעֲטָפוֹת *Bedspreads, according to the Targum, who renders* שׁוֹשִׁיפַיָּא—[*Rashi*]. Some interpret it as a wrap and some as trousers.—[*Ibn Ezra*]

and the tablecloths—Heb. וְהַמִּטְפָּחוֹת [*Rashi, Kara*]. *Redak* and *Mezudath Zion* explain it as a veil.

and the purses—Or pockets. Heb. וְהַחֲרִטִים—[*Redak*] Some say it resembles the tallith.—[*Ibn Ezra*] Jonathan *translates it as* מַחְכַּיָּא, an ornament bearing *the shape of the woman's secret parts, as we translate* כּוּמָז (Exodus 35:22) מָחוֹךְ.—[*Rashi*]

23. **The mirrors**—Heb. גִּלְיוֹנִים *These are mirrors, as the Targum renders:* מַחְזְיָתָא, *miradojjr in O.F., and because they reveal* (מְגַלּוֹת) *the form of the face, they are called* גִּלְיוֹנִים, or perhaps their mirrors were rolled (נִגְלָלוֹת).—[*Rashi, Redak*]

and the sheets—*of linen with which they would enwrap themselves.*—[*Rashi*].

Kara identifies them with bedsheets.

and the turbans—Heb. וְהַצְּנִיפוֹת *molekin in O.F.*—[*Rashi*]. *Redak* compares this to the turban (מִצְנֶפֶת) of the High Priest.

and the clasps—Heb. וְהָרְדִידִים *Fermalc in O.F., and they are of gold with which the shawl is closed when the woman enwraps herself there-*

חֲגוֹרָה נִקְפָּה וְתַחַת מַעֲשֶׂה מִקְשֶׁה
קָרְחָה וְתַחַת פְּתִיגִיל מַחֲגֹרֶת שָׂק כִּי
תַחַת יֹפִי: כה מְתַיִךְ בַּחֶרֶב יִפֹּלוּ וּגְבוּרָתֵךְ
בַּמִּלְחָמָה: כו וְאָנוּ וְאָבְלוּ פְּתָחֶיהָ
ונקתה

תרגום

אַקְפוּת פְּתָא גְזוּז רֵישׁ נְחַלַּף דַּהֲוָאָה מְהַלְּכִין בְּגֵיוָה יַסְרָן סַקִּין דָּא פּוּרְעֲנוּתָא תִּתְעֲבִיד מִנְּהוֹן אֲרֵי טְעָאָה בְּשׁוּפְרֵהוֹן: כה שְׁפַר גִּבָּרִיךְ בְּחַרְבָּא יִתְקַטְלוּן וְעָבְדֵי נִצְחָנַיִךְ בִּקְרָבָא: כו וְיִצְדּוּן וְיִסּוּפוּן תַּרְעַי

מהר"י קרא

צורה וקושרות אותו ומעלות בראש. ובמקום שקושרות אותו יהיה קרחים: ותחת פתיגיל. אף הוא תכשיט. לא ידעתי מהו: כי תחת יופי. כי דבר זה אירע להם בעון שהיו מייפות את עצמן לזנות ולעבירה: (כה) מתיך בחרב יפלו. מתי מספר שלהם שיפלו בעליהן: וגבורתך במלחמה. אלו גדולים שבהן. לשון בני אדם שגדול העיר נופל אומ' הבריות נפל הודה נפל הדרה נפל זיוה נפל שבחה: (כו) ואנו ואבלו פתחיה. מכיון

רש"י

שחגרה שם יהיה ניקף נחתך בחבורות ורשומי מכות כמו ואחר עורי נקפו (איוב יט) ונקף סבכי היער (לקמן י'): ותחת מעשה מקשה. מקום שהיו עושות בו המעשה האמור למעלה הלוך וטפוף תלכנה והוא בגובה הראש שם תהיה מקשה קרחה מכה המקרחת את הראש. מקשה ל' דא לדא נקשן (דניאל ה') ואני הייתי מפרשו תחת המעשה מקשה מקום שהיו שם חגורות נותנות עסי הזהב העשויות מקשה (בטדין בלע"ז) אלא שהוא נקוד פתח והוא במסורה בעשרה נקודים פתח ואין אחד מהם דבוק לתיבה של אחריו וכל מעשה שהיא דבוק לתיבה של אחריו נקוד קמץ: ותחת פתיגיל. והוי (ס"א הרי) כשתי תיבות פתי גיל כלי שהיא מביאן לידי גילה והוא בית הרחם האמור למעלה פתהן חלוף אותה גילה תהיה מהגורת שק בכל מתניה: כי תחת יופי. כי זאת הוגנת להיות להם תחת יופי שהיו משתחלות בו: (כה) מתיך. גבוריך מתי מלחמותיך היואלים בלבא במנין: (כו) ואנו. ל' אנינה: פתחיה. שערי עיירות

רד"ק

הבשר נגוע ומוכה שלא יוכלו לחגור עליו. כמו ואחרי עורי נקפו זאת. ובדברי רז"ל אין אדם נוקף אצבעו מלמטה אא"כ מכריזין עליו מלמעלה: מעשה מקשה. פירוש מעשה שוה. וכן כתבר מקשה המה. וענינו תחת אשר היו מתקנות השער ומשוות אותו תהיה עתה קרחה תחת אותה השוות השער ותקונו. ומעשה אינו סמוך כי הוא נקוד סגול ומקשה תאר לו: פתיגיל. חגורת משי רחבה: תחת יופי. כל זה הכעור בא להן תחת שהיו מתיפות בעדיהן ובקישוטיהן ויש מפרשים כי זה לשון כויה. וכן בדברי רבותינו ז"ל כי תחת יופי. אמר רבא היינו דאמרי אנשי חלופי שופרא כואה: (כה) מתיך. תהיה זאת לאנשים הקללה הנזכרת לאנשים בחרב יפלו. והדבור כנגד ציון כמו שאמר למעלה בנות ציון: וגבורתך. פירוש מתי גבורתיך. ומתוך שזכר עומד במקום שנים. פירוש אנשי גבורתך שהיית בוטחת בגבורתם יפלו במלחמה. וכן תרגם יונתן ועבדי נצחניך בקרבא: (כו) ואנו. מענין תאניה

אבן עזרא

ויחזקנו והנה מק קרוב מהפך והוא מפעלי הכפל ומגזרתו תמקנה בחוריהן: נקפה. שם והנו"ן שורש והוא קרוב מגזרת ונקף סבכי היער וטעמו כענין כריתות: מעשה מקשה. גלוח שער בשוה כמו ולא עשה רגליו: פתיגיל. חלוק דק מרוקם יושם על כל המלבושים: כי החת יופי. אמר הגאון כי ההפך שהוא תחת יותר יפה להם ואחרים אמרו שמלת כי מגזרת כויה וכמוהו אף ברי שהוא מגזרת רווי ואיננו נכון בדקדוק כי וי"ו כויה שורש ולפי דעתי שהוא כך כי תחת יופי יעשו המק והנקפה והקרחה: (כה) מתיך. הטעם תתאלמנה הנשים בעבור מות אנשיהם בחרב ומלת מתיך מושכת עצמה ואחרת עמה כמו והנבואה עודד הנביא וכן הוא ומתי גבורתך: (כו) ואנו. כמו לא אכלתי באני והוא מהשניי' הנראים ובאה המלה כמו וסרו הצפרדעים מלרע: פתחיה. שב אל ציון הנזכרת בראש הפרשה והטעם

מצודת ציון

(זכריה י"ד): נקפה. ענין סבירה ורלילה כמו ואחר עורי נקפו (איוב י"ט): מקשה. תכשיט הנעשה מהקשת הקורנס: קרחה. ענין נפילת השער כמו קרח הוא (ויקרא י"ג): פתיגיל. חגורה רחבה של משי ואין לו דומה ויתכן שהוא לשון מורכב כי פתי הוא תרגומו של רחב כי ירחיב ה' את גבולך (דברים י"ב) ת"א יפתי וגיל הוא ענין שמחה כי הדרך לחגור בה בשמחות לרקד בה במחולות או הוא מלה מורכבת לשון פתיל גיל ר"ל אבנט הנעשה מפתילים (ועיין בתוי"ט בעדיות פרק ג') ופתיל ענינו חוט כמו פתיל תכלת (במדבר כ"ח) וגיל ענינו אבנט מלשון הגליונים האמור למעלה: (כה) מתיך. אנשיך כמו מתי מספר (בראשית ל"ד): (כו) ואנו. מלשון אניות: ואבלו. מלשון אבילות: ונקתה. מלשון נקי:

מצודת דוד

פאר שמה יהיה סבירה ורלילה: ותחת מעשה מקשה. במקום שהיו מתקשטות בעדי זהב מעשה מקשה שמה יהיה קרחה כי יפול שער ראשן והוא דבר מגונה ומאוס: ותחת פתיגיל. במקום שהיו חוגרות בחגורה של פאר שמה יהי' מחגורת שק בעבור הלער והאבל: כי תחת יופי. ר"ל כי כן ראוי והגון להם במקום שהיו מייפות א"ע בפני הנואפים והוא מקרא קלר ומאליו יובן: (כה) מתיך. אנשיך יפלו בחרב האויב: וגבורתך. הגבורים שבך אשר לא ימסרו עלמן לחרב האויב וילאו למולם למלחמה עכ"ז שמה במלחמה יפלו בחרב כי האויב יתגבר עליהם: (כו) פתחיה. בכל פתחי הבתים יהיה אניות ואבלות: ונקתה. תהיה נקיה וריקנית מכל טובה ותשב לארץ בשפל המלב:

though no more heroism or military might exists.—[*Kara*]

Ibn Ezra explains that the prophet is addressing the women whose husbands will fall in battle, making them widows. *Redak* explains that he is addressing Zion, mentioned above.

26. **shall lament**—Heb. וְאָנוּ, *an expression of lamentations.—*[*Rashi*]

her gates—*The gates of the towns and houses. In all their gates will be lamentation.*—[*Rashi*]

Redak takes this expression as figurative description of their desolation, as in Lamentations 1:4.

and she shall be emptied out—Lit., and she shall be cleansed, meaning:

a girdle, laceration, and in the place of the deed, a wound that causes baldness, and in the place of the organ of levity, a sackcloth girdle, for this is instead of beauty. 25. Your men shall fall by the sword and your heroism in war. 26. And her gates shall lament and mourn,

Instead of the perfume preserving the flesh, the flesh will decay.—[*Ibn Ezra, Redak*]

and in the place of a girdle, laceration—*The place where she girded herself, there will be lacerated, cut with wounds and signs of blows, as:* "(Job: 19:26) *And after my skin is cut to pieces* (נִקְּפוּ)," "(infra 10:34) *and the thickets of forest shall be cut down* (וְנִקַּף)."—[*Rashi*] I.e., the flesh will be bruised and lacerated, and she will not be able to wear a girdle over it.—[*Redak*]

and in the place of the deed, a wound—Heb. מַעֲשֶׂה מִקְשֶׁה [The place where they would do the deed mentioned above: "walking and raising themselves they walk," and that is at the height of the head, there will be מִקְשֶׁה קָרְחָה, *a wound that makes the head bald.* מִקְשֶׁה *is an expression similar to (Daniel 5:6): "knocked one against the other* (נָקְשָׁן)." *I would explain it as follows: The place where they would put the plates of gold made by hammering—batdeç in O.F.—but it is vowelized in the Masorah among the ten words vowelized with a pattach* (i.e. a *segol*), *and none of them is connected to the following word, and every* instance of the word *that is in the construct state is vowelized with a kamatz* (i.e. a *tzeireh*).—[*Rashi*] Therefore, it would be מַעֲשֶׂה מִקְשֶׁה.

Others render: Instead of the activity of making the hair even, there will be baldness; i.e. instead of making the hair even by combing it or trimming it, there will, instead, be baldness on the head.—[*Ibn Ezra, Redak*]

and in the place of the organ of levity—Heb. וְתַחַת פְּתִיגִיל. *This is like two words:* פְּתִי גִיל, *a vessel* (or organ) *that brings levity; the secret parts about which is mentioned above: shall pour out their "vessels." Instead of that levity a girdle of sackcloth will be on all loins.*—[*Rashi*, similar to *Shabbath* 62b]

Others render it as: Instead of a wide silk girdle, will be a girdle of sackcloth.—[*Redak*]

Still others understand it as a fine embroidered garment worn over all the other garments.—[*Ibn Ezra*]

for this is instead of beauty—*For this is fitting for them to have instead of the beauty with which they acted haughtily.*—[*Rashi, Ibn Ezra, Redak*].

Others render: A burn instead of beauty.—[Quoted by *Ibn Ezra, Redak,* found in *Shabbath* 62b according to *Redak's* reading]

25. **Your men**—*Your heroes, your men of war, who go out in the army with a number.*—[*Rashi*]

and your heroism in war—I.e. your men of heroism will fall in war.—[*Ibn Ezra, Redak*] Alternatively, when the heroes fall, it is as

וְנִקָּתָה לָאָרֶץ תֵּשֵׁב: ד א וְהֶחֱזִיקוּ שֶׁבַע
נָשִׁים בְּאִישׁ אֶחָד בַּיּוֹם הַהוּא לֵאמֹר
לַחְמֵנוּ נֹאכֵל וְשִׂמְלָתֵנוּ נִלְבָּשׁ רַק יִקָּרֵא
שִׁמְךָ עָלֵינוּ אֱסֹף חֶרְפָּתֵנוּ: ב בַּיּוֹם הַהוּא
יִהְיֶה צֶמַח יְהוָה לִצְבִי וּלְכָבוֹד וּפְרִי
הָאָרֶץ

תרגום

קִרְוָהא וְתִתְרוֹקִין אַרְעָא וְתֶחְרוּב: א וְיִתְקְפָן שְׁבַע נְשִׁין בְּגַבְרָא חַד בְּעִדָּנָא הַהִיא לְמֵימַר מִדִּילָנָא נֵיכוֹל וּמִדִּילָנָא נִתְכְּסֵי לְחוֹד יִתְקְרֵי שְׁמָךְ עֲלָנָא כְּנוֹשׁ חִסוּדָנָא: ב בְּעִדָּנָא הַהוּא יְהֵי מְשִׁיחָא דַיְיָ לְחֶדְוָה וְלִיקָר וְעָבְדֵי אוֹרַיְתָא

ת"א לארץ תשב. נדה כא:

רש"י

וכתים בכל שעריהם יהא הספד: ונקתה. ותתרוקן מכל כמו ונם אני נתתי להם נקיון שינים (עמוס ד׳) ובלשון משנה ילא פלוני נקי מנכסיו: לארץ תשב. מגוג׳ לשפלות ישבו לארץ ידמו (איכה ב׳) בתשעה באב: ד (א) והחזיקו. ויאחזו: שבע נשים באיש אחד. מרוב אלמנו׳ רבות: באיש אחד. מבקשות ממנו שישא אותן: אסוף. הטמן חרפתנו כמו ואספתו אל תוך ביתך (דברי׳ כ"א) שהאש׳ כשהיא נשואה אין נוהגין בה מנהג הפקר ומ"א נבוכדנצר גזר שלא יבעלו א"א שלא יענשו לכן היו מבקשות שיהא עליהן שם אישו׳: (ב) ביום ההוא. לאחר שיכלו כוי תכשיטי הנואפות והנבלות לא תכלה (ס"א לא תסולה) עוד לבי תפארת עמי ולבי כוי כבודם באלה: יהיה צמח ה׳. לכם לנוי: לצבי ולכבוד. הם הצדיקים הנשארים בם והחכמים תלמידי התורה בהם יתלו את לבי כבודם: ופרי

מהר"י קרא

שיפלו בעליהן בחרב. שכל זמן שבעל הבית קיים הבית עומד. מת בעל הבית מיד הולך הבית ומתנפל: ונקתה לארץ תשב. ואף האשה יושבת לארץ ומקוננת על בעלה: ד (א) והחזיקו שבע נשים באיש אחד. אותן שמתקשטות כזונות ומואסות את בעליהן. ואע"פ שדרך הבעל להפסיק שאר וכסות לאשתו. כאן תאמרנה לו לחמנו נאכל ושמלתנו נלבש רק יקרא שמך עלינו שלא יתעללו בהן האויבים. אסוף חרפתנו: (ב) ביום ההוא. שתהיינה אלו לחרפה: יהיה צמח ה׳. אלו הם הצדיקים שיותיר ה׳ בהם:

אבן עזרא

חסרון הזכרים: ונקתה. כמו נקיון שינים: לארץ תשב. שב אל ציון: ד (א) והחזיקו שבע. הטעם רוב בעבור ימי השבוע כל זה בעבור שימותו הזכרים במלחמה: (ב) ביום. צמח ה׳. יש אומרים על חזקיהו והנכון בעיני שהם צדיקי ירושלם שימלטו: לצבי. כמו צבי היא לכל הארצות כמו

רד"ק

ואניה: ואבלו. ענין אבל. והוא על דרך משל כמו כל שערית שוממין: ונקתה. תהיה נקיה מאנשיה מאין יושב בה: לארץ תשב. שתהיה חרב׳ ויפלו חומותיה ובתיה ומגדליה לארץ. או פירוש לארץ תשב על דרך משל דרך אבלות. כאלו תשב העיר לארץ על אנשיה שיצאו ממנה. כמו ישבו לארץ ידמו זקני בת ציון. ויונתן תרגם ותתרוקן ארעא ותחרוב: (א) והחזיקו. כמו והחזיקו את ידך וזה היה בימי אחז שהרג פקח בן רמליהו ביהודה מאה ועשרים אלף ביום אחד ונשארו הנשים. ועל זה אמר עצמו לי אלמנותיו מחול ימים. ושבע אינו לחשבון מכוין אלא כן דרך המקרא לזכור שבע ושבעה לחשבון רב לפי שכל ימי העולם שבועות. כמו שבע כחטאתיכ׳. שבע יפול צדיק וקם. על אבן אחת שבעה עינים. וכן שבע נשים רוצה לומר נשים רבות: לחמנו נאכל. מה שחייב אדם לעשות משלו שאר כסות. יאמרו לו אנחנו נעשה משלנו שאר כסות רק שתקחנו לנשים שיאמרו עלינו בעולות בעל הן: אסף חרפתינו. כי חרפה היא לאשה שיושבת בלי בעל. ויש דרש כי נבוכדנצר צוה לחייליו שלא יבעלו אשת איש לפיכך היו מבקשות שיהיה להם שם בעל: (ב) ביום ההוא. כבר פירשנו למעלה כי ביום ההוא ביום התשועה בבא הגואל. ופירוש צמח ה׳ משיח בן דוד. כמו שנאמר והקימותי לדוד צמח צדיק: לצבי. פירושו חפץ. או הדר ותפארת. כמו צבי היא לכל הארצות

מצודת דוד

ד (א) והחזיקו. אמר ל כ"כ גזר על עמו שלא יאנסו הנשואות לאיש ועל שיתרבו האלמנות יחזיקו שבע נשים באיש אחד להנשא לו: לאמר. וכה תאמרנה אל תחוש לדאוג על צורך הספוק והמזון כי נאכל לחמנו ונלבש שמלתנו ואין לנו עליך כלום רק יקרא שמך עלינו לומר שאתה בעל שלנו ואנו נשואות לך: אסוף. כנוס החרפה מאתנו שלא יאנסו אותנו חיל כ"כ: (ב) ביום ההוא. ר"ל אחר שיתמרק עון ישראל בקושי ובמרדית היסורים אז תהיה גאולה שלמה ויהיה צמח ה׳ להדר ולכבוד והוא מביא בן דוד הנקרא צמח כמש"ה והקימותי לדוד צמח צדיק (ירמיה כ"ג): ופרי הארץ. גם זה על

מצודת ציון

ד (א) והחזיקו. ענין אחיזה: אסוף. הכנס כמו ואין איש מאסף (שופטים י"ט): (ב) לצבי. להדר ויופי כמו ולבי עדיו

and the wanton women is curtailed, the glory of My people and the beauty of their honor will no longer depend upon these things.—[*Rashi*, according to *Parshandatha*. The prevalent printed editions are difficult and redundant.

Redak identifies "that day" with the coming of the Messiah, son of David, who, according to him, is the "sprout of the Lord."

the sprout of the Lord shall be—*to you for beauty.*—[*Rashi*]

for beauty and for honor—*They are the righteous who remain among them, and the sages, the students of the Torah; upon them will they depend the beauty of their honor.*—[*Rashi*]

and the fruit of the land—*They are the children of the righteous, the fruit of the Tree of Life. They shall be for*

and she shall be emptied out; she shall sit on the ground.

4

1. Now seven women shall take hold of one man on that day,
saying, "Our bread we will eat, and our clothing we will wear.
Only let your name be called on us; take away our reproach."
2. On that day, the sprout of the Lord shall be for beauty and
for honor, and the fruit

and she shall be emptied of everything, like: (Amos 4:6) *"And behold, I have given you cleanness of teeth* (נִקְיוֹן שִׁנַּיִם), meaning hunger, *and in the language of the Mishnah; "So and so was cleaned out of his belongings* (*Baba Kamma* 41a).—[*Rashi, Ibn Ezra, Redak*]

she shall sit on the ground—This denotes figuratively that they will be reduced *from a high station to a low one.* (Lamentations 2:10)*". . . shall sit on the ground and remain silent," on the Ninth of Av.*—[*Rashi*]

Redak understands this as a prophecy that the walls, the houses, and the towers of Zion shall fall to the ground. He suggests, too, that it may be figurative of the mourning that will overwhelm the city, picturing Jerusalem as a person sitting on the ground in mourning.

1. **Now seven women shall take hold of one man**—*because of the many widows.*—[*Rashi*]

This took place during the reign of Ahaz, when Pekah the son of Remaliah slew 120,000 men in one day (II Chron. 28:6), leaving innumerable widows. Concerning this period, Jeremiah states: "Their widows were to Me more than the sand of the seas." "Seven" is not an exact number, but is commonly used in Scripture to denote a large number since the earth's cycles are in sevens, such as the days of the week, etc.

take away—Lit., gather in, *hide our reproach, similar to*: "(Deut. 22:2) *And you shall gather it into your house." For the woman, when she is married, will not be dealt with licentiously. According to Midrash Aggadah, (Lamentations Rabbah 5:11) Nebuchadnezzar commanded* (or *decreed upon*) his armies *not to have relations with married women, lest they be punished. They, therefore, begged to be nominally married.*—[*Rashi, Redak, Abarbanel*] Our editions of the *Midrash* read, "Nebuzaradan" instead of "Nebuchadnezzar." This reading is substantiated by *Yalkut Machiri.* All other early editions, such as those quoted by *Aruch, Abarbanel, Redak,* as well as Buber's manuscript, concur with *Rashi's* reading. The *Midrash* adds that three women neglected to find husbands, and, as a result of their neglect, were assaulted by the Chaldean soldiers.

2. **On that day**—*After the beauty of the ornaments of the adulteresses*

הארץ לגאון ולתפארת לפליטת
ישראל: ג והיה הנשאר בציון והנותר
בירושלם קדוש יאמר לו כל הכתוב
לחיים בירושלם: ד אם רחץ אדני את

ת"א הנשאר בציון . ב"ב עה פ' סנהדרין לב אכר רפות : אם רחץ . סוטה יב:

תרגום

אורייתא לרבו ולתושבחא לשיזבת ישראל: ג ויהי דאשתאר יתוב לציון ודעבד אורייתא יתקים בירושלם קדיש יתאמר ליה כל דכתיב לחיי עלמא יחזי בנחמת ירושלם: ד אם יעדי יי

רש"י

הארץ. הם בני הצדיקים פרי עץ חיים הם יהיו לגאון ולתפארת אשר בהם יתפארו ויתהללו פליטת ישראל. צבי. הוא נוי דבר לציון שיש חפץ בו: (ג) **והיה הנשאר**. בהם בציון יתיישבו: **והנותר**. בכל מקום ישכנו בירושלים: **קדוש יאמר לו**. כולם יהיו צדיקים וא"ת צדיקים המתים לפני אותו היום אבד כבודם ת"ל כל הכתוב לחיי העוה"ב יהיו בירושלים.כת"י: (ד) **אם רחץ**. כי רחץ יש אם משמש כן בלשון כי וכן (איוב ח) אם יבלענו ממקומו כי יבלענו.

מהר"י קרא

ופרי הארץ לגאון ולתאפרת. אותם צדיקים שנאמר בהם למעלה בענין אמרו צדיק כי טוב כי פרי מעלליהם יאכלו. בעידנא ההיא יהיה משיחא דה' לחדוה וליקר. ועבדי אורייתא לרבו ולתושבחא. ביום שיסיר ה' תפארת העכסים. בנות ציון שמתקשטות עצמן לזנות. כשיסיר תפארת אלו וגאון אלו יתקיים תפארתן של צדיקים שיהיו לגאון ולתפארת לפליטת ישראל וזהו אחת מן המדות*) מפורשים בו כל מקום שאתה מוצא שמדבר הכתוב בפורענותן של רשעים אתה מוצא בסמוך מתן שכרן של צדיקים דוגמת מחמת פורענות שקראת ברשעים תמצא בסמוך מתן שכרן של צדיקים דוגמת הפורענות. כמו כן כאן שאמר למעלה אסוף חרפתנו [ביום] ההוא יסיר ה' את תפארת העכסים כשהוא מגיע אצל צדיקים מה הוא אומר ופרי הארץ לגאון ולתפארת: (ג) והיה הנשאר בציון. שישאר מן החרב: והנותר בירושלם. שלא תפגע בו החרב. והיו אותם האנשים אשר קדוש יאמר לו. שאומר עליו קדוש הוא יותר מפורענות הנגזר על בני ציון: כל הכתוב לחיים בירושלם. שנגזר עליו מן השמים שינצל מחרב האויבים הם הם אותם האנשים שאומר עליו קדוש הוא זה ולא אותם האנשים שנתפרשו מעשיהם שהם סוחרים וחברי גנבים רודפי שוחד ושלמונים: (ד) אם רחץ ה' את צאת בנות ציון. הרי (הם) [אם] מפורש בלשון כי כמו אם חריצים ימיו שפתרונו (אם)

*) בכ"י נמחק כאן תיבה אחת

אבן עזרא

הדר ויש אומרים שהוא מגזרת ארמית למאן די הוה צבי יתניגה. ור' משה הכהן פירש צמח כמשמעו שהשם יתן ברכה בצמח ובפרי: (ג) **והיה. כל הכתוב לחיים בירושלם**. אפרשנו בספר תרי עשר בפסוק אז נדברו: (ד) **אם**. כטעם כי או טעמו קדוש יאמר לנותר אם רחץ

רד"ק

לעטרת צבי. ופרי הארץ הוא אומר גם כן על המשיח. מתחלה יהיה כמו הצמח היפה שישמח האדם בראייתו וכשיגיע להיות פרי יהנו עוד ממנו וישמחו בו יותר. כן מלך המשיח מתחילה ישמחו ואחר כן כשיעשה מעש' וינצח מלחמת גוג ומגוג וישים הארץ שלות ושקטה שכל העולם ייראו ממנו. אח"כ יהיה לגאון ולתפארת שיתגאו ויתפארו בו על כל הגוים ואמר לפליטת כמו שכתוב והסירותי מקרבך עליזי גאותך והשארתי בקרבך עם עני ודל וחסו בה' וגו'. וכן אמר הנה והיה הנשאר. ויונתן תרגם צמח ה' משיחא דה' ותרגם ופרי הארץ ועבדי ארעא: (ג) והי'. זכר ציון וירושלם כי היא ראש מלכות ישראל. או לפי ששם תהיה מלחמת גוג ומגוג: יאמר לו. יאמר בעבורו. כי הוא קדוש. וצדיק הכתוב שיגזור עליו שיחיה לפי ישרו ומעשיו הטובים. וכמוהו מחני נא מספרך אשר כתבת. ויונתן תרגם הפסוק כן ויהא דאשתאר ישוב לציון וגו': (ד) אם רחץ. אם זה ענינו כמו והיה אם בא אל אשת אחיו. אם יהיה היובל לבני ישראל. ואם תקריב מנחת בכורים, והדומים להם כמו שכתבנו בספר מכלל. ופי' הפסוק

מצודת דוד

המשיח יאמר: לפליטת ישראל. להנשארים שחסו במקום ועמדו באמונתם: (ג) הנשאר בציון. הנשאר מישראל ישב בציון. והנותר מהם ישכון בירושלים וכפל הדבר במ"ש: יאמר לו. על כל הנשאר יאמר עליו שהוא קדוש: כל הכתוב. כל מי שכתוב בספר להיות חי בעולם שנאמר ישכון בירושלים: (ד) אם רחץ ה'. ר"ל הדבר

מצודת ציון

(יחזקאל ז'): לגאון. לממשל רב וכן לפני שבר גאון (משלי ט"ז): לפליטת. לשארית: (ד) אם. ענינו כמו כאשר וכן ואם יהיה היובל

used in this manner in the usage of כִּי; *and so*: "(Job 8:18) *But when* (אִם) *men destroy him from his place,*" is equivalent to כִּי יְבַלְּעֶנּוּ. Also: "(Genesis 24:9) *Until when* (אִם) *they will have finished drinking.*"—[*Rashi*]

Redak, too, explains אִם as "when." I.e., everyone will be called "holy" when the Lord will have washed away the filth of the daughters of Zion, and no evil deeds will be perpetrated therein.

of the land for greatness and for glory for the survivors of Israel. 3. And it shall come to pass that every survivor shall be in Zion, and everyone who is left, in Jerusalem; "holy" shall be said of him, everyone inscribed for life in Jerusalem. 4. When the Lord shall have washed away

greatness and glory, for the survivors of Israel will boast and praise themselves with them. צְבִי *means "beauty," an object of desire, for there is desire in it.—[Rashi]* *Rashi* explains צְבִי as stemming from the Aramaic, meaning "desire."

As mentioned above, *Redak* interprets "the sprout of the Lord," as a reference to the Messiah. "The fruit of the land," too, refers to him. At first, he will be like the sprout, which people enjoy observing. When it reaches the stage when it produces fruit, they are even happier. The same will be true concerning the Messiah. When he appears, he will afford great joy to the Jewish people. When he performs miracles and defeats the armies of Gog and Magog, and casts the fear of Israel over all the nations, they will be even more joyful. Then he will be the object of greatness and glory, for all nations will be proud of him and boast of him.—[*Redak*]

This passage follows the principle that whenever Scripture elaborates on the retribution of the wicked, it immediately dwells on the reward due the righteous.—[*Kara*]

Jonathan renders: "the fruit of the land," as "those who fulfill the Torah."

Others interpret this section literally, that the Lord will bless the plants and the fruits of the Holy Land.—[R. Moshe Hacohen, quoted by *Ibn Ezra*]

3. **And it shall come to pass, that every survivor**—*among them will settle in Zion.—[Rashi]*

and whoever is left—*anywhere, shall dwell in Jerusalem.—[Rashi* following *Jonathan*]

Zion and Jerusalem are mentioned since Jerusalem is the capital of Israel, or because the war of Gog and Magog will take place there.—[*Redak*]

Apparently, *Redak* understands the verse in a different manner from *Rashi*, as follows: And it shall be, that he who survives in Zion and he who is left in Jerusalem, "holy shall be said of him."

"holy" shall be said of him—*All of them will be righteous. Now lest you say that the righteous who died prior to this day have lost their honor, the Scripture states: "anyone inscribed for life," in the Hereafter, will be in Jerusalem.—In this manner, Jonathan translates it.—[Rashi]*

4. **When the Lord shall have washed away**—Heb. אִם, usually "if." *When the Lord shall have washed away. There are* instances of אִם *being*

את צאת בנות־ציון ואת־דמי ירושלם
ידיח מקרבה ברוח משפט וברוח
בער: ה וברא יהוה על כל־מכון הר־
ציון ועל־מקראה ענן ו יומם ועשן ונגה
אש להבה לילה כי על־כל־כבוד חפה:
ו וסכה תהיה לצל־יומם מחרב
ולמחסה

ת״א ונרא ה׳. ב״ב עה: וסכה תהיה. סוכה ב ו (סוכה נב):

ית תגאלת בנת ציון וית אשדי דם זכי דבירושלם יגלי מגוה במימר דין ובמימר גמירא: ה ויברי יי על כל מקדש טורא דציון ועל אתר בית שכנתיה ענן יקר יהא מטיל עלוהי בימָמא ואמטתא וזיהור כאשא שלהובי בליליא ארי יתיר מן יקרא דאמיר לאיתאה עלוהי שכנתא תהי מגנא עלוהי בגנון: ו ועל ירושלם תהי מטלת ענני לאטללא עלה בימם משרב

רש״י

עד אם כלו לשתות (בראשית כד): **צואת.** תגאלת כתרגומו כלומר העביר עונם ע״י יסורין וביעור מן העולם: **ידיח.** ל׳ רחיצה בל׳ משנה ובמקרא ושם ידיחו את העולה (יחזקאל מ): **ברוח משפט.** ע״י יסורין (טלנ״ט בלע״ז) שיעלה על רוחו לשפוט אותם: **וברוח בער.** לבערם מן העולם בער כמו לבער (דיסקומבנ״ט בלע״ז) ל׳ פעול הלוך: (ה) **ועל מקראיה.** הקרואים בתוכה: **ענן יומם ועשן.** להגין עליהם מן העכו״ם: **כי על כל כבוד.** האמור להם תהא החופה שתחופף שכינתי עליהם ושבע חופות יש כאן ענן ועשן נוגה אש להבה חופה שכינה: (ו) **וסוכה תהיה**

מהר״י קרא

[כי] חרוצים ימיו. וכמו אם תקריב מנחת ביכורים. שפתרונו כי תקריב. אף כאן אם רחץ ה׳ את צאת בנות ציון פתרונו כי יבער ה׳ את גיעול בנות ציון: ואת דמי ירושלם. המפורשים למעלה. צדק ילין בה ועתה מרצחים. ידיח מקרבה. ופתרון ירחוץ וידיח כעניין זה שמפורש בצדו. ברוח משפט. שעשה משפט בבנות ציון המהלכות עכשיו בגסות הרוח: וברוח בער. שביער שופכי דם מציון. וגם הנשים המתקשטות עצמן לע״ז. ולכשיבער עושה הרעה מקרבה: (ה) וברא ה׳ על כל מכון הר ציון ועל מקראיה. פתרונו על בנותיה וחצריה וכפריה: ענן ועשן. שלא יקרב עליהן חרב האויב. ותרג׳ ויברי ה׳ על כל מקדש טורא דציון ועל אתר בית שכינתיה ענן יקר יהא מטיל עלוהי בימָמא ואמטתא כאשא שלהובי בליליא ארי יתיר מן יקרא דאמיר לאיתאה עלוהי שכינתיה תהא מגנא עליהון בגינון: (ו) וסוכת

אבן עזרא

השם כך מליון: **ידיח.** כמו ידיחו את העולה כמו ירחצו:
וברוח בער. מגזרת ובערת הרע:

רד״ק

לענין הנזכר למעלה קדוש יאמר לו וגו׳. מתי יהיה זה כשירחץ ה׳ את צואת בנות ציון. כלומר הטנוף והצואה. והוא דרך משל למעשים הרעים שהם בציון היום לא יהיו שם אז אסיר מקרבך עליזי גאותך: ורחץ. עבר במקום עתיד. וכמוהו רבים בדברי הנבואה ברוב. ורחץ. וידיח. כפל ענין במלות שונות. וכן צואת ודמי וכן משפט ובער. כלומר כי במשפט יעשה ולא יאריך עוד לרשעים ובזה יבער הרע כלו ולא ישאר ממנו דבר וסמך רוח אל לשון הדחה ורחיצה רוצה לומר לרוב הבעור שלא ישאר מלחלוחית החטא דבר כמו שהרוח מיבש הדבר. או יהיה פירוש רוח כמו וברוח שפתיו וברוח פיו. וכן תרגם יונתן במימריה: (ה) וברא ה׳. מתחילה היה ענן הכבוד חונה במשכן ובבית המקדש אבל בשוב הגלות יראה ענן הכבוד על בתי החכמים והגדולים והחסידים. וזהו שאמר על כל מכון הר ציון: ועל מקראיה. כלומר על כל נכון ונשא בכבוד יושביו ונקרא גם כן המקום ההוא מקראה לפי שנקראים שם העדה לפני החכמים. וכנוי ה״א מקראיה לציון והיה שם ביומם ענן ועשן ובלילה נוגה אש להבה כמו שהיה במשכן עמוד הענן ביום ועמוד האש לילה. ועשן הוא הענן העב. ותרגם יונתן ועשן ואמטתא. ופירוש על דרך שאמר וערפל סביביו. והוא משל על השגת אמתת האל שלא תושג על האמת. כי לא יראני האדם וחי. אפילו חיות הקדש אין רואין אותו. ואמר שבאותו הזמן תרבה השגת בני אדם: כי על כל כבוד חפה. פירוש על כל כבוד בתי ירושלם חפה. כלומר תהיה כבוד האל חופף עליהם הענן ביום והאש בלילה. ויונתן תרגם על כל מכון על כל מקדש טורא דציון: (ו) וסכה. ואותת

מצודת דוד

הזה יהיה כאשר ירחץ ה׳ את צואת וגו׳ ר״ל כשיסיר מהם לכלוכי העון: דמי ירושלים. דם הנקי הנשפך בה: ברוח משפט. בחוזק משפט יסורין ור״ל כמו הרוח הזה מייבש את הלחלוחית כן ימרקו היסורין לחלוחית העון: וברוח בער. היסוריך יבער החטאים מן העולם: (ה) וברא וגו׳. אז יברא ה׳ ענן חדש להיות סוכך ביום על כל מקומות המוכן לשבת אשר שמה בהר ציון: ועל מקראיה. על האנשים הקרואים לבוא בשמה: ועשן וגו׳ לילה. כל אלה יסככו עליהם בלילה: ונגה אש להבה. הארת להבת אש: כי על כל וגו׳. מלבד הכבוד שיהיה להם אז יהיו כל אלה לחופף עליהם להגן מן האומות: (ו) וסוכה תהיה. הענן הזה יהיה לסוכך עליהם

מצודת ציון

(במדבר ל״ו): צואת. מלשון לואה ויאמר על עבירות מגונות: ידיח. מלשון הדחה ושטיפה: בער. ענין הפנוי מן העולם כמו הנני מבעיר אחרי בעשא (מ״א ט״ז): (ה) מכון. מלשון הכנה: מקראיה. הקרואים ומזומנים לבוא בה: ונוגה. הארה וזריחה: חופה. ענין מכסה: (ו) מחורב. ענין יובש כמו ונתתי יאורים

tect them from the nations.—[*Rashi*]

Smoke is the thick cloud, called עֲרָפֶל in other places. This is symbolic of the true perception of God, which can never be accomplished by man, but will always be cloudy and vague, as in Exodus 33:20: "Man shall not see Me and live." Even the holy *Chayoth* do not perceive Him. The prophet tells us that at that time, man's perception will be magnified.—[*Redak*]

for, in addition to every honor—*stated to them, shall be a shelter, for I will cause My Shechinah to cover them. Seven chupoth* (shelters or

the filth of the daughters of Zion and the blood of Jerusalem He shall rinse from its midst, with a spirit of judgment and with a spirit of purging. 5. And the Lord shall create over every dwelling of Mount Zion and over all those summoned therein, a cloud by day and smoke, and splendor of a flaming fire at night, for, in addition to every honor, there will be a shelter. 6. And a tabernacle shall be for shade by day from the heat,

filth—*Defilement, as its Aramaic translation; i.e. to say, when He will remove their iniquity through chastening and purging from the world.*—[*Rashi*]

Although this clause is written in the past tense, the future is meant. This is common in books of prophecy.—[*Redak*]

the blood of Jerusalem—the guilt of shedding innocent blood.—[*Mezudath David*]

Abarbanel explains that "the filth of the daughters of Zion" refers to the sins of the immoral women who sought to lead the men astray. "The blood of Jerusalem" refers to the sins of the leaders who exploited the people and misled them.

He shall rinse—Heb. יָדִיחַ, *an expression of 'washing' in the language of the Mishnah, and in the Scriptures: "(Ezekiel 40:38) There they will rinse* (יָדִיחוּ) *the burnt-offering."*—[*Rashi*]

with a spirit of judgment—*through chastening. "Spirit" is equivalent to "talant" in O.F. When He so desires to judge them.*—[*Rashi*] Hence, *Rashi* interprets "a spirit of judgment" as "a will of judgment," similar to the identical word in Ezekiel 1:12, 19, 20.

and with a spirit of purging—*to purge them from the world,* בָּעֵר *is like* לְבָעֵר*, to purge, descombrement in O.F., an expression of doing, going.*—[*Rashi*]

Alternatively, we may render: with a wind of judgment and with a wind of purging; i.e. just as the wind dries up the moisture, so will the sins be purged, leaving no trace. It may also be interpreted as: "a statement of judgment and a statement of purging," denoting God's command to execute judgment on the sinners.—[*Redak*]

5. **And the Lord shall create**—Whereas heretofore the cloud of glory hovered over the Tabernacle in its time and the Temple in its time, when the Jewish people return from exile, the clouds of glory will appear over the dwellings of the sages and the pious men. This is the meaning of: "over every dwelling of Mount Zion."—[*Redak*]

and over those summoned therein—Heb. וְעַל מִקְרָאֶהָ.—[*Rashi*]

Alternatively, this refers to the places of assembly where the people will congregate before the sages. The feminine ending refers to Zion, which is grammatically feminine, [since it is the name of a place].—[*Redak*]

a cloud by day and smoke—*to pro-*

וּלְמַחְסֶה וּלְמִסְתּוֹר מִזֶּרֶם וּמִמָּטָר׃

וּלְבֵית סְתַר וּלְאַגְנָא מִזַּרְמִית וּמִמִּטְרָא׃

מהר"י קרא

תהיה לצל יומם מחורב. וסוכה על ירושלם תהא מטלת עננא לאטללא עלה בימטא משרב ולבי׳ סתר ולאגנא מזרמית וממיטרא: וסוכה. ויסכך על הר ציון [מן] האומות שנמשלו לחורב בציון כדכתיב כחורב בציון שאון זרים תכניע: ולמחסה. הוא שאדם שוכן תחת הצל כי בכל מקום שאתה מוצא צל [אתה מוצא לשון מחסה]. וכן הוא אומר (לכו חזו) [באו חסו] בצלי. וכה פתרונו למחסה ולמסתור יהיה. על כל מכון הר ציון מן האומות שנמשלו לזרם ולמטר כדכתיב כי רוח עריצים כזרם קיר. ואימתי נתקיים המקרא כשצר סנחריב וינופף ידו הר בת ציון גבעת ירושלים: **ולפי** שמתחילת הענין ועד כאן ראיתי את כל המקראות מחוברות איש לחבירו כי קרסים בלולאות ואילו באתי ליתן מדרש ביניהם הייתי מפריד בין מקרא לחבירו ובין מליצה לחבר לרעותה. ואפנה לבי לידע כל הענין לפי פשוטו ומדרשו כדי לפרשו לפי פשוטו שדרשו בו חכמינו ז"ל. ועל אודות שמעו שמים והאזיני ארץ היה ר׳ מאיר אומר כשהיו ישראל זכאין היו מעידין בעצמן שנאמר ויאמר יהושע עדים אתם בכם. קילקלו בעצמן שנאמר סבבוני בכחש אפרים העיד בהם שבט יהודה ובנימן שנאמר ועתה יושב ירושלים ואיש יהודה שפטו נא ביני ובין כרמי. קלקלו שבט יהודה ובנימין העיד בהם את הנביאים [שנאמר ויעד ה׳ בישראל ויהודה ביד כל נביאיו]. קלקלו בנביאים שנאמר ויהיו מלעיבים במלאכי אלהים העיד בהן את השמים וכו׳. בספרי פרשת האזינו. משל למלך שמסר את בנו לפדגוג להיות יושב ומשמרו אמר (לו) אותו הבן כסבור אבא שהועיל כלום שמסרני לפדגוג עכשיו הריני יושב עד שיאכל וישתה ויישן ואלך ואעשה צרכי. אמר לו אביו אף אני לא מסרתיך לפדגוג אלא כדי שלא יהא מזיזך. כך אמר להם משה לישראל שמא אתם סבורים לברוח מתחת כנפי השכינה או לזוז מעל הארץ. ולא עוד אלא שהשמים כותבין שנאמר יגלו שמים עונו ומנין שהארץ מודעת שנאמר וארץ מתקוממה לו. בספרי פרשת האזינו. היה רבי מאיר אומר משל למלך שהיו [לו ב׳] אפוטרופין במדינה השלים להם שלום ומסר להם את בנו. אמר להם כל זמן שבני עושה רצוני היו מעדנין אותו ומאכילין ומשקין אותו. וכשאין בני עושה רצוני אל יטעום כלום משלי. כך בזמן שישראל עושין רצונו של מקום מה כתיב יפתח ה׳ לך את אוצרו הטוב וגו׳. וכשאין עושין רצונו של מקום מה נאמר בהם ועצר את השמים. ר׳ נחמי׳ אומר משל למלך שיצא בנו לתרבות רעה. התחיל לקבול עליו באחיו. וחתחיל לקבול עליו באוהביו. והתחיל לקבול עליו בשכניו והתחיל לקבול עליו בקרוביו לא זז האב ההוא להיות קובל עד שאמר לשמים (אקבול למי) [למי אקבול] עליך חוץ מאלו לכך נאמר (שמעו שמים) [האזיני השמים] וגו׳ *) אמר להם הנביא [לישראל. הסתכלו] לשמים שבראתי לשמשכם שמא קלקלו מידתן. שמא גלגל חמה אינו עולה מן המזרח ומאיר לעולם ולא עוד אלא ששמח לעשות רצוני. כדכתיב והוא כחתן יוצא מחופתו ישיש כגבור וגו׳. ותשמע הארץ. הסתכלו בארץ שבראתי לשמשכם שמא שינתה מידתה. שמא זרעתם ולא צמחה. או שמא זרעתם אותה חטין וצמחה שעורים או שמא [אמרה] פרה איני דשה וחורשת או חמור הוא אומר איני טוען היום. וכן לענין הים הוא אומר האותי לא תיראו נאום ה׳ אם מפני לא תחילו אשר שמתי חול גבול לים חק עולם ולא יעברנהו. שמשעה שגזרתי עליו שמא שינה את מידתו ואמר אעלה ואציף את העולם כולו לשעה קלה. לא. כענין שנאמר ואשבור עליו חקי ואשים בריח ודלתים. ואמר עד פה תבוא ולא תוסיף. ולא עוד אלא שמצטער ואינו יודע מה לעשות [שנאמר] ויתגעשו ולא יוכלו והמו גליו ולא יעברנהו. והרי דברים קל וחומר ומה אילו שנבראו לא לשכר ולא להפסד אם זוכים אין מקבלין שכר ואם חוטאין אין מקבלים פורענות ולא נבראו אלא לתשמישן של בריות. לא שינו את מידתן. ואתם חסים על בניכם ועל בנותיכם על אחת כמה וכמה אתם צריכים שלא תשנו מידתכם. ד"א האזינו השמים היה ר׳ בנאה אומר בזמן שאדם מתחייב אין פושטין בו יד אלא העדים שנאמר יד העדים תהיה בו בראשונה. ואחר כך בני האדם שמשמשין ובאין שנאמר ויד כל העם באחרונה. כך בזמן שאין ישראל עושין רצונו של מקום. מה נאמר בהם ועצר את השמים. ואחר כך פורענות משמשת ובאה. שנאמר ואבדתם מהרה. ובזמן שישראל עושין רצונו של מקום מה נאמר בהם ביום ההוא [אענה נאם ה׳] אענה את השמים והם יענו את הארץ. והארץ תענה את הדגן ואת התירוש ואת היצהר. ד"א האזינו השמים. לפי שהי׳ [משה] קרוב לשמים לפיכך הוא אומר האזינו השמים. ולפי שהיתה הארץ רחוקה ממנו אמר ותשמע הארץ. [בא ישעי׳ ואמר שמעו שמים שהיה רחוק מן השמים. והאזיני ארץ. שהיה קרוב לארץ. ד"א לפי שהשמים מרובים פתח בהם בלשון מרובה [האזינו השמים]. ולפי שהארץ מועטת פתח לה בלשון מועט ותשמע הארץ]. בא ישעיה וסמך לדבר [שמעו שמים והאזיני ארץ ליתן] את המרובה במרובין. ואת המועטת במועטין. וחכמים אומרים אין הדבר כן אלא כשעדים באין ומעידין אם נמצאו דבריהם מכוונין עדותן קיימת ואם לאו אין עדותן קיימת. כך אילו אמר משה האזינו השמים ושותק היו השמים [אומרים לא שמענו] אלא בהאזנה. ותשמע הארץ. היתה אומרת לא שמעתי אלא בשמועה בא ישעית וסמך [לדבר שמעו שמים והאזיני ארץ] ליתן האזנה ושמיעה לשמים והאזנת ושמיעה לארץ. ד"א האזינו השמים על שם שניתנה תורה מן השמים שנאמר אתם ראיתם כי מן השמים דברתי עמכם. נתשמע הארץ שעליה עמדו ישראל ואמרו כל אשר דבר ה׳ נעשה ונשמע. ד"א האזינו השמים. שלא עשו מצות שניתנו להם מן השכים [עיבור] שנים וקביעות חדשים שנאמר והיו לאותות ולמועדים [ולימים ושנים]. ותשמע הארץ שלא עשו המצות שניתנו להם בארץ לקט שכחה ופיאה תרומות ומעשרות שמיטות ויובלות. משה העיד בהן שני עדים שהם קיימים לעולם. אמר אני בשר ודם היום אני חי ומחר אני מת. אם רצו ישראל לומר לא קבלנו את התורה מי בא ומכחישן. לפיכך העיד בהן שני עדים שהן קיימים לעד: איכה היתה לזונה קריה נאמנה [קרתא] חדוותא קרתא מרכבתא ר׳ פנחס בשם ר׳ אושעיא אומר ארבע מאות ושמונים בתי כנסיות היו בירושלים וכל אחת היה בה בית ספר למשנה ובית ספר לתלמוד וכולן עלה אספיינוס והחריבן. (ויגל את מסך יהודה ותבט ביום ההוא אל נשק בית היער). מלאתי משפט. כגון משנתו של ר׳ חייא ושל ר׳, אושעיא ושל בר קפרא: צדק ילין בה. אמר ר׳ יהודה ברבי סימון לא לן אדם בירושלים ובידו עון. הא כיצד תמיד של שחר היה מכפר על עבירות שעשו בלילה. ותמיד של בין הערבים מכפר על עבירות שנעשו ביום: ועתה מרצחים. הא עבדין קטולין. הרגו את אוריה הרגו את זכריה: כספך היה לסיגים. בראשונה היו משתמשין במטבעות של כסף משרבו הרמאין היו משתמשין במטבעות של נחושת מציפין כסף. חד מנהון אזיל לבי (צפרא) [צורפא] ושמע קלא [וכו׳] **) אמר לבר בייתיה מזוג לי. כספך היה לסיגים סבאך מהול במים: שריך סוררים. כולם אוהבים את הגזל: חברי גנבים. שהיו מתחברים לגנבים. אמר ר׳ ברכיה מעשה באשה אחת שנגנב מיחם שלה ובאתה לקבול עליו לפני הדיינין ומצאתו שפות על גבי כירתו. מעשה באיש אחד שנגנב טליתו ובא

רש"י

לצל וגו׳ מחורב. להגין מלהט יום הבא שנאמר ברשעים וליהט אותם היום הבא (מלאכי ג) שהקב"ה מוציא חמה מנרתקה ומקדיחה עליהם: **ולמחסה.** ל׳ כיסוי: **ולמסתור.** להסתר בה: **מזרם.** אש המקלחת מנהר דנור על הרשעים בגיהנם שנאמר על ראש רשעים יחול (ירמיה כ"ג) במסכת חגיגה: **וממטר.** מטר היורד על הרשעים כענין שנאמר ימטר על רשעים פחים (תהלים י"א):

*) עיין ילקוט רמ"ז רנ"ד ובספרי שם. **) עיין ילקוט רמ"ז רנ"ח.

רד"ק

החופה תהיה להם לצל יומם מחורב שלא יכם שמש ושרב ולא יזיקם וכן המטר לא יזיקם כי החופה תהיה להם למחסת

מצודת ציון

חרבה (יחזקאל ל׳) ור"ל משרב והחום המביא היובש: מזרם. ענין שטיפה ומרוצת המים:

מצודת דוד

להיות לצל ביום להציל מחורב ושרב השמש: מזרם. משטיפת המים והוא דרך משל לומר שיגין עליהם לבל תשיגם יד האויב:

the conditions after the attack. Ahaz' successor, Hezekiah, is given the appellation, צֶמַח ה׳, *the sprout of the Lord.* He was not the

and for a shelter and for a covert from stream and from rain.

canopies) *are* mentioned here: *cloud, smoke, splendor, fire, flame, shelter, Shechinah.*—[*Rashi* from *Baba Bathra* 75a].

Redak explains: For over the honor of all the houses of Jerusalem, will be a shelter: i.e. the glory of God will shelter them, with a cloud by day and with fire by night.

6. **And a tabernacle shall be for shade . . . from heat**—*to protect from the burning of the Future sun, as it is said in regard to the wicked*: "(Malachi 3:19) *And the coming sun shall set them ablaze," for the Holy One, blessed be He, will take the sun out of its case, and cause it to burn them.*—[*Rashi* from *Nedarim* 8b]

and for a shelter—Heb. וּלְמַחְסֶה. This is *an expression of covering.*—[*Rashi*]

and for a covert—*in which to hide.*—[*Rashi*]

from stream—*of fire gushing forth from the river of fire on the wicked in Gehinnom, as it is said*: "(Jeremiah 23:19) *On the heads of the wicked it shall rest."* This is found *in Tractate Chagigah* 13b.—[*Rashi*]

and from rain—*the rain that falls on the wicked, as in the manner stated in Psalms 11:6: "He rains on the wicked burning coals.*—[*Rashi*]

Abarbanel explains the entire chapter as referring to the generation of Hezekiah, when a great religious revival occurred. As mentioned above, during Ahaz' reign, the people were very wicked. Scripture informs us (II Kings 16) that Ahaz "passed his son through fire . . . and he slaughtered sacrifices and burnt incense on the high places and on the hills, and under every green tree." As a result of their wickedness, they were attacked by Pekah son of Remaliah, king of Israel, and Rezin, king of Aram, who inflicted heavy casualties upon them, as delineated in II Chronicles 28:5f. "And the Lord his God delivered him into the land of the king of Aram, and they smote him, and they captured from him a great captivity and brought it to Damascus; and also into the hand of the king of Israel was he delivered, and he smote him a great blow. And Pekah son of Remaliah slew 120,000 in one day, all warriors, because they forsook the Lord, the God of their forefathers."

II Chronicles 29 gives a complete report of Hezekiah's activities in restoring the divine service to the Temple and his call to the people to repent. The prophet depicts the conditions at the time of Ahaz, when the women who had strode haughtily through the streets of Jerusalem, adorned in their finery, would be humbled and depressed by the slaughter inflicted upon the male population. They would be humbled to the state that seven of them would propose marriage to one man, freeing him from all his obligations to feed them and clothe them, as long as he would marry them. This is not meant as a punishment for their haughtiness, for, as the Chronicler states, the punishment was for forsaking the God of their forefathers. The prophet, however, draws a contrast between the conditions before the attack, when the women paraded haughtily through the streets, and

ובא לקבול עליו לפני הדיין [ומצאו מוצע על גבי מטתו: אמר רבי לוי מעשה באשה אחת שכבדה לדיין] ונתנה לו מנורה אחת של כסף. והלך אנטידוקוס [שלה] ונתנו שיח אחת של זהב למחר אתת ואשכחת דינא הפוך ואמ' מרי ינהר דיני קמך כמנורתא. אמר ומה אעשה (וככה) [וכפה] שיח את המנורה: כולו אוהב שוחד ורודף שלמונים. שלם לי בדיני ואנא בדינך: יתום לא ישפוטו. רבי אלעזר ורבי יוחנן [רבי אלעזר] אומר בראשונה היה מת אדם בירושלם והיה ממנה אפוטרופוס על היתומים. היתה האלמנה תובעת כתובתה אצל היתומים והיו מהלכין אצל הדיין [ומוצאין אותו חשוד עם האפוטרופין. רבי יוהנן אמר בראשונה היה אדם עולה לירושלים לדיין והדיין] אמר לו בקע לי שתי בקעיות של עצים מלא לי שתי חביות של מים והיו יציאותיו כלים. והיה יוצא משם בפחי נפש והיתה אלמנה פוגעת בו בדרך ואומרת לו מה נעשה בדינך והוא אומר יצאתי בפחי נפש ולא הועלתי כלום אמרה [אם זה שהוא איש לא הועיל כלום] אם כן אני שאני אלמנה על אחת כמה וכמה לקיים מה שנאמר יתום לא ישפוטו וריב אלמנה לא יבא אליהם: לכן נאם האדון ה' צבאות. אמר ר' שמואל בר נחמני כל מקום שנא' כלשון הזה עוקר ומוציא דיורין ומכנים דיורין ואב שבכולן הנה האדון הברית אדון כל הארץ עובר לפניכם בירדן עוקר כנענים ומכנים ישראל: אביר ישראל. [אמר רבי תנחום בר נחמני תוקפיהון דישראל. ורבנן אמרין אביר ישראל]. בפני האומות: הוי אנחם מצרי ואנקמה מאויבי. ר' יהודה ור' נחמיה. ר' יהודה אומר היה לאדם עשרה זהובים ואהה עוקף עליו ונוטלו ממנו. אמר הקב"ה עלי לשלם גמולו ולהפרע מאותו איש. ר' נחמיה אומר הוי אנחם מצרי שתים. ואנקמה מאויבי שתים. הרי אלו ארבע מלכיות: ואשיבה שופטיך כבראשונה. זה משה ואהרן: ויועצך כבתחילה. זה דוד ושלמה. ואחרי כן יקרא לך וגו': רחצו הזכו [הסירו] חדלו למדו דרשו אשרו שפטו ריבו לכו נא בית התפלה ונוכחה בראש השנה. עשרה כנגד עשרה זכרונות. אם יהיו חטאיכם כשנים. נכתמין כצבועין הללו כשלג ילבינו. דרש רבא מאי דכתיב לכו נא ונוכחה יאמר ה'. לכו נא בואו נא מיבעי ליה [וכו'] לעתיד יאמר הקב"ה לישראל לכו נא ונוכחה. אמרו לפניו רבונו של עולם אצל מי נלך [וכו'] אמר להם הקב"ה לישראל הואיל ותליתם עצמיכם בי. אם יהיו חטאיכם כשנים כשלג ילבינו: אם תאבו ושמעתם. מה הוא אם תאבו [וגו'] אמר ר' אליעזר הסייף והספר ירדו כרוכין זה בזה משמים. אמר להם הקב"ה אם תעשו מה שכתוב בזה אתם ניצולים מן הסייף הזה ואם לאו אתם נהרגין בזה. לקיים מה שנאמר חרב תאוכלו. ר' אומר אם תאבו. למה זה דומה לעבד שאמר לו רבו הרי מונייק של זהב [וכו'] ואם לאו הרי כבלים של ברזל: חרב תאוכלו כי פי ה' דיבר. והיכן דיבר והבאתי עליכם חרב: איכה היתה [לזונה]. איך נהפכת כמעשיך להיות תועה את קריה נאמנה מלאה עושה משפט. שמלאתיה מאנשי אמת: והיה באחרית הימים נכון יהיה וגו'. ר' פנחס בשם ר' יוחנן אמר עתיד הקב"ה להביא סיני ותבור וחרמון וכרמל ובשן ולבנות בית המקדש עליהן [וכו']. אמר לו ר' חנינא עד כאן דייך אלא בית המקדש יאמר שירה וההרים עונין אחריו מה טעם ונשא מגבעות ואין נשא אלא שירה כמד"א וכונניהו שר הלוים [ישור] במשא: כי הנה האדון ה' צבאות מסיר וגו'. כי אתא רב דימי אמר שמונה עשר קללות קילל ישעיה את ישראל ולא נתקררה דעתו עד שאומר להם מקרא זה. ונגש העם. איש באיש ואיש ברעהו ירהבו הנער בזקן והנקלה בנכבד. שמונה עשר מאי היא. משען ומשענה. משען אלו בעלי מקרא. ומשענה אלו בעלי משנה. כגון ר' יהודה בן תימא וחביריו [וכו']. כל משען לחם אלו בעלי תלמוד. שנאמר לכו לחמי בלחמי. כל משען מים אלו בעלי אגדה שמושכות לבו של אדם כמים. גבור זה בעל שמועות. ואיש מלחמה שיודע לישא וליתן במלחמתה של תורה. שופט זה דיין שדן דין אמת לאמיתו. נביא כמשמעו. קוסם [זה מלך שנאמר קסם] על שפתי מלך. זקן שראוי לישב בישיבה. שר חמשים שיודע לישא וליתן בחמשה חומשי תורה. ד"א שר חמשים אמר ר' אביהו מכאן שאין מעמידין מתורגמן על הציבור פחות מחמשי' שנה. ונשוא פנים זה שנושאין פנים לדורו בעבורו. למעלה כגון ר' חנינא בן דוסא. למטה כגון ר' אבהו בי קיסר. יועץ זה שיודע לעבר שנים ולקבוע חדשים. חכם תלמיד המחכים את רבותיו. חרשים זה שבשעה שפותח בתורה נעשו הכל כחרשים. ונבון זה המבין דבר מתוך דבר. לחש זה שראוי ליתן לו תורה שניתנה בלחש. ונתתי נערים שריהם. אלו בני אדם המנוערי' מן המצות. ותעלולים ימשלו בם אלו תעלי בני תעלי. ולא נתקררה דעתו עד שאמר ירהבו הנער בזקן. יבואו בני אדם שהם מנוערים מן המצות וירהבו במי שמלאין מצות כרימון. ומאי והנקלה בנכבד יבא מי שחמורות [דומות] עליו כקלות וירהב במי שקלות דומות עליו כחמורות: כי יתפוש איש [וכו'. שמלה לך] דברים שבני אדם מתכסין בהם כשמלה ישנו.

תחת ידיך [וכו']. ישא ביום ההוא. אין ישא אלא לשון שבועה שנאמר לא תשא את שם. לא אהיה חובש. מחובשי בית המדרש. ובביתי אין לחם. שאין בידי לא טעם מקרא ולא טעם משנה ולא טעם תלמוד. ד"א חובש שוטר: כי כשלת ירושלם. הנביא היה אומר להם אלו הפורענות באות לעולם עליהם לפי שכשלו בעונם יושבי יהודה וירושלם: עמי נוגשיו מעולל. מלעיג. כלומר אותם שהיה בדין שימשלו עליהם ויוכיחום וישום לדרך טובה. הם מלעיגים עליהם. ונשים משלו בו. על כן משלובהן האומות: נצב לריב ה'. בשלשה [מקומות] בא הקב"ה להתווכח עם ישראל והיו אומות העולם שמחים ואומרים היאך יכולים להתווכח עם בוראם עכשיו הוא מכלה אותן מן העולם כיון שראה הקב"ה שהם שמחים. הפכה להם לטובה וכו'. בפסיקתא. שני תלמודין משל ר' יהושע שנו בשעת השמד פגע בהן אחד משומד אמר להם אם בניה אתם תנו נפשיכם עליה. ואם אין בניה אתם למה אתם נהרגים עליה אמרו לו בניה אנו ועליה אנו נהרגים. אמר להם שלש שאלות אני שואל מכם אם השיבותם לי מוטב ואם לאו אני משמיד אתכם. אמר להם כתוב אחד אומר [נצב לריב ה' וכתוב אחד אומר] כי שם אשב לשפוט את כל הגוים. אמרו לו בשעה שהקב"ה דן את ישראל הוא דן אותן מעומד מקצר הדין ומפשר הדין. ובשעה שהוא דן אומות העולם הוא דן אותן בישיבה מדקדק בדין ומאריך בדין. אמר להם [לא] כך דרש רבכם. אלא אחד זה ואחד זה באומות העולם הכתוב מדבר משהקב"ה דן אומות העולם מיושב ומדקדק בדין ואחר כך הוא עומד [ונעשה] אנטדיקוס כנגדן: ה' במשפט יבא עם זקני עמו ושריו. אם שרים חטאו זקנים מה חטאו. אלא זקנים על שלא מיחו בשרים: ויאמר ה' יען כי גבהו בנות ציון. שהלכו בגסות הרוח: ותלכנה נטויות גרון. כשהייתה אחת מהן מקשטת עצמה והולכת בקומה זקופה. היתה מטה את גרונה לכאן ולכאן כדי להראות תכשיטיה: משקרות עינים ר' יוסי בן קיסרי אומר שהיו סוקרות עיניהם בסיקרא. ר' שמעון בן לקיש אומר בקילורית אדומה: הלוך וטפוף תלכנה כשהיתה אחת מהן ארוכה. מביאה שתי קצרות ומהלכת ביניהן כדי שתהא נראית [טפה] על גביהן. וכשהיתה אחת מהן קצרה היתה לובשת קורדקיסין עבין ומביאה שתי קצרות ומהלכת ביניהן כדי שתהא על גביהן: וברגליהם תעכסנה. ר' אבא בר כהנא אמר שהיו צרות צורת דרקון על מנעליהן. ורבנן אמרי שהיתה אחת מהן מביאה שלפוחית של תרנגולת וממלאה אותה אפרסמון ונותנה בין עקיבה למנעלה וכשהיתה מגעת לכת בחורים עומדת ודורסת והיא (נקבעת) [נבקעת] והיה הריח יוצא ומפעפע בהן כארס של (חפי) [עכנא]. והית הקב"ה אומר לישעיה מה אלו עושות כאן יגלו מיכן. והיה ישעיה מחזר עליהם. ואומר להם עשנה תשובה עד שלא יבואו השונאים עליכם. מה היו אומרות ימהר ויחיש מעשהו [למען] נראה. דוכוס רואה אותי ונוטלני לו לאשה. אפירקום רואה אותי ונוטלני לו לאשה: ותקרב ותבואה עצת קדוש ישראל ונדעה. ונדע על דמאן היא קיימת על דידן או על דידיה. וכן שגרמו עונות ונכנסו גוים לירושלם. היו יוצאות מקושטות כזונות. דוכוס רואה אותן ונוטלה לו לאשתו. ומעלה ומושיבה בקרון שלו. אמר הקב"ה דידהון קיימת דידי לא קיימת. מה עשה הקב"ה אמר ר' אלעזר הלקה אותם בצרע' הה"ד ושיפח ה' את קדקד בנות ציון. כמד"א לשאת ולספחת. ר' יוסי בר חנינא אומר ושיפח כתיב העלה בהן משפחות של [כנים]. ר' חייא בר אבא אומר עשה שפחות מכודנות אמהן משעבדן. ר' ברכיה משום ר' יוסי אומר שומר משפחותיהן שלא יתערבו זרע קודש בעמי הארץ. ולא חזרו בהן. אמר הקב"ה יודע אני שאין אומות העולם בדילין מן הזיבה ומן הצרעת מה עשה מהן. וה' פתהן יערה. רמז הקב"ה למעיינות שלהן והיו שופכות דם והייתה ממלאה קרון שלה דם. וכיון שהיה רואה כן גועצה בחרב והשליכה תחת הקרונין שלו והקרון עוברת עליה ומפקעה. והיו אומרים אלו לאלו (סורו טמא קראו למו). סורו מהן טמאות הן. הוא שהנביא מקנתרן סורו טמא קראו למו: יסיר ה' [את תפארת] העכסים. מנעלים: שהרונים. כמשמעו: הנטיפות. ענקי הצואר: שרות. כבלים של רגלים. דרש רבא בר עולא והיה תחת בושם מק יהיה. מקום שהיו מתבשמות בו נעשה נמקים [נמקים]. ותחת חגורה נקפה. מקום שהיו חוגרות בצלצול (נקפה) נעשה נקפים נקפים. ותחת מעשה מקשה קרחה. מקום שהיו מתקשטות [בו] נעשה קרחים קרחים. ותחת פתיגיל. פתחים המביאים לידי גילה יהיה למחגורת שק. כי תחת יופי. מקום יפה יכות. אמר רבא היינו דאמרי אינשי חלופי שיפורא כיבא: מק יהיה. כגון ימקו בעונם. ומתרג' יתמסון בחוביהון: ואנו ואבלו. אמר ר' אבא בשם ר' יוסי בר' חנינא אנינות מבפנים ואבילות מבחוץ. פתחיה. חרבן ראשון וחרבן שני. ונקתה. נקיה מדברי תורה. נקיה מדברי סופרים: ביום ההוא יהיה צמח [וגו']. (הם הצדיקים) לגאון ולתפארת לפליטת ישראל

sprout of Ahaz, his father, who led the nation to idolatry, but the sprout of the Lord, Who caused him to sprout, to be the savior of the people. This "sprout" would be for beauty and for honor. After the defeat of Sennacherib, and after Hezekiah's recovery from his illness, when the sun went backwards, all nations honored him, even the then most powerful king of Babylonia.

The people of his generation were called, "the fruit of the land," who would be "for greatness and for glory," for then all Israel merited all qualities, especially the quality of Torah knowledge, as the Rabbis teach us that "from Dan to Beer-sheba, a person not versed in the laws of ritual contamination and purity could not be found." The people of that generation were known as the survivors, since they had survived the attack by Israel and Aram. The prophet goes on to say that those who would remain in Jerusalem would be called "holy," for, unlike the generation of Ahaz, they would be the holy men, and they would be destined to remain alive in Jerusalem.

Isaiah continues to explain that this will take place only after the Lord will wash away the filth of the daughters of Zion. As mentioned above, the people were guilty of two types of sins: (1) perversion of justice, perpetrated by the leaders, and (2) the sins of immorality, perpetrated by the women. Allegorically, the prophet calls the sin of immorality "filth" and the sin of perversion of justice "blood." God will wash away the "filth of the daughters of Zion," and rinse the "blood of Jerusalem." He will eliminate these two great faults "with a spirit of justice, i.e., with a will by the leaders to do justice, "and with a spirit of purging," i.e. with a will by the women to eradicate all haughtiness and immorality from their thoughts and deeds.

Then, Jerusalem will fall under special Divine protection, symbolized by shelters of cloud and fire, which can be understood in their simple sense as symbols of protection from the enemies, such as Sennacherib, who attempted to conquer Judah and was miraculously repulsed before attacking Jerusalem. Any allusions to Messianic times in this chapter are Midrashic interpretations. The simple interpretation, however, is the above.—[*Abarbanel*]

5

The first seven verses of this chapter are known as the "Song of the Vineyard." At first glance, we see no justification for calling this section a song any more than the other prophecies of the Book. It does not rhyme as do songs or poems of later generations, nor is it set to music. As far as its allegorical makeup is concerned, it does not differ from many other prophecies not given such appellation.

We must, therefore, conclude that, indeed, it is called a song because of its allegorical makeup. It differs from other prophecies in the type of inspiration from which it resulted. As discussed in other places, the Books of the Prophets were conveyed to their authors directly from the Almighty, either in a trance or in a dream. Moses received his prophetic messages while awake.

ה א אָשִׁירָה נָּא לִידִידִי שִׁירַת דּוֹדִי
לְכַרְמוֹ כֶּרֶם הָיָה לִידִידִי בְּקֶרֶן בֶּן־
שָׁמֶן: ב וַיְעַזְּקֵהוּ וַיְסַקְּלֵהוּ וַיִּטָּעֵהוּ שֹׂרֵק

ת"א אשירה נא. סוכה ד מנחות ה זוכר לך לך: ויעזקהו. ר"ה כג (סוכ' מד ר"ס נח):

תרגום

א אֲמַר נְבִיָא אֲשַׁבְּחֵיהּ כְּעַן לְיִשְׂרָאֵל דְּמָתִיל לְכַרְמָא זַרְעֵיהּ דְּאַבְרָהָם רַחֲמִי הוּשְׁבַּחַת רַחֲמִי לְכַרְמִי עַמִּי חֲבִיבִי יִשְׂרָאֵל יְהָבִית לְהוֹן אַחְסָנָא בְּטוּר רָם בְּאַרְעָא שְׁמֵינָא: ב וְקַדֵּשְׁתִּינוּן וְיַקַּרְתִּינוּן וְקַיֵּמְתִּינוּן כְּמִצַּב גְּפַן בְּחִירָא וּבְנֵיתָא מַקְדְּשִׁי

מהר"י קרא

ישראל. והיה משיח ה' לצבי ולכבוד. ופרי הארץ. הם הצדיקים המקיימים התורה כמד"א פרי צדיק עץ חיים. בשבילם תהיה פליטת ישראל לגאון ולתפארת: והיה הנשאר בציון והנותר בירושלם [וגו']. כל הכתוב לחיי עולם יראה בנחמת ירושלם. אמר ר' אלעזר עתידין צדיקים שיאמרו לפניהם קדוש. שנאמר קדוש יאמר לו. תנא דבי אליהו צדיקים שעתיד הקב"ה להחיות אינן חוזרין לעפרן שנאמר והיה הנשאר בציון והנותר בירושלם קדוש יאמר לו. מה קדוש לעולם קיים אף הם קיימין לעולם. ואם תאמר אלף שנים שהקב"ה עתיד לחדש את עולמו שנאמר ונשגב ה' לבדו ביום ההוא. מה הם עושים. הקב"ה עושה להם כנפים כנשרים ושטין על פני המים שנאמר על כן לא נירא בהמיר ארץ במוט הרים בלב ימים. ושמא תאמר יש להם צער ת"ל וקוי ה' יחליפו כח: וברא ה' על מכון הר ציון. אמר ר' אבא אמר ר' יוחנן עתיד הקב"ה לעשות לכל צדיק וצדיק שבע חופות שנאמר וברא ה' על מכון הר ציון [וגו']. מאי כי על כל כבוד חופה. אמר ר' יוחנן מלמד שכל צדיק וצדיק עושה לו חופה לפי כבודו. עשן בחופה למה לי אמר ר' חנינא שכל מי שעיניו צרות בתלמידי חכמים בעולם הזה נתמלא חופתו עשן לעולם הבא. אש בחופה למה לי. אמר ר' חנינא שכל אחד ואחד (נכוונה) [נכוותה] חופתו משל חבירו מאי ועל מקראיה. אמר רבה בר בר חנא לא כירושלים של עולם הזה ירושלים של עולם הבא. ירושלים של עולם הזה כל הרוצה לעלות עולה. אבל לעולם הבא אין עולין לה אלא המזומנין לה שנאמר על מקראיה: וסוכה תהיה לצל יומם מחורב. ועל ירושלים תהיה סוכת עננים. (ע"כ):

ה (א) שירת דודי לכרמו. שירת דודי היא זאת אשר שר בשביל כרמו. על עסק כרמו כמו וישאלו אנשי המקום לאשתו על עסק אשתו: כרם היה לידידי בקרן בן שמן. שמן זה שם דבר ופתרונו לשון שומן כלומר כרם היה לידידי במקום שומן. ודע שאין פתרונו לשון שמן. כי מה טובו [של] שמן אצל כרם. ויתכן לפתרו לשון שומן. בן שמן אין זה לשון שמן ממש. אלא בן שמן מקום שומן כמו [בן] מות בן בליעל. בן מות פת' חייב מיתה. בן בליעל פת' איש בליעל. וכן בן חכם ישמח אב פת' איש חכם. אף זה בן שמן מקום שומן: (ב) ויעזקהו. הקיף את הכרם בגדר אבנים: ויסקלהו. פינה

רש"י

ה (א) אשירה נא לידידי. הנביא אומר אשירה נא לידידי. תחת ידידי ובמקומו ובשליחותו כמו ה' ילחם לכם (שמות יד) בשבילכם: שירת דודי. היא זו אשר שר בשביל כרמו על עסקי כרמו כמו וישאלו אנשי המקום לאשתו (בראשית כ"ו): כרם וגו' בן שמן. בזוית העושה פירות שמנים כשמן טוב: בן שמן. זוית ראוי לשמן לזיתים לעשות שמן כמו בן מות (שמואל א' כ') ראוי למות ודוגמא היא זו ובסוף הענין יפרשנה: (ב) ויעזקהו. סייגו וגדרו סביב מוקף כמין טבעת דמתרגמינן עיזקא: ויסקלהו. הוציא אבנים מתוכו הרעים לגפנים כמו סקלו מאבן (לקמן ס"ב): ויטעהו שורק. הם זמורות היפות לנטיעה מאחר

רד"ק

ולמסתור ות"י ועל ירושלם תהא וגו': (א) אשירה נא. דברי הנביא עושה משל בין האל יתברך ובין ישראל וקורא ישראל כרם והאל בעל הכרם וקורא זה המשל שירה ודבר זה המשל על אנשי דורו לפי שהוא שבח האוהב ואהבתו עם האהוב וכן שיר השירים אשר לשלמה לפי שהוא מספר אהבת החושק עם חשוקה והוא משל לאל עם כנסת ישראל וקורא הנביא האל יתברך ידידי ודודי על דרך כי בי חשק: בקרן בן שמן. כתרגומו בטור רם ובארע שמנה. וקורא ארץ ישראל קרן לפי שהיא גבוהה מכל הארצות. והקרן גבוה מכל הגוף. וקורא ארץ ישראל בן שמן כמו שנאמר עליה ארץ זבת חלב ודבש. ותרגם יונתן וקדשתינון וגו': (ב) ויעזקהו. פירוש חפרו. מדברי רבותינו ז"ל מצאום יושב ועוזק תחת הזיתים. או פירוש גדרו סביב. ותרגומו טבעת עזקא שהיא עגולה מסבבת. והרוצה לטעת כרם גודרו תחילה כדי שלא תכנס שם חיה ותשחית הנטעים וגם חופר מקום נטיעת הגפנים וכן מסקל ממנו האבנים ואחר כך נוטע מטבחר הנטעים שימצא. זהו שאמר ויסקלהו שהסיר משם האבנים ואחר כך ויטעהו שורק. ושורק היא הנטיעה החשובה. וכן נטעתיך שורק. ואמר כי נקרא שורק הגפן שמוציא ענבים טובים שאין בהם

אבן עזרא

ה (א) אשירה נא. כל נא כמו עתה: לידידי. בעבור ידידי כמו אמר לי בעבורי: לכרמו. בעבור כרמו ידידי. עקרו משולש ודודי מהשניים: בקרן בן שמן מקום נכבד היה בכרמי ירושלם ויש אומרים בקרן שהוא במקום גבוה. בן שמן. מגזרת והיה דשן ושמן וכמו לשד השמן ואיננו רחוק: (ב) ויעזקהו. יש אומרים חיתמו מגזרת תרגום טבעת עזקתא ואין לו טעם והנכון שאין למלה הזאת אח רק תמלא בלשון קדר וטעמו כמו גדר ומשוכה: ויסקלהו. מהבנין הכבד וטעמו הסיר האבנים ואם היה מהבניין הקל אז יהיה לחבר האבני' וכן ורשך מארץ חיים: ויטעהו שורק. מטע שורק כי שם הפועל הוא

מצודת ציון

ה (א) לידידי. אהובי וכן דודי: בקרן. פנה וזויות וכן על קרנות המזבח (ויקרא ד'): בן שמן. הראויה לעשות פירות שמנים וכן בן מות הוא (ש"א כ') שר"ל ראוי למות: (ב) ויעזקהו. תרגום של טבעת עזקא ור"ל גדר סביבו בהיקף כעין טבעת: ויסקלהו. הסיר האבנים מתוכו וכן סקלו מאבן (לקמן ס"ב): שורק. זמורות

מצודת דוד

ה (א) לידידי. אמר הנביא אשירה נא במקום ידידי ובשליחותו: שירת דודי. השירה אשר שר דודי על עסקי כרמו: כרם. וזהו השיר הנה כרם היה לידידי וגו': (ב) ויעזקהו וגו'. גדרו מסביב ופנה אותו מן האבנים ונטע בו זמורות יפות ועשה בו גת וחפר בו יקב: ויקו. על פי המעשים והתקונים האלה היה מקוה

fertile—Lit. the son of oil, i.e., *a corner fit for oil, for olives to produce oil,* like (I Samuel 20:31) בֶּן־מָוֶת, lit. a son of death, *fit to die. This is a parable, and at the end of the section he will explain it.*—[*Rashi*]

Rabbi Joseph Kara objects to this explanation, because a vineyard has no connection to olives. Instead, he explains it as: a fat place, meaning a fertile place.

Others explain קֶרֶן as a hilltop,

5

1. I will now sing for my beloved the song of my beloved about
his vineyard; my beloved had a vineyard in a fertile corner.
2. And he fenced it in, and he cleared it of stones, and he
planted it with the choicest vines,

The message was conveyed by the prophet to the people as the word of God. He had no part in it; he was merely the vehicle through which this message was conveyed. The Books of the Hagiographa, however, are results of the Holy Spirit, i.e. divine inspiration. The author wrote his own thoughts, his own words. These were not conveyed to him through a trance or a dream. They were, however, divinely inspired. God gave him these thoughts. Just as a prophet receives messages of various levels of prophecy, he may also be endowed with the holy spirit and produce divinely inspired works, although not prophetic. We find that Jeremiah authored the books of Kings and Jeremiah, both prophetic books, as well as Lamentations, a book of divine inspiration. Similarly, Samuel authored the Books of Judges and Samuel, both included among the Prophets, as well as Ruth, a Book of Hagiographa. In this manner, too, although Isaiah was a prophet, this selection is a result of divine inspiration rather than prophecy. It is, therefore, known as a song, whereas other parables, conveyed to him prophetically, are not given this appellation.

The Song of the Sea, too, was composed by Moses and the children of Israel, and is apparent by their prayer, "May fear and fright fall upon them . . ." Likewise, the Song of the Well, as well as the entire section of "Ha-azinu" were composed by Moses, and then he was given a direct command to record them verbatim in the Torah.—[*Abarbanel*]

The parable compares the Almighty to the owner of the vineyard and the Jewish people to the vineyard. He illustrates the Almighty's love for his people much as Solomon does in the Song of Songs. He calls the Almighty, "my beloved," as the Psalmist in 91:14 states: "For he has desired Me."—[*Redak*]

1. **I will now sing for my beloved**—*The prophet says: "I will now sing for my beloved and in his place and as his messenger.* [The word לִידִידִי would usually mean, "to my beloved."] *Similar to:* "(Exodus 14:4) *The Lord will wage war for you* (לָכֶם), *for you* [not "to you."]—[*Rashi*]

the song of my beloved about his vineyard—*This is the song of my beloved that he sang for his vineyard, about his vineyard, as*: "(Genesis 26:7) *And the people of the place asked about his wife* (לְאִשְׁתּוֹ), *about his wife* [not "to his wife"].—[*Rashi, Ibn Ezra, Redak*]

a vineyard in a fertile corner—*in a corner that produces fat fruit, like good oil.*—[*Rashi*]

ויבן מגדל בתוכו וגם־יקב חצב בו
ויקו לעשות ענבים ויעש באשים:
ג ועתה יושב ירושלם ואיש יהודה
שפטו־נא ביני ובין כרמי: ד מה־לעשות
עוד לכרמי ולא עשיתי בו מדוע קויתי
לעשות ענבים ויעש באשים: ה ועתה

אודיעה

ביניהון ואף מדבחי
יהבית לכפרא על
חטאיהון ואמרית
דיעבדון עובדין טבין
קדמי ואינון אבאישו
עובדיהון: ג נביא אמר
להון הא בית ישראל
מרדו מן אוריתא ולא
צבן למיתב כען יתבי
ירושלם ואנש יהודה
דינו כען דינא קדמי מן
עמי: ד מה טבא אמרית
למעבד עוד לעמי ולא
עבדית להון מה דין אמרית דיעבדון עובדין טבין ואינון אבאישו עובדיהון: ה וכען אחני

רש"י

זמורות: **ויבן מגדל בתוכו.** גת לעצור ענבים: **וגם יקב חצב בו.** הבור שלפני הגת לקבל היין וכן כל יקב שבמקרא ל' בור הוא וכן ועד יקבי המלך (זכריה י"ד) ת"י עד שיחית דמלכא הוא עומק אוקינוס ולכן נופל בו כאן ל' חציבה כמו ובורות חצובים (דברים ו'): **ויקו לעשו' ענבים.** ויקו ידידי לעשות לו הכרם הזה ענבים: **ויעש באושים.** דומים

אבן עזרא

בכח כל פועל עבר או עתיד: **ויבן מגדל בתוכו.** מקום לשבת השומר: **וגם יקב חצב בו.** להוציא התירוש בכרם: **באושים** כמו חוחים כמו ותחת שעורה באשה. וטעם **ויעזקהו.** שהיתה ארץ ישראל בנויה בבתים נחמדי' וחומות. **ויסקלהו.** שגרש הכנענים והמגדל הוא בית השם שהיה בהר המוריה והיקב משל למזבח העולה. ענבים. כמו לצדיקים: (ג) **ועתה יושב ירושלם ואיש יהודה.** כל איש שהוא מיהודה שהם סביבות ירושלם: (ד) **מה.** מה נשאר מטוב לעשות לכרם שלא עשיתיו: **מדוע.** שתי מלות כמו מזה בידך וכן מלכם תדכאו עמי: (ה) **ועתה. משוכתו.** כמו

מהר"י קרא

את האבנים מתוכה: ויטעהו שורק. נטעו גפן מובחרת: **ויבן** מגדל בתוכו. לצבור יינו לתוכו: וגם יקב חצב בו. חפר בו. כמו בורות חצובים. וכן הביטו אל צור חוצבתם. ועל שכורין אותו בעיגול שלא יפול עפר לתוך חולייתו נקרא בלשון חציבה. בור שלפני הגת שהיין זב לתוכו הוא יקב: ויקו. שיעשה הכרם הזה יין מובחר ויעש באושים. **יין** רע שאינו יפה לעולם: (ג) ועתה [וגו']: (ד) מה לעשות עוד לכרמי. עזקתיו סקלתיו. נטעתיו שורק כו': (ה) ועתה אודיעה נא אתכם.

רד"ק

חרצן. ופי' המשל כי שמר האל ישראל כשהכניסן לארץ. והגדר הם העננים אשר סביבותם וסקל מן הכרם האבנים. זהו שבעה אומות מארץ ישראל. ונטע בו זה העם שהוא נטע נבחר זרע אמת שהוא זרע אברהם יצחק ויעקב והיו ראויים שיעשו פרי טוב. ויש דרש תר"ו מצו' כמנין שור"ק הוספתי להם על שבע מצות שנצטוו בני נח: ויבן מגדל בתוכו. מי שיש לו כרם טוב וירצה לשמרו תמיד שמירה מעולה בונה מגדל בתוכו וגם עושה בו יקב ודורך שם הענבים ושומר שם היין כל זה עושה לאהבתו הכרם. גם יש שבונים מגדל אחד בכרם לשמור כל הכרמים כן האל יתברך בנה מגדל בתוכו שהבטיחם בשמירתו כל זמן שישמעו לקולו ויבטחו בשמו שלא יבואם רע. וזהו המגדל החזק. כמו שכתוב מגדל עז שם ה' בו ירוץ צדיק ונשגב: וגם יקב חצב בו. הם הנביאים. כמו שנאמר חצבתי בנביאים והיקב דורכין בו הענבים להוציא פרי הענבים למעשה כן הנביאים מורים לישראל התורה כדי שיהיו מעשיהם טובים עם אלהים ואדם. ויונתן תרגם' מגדל בית מקדשא. ותרגם יקב מדבחא: ויקו לעשות ענבים ויעש באושים. **והנה** הוא קוה שיעשה זה הכרם ענבים טובים כמו שהיה המטע טוב כי ממטע טוב היו מאברהם יצחק ויעקב. וכן הורם תורת אמת והיה ראוי שיהיו מעשיהם טובים: **ויעש** באושים. פי' ענבים רעים. וכן פי' רבינו סעדיה מתרגם וירע ובאש. ורבי' האיי ז"ל כתב באושים הוא מין ידוע ממיני הענבים והוא הרע שבהם וידוע הוא מלשון משנה הענבים האובשים במוקדם האל"ף על חבי"ת. כן ישראל במקום שהיו ראוים לעשות מעשים טובים עשו מעשים רעים: (ג) ועתה. כלומר אתם מעצמכם תהיו שופטים ביני וביניכם ואמר יושב ירושלם ואיש יהודה כי שאר עשרת השבטים גלו כשנאמרה נבואה זו כי בשנת שש לחזקיהו גלו עשרת השבטים: (ד) מה לעשות. כל השמירות והמלאכות שאדם עושה לכרמו עשיתי לו לא נשאר לי דבר טוב לעשות שלא עשיתי א"כ מדוע היה שקויתי לעשות ענבים ויעש באושים: קויתי. בצר"י הוי"ו: (ה) ועתה וגו' הסר משוכתו. בדג"ש עם חי"ו. כמשוכת הדק.

מצודת דוד

שיעשה הכרם ענבים טובים ולא כן היה כי עשה באושים: (ג) **ועתה.** הואיל וכן היה: יושב ירושלים. כל מי שיושב בירושלים וכל איש מאנשי יהודה: שפטו נא. בררו הדבר הנעשה ביני ובין כרמי ולאו הדין עם מי: (ד) מה לעשות. מה היה לי לעשות עוד לכרמי מכל

מצודת ציון

נבחרי' כמו ואנכי נטעתיך שורק (ירמיה ב'): מגדל. הוא הגת שעוצרי' בו הענבים להוציא היין: יקב. הוא הבור שלפני הגת והיין יורד בו: חצב. החפירה באבנים נקרא חציבה בלשון המקרא: ויקו. מלשון תקוה: באושים. פירות דומים לענבים וגרועים מהם וכן פחם

sents the altar for burnt offerings. The grapes are the righteous people.

Redak explains as follows: The Lord guarded the people of Israel when He brought them into the Holy Land. He surrounded them with clouds and expelled the seven nations of Canaan. He planted therein the people of Israel, the seed of Abraham, Isaac, and Jacob. He, therefore, expected them to produce good fruit. He built a tower, for one who has a good vineyard and wishes to guard it well, builds a watchtower therein, and makes a winepress where he can guard the wine. Some

and he built a tower in its midst, and also a vat he hewed therein; and he hoped to produce grapes, but it produced wild berries. 3. And now, dwellers of Jerusalem and men of Judah, judge now between me and between my vineyard. 4. What more could I have done for my vineyard that I did not do in it? Why did I hope to produce grapes and it produced wild berries?

since קֶרֶן is literally *a horn*, the highest part of the animal's body.—[*Ibn Ezra, Redak*, following *Jonathan*]

This fertile hilltop is an allegorical representation of the Holy Land, known as "a land flowing with milk and honey."—[*Redak*]

2. **And he fenced it in**—Heb. וַיְעַזְּקֵהוּ *He fenced it and walled it around, surrounded like a sort of ring, translated into Aramaic as* עִיזְקָא.—[*Rashi*]

Ibn Ezra interprets it as "hedge" or "fence," after the Arabic. *Redak* renders: Dug it.

and he cleared it of stones—Heb. וַיְסַקְּלֵהוּ. He cleared it of the stones that are detrimental to the vines, comp. "(infra 62:10) *Clear of stones* (סַקְּלוּ מֵאֶבֶן)."—[*Rashi*]

Since the word וַיְסַקְּלֵהוּ is in the *pi'el* conjugation, it denotes removing stones; in the *kal* conjugation, it denotes piling up stones.—[*Ibn Ezra*]

and he planted it with the choicest vines—*They are the best of all branches for planting.*—[*Rashi*]

Redak maintains that these are vines which produce seedless grapes. In *Sefer Hashorashim*, he quotes *Ibn Geuth* to that effect. The word stems from the Arabic. See *Habanath Hamikra*, Gen. 48:11.

and he built a tower in its midst—*a press in which to press the grapes.*

and also a vat be hewed therein—Heb. יֶקֶב *the pit that is before the press, to receive the wine. Likewise, every* יֶקֶב *in Scripture is an expression* denoting a pit. Likewise, "(Zechariah 14:4) עַד יִקְבֵי הַמֶּלֶךְ," *which Jonathan renders: "Until the King's pits." This is the depth of the ocean.* [See *Rashi* ad loc. where he presents this interpretation as a *Midrash Aggadah*, which states that these are the pits of the Most High King of Kings, which He dug at the time of Creation.] *Therefore, the expression of hewing applies, just like:* "(Deut. 6:11) *and hewn pits.*"—[*Rashi*]

Ibn Ezra interprets this to mean that he built a watchtower and hewed a winepress.

and he hoped to produce grapes—*And my beloved hoped that this vineyard would produce grapes for him.*—[*Rashi*]

and it produced wild berries—Heb. בְּאֻשִׁים. *Similar to grapes, and they are called lanbrojjses in O.F.*—[*Rashi*]

Wild grapes.—[*Malbim* from Rav Hai Gaon]

Ibn Ezra explains it as 'thorns.' He explains that God fenced in the Holy Land with the beautiful walls and houses in that land. Clearing the stones away is a symbol of the expulsion of the Canaanites. The tower represents the holy Temple on Mount Moriah, and the press repre-

אוֹדִיעָה־נָּא אֶתְכֶם אֵת אֲשֶׁר־אֲנִי
עֹשֶׂה לְכַרְמִי הָסֵר מְשׂוּכָּתוֹ* וְהָיָה לְבָעֵר
פָּרֹץ גְּדֵרוֹ וְהָיָה לְמִרְמָס׃ ו וַאֲשִׁיתֵהוּ
בָתָה לֹא יִזָּמֵר וְלֹא יֵעָדֵר וְעָלָה שָׁמִיר
וָשָׁיִת וְעַל הֶעָבִים אֲצַוֶּה מֵהַמְטִיר עָלָיו
מָטָר׃ ז כִּי כֶרֶם יְהוָה צְבָאוֹת בֵּית

תרגום

כְּעַן לְכוֹן יָת דַּאֲנָא עָתִיד
לְמֶעְבַּד לְעַמִּי אֲסַלֵּק
שְׁכִנְתִּי מִנְהוֹן וִיהוֹן
לְמִבַּז אֶתְרַע בֵּית
מַקְדְּשֵׁיהוֹן וִיהוֹן לְדָיִשׁ׃
ו וַאֲשַׁוֵּינוּן רְטִישִׁין לָא
אִסְתַּעֲרוּן וְלָא יִסְתַּמְכוּן
וִיהוֹן מְטַלְטְלִין וּשְׁבִיקִין
וְעַל נְבִיַּיָא אֲפַקֵּיד דְּלָא
יִתְנַבּוֹן עֲלֵיהוֹן נְבוּאָה׃
ז אֲרֵי עַמָּא דַיְיָ צְבָאוֹת
בֵּית יִשְׂרָאֵל וֶאֱנַשׁ

* הכ' דגושה

מהר"י קרא

מאחר שעמלתי בו ולא הועלתי כלום: הסר משוכתו והיה לבער. זה סייג שלו כמתרג' דרך עצל כמשכת חדק: גדרו. זה גדר אבנים. ושני מחיצות עושין לכרם זו למעלה מזו התחתון הוא גדר של אבנים והעליון הוא סייג של קוצים שבונין על הגדר של אבנים מסוכת קוצים כל זמן ששניהם קיימים הרי הכרם שמור [מן] רגל אדם ומן רגל בהמה. ובזמן שהוסר המסוכה שעליו. נעשה הכרם הפקר לב"א שכיון שאין הקוצים עוקצין אותו אין משגיחין מן גדר אבנים אבל עדיין הוא שמור בפני בהמה מפני גדר האבנים וכיון שנפרץ הגדר הרי הוא למרמס אף לבהמה: לבער. הוא לאדם. כדכתיב כי יבער איש וגו'. כך מקובלני מר' מנחם ביר' חלבו אחי אבא כל מקום שאתה מוצא גדר במקרא של אבנים הוא כמד"א וגדר אבניו נהרסה: (ז) כי כרם ה' צבאות. כרם זה ששרנו עליו אינו כרם ממש אלא הכרם הם בית ישראל שכל מה שעושין

רש"י

לענבים וקורין אותם (לגברוויי"ש בלע"ז): (ה) **הסר משוכתו**. להסר גדר המסוכך ומגין עליו. מסוכך הוא סייג קוצים. גדר הוא גדר אבנים: **והיה**. הכרם: **לבער**. שירעו בו בהמה וחיה: (ו) **ואשיתהו בתה**. ל' שממה וריקנית הוא וכן (לקמן ז') בנחלי הבתות: **ולא יעדר**. ל' חפירות כרם היא: **ועלה שמיר ושית**. מיני קוצים פתר בהם מנחם בן סרוק ואני אומר שמיר ל' תולעת חזק הוא המבקע אבנים שבו בנה שלמה את בהמ"ק כענין שנאמר (יחזקאל ג) כשמיר חזק מצור: **שית**. ל' השחת והשבר (מיכה ג') ל' תשאה שממה (לקמן ו') לדו מאין דורש ליכנס בו ומתוך כך תעלה בו תולעת: (ז) **כי כרם ה' צבאות**

רד"ק

ברפי. והמשוכה היא שעושים לכרם מקוצים חוץ לגדר אבנים שעושים לו ועושין זה לרוב שמירה ואם אין משוכה יכנס בו אדם על ידי הדחק וזחו. והיה לבער כלומר למאכל כמו ובער בשדה אחר ואחר שיפרוץ גדר האבנים הוא למרמס שירמסוהו חיות ובהמות והמשל במשוכה ובגדר הוא שמירת האל שיסלק מעליהם ואומות העולם יהיו שולטות בהם כמו שאמר הכ' והסתרתי פני מהם והיה לאכול: (ו) ואשיתהו בתה. ועוד אעשה לו זה כי אע"פ שעשיתיו הפקר ואכלוהו ורמסוהו החיות אע"פ כן הגפנים הנשארים בו לא אעשה בהם שום עבודה שיציאו פירות אלא אניחנו שיהיה שממה לא יזמר ולא יעדר ופי' יזמר כריתת הזמורה להרבות בפירות ופי' יעדר שחופרים סביב הזמורה ותולשין הקוצים והעשבים הרעים וכיון שלא יעבד יעלה שמיר ושית כמו הארץ שאינה נעבדת שצומחין בה שמיר ושית. ושמיר ושית מיני קוצים הם ובתת פי' שממה וכן בנחלי הבתות אע"פ שהוא דגוש וזה רפי והמשל אע"פ שסלקתי שמירתי מהם והם למאכל לגוים והגלו אותם מארצם רובם כי עשרת השבטים גלו אעפ"כ הנשארים לא אעשה עמהם טובה ולא אשלח ברכתי להם שיפרו וירבו כמו שחותכין הזמורה כדי שתוציא פירות יותר: ועלה שמיר ושית. שיהו מעשיהם לקללה כמו שאמר והמשתכר ישתכר אל צרור נקוב ומשל ועל העבים אצוה יתפרש כמשמעו שאמנע ברכתי מארצם כמ"ש ועצר את השמים ולא יהיה מטר וי"ת על נבייא וגו': (ז) כי כרם ה'. עתה פירש המשל בית ישראל עשרת השבטים: ואיש יהודה. שבט יהודה ובנימין: נטע שעשועיו. מתחילה כשנטעם נטע שעשועיו היו שהיה משתעשע בהם ושמח עמהם כשהיו עושים מעשים טובים וקוה מהם שיעשו

אבן עזרא

לשכים בעיניכם: **לבער**. לרעות כמו ובער בשדה אחר וטעם פרוץ גדרו שתפולנה החומות: (ו) **ואשיתהו בתה**. כמו שממה וכמוהו בנחלי הבתות: **לא יזמר**. מגזרת זמורה לתקנה לכרות ממנה הזמורה: **יעדר**. תקון כמו חפירה וכמוהו אשר במעדר יעדרון: **שמיר ושית**. מיני קוצים והטעם שיגברו הרשעים. וטעם על העבים על הנביאי' וכן כתיב גם נביאיה לא מצאו חזון: (ז) **כי**. הנה

מצודת ציון

שעורה באשה (איוב ל"א) שר"ל שעורה גרועה: (ה) משוכתו. הוא הגדר הסומך ומגין בעדו כמו הלא אתה סכת בעדו (שם א'): והיה. כמו ותהיה: לבער. למרעה כמו ובער בשדה אחר (שמות כ"ב): למרמס. למדרך הרגל: (ו) ואשיתהו. אשים אותו: בתה. ענין שממון כמו בנחלי הבתות (לקמן ז'): יזמר. כן יקרא קלילת ענפי גפן כמו וכרמך לא תזמור (ויקרא כ"ה): יעדר. ענין חפירה כמו וכל ההרים אשר במעדר יעדרון (לקמן ז'): שמיר ושית. שמות שלא להמטיר עליו מטר והמ"ס הוא מ"ס השלילה וכן מעבר מי נח (לקמן נ"ד)

מצודת דוד

הדברים שעושים לכרם ולא עשיתי לו אותן הדברים: מדוע קויתי. ר"ל מדוע לא היה כן כמו שקויתי: (ה) את אשר אני עושה. את אשר בלבבי לעשות לכרמי: הסר. להסר גדרו ותהיה למרעה: פרוץ. לפרוץ גדרו והיה למרמס הרגל והוא כפל ענין במלות שונו': (ו) ואשיתהו. אשים אותו שממה: לא יזמר. לא יחתכו הזמורות להרבות ענפים כדרך שעושים לכרמים: ולא יעדר. לא יחפרו תחת האילנות כדרך שחופרים בכרמים לתקון הגפנים: ועלה שמיר ושית. תגדל קוצים כדרך השדה שאינה נעבדת: מהמטיר. ר"ל: (ז) כי כרם וגו'. עכשיו מפרש המשל ואמר, שבית

thereby worms will overrun it.—[*Rashi*]

This symbolizes that all their deeds will be cursed; none of their undertakings will succeed, as the prophet Haggai states (1:6).—[*Redak*]

and I will command the clouds not to cause rain to fall upon it—This may be interpreted literally, viz. that

5. And now, I will inform you what I am going to do to my vineyard. I will remove its hedge, and it shall be eaten up; breach its walls, and it shall be trampled. 6. And I will make it a desolation; it shall neither be pruned nor hoed, and the *shamir* and desolation will come up [over it]; and I will command the clouds not to rain upon it. 7. For the vineyard of the Lord of Hosts is the House of Israel,

build one tower to guard all the vineyards. So, the Almighty built a tower therein, i.e. He promised them His protection as long as they obey Him and trust in His Name, that no evil will befall them. The winepress represents the prophets. Just as the winepress is used to extract the wine from the grapes to put it to practical use, so do the prophets serve to instruct the Jews to follow the Torah, so that their practice should be proper in relation to God as well as their fellowmen. He expected the vineyard to produce grapes; i.e., He expected the people to do good deeds, since they are the seed of Abraham, Isaac, and Jacob, represented by the choice vines with which the vineyard was planted. Instead, the vineyard produced wild berries; the people committed evil deeds.

5. **I will remove its hedge**—*I will remove the fence that covers and protects it.* מְשׂוּכָה is a fence of thorns; גָּדֵר is a fence of stones.—[*Rashi*]

The hedge of thorns is situated outside the stone wall. This is done for extra protection, for, without it, a person can, with difficulty, manage to climb over the stone wall.—[*Redak*]

and it shall be—I.e. *the vineyard.*—[*Rashi*]

eaten up—*For cattle and wild beasts will graze there.*—[*Rashi*]

This symbolizes that the Lord will remove His protection, and the heathen nations will rule over the land, as in Deut. 31:17: "And I will hide My face and they will be given to be devoured."—[*Redak*]

6. **And I will make it a desolation**—Heb. בָתָה, *an expression of desolation and emptiness. Compare* (infra 7:19): *"in the desolate valleys* (הַבַּתּוֹת)."—[*Rashi, Ibn Ezra, Redak*]

nor hoed—Heb. יֵעָדֵר; *this is an expression of digging in a vineyard.*—[*Rashi*] *Ibn Ezra,* too, interprets it as digging to prepare the vineyard. Compare with 7:25.

the *shamir* and desolation will come up—Heb. שָׁמִיר וָשַׁיִת. *Menahem ben Seruk interprets them as kinds of thorns* (*Machbereth Menahem* p. 176), *but I say that "shamir" is a word denoting a strong worm that splits stones, with which Solomon built the Temple, like the matter that is written*: "(Ezekiel 3:19) *Like a shamir, stronger than rock.*"

desolation—Heb. שַׁיִת, *an expression similar to*: "(Lamentations 3:47) *desolation* (הַשֵּׁאת) *and breach, an expression similar to* "(infra 6:11) *shall be made desolate* (תִּשָּׁאֶה) as a wilderness." I.e. it will be *empty with no one seeking it to enter it, and*

יְהוּדָה נְצָבָא רְחֶדְוָתֵיהּ
נַאֲמָרֵית דְיַעְבְּדוּן דִינָא
וְהָא אִינוּן אֲנוּסִין
אֲמָרִית דְיַעְבְּדוּן זָכוּ

יִשְׂרָאֵל וְאִישׁ יְהוּדָה נְטַע שַׁעֲשׁוּעָיו וַיְקַו לְמִשְׁפָּט וְהִנֵּה מִשְׂפָּח לִצְדָקָה

רש"י

בית ישראל. לכרם הזה אתם משולים בית ישראל כי כל מה שעשה לכרם הזה עשה לישראל. והכרם הוא אדם הראשון כי מצינו במ"א במקומות הרבה בתנחומא ובבראשית רבה במקראות הללו נדרשין עליו לא נטרד אדם הראשון עד שחירף וגידף שנאמר ויקו לעשות ענבים וגו' ובמקום אחר מצינו הושיב עליו שומרים שלא יאכל מעץ החיים שנאמר ועל העבים אצוה וכן נדרשנו עליו: כרם. זה אדם הראשון: לידידי. זה הקב"ה: בן שמן. בג"ע: ויעזקהו. בעשר חופות האמורות (ביחזקאל כ"ח) בפ' חירם מלך צור: ויסקלהו. מיצר הרע עד שאכל מן העץ ונכנס בו יצר הרע: ויטעהו שורק. תחילת יצירתו ממקום המזבח: ויבן מגדל בתוכו. ויפח באפיו נשמת חיים מן העליונים: וגם יקב חצב בו. מעיין נובע מקור חכמה: ויקו לעשות ענבים. שיודה וישבח לפניו: ויעש באושים. דברים נבאשים חירף וגידף: שפטו נא. לפי שסוף המשל בא לומר שאף הם עשו כמותו שואל להם המשפט: אודיעה נא אתכם. מה נראה בעיני לעשות לו ועשיתי: הסר משוכתו. טרדתיו מתוך חופותיו: והיה לבער. סופו למות ולמשול בו חיות רעות: פרוץ גדרו. טרדתיו ממחילת גן עדן: ואשיתהו בתה. לדו הושבתיו. שלא נתתי תורה בימיו: לא יזמר ולא יעדר. לא ילמדו ממנו לא זכות ולא מעשה טוב: ועלה שמיר ושית. שלט בו יצר הרע ובדורותיו אחריו לעשות מעשים מקולקלים: ועל העבים אצוה. צויתי עליו שומרים לשמור את דרך עץ החיים: כי כרם ה' צבאות בית ישראל. כי כאותו הכרם לי בית ישראל עשרת השבטים הם היו לי ככרם יין ככרם זית כקרן שמן בארץ שמינה שמן כהונה שמן מלכות שמן מנורה שמן מנחות עזקתים תחלה בהיקף ענני כבוד במדבר

מהר"י קרא

לכרם עשה להם הקב"ה כאשר [הכרם] הזה נטוע (במקומו) [במקום] שומן. כך הקב"ה. כי ה' אלהיך מביאך אל ארץ טובה: ויעזקהו. אף הקב"ה יסובבנה יבוננהו וגו': ויסקלהו. אף הקב"ה וגרשתי את הכנעני את החתי ואת האמורי מפניך: ויטעהו שורק. מגפן מובחר אף הקב"ה העמידן מזרע אברהם אוהבו: (בונה) [ויבן] מגדל בתוכו. אוצר לכנוס בו היין. אף הקב"ה בנה להם בית המקדש לכפר על עונותיהם: וגם יקב. זה המזבח והשיתים לניסוך היין: ויקו: קויתי שיעשו מעשים טובים · ויעשו מעשים רעים: ועתה אודיעה אתכם וגו'. הסר משוכתו. אסלק שכינתי מתוכם. והיה לבער. העולם: והית. להם למרמס: ואשיתהו בתה. כמו (ובא) בנחלי הבתות. דהיינו חורבה. לא יזמר ולא יעדר. מיד ועלה שמיר ושית. שהאדמה תשאה שממה: ועל העבים אצוה. מהתנבאות להם. ולמה נמשלה נבואה למטר. כאשר ירד הגשם והשלג מן השמים ושמה לא ישוב. כך יהיה דברי אשר יצא מפי: כי כרם ה' צבאות. שאמרתי למעלה. כרם היה לידידי. הכרם אלו בית ישראל ואיש יהודה: נטע שעשועיו. שכשם שנוטע אילנות נאות לתוך כרמו להשתעשע בהם. כך העמיד שרי יהודה ובנימן סביבות ירושלים. והכרם אלו עשרת השבטים: ויקו למשפט והנה משפח. הוא שאמר למעלה ויקו לעשות ענבים

אבן עזרא

פירש הנמשל בכרם: משפח. מגזרת שאת המספחת היא:

רד"ק

תמיד מעשים טובים ויעשו משפט העניים כמו שהיה עושה עמהם תמיד טובות: והנה משפח. פי' נגע כמו ספחת ולצחות

הל' סמך משפח אל משפט וכן צעקה לצדקה מפני שהם קרובים להם באותיות וענין הפסוק ר"ל אני קויתי שיעשו

מצודת דוד

ישראל הם הכרם: נטע שעשועיו. הנטיעה שהוא מבעשע ומשמח בו: ויקו. לפי מרבית הטובה שעשה להם היה מקוה שיעשו משפט והנה לא כן הוא כי אספו חטאים רבים או עשו מעשים מגונים כנגע

מצודת ציון

מיני קוצים: (ז) שעשועיו. ענינו התעסקות בדבר מה לשמוח בו: משפח. ר"ל אסיפת הנגע כמו ונספחו על בית יעקב (לקמן י"ד) או הוא מלשון ספחת הצרעת ולפי שלשון משפח נופל על לשון משפט

the Torah in his days. **It shall neither be pruned nor hoed**—*They will learn from him neither merit nor good deeds.* **The shamir and desolation will come up**—*Temptation ruled over him and his posterity, to perform corrupt deeds.* **And I commanded the clouds**—*I appointed guards over him, to guard the way of the Tree of Life.* **For the vineyard of the Lord of Hosts is the House of Israel**—*For the House of Israel is to Me like that vineyard; The ten tribes were to Me like a vineyard producing wine, like an olive orchard, in a fat corner, in a fat land,* producing anointing *oil for the priesthood,* anointing *oil for the kingdom, oil for the Menorah, oil for the meal-offerings. I fenced them in first with the encirclement of the clouds of glory in the desert and I cleared them of stones, i.e. I cleansed them of the transgressors of the generation. I planted them with the choicest vines* (שׂוֹרֵק) *six hundred six commandments, like the numerical value of* שׂוֹרֵק, *I added for them to the seven commandments that the children of Noah were commanded* (*Midrash* quoted by *Rashi*, *Redak*, and *Abarbanel*, origin unknown). *I built a tower in their midst, My Tabernacle and My Temple, and also a vat, the altar and the pits,* the pits by the side

and the people of Judah are the plant of His joy; and He hoped for justice, and, behold, there was injustice; for righteousness, and behold, an outcry.

the Lord will deprive the land of His blessing, and there will be no rain.—[*Redak*]

7. **For the vineyard of the Lord of Hosts is the House of Israel**—Now the prophet explains the parable, viz. that the vineyard is the House of Israel, i.e. the ten tribes. —[*Redak*]

and the people of Judah—I.e. the tribes of Judah and Benjamin.—[*Redak*]

the plant of His joy—Originally, when He planted them, they were the plant of His joy. He enjoyed them because they performed good deeds, and He expected them to execute justice on behalf of the poor who were wronged and exploited. —[*Redak*]

We now present *Rashi's* interpretation of the entire parable:

For the vineyard of the Lord of Hosts is the House of Israel—*To this vineyard are you compared, O House of Israel, for all that He did for this vineyard, He did for Israel. The vineyard represents Adam, for we find in Midrash Aggadah in many places in Tanhuma and in Genesis Rabbah,* [that] *these passages are expounded concerning him,* e.g. *Adam was not expelled from Paradise until he reviled and blasphemed, as it is said: And He hoped to produce grapes, . . .* (*Gen. Rabbah* 19:12). *And in another place we find: He appointed guards over him that he should not eat from the Tree of Life, as it is said*: (verse 6) "*And I will command the clouds . . .*" (ibid. 21:8). [*Midrash Rabbah* expounds מָטָר as being derived from מַטָּרָה, *watching* or *guarding*. See *Maharzav* ad loc.] *And in this manner,* the following verses *can be expounded concerning him*: (1) **My beloved had a vineyard. A vineyard**—*This* alludes to *Adam.* **My beloved**—*This is the Holy One, blessed be He.* **In a fertile corner**—*in the Garden of Eden.* (2) **And he fenced it in**—*with the ten canopies mentioned in Ezekiel* (28), *in the section dealing with Hiram king of Tyre.* **And He cleared it of stones**—*Of temptation, until he ate from the tree, and temptation gained entry into him.* **And He planted it with the choicest vines**—*The beginning of his formation was from the place of the altar.* **And He built a tower in its midst**—"*And He breathed into his nostrils the spirit of life*" *from the heavenly beings.* **And also a vat He hewed therein**—*a spring flowing, the fountain of wisdom.* **And He hoped to produce grapes**—*that he would thank Him and praise Him.* **And it produced wild berries**—*putrid things; he reviled and blasphemed.* **Judge now**—*Since the end of the parable comes to say that they too did like him, he asks them the judgment.* (5) **I will inform you**—*what I decided to do to him and I did.* **I removed its hedge**—*I expelled him from amidst his canopies.* **And it shall be eaten up**—*His end will be to die and to be ruled over by wild beasts.* **Breach its wall**—*I expelled from the enclosure of Paradise.* **And I made it a desolation**—*I made him dwell in desolation, for I did not give*

וְהִנֵּה צְעָקָה׃ ח הוֹי מַגִּיעֵי בַיִת בְּבַיִת
שָׂדֶה בְשָׂדֶה יַקְרִיבוּ עַד אֶפֶס מָקוֹם
וְהוּשַׁבְתֶּם לְבַדְּכֶם בְּקֶרֶב הָאָרֶץ׃

תרגום

וְהָא אִינוּן מַסְגַן חוֹבִין׃
ח וַי דִמְקַפִּין בֵּיתָא עַל
בֵּיתָא חֲקַל אוֹנְסָא
בַּחֲקַלְהוֹן מְקָרְבִין
אָמְרִין עַד דְנַחְסִין כָּל
אֲתַר וּמְנַסְן דְיָתְבִין

מהר"י קרא

ויעש באושים: (ח) הוי מגיעי בית בבית שדה [וגו']. רואה ביתו של עני סמוך לביתו. וסמוכה לחבירו שכנגדו זה משיג גבול רעהו העני מיכאן קימעא ומכאן קימעא. וזה משיג קימעא עד אפס לעני. ובענין הזה והושבתם לבדכם בקרב הארץ:

רש"י

וסקלתים וקיתים מפושעי הדור נטעתים סורק שם מאות ושם מלות כמנין סור"ק הוספתי עליהם על שבע מלות שנלטוו בני נח בניתי מגדל בתוכו משכני ומקדשי וגם יקב המזבח והשיתין: **ויעש באושים**. קילקלו מעשיהם ועתה יושב ירושלים ואיש יהודה אשר לא גליתים עדיין ישפטו נא ביני וביניהם על הרעה שהבאתי עליהם מי סרח על מי מה היה לי לעשות עוד טובה לכרמי ולא עשיתי לו אודיע נא אתכם גם אתם המכעיסים אותי את אשר הגון בעיני לעשות לכרמי ככל אשר עשיתי לאדם הראשון הסר משוכתו אסלק שכינתי מעליהם המסוכך' עליהם כמה שנאמר (לקמן כ"ב) ויגל את מסך יהודה: **פרוץ גדרו**. אתוץ חומותיו: **ואשיתהו בתה**. ואשוינון רטישין: **לא יזמר ולא יעדר**. לא אסתערון ולא יסתמכון: **ועלה שמיר ושית**. ויהיו מטלטלין ושביקין דוגמת שמיר ושית של כרם ואלל הכרס ממש במקום אחר הוא מתורג' הובאי ובור: **ועל העבים אצוה**. ועל נבייא אפקד דלא יתנבון עליהון. הנבואה כמשלה למטר שהעבים מקבלין אותה מן השמים כך הנביאים מקבלין הנבואה מפי הקדושה: **נטע שעשועיו**. כמו נטע ולפי שהוא דבוק נקוד פתח כמו בקר זבח השלמים (במדבר ז'): **ויקו**. שיעש' משפט והנה משפח אסיפ' הטא על חטא כמו מהסתפחה (שמ"א כ"ו). ספחני נא(שם ב')דבר אחר ל' נגע ולפי שהוא לשון נופל על הל' בקריאתו דומה משפט למספח וכן צעקה לצדקה נפל בו רוח הקודש בפי הנביא: (ח) **הוי מגיעי בית בבית**. עשרים ושני' אשרי נאמר בספר תהלים על מקיימי התורה ועשרים ושנים הוי אמר ישעיה על הרשעים: **הוי**. ל' צעקת אנחה על פורעניות העתידה לבא: **מגיע בית בבית**. מקרבים בתיהם זה אצל זה ומתוך כך גוזלים קרקע העניים החלשים שבין ב' הבתים וכן שדה בשדה יקריבו: **עד אפס מקום**. שאין מקום לעני לישב: **והושבתם לבדכם בקרב הארץ**. כסבורים אתם שאין חלק להקדוש

רד"ק

משפט העניים והעשוקים והנה הם להם משפח ונגע צרעת וקויתי שיעשו להם צדקה והנה צעקה שצועקים העניים מהעושק שעושקים אותם: משפח. כתיב בשי"ן: (ח) הוי מגיעי בית. ר"ל שמשיגים גבול וגוזלים העניים ואם יש לעני בית סמוך לבית העשיר או שדה סמוך לשדהו בא עליו בעקיפין עד שלקחו ממנו ומחברו עם שלו: עד אפס מקום. עד שלא נשאר מקום לעניים לשבת ואתם סבורים שאתם לבדכם תשבו בארץ שאתם גדולים ועשירי': והושבתם. מבנין הופעל.

אבן עזרא

(ח) **הוי מגיעי**. הוי כטעם קריאה או כמו אוי והטעם מסיגי גבול בבתים והשדות: **עד אפס מקום**. עד שאין מקום והטעם שלקחו הכל: **והושבתם**. מבנין שלא נקרא שם פועל מהפועלים בעלי היו"ד וכן והורד המשכן:

מצודת ציון

אמר כן: (ח) אפס. הוא כמו אין:

מצודת דוד

לרעת: לצדקה. היה מקוה שיעשו לדקה והנה נשמע לעקת עשוקים: (ח) הוי. ר"ל יש להתאונן על מה שהמה מגיעים בית בבית כשאדם חלש היה לו בית בין בתי אנשים חזקים בעלי זרוע היה החזק שמלד זה מגיע ביתו בתוך גבול בית החלש ולקח מגבולו וכן זה שמלד השני עד שלא נשאר מקום להחלש שביניהם: והושבתם. אמר הנביא לבעלי הזרוע וכי סבורים. אתם שרק אתם לבדכם תשבו ותתקיימו

the tenets of *the Torah, and Isaiah said twenty-two times, "הוי," woe, concerning the wicked.*—[*Rashi* from *Midrash Tehillim* 1:8, cf. *Lev. Rab.* 34:1]

Woe—*An expression of a cry of a sigh concerning the impending retribution.*—[*Rashi*]

those who join a house to a house—*They draw their houses one to the other, thereby taking the land of the weak poor man between the two houses, and so*—

a field to a field they draw near until there is no place—*that there is no place for the poor man to live.*—[*Rashi*]

and you will be settled alone in the midst of the land—*You think that neither the Holy One, blessed be He, nor the poor, have a share in the land. His share of the tithes you are stealing, and the poor,* you are robbing *of their land, so that you alone will occupy it.*—[*Rashi,* similar to *Ibn Ezra* and *Redak*]

8. Woe to those who join a house to a house; a field to a field they draw near; until there is no place, and you will be settled alone in the midst of the land.

of the altar into which the remainder of the libations was poured.—[*Rashi* from *Yerushalmi Sukkah* 4:6]. **And it produced wild berries**—*They corrupted their deeds.* (3) **And now, dwellers of Jerusalem and men of Judah**—*who have not yet been exiled, please judge between me and between them concerning the evil that I brought on them; who sinned against whom?* **What more could I have done** *beneficial deeds* **for My vineyard, and I have not done** *for it?* (5) **Now I will inform you**—*Even you who anger Me—what is fitting in My eyes to do to My vineyard, according to all that I did to Adam, viz.* **to remove its hedge**—*I will remove My Shechinah from them, the Shechinah that covers them, as it is said*: "(infra 22:8) *And He bared the covert of Judah.*—[*Rashi* after *Targum.* See *Rashi* 22:8 for slight variation.] **Breach its wall**—*I will demolish its walls.*—[*Rashi,* similar to *Targum Jonathan*] **And I will make it a desolation**—*And I will make them forsaken.*—[*Rashi* from *Targum Jonathan*] **It will neither be pruned nor hoed**—*They will not be visited nor will they be supported.*—[*Rashi* from *Targum Jonathan*] It appears that pruning, cutting off the branches, is symbolic of visiting retribution. After the destruction of the Temple, the Jews were in a state of הֶסְתֵּר פָּנִים, *hiding the Divine Countenance,* without visible Divine Providence, neither for good nor bad. *Parshandatha* reads: יִסְתַּעֲדוּן, thus giving us two terms denoting support or help. **And the *shamir* and desolation will come up**—*And they will be wandering and forsaken, represented by the* שָׁמִיר וָשַׁיִת *(desolation) of the vineyard, and regarding the vineyard itself in another place, it is rendered* הֲבָאֵי וּבוּר, *desolate and fallow.*—[*Rashi*] **And I will command the clouds**—*And I will command the prophets not to prophesy on your behalf (Jonathan). Prophecy is analogous to rain, which the clouds receive from heaven; so do the prophets receive the divine prophecy.* **The plant of His joy**—*Comp.* נֶטַע (Job 14:9), *but since it is in the construct state, it is vowelized with a patach, like* "(Num.7:88) בְּקַר זֶבַח הַשְּׁלָמִים, *the cattle of the peace-offerings."*

and He hoped—*that they would perform justice, and behold, there was* מִשְׂפָּח, *an accumulation of sin upon sin, like* "(I Sam. 26:19) *From cleaving* (מֵהִסְתַּפֵּחַ)," also "(ibid. 2:36) *Take me now into* (סְפָחֵנִי)." *Another explanation is that it is an expression of a lesion, and since it is a similar expression, for, in pronunciation,* מִשְׂפָּח *resembles* מִשְׁפָּט, *and so,* וְצָעָקָה *resembles* צְדָקָה, *it fell through divine inspiration into the prophet's mouth.*—[*Rashi*]

8. **Woe to those who join a house to a house**—*Twenty-two* instances of אַשְׁרֵי, *fortunate, were said in the Book of Psalms concerning those who fulfill*

בִּלְחוּדֵיהוֹן בְּגוֹ
דְאַרְעָא׃ ט אֲמַר נְבִיָא
בְּאוּדְנַי הֲוֵיתִי שְׁמַע כַּד
אִתְגְזֵרַת דָא מִן קֳדָם
יְיָ צְבָאוֹת אִם לָא בָּתִּין
סַגִיאִין לְצָדוּ יְהוֹן
רַבְרְבִין וְטָבִין מִבְּלִי
יָתֵיב׃ י אֲרֵי בְחוֹבָא דְלָא יְהָבוּ מַעַשְׂרַיָא בֵּית עֲסַר אַשְׁכְּרִין דִכְרַם יַעַבְדוּן בֵּיתָא חֲדָא

ט בְּאָזְנָי יְהוָה צְבָאוֹת אִם־לֹא בָּתִּים
רַבִּים לְשַׁמָּה יִהְיוּ גְּדֹלִים וְטוֹבִים מֵאֵין
יוֹשֵׁב׃ י כִּי עֲשֶׂרֶת צִמְדֵּי־כֶרֶם יַעֲשׂוּ בַּת
אחת

ת"א באזני ה׳ . ברכות נח — קמץ בטרחא

רש"י

ברוך הוא ולא לעניים בארץ חלקו במעשרות אתם גוזלים ולעניים את ארצם שתהיו אתם לבדכם יושבים בה: (ט) באזני ה׳ צבאות. אמר הנביא שתי אזני שמעו כשנגזר עליהם גזירה מאת ה׳ ובשבועה אם לא על דבר זה בתים רבים לשמה יהיו ובתים גדולים וטובים יהיו מאין יושב: (י) כי עשרת צמדי כרם. ומפני הרעב יגלו יושבי הבתים ואין יושב בה וגם זאת תהיה לכם מדה במדה על הקרבת השדה בשדה שגזלתם הלקו של מקום במעשר הארץ: עשרת צמדי כרם. (ארפינ"ט בלע"ז) ואומר אני כדי עבודת יום אחד בצמד בקר קרוי צמד: יעשו בת אחת. מדה אחת

מהר"י קרא

(ט) באזני ה׳ צבאות אם לא בתים רבים. אמר הנביא באזני שמעתי שנגזרה גזירה זו לפני המקום. אם לא בתים רבים. בשבועה שבתים רבים לשמה יהיו. (מדרש) מי גרם לבתים רבים שיהיו לשמה. כי עשרת צמדי כרם יעשו. בת אחת. שבזמן שהגפן תתן פריה והארץ תתן את יבולה. אדם יושב שליו. אבל בזמן שאין ברכה מצוייה בשדות ואין אוסף בשעת האסף אז הוא נודד ממקומו והולך והבית לשמה יהיה. (ע"כ) הט אזנך וכפוף עצמך למקרא. שכל מקרא ומקרא שדרשותו רבותינו משאמרו עליו מדרש לסוף אמרו לו אין מקרא יוצא מידי פשוטו. שאין לך מידה יתירה במקרא יותר מפשוטו. תדע שכן הוא אומר. כי עשרת צמדי כרם יעשו בת אחת. תירגם יונתן. ארי בגין דלא יהבין מעשרא. בעון שאין מעשרין הוא גרם להם שעשרת צמדי כרם יעשו בת אחת. ולא תלה בפורענות בעון בני אדם ששדה בשדה יקריבו. ולדבריו לא מצינו שענש הכתוב על מקריבי שדה בשדה. כשם שענש הכתוב על מגיעי בית בבית. שבעון מגיעי בית בבית הוא פת׳ בסמוך בתים רבים לשמה יהיו ובעון מקריבי שדה בשדה לדברי יונתן מה ענש. אם תאמר שענש עליו כי עשרת צמדי כרם יעשו בת אחת. והלא תלה הדבר בעון בני אדם שאין מוציאין מעשרותיהן כראוי. והיה לו לענוש על מגיעי שדה בשדה כשם שענש על מגיעי בית בבית. על כן אמרתי שאין לך מידה יתירה מפשוטו של מקרא. וכן שלמה אמר הט אזנך לדברי חכמים ולבך תשית לדעתי ופת׳ אע"פ שמצוה עליך לשמוע דברי חכמים. ולבך תשית לדעתי. לגופו של דבר. לדעתם לא נאמר אלא לדעתי. עתה נחזור לדברי חכמים עצמותיהם כדשא תפרחנה. (מדרש) הוי מגיעי בית בבית. ר׳ יהושע דסיכנין בשם ר׳ לוי. אמר. הוי מגיעי בית בבית. מלויהו על שדהו ליטול הימנו מלוהו על ביתו ליטלו הימנו. אמר הקב"ה מה אתם סבורים שאתם יורשים את הארץ לבדכם נגלה באזני ה׳ צבאות. אמר ריש לקיש מי שהוא צווח באזנו של חבירו ולא באזנו אחת הוא צווח אלא בשתים כך באזני ה׳ צבאות *). ר׳ שמעון בן לקיש אמר הוי מגיעי בית בבית. הוי על שגרמו בעונותיהם שמגיעין חורבן בית ראשון לחורבן בית שני. שדה בשדה יקריבו גרמו לבית לעשות שדה כמד"א ציון שדה תחרש. והר הבית לבמות יער. מי גרם להם ליחרב. עד אפס מקום. שלא הניחו מקום שלא עבדו עליו ע"ז. בתחילה היו עובדין אותה במטמוניות הה"ד הראית בן אדם אשר זקני ישראל עושין בחושך. כי עשרת צמדי כרם יעשו בת אחת. בעון שאין [מוציאין] מעשרותיהן. בת עשר מידות של כרם יעשה בת אחת. לשעבר היו בעלי בתים בחן. והקב"ה כהן. ועכשיו הם כהנים והקב"ה בעל הבית. מעשה באחד שהיתה לו שדה שהיתה עושה בכל שנה ושנה אלף

*) עיין בילקוט רמז רמח

אבן עזרא

(ט) באזני. הטעם באזני אני ה׳ צבאות זה החמס שעשית׳ וכמוהו ה׳ במראה אליו אתודע או הוא דברי הנביא ותחסר מלת אמר או קול: (י) כי עשרת. סך חשבון והטעם רבים. וטעם צמדי כרם בעבור שהסיגו הגבול והנה רובי הכרמים נצמדים: בת אחת. מדה אחת והחומ׳ הוא עשרת כורים

רד"ק

והמושיבים הדיינים הרעים: (ט) באזני. מאמר הקב"ה אמר מה שאתם מדברים ביניכם ומסכימי׳ לגזול העניי׳ באזני עלת כי אני אדון צבאות מעלה וצבאות מטה ובידי להשפיל ולהרים ואני אומר בתים רבים לשמה יהיו אתם הייתם חושבים שאת׳ תשבו לבדכם ואני אומר שאתם תגלו מהם ובתיכם שהיו רבים וגדולי׳ יהיו שממה מאין יושב: אם לא. לשון שבועה. וכן אם לא כאשר דמיתי כן היתה אם לא שויתי ודוממתי והוא כאדם שאומר לא יהיה זה אם לא יהיה זה: רבים. כמו רבי המלך כלומר חשובים בבנין יפה וכן גדולים וטובים והיא כפל ענין במלות שונות וי"ת הפסוק כן אמר נביא באודני הויתי שמע וגו׳: (י) כי עשרת צמדי כרם. עתה נתן טעם למה יהיו הבתים שממה מאין יושב כי אשלח קללה בשדות ובכרמים תחת אשר היו גוזלים אותם מהעניים לפיכך תהיה תבואתם לקללה וכיון שלא יהיו הפירות לא יהיו היושבים ופי׳ עשרת צמדי בקר מקום בכרם שיחרשו עשרת צמדי בקר ביום אחד לא יצא ממנו יין אלא בת אחת ומדת בת היא בלח כשיעור איפה ביבש. ומקום עשרה בשדה כשיזרעו בו כור לא יעשה

מצודת דוד

בקרב הארץ ואין להתלם מקום עמכם: (ט) באזני ה׳ צבאות. באזני אמר ה׳ צבאות ותחסר מלת אמר ומאליו יובן: אם לא. הוא ענין לשון שבועה כאדם האומר אם לא יהיה כן אזי יהיה עכשו כך וכך ומגזם ואינו אומר וכן אם לא כאשר דמיתי (לקמן י"ד): בתים רבים וגו׳. וכאומר הואיל וכן מה תועלת להם מה שלוקחים מגבול האלפים: (י) כי עשרת וגו׳. מקום עבודת עשרת וגו׳ יעשה בת אחת יין ומקום זרע חומר יעשה איפה אחת ובעבור הרעב יעזבו

מצודת ציון

(י) צמדי. ענין זוג כמו למד בקר (ש"א י"א) ועבודת יום אחד בצמד בקר קרוי צמד כרם: בת. מדת הלח מחזקת ג׳ סאין: חמר.

of their wont, the tithes of the previous crops. See Rabbi Joseph Kara, who quotes the *Pesikta* in its entirety, also *Tosafoth, Taanith* 2a. *Kara* quotes other *Midrashim,* viz. the introductions to *Lamentations Rabbah* 22, which states that the drought was the result of widespread idolatry, interpreting "until there is no place," to mean that there was

9. In my ears [spoke] the Lord of Hosts, "Truly, great houses shall become desolate, yea, large ones and good ones, without inhabitants. 10. For ten acres of vineyard will produce one *bath*,

9. **In my ears [spoke] the Lord of Hosts**—*Said the prophet, "Both my ears heard when the decree was decreed upon them by the Lord, and with an oath, 'Truly, because of this thing, great houses will become desolate, yea, large ones and good ones, without inhabitants.'"*—[*Rashi*]

Others explain, "In My ears," as referring to the Almighty. In My ears, the ears of the Lord of Hosts, has come the report of the violence you have committed.—[*Ibn Ezra* according to Friedlander]

Alternatively: What you discuss and decide among yourselves to rob the poor, has come up into My ears, for I am the Lord of the hosts of heaven and earth, and I have the power to humble and to upraise. I, therefore, say that "great houses shall become desolate." You thought that you alone would dwell in the land, but I say that you will go into exile and your great, beautiful houses shall remain desolate, without inhabitants.—[*Redak*]

Truly—Lit. "if not." This is an expression of an oath, as one says, "This will not take place if this does not take place."—[*Redak*]

10. **For ten acres of vineyard**—*And, because of the famine, the inhabitants of the house will be exiled, leaving no one dwelling in them. This, too, will be for your payment in kind for bringing one field near to the other field, for you have stolen the share of the Omnipresent in the tithe of the land.*—[*Rashi*]

ten acres of vineyard—*arpent in French, and I say that the amount of land requiring the work of one day with a yoke of oxen is called* צֶמֶד, *a yoke.*—[*Rashi*]

will produce one *bath*—*One measure of wine. A bath is three s'ahs.*—[*Rashi*]

and the seed of a homer—*A place where a kur, which is thirty s'ahs of grain, is usually produced, will produce an ephah—three s'ahs.*—[*Rashi*]

Thus, the fields and vineyards will produce but one tenth of their usual crops. *Rashi's* commentary is based on the *Midrash* that attributes the impending famine on the failure to give the proper tithes from the land. *Pesikta d'Rav Kahana* (*Asser T'asser* 14, p. 96a) teaches us that when the Jews give tithes, they are the owners of the fields and the Holy One, blessed be He, is, so to speak, the Priest. When they fail to give tithes, the Holy One, blessed be He, says to them, "Until now, you were the owners, and I was the Priest. Now, I will be the owner, and you will be the Priests." Therefore, the fields and vineyards produce but one tenth

אַחַת וְזֶרַע חֹמֶר יַעֲשֶׂה אֵיפָה׃ יא הוֹי
מַשְׁכִּימֵי בַבֹּקֶר שֵׁכָר יִרְדֹּפוּ מְאַחֲרֵי
בַנֶּשֶׁף יַיִן יַדְלִיקֵם׃ יב וְהָיָה כִנּוֹר וָנֶבֶל
תֹּף וְחָלִיל וָיַיִן מִשְׁתֵּיהֶם וְאֵת פֹּעַל יְהוָה
לֹא יַבִּיטוּ וּמַעֲשֵׂה יָדָיו לֹא רָאוּ׃ יג לָכֵן

ת"א הוי משכימי. שבת קיט סוטה מח. ואת פועל ה׳. שבת מה קיט עקידה שער ת: לכן גלה. שבת קיט סוטה מח סנהדרין לג:

תרגום

וּבֵית כּוֹר זְרַע יַעְבֵּיד תְּלָת סָאִין׃ יא וַי דִמְקַדְמִין בְּצַפְרָא לְמִשְׁתֵּי חֲמַר עַתִּיק רָדְפִין מְאַחֲרִין לְמִפְטַר מְרַמְשִׁין עַל שׁוּוַיְהוֹן חֲמַר אוּנְסִין מַדְלֵיק לְהוֹן׃ יב וַהֲוֵי עַל יְדֵי כִנּוֹר וְנֶבֶל קַתְרוֹס אַבּוּבָא וְחַמְרָא מִשְׁתֵּיהוֹן וּבְאוֹרַיְתָא דַיְיָ לָא אִסְתַּכָּלוּ וְעוֹבַד גְּבוּרְתֵּיהּ לָא חֲזוֹ׃ יג בְּכֵן גְלוֹ עַמִּי מִבְּלִי דַעְתָּא וְיַקִּירֵיהוֹן מִיתוּ

רש"י

של יין. בת שלש סאין: וזרע חומר. בית כור שהיא שלשי׳ סאין של תבואה יעשה איפה שלש סאין: (יא) מאחרי בנשף. לשתות יין בלילות: יין ידליקם. בוער בם: (יב) כנור ונבל. נימין יתרות יש בנבל מן הכנור ולמה נקרא שמו נבל שמנבל כל מיני כלי זמר. במדרש תהלי׳: תוף. של עור הוא: וחליל. אבוב של קנה. (גלמיי"ל בלע"ז): ואת פועל ה׳ לא יביטו. ובאורייתא דה׳ לא אסתכלו: ומעשה ידיו לא ראו. עשו עצמם כאלו לא ראו את גבורותיו. ד"א לא קלסוהו שחרית יוצר אור ולא ערבית

מהר"י קרא

מידות וכו׳. בפסיקתא עשר תעשר. (ע"כ): (יא) הוי משכימי בבקר שכר [ירדופו]. בכל מקום שאתה מוצא במקרא שכר יין ישן הוא: מאחרי בנשף. הבן בלשון שתפס לך מתחילה הוא אומר הוי משכימי בבוקר שכר ירדופו. בתחילה אדם רודף אחר היין וכשבוער בו היין ונעשה שיכור היין רודף אחריו ומתעה בו. דכתיב מאחרי בנשף יין ידליקו אינו אומר אלא יין ידליקם שהיין דולק אחריהם כמו דאמר כי דלקת אחרי: (יב) והיה כנור ונבל וגו׳ (ושבתיך) [משתיהם]. שמשכימין על היין אינן מברכין יוצר: ומעשה ידיו לא ראו. אינן מעסקים בתורה שנקראת מעשה ידיו. דכתיב והלוחות מעשה אלהים המה: (יג) לכן גלה עמי מבלי דעת. על שעוסקין ביין משתיהן ואינן עוסקין בתורה שנקראת דעת: וכבודו מתי רעב. כי הם הגדולים שהקב"ה בהן מתכבד, הם יהיו מתי רעב וזה יהיה בעון שכל עיסקם אינו אלא למשוך

אבן עזרא

והבת והאיפה שוות: (יא) הוי משכימי. סמוך אף על פי שאחריו בי"ת וכמוהו השכוני באהלים וכן מאחרי בנשף תחילת הלילה וכן בנשף בערב יום כוכבי נשפו כי נשף יש שהוא סמוך אל הבקר. ומלת ידליקם יוצאה לשנים פעולים מגזרת כי דלקת אחרי ויש אומרים מתרגום יבעירם בארמית: (יב) והיה כנור. ידוע: ונבל. שיש בו עשרה נקבים גם חליל מגזרת חלול: ואת פועל ה׳ לא יביטו. על דרך רבים שהמתעסק בשכרות לא ידע דרכי השם וכן כל שוגה בו לא יחכם ולפי דעתי כי במקום הזה לא ידבר כי אם על הרעות שהביא השם על ישראל כי גלו עשרת השבטים: (יג) לכן. וכבודו. הטעם ועם כבודו כמשפט מלות

רד"ק

אלא איפה וחומר הוא הכור והוא עשר איפות: (יא) הוי משכימי בבקר. לשתות יין אוי להם שכל עסקם הוא לשתות ולהענוג הבשר ואינם עוסקים בדברי תורה וחכמה ובבקר ישכימו לשתות כאלו ירדפו השכר אנה ימצאו אותו טוב וכן בנשף מאחרים בבית המשתה עד שידליקם היין ויעבירם לעשות כל תאות נפשם: (יב) והיה כנור. עתה מספר איך היו משתיהם הכנור והנבל והתוף והחליל שמנגנין בהם והיין לפניהם ובדרך הזה הוא משתיהם בדברים שמושך אותם לשתות כלי הנגון והיין לפניהם: ואת פעל ה׳ לא יביטו ומעשה ידיו לא ראו. הנה הם פנויים ממלאכה כי הם עשירים והנה כל עסקם במשתה ובשמיעת הנגונים ולא יתעסקו בכל עתות הפנאי בדברי תורה ובדברי חכמה שהם פעל ה׳ ומעשה ידיו שכתב על הלוחות עשרת הדברים והם כלל לכל המצות שבין אדם לחברו ושבין אדם למקום. ויש לפרש את פעל ה׳ ומעשה ידיו חכמת הככבים כי ממנו יגיע האדם לכבוד הבורא כמו שאמר במזמור מה אדיר שמך בכל הארץ אמר כי אראה שמיך מעשה אצבעותיך ואמר השמים מספרים כבוד אל ר"ל כל העומד על סוד בריאתם ידע כבוד האל ואמר הנביא שאו מרום עיניכם וראו מי ברא אלה ר"ל שיתבוננו בחכמה זאת וממנה ידעו כבוד הבורא וכן אמרו רז"ל כל היודע לחשב בתקופות ומזלות ואינו מחשב עליו הכתוב אומר ואת פעל ה׳ לא יביטו ומעשה ידיו לא ראו ועוד דרשו ואת פעל ה׳ לא יביטו שלא התפללו שחרית וערבית כלומר יוצר אור ומעריב ערבים זהו פעל ה׳ ומעשה ידיו: (יג) לכן גלה עמי מבלי דעת. בעבור שלא ידע מעשה האל ולא התבונן בו ופנה אל

מצודת ציון

זה כור מחזיק שלשים סאין איפה מדת היבש מחזקת שלשה סאין: (יא) בנשף. בחשכת הלילה כמו נשף השקי (לקמן כ"א): (יב) כנור ונבל תוף וחליל. הם שמות כלי נגון:

מצודת דוד

בתיהם וילכו להם וישארו שממה מבעליהן: (יא) משכימי בבוקר. משכימים בבוקר ורודפים לבקש יין המשכר ומאחרים לשבת בערב לשתות הרבה עד אשר היין דולק ובוער בהם: (יב) והיה כנור וגו׳. בידם היה הכנור וגו׳ לנגן בעת השתיה לתענוג וגם יין משתיהם היה בידם: פועל ה׳. אינם נותנים לב להסתכל פועל ה׳ שעל הכל יביא במשפט: ומעשה וגו׳. כפל הדבר במ"ש:

and the work of the Lord they do not regard—*And in the Torah of the Lord they did not look.*—[*Rashi* from *Jonathan*]

and the deed of His hands they have not seen—*They pretended that they did not see His mighty deeds. Another explanation is: They did not praise Him in the morning by reciting, "He Who forms light," nor in the evening, by reciting, "He Who brings on the evenings."*—[*Rashi* from *Shabbath* 119b. There the Talmud states that they did not recite the *Shma*. They were constantly engaged in drinking bouts, both in the morning and in

and the seed of a *homer* shall produce an *ephah.* 11. Woe to those who rise early in the morning; they pursue strong wine. They sit until late in the evening; wine inflames them. 12. And there are harp and lute, tambourine and flute, and wine at their drinking feasts; and the work of the Lord they do not regard, and the deed of His hands they have not seen.

no place where idolatry was not practiced. Therefore, they joined "house to house," i.e. they brought the destruction of the Second Temple near to the destruction of the First Temple.

Kara, insists, however, that the simple explanation of the passages is, as *Redak,* too, maintains, that the prophet admonishes the people from stealing from the poor, from joining their holdings and crowding out the poor man in between. Because of this, their produce would be cursed, and the fields and the vineyards would produce only one tenth of their wont.

11. **who rise early in the morning**—They rise early in the morning to pursue strong wine. Their aim is solely to drink wine and to afford the body physical pleasure. They do not engage in the study of Torah and wisdom. When they arise in the morning to drink, it is as though they pursue the wine, looking for the best. And so, at night, they sit in the banquet hall until all hours, until the wine inflames them and causes them to satisfy all their lusts.—[*Redak*]

They sit until late in the evening—*to drink wine at night.*—[*Rashi*]

wine inflames them—*it burns in them.*—[*Rashi*]

Kara renders: pursues them. In the morning, they pursue the wine. After drinking considerable amounts and becoming intoxicated, the wine pursues them. I.e., they cannot break their drinking habit, and must have more wine.

12. **And there are harp . . .**—Now he describes their drinking feasts; they would play all types of musical instruments with wine before them. In this way, they would conduct their feasts with these methods to induce them to drink.—[*Redak*]

harp and lute—*A lute has more strings than a* harp. [Perhaps *Rashi* explains נֵבֶל as a lyre, which may have more strings than a harp. See *Shiltei Hagiborim,* published by Saul Shaffer, under the name, *Hashir Shebamikdash.*] *Now why is it called* נֵבֶל*? Because it disgraces* (מְנַבֵּל) *all kinds of musical instruments. In Midrash Tehillim* (81:3)—[*Rashi*]

Shiltei Hagiborim explains that, because of its extremely pleasant sound, it puts all other musical instruments to shame, since their sounds are not that pleasant. He suggests that the instrument was shaped like a flask (נֵבֶל).—[*Hashir Shebamikdash,* ch. 8, p. 57]

tamborine—*That was made of skin.*—[*Rashi*]

a flute—*a flute of reed, chalemel in O.F.* [*Rashi* from *Arachin* 2:3] This had a pleasanter sound than a copper flute.—[ibid.]

דְּכַפְנָא וְסַגְוְהוֹן
בִּבְצוֹרְתָא בְּצָחוּתָא:
יד בְּכֵן אַפְתִּיאַת שְׁאוֹל
נַפְשָׁהּ וּפְתַחַת פּוּמָהּ
וְלֵית סוֹף וּנְחָתוּ יְקָרְהוֹן
וְסַגְוְהוֹן וְאִתְרְגוּשְׁתְּהוֹן
וְדִתְקוֹף בְּהוֹן:
טו וְיִמְאַךְ אֱנָשָׁא וְיֶחֱלַשׁ
תְּקוֹף גַּבְרִין וְעֵינֵי רָמַיָא

ת״א לכן הרחיבה. שם קיא (קידושין סא):

גָּלָה עַמִּי מִבְּלִי־דָעַת וּכְבוֹדוֹ מְתֵי רָעָב
וַהֲמוֹנוֹ צִחֵה צָמָא: יד לָכֵן הִרְחִיבָה
שְּׁאוֹל נַפְשָׁהּ וּפָעֲרָה פִיהָ לִבְלִי־חֹק
וְיָרַד הֲדָרָהּ וַהֲמוֹנָהּ וּשְׁאוֹנָהּ וְעָלֵז בָּהּ:
טו וַיִּשַּׁח אָדָם וַיִּשְׁפַּל־אִישׁ וְעֵינֵי גְבֹהִים

רש״י

המעריב ערבים: (יג) מבלי דעת. לפי שהיה לבם בלי דעת: וכבודו מתי רעב. נכבדיו ימותו ברעב: צחה צמא. למא כנגד רוב משתיהם: צחה. תרגום של למאה: (יד) לכן הרחיבה. מדה במדה הם הרחיבו נפשם לבלוע מאכל ומשתה לרוב ופערו פה לבלוע אף שאול תרחיב נפשה לבלוע: ופערה. ופתחה: לבלי חק. באין סוף ולמה לבלי חק לפי שלא היה בידם של אלו חק וקצבה לתפנוקיהם: וירד. שם הדרה של ירושלים: ועלז בה. העליזים שבה: (טו) וישח. ויחלש תקוף גברין ולפי מדרשו זה הקב״ה שהם גרמו לו להראות כאיש נדהם וכן הוא אומר צור ילדך

אבן עזרא

מושכו׳אחרו׳ וכן לחה למא מתי לחה.וטעם לחה קרוב מלמא וכן והשביע בלחלחות וגזרתו האור הזך והלח: (יד) לכן. נפשה. הוא הרוח היוצא מהפה וכמוהו נפשו גחלים תלהט: ופערה.כמו פתחה וכמוהו ופיה׳פערו למלקוש: לבלי חק. הפך המנהג: ועלז. וכל עלז שיש בה או יהיה עלז לאחרים במפלתה. ויאמר רבי יונה ז״ל כי הוא כדרך השחוק שאירע לקצה המתים בעת המות: (טו) וישפל. כל אדם משאר

מהר״י קרא

עצמן בסעודות ונוהג שבעולם הוא כשאדם מקפיד עכשיו במאכל ובמשתה שאומ׳ לו הנה יום בא שמא תערב במאכל ובמשתה שאתה מקפיד עכשיו. אף כאן אותן שמשכימין ומאחרין לסעודה עד יום בא שימותו ברעב: והמונו צחה צמא. אותם שמתקבצין עכשיו המונים המונים לרדוף אחר היין. הנה יום בא שימותו בצמא: (יד) לכן הרחיבה שאול נפשה. לכן בעון בני אדם שאוכלין ושותין לבלי חק בלא מידה אף השאול הרחיבה: ופערה פיה לבלי חק. הם האומות שמשלן לשאול דכתיב מיד שאול אפדם. הם פערו פיהם בלא מידה לבלוע את ישראל: וירד חדרה והמונה וגו׳. וירד מה באותם שאול. (המתחרדים) [המתהדרים] ומתקבצים המונים המונים ומתעלזים על היין בכנור ונבל ותוף וחליל ויין משתיהם: (טו) וישח אדם וישפל איש. אז ישחו וישפלו הנשארים:

רד״ק

המאכל והמשתה והתענוג לפיכך יגלה ממקומו ויהיה ברעב ובצמא מדה כנגד מדה ופי׳ כבודו ואנשי כבודו כלומר אותם שהיו נקראים אנשי הכבוד יהיו נקראים אנשי רעב: מתי. כמו אנשי כמו מעיר מתים: והמונו. והמין העם יהיו יבשים בצמא: צחה. מן והשביע בצחצחות נפשך שהוא ענין יובש ותרגם צמא צחותא וענין יבשים שייבש גרונם מפני הצמא וצחה תאר סמוך בשקל אשה ריח ניחח לה׳. ובאמרו הרעב לאנשי הכבוד והצמא להמון העם לא להביא זה על זה וזה על זה אלא כולם יהיו שוים ברעב ובצמא אנשי הכבוד והמון העם וי״ת מתי כמו מתי בצר״י המ״ם מענין מות שתרגם ויקירהון מיתו בכפנא וסגוהון בבוצירתא בצחותא. ולפי הדקדוק לא יתכן כי מתי בשו״א המ״ם שרשו מתה ומתי בצר״י המ״ם שרשו מות: (יד) לכן הרחיבה. אמר דרך משל לרוב בני אדם שימותו מישראל: הרחיבה שאול נפשה. לקבל המתים: וירד הדרה. פי׳ הדר ארץ ישראל. או הכנוי כנגד ירושלם. אמר שירדו לשאול אנשי הכבוד והמון העם ועוד כפל הענין במלות שונות ואמר ושאונה. ועלז בה: ושאונה כמו המונה שזכר: ועלז בה. כמו הדרה שזכר. ופי׳ ועלז בה מי שהיה עלז ושמח בעיר מרוב הטובה ירד לשאול כמו כן וי״ת ועלז בה ודתקיף בהון והוא כענין שפירשנו ויש מפרשים ועלז בה האויב: (טו) וישח אדם. כפל הדבר במלות שונות או פי׳ אדם על הפחותים ואיש על הגדולים כמו גם בני אדם גם בני איש וכן ת״י וימאך אנשא ויחלש תקוף גברין: ועיני גבוהים. לפי שגבהות אדם נראה בעינים לפיכך אמר עיני גבוהים וכן אמר ועיני גבהות אדם וכן אמר עינים רמות וכן אמר רום עינים:

מצודת דוד

(יג)מבלי דעת. על שמאנו לדעת דרכי המקום: וכבודו. אנשי הכבוד והחשובים יהי מתי רעב והמון העם ימותו בעבור יובש הלמאון ומלת מתי משמשת בשתים: (יד) הרחיבה. מדה במדה על שהרחיבו נפשם להתענג ביותר לכן תרחיב השאול נפשה לבלוע את הכל: הדרה. תפארת עדתם: בה. בהשאול ומוסב על וירד ור״ל הכל תרד אל השאול: (טו) וישפל איש. כפל הדבר במ״ש: ועיני גבוהים. העינים שהיו מגביהים להסתכל כלפי מעלה כדרך גסי הרוח: תשפלנה. להסתכל למטה כדרך הסרוי בלרס ולער:

מצודת ציון

(יג) מתי רעב. אנשי רעב: צחה. ענין יובש ולמאון כמו על לחיח סלע (יחזקאל כ״ד): (יד) ופערה. פתחה ביותר כמו פי פערתי (תהלים קי״ט): לבלי חוק. בלא קלבה: והמונה. המון עמה: ושאונה. הוא כמו המונה וכפל הדבר במ״ש: ועלז. ענין שמחה: (טו) וישח. ענין כפיפה כמו שחו רעים לפני טובים

itself—Heb. נַפְשָׁהּ.—[found in some mss. of *Rashi, Parshandatha*]

and opened—Heb. פָּעֲרָה.—[*Rashi, Ibn Ezra*]

Scripture tells figuratively that many people will die of hunger and thirst, that it will be as though the grave had opened up wide to receive them all.—[*Redak*]

without measure—*Without end; and why* did the grave open *without measure? Because these people had no measure or limit to their enjoyments.*—[*Rashi*]

shall descend—*there the splendor of Jerusalem.*—[*Rashi*]

Redak suggests that "its splendor" may mean the splendor of Eretz Yisrael.

and those who rejoice therein—

13. Therefore, My people shall go into exile because of lack of
knowledge, and its esteemed ones shall die of hunger, and its
multitude shall be parched from thirst. 14. Therefore, the
nether-world has expanded itself and opened its mouth without
measure, and her splendor and her populace and multitudes,
shall descend and those who rejoice therein. 15. And man shall
be humbled, and man shall be brought low, and the eyes of the
haughty shall be brought low.

the evening, and did not take time out to declare the unity of God over His creatures (*Rashi* ad loc.)]

These people were wealthy and did not have to work. Their free time, they devoted to drinking bouts and listening to music, but never to studying the Torah and wisdom, known as the work of the Lord and the deed of His hands, as is mentioned regarding the Tablets of the Decalogue, "And the tablets were the work of God, and the script was the script of God, engraved on the tablets (Exodus 32:16). Alternatively, this may refer to astronomy, as the Psalmist expresses himself: "(19:2) The heavens declare the honor of God," and the prophet: "(infra 40:26) Raise your eyes on high and see who created these."—[*Redak*]

13. **because of lack of knowledge**—*because their heart was without knowledge.*—[*Rashi*] I.e. because they did not study the work of the Almighty and engaged only in physical pleasures such as eating and drinking, they will go into exile in hunger and thirst, thus receiving payment in kind.—[*Redak*]

and its esteemed ones shall die of hunger—Lit. and its honor dead ones of hunger.—[*Rashi*] Some editions add: *Payment in kind, corresponding to the satiety.*

Others render מְתֵי, as "people," thus rendering the entire clause as: and its people of honor shall be called people of hunger.—[*Redak*]

shall be parched from thirst—*Thirst corresponds to their elaborate drinking feasts.*—[*Rashi*]

צִחֵה—*Aramaic for "thirst."*—[*Rashi*]

Malbim explains that the esteemed members of the population, who moved the boundaries of the poor to increase their wealth, will die of hunger, whereas the other segments of the population, known as the multitude, who did not increase their wealth at the expense of the poor, but, nevertheless, engaged in drinking bouts, will die of thirst.

Redak maintains that both the esteemed and the multitudes would die of hunger as well as of thirst.

14. **Therefore, the nether-world has expanded**—*Retribution corresponding to deed; they expanded themselves to swallow much food and drink, and they opened their mouth to swallow, so will the nether-world expand itself to swallow.*—[*Rashi*]

תִּשְׁפַּלְנָה: טז וַיִּגְבַּהּ יְהוָה צְבָאוֹת
בַּמִּשְׁפָּט וְהָאֵל הַקָּדוֹשׁ נִקְדָּשׁ
בִּצְדָקָה: יז וְרָעוּ כְבָשִׂים כְּדָבְרָם
וְחָרְבוֹת מֵחִים גָּרִים יֹאכֵלוּ: יח הוֹי

תרגום

יְמְאָכוּן: טז וְתַקִּיף יְיָ
צְבָאוֹת בְּדִינָא וֶאֱלָהָא
קַדִּישָׁא קַדִּישׁ בִּזְכוּתָא:
יז וְיִתְפַּרְנְסוּן צַדִּיקַיָּא
כְּמָא דַאֲמִיר עֲלֵיהוֹן
יִסְגוֹן וְנִכְסֵי רַשִּׁיעַיָּא
צַדִּיקַיָּא יַחְסְנוּן: יח וַי
דְמִשְּׁרָן לְמֶחֱטֵי צִבְחַר
נגדין

ת״א ויגבה ה׳. ברכות יב: וחרבות מחים. פסחים סח:

מהר״י קרא

(טז) ויגבה ה׳ צבאות. כשישחו וישפלו אלו יהיה הקב״ה גבוה במשפט שיעשה להם הקב״ה שם. שהקב״ה נפרע מן הרשעים שמו מרומם בעולם: והאל הקדוש נקדש בצדקה. בדין שיעשה. שכל מקום שאתה מוצא צדקה אצל משפט אינה נתינת מעות אלא לשון דין וצדקה: (יז) ורעו כבשים כדברם. מקרא זה מחובר [למקרא] של מעלה משיעשה הקב״ה דין שמושיבין עצמם במאכל ובמשת׳ ישובו הנשארים לרעות כדברם כמשפטם הראשון שאין קובעין עת וזמן לאכילתן ככבש זה האוכל במרעה הרך שהעשבים קטנים ולא במקום קנה וביצה שמרבין לבהמה גסה: מדרש רבותינו. ורעו כבשים. יתפרנסו הצדיקים כמדובר בם. ככל הטובות האומרות עליהם: וחרבות מחים. נכסי הרשעים שדחקו את ישראל הצדיקים שידורו בארץ ישראל הם יאכלום: (יח) הוי מושכי העון בחבלי השוא. בשוא שבידיהם מושכין ומקריבין עליהם פורענות עונם. וכן פקודת חטאתם מושכין ומקריבין אותו שאמ׳ ימהר יחישה. ימהר הקב״ה ויחיש היום שנוזר עלינו ליפרע מעונותינו. ונראה אם נוכל לעמוד בו. שהית בם

רש״י

תשי (דברים ל״ב) ואומר בעצלתים ימך המקרה (קהלת י): (טז) ויגבה ה׳ צבאות במשפט. כשיעשה משפטים בהם יגבה שמו בעולם: במשפט. (יוסטיל״א בלע״ז): והאל הקדוש. יתקדש בתוך הצדיקים הנשארים בהם: (יז) ורעו כבשים כדברם. צדיקים הנמשלים כעדר הרחלים: כדברם. כמנהגם ביושר ובמדה מכלכלים דבריהם במשפט ככבשים הללו ורבותינו דרשו כדברם כמדובר בם נחמות הנדברות להם: וחרבות מחים. בתי הרשעים שהן שמנים: גרים יאכלו. הצדיקים שהם כגרים יאכלום: מחים. שמנים כמו עולות מחים אעלה (תהלים ס״ו): (יח) הוי מושכי העון. גוררים יצה״ר עליהם

רד״ק

(טז) ויגבה. באותו משפט שיעשה ברשעי ישראל יהיה הוא נבוה במשפטו. ויאמרו כי הוא רם ונשא ושופט העולם כרצונו והאל הקדוש בעשותו בהם המשפט יהיה נקדש בהם כמו שאמר בקרובי אקדש ונאמר ונקדשתי בם ופי׳ בצדקה ביושר כמו משפט: (יז) ורעו כבשים. משל הוא על הצדיקים והחלושים שהיו טרם זה גרושים מבתיהם והולכים מפני הרשעים ובכלות הרשעים יאכלו העניים מה שהיו אוכלים הרשעים וזה היה בימי חזקיהו שהיה מלך צדיק ושופט אמת ובימיו לא היה כח ביד החזקים לעשוק החלושים ומתו או גלו ויוב ישראל בימיו ופי׳ כדברם כמנהגם מתרגמינן וינהג ודבר כלומר אין אונס להם ופי׳ וחרבות מחים חרבות השמנים בעלי מוח והם העשירים שהיו עושקים העניים בתיהם שיהיו חרבות גרים יאכלו העניים שברחו מפניהם יבאו עתה לגור בהם ולאכול את חלקם ויונתן תרגם הפסוק כן ויתפרנסון צדיקיא וגו׳ תרגמו על דעת שפירשתי אלא שתרגם כדברם ענין דבור: (יח) הוי מושכי העון. אמר על דרך משל כי כמו שמושך האדם העגלה הטעונה בחבלים ובעבותות כן הם מושכים העון אליהם בחזקה וחבליהם הם חבלי שוא ושקר וחטאת המשיכת

אבן עזרא

הגוים אשר הם סביבות יהודה: (טז) ויגבה. אז תראה גבהות השם בעבור המשפט שיעשה בישראל ותגלה קדושתו בעבור הצדק שיעשה: (יז) ורעו. אז תהיה ארץ יהודה שממה וירעו בה הכבשים כאילו נהוגים היו להיותם שם מגזרת ארמית וכמוהו דוברו׳ בים: מחים. הם הכבשים השמנים שיש בהם מוח וכמוהו ממוחים. וחרבות מגזרת חרבן והנה הוא סמוך ותחסר מלת הארץ כמו ושכור׳ יגון ולא מיין משא חמור לחם. וטעם גרי׳ יאכלו אנשים נכרים שידורו שם והנה מחים תאר השם והם פעולים והגרים פועלים: (יח) הוי מושכי העון. הטעם שיחזיקו העון

מצודת ציון

(משלי י״ד): (יז) כדברם. כמנהגם כי וינהג תרגומו ודבר וכן ואני אשימם דוברות בים (מ״א ה׳) שהוא ענין הנהגה: מחים. רשעי׳

מצודת דוד

(טז) ויגבה וגו׳ במשפט. כשיעשה משפט יתרומם ויתעלה שמו: נקדש בצדקה. יתקדש שמו במה שיעשה צדקה להכשרים שבדור: (יז) כבשים. הצדיקים הנמשלים לעדר הרחלים המה ירעו בנחת ובשקט כמנהגם מאז ולא יהיו נכללים עם הרשעים: וחרבות מחים. בתי החרבות של הרשעים בעלי המוח יאכלו הצדיקים שהמה

wont—*The righteous who are compared to a flock of ewes.*—[*Rashi*, probably referring to Song of Songs 6:6]

as their wont (כְּדָבְרָם)—*According to their habit, with equity and with a measure, guiding their affairs with justice, like these lambs.*—[*Rashi*] [Variant reading: *According to their habit, with equity and of their own, for there will no longer be wicked people in the world, who will rob them.*] *Our Rabbis expounded* כְּדָבְרָם, *to mean: According to all that was spoken regarding them,* i.e., *the consolations spoken for them.*—[*Rashi* from *Pesachim* 68a] The Talmud explains this to mean that the righteous will be gifted with the power of resurrecting the dead, as Elijah and Elisha about whom Scripture speaks and relates to us the episodes of their resurrecting the dead. Whether *Rashi* refers to this passage is diffi-

16. And the Lord of Hosts will be exalted in judgment, and the Holy God shall be hallowed with equity. 17. And lambs shall graze at their wont, and sojourners shall eat the ruins of the fat ones.

Heb. וְעָלֵז בָּהּ.—[*Rashi, Ibn Ezra, Redak*]

I.e., those who rejoiced in Jerusalem, or in all the land of Israel, with the plenty they had there, will fall into Sheol, i.e. will die.

Others explain that the enemies will rejoice at the fall of the kingdom.—[*Redak, Ibn Ezra*]

Rabbi Joseph Kara explains the entire verse figuratively. The Sheol which will open its mouth symbolizes the nations of the world, who will swallow up Israel.

15. **And man shall be humbled . . .** —[And mean man shall be humbled] *and the strong of men shall be weakened.*—[*Rashi* after *Jonathan*] *Redak,* too, after explaining these two terms as mere synonyms, cites *Jonathan,* who distinguishes between אָדָם, rendering it as "mean man," and אִישׁ, which he renders as "the strong of men."

This refers to the survivors, who will repent and humble themselves before the Creator.—[*Kara*]

Ibn Ezra explains that this refers to the other nations around Judah.

According to the Midrashic interpretation (*Sotah* 48a), *this is the Holy One, blessed be He. They caused Him to appear as a man who is stunned.* [The expression originates in Jeremiah 14:9]. *And so Scripture states:* "(Deut. 32:18) *The Rock that begot you, you have weakened* (תֶּשִׁי) [interpreting the word as originating from תָּשׁ, *weak, and Scripture states* further: "(Ecclesiastes 10:18) *Through slothfulness, the One Who frames His upper chambers will become impoverished.*—[*Rashi*] *Rashi* quotes these two verses to prove that through disobedience to the Torah and failure to fulfill its precepts, it is as though we weaken the Almighty, since we are instrumental in His failure to lavish His blessings on us and to protect us. The former verse is interpreted in this manner in *Sifre* ad loc., and the latter in *Taanith* 7b. To date, no other sources have been discovered for *Rashi's Midrashic* interpretation of our verse.

16. **And the Lord of Hosts shall be exalted through judgment**—*When He executes judgment upon them, His Name shall be exalted in the world.*—[*Rashi*]

through judgment—*Jostise* (justice) *in O.F.*—[*Rashi*]

and the holy God—*shall be hallowed among the righteous remaining of you.*—[*Rashi*]

Through that judgment that He will execute upon the wicked of Israel, He will be exalted in His judgment. People will say that He is high and exalted and that He judges the world according to His will. And the holy God, when He performs judgment, will be hallowed by His equity.—[*Redak, Ibn Ezra*]

Others explain that He will be hallowed by the equity He performs with the righteous.—[*Mezudath David*]

17. **And lambs shall graze as their**

נָגְדִין חוֹבִין בְּחַבְלֵי
לְמָא אָזְלִין וְסָגָן עַד
דְתַקִיפִין וּכְנִגְדִילַת
עֶגְלְתָא חוֹבִין:
יט דְאָמְרִין אִיתַּי יוֹחֵי
וִיגַלֵי פְּרִשְׁתֵּיהּ בְּדִיל
דְנֶחֱזֵי וְיִקְרַב וְיֵיתֵי מַלְכֵי
דְקַדִישָׁא דְיִשְׂרָאֵל
וְנֵדְעִינֵיהּ: כ וַי דְאָמְרִין
לְרַשִׁיעַיָא דְמַצְלְחִין
בְּעָלְמָא הָדֵין אַתּוּן

מֹשְׁכֵי הֶעָוֹן בְּחַבְלֵי הַשָּׁוְא וְכַעֲבוֹת
הָעֲגָלָה חַטָּאָה: יט הָאֹמְרִים יְמַהֵר ׀
יָחִישָׁה מַעֲשֵׂהוּ לְמַעַן נִרְאֶה וְתִקְרַב
וְתָבוֹאָה עֲצַת קְדוֹשׁ יִשְׂרָאֵל וְנֵדָעָה:
כ הוֹי הָאֹמְרִים לָרַע טוֹב וְלַטּוֹב רָע

ת"א בחבלי השוא. ברכות כד סוכה נב סנהדרין לט זוהר בראשית ופ' מקץ: הוי האומרים. סוטה מז:

רש"י

מעט מעט בתחילה בחבלי שוא כחוט של קורי עכביש ומשנתגרה בהם מתגבר והולך עד שנעשה כעבות העגלה שקושרין בו את הקרון למשוך: השוא. דבר שאין בו ממש: חטאה. חטא: (יט) יחישה מעשהו. פורענות שהוא אומר להביא: למען נראה. דבר מי יקום: (כ) האמרים

מהר"י קרא

אדם שהיה בנפשו לומר אם יבואו שונאים לירושלים שיש בידו להכנים כל הגייסות הצובאות עלינו בשפופרת אחת: ותקרב ותבוא' עצת קדוש ישראל. אשר יעץ ליפרע ממנו: ונדעה. הנוכל בה. ומתוך דבריהם מושכין ומקריבין אותו כאדם שמושך אליו דבר: וכעבות העגלה. כקלע הזה של ספינה(*) דכתיב מושכי העון בחבלי השוא. ואחר כך נעשה אורח. ואחר כך נעשה בעל הבית. דכתיב ויבא הלך לאיש העשיר הרי אכסנאי. ויחמול לקחת מצאנו [לעשות] לאורח. הרי אורח. ויקח את כבשת האיש ויעשה לאיש הבא אליו הרי בעל הבית וכו' בברייתא: (כ) הוי האומרים לרע טוב ולטוב רע. הוי האומרים לרשעים המצליחים בעולם הזה אתם טובים ולעניים

*) חסר פה תחילת המאמר ועיין ברא"ר פ' כ"ב

אבן עזרא

וכעבות העגלה חטאה הם מושכים חטאה והוא שם כמו חטאת כמו נושא עון ופשע וחטא' כי גם יהיה תאר השם: (יט) האומרים. יתכן היות ימהר פועל יוצא כמו מהרו את המן ויתכן להיות יחישה לבדו יוצא ובאו שניהם עתידים בלא דבק וכמוהו אל תרבו תדברו והטעם מי יתן ותבוא נא אלה העתידו' ונראה אם הם אמת: (כ) הוי. הטעם בעבור שהי' מתאוי' שתבאנה הרעות והנה הם כמי שאין לו דעת:

רד"ק

היא התענוגים ומשתה היין שמושכין האדם ומביאין אותו לעון גלוי עריות ולגזל ולשפיכות דמים והם מושכים העון ברצונם אליהם בהרגיל' התענוגים אליהם ומשתה היין וכן אמר שלמה בזה הלשון למשוך ביין את בשרי: וכעבות. בכ"ף השמוש. ר"ל כמו שמושכים העגלה בעבות כן הם מושכים החטאת אליהם וחטאה שם כמו חטאת: ועבות. שם לחבל היחיד בשקל שאור יאור בשו"א הוא במוכרת או בסמו"ך כמו מעשה עבות ולרבים עבותים או עבותות והחבל שהוא עשוי משלש יתרים נקרא עבות ובדברי רז"ל יצר הרע בתחילה דומה לחוט השער ולבסוף לעבות העגלה שנא' הוי מושכי העון בחבלי השוא: (יט) האומרים. כשאני שולח להם נביאי ואומרים להם הרע שאני מביא להם בעונש מעשיהם הרעים הם אומרים אין אנו מאמינים: ימהר יחישה מעשהו. כלומר מעשה הפורענות ונראה שנביאינו אומרים אמת כי עתה אין אנו מאמינים: עצת קדוש ישראל. מה שיעץ להביא עלינו כי הוא קדוש ישראל. ואיך ירע לנו כי הם חושבים שאין מעשיהם רעים כמו שאמר הוי אומרים לרע טוב: (כ) הוי האומרים. למעשיהם הרעים שהם עושים הם אומרים כי טובים הם ולהתעסק בתורה ובחכמה הם אומרים רע ויגיעת בשר והם כאלו שמים חשך לאור כיון שלא יבדילו בשכל מה הוא טוב

מצודת דוד

עתה כגרים מול רשעים: (יח) מושכי העון. ממשיכים על עצמן את היצר הרע המסית על העון: בחבלי השוא. בחבלים דקין וכמעט שאין בהם ממש: וכעבות. לבסוף ממשיכים היצר הרע המסית בחבלים עבות שמושכים בהם את העגלה ר"ל בתחלה מעט נמשכים אחריו ולבסוף נמשכים הרבה: (יט) האומרים וגו'. אומרי' בלעג ימהר להביא מעשה הפורעניות שאומר למען נראה אם יוכל עשוהו: ותקרב ותבואה. כפל הדבר במ"ש: ונדעה. שיש בידו הכח: (כ) לרע. על עבודת עכו"ם היו אומרים שהוא טוב: ולטוב. הוא עבודת המקום: שמים חושך וגו'. כפל הדבר פעמים

מצודת ציון

השמנים בעלי המום: (יח) וכעבות. חבלים עבות: (יט) יחישה. הוא כמו ימהר וכן אחישה מפלט לי (תהלים נ"ה) וכפל הדבר בשמות

tion He says He will bring.—[*Rashi*]

so that we may see—*whose word will stand up.*—[*Rashi*]

These are the words of those who do not believe the prophets' prediction of impending doom for the wicked. To them, "seeing is believing."—[*Redak*]

the counsel of the Holy One of Israel—"Since He is the Holy One of Israel, how can He plan evil upon us, when we do not commit evil deeds?" We learn in the following verse how they pervert the standards of right and wrong.—[*Redak*]

20. **Those who say of the evil that it is good**—*They praise idolators* [var. *idolatry*], *but they consider it evil to worship the Holy One, blessed be He, Who is good.*—[*Rashi, Mezudath David*]

Alternatively, the evil deeds that they practice they consider good, whereas learning Torah and wisdom they consider unnecessary toil.—[*Redak*]

18. Woe to those who draw the iniquity with ropes of nothingness, and like cart ropes is the sin. 19. Those who say, "Let Him hurry; let Him hasten His deed, so that we may see; and let the counsel of the Holy One of Israel approach and come." 20. Woe to those who say of the evil that it is good and of the good that it is evil;

cult to determine, since the narratives of Elisha and Elijah are not mentioned as consolations.

and . . . the ruins of the fat ones—*the houses of the wicked, who are fat.*—[*Rashi*]

sojourners shall eat—*The righteous, who are like sojourners, shall eat them.*—[*Rashi*]

fat—Heb. מֵחִים, *meaning "fat," as*: "(Psalms 66:15) *Burnt-offerings of fatlings will I offer up.*"—[*Rashi*]

Redak interprets this verse as referring to the reign of Hezekiah. Whereas heretofore the righteous people, being weak, were driven from their homes by the influential rich, since Hezekiah was a righteous king, in his reign the righteous would be restored to their holdings, from which the wicked would be exiled, or would die. They will graze as their wont in years gone by, and they will eat the ruins deserted by the wicked.

Ibn Ezra interprets that the land of Judah will be abandoned and become desolate. There, lambs will graze as though they were accustomed to do so. And in the waste places of the land, strangers will eat the fat lambs.

18. **Woe to those who draw the iniquity**—*They draw the evil inclination upon themselves little by little; at first with ropes of nothingness, like the thread of a spider web. And since it provokes them, it continuously gains strength until it becomes like cart ropes, with which they tie a wagon in order to pull it.*—[*Rashi, Jonathan, Redak* from *Sukkah* 52a].

nothingness—Heb. שָׁוְא, *a thing that has no tangibility.*—[*Rashi*]

sin—Heb. חַטָּאָה.—[*Rashi, Ibn Ezra, Redak*] This is an unusual form of the noun.

Redak explains this as an allegory of a person drawing a loaded wagon with ropes. So they draw the sins upon themselves with ropes of *falsehood.* Drawing symbolizes the pleasures and the drinking feasts, which draw a person to immorality, theft, and bloodshed. They draw these sins upon themselves by accustoming themselves to these pleasures and revelries. He renders the second half of the verse as follows: And like *with* cart ropes they draw sin. Just as a wagon is drawn with ropes, so do they bring sin upon themselves. *Ibn Ezra,* too, explains in this manner.

19. **Those who say**—When I send My prophets to them, and they admonish them concerning their evil deeds, and they inform them of the impending doom due them for their sins, they say, "We do not believe."—[*Redak*]

19. **"Let Him hurry; let Him hasten His deed**—I.e., *the retribu-*

שָׂמִים חֹשֶׁךְ לְאוֹר וְאוֹר לְחֹשֶׁךְ שָׂמִים
מַר לְמָתוֹק וּמָתוֹק לְמָר׃ כא הוֹי חֲכָמִים
בְּעֵינֵיהֶם וְנֶגֶד פְּנֵיהֶם נְבֹנִים׃ כב הוֹי
גִּבּוֹרִים לִשְׁתּוֹת יָיִן וְאַנְשֵׁי־חַיִל לִמְסֹךְ
שֵׁכָר׃ כג מַצְדִּיקֵי רָשָׁע עֵקֶב שֹׁחַד
וְצִדְקַת צַדִּיקִים יָסִירוּ מִמֶּנּוּ׃ כד לָכֵן
כאכל

תרגום

טָבְיָא וּלְעִנְוְתָנַיָא אָמְרִין אַתּוּן בְּשִׁיעַיָא הֲלָא בְּמֵיתֵי נְהוֹרָא לְצַדִּיקַיָא יַחְשׁוֹךְ לְרַשִׁיעַיָא וִיבַסְמוּן פִּתְגָמֵי אוֹרַיְתָא לְעָבְדֵיהוֹן וְיֵיתֵי מְרָדָא לְרַשִׁיעַיָא וְיֵדְעוּן דִּבְסוֹפָא מְרִיר חֶטְאָה לְעָבְדֵיהּ׃ כא וַי דְּחַכִּימִין בְּעֵינֵי נַפְשְׁהוֹן וְקָבֵיל אַפֵּיהוֹן סוּכְלְתָנִין׃ כב וַי דְּגִבָּרִין לְמִשְׁתֵּי חֲמַר וְגֻבְרִין מָרֵי נִכְסִין לְאִתְרַוָאָה מִן עַתִּיק׃ כג מְזַכַּן לֵיהּ לְחַיָבָא חֲלַף דִּמְקַבְּלִין מִנֵּיהּ מָמוֹן דִּשְׁקַר וּזְכוּת זַכָּאָה בִּרְשַׁע מַעְדַּן מִנְהוֹן׃ כד בְּכֵן יִתְאַכְּלוּן כְּקַשָּׁא בְּאֶשָּׁתָא וּכְעָמִירָא בְּשַׁלְהוֹבִיתָא סִגַּן

מהר"י קרא

אומ' אתם רעים הלא בבוא האור לצדיקים יחשיך לרשעים. וימתקו דברי תורה לעושיהן בצער וידעו(הראשוני') [הרשעים] כי מרה תהיה לאחרונה להם במעשיהם הרעים:(כד) לכן כאכול

רש"י

לרע טוב. מקלסין עובדי כוכבים ומזלות ורע בעיניהם לעבוד הקב"ה שהוא טוב: שמים חשך לאור. דבר שהוא עתיד להביא עליהם חושך אומרים שיאיר להם: שמים מר למתוק. עון שהוא עתיד להביא עליהם פורענות מר אומרים שימתק להם: ומתוק למר. עבודת הקב"ה המתוקה אומרים מרה היא: (כב) למסוך שכר. למזוג שכר תיקן המשקה קרוי מסך: (כג) וצדקת צדיקים. שהן ראויין לזכות בבית דין יסירו ממנו ומחייבין אותו בדין וגוזלין ממונו: (כד) לכן. והיה הדבר הזה לכם:

רד"ק

ומה הוא רע הרי הם כמי שלא יבדילו בחושים ויכזב להם חוש הראות וחוש הטעם: (כא) הוי חכמים. הם חושבים עצמם חכמים ונבונים וכשאומרים להם הנביאים זו דרך טובה לכו בה וסורו מדרך הרעה הם אומרים להם לא כי אלא הדרך שאנחנו אוחזים הוא הטובה ואנחנו חכמים מכם להכיר הטוב והרע וא"א ז"ל פירש חכמים המה לעשות הישר בעיניהם ונבונים המה לתקן מה שהוא נגד פניהם נכון והוא על דרך שאמר חכמים המה להרע: (כב) הוי גבורים. כל גבורתם היא לשתות יין כלומר כחם וגבורתם אינה נראית להלחם עם אויביהם אלא כל עסקם לשתות יין ושתיי' היין והתענוגים מביאים החולשה והם הם מפסידים חכמתם וגבורתם בשתיית היין והתענוגים וכן אמר ושריך בבקר יאכלו ובהפכו אומר ושריך בעת יאכלו בגבורה ולא בשתי הנה כי שתית היין מונעת הגבורה: ואנשי חיל. כמו גבורים כי פי' חיל כח כמו המאזרני חיל למלחמה ותרגם כח חילא וי"ת וגוברין מרי נכסי כמו עשה לי את החיל: למסוך. כמו למזוג: (כג) מצדיקי. השפטים מצדיקים הרשע בדינו: עקב שוחד. בשכר שוחד שלוקחים ממנו והצדיק בדינו יסירו במשפטם צדקתו ממנו ואמר ממנו אחר שאמר צדיקים ר"ל מכל אחד וא' מהצדיקים הבאים למשפט: (כד) לכן כאכול קש. מנהג הל' להקדים

אבן עזרא

(כא) הוי. הטעם שלא יכירו בין טוב לרע והם חכמים בעיניהם: (כב) הוי גבורים. הטעם נבערה חכמתם בעבור היין: למסוך. כמו לנסוך. והן שני שרשים וכמוהו מסכה יינה: (כג) מצדיקי. והיין יעור להם גם השוחד יעור להם: עקב. בעבור כטעם שכר באחרונה מגזרת ואת עקבו מים: וצדקת. כל אחד מהצדיקים יסירו ממנה כמו בנות צעדה עלי שור: (כד) לכן. קש. פעול ולשון אש

מצודת ציון

כרדפים וכן אדמת עפר (דניאל י"ב): (כב) למסוך. מזוגת היין קרוי מסך: (כג) עקב. בשכר כמו והיה עקב תשמעון (דברים ז):

מצודת דוד

ושלא כדרך המילה ולהתמדת הדבר: (כא) בעיניהם. מחזיקים א"ע לחכמים: ונגד פניהם. לפי הסתכלות פניהם וכפל הדבר במ"ש: (כב) לשתות יין. מראים גבורות לשתות יין הרבה: ואנשי וגו'. כפל הדבר במ"ש: (כג) מצדיקי. מצדיקים בדין את הרשע בשכר שוחד: יסירו ממנו. מכ"א מן הצדיקים מסירים צדקתו לומר עליו שאינו צדיק בדינו: (כד) לכן. בעבור הטיית המשפט: כאכול קש לשון אש. כמו לשון אש שורף את הקש וכמו להבה

is called מְזִיגָה, also in Song of Songs 7:3. In Biblical Hebrew, however, it is usually called מֶסֶךְ; the *sammech* and the *zayin*, both emanating from the teeth, are sometimes interchangeable; the *gimel* and the *kaf*, both emanating from the palate, are also interchangeable. *Ibn Ezra* equates it with נֶסֶךְ, *pouring*.

23. **and the innocence of the innocent**—*who are fit to be exonerated in court, they take away from him, and find him guilty in his suit, and rob him of his money.*—[Rashi]

who present darkness as light and light as darkness, who present bitter as sweet and sweet as bitter. 21. Woe to those who are wise in their own eyes, and in their own estimation, of profound understanding. 22. Woe to the heroes to drink wine and valiant men to mix strong wine. 23. Those who exonerate the guilty one for reward of a bribe, and the innocence of the innocent they take away from him.

Others explain: Woe to those who praise the wicked who prosper in this world and tell them that they are good, and to the humble they tell that they are evil.—[*Jonathan*] *Kara* writes: And to the poor they say, "You are evil." I.e., since the poor suffer in this world, they are believed to be sinful.

who present darkness as light—*A thing which is destined to bring darkness upon them, they say, will bring light to them.*—[*Rashi*]

who present bitter as sweet—*Iniquity,* [var. *idolatry*] *which is destined to bring upon them bitter retribution, they say, will be sweet for them.*—[*Rashi*]

and sweet as bitter—*The sweet worship of the Holy One, blessed be He, they say, is bitter.*—[*Rashi*]

Since they cannot differentiate with their intellect, between good and bad, it is as though they cannot differentiate with their senses, and the senses of sight and taste lie to them.—[*Redak*]

21. **Woe to those who are wise in their own eyes**—They regard themselves as wise and understanding, and, when the prophets tell them, "This is the good way; follow it," they retort, "No, but the way we are following now is the good way, and we are wiser than you to recognize the good and the bad.—[*Redak*]

Malbim renders: Woe to those who are wise in their own eyes, although opposite their faces stand people of profound understanding, who clarify the good from the bad for them.

22. **heroes to drink wine**—They show their heroism to drink wine rather than to protect the oppressed from their oppressors.—[*Mezudath David, Malbim*]

They are heroes only to drink wine; i.e., their might and strength are not used to defeat the enemy, but all their activities are drinking bouts and debaucheries, thus weakening their strength and their mental capacity.—[*Redak*]

valiant men—Synonymous with גִּבּוֹרִים in the first part of the verse. *Jonathan,* however, renders it as: men of substance.—[*Redak*]

to mix strong wine—Heb. לִמְסֹךְ. *To mix* לְמְזוֹג *strong wine. Preparation* of the beverage is called מֶסֶךְ.—[*Rashi, Redak*] In ancient times, strong wine was diluted with water to make it drinkable. In Mishnaic Hebrew, this

כאכל קש לשון אש וחשש להבה
ירפה שרשם כמק יהיה ופרחם כאבק
יעלה כי מאסו את תורת יהוה צבאות
ואת אמרת קדוש־ישראל נאצו:
כה על־כן חרה אף־יהוה בעמו ויט ידו
עליו ויכהו וירגזו ההרים ותהי נבלתם
כסוחה בקרב חוצות בכל־זאת לא־שב

תוקפהון כשבבא יהי
וסמון אונסיהון כאבקא
דפרח ארי קצו
באורייתא דיי צבאות
וית מימר קדישא
דישראל רחיקו: כה על
כן תקיף רוגזא דיי
צבאות בעמיה וארים
מחת גבורתיה עליהון
כד מחנון וזעו טוריא
והואה נבלתהון משגרן
כסחיתא בגו שוקיא
בכל דא לא תבו
מחוביהון דיתוב רוגזיה

רש"י

באכול קש לשון אש. כאכול את הקש לשון אש: **וחשש**. תירגם יונתן עמירא וקשין של שבולין וכחשש אשר הלהבה תרפנו ותעשנה אפר: **כמק**. כדבר הנימוק: **ופרחם**. גדולתם כאבק העולה לפני רוח ומסתלקת כך תסתלק: (כה) **על כן**. על מעשיהם הללו: **וירגזו ההרים**. מלכיהם ושריהם: **כסוחה**. כרוק וקיא הניסח מתוך גופו של אדם שהוא מאוס וכל' חכמים קרוי סחי וכן סחי ומאוס (איכה ג'): **בקרב חוצות**. כן יהיו מאוסים בין העכו"ם: **בכל זאת**. הבאה עליהם: **לא שב אפו**. לא נתקנו

מהר"י קרא

קש לשון אש. הוא אוכל את הקש וכאשר ירפה אותו חשש להבה. כמו כן שרשם אלו האבות. ופרחם אלו הבנים. וכל כך למה כי מאסו את התורה וכו'. ומדרש רבותינו. אמר ר' יודן בן פזי זנח ישראל טוב. ואין טוב אלא תורה שנאמר כי לקח טוב נתתי לכם תורתי אל תעזובו. וכן הוא אומר לכן כאכל קש לשון אש. וכי דרכה של קש לאכל אש. והלא דרכה של אש לאכל את הקש. אלא קש זה ביתו של עשו שהוא משול כקש שנאמר והיה בית יעקב אש ובית עשו לקש. אש זהו ביתו של יעקב שהוא כאש שנאמר והיה בית יעקב [אש]. וחשש להבה ירפה. זהו ביתו של יוסף שהוא משול כלהבת שנאמר ובית יוסף להבה. שרשם כמק יהיה. אלו האבות שהם שרשיהם של ישראל. ופרחם כאבק יעלה. אלו השבטים שהם פרחיהם של אבות. כי מאסו את תורת ה' צבאות אמר ר' יודן זו תורה שבכתב. ואת אמרת קדוש ישראל נאצו. זו תורה שבעל פה: (כה) על כן חרה אף ה' בעמו [וגו'] וירגזו ההרים. אלו הגדולים: ותהי נבלתם כסוחה בקרב חוצות. פת' בטיט

אבן עזרא

פועל. וחשש כמו קש וכמוהו תהרו חשש ויחסר אות בי"ת עם להבה כמו כי ששת ימים הנמלא בית יי' כי ירפה שב אל חשש והוא פועל ועומד: **כמק**. שימק השרש והנה לא יעמד: **כאבק**. סמוך ויחסר ארץ או הדומה לו והנה הטעם האבות והבנים: (כה) **על כן**. על שעזב תורתו: **וירגזו ההרים**. מכובד המכה: **כסוחה**. מושלכת והכ"ף שורש וכמוהו

רד"ק

הפועל לפעול אבל כשהדבר מבואר שאין לטעות בו יקדימו הפעול לפועל כמו זה כי ידוע כי האש אוכלת הקש ולא הקש האש וכן מים תבעה אש אבנים שחקו מים לשון אש הלהבת שהוא כצורת הל': וחשש להבה. היא כפל ענין במלות שונות חשש הוא הקש הדק ופי' ול' להבה ירפה החשש כלומר יחלישנו ויבעירנו כלומר כמו שהמעשה הזה הוא קל מהרה שלשון האש יאכל הקש ולשון להבה ירפה החשש כן יבא להם הרע קל מהרה ויכלם עד ששרשם כמק יהיה ומק הוא מקק הנזכר בדברי רז"ל מקק של סופרים והוא הרקב ומשל שרשם ר"ל החזק שלהם יהיה נמק ונמס: ופרחם. הוא משל על החלשים כמו האבק שמרוב קלותו יעלה באויר ויכלת כן יכלו כלם החזקים והחלשים שהם רעים: כי מאסו את תורת ה' צבאות ואת אמרת קדוש ישראל נאצו. כפל ענין במלות שונות כאבק כלו קמוץ וגם הכ"ף וי"ת וחשש להבה וכעמירא בשלהוביתא ובדרש לכן כאכול קש לשון אש. וכי יש לך קש שהוא אוכל אש אלא קש זהו עשו שכל זמן שמרפים ישראל ידיהם מן המצות שולט בהם בישראל שהם אש עשו שהוא קש שנאמר והיה בית יעקב אש ובית יוסף להבה ובית עשו לקש: (כה) על כן. וירגזו ההרים. דרך משל כאלו רגזו ההרים ורעשה הארץ להם מרוב צרתם: כסוחה. בשקל ושכולה אין בהם ופי' כרותה תרגם לא תזמר לא תכסח: לא

מצודת דוד

מרפה את החשש ומחלישו עד כי ישוב לאפר כן יחלש שרשם להיות כדבר הנימק: ופרחם. גדולתם יסתלק כאבק דק המסתלק ברוח ,.יעלה: (כה) עליו. על עמו: ההרים. מלכי יהודה ושריהם: כסוחה. כרוק המושלך בקרב חוצות: בכל זאת. עם כל הפורעניות הזאת לא שב אף ה' ועוד ידו נטויה להכות בהם:

מצודת ציון

(כד) קש. תבן: לשון אש. להב אש ע"ש שנמשך כלשון: חשש. היא תבן הדק וכן תהרו חשש (לקמן ל"ג): ירפה. מלשון רפיון: כמק. מל' המקה והמסה: ופרחם. המשיל הגדולה לפרחי האילן: יעלה. יסתלק כמו כעלות גדיש (איוב ה): נאצו. ענין בזיון: (כה) וירגזו. ענין תנועת החרדה: כסוחה. כרוק הניסח מן הגוף

their root shall be like rot—These are the Patriarchs, who are the roots of Israel.—[*Kara*]

and their blossom shall go up like dust—*These are the tribes of Israel.*—[*Rashi* ms., *Kara, Yalkut Shimoni, Yalkut Machiri.*]

for they have rejected the law of the Lord of Hosts—This is the Written Torah.—[*Kara*]

and the word of the Holy One of Israel they have despised—This is the Oral Torah.—[*Kara, Yalkut Shimoni, Yalkut Machiri* from aforementioned source]

25. **therefore**—i.e., *because of*

24. Therefore, as a flame of fire consumes stubble, and a flame shrivels straw, their root shall be like rot, and their blossom shall go up like dust, for they have rejected the law of the Lord of Hosts and the word of the Holy One of Israel they have despised. 25. Therefore, the Lord has become wroth with His people, and He has stretched forth His hand upon them and has struck them, and the mountains have quaked, and their corpses were like spittle in the midst of the streets; with all this, His anger has not turned back,

from him—from each one of the innocent, which is in the plural form.—[*Redak, Ibn Ezra*]

24. **Therefore**—*this thing shall be to them . . .*—[*Rashi*]

as a flame of fire consumes stubble—lit. *as consuming the stubble a flame of fire.*—[*Rashi*]

Redak, too, notes that the object precedes the subject, but since straw cannot consume fire, the meaning is obvious.

and straw—*Jonathan renders: chaff, the straw of ears of grain; and like straw that the flame shrivels and turns to ashes.*—[*Rashi*]

I.e., just as fire consumes straw very quickly, so will Divine retribution come upon them suddenly, as Scripture goes on to depict.—[*Redak*]

like rot—like something that melts.—[*Rashi*]

Redak interprets it as rotted material.

and their blossom—*Their greatness, just as the dust that is raised before the wind and goes away, so will it go away.*—[*Rashi*]

Redak interprets the allegory of the root and the blossom as referring to the strong and the weak; *Ibn Ezra,* as referring to the fathers and the sons.

Rashi continues, according to ms. printed in *Parshandatha* and in *Nach Etz Chaim: Another explanation is, as follows: Now does stubble consume a flame of fire? Is it not customary for fire to consume stubble? Yet you say, "As stubble consumes a flame of fire." Rather, this is Esau, symbolized by stubble, who rules over the children of Jacob, symbolized by fire, as it is said*: "(Obadiah 18) *And the House of Jacob shall be fire.*" **And straw a flame**—*This represents the House of Joseph, as it is written: "(ibid.) And the House of Joseph a flame."*—[*Rashi* ms. from *Pesikta d'Rav Kahana,* p. 121. *Rabbi Joseph Kara,* too, quotes this *Pesikta. Rashi,* however, adds the words, "who rules over the children of Jacob," thus clarifying the intention of the *Midrash. Redak* quotes a similar *Midrash,* adding, that, as long as Israel does not cling steadfastly to the commandments, Esau will rule over them.

אַפּוֹ וְעוֹד יָדוֹ נְטוּיָה׃ כו וְנָשָׂא־נֵס לַגּוֹיִם
מֵרָחוֹק וְשָׁרַק לוֹ מִקְצֵה הָאָרֶץ וְהִנֵּה
מְהֵרָה קַל יָבוֹא׃ כז אֵין־עָיֵף וְאֵין־
כּוֹשֵׁל בּוֹ לֹא יָנוּם וְלֹא יִישָׁן וְלֹא נִפְתַּח
אֵזוֹר חֲלָצָיו וְלֹא נִתַּק שְׂרוֹךְ נְעָלָיו׃
כח אֲשֶׁר חִצָּיו שְׁנוּנִים וְכָל־קַשְּׁתֹתָיו

דרכות

תרגום

מִנְהוֹן וַעֲד כְּעַן מִתְקְפֵי
מָרְדֵיהוֹן וְעוֹד מְחָתֵיהּ
עֲתִידָא לְאִתְפְּרַע מִנְהוֹן׃
כו וְיִזְקוֹף אָת לְעַמְמַיָא
מְרָחִיק וְיַכְלֵי לֵיהּ מִסְיָפֵי
אַרְעָא וְהָא בִּפְרִיעַ קְלַךְ
בְּמַשְׁרְיָתֵיהּ כְּעַנְנִין
קַלִּילִין יֵיתֵי׃ כז לֵית
דְמִשְׁלְהֵי וְלֵית דְמִתְקִיל
בֵּיהּ לָא יְנוּם וְלָא
יִדְמוּךְ וְלָא יִשְׁתְּרֵי זְרִיז
חַרְצֵיהּ וְלָא תִתְפְּסִיק
עַרְקַת מְסָנֵיהּ׃ כח דִי

מהר"י קרא

חוצות. והדין נותן שלפי שהם נאצו מאסו את תורת ה' על כן היתה נבלתם מאוסה בקרב חוצות: (כו) ונשא נס לגוים מרחוק. זה סנחריב מלך אשור שהגלה עשרת השבטים. וכן הוא אומר ואל עמים ארים נסי. וכן שאו נס ציונה אף כאן ונשא נס לגוים. נביאי ישראל מרמזין להם שיבואו כגון ישעיה שמתנבא על סנחריב שהגלה עשרת השבטים. נס בלע"ז פיריי"א שמניפין בני העיר כשחרב בא על העיר עולין ומניפין אותו להראות לעיירות הסמוכות להם שיבואו לעזרה. ואע"פ שהגוי ההוא שרוי בקצה הארץ כשישרוק הקב"ה להם שיבואו. הנה מהרה קל יבא כשם שאמר ישא ה' עליך גוי מרחוק מקצה הארץ וגו': (כז) אין עיף ואין כושל בו. כדרך בני האדם הבאים מרחוק: לא ינום ולא יישן. כדרך עוברי

רש"י

במעשיהם להשיב אפו מהם: נטויה. להרע להם: (כו) ונשא. הקב"ה: נס לגוים. ורומז להם רמזים להתאסף ולבא עליהם. נשיאת נס הוא כמו כלונס ארוך ונותנין בראשו בגד ועולין בראש הר גבוה ורואין אותו מרחוק והוא סימן לקיבוץ בני אדם וכן אל עמים ארים נסי (לקמן מ"ט) וכן ושים אותו על נס (במדבר כ"ד). כלונס (פירקנא בלע"ז) ועל שם שהוא לאות קרוי נס: ושרק. (שיבליר בלע"ז) אף הוא סימן לקיבוץ: מקצה הארץ. שיבאו מרחוק לצור על ישראל: קל יבוא. האויב עליהם כמו שמפ' והולך: (כז) אין עיף ואין כושל בו. לא ייעף ולא

יכשל במרוצתו לקיים ימהר יחישה שהם אומרי' לפניו: נפתח. ל' ניתר כמו ויפתח הגמלים (בראשית כ"ד): ולא נתק.

רד"ק

שב אפו. לפי שהם אינם שבים בתשובה: (כו) ונשא נס. כאלו האל ישא להם נס וכאלו ישרוק להם שיבאו לארץ ישראל להחריבה. וענינו שיעיר את רוחם לבא מהרה קל הכפל לחזק המהירות והוא מלך אשור שיבא מהרה ובקלות כמו הקל ברגליו שהולך מהרה וי"ת קל כענין קלילין: (כז) אין עיף. הפסוק הזה הוא על דרך הפלגה מרוב חפצם ומהירותם לבא לא יעפו ולא יגעו מן הדרך ולא יכשל אחד מהם בדרך

אבן עזרא

שרופה באש כסוחה והם שנים משקלים: (כו) ונשא. כאילו ישא נס לכל גוי עד שיבא להלחם עם ישראל וכן ושרק לו: קל יבוא. בזמן קל יבא או הוא תואר הבא והוא הנכון: (כז) אין. ינום. קל מישן והטעם לא ינום אף כי שישן ולא נתק מבנין נפעל: (כח) אשר. בצר. כגון חרבות

כלומר שלא תגוף רגלו באבן בדרך מפני מהירותם ללכת לא ינום ולא ישן ביום וגם בלילה לא ישן אחד מהם דרך קבע שיצטרך להתיר אזורו ולהתיר שרוך נעליו ברגליו ישן מה שישן בלילה אלא לבוש ונעליו ברגליו וכל זה דרך הפלגה: נתק. פירושו התרת קשר המנעול: (כח) אשר חציו. יכן כלי מלחמתו כולם ערוכים להלחם. חציו שנונים ומחודדים וכן קשתותיו דרוכות לא יצטרכו לדרוך אותם כשירצו להלחם שלא יתעכבו במלחמה. וכן פרסות סוסיו כמו הצור והוא האבן החזק

מצודת ציון

וכן סמי ומאום תשימנו (איכה ג'): (כו) נס. הוא כלונס ארוך ובראשו בגד ועשוי לרמוז בו ולהתאסף ולבוא: ושרק. הוא קול שנעשה בקבוץ השפתים והוא סי' להתאסף וכן אשרקה להם ואקבצם (זכריה י'): (כז) נפתח. ענין התרת הקשר כמו יתרי פתח (איוב ל'): אזור. חגורה: חלציו. מתניו: נתק. נעתק ממקומו:

מצודת דוד

(כו) ונשא נס. ר"ל יעורר לב האומות היושבים ממרחק לבוא עליהם כאלו נשא להם נס וכאלו שרק להם להתאסף ולבוא: (כז) אין עיף. בהעם הבא לא ימצא בו עיף וכושל: לא ינום. ר"ל לא יהיה מי מתעלל בדבר: ולא נפתח. ר"ל לא יהיה למי שום לב עכוב: (כח) אשר חציו

שרוך. ענין קשורים כמו מחוט ועד שרוך נעל (בראשית י"ד): (כח) שנונים. מחודדים: דרוכות. שדרך לדרוך ברגליו על הקשת

against you a nation from afar, from the end of the earth, as the eagle swoops."

27. **None is weary or stumbles among them**—*No one will be weary and no one will stumble in his running, to fulfill,* "(supra v. 19) *Let Him hurry, let Him hasten,*" *that they say before Him.*—[Rashi]

Although it is customary for those who come a long way to weary and stumble, the Assyrian soldiers will not.—[*Kara*]

he will neither slumber nor sleep—as usually occurs to those who travel long distances.—[*Kara*]

open up—Heb. נִפְתַּח *an expression of untying, as*: "(Genesis 24:32) *And he untied* (וַיְפַתַּח) *the camels.*—[*Rashi*]

nor will . . . be torn—*And they will not see any omen of defeat, because of which to fear to come.*—[Rashi]

and His hand is still outstretched. 26. And He shall raise an
ensign to the nations from afar, and He shall whistle to him
from the end of the earth, and behold, quickly, swiftly he shall
come. 27. None is weary or stumbles among them, he shall
neither slumber nor sleep; the belt around his waist shall not
open up, nor shall a thong of his shoes be torn. 28. One whose
arrows are sharpened, and all his bows

these deeds of theirs.—[*Rashi*]

and the mountains have quaked—This is symbolic of *their kings and their princes.*—[*Rashi*]

Their overwhelming distress will make it seem as though the very mountains have quaked.—[*Redak*]

like spittle—Heb. כְּסוּחָה *like spittle and vomit, which is expelled* (נִיסָּח) *from a person's body, which is repugnant. In the language of the Rabbis it is called* סְחִי *and so*: "(Lamentations 3:45) *Loathsome and rejected.*"—[*Rashi*]

Others regard the *kaf* as part of the root כסח, rendering: *cut off* [*Redak*], or *cast away* [*Ibn Ezra*].

in the midst of the streets—*So they will be loathsome among the nations.*—[*Rashi*]

with all this—*that has come upon them.*—[*Rashi*]

His anger has not turned back—*They have not been rectified with their deeds to cause His anger to turn back.*—[*Rashi, Redak*]

and His hand is still outstretched—*to harm them.*—[*Rashi*]

Jonathan paraphrases: And His blow is still destined to deal punishment upon them.

26. **And He shall raise**—i.e. *the Holy One, blessed be He*—[*Rashi*]

an ensign to the nations—*and signal to them to gather and to come upon them. Raising an ensign* (נֵס) *is like a long pole* (כְּלוֹנָס), *at the end of which they attach a cloth,* i.e. a flag, *and they climb to the top of a lofty mountain and see it from afar; and that is the sign for people to gather. Comp.* "(infra 49:22) *And to peoples I will raise My ensign* (נִסִּי)," *comp. also* "(Numbers 21:8) *And set it upon a pole* (נֵס)," *meaning a pole* (כְּלוֹנָס), *perche in French, but since it is for a sign, it is called* נֵס.—[*Rashi*] *And He will whistle,—sibler in O.F. This too is a sign for gathering.*—[*Rashi*]

from the end of the earth—*that they should come from afar to besiege Israel.*—[*Rashi*]

swiftly he will come—*The enemy* will come *upon them* swiftly, *as Scripture proceeds to explain.*—[*Rashi*]

In these verses, the prophet foretells the Assyrian invasion upon the northern kingdom of Israel. It will be as though God had raised an ensign to signal to them to come from afar, and whistled to them if they did not see the ensign. I.e., He will inspire them to come swiftly to attack Israel.—[*Redak, Kara*]

Rabbi Joseph Kara finds a striking parallel in Deut. 28:49, where we read, "The Lord will bring up

דְּרֻכוֹת פַּרְסוֹת סוּסָיו כַּצַּר נֶחְשָׁבוּ
וְגַלְגִּלָּיו כַּסּוּפָה׃ כט שְׁאָגָה לוֹ כַּלָּבִיא
וְשָׁאַג כַּכְּפִירִים וְיִנְהֹם וְיֹאחֵז טֶרֶף
וְיַפְלִיט וְאֵין מַצִּיל׃ ל וְיִנְהֹם עָלָיו בַּיּוֹם
הַהוּא כְּנַהֲמַת־יָם וְנִבַּט לָאָרֶץ וְהִנֵּה־

קמץ בז"ק · ישאג קרי · חשך

גִירוֹהִי מְחַרְפִּין וְכָל
קַשְׁתָּתֵיהּ מְתִיחָן פַּרְסַת
סוּסְוָתֵיהּ כְּטִנָּרָא
תַקִּיפִין וְגַלְגְּלוֹהִי קַלִּילִין
הָא כְּעַלְעוֹלָא׃
כט נִיהוּמֵי לֵיהּ כְּאַרְיָא
וְיִנְהוֹם כְּבַר אַרְיָוָן וְיַכְלֵי
וְיֵיחוֹד בִּזָא וִישֵׁיזֵיב וְלֵית
דְמַצִיל׃ ל וְיַכְלֵי עֲלוֹהִי
בְּעִדָּנָא הַהִיא
בְּאִתְרְגוֹשַׁת יַמָא דְאִם
יִבְעוֹן רַשִׁיעַיָא סָעֵיד מִיתְבֵי אַרְעָא עָקָא וּתְבַר אִיתֵי עֲלֵיהוֹן בְּרַם צַדִּיקַיָא דִיהוֹן בְּשַׁעֲתָא

רש"י

ולא ירחו שום סי' כשלון לירא ממנו מלבא: (כח) כצר. תירגם יונתן כטינרא כמו צור: וגלגליו. אופני מרכבותיו: (כט) שאגה. אימה תהיה לו עליכם כמו לביא: ויפליט. יוליכו לטרפו מיד כל הבאים להצילה. יפליט (אישקמולייר בלע"ז): (ל) וינהום. אותו האויב על עם ה' הנז' למעלה: כנהמת ים. אשר יהמו גליו כן יבא בחיילות הומות: ונבט לארץ. ל' הבטה יביטו ישראל וילפו שיעזרום מלכי ארץ שהם סומכין עליהם כענין שנאמר היורדים מצרים לעזר' (לקמן ל"א): והנה חושך. שלא יהא עוזר להם. ונבט ל' נפעל כמו לא נפתח ולא נתק והוי"ו

מהר"י קרא

דרכים הבאים מארץ רחוקה שתוקפת עליהם תרדמה: (כח) פרסות (רגליו) [סוסיו] כצר נחשבו. כטינרא תקיפין קשים כצר וכסלע שלא יהיו נשמטות מטורח הדרך: (כט) שאגה לו כלביא. שאגה שלו של אותו הבא עליו כלביא: וינהם ויאחז טרף ויפליט. אליו הטרף: ואין מציל. הטרף מידו. כשם שמציל מיד הגוזל נקרא מפליט. כמו כן הגוזל מיד הבעלים נקרא מפליט שמוציאו מיד הבעלים ומפליטו אליו. זהו שאמר כאן ויפליט ואין מציל: (ל) וינהם עליו. האויב ביום ההוא כנהמת ים: ונבט לארץ והנה חושך. כי יראה מלך שינהום עליו האויב כנהמת ים. ויהיה ניבט לארץ שיצפה עוזר מיושבי הארץ. זה הושע בן אלה ששלח מלאכים אל סוא מלך מצרים לעזרה. ומלך מצרים ששרוי עכשיו בריות שנסמך עליו לשניהם אחשיך השעה. וכן הוא אומר וה' יטה ידו וכשל עוזר ונפל עזור יחדו כולם יכליו. ומדרש אגדה בפרקים דר' אליעזר אמר. צר הוא הירח שהיא צרה כנגד החמה. ואור הוא המאור הגדול החמה. לשניהם אחשיך בעריפיה.

אבן עזרא

צורים כי משקלי השמות משתנים: וגלגליו. כמו אופן מרכבותיו והם ידועים. וטעם כסופה שיבא מהרה והפירוש כמוץ סופה: (כט) שאגה. וינהום. מלה זרה בעבור שאות הגרון ירחב ויבוא העתיד על משקל יפעל שהיה עי"ן הפועל אחד מהגרון רק אם היה לו לומר כן לא יתכן להיותו כלל על משקל יפעול: ויפליט. ירצה שיפליט לרצות אם יש מציל: (ל) וינהום עליו. על ישראל: כנהמת ים. כי אז יחשך אור העולם וכתוב חשכת מים. וטעם ונבט לארץ כי בארץ יהיו ולא בים ויבוא החשך דרך משל על מצוקות הלב. יש אומרים כי ונבט מבנין נפעל והקרוב אלי שהוא מבנין הכבד

רד"ק

נחשבו שלא יכאבו מן הדרך ולא יצטרכו להטיל להם ברזלים וכן גלגלי המרכבה יבאו מהרה כמו הסופה והוא הקש המתגלגל ברוח וכל זה דרך הפלגה: (כט) שאגה לו. ושאג כתוב ישאג קרי והענין אחד: ויאחז טרף. כי לא תהיה שאגתו ונהמתו לחנם אלא שיאחז טרף כמו שנאמר הישאג אריה ביער וטרף אין לו כן האויב הזה והוא מלך אשור יאחז טרף ואין מציל מידו שהרי בבאו כבש כל ארץ ישראל וגם כל ערי יהודה הבצורות ופי' ויפלט יקח הפלטה והיא ארץ יהודה כי הכל כבש זולתי ירושלים: (ל) וינהום. כנהמת ים. כנהמת גלי הים: ונבט לארץ. מבנין פעל הדגוש בשקל אבד ושבר אומר יביט ישראל לארץ בבא עליו האויב פתאום יביט אם יבא לו עוזר ואין ולא יראה כי אם חשך ומהו החושך חושך צר כלומר חשך האויב הבא עליו ואע"פ שבמלת חשך עמד הטעם הענין דבק עם צר: ואור חשך בעריפיה. ואור השמש חשך לו לישראל בשמים כלומר קדרו לו השמים ממעל מרוב הצרה והשמים נקראו עריפים מפני שמזילים המטר כמו שאמר אף

מצודת דוד

שנונים. יהיה עם אשר הליו יהיה שנונים ר"ל יהיה מוכן למלחמה: בצר. חזקים כסלע ולא יתנגפו במרוצתם: כסופה. ימהרו ללכת כרוח סופה: (כט) שאגה לו. להעם הזה: ויפליט. יציל הטרף לעצמו מיד הבא לחטוף מידו: ואין מציל. לא יהיה ביד מי להציל מידו: (ל) עליו. על ישראל: ונבט לארץ. יביט למלכי ארץ אולי ימלא מהם עזרה: והנה חושך צר. יש לו חושך מהצר והאויב הבא

מצודת ציון

למתחו היטב: פרסות. הוא כעין מנעלים: כצר. כסלע: וגלגליו אופן העגלה: כסופה. רוח חזק: (כט) כלביא. שם משמות האריה: וינהם. מלשון המייה: ויפליט. ענין הצלה: (ל) כנהמת. מלשון המייה: ונבט. מלשון הבטה וראיה: בעריפיה. כן נקראו' השמים על כי יערפו ויזלו את הטל כמ"ש אף שמיו יערפו טל (דברים ל"ג) או ר"ל במאפליה:

in its eclipse—Heb. בַּעֲרִיפֶיהָ When its darkening comes. An expression similar to: "(Deut. 32:2) *Shall drip* (יַעֲרֹף) *like rain," for so is the nature that when rain falls, the light darkens.*—[*Rashi*]

Others separate the word וְאוֹר from the word צַר, explaining as follows: And behold the land of Israel has become darkened by its distress,

sun, meaning light.—[*Rashi*] The second explanation is quoted by *Ibn Ezra, Redak, Ibn Janah,* and also *Kara* in the name of *Pirke d'R. Eliezer,* not found in our editions. He explains it literally as an eclipse, which would occur upon Assyria's conquest of Israel, for when the people suffer, the luminaries are eclipsed.

are bent, the hoofs of his horses are regarded like flint, and his
wheels like the tempest. 29. He has a roar like a lion; he will
roar like the lion cubs, and he will growl and lay hold of prey,
and he will retrieve it, and no one will save it. 30. And he shall
growl over it on that day like the growling of the sea, and he
shall look to the land and behold darkness;

Because of their eagerness to attack, they will not weary of the way. Neither will anyone stumble on a rock because of their speed. No one will slumber or sleep by day, and no one will undress to sleep for the night; hence, they will not untie their belts or their shoes.—[*Redak*]

bent—I.e. the army will be completely prepared for war. They will not have to take time to sharpen their arrows or bend their bows.—[*Mezudath David, Redak*]

like flint—*Jonathan renders: like a rock, similar to* צור.—[*Rashi*]

I.e., it will not be necessary to shoe the horses, since their hoofs will be as hard as flint.—[*Redak*]

and his wheels—*the wheels of his chariots.*—[*Rashi*]

like the tempest—[according to *Mezudoth*]

Others explain this as the chaff that blows in the wind.—[*Ibn Ezra, Redak*]

29. **He has a roar like a lion**—*His fear will be upon you like a lion.*—[*Rashi*]

and he will retrieve—*He will save it from all those who try to save it.* יַפְלִיט *is esmoucer in O.F.* [*to seize*]—[*Rashi*]

His roar and growl will not be in vain, for he will lay hold of prey. This symbolizes the king of Assyria, who will conquer the entire land of Israel and the fortified cities of Judah, and he will seize, i.e., he will seize those who seek to escape from him, for he, indeed, conquered the entire land of Judah except for Jerusalem.—[*Redak*]

30. **And he will growl**—*That enemy* will growl *at the people of the Lord, mentioned above.*—[*Rashi*]

like the growling of the sea—*whose waves roar, so will he come with roaring armies.*—[*Rashi*]

and he will look to the land—Heb. וְנִבַּט, *an expression of looking. Israel will look and hope that the kings of the land, upon whom they rely, will assist them, like the matter that is stated*: "(infra 31:1) *Those who go down to Egypt for aid.*"—[*Rashi*]

and behold darkness—*for they will have no support.* וְנִבַּט *is in the passive voice* (נִפְעַל) *like* וְלֹא נִפְתַּח, *will not open up,* וְלֹא נִתַּק *will not be torn, and the "vav" causes the sense to be reversed to the future. Ediert esvuardeyd in O.F.*—[*Rashi*]

the distressed one and the light shall darken—*Comp.* "(infra 31:3) *And the helper shall stumble and the one who is helped shall fall." He who is distressed, upon whom the trouble has come, as well as he who comes to bring light to him, both of them will darken. Some interpret* צַר *as the moon, whose light was diminished,* צַר meaning narrow, *and* אוֹר *as the*

חֹשֶׁךְ צַר וָאוֹר חָשַׁךְ בַּעֲרִיפֶיהָ׃
ו א בִּשְׁנַת־מוֹת הַמֶּלֶךְ עֻזִּיָּהוּ וָאֶרְאֶה
אֶת־אֲדֹנָי יֹשֵׁב עַל־כִּסֵּא רָם וְנִשָּׂא
וְשׁוּלָיו מְלֵאִים אֶת־הַהֵיכָל׃ ב שְׂרָפִים
עֹמְדִים מִמַּעַל לוֹ שֵׁשׁ כְּנָפַיִם שֵׁשׁ

ת"א רם ונשא. יבמות מט עיקרים מ"ג פי"ז זוהר ברא"ים : שרפים. עקדה שער סז זוהר תרומה: שש כנפים. חגיגה יג :

תרגום

הָהִיא יִתְכַּסוּן מִן קֳדָם
בִּישְׁתָּא : א בְּשַׁתָּא
דְאִתְנְגַע בַּהּ מַלְכָּא עֻזִּיָה
אֲמַר נְבִיָא חֲזֵיתִי יָת
יְקָרָא דַיְיָ שָׁרֵי עַל
כּוּרְסֵיהּ רָם וּמִתְנַטַל
בִּשְׁמֵי מְרוֹמָא וּמִזִיו
יְקָרֵיהּ אִתְמְלֵי הֵיכְלָא :
ב שַׁמָשִׁין קַדִישִׁין
בִּרוּמָא קֳדָמוֹהִי שִׁתָּא
גַּפִּין לְחַד שִׁתָּא גַפִּין

מהר"י קרא

כמנהג העולם שכשהבריות לוקין חמה ולבנה לוקין. וכן במפלתה של בבל הוא אומר כי כוכבי השמים וכסיליהם לא יהלו אורם חשך השמש בצאתו וירח לא יגיה אורו : בעריפיה. בהרוגיה:

ו (א) בשנת מות המלך עוזיהו [וגו']. אע"פ שיושב על כסא רם ונשא מגיעים רגליו עד מקום ההיכל של מטה: (ב) שרפים עומדים ממעל לו. ממרחק שמנו: שש כנפים

רש"י

גורמת לו להסב הדיבור להבא (חייר"ט אוסכרד"י בלע"ז): צר ואור חשך. כמו וכשל עוזר ונפל עזור [שם] מי שצר לו שבאת עליו הצרה וזה שבא להאיר לו שניהם חשכו ויש פותרין צר היא הלבנה שנתמעטה ואור היא החמה: בעריפיה. בבא מאפליה שלה ל' יערף כמטר (דברים לב) וכן דרך בערוף מטר האור מאפיל:

ו (א) (בשנת. סימן זה תחלת הספר ותחילת נבואת ישעיה וחמשה סימנים הקדומים נאמרו אחר זה הסימן אלא שאין מוקדם ומאוחר בתורה וראייה לדבר ישעי' נבא ונותרה בת ציון כסכה וגו' זה היה לאחר שהחריב והגלה סנחריב את עשרת השבטים ונשארו רק יהודה וירושלים לכך אמר חזון ישעיה וגו' על יהודה וירושלים וגו' על מה תכו עוד תוסיפו סרה וגו') (אברבנאל): בשנת מות. כשנצטרע: ושוליו. כמו שולי המעיל (שמות כ"ח) תחתיתו. ראיתיו יושב על כסאו בשמים ורגליו בהיכל הדום המקדש לדון על עוזיהו שבא ליטול כתר כהונה: (ב) שרפים

רד"ק

שמיו יערפו טל ופי' יערפו יזלו וכן יערוף כמטר לקחי יזל וי"מ בעריפיה ברחובותיה כמו יערוף מזבחותם שהוא ענין הריסות ויש מפרשים צר ואור שמש וירח : (א) בשנת מות המלך עוזיהו. ת"י בשתא דאתנגע בה מלכא עזיהו והוא כשנכנס להקטיר קטרת בהיכל והצרעת זרחה במצחו ויש לפרש מיתה ממש ולפי' הזה לא יהיה זה תחילת נביאתו ומה שספר השנה שראה זאת המראה לפי שבמותו הרעו העם כמו שנא' בתחילת מלכות יותם אמר ואראה את ה' ראה במראה הנבואה כבוד ה' כי פי' ה' כבוד ה' וכן ת"י יקרא דה' וכן נאמר על הכבוד וירד ה' על הר סיני ותרגם גם כן אנקלוס ואתגלי יקרא דה' וכן אמר יחזקאל על דמות הכסא ועל דמות הכסא כמראה אדם עליו מלמעלה וזהו שאמר ואראה את ה' יושב על כסא רם ונשא ורם ונשא הוא על הכסא והכל הוא דמות במראה הנבואה ורבותי' הקשו הפסוקים ואמרו כתיב כי לא יראני האדם וחי וכתיב ואראה את ה' לא קשיא כאן באספקלריא המאירה כאן באספקלריא שאינה מאירה ואמרו רבותינו ז"ל כל מה שראה יחזקאל ראה ישעיהו יחזקאל למה הוא דומה לבן כפר שראה את המלך ישעיהו לבן כרך שראה את המלך כלומר שיחזקאל ספר פרטי הדברים לפי שהיה חדוש גדול אצלו או אצל בני דורו אבל ישעיה לא ספר אלא דרך כלל כי הוא היה שלם יותר מיחזקאל ולא היתה המראה כל כך חדוש אצלו או בני דורו היו שלמים יותר מבני דורו של יחזקאל וישעיהו זכר שרפים ולא זכר החיות : ושוליו. הכנוי כנגד הכבוד וכן ת"י ומזיו יקריה אתמלי היכלא או יהיה הכנוי כנגד הכסא והשולים הם תחתית הבגד או זולתו והמשל הנה כי ההיכל מכוון כנגד כסא הכבוד: מלאים את ההיכל. כמו ממלאים וכן וכבוד ה' מלא את המשכן וההיכל הוא היכל בית המקדש או פי' ההיכל השמים כמו ה' בהיכל קדשו ה' בשמים כסאו : (ב) שרפים

אבן עזרא

הדגוש והוא שב אל ישראל כאשר אמרתי במלת עליו : צר ואור. יש אומרים השמש והירח ואחרים אמרו הירח והשמש כי הירח צר כנגד השמש ור' אדוני' אומר שיחסר אות ה"א כאילו אמר צהר כי אותיות יהו"א פעם הם יתרים גם ימלאו חסרים והנה טעה כי ה"א איננה מאותיות המשך ולא יעלם רק באחרונה שהיא תמורת אל"ף במבטא והנכון בעיני להיו' כמשמעו להיו' צר כמו צר ומצוק מלאוני או יהיה תואר השם והטעם כי תחשך ארץ ישראל מפחת הצר גם מפאת האור שיחשך בעת הריסותיה כי יעלה איד ויכסה אור השמש : בעריפיה. כמו יערף מזבחתם וקרוב מגזרת וערפתו :

ו (א) בשנת מות. הקדמונים אמרו שמלת מות נרע' כי בעת שנכנס אל ההיכל להקטיר היה הרעש גם הוא נכון ויתכן להיות כמשמעו כי בשנה שהתנבא מת עזיהו ואין טענה בימי עזיהו אחר שהיה חדשים וזאת היא תחלת נבואת ישעיהו : רם ונשא. תאר הכסא לא כאשר אמרו רבים והטעם שהוא למעלה מהחיות כאשר אפרש בספר יחזקאל : ושוליו. הם שולי הכסא כי מנהג המלכים להיות בגדים על כסאם : (ב) שרפים. קראם שרפים בעבור

מצודת ציון

ו (א) ושוליו. תחתיו ר"ל רגליו : מלאים. ממלאים :

מצודת דוד

עליו כי לא מלא עזר : ואור חשך בעריפיה. אור השמש חשך לו בשמים מרוב הצרה. או בעריפיה ר"ל בבוא מאפליה ועל כי בעת יערוף המטר מאפיל האור אנ"ר בעריפיה : ו (א) בשנת מות. כשנצטרע כשנכנס בהיכל להקטיר כמה שכתוב והצרעת זרחה במצחו (דה"ב כ"ו) כי המצורע חשוב כמת : (ב) ממעל. בשמים : לו. לשמשו : לאחד. לכל אחד ואחד :

the *zaraath* shone on his forehead." Cf. II Kings 15:5, Commentary Digest. According to *Midrash* and *Talmud*, a *mezora* is regarded as dead. Based on that premise, they interpret our verse as meaning, In the year of the plaguing of King Uzziah.

As *Rashi* explains at the beginning of our Book, that this chapter con-

the distressed one and the light shall darken in its eclipse.

6

1. In the year of the death of King Uzziah, I saw the Lord sitting on a high and exalted throne, and His lower extremity filled the Temple. 2. Seraphim stood above for Him, six wings, six wings

and the light has become darkened in its heaven. I.e., it will seem as though the sun has darkened when the land is invaded by the foe. Alternatively, the light will become darkened in its destruction, i.e., in the destruction of the land.—[*Redak* and *Ibn Ezra*] The latter explains that a mist rose at the time of the destruction and darkened the light of the sun.

1. (**In the year**—This chapter is the beginning of the Book and the beginning of Isaiah's prophecy, and the first five chapters were stated after this chapter, but there is no chronological order in the Torah. Proof of the matter, Isaiah prophesied: "(1:8) And the daughter of Zion will be left like a hut . . ." This took place after Sennacherib had destroyed and exiled the Ten Tribes, and only Judah and Jerusalem remained. He, therefore, said: "The vision of Isaiah . . . concerning Judah and Jerusalem . . . (v. 5) Why are you beaten when you still continue to rebel?) (*Abarbanel*)

This paragraph is printed in all current editions of *Nach*. In fact, *Abarbanel* questions the tradition that this chapter represents the beginning of Isaiah's prophecy. He explains 1:8 as a future prophecy, recited before Uzziah's death. This matter has already been partially discussed at the beginning of the Book and will be discussed at length further in this chapter, after quoting the commentaries found in our edition of *Mikraoth Gedoloth*.

In the year of the death—I.e., *when he was smitten with zaraath.*—[*Rashi* from *Targum Jonathan, Yalkut Machiri* from *Exodus Rabbah* 1:34, *Yalkut Shimoni* from *Midrash Yelammedenu, Tanhuma Tzav* 13]

and His lower extremity—Heb. וְשׁוּלָיו, *comp.* "(Exodus 28:34) *On the hem* (שׁוּלֵי) *of the robe, meaning "its lower extremity." I saw Him sitting on His throne in heaven with His feet in the Temple, His footstool in the Sanctuary, to pass judgment on Uzziah, who came to usurp the crown of the priesthood.*—[*Rashi*]

Rashi refers to the incident related in II Chron. 16:21, that Uzziah attempted to burn incense in the Temple, thereby usurping a function reserved for the priesthood. He claimed that the king did not fall under the limitation of a "stranger" refraining from performing this rite. It is only fitting, thought he, that the king serve the King of glory. In his anger against the priests who repulsed him, he was smitten with "zaraath," as Scripture states, "and

לַחֲדָא בְּתַרְתֵּין מְכַסֵּי אַפּוֹהִי דְלָא חָזֵי וּבְתַרְתֵּין מְכַסֵּי גְוִיָּתֵיהּ דְלָא מִתַּחֲזֵי וּבְתַרְתֵּין מְשַׁמֵּשׁ׃
ג וּמְקַבְּלִין דֵּין מִן דֵּין וְאָמְרִין קַדִּישׁ בִּשְׁמֵי מְרוֹמָא עִלָּאָה בֵּית שְׁכִנְתֵּיהּ קַדִּישׁ עַל אַרְעָא עוֹבַד גְּבוּרְתֵּיהּ

כְּנָפַיִם לְאֶחָד בִּשְׁתַּיִם ׀ יְכַסֶּה פָנָיו וּבִשְׁתַּיִם יְכַסֶּה רַגְלָיו וּבִשְׁתַּיִם יְעוֹפֵף׃
ג וְקָרָא זֶה אֶל־זֶה וְאָמַר קָדוֹשׁ ׀ קָדוֹשׁ קָדוֹשׁ יְהוָה צְבָאוֹת מְלֹא כָל־הָאָרֶץ

ת״א יכסה פניו. (ברכות יא) : קדוש. חולין לא : כל הארץ. ברכות מג קדושין לא :

רש״י

עומדים ממעל. בשמים : לו. לשמשו כן תירגם יונתן שמשין קדישין ברומא קדמוהי : בשתים יכסה פניו. שלא יביט לצד השכינה : ובשתים יכסה רגליו. לצניעות שלא יראה כל גופו לפני בוראו. ובתנחומא ראיתי כיסוי הרגלים לפי שהם ככף רגל עגל שלא להזכיר לישראל עון העגל : ובשתים יעופף. ובתרין משמש : (ג) וקרא זה על זה. נוטלין רשות זה מזה שלא יקדים האחד ויתחיל ויתחייב שריפה אלא אם כן פתחו כולם כאחד וזהו שיסד ביוצר אור קדושה כולם כאחד עונים כו׳ ומדרש אגדה מעשה מרכבה

מהר״י קרא

לאחד. וכולם לצורך : בשתים יכסה פניו. מהבים אל האלהים : ובשתים יכסה רגליו. שלא יתראה ערום : ובשתים יעופף. בשליחות הבורא : (ג) וקרא זה אל זה. המבין יבין. שמספר ישעיה שהשרפים קוראים זה לזה ישעיה מהו אומר ואראה את ה׳ יושב. כמו שפירשתי ואף אומ׳ השרפים כן קדוש שהוא אדון בפמליא של מעלה ושרוי בעליונים אנו רואים

אבן עזרא

שׂרפו פיו. וטעם עומדים ממעל לו כמו עומדים עליו מימינו ומשמאלו ודברה תורה כלשון בני אדם להבין בני אדם כי כן דרך המלכים הגדולים. וטעם אלה הכנפים אפרש במראות יחזקאל. וכיסוי הפנים כמו ויסתר משה פניו וכן רגליו בעבור הכבוד : ובשתים יעופף. למלאות שליחות השם : (ג) וקרא. הנה לא הזכיר כמה מספרם יש אומרים שנים והנכון רבים : קדוש. שלש פעמים שכן יאמרו תמיד וכמוהו היכל ה׳ היכל ה׳ ארץ ארץ ארץ. קדוש. תאר השם והקדושה בעצם ולא תשתנה כנגד המקומות והשם הראה לו זאת הנבואה בעבור שיתקדש מטומאת השפה כי השם קדוש וכן משרתיו ושלוחיו. וטעם לבאות הם המלאכים שהן במעלה אף על פי שהוא קדוש קדוש כבודו מלא הארץ שהיא למטה והמפרש מלא כל הארץ הדריס בה כמו לה׳ הארץ ומלואה לא אמר כלום

רד״ק

עומדי׳ ממעל לו. סמוך לו וכן ועליו מטה מנשה וזבחת עליו וי״ת ממעל במרומא ותרגם לו כמו לפניו קדמוהי ותרגם שרפים עומדי׳ שמשין קדישין תרגם עומדי׳ קדישין ר״ל עומדים קיימי׳ והם המלאכים הקדושים שהם קיימים לעד : שש כנפים לא׳. ולא זכר מנין השרפים אבל זכר כי לכל אחד מן השרפים ראה שש כנפים ויחזקאל ראה לכל אחד מהחיות ארבע כנפים וזה כי לכל תנועה מהם הם ארבע סבות כמו שיתבאר בספר החכם הגדול רבינו משה ז״ל וכנפים הם סבת התנועה הממהרת מכל תנועות והוא העופפות וישעיה זכר לשרף שש כנפים והנה זכר הנגלה כי בשתים יכסה פניו ובשתים יכסה רגליו ובשתים יעופף והנה מפרש בספרו טעם ההסתר וטעם שתים ורז״ל אמרו כאן בזמן שבית המקדש קיים כאן בזמן שאין בית המקדש קיים כביכול נתמעטו כנפי החיות. ואני תמה למה סמך הרב הארבעה לתנועה כי לא היו בחיות אלא שתים לעופף ושתים לכסות גויותיהן כמו שאמר ושתים מכסות את גויתיהנה ובשתים שהיו פרודות מלמעלה היתה העופפית והוא שאמר פרודות מלמעלה פי׳ פרידות מהגוף ופרושות לעוף כי השתים האחרות היו מחוברות לגוף כדי לכסות את גויותיהן והנראה לנו לפי מה שלמדנו מדברי הרב כי טעם ארבע וטעם שש כי ההסתר בשרפים בפני׳ וברגלים וזה דרך משל וההסתר בחיות בגופן לא ברגליהם וגם לא בפניהם וזה סוד ידוע למשכילים וי״ת בתרי מכסי אפוהי דלא חזי ובתרין מכסי גויתהון דלא מתחזי ובתרין מישמש ומה מאד הטיב פירושו למבינים וכל המראה הזה במראה הנבואה ובהשגת השכל ולא בהשגת חוץ לשכל כי אין למלאכים שקראן שרפים לא פנים ולא רגלים ולא כנפים לפי דעת חכמים הפלוסיפים וכן דעת החכם הגדול הנזכר. וגם בדברי רבותי׳ ז״ל דברים מסכימים מורי׳ זו הדעת וקראם שרפים לפי שראם במראה הנבואה בדמות אש שורף וזה לגלות עון הדור שהיו חייבים כליה : (ג) וקרא זה אל זה ואמר. שמעתי שהיה קורא שרף אל שרף זה והיה אומר אחד לחברו דרך זרוז והיה קורא אחד לחבירו קדוש כקורא לחבירו פלוני פלוני והיו אומרים נקדש האל ביחד ונאמר קדוש ה׳ צבאות כי הוא אדון צבאות מעלה וצבאות מטה מלא כל הארץ כבודו. כי הוא ברא הכל ועל הכל יכבדוהו בעלי השכל ויש לפרש כי השלש תיבות הם על האל וזכר ג׳ פעמים קדוש כנגד שלשה עולמות עולם העליון והוא עולם המלאכים והנשמות ועולם התיכון והוא עולם הגלגלים והכוכבים ועולם השפל והוא זה העולם והנכבד בזה העולם הוא האדם ואמר שהוא קדוש ומרומם ונעלה משלשה העולמות ובשני העולמות יקדישהו וירוממוהו בתהלתם והאדם גם כן בעולם השפל. וי״ת קדיש בשמי מרומא עלאה בית שכנתיה קדיש על ארעא עובד גבורתיה קדיש לעלם ולעלמי עלמיא כלל כל העליונים כאחד וזכר אחר כן הארץ שהיא עולם השפל ומה שאמר קדיש לעלם ולעלמי עלמיא ר״ל לאורך זמן כן היה וכן יהיה לעולם ועד וכן תרגם אנקלוס ה׳ ימלוך לעולם ועד ה׳ מלכותיה קאים לעלם ולעלמי עלמיא. והחכם הכוזרי כתב כן וקדוש הוא כנוי שהוא נקדש ומרומם משתאנה לו מדה ממדות הברואים ואם יקרא בהם הוא דרך העברה. ועל כן שמע ישעיה קק״ק עד אין תכלית והטעם שהוא נקדש ומרומם משתשיגהו מאומה מטומאת העם אשר השכן כבודו ביניהם

מצודת דוד

יכסה פניו. לבל יביט כלפי השכינה : יכסה רגליו. לצניעות שלא יראה בכל גופו לפני בוראו. ורז״ל אמרו שלא להזכיר מעשה העגל כי כף רגליהם ככף רגל עגל : יעופף. יעוף בשליחות המקום : (ג) וקרא וגו׳. שרף קורא לחבירו לומר קדוש כאחד ולא יקדים האחד לחבירו : ואמר. הקול יוצא מבין כולם כאחד כאילו הוא קול אחד : קדוש וגו׳. ר״ל שהוא מקודש ומרומם בעולם המלאכים

and with two he would fly—*And with two he would serve.*—[*Rashi* from *Targum Jonathan*] *Ibn Ezra*, too, explains that they would fly to fulfill God's missions.

The Talmud states that by rattling these wings they would recite praises to the Almighty.—[*Hagigah* 13b, *Rashi* ad loc.]

Unlike Isaiah's description of the seraphim having six wings, Ezekiel depicts the Chayoth as having four

to each one; with two he would cover his face, and with two he
would cover his feet, and with two he would fly. 3. And one
called to the other and said, "Holy, holy, holy is the Lord of
Hosts; the whole earth is full of His glory."

tains Isaiah's first prophecy, when he was given his mission as a prophet to Israel, and, since it is stated at the beginning of the Book, that he prophesied during the reign of Uzziah, the Rabbis deduce that he received this prophecy sometime before the demise of the latter. Hence, it must have been during the year he was stricken with *zaraath.* [Moreover, it may be that, since Uzziah was freed from all duties and functions of the kingship, the expression, "the death of *King* Uzziah," is inappropriate. It must, therefore, refer to the year in which he was smitten with *zaraath,* at which time he was still a king.—Ed. note]

Ibn Ezra maintains that, although this was Isaiah's first prophecy, there is no indication that it was not conveyed to him during Uzziah's final year, in which he prophesied several months.

Redak maintains that this prophecy was indeed stated during the year of Uzziah's death, and that it is not the beginning of Isaiah's career as a prophet. The year is mentioned here because the people were sinful at the beginning of Jotham's reign. Therefore, the glory of God appeared to Isaiah, and he was sent to admonish the people.*

His lower extremity—i.e. the bottom of the appearance of His glory. It may also mean the bottom of the throne, pictured as the hems of the royal raiment covering the throne and hanging down to the Temple, symbolizing that the Temple is situated opposite the Throne of Glory.—[*Redak*]

2. **Seraphim**—lit. burning angels. He called them seraphim because they burnt his mouth (v. 6)—[*Ibn Ezra*]

Seraphim stood above—*in heaven.*—[*Rashi*]

for Him—*i.e. to serve him, and so does Jonathan render: Holy servants are on high before Him.*—[*Rashi*]

He renders: שְׂרָפִים עוֹמְדִים as שַׁמָּשִׁין קַדִּישִׁין, *holy servants,* to indicate that they are eternal beings, derived from the word עוֹמֵד, lit. *standing.*—[*Redak*] Comp. Zechariah 3:8.

Ibn Ezra equates this with I Kings 22:19, "Standing by Him on His right and on His left." This is an anthropomorphism drawn from the custom of great kings.

with two he would cover his face—*so as not to look toward the Shechinah*—[*Rashi, Kara* from *Leviticus Rabbah* 27:3, *Tanhuma Emor* 8, *Pirke d'Rabbi Eliezer* ch. 4]

and with two he would cover his feet—*for modesty, so as not to bare his entire body before his Creator. And in Tanhuma Emor 8 I saw that the feet were covered because they are like the sole of the foot of a calf, in order not to remind Israel of the sin of the golden calf.*—[*Rashi*]

This reason is found in all the aforementioned midrashim.

כְּבוֹדוֹ: ד וַיָּנֻעוּ אַמּוֹת הַסִּפִּים מִקּוֹל
הַקּוֹרֵא וְהַבַּיִת יִמָּלֵא עָשָׁן: ה וָאֹמַר
אוֹי־לִי כִי־נִדְמֵיתִי כִּי אִישׁ טְמֵא־
שְׂפָתַיִם אָנֹכִי וּבְתוֹךְ עַם־טְמֵא שְׂפָתַיִם

ת"א והבית ימלא. יומא נג: נדמיתי. עקרים מ"ג פי"ז: טמא שפתים. יבמות מט:

תרגום

קַדִּישׁ לְעָלַם וּלְעָלְמֵי עָלְמַיָא יְיָ צְבָאוֹת מַלְיָא כָל אַרְעָא זִיו יְקָרֵיהּ:
ד וְזָעוּ אֵילָוַת סִפֵּי הֵיכְלָא מִקָּל מְלוּלָא וּבֵית מַקְדְּשָׁא אִתְמְלֵי אֲמִטְתָא: ה וַאֲמָרִית וַי
לִי אֲרֵי חָבֵית אֲרֵי גְבַר חַיָּב לְאוֹכָחָא אֲנָא וּבְגוֹ

מהר"י קרא

שאף הארץ מלאה כבודו: (ד) וינועו אמות הסיפים. אילות סיפיא. הם מזוזות הפתח שנמדדו במידת אמות לגובה ולרוחב. והן מזוזות ההיכל: מקול הקורא. המלאכים הקוראים: (ה) ואומר אוי לי כי נדמיתי. כי נאלמתי להשיב דבר הנני שלחני כשמעי את קול ה' אומר את מי אשלח ומי ילך לנו ומי גרם שנשתתקתי כי איש טמא שפתים אנכי פת' כגואל בחטא אנכי שהרי מן התשובה שהמלאך משיבו הנה נגע זה על שפתיך וסר עוניך וחטאתך תכופר. אתה למד שאין זה טומאה ממש אלא גיעול חטא ועון הוא. שאם אתה אומר טומאה ממש הוא היה לו לאחד מן השרפים להשיבו הנה נגע זה על שפתיך וסר טומאתך וחטאתך תכופר. (וסר טומאתך) ואשמע קדוש אומר את מי אשלח. ואשב משמים שאינו יכול להשיבו הנני שלחני. ועד שאני יושב והייתי מצטער על הדבר

רש"י

הוא וכן תירגם קק"ק ג' פעמים כתרגומו: (ד) וינועו אמות הספים. אילות סיפי הם מזוזות הפתח שנמדדין במדות אמות לגובה ולרוחב והן מזוזות ההיכל: מקול הקורא. מקול המלאכים הקוראים והוא היה יום הרעש שנאמר בו ונסתם כאשר נסתם מפני הרעש בימי עוזיהו (זכריה י"ד) בו ביום עמד עוזיה להקטיר בהיכל רעשו שמים לשורפו לומר דינו בשרפה כמו שנאמר ותאכל את החמשים ומאתים איש (במדבר ט"ז) וזהו שקראם שרפים שבאו לשורפו רעשה הארץ לבולעו כסבור' דינו ליבלוע כקרח שערער על הכהונה יצתה בת קול ואמרה זכרון לבני ישראל וגו' (שם) ולא יהיה עוד אדם המעורר על הכהונה כקרח בבליעה וכעדתו בשריפה אלא כאשר דבר ה' ביד משה בסנה הבא נא ידך בחיקך (שמות ד) והוציאה מצורעת כשלג אף כאן צרעת זרחה במצחו: והבית ימלא עשן. היה נמלא עשן: (ה) כי נדמיתי. הריני מת שלא הייתי כדאי שאראה פני השכינה ודוגמתו מצינו במנוח מות נמות כי אלהים ראינו (שופטים י"ג): נדמיתי. כמו כי נדמה כל עם כנען:

רד"ק

וכן ראה אותו על כסא רם ונשא: (ד) וינועו אמות הסיפים. כתוב בסדר עולם עמוס נתנבא לפני הרעש שנאמר שנתים לפני הרעש ישעיהו נתנבא בימי הרעש היינו הוא דאמר וינועו אמות הסיפים מקול הקורא ובדרש עוד כי אותו יום שנכנס עזיהו להיכל להקטיר היה הרעש ואמת הוא כי הרעש היה בימי עזיהו כמ"ש בנבואת זכריה ונסתם כאשר נסתם מפני הרעש בימי עזיהו מלך יהודה אבל פסוק זה אינו מן הדומה אלא במראה הנבואה דבר הלמד מענינו ואמר כי הקול אשר נשמע במראה הנבואה שהיה קורא זה אל זה ואמר קדוש קדוש אותו הקול היה גדול עד שנעו וזעו אמות הסיפים ממנו וראה גם כן שהבית נמלא עשן פי' בית המקדש ראה במראה הנבואה שהיה מלא עשן כמו שראה אברהם אבינו ע"ת במראה הנבואה שאמר והנה תנור עשן ולפיד אש ות"י וזעו אלנות ספי היכלא מקל מלולא ובית מקדשא אתמלי אמטתא והסיפים הם מזוזת השער ואמות הם האלים אשר על הסיפים מבית ומחוץ שהם עשוים כמין כפה ובסמכו אמות אל הסיפים ר"ל כי האמות נעו עם הסיפים ויש מפרשים אמות כמו אמת ארכו כלומר הסיפים נעו ממקומם אמות שתים או שלש כמו שהיו: והבית ימלא עשן. זה היה משל על חרון האף על ישראל כמו אז יעשן אף ה': (ה) ואמר אוי לי כי נדמיתי. כיון ששמע הקול הגדול וראה הבית שנתמלא עשן פחד שימות כי חשב שלא היה ראוי להסתכל בכבוד אלא להסתיר פניו כמ"ש במשה ויסתר משה פניו כי ירא מהביט אל האלהים

אבן עזרא

והעד זימלא כבודו ה' את כל הארץ: (ד) וינועו אמות הסיפים. כאילו סרו הסיפים ממקומם אמות ידועות. ויש אומרים כי אין למלה הזאת אחות: מקול. ההמון הקורא והנה אמר וינועו פועל עבר והנה ימלא עשן בעבור שאין בלשון הקודש סימן על זמן עומד והנה משפט העברים לערב דבריהם: (ה) ואומר. נדמיתי. נכרתי מהיותי עם חברת הקדושים כמו ודמיתי אמך ויש אומרים מלשון דמי גם הוא נכון. טעם איש טמא שפתים לפי דעתי שהנביא

מצודת ציון

(ד) וינועו. מלשון תנועה והסרה ממקומם: הספים. הם המזוזות כמ"ש והסף קנה א' (יחזקאל מ'): (ה) נדמיתי. ענין שתיקה כמו וידום אהרן (ויקרא י) ור"ל נאבדתי כי הנאבד מן העולם הוא מושתק כי

מצודת דוד

ובעולם הגלגלים ובעולם השפל: מלא וגו'. כבודו מלא בכל הארץ: (ד) וינועו. מזוזות הפתח היו נעים מחוזק קול הקריאה והרים ממקומם הרבה אמות ולא פירש כמה: והבית. ההיכל: ימלא עשן. היה נמלא עשן: (ה) ואומר. אמרתי: אוי לי וגו'. כי פחד פן ימות על שראה מראה כבוד ה': כי איש וגו'. על כי אני איש טמא שפתים וגו' ואיני אם כן כדאי לא מצד מעשי ולא מצד מעשה

ing. This took place on the day of the earthquake, about which it is stated: "(Zechariah 14:5) *And you shall flee as you fled on the day of the earthquake in the days of Uzziah." On the day that Uzziah stood, ready to burn incense in the Temple, the heavens quaked,* attempting *to burn him,* as if *to say that his punishment should be by burning, as it is said:* "(Num. 16:35) *And it consumed the two hundred and fifty men." For this reason, Scripture calls them seraphim, for they attempted to burn him. The earth quaked, attempting to swallow him up, thinking that his punishment should be that he be swallowed up like Korah, who contested the priesthood. Thereupon, a heavenly voice emanated and said,* "(ibid. 17:5)

4. And the doorposts quaked from the voice of him who called, and the House became filled with smoke. 5. And I said, "Woe is me for I am lost, for I am a man of unclean lips, and amidst a people of unclean lips

wings each. The Rabbis solve this difficulty by differentiating between the era in which Isaiah lived and the era in which Ezekiel lived. Isaiah lived during the existence of the Temple, while Ezekiel lifed after its destruction. When the Temple was destroyed, the wings of the angels were diminished.—[*Redak* from aforementioned source]

3. **And one called to the other**—The number is not specified. Some say there were two, but I believe that there were many.—[*Ibn Ezra*]

They would take permission from one another so that one would not commence before his fellows *and be guilty of* a sin punishable by *burning, unless they all commenced simultaneously. This is what was established in* the blessing commencing: "*. . . Who formed light,*" "*the declaration of holiness, they all respond as one . . .*" *This is a Midrash Aggadah of the account of the Merkavah* (*Seder Rabbah diBreishith, Bottei Midrashoth Wertheimer* vol. 1, p. 47). *And so did Jonathan render this.*

Holy, holy, holy—*Three times, as the Targum renders.*—[*Rashi*] (Note that we have separated *Rashi's* commentary into two parts to make it more intelligible.) Targum renders: Holy in the high heavens above, the seat of His Shechinah, holy on the earth, the work of His might, holy forever and to all eternity. *Abudarham* maintains that this version is erroneous. He prefers the version of Rav Amram and Rav Saadiah, which reads: Holy in the world of worlds, referring to the world of the angels. *Redak,* however, cites the former reading, explaining that all the ethereal worlds are included in the first statement of "holy," both the world of the angels and the world of the spheres. The second "holy" refers to this world, and the third "holy" refers to God's eternity. He, himself, however, explains the triple declaration as referring to the three worlds. The concept of holiness is the exaltation of the Almighty above the standards and the traits of His creatures in all three worlds.—[*Redak* from *Kuzari*]

the whole earth is full of His glory—Although He is sanctified above all worlds, His glory fills this earth.—[*Ibn Ezra*]

This denotes God's supervision over the world, which no one can escape.—[*Abudarham* quoting *R. Moshe Hakohen,* p. 122].

4. **And the doorposts quaked**—Jonathan renders: אֵילָוַת סִפֵּי, *they are the doorposts of the entrance, which are measured with the measurements of cubits in the height and in the width, and they are the doorposts of the Temple.*—[*Rashi*]

Others render: And the lintels with the doorposts quaked, or: and the doorposts moved several cubits.—[*Redak*]

from the voice of him who called—I.e., *from the voice of the angels call-*

אָנֹכִי יֹשֵׁב כִּי אֶת־הַמֶּלֶךְ יְהוָה צְבָאוֹת
רָאוּ עֵינָי׃ ו וַיָּעָף אֵלַי אֶחָד מִן־הַשְּׂרָפִים
וּבְיָדוֹ רִצְפָּה בְּמֶלְקַחַיִם לָקַח מֵעַל
הַמִּזְבֵּחַ׃ ז וַיַּגַּע עַל־פִּי וַיֹּאמֶר הִנֵּה נָגַע
זֶה עַל־שְׂפָתֶיךָ וְסָר עֲוֹנֶךָ וְחַטָּאתְךָ
תְּכֻפָּר׃

ת א וסר עונך. סכום נו שבת קים :

תרגום

עמא דמגעל בחובין
אנא יתיב ארי ית יקר
שכינת מלך עלמיא יי
צבאות חזאה עיני :
ו ואשתדי לותי חד מן
שמשיא ובפומיה ממלל
דקביל מן קדם
דשכנתיה על כורסי
יקרא בשמי מרומא
עיל מן מדבחא :
ז וסדר בפומי ואמר הא

רש״י

טמא שפתים. דמגעל בחובין: (ו) רצפה. גחלת וכן עוגת רצפים (מלכים א' י"ט) כמו עוגת רשפים ונאמר בישעיהו ובאליהו בלד"י רצפ' מפני שאמרו דילטוריא על ישראל זה קראם עם טמא שפתים וזה אמר כי עזבו בריתך (שם) אמר הקב"ה למלאך רצוץ פה שאמר דילטוריא על בני: במלקחים. בצבת: לקח מעל המזבח. שבעזרה: (ז) ויגע על פי וגו' וסר עונך. זה ליסרך לכפר עונך שחירפת את ישראל. וגדול כחו שהמלאך ירא לקחתה כי אם במלקחים והגיעה על שפת הנביא ולא הוזק בתנחומא. וזהו שנא' כי רב מאד מחנהו (יואל ב') אלו מלאכים ועצומים מהם עושי דברו (שם) הם הנביאים ויונתן תירגם ובידו רצפה. ובפומיה ממלל ולשון רצפה דבר הרצוף בפה ובל'. מעל המזבח קבל הדבור מפי הקב"ה מכסאו בשמים שהי' מכוון כנגד המזבח

מהר״י קרא

שאיש טמא שפתים אנכי: (ו) ויעף אלי אחד מן השרפים. זה מיכאל: ובידו רצפה. היתה כל כך מתלקחת שאפילו השרף לא היה יכול ליגע בה אלא במלקחים לקח מעל המזבח: (ז) ויגע. את הרצפה: על פי ויאמר הנה נגע זה וגו' וחטאתך תכופר. והרי טהרתה לילך בשליחותו של הקב"ה אצל בניו ומכיון שטיהרתי מכל חטא ששמעתי היום בעודני מגואל בעון את קול ה' אומר את מי אשלח. ושתקתי באותה שעה שלא להשיבו אף נצטערתי על הדבר שלא יכולתי להשיבו. ואומר

אבן עזרא

גדל עם ישראל שהיו טמאים במעשה ובדיבור והנה למד מדיבורים והעד ויסרני מלכת בדרך העם הזה על כן אמר ובתוך עם טמא שפתים אנכי יושב. וטעם כי את המלך ה' צבאות ראו עיני שהוא קדוש ופחדתי להקדישו בעבור טומאת שפתים ואף על פי שאמר ראו עיני במראות נבואה ראה כן: (ו) ויעף. כאשר הוא העי"ן קמוץ ויקרא בחטוף הוא מגזרת עוף וכאשר פתוח הוא מגזרת עיף: רצפה. גחלת כמו עוגת רצפים. וטעם במלקחים כדרך בן אדם. וטעם המזבח בעבור שהאש היא טהורה לא זרה: (ז) ויגע. טעם זה. על האש שימלא בלשון זכר: וסר עונך. הוא עון הדיבור שהוא מדבר התולים כדרך אנשי דורו:

רד״ק

חוזו שאמר כי את המלך ה' צבאות ראו עיני כיון שראיתי הכבוד אמות כמו שאמר מנוח מות נמות כי האלהים ראינו ופי' המלך כבוד המלך וכן ת"י ארי ית יקר שכינת מלך עלמיא ה' צבאות חזו עיני ופי' נדמיתי נכרתי כמו נדמה מלך ישראל וי"ת וי לי ארי חבית ארי גברא חייב לאדכאה אנא ובגו עמא דמגעל בחובין אנא יתיב. וא"א ז"ל פי' נדמתי נשתתקתי ופי' טמא שפתים הראשון סגור שפתים כמו נטמינו בעיניכם ונטמתם בם ר"ל כי חשב בעצמו עון שלא הקדיש האל עם כתות השרפים כי לא נתן לו רשות לדבר עד שהגיע המלאך הרצפה אל פיו והנראה בעיני כי לפיכך זכר טומאת שפתים ולא טומאת הגוף כי כששמע הנביא דברי השרפים המקדישים האל אמר להם נאה לראות הכבוד ולהקדיש האל כי הם טהורים ודבריהם טהורים ולהם נאת לראות בשכליהם הכבוד ולהקדיש האל בדבריהם אבל אני שאני טמא כי כל גוף בשר טמא ושפתי טמאים מלהזכיר בפי קדושת האל כשאעריך עצמי כנגדם כל שכן שאני שוכן בתוך עם טמא שפתים כמו שנאמר עליהם וכל פה דובר נבלה ואיך אני ראוי לכל זה הכבוד לפיכך אני ירא שאמות מהמראה הזאת שראיתי והקול הזה בעבורי נהיה לכלותי ולאבדני מן העולם לפי שנסתכלתי בכבוד ואני בשר ודם טמא: (ו) ויעף. העי"ן נקרא בקמץ חטף ויעף דוד העין נקרא בפת"ח שהוא ענין אחר ענין עיפות וזה ענין עופפות ושניהם שרש אחד אמר אחר שנבהלתי מהמראה ומהקול וחשבתי שאמות עף אלי אחד מן השרפים ובידו רצפה והוא גחלת אש ואני ראיתי שהוא לקחה מעל המזבח במלקחים להגיעה אל פי. וכתב א"א ז"ל כיון שהוא שרף למה לקחה במלקחים אלא עשה כן כדי שלא ישרף הנביא אם יגע על פיו בידו וי"ת הפסוק על דרך משל ואשתדי לותי חד מן שמשיא ובפומיה ממלל דקביל מן קדם דשכינתיה על כורסיה יקרא בשמי מרומא עיל מן מדבחא: (ז) ויגע על פי. הגיע הרצפה ע"פ להסיר העון במכות אש ההיא ומכאן ואילך יהיה לי רשות לדבר וי"ת דרך משל וסדר בפומי ואמר הא שויתי פתגמי נבואתי בפומך ויעדון חובך וחטאתך יתכפרון. ובדרש העון הוא שחרף ישראל ואמר

מצודת דוד

טעם אשר אני בקרבו: כי את המלך וגו'. מוסב למעלה כאומר אוי לי וגו' כי את המלך וגו' כי איש וגו': (ו) במלקחים. בצבת לקח הגחלת מעל המזבח: (ז) ויגע. השרף נגע בגחלת על פי: הנה

מצודת ציון

לא ישמע קולו וכן על מואב נדמה (לקמן ט"ו): (ו) רצפה. גחלת והוא כמו רשפה בשי"ן כי זסשר"ץ מתחלף וכן עוגת רצפים (מ"א י"ט): במלקחים. בצבת כמו מלקחיה ומחתותיה (שמות כ"ה):

explained the passage as follows: Woe is me, for I have become silenced, for I am a man of closed lips . . . for the King, the Lord of Hosts, have my eyes seen. Isaiah realized that he was deprived of his power of speech until the angel touched his mouth with the glowing coal. He felt that he had sinned by refraining from joining the Heavenly chorus in hallowing God's Name.

Redak, himself, explains that when the prophet heard the seraphim hallowing God's name, he thought, "For them it is proper to sanctify God's Name, for they are pure, and their words are pure, and they perceive the Almighty with

I dwell, for the King, the Lord of Hosts have my eyes seen.
6. And one of the seraphim flew to me, and in his hand was a
glowing coal; with tongs he had taken it from upon the altar.
7. And he caused it to touch my mouth, and he said, "Behold,
this has touched your lips; and your iniquity shall be removed,
and your sin shall be atoned for."

And there shall not be" another man contesting the priesthood "like Korah" to be swallowed up, "and like his assembly" to be burnt, but, "as the Lord spoke by the hand of Moses," in the thornbush, "(Exodus 4:6) *Now bring your hand into your bosom," and he took it out, stricken with zaraath like snow, here too, the zaraath shone on his forehead."*—[*Rashi, Yalkut Machiri* from *Tanhuma Tzav* 13]

and the House became filled with smoke—*Was filled with smoke.*—[*Rashi*] I.e. even though the future tense is used, the past is meant.

Redak maintains that, although it is indeed true that an earthquake took place on the day that Uzziah was stricken, this verse does not allude to it. This was a prophetic vision in which Isaiah saw the doorposts of the Temple quaking, and the Temple filling with smoke, symbolizing God's wrath.

5. **for I am lost**—I will die, for I was not worthy of seeing the Countenance of the Shechinah. We find a similar statement made *by Manoah*: "(Judges 13:22) *We shall surely die, for we have seen God."*—[*Rashi*]

The loud voice of the angels and the Temple filling up with smoke caused him to believe that he was doomed because of his unworthiness to gaze upon the Shechinah.—[*Redak*]

I am lost—Heb. נִדְמֵיתִי, *comp.* "(Zephaniah 1:11) *The entire people of Canaan is broken* (נִדְמָה)."—[*Rashi*]

Ibn Ezra explains it as: I have been cut off; i.e., I have been cut off from joining the holy company of the seraphim. Alternatively, I was silenced, i.e. I was silenced from joining in the chorus of the seraphim.

for I am a man of unclean lips—*Jonathan* renders; for I am a man who is obliged to admonish. Perhaps he explains טְמֵא שְׂפָתַיִם, as *clogged lips.* The prophet was lamenting the fact that he had not fulfilled his obligation of admonishing the people to repent of their sins. *Redak* quotes *Jonathan* as reading: For I am a man who is obliged to purify himself.

people of unclean lips—*that are defiled with sins.*—[*Rashi* from *Jonathan*]

Ibn Ezra explains that the prophet was afraid to join in the chorus of the seraphim, because he considered himself a person of unclean lips by dint of his living among a people of unclean lips, from whom he had learned. He complains that, although his eyes had perceived the King, the Lord of Hosts, he was, nevertheless, afraid to declare His sanctity.

Redak quotes his father who

תְּכֻפָּר: ח וָאֶשְׁמַע אֶת־קוֹל אֲדֹנָי אֹמֵר
אֶת־מִי אֶשְׁלַח וּמִי יֵלֶךְ־לָנוּ וָאֹמַר הִנְנִי
שְׁלָחֵנִי: ט וַיֹּאמֶר לֵךְ וְאָמַרְתָּ לָעָם
הַזֶּה שִׁמְעוּ שָׁמוֹעַ וְאַל־תָּבִינוּ וּרְאוּ
רָאוֹ וְאַל־תֵּדָעוּ: י הַשְׁמֵן לֵב־הָעָם הַזֶּה

ת"א השמן לב (ר"ה יז) עקידה שער לו (ברכות ד): ואזניו

שַׁוִיתִי פִּתְגָמֵי נְבוּאָתִי בְּפוּמָךְ תַּעֲדוֹן חוֹבָךְ וְחֶטְאָךְ יִתְכַּפְּרוּן: ח וּשְׁמָעִית יַת קָל מֵימְרָא דַיְיָ דַאֲמַר יַת מַן אֱשְׁלַח לְאִתְנַבָּאָה וּמַן יֵיזֵיל לְאַלָּפָא וַאֲמָרִית הָא אֲנָא שְׁלַח יָתִי: ט וַאֲמַר אֱזֵיל וְתֵימַר לְעַמָא הָדֵין דְשָׁמְעִין מִשְׁמַע וְלָא מִסְתַּכְּלִין וַחֲזוֹ מֶחֱזָא וְלָא יָדְעִין: י טַפֵּישׁ לִבֵּיהּ דְעַמָא הָדֵין וְאוּדְנוֹהִי יַקַר וְעֵינוֹהִי עַמְעֵם דִלְמָא

מהר"י קרא

מי שנתכפר לי ואשיב הנני שלחני: (י) השמן לב העם הזה. לשון הלוך לשון פעול. ופת' העם הזה לבם הולך והשמן.

רש"י

שבהיכל: (ח) את מי אשלח. להוכיח את ישראל שלחתי את עמוס והיו קורין אותו פסילוס לפי שהיה כבד ל' והוא נתנבא שנתי' לפני הרעש והיו ישראל אומרים הניח הקב"ה את העולם והשרה שכינתו על הדין קטיע לישנא כו' כדאיתא בפסיקתא: (ט) שמעו שמוע. אני אומר לכם שמעו שמוע ואתם אין נותני' לב להבין וראו נסים שעשיתי לכם ואינכם נותנים לב לדעת אותי: (י) השמן לב העם הזה. כמו והכבד את לבו (שמות ח') ל' הלוך (ל') פעול לבם

רד"ק

ובתיך עם טמא שפתים: (ח) ואשמע את קול ה'. מזה הפסוק אמרו כי זה היה תחלת נבואתו וכבר פי' הענין בפתיחת הספר. ופי' לנו בעבורנו ואמר לנו ל' רבים כאלו היה מדבר עם השרפים ונמלך עמהם בזה הדבר וכן הבה נרדה ובדרש את מי אשלח שלחתי את מיכה והיו מכין אותו על הלחי היינו הוא דאמר בשבט יכו על הלחי את שופט ישראל שלחתי את עמוס והיו קורין אותו פסילוסא אמרו לא היה לו להקב"ה להשרות שכינתו אלא על הדין פסילוסא פי' קטיע לישנא. אמר רבי פנחס למה נקרא שמו עמוס על שהיה עמוס בלשונו: ואומר הנני שלחני. אמר לו הקב"ה ישעיה בני טרחנים הם סרבנים הם אם אתה מקבל להתבזות לך ואמר לו על מנת כן היינו הוא דאמר גוי נתתי למכים: (ט) ויאמר. יש מפרשים שמעו וראו לשון צווי כמשמעו וכן השמן וזה דין ומשפט מאת האל יתברך כשירצה החוטא לחטוא הקב"ה מונע ממנו דרכי התשובה עד שיקבל עונשו וכן נאמר בפרעה ויחזק ה' את לב פרעה וכן בסיחון כי הקשה ה' אלהיך את רוחו ואמץ את לבבו וכן בבני עלי ולא ישמעו לקול אביהם כי חפץ ה' להמיתם ושב פירשנו. ויש לפרש שמעו וראו צווי במקום איתן כאלו אמר תשמעו ותראו כלומר אתם שומעים באזניכם דברי הנביאים המוכיחים אתכם ואין אתם מבינים ותראו נפלאות הבורא ואין אתם יודעים כלומר לא תשימו לבב ואין אתם משגיחים אלי ואתם משמינים בכונה לבבכם ומכבידים אזניכם ומשיעים עיניכם שלא תשמעו ולא תראו ולא תבינו ולא תדעו כי אינכם חפצים בתשובה ולא ברפואה שהיא הסליחה אחר התשובה ועל הדרך הזה ת"י דשמעין משמע ולא מסתכלין חזן מחזי ולא ידעין: (י) השמן. פירשנוהו על שני פנים: השע. כענין

אבן עזרא

(ח) ואשמע. אומר. לשרפים על כן מלת לנו. וטעם הנני שלחני אחרי שטהרו שפתי אני ראוי להיות שליח ולא הייתי כן בימים הראשונים על כן אמרתי מזאת הפרשה תחלת נבואת ישעיה: (ט) ויאמר. שמעו שמוע. יש אומרים אחר שנגזרה הגזרה השם לא יקבל תשוב' למנוע הרעה נגזרת בעולם הזה ויאמר רבי משה הכהן ז"ל כי הטעם על מה שיועיל להן מועלו' טובות שימלטו בעבור' וזה היה נכון לולי מלת ושב ורפא לו והראשון הוא הנכון: (י) השמן. יש אומר שמלת השמן שם הפועל כמו הקטר יקטירון כיום וכן

מצודת דוד

נגע. ר"ל בכוית נגיעת הגחלת קבלת הפונש וכזס סר עונך והרז"ל שהעון היה במה שאמר ובתוך עם טמא שפתים וגו' ולא היה ראוי לומר כן על ישראל: (ח) אשלח. לדבר דברי לישראל: לנו. בשליחותיו וכאלו מדבר עם השרפים ונמלך בהם: הנה אני. מוכן ללכת ושלחוני: (ט) שמעו שמוע. הלא אתם שומעים דברי מפי הנביאים ואינכם נותנין לב להבין: וראו ראו. הלא אתם רואים נפלאותי ואינכם שמים על לב לדעת ולהכיר בהם: (י) השמן. הילך הנטוע בלבו הוא השמן והאטים את הלב לבל הבין וקלר כדבר

"Whom shall I send—*to admonish Israel? I sent Amos, and they called him, "Pesilus," because he was tongue-tied,* 'pesilus' being the Greek word for 'tongue-tied.' *He prophesied two years before the earthquake, and the Israelites would say, "The Holy One, blessed be He, left over the whole world and caused His Shechinah to rest on this tongue-tied one."* I sent Micah, and they struck him on the cheek, as it is written: "(Micah 4:14) With a staff they strike the judge of Israel on the cheek." Whom can I send now?" *as is stated in Pesikta*—[*Rashi, Redak* from *Pesikta d'Rav Kahana*, p. 125; *Leviticus Rabbah* 10:2]

and who will go for us?—The plural is used to make it appear as though the Almighty is taking counsel from the seraphim, as we find in many instances.—[*Redak*]

Although this appears to have taken place immediately after the vision of the seraphim, the aforementioned midrashim state: Said Isaiah, "I was strolling in my

8. And I heard the voice of the Lord, saying, "Whom shall I send, and who will go for us?" And I said, "Here I am; send me." 9. And He said, "Go and say to this people, 'Indeed you hear, but you do not understand; indeed you see, but you do not know.' 10. This people's heart is becoming fat,

their intellect, and hallow Him with their words. I, however, am unclean, for every material body is unclean, and my lips are unclean and unfit to hallow God's Name together with them. Moreover, I dwell among a people of unclean lips. I fear, therefore, that this vision was shown me to cause me to perish, for I gazed at the Almighty in my unclean state."

6. **a glowing coal**—Heb. רִצְפָּה, *a coal, and similarly,* "(I Kings 19:6) *a cake baked on hot coals* (עֻגַת רְצָפִים like עֻגַת רְשָׁפִים. *In regards to Isaiah and Elijah, however, it is written with a "zadi,"* רִצְפָּה, because they spoke ill of Israel. This one [Isaiah] *called them a people of unclean lips, and this one* [Elijah] *said,* "(ibid. 10) *For . . . have forsaken Your covenant." Said the Holy One, blessed be He, to the angel, "Break the mouth* (רְצוֹץ פֶּה) *that spoke ill of My children."*—[*Rashi* from *Tanhuma Vayishlach* 2]

with tongs—Heb. בְּמֶלְקָחַיִם.—[*Rashi*]

he had taken it from upon the altar—*that was in the forecourt.*—[*Rashi*]

7. **And he caused it to touch my mouth . . ."... and your iniquity shall be removed"**—*This is to cause pain, to atone for your iniquity that you degraded Israel. And his strength was great, for the angel was afraid to take it without tongs, yet he caused it to touch the prophet's lip, and he* [the prophet] *was not injured.* This is found *in Tanhuma* (ibid.) *This is* the meaning *of what Scripture states*: "(Joel 2:11) *For His camp is very great," these are the angels, "and strong"er than they "are those who fulfill His word," these are the prophets.* (*Tanhuma* ibid.) *Jonathan renders: "And in his hand was a glowing coal," to mean, "And in his mouth was speech." The expression of* רִצְפָּה means a thing refined in the mouth and with the tongue (רָצוּף בְּפֶה). *"From upon the altar," he received the speech from the mouth of the Holy One, blessed be he, from His throne in Heaven, which was directed opposite the altar that was in the Temple.*—[*Rashi*]

Others theorize that the angel took the coal with tongs lest Isaiah be burnt by contact with him, for the burning coal was not as hot as the *burning angel.*—[*Redak* quoting his father]

It is noteworthy that, although Isaiah degraded himself as well, he was reprimanded for degrading the people of Israel. See *Hafetz Haim* 1:9.

8. **And I heard the voice of the Lord**—This verse indicates the beginning of Isaiah's mission as a prophet. From here it is deduced that the Book commences from this chapter. See above 1:1, 6:1.—[*Redak*]

וְאָזְנָיו הַכְבֵּד וְעֵינָיו הָשַׁע פֶּן־יִרְאֶה
בְעֵינָיו וּבְאָזְנָיו יִשְׁמָע וּלְבָבוֹ יָבִין וָשָׁב
וְרָפָא לוֹ׃ יא וָאֹמַר עַד־מָתַי אֲדֹנָי וַיֹּאמַר
עַד אֲשֶׁר אִם־שָׁאוּ עָרִים מֵאֵין יוֹשֵׁב
וּבָתִּים מֵאֵין אָדָם וְהָאֲדָמָה תִּשָּׁאֶה

תרגום

יֶחֱזוּן בְּעֵינֵיהוֹן
וּבְאוּדְנֵיהוֹן יִשְׁמְעוּן
וּבְלִבְּהוֹן יִסְתַּכְּלוּן
וִיתוּבוּן וְיִשְׁתְּבֵק לְהוֹן׃
יא וַאֲמָרִית עַד אֵימָתַי יְיָ
וַאֲמַר עַד דִיצְדוֹן קִרְוַיָא
מִבְּלִי יָתֵיב וּבָתַּיָא מִבְּלִי
אֱנָשָׁא וְאַרְעָא תְּחֲרוּב
ותצדי

ת״א ולבבו יבין. מגלה יז:

קמץ ברביע

רש״י

הולך הלוך והשמן (אנגרייש״ט בלע״ז) ואזניו הולכים הלוך והכבד משמוע: **ועיניו השע.** טחים כענין שנאמר (לקמן מ״ד) כי טח מראות עיניהם. הטוח מתרגמינן דאיתשע: **פן יראה בעיניו.** נתנו לבם שלא ישמעו דברי נביאים שהם יראים שמא יוטבו בעיניהם דבריו ויבינו בלבם וישובו אלי והיא רפואתם: **(יא) עד מתי.** יכבידו את לבם ולא ישמעו: **ויאמר.** ידעתי כי לא ישובו עד תבוא

מהר״י קרא

ואזניו הולכים הלוך והכבד: ועיניו השע. טחים שנאמר כי טח מראות עיניהם אחרי הטוח. מתרג׳ בתר דאיתשע: (יא) ואמר עד מתי ה׳. יהיו הולכים הליך והשמן: ויאמר עד

אבן עזרא

השע כמו להשע וזה לא יתכן בעבור מלת פן רק הכל ניווי וידענו כי אין כח בנביא להשמן הלב רק הוא בדבור וכמוהו רפים: **השע.** מגזרת לא תשעינה כטעם טח וכן תרגום ארמית והיה ראוי להיותו על משקל הרף והשתנה בעבור אות הגרון או יהיה מהפעלים השניים הנראים: **(יא) ואומר.** ביקש הנביא לדע׳ עד מתי תעמוד זאת הרע׳ שלא יבינו ולא

רד״ק

שנאמר כי טח מראות עיניהם ותרגם וטח את הבית וישיע ית ביתא כאלו טחו על העין כדי שלא יראו: ולבבו יבין. כמו ובלבבו: ורפא. רפואת הנפש והיא הסליחה וכ״כ רפאה נפשי כי חטאתי לך: (יא) ואמר עד מתי. לפי׳ הראשון יהיה פירושו עד מתי תמנע מהם התשובה כבר לקו בעונם וקבלו עונש חטאתם עתידים הם לקבל עוד עונש: ויאמר עד אשר אם שאו ערים מאין יושב. ולפירוש השני יהיה פי׳ עד מתי יהיו מקשים לבבם ואינם רוצים לשמוע תוכחות ויאמר ידעתי כי לא ישובו עד אשר אם שאו ערים: אשר אם. זה פי׳ כי כמו ואם תקריב מנחת בכורים שהוא כמו וכי תקריב וכן אם יהיה היובל לבני ישראל כי יהיה היובל והדומים להם שכתבנו בספר מכלל בחלק הדקדוק ממנו וזה גם כן כמותם כאלו אמר עד כי שאו ערים ואמר אשר ואמר אם שפירושו כי כפל הענין במלות שונות כמנהג הל׳ לחזק הענין ושאו עבר במקום עתיד ואפשר שישאו הערים שיהיו מעטים היושבים בהם אבל ישארו קצת בתים בעיר שימצא בהם אדם אמר גם זה לא יהיה אלא כל הבתים גם כן יהיו שאיות מאין אדם והאדמה גם כן תשאת שממה כי אין עובד אותם על דרך והאדמה לא תשם:

מצודת דוד

סמוכן מאליו כי זהו דרך מעשה הילר: **הכבד.** הילר הכביד אזניו לבלי שמוע והסר עיניו לבל יראה: **פן יראה.** כי הילר חושב פן כשיראה בעיניו וישמע באזניו ויבין בלבבו שלא עשה את הטוב ויעשה א״כ תשובה ויבוא לו בזה רפואת הנפש והיא הסליחה ואין דעת הילר נוחה מזה כי אינו דורש אליו לשלום ולזה מטמטם את הלב למען ישאר חייב: **(יא) עד מתי.** יהיה לבם אטום מלהבין: עד

מצודת ציון

(י) השע. ענין הסרה כמו השע ממני ואבליגה (תהלים ל״ט): (יא) אם. כמו אשר וכפל המלה בשמות נרדפים כמו אדמת עפר (דניאל י״ב): שאו. תשאה. ענין שממון וכן ושאיה יוכת שער (לקמן

heavy, and his eyes seal, lest he see . . . and he repent and be healed. This follows his interpretation of the preceding verse, which he also explains to mean that they will not understand because they have been deprived of the ability to repent. As a result of their sins, it was decreed upon them that their repentance would not be accepted. This explanation is suggested by *Redak* as well. See *Rambam: Laws of Repentance* 6:3.

11. **"Until when**—*will they make their heart heavy and not listen?*—[*Rashi*]

Others explain: Until when will You deprive them of the ability to repent?—[*Ibn Ezra, Redak*]

And He said—*I know that they will not repent until retribution comes upon them and they go into exile, and the cities will be desolate without inhabitants.*—[*Rashi*]

Alternatively, the ability to repent will not be returned to them until cities are desolate . . .—[*Ibn Ezra, Redak*]

cities be desolate—It is possible to call cities desolate even if a few houses remain inhabited. Scripture, specifies—

and houses without people—i.e. no inhabited houses at all.

and his ears are becoming heavy, and his eyes are becoming sealed, lest he see with his eyes, and hear with his ears, and his heart understand, and he repent and be healed." 11. And I said, "Until when, O Lord?" And He said, "Until cities be desolate without inhabitant and houses without people, and the ground lies waste and desolate.

academy, when I heard the voice of the Lord saying, "Whom shall I send, and who will go for us?"—[Quoted by *Kara*]

And I said, "Here I am; send me."—Replied the Holy One, Blessed be He, "Isaiah, My children are burdensome; they are obstinate. If you agree to submit yourself to degradation, go." He answered, "On that condition I will go." This is what Scripture says, "(infra 50:6) My body I gave to those who smite and my cheeks to those who pull."—[*Redak* from *Pesikta d'Rav Kahana* ibid.] The Rabbis continue the dialogue between the Almighty and Isaiah. Isaiah continues, "I am not worthy to carry a message to Your children." The Holy One, blessed be He, replied, "Isaiah, (Ps. 45:8) you loved justice. You loved to justify My children. And you hate wickedness. You hate to condemn them as wicked, therefore, the Lord, your God anointed you with oil of gladness above your associates." What is the meaning of "above your associates"? He said to him, "By your life, all prophets received their prophecy from other prophets, as Elisha from Elijah, the seventy elders from Moses, but you will prophesy from the Almighty Himself. All prophets prophesy a simple prophecy, but you will prophesy a double prophecy, such as "(51:9) Awake, awake," and many others.—[*Pesikta d'Rav Kahana* pp. 125–6, *Leviticus Rabbah* 10:2]

9. **'Indeed you hear**—*I say to you, 'Indeed you hear, but you do not strive to understand, and indeed you see miracles that I have performed for you, yet you do not strive to know Me.'*—[*Rashi, Redak*]

10. **This people's heart is becoming fat**—This structure (הַשְׁמֵן) *resembles* "(Exodus 8:11) And making his heart heavy (הַכְבֵּד)," *an expression of a continuous action. Their heart continuously becomes fatter, angrajjsant in O. F., and his ears are becoming heavier and heavier,* i.e. harder and harder *of hearing.*—[*Rashi*]

and his eyes are becoming sealed—*Plastered, comp.* "(infra 44:18) *For their eyes are plastered from seeing.* הִטּוֹחַ (Leviticus 14:43) *is translated into Aramaic as* דְאִתְּשַׁע. We, thereby, equate the two words הָשַׁע and טָח.—[*Rashi*]

lest he see with his eyes—*They intended not to hearken to the words of the prophets, for they fear lest His words please them, and they will understand with their heart, and return to Me, and this will be their cure.*—[*Rashi*]

Ibn Ezra explains the beginning of the verse as imperative: Make this people's heart fat, and his ears make

שְׁמָמָה: יב וְרִחַק יְהוָה אֶת־הָאָדָם
וְרַבָּה הָעֲזוּבָה בְּקֶרֶב הָאָרֶץ: יג וְעוֹד
בָּהּ עֲשִׂרִיָּה וְשָׁבָה וְהָיְתָה לְבָעֵר
כָּאֵלָה וְכָאַלּוֹן אֲשֶׁר בְּשַׁלֶּכֶת מַצֶּבֶת
בָּם

ת"א ועוד בה. כתובות קיב:

תרגום

וְתִצְדֵי: יב וִירַחֵק יְיָ יַת
בְּנֵי אֱנָשָׁא וְתִסְגֵי
צַדְיוּתָא בְּגַוָּהּ דְּאַרְעָא:
יג וְיִשְׁתַּאֲרוּן בָּהּ חַד מִן
עַסְרָא צַדִּיקַיָּא וִיתוּבוּן
וִיהוֹן לְצָרְבָא כְּבוּטְמָא
וְכִבְלוּטָא דְּבְמִתַּר
טַרְפּוֹהִי דָּמִין לְיַבְשִׁין
וְעַד כְּעַן אִינוּן רַטִּיבִין

מהר"י קרא

אשר אם שאו ערים. לשון שואה: (יב) ורחק ה' את האדם. והדחתים מעל אדמתם: ורבה העזובה בקרב הארץ. שיתרחקו ממנה בני אדם שהיו דרים בה. והארץ שממה אחריהם: (יג) ועוד בה עשיריה ושבה והיתה לבער. כאלה וכאלון אשר בשלכת מצבת בם. כלומר האלה והאלון שבשעה שיפול וישליך עלה שלה תעשה אחרת במקומו. כמו כן זרע קודש מצבתה. עד שיעביר הקב"ה את הרשעים מתוכה יעמיד בתוכה אנשי צדק: מצבתה. נטיעתה בלשון תרגום. ומדרש רבותינו. בשנת מות. שנינו במכילתא שהיה תחילת נביאתו. ולמה נכתב כאן לומר שאין מוקדם ומאוחר בתורה: בשנת מות המלך. שנה (שנצטער) [שנצטרע] עוזיהו בה. דאמר מר ארבעה חשובים כמת סומא ומצירע ויורד מנכסיו ומי שאין לו בנים: ושוליו מלאים את ההיכל. מזיו כבידו מלא היכל. ולשון חכמים שולייא (דצבחי) [דנפחי]. ד"א ושוליו מלאים אלו כהנים המלובשים בשילי המעיל. ואף בהגדת איכה פוגרו רבותינו טומאתה בשוליה אלו כהנים: שרפים עומדים ממעל לו. זש"ה מאחז פני כסא פרשז עליו עננו. כבש פני כסא שלשים ושש אלפים פרסאות מנין ל"ו. והוא חצר שלו ופרשז ענן סביב החצר, ומן חצר ולחוץ שרפים עומדים ומקטר את עוזיהו במעל שמעל שנכנס להקטיר קטורת ודנין אותו בשריפה. והארץ נפתחה לבולעו כעדת קרח. עד שהם דנים זה עם זה אשר (לו) [לא] מזרע אהרן הוא לא יארע לו כאשר יארע לקרח שנבלע. ולא כשם שאירע לעדתו שאש יצאה מאת ה' ותאכל את החמשים ומאתים איש מקריבי הקטורת. אלא כאשר דיבר ה' ביד משה לו. ומה נאמר ביד משה ויאמר ה' לו עוד הבא נא ידך בחיקך וגו'. הנה ידו מצורעת כשלג: וקרא זה אל זה. נוטלין

רש"י

פורענות עליהם וילכו בגולה ושאו עריהם מאין יושב: שאו. תשאה. ל' גלמוד מאין יושב: (יב) ורבה העזובה. שהארץ תעזב מהם וכך הל' ירבו מקומות עזובים בקרב הארץ: (יג) ועוד בה עשיריה. גם אותה השארית אשיב ידי עליה כצירוף אחר צירוף והיתה לבער עד שלא ישארו אלא צדיקים גמורים שישובו אלי בכל לבם: כאלה וכאלון. אשר בעת זמן שלכת שלהן שהן משליכין עלין שלהן בימי הסתיו שילוך אחר שילוך עד שאין נותר בה זולתי המצבה אף הם זרע הקדש הנשארין בה עומדין בקדושתן הם יהיו לה למצב'. ד"א מצבת' נטועת' לכך אני מכלה

רד"ק

(יב) ורחק ה'. שמא תאמר יגלו למקום קרוב וישיבו לארצם לא כן אלא ירחק אותם בקצות הארץ כמו עשרת השבטים שגלו לחלח וחבור ויהודה ובנימן לבבל וכן אמר בנבואת עמוס והגליתי אתכם מהלאה לדמשק כלומר לא תחשבו כי תגלו למקום קרוב לארצכם כמו דמשק אלא רחוק מדמשק מאוד ומה שאמר את האדם אינו אומר על המין כולו כמו אמחה את האדם אלא על ישראל וכן ונפלה נבלת האדם: העזובה. שם בשקל מלוכה כלומר העזובה שתעזב הארץ מהם רבה תהיה. כלומר זמן רב: (יג) ועוד בה עשיריה. שם בשקל תחתיה וענינו כי עוד ימלכו בארץ עשרה מלכים מעת נבואה זו ונבואה זו היתה בשנת מות המלך עזיהו ועשרה מלכים הם יותם אחז חזקיה מנשה אמון יאשיה יואחז יהויכין יהויקים צדקיהו. ואחרי כן ושבה האדמה והיתה לבער שיכלה הכל שיגלו כולם וחרבה ירושלים: לבער. ענין כליון כמו ובערת הרע כאשר יבער הגלל: כאלה וכאלון אשר בשלכת מצבת בם. ובעורם יהיה כבעור האלה והאלון שישירו עליהם בזמן החורף. ויראה שהם יבשים וזהו פי' בשלכת פי' בהשליך עליהם ואע"פ כן מצבה בם פי' העמדה כי עמדה לחותם בהם אע"פ שנראין יבשים כי בימי ניסן ישובו ויפרחו העלים כן זרע קדש מצבתם כי אע"פ שיגלו כולם לא תחשבו כי יכלו בגלות ולא ישובו לארצם כי עוד יפרחו ויצמחו וישובו לארצם וכן ת"י הפסו' כבוטמא וכבלוטא וגו' פי' מצבת כמו מטע כתרגם

אבן עזרא

ישובו והנה התשובה עד שתהיה הארץ שממה: (יב) ורחק. וירחקם ויוליכם אל ארץ רחוקה: העזובה. תאר השם או פעולה: (יג) ועוד. יש אומ' כי י' מלכים יעמדו עוד על יהודה טרם הגלו' וזה טעם ושבה והיתה לבער כמו ובערת הרע ויש אומרים מגזרת לא תבערו אש ובאמ' שכן היה מספר המלכים עם עזיהו ואחרי' אמרו כי עשיריה תאר בארץ ועל דרך דקדוק הלשון עשיריה תאר השם ואיננו כמו עשירים והעד יהיה ישראל שלישיה והנה התברר כי זה רמז למלכות: כאלה וכאלון. שנים אילנים היו בשער שלכת והיו הזקים והאומרי' כי שלכת הפוך מלשכה איננו אמת גם כן הגוזרי' אותו ממלת השליך כי המדבר כאלה לא ידע דקדוק הלשון. וטעם מצבת בם שיעמדו עוד ויהיו

מצודת ציון

כ"ד): (יג) לבער. לכליון כמו כי אם יהיה לבער קין (במדבר כד): כאלה וכאלון. שמות אילני סרק: בשלכת. מל' השלכה: מצבת. היא הנטיעה הנלב ומתקיים ותרגום של ויטע הוא ונליב:

מצודת דוד

אשר וגו'. ר"ל לבם יהיה אטום עד שיבוא הפורעניות ויהיו עריהם חרבה ובתיהם שממה: (יב) ורחק וגו' האדם. ישראל הקרואים אדם יהיה גולה למקום רחוק: ורבה העזובה. זמן מרובה תהיה הארץ עזובה מהם: (יג) ועוד בה עשיריה. עוד ימלכו בה עשרה מלכים כי נאמר אחר שנצטרע עוזיה ומלכו אחריו יותם אחז חזקיה מנשה אמון יאשיה יהואחז יהויקים יכניה צדקיה ובימיו תשוב להיות לבער ולכליון. או ר"ל העשרה חלקים יהיו אבודים ותשאר הלק עשירי ואף היא תשיב להיות לבער: אשר בשלכת. בימי הסתיו עת שמשליכין העלין דרכם להשליך מעט מעט עד שלא ישאר כי אם הנטיעה אשר בה כמות שהיא ואמר שכן יהיה ישראל לבעור אחר

Habor, the River Gozan, and the mountains of Media. Also the description of abandonment in the land. The remaining tenth could refer to those who returned with Jeremiah and assimilated with the

ten tribes of Judah and Benjamin. He prefers to explain this, however, in reference to the two remaining tribes, who were but a tenth of the population of the entire nation. The prophet compares the nation to the

12. And the Lord removes the people far away, and the deserted places be many in the midst of the land. 13. And when there is yet a tenth of it, it will again be purged, like the terebinth and like the oak, which in the fall have but a trunk, the holy seed is its trunk.

and the ground lies waste and desolate—with no one to till it.—[*Redak*]

lies waste and desolate—*an expression of solitude, without an inhabitant.*—[*Rashi*]

12. **removes the people far away**—Lest you think that the people will be exiled to a nearby place, from where they will soon return, the prophet states, "And the Lord removes the people far away," like the ten tribes who were exiled to Halah and Habor, and like Judah and Benjamin, who were exiled to Babylonia. Even as the prophet Amos states, "(5:27) And I will exile you far beyond Damascus, says the Lord," meaning that they will not be exiled to a nearby place like Damascus, but to a faraway place.—[*Redak*]

and the deserted places be many—*For the land will be abandoned by them, and this is the explanation of the language: Deserted places will increase in the midst of the land.*—[*Rashi*]

Alternatively, the land shall be deserted for a long time.—[*Redak, Mezudath David*]

13. **And when there is yet a tenth**—[And when *they are diminished to one out of ten—Rashi* ms.] *even upon this remnant will I return My hand as a purge after a purge, and it will be purged until only completely righteous men will remain, who will repent wholeheartedly.*—[*Rashi* following *Targum*]

Others render: When there will be a tenth reign in the land, alluding to the ten kings who reigned after Uzziah until the Babylonian exile, viz. Jotham, Ahaz, Hezekiah, Manasseh, Amon, Josiah. Jehoahaz, Jehoiakim, Johoiachin, and Zedekiah.—[*Ibn Ezra, Redak, Mezudath David*]

like the terebinth and like the oak—*which, at the time of their casting, when they cast off their leaves during the fall, one casting after another casting, until nothing is left in it except the trunk, they too, the holy seed found in its midst, adhering to their holiness, they will be to Me as the trunk; another explanation of* מַצֶּבֶתָּה *is: its planting. Therefore, I will not destroy them, for I planted them as holy seed. Some explain that there was a Shallecheth Gate in Jerusalem, as it is stated in Ezra* (I. Chron. 26:16 written by Ezra), *and there terebinths and oaks were planted.*—[*Rashi*]

Ibn Ezra too, prefers the last interpretation. He explains that the holy seed were the returnees from Babylonian exile.

Abarbanel explains this section as referring to the exile of the ten tribes. The description of exile: "And the Lord removes the people far away," applies more aptly to the ten tribes, who were exiled to Halah and

בָּם זֶרַע קֹדֶשׁ מַצַּבְתָּהּ׃ ז א וַיְהִי בִּימֵי
אָחָז בֶּן־יוֹתָם בֶּן־עֻזִּיָּהוּ מֶלֶךְ יְהוּדָה
עָלָה רְצִין מֶלֶךְ־אֲרָם וּפֶקַח בֶּן־רְמַלְיָהוּ
מֶלֶךְ־יִשְׂרָאֵל יְרוּשָׁלַ͏ִם לַמִּלְחָמָה עָלֶיהָ

ת״א בימי אחז. מגלה י

לְקַיָּמָא מִנְהוֹן זַרְעָא כֵּן גָּלְוָתָא דְיִשְׂרָאֵל יִתְכַּנְשׁוּן וִיתוּבוּן לְאַרְעֲהוֹן אֲרֵי זַרְעָא דְקוּדְשָׁא נִצְבַתְהוֹן׃
א וַהֲוָה בְּיוֹמֵי אָחָז בַּר יוֹתָם בַּר עֻזִּיָּה מַלְכָּא שִׁבְטָא דְבֵית יְהוּדָה סְלִיק רְצִין מַלְכָּא דַאֲרָם וּפֶקַח בַּר רְמַלְיָהוּ מַלְכָּא דְיִשְׂרָאֵל לִירוּשְׁלֵם לְאַגָּחָא קְרָבָא עֲלַהּ וְלָא יְכִיל לְאַגָּחָא עֲלַהּ׃

רש״י

אותם שאני נטעתי׳ זרע קודש. ויש פותרים שער שלכת היתה בירושלים כמו שאומר בעזרא והיו שם אלה ואלון נטועים:
ז (א) ויהי בימי אחז. מה ראה הכתוב לייחסו אלא מפני שסופו של הכתוב לומר ולא יכול להלחם עליה ולמדך שזכו׳ אבות עמד׳ לו אמרו מלאכי השרת לפני הקב״ה ווי (ס״א) מי הוא זה שמלך רשע זה אמר להם בן יותם הוא בן עוזיהו הוא אבותיו היו צדיקים לפיכך אי אפשי לפשוט ידי בו הדא היא ולא יכול להלחם עליה מפני זכות אבותיו

מהר״י קרא

זה מזה רשות: וינועו אמות הסיפים. המלאכים הקוראים זה לזה: והבית. הוא בית המקדש נתמלא עשן. הוא יום רעש בו ביום עמד עוזיהו להקטיר קטורת על גבי המזבח. ונזדעזעת הארץ. והיה רעש גדול בעולם: שרפים עומדים ממעל לו. ומבקשים לשורפו כסבורין היו. שהוא ראוי לשריפה וכו׳. ופירשנו: ויעף אלי אחד מן השרפים. ובידו דיבור שלקח מן המלך היושב על כסא הכבוד בשמי מרום מעל המזבח: ובידו רצפה תרגום ובידיה ממלל. כלומר רץ בפה. ששגור שליחות בפיו: ויגע על פי ויאמר הנה נגע זה על שפתיך. ראה נתתי דברי בפיך: ואשמע את קול ה׳ אומר וגו׳. זש״ה אהבת צדק ותשנא רשע על כן משחך שמן ששון מחברך. ר׳ נחמיה בשם ר׳ יהודה בר׳ סימון פתר קרייה בישעיה. אמר ישעי׳ מטייל הייתי בבית תלמודו ואשמע את קול ה׳ אומר את מי אשלח וגו׳ שלחתי את מיכה והיו מכין אותו [שנ׳] בשבט [יכו] על הלחי את שפט ישראל. ושלחתי את עמוס והיו קורין [אותו] פסילום. אמרו הניח את עולמו והשרה שכינתו על (הארץ) פסילום קטיע לישניה. אמר ר׳ יוחנן למה היו קורין איתו עמוס שהי׳ פסילים בלשונו מעתת את מי אשלח. ואומר הנני שלחני. אמר לו הקב״ה לישעיה ישעיה בני טרחנים הם אם אתה מקבל אותם עליך להתבזות וללקות מבני אתה הולך בשליחותי. ואם לאו אי אתה הולך בשליחותי. אמר לו על מנת כן גוי נתתי למכים ולחיי למורטים. ולואי שהייתי כדי לילך בשליחותך אצל בניך ולהחזירם למוטב. אמר לו הקב״ה. ישעי׳ אהבת צדק. אהבת לצדק את בני. ותשנא רשע. שנאת מלחייבם על כן משחך וגו׳: וריחק ה׳ את האדם וגו׳. ועוד בה עשיריה. אמר ישעיה לפני הקב״ה רבונו של עולם רחקת את האדם אלו ישראל שנאמר בהם אדם אתם. אמר לו הקב״ה לישעיה ועוד בה עשיריה. תקנתי להם עשרה ימים שבין ראש השנה ליום הכיפורים. ושבה. כדי שיחזרו בהן בתשובה: והיתה. זאת להם לחקת עולם: לבער. לכפר על בני ישראל מכל חטאתם: כאלה וכאלון אשר בשלכת. כשתי אילנות שהן בשער (לישכת) [שלכת] כן יהיה עמידת רגליהם. (והיה עמידת רגל):
ז (א) ויהי בימי אחז. (בתחילת) [מתחלת] ספר עד בשנת מות המלך עוזיהו. היה מתנבא בימי עוזיהו. שהרי בימי עוזיהו התחיל להתנבאות. ומשנת מות המלך הוא אומר למטה בספר זה בראש ענינו של סנחריב. ויהי בימי אחז בן יותם בן עוזיהו מלך יהודה עלה רצין מלך וגו׳ והיה מתנבא והולך בימי אחז. ומשמת אחז מהו אומר ויהי בארבע עשרה שנה למלך חזקיהו. למדת שהתחיל להתנבאות בימיו ומונה והולך על הסדר מלך אחר מלך כל ארבעת המלכים שקיפח בימיו. וכן אתה מוצא כל נביא ונביא שעמד להם לישראל. מאותו חשבון שתפס לו מתחלה הוא מונה והולך מתחלת החשבון עד שכלה נביאתו בסוף החשבון. ולפי שלמעלה בענין הוא אומר [בשנת מות המלך עוזיהו אמר כאן] ויהי בימי אחז בן יותם בן עוזיהו מלך יהודה. (בשנת מות המלך עוזיהו מלך יהודה) עלה רצין וגו׳. [ובדרש] אמרו מלאכי השרת לפני הקב״ה ווי שמלך אחז. אמר להן אעפ״כ אבותיו היו צדיקים. בן יותם הוא. בן עוזיהו הוא. ואי אפשר לפשוט יד בו. בשנת שבע עשרה שנה לפקח בן רמליהו מלך אחז. בן עשרים שנה במלכו. באותה שעה ויהרג פקח בן רמליהו מאה ועשרים אלף ביהודה ביום אחד וגו׳. כי הכניע את יהודה בעבור אחז. בשנת עשרים לפקח שהיא שנת שלש לאחז עלה רצין מלך ארם ופקח בן רמליהו מלך ישראל ירושלם למלחמה עליה:

אבן עזרא

נלבים תמיד ואל תתמה על שהמשילם לאילן והנה כן כי כימי העץ. וטעם זרע קדש מצבתה שאלה שיעמדו בה אחר כן הם זרע קדש וזה רמז לעולים מגלות בבל:
ז (א) ויהי. ולא יכול. רמז לפקח בן רמליהו על כן

רד״ק

וישע ונציב וכנוי ה״א מצבתה כנגד האדמה כמו שאמר ושבת והיתה לבער וי״ת ועוד בה עשיריה וישתארון בה חד מן עשרא יש מפרשים בשלכת שם שער שהיה בבית המקדש וזה זכר בדברי הימים עד שער שלכת ושם היו נטועים אלה ואלון ואמר המשל בהם: (א) ויהי בימי אחז. אמר בן יותם בן עוזיהו כי שניהם היו צדיקים ואע״פ שהוא היה רשע והחטיא את יהודה עד שהענישם האל ונתנם ביד מלך ארם וביד מלך ישראל ומלך ארם שבה ממנו שביה רבה ומלך ישראל הרג ביהודה מאה ועשרים אלף ביום אחד ועתה עלו שניהם להלחם עליה: ולא יכול. רצין כי הוא היה עקר המלחמה והוא הביא עמו פקח. וכן אמר עלה רצין נראה כי הוא העקר. ואמר ולא יכול לא מפני חוזק יהודה וירושלים שהרי הם פחדו שלא יכבשו ירושלם שנאמר וינע לבבו ולבב עמו אלא ולא יכול כי לא רצה האל לתת את ירושלים ביד אויב כי זכות היתה עומדת להם עדיין כמו שאמר גם בימי חזקיהו למעני ולמען דוד עבדי עד עת בא עתה וחרבה על ידי נבוכדנצר ובדרש ויהי בימי אחז בן יותם בן עוזיהו מה ראה הכתוב ליחסו אלא אמרו מלאכי השרת לפני הקב״ה ווי היא זה שמלך זה הרשע אמר להם הקב״ה בן יותם הוא בן עוזיהו אבותיו צדיקים הי׳ לפיכך א״א לפשוט יד בו הדא הוא דכתיב ולא

מצודת דוד

בטור: זרע וגו׳. הנשאר בם יהיה זרע קודש ולפי שהמשיל לאילנות אמר מלבתה לבון הנופל באילן ורלה לומר בארית:
ז (א) למלחמה עליה. לעשות מלחמה עליה: ולא יכול. מוסב על רצין כי הוא היה העיקר במלחמה: להלחם עליה. להתגבר ולהתחזק במלחמה עם כי אחז כבנלחם פקח לבד התגבר במלחמה כמ״ש בד״ה ב׳. או מוסב הוא על אחז לומר שהוא לא היה יכול

attacking armies, i.e. until after the assurance given him by the prophet.

[It is possible that, although Rezin had initiated the campaign as in v. 1, Pekah was the more formidable foe, since he had slain 120,000 Judeans. The reporters, therefore, told Ahaz that Aram had joined forces with the already formidable foe—Ephraim. Ed. note]

7

1. And it came to pass in the days of Ahaz son of Jotham son of Uzziah, king of Judah, that Rezin, king of Aram, and Pekah son of Remaliah, king of Israel, marched on Jerusalem to wage war against it,

terebinth and the oak, which, when the branches are pruned and cast off, have but a trunk, so, in the case of Israel, the holy seed, the righteous of Judah, whose kings are descended from the holy seed of David, are its trunk.

Since this Book is a prophetic one, historic accounts are not the primary intention of the author. They are found in this Book as a background for the prophecies mentioned here.—[*Ibn Kaspi*]

1. **And it came to pass in the days of Ahaz**—*What did Scripture see to trace his lineage? But, since the end of the verse states: "And he could not wage war against it," it teaches you that the merit of his forebears stood him in good stead. The ministering angels said before the Holy One, blessed be He, "Woe! Who is this wicked man who has become king?" He replied to them, "He is the son of Jotham; he is the son of Uzziah. His forebears were righteous. I, therefore, do not wish to harm him." This is the meaning of the words, "and he could not wage war against it," because of the merit of his forefathers.* This is found in *Gen. Rabbah* 63:1.—[*Rashi*] See extant editions of *Gen. Rabbah* for slight variations, also *Yalkut Shimoni* and *Yalkut Machiri.*

Rezin, king of Aram, and Pekah son of Remaliah, king of Israel marched on Jerusalem—We find in I Chronicles 28:5f. that Rezin and Pekah had already attacked Judah on previous occasions. Rezin had led away many Judeans into captivity, and Pekah had slain 120,000 in one day, as the Chronicler puts it, "because they had forsaken the Lord, God of their forefathers." They were never successful in waging war against Jerusalem, however, for God had saved them. Now they joined forces to attack the holy city of Jerusalem.—[*Redak, Malbim*]

and he could not wage war against it—Scripture is not clear on this point, who could not wage war against it. Since it is in the singular, it must refer to *one* of the allies, either to Rezin or to Pekah. *Ibn Ezra* deduces from verse 2, which states that Aram joined Ephraim, that Israel was the leader of the alliance, and Aram its aid. He, therefore, explains that Pekah son of Remaliah was unable to wage war on Jerusalem. *Redak* deduces from the order in verse 1, that Aram was the leader, and that Israel came to her assistance. He, therefore, explains that Rezin was unable to wage war against it. *Abarbanel* offers a third alternative, that Scripture states that neither one was able to wage war against Jerusalem. He also quotes Christian scholars who explain that Ahaz was unable to repulse the

וְלֹא יָכֹל לְהִלָּחֵם עָלֶיהָ׃ ב וַיֻּגַּד לְבֵית
דָּוִד לֵאמֹר נָחָה אֲרָם עַל־אֶפְרָיִם וַיָּנַע
לְבָבוֹ וּלְבַב עַמּוֹ כְּנוֹעַ עֲצֵי־יַעַר מִפְּנֵי־
רוּחַ׃ ג וַיֹּאמֶר יְהוָה אֶל־יְשַׁעְיָהוּ צֵא־
נָא לִקְרַאת אָחָז אַתָּה וּשְׁאָר יָשׁוּב
בְּנֶךָ אֶל־קְצֵה תְּעָלַת הַבְּרֵכָה

ת"א לקראת אחז. סנהדרין קד (סנהדרין כ"ז): מלעיל

תרגום

ב וְאִתְחַוָא לְבֵית דָוִד לְמֵימַר אִתְחַבַּר מַלְכָּא דַאֲרָם עִם מַלְכָּא דְיִשְׂרָאֵל לְמֵיתֵי עֲלוֹהִי וְזָע לִבֵּיהּ וְלִבָּא דְעַמֵּיהּ כְּאִשְׁתְּדָיוּת אִילָנֵי חוּרְשָׁא מִן קֳדָם רוּחָא׃ ג וַאֲמַר יְיָ לִישַׁעְיָה פּוּק כְּעַן לְקַדָּמוּת אָחָז אַתְּ וּשְׁאָר תַּלְמִידָךְ דְלָא חֲטוֹ וּדְתָבוּ מֵחֶטְאָה לְסְיָפֵי מְזִיקַת בְּרֵיכְתָא עִלֵּיתָא

מהר"י קרא

(ב) ויוגד לבית דוד לאמר. לא רצה הכתוב להזכיר את אחז: נחה ארם. לשון נקיבה על שם שהמלכות: נחה ארם על אפרים. התחבר מלך ארם עם מלך ישראל לבא אל אחז. על זה פת׳ כמו והקרבתם על הלחם עם הלחם: וינע לבבו ולבב עמו. לפי שנלחם כבר כל אחד ואחד מהם בפני עצמו על אחז ויכלו לו כמו שנאמר ויתנהו ה׳ ביד מלך ארם. ואומר ויהרוג פקח בן רמליהו ביהודה מאה ועשרים אלף ביום אחד. שניהם בדברי הימים: כנוע עצי יער. כנוע עצי גינה אין נאמר אלא עצי יער הם אילני סרק. על ידי שהם קלים בפירותיהן קולן הולך: (ג) ויאמר ה׳ אל ישעיהו [וגו׳] אתה ושאר ישוב בנך. שארית שלא חטאו. אשר שבו מחטא. [הם] תלמידיך: אל

רש"י

(ב) ויוגד לבית דוד. לפי שרשע היה לא הזכיר שמו: נחה ארם על אפרים. נתחבר מלך ארם על מלך ישראל לבא עליך. נחה ל׳ נקבה על שהמלכות נחה (פוטי"ר בלע"ז) ל׳ וינח בכל גבול מצרים (שמות י׳): וינע לבבו. לפי שכבר נלחם בו כל אחד מהם בפני עצמן ויכלו לו שנאמר ויתנהו ה׳ ביד מלך ארם וגו׳. (ד"ה ב כ"ח) ואומר ויהרוג פקח בן רמליהו ק"כ אלף איש שניהם בדברי הימים (שם): כנוע עצי יער. קול אילני סרק נשמע יותר מכל אילני פרי כדאיתא בבראשית רבה: (ג) ושאר ישוב בנך. שארית מעט שישובו אלי על ידך והם כבנך: אל קצה תעלת. שם תמלאהו. תעלת (פוטי"ר בלע"ז):

רד"ק

יכול להלחם עליה מפני זכות אבותיו: (ב) ויגד לבית דוד. אמר לבית דוד כי לולי דוד כבר פסקה המלכות מזרעו בעונם ובעון זה המלך שהיה רשע: נחה ארם על אפרים. כמו ויבאו האנשים על הנשים. והגד למלך כי מחנה ארם עם מחנת אפרים נחה כלומר באו עד קרוב לירושלים ותקעו אהליהם ונחו שם לצור על ירושלם ולהלחם עליה ואמר נחה לשון נקבה על המחנה או על עדת ארם כמו ותהי ארם ותהי ישראל: וינע לבבו. פחדו מאד כי כבר נכשל לפניהם כי כן כתוב במלכים וינע מן הקל ונפתחה הנו"ן מפני העי"ן. ואמר עצי יער. שכולם נעים מפני הרוח ואחד מניע חברו שנוגע בו מפני התנועה והנה התנועה רבה מתנועת עץ יחידי מפני רוח כן היו כל אחד מהם פוחדים והאחד מפחיד חבירו ויש דרש קול אילני סרק נשמע יותר מקול אילני פירות לפיכך אמר עצי יער: (ג) ויאמר. ושאר ישוב בנך שני בנים היו לו לישעיהו האחד שמו שאר ישוב לאות ולסימן כי שאר יהודה ישובו עוד אחר הגלות ולא כן עשרת השבטים שלא שבו אחר שבעים ועדיין לא שבו אע"פ שעתידין לשוב ועוד כי לא מהרו לגלות יהודה כמו עשרת השבטים והבן האחר קרא שמו מהר שלל חש בז לאות ולסימן עשרת השבטים שימהרו לגלות קודם שבט יהודה ודעת יונתן כי שאר ישוב לא היה בן ישעיהו אלא פי׳ שאר ישוב אנשים טובים שהיו תלמידי ישעיהו. ותרגם

אבן עזרא

(ב) ויוגד. כתוב אחריו נחה ארם על אפרים: בעבור היות המלך על עשרת השבטים בתחלה מאפרי׳ תקרא המלכות כן: על אפרים. כמו עם וכן ויבאו האנשים על הנשים: (ג) ויאמר. צא נא. כמו עתה: ושאר ישוב. שם בן הנביא כאשר אפרש והאומרים כי בנך מגזרת בינה אין להם בינ׳ בדקדוק: תעלת. כמו אשר

מצודת ציון

ז (ב) נחה. ענין חניה: על אפרים. עם אפרים כמו ויבואו האנשי׳ על הנשים (שמות ל"ה): וינע. מלשון תנועה: (ג) תעלת הברכה. הברכה היא מקום כנוס המים ובשם מתכנסים המי׳ והתעלה היא חפירה סמוך לה ובעת הצורך ממשיכים לה את המים

מצודת דוד

(ב) ויוגד. טרם עלו למלחמ׳ לעמוד למולם להלחם בעבור העיר: לבית דוד. הוא אחז ועל שהיה רשע לא רצה להזכירו בשמו: נחה ארם וגו׳. ארם עם אפרים חנו עליהם להלחם בהם: וינע. מגודל הפחד נעה לבבו כמו עלי היער הנעים ברוח: (ג) אתה ושאר ישוב בנך. גם אתה לא לקראתו גם בנך אשר נקרא שמו שאר ישוב לאות וסימן אשר שארית יהודה ישובו מן הגלות בימי עזרא: אל קצה וגו׳. כי שם תמצאהו: העליונה. כי שתים היו אחת ממעל ואחת

exposed to the wind much more than trees growing in an orchard.—[*Abarbanel*]

When the wind blows the trees of the forest, each one trembles and causes its neighbors to tremble, so did the people of Judah quake with fear of Rezin and Pekah, and frighten their friends.—[*Redak*]

and Shear-yashuv your son—*The small remnant that will return to Me through you, and they are like your sons.*—[*Rashi*]

Isaiah had two sons, one named Shear-Yashuv, *the remnant will return,* to symbolize that the remnant of Judah would return after the exile, unlike the ten tribes, who did not return after the seventy years, and who have not yet returned,

and he could not wage war against it. 2. And it was told to the House of David, saying, "Aram has allied itself with Ephraim," and his heart and the heart of his people trembled as the trees of the forest tremble because of the wind. 3. And the Lord said to Isaiah, "Now go out toward Ahaz, you and Shear-Yashuv your son, to the edge of the conduit of the upper pool,

In any case, the armies of Rezin and Pekah, although individually, wrought havoc in the land of Judea, together were unable to conquer Jerusalem. *Redak* explains that Jerusalem still had the merit of the House of David, which protected it until the time destined for its destruction. *Abarbanel* offers another reason, namely, that, as long as Aram and Israel attacked independently, each one was a divine agent against Judah, who deserved to be punished for its sins. Therefore, each one was successful. When Israel joined a gentile nation to wage war against their own brethren, however, God would not allow them to defeat Judah.

2. **And it was told to the House of David**—*Since he was wicked, Scripture did not mention his name.*—[*Rashi*]

Alternatively, the dynasty should have terminated long before, because of the sins of the kings and especially because of the sins of Ahaz. Because of David's merit, however, the dynasty was still existing.—[*Redak*]

Aram has allied itself with Ephraim—lit. has rested upon Ephraim. *The king of Aram has joined the king of Israel to attack you.* נָחָה *is the feminine gender, since the kingdom* (מַלְכוּת) *joined. Posad in O.F., lay, comp.* "(Exodus 10:14) *And it rested* (וַיָּנַח) *in all the boundary of Egypt.*"—[*Rashi, Kara after Jonathan*]

Others explain: Aram has encamped with Ephraim; i.e., they have drawn near to Jerusalem and have pitched their tents and rested there, ready to besiege the city.—[*Redak*]

Ephraim—Since its first king, Jeroboam, came from this tribe, the kingdom is known by that name.—[*Ibn Ezra*]

and his heart . . . trembled—*Since each one individually had already waged war with him and defeated him, as it is said*: "(II Chron. 28:5) *And the Lord his God delivered into the land of the king of Aram. . . ,*" *and it states further*: "(v. 6) *And Pekah son of Remaliah slew 120,000 men.*" *Both verses are in Chronicles.*—[*Rashi*]

as the trees of the forest tremble—*The sound of trees that do not produce fruit is heard more than that of all fruit trees* (var. *the sound of fruit trees), as is* found *in Gen. Rabbah* 16:3.—[*Rashi*] Because they have no fruit to weigh them down, they rattle more in the wind.—[*Kara* from the same source] Here, too, since Ahaz and the people of Judea were devoid of trust in the Almighty, they quaked with fear.—[*Kli Paz*]

Alternatively, trees of the forest, unprotected by fences or walls, are

הָעֶלְיוֹנָה אֶל־מְסִלַּת שְׂדֵה כוֹבֵס׃
ד וְאָמַרְתָּ אֵלָיו הִשָּׁמֵר וְהַשְׁקֵט אַל־
תִּירָא וּלְבָבְךָ אַל־יֵרַךְ מִשְּׁנֵי זַנְבוֹת
הָאוּדִים הָעֲשֵׁנִים הָאֵלֶּה בָּחֳרִי־אַף
רְצִין וַאֲרָם וּבֶן־רְמַלְיָהוּ׃ ה יַעַן כִּי־יָעַץ
עָלֶיךָ אֲרָם רָעָה אֶפְרַיִם וּבֶן־רְמַלְיָהוּ

עִלָּיְתָא דִי בִּכְבַשׁ חֲקַל
מִשְׁטַח קְצִירַיָא׃
ד וְתֵימַר לֵיהּ אִסְתַּמַר
וְנוּחַ לָא תִדְחַל וְלִבָּךְ
לָא יְזוּעַ מִן קֳדָם תְּרֵין
רִבְרְבַיָא דְאִינוּן כְּאוּדַיָא
סְתְנְנַיָא הָאִלֵּין בִּתְקוֹף
רְגַז רְצִין וַאֲרָם וּבַר
רְמַלְיָהוּ׃ ה חֲלַף אֲרֵי
מְלַךְ עֲלָךְ אֲרָם בִּישָׁא
אֶפְרַיִם וּבַר רְמַלְיָהוּ
לְמֵימַר

רש"י

ברכה. כעין מקוה מים שעושין לדגים: העליונ'. במורד ההר ויש בריכה אחרת למטה הימנה בתחתיתו: שדה כובס. שדה שהכובסים שוטחים שם בגדים לנגבם כך תירגם יונתן ורבותינו דרשו ככנע אחז לפני ישעיהו ושם על ראשו אוכלא דקלרא כפה עליו כלי (פי' כלי מנוקב של כובסים שמזלפין בו מים על הבגדים): (ד) השמר. שב בשלום כיין על שמריו: זנבות האודי' העשני'. יהיו בעיניך כזנבות אודי' שכבתה שלהבת שלהם. אודים (טילני"ש

מהר"י קרא

מסלת שדה כובס. בכבש חקל משטח קצרא. פת' כובסים בגדים. כדגרס' בשילהי בבא קמא קצרא שטית וקצרא שקיל ליה: (ד) ואמרת אליו השמר והשקט. המ"ם נקודה בפתח קטן. השמר מפניו ושמע בקולו אל תמר בו. ומ"ם שלו נקודת בקמץ קטן. הניקוד שלהם מלמדנו שאין לחוש שלא תתאמץ אף אתה: ולבבך אל ירך משני וגו' בחרי אף. של רצין וארם ובן רמליהו שאתה ירא מפניהם שצרו עליך בחרי אף. חרי אף שלהם דומה לשני זנבות האודים אשר שני קצותם אכלה אש ותוכם נחרו שמעלים עשן ולהבה לא יבער בם. וכן חרי אף של רצין וארם לא שלהבת. שלא [יוכלו] להלחם בירושלים. וכן תמצא בכל מקום שאתה מוצא חרון אף מדמה את החרון לעשן ואש שאתה קורא עלת עשן באפו ואש מפיו תאכל. וכן כי אש קדחת באפי: (ה) יען כי יעץ עליך ארם רעה

אבן עזרא

בתעל' לחכה והמים רגים ואין הברכה ככה כי הברכה תקרא מקום חיבור מימי הגשמים ורבי' אמרו שנקראת כן בעבור שמימיה ממקום מבורך: (ד) ואמרת אליו השמר. מלרע מגזרת שמרים כמו ושקט הוא על שמרי' והטעם שב על שמריך כי לעולם השמר מלשון שמירה הוא מלעיל והעד אל תירא: והשקט. פועל יוצא והטעם נפשך או עמך ודמה אלה המלכים לזנבות אודים כמו אוד מוצל מאש והטעם שהם כמו הנשאר לאוד שיעלה עשן ואין כח לו לבער על כן בחרי אף כי בחרי אפם ידמו לזנבות: (ה) יען. כמו בעבור

רד"ק

כן ושאר דלא חטן ודתבו מחטאה תלמידך: תעלת חברכה. תעלה היא אמת המים הנמשכת מן הברכה והברכה היא עשויה בבנין אבנים שמי המטר מכונסין בה. ואמר העליונה כי שתי ברכות היו שם וזו היתה העליונה: שדה כובס. שהיו כובסים שם הבגדים לפיכך נקרא שדה כובס וי"ת חקל משטח קצריא שהיו מכבסים הבגדים לפיכך נקרא שדה בתעלה והיו שוטחין הבגדים לשמש בזה השדה: (ד) ואמרת. השמר זה לבדו מלרע לפיכך פירשנוהו ענין אחר ענין שמרים כלומר שב על שמריך בנחת כיין היושב על שמריו וי"ת ענין שמירה כלומר אסתמר וכן פי' רבינו סעדיה השמר מעשות מלחמה והשקט לך אל תירא והשקט פעל עומד או יוצא פי' השקט לבך: משני זנבות האודים. האוד הוא עץ שמנדדין בו האש ובדברי רז"ל ליטול אוד מבין העצים ואינו עשוי להדליק אלא שנשרף מאליו מעט מעט כשמנדדין בו האש תמיד וכשנשרף עד שחוזר קטן שאין ראוי לאוחזו ביד ולנדד בו האש משליכין אותו לצד אחד והוא עשן ויקרא זנב האוד וחרון האף נמשל לעשן כמו יעשן אף ה' עד מתי עשנת וכמו שזנב האוד אין בו כח להבעיר דבר אלא שהוא עשן ומצער בני הבית מעט עד שיכלה העשן כן אלו המלכים באו בחרון אפם אבל אין כח בהם להבעיר ולכלות ובמעט זמן יכלה עשנן וישובו להם ויכלו: ובן רמליהו. פי' עם אפרים כמו שאמר רצין וארם וקצר הכתוב דבריו וסמך על המבין כי בזכור המלך הוא הדין לעם וכן אמר בפסוק הבא אחריו: (ה) יען. שזכר

מצודת דוד

מתחת: שדה כובס. השדה שהיה שוטחים שמה אל מול השמש את הבגדים המכובסים: (ד) השמר והשקט. השמר מעשות מלחמה והשקט לבך אל תירא ואל יבוא מורך בלבבך: זנבות האודים. שהמה כמו האודים האלה שאין בהם כח לבער אלא לעשן כך אין כח בידם לעשות לך מהומה רע רק המה מפחידים: בחרי אף. הכאים בחרי אף: רצין. עכשיו מפרש מי הם האודים: ובן רמליהו. פי' עם אפרים כמ"ש רצין וארם וסמך על המבין: (ה) יען. בעבור

מצודת ציון

מן הברכה וכן בתעלת הברכה (מ"ב יח): מסלת. מלשון מסילה ושביל: (ד) זנבות. מלשון זנב: האודים. הם העצים שמנדנדין בהם האש לישבו על מקומו ונשרף מעט מעט ע"י החתיה באש וכשחוזר להיות קטן ואינו ראוי עוד לאחוז ביד משליכים אותו ומעל'

whose flame has been extinguished. אודים is tisons (embers) *in French.*—[*Rashi*]

Firebrands are staves used to carry fire. When they burn down very far and become impossible to hold, they are put aside to smolder and die out. These are the smoking stubs of the firebrands, which do no damage but annoy the members of the household with their smoke. So are Rezin and Pekah in their raging

to the road of the washer's field. 4. And you shall say to him, "Feel secure and calm yourself, do not fear, and let your heart not be faint because of these two smoking stubs of firebrands, because of the raging anger of Rezin and Aram and the son of Remaliah. 5. Since Aram planned harm to you, Ephraim and the son of Remaliah, saying:

although they will eventually return. Also, Judah was not exiled as early as Israel. The second son was named Maher-shalal-hash-baz, *hasten the plunder,* to symbolize that the ten tribes would be plundered and exiled before Judah and Benjamin. *Jonathan,* however, renders: you and your disciples who have not sinned, and those who have repented of their sins. He, apparently holds that Isaiah did not have a son by this name. He, therefore, explains it figuratively, as *shear,* meaning those who remained faithful, and *yashuv,* meaning those who returned, and בְּנֶךָ, meaning your sons, or disciples, who are like your own children.—[*Redak*] Accordingly, *Rashi,* too, is of the view that Isaiah had no son named Shear-yashuv.

to the edge of the conduit—*There you will find him.* תְּעָלַת *is fosed* (a ditch) *in O.F.*—[*Rashi*]

the upper pool—*a type of gathering of water that is made for fish.*—[*Rashi*]

upper—*on the incline of the mountain, and there is one below it at its base.*—[*Rashi*]

The conduit was like a canal, or ditch drawn from the pool, which was a stone structure in which rain water would gather.—[*Redak*] See Commentary Digest II Kings 18:17.

Many derive בְּרֵכָה, a *pool,* from בְּרָכָה, *a blessing,* since the water comes from a blessed place, i.e. the heavens.—[*Ibn Ezra*]

the washer's field—*a field in which the washers spread out laundry to dry. So did Jonathan render this. Our Rabbis expounded that Ahaz humbled himself before Isaiah and placed on his head a washer's utensil, i.e. he inverted a vessel* on his head, (*i.e. a perforated vessel used by the washers, with which they sprinkle water on the clothing*).—[*Rashi* from *Sanhedrin* 104a, parenthetic material from *Rashi* ad loc.] He put this on his head to conceal his identity from Isaiah because he was ashamed to appear before him.—[*Rashi* ad loc.]

Because of his humility before the prophet of the Lord, Ahaz was not listed among those who have no share in the World to come.—[*Gemara* ibid.]

4. **Feel secure**—Heb. הִשָּׁמֵר *Sit tranquilly like wine on its lees* (שְׁמָרָיו).—[*Rashi, Ibn Ezra*]

Mezudath David renders: Beware of waging war. This follows *Targum.*

smoking stubs of firebrands—*Consider them as stubs of firebrands*

לֵאמֹר: ו נַעֲלֶה בִיהוּדָה וּנְקִיצֶנָּה
וְנַבְקִעֶנָּה אֵלֵינוּ וְנַמְלִיךְ מֶלֶךְ בְּתוֹכָהּ
אֵת בֶּן־טָבְאַל: ז כֹּה אָמַר אֲדֹנָי יֱהֹוִה לֹא
תָקוּם וְלֹא תִהְיֶה: ח כִּי רֹאשׁ אֲרָם דַּמֶּשֶׂק

תרגום

לְמֵימַר: ו נִסַק בְּאַרְעָא
דְבֵית יְהוּדָה וּנְחַבְּרִינוּן
וּנְשַׁוֵינוּן עִמָנָא וְנַמְלִיךְ
מַלְכָּא בְּגַוַהּ יַת מַן
דְכָשַׁר לָנָא: ז כִּדְנַן אֲמַר
יְיָ אֱלֹהִים לָא תְקוּם וְלָא
תְהֵוֵי: ח אֲרֵי רֵישׁ אֲרָם
דַמֶשֶׂק וְרֵישׁ דַמֶשֶׂק

מהר"י קרא

וגו׳: (ו) נעלה ביהודה ונקיצנה. נמנה קצין אחד: את בן טבאל. את אשר יוטב לנו: (ז) כה אמר ה׳ אלהים לא תקום. וישלח אחז מלאכים אל תגלת [פלסר] מלך אשור לאמר עבדך ובנך אני. עלה והושיעני מכף מלך ארם ומכף מלך ישראל הקמים עלי. ויקח אחז את הכסף ואת הזהב הנמצא (באוצר) בית ה׳ ובאוצרות בית המלך וישלח למלך אשור שוחד. וישמע אליו מלך אשור ויעל מלך אשור אל דמשק ויתפשה ויגלה קירה ואת רצין המית. ואף באותו הגלות הגלה סנחריב לעשרת השבטים. שכן תמצא באותו ענין ובאותה הפרשה בימי פקח מלך ישראל בא תגלת פלאסר מלך אשור ויקח את עיון ואת אבל [בית] מעכה ואת ינוח ואת קדש ואת חצור ואת הגלעד ואת הגלילה (ואת) כל ארץ נפתלי ויגלם אשורה. ואף באותה שנה קשר קשר הושע בן אלה על פקח בן רמליהו ויכהו וימיתהו וימלוך תחתיו בשנת עשרים ליותם בן עוזיהו. הוא שנת עשרים לפקח ושנת ארבע לאחז תחילת שנת ארבע. ומצינו למדין שגלות עשרת השבטים ושנהרג פקח וגלות עם ארם ושנהרג רצין ועליות רצין מלך ארם ופקח בן רמליהו למלחמה על אחז הכל אירע בפרק אחד. וכך שנעו בסדר עולם. וכן חשבון המקראות בספר מלכים. וזה שנביא מבשר לאחז כה אמר ה׳ אלהים לא תקום ולא תהיה: (ח) כי ראש ארם דמשק. ראש מלכות ארם הוא דמשק וראש דמשק רצין. שכשם שתלכד דמשק ביד סנחריב ויגלו ארם באותו כוס ישתה רצין מלך ארם וראש אפרים שומרון. ראש מלכות עשרת השבטים הוא שומרון וראש שומרון בן רמליהו. כוס שישתה שומרון. אותו ישתה גם פקח שהוא ראש לעשרת השבטים. יחדיו כולם יכליון. ד"א כי ראש ארם דמשק. ולא ירושלם. שאין ירושלם נחשב על גבול דמשק ואין הדין נותן שיתכבש ירושלם ביד מלך ארם. וראש דמשק רצין. בדמשק הוא ראש. ירושה לרצין נתתי לו דמשק אבל בירושלם אין לו

רש"י

בלע"ז): (ו) ונקיצנה. נעוררס במלחמה: ונבקיענה אלינו. נשוה אותה עמנו כבקעה זו שהיא שוה וכן ת"י ונשוינן עמנא. שיהיו שוין עם עשרת השבטים במלך אחד: את בן טבאל. בן הטוב אלינו כן ת"י ויש לפר׳ טוב אל אשר לא טוב בעיני המקום ובגימטריא של אותיות אלב"ס טבאל הוא רמלא ע"ר ב"ס א"ל בן טבאל בן רמלא: (ז) לא תקום. עלתם זאת שתהא יהודה כבושה תחתיהם: (ח) כי ראש ארם. הוא דמשק ואין לירושלים עמהם כלום:

רד"ק

ארם ולא זכר המלך: (ו) נעלה ביהודה. במי שהוא ראש יהודה והיא ירושלם: ונקיצנה. נעשה לה מצור עד שיקיצו מפנינו ויפתחו לנו: ונבקיענה אלינו. או נבקיענה כלומר נבקיע חומותיה ונכנס בה והיה ברשותינו ונמליך מלך בתוכה על ידינו וממנו ומי יהיה זה את בן טבאל והוא היה איש מבני אפרים שהיו חושבים להמליכו בירושלם זאת היתה עצתם ולא תקום ולא תהיה. וי"ת ונקיצנה ונבקיענה אלינו ונחברינון ונשוינון עמנא. ותרגם את בן טבאל ית מאן דכשר לנא עשה מלת טבאל נוטריקון הטוב אלינו. וי"מ טבאל רמלא באלפא בית"א דא"ל ב"ם ורמלא הוא על בן רמליהו. (ז) כה אמר. לא תקום עצתם ולא תהיה: (ח) כי ראש. לא יהיו הם ראש ומלך בירושלם כמו שחשבו כי דמשק הוא ראש ממלכת ארם וראש דמשק הוא רצין ולא יהיה ראש ירושלם ועוד אני אומר להם כי בעוד ששים וחמש שנה יחת אפרים מעם ופירושו יחת עם אפרים כלומר רצין וארם יחת עם אפרים מהיות זה עם זה ויהיה חסר אפרים וי"ו השמוש כמו שמש ירח ורבים כמוהו ופי׳ יחת רצין הנזכר כי עליו היה מדבר ועל ארם ואמר כי הוא יחת ואפרים גם כן מהיות עם ולא יהיה ראש רצין אפי׳ מארם וגם ארם לא יהיה עיר שיכלו להלחם ולעשות דבר מעצמם וכן שמרון שהוא ראש אפרים היום וראש שמרון הוא בן רמליהו לא יהיה זה לאורך זמן כי יחתו ארם ואפרים מעם וכן אמר ישא את חיל דמשק ואת שלל שמרון לפני מלך אשור ואמר ושאר ארם ככבוד בני ישראל יהיו. וחשבון ס"ה שנה אינו מתחיל מנבואה זו שהרי בזה הפרק נולד הבן שנקרא עמנו אל ואמר בטרם ידע הנער קרוא אבי ואמי ישא את חיל דמשק ואת שלל שמרון לפני מלך אשור וכן נאמר במלכים ויעל מלך אשור אל דמשק ויתפשם ויגלה קירה ואת רצין המית אלא פירושו ובעוד ס"ה שנה בהשלמות ששים וחמש שנה מנבואת עמוס שהתנבא על דמשק ואמר ושברתי את בריח דמשק וגו׳ וגלו את ארם

אבן עזרא

ויתכן היות היו"ד סימן העתיד: (ו) נעלה. ונקיצנה: פועל יוצא עד שיקוצו מפנינו והטעם על ירושלים על כן ונבקיענה: את בן טבאל. יש אומרי׳ כי הוא בתמורה רמלא והוא בן רמליהו וזה הבל כי בעבור שהזכיר בתחילה בן רמליהו והנה אומר עם ארם ונמליך מלך יש אומ׳ הטוב אלינו ואין מלת אל כי אם כלא כאילו אמרו את בן טוב לא והנכון שהוא שם שר גדול מישראל או מארם: (ז) כה. לא תקום. זאת העצה כי כן הזכיר למעלה יען וכבר הודעתיך כי כל פועל אם לא נזכר השם לעולם הוא בכח הדבור: (ח) כי. טעם כי כמו כי עם קשה עורף הוא אף על פי

מצודת ציון

ענין רב וזה נקרא זגב האוד וכן כאוד מוצל משרפה (עמוס ד׳): (ו)ונקיצינה. ענין מאוס כמו קצתי בחיי (בראשית כ"ז): ונבקיענה.

מצודת דוד

שיען מחשבו׳ כאלו נלחון המלחמ׳ תלויה בכח חכמתו: (ו) ונקיצנה. ר"ל נעשה לה מצור עד שיקוצו מפנינו ויפתחו לנו שערי העיר: ונבקיענה. אז נבקיע חומתה לדרכינו ליכנס בה ותהיה אם כן תחת ממשלתנו: ונמליך מלך בתוכה את בן טבאל. והוא היה איש מהר אפרים: (ז) לא תקום. לא תתקיים עצתם ולא תהיה כן והוא כפול כמ"ש: (ח) ראש ארם. עיר המלוכה של ארם היא דמשק ואין לה כלום על ירושלים: וראש דמשק רצין. הוא ראש ומלך על דמשק

and the head of Damascus is Rezin—*In Damascus he shall be head, but not in Jerusalem, and also—as regards Pekah and the ten tribes—in another sixty-five years from the day it was decreed in the*

6. 'Let us go up against Judah and provoke it, and annex it to
us; and let us crown a king in its midst, one who is good for us,'
7. So said the Lord God, 'Neither shall it succeed, nor shall it
come to pass. 8. For the head of Aram is Damascus,

anger, just like the smoldering embers, which annoy the people by frightening them, but can inflict no real harm.—[*Redak, Ibn Ezra*]

and the son of Remaliah—[I.e. Pekah the son of Remaliah and his people, Ephraim.—[*Redak*]

5. **Aram**—I.e. Aram and its king, Rezin.—[*Redak*]

6. **Let us go up against Judah**—I.e., against the capital of Judah, viz. Jerusalem.—[*Redak*]

and provoke it—*Let us provoke them to war.*—[*Rashi*]

This is variantly rendered as: Let us vex it; i.e., let us besiege them until they are vexed with their lives and surrender to us.—[*Ibn Ezra, Redak, Mezudath David*]

Let us appoint an officer over it.—[*Kara*]

and annex it to us—Heb. וְנִבְקִיעֶנָּה. *Let us even it out with us like a valley* (בִּקְעָה) *that is even. And so does Jonathan render: And let us even them with us, that they should be even with the ten tribes under one king.*—[*Rashi*]

Others render: Or let us breach its walls and take it to us. I.e., if they do not surrender to us, let us breach its walls and enter.—[*Redak*]

one who is good for us—Heb. בֶּן־טָבְאַל, a combination of the words: טוֹב אֶל. *So did Jonathan render it. It is also possible to interpret it as:* טוֹב אַל, *not good in the eyes of the Omnipresent, and according to the calculation of the letters of "al-bam," Tov'al is Ramla. "Teth equals "resh"; "beth" equals "mem"; "aleph" equals lammed." Hence, "ben tov'al" equals "ben Ramla."*—[*Rashi*] "Al-bam" is an alphabet in which one letter is substituted for another, in the following manner:

ז = צ	א = ל
ח = ק	ב = מ
ט = ר	ג = נ
י = ש	ד = ס
כ = ת	ה = ע
	ו = פ

טבאל = רמלא

Redak, too, quotes the exegetes who explain this name by code. *Ibn Ezra* rejects it since one of those saying this, is the son of Remaliah himself. He rejects *Jonathan's* interpretation as well, on the grounds that אַל is synonymous with לא, not. Hence, טָבְאַל should mean, "good for nothing." He is, therefore, inclined to believe that Ben Toval was a famous prince in Israel or in Aram.

7. **Neither shall it succeed**—*This plan of theirs, that Judah should be subordinated under them.*—[*Rashi, Ibn Ezra, Redak*]

8. **For the head of Aram**—*that is Damascus, and Jerusalem has nothing with them.*—[*Rashi, Redak*]

וְרֹאשׁ דַּמֶּשֶׂק רְצִין וּבְעוֹד שִׁשִּׁים וְחָמֵשׁ שָׁנָה יֵחַת אֶפְרַיִם מֵעָם: ט וְרֹאשׁ אֶפְרַיִם שֹׁמְרוֹן וְרֹאשׁ שֹׁמְרוֹן בֶּן־רְמַלְיָהוּ אִם

רְצִין וּבְסוֹף שִׁתִּין וַחֲמֵשׁ שְׁנִין יִבְטְלוּן בֵּית יִשְׂרָאֵל מִמַּלְכוּ: ט וְרֵישׁ אֶפְרַיִם שָׁמְרוֹן וְרֵישׁ שָׁמְרוֹן בַּר רְמַלְיָה אִם לָא תְהֵימְנוּן בְּמִלֵּי נְבִיָּא

רש"י

וראש דמשק רצין. בדמשק יהיה ראש ולא בירושלים וגם פקח ועשרת השבטים בעוד ששים וחמש שנה מיום שנגזר בימי עמוס וישראל גלה יגלה מעל אדמתו (עמוס ז'): **יחת אפרים.** תרוץ אפרים מעם שיגלם סנחריב עם מלכם הושע בן אלה צא וחשוב מנבואת עמוס עד שגלו עשרת השבטים ותמצאם ס"ה שנים נבואת עמוס היתה שתי שנים לפני שנתנגע עוזיה שנאמר (בעמוס א') שנתי' לפני הרעש ועוזיה נתנגע עשרים והמש שנים הרי כ"ז וי"ו של יותם וי"ו של אחז ושש של חזקיהו שנא' (מלכים ב' י"ט) וילכדה בשנת שש ליחזקיהו היא שנת תשע להושע ויגל את ישראל אשורה הרי ששים והמש ומניין שימי הלוטו של עוזיהו כ"ה שנים שנאמר (שם ט"ו) בשנת עשרים ושבע לירבעם בן יואש מלך ישראל מלך עוזיה בן אמציה על יהודה אפשר לומר והלא עוזיה וירבע' מלכו כאחת לפי חשבון שתמצא בס' מלכים אלא שמלך מלכות מנוגעת בשנת עשרים ושבע למלכו נתנגע והוא מלך חמשים ושתים שנה ואי אפשר למנות ובעוד ששים והמש שנה מיום שאמר ישעיה נבואה זו שהרי בימי אחז אמרה והם גלו בשנת שש לחזקיהו. וכך מפורש בסדר עולם שמנה הכתוב לנבואתו של עמוס: (ט) **אם לא תאמינו.** לנבואתי אתם ואחז ועמו אשר ידעתי כי רשעים אתם: **לא**

מהר"י קרא

אפילו עד מדרך כף רגלו. וראש אפרים שומרון. ראש מלכות של עשרת השבטים הוא שומרון ולא ירושלים שהרי ירושלם על גבול יהודה תחשב. וראש שומרון בן רמליהו. ולא הוא ראש בירושלם. ומה לו להלחם בירושלם: ובעוד ששים וחמש שנה. צא וחשוב מנבואת עמוס עד שגלו עשרת השבטים ותמצאם ששים וחמש. נבואת עמוס היתה לפני שנתנגע עוזיהו שתי שנים שנאמר שנתים לפני הרעש. ועוזיהו נתנגע עשרים וחמש שנה. הרי עשרים ושבע. ושש עשרה של יותם. ושש עשרה של אחז ושש של חזקיה. שנאמר בשנת שש לחזקיהו היא שנת תשע להושע וגו' ויגל את ישראל אשורה. הרי ששים וחמש. ומנין שימי חלוטו של עוזיהו כ"ה שנים. שנאמר בשנת עשרים ושבע לירבעם בן יואש מלך ישראל מלך עזריהו בן אמציהו מלך יהודה. אפשר לומר כן והלא עוזיהו וירבעם כאחת מלכו לפי חשבון שתמצא בספר מלכים. אלא שמלך מלכות מנוגעת. בשנת עשרים ושבע שנה למלכו נתנגע והוא מלך חמשים ושתים שנה ואי אפשר לומר ועוד ששים וחמש שנה מיום שאמר ישעי' נבואה זו שהרי בימי אחז אמרה והם גלו בשנת שש לחזקיהו. כך מפורש בסדר עולם שמנה הכתוב לנבואתו של עמוס: (ט) אם לא תאמינו. לנבואתי אתה ואחז ועמו אשר ידעתי כי רשעים

אבן עזרא

והטעם בעבור רצין ופקח הצרים על ירושלם: **ובעוד.** כאומר עוד נשארו שנים ויהיה כן ותוספ' הבי"ת כבי"ת בטרם. ותחלת זה החשבון בשנת הרעש שהיה בימי עוזיה שהתנבא עמוס וישראל גלה יגלה וכמוהו ויהי מקץ ארבעי' שנה ויאמר אבשלום: **יחת.** מגזרת החתות והוא מבנין נפעל כמו ימס והטעם שיהיה לו רע מעט שיבוא עליו ויתכן היות יחת מבעלי הנו"ן כמו ינש וכמוהו תחת גערה והנה נראה הנו"ן במלת הנחת ה' גבוריך והטעם שירד מהיותו נחשב לעם: (ט) **וראש.** כאשר פרשתי: **אם לא תאמינו.** תחסר מלת דברו והטעם בקשו אות על כן כתיב אחריו ויוסף ה' שאל לך אות והנה יראה כאשר אמר הנביא אם לא תאמינו שלא ענה. וטעם כי לא תאמנו בעבור שאין אמונה

רד"ק

קירה אמר ה' וכן התנבא על גלות ישראל והיתה נבואת עמוס לפי החשבון בשנת שבע עשרה לירבעם בן יואש מלך ישראל כיצד ירבעם מלך אחד וארבעים ומנחם עשר הרי אחד וחמשים ופקחיהו בן מנחם שנתים הרי חמשים ושלש ופקח עשרים הרי שבעים ושלש. והושע בן אלה תשע ואז גלו ישראל הרי שמנים ושנים חסר מהם שבע עשרה הרי ששים וחמשה חשבון מכוון ולא חשבנו ששה חדשים לזכריה וירח ימים לשלום: (ט) וראש אפרים. פירשתיו: אם לא תאמינו כי לא תאמנו. אמר הנביא אם לא תאמינו לדברים אלה הוא זה לפי

מצודת דוד

ולא על ירושלים: ובעוד. ר"ל ואף מה שבידו לא ישאר כי במשך זמן ס"ה שנה מעת שנגזר הדבר בנבואת עמוס שאמר ושברתי בריח דמשק (עמוס א'): יחת. וישבר מלכות ארם וכמ"ש ויעל וגו' דמשק ויתפשה (מ"ב ט"ז) וזה היה בימי אחז והרחיב הזמן בעוד שזכר גם אפרים: **אפרים מעם.** תחסר הוי"ו ומשפטו ואפרים מעם ור"ל גם מלכות אפרים תשבר במשך זמן ס"ה שנה מהיות עוד עם כי יכלו גולה בימי הושע בן אלה והיתה בשנה הששית לחזקיהו בתוך זמן ס"ה שנה מנבואת עמוס שניבא על ארם ועל מלכות אפרים כמ"ש הנה אנכי מעיק וגו' (עמוס ב') וישראל גלה יגלה (שם ז') כי נבואתו היתה שתי שנים קודם שנצטרע עוזיה כמ"ש שנתים לפני הרעש (שם א') והרעש היה כשנצטרע עוזיה בכ"ז למלכו כמ"ש בשנת עשרים ושבע וגו' (מ"ב ט"ו) וכמ"ש שם וכל ימי מלכותו נ"ב הרי נשאר כ"ה ושנתים לפניהם הרי כ"ז ימי יותם ט"ז ימי אחז ט"ז ושש של חזקיה הרי היתה בתוך זמן ס"ה שנה כי יותם ואחז מלכו שנים מקוטעות כמ"ש במ"ב וע"ש בחשבון הדורות: (ט) וראש. ואף עתה עיר המלוכה של אפרים היא שמרון ואין לה כלום על ירושלים: וראש שמרון בן רמליהו. הוא ראש ומלך על שמרון ולא על ירושלים׃

מצודת ציון

מלשון בקוע: (ח) ובעוד. ר"ל בתוך משך זמן: יחת. ישבר כמו התתה קשתותם (ירמיה נ"א): (ט) תאמנו. ענין קיום כמו אמונת

Redak states further that this verse is elliptical. The intention is: *Rezin* shall be broken *with* Ephraim, no longer to be a people.

Alternatively, Ephraim *shall descend* from being a people.—[*Ibn Ezra*]

9. **if you do not believe**—*My prophecy, you, Ahaz, and his people, for I know that you are wicked.*—[*Rashi*]

it is because you cannot be believed—*There is no truth in you.*—[*Rashi*]

Others render: for you are not firm in the faith of God.— [*Redak*]

and the head of Damascus is Rezin; and in another sixty-five years, Ephraim shall be broken, no longer to be a people. 9. And the head of Ehpraim is Samaria, and the head of Samaria is the son of Remaliah;

days of Amos: "(7:11) *And Israel shall surely be exiled from upon its land.*"—[*Rashi*]

Ibn Ezra renders: Although now the head of Aram is Damascus, and the head of Damascus is Rezin, in another sixty-five years, Ephraim shall be broken, no longer to be a people. This plan will not be realized although Rezin and Pekah besiege Jerusalem.

Ephraim shall be broken, no longer to be a people—*Ephraim shall be shattered, no longer to be a people, for Sennacherib will exile them with their king, Hoshea son of Elah. Go out and calculate from Amos' prophecy until the ten tribes were exiled, and you will find them to be sixty-five years. Amos' prophecy was two years before Uzziah was stricken, as it is stated*: "(Amos 1:1) *Two years before the earthquake.*" *And Uzziah was stricken for twenty-five years, plus these two years, giving us a total of twenty-seven years. Add the sixteen years of Jotham and the sixteen years of Ahaz and six years of Hezekiah, as it is stated*: "(II Kings 18:10:11) *And they captured it* at the end of three years; *in the sixth year of Hezekiah, which is the ninth year of Hoshea, king of Israel . . . And the king of Assyria exiled Israel to Assyria.*" *Here are sixty-five years. Now how do we know that the duration of Uzziah's state as a confirmed metzora was twenty-five years? For it is stated*: "(ibid. 15:1) *In the twenty-seventh year of Jeroboam the king of Israel, Azariah the son of Amaziah the king of Judah, became king.*" [In printed editions of *Rashi,* the verse is misquoted.] *Is it possible to say this? Did not Uzziah and Jeroboam reign simultaneously, according to the calculation you will find in the Book of Kings* (See *Rashi* II Kings 14:22)? *Rather he reigned a plagued kingship. In the twenty-seventh year he was stricken, and he reigned for fifty-two years. It is impossible, however, to count "and in another sixty-five years" from the day that Isaiah said this prophecy, for he said it in the days of Ahaz, and they were exiled in the sixth year of Hezekiah. In this manner it is explained in Seder Olam* (ch. 28), *that Scripture counted from the prophecy of Amos.*—[*Rashi*]

Another proof that the prophet is not counting from this prophecy is as follows: In this chapter, we read of the birth of Isaiah's son, Immanuel (v. 14). Concerning this very child, the prophet (8:4) prophesies that, "when the youth will not yet know to call, 'father' and 'mother,' one will carry away the possessions of Damascus and the plunder of Samaria before the king of Assyria." It is, therefore, impossible that the exile of Samaria would take place sixty-five years after this prophecy, which would be in the sixth year of Hezekiah.—[*Redak*]

לֹא תַאֲמִינוּ כִּי לֹא תֵאָמֵנוּ: י וַיּוֹסֶף יְהוָה
דַּבֵּר אֶל־אָחָז לֵאמֹר: יא שְׁאַל־לְךָ אוֹת
מֵעִם יְהוָה אֱלֹהֶיךָ הַעְמֵק שְׁאָלָה אוֹ
הַגְבֵּהַּ לְמָעְלָה: יב וַיֹּאמֶר אָחָז לֹא־
אֶשְׁאַל וְלֹא־אֲנַסֶּה אֶת־יְהוָה: יג וַיֹּאמֶר
שִׁמְעוּ־נָא בֵּית דָּוִד הַמְעַט מִכֶּם

תרגום

ארי לא תתקימון:
י ואוסיף נביא דיי
למללא עם אחז למימר:
יא שאל לך אתא מן
קדם יי אלהך שאל די
יתעביד לך גם על
ארעא או תתחזי לך
את בשמיא: יב ואמר
אחז לא אשאל ולא
אנסי קדם יי: יג ואמר
שמעו כען בית דוד
הזער לכון דאתון מהלן

מהר"י קרא

אתם: כי לא תאמנו. לא אמון בם: (יא) שאל לך אות. הואיל ואין אתם מאמינים שאל לך אות שלא תקום ולא תחיה עצה רעה שיעצו עליך ארם ואפרים שאמרו נעלה ביהודה ונקיצנה: העמק שאלה. רצונך שיחיו המתים: או הגבה למעלה. או שירד אליהו ויעשה לך אות בארץ או שיראה לך אות בשמים. כך מפורש בתנחומא: (יב) ויאמר אחז לא אשאל ולא אנסה. אין רצוני שיתקדש שם שמים על ידי בשבילי: (יג) ויאמר שמעו נא בית דוד המעט מכם. שתמרו את פי הנביאים: כי

רש"י

תאמנו. לא אמון בכם: (י) ויוסף ה'. ואוסיף נביא דה': (יא) שאל לך אות. לדבר הזה כי ידעתיך שאין אתה מאמין לדברי הקב"ה: העמק שאלה. העמק ושאל שאלה כמו שמעה סלחה (דניאל ט"ו) שאל אות בעמקי תהום להחיות לך מת או הגבה למעלה לשאול אות בשמים: (יב) ולא אנסה. אין רצוני שיתקדש שמו על ידי:

רד"ק

שאין אתם נאמנים וקיימים באמונת האל: תאמנו. ענין קיום כמו מימיו נאמנים: (י) ויוסף ה' דבר אל אחז. פי' ע"י ישעיהו: (יא) שאל לך אות. ידע שלא היה מאמין בדברי האל והוא עצמו הוכיח שלא היה מאמין ששלח מלאכים אל מלך אשור ואמר לו עלה והושיענו מכף מלך ארם ומכף מלך ישראל הקמים עלי ואם היה מאמין בדברי האל לא היה עושה כן ולא היה שולח לו שחד אלא מתוך שלא בטח בדברי האל שהבטיחו מהם שלח שחד למלך אשור לעזור לו מהם: ה' אלהיך. אמר לו אלהיך אע"פ שהוא לא היה מאמין בו אמר הוא אלהיך ושופטיך מיד אלה המלכים והאמן בו כי הוא אלהים ענינו אדון ומשגיח ושופט: העמק שאלה. העמק לשאל איזה אות ותרצה שיתן לך שאלה מקיר בשקל הציוי ה' שמעה ה' סלחה ופי' העמק והגבה אם תרצה אות בשמים או בארץ וכת"י שאל דיתעביד לך נסין על ארעא או יתחוי לך בשמים ואמר נסין על אשר בארץ כי ע"י נס היה האות שנתן לו בארץ להיות דעת והכרה לתנוק: (יב) ויאמר אחז לא אשאל ולא אנסה. כל זה היה מעט האמנה ואע"פ שהוא אומר בלשון תאמנה כי לא ינסה האל אע"פ כן הנביא ידע את לבבו כי לא אמר אלא ממיעוט האמנה כאומר איני חשש לנסותו בזה לפיכך ענה לו הנביא כי תלאו גם את אלהי: (יג) ויאמר. בית דוד לגנותו לא קראו בשמו כמו שמע נא בן אחיטוב וזכר דוד ולא זכר אביו כי בעבור דוד היתה לו המלוכה ובעבורו עושה עמו

אבן עזרא

בכם כמו ויאמנו דבריכם: (י) ויוסף דבר אל אחז. על ידי ישעיהו וכמוהו וידבר ה' אל מנשה ואל עמו: (יא) שאל. העמק שאלה. ציווי אחר ציווי בלא דבק וי"ו וכמוהו התאחדי הימיני ומלת שאלה על משקל ה' שמע' כאילו אמר שאל והעמק בשאל' שתהיה למטה או הגבה למעלה ורבי' אמר' שמלת העמק גם הגבה שם הפועל: (יב) ויאמר. מתשוב' הנביא ידענו כי מחשבת אחז היתה לרעה וטעמו לא ארצ' לשאול ולנסו' כי אדע שלא יוכל לעשות מה שאשאל ממנו: (יג) ויאמר. הלאות. דבר שלא יוכל לעשותו והנה טעמו בעבור שאתם מלכים ואין כח באדם כנגדכם

מצודת ציון

פתיך (לקמן לג): (יב) אנסה. מלשון נס וענינו ספנסאות ורוממות

מצודת דוד

אם לא תאמינו. אם אינכם מאמינים לדברי אלה זהו לפי שאין אתם קיימים ומחוזקים באמונת האל: (י) דבר. על ידי ישעיהו:

(יא) אות. לעשות אות למען דעת שיתקיימו דברי: העמק שאלה. שאל שאלה לעשות אות בעמק התהום או בגבהי השמים ממעל:
(יב) לא אשאל וגו'. לא אשאל אות ולא ארומם את המקום בעשיית האות כי לא רצה שיתקדש שם שמים על ידו: (יג) המעט מכם. וכי

father's name, without mentioning his own name, it denotes that he, himself, has no merits, and this expression is meant as a pejorative. —[*Redak*]

to weary men—*God's prophets.*—[*Rashi* from *Jonathan*]

I.e., is it little for you that you defy the prophets of the Lord with haughtiness and arrogance?—[*Kara, Mezudath David*]

Ibn Ezra explains this in a different manner: Is it little that you kings feel that no man has power against you, that you think the same of God?

that you weary, etc.—*For He knows that you do not believe in Him,*

if you do not believe, it is because you cannot be believed."
10. And the Lord continued to speak to Ahaz, saying,
11. "Ask for yourself a sign from the Lord, your God; ask it
either in the depths, or in the heights above." 12. And Ahaz
said, "I will not ask, and I will not test the Lord." 13. And he
said, "Listen now, O House of David, is it little for you

10. **And the Lord continued**—*Jonathan* paraphrases: *And the prophet of the Lord continued.*—[*Rashi*]

Others explain that the Lord Himself continued to speak to Ahaz, but through Isaiah.—[*Ibn Ezra, Redak*] It is obvious, however, that God did not speak directly to Ahaz.

Ibn Ezra explains this elliptically: If you do not believe, speak; i.e. request a sign. Therefore, when Ahaz did not reply, the Lord continued, "Ask for yourself a sign."

11. **Ask for yourself a sign**—*for this thing, for I know that you do not believe the words of the Holy One, blessed be He.*—[*Rashi*] *ask it in the depths*—Heb. הַעֲמֵק שְׁאָלָה. *Go down to the depths and ask.* שְׁאָלָה *is like* "שְׁמָעָה*, hear,* סְלָחָה*, forgive* (Daniel 9:19)." *Ask for a sign in the depths of the abyss, to resurrect a dead person for you, or go up to the heights above to ask for a sign in the heavens.*—[*Rashi*]

Ibn Ezra and *Redak,* as well, interpret the verse in this manner. *Jonathan* paraphrases: Ask that a miracle be performed for you on the earth or that a sign appear to you in the heavens.

12. **and I will not test**—*I do not wish that His Name be hallowed through Me.*—[*Rashi*]

Others explain that Ahaz meant, "I will not ask because I know that He is unable to perform what I will ask of Him."—[*Ibn Ezra, Redak*]

Although he sounded like a believer, not wishing to test God, the prophet knew his thoughts, that he denied God's ability to grant him a sign. He, therefore, retorted as he did.—[*Redak*]

Metzudath David explains: I will not ask and I will not exalt the Lord.

Alternatively, I will neither ask for others, nor test the Lord for myself. Even if He shows me a sign, I will not believe it. Indeed, even after the sign, Ahaz did not heed the words of the prophet, but sent a gift to the king of Assyria, which was an obstacle for the kingdom of Judah. See II Kings 16.—[*Malbim*]

13. **O House of David**—This is an expression of degradation, as if to say, "You have no merit of your own to occupy the throne. It is only because of your forefather David that you reign and that God performs miracles for you." As a rule, when one is referred to by his

הַלְאוֹת אֲנָשִׁים כִּי תַלְאוּ גַּם אֶת־אֱלֹהָי:
יד לָכֵן יִתֵּן אֲדֹנָי הוּא לָכֶם אוֹת הִנֵּה
הָעַלְמָה הָרָה וְיֹלֶדֶת בֵּן וְקָרָאת שְׁמוֹ

יַת נְבִיַיא אֲרֵי תְהַלוּן
אַף יַת פִּתְגָמֵי אֱלָהִי:
יד בְּכֵן יִתֵּן יְיָ הוּא לְכוֹן
אָתָא הָא עוּלֶמְתָּא
מְעַדְיָא וּתְלִיד בַּר
וְתִקְרֵי שְׁמֵיהּ עִמָּנוּאֵל:

רש"י

(יג) הלאות אנשי'. נביאי ה': כי תלאו וגו'. לפי שהוא יודע שאתם אין מאמינים בו והוגעתם לפניו ברשעת': (יד) יתן ה' לכם אות. יתן הוא מאליו על כרחכם: הרה. ל' עתיד הוא כמו שמצינו באשת מנוח שאמר לה המלאך והרית וילדת בן וכתיב ויאמר לה הנך הרה וגו': העלמה. אשתי הרה השנה הזאת והיא היתה שנת ד' לאחז: וקראת שמו. רוח הקודש תשרה עליה: עמנואל. לומר שיהא צורנו עמנו וזה האות שהרי נערה היא ולא נתנבאת מימיה ובזה תשרה בה רוה"ק וזהו שנאמר ואקרב אל הנביאה וגו' ולא מצינו אשת נביא שנקראת נביאה אא"כ התנבא' ויש פותרין שעל חזקיהו נאמר וא"א שהרי כשתמנה מונה שנותיו תמצא שנולד חזקיה לפני מלכות אביו ט' שנים ויש פותרין

מהר"י קרא

תלאו גם את אלהי. בדברים. באמריכם לא אשאל ולא אנסה וגו': (יד) לכן יתן ה' לכם אות. ועל כרחכם יתקדש שמו על ידי האות. ומהו: הנה העלמה הרה ויולדת בן. העלמה שהיא הרה עכשיו תלד בן זכר. וזהו אות שאין אדם יודע מה בבטן העלמה אם זכר אם נקבה. וזהו מטה שתלד בן זכר: וקראת שמו עמנואל. היום עתידה שתקרא שמו עמנו אל: העלמה. היא אשתו של נביא כשם שמצינו בסמוך בענין שאומר ואקרב אל הנביאה ותהר ותלד בן. ואל תשיבני היכן מצינו באשה בעולת בעל שנקרא' עלמה. בספר החכמה תמצאנו שכך כתוב במשלי. דרך גבר בעלמה. וכן אמר לו ישעיה לאחז וזה לך האות מאת ה' ששני המלכים האלה שצרו עליך לא יבאו אל העיר הזאת. עד שאני עומד כאן אצלך וחוזר אל ביתי אם אני מוצא את אשתי הרה עכשיו ממני שתלד בן שהיא הרה ותקרא שמו עמנו אל עד שלא אחזור פן תאמר אני הוא שקראתיו כן. וכן בסוף הענין שאמר הנה אנכי והילדים אשר נתן לי לאותות ולמופתים בישראל. ושני ילדים האחד נקרא עמנו אל על שם שיגן ה' בעד יושבי ירושלים. ושם השני מהר שלל חש בז. כי בטרם ידע הנער

אבן עזרא

תחשבו כי כן דרך השם: (יד) לכן. טעם הוא אע"פ שאתם לא תשאלו האות הוא יתננו לכם והתימה מהאומרים שעל אלהיהם ידבר והנה האות נתן לאחז ואותו נולד אחרי שנים רבות ועוד שאמר כי בטרם ידע הנער טוב ורע תעזב האדמה. והנה היתה ארץ אפרים גם דמשק עזובה בשנת שש לחזקיהו והכתוב אמר מפני שני מלכיה. ורבים השתבשו ואמרו כי עמנואל הוא חזקיה וזה לא יתכן שאם אמרנו שזאת הנבואה היתה בתחילת מלכות אחז הנה כל מלכותו שש עשר' שנה וכאשר מת היה חזקיהו בן עשרים וחמש שנה ואחרים אמרו שהוא בן אחז ואחרים אמרו שהוא משל למלכות ואם כן מה טעם לדעת הנער טוב ורע ומה טעם למהר שלל לקרא אב ואם. והישר בעיני שעמנואל הוא בן ישעיהו גם כן מהר שלל והעד ואקרב אל הנביאה גם כן שאר ישוב וכל אחד מאלה השלשה בנים נקראו לאות מה שעתיד להיות הנה עמנואל שהשם יעזרם ויהי' עמם בצר' שהם עומדים בעבור שני המלכים. ומהר שלל שבאה עת גלות שומרון ושאר ישוב שארית ישראל יעשו תשובה. והנה הנאמן על זה הפי' והנה אנכי והילדים אשר נתן לי כמו הילדים אשר חנן אלהים והמפרשים אותם תלמידים יראונו כמוהו במקרא גם ישעיהו היה לאות ולמופת על מצרים ויאמר הגאון כי האות הוא

רד"ק

האל נסים וכן ויאמר משה אל קרח שמעו נא בני לוי: אנשים. כתרגומו ית נבייא וכן את אלהי ית פתגמי אלהי כלומר שאין אתם מאמינים בהם ותחשבו בלבבכם כי הוא נלאה וחלש מלהקים את דבריו והלאות והיגיעה בדברים או בפעילות: (יד) לכן. הוא יתן לכם אות מעצמו אע"פ שאין אתם חפצים בו והוא יתננו לכם כדי שתאמינו בו על כרחכם: הנה העלמה הרה. העלמה אינה בתולה אלא עלמה כמו נערה תהיה בתולה או בעולה והנה דרך גבר בעלמה היא בעולה וכן לזכר קטן בשנים יקרא עלם בן מי זה העלם וזאת היתה קטנה בשנים לפיכך נקראת עלמה והעלמה הזאת היא אשת הנביא או אשת אחז והוא הנכון כי אם היתה אשת הנביא היה אומר הנביאה כמו שאמר ואקרב אל הנביאה ועוד שאמר מלא רחב ארצך עמנואל משמע כי בן מלך היה אמר עתה היא הרה ועתה היא יולדת בן ותקרא אמו שמו עמנואל: וקראת. על אמו הוא אומר והיה מנהגם כי האמות היו קוראות שם לבניהן ואמר וקראת דרך צווי כי הנביא היה מצוה שתקרא שמו כן כי מיום שיולד יהיה לכם שלום ויהיה האל עמהם לכך תקרא

מצודת דוד

מעט לכם מה שאתם מייגעים אנשים בגאוה ורמות רוח כי גם תלאו ליגע לפני המקום ב"ה בדברי עזות כאלה: (יד) לכן. הואיל ואין רצונך שיתקדש שם שמים לזה יתן המקום אות מאליו ויתקדש שמו: העלמה. היא אשת אחז: הרה. עדיין לא היה נודע אם היא הרה: וקראת. העלמה עצמה תקרא שמו עמנואל והשם הזה יורה בהאל

מצודת ציון

כנס והוא כלוכם ארוך: (יג) הלאות. ענין יגיעה כמו ומה הלאתיך (מיכה ו): (יד) העלמה. כן תקרא הנערה בשנים ואם היא בעולה

tion, "virgin," for עַלְמָה is completely erroneous. The word is used for a young woman, regardless of whether she is a virgin or not. As proof, the masculine עֶלֶם, which, obviously is not related to virginity. See also Prov. 30:19.

Ibn Ezra, like *Rashi,* believes that the child was to be the prophet's son, who, along with Shear-Yashuv and Maher-shalal-hash-baz, was a sign of future events. Immanuel was a sign that God would be with the kingdom of Judah and rescue them from their predicament, from the threat of the two attacking kings. Maher-shalal-hash-baz was a sign of the impending doom of the kingdom of Israel. Shear-Yashuv was a sign that the remnant of the Jews would repent and return to God. This is substantiated by the proph-

to weary men, that you weary my God as well? 14. Therefore, the Lord, of His own, shall give you a sign; behold, the young woman is with child, and she shall bear a son, and she shall call his name Immanuel.

and you weary Him with your wickedness.—[*Rashi*]

Alternatively, is it little for you that you ascribe weakness to the prophets of God, that they are unable to perform miracles, that you ascribe weakness to God as well?—[*Redak, Malbim*]

14. **the Lord, of His own, shall give you a sign**—*He will give you a sign by Himself, against Your will.*—[*Rashi*]

So that you will believe in Him.—[*Redak*]

Also, that His Name be hallowed against your will.—[*Kara*]

is with child—*This is actually the future, as we find concerning Manoah's wife, that the angel said to her,* "(Judges 13:3) *And you shall conceive and bear a son," and it is written, "Behold, you are with child and shall bear a son.*—[*Rashi,* not appearing in most mss.]

the young woman—*My wife will conceive this year. This was the fourth year of Ahaz.*—[*Rashi*]

and she shall call his name—*Divine inspiration will rest upon her.*—[*Rashi*]

I.e., she will not be informed of the prophecy, but will name him Immanuel of her own initiative.

Immanuel—lit. God is with us. That is *to say that our Rock shall be with us, and this is the sign, for she is a young girl, and she never prophesied, yet in this instance, Divine inspiration shall rest upon her. This is what is stated below:* "(8:3) *And I was intimate with the prophetess, etc.," and we do not find a prophet's wife called a prophetess unless she prophesied. Some interpret this as being said about Hezekiah, but it is impossible, because, when you count his years, you find that Hezekiah was born nine years before his father's reign. And some interpret that this is the sign, that she was a young girl and incapable of giving birth.*—[*Rashi*] *Rashi* refers to II Kings 16:2: "Ahaz . . . reigned sixteen years," and 18:2: "He (Hezekiah) was twenty-five years old when he became king." Hence, he was born nine years before his father assumed the throne.—[*Ibn Ezra*]

Ibn Ezra refutes, as well, the theory that the text alludes to the kingdom itself, speaking of it figuratively as a child. The context in the following two verses would make no sense according to that interpretation. Both *Ibn Ezra* and *Redak* refute the Christological inferences from this verse. Since the sign was given to Ahaz to allay his fears of Israel and Aram, it does not make sense that he should be given a sign of something to occur over four hundred years later. Moreover, verse 16, which foretells the defeat of Aram and Israel before the child knows to reject evil and choose good, proves conclusively that the child was to be born in the immediate future. Likewise, the transla-

עמנואל: טו חמאה ודבש יאכל לדעתו
מאוס ברע ובחור בטוב: טז כי בטרם
ידע הנער מאוס ברע ובחור בטוב
תעזב האדמה אשר־אתה קץ מפני

תרגום

טו שמן ודבש יכול עד לא ידע עולימא לרחקא בישא ולקרבא טבא: טז ארי עד לא ידע עולימא לרחקא בישא ולקרבא טבא תתרטיש ארעא די את מעיק מן קדם תרין מלכהא:

נ"א עמנו אל

מהר"י קרא

קרא אבי ואמי ישא את חיל דמשק ואת שלל שומרון לפני מלך אשור: (טו) חמאה ודבש יאכל לדעתו מאוס ברע. הרי מתנבא שני דברים בפסוק זה ולא פירש טעמו כמשפט דברים המדברים זה בצד זה. והם קצרי כתוב שתמצא לעולם בצדם כשם שפירשתי בתחילת הספר בכמה מקומות כמו בכאן שהוא אומר חמאה ודבש יאכל. לא פירש אי זה דבר יגרום שחמאה ודבש יאכל. שנייה שהוא אומר לדעתו מאוס ברע וגו'. ולא פירש מה צורך להזכיר כאן לדעתו מאוס ברע ובחור בטוב והרי פת' שניהן בצדם. את אשר אמר הנער הנתן לאות ולמופת על דעתו מאוס ברע ובחור בטוב תעזב האדמה אשר אתה קץ וגו'. פת' בטרם ידע הנער שנולד עכשיו בשנת ארבעת לאחז מאוס ברע ובחור בטוב תעזב אדמת שני מלכים אשר אתה קץ מפניהם כי באותה שעה שצרו עליו עלה סנחריב על דמשק ויתפשם ויגלם קירה. ואותה שנה עצמה גלו עשרת השבטים. הרי פירש לך לך מהו מאוס ברע ובחור בטוב. כי בטרם ידע הנער וגו'. וחוזר ומפרש אי זה דבר יגרום לנער שחמאה

רש"י

שזה האות שעלמה היתה ואינה ראויה לוולד: (טו) **חמאה ודבש יאכל**. הוולד שתהא ארצנו מלאה כל טוב: **לדעתו מאוס ברע ובחור בטוב**. כשידע למאוס ברע ובחור בטוב ומאין לנו הטובה הזאת הלא עתה הארץ חרבה בגדודי מלכי ארם ופקח בן רמליהו: (טז) **כי בטרם ידע הנער מאוס ברע ובחור בטוב**. תעזב הארץ מיושביה אדמת רצין ואדמת פקח: **אשר אתה קץ**. ותגור מפני ב' מלכיה רצין ופקח שבאותה שנה עלה מלך אשור על דמשק כי שכרו אחז כמה שנאמר בס' (מלכים ב' ט"ז) ויתפשה ויגלה קירה ואת רצין המית ואותה שנה ויקשר קשר הושע

רד"ק

שמו עמנואל ומהו האות: (טו) חמאה ודבש יאכל. כלומר מיום שנולד יאכל לדעתו חמאה ודבש וכל דבר מתוק שיקריבו לפניו הוא יפתח פיו לו ויקחנו ואם יקריבו לפניו מאכל רע ימאסנו ויסגור פיו לו ולא ירצה בו וזהו מאוס ברע ובחור בטוב ויבחר במאכל הטוב כמו שאמר חמאה ודבש יאכל לדעתו ומלת לדעתו היא נקשרת למעלה ממנה ולמטה ממנה וזה הבן לא נוכל לומר כי הוא חזקיהו כי כשמלך אחז היה יחזקיהו בנו בן תשע שנים וזאת הנבואה נאמרה לאחז בימי מלכותו והעלמה גם כן אינה אם חזקיהו כי לא היתה עלמה כשנאמר נבואה זו וי"ת פסוק חמאה ודבש כי שמן ודבש ייכול עד לא ידע לרחקא בישא ולקרבא טבא. ולהשיב לחולקים בזאת הפרשה מבואר בספר הברית שחבר א"א ז"ל בתשובה על החלוקי' וענין הפרשה סותר דבריהם בפי' כי אחז היה מפחד בעבור שני המלכים האלה שלא ילכדו את ירושלם ונתן לו אות כדי להאמין שלא ילכדוהו ואם האות דבר כאשר הם אומרים מה אות היה זה לאחז דבר שהיה אחר כן ליותר מארבע מאות שנה ואיך יתחזק לבו בזה הדבר שלא היה בימיו. ושאר התשובות מסודרות שם בס' הברית: (טז) כי בטרם. פי' א"א ז"ל אמר לו כי בטרם שיגיע זה האות להם ילכו להם המלכים זהו שאמר תעזב האדמה כלומר תעזב מהם שילכו להם אבל היה יכול שישובו אחרי כן וילכדו אותה לכך נתן לו האות שכיון שיראה האות בנער יבטח לבו באל כי כמו שהאות הזה שנתן לו נתקיים יתקיים כן דברו שלא ילכדו ירושלם ולא תקום עצתם ולא תהיה ומה שאמר מפני מלכיה והם לא היו מלכי האדמה ההיא שהיא ירושלם אלא מלכי דמשק ושמרון כך פי' מפני אלה השנים שהיו מחשבים שיהיו מלכיה ויש לפרש הפסוק בענין אחר ולא יהיה פי' מאוס ברע השני כמו הראשון אלא פי' זה השני מאוס ברע ובחור בטוב כשאר נערים שיגדלו ותכנס בהם דעת הבחירה מעת שיחלו לדבר ואמר כי בטרם שיחל נער זה לדבר שיהיה בעת בחירת

אבן עזרא

שיהיה זכר ולפי דעתי שהאות חמאה ודבש יאכל כי אין מנהג הילדים שיאכלו בעת לדתם וידענו כי הקטן בשנים יקרא נער והנקבה נערה גם כן עלמה והזכר עלם והנה יתכן להיותה בתולה או בעולה כי אין בטעם רק כנגד השנים ועלם יוכיח והנה דרך גבר בעלמה ואיננה בתולה כלל בעבור שאמר בראש לא ידעתים: **וקראת**. העלמה כמו וחטאת עמך: (טו) **חמאה. לדעתו מאוס**. במאכל הרע כי הטוב הוא המתוק: (טז) **כי**. יש אומרי' בן עשרים שנה בעבור דברי משה מבן עשרים אם כן היתה זאת הנבואה אחר שתי שנים במלכות אחז ויתכן היותו פחות מעשרים:

מצודת ציון

וכן דרך גבר בעלמה (משלי ל): (טז) קץ. ענין מאוס:

מצודת דוד

יהיה עמנו ולא תשלוט בנו יד האויב: (טו) חמאה ודבש יאכל. מעת הולדו יאכל חמאה ודבש כי יתאוה באלה: לדעתו. לדעת אלמו ימאס ברע ויבחר בטוב עודו לא יבוא למספר הימים הראוים לדעת ולהבחין בין רע לטוב: (טז) כי בטרם וגו'. אשר עד לא יבוא זה האות תעזב האדמה מהם כי ילכו להם ולבל ישובו עוד. אמר לו אות: אשר אתה קץ. האדמה אשר אתה קץ בה עכשיו

even before this sign comes, the land of Judah will be abandoned by these two kings who have aspirations of becoming its rulers. This sign after the fact, will indicate that, just as these two kings will have abandoned the land, they will never return to attack it.

Alternatively, the second expression of "rejecting bad and choosing good" does not mean the same as the first one. This means that, before he becomes completely accustomed to reject bad and choose good . . .—[*Abarbanel*]

Ibn Ezra, too, explains the second verse to mean that before the child reaches the age of understanding to differentiate between good and evil, the two kings will leave. He even

15. Cream and honey he shall eat when he knows to reject bad and choose good. 16. For, when the lad does not yet know to reject bad and choose good, the land whose two kings you dread, shall be abandoned."

et's statement (8:18): "Behold, I and the children whom the Lord gave me for signs and wonders in Israel."—[*Ibn Ezra*, comp. *Rashi* 8:3, 18, 7:3.]

As mentioned above, *Rashi* renders: and *she* shall call his name Immanuel, in the third person, denoting that the mother of the child will be endowed with divine inspiration when naming him. *Ibn Ezra*, too, renders likewise. *Redak*, however, renders it in the second person, "and you shall call his name," explaining that the prophet should instruct his wife to call the child Immanuel. He explains the sign differently, as will be cited below.

15. **Cream and honey he shall eat**—I.e., *the child* shall eat, *for our land shall be replete with all good.*—[*Rashi*]

when he knows to reject bad and choose good—Heb. לְדַעְתּוֹ, lit. to his knowledge, *when he knows to reject bad and choose good. Now whence will we have this plenty? Is not our land desolate now from the troops of the kings of Aram and Pekah the son of Remaliah?*—[*Rashi*]

16. **For, when the lad does not yet know to reject bad and choose good**—*the land shall be abandoned by its inhabitants,* i.e., *the land of Rezin and the land of Pekah.*—[*Rashi*]

you dread—*and fear its two kings, Rezin and Pekah, for in that year the king of Assyria marched on Damascus since Ahaz hired him, as it is stated in the Book of* II Kings (16:9): *"And seized it and exiled its inhabitants to Kir, and he slew Rezin," and in that very year,* "(ibid. 15:30) *Hoshea the son of Elah revolted against Pekah the son of Remaliah, and he struck him and slew him . . . in the twentieth year of Jotham," which was the fourth year of Ahaz.*—[*Rashi*. See *Rashi* ad loc.]

Apparently, *Rashi* explains that the sign will be the Divine inspiration of the child's mother to name him Immanuel, as has been discussed above. *Rashi* avoids the obvious interpretation that the child's knowledge to reject bad food and to choose good food would foretell the defeat of the two kings, since verse 16 states that the land would be abandoned before he knows to reject bad and choose good. Additionally, it should be noted that *Rashi* does not explain the prophecy in reference to the exile of Samaria, since that took place in the sixth year of Hezekiah, quite a few years after this prophecy, incompatible with verse 16.

Jonathan, however, renders לְדַעְתּוֹ in verse 15, as "when he does not yet know."

Redak explains that as soon as the child is born, he will eat cream and honey, symbolic of all sweet foods. He will reject all bitter foods fed him and eat all sweet foods, knowing to reject bad and choose good. For,

שְׁנֵי מְלָכֶיהָ׃ יז יָבִיא יְהוָה עָלֶיךָ וְעַל־
עַמְּךָ וְעַל־בֵּית אָבִיךָ יָמִים אֲשֶׁר לֹא־
בָאוּ לְמִיּוֹם סוּר־אֶפְרַיִם מֵעַל יְהוּדָה
אֵת מֶלֶךְ אַשּׁוּר׃ יח וְהָיָה ׀ בַּיּוֹם הַהוּא
יִשְׁרֹק יְהוָה לַזְּבוּב אֲשֶׁר בִּקְצֵה יְאֹרֵי
מִצְרָיִם וְלַדְּבוֹרָה אֲשֶׁר בְּאֶרֶץ אַשּׁוּר׃

יז יַיְתֵי יְיָ עֲלָךְ וְעַל עַמָּךְ וְעַל בֵּית אֲבוּךְ יוֹמִין דְּלָא אֲתוֹ לְמִיוֹמָא דְּאִתְפְּלִיגוּ בֵּית יִשְׂרָאֵל עַל דְּבֵית יְהוּדָה יָת מַלְכָּא דְּאַתּוּר׃ יח וִיהֵי בְּעִדָּנָא הַהִיא יַכְלֵי יְיָ לְעַם קַטְרֵי מַשְׁרְיַת גִּבָּרַיָא דְּסַגִּיאִין כְּדִבּוֹבַיָא וְיַיְתִינוּן מִסְּיָפֵי אַרְעָא דְּמִצְרַיִם וְלַעֲזִיזֵי מַשְׁרְיָתָא דְּאִינוּן

רש"י

בן אלה על פקח בן רמליהו ויכהו וימיתהו בשנת כ׳ ליותם (שם ט"ו) שהיא שנת ארבע לאחז: (יז) יביא ה׳ עליך ועל עמך. על חזקיהו בנך המולך אחריך ולפי שהוא לדיק לא קראו בנו: ימים אשר לא באו. מיום שנחלקה מלכות בית דוד וסר אפרים מעל יהודה ומה הם הימים ימי חיל מלך אשור ואף בהם יעשה ליהודה גם וכן מלינו (בדברי הימים ב׳ כ"ח) שבא מתחילה על אחז דכתיב ויבא עליו תגלת פלאסר וצר לו ולא חזקו ובימי חזקיהו בנו נעשה הנם: (יח) ישרק ה׳. ירמוז להם שיתקבלו: לזבוב. חיילות רבות כזבובים מארץ מצרים יבואו עם סנחריב: יאורי מצרים. לפי שכל ארץ מצרים עשויה יאורים שאין הגשמים יורדים שם אלא נילוס עולה ומשקה: ולדבורה. חיל

מהר"י קרא

ודבש יאכל. שבימיו של נער שיולד עכשיו: (יז) יביא ה׳ עליך ועל עמך ועל בית אביך. שיבא על הזקיהו בנך שאון ממלכות גוים כמוהו לא נהיה מיום שנחלקו לשני ממלכות. ואת מי יביא את מלך אשור. ואל השיבני והרי הוא אומר עליך משמע על אחז. הרבה מצינו מה שהקב"ה מביא על בנו של אדם. נחשב כאלו הוא מביאה על האדם עצמו. כשם שהוא אומר באברהם כי ידעתיו למען אשר יצוה את בניו ואת ביתו אחריו וגו׳ למען הביא ה׳ על אברהם. היה לו לומר למען הביא ה׳ על זרעו. למדנו שאם ייטב לו לאדם וכו׳. וזהו היה לחזקיהו אשר עלה סנחריב על כל ערי יהודה הבצורות ויתפשם וישם פניו משם לעלות לירושלם: (יח) והיה ביום ההוא ישרוק ה׳ לזבוב. ולעריצי לגיונות השקצים כדבורים מארץ אשור. המון מצרים הוא מדמה לזבוב. ושרי מלך אשור דומה לדבורה המנהלת ריעותיה. זבוב לשון רבים כמו ותהי הכנם, והדגה אשר ביאר מתה. ויהי לי שור וחמור שכולן לשון רבים: אשר בקצה יארי מצרים. כל ארץ מצרים נקראת יאורים על שם שקציר יאור תבואתה ולא למטר השמים ישתו מים. אלא היאור עולה ומשקה אותה. וכן מצינו ביחזקאל כשרוצה לומר.

אבן עזרא

(יז) יביא. הטעם כאשר תגלה שומרון ודמשק אז יבא סנחריב על יהודה: (יח) והיה. המשיל החיל לזבוב וטעם דרך מצרים כי עבר עליהם מלך אשור ובאו כולם לעזרו:

רד"ק

הטוב ומאסו ברע כשאר הנערים וזה עד שלש שנים או קודם תעזב אדמת שמרון ודמשק ותהיה שממה אשר אתה קץ עתה מפני שני מלכיה והם רצין ופקח וכדי שתאמין זה נתן לך האל זה האות מעתה כי מיד שיולד הנער יבחר במאכל טוב וימאס ברע לדעתו כמו שפירשנו: (יז) יביא ה׳ עליך. מאלה המלכים לא תפחד אבל עוד יביא ה׳ עליך ועל עמך ועל בית אביך ימים אשר לא באו וגו׳ כלומר ימי רעה אשר לא באו מיום שנחלק המלכות כי אז החלו הרעות לבא על ישראל ולא היו בכלל הימים שעברו ימי רעה כמו אלה הימים. ומי יהיה העושה הרעה הגדולה הזאת שיביא ה׳ עליך את מלך אשור ואמר עליך כי עליו עלה תגלת פלאסר מלך אשור ויצר לו כמ"ש בדברי הימים ואמר ועל בית אביך בעבור חזקיהו בנו שעליו עלה סנחריב מלך אשור על כל ערי יהודה הבצורות ויתפשם ולא נשארה עיר בכל ארץ יהודה שלא כבש אלא ירושלם ואמר ועל בית אביך ולא אמר על בנך לכבוד חזקיהו שהיה צדיק ואחז היה רשע: (יח) והיה ביום ההוא ישרוק. כאלו ישרוק להם שיבאו כלומר שיעיר את רוחם וכן אמר למעלה ושרק לו מקצה הארץ ואמר זבוב ודבורה לפי׳ שמתאספים לרוב כרגע לפי׳ המשיל חיל מצרים וחיל אשור לזבוב ולדבורה שיתאספו מהרה ויבאו מהרה כמו שאמר למעלה והנה מהרה קל יבא וכן נאמר במשל סבוני כדבורים כאשר תעשנה הדבורים וי"ת כן יכלי ה׳ לעם קטרי משרית גבריא וגו׳ ואמר בקצה יאורי מצרים כי הקצינים שבמצרים

מצודת דוד

מפני שני המלכים החושבים להיות מלכים ולמשול בה: (יז) יביא ה׳ עליך. אולם ממקום אחר יביא ה׳ עליך וגו׳ ימים רעים שלא היו כמוהם מיום שנחלק אפרים מעל יהודה בימי ירבעם שאז נחלקה מלכות בית דוד ואז החלו הרעות לבוא על ישראל: ועל בית אביך. זהו חזקיה בנו ולפי שאחז היה רשע וחזקיה היה לדיק לא קראו בנו: את מלך אשור. ר"ל את מי יעורר לעשות הרע את מלך אשור והוא תגלת פלאסר שהלר לו וסנחריב הלר לחזקי׳ כי כבש כל ערי הבלורו׳ ביהודה זולת ירושלים: (יח) ביום ההיא. ביום בוא סנחריב מלך אשור: ישרוק. ר"ל יעיר לבם: לזבוב. חיילות רבות כזבובים אשר וגו׳. כי כל חיל מלרים מקלהו יבואו בעזרת סנחריב: יאורי מצרים. אמר כן לפי שכל ארץ מלרים עשויה יאורים והנילוס עולה

מצודת ציון

(יח) ישרוק. ענין השמעת קול בקבוץ השפתים וכן שרקו ויניעו ראשם (איכה ב׳): יאורי. בתורה ת"א נהרא:

your father's house," referring to Hezekiah euphemistically since he was righteous.—[*Redak*]

18. **the Lord shall whistle**—*Shall signal them that they assemble.*

to the "fly"—*Armies as numerous as flies, will come from Egypt with Sennacherib.*—[*Rashi*]

the canals of Egypt—*Since all the land of Egypt is made into canals, for rain does not fall there, but the Nile rises and waters it.*—[*Rashi*]

and to the "bee"—*An army of heroes who sting like bees.*—[*Rashi*]

Alternatively, the allusion is to the speed with which these armies

17. The Lord shall bring upon you and upon your people and
upon your father's house, days which have not come, since the
day that Ephraim turned away from Judah, *namely,* the king of
Assyria. 18. And it shall be on that day, that the Lord shall
whistle to the "fly" that is at the edge of the canals of Egypt,
and to the "bee" that is in the land of Assyria.

quotes exegetes who claim that the child would be slightly younger than twenty years old when the two kings would leave the land. He deduces from this view that the prophecy took place after the second year of Ahaz' reign. He, apparently, interprets the prophecy to refer to the exile of the ten tribes, which took place during the sixth year of Hezekiah's reign. Since Ahaz reigned sixteen years, the child could be twenty years old, only if he was born after the second year of Ahaz, leaving fourteen years of Ahaz and six years of Hezekiah. He concludes, however, that it is possible that the verse does not mean that he would be twenty years old when the kings would leave. This means that he could be younger than twenty, thus delaying the prophecy to a later year of Ahaz' reign. He does not, however, dispute the interpretation that the prophet is referring to the exile of the ten tribes.

17. **The Lord shall bring upon you and upon your people**—*"And yet greater that this, the Lord shall bring upon you and upon your people.*—[*Rashi* ms]. *Upon Hezekiah your son, who will reign after you," but since he was righteous, he did not call him his son.*—[*Rashi*]

Ibn Ezra comments: When Samaria and Damascus are exiled, Sennacherib will attack Judah. He follows his interpretation of the previous verse as referring to the exile of the ten tribes, thus connecting the two verses. *Redak,* however, explains it in the following manner: Although you need not fear the two kings who threaten you now, God will later bring upon you—

days which have not come—*since the day the kingdom of the House of David was divided, and Ephraim seceded from Judah. And what are the days? The days of the army of the king of Assyria, and even then* [lit. in them], *a miracle shall be performed for Judah, and so we find in* II Chron. (28:20) *that he came first upon Ahaz, for it is written: "And Tilgath-Pilneesser [not as in printed editions] came upon him and distressed him, but did not strengthen him." And in the days of Hezekiah his son, the miracle was performed.*—[*Rashi*]

The prophet is foretelling that distressful days will come upon Judah, the likes of which had not occurred since the secession of the ten tribes in the days of Jeroboam son of Nebat, of Ephraim. The perpetrator of this distress will be the king of Assyria, who will attack "you," meaning Ahaz, as is related in Chronicles, "and your people, and

יט וּבָאוּ וְנָחוּ כֻלָּם בְּנַחֲלֵי הַבַּתּוֹת
וּבִנְקִיקֵי הַסְּלָעִים וּבְכֹל הַנַּעֲצוּצִים
וּבְכֹל הַנַּהֲלֹלִים׃ כ בַּיּוֹם הַהוּא יְגַלַּח
אֲדֹנָי בְּתַעַר הַשְּׂכִירָה בְּעֶבְרֵי נָהָר
בְּמֶלֶךְ אַשּׁוּר אֶת־הָרֹאשׁ וְשַׂעַר
הרגלים

ת"א תער השכירה. סנהדרין צ"ה:

תרגום

תקיפין כדבוריתא וייתינון מסיפי ארעא דאתור: יט וייתון וישרון כולהון ברחובי קרויא ובשקיפי כיפיא ובכל מדברי נעצוציא ובכל בתי תושבחתא: כ בעדנא ההיא יקטול יי בהון כמא דמתקטיל בחרבא חריפא בסבביא ובמגריא בעברי נהרא במלכא דאתור וית מלכא וית משריתיה ואף ית שלטוני כחדא ישיצי:

מהר"י קרא

ונתתי מצרים הרבה, הוא אומר ונתתי יאורים חרבה. וכן לדבורה לשון רבים: (יט) ונחו כולם בנחלי הבתות. חרבה מרוב חיילות, בתות הם שדות בורות. כמו ואשיתהו בתה: ובכל הנעצוצים ובכל הנהלולים. מיני קוצים הם: (כ) ביום ההוא יגלח ה' בתער השכירה. יהרוג ה' בחרבו הגדולה ובמגלים ובמגירות: את הראש. זה המלך: ושער הרגלים.

רש"י

גבורים עוקלים כדבורים: (יט) בנחלי הבתות. נחלי עמקי' שדו' בורי': ובנקיקי הסלעים. לחרוך נקיקי נקרו' הצור ובכל הנעצוצי'. מקום הסירים (שקורין ברוצ"ש בלע"ז). וכן תחת הנעצוץ יעלה ברוש (לקמן נ"ה): הנהלולים. כתי תושבחתא: (כ) יגלח ה' בתער השכירה. הגדולה וכן גם שכיריה בקרבה (ירמיה מ"ו) תרגם יונתן רברבהא (יגלח): בעברי נהר. ביושבי עבר הנהר ובמי מן היושבי' במלך אשור את הראש יגלח ואת שער הרגלים לפי שהוא דבוק נשתנה לינקד פתח: תספה. תכלה והתגלחת היא ההריגה והתער היא החרב: את הראש. היא המלך: הרגלים. משרייתיה: הזקן.

רד"ק

יבא עם מלך אשור כשיעלה על ארץ ישראל חכר יאורי לפי שעובדי האדמה מתקנים יארים בכל מקום להשקות אדמתם ואמר כי אפי' עובדי האדמה יניחו עבודתם ויבאו מרוב תאותם להשחית את ארץ ישראל: (יט) ובאו ונחו כולם. אמר ונחו כולם לפי שהדבורים נחות על הפרחים ואמר בנחלי הבתות ובנקיקי הסלעים כלומר בערים אשר בעמקים ובערים הבצורות אשר בסלעים ופי' הבתות חרבות כמו ואשיתהו בתה ודגש התי"ו תמורת הנח ופי' נקיקי הסלעים שני סלעים: ובכל הנעצוצים ובכל הנהלולים. הם עצים פחותים כמו תחת הנעצוץ יעלה ברוש ותחת הסרפד יעלה הדס והם משל על ערי הפרזות וי"ת ובכל הנהלולים בתי תושבחתא: (כ) ביום ההוא. זה היה במגפה אשר היה במחנה אשור כשבא לירושלם אחר שכבש כל ארץ ישראל ויצא מלאך ה' ויך במחנה אשור המשיל המגפה לתער לפי שהתער משחית השער מכל וכל כך היתה המגפה רבה בהם ובגדוליהם כמ"ש ויכחד כל גבור חיל נגיד ושר במחנה מלך אשור ופי' בעברי נהר בחיל הבא מעברי הנהר וזהו במלך אשור שבא עם צבאותיו לירושלם ומ"ש יגלח בהם הראש פי' את שער הראש וכן וגלח את ראשו והוא משל על ראשי צבאותיו ושער הרגלים הוא שער הערות והוא כנוי להמון העם: וגם את הזקן תספה. והזקן כנוי למלך לפיכך אמר וגם כי אין דרך לגלח את הזקן ואפי' מי שיגלח את ראשו לא יגלח את זקנו אבל שער הרגלים דרך העולם לגלח ואמר על הזקן תספה ולא היתה בכלל יגלח לפי שמלך אשור לא מת במחנה כי בארצו מת בשובו כי בניו הכוהו בחרב ומלת תספה פעל עומד ותי"ו תספה לזקן כי הוא ל' נקבה כמו וכל זקן גדועה אע"פ שנמצא גם כן בלשון זכר וי"ת את הראש ית מלכא ותרגם וגם את הזקן ואף ית שלטונהא ושער הרגלים תרגם כמו שפירשנו ופי' השכירה כי התער שישכור אדם הוא טוב מחודד וי"מ שכירה גדולה וכן גם שכיריה בקרבה גדוליה וי"ת חרבא חריפא ושער הוא משקל אחד בסמוך

אבן עזרא

(יט) ובאו. מלת ונחו מלרע כמו כי שמו אותי בבור ושמו את שמי: הבתות. מקום שממה מגזרת ואשיתהו בתה: ובנקיקי הסלעים. אין לו חבר ופירושו לפי מקומו. גם הנעצוצים אילנים אין להם פרי וכן ותחת הנעצוץ. גם אין אח למלת הנהלולים והנה יהיו רבים עד שיחנו במקום היישוב ואשר אין שם יישוב: (כ) ביום. בתער השכירה. משל על יציאת מלאך השם והרג מחנ' אשור יש מפרשים השכירה הגדולה ואמרו כי כמוהו גם שכיריה בקרבה ולפי דעתי שהשכירה שם כמו בכח האכילה והוא מגזרת שכר שיקח בעל התער בעבור שהי' חדה מאד כי זאת היא

מצודת ציון

(יט) בנחלי. ענין עמק וכן ויחפרו עבדי יצחק בנחל (בראשית כ"ו): הבתות. השוממות כמו ואשיתהו בתה (לעיל ה'): ובנקיקי. ענינו שן הסלע וכן בנקיק הסלע (ירמי' יג): הנעצוצים. מין קוצים וכן תחת הנעצוץ (לקמן נ"ה): הנהלולי'. שם אילני סרק פחותים ונבזים: (כ) השכירה. מלשון שכר. או הוא ענין גדלות וחשיבות וכן גם שכיריה בקרבה (ירמיה מ"ו): תספה. ענין כליון כמו ספו תמו

מצודת דוד

דרך שם להשקות השדות: ולדבורה. חיילות גבורים עוקצים כדבורים: (יט) בנחלי הבתות. על כי יהיו רבים לזה יחנו אף במקומות ההם: (כ) ביום ההוא. כאומר אבל אחריתו עדי אובד כי ביום ההוא יגלח וגו' והתער הוא משל על החרב והתגלחות על ההרג: השכירה. כי התער ששוכרין אותה בדמים הוא חדה מאד: בעברי נהר. כאנשי עבר הנהר וכמי במלך אשור: את

and the razor is the sword.—[*Rashi*]

the head—I.e. the hair of the head.—[*Redak*]

This symbolizes the king.—[*Rashi, Redak* from *Jonathan*]

the legs—I.e. the pubic hair.—[*Redak*]

This symbolizes *his camps.*—[*Rashi, Redak* from *Jonathan*]

the beard—This symbolizes *the governors.*—[*Rashi, Redak* from *Jonathan*]

Others interpret "the head" as symbolizing the generals of the

19. And they shall come and all of them shall rest in the deso-
late valleys and in the clefts of the rocks and in all the thorn-
bushes and in all the shrines. 20. On that day, the Lord shall
shave with the great razor on the other side of the river, on the
king of Assyria, the head and the hair of the legs,

will mobilize, much like the swarming flies and bees.—[*Redak*]

When the king of Assyria returned from Egypt, he marched on Judah, accompanied by an army of Egyptians. Just as the fly is weaker than the bee, the Egyptians were weaker than the Assyrians.—[*Malbim*]

19. **in the desolate valleys**—נַחֲלֵי *means valleys, i.e. fallow fields.*—[*Rashi*]

and in the clefts of the rocks—*to ambush.* נְקִיקֵי *is synonymous with* נְקָרוֹת הַצּוּר.—[*Rashi*]

and in the thornbushes—*the places of the thorns called broces* (briars). *And similarly,* "(infra 55:13) *Instead of the thornbush* (הַנַּעֲצוּץ) *the fir-tree shall come up.*—[*Rashi*]

the shrines—*houses of praise.*—[*Rashi, Redak* from *Jonathan*] This originates from the root הלל, *to praise.* Others interpret it as a species of small trees. Since bees rest on flowers, the prophet depicts them as settling in the desolate valleys and in the clefts of the rocks, where they find flowers. This is symbolic of the cities in the valleys and the fortified cities, which the Assyrians will attack.

and in the thornbushes and in all the small trees—This symbolizes the open towns, not surrounded by walls.—[*Redak*]

This symbolizes that the invading armies will spread throughout the land, both in settled areas and in unsettled areas.—[*Ibn Ezra*]

20. **On that day**—This alludes to the day of the plague that struck the Assyrian camp when they came up to Jerusalem after having conquered all of Judah, and an angel of God came out and smote the entire camp. See II Kings 19:35.—[*Ibn Ezra*]

the Lord shall shave with the great razor—Heb. הַשְּׂכִירָה, *comp.* "(Jer. 46:21) *Also its officers* (שְׂכִירֶיהָ) *in its midst,* "*which Jonathan renders: its great ones.*"—[*Rashi*]

Others render: the rented razor. I.e., with a sharp razor for which the owner receives hire. Were it not extremely sharp, no one would rent it. *Jonathan,* too, paraphrases: At that time, the Lord shall slay among them as one is slain with a sharp sword.—[*Ibn Ezra, Redak*]

on the other side of the river—*Of those who dwell on the other side of the river, and of which of those dwellers? The king of Assyria, the head He will shave and the hair of the legs. Since it is in the construct state, it is voweled with a pattach,* שְׂעַר instead of שֵׂעָר.—[*Rashi*] Some theorize that *Rashi* read שְׂעַר. See *Parshandatha.*

shall be entirely removed—*Will be destroyed. The shaving is the slaying,*

כא וִיהֵי בְּעִדָּנָא הַהִיא יְקַיֵּם גְּבַר עֶגְלַת תּוֹרִין וְתַרְתֵּין עָן׃ כב וִיהֵי מִסְּגֵי טוּב מְשַׁח יֵכוֹל שְׁמַן אֲרֵי שְׁמַן וּדְבַשׁ יִתְפַּרְנְסוּן כָּל צַדִּיקַיָּא דְּאִשְׁתְּאָרוּן בְּגוֹ אַרְעָא׃ כג וִיהֵי בְּעִדָּנָא הַהִיא יְהֵי כָּל אֲתַר דִּיהוֹן תַּמָּן אֲלַף גּוּפְנִין שָׁוְיָן בְּאֶלֶף מְנִין כְּסַף לְהוֹבָאֵי וּבוּר יְהֵי

הָרַגְלָיִם וְגַם אֶת־הַזָּקָן תִּסְפֶּה׃ כא וְהָיָה
בַּיּוֹם הַהוּא יְחַיֶּה־אִישׁ עֶגְלַת בָּקָר
וּשְׁתֵּי־צֹאן׃ כב וְהָיָה מֵרֹב עֲשׂוֹת חָלָב
יֹאכַל חֶמְאָה כִּי־חֶמְאָה וּדְבַשׁ יֹאכַל
כָּל־הַנּוֹתָר בְּקֶרֶב הָאָרֶץ׃ כג וְהָיָה בַּיּוֹם
הַהוּא יִהְיֶה כָל־מָקוֹם אֲשֶׁר יִהְיֶה־שָּׁם
אֶלֶף גֶּפֶן בְּאֶלֶף כָּסֶף לַשָּׁמִיר וְלַשַּׁיִת

ת"א עגלת בקר. שם לד חולין קלה: כל מקום. סנהדרין לד:

רש"י

שלטונייא. ורבותינו אמרו גילוח ממש וספת הזקן חריכתה באש. הזקן. זקן סנחריב כדאיתא באגדת חלק: (כא) יחיה איש וגו׳. ולפי שתהא ארלם ריקנית שיבוזו החיילות את הבהמות ובמעט הנותר אתן ברכה: (כב) והיה מרוב. חלב שיעשו ב׳ הצאן הללו יבוזו בעיניהם החלב ויאכלו החמאה הוא שומן החלב: כל הנותר. הצדיקים הפליטים מחרב סנחריב בשורה גדולה היא מבשר להם שתזדמן להם פרנסה אחר כל השממון ההוא: (כג) והיה ביום ההוא. אשר תהיה הארץ שממה יהיה מקום שהיו שם לפני כא חיילות: אלף גפן. שוות אלף כסף יהיו לשמיר ולשית כי יניחום בעליהם וכורחין והם מעלות קמשונים ותולעים

מהר"י קרא

זה דלת ההמון: וגם את הזקן תספה. אלו השוטרים וראשי לגיונות: (כא) והיה ביום ההוא יחיה איש עגלת בקר ושתי צאן שהבריח מלך אשור ועמד שם בארץ. וזה הדבר יהיה בימי נער הנולד עכשיו והוא יהיה מאותן הנותרים בארץ שלא גלו לכאן: יאכל חמאה (ודבש). הוא אשר דברתי אליכם חמאה ודבש יאכל:(כג)והיה [וגו׳]כל מקום. מלך אשור: [אשר] יהיה שם אלף גפן וכו׳. שעזבו ישראל את הגפנים מלזמר ומלעדר מפני מלך אשור. ומעצמך אתה למד שכל כרם שלא יזמר ולא

אבן עזרא

אומנותו. וטעם את הראש והזקן ושער הרגלים כל גבור זכר ונגיד כי כן כתוב: (כא) והיה. ושתי צאן. דרך קצרה והטעם שיות. וטעם יחיה איש מי שיהי׳ בירושלם: (כב) והיה. הטעם שהשם יתן ברכה כי יבא רב ממעט על כן אות חמאה ודבש יאכל:(כג)והיה.אשר יהיה שם. כמו היה וכן אז ישיר משה יעשו עגל: לשמיר ולשית. מיני קוצים והטעם כי מהנ׳ אשור שהשיתו את הארץ שנה

רד"ק

ובמוכרת והוא בשקל נער שער ואינו ממשקל שער צהוב: (כא) והיה ביום ההוא יחיה איש. גם זה בימי חזקיהו ואמר שיהיה שלום וברכה בארץ ומרוב הברכה יגדל איש עגלת בקר ושתי צאן ודי לו בהם כמו אם יהיו לו עדרים מהם בזמן אחר כי זמן ברכה יהיה בימים ההם: (כב) מרוב עשות חלב. מרוב שיעשו חלב יאכלו החמאה כי החלב יש בו הקום שהוא נסיובי דחלבא וכשישתה החלב ישתנו מעורב ובימים ההם מרוב שיהיה להם חלב יעשו ממנו חמאה ולא יחושו על הקום וישפכו אותו ולא יאכלו מן החלב אלא החמאה שיוציאו ממנו וגם דבש יהיה להם הרבה מאד כמו שנא׳ על האדמה זבת חלב ודבש: כל הנותר. כי בימי חזקיהו גלו רוב ישראל ואמר כי הנותרים יהיה להם שבע גדול בימי חזקיהו: (כג) והיה. הפסוק כמו הפוך. וככה פירושו כל מקום אשר הוא עתה לשמיר ולשית שאין יכולין לעובדו מפני המלחמה יהיה מעובד בו כאלו אמר אשר הוא עתה לשמיר ולשית וכמוהו רבים ואמר כי אותו המקום יהיה עבוד ביום ההוא עד שאלף גפן בו ישוו אלף כסף שיהיה הפרי מבורך ומוציא הרבה ופרי טוב:

מצודת דוד

הראש. יגלח את שער הראש ואת שער הרגלים רלה לומר השרים ויתר העם: וגם את הזקן תספה. השער הסיא תכלה גם שער הזקן וזהו סנחריב כי גם הוא נהרג אז מבניו: (כא) יחיה איש. כל אחד יגדל בביתו עגלת בקר ושתי צאן ומרוב הברכה יהיה די לו בהם: (כב) מרוב. מחמת רוב עשיית החלב לא יחוש על החלב ויאכל החמאה: כי חמאה וגו׳. מרוב כל: (כג) באלף כסף. הנמכר באלף כסף: לשמיר ולשית. לא יעבדו הגפנים והקוצים ילמחו שם כי לא יחושו על היין כי דורו של חזקיה הרכו לעסוק

מצודת ציון

(תהלים ע"ג): (כג) לשמיר ולשית. שמות מיני קוצים:

thorns and worms and scorpions.—[*Rashi*]

Redak explains that the verse is reversed. It is to be understood to mean that every place that is neglected and abandoned for the worms and the thorns now because of the war, will be cultivated so that a place where a thousand vines grow, will be worth a thousand silver pieces, the fruits will be blessed to such an extent.

and also the beard shall be entirely removed. 21. And it shall come to pass on that day, a man shall keep alive a heifer of the herd and two sheep. 22. And it shall be, because of the plentiful milk produced, that he shall eat cream, for everyone left in the land will eat cream and honey. 23. And it shall come to pass, that every place where there were a thousand vines for a thousand pieces of silver, will be for the worms and the thorns.

armies, "the legs," as symbolizing the populace, and "the beard" as symbolizing the king. In those days, it was customary to shave the head, the pubic hair, but not the beard, hence the word "also," meaning that even the beard will be entirely removed. This is separated from the other hair of the body since it symbolizes the king, who was not slain by the angel, but by his own sons, after returning to his country. See also II Kings 19:36ff., Isaiah 37:37f. Commentary Digest.—[*Redak*]

But our Rabbis said that this literally refers to shaving, and the removal of the beard is by singeing it with fire. "The beard" refers to the beard of Sennacherib, as is found *in the Aggadah of* the chapter entitled, "*Chelek*."—[*Rashi* from *Sanhedrin* 95b]

21. **a man shall keep alive**—*and since the land will be empty, for the armies will pillage the livestock, and in the few that remain I will give a blessing.*—[*Rashi*]

This, too, took place during Hezekiah's reign, that a person would own two heifers and two sheep and it would suffice him.—[*Redak*]

The verse means that any person in Jerusalem will keep alive but two heifers and two sheep.—[*Ibn Ezra*]

22. **And it shall be, because of the plentiful**—*milk that these two sheep will produce, they will despise the milk and eat the cream, which is the fat of the milk.*—[*Rashi*]

They will eat the curds and discard the whey.—[*Redak*]

Honey, too, will be very plentiful in Hezekiah's time, when the land will, literally, flow with milk and honey.—[*Redak*]

everyone left—*The righteous who were saved from the sword of Sennacherib—he is bringing them good news, that sustenance will be prepared for them after that desolation.*—[*Rashi*]

At that time, most of Israel had gone into exile, and the survivors in the land experienced great plenty.—[*Redak*]

22. **And it shall come to pass on that day**—*that the land will be desolate, there will be a place where there were, before the coming of the armies*—

a thousand vines—*worth a thousand pieces of silver—will be for the worms and the thorns, for their owners will abandon them and flee, and they will be overgrown by*

יהוה: כד בחצים ובקשת יבא שמה
כי־שמיר ושית תהיה כל־הארץ:
כה וכל ההרים אשר במעדר יעדרון
לא־תבוא שמה יראת שמיר ושית
והיה למשלח שור ולמרמס שה:
ח א ויאמר יהוה אלי קח־לך גליון גדול

תרגום

יהי: כד בגירין ובקשתן
יהכון לתמן הרי הובאי
ובור תהי כל ארעא:
כה וכל טוריא דבית
יהודה די במעדר
יתפלחון לא תיעול
לתמן דחלת הובאי
ובור ויהי לבית ארבעה
בקרן דהורין ולבית
משרי עדרין דען:
א ואמר יי לי סב לך

ת"א וכל ההרים (נזיר נח):

מהר"י קרא

יעדר תעלה בשמיר ושית: (כד) בחצים ובקשת יבא. איש אשר יבא שמה לאחר מפלתו של סנחריב צריך שיבא בקשת ובחצים. כי תהיה הארץ שממה ורבה חית השדה בכרמים שנטמנים שם: (כה) וכל (הארץ) [ההרים] אשר במעדר יעדרון. כגון שדה הלבן שהוא שדה הזרע: לא תבא שמה יראת שמיר ושית. שהרי אין יכולה חית השדה לחטמן שם. והיה למשלח שור וגו':

ח (א) ויאמר ה' אלי קח לך גליון גדול וגו'. משפט הנביאים.

רש"י

ועקרבים: (כד) בחצים ובקשת יבא שמה. כל הרולה ליכנס לתוכו יהא לריך קשת וחלים בידו למלט עלמו מחיות רעות ונחשים ועקרבים: (כה) וכל ההרים. אשר שם שדות לבן לתבואה: אשר במעדר יעדרון. הוא כמין מריש שקורין (פוסייר בלע"ז): לא תבוא שמה יראת שמיר ושית. כי בהם יתעסקו לזרוע תבואה למאכל שאי אפשר בלא התבואה אבל הגפנים יהיו לבז כי אותו הדור של חזקיה ישובו אלי לעסוק בתורה ולא לשתות יין וכן היתה כדאיתא בחלק בדקו מדן ועד באר שבע ולא מצאו איש שלא היה בקי בהלכות איסור והיתר וטומאה וטהרה ועל אותו הדור הוא אומר והיה כל מקום וגו' הוא שנאמר (משלי כ"ה) אשר העתיקו אנשי יחזקיהו מלך יהודה: והיה למשלח שור. שם ירעו בהמותיהם מרעה שמן:

ח (א) גליון. מגלה: בחרט אנוש. במכתב כתב אשר ירוץ כל אנוש הקורא בו אפילו אנוש כל שהוא ואפילו

רד"ק

(כד) בחצים יבא שמה. עתה בא שמה מי שירצה לבא בחצים ובקשת מפני המלחמות לפיכך תהיה עתה כל הארץ שמיר ושית שאינה עבודה מפני המלחמה ותעלה שמיר ושית: (כה) וכל ההרים. והם ההרים שהם בישוב שנעבדו גם ההרים בימי חזקיהו לא תבא שמה יראת שמיר ושית כמו שהוא עתה כי יעדרון במעדר ולא יהיו יראים שיעלו שמיר ושית בם אבל יהיו למשלח שור ולמרמס שה שירעו בהם הבהמות ולא יחושו מרוב התבואה על דרך משלחי רגל השור והחמור ומעדר הוא שם הכלי שחופרין בה: יעדרון. יחפרון: (א) ויאמר ה' אלי. גליון. פי' אגרת י"ת לוחי ובאמרו גדול

אבן עזרא

אחר שנה: (כד) בחצים. לא יוכל אדם לבוא במקום הכרמי' שהיו כי אם בחלים כי יפחד שיש יער שנחבאו לסטי' או חיות בחורים: (כה) וכל. אשר במעדר. שהיו הכרמים שם בתחילה מתקנים יתקנום עתה כי לא יהיו שם חוחים וכל כך יתן השם ברכה בכרמי ההר עד שישלחו השור שם כטעם אסרי לגפן עירה והנה אמר כי מעגלה אחת ושתי לאן ירבה החלב וכרמי ההר שימלטו לבדם יתן השם ברכה עד בלי די:

ח (א) ויאמר. גליון גדול. יש אומרים מגלה והנה יו"ד תחת דגש וככה דליו שוקים: בחרט. כמו

מצודת ציון

(כה) במעדר יעדרון. הנחפרים בכלי חפירה וכן לא יעדר (לעיל ה): ולמרמס. ענין דריכה ברגל:

ח (א) גליון. הוא מלשון מגילה ונקראת ע"ש סופו כמו וכגדי פרומים (איוב כ"ב) והדומים: בחרט. ענין עט וקולמוס

מצודת דוד

בתורה ומדלו מן היין: (כד) בחיצים ובקשת. הרולה ליכנס שמה יהיה לריך לכלי זיין למלט נפשו מהחיות הטורפות אשר ישכנו שמה על כי לא יהיה שם דריסת רגלי אדם: (כה) וכל ההרים וגו'. ר"ל אבל בדות התבואה הנחרשים בכלי מחרישה: יראת שמיר. ר"ל לא יפחדו פן יגדל שם קוצים וזהו הואיל וא"א להיות בלא תבואה: למשלח שור. בהמתם ירעו שם ויאכלו כרצונם וימסו ברגליהם ולא יחושו כי יגדל הרבה תבואה:

which the prophet was instructed to engrave the prophecy. *Redak,* as well as *Ibn Janach,* suggests that it was a letter, i.e. a blank sheet of parchment or paper. *Ibn Ezra* suggests that it was a metal cylinder, upon which the words were to be cast, or a thin cloth (singular of גליונים, supra 3:23), upon which the words were to be embroidered.

in common script—*In script which any man who reads it can skim through quickly, even a very common man, even if he is not intelligent. In this manner Jonathan renders: in a distinct script.*—[*Rashi*]

Redak renders: with a pen of a man. Lest the prophet think that the writing was to be done only in the prophetic vision, God orders him to write with a pen of a man, indicating that the script must actually be written with a pen used by humans. The word חרט is sometimes used for a

24. With arrows and with a bow shall one come there, for the whole land shall be worms and thorns. 25. And all the mountains that will be dug with a spade—the fear of worms and thorns shall not come there; it shall be for the pasture of oxen and for the treading of sheep.

8

1. And the Lord said to me, "Take for yourself a large scroll,

24. **With arrows and with a bow shall one come there**—*Everyone who wishes to enter therein, will require a bow and arrows in his hand, to save himself from wild beasts, snakes, and scorpions.*—[*Rashi*] *Ibn Ezra* adds robbers to the list for they too will hide in the underbrush.

Redak, in keeping with his explanation of the previous verses, explains this in the present tense, that all these places, which will be fertile after the downfall of the attackers, cannot be entered at present except by one armed with a bow and arrows.

25. **And all the mountains**—*where there are wheat fields fit for grain.*—[*Rashi*]

that will be dug with a spade—*It is a kind of shovel called fosojjr in O.F.*—[*Rashi*]

the fear of worms and thorns—*For in them they will engage to sow grain for food, for it is impossible without grain, but the vines will be neglected, for that generation of Hezekiah will return to Me to engage in the Torah, and not to drink wine, as it is* stated *in* the chapter known as *"Chelek"* (*San.* 94b): *They searched from Dan to Beer-sheba, and did not find any man who was not well-versed in the laws of prohibition and permissibility and ritual defilement and purity. And concerning that generation, Scripture says: And it shall come to pass, that every place, etc. This is what is stated*: "(Prov. 25a) *Which the men of Hezekiah, king of Judah, strengthened.*—[*Rashi*]

and it shall be for the pasture of oxen—*There their cattle will graze on fat pastureland.*—[*Rashi*]

Ibn Ezra explains that all those mountains upon which vineyards were once carefully dressed, will again be dressed after the defeat of the attackers. The blessing will be so great that they will graze their cattle and sheep there and not miss any of the fruit.

Redak explains similarly, adding that these were mountains in settled areas, which were dressed and cared for before the invasion, but were now desolate. In Hezekiah's generation, they would again prosper.

1. **scroll**—Heb. גִּלָּיוֹן, like מְגִלָּה.—[*Rashi*] Mss. add: *Or a tablet.* The second interpretation follows *Jonathan.* According to the first interpretation, the root is גלל, *to roll,* whereas, according to the second, it is גלה, *to reveal,* i.e. a blank tablet, on

וּכְתֹב עָלָיו בְּחֶרֶט אֱנוֹשׁ לְמַהֵר שָׁלָל
חָשׁ בַּז: ב וְאָעִידָה לִּי עֵדִים נֶאֱמָנִים
אֵת אוּרִיָּה הַכֹּהֵן וְאֶת־זְכַרְיָהוּ בֶּן־
יְבֶרֶכְיָהוּ: ג וָאֶקְרַב אֶל־הַנְּבִיאָה וַתַּהַר

ת"א ואעידה לי. מכות כד

תרגום

לוּחַ רַב וּכְתוֹב עֲלוֹהִי כְּתַב מְפָרַשׁ מוֹחִי לְמִבְּזָא וּלְמֶעְדֵי עֲדָאָה:
ב וְאַסְהֵיד קֳדָמַי סָהִידִין מְהֵימְנִין יָת לְוָטַיָא דַאֲמָרִית לְאַיְתָאָה בִּנְבוּאַת אוּרִיָה כָּהֲנָא וְהָא אֲתוֹ אַף כֵּן כָּל נֶחָמָתָא דַאֲמָרִית לְאַיְתָאָה בִּנְבוּאַת זְכַרְיָה בַּר יְבֶרֶכְיָה אֲנָא עָתִיד לְאַיְתָאָה:
ג וַעֲלֵית לְוַת נְבִיאֲתָא

רש"י

אינו חכם וכן תירגם יונתן כתב מפרש: **למהר שלל.** לבא סנחריב ולשלול את כל הון עשרת השבטים ולהחיש לבוז נבוכדנצר אחריו את צדקיהו ודורו: (ב) **ואעידה לי.** גם באותן הימים בימי יהויקים על אותו פורענות שני עדים נאמנים האחד לבשרם רעה העתידה לבא עליהם אוריה הכהן שהרגו יהויקים שנאמר (ירמיה כ"ו) וגם איש היה מתנבא בשם ה' אוריה בן שמעיה מקרי' היערים ויתנבא על העיר הזאת ועל המקום הזה את כל דברי ירמי': **ואת זכריה בן יברכיהו.** בשנת שתים לדריוש עוד ישבו זקנים וזקנות ברחובות ירושלים (זכרי' ח') אוריה סימן לזכריה אם תראו שתתקיים נבואת אוריה תהיו מצפים שתתקיים

מהר"י קרא

להיות מושלים ומדמים משל ודמוי בקלקולם של שונאי ישראל ובפורענותם. אף כאן ישעיה בראותו תוכחה תעלת ושערורית בשומרון שיבא עליהם סנחריב הממהר לשלול שלל וחש לבוז בז. התחיל להנבא בחזקת הנבואה. הראני ה' גליון גדול לפורענותן של יושבי שומרון שיבא עליהם סנחריב וימהר לשלול שלל ולבוז בז. ורחמן קדוש ישראל אשר נאמן שמדותיו מתוך כעס שחוק ומתוך רוגז רחמים. אמר לנביא אע"פ שהראיתיך פורענית זו. העידותי לי עדים נאמנים. לנחמה במקדש שני. וכי מה ענין זכריה לאוריה. אלא תלה הכתוב נבואתו של זכריה בנבואת אוריה. בנבואת אורית כתיב ציון שדה תחרש. ובנבואת זכריה כתיב עוד ישבו זקנים וזקנות ברחובות ירושלם ואיש משענתו בידו מרוב ימים. כשם שנתקיים נבואת אוריה שמח אני ומובטח אני שיתקיים נבואת זכריה: (ג) ואקרב אל הנביאה ותהר ותלד בן וגו':

אבן עזרא

ויצר אותו בחרט צורה יצוקה כדמות אדם ואחרים אמרו כי גליון יחיד מגליונים והוא בגד והכתיבה במלאכת רקום והטעם כי יתנבא לעתיד על גלות שומרון: (ב) **ואעידה.** יש אומרים כי האלף תחת ה"א ואחרי' אמרו כי בא עתיד תחת עבר ויתכן היות ואעידה כמשמעו שאעיד לי והנביא עשה מה שצוה השם ואם לא נזכר: **את אוריה הכהן** היה כהן גדול בימים ההם גם זכריה היה אדם גדול ודרך הדרש ידוע' על נבואת זכריה הנביא ואוריה הנביא: (ג) **ואקרב.**

רד"ק

והוא לא צוה לכתוב בו אלא ד' תיבות אולי היו דברים רבים והיה ענינם זה למהר שלל חש בז או לא היו אלא ארבע תיבות אלה והגליון היה גדול למשל על ארץ ישראל כמו שהית הגליון גדול והכתב בה מעט כן היתה ארץ ישראל רחבת ידים והיושבים בה מעט שגלו עשרת השבטים והיתה חרבה רובה ופי' בחרט אנוש לפי שהיה זה במראה הנבואה אמר לו שיכתוב זה בחרט אנוש כלומר שלא יחשוב כי זה שצוה לו לכתוב במראה הנבואה לבד אלא שיעשה כן ממש בעבור הנבואה מעליו יכתוב זה בחרט אנוש כי אותו שהוא נכתב בחרט אנוש במראה הנבואה אינו בחרט אנוש כי אינו מעשה ממש כמו שהלך ישעיהו ערום ויחף ולקח הושע אשת זנונים והעביר יחזקאל תער על ראשו ועל זקנו כל זה היה במראה הנבואה לפיכך אמר לו וכתוב עליו בחרט אנוש למהר שלל חש בז והמלות כאלה כפל ענין במלות שונות והכפל לחזק הענין ולמהרו וי"ת בחרט אנוש כתב מפרש: (ב) ואעידה לי. אלה הם דברי הנביא ואע"פ שלא זכר כתיבת הגליון ידוע הוא כי כתבו כמה שצוה לו האל ועוד עשה בו ואע"פ שלא ראינו שצוה בו האל העיד עליו עדות כלומר החתים בו העדים שתהיה נבואה זו כתובה וחתומה כי כן עתידה להיות בקרוב ואוריה נתנבא בימי יהויקים וזכריה בשנת שתים לדריוש ואע"פ ששניהם היו בימי ישעיהו ודעת רבותינו ז"ל שלא היו בזמן אחד שאמרו וכי מה ענין אוריה אצל זכריה אלא אוריה נתנבא פורענות ציון שדה תחרש וזכריה נתנבא נחמות עוד ישבו זקנים וזקנות וגו' נבואת אוריה עדות לנבואת זכריה כשם שנתקיימה נבואת אוריה כך תתקיים נבואת זכריה ולדעתם יהיה ואעידה לי דברי האל יתברך וכן ת"י ואסהיד קדמי סהדי וגו': (ג) ואקרב אל הנביאה. היא

מצודת דוד

ח (א) **בחרט אנוש.** לפי שהיה זה במראה הנבואה אמר לו שיכתוב זה בחרט אנוש במעשה ממש ולא במראה הנבואה לבד: **למהר שלל.** ר"ל למלאות הגליון באמרים שיהיו מורים על מהירות בוא זמן השלל מן דמשק ועל מהירות בוא זמן הבזה של שמרון: (ב) **ואעידה.** אלה דברי ישעיה שאמר אחר שכתבתי הדברים האלה העדתי לי עדים נאמנים ר"ל החתים עליו אלה העדים שתהיה כתובה וחתומה בעדים שכן תהיה בקרוב: **אוריה הכהן.** יתכן שהוא אוריה כ"ג שהיה בימי אחז: **זכריהו.** יתכן שכן היה שם אחד מחשובי ירושלים בזמן ההוא. וחז"ל אמרו שאוריה הוא שניבא בימי יהויקים וזכריהו הוא שהיה בתחילת בית השני ופירשו שאמר המקום כאשר תתקיים נבואת פורעניות אוריה תהי' לעדות שתתקיים נבואת נחמות זכריהו: (ג) **ואקרב.** אח"ז קרבתי אל אשתי ותהר וגו':

מצודת ציון

ודומה לו ויצר אותם בחרט (שמות ל"ב): **חש.** ענין מהירות: (ג) **ואקרב.**

contemporaries, even though Zechariah was still alive in the second year of Darius and Uriah during the reign of Jehoiakim.—[*Redak*]

Ibn Ezra conjectures that they were two prominent men living at that time. Although Scripture does not mention that Isaiah called them to testify, only that he promised to do so, it is obvious that the prophet kept his word.

3. **And I was intimate**—Lit. and I came near. This is a euphemism.—[*Ibn Ezra*]

the prophetess.—I.e. the wife of the prophet given this appelation, regardless of whether she proph-

and write on it in common script, to hasten loot, speed the spoils. 2. And I will call to testify for Myself trustworthy witnesses, Uriah the priest and Zechariah the son of Jeberechiah." 3. And I was intimate with the prophetess, and she conceived,

stylus or an engraving tool. See Exodus 32:4. If this was a tablet, it was indeed such a tool.

Ibn Ezra renders: in the form of a man, i.e. just as the form of a man is cast. Accordingly it was a cylindrical pillar, with the words molded on it. This was to foretell the fall of Samaria.

to hasten loot, speed the spoils—*For Sennacherib to come and to loot all the possessions of the ten tribes and to speed Nebuchadnezzar to pillage Zedekiah and his generation.*—[*Rashi*]

It is puzzling that a large scroll or tablet should be used for writing four words. *Redak,* therefore, theorizes that many words were written, to the effect that the loot would be hastened and the spoils be sped. Alternatively, the scroll or tablet symbolized the entire land of Israel, which, at the time, was sparsely populated, just like the large scroll, upon which only four words were written.

2. **And I will call to testify for Myself**—*also in those days, in the days of Jehoiakim, concerning that calamity, destined to befall them, two trustworthy witnesses, one to foretell for them the evil that was destined to come upon them, viz. Uriah the priest, whom Jehoiakim dispatched, as it is said*: "(Jer. 26:20) *And also a man was prophesying in the name of the Lord, Uriah the son of Shemaiah from Kiriath-jearim, and he prophesied concerning this city and concerning this land, according to all the words of Jeremiah."*—[*Rashi*]

and Zechariah the son of Jeberechiah—*who prophesied in the second year of Darius*: "(Zechariah 8:4) *Old men and old women will again sit in the streets of Jerusalem." Uriah is a sign for Zechariah. If you see that Uriah's prophecy is fulfilled, you can expect that Zechariah's will likewise be fulfilled, just as I have called to testify concerning Sennacherib, Amos and Isaiah, Amos for the calamity of the ten tribes,* "(Amos 7:11) *And Israel shall surely be exiled, and Isaiah for his promise to Hezekiah* (Isaiah 32, 33) [*when he would reign*].—[*Rashi.* The last words appear only in the printed editions, but are not found in any mss.] The interdependence of the two prophecies is found in *Makkoth* 24 and in *Lam. Rabbah* 5:10. The interdependence of Isaiah's prophecy on Amos', however, appears to be original with *Rashi,* who states that, just as Isaiah's prophecy is dependent upon Amos', so, in later days, will Zechariah's be dependent upon Uriah's.—[*Shem Ephraim*]

Alternatively, the prophet, himself, states, "And I will testify for myself," or, "And I testified for myself," i.e. he called witnesses to sign the scroll, so that the prophecy would be written and signed that it would come about. Accordingly, these two witnesses were Isaiah's

ותלד בן ויאמר יהוה אלי קרא שמו
מהר שלל חש בז: ד כי בטרם ידע
הנער קרא אבי ואמי ישא ׀ את־חיל

ועדיאת וילדת בר ואמר יי לי קרי שמיה מוחי למבז בזא ולמעדי עדאה: ד ארי עד לא ידע עולימא מקרי אבא ואמא ישבי ית נכסי

מהר"י קרא

(ד) כי בטרם ידע הנער קרא אבי ואמי. ישא לו הנושא את חיל דמשק. לאחר שנהרג פקח ומלך הושע. עלה עליו חיל שלמנאסר מלך אשור ויהי לו עבד שלש שנים וישב לו מנחה. הוא שלל שומרון. כל אלו היו בשנת ארבע לאחז. ולא יפנה לבבך לשמוע דברי הפותרים הנה העלמה. שהיה אחז נושא אשה שלא היתה ראויה לבנים ליתן ארכה למלכותו. אמר לו הנביא הנה העלמה. אשר יפנה ישכיל שהרי כשנכנס אחז למלכות כבר היה חזקיה בן תשע שנים. שהרי אחז מלך שש עשרה שנה ובחזקיה בנו הוא אומר בן עשרים וחמש שנה חזקיה במלכו. נמצא חזקיה בן תשע שנים כשנכנס למלכותו: מדרש רבותינו. אמר רב בא עליהם [סנחריב] בארבעים וחמשה אלף בני מלכים יושבים בקרונות של זהב ועמהם שגל בית וזונות (ובפרשים) [ובשמונים] אלף גבורים לבושים שריונות (קלופה) [ואלפים] וששים אלף אחוזי חרבות וצינה ומגן רצים לפניו. ואחריו פרשים. [וכן באו על אברהם אבינו] וכן עתידין לבוא עם גוג ומגוג. במתניתא תנא אורך מחנהו ארבע מאות פרסה. ורוחב מחנהו ארבעים פרסה. ראשונים עברו ניסחו שנאמר וחלף ביהודה שטף ועבר עד וגו׳ אמצעים עברו בקומה שנאמר עד צואר יגיע. ואחרונים העלו עפר ברגליהם ולא מצאו מים לשתות בנהר. עד שהביאו מים ממקום אחר ושתו. שנאמר אני קרתי ושתיתי. והכתיב ויצא מלאך ה׳ ויך במחנה אשור מאה ושמנים וחמשה אלף. אמר ר׳ אבהו הללו ראשי גייסות. אמר רב אשי דיקא נמי דכתיב במשמניו רזון. במה [הכם] אמר ר׳ אלעזר ביד היכן שנאמר וירא ישראל את היד הגדולה היא היד שעתידה ליפרע מן סנחריב הרשע. ר׳ יהושע אומר באצבע היכן שנ׳ ויאמרו החרטומים אל פרעה אצבע אלהים היא שעתיד ליפרע מסנחריב. א״ר אלעזר בנו של ר׳ יוסי הגלילי א״ל הקב״ה לגבריאל מגלך לטושה א״ל לטושה משעת ששת ימי בראשית. ביום ההוא יגלח ה׳ בתער השכירה. תרג׳ ביומא [ההוא יקטול ה׳ בהון כמא דמתקטל בחרבא חריפא בסבביא ובמגריא בעוברי נהרא במלכא דאתור] ית מלכא עם משרייתיה ואף ית שלטוניא כחדא ישצי. דבי שמעון בן יוחי אומר אותו זמן בישול פירות היה. אמר לו הקב״ה לגבריאל עד שאתה יוצא לבשל פירות היזקק להם. ויש אומ׳ בחוטמו נפח בהן. ויש אומ׳ כפים ספק להם. ר׳ יצחק נפחא אומר אזנם פתח להם. שמעו שירה מפי החיות ומתו שנאמר מרוממותיך נפצו (עמים) [גוים]. כמה נשתייר להם. אמר רב עשרה [שנאמר] ושאר עץ יערו נער יכתבם. כמה נער כותב עשרה. ר׳ שמואל אמר תשעה שנאמר ארבעה חמשה בסעיפיה. ר׳ יהודה אומר ארבעה עשר שנ׳ [שנים] שלשה גרגרים בראש אמיר ארבעה חמשה. ר׳ יוחנן אמר [חמשה סנחריב] ושני בניו. נבוכדנצר. ונבוזראדן נבוזראדן גמרא. נבוכדנצר דכתיב ויהי הוא משתחוה בית ניסרוך אלהיו. אמר ר׳ מאיר אלמלא מקרא כתוב אי איפשר לאומרו שנאמר ביום ההוא יגלח ה׳ בתער השכירה בעברי נהר במלך אשור. אתא הקב״ה אידמי כאנשא אמר ליה כי אזלת להני מלכי מזרח ומערב דאייתנהו לבנייהו וקטלתניהו מאי אמרת להון [אמר ליה האי גברא נמי בהאי פחדא יתיב א״ל מאי איעבד א״ל זיל שני נפשך] אמר [ליה] במאי אשני אמר ליה זיל אייתי מספרא אמר ליה אי בעית דניתן לך טחון חד (גרזיא דחשייתא) [גריוא

רש״י

נבואת זכריה כשם שהעדותי בשל סנחריב עמוס וישעיהו עמוס לפורענותן של עשרת השבטים וישראל גלה יגלה (עמוס ז׳) וישעיה (לקמן לג) להבטחתו של חזקיהו כשימלוך: (ג) ותלד בן. הוא הבן עצמו שקראה הנביאה עמנו אל על שם שיהיה הקב״ה בעזר של חזקיהו כשימלוך ואי אפשר לומר שבן שני הוא שהרי שניהו בשנת ד׳ לאחז נאמרה נבואה זו ובשנת ד׳ לאחז נהרג פקח ואי אפשר שני בנים להוולד בשנה אחת בזה אחר זה וישעיה אביו קרא שמו מהר שלל על שם פורעניות העתיד׳ לבא על רצין ובן רמליהו שהיו באין ליטול מלוכה מבית דוד ותושבת מלכות של חזקיהו: (ד) ישא את חיל דמשק. ויעל דמשק ויתפשה (מלכים

רד״ק

אשתו וקראה נביאה לפי שהיתה אשת נביא ושני דברים העיד בענין זה כתיבת הגליון והבן הנולד לישעיהו הנביא: מהר שלל חש בז. לא נקרא שם הנער בד׳ תיבות האלה כאחד אלא אמר שיקראו שמו מהר שלל או חש בז כי שני הזוגות ענין אחד פעם יקראו אותו מהר שלל ופעם יקראו אותו חש בז: (ד) כי בטרם. זמן אחד הוא זה עם מה שאמור למעלה בבן אחז בטרם ידע הנער מאוס ברע ובחור בטוב כי אז יחל

אבן עזרא

טעמו רמז לשכיב׳ כמו אל תגשו אל אשה והנביאה אשת הנביא ונקראת כן בעבור שבעלה נביא או גם היא היתה נביאה: (ד) כי. זה הנער נולד קודם שתי שנים שתגלה

מצודת ציון

ענין תשמיש: הנבואה. כן תקרא אשת הנביא: (ד) חיל. הון

מצודת דוד

מהר שלל וגו׳. להיות לאות על דברי הגליון: (ד) בטרם ידע. עדיין לא יהיה בו דעת לקרוא אבי ואמי: ישא. הנושא ישא והוא

מקרא קלר: לפני מלך אשור. כי הוא ישלם כמ״ש ויעל מלך אשור אל דמשק ויתפשה וגו׳ (מ״ב י״ב) ונאמר עליו עלה שלמנאסר מלך

him call their child by such an ominous name, predicting plunder and loot, she exclaimed, "May God be with us!" to save us from this fate. Hence, the name Immanuel.

4. **the wealth of Damascus . . . shall be carried off**—*And* the *king of Assyria went up to Damascus and seized it* (Kings 2 16:9)—[*Rashi*]

and the plunder of Samaria—*After Pekah was assassinated, and Hoshea reigned, Shalmaneser, king of Assyria, went up against him, and Hoshea became his vassal, and gave him tribute and a bribe* (ibid. 17:3). *That is the plunder of Samaria. All this took place in the fourth year of Ahaz.*—[*Rashi*]

shall be carried off—Lit. shall

and she bore a son, and the Lord said to me, "Call his name Maher-shalal-hash-baz. 4. For, when the lad does not yet know to call, 'Father' and 'mother,' the wealth of Damascus

esied, or, perhaps she too prophesied.—[*Ibn Ezra, Redak*] Cf. *Rashi* (7:14).

and she bore a son—*He is the very son whom the prophetess called Immanuel, since the Holy One, blessed be He, would be at the aid of Hezekiah when he would reign.* [*It is impossible to say that it was another son, for we learned* [*in Seder Olam* ch. 22] *that in the fourth year of Ahaz this prophecy was said, and in the fourth year of Ahaz, Pekah was assassinated, and it is impossible for two children to be born in one year, one after the other.*] This is found in certain mss. and in printed editions of *Rashi*. The intention is, that this prophecy coincides with the prophecy stated above (7:16) concerning the child who was to be named Immanuel. Therefore, it must necessarily be the identical child. *And Isaiah his father called him Maher-shalal-hash-baz, because of the calamity destined to befall Rezin and the son of Remaliah, who were coming to wrest the kingdom from the House of David and to curtail the kingdom of Hezekiah.*—[*Rashi*]

Maher-shalal-hash-baz—He was not called by both names, but either Maher-shalal or Hash-baz, since they are synonymous.—[*Redak*]

Redak states further that the two witnesses were to bear witness on the inscription on the scroll and also on the birth of the prophet's son, both of which foretold the exile of Samaria and the fall of Aram.

Abarbanel interprets the matter of the scroll in a different manner. On the scroll were to be written solely the four words, *"maher-shalal-hash-baz,"* foretelling the downfall of Rezin and the exile of Samaria. This scroll was to be preserved for later generations, when other prophets would record their prophecies of the exile of Judah and the consolations for the future. These were Uriah the priest and Zechariah son of Jeberechiah, whose prophecies have already been discussed.

After relating the prophecy of the scroll, the prophet continues to relate that he was intimate with his wife and that she conceived a son, whom he was to name "Maher-shalal-hash-baz," symbolic of the downfall of Aram at the hands of Assyria, and the exile of Samaria, also by the same formidable power. This was to commence in the fourth year of Ahaz, before the child would know to call his father and mother. The exile of Samaria, however, took place during the sixth year of Hezekiah, when the child would already be eighteen years old. It is also possible, that the prophecy alludes to the attack of Shalmanesser on Hoshea son of Elah when he forced him to pay tribute to Assyria.

Abarbanel continues to conjecture that, if, as *Rashi* claims, Isaiah called his son Maher - shalal - hash - baz, while his wife called him Immanuel, it is possible that, when she heard

דמשק ואת שלל שמרון לפני מלך
אשור: ה ויסף יהוה דבר אלי עוד
לאמר: ו יען כי מאס העם הזה את
מי השלח ההלכים לאט ומשוש את־
רצין ובן־רמליהו: ז ולכן הנה אדני

מעלה פתח באתנח ת״א מי השלוח. סנהדרין לד:

דמשק וית עדאי שמרון
קדם מלכא דאתור:
ה ואוסיף מימרא דיי
למללא עמי עוד
למימר: ו חלף דקץ
עמא הדין במלכותא
דבית דוד דמדבר להון
בניח כמי שלוחא
דנגדין בניח ואתרעיאו
ברצין ובר רמליה:
ז בכן הא יי מיתי ומסיק

רש״י

ב׳ ט״ז): ואת שלל שומרון. לאחר שנהרג פקח ומלך הושע עליו עלה שלמנסר מלך אשור ויהי לו הושע עבד ונתן לו מנחה ושוחד (שם י״ז) הוא שלל שומרון כל אלה היה בשנת ד׳ לאחז: (ו) את מי השלוח ההולכים לאט. במלכותא דבית דוד דמדבר להון בנייח כמי שילוחא דנגדין בנייח. שילוח מעיין הוא ושמו גיחון ושילוח שרצו להסיר את מלכות בית דוד בימי אחז לפקח בן רמליה וכאן ניבא על שבנא וסיעתו שרצו למרוד בחזקיה שמאסו בו על שראוהו שלא היה בוחר בשולחן מלכים אלא אוכל ליטרא ירק ועוסק בתורה עליו נאמר צדיק אוכל לשובע נפשו (משלי י״ג) וראו פקח בן רמליה אוכל ארבעים סאה גוזלות בקינוח סעודה והיו מליזין על חזקיהו ואומרין זה הגון להיות מלך אין זה

מהר״י קרא

דקשייתא][ופו׳] עד דאחשיך. הוה קא (דקלא)[דלקא] שרגא אתעקרא אזל נפח ליה נורא בדיקניה הבו ליה מספרא וגלחו רישיה. אזל אשכח דפא מתיבותא דנח אמר היינו אלהא דשזביה לנח מטופנא. אמר ליה אי אזיל ההוא גברא ומצלח מקריב להו לתרין בניה (קמן)[קמך] שמעון בניה אמרי לית כולי האי סליק בך ולא הדרת בתשובה וקטלוהו. הה״ד ויהי הוא משתחוה בית נסרוך אלהיו ואדרמלך ושראצר בניו הכוהו בחרב: ביום ההוא יחיה איש עגלת בקר ושתי צאן. ביום מפלתו של סנחריב לא נותר בארץ ישראל לא צאן ולא בקר כל מי שהיה עמו עגלת בקר ושתי צאן שהניס אותם ויחיה מפני מלך אשור. ויהי׳ לו חלב מהן כמו כמאת צאן קודם לכן. כי במקום שחנו שם מחנות אשור עלה שם עשבים לרוב ורעו שם הבהמות והשפע. והיה מרוב עשות הבהמה חלב יאכל (חלב) [חמאה] כי יעסקו בתורה ויאכלו חמאה ודבש כל הצדיקים הנותרים בקרב הארץ על אותו הדור אמר כל מקום אשר יהיה שם אלף גפן באלף כסף. אין

שיתעסק בהן שיתעסקו כולם בדברי תורה. (כי אם) לשמיר ולשית מתרגם הובאי ובורי. (ע״כ): (ו) יען כי מאס העם הזה את מי השילוח ההולכים לאט. יען כי מאס העם הזה את מלכות בית דוד המנהלים לאט כמו השילוח המושך את מימיו לאט: ומשוש את רצין. ונתרצו ברצין ובפקח בן רמליהו. ומדרש רבותינו. ושה״ה צדיק אוכל לשובע נפשו. זה חזקיה מלך יהודה. אמרו על חזקיה מלך יהודה שתי אגודות של ירק וליטרא אחת של בשר היו מעלין בכל יום לפניו. והיו ישראל (מלווין) [מליזין] אחריו. ואומ׳ זה מלך (ורצין) [ופקח מלך] ראויה המלכות לרצין ובן רמליהו. ומהו לאט. זהו חזקיה מלך יהודה. שהיה מטהר את ישראל במקוה של ארבעים סאה. כמנין לא״ט. והואיל ומאסו במי השילות: (ז) הנה אני מעלת

אבן עזרא

שמרון: ישא. הנושא כמו ויאמר ליוסף: (ה) ויוסף. טעם ויוסף כי גם זאת הנבואה היתה על דבר מלך אשור: (ו) יען. מי השלח. יש אומרים שהם ירושלם והנכון מלכות בית דוד שרובי מלכי בית דוד היו לדיקים ומלכי ישראל היו כלם רעים והטאים וטעם השילוח הם כמו גולות מים או שישלהם אדם או מים שיגדלו שלחים כמו שלחיך פרדס רימונים: (ז) ולכן. עליהם. על אנשי יהודה שהיו

רד״ק

לדבר הנער ותחלת דבורו הוא שיקרא אביו ואמו כי בזה הדבר ירגילוהו תחיל׳: ישא את חיל דמשק. ישא הנושא את נכסי דמשק ואת שלל שמרון לפני מלך אשור ישא חסר הפעל כמו ויגד ליעקב ר״ל המגיד וכן אמר ויאמר ליוסף ר״ל האומר וכמוהם רבים: (ה) ויוסף ה׳. אמר ויוסף לפי שזכר בזה הענין עצמו. ולפיכך אמר ג״כ עוד: (ו) יען. כי היו ביהודה ובירושלם רבים שהיו רוצים במלכות פקח בן רמליהו והיו מאוסים במלכות בית דוד לפי שהיתה יד מלכות אפרים תקפת ומלכות בית דוד חלושה בימי אחז. וזכר עם בן רמליהו רצין לפי ששניהם יחד היו נלחמים ביהודה והמשיל מלכות בית

דוד למי השלוח ההולכים לאט שהוא נחל קטן ומימיו הולכים בנחת כן מלכות בית דוד לא היה להם כח להרע לאויביהם רצין ובן רמליהו: ומשוש את רצין. יהיו ששים ושמחים עמהם אם יהיו הם מולכים בירושלים ומשוש שם סמוך למלת את וכן מקום לא ידע אל: (ז) ולכן. הוי״ו אינה לתוספת ענין שהרי הוא התחלת דברים טעם למה שאמר יען אשר עשו כך

מצודת דוד

אשור וישב לו מנחה (שם י״ז) וזהו השלל ובניהם היו בימי אחז:
(ה) ויוסף וגו׳. עוד הוסיף לדבר עוד בדבר רצין ובן רמליהו:

מצודת ציון

ועושר: (ו) השלוח. שם נהל קטן: לאט. בנחת וכן אתנהלה

(ו) כי מאס. רבים מאנשי יהודה מאסו במלכות בית דוד כי היתה חלושה מול מלכות אפרים והיו רוצים במלכות פקח בן רמליהו: את מי השלוח. המשיל מלכות בית דוד למי השלוח ההולכים בנחת מבלי הרעשת קול וכן רוב מלכי בית דוד הנהיגו המלכות בנחת ובענוה: ומשוש. ר״ל בוחרים המשוש וההשתררות אשר עם רצין ובן רמליהו: (ז) ולכן. על שמאסו בנהל קטן: העצומים. המרעיש׳

7. **is bringing up on them**—Since they are dissatisfied with the House of David, they shall fall into the hands of a harsh king with his massive armies, namely the king of Assyria. The prophet compares them to a swift, massive river that overflows all its banks. So did the king of Assyria conquer all of Judah save Jerusalem.—[*Redak*]

and all his wealth—Heb. כְּבוֹדוֹ, lit. his honor—[*Mezudath David*] Alternatively, his mighty army through which he is honored by all nations

and the plunder of Samaria shall be carried off before the king
of Assyria." 5. And the Lord continued to speak to me further,
saying: 6. "Since this people has rejected the waters of the
Shiloah that flow gently, and rejoice in Rezin and the son of
Remaliah, 7. Therefore, behold the Lord

carry off. The subject is the indeterminate pronoun, "one."—[*Ibn Ezra, Redak*]

5. **And the Lord continued**—This expression is used since the previous prophecy was about the same matter.—[*Redak*] I.e. the king of Assyria.—[*Ibn Ezra*]

the waters of the Shiloah that flow gently—I.e., they rejected *the kingdom of the House of David, which leads them gently, like the waters of the Shiloah that flow gently (Jonathan). Shiloah is a spring, known as Gihon and Shiloah. Here he prophesied concerning Shebna and his company who wanted to rebel against Hezekiah, for they rejected him since they saw that he did not choose a regal table, but would eat a litra of vegetables and engage in the Torah. Concerning him, it is stated*: "(Prov. 13:25) *A righteous man eats to satiate his body." They saw Pekah son of Remaliah eat forty seahs of pigeons for dessert. They would ridicule Hezekiah and say, "Is this one fit to be a king? There is no king but Rezin and the son of Remaliah. They were fit to rule in their lifetimes." And this is the meaning of: "And rejoice in Rezin and the son of Remaliah." The Holy One, blessed be He, said to them, "Do you desire eaters? I will bring many eaters upon you." Behold the Lord brings upon them the strong waters of the river instead of the weak and gentle waters of the Shiloah.*—[*Rashi* from *Pesikta d'Rav Kahana* p. 59b, 60a; *Midrash Proverbs* p. 74, quoted by *Kara, Yalkut Machiri*]

According to *Rashi,* this prophecy is related to Hezekiah's reign, when Shebna's revolt took place, not to the threat of Rezin and Pekah son of Remaliah, as do the preceding sections. He is, therefore, forced to explain that Rezin and the son of Remaliah were used merely as examples of admirable kings, by the company of Shebna. *Redak* and *Ibn Ezra,* however, explain that many of the people preferred the kingdom of Israel to that of Judah, since the former exhibited military prowess. They were, therefore, prepared to defect to Pekah and his ally, Rezin. They compared Judah to the gentle waters of the Shiloah, which can do no harm. So was the gentle House of David unable to inflict casualties on their adversaries, Rezin and Pekah. "And rejoice in Rezin and the son of Remaliah." They would be happy to be governed by Rezin and the son of Remaliah, rather than be under the gentle House of David.—[*Redak*]

Ibn Ezra, too, explains that the people preferred Israel to the House of David, although most of the Judean kings were righteous, while the kings of Israel were wicked. He explains "Shiloah" as a canal, man made, to irrigate fields or orchards.

מַעֲלֶה עֲלֵיהֶם אֶת־מֵי הַנָּהָר הָעֲצוּמִים
וְהָרַבִּים אֶת־מֶלֶךְ אַשּׁוּר וְאֶת־כָּל־
כְּבוֹדוֹ וְעָלָה עַל־כָּל־אֲפִיקָיו וְהָלַךְ עַל־
כָּל־גְּדוֹתָיו: ח וְחָלַף בִּיהוּדָה שָׁטַף
וְעָבַר עַד־צַוָּאר יַגִּיעַ וְהָיָה מֻטּוֹת כְּנָפָיו

ת"א וחלף ביהודה. סמ"ה:

תרגום

עֲלֵיהוֹן יַת מַשְׁרְיַת עַמְמַיָּא דְסַגִּיאִין כְּמֵי נַהְרָא תַּקִּיפַיָּא וַחֲסִינַיָּא יַת מַלְכָּא דְאַתּוּר וְיַת כָּל מַשְׁרְיָתֵיהּ וְיִסַּק עַל כָּל פַּצִידוֹהִי וִיהַךְ עַל כָּל כֵּיפוֹהִי: ח וְיַעְדֵי בְּאַרְעָא דְבֵית יְהוּדָה כְּנַחַל מְגַבַּר עַד יְרוּשְׁלֵם יִמְטֵי וִיהֵי עַם מַשְׁרְיָתֵיהּ מְלֵי

מהר"י קרא

עליהם את מי הנהר העצומים והרבים ומים כבירים שוטפים שאין אדם יכול לעמוד בהן על רגליו. ומי הם המים מלך אשור ואת כל כבודו: (ח) וחלף. הנהר ההוא ביהודה: שטף ועבר. שעלה בארבע עשרה למלך צדקיהו על כל ערי יהודה הבצורות ויתפשם: עד צואר יגיע. המים ויגברו שאין אדם יכול לעמוד בם הואיל והגיעו עד הצואר: והיה מטות כנפיו מלא רחב ארצך. כשהוא אומר וחלף ביהודה שטף ועבר הרי פירש לך מידת אורכו שעובר על כל ערי יהודה שאין לך שלא יפול אל הים. עד צואר יגיע. הרי לך מידת עומקו כלומר עד ירושלם שעומדת ברום ארץ ישראל כצואר זה שהוא בגובהו של אדם. והיה מוטות כנפיו. פישוט כנפיו. כלומר רוחב מחנהו מלא רחב ארצך. מלאי פתאי דישראל: עמנו אל. דכתיב

רש"י

מלך אלא רצין ובן רמליהו היו רואין למלוך בחייהן וזהו ומשוש את רצין וגו' אמר להם הקב"ה אוכלין אתם מתאוים אני מביא עליכם אוכלין הרבה הנה ה' מעלה עליכם וגו' את מי הנהר העצומים תחת מי השילוח החלשים והנוחים: (ז) ועלה. הנהר: על כל אפיקיו. יתגברו מימיו לעלות על כל אפיקי מולא מימיו: והלך. הנהר ממולא: על כל גדותיו. על גידודיו הן שפתותיו הזקופות במקום שהנהר מושך בין גידודין זקופין והוא כבתוך מרזב: (ח) וחלף ביהודה. בארץ יהודה ושטף בחזקה: עד צואר. עד עיקר חוזק לוארם ות"י עד ירושלים ימטי: מוטות כנפיו. פרק קטן שבסוף הכנף קרוי מוטה וראיתי בתנחומא כמה הם מוטות כנפי התרנגול אחד מן ששים באוכלוסי סנחריב: מלא רוחב. ארץ יהודה: עמנואל. היא שבט יהודה שהבטיחו הקב"ה להיות עמם בימי חזקיהו כדברי הנבואה

רד"ק

וכך יעשה להם כך וכך כמו וישא אברהם את עיניו ורבים כמוהו אמ' הנביא דבר אלי ה' כי בעבור ששמח לבם עם הנלחמים עם מלכות בית דוד יפלו ביד קשים מהם והם מחנה אשור והמשיל אותם למי הנהר העצומים והרבים כאשר הם מתגברים בארץ וישטפהו כל אשר יעבור עליהם כן מלך אשור ומחנהו הרב שכבש כל ארץ יהודה זולתי ירושלם: ואת כל כבודו. הוא חילו הגדול שהתכבד בו על כל העמים וכבש אותם תחת ידו: ועלה על כל אפיקיו. אף על פי שהאפיקים הם עמקים ואמר ועלה כנגד ארץ ישראל שהיא גבוהה מכל הארצות ר"ל שכל הארץ אמלא מהם כמו שהאפיקים מלאים מים ועוד מרובה ילכו על כל גדות האפיקים והם שפתי העמקים למעלה שהם גבוהים מן העמק וגדותיו הם משל על כל ערי יהודה הבצורות: (ח) וחלף. תרגם ועבר: עד צואר יגיע. המשיל ירושלם לראש הגוף וכשהמים מגיעים לאדם עד צוארו הנה הוא קרוב לטבוע בהם. ואם יתגברו מעט יעברו ראשו ויטבע בהם כן מלך אשור בבואו עד ירושלים היה כמו המים המגיעים עד הצואר והיתה ירושלים קרובה להכבש לולי רחמי האל וכת"י עד צואר יגיע עד ירושלים ימטי: והיה מוטות כנפיו. הדגש הוא לחסרון נו"ן מונטות מן נטה ר"ל נטית מחנהו והתפשטותו יהיה מלא רחב של ארץ יהודה כלה ואמר עמנו אל שהוא הבן הנולד לאחז לאות כי לא תכבש כלומר אתה עמנו אל שאתה בירושלים בך יכירו כי עמהם האל שתנצל מיד מלך אשור כי כל שאר ארצך תהיה מלאה מהם ובדרש כמה הם מוטות התרנגול א' מס' בכנפיו א' מס'

אבן עזרא

קושרים על אחז: אפיקיו. המקומות חזקים מהמים כמו על אפיקי מים או כפי טעם המקום וכן גדותיו ויש אומרים כי הוא חסר הרי"ש כמו שרשרות עם שרש' ולא אמר כלום כי הרי"ש תכפל ואינו' שורש כי שרש שרשות שרש אבל רי"ש חסרה לא תמלא כי איננה מאותיות השרות: (ה) וחלף. מטות כנפיו מלא רוחב ארצך עמנו אל. וטעם הזכירו כי הוא היה לאות שתמלט ירושלם מיד רצין ופקח

מצודת ציון

לאטי (בראשית ל"ג): (ז) אפיקיו. הוא המקום שנגרים שם המים בחוזק וכן כאפיקים בנגב (תהלים קכ"ו): גדותיו. הם שפתי האפיקים וכן והירדן מלא על כל גדותיו (יהושע ג'): (ח) וחלף. ועבר: מוטות. מלשון הטיה: כנפיו. מלשון כנף:

מצודת דוד

בקול גדול: את מלך אשור. ר"ל הוא הנמשל להמים העצומים ואותו יעלה עליהם: ואת כל כבודו. יעלה עמו כל כבוד עשרו כי יהיה לבו נכון בטוח להתגבר על כל ואין פחד מלחמה לנגד עיניו: ועלה וגו'. ר"ל במרבית אנשיו יכסה פני תבל: (ה) וחלף ביהודה. יעבור בארץ יהודה וישטוף ויעבור להלן ר"ל יכבש ערי בצורות וילך על אחרות: עד צואר יגיע. יבוא עד חוזק הצואר והוא ירושלים ולפי שהמשילו למי הנהר אמר לפון סכנת מים שוטפים אם מגיע אל הצואר: מוטות כנפיו. התפשטות מחנהו יהיה מלא רוחב ארצך אתה עמנואל והוא יהודה שהבטיחם המקום להיות עמם כאשר

Judah.—[Rashi] According to Rashi above, one sixtieth of Sennacherib's forces will fill the entire land of Judah. According to *Redak*, however, the entire forces will fill the land.

Immanuel—*This is the tribe of Judah, whom the Holy One, blessed be He, promised to be with in the days of Hezekiah, as the words of the prophetess, who named her son Immanuel.—[Rashi]*

Others render: Although his wingspread will be the entire width of your land, God is with us.—*[Abarbanel]*

is bringing up on them the mighty and massive waters of the river—the king of Assyria and all his wealth, and it will overflow all its distributaries and go over all its banks.
8. And it will penetrate into Judah, overflowing as it passes through, up to the neck it will reach; and the tips of his wings will

and with which he conquered many of them.—[*Redak*]

and it will overflow—I.e. *the river* will overflow.—[*Rashi*]

and all its distributaries—*Its waters will surge to rise over all the distributaries of the outflow of its waters.*—[*Rashi*]

Others interpret this to mean: It will rise over its channels formed by the swift flowing water. This symbolizes that, just as the water of the river fills the channels and then overflows the high banks, so will Sennacherib invade all neighboring countries and conquer them, eventually overrunning the land of Judah, which is higher than other lands.—[*Redak*]

over all its banks—*its high banks. Those are its upright banks in the place where the river flows between its upright banks, and it is like within a gutter.*—[*Rashi*]

8. **And it will penetrate**—Heb. וְחָלַף, Aramaic for "it will pass."—[*Redak*]

into Judah—*into the land of Judah.*—[*Rashi*]

overflowing—*with might.*—[*Rashi*]

up to the neck—*up to the main part of the strength of their neck. And Jonathan renders: Up to Jerusalem he will reach.*—[*Rashi*] Manuscripts read: **up to the neck**—*up to the main part of the strength.*

the neck—*their strength.* This appears to be more correct than the printed editions.

Alternatively, Jerusalem is likened to the head of the body. Now when a person is submerged in water up to his neck, he is close to drowning and, if the water rises a little more, he will indeed drown. So it was with Judah. Sennacherib had conquered the entire land, with the exception of Jerusalem. When he camped outside Jerusalem with the intent to conquer it, it was as though the waters had reached the neck, and the person was on the verge of drowning.—[*Redak*]

the tips of his wings—*A small joint at the end of the wing is called* מָשׂוֹת, *and I saw in Tanhuma* (*Tazria* 8, Buber 10): *How big are the wing tips of the rooster?* [*One sixtieth of his wings,* symbolizing] *one sixtieth of Sennacherib's forces.*—[*Rashi.* Bracketed words added from mss. This is obviously the correct reading.]

Redak renders: His wingspread, denoting the expansion of his armies.

Alternatively, this refers to the wings, or branches of the river which symbolize the armies of Sennacherib, which will spread out over the entire land of Judah.—[*Abarbanel*]

will fill the breadth of—*the land of*

מלא רחב ארצך עמנו אל: ט רעו עמים
וחתו והאזינו כל מרחקי ארץ
התאזרו וחתו התאזרו וחתו: י עצו
עצה ותפר דברו דבר ולא יקום כי
עמנו אל: יא כי כה אמר יהוה אלי
בחזקת היד ויסרני מלכת בדרך העם

תרגום

סלי פתאי ארעך עמנו
אל: ט אתחברו עממיא
ואתברו ואציתו כל די
בסופי ארעא אתקיפו
ואתברו אתקיפו
ואתברו: י אתמליכו
מלך ויעדי מלילו
פתגמא ולא יתקים ארי
בסעדנא אלהא: יא ארי
כדנן אמר יי לי במתקף
נבואתא ואלפני
מלמהך באורח עמא

רש"י

שקראה שם בנה עמנואל: (ט) **רעו עמים**. לשון רעהו רעך כת"י אתחברו. התחברו יחד אוכלסי סנחריב: וחותו, ותשברו: **התאזרו וחותו**. התאזרו בכל מיני גבורה וסופכ' להיות חתים: (י) **עוצו**. לשון ליווי: (יא) **בחזקת היד**. בהתגבר הנבואה עלי כשהוסיף לדבר בדבר זה כמו שכתוב למעלה ויוסף ה' דבר אלי (לעיל ז') ובלשון זה אמר (יחזקאל י"ז) ויד ה' עלי חזקה לשון נבואה: **ויסרני מלכת וגו'**. הזהירני שלא להיות בעצת שבנא הסופר וסיעתו שנקשרו למרוד על חזקיה כמו שמפורש (בסנהדרין כ"ו). ויש רמז בספר הזה (לקמן כ"ב) לך בא אל הסוכן וגו': **ויסרני**. כמו וליסרני:

מהר"י קרא

ויצא מלאך ה' ויך במחנה אשור מאה (חיל) [וגו']: (ט) **רועו** עמים וחותו. רועו לשון ריע התחברו אותם עמים לבא על ירושלם וסופו נפל ביד חזקיה: התאזרו. התחזקו: (י) **עצו** עצה ותופר. עוצו עצה לבא על ירושלם ותופר. דברו דבר לכבוש את ירושלם: ולא יקום כי עמנו אל. עם בית דוד: (יא) בחזקת היד. בתוקף הנבואה:

אבן עזרא

גם מיד סנחריב גם כאשר הגלה דמשק ושמרון: (ט) **רעו**. כמו תרועם בשבט ברזל גם חותו לשון ליווי כמו סובו ציון. וטעם התאזרו פעמים שיעשו כן בכל רגע: (י) **עוצו**. הטעם כל מה שתעוצו על ירושלם לא תקום העצה והנה עוצו מהשניים הנראים. ור' משה הכהן ז"ל אמר שהוא חסר יו"ד והיה ראוי להיותו יעוצו כמו זכורו: **כי עמנו אל**. זה טעם שם בן הנביא: (יא) כי. **בחזקת היד**. כאשר התחזק' עלי הנבואה כמו היתה עלי יד ה': **ויסרני**. דגשות הסמ"ך לבלוע היו"ד שהוא פ"א הפועל כמו בטרם אצרך בבטן והנה ויסרני שורה על יוסר פירושו במלת טמא שפתים:

רד"ק

באכלוסי סנחריב מלא רחב ארץ יהודה: (ט) רעו. ענין שבר כמו תרועם בשבט ברזל אמר כנגד העמים הנאספים עם מלך אשור שברו ואחר כן תהיו נשברים: וחתו. פעל עמד השברו והאזינו כל מרחקי ארץ כל העמים שבאתם ממרחק ארץ לירושלם האזינו זאת הנבואה כי בתחילה תשברו ואחר כך תשברו: מרחקי. המ"ם בסגול: התאזרו. התאזרו תחלת התחזקו למלחמה ואחר כך תשברו והכפל להזק הענין וי"ת רעו מענין רעך ורע אביך אתחברו עממיא ואתברו: (י) עוצו. מה תועיל לכם עצתכם על ירושלם כי תופר וכן דברכם עליה לא יקום ולמה כי עמנו אל ומלת עוצו השור"ק במקום חולם ויבא בחולם בנחי הפ"א כמו גשו הנה בחסרי הפ"א: (יא) כי כה אמר ה'. הטעם בכי למה שאמר כי לא תקום עצתם על ירושלם כי כן אמר אלי בחזקת היד כי הוא יהיה מעריצכם שיתן לכם חוזק ותוקף למאמינים בו ולמקדישים שמו גב יסור אותי שלא אלך בדרך העם הזה המואסים במלכות בית דוד מפני מורא המלכים האלה ופי' בחזקת היד בחוזק הנבואה וכן ויד ה' היתה עלי חזקה והחיזק בנבואה הוא שיראה במראה הנבואה מראה נוראה ונפלאה או שיאמר דברים והוא יסרני שלא אלך אלא בדרך ה' ולאמר גם כן לאחרים וליסרם ולהזהירם שלא ילכו בדרכי העם המורדים.

מצודת דוד

יולדה בם עמנואל בן העלמה אשת אחז: (ט) רועו. אתם חיל סנחריב שברו עמים רבים ואח"ז תשברו גם אתם: והאזיני וגו'. הבאים ממרחק לעזרת סנחריב האזינו אמרי וחדלו לכם: התאזרו. התחזקו במלחמה ובסוף השבר וכפל הדבר לחזק הענין: (י) עוצו וגו'. התייעצו מה לעשות ומה בכך כי הלא תופר: דברו וגו'. דברו דבריכם אבל לא תתקיים כי עמנו אל ולא יעזבו בידכם: (יא) כי כה אמר ה' אלי. חוזר למעלה שאמר עולו עלה ותופר וגו' כי כה אמר ה' אלי שיופר עצתכם וגו': בחזקת היד. ר"ל יפר עצתם בחוזק יד ובזרוע נטויה כגבור ואיש מלחמה כי יכה את כל חילו הרב: ויסרני. גם הוכיח והזהיר אותי מלכת בדרך העם הזה והם

מצודת ציון

(ט) רועו. ענינו שבירה ורציצה כמו תרועם בשבט ברזל (תהלים ב'): וחותו. גם הוא ענין שבירה כמו יחת אפרים מעם (לעיל ז): התאזרו. התחזקו כי האזור במתניו הוא מחוזק ומזורז ביותר:

ished the prophet not to go in the way of this people.

and admonished me from going . . .—*He warned me not to participate in the counsel of Shebna the scribe and his company, who conspired to rebel against Hezekiah, as is related in Sanhedrin* (26a), *to which there is an allusion in this Book* (below 22:15): *"Go, come to this voluptuary, to Shebna who is appointed over the Temple (See Rashi ad loc.)*—[*Rashi*]

and He admonished me—*like "and to admonish me."*—[*Rashi*] Perhaps *Rashi* deviates from the obvious interpretation, "and He admonished me," because of the *zere* under the *reish,* which should normally be a *pattach,* וְיִסְּרֵנִי. As the object of the

fill the breadth of your land, Immanuel. 9. Join together, O peoples, and be broken, hearken, all you of distant countries. Gird yourselves and be broken, gird yourselves and be broken. 10. Take counsel and it will be foiled; speak a word and it will not succeed, for God is with us. 11. So has the Lord spoken to me with the overwhelming power of prophecy, and He admonished me from going in the way of this people, saying:

9. **Join together**—Heb. רֹעוּ, *an expression similar to*: "(Prov. 27:10) *Your friend and your father's friend* (רֵעֲךָ וְרֵעַ אָבִיךָ), *as Jonathan renders: Join together. Join together, armies of Sennacherib.*—[*Rashi*]

I.e., although you are united to form a mighty force to attack Jerusalem, you shall, nevertheless, be broken in the hands of Hezekiah.—[*Rabbi Joseph Kara*]

Alternatively, the prophet states: Break and be broken. You armies of Sennacherib, although you are very powerful and break other nations, you shall be broken.—[*Ibn Ezra, Redak, Mezudath David*]

and be broken—Heb. וָחֹתּוּ.—[*Rashi* and all other commentaries] *I.e. you shall be broken.*

all you of distant countries—All you peoples who have come from distant countries with Sennacherib, to conquer Judah and Jerusalem, hearken to this prophecy, for, first you will break other nations, and eventually, you yourselves shall be broken.—[*Redak*]

Gird yourselves and be broken—*You may gird yourselves with all sorts of might, but, eventually, you shall be broken.*—[*Rashi*]

Gird yourselves at first to prepare for war, and then you shall be broken. The repetition is for emphasis.—[*Redak*]

Alternatively, the repetition denotes that they would continually gird themselves for war.—[*Ibn Ezra*]

10. **Take counsel**—This is *the imperative form.*—[*Rashi*]

All that you plot against Jerusalem shall be foiled and unsuccessful.—[*Ibn Ezra*]

11. **with the overwhelming power of prophecy**—Lit. with strength of the hand. *When the prophecy became more intensive over me, when He continued to speak concerning this matter, as it is written above*: "(v. 5) *And the Lord continued to speak to me.*" *And in this language, Ezekiel said,* "(3:14) *And the hand of the Lord became strong over me.*" *This is an expression of prophecy.*—[*Rashi*]

Redak explains that the Lord spoke to Isaiah, telling him that He would strengthen those who believe in Him steadfastly and wholeheartedly, and would not desert the House of David in favor of Rezin and the son of Remaliah. He suggests also that the expression, בְּחֶזְקַת הַיָּד, *with strength of hand,* denotes intense prophecy, in which the Lord shows the prophet awesome and marvelous sights or He speaks to him. In this case, too, He admon-

הַזֶּה לֵאמֹר׃ יב לֹא־תֹאמְרוּן קֶשֶׁר
לְכֹל אֲשֶׁר־יֹאמַר הָעָם הַזֶּה קָשֶׁר
וְאֶת־מוֹרָאוֹ לֹא־תִירְאוּ וְלֹא תַעֲרִיצוּ׃
יג אֶת־יְהוָה צְבָאוֹת אֹתוֹ תַקְדִּישׁוּ וְהוּא
מוֹרַאֲכֶם וְהוּא מַעֲרִצְכֶם׃ יד וְהָיָה
לְמִקְדָּשׁ וּלְאֶבֶן נֶגֶף וּלְצוּר מִכְשׁוֹל

ת"א לא תאמרון קשר. סנהדרין כו: והיה למקדש. שם לח:

תרגום

הָדֵין לְמֵימַר: יב לָא תֵימְרוּן מְרוֹד לְכָל דְיֵימַר עַמָא הָדֵין מְרוֹד וְלִדְחַלְתֵּיהּ לָא תִדְחֲלוּן וְעַל תּוּקְפֵיהּ לָא תֵמְרוּן תְּקוֹף: יג יַת יְיָ צְבָאוֹת יָתֵיהּ תֵּימְרוּן קַדִּישׁ וְהוּא דַחֲלַתְכוֹן וְהוּא תוּקְפְּכוֹן: יד וְאִם לָא תְקַבְּלוּן וִיהֵי מֵימְרֵיהּ בְּכוֹן לְפוּרְעָן וּלְאֶבֶן מָחֵי וּלְכֵיף מַתְקֵל לְתָרֵין

בתי

מהר"י קרא

(יב) לא תאמרון קשר לכל אשר [יאמר] העם. אשר רצין ופקח שקשרו קשר שניהם להלחם על אחז: ואת מוראו לא תיראו ולא תעריצו. מוראו שלכם זה ששרו מאחרי דוד ונטו ללכת אחרי מלכי ישראל שהתעום אחרי אלהים אחרים. לא תיראו: (יג) את ה' צבאות אותו תקדישו: (יד) והיה לכם למקדש. לקדוש: לשני בתי ישראל. הם פקח והושע שביקשו להיו' לפח ולמוקש ליושבי

רש"י

(יב) לא תאמרון קשר. אתם סיעתו של חזקיהו אף על פי שהם מועטים מסיעת שבנא לא תאמרו אחרי רבים להטות: לכל אשר יאמר העם הזה. שעם שבנא לפי שהוא קשר רשעים ואילו מן המנין וכן בקשר של עשרת השבטים שיתקשרו עם מלכי מצרים: ואת מוראו. העם הזה שהם אומרים לכם לירא מסנחריב ולהשלים עמו: לא תיראו ולא תעריצו. לא תאמרו חזק הוא כן ת"י לא תימרון תקוף: (יג) והוא מעריצכם. מחזיקכם: (יד) והיה למקדש. אותה עצה שיעץ שבנא ושיעץ פקח להשבית מלכות בית דוד יהיה לסימן פורעניות לבא עליהם: למקדש. כמו התקדשו למחר (יהושע ג'):

רד"ק

ואומר להם: (יב) לא תאמרון. לא תחשבו ולא תרצו זה שתקשרו ותמרדו במלכות בית דוד וכמוהו הלהרגני אתה אומר ויאמר להכות את דוד או פי' לא תאמרון איש לאחיו: ואת מוראו לא תראו. מה שהם יראים והם רצין ופקח לא תראו אותם ולא תערצון לא תתנו להם בלבבכם ובפיכם העריצות והכח כמו שהעם הזה עושים כי אין להם כח עליכם אם לא ירצה האל ויש מפרשים נבואה זו בימי חזקיהו שהיו יראים ממלך אשור ואמר כי שבנא וסיעתו השלימו בסתר עם מלך אשור וכן פירשו רז"ל: (יג) את ה' צבאות. הוא אדון צבאות מעלה ומטה ובידו הכל ואם תראו אותו ותקדישו הוא יציל אתכם מצבאות מטה הנלחמים עליכם והוא מוראכם שתיראו אותו לבדו: והוא מעריצכם. והוא יתן לכם עריצות וכח ולא יוכלו אויביכם להרע לכם: (יד) והיה למקדש. מקדש הוא ארמון ומקום משגב שישגב אדם בו כמו כי מקדש מלך

אבן עזרא

(יב) לא. יוכיח המשכילים שלא יקשרו על אחז וישובו עם מלך אשור וזה טעם ואת מוראו והנה הוא דבק עם מלך אשור הנזכר למעלה: (יג) את. אחר שאמר את הוסף אתו וכמוהו רבים או טעמו אתו לבדו תקדישו שמנהג האדם שיפחד מהקדוש כמו כי איש אלהים קדוש הוא: מעריצכם. שם התואר או פועל שהוא מפחידכם באמת: (יד) והיה. טעמו על מלך אשור וטעם מקדש מקום שילך אדם אליו

מצודת ציון

(יב) קשר. ענין אגודה אחת: תעריצו. ענין חוזק כמו כגבור עריץ (ירמיה כ'): (יד) למקדש. ענינו ארמון משגב וכן כי מקדש

מצודת דוד

שבנא וסיעתו שהמה מתפחדי' מחיל סנחריב וחושבי' למרוד בחזקי' מלכם ולהשלים עם סנחריב: לאמר. וכה אמר אלי: (יב) לא תאמרון קשר וגו'. ר"ל עם כי שבנא וסיעתו המה הרוב מול חזקיה וסיעתו והתורה אמרה אחרי רבים להטות מ"מ לא תאמרון להתקשר ולהתחבר לכל אשר יאמר העם הזה בקשר המרד: ואת מוראו. לא תיראו מפחד סנחריב: ולא תעריצו. לא תתנו לו בפה העריצות וחוזק לומר עליו שהוא חזק ביותר כאשר יאמרו העם הזה: (יג) אותו תקדישו. ר"ל הפליגו בה' וקדשו שמו: והוא מוראכם. ורק הוא לבד יהיה מוראכם ר"ל לא תפחדו ממי כ"א ממנו יתברך: והוא מעריצכם. והוא יתן לכם עריצות וכח מול האויב: (יד) והיה למקדש. המקום ב"ה יהיה לשני בתי ישראל והם חזקיה וסיעתו ושבנא וסיעתו לאחד יהיה לארמון משגב ומגדל עוז להשגב בה והוא חזקיה וסיעתו כי ינצלו מיד סנחריב ולאחד יהיה לאבן נגף ולצור

be an omen [*a preparation*—mss.] *of the disaster destined to befall them.*—[*Rashi*]

for a portent—Heb. לְמִקְדָּשׁ. Comp. "(Num. 12:18) *Prepare yourself* (הִתְקַדְּשׁוּ) *for the morrow.*"—[*Rashi*] Apparently, the above reading of the manuscripts is more correct than the printed editions of *Rashi,* since *Rashi* proceeds to prove that the root קדש denotes preparation. As you see, I corrected the source to read: Num. 12:18, rather than Joshua 3, as in *Nach Lublin.* I did this for three reasons: (1) The wording matches the verse in Numbers and not the verse in Joshua (See *Parshandatha* for different wording); (2) *Rashi* would not quote a verse from Prophets if there is a verse in the Torah to prove the same point; (3) the verse in Numb. speaks of preparation for disaster as does our verse, not so the verse in Joshua.

12. 'You shall not call a band everything that this people calls a
band; and you shall not fear what it fears nor attribute strength
to it. 13. The Lord of Hosts—Him shall you fear, and He is
your fear, and He gives you strength. 14. And it shall be for a
portent and a stone upon which to dash oneself and for a rock
upon which to stumble

infinitive, it is regular. See *Ibn Ezra*, Friedlander for variant reading.

12. **'You shall not call a band**— *You of Hezekiah's company, even though they* (sic) *are fewer than Shebna's company, you shall not say: We decide according to the majority* (Exodus 23:2. See *Rashi* ad loc.), *to all that this people that is with Shebna, says, for this is a band of the wicked and is not counted, and so it is as regards the ten tribes, who formed an alliance with the kings of Egypt.*—[*Rashi* from *Sanhedrin* 27b] The Talmud relates that Hezekiah himself feared that the group that had joined Shebna and wished to surrender to Sennacherib, actually had the status of a majority, and that even God Himself regarded them as the legitimate representatives of the people, and would deliver them into the hands of the king of Assyria. The prophet, therefore, admonished the people not to consider Shebna's band as a band, or company. Since they are a band of wicked men, they are not counted at all. Only the God-fearing were counted even though they were the minority. This is a lesson for all generations and all times, that the God-fearing Jews should not lose courage nor feel that they are insignificant because the vast majority is not true to the Torah.

As mentioned before, other commentators explain this section as regards the conspiracy against the House of David during Ahaz' reign, and not to surrender to Israel and Aram. Thus, they render: "You shall not think to make a conspiracy because this people wishes to make a conspiracy.—[*Ibn Ezra, Redak*]

Jonathan, too, renders: You shall not say rebellion to all that this people says rebellion.

and you shall not fear what it fears—I.e., *what this people fears, for thay say to you to fear Sennacherib and to make peace with him.*—[*Rashi*]

you shall not fear . . . nor attribute strength— *You shall not say that he is strong. So did Jonathan translate: You shall not say strong.*—[*Rashi*]

13. **He gives you strength**—Heb. מַעֲרִיצְכֶם.—[*Rashi*]

Jonathan renders: He is your strength.

Him shall you hallow—I.e., Him alone shall you hallow. You shall fear Him, for it is customary for one to fear what is holy.—[*Ibn Ezra*]

Ibn Ezra renders: *He causes you to fear.* I.e., He, not the king of Assyria.

14. **And it shall be for a portent**— *That plan that Shebna plotted and that Pekah plotted to overthrow the kingdom of the House of David, shall*

בָּתֵּי רַבְרְבֵי יִשְׂרָאֵל לְתְבַר וּלְתַקָלָא עַל דְאִתְפְּלִיגוּ עַל דְבֵית יְהוּדָה דְיָתְבִין בִּירוּשְׁלֵם: טו וְיִתְקְלוּן בְּהוֹן סַגִיאִין וְיִפְּלוּן וְיִתַּבְּרוּן וְיִתַּצְדוּן וְיִתְאַחֲדוּן: טז נְבִיָא טַר סַהֲדוּתָא לָא תַסְהִיד

לִשְׁנֵי בָתֵּי יִשְׂרָאֵל לְפַח וּלְמוֹקֵשׁ
לְיוֹשֵׁב יְרוּשָׁלָם: טו וְכָשְׁלוּ בָם רַבִּים
וְנָפְלוּ וְנִשְׁבָּרוּ וְנוֹקְשׁוּ וְנִלְכָּדוּ: טז צוֹר
תְּעוּדָה חֲתוֹם תּוֹרָה בְּלִמֻּדָי:

ת״א צור תעודה . שם . קג זוכר לו אמור : קמץ בז״ק וחכיתי

רש״י

ולאבן נגף. שהרגלים נגפים בה לשון מכשול כמו בטרס יתנגפו רגליכם (ירמיה י״ג) פן תגוף באבן רגליך (תהלים צ״א): ולצור מכשול. הוא לשון אבן נגף שהצור הוא אבן: לשני בתי ישראל. שבאו להיות לפח ולמוקש ליושבי ירושלים ומי הם שני הבתים פקח בן רמליהו וסיעתו ושבנא וסיעתו: (טו) וכשלו בם רבים. באותן האבנים יכשלו אלו וסיעתם שניהם יפלו ביד שונאיהם פקח להרוג שהרגו הושע וי׳ השבטים נפלו ביד סנחריב ושבנא יצא מירושלים כשעל׳ סנחריב מעליה לילך על תרהקה מלך כוש שטף שבנא וסיעתו והלך לו: (טז) צור תעודה. כל זה מן הנבואה שנאמרה למעלה כי כה אמר ה׳ אלי ועוד זאת אמר לי צור תעודה ל׳ העדותי בכם היום ל׳ התראה קשור התראתי והתים התורה על לב לימודי תלמידך ויראי שמים הנקראים לימודי ה׳ ואם תאמר אין ל׳ קשירה נופל בלימוד תורה נופל הוא בו שנאמר קשרם על לבך תמיד (משלי ו׳):

מהר״י קרא

ירושלם להיות לאבן נגף ולצור מכשול: (טו) וכשלו בם רבים. הם עשרת השבטים שסרו מאחרי דוד. וימליכו עליהם מלך: ומדרש רבותינו. לא תאמרו קשר וגו׳. נבואה זו כשצר סנחריב על ירושלם. שבנא דריש בתריסר ריבוותא וחזקיה הוה דריש בחד עשר ריבוותא. כי אתא סנחריב וצר על ירושלם כתב שבנא פיתקא שדא גירא שבנא וסיעתו השלימו חזקיה וסיעתו לא השלימו. [שנאמר] כי הנה הרשעים ידרכון קשת כוננו חיצים על יתר לירות במו אופל לישרי לב. הם חזקיה וישעיה. הוה קא מסתפי חזקיה אמר דלמא חס ושלום נטה דעתיה דקוב״ה בתר רובא ממסרו אינהו נמי ממסרו בא נביא ואמר לא תיראו ולא תעריצו. ועל תוקפיה לא תימרון תקוף: מעריצכם. תרוממי תוקפיכון: והיה למקדש. כענין זה סמוכים לשתי מקראות הללו את ה׳ צבאות אותו תקדישו הוא מוראכם והיה למקדש. והוא יהיה לכם לקדושה כלומר לכם אתם יושבי ירושל׳ הדבקים תקדישו ותעריצו והוא יהיה לכם למקדש. אבל לשני בתי ישראל שסרו מעל מלכי דוד ולחלקו (לשיני) [לשנים] להיות לכם לפח ולמוקש ליושבי ירושלם. להם יהיה הקב״ה לפח ולמוקש: וכשלו בם רבים. כגון שבנא וסיעתו שנטו אחרי סנחריב וקשר קשר על מלכות דוד: ונפלו ונשברו. ששטף סנחריב שבנא וסיעתו והלך לו: (טז) צור תעודה. לשון קשירה כמו וצרת הכסף בידך. צור תעודה. העד תעיד בם וקשור עדות זה שכל מי שיקשור להם במלכי בית דוד קשר ללכת אחרי מלכי ישראל. וכשלו ונפלו ונשברו שהרי עתיד סנחריב להגלות עשרת השבטים ויגלו עמהם כל מי שסרו מעל מלכי בית דוד: חתום תורה בלימודי. חתום תורה זו שאני דובר אליך בלימודי כל בניך לומודי ה׳ כלומר שכל

אבן עזרא

להגדל בו ולהכלר בו והנה הוא דבק למקדש נגף ולאבן נגף שיעל׳ אדם עליו להשגב בו: לשני בתי ישראל. מלכות ישראל ויהודה והנה טעם לפח לאפרים ולמוקש ליהודה: (טו) וכשלו בם. שב אל פח ולמוקש: (טז) צור. יש אומרים שהוא חסר נו״ן כמו שמור והנכון שהוא כמו חתו׳ והטעם סתום אלה דברי הנבואה והם התעוד׳ והתורה: בלמודי. שם התאר וכמוהו לשמוע כלימודי׳ והנה הוא

רד״ק

הוא: ובא אל מקדשו. אמר כי הקב״ה יהיה לשני בתי ישראל לאחד למקדש והם הבוטחים בו ורוצים במלכות בית דוד ולאחד לאבן נגף ולצור מכשול: לפח ולמוקש ליושב ירושלם. לאחד מן הבתים היושבים בירושלם והם המואסים במלכות בית דוד ובוחרים במלכות בן רמליהו וי״מ בימי חזקיהו שבנא וסיעתו וי״ת דיתבין בירושלם: (טו) וכשלו בם. באבן נגף ובצור מכשול שזכר יכשלו בם רבים והם המורדים הם חושבים להמלט במרדם והם יפלו בתוך המוקש וילכדו: (טז) צור תעודה. צור בשקל סוב בתשלומו עניני ענין קשירה כמו ותהיינה צרורות. ומבוקעים ומצוררים וצור מקור וכן

חתום והוא דברי הנביא אמר אין לי אלא לצרור ולחתום התורה בלמודי כלומר עם לומדי שלא יראום אחרים אלא התלמידים כי האחרים אינם רוצים לא לראות ולא לשמוע דברי תורה ואחר שהוא כן טוב שיצרור אותה אדם ויחתמנה ולא תזכר אלא עם התלמידים כי האחרים אם אזכור להם או אראה להם דברי תורה ולא יעשום הנה ענשם כפול אחר האזהרה ולמודי שם תואר לתלמידים וכן כל בניך למודי ה׳ למוד מדבר ויש מפרשים כי הוא דברי האל ויהיה צור וחתום

מצודת דוד

מכשול והוא שבנא וסיעתו כי אחר שהשלימו עם סנחריב וילאו אליו נאבדו כולם: לפח ולמוקש. הוזר למעלה לומר למה יהיה לאחד לאבן נגף וגו׳ לפי שהוא היה לפח ולמוקש להמלך היושב בירושלים והוא חזקיה: (טו) וכשלו בם. בהאבן הנגף ובהצור המכשול יכשלו רבים והם כיעת שבנא: ונפלו וגו׳. כפל הדבר במ״ש לחזוק הענין: (טז) צור תעודה. הולם קשור התעודה וכפל במ״ש ואמר חתום התורה בלב התלמידים למען לא ישכחו אותה כי לולא זאת לא אהיה

מצודת ציון

מלך הוא (עמוס ז׳): נגף. ענין הכאה: (טו) ונוקשו. יפלו בהמוקש: (טז) צור. ענין קשירה כמו מי לרר מים בשמלה (משלי ל׳): תעודה. ענין התראה ע״ש שדרך להתרות בעדים לבל יכחישו והתורה נקראת כן על שהיא מלאה מהתראות ואזהרות: חתום. ענ׳

Jonathan paraphrases: Guard the warning. Do not warn them for they will not accept it; hide the Torah for they do not wish to learn it.

Ibn Ezra follows *Jonathan*, explaining that this prophecy was to be kept secret.

no one else shall see it, for others do not wish to hear it or see it. It is, therefore, advisable to hide it from them, lest they hear the words of the Torah and do not observe them, only to be punished doubly, since they heard the warning.—[*Redak*]

for the two houses of Israel, *who came to be* for a snare and a
trap for the inhabitants of Jerusalem. 15. And many shall
stumble upon them, and fall and be broken, and be trapped and
caught. 16. Bind this warning, seal the Torah in My disciples.'

and for a stone upon which to dash oneself—*upon which the feet are dashed. This is an expression of stumbling, as* (in Jeremiah 13:16): "Before *your feet are dashed* (יִתְנַגְּפוּ)," "(Psalms 91:12) *Lest you dash* (תִּגֹּף) *your foot on a stone."*—[*Rashi*]

and for a rock upon which to stumble—*This is synonymous with "a stone upon which to dash oneself," for a rock is a stone.*—[*Rashi*]

for the two houses of Israel—*who came to be for a snare and a trap for the inhabitants of Jerusalem. Now who are the two houses? Pekah son of Remaliah and his company and Shebna and his company.*—[*Rashi*]

15. **And many shall stumble upon them**—*Upon those stones, these two and their companies shall fall into the hands of their enemies; Pekah was assassinated, for Hoshea assassinated him, and the ten tribes fell into the hands of Sennacherib; and Shebna went out of Jerusalem when Sennacherib abandoned it to march on Tirhakah, king of Cush. He took along Shebna and his company and went away.*—[*Rashi* from *Seder Olam* ch. 23. See *Comm. Dig.* II Kings 18:18.]

Rashi's interpretation of the two verses follows *Targum Jonathan. Redak,* however, renders as follows: *And He shall be for a fortress and for a stone upon which to dash oneself and for a rock upon which to stumble, for the two houses of Israel.* I.e. a fortress for one house, that of the faithful, those who have faith in Him and support the House of David, and for a stone upon which to dash oneself, for the others. *He shall be for a snare and a trap for one of these houses that dwells in Jerusalem,* viz. those who reject the House of David and prefer the kingdom of Pekah son of Remaliah.

And many shall stumble upon them—Those who rebel and think that they will escape through their rebellion, will, on the contrary, stumble on this stone and fall into the trap.—[*Redak*]

16. **Bind this warning**—*All this is part of the prophecy stated above* (v. 11): *"For so has the Lord said to me," and He said further to me, "Bind this warning* (תְּעוּדָה)," *an expression similar to*: "(Deut. 8:19) *I warn* (הַעִדֹתִי) *you today," an expression of warning. Bind My warning and seal the Torah on the heart of My disciples. Your disciples who fear My Name are called "disciples of the Lord." And if you say that the expression of binding does not apply to the study of the Torah, it does indeed apply, as it is said*: "(Prov. 6:21) *Bind them upon your heart always."*—[*Rashi*]

Others interpret this as the word of the prophet, who says: I have nothing to do but to bind and to seal the Torah with my disciples, so that

יז וְחִכִּיתִי לַיהֹוָה הַמַּסְתִּיר פָּנָיו מִבֵּית
יַעֲקֹב וְקִוֵּיתִי לוֹ: יח הִנֵּה אָנֹכִי וְהַיְלָדִים
אֲשֶׁר נָתַן לִי יְהֹוָה לְאֹתוֹת וּלְמוֹפְתִים
בְּיִשְׂרָאֵל מֵעִם יְהֹוָה צְבָאוֹת הַשֹּׁכֵן
בְּהַר צִיּוֹן: יט וְכִי יֹאמְרוּ אֲלֵיכֶם דִּרְשׁוּ

ת״א וחכיתי. מגלה כד(סנהדרין כ״ה): אל

תרגום

בְּהוֹן אֲרֵי לָא מְקַבְּלִין
חֲתוּם וְטַמַר אוֹרַיְתָא
לָא צָבָן דְיֵלְפוּן בַּהּ:
יז אֲמַר נְבִיָא עַל דָא
צַלֵיתִי קֳדָם יְיָ דַאֲמַר
לְסַלָקָא שְׁכִנְתֵּיהּ
מִדְבֵית יַעֲקֹב וּבְעֵיתִי
מִן קֳדָמוֹהִי: יח הָא עַד
דַאֲנָא קַיָם וְעוּלֵימַיָא
דִיהַב לִי יְיָ יִתְקַיְמוּן
בְּנָא אָתִין וּמוֹפְתִין
דַאֲמִירָן לְמֵיתֵי עַל יִשְׂרָאֵל דְאִם יֶחֱזוּן וִיתוּבוּן תִּבְטִיל גְזֵירְתָא דִי גְזָרָא עֲלֵיהוֹן דְיִגְלוּן
מִלְאִתְחֲזָאָה קֳדָם יְיָ צְבָאוֹת דִי שְׁכִנְתֵּיהּ בְּטוּרָא דְצִיוֹן: יט וַאֲרֵי יֵימְרוּן לְכוֹן עַמְמַיָא

מהר״י קרא

הרצים לשמעה: (יז) וחכיתי לה׳ המסתיר פניו מבית יעקב. כשהסתיר הקב״ה פניו מעם שקשרו קשר במלכות בית דוד. כגון שבנא וסיעתו שהרי בא סנחריב ושטף שבנא והלך לו וקויתי להקב״ה שהבטחני שלא נירא ולא נערוץ מפני מלך אשור: (יח) הנה אנכי והילדים אשר נתן לי ה׳ לאותות ולמופתים בישראל. שלא ייראו יושבי ציון מאשור. ועל שם כך נקרא האחד עמנו אל שיעשה הקב״ה לנו נס מסנחריב. לא נלך בדרך העם הזה ולא נאמר קשר וגו׳: (יט) וכי יאמרו אליכם. אחיכם בית ישראל עשרת השבטים שסרו מעל דוד:

רש״י

(יז) וחכיתי לה׳. אמר ישעיה אני המחכה לה׳ המסתיר פניו מעשרה שבטים קויתי לו לאמת דברי אלה ולהושיע את בית דוד: (יח) הנה אנכי והילדים וגו׳ לאותות. לשני אותות פורענות פקח כמו שנקרא הילד מהר שלל חש בז ותשועת בית דוד כמו שנקרא הילד עמנו אל זהו הישוב בענין לפי פשוטו ומדרש אגדה בבראשית רבה על אחז שאחז בתי כנסיות ובתי מדרשות שלא ילמדו תינוקות של בית רבן תורה אמר אם אין גדיים אין תיישים אם אין לאן אין רועה אגרוס לו לסלק שכינתו אמר לו הנביא כל מה שאתה קושר התעודה וחותם התורה להותמה שלא תמצא בישראל לא יועיל לך. וחכיתי לה׳ המסתיר פניו וגו׳. אין לך נבואה קשה כאותה שעה שאמר משה (דברים ל״א) ואנכי הסתר אסתיר פני ביום ההוא ואף בו ביום הבטיחם וענתה השירה הזאת לפניו לעד כי לא תשכח מפי זרעו (שם). הנה אנכי והילדים וגו׳. הם התלמידים שהביבין עלי כבנים יהיו לאותות ולמופתים שתתקיים תורה בישראל על ידם: (יט) וכי יאמרו אליכם. אמר רבי סימון בארי אביו של הושע בן בארי

רד״ק

צווי וכת״י ופי׳ ציר כמו נצור סור סהדותא וגו׳: (יז) וחכיתי. לפירושינו יהיה זה הפסוק נקשר עם אשר לפניו ולפי׳ האחר יהיה זה דברי הנביא ואשר לפניו דברי האל וכן תרגם יונתן ואמר וחכיתי לה׳ כל זמן אני מחכה לה׳ אפי׳ בעת שמסתיר פניו מבית יעקב: וקויתי לו. כפל ענין במ״ש: וחכיתי. בחיר״ק עי״ן הפעל וקויתי בצר״י: (יח) הנה אנכי. מעשים שעשיתי לאות כמו כתיבת הגליון וקריאת שמות הילדים שאר ישוב ומהר שלל חש בז מעם ה׳ צבאות לא עשיתי דבר מעצמי אלא הכל נאמר לי מעם השם צבאות השוכן בהר ציון והוא יושיענו מיד מלך ארם ומיד מלך אשור ואלה הדברים היה אומר הנביא לתלמידים היושבים לפניו ואמר להם גם כן: (יט) וכי יאמרו אליכם. כי יאמרו אליכם העם הזה דרשו אל האובות והידעונים כמו שאנו עושים הלא תראו כי הם מצפצפים

אבן עזרא

מתלמידי: (יז) וחכיתי. אלה דברי הנביא שאמתין עד שהשם יתן לי רשות לגלות סודו: (יח) הנה. הטעם יוכלו להבין מסוד הנבואה ממעשי ומשמות בני: מעם ה׳ צבאות. הטעם כי אלה השמו׳ היו מעם השם: השוכן בהר ציון. הטעם מרוב אהבתו: (יט) וכי יאמרו

מצודת ציון

סגירה כמו הספר החתום (לקמן כ״ט): בלימודי. ר״ל בתלמידים וכן וכל בניך למודי ה׳ (לקמן נד): (יז) וחכיתי. ענין תקוה כמו

מצודת דוד

לשם למקדש וארמון משגב: (יז) וחכיתי לה׳. כהתימו לדבר דבר ה׳ אמר אקוה לה׳ שכן יהיה עם כי עתה הוא המסתיר פניו מבית יעקב הם עשרת השבטים לא יסתיר פניו מבית יהודה אם ישמרו התורה: וקויתי לו. כפל הדבר במ״ש לחזוק הענין: (יח) הנה אנכי. ר״ל הנה המעשה שעשיתי אנכי והוא כתיבת הגליון ושמות הילדים אשר נתן לי ה׳ והם שאר ישוב ומהר שלל חש בז שהמה לאותות ומופתים בישראל ר״ל לרמז על הקורות אותם דעו שהכל כאמר מעם ה׳ וגו׳ ולא מלבי כעשו הדברי׳: (יט) וכי יאמרו אליכם. ואם המסיתים יאמר אליכם דרשו הדבר אל האובות ואל הידעונים והם יגידו לכם את האמת כן הוא כי יפתו אתכם לומר שלא תראו שהם מלפלפים ומהגים וא״כ יש ממש בהם ויוסיפו עוד לומר שלא

of His deep love for Jerusalem.—[*Ibn Ezra*]

19. **And when they say to you**—*Said Rabbi Simon: Beeri, the father of Hosea son of Beeri, prophesied these two verses, but, since they were not enough for a Book, they were attached to "Isaiah." And he prophesied them concerning the exile of the ten tribes, when Sennacherib exiled the Reubenites and the Gadites, and he exiled him with them, as it is said*: "(I Chron. 5:6) *Beerah his son, whom Tilgathpilneser exiled; he was the prince of the Reubenites.*"—[*Rashi* from *Leviticus Rabbah* 6:6]

And when they say to you—I.e., when *the nations* say to you. [*Rashi* from *Jonathan*]

necromancers—A necromancer

17. And I will wait for the Lord, Who hides His countenance from the House of Jacob, and I will hope for Him. 18. Behold, I and the children whom the Lord gave me for signs and for tokens in Israel, from the Lord of Hosts, Who dwells on Mount Zion. 19. And when they say to you, "Inquire

17. **And I will wait for the Lord**—*Said Isaiah: "I wait for the Lord, Who hides His countenance from the ten tribes. I hope for Him to fulfill these my words, and to save the House of David.*—[*Rashi*]

Redak notes that, according to his commentary on the preceding verse, this is a continuation of the prophet's statement. However, according to other commentaries, that the preceding verse is part of the prophecy, this is the beginning of the prophet's own statement. Isaiah states: At all times, I wait for the Lord, even when He hides His countenance from the House of Israel. *Jonathan* renders: Said the prophet: Concerning this I prayed to the Lord, Who said to remove His presence from the House of Jacob, and I supplicated Him.

Ibn Ezra interprets this in relation to the preceding verse: I will wait until God permits me to reveal His secret.

18. **Behold, I and the children . . . for signs**—*For two signs: the disaster in store for Pekah, as the child was called Maher-shalal-hash-baz, and the salvation of the House of David, as the child was called Immanuel. This is the solution of the matter according to its simple meaning. According to Midrash Aggadah in Genesis Rabbah* (4:2), *however,* it deals with Ahaz, who locked (lit. *held,* אָחַז in Heb.) *the synagogues and the studyhalls, lest the children of the schools study Torah. He said, "If there are kids, there are no bucks.* If there are no bucks, there are no flocks. If there are no flocks, there is no Shepherd. I will cause Him to remove His presence." The prophet said to him: "No matter how much you bind the testimony and seal the Torah to close it up, so that it shall not be found in Israel, it shall not avail you.

17. **And I will wait for the Lord, Who hides His countenance . . .**—*There is no harsher prophecy than that time when Moses said*: "(Deut. 31:18) *And I will surely hide My countenance on that day." And even on that very day, He promised them, "And this song shall testify before him as a witness, for it shall not be forgotten from the mouth of his seed* (ibid.)"

Behold, I and the children etc.—*They are the disciples, who are as dear to me as children; they shall be for signs and wonders that the Torah will survive* in Israel through them. —[*Rashi.* See *Genesis Rabbah* for variations.]

Ibn Ezra explains that, although the prophecy was a secret, it could be understood from the names of the children, since these names were divinely given as signs foretelling the defeat of Samaria and the salvation of Jerusalem.

Who dwells on Mount Zion—out

אֶל־הָאֹבוֹת וְאֶל־הַיִּדְּעֹנִים הַֽמְצַפְצְפִים וְהַמַּהְגִּים הֲלוֹא־עַם אֶל־אֱלֹהָיו יִדְרֹשׁ בְּעַד הַחַיִּים אֶל־הַמֵּתִים׃ כ לְתוֹרָה וְלִתְעוּדָה אִם־לֹא יֹאמְרוּ כַּדָּבָר הַזֶּה אשר

ת״א אל האובות. סוטה יב:

תרגום

דְאִתּוּן בֵּינֵיהוֹן תִּתְבְּעוּ מִן בִּדִין וּמִן זְכוּרוּ דִמְנַצְפִּין וְדִמְנַהֲמִין הֲלָא כֵן אוֹרַח עַמְמַיָא פָּלְחֵי טַעֲוָתָא עַמָא מִן טַעֲוָתֵיהּ תָּבְעִין חַיָא מִן מֵיתַיָא׃ כ כְּדֵין תֵּימְרוּן לְהוֹן לְאוֹרַיְתָא דְאִתְיְהִיבַת לָנָא וּלְסַהֲדוּ אֲנַחְנָא שָׁמְעִין אֱלָא תִגְלוּן לְבֵינֵי עַמְמַיָא וְיֵימְרוּן לְכוֹן כְּפִתְגָמָא הָדֵין מִכְּעַן לֵית לֵיהּ מַן דְשַׁחַר וְיִבְעֵינֵיהּ׃

רש״י

נבא שני מקראות הללו ולא היה בהם כדי ספר ונטפלו בישעיה וניבא אותם לגלות עשרת השבטי׳ כשהגלה סנחריב לראובני ולגדי (והגלו עמהם) כמה שנאמר (ד״ה א׳ ה׳) בארה בנו נשיא לראובני הוא אשר הגלה תגלת פלאסר: **וכי יאמרו אליכם**. האומות: **דרשו אל האובות וגו׳ המצפצפים והמהגים**. לשון נגאי הוא שאף הדבור אין בהם אלא כעופות הללו שמפטפטין בקולם לשון ציפצוף והגא נופל בעופות כסוס עגור כן אצפצף (לקמן ל״ח) אהגה כיונה וכן מצינו לשון ציפצוף בקול כמוך שנאמר (לקמן כ״ט) והיה כאוב מארץ קולך ומעפר אמרתך תצפצף: **הלא עם על אלהיו ידרש**. זו תהא תשובתכם הלא עם כמונו אשר לו אלהים כאלהינו אל אלהיו ידרש שמא תאמרו לנו להיות כמותכם לדרוש צורכי החיים מן המתים: (כ) **להורה ולתעודה**. מחובר למעלה הימנו שמא נדרוש אל המתים לתורה ולתעודה בעד החיים להורות לנו מה נעשה כל זה לפי המדרש ולפי פשוטו יש לפתור וכי יאמרו אליכם וגו׳ **גמר** נבואתו הוא שאמר ויסרני מלכת בדרך העם הזה והוכיח הקב״ה לנביא ולסיעתו של חזקיה כשיאמרו אליכם שבנא וסיעתו שיראו את חזקיה מבעט בעכו״ם דרשו אל האובות ואל הידעונים וברו בעכו״ם כאשר עשו אבות הראשונים והשיבו את המלוכה אל סנחריב. הלא (כל) עם אל אלהיו ידרוש. עובדים עכו״ם ודורשים בעד החיים אל המתים אף אתם יש לכם לעשות כן: **להורה ולתעודה**. זו תהא תשובתכם שתאמרו את התורה כמה שנאמר למעלה צור תעודה חתום תורה ולא תאמינו לדבריהם: **אם לא יאמרו כדבר הזה אשר אין לו שחר**. אחר שתשיבו

מהר״י קרא

דרשו אל האובות ואל הידעונים. כמונו גם אתם: **המצפצפים והמהגים**. וכל דבר שמדבר בקול נמוך קורא צפצוף. כמו מעפר אמרתך תצפצף. והחרטומים עושין בלטיהם שמדברים אובות וידעונים אך קול נמוך הוא שמוציאום. **אתם**. בית יהודה הישיבו להם תשובה זו: **הלא עם אל אלהיו ידרוש בעד החיים אל המתים**. עם כמונו שיוכל אל אלהיו כאלי אלהיכם שידרוש צרכי חיים אל המתים באובות וידעונים שהם מתים. חלילה לנו מעזב את ה׳ אלהינו: (כ) **לתורה ולתעודה**. שהעיד בנו הנביא שלא נסוג מאחרי אלהינו אנו שומעים ולא נשמע לכם כשם שמצינו למעלה שהעיד בהם בלשון הזה. צור תעודה חתום תורה בלמודי. **אם** תשובו להם תשובה זו לא יודו לדבריכם ויאמרו אשר לא שחר. אין בו צורך. כל מי שנושה

אבן עזרא

אליכם. עם התלמידים ידבר: **המצפצפים**. דומ׳ לדבור וכמוהו כסוס עגור כן אצפצף: **והמהגים**. מהבנין הכבד הנוסף והטעם שיעשו לאחר שיהגה: **הלא עם**. זאת התשוב׳ הטעם הלא זה עם שידרוש אל אלהיו כדרך לעוג ומהתל באליהו איך יבקש אל הגלמים שהם מתים בעד החיים: (כ) **להורה ולתעודה**. הלמ״ד כמו אמרי לי אחי הוא בעבור תורת הנבואה כי עוד יאמרו כדבר הזה לא נשמע כי הוא כלילה שאין לו שחר והטעם לא תלא

רד״ק

ומהגי׳. א״כ ראוי לדרוש מהם ולהאמין בהם אתם תאמרו להם הלא עם אל אלהיו ידרוש אפי׳ אותם שדורשים אל אלהים אחרים כל עם ועם דורשים אל אלהיו יש שיעשה אלוה החמה ויש שיעשה הלבנה ויש שאר הככבים וכל אלה הם חיים ויש בהם כח אע״פ שאין ראוי לדרוש מאתם כי הכח בא להם מהאל ית׳ והוא אדון הכל ואליו ראוי לדרוש אבל זה שאתם אומרים לנו שנדרוש אל האובות ואל הידעונים זהו דבר שאין הדעת סובלו כי הם מתים ואיך נדרוש בעד החיים אל המתים כי המתים אינם יודעים מאומה והצפצוף הוא דרך מרמה למתעסקים בהם וי״ת וארי ימרון לכון עממיא וגו׳: (כ) **לתורה ולתעודה**. שבועה כאדם האומר בתורה יהיה כך וכך. וכן אם לא שבועה. כמו אם לא שויתי ודוממתי והדומים להם **יאמרו** אלה שאמר וכי יאמרו אליכם תדעו באמת כי כן יאמרו אליכם כדבר הזה אשר אמרתי וזהו דבר אשר **אין לו שחר** פי׳ אורה כלומר אין להם שום טעם ודבר חשוך ואפל הוא וי״ת כדין תאמרון להון לאורייתא וגו׳ כלומר לאוב ולידעוני **אין לו** מי שישחר פניו ויבקשנו כלומר אין ראוי לכך. ובדרש אין לו שחר על עצמו אינו מזריח את השחר שהרי עינים לו ולא יראה ואיך יזריח על אחרים ובדרש עוד אמר רבי סימון בארה אביו של הושע בן בארי נבא שני מקראות הללו וכי יאמרו לתורה ולתעודה ולא היה להם כדי ספר ונטפלו בישעיה

מצודת דוד

כל עם מהאומות דורש אל אלהיו ועכ״ז בעד דברי החיים ידרשו אל המתים ר״ל ישאלו באובות לדעת אם האמת הוא כדברי החיים ולא יהפכו זאת לעון ולמכחיש באלהיו ומדוע לא תעשו כמוהם: (כ) לתורה ולתעודה. ר״ל הריני נשבע בתורה אם לא יאמרו המסיתים לדברי הבאי כדבר הזה אשר כאלה לעין כל שאין לו זוהר ובהירות כי אין להדמות אמונת האליל לאמונת האל ור״ל כמו שהאלהים הזה סוא הבל ואין בו ממש כן יהיו כל הלאויות שיביאו וכאומר השמרו בנפשותיכם

מצודת ציון

אשרי כל חוכי לו (לקמן ל׳): (יט) האובות. המעלים את המת לשאול ממנו עתידות: והידעונים. המכניסים עצם חיה ששמה ידוע והעצם מדבר ע״י כשוף: המצפצפים. כן נקרא השמעת קול העוף כמו ופוצה פה ומצפצף (לקמן י׳): והמהגים. כן נקרא השמעת קול היונה כמו אהגה כיונה (לקמן ל״ח): (כ) לתורה. באה הלמ״ד במקום בי״ת וכן ישבת לכסא (תהלי׳ ט׳) ומשפטו בכסא: ולתעודה. כן נקראה התורה ועם שאמר לתורה אמר גם לתעודה וכן אדמת

ing to the simple meaning, however, we can interpret: And when they say to you . . . This is the end of his prophecy, for he said, "(v. 11) and admonished me from going in the way of this people," and the Holy One, blessed be He, admonished the prophet and Hezekiah's company, that when Shebna and his company, who will see Hezekiah condemning

of the necromancers and those who divine by *Jidoa* bone, who chirp and who mutter." "Does not this people inquire of its God? For the living, shall we inquire of the dead — 20. For the Torah and for the warning?" If they will not say the likes of the thing,

was one who, by magic powers, was able to conjure a corpse from the grave, into his armpit, whence it would speak in a low, deep voice.—*San.* 65b.

those who divine by the Jidoa bone—They would take the bone of an animal known as Jidoa, and place it in their mouth, whence it would speak.—[*Rashi* ibid. and Lev. 19:31] This beast had a human form in both its face and body. It had a cord protruding from its navel, which was rooted to the ground. The Jidoa was very fierce, and would attack all who came within the radius of its root.—[*Sefer Mitzvoth Gadol,* quoted by *Sifthei Hachamim,* ibid. According to *Rambam,* it was a bird.—(*Commentary on Mishnah Sanhedrin* 7:4)] For more details, see *Commentary Digest* I Sam. 28:19.

"Inquire of the necromancers . . . who chirp and who moan—*This is a derogatory expression, for they have not even any speech, but like these birds who chirp with their voice. The expression of chirping and moaning applies to birds, as below* (48:14): *"Like a swift or a crane I chirp, I moan like a dove."—Similarly, we find the expression of chirping in regards to a low voice, as it is said*: "(infra 29:4) *And your voice shall be like a necromancer from the earth, and from the dust shall your speech chirp.*—[*Rashi*]

Alternatively, if the heathen nations entice you to "inquire of the necromancers or those who divine by means of the Jidoa bone, in order to determine what the future has in store for you, just as we do, and their replies are audible, indicating that there is substance to them. . ."—[*Redak, Mezudath David*]

Does not this people inquire of its God?—*This shall be your reply: Does not a people like us, who has a God like our God, inquire of its God? Would you tell us to be like you, to inquire of the needs of the living from the dead?*—[*Rashi*] *Ibn Ezra* sees here an ironic reference to the pagan idols, who are lifeless and cannot speak.

Redak explains as follows: *Does not each nation inquire of its god?* All nations worship and inquire of forces of nature, such as the sun, the moon, and the stars, which possess delegated powers from the Almighty. Although we may not inquire of them, since their power is not their own, but granted them by God, there is, nevertheless, reason for people to err. Shall we, however, inquire for the living, of the dead, who are completely powerless?

20. **For the Torah and the warning**—*This is related to the above: Shall we inquire of the dead for the Torah and for the warning for the living, to instruct us what to do? All this is according to the Midrash. Accord-*

אשר אין־לו שחר: כא ועבר בה נקשה ורעב והיה כי־ירעב והתקצף וקלל במלכו ובאלהיו ופנה למעלה: כב ואל־ארץ יביט והנה צרה וחשכה מעוף צוקה

ת"א ולתעודה. זוהר אמור: כי ירעב. עכו"ם נג:

תרגום

כא ויעדי תקלא בארעא ויהי עקא וכפן ויהי ארי יחזי כפן וסיגוף וילוט ויבזי שום פתכריה וטעותיה ויתפני לעילא למיבעי פורקן בתר דתתחתם גזירתא ולא יכול: כב וסעיד מיתבי ארעא יבעי ארי ייתי

מהר"י קרא

לבבו מעם ה' אלהינו ללכת אחרי אלהים אחרים אין בו שחר תרג' לית בהון צרוך: (כא) ועבר בה נקשה ורעב. נלאה בנציחת קשת ורעב מקושי מצור ומצוק ורעב יבא עליהם בימי מצור של שנים שצר סנחריב על שומרון: והיה כי ירעב. יקלל בעגלים ובבעלים שהיו עובדים להם: ופנה למעלה. להקב"ה לבקש ולא ישמע אליהם כי נתחתם גזר דינם. וכן תרגם יונתן: (כב) ואל ארץ יביט. ולא נמצא עוזר. אל אנשי המקום יביט לבקש מהם עוזר. זה הושע בן אלה ששלח מלאכים אל סוא מלך מצרים: והנה צרה. שלא עזרוהו:

רש"י

לו תשוב' זו תראו ותשמעו אם לא יהיו מודים כשרים שבהם לדבריכם ויאמרו כדבר הזה אמת אשר אין לו לאלוה אוב וידעוני שום שחר אין ראוי לשחר פניו כן תירגם יונתן ומדרש אגדה על עצמו אינו מזריח השחר שהרי עיניו לו ואינו רואה ואיך יזריח על אחר. ענין אחר אם לא יאמרו כדבר הזה. עתה תראו אם לא יאמרו אליכם כדבר הזה דרשו אל האובות אע"פ שאין לו שחר ולא ממש בדבר הזה לא יבושו מלומר אליכם כך: **(כא) ועבר בה נקשה ורעב.** מוסב למעלה מה אמור בתחלת הענין ויסרני מלכת בדרך העם הזה ופי' מה הוא הדרך לא תאמרו קשר. קשר עשרת השבטים שיתקשרו עם מלכי מצרים ופירש את עונשן והיה למקדש וכשלו בם וכל הענין: **ועבר בה.** העובר באותה הדרך שעוזבים את הקב"ה וסומכין על מלכי מצרים: **נקשה.** מאורע קשה: **נקשה ורעב.** נלאה בצרות קשות ורעב כי קושי ומצור ומצוק ורעב יבא עליהם בימי מצור שלש שנים שצר סנחריב על שומרון: **והיה כי ירעב וקלל.** בעגלים ובעלים שהיו עובדים להם: **ופנה למעלה.** לבקש את הקב"ה ולא ישמע כי יתחתם גזר דין וכן תירגם יונתן: **(כב) ואל ארץ יביט.** אולי ימצא עזר אשר שלח מלאכים הושע בן אלה אל סוא מלך מצרים (מלכים ב' י'): **והנה**

רד"ק

ונבא לגלות עשרת השבטים כשגלה מלך אשור לראובני ולגדי הגלוהו עמם שנא' בארה בנו נשיא לראובני ולגדי הוא אשר הגלה תגלת פלאסר: (כא) ועבר בה. פי' בארץ שהרי זכר למעלה בהר ציון. כלומר מי שיעבור בה נקשה ורעב יהיה כי לא ימצא בארץ מה יאכל ופי' נקשה קשה יומו כמו אם לא בכיתי לקשי יום: והיה כי ירעב. כאשר לא ידע מה יעשה ולא ידע עצה לנפשו כי ירעב והתקצף וקלל במלכו שאין לו כח להושיעו כי הרעב מפני מלחמת האויבים: ובאלהיו. באלילים שהיה עובד וכאשר יראה שאין לו עזר מזה ומזה ופנה למעלה ישוב לאל יתברך שיעזרהו וגו' וי"ת פתכריה וטעותיה ויתפני לעילא למבעי פורקן בתר דתתחתם גזירתא ולא יכיל ופתכרי' ענין עכו"ם וכן תרגם סכות מלככם הנשבעים במלכם: **(כב) ואל ארץ.** כתרגומו וסעיד מיתרי ארעא יבעי והפסוק כפול בענין במלות שונות: צרה וחשכה. כמו צוקה ואפלה ופי' מעוף חשך כמו **ארץ** עיפתה כמו אופל כי שניהם שרש

אבן עזרא

תעלומ' לאור. ויש אומרים כי טעם לתורה שבועה וכדבר הזה לא ראינו במקרא: **(כא) ועבר.** יש אומרים כי הנה ימים באים שהעובר בארץ יהודה והוא מיהודה יהיה נקשה ורעב מפני חיל סנחריב. וכאשר יראה כי לא יושיעו מלכו ולא ע"ז שלו אז יפנה למעלה להתפלל לאלהי השמים ולפי דעתי שהוא על חיל סנחריב שיעבר בארץ יהודה וידוע כי מחנה גדול ירעב: **במלכו.** הוא מלך אשור וכאשר יפנה למעלה ולמטה יראה הכל חשך: **(כב) ואל. מעוף.** כמו

מצודת ציון

עפר (דניאל י"ב) והדומים: **שחר.** ענין זוהר ואורה והוא מלשון אור השחר: **(כא) נקשה.** מלשון קשה: **והתקצף.** מל' קלף ובעס: **(כב) מעוף.** ענין חושך כמו תעופה כבוקר תהיה (איוב י"א):

מצודת דוד

לבל תהיו נפתים להם כי כל אמריהם אמרי נואש: **(כא) ועבר בה.** ומי שעבר בדרך הזה לדרוש באובות והם בני עשרת השבטים: **נקשה ורעב.** בא עליו מאורע קשה וסבל הרעבון כי נחסר לחמו: **וקלל במלכו ובאלהיו.** כי לא מצא עזר לא מהמלך ולא מעגלי הזהב והבעלים בעבדו: **ופנה למעלה.** לבקש עזר מאלוה האמתי וכאומר הוא פנה אבל לא הועיל כי כבר נחתם הגזר דין: **(כב) ואל ארץ יביט.** אולי ימצא עזר ממלכי ארץ: **והנה צרה וחשיכה.** כי לא מצא עזר: **מעוף צוקה.** לרה חשוכה וכפל הדבר במ"ש: **ואפלה**

siege of Sennacherib. *He will suffer hardships and hunger* because of the siege. Perplexed at what to do, *he will curse his king,* who has no power to remedy the famine brought about by the attack of the foes, *and his god,* his pagan deities who cannot help him, and then he will repent and return to the Almighty, expressed by the prophet with the words, "and face upwards."—[*Redak*]

Ibn Ezra prefers to interpret this verse in reference to the host of Sennacherib, which will pass through the land of Judah, and, because of its magnitude, find itself without adequate food. They will curse their king, the king of Assyria, and their god, *and look upward.* Yet, wherever they look, they will find only darkness, as in verse 22.

22. **And he shall look to the land**—*perhaps he will find aid.* This refers to the incident *that Hoshea son*

that it has no light. 21. And the one who passes therein shall suffer hardships and hunger, and it shall come to pass, when he is hungry and wroth, that he shall curse his king and his god and face upwards. 22. And he shall look to the land, and behold, distress and darkness, weariness

idolatry, say to you, "Inquire of the necromancers and those who divine by the Jidoa bone, and select idolatry as the early forefathers did, and switch the kingdom over to Sennacherib. Does not every people inquire of its god, they worship idols and inquire for the living of the dead? You too should do this."—[*Rashi*]

for the Torah and for the warning—*This shall be your reply, that you shall observe the Torah, as it is said above, "Bind the warning, seal the Torah, and do not believe their words.*—[*Rashi*]

if they will not say the likes of this that it has no light—Heb. אֵין לוֹ שָׁחַר *Since you will reply to him* [*to them*—ms.] *this answer, you will see and hear whether the honest people among them will not concur with your statement, and say, "The likes of this thing is true, that the god, the necromancer, and the diviner by the Jidoa bone, have no "request"; i.e., it is not proper to request of him,* explaining שָׁחַר as "request." *In this manner, Jonathan rendered it. The Midrash Aggadah* (*Lev. Rabbah* 6:6) *explains: For himself, he cannot make the dawn shine, for he has no eyes and cannot see. How can he make it shine upon others? Another explanation is:*

If they do not say to you the likes of this thing—*Now you will see whether they will not say the likes of this thing, namely, "Inquire of the necromancers and of those who divine by the Jidoa bone." Even though there is no "light" and no substance in this thing, they will not be ashamed.*—[*Rashi*]

21. **And the one who passes therein shall suffer hardships and hunger**—*This refers to the above. What is mentioned at the beginning of the section? "And He admonished me from going in the way of this people." And he explained what that way is, viz. "You shall not call a band . . ." the union of the ten tribes, who will unite with the kings of Egypt, and he delineated their punishment: "And it shall be for a portent, and they shall stumble on them," and the entire section.*

and shall pass therein—I.e., *the one who passes on that way shall suffer hardships and hunger. He shall be wearied by hardships and hunger, for the harshness of the siege and the oppression shall come upon them during the siege, the three years that Sennacherib besieged Samaria.*—[*Rashi*]

and it shall come to pass, when he is hungry and wroth, he shall curse—*the calves and the baalim that they worshipped, and he will turn to Heaven to beseech the Holy One, blessed be He, and He will not listen, for the verdict will have been sealed. Jonathan, too, rendered it in this manner.*—[*Rashi*]

Others explain that the verse refers to anyone *who will pass through the* land of Judah during the

צוּקָה וַאֲפֵלָה מְנֻדָּח׃ כג כִּי לֹא מוּעָף
לַאֲשֶׁר מוּצָק לָהּ כָּעֵת הָרִאשׁוֹן הֵקַל
אַרְצָה זְבֻלוּן וְאַרְצָה נַפְתָּלִי וְהָאַחֲרוֹן
הִכְבִּיד

אֱלוֹהִי עָקָא כְּפַן
וּשְׁלְהָבִי עָקָא קְבַל
וּבדוּר׃ כג אֲרֵי לָא
יִשְׁתַּלְהֵי כָּל דְיֵיתֵי
לַאֲעָקָא לְהוֹן כְּעִידָן
קַדְמֵי גְלוֹ עַם אֲרַע
זְבוּלֻן וְעַם אֲרַע נַפְתָּלִי

ת״א מועף. סנהדרין לד קד:

רש״י

צרה. כי לא יעזרוהו וגם שבנא יצא לסנחריב לרעה לו: מעוף צוקה. עיפות צוקה: ואפלה מנודח. על ידי אפלה הוא מנודח שכן לשון נידוח נופל באפלה כמו (ירמיה כ״ג) לכן יהיה דרכם להם כחלקלקות באפלה ידחו ונפלו בה. ולאפלה הם מנודחים: (כג) כי לא מועף לאשר מוצק לה. כי מלך אשור אשר ניתן למוצק ולהצר לה לארצכם אינו עיף ואינו מלא מלבא עליהם עד שלש פעמים אחת בימי פקח (מלכים ב׳ ט״ו) אשר לקח את עיון ואת אבל מעכה ואת הקדש ואת הגליל כל ארץ נפתלי והגלות ההיא בשנת ד׳ לאחז ובשנ׳ שתים עשרה ויער אלהי ישראל את רוח פול מלך אשור ויגלם לראובני ולגדי ולחצי שבט המנשה מקרא זה (בדברי הימים א׳ ה׳) וגלות זה בשנת שתים עשרה לאחז תחלת מרדו של הושע בן אלה כענין שנאמר (מלכים ב׳ י״ז) וימצא מלך אשור בהושע קשר וגו׳ לאחר שנשתעבד לו שמנה שנה ואין החשבון מפורש במקרא בגלוי אבל יש ללמוד מברייתא דסדר עולם והשלישית בשנת שש לחזקיה שנת תשע למרדו של הושע אשר נלכדה שומרון היא עיר המלוכה וגלו כולם וזה האמור כאן כי לא עיפות לאויב אשר הוא מוצק לה לארץ ישראל האמורה בענין ואל ארץ יביט: כעת הראשון הקל ארצה זבולן. הגלות הזה האמצעי קלה תהיה כאותה של עת ראשון אשר הקל להגלות את ארץ זבולון ונפתלי שאף בשנייה לא הגלה אלא שני המטות וחצי המטה שבעבר הירדן אבל האחרון מסע השלישי הוא:

מהר״י קרא

מעוף צוקה. עייפות צוקה. ואפילה מנודח: (כג) כי לא מועף לאשר מוצק לה. כי מלך אשור שישראל מוצק בשבילו אינו עיף ואינו יגע מלכת אחר שלש פעמים. אחת בימי פקח אשר לקח את עיון ואת אבל מעכה ואת הקדש ואת הגלילה ואת כל נפתלי. והגלות ההוא בשנת שבע לאחז. ובשנת שתים עשרה. ויער אלהי ישראל את מלך אשור ויגלם לראובני ולגדי ולחצי שבט המנשי בדברי הימים. לאחר מורדו של הושע בן אלה שנאמר וימצא מלך אשור קשר. לאחר שנתעבד שמנה שנים. ואין החשבון מפורש במקרא בגלוי. אבל יש ללמוד מברייתא וסדר עולם. והשלישית בשנת שש לחזקיה שנת תשע למרדו של הושע שנלכדה שומרון היא העיר המלוכה. וזהו האמור כאן כי לא עייפות לאויב שישראל מוצק בשבילו: כעת הראשון הקל ארצה זבלון ונפתלי. זו האמצעית קלה תהיה כאותה של עת הראשון אשר הקל ארצה להגלות שאף בשניה לא הגלה אלא שני המטות וחצי המטה. אבל האחרון הכביד. מסע השלישית טיאט את הכל כמטאטא זה המכבד את הבית. ויש לפרשו אף כיבד לפי ענין המקרא שפתר ראשון הקל ארצה זבלון ואחרון הכביד.

אבן עזרא

ארץ עיפתה כמו חשך: מנודח. מפוזר כמו והנדחים ויתכן שהוא כן ומעוף אפילה מנודה בעבור שהוא לשון זכר: (כג) כי. כמו אותה העיפה והחשכ׳ לא תהיה לירושלם שהציק עליה האויב ויש אומרים כי לא יוכל הצר לעוף אל ירושלם אשר הציק לה כעת הראשונה כי בפעם הראשונה שבא מלך אשור הקל ארץ זבולון ונפתלי ובפעם האחרונה הכביד לכלו׳ הגליל ויתכן. היות גוי׳ על ישראל כמו אחריך בנימן בעממיך:

רד״ק

אחד להם וי״ת ל׳ עייפות: ואפלה מנדח. כמו ולאפלה כלומר יראה עצמו מנודח אל החשך ואל האפלה וי״ת מנודח שם כאלו אמר ואפלה ודחי: (כג) כי לא מועף. לא חשב ישראל עצמו בחשך ובצרה וצוקה הבאה לארץ תחלה כלומר עדין לא הרגיש בעצמו כשהגלו זבולן ונפתלי ופי׳ מעוף פעול מן הפעיל מנחי העי״ן והוא ענין חשכה כמו ארץ עיפתה ומוצק גם כן פעול וכמוהו ענין צוקה: לה. פי׳ לארץ: הקל. המגלה אותם והוא תגלת פלאסר אשר הגלה לראובני ולחצי שבט המנשה ולזבולן ולנפתלי וגלות ראובני וגדי כתוב בספר דברי הימים וגלות נפתלי בספר מלכים וכן זבולן היה סמוך לנפתלי: והאחרון הכביד. המגלה אותה והוא סנחריב הכביד עליהם והגלה אותם שאר השבטים ואמר דרך הים עבר הירדן גליל הגוים לפי שנשארה ירושלם שלא נכבשת והיא באמצע ארץ

מצודת דוד

מנודח. יהיה מנודח אל האפלה: (כג) כי לא מועף. כי לא יהיה עייפות ותשות כח לפעם אשר הועמד להיות לה למוצק ולהצר כי שלש פעמים יבוא עליהם: כעת הראשון. גלות האמצעית תהיה קלה כאותה של עת ראשון אשר הקל להגלות את ארץ זבולון וארץ נפתלי וכן בגלו׳ האמצעית לא יגלה רק אות׳ שבעבר הירדן: והאחרון

מצודת ציון

(כג) מועף. מלשון עייפות: מנודח. מלשון דחיה: מוצק. מלשון צוקה וצרה: גליל. ענין סביב:

tioned in II Kings 15:29, that tribe, too, was exiled with its neighboring tribe, Naphtali.—[*Redak*]

Redak points out further, that, although it appears that the subject of *dealt mildly* is identical with the subject of *dealt harshly*, it is not so. The first exile was perpetuated by Tiglath-pileser; the second by Pul, and the third by Sennacherib. The subject is, therefore, the indeterminate pronoun, "one."

of oppression, and to the darkness he is lost. 23. For there is no weariness to the one who oppresses her; like the first time, he dealt mildly, [exiling only] the land of Zebulun and the land of Naftali, and the last one

of Elah sent messengers to So the king of Egypt (II Kings 17:4).—[*Rashi*]

and behold distress—*for they will not aid him, and also Shebna defected to Sennacherib, to his detriment.*—[*Rashi*]

weariness of oppression—Heb. מְעוּף צוּקָה —[*Rashi*] Others take this as an experience of darkness. Comp. Job 10:22.—[*Ibn Ezra, Redak, Menachem* as quoted by *Rashi* according to some mss.]

and to the darkness he is lost—*And through the darkness he is lost, for the expression of* נִדּוּחַ applies to darkness, as: "(Jer. 23:12) *Therefore, their way shall be to them like slippery land in the darkness; they shall be lost and fall upon it." And to the darkness they shall be lost.*—[*Rashi*]

Ibn Ezra renders: Dimness of darkness shall be scattered.

23. **For there is no weariness for the one who oppresses her**—*For the king of Assyria, who was given* the mission *to oppress and to besiege her and their land* [var. *your land*], *is neither weary nor slothful to come upon them as many as three times: one in the days of Pekah, when he took Ijon, Abel-beth-maacah, . . . and Kedesh, . . . and Galilee, the entire land of Naphtali* (II Kings 15:29). *And that exile took place in the fourth year of Ahaz, and in the twelfth year, "the Lord incited Pul, the king of Assyria . . . and exiled the Reubenites, the Gadites, and the half-tribe of Manasseh." This verse is in* Chronicles (1 5:26). *This exile took place in the twelfth year of Ahaz, at the beginning of Hoshea's revolt, as is stated*: "(II Kings 17:4) *And the king of Assyria found conspiracy in Hoshea" after he had subordinated himself to him for eight years. Although the calculation is not explicit in the Bible, it is, nevertheless, possible to deduce it from the Baraitha of Seder Olam* (Ch. 22). *The third exile took place in the sixth year of Hezekiah, the ninth year of Hoshea's revolt, when Samaria—that is the capital—was captured, and everyone was exiled. That is what is stated here, for there is no weariness for the adversary, who will oppress her,* i.e. *the land of Israel mentioned in the passage, "And he shall look to the land."*—[*Rashi*]

like the first time, he dealt mildly, [exiling only] the land of Zebulun—*This middle exile will be like the one of the first time, when he dealt mildly to exile the land of Zebulun and Naphtali, for also in the second one, he exiled but the two and a half tribes who were on the other side of the Jordan, but the last one was the third removal.*—[*Rashi*]

Although Zebulun is not men-

הִכְבִּיד דֶּרֶךְ הַיָּם עֵבֶר הַיַּרְדֵּן גְּלִיל
הַגּוֹיִם: ט א הָעָם הַהֹלְכִים בַּחֹשֶׁךְ
רָאוּ אוֹר גָּדוֹל יֹשְׁבֵי בְּאֶרֶץ צַלְמָוֶת אוֹר

תרגום

וּשְׁאָרְהוֹן מְלֵךְ תַּקִיף יַגְלֵי עַל דְּלָא אַדְכַּרוּ גְבוּרַת יַמָּא וְנִסֵּי יַרְדְּנָא קְרָב קְרָבֵי עַמְמַיָּא:
א עַמָּא בֵּית יִשְׂרָאֵל דַּהֲווּ מְהַלְכִין בְּמִצְרַיִם

מהר"י קרא

וכשאמר ישעיה נבואה זו ככר גלו הראשונים: דרך הים. אותם היושבים על ימא של טברייא. היא ארץ נפתלי. שנאמר ים ודרום ירשה: עבר הירדן. הוא גלות שניה של ראובן וגד: גליל הגוים. היא כל ארץ ישראל שהיתה גוללת אליה כל הגוים, שהכל מתאוין לה ובאין לה לסחורה. כענין שנאמר נחלת צבי צבאות גוים:
ט (א) העם ההולכים בחושך. הם יושבי ירושלם שהיו חושכים כדאגת סנחריב כענין שנאמר בחזקיה יום

רש"י

הכביד. טיאט את הכל כמכבד את הבית ויש לפרשו אף לשון כובד לפי ענין המקרא שפתח ראשונה בלשון היקל ארצה זבולון והאחרון הכביד וכשאמר ישעיה נבואה זו ככר גלו הראשונים: דרך הים. אותן היושבין על ימה של טבריה היא ארץ נפתלי שנאמר ים ודרום ירשה (דברים ל"ג): עבר הירדן. היא גלות שניה של ראובן וגד: גליל הגוים. היא כל ארץ ישראל שהיתה גוללת אליה כל הגוים שהכל מתאוין לה ובאין לה לסחורה כענין שנאמר (ירמיה ג׳) נחלת צבי צבאות גוים ויונתן תירגם ל׳ אחר:
ט (א) העם ההולכים בחושך. הם יושבי ירושלים שהיו חשיכים מדאגת סנחריב כענין שאמר חזקיהו

רד"ק

ישראל ספר המקומות שהם בגבול ארץ ישראל והים והירדן בגבולות ארץ ישראל כי גם ארץ יהודה לא כבשוה עד בימי

אבן עזרא

ט (א) העם. אלה הם אנשי ירושלם שהולכים במסילותיה

חזקיהו ולא היה זה אלא לשעה כי שבו אליהם אחר שהוכה מחנהו כשבא לירושלם. ובדרש כעת הראשון לא כראשונים שהקלו מעליהם עול תורה אלא האחרונים הכבידו עליהם עול תורה וראויין לעשות להם נס כדורכי הים וכעוברי הירדן מאי גליל הגוים אמר הקב"ה אם חוזר בו מוטב ואם לא אעשה אותו גלילה בגוים: (א) העם ההולכים. אמר עתה כשיכביד מלך אשור לבא על ירושלם שבט יהודה ובנימן שהיו הולכים בחשך ראו אור גדול במפלת מחנה אשור וחצי הפסוק האחרון כפל

מצודת ציון

ט (א) צלמות. לגו של מות ר"ל חשכת הקבר: נגה. ענין הארה

מצודת דוד

הכביד. אבל גלות האחרון יכבד מהם כי הכל יגלו: דרך הים. עכשיו מונה סדר גלותם ואמר בתחלה גלו היושבים דרך ימה של טבריה והיא ארץ נפתלי שנאמר בו ים ודרום ירשה (דברים ל"ג) וזה היה בימי פקח בן רמליהו כמ"ש במ"ב והוא בשנת ד׳ לאחז: עבר הירדן. אח"ז גלו אותם שבעבר הירדן כמ"ש ויעד וגו׳ ויגלם לראובני וגו׳ (דה"א ה׳) וזה היה בימי הושע בן אלה והיא בשנת י"ב לאחז כן משמע בס"ע: גליל הגוים. אח"ז גלו כולם בסוף ימי הושע והיא בשנת ו׳ לחזקיה כמ"ש במ"ב. א"י בכללה נקראת גליל הגוים שהית׳ גוללת אליה כל הגוים שהכל היו מתאוים לה ובאין לה לסחורה כענין שנאמר נחלת צבי צבאות גוים (ירמיה ג׳) וכ"ז חוזר למעלה שאמר לא תהיו נפתים אחר המסיתים לדרוש באובות כי בני עשרת השבטים דרשו באובות והגיע להם הרבה מהרעות:
ט (א) העם ההולכים בחושך. מוסב למעלה לומר אבל העם הזה על שלא היו כמוה׳ עם כי אף המה הלכו בחושך מפחד סנחריב הנה בסוף ראו אור גדול בעת מפלתו: יושבי וגו׳. כפל הדבר במ"ש:

1. **The people who walked in darkness**—*The inhabitants of Jerusalem, who were darkened by their concern* of falling into the hands *of Sennacherib. Comp. with what Hezekiah said,* (infra 7:3) *"This day is a day of distress, debate, and blasphemy."*—[*Rashi*]

have seen a great light—*with Sennacherib's downfall.*—[*Rashi*]

The prophet contrasts the two nations, Judah and Israel. Whereas Israel prospered, it was destined to suffer a downfall, from which it would never recover. On the other hand, Judah, which was in danger of being destroyed, first by Israel and Aram, and later by Assyria, was destined to see a great light in the fifteenth year of Hezekiah, when Assyria would suffer its miraculous downfall.—[*Malbim*]

The prophet compares the people of Jerusalem to blind men, who can-

he dealt harshly, the way of the sea, and the other side of the Jordan, the attraction of the nations.

9

1. The people who walked in darkness, have seen a great light; those who dwell in the land of the shadow of death, light

he dealt harshly—Heb. הִכְבִּיד. *He swept everything away, like one who sweeps (מְכַבֵּד)* a house. This can also be interpreted as an expression of harshness according to the context of the verse, which commences first with an expression of "dealt mildly, [exiling only] the land of Zebulun," he said, "He dealt harshly." When Isaiah said this prophecy, the first ones had already been exiled.—[*Rashi*]

the way of the sea—Those dwelling by the Sea of Tiberias (Kinnereth): *that is the land of Naphtali, concerning whom it was said*: "(Deut. 33:23) *The sea and the southland you shall inherit.*"—[*Rashi*]

the other side of the Jordan—*That is the second exile, that of Reuben and Gad.*—[*Rashi*]

the attraction of the nations—Heb. גְּלִיל הַגּוֹיִם. That is the entire land of Israel, which *would roll* (גּוֹלֶלֶת) *to it all the nations, for all longed for it and came to it for commerce, like the matter that is stated*: "(Jer. 3:19) *A heritage desired by hosts of nations.*" *Jonathan, however, rendered this differently.*—[*Rashi*]

Rashi refers to *Jonathan's* paraphrasing this verse, as follows: For all who come to oppress them shall not tire; like the first time the people of the land of Zebulun and the people of the land of Naphtali were exiled. And the rest—a mighty king shall exile, because they did not remember the mighty miracles of the sea and the miracles of the Jordan, the battle of the cities of the nations.

Ibn Ezra explains גְּלִיל הַגּוֹיִם as "Galilee of the nations," meaning Israel, composed of twelve tribes. I.e., the third time the Assyrians invaded, they exiled the entire Galilee.

Abarbanel quotes Christian scholars who take this to mean the twenty cities in Galilee, given to Hiram by King Solomon. This was known as "Galilee of the nations."

Redak notes that all these places mentioned are on the borders of Eretz Israel; while Jerusalem, in the interior was still left, the lands on the borders of the country, were completely conquered by Assyria.

In this verse, the Judeans are called upon to learn a lesson from the fate of their sister nation, and to refrain from necromancy and the like.—[*Abarbanel, Mezudath David*]

נגה עליהם: ב הרבית הגוי לא הגדלת
השמחה שמחו לפניך כשמחת
בקציר כאשר יגילו בחלקם שלל:
ג כי את־על סבלו ואת מטה שכמו
שבט הנגש בו החתת כיום מדין:

לו קרי

ת"א לא סגדלא . זוהר ויראו ויחי :

כי

דנפקו כדקבלא למחזי
נהור סגי יהבין בארעא
טולימותא נהורא אזהר
עליהון : ב אסגיתא
עמא בית ישראל להון
אסגיתא חדוא חדיאו
קדמך כחדות נצחי
קרב כמא דהוו חדן
בפלגותהון בזהא :
ג ארי אעדיתא ית ניר
מרותי וית שולטן

רש"י

(לקמן ל"ז) יום צרה ותוכחה ונאצה היום הזה: **ראו אור גדול**. במפלתו של סנחריב: (ב) **הרבית הגוי**. נעשו גדולים לכל שומעיהם כששמעו האומות הנסים שנעשו להם: **לו הגדלת השמחה**. ולא לאויביו וכתיב לא בלמ"ד אל"ף לפי שלא היתה שמחת חזקיה שלימה לפי שבאותו הפרק נאמר לו הנה ימים באים ונשא כל אשר בביתך (לקמן ל"ח): **כשמחת בקציר**. ת"י כחדוות נצחי קרב שהוא כעין הקציר הורגי אדם קוצצי צוארים ושינה הכתוב בלשונו לדרוש אותו הנס שהיה בליל קציר העומר: **כאשר יגילו בחלקם שלל**. מצרים בימי משה. שאף כאן חלקו שלל כוש ומצרים וחמדת כל הגוים כמ"ש (לקמן ל"ז) שכשחזר מעל תרהקה מלך כוש בא לו לירושלים עם כל אוצרות כוש ומצרים כענין שנאמר (לקמן מ"ה) יגיע מצרים וסחר כוש וסבאים וגו' והכל בזזו חזקיה ועמו: (ג) **כי את על סבלו**. עול שהיה סבל לחזקיה ושהיה מטה את שכמו למשא כבד להעלות מס קשה ואת שבט (יהודה) שהיה נוגש בו בחזקיהו: **החתות**. שברת יחד בלילה א': **כיום מדין**. בימי גדעון שאף הם נפלו יחד בלילה אחת ובליל קציר

מהר"י קרא

צרה ותוכחה ונאצה היום הזה: ראו אור גדול. במפלתו: (ב) הרבית הגוי. אתה מרבה נסים ופורקן לישראל שנקרא גוי אחד בארץ: לו הגדלת השמחה. כשאתה משמח אותם ומושיעם מאויביהם. ישמחו במפלתו של סנחריב. כאשר שמחו לפניך בהשפלת לפניהם עם מדין בימי גדעון בליל קציר העומר כאשר מפרש והולך: (ג) כי את עול סבלו. ואת מטה שכמו. זה אשור שנאמר הוי אשור שבט אפי: החיתות כיום

אבן עזרא

כעור שלא יראה. מפני הצער: (ב) **הרבית**. הם יהודה שנקבצו אל ירושלם וטעם לו הרבית השמחה כאשר הוא קרי ואשר הוא באל"ף לא היתה שמחה כמוה כמו לא היה פחד: (ג) **כי את עול סבלו**. משקלי השמו' משתני': **מטה**. מכה שכמו: **החתות**. נפתח הה"א בעבור אות

רד"ק

ענין במלות שונות: (ב) הרבית הגוי. גוי ישראל הרבית אותו משל לאויביהם במפלת מחנה אשור: לא הגדלת השמחה. פי' לו לגוי שזכר וכתוב לא באל"ף. ופי' לו לגוי הרבית השמחה אבל לאויביהם לא הגדלת אבל המעטת: שמחו לפניך. בבית המקדש שנתנו שבח והודאה ושמחו שמחה גדולה: כשמחת בקציר. כמו שדרך העולם לשמוח בעת הקציר והתי"ו במקום ה"א כמו בשמחה וכן אם אתן שנת לעיני שפעת אני ראה והדומים: כאשר יגילו בחלקם שלל. כמו ששמחו בעת שחלקו שלל מחנה אשור כן שמחו שמחה גדולה אחר כן כשבאו לבית ה' להודות ולשבח על הנס הגדול שעשה להם האל ויש לפרש כאשר יגילו בני האדם בחלקם שלל כן שמחו הם לפניך על דרך שש אנכי על אמרתך כמוצא שלל רב אלא שגם הם חלקו מחנה אשור ואין צריך לומר משל אחר. ופי' הראשון הוא הנכון: (ג) כי את. מלך אשור היה עול סבלו של ישראל ומטה שכמו כלומר שהיה למשא עליו והיה שבט הנוגש בישראל ואתה החתות אותו השבט: כיום מדין. כמו שהחתות מדין במלחמת גדעון

מצודת דוד

(ב) הרבית הגוי. בזה נעשו גדולים וחשובים בעיני הכל לו הגדלת השמחה. ר"ל אם למלכות ישראל היה חושך אפלה הנה ליהודה הגדלת השמחה: שמחו לפניך. בבה"מ נתנו שבח ושמחו שמחה גדולה: כשמחת בקציר. כמו שדרך העולם לשמוח בעת הקציר: כאשר יגילו. כמו ששמחו בעת שחלקו שלל סנחריב כן הרבו לשמוח לפניך בבה"מ: (ג) כי את עול סבלו. העול שהיה סובל חזקיהו ומי שהיה מטה שכמו להעמים עליו משא כבד להעלות מס קשה ואת השבט שהיה נוגש ורודה בו והוא אשור וכפל הדבר

מצודת ציון

וזריחה: (ב) הרבית. ענין גדולה כמו רבי מלך בבל (ירמי' מ ל'): (ג) סבלו. מלשון סבל ומשא: שבט. כן יקרא המושל כמו לא יסיר שבט מיהודה (בראשית מ"ט): הנוגש. ענין לחץ ודחק:

into the camp of Midian."—[*Rashi* based on aforementioned *Pesikta* and *Lev. Rabbah* 28:6. See Judges ad loc. *Commentary Digest*.] According to Rabbinic teachings, the miracle performed for Israel in Gideon's time was in the merit of the sacrifice of the Omer. The downfall of Sennacherib, as well, was accomplished in the merit of this mitzvah. See aforementioned sources.

The victory over Midian was considered a very great miracle, as is evident from our verse, as well as from Psalms 93:10: "Do to them as to Midian . . ."—[*Redak*]

shone upon them. 2. You have aggrandized this nation; you
have magnified the joy for them; they have rejoiced over You
like the joy of harvest, as they rejoice when they divide spoils.
3. For, the yoke of his burden and the staff of his shoulder, the
rod of the one who oppressed him have You broken, as on the
day of Midian.

not see where they are going. The pain of their distress is so great.—[*Ibn Ezra*]

2. **You have aggrandized this nation**—*They have become aggrandized to all who hear of them, when the nations heard the miracles that were performed for them.*—[*Rashi*]

Alternatively, You have aggrandized them over their enemies with the downfall of Sennacherib.—[*Redak*]

You have magnified the joy for them—Heb. לוֹ, lit. for him. *And not for his enemies. It is written* לֹא, spelled "lammed aleph," meaning "not," *since Hezekiah's joy was incomplete, because, at that time it was said to him,* "(infra 39:6) *everything in your palace . . . will be carried off to Babylonia"*—[*Rashi*]. Hence, we understand this passage according to the *"kethib"* the masoretic spelling, to mean, "You have not magnified the joy." *Redak* explains the *"kethib,"* to mean, "You have not magnified the joy for the enemy, "but, on the contrary, have curtailed it. *Ibn Ezra* understands it to mean, "You have never granted such joy."

like the joy of harvest—*Jonathan renders: like the joy of the victors of a battle, which is similar to the harvest; those who slay men cut throats. Scripture deviated from being explicit* [lit. *changed its language*] *to expound that the miracle took place on the night of the harvest of the omer.*—[*Rashi,* based on *Pesikta d'Rav Kahana,* p. 71a; *Pesikta Rabbathi,* p. 162, *Lev. Rabbah* 28:6]

as they rejoice when they divide spoils—*of Egypt in Moses' time, for here, too, they divided the spoils of Cush and Egypt and the coveted treasures of all the nations, for, when he returned from Tirhakah, king of Cush, he came to Jerusalem with all the treasures of Cush and Egypt, as it is stated:* "(infra 45:14) *The toil of Egypt and the merchandise of Cush and the Sebaites . . ." And all this Hezekiah and his people plundered.*—[*Rashi*] See *Seder Olam* ch. 23.

3. **For the yoke of his burden**—*The yoke which was a burden to Hezekiah and that he bent his shoulder for this heavy burden, to pay harsh tribute, and the rod with which he had oppressed Hezekiah.*—[*Rashi*]

have You broken—*You broke them together in one night.*—[*Rashi*]

like the day of Midian—*in Gideon's time, for they, too, fell together in one night, and on the night of the harvest of the Omer, as it is said:* "(Judges 7:13) *And behold, a roasted cake of barley bread tumbled*

ד כִּי כָל־סְאוֹן סֹאֵן בְּרַעַשׁ וְשִׂמְלָה
מְגוֹלָלָה בְדָמִים וְהָיְתָה לִשְׂרֵפָה
מַאֲכֹלֶת אֵשׁ׃ ה כִּי־יֶלֶד יֻלַּד־לָנוּ בֵּן נִתַּן־
לָנוּ וַתְּהִי הַמִּשְׂרָה עַל־שִׁכְמוֹ וַיִּקְרָא
שְׁמוֹ

ת"א כי סאון. סוטה ט (סוטה יז): כי ילד. סנהדרין לד:

עקתיה שלטון דהות מפלח ביה איתבר כיום מדין: ד ארי כל מסבהון ומתנהון ברשע אתגעלו בחובין הא כבסו דמלושא בדם דלא דכן רשמי כתמא מנה בן כמא דלית ביה צרוך אלהין לאתוקדא בנורא בן יתן עליהון עממיא דתקיפין כאשתא ויקטלונון: ה אמר נביא לבית דוד ארי רבי

מהר"י קרא

מדין כאותו יום עצמו שהפלאת במחנה מדין:(ד) ושמלה מגוללה בדמים וגו'. במקום שהרוגי מלכי דרכם להיות שמלתם מגוללת בדם יהיו עכשיו נשרפים באש חילי סנחריב. סאון לשון סאה שהיא לשון מידה. אך לפי פשט לשון מקרא לא יתכן לפרשו מגזירת מידה מאחר שאין הנו"ן מעיקר התיבה. כי שאון מן שאה. המון מן הומה. הרון מן חרה. לא יתכן לומר סואן אלא סואה. כמו המון הומה. שאון לשון שואה. ולא יאמר הומן שואן חורן. ואני אומר שפת' לשון ניצוח. ואין לו דומה במקרא. ופת' צהלות ניצוחין במלחמה. כי כל סאון סואן ברעש. כל ניצוח מלחמה. ברעש. שעטת סוסים והגפת תריסין. אבל ניצחון זה אין בו שום רעש ואין בו שום דם: והיתה לשריפה. ויקד יקוד כיקוד אש. מאכולת אש: (ה) כי ילד יולד לנו. אע"פ שאחז רשע. בנו היולד לו שעתיד למלוך תחתיו צדיק יהיה ותהי המשרת הקב"ה עולו על שכמו של אותו ילד שהוא עוסק בתורה ובמצות: ויקרא שמו. ה' שהוא מפליא עצה

רש"י

העומר כמו שנא' והנה צליל שעורים מתהפך במחנה מדין: (ד) כי כל סאון סאן ברעש. יש פותרין אותו ל' סאה ומדה כמו שדרשוהו רבותינו אך לפי פשט לשון המקרא לא יתכן לפרשו מגזרתו מאחר שאין הוי"ו והנו"ן מעיקר התיבה אלא כמו שאון מן שואה והמון מן הומ' וחרון מן חרה לא יתפעל עם הנו"ן לומר סואן אלא סואה כמו מן המון הומה ומן שאון שואה ולא יאמר שואן הומן חורן. ואני אומר שפתרונו לפי הענין ואין לו דומה מן המקרא ופתרונו לשון צהלת נצחון במלחמה. כי כל סאון סאן ברעש. קול נצחון שום נוצח במלחמה. ברעש. שעטת סוסים והגפת תריסין הוא. ושמלת הרוגי המלחמה מגוללה בדמים אבל נצחון זה אין בו רעש ואין בו דם: והיתה לשרפה. יקד יקוד מאכולת אש: (ה) כי ילד יולד לנו אע"פ שאחז רשע הוא בנו הנולד לו זה כמה שנים להיות לנו תחתיו למלך צדיק יהיה. ותהיה

רד"ק

וכן אמר במזמור עשה להם כמדין כי אותו היום היה בו נס גדול ותשועה גדולה כי גדעון בג' מאות איש הכה את כל מחנה מדין שהיה כדי ארבה לרוב ולהם ולגמליהם אין מספר: (ד) כי כל סאון סואן ברעש. כי לא תהיה זאת המלחמה כשאר המלחמות כי כל שאר המלחמות ילחם הלוחם ברעש הסוסים כמו שנאמר עליו ברעש ורגז יגמא ארץ וכן רעש הכידונים כמו שאמר עליו לרעש כידון. וכן בשאר המלחמות שמלה מגוללה בדמים כי יכו אלה באלה במכת חרב ושמלה מגוללת ברמים אבל זה לא תהיה בה לא חרב ולא רעש ולא דמים אלא נהיתה לשרפה מאכלת אש שהכה בה המלאך בלילה ונשרפו ויש מחלוקת זה בדברי רז"ל י"א כי היתה נשמה נשרפת וגוף קיים וי"א כי גם הגוף נשרף אבל לא בגדיהם: סאון סאן הנו"ן שרש ופי' לפי ענינו מלחמה ולא מצאנו לו חבר ויהיה סאון תאר וסואן פעל כאלו אמר כי כל עושה מלחמה לוחם ברעש או יהיה סאון שם למלחמה אמר כי כל מלחמות לוחם אדם ברעש: (ה) כי ילד ילד. זה אמר על חזקיהו לפי שבימי מלכותו היתה התשועה הזאת לישראל שנגף מחנה אשור כאלו אמר זה יהיה בזכות הילד שילד לנו:

אבן עזרא

הגרון כמו החלו' ואינה מלה זרה ותי"ו התתות לנוכח השם כמו הרבית הגוי: כיום מדין. בימי גדעון: (ד) כי. יש אומרים סאון מגזרת סאה שהשם מדד לאשור כפי מעשיו ויש אומ' שהוא הפוך מן אסון כמו כשב וכבש והנכון שאין למלה הזאת דומה והעד סואן שהוא פועל והנו"ן שורש וטעמו כמו נאקה ברעש גדול: ושמלה מגוללה בדמים. וכל אחד שוכב חלל בדמיו או טעמו שהשמלה שהיתה מגוללה בדמי חללים שהרג'. והנה היתה לשרפה והטעם על מיתת חיל סנחריב ביד המלאך כשנשרפים: (ה) כי. כל זה בזכות הילד שיולד לנו וידענו כי בבא סנחריב היה חזקיהו בן שלשים

מצודת ציון

החתות. ענין שברון: (ד) סאון. כמו שאון בשי"ן והוא המיית מלחמה: ושמלה. ענין מלבוש: מגוללה. מלשון גלגול וסבוב: (ה) המשרה. מלשון שררה וממשלה: אבי עד. אב עולם:

מצודת דוד

כמ"ש לתשארת המלילה: החתות. הטעם הזה שברת בלילה אחת כמו עת מפלת מדין בימי גדעון כי גם המה נאבדו בלילה אחת: (ד) כי כל סאון. כל שאון המיית מלחמה הדרך להיות המייה ברעש גדול ושמלת ההרוגים מגוללת בדמים ומלוכלכת בו: והיתה. אבל נצחון המלחמה הזאת היתה דומה לשרפה הנאכל באש כי לא נשמע רעש מלחמה ולא נראה דם כי המלאך הכה בהם: (ה) כי ילד יולד לנו. כל זה בזכות הילד אשר יולד לנו וזהו חזקיה שבימיו היתה מפלת סנחריב: ותהי המשרה. ממשלת ה' יהיה על שכמו ר"ל יטה שכמו לסבול עול התורה והמצוה: ויקרא שמו פלא יועץ וגו'. ר"ל ה' שהוא יועץ פלא ואל גבור ואבי עד יקרא שם הילד הזה שר שלום:

shall rule at that time, namely Hezekiah, who has already been born.—[*Redak*]

Alternatively, instead of the yoke of foreign potentates on his shoulder, *he* will bear the authority.—[*Redak*]

and . . . called his name—*The*

4. For every victory shout sounds with clamor, and garments wallow in blood, but this shall be burnt, consumed by fire.
5. For a child has been born to us, a son given to us, and the authority is upon his shoulder, and the wondrous adviser, the

4. **For, every victory shout sounds with clamor**—Heb. כִּי כָל־סְאוֹן סֹאֵן בְּרַעַשׁ. *Some* (*Machbereth Menachem,* p. 125, who claims that the root is סא) *interpret this as an expression of a "seah" and a measure, as our Rabbis expounded it* (*Sotah 8b, Tosefta* 3:1, *Mid. Psalms* 91:2, where the Rabbis interpret this passage to mean that a person is rewarded with the same measure he metes out to others), *but, according to the simple interpretation of the language of the Scriptures, it is impossible to explain it as an expression* of a "seah," since the "vav" and the "nun" are not radicals but like שָׁאוֹן *from* שׁוֹאֶה, *and* הָמוֹן *from* הוֹמֶה, *and* חָרוֹן *from* חָרָה *this root will not assume a verb form with a "nun" to say* סוֹאֵן, *but* סוֹאֶה, *just as from* הָמוֹן, we say הוֹמֶה, *and from* שָׁאוֹן, שׁוֹאֶה, *but one does not say*: שׁוֹאֵן, הוֹמֵן, חוֹרֵן. *I,* therefore, *say that its interpretation is according to the context, and that it is hapax legomenon in Scripture. Its interpretation is an expression of a shout of victory in battle.* We, therefore, explain the words: כִּי כָל־סְאוֹן סֹאֵן בְּרַעַשׁ, as follows: *The sound of* [var. *every*] *victory of any victor in war, is with clamor; it is the galloping of horses and the striking of shields against each other. And the garments of those killed in battle wallowing in blood. But in this victory there is no clamor, and there is no blood.*—[*Rashi*]

Ibn Ezra agrees with *Rashi,* although there may be a slight difference between the two, since the latter does not mention the subject of victory, but merely that of noise, rendering: For all kinds of noise rage furiously. *Redak* renders: For everyone who wages war, battles with clamor.

but this shall be burnt—*He shall be burnt, consumed by fire.*—[*Rashi,* borrowing an expression from 10:16, which deals with the plague in the Assyrian camp.]

5. **For a child has been born to us**—*Although Ahaz is wicked, his son who was born to him many years ago* (nine years prior to his assuming the throne) *to be our king in his stead, shall be a righteous man, and the authority of the Holy One, blessed be He, and His yoke shall be on his shoulder, for he shall engage in the Torah and observe the commandments, and he shall bend his shoulder to bear the burden of the Holy One, blessed be He.*—[*Rashi*]

The salvation shall come about in the merit of the righteous king, who

שְׁמוֹ פֶּלֶא יוֹעֵץ אֵל גִּבּוֹר אֲבִי־עַד שַׂר־
שָׁלוֹם: ו לְםַרְבֵּה הַמִּשְׂרָה וּלְשָׁלוֹם אֵין־
קֵץ עַל־כִּסֵּא דָוִד וְעַל־מַמְלַכְתּוֹ לְהָכִין

ת״א למרבה המשרה . שבת נה סנהדרין לד (סנהדרין כז) : סתימה באמצע תיבת אתה

אִתְיְלִיד לָנָא בַּר
אִתְיְהַב לָנָא וְקַבֵּל
אוֹרַיְתָא עֲלוֹהִי לְמִטְּרַהּ
וְאִתְקְרֵי שְׁמֵיהּ מִן קֳדָם
מַפְלִיא עֵצָה אֱלָהָא
גִּבָּרָא קַיָּם לְעָלְמַיָּא
מְשִׁיחָא דִשְׁלָמָא יִסְגֵי
עֲלָנָא בְּיוֹמוֹהִי: ו סַגִּי רְבוּ לְעָבְדֵי אוֹרַיְתָא וּלְנָטְרֵי שְׁלָמָא לֵית סוֹף עַל כּוּרְסֵיהּ דָוִד וְעַל

רש״י

משרת הקב״ה ועולו על שכמו שיהיה עוסק בתורה ושומר מצות ויטה שכם למשאו של הקב״ה: ויקרא שמו. הקב״ה שהוא מפליא עצה ואל גבור ואבי עד.קרא שמו של חזקיהו שר שלום כי שלום ואמת יהיה בימיו: (ו) למרבה המשרה. למי יקרא השם הזה למלך המרבה המשרה של הקב״ה על עצמו לירא מפניו: משרה. לשון שררה. זו לתשובת החולקים. אך יש לומר שאף שר שלום משמותיו של הקב״ה וקריאת שם זה אינו לשם ממש אלא לשר גדולה ושררה כמו וקרא שם בבית לחם וכמו ועשיתי לך שם. אף כאן ויקרא שמו ויתן לו שם וממשלה ולשלום הניתן לו אין קץ שהיה לו שלום מכל עבריו ואין קץ זה ל׳ הפסק עולמית אלא אין קץ לסביביו.על כסא מלכות דוד יהיה שלום זה במשפט ולדק׳ שעש׳ יחזקיהו: ולשלום. וי״ו זו תיקן המלה הוא הרבה מטר׳ על שכמו ומה גמול ישלם לו הנה לשלומו אין לו קץ

מהר״י קרא

אל גבור אבי עד (שר שלום). קרא שמו של חזקיה שר שלום כי שלום יהיה בימיו שיעשה לו הקב״ה שלום מסנחריב: (ו) למרבה המשרה. למי יקרא השם הזה למלך המרבת משרה על שכמו לירא מפניו: ולשלום אין קץ. אף הקב״ה לא קיפח שכרו. ונתן לו שלום אין קץ: על כסא דוד וגו׳ במשפט ובצדקת. שהיה חזקיה עושה. מעתה ועד [עולם]. עולמו של חזקיה. עד עכשיו היה זכות דוד עומד שהיה עושת משפט וצדקה לכל עמו. מכאן ואילך אם תראה שלום על כסא דוד ועל ממלכתו שירצה הקב״ה להכין אותה ולסעדה. כגון בימי מנשה ואמון ויהויקים לא מפני זכותו אלא קנאת ה׳ צבאות תעשה זאת ויקנא ה׳ לארצו ויחמול על עמו. וזהו שאמרו רבותינו עד היכן עמדה זכות אבות עד חזקיה. שנאמר להכין אותה ולסעדה במשפט ובצדקה בזכות אבות שנאמר בם ושמרו דרך ה׳ לעשות צדקה ומשפט: מדרש רבותינו. צור תעודה. מדבר באחז. למה היה אחז דומה למלך שמסר בנו לפידגוג אמר אם אני הורגו עכשיו הריני מתחייב מיתה למלך אלא הריני מושך מנקתו ממנו ומעצמו מת. כך אמר אחז אם אין גדיים אין תישים. אר אין תישים. אין צאן. ואם אין צאן אין רעה. [ואם אין רועה אין עולם] כך היה סבור בדעתו לומר אם אין קטנים אין גדולים. ואם אין גדולים[וכו׳]אין נביאים. ואם אין נביאים אין רוח הקודש. ואם אין רוח הקודש אין בתי כנסיות ובתי מדרשות. ואם אין בתי כנסיות ובתי מדרשות. לא תשרה שכינה בישראל. אלא הריני אוחז בתי כנסיות ובתי מדרשות כדי שלא תשרה שכינתו בארץ. רב הונא בשם ר׳ אלעזר אומר למה נקרא שמו אחז שאחז בתי כנסיות ובתי מדרשות. ר׳ יעקב ב״ר אבא בשם ר׳ חייה. אמר לו ישעיה וחכיתי לה׳ המסתיר פניו מבית יעקב. אין לך שעה קשה מאותה שעה שנא׳ בת ואנכי הסתר אסתיר פני מהם ביום ההוא. מאותה שעה קויתי לו. שאמר בסוף המקרא. כי לא תשכח מפי זרעו. ומה אתה מועיל הנה אנכי והילדים אשר נתן לי ה׳ לאותות נעסוק בתורה. וכי ילדיו היו אלא תלמידיו היו. אלא מלמד שהיו עליו כבנים. לכך קראן בניו: וכי יאמרו אליכם דרשו אל האובות. לכד. וגו׳. מסיני הוזהרו ישראל להגיד יסוד אלהותו של מי שאמר והית העולם לאומות. והכי אמר ר׳ פנחס ונפש כי תחטא ושמעה קול אלה וגו׳. ונפש כי תחטא. וארא והנה חטאתם. ושמעה קול אלה. (ושמעה קולו) ואת קילו שמענו מתוך האש. לעברך בברית ה׳ אלהיך ובאלתו. והוא עד. אתם עדי נאם ה׳ ואני אל. אר

אבן עזרא

ותשע לכן קראו ילד בעת נבואת הנביא. יש אומרים כי פלא יועץ אל גבור אבי עד הן שמות השם ושם הילד שר שלום והנכון בעיני כי כל אלה שמות הילד.פלא שהשם עשה פלא בימיו. יועץ כן היה חזקיה ויועץ המלך. אל גבור שהיה תקיף שנמשכה מלכות בית דוד בעבורו .ועד כמו שוכן עד. שר שלום שהיה שלום בימיו וכן כתוב: (ו) למרבה. דרך דרש הסופרים כי המ״ם סגור בתוך המלה והיה ראוי להיותו בסוף רמז לאות השמש שטב הגל לאחור.יתכן היות מרבה שם

רד״ק

בן נתן לנו. כפל ענין במלות שונות: ותהי המשרה על שכמו. למה אמר שכמו לענין משרה והלא לא נזכר שכמו אלא לענין עבודה כמו ויט שכמו לסבול ואת מטה שכמו יסור סבלו מעל שכמך אלא לפי שאחז היה עובד למלך אשור והית סובלו על שכמו אמר כי זה הילד לא תהיה עבודה על שכמו אלא משרה: ויקרא שמו. פי׳ הקב״ה שהוא פלא יועץ ואל גבור אבי עד. קרא שם הילד הזה שר שלום בעבור כי המשרת תהיה לו ולא יעבד מלך אחר כמו שאמר וימרד במלך אשור ולא עבדו: שלום. כי שלום יהיה לישראל בימיו ואמר אלו הכנויים באל יתברך לענינים מורים על דבר חזקיהו: פלא. על דבר הפלא ששב השמש אחורנית: יועץ. כי עצת ה׳ קמת לו ועצת סנחריב הופרה: אל גבור. יכול גבור שאע״פ שבא סנחריב בחיל גדול וגבורים היה יכול עליהם וגבר וברגע קטן הכה את מחנהו: אבי עד. שהוא קיים לעולם והוא אבי הזמן והוא בוראו ובידו הוא להוסיף ולגרוע ולהוסיף זמן חיי חזקיהו ט״ו שנה: (ו) למרבה המשרה. המ״ם סתומה בכתוב וקרי במ״ם פתוחה ובהפך זה בעזרא המ״ם פרוצים מ״ם פתוחת בסוף התיבה בכתוב ויש בו דרש כאשר יסתמו חומות ירושלם שהם פרוצים כל זמן הגלות ולעת הישועה יסתמו הפרוצים ואז תפתח המשרה שהיא סתומה עד מלך המשיח. למרבה. הוא שם והוא סמוך לפיכך הוא נקוד בצר״י אמר לרוב המשרת

מצודת דוד

(ו) למרבה המשרה. ר״ל השם שר שלום יורה על מרבית הממשלה ועל מרבית השלום עד אין סוף: על כסא דוד. מרבית הממשלה והשלום יהיה על כסא דוד ר״ל על המלך היושב על הכסא: ועל ממלכתו. גם על אנשי ממלכתו יהיה מרבית הממשלה והשלום:

creator, and in Whose power it lies. He was, therefore, able to add fifteen years to Hezekiah's life. See below 38:5.

The Rabbis (*Sanhedrin* 94a) take these titles as appellations of Hezekiah, thus rendering: **And He called** **his name** . . . *Ibn Ezra* follows this interpretation, rendering as follows:

wondrous—since God performed wonders in his days.

adviser—mentioned specifically in reference to Hezekiah. See II Chron. 30:2.

mighty God, the everlasting Father, called his name, "the prince of peace." 6. To him who increases the authority, and for peace without end, on David's throne and on his kingdom, to establish

Holy One, blessed be He, Who gives wondrous counsel, is a mighty God and an everlasting Father, called Hezekiah's name, "the prince of peace," since peace and truth will be in his days.—[*Rashi*]

6. **To him who increased the authority**—*To whom will He call this name? To the king who increases the authority of the Holy One, blessed be He, upon himself, to fear Him.*

authority—*an expression of government.* [*This is to refute those who disagree with us* (the Christians). *But it is possible to say that "Prince of Peace," too, is one of the names of the Holy One, blessed be He, and this calling of a name is not actually a name but an expression of* (var. *for the purpose of*) *greatness and authority. Comp.* "(Ruth 4:11) *And be famous* (וּקְרָא שֵׁם) *in Bethlehem. Also* "(II Sam. 7:9, I Chron. 17:8) *And I shall make for you a name." Here too, Scripture means, "And He gave him a name and authority.*]—[*Rashi*, absent in many manuscripts]

Rashi alludes to the erroneous reading of the Christians, viz. וְיִקָּרֵא, *and he shall be called,* instead of וַיִּקְרָא, *and He called.* Their intention is that their "messiah" shall be called all these appelations by the people. See *Abarbanel. Rashi,* therefore, makes it clear that these are God's names, and that He called Hezekiah "prince of peace."

and for peace—which is given to him, there will be no end, [*for he had peace on all his sides, and this "end" is not an expression of an end to eternity, but there will be no boundaries. On the throne of the kingdom of David shall this peace be justice and righteousness that Hezekiah performed.*

and for peace—Heb. וּלְשָׁלוֹם. *This "vav" is to rectify the word, thus: He* (Hezekiah) *increased the authority upon his shoulder, and what reward will He* (God) *pay him? Behold, his peace shall have no end or any limit.*]—[*Rashi.* Bracketed sections do not appear in many manuscripts.]

We use the first interpretation in the translation of the text because it is simpler than the second one. Moreover, the latter does not appear in many editions, and the former is accepted by *Redak* and follows *Targum Jonathan.*

Redak explains these appellations as follows:

wondrous—for He performed the wonder of the sun going backwards when Hezekiah was cured of his illness. See below 38:7–9.

adviser—for His plan was successful, and Sennacherib's was foiled.

mighty God—mighty, Omnipotent One, for, although Sennacherib approached with innumerable troups of mighty warriors, He destroyed them in a second.

everlasting Father—existing forever, the Father of time, and its

אתה ולסעדה במשפט ובצדקה
מעתה ועד־עולם קנאת יהוה צבאות
תעשה־זאת: ז דבר שלח אדני ביעקב
ונפל בישראל: ח וידעו העם כלו

ת״א דבר שלח. חולין לא:

תרגום

מלכותיה לאתקנא יתה ולמבנא בדינא ובזכותא מכען ועד עלמא במימרא דיי צבאות תתעביד דא: ז פתגמא שלח יי בדבית יעקב ואשתמע בישראל: ח ואתרברבו עמא כולהון

מהר״י קרא

ראה. אתה הראת לדעת. או ידע. וידעת היום והשבות אל לבבך. אם לא יגיד. אלהותי לאומות העולם הרי הוא פורש מהם: וכי יאמרו אליכם דרשו אל האובות ואל הידעונים. אמר ר׳ סימון לא נתנבא בארה אלא שני פסוקים בלבד ולא היה בהם כדי ספר וכתבם בישעיה ואלו הן כי יאמרו אליכם ודבתריה: בעד החיים אל המתים. אמר ר׳ [לוי] משל לאחד שאבד את בנו בא לתבעו (מן) [בין] הקברות [וכו׳]. דרכן לחיים להיות צורכם נתבעים אל המתים. כך הקב״ה חי וקיים לעולמים שנאמר בו. וה׳ אלהים אמת. מהו אמת שהיא אלהים חיים ומלך עולם. אבל אלהי אומות העולם מתים הן שנאמר פה להם ולא ידברו. כך ישראל אמרו מה אנו מניחים לחי העולמים ומתחננים למתים: לתורה ולתעודה. ר׳ יוחנן וריש לקיש ר׳ יוחנן אמר אמר הקב״ה לישראל בני אמרו לאומות העולם*) אשר (להם) [אין לו] שחר. לעצמו אינו מזריח איך מזריח לאחרים. ד״א לתורה ולתעודה. לתורה שניתנה לעדות אנו שומעין ולא נשמע לאוה״ע. אמר להם הנביא אמנם (יגעתי) [ידעתי] כי תגלו בין האומות ויאמרו לכם דרשו אל האובות ואל הידעונים. בארה נתנבא להם שני מקראות הללו כשהגלה סנחריב לראובני ולגדי. ומפני מה נכתבו כאן לפי שהיה ישעיה מוכיח את שבט יהודה ואומר להם מפני מה אתם מניחין לחיי העולם ועובדין לע״ז והלא הזהיר בארה את ישראל לאמר להם לאומות העולם כי לדבר חושך אתם עובדין אשר אין לו שחר לאלו ולא לעובדיו מציל מרעתם כי בעת תארע תקלה בארץ צרה ורעב ודוחק. וירעב ויאמר הצילני כי אלי אתה ולא יעגהו ולא יציל את נפשו והתקצף ויקללהו ויבזהו. ופנה לבקש עזר. ואל ארץ יביט. לעזרה מיושבי הארץ ולא יועיל כי אז תבא עליו צרת רעב ועוף צוקה ואפילה וגלות. מנין שהדבר מוכיח. תוכחות אלו הן לעשרת השבטים כי יגיד עליו. כי לא מועף לאשר מוצק לה. כך אמר הנביא לא יעף דבר הבא הצר והמציק לכם אלא יגלה אותם כעת ראשון ששטף לארץ זבולון והגלם לשבט נפתלי עמהם והאחרון הכביד גלותו מן הראשון. ואמרו על מה עשה ה׳ ככה לארץ הזאת מה חרי. ואמרו על אשר עזבו וגו׳. וכי מאחר דברשות מאי טעמא איענש [וכו׳ בא] נביא. ואמר לו כי לא מועף. אמר ר׳ אליעזר בן ברכיה אין נמסר התורה ביד מציק לה: כעת הראשון הקל. לא כראשונים שהקלו מעליהן עול תורה. [אלא כאחרונים שקבלו עליהם עול תורה] וראוין היו לעשות להם נס כעוברי הים וכעוברי הירדן: גליל הגוים. אמר הקב״ה אם חוזר בו מוטב ואם לאו הריני עושה אותו גלילה לכל הגוים**) (ע״כ): (ז) דבר שלח ה׳ ביעקב. פורענות זה נתנבא על עשרת השבטים שהיו מתנשאים בנפשם שנהרג פקח וכשבא עליו תגלת פלאסר מלך אשור ויקח את עיון ואת אבל בת מעכה ואת ירמות

*) עיין ויק״ר פ״ו **) עיין ילקוט רמז רל״ז

רש״י

ואין קלבה: מעתה ועד עולם. עולמו של חזקיהו כל ימיו. וכן מלינו שאמר׳ חנה על שמואל וישב שם עד עולם ולתשובת החולקים האומרים לדעתם יש להשיבם ומה הוא מעתה והלא לא בא אלא עד סוף ה׳ מאות שנה ויותר: קנאת ה׳ צבאות. שקנא לציון על אשר יעץ עליה ארס ופקח: תעשה זאת. ולא אחז ראוי לכך ואף זכות אבות תמה. תוספת ואמרו רבותינו בקש הקב״ה לעשות חזקיהו משיח וסנחריב גוג ומגוג אמרו מלאכי השרת לפני הקב״ה מי שקלן דלתות ההיכל ושגרן למלך אשור יעשה משיח מיד סתמו הכתוב: (ז) דבר שלח ה׳ ביעקב. הנבואה שנתנבא לפורענות פקח בן רמליה: ונפל בישראל. מעתה

רד״ק

ולשלום אין קץ שיהיה על כסא דוד ועל ממלכתו. והוא כפל ענין במלות שונות: ולסעדה. שלא תמוט מלכותו ומשרתו מעתה ועד עולם ואע״פ שיהיה לה הפסק בימי הגלות עוד תשוב לקדמותה ואמר במשפט ובצדקה כי בהם יכון הכסא ותקום המלוכה: קנאת ה׳ צבאות תעשה זאת. זאת המשרה שתהיה עתה לבית דוד והתשועה הגדולה כי יקנא ה׳ צבאות בדברי נערי מלך אשור אשר חרפו וגדפו ה׳ ית׳: (ז) דבר שלח. הרעה הזאת הבאה על יעקב ששלטו אויביהם בהם מאת האל הוא שלא יאמרו מקרה הוא אלא בעונש עונותם בא להם כי בטרם ביאת הרעה שלח ע״י נביאיו כך וכך יבא להם אם לא ישובו וכמו ששלח הדבר בהם כן נפל בהם וכן יפלו עד שיגלו מארצם כמו שאמרו להם הנביאים מפיו: (ח) וידעו. ואז ידע העם הזה כי אמת אמרתי להם שהם היו אומרים

אבן עזרא

כמו מעשה או פועל מהבנין הכבד הנוסף כמשפט וכן כתוב: (ז) דבר. נבואה או גזירה: ונפל. הטעם כפול כמשפט: (ח) וידעו. אפרים. הם עשרת השבטים:

מצודת ציון

(ו) ולסעדה. ענין השענה:

מצודת דוד

להכין אותה. להשאר עומד על כנה ובסיסה וחוזר על הכסא ועל הסעדה: ולסעדה. לבל תהיה נופלת: במשפט ובצדקה. ר״ל אם במשפט לבד לא יהיו כדאים לזה כי אין הזכות רב כ״כ מ״מ יעשה עוד לדקה: מעתה ועד עולם. כל ימי חזקיה: קנאת ה׳. כל זה הלדקה יעשה על כי יתקנא על מה שחרף סנחריב כלפי מעלה: (ז) דבר וגו׳. זה אמר על מלכות אפרים דעו כי הפורעניות הבאה עליהם לא במקרה בא כי הדבר הזה שלח ה׳ ע״י הנביאים הקודמים להתנבאות עליהם וכן היה כי נפל ונתקיים כי כבר גלו מקלתן: (ח) וידעו.

ing of the *mem* in the word לְםַרְבֵּה? Rashi (ad loc.) explains this in three ways: (1) The Lord's suggestion was stopped, or closed up, and did not materialize; (2) The Lord wished to stop, or close up, the troubles of the Jewish people by bringing about the Messianic era; (3) Hezekiah's mouth was closed and did not recite a song to the Almighty. The first two apply to our *Midrash* as well. See *Ibn Ezra* and *Redak* for other reasons.

7. **The Lord has sent a word against Jacob**—*I.e. the prophecy that he prophesied concerning the punishment of Pekah son of Remaliah.*—[*Rashi*]

and it has fallen in Israel—*From*

it and to support it with justice and with righteousness; from now and to eternity, the zeal of the Lord of Hosts shall accomplish this. 7. The Lord has sent a word against Jacob, and it has fallen in Israel. 8. And the entire people shall know—

mighty chief—for he was powerful.

father of perpetuity—for the reign of the Davidic dynasty was prolonged through his merit.

prince of peace—because it was peaceful during his reign.

to establish it—that the kingdom remain.—[*Mezudath David*]

and to support it—that it not fall—[Ibid.]

Redak explains that the kingdom of the House of David will never cease to exist. Although the kingdom was curtailed by the destruction of the First Temple and the Babylonian exile, it will be reinstated in the Messianic era.

from now and to eternity—*The eternity of Hezekiah,* viz. *all his days. And so we find that Hannah said concerning Samuel*: "(I Sam. 1:22) *and abide there forever."*—[*Rashi*] There too, the intention is that Samuel would abide in the sanctuary for the remainder of his life. See Commentary Digest ad loc. that Samuel lived for fifty-two years. Since he was a Levite, whose years of service ended at fifty, his "eternity" was considered fifty years. Since he was brought to the Tabernacle at the age of two, there remained for him fifty years, the "eternity" of the Levite. *Abarbanel* cites interpretations that Hezekiah lived fifty-two years, little more than the years of the Jubilee. With his demise, this prophecy terminated, since the wicked King Manasseh ascended the throne.

[*And, in order to refute those who disagree* (i.e. the Christians), [*who claim that this* (Prince of Peace) *is the name of their deity, we can refute them* by asking, *"What is the meaning of: 'from now'? Is it not so that the "deity" did not come until after five hundred years and more?"*—[*Rashi*]

the zeal of the Lord of Hosts—*Who was zealous for Zion concerning what Aram and Pekah planned about it, shall accomplish this, but Ahaz does not deserve it, moreover, the merit of the Patriarchs has terminated.*—[*Rashi* from *Shabbath* 55a]

Addendum: And our Rabbis said: The Holy One, blessed be He, wished to make Hezekiah the Messiah and Sennacherib Gog and Magog. Said the ministering angels before the Holy One, blessed be He, "Should the one who stripped the doors of the Temple and sent them to the king of Assyria, be made Messiah? Immediately, Scripture closed it up.—[*Addendum to Rashi* from unknown Midrashic source. We find a similar statement in *Sanhedrin* 94a, which states that the Almighty wished to make Hezekiah the Messiah. The Divine Attribute of Justice protested, however, that since he had not praised the Almighty with a song after his miraculous recovery from his illness, he did not deserve to be Messiah. For this reason, he was not designated as such. Now, how does this account for the clos-

אֶפְרַיִם וְיוֹשֵׁב שֹׁמְרוֹן בְּגַאֲוָה וּבְגֹדֶל
לֵבָב לֵאמֹר׃ ט לְבֵנִים נָפָלוּ וְגָזִית נִבְנֶה
שִׁקְמִים גֻּדָּעוּ וַאֲרָזִים נַחֲלִיף׃ י וַיְשַׂגֵּב
יְהוָה אֶת־צָרֵי רְצִין עָלָיו וְאֶת־אֹיְבָיו
יְסַכְסֵךְ׃ יא אֲרָם מִקֶּדֶם וּפְלִשְׁתִּים
מֵאָחוֹר וַיֹּאכְלוּ אֶת־יִשְׂרָאֵל בְּכָל־פֶּה

כּוּלְהוֹן אֶפְרַיִם וְיָתֵיב
שָׁמְרוֹן בְּרְבוּ וּבִתְקוֹף
לִבָּא לְמֵימָר׃ ט רֵישַׁיָא
גְלוֹ וּלְטָבִין מִנְהוֹן נְמַנֵי
נִכְסַיָא אִתְבְּזָזוּ
וּדְשַׁפִּירִין מִנְהוֹן נְקָנֵי׃
י וְתַקֵיף יְיָ סַנְאָה רְצִין
עֲלוֹהִי וְיָת בַּעֲלֵי דְבָבוֹהִי
יְעָרֵר׃ יא אֲרָם מִמַדִינְחָא
וּפְלִשְׁתָּאֵי מִמַעַרְבָא וּבְזוּ
יָת נִכְסֵי יִשְׂרָאֵל בְּכָל
אֲתַר בְּכָל דָא לָא תָבוּ

קמץ בטרחא קמץ בז"ק

רש"י

תתקיים בהם: (ח) בגאוה ובגודל לבב לאמר. מה שהיו אומרים בגאוה ובגודל לבב: (ט) לבנים נפלו וגזית נבנה. המלכים שהיו לנו קודם שמלך פקח כגון יהואחז בן יהוא שבימיו נתמעטנו כענין שנאמר (מלכים ב' י"ג) כי אבדם מלך ארם שפלים היו והם הלכו להם כבנין לבנים רעוע הנופל אבל זה שהוא עכשיו חזק הוא כבנין אבני גזית וכן ארזים טובים משקמים לבנין: (י) וישגב ה' את צרי רצין עליו. הם בוטחים במה שנסמכו על רצין מלך ארם והקב"ה ישגב את מלך אשור עליו ויסכסכו להשיאו לבוא עליו כך שמעתי. ואני אומר את אויביו כלפי השכינה הוא אומר הקב"ה יסכסך את אויביו זה בזה גוי בגוי ארם ופלשתים בישראל וישראל זה בזה כמו שנאמר למטה בענין מנשה את אפרים וגו': (יא) ארם מקדם. ארם הרעו להם מקדם בימי יהואחז ויואש ופלשתים הרעו להם מאחור

מהר"י קרא

ואת קדש ואת הצור ואת הגלעד ואת הגליל ואת כל ארץ נפתלי והגלם אשורה כל הנותרים שהותיר בם מתנחמים: (ט) לבנים נפלו וגזית נבנה. אם מת לנו פקח שהיה חלש ודומה לבנין לבנים (רשע) [רעוע]. נמליך תחתיו הושע בן אלה שדומה לבנין אבני גזית שהוא חזק: שקמים גדעו וארזים נחליף. ואם הגלה מלך אשור שרים ושלטונים הדומים לשקמים. נשים תחתיהם שרים אחרים חזקים מהם. וזהו שאמר דבר שלח ה' ביעקב ונפל בישראל שיתקיים בעשרת השבטים המתפארים לומר לבנים נפלו וגזית נבנה: (י) וישגב ה' את שרי רצין עליו ואת אויביו יסכסך. אותו. ומי הם אויביו: (יא) ארם מקדם ופלשתים מאחור ויאכלו את ישראל בכל פה. כענין שמצינו ביהואחז בן יהוא שמלך לפני פקח שנאמר בו כי

אבן עזרא

(ט) לבנים. דרך משל אם אשור הרע לנו עוד נשוב כקדמותינו וטובים מאשר היינו: שקמים. כדמו' תאנים רעים: (י) וישגב. צרי רצין. הם אשור: אויביו. שב אל השם והם ארם או ישראל: (יא) והנה ארם. שהן מזרח לישראל ישובו להרע לישראל עם מלכי אשור: מאחור. שהם במערב ארץ

רד"ק

בתחלת הפורענות הבאה עליהם כן לבנים נפלו וגזית נבנת ולא היו נותנים אל לבם כי בעונם בא להם עתה הרע אבל היו אומרים אם בא עתה הרע עוד יבא הטוב כפלים וכשיפול בהם דבר ה' יכלו ויגלו מארצם אז ידעו כי הדברים שהיו אומרים בגאוה ובגודל לבב כי הבל ינחמון כי אז תכלה גאותם וגודל לבבם: (ט) לבנים נפלו. דרך משל כתרגומו רישיא גלו וגו': (י) וישגב. צרי רצין. מלך אשור ומחנהו שתפש דמשק והמית רצין ואמר זה לפי שאפרים היה עמהם בברית ושניהם היו נלחמים על יהודה אמר כי לא יועיל אחד לחבירו כי האל ישגב ויחזק את אויבי רצין עליו: ואת אויביו יסכסך. יבלבל עמו בארצו שיבאו ללכדה: (יא) ארם מקדם. כי לפני מלוך פקח בן רמליהו היה נלחם ארם בישראל מאד כמו שנאמר וישימו כעפר לדוש וארם היה להם ממזרח ארץ ישראל ופלשתים

מצודת דוד

כל העם הנשארים ידעו שלא כן דבריהם אשר ידברו בגאוה ובגודל לבב והוא מקרא קצר ומובן מאליו: (ט) לבנים נפלו. מה בכך שנפלו בנין הלבנים הלא נבנה תמורתן באבני גזית ר"ל אם האויב גלה המקלת הנה עתה נתחזק ביותר כי חושבים שבא במקרה והיא לא תתמיד: שקמים גדעו. אם נכרתו השקמים נחליף ארזים המעולים מהם וכפל הדבר במ"ש: (י) וישגב. לאומר הנה כל עלמם לא סמכו אלא על רצין ידעו שה' ישגב ויחזק את צרי רצין עליו וא"כ כשל עוזר ונפל עזור: ואת אויביו יסכסך. ובזה יבלבל דעת אויביו הם רעי ישראל: (יא) ארם מקדם. אף כי מאז בימי יהואחז הרעו להם ארם היושב במזרח א"י וגם פלשתים היושבים במערב הרעו להם: בכל פה. ר"ל מלאו כל תאותם מהם: בכל זאת. בכל הפורעניות שבכר באו לא שב אף ה' מישראל ועוד ידו נטויה להכות

מצודת ציון

(ט) וגזית. אבנים גזוזים ומחוטבים בשבר רב: שקמים. מין אילן תאנה וכן ובולס שקמים (עמוס ז'): גדעו. נכרתו כמו ואשריהם תגדעון (דברים ז): (י) יסכסך. ענין בלבול וכן

11. **Aram from the east**—*Aram harmed them from the east in the days of Jehoahaz and Joash, and the Philistines harmed them from the west, for the Philistines are west of them.*—[*Rashi*]

with every mouth—I.e., they satisfied all their desires by oppressing Israel.—[*Mezudath David*] *Jonathan* renders: They plundered their possessions everywhere.

despite all this . . . and His hand is

Ephraim and the dwellers of Samaria—[the fallacy of what they spoke] with haughtiness and with arrogance, saying,
9. "Bricks have fallen, and hewn stones we will build; sycamores have been cut down, and we will replace them with cedars."
10. And the Lord strengthened the adversaries of Rezin over him, and his enemies He shall incite.
11. Aram from the east and the Philistines from the west, and they devoured Israel with every mouth;

now, it will be fulfilled concerning them.—[*Rashi*]

8. **And the entire people shall know**—Then this people shall know that what I told them was true, for, at the beginning of their downfall, they spoke arrogantly.—[*Redak*]

with haughtiness and arrogance, saying—*What they were saying with haughtiness and arrogance.*—[*Rashi*]

9. **"Bricks have fallen, and hewn stones we will build**—*The kings we had before Pekah reigned, e.g. Jehoahaz son of Jehu, in whose days we were diminished, like the matter stated*: "(II Kings 13:7) *For the king of Aram had destroyed them,*" *were inferior, and they went away like a weak brick building, that falls, but this one who is* king *now, is like a building of hewn stones, and similarly, cedars are superior to sycamores for construction.*—[*Rashi*]

Rabbi Joseph Kara explains in a similar manner: If Pekah, who was like a brick building, is dead, we will crown Hoshea, who is stronger than he, and is like a building of hewn stones. If the king of Assyria has exiled our heads and our governors who were like sycamores, we will appoint others who are like cedars.

In other words, if Assyria has harmed us, we can always restore what was taken and return to our previous status and even to a superior one.—[*Ibn Ezra*]

10. **And the Lord strengthened the adversaries of Rezin over him**—*They trust in their dependence on Rezin, king of Aram, and the Holy One, blessed be He, shall strengthen the king of Assyria over him and stir him up to incite him to come upon him. So I heard from my teachers, but I say that "His enemies" is said in reference to the Shechinah. The Holy One, blessed be He, shall incite His enemies* to war *with one another, one nation with another nation, Aram and the Philistines with Israel, and Israel among themselves, as it is stated below in this matter: "Manasseh with Ephraim . . .*—[*Rashi*] The second explanation is not found in certain mss. However, it is found in *Ibn Ezra's* commentary. *Redak* agrees with *Rashi's* first interpretation.

בְּכָל־זֹאת לֹא־שָׁב אַפּוֹ וְעוֹד יָדוֹ נְטוּיָה׃
יב וְהָעָם לֹא־שָׁב עַד־הַמַּכֵּהוּ וְאֶת־יְהֹוָה
צְבָאוֹת לֹא דָרָשׁוּ׃ יג וַיַּכְרֵת יְהֹוָה
מִיִּשְׂרָאֵל רֹאשׁ וְזָנָב כִּפָּה וְאַגְמוֹן יוֹם
אֶחָד׃ יד זָקֵן וּנְשׂוּא־פָנִים הוּא הָרֹאשׁ
וְנָבִיא מוֹרֶה־שֶּׁקֶר הוּא הַזָּנָב׃
טו וַיִּהְיוּ מְאַשְּׁרֵי הָעָם־הַזֶּה מַתְעִים

תרגום

מְחוֹבֵיהוֹן דְתוּב רוּגְזֵיהּ
מִנְהוֹן וַעֲד כְּעַן מִתְקְפִין
מַרְדֵיהוֹן וְעוֹד מַחֲתֵיהּ
עֲתִידָא לְאִתְפְּרַע מִנְהוֹן׃
יב וְעַמָּא לָא תָבוּ לְפוּלְחַן
מִן דְאַיְתֵי עֲלֵיהוֹן מָחָא
וְאוּלְפַן מִן קֳדָם יְיָ
צְבָאוֹת לָא תְבָעוּ׃
יג וְשֵׁיצֵי יְיָ מִיִשְׂרָאֵל
רֵישׁ וְהֶגְמוֹן שִׁלְטוֹן
וְאִטְרוֹן יוֹמָא חָד׃ יד סָב
וּנְסִיב אַפִּין הוּא רֵישָׁא
וְסָפַר מַלִיף שְׁקַר הוּא
חַלָשָׁא׃ טו וַהֲווֹ

מהר"י קרא

אבדם מלך ארם וישימם כעפר לדוש: (יב) והעם לא שב עד המכהו ואת ה' צבאות לא דרשו. זה פתרו' בכל זה שרואין שהגלה מהם כבר וגם איבדם מלך ארם מקדם ופלשתים מאחור. ואף פקח נהרג והעם לא שב עד המכהו. אלא מנשאים נפשם לומר לבנים נפלו וגזית נבנה וגו': (יג) ויכרת ה' מישראל ראש וזנב. תירגם יונתן שלטונין ואטורין. ועליך לשום לב מפני מה דימה השלטון לכיפה. ואטרון הוא הממונה תחת שלטוי מדמה לאגמון. דע כי כיפה יש לו שני רגלים כמו זה לפיכך דומה השלטון לכיפה הסמוך לסיכוך משני קצותיו כמו שלטון כל העם תחתיו והוא מציל כל העם [ומושל] על כולן והשוטר ממונה תחתיו ואינו מושל כי אם במקצת כאגמון זה שאינו מסכך אלא מצד אחד כעין זה. ומאחר שפסק מהן אותן שהיו מגינין עליהן לא נותר בהם כי אם [זקן וגו']: (יד) זקן. שהוא נשוא פנים. הוא הראש שנאמר בכם. ואל תתמה שאין אומר כאן (ונשוא) [ונושא] פנים היא הראש. אלא זקן ונשוא פנים שנושאין לו פנים ואם כן זאת היא נחכתן ולא פורענותן וחענין [אינו] מדבר בנחמה. ודע לך כי נשיא פנים פת' אב נשאר בהם הרי הוא לבוש נשיאות פנים. ויגיד עליו ריעו. שאמר אפגשם כדוב שכול. שפת' כדוב שכולו לבוש שכולים: (טו) ויהיו מאשרי העם

רש"י

שהפלשתים להם במערב: בכל זאת וגו' ועוד ידו נטויה. עד שיביא עליהם את סנחריב. ד"א ארם מקדם ופלשתים מאחור. היו משחיתים ביהודה בימי אחז כמו שמפורש בדברי הימים (ב' כ"ח) ועל ישראל ועל יהודה היה ישעיה מתאונן על הצרות הללו: (יב) עד המכהו. עד הקב"ה שהוא מביא עליו המכות האל': (יג) כפה ואגמון. לשון מלכים ושלטונים. כפה (ארקוול"ר בלע"ז) כלומר אותם החופפים עליהם ככיפה זו: ואגמון. אף היא כיפה קטנה. וע"ש שכפופה כאגמון קורא לה אגמון. ובברייתא דשמואל מצינו שיש מזלות ברקיע ממונים ואלה שמותם וכאן אמר הנביא שכל חכמיהם המתנבאים להם וחוזים בכוכבים את הבאות עליהם יכרית ה' מהם: (טו) מאשרי. מדריכי

רד"ק

ממערב ואלה ואלה נלחמים בהם ואכלו אותם בכל פה: בכל זאת לא שב אפו. כלומר לא שבו הם כדי שישוב האל מחרון אפו ועוד יד האל נטויה עליהם לכלותם כיון שלא שבו כמו שאמר: (יב) והעם לא שב עד המכהו. לא התבוננו כי האל הוא המכהו בעונותיו ולא שב אליו ולא דרשו אותו: (יג) ויכרת. כפה ואגמון. החזקים והחלשים כפה הוא ענף העץ כמו וכפתו לא רעננה ואגמון הוא הגומא הגדל במים: יום אחד. הוא אותו היום שגלו השבטים: (יד) זקן. הוא הזנב כי נביאי השקר מקטני העם היו ולמצא חן בעיני הגדולים היו מתנבאים להם טובה ומבטיחים אותם על שקר כדי שיתנו להם פת או יין כמ"ש אטיף לך ליין ולשכר והיה מטיף העם הזה: (טו) ויהיו. אותם שהיו ראוים לישר אותם ולהדריכם בדרך

אבן עזרא

ישראל: (יב) והעם. על ישראל: המכהו. הוא השם שהוא המכה באמת ואלו סימנים שנים כמו בתוך האהלי: (יג) ויכרת. הטעם לא שב העם כי אין מורה להם הדרך הישרה: כפה. הוא השרש וככה וכפתו לא רעננה: ואגמון. כמו הלכוף כאגמון ראשו והוא למח נראה וידוע: (יד) זקן. והנה פירש כי הראש משל לזקן וכן הכפה והזנב ואגמון משל לנביא השקר: (טו) ויהיו. אל"ף מאשרי תחת יו"ד והפך זה

מצודת ציון

וסכסכתי מלכים (לקמן י"ט): (יג) ראש. ר"ל החשוב: וזנב. ר"ל השפל: כפה. כן נקרא הענף כמו וכפתו לא רעננה (איוב ט') לפי שהיא כפופה: ואגמון. הוא הגומא הגדל במים: (יד) מורה. מלמד כמו את מי יורה דעה (לק' כח): (טו) מאשרי.

מצודת דוד

עוד בהם: (יב) לא שב. לא עשה תשובה המגעת עד ה' שהכם בם כי חושבים הכל למקרה ואינם דורשים את ה': (יג) ויכרת ה'. לכן יכרת הכל ביום אחד החשוב והשפל: כפה ואגמון. השרים הדומים לענף יפה והנבזים הדומים לגומא הגדל במים וכפל הדבר במ"ש: (יד) ונשוא פנים. מי שהכל נושאים לו פנים לפני רוב החשיבות: מורה. המלמד לעשות שקר: הוא הזנב. סוף השפל שבעם: (טו) מאשרי. המדריכים את העם המה מתעים אותם ללכת

The false prophets were the lowest of the populace. In order to impress the prominent people, they would predict good fortune and give them false assurance, for which they would receive a handout of bread or wine.—[*Redak*]

15. **the leaders**—Heb. מְאַשְּׁרֵי.

despite all this, His anger has not turned away, and His hand is
still outstretched. 12. And the people has not returned to the
One Who smites it, and the Lord of Hosts they have not sought.
13. And the Lord cut off from Israel a head and a tail, a large
arch and a small arch in one day. 14. An elder and a man of
esteem is the head, and a misleading prophet is the tail.
15. And the leaders of this people mislead,

still outstretched—*until He brings Sennacherib upon them. Alternatively: Aram from the east and the Philistines from the west were wreaking destruction in Judah in the days of Ahaz, as is explained in Chronicles* (2 28:18), *and over Israel and Judah as well, Isaiah was lamenting because of these misfortunes.*—[*Rashi*]

Israel did not repent so that the Lord should turn away from His wrath, His hand is still outstretched against them to destroy them, as the prophet continues.—[*Redak*]

12. **to the One Who smites it**—*To the Holy One, blessed be He, Who brings these afflictions upon them.*—[*Rashi*]

They did not ponder over the fact that God was the One Who smote them because of their sins. They, therefore, did not return to Him nor did they seek Him.—[*Redak*]

13. **a head and a tail**—i.e., the esteemed and the insignificant.—[*Mezudath David*]

They do not repent because they have no proper leaders.—[*Ibn Ezra*]

כִּפָּה—*arcum voltum, arvolt in O.F.* (an arch) *i.e. those who hover over them like an arch.*—[*Rashi*] Some manuscripts read: *Those bent over them like an arch.* This reading seems more accurate, since it connects כִּפָּה, *an arch* with כָּפוּף, *bent over,* both stemming from the same root.

a small arch—Heb. אַגְמוֹן. *This too is a small arch, and since it is bent over like a rush,* (אַגְמוֹן) Scripture calls it אַגְמוֹן. *And in the Baraitha of Samuel we find that there are constellations in the heavens, appointed* to influence the world, *and these are their names. Here the prophet states that all their savants who prophesy for them and gaze at the stars, the Lord will cut off from them.*—[*Rashi.* See *Baraitha* of *Sh'muel Hakatan,* ch. 21, *Otzar Midrashim,* p. 542]

Redak explains this to denote the head and the tail. כִּפָּה is a branch, denoting the strong, and אַגְמוֹן is a rush, denoting the humble and the weak.

14. **elder**—Now he explains that the head symbolizes the elder, and so does the branch, and the tail and the rush symbolize the false prophet.—[*Ibn Ezra*]

וּמְאֻשָּׁרָיו מְבֻלָּעִים׃ טז עַל־כֵּן עַל־בַּחוּרָיו
לֹא־יִשְׂמַח ׀ אֲדֹנָי וְאֶת־יְתֹמָיו וְאֶת־
אַלְמְנוֹתָיו לֹא יְרַחֵם כִּי כֻלּוֹ חָנֵף וּמֵרַע
וְכָל־פֶּה דֹּבֵר נְבָלָה בְּכָל־זֹאת לֹא־שָׁב
אַפּוֹ וְעוֹד יָדוֹ נְטוּיָה׃ יז כִּי־בָעֲרָה כָאֵשׁ
רִשְׁעָה שָׁמִיר וָשַׁיִת תֹּאכֵל וַתִּצַּת
בְּסִבְכֵי

ת״א על בחוריו . שבת לג כתובות ה:

מְשַׁבְּחֵי עַמָּא הָדֵין מַטְעַן וְרַבְרְבָנוֹהִי מְסַלְעֲמִין: טז עַל כֵּן עַל עוּלֵימוֹהִי לָא יֶחְדֵי יְיָ וְעַל יַתְמוֹהִי וְעַל אַרְמְלָתוֹהִי לָא יְרַחֵם אֲרֵי כוּלְהוֹן חֲנִיפִין וּבִישִׁין וְכָל פּוּמְהוֹן מְמַלְלִין שְׁקַר בְּכָל דָא לָא תָבוּ מֵחוֹבֵיהוֹן דִיתוּב רוּגְזֵיהּ מִנְהוֹן וְעַד כְּעַן מַתְקְפִין מַרְדֵיהוֹן וְעוֹד מָחָתֵיהּ עֲתִידָא לְאִתְפְּרָעָא מִנְהוֹן: יז אֲרֵי תִדְלִיק כְּאֶשָּׁתָא פּוּרְעָנוּת חוֹבֵיהוֹן חַטָּאַיָא וְחַיָבַיָא

רש״י

כמו באשורי אחזה רגלי (איוב כ״ג) (ומאושריו שלמדו דרכים מדרכי התועה סא״א) : ומאושריו מבולעים. הנדרכים בדרך המתעים המאשרים אותם בדרכים הללו דרכים מסותרים ונבוכים שאין פתח לצאת מהם ולשון בילוע נופל על הדרך כענין שנאמר במקום אחר עמי מאשריך מתעים ודרך אורחותיך בלעו (לעיל ג׳) : (טז) ומרע. רשע כמו זרע מרעים (לעיל א׳) : (יז) כי בערה כאש רשעה. רשעת׳ תבער בהם ותאכל׳ כאש: שמיר ושית. שאהם תאכל המורדים והפושעי׳ שבהם: ותצת בסבכי היער. בדלת העם. סבכי ענפים : ויתאבכו גאות עשן. יהיו נבוכים ומסוגרי׳ בחוזק עשן התבערה. ויתאבכו כל ל׳ נבך

מהר״י קרא

הוה מתעים. מאשרי זה לשון פסיעה. כמו באשורו אחזה רגלי. וזה פתר׳ ויהיו בני אדם מובלעים מכסין אותן מלכת בדרך טובה. כמו ולא יבאו לראות כבלע את הקודש: (יז) כי בערה כאש רשעה שמיר ושית תאכל. עד היכן בערה כאש רשעה שהן עושין עד ששמה לשמיר ושית. תירגם יונתן כי בערה ארי תדלק כאשא פורענות חוביהון וחטאי חייביא שיצו ותשלום בשאר עמא ותשיצי סגי משירייתא: ותצת. הרשע שבערה כאש: בסבכי היער. משל ודמוי הוא לכשלונן של עשרת השבטים עד היכן בערו בהן האומות שהן חזקים כאש עד שנתאבך העשן בגדולים. שבתחילה בערה האש בקטנים ובערה והלכה עד שנתאבך העשן בגדולים. כלומר עד שגלו

אבן עזרא

תתיימרו וכן אל״ף ומאשריו: (טז) על כן. ישמח השם. כדרך לשון אדם כי בהיות הנעשים בטוב ישמחו עושיהם: חנף. הוא כרו טוב ותוכו רע: (יז) כי. דמה הרשע לאש שיאכל

רד״ק

טובה אותם היו מתעים אותם והם בעיניהם מאשרים אותם. לפיכך ומאושריו מבולעים שהיו מאושרים בעיניהם כשהיו מורים אותם הדרך הרעה היו מבולעים ונשחתים בעצתם הרעה: (טז) על כן. לא ישמח בהפך וגלתי בירושלם וששתי בעמי כי כשאוחז אדם דרך הרעה ותבא לו בעבור זה הרעה הנה האל על דרך משל יעצב כמו ויתעצב אל לבו וכשאוחז אדם הדרך הטובה ותבא לו בעבור זה הטובה הנה האל על דרך משל שמח כמו שאמר וששתי בעמי ואמר ישמח ה׳ במעשיו ואמר בחוריו כי הם ברוב תרים אחר עיניהם ולא תצילם גבירתם וכחם מהרעה הבא עליהם ע״כ לא ישמח ה׳ בהם כי אינם עושים רצונו: ואת יתומיו ואת אלמנותיו לא ירחם. אפי׳ היתומים והאלמנות שראוי לחמול ולרחם עליהם לא ירחם האל עליהם: כי כלו חנף ומרע. בין גדולים בין קטנים בין חזקים בין חלושים: בכל זאת. שתבא להם רעה גדולה שלא מצאו מרחמים לא שבו הם לפיכך לא שב אפו מהם ועוד ידו נטויה עליהם להרע להם אפי׳ בגלות: (יז) כי בערה כאש רשעה. הרשעה שעשו הם בערה בהם כאש ודרך האש שתחל לבער בקוצים ובעצים דקים תחילה כמו שאמר ומצאה קוצים ואחר כך תבער בעצים הגדולים כן רשעתם

מצודת דוד

בדרך לא ישר: ומאשריו. אותם שהיו מיושרים בעיני העם המה נשחתים: (טז) לא ישמח. כי כשאדם חטא ובא עליו העונש אין שמחה לפני המקום: כלו חנף. כולם מחניפים לרשעים: ועוד ידו נטויה. להכות בהם עוד יותר: (יז) כי בערה. הרשעה שעושים תבער כמו אש ובתחלה תשרוף הפחותים שבהם ואח״ז בהגדולים שבהם ר״ל העון עצמו יקטרג עליהם ויפרע מהם: ויתאבכו. בעבור

מצודת ציון

מדריכי כמו ולא תאשר בדרך רעים (משלי ד) : מתעים. מל׳ תועה: ומאשריו. כמו ומישריו ובאה האל״ף מקום היו״ד וכן אשרו חמוץ (לעיל א׳) : מבולעים. ענין השחתה כמו בלע ה׳ (איכה ב׳) : (טז) ומרע. מרשיע: נבלה. דבר מגונה: נטויה. מל׳ הטייה: (יז) שמיר ושית. מיני קוצים: ותצת. מלשון הצתה והבערה: בסבכי היער. הענפים המסובכים ונאחזים זה בזה כמו עד סירים

fire—*Their wickedness shall burn them and consume them like fire.*—[*Rashi*]

worms and thorns—I.e. *their* worms and thorns *shall consume their rebels and their transgressors.*—[*Rashi*]

and it kindled in the thickets of the

and those led by them are misled. 16. Therefore, over his
youths, the Lord shall not rejoice, and on his orphans and his
widows He shall not have mercy, for all of them are hypocrites
and evil doers, and every mouth speaks obscene language
despite all this, His anger has not turned away, and His hand is
still outstretched. 17. For wickedness has burnt like fire, and
thorns shall consume them, and it kindled

Comp. "(Job 23:11) *On His steps* (בַּאֲשֻׁרוֹ) *my foot has held fast.*—[*Rashi*]

and those led by them (lit. him)—*those who learned the ways of the false leaders.* Others read: *Those led in the way of the misleaders who lead them in these ways, confusing and perplexing ways, from which there is no way to emerge. The expression of* מְבֻלָּעִים, *misled or corrupt, applies to "ways," in the manner it is stated elsewhere*: "(supra 3:12) *O my people! Your leaders lead you astray, and the way of your paths they have corrupted.*—[*Rashi*]

Redak, like *Ibn Ezra,* connects מְאַשְּׁרֵי with מְיַשְּׁרֵי, *those who straighten,* rendering: Those who should straighten out this people, mislead them, and those considered by them as being led straight, are corrupted.

16. **Therefore, over his youths, the Lord shall not rejoice**—We find the opposite below (65:19): "And I will exult in Jerusalem and rejoice with My people." When a person follows evil ways and is punished, we say figuratively, that God is grieved. On the other hand, when one follows the right path and is rewarded by God, it is as though He rejoices. The prophet mentions the youths since they are usually led astray by their eyes, yet their strength cannot save them from divine retribution.—[*Redak*]

and on his orphans and his widows He shall not have mercy—Even on the orphans and widows who require mercy, the Lord will not have mercy.—[*Redak*]

for all of them—both great and small, strong and weak.—[*Redak*]

hypocrites—*Their out*ward behavior is good, but inside they are evil.—[*Ibn Ezra*]

despite all this—Despite the fact that no one will take pity on them, they have not repented. Therefore, His anger has not turned away from them, and His hand is still stretched out against them even in exile.—[*Redak*]

and evildoers—*Wicked. Comp.* "(1:4) *Evildoing seed.*"—[*Rashi*]

obscene language—[*Mezudath Zion* from *Ketuboth* 8b]. *Jonathan* renders: falseness.

17. **For wickedness has burnt like**

בְּסִבְכֵי הַיַּעַר וַיִּתְאַבְּכוּ גֵּאוּת עָשָׁן׃
יח בְּעֶבְרַת יְהוָה צְבָאוֹת נֶעְתַּם אָרֶץ
וַיְהִי הָעָם כְּמַאֲכֹלֶת אֵשׁ אִישׁ אֶל־
אָחִיו לֹא יַחְמֹלוּ׃ יט וַיִּגְזֹר עַל־יָמִין וְרָעֵב
וַיֹּאכַל עַל־שְׂמֹאול וְלֹא שָׂבֵעוּ אִישׁ
בְּשַׂר־זְרֹעוֹ יֹאכֵלוּ׃ כ מְנַשֶּׁה אֶת־
אֶפְרַיִם וְאֶפְרַיִם אֶת־מְנַשֶּׁה יַחְדָּו הֵמָּה
עַל

ת״א על ימין. שבת לג ב״ב כח: בשר זרועו. תענית ס:

תרגום

תְּשֵׁיצֵי וְתִשְׁלוֹט בִּשְׁאָר עַמָּא וּתְשֵׁיצֵי סְגֵי מַשִׁרְיָתָא: יח בְּתַבְעוּר מִן קֳדָם יְיָ צְבָאוֹת חֲרוּבַת אַרְעָא וַהֲוָה עַמָּא כִּיקִידַת נוּר גְבַר עַל אֲחוּהִי לָא חָיְסִין: יט וּבַז מִן דָרוֹמָא וּכְפֵין וְשֵׁיצֵי מִן צִפּוּנָא וְלָא שְׂבַע גְבַר נִכְסֵי קָרִיבֵיהּ יִבְזוּן: כ דְּבֵית מְנַשֶּׁה עִם דְּבֵית אֶפְרַיִם וּדְבֵית אֶפְרַיִם עִם דְּבֵית מְנַשֶּׁה כַּחֲדָא יִתְחַבְּרוּן לְמֵיתֵי עַל דְּבֵית יְהוּדָה

רש״י

אין יסוד תיבה אלא כך כמו מבכי נהרות (איוב כ״ח) עמק הבכא (תהלים פ״ד) והנו״ן באה בו לפרקים וכאן באה בו אל״ף במקום נו״ן כמו אל״ף של אבחת חרב (יחזקאל כ״א) ואל״ף של אחוותי באזניכם (איוב י״ג): (יח) **נעתם ארץ.** יונתן תירגם חרובת ארעא וקשה בעיני לפר׳ כן שהיה לו לומר נעתמה הארץ ואחרי שאין לו דמיון במקרא לא אחר לשון התרגו׳ ולא לשון אחר אני מפרשו לפי עניינו בעברת הקב״ה נעת׳ העשן הזה לארץ והוא לשון נגזר על הארץ או לשון נתך והגיע לארץ: (יט) **ויגזור על ימין.** יבוזו וישללו זה את זה על ימין או על שמאל ולא ימלא להם: **איש בשר זרועו.** ת״י גבר נכסי׳ קריביה יבזון: (כ) **מנשה את אפרים.** מנשה יתחבר עם אפרים: **ואפרים את מנשה.** עם מנשה ויחדיו המה יתחברו על יהודה:

מהר״י קרא

כולן. נתאבך. לשון ערבוב. ודומה לו נבוכו כל עדרי צאן. ואל״ף יתירה: (יח) בעברת ה׳ צבאות נעתם ארץ. תירגם יונתן חרוכת ארעא. אבל אחר פשוטו נעתם ארץ ניתן עת וזמן איש את רעהו אחיו לא יחמולו: (יט) ויגזר על ימין. ובאו עליהם כאויבים וישללו על דרום. איש את רעהו. גבר טכסיה קריביה יבזון: על שמאל. בצפון וכן תירגם יונתן: ולא שבעו. ולא שבעו מהן האומות: (כ) מנשה את אפרים. עם אפרים:

רד״ק

תאכלם תחל בקטנים והם הקוצים ואח״כ ותצת בסבכי היער והם הגדולים: ויתאבכו. לפי מקומו ויתגאו: גאות עשן. חסר כ״ף הדמיון כגאות עשן וכן לב שמח ייטיב גהה כגהה לפי שהמשיל רשעתם לאש בוערת אמר שתגאו כלומר עשנם גאה כגאות עשן כלומר שתפרסמו במעשיהם הרעים עד שכל האומות ידעו בה׳ כי יש רואה העשן ולא יראה האש כן ידעו הרחוקים מהם מעשיהם הרעים: (יח) בעברת. נעתם ארץ. חשך מלשון ערבי וי״ת חרוכת ארעא ובא ארץ בלשון זכר כמו שרץ ארצם צפרדעים: כמאכולת אש. כמו הדבר הנאכל באש שהעץ שאכלו בו האש דולק העץ האחר כן העם הזה איש את אחיו לא יחמלו לא די להם הרע שעושין להם אויביהם כי גם הם מריעים זה לזה: (יט) ויגזור. העם הזה חוזר על כל צדדיו וחוטף מכאן של אחד מחברו ואעפ״כ הוא רעב כי לא יספיקו לו ופי׳ ויגזור ויחטוף כי החוטף גוזר הדבר ממקומו וכן אומר אחר כן: (כ) מנשה את אפרים. זכר אלה לפי שהמלכות

אבן עזרא

המבער והשמיר והשית הם הרשעים: **ויתאבכו.** מלה זרה כמו התרוממו: (יח) **בעברת. נעתם.** כלשון קדר כמו חשך גם זה דבק בעבור העשן הנזכר למעלה ור׳ משה הכהן ז״ל אמר שהוא כמו יועם זהב והתי״ו מבנין התפעל וזאת טעות גדולה: (יט) **ויגזר.** דרך משל בעבור מלחמות שיעשו ביניהם והן אחים כאילו הם גוף אחד: (כ) **מנשה.** זה פירוש הפסוק שהוא למעלה. והנה מנשה ילחם עם אפרים ושניהם על יהודה:

מצודת ציון

סבוכים (נחום א׳): ויתאבכו. הוא ענין התרוממות ואין לו דומה: גאות. מלשון גאוה: (יח) בעברת. מל׳ עברה וחמה: נעתם ארץ. ת״י חרוכת ארעא: אל אחיו. על אחיו: (יט) ויגזור. ענינו הטיפה כי החוטף דבר מה גוזרו וכרתו ממקומו: על ימין. בימין על במקום בי״ת כמו עמדתם על חרבכם (יחזקאל ל״ג):

מצודת דוד

מרבית התבערה יתרוממו גאות העשן כי תנשא למעלה למעלה. ר״ל הפורעניות תגדל מאד: (יח) בעברת ה׳. כחמ׳ ה׳ תתחרך ותשרף ארץ: כמאכלת אש. כמו הדבר הנאכל באש שהעץ שנאחז בו האש מדליק את העץ האחר כן העם הזה איש אל אחיו לא יחמולו ולא יהיה די להם הרע שעשה האויב: (יט) ויגזור. יחטוף ממי שעומד בימין וישאר עדיין רעב ויאכל ממי שעומד בשמאל ולא ישבעו כי מעט ימלא בהם: איש. כ״א יאכל בשר זרועו מעקת רעבון: (כ) מנשה את אפרים. מנשה יבוז וישלול את אפרים: יחדיו המה. שניהם

as though they were one body.—[*Ibn Ezra*]

Jonathan renders: And he plundered on the south and was hungry, and destroyed from the north and was not sated; each one plunders the possessions of his relative.

20. **Manasseh with Ephraim**—*Manasseh will join Ephraim.*—[*Rashi*]

and Ephraim with Manasseh—*With Manasseh, and together they will unite against Judah.*—[*Rashi, Kara, Jonathan*]

Others explain: Manasseh against Ephraim and Ephraim against

in the thickets of the forest, and they have become entangled by
the thickening smoke. 18. By the wrath of the Lord of Hosts,
the smoke has reached the earth, and the people has become
like a conflagration of fire; no one has pity on his fellow-man.
19. And he snatched on the right and is still hungry, and he ate
on the left and they are not sated; each one eats the flesh of his
arm. 20. Manesseh with Ephraim, and Ephraim with
Manesseh, together they shall [unite]

forest—*in the impoverished segment of the population. "Thicket" refers to the branches.*—[*Rashi*]

and they have become entangled by the thickening smoke.—*They shall become entangled and hemmed in by the strength of the conflagration. Every expression of entanglement has only* בך *as its radical. Comp.* "(Job 28:11) *From the recesses* (מִבְּכִי) *of the rivers.*" "(Psalms 94:7) *The valley of entanglement* (הַבָּכָא)," *and the "nun" appears in it sometimes, and here an "aleph" appears in place of the "nun," like the "aleph" of* אִבְחַת, "*the howling of the sword* (Ezekiel 21:20)," *and the "aleph" of* וְאַחֲוָתִי, "*And my speech in your ears* (Job 13:17)."—[*Rashi*]

Redak explains שָׁמִיר וָשַׁיִת as "briars and thorns," rendering: It shall consume briars and thorns. This symbolizes the weak and the small, who are like thorns, easily ignited. From there, it will spread to the greater members of the nations, symbolized by the thickets of the forest, which do not ignite until the fire commenced by the thorns is burning.—[*Redak*]

and they have become entangled—*Redak* renders this as: And they have been proud as the pride of smoke. I.e., their deeds will become publicized so much that it will be as a column of smoke, visible much farther than fire.

18. **the smoke has reached**—Heb. נֶעְתַּם. *Jonathan translates: The earth has become scorched. But I find it difficult to explain it in that manner, for it should state* נֶעְתְּמָה, since אֶרֶץ is a feminine noun, *and since it is hapax legomenon in Scripture, appearing neither in the sense of the Targum nor any other sense, I explain it according to its context: By the wrath of the Holy One, blessed be He, this smoke reached the earth, and it is an expression that it was "decreed" upon the earth or an expression of "reaching" the earth.*—[*Rashi*]

Others render: The earth became darkened, after the Arabic cognate—[*Ibn Ezra, Redak, Ibn Ganah*] They claim that אֶרֶץ is found in the masculine gender. See Psalms 105:30.

19. **And he snatched on the right**—*They will pillage and plunder one another on the right or on the left and it will not suffice them.*—[*Rashi*]

This is written figuratively, referring to the civil wars among them,

עַל־יְהוּדָה בְּכָל־זֹאת לֹא־שָׁב אַפּוֹ
וְעוֹד יָדוֹ נְטוּיָה׃ י א הוֹי הַחֹקְקִים חִקְקֵי־
אָוֶן וּמְכַתְּבִים עָמָל כִּתֵּבוּ׃ ב לְהַטּוֹת
מִדִּין דַּלִּים וְלִגְזֹל מִשְׁפַּט עֲנִיֵּי עַמִּי
לִהְיוֹת אַלְמָנוֹת שְׁלָלָם וְאֶת־יְתוֹמִים
יָבֹזּוּ׃ ג וּמַה־תַּעֲשׂוּ לְיוֹם פְּקֻדָּה וּלְשׁוֹאָה
מִמֶּרְחָק תָּבוֹא עַל־מִי תָּנוּסוּ לְעֶזְרָה

תרגום

בְּכָל דָא לָא תָבוּ
מֵחוֹבֵיהוֹן דִיתוּב רוּגְזֵיהּ
מִנְהוֹן וַעַד כְּעַן מִתְקְפִין
מְרָדֵיהוֹן וְעוֹד מָחָתֵיהּ
עֲתִידָא לְאִתְפְּרַע מִנְהוֹן׃
א וַוי דְרַשְׁמִין רִשְׁמִין
דְמֵינַס וּכְתַב דְלֵיאוּ
כָּתְבִין׃ ב לְאַסְטָאָה
מִדִין מִסְכְּנִין וּלְמֵינַס מָה
דְרָעַן מַחֲשִׁיכֵי עַמָא
בְּדִינָא לְמֶהֱוֵי אַרְמְלָן
עֲדֵיהוֹן וְיַת נִכְסֵי יַתְמַיָא
יִבְזוּן׃ ג וּמָה תַּעְבְּדוּן
לְיוֹמָא דְיִסְעֲרוּן עֲלֵיכוֹן

רש"י

י (א) חקקי און. שטרי און שטרות מזויפין: ומכתבים. לשון ערבי הוא כמו מכתבים (שהמ"ם הירק וכ"ף שבא ות' קמוצה) בלשון עברי: (ב) להטות. על ידי שטרות שקר את הדלים מדין זכות הראויה להם: (ג) ליום פקודה. שיפקד הקב"ה עליכם עוניכם: ולשואה. ל' חורבן: על מי תנוסו לעזרה. הקדוש ברוך הוא אינו בעזרתכ': ואנה תעזבו. את כל הכבוד אשר אתם קובלים

מהר"י קרא

י (א) הוי החוקקים חקקי און. כותב שטר מזוייף ליטול ממון חבירו ממנו שלא כדין: (ב) להיות אלמנות שללם. נכסי אלמנות הוא שולל שלהם: (ג) ומה תעשו ליום פקודה. אמרו שתי פקידות הן אחת ליום מיתה ואחת ליום דין. והנה הנביא מוכיח את ישראל. בכם לא יועילו ייסורין לא גלות ולא שיעבוד מלכיות לא בית המקדש חרב ולא חרדת יום הדין. אך לא

אבן עזרא

י (א) הוי החוקקים. הוי כמו קריאה לשופטי' וסופריהם: ומכתבים. פועל יוצא לשני' פעולים מהבנין הכבד הדגוש ויהיה עמל דבק עם כתבו: (ב) להטות. יצוו לסופרים שיכתבו ספרי שקר על היתומים והאלמנות והדלי' שאין להן כח ואפילו לדבר: (ג) ומה. הטעם כל זה עשיתם והנה מה תעשו ביו' שיפקוד השם עונותיכם: כבודכם. הוא

רד"ק

היתה לאפרים ומנשה ואפרים אחים אעפ"כ אלה יבוזו את אלה ואחר כך יחדו המה על יהודה: בכל זאת. עם כל הרעת הזאת הבאה עליהם לא שבו ממעשיהם הרעים כדי שישוב ה' מחרון אפו: (א) הוי החוקקים. עתה דבר על הדיינים ועל סופריהם הדיינים היו מטים את הדין ואומרים לסופריהם לכתוב דין שפסקו שיהא להם קיום ואומר החקקים על הסופרים ואמר ומכתבים על הדיינים כי הם מכתבים וכתבו יוצא לשלישי הם מצוים לסופרים לכתוב והסופרים כותבים וחוקקים חקקי און והדיינים מכתבים להם אותו העמל והאון: (ב) להטות. כשבאים לפניהם לדין העשיר והגדול עם העני או האלמנה והיתום שהם חלושים אם הדין עם החלושים שהוא ברוב מפני חולשתם ותוקף שכנגדן והדיינים מטין את הדין ונותנים לעשיר ומהדרין פניו בדין והנה הדיינים כאלו הם שוללים ובוזזים העניים היתומים והאלמנות: (ג) ומה תעשו ליום פקודה. ליום שיפקוד האל עונותיכם: ממרחק. זהו מלך אשור שבא מארץ רחוקה לארץ ישראל להשחית': על מי. כמו אל כמו הרמתה על ביתו והדומים להם: ואנה תעזבו כבודכם.

מצודת דוד

יחד ילכו על יהודה לבלוע בלע: ועוד ידו נטויה. להכות עוד: י (א) הוי. יש להתאונן על החוקקים הם סופרי הדיינים על כי המה חוקקים און ר"ל כותבים דבר שאינו הגון וכשר: ומכתבים. הדיינין עצמם המצוים לסופריהם לכתוב המה יצוו לכתוב דברי עמל: (ב) להטות. מכתבם יהיה סיבה להטות את הדלים מן הדין הראוי להם: ולגזול. להעביר משפט האמת מן העניים: להיות. על ידי זה תהיינה האלמנות שללם ר"ל הרי כאלו הם בוזזים ושוללים את האלמנות והיתומים: (ג) ומה תעשו. כאומר אם אין כח ביד האלמנות והיתומים אבל מה תשיבו להמקום ב"ה בעת יפקיד עליכם העון הזה: ולשואה. לעת תבוא עליכם החושך ממרחק וזהו מלך אשור: לעזרה. לעזור לכם: ואנה תעזבו. כשתלכו בגולה אנה

מצודת ציון

י (א) החוקקים. ענין כתיבה: (ג) פקודה. ענין זכרון כמו ותפקוד עלי עון האשה (ש"ב ג): ולשואה. ענין חושך כמו אמש שואה (איוב ל'): על מי. כמו אל מי: ואנה. איה: כבודכם. כן יקרא העושר וכן עשה את כל הכבוד הזה (בראשית ל"א):

The word שׁוֹאָה denotes a sudden calamity. Hence, its victims were totally unprepared for it. Moreover, since it comes from afar, they are not familiar with the type of calamity about to befall them.—[*Malbim*]

Alschich explains "the day of visitation," as the day one dies and is brought to the Heavenly Tribunal to give an account of his deeds. The first question he is asked, is: "Have you dealt honestly?" The "destruction that shall come from afar," is the invasion by Babylonia, who will exile the kingdom of Judah. I.e., even before you die, you will be punished by the invaders.

and where will you leave—*all the*

against Judah; despite all this, His anger has not turned away, and His hand is still outstretched.

10

1. Woe to those who engrave engravings of injustice and missives of perverseness they write. 2. To pervert the judgment of the impoverished and to rob the judgment of the poor of My people, so that the widows are their plunder, and they pillage the orphans. 3. And what will you do for the day of visitation, and for the destruction that shall come from afar? To whom will you flee for aid,

Manasseh. Although they combined to form one kingdom, they will plunder one another, and then unite to plunder Judah.—[*Ibn Ezra, Redak*]

1. **engravings of injustice**—*Notes of injustice, forged notes.*—[*Rashi*]

I.e., they write forged notes to take money unlawfully.—[*Rabbi Joseph Kara*]

letters—Heb. מְכַתְּבִים. *This is Arabic, like* מִכְתָּבִים *in Hebrew.*—[*Rashi*]

Alternatively, Isaiah is castigating the judges who pervert justice and their scribes who record it, making the verdict binding on the litigants. We render thus: Woe to those [scribes] who engrave engravings of injustice and those [judges] who dictate, dictate perverseness.—[*Redak, Ibn Ezra, Mezudath David*]

2. **To pervert**—*through the false notes, the poor from the legal rights due them.*—[Rashi]

When a wealthy man comes to court with a poor man, a widow, or an orphan, who are weak, if the weak litigant is in the right, as is usually the case, that the wealthy exploit their weakness, if the judges pervert justice and favor the wealthy litigant, it is as though they plunder and pillage the widows and the orphans.—[*Redak*]

3. **for the day of visitation**—*when the Holy One, blessed be He, visits upon you your iniquities.*—[*Rashi, Redak*]

and for the destruction—Heb. וּלְשׁוֹאָה, *an expression of destruction.*—[*Rashi*]

Others explain it as "darkness." —[*Mezudath Zion*]

from afar—This refers to the king of Assyria, who will come from afar.—[*Redak, Kara*]

To whom will you flee for aid—lit. on whom.—[*Redak*]

The Holy One, blessed be He, will afford you no aid.—[*Rashi*]

תרגום

וְאָנָה תַעַזְבוּ כְּבוֹדְכֶם: ד בִּלְתִּי כָרַע
תַּחַת אַסִּיר וְתַחַת הֲרוּגִים יִפֹּלוּ בְּכָל־
זֹאת לֹא־שָׁב אַפּוֹ וְעוֹד יָדוֹ נְטוּיָה:
ה הוֹי אַשּׁוּר שֵׁבֶט אַפִּי וּמַטֶּה־הוּא בְיָדָם
זַעְמִי: ו בְּגוֹי חָנֵף אֲשַׁלְּחֶנּוּ וְעַל־עַם
עֶבְרָתִי אֲצַוֶּנּוּ לִשְׁלֹל שָׁלָל וְלָבֹז בַּז
וּלְשִׂימוֹ מִרְמָס כְּחֹמֶר חוּצוֹת: ז וְהוּא

ת"א זעמי. עקרים מ"ב פ"ג: ולשומו קרי לא

חוֹבֵיכוֹן וּלְרִגוּשׁ עָקָא מֵרְחִיק יֵיתֵי לְאָן תְּעַרְקוּן לְסָעִיד וְהֵיכָא תִשְׁבְּקוּן יְקָרְכוֹן: ד בְּכֵן בַּר מִן אַרְעֲכוֹן אֲסִירִין תִּתְאַסְרוּן וּבַר מִקִּרְוֵיכוֹן קְטִילִין תִּתְרְמוּן בְּכָל דָא לָא תָבוּ מֵחוֹבֵיהוֹן דִיתוּב רוּגְזֵיהּ מִנְהוֹן וְעַד כְּעַן מִתְקְפִין מָרְדֵיהוֹן וְעוֹד מַחֲתֵיהּ עֲתִידָא לְאִתְפְּרָעָא מִנְהוֹן: ה וַוי אַתּוּרָאָה שׁוּלְטַן רוּגְזִי וּשְׁלָאךְ שְׁלִיחַ מִן קֳדָמַי עֲלֵיהוֹן בְּלָוָט: ו בִּכְנִישְׁתָּא חֲנִיפָא אֲשַׁלְחִינֵיהּ וְעַל עַמָּא דַעֲבָרוּ עַל אוֹרַיְתָא אֲפַקְדִינֵיהּ לְמִבַּז בִּזָא וּלְמֶעְדֵי עֲדָאָה וּלְשַׁוְיוּתֵיהּ לְדָיִישׁ כְּטִין שׁוּקִין: ז וְהוּא לָא כֵן מְדַמֵּי וְלִבֵּיהּ לָא כֵן מְחַשֵּׁיב אֲרֵי לְשֵׁיצָאָה

מהר"י קרא

פדה יפדה על מי תנוסו לעזרה. כשיבא עליכם סנחריב שלא ימלט מידי אחד מכם: (ד) בלתי כרע תחת אסיר. אותם הכורעים במקום האסורים ומראה את עצמו כאלו הוא אסור. הוא לבדו ימלט מידו: ותחת הרוגים יפלו. וכן הנופלים במקום הרוגים ומראין עצמן כאלו הרוגים: (ה) הוי אשור. שהוא עכשיו שבט אפי. כשאני פורע ממנו: ומטה הוא בידם זעמי. מטה זעמי עשיתיי בעונותיהן של ישראל אמר הקב"ה מי גרם לישראל לעבוד עובדי פסילים עונותיהן של ישראל גרמו לי. וכן הוא אומר הוגעתני בעונותיך: (ו) בגוי חנף אשלחנו. כדי שיכנעו עצמן וישובו איש מדרכו הרעה: (ז) והוא

רש"י

מן הגזל כשתלכו בגולה: (ד) בלתי כרע תחת אסיר. במקום אשר לא כרע ולא יבין אחד מכם שלא היה שם כריע' המרכבן שם באותו המקום תהיו אסורים כלומר חוץ מארלכם תתאסרו וכן תירגם יונתן בר מן ארעכון אסירין תתאסרין: תחת. מקום כמו שבו איש תחתיו (שמות ט"ז): ותחת הרוגים יפלו. ובאותו מקום יפלו הרוגים: (ה) הוי. כי עשיתי את אשור שבט אפי לרדות בו את עמי: ומטה. הוא זעמי בידם של בני אשור: (ו) בגוי חנף. ישראל: (ז) והוא.

רד"ק

כי אתם תגלו מכבודכם: (ד) בלתי כרע. היו"ד לכנוי כמו ומושיע אין בלתי אמר לפי שהעם הזה בלתי אינם עמי ולא שומעים אלי לפיכך כרע תחת אסיר כלומר במקום האסירים כרע להיות עמהם ובמקום הרוגים גם כן יפלו הם הרוגים כלומר מהם שבוים ומהם הרוגים לא ישאר אחד מהם בארצו כי כולם יהיו גולים או הרוגים. והמפרשים פירשו בלתי כי היו"ד אינה לכנוי יש מפרשים כן לא ימלט אלא מי שיכרע ויחביא עצמו בין האסורים או במקום ההרוגים שלא יחשבוהו שהוא חי.וא"א ז"ל פי' בעבור שלא כרע לאל אסורים והרוגים יהיו. ורבי אחי הר' משה ז"ל פירש זולתי הכריעה שיש להם בארצם שהגוים מכניעים אותם זולתי זאת תבא להם גדולת מזאת והיא הגלות שהיו מהם אסורים או מהם הרוגים: (ה) הוי אשור. לשון קריאה קורא לו שיבא על ארץ ישראל לשלול שלל וקוראהו שבט אפו ומטה זעמו שבו מיסר ישראל ופי' בידם במקומם כלומר בארץ ישראל אשלח זה השבט ויש מפרשים בידם של מחנה אשור כלומר מטה זעמי שמתי בידם ואחר כך פירש עוד ואמר: (ו) בגוי חנף. הפסוק כפל בענין במלות שונות: ולשומו מרמס. כי הכל יהיו דורכים ורומסים עליהם: (ז) והוא לא כן ידמה. כפול בענין במלות שונות אמר

אבן עזרא

ההמון: (ד) בלתי. הטעם כל זה עשיתם לא ימלט רק מי שיכרע תחת אסיר ויפיל עצמו תחת הרוגים כאילו הוא הרוג כמוהם: (ה) הוי אשור. הוא דרך קריאה: שבט אפי. שהוכחתי בו רבים והמטה שהוא ביד בני אשור הוא זעמי: (ו) בגוי. ועל עם עברתי. שיש לי עברה עליו: (ז) והוא.

מצודת ציון

(ד) בלתי. ענינו כמו לא: תחת. במקום כמו שבו איש תחתיו

מצודת דוד

תעזבו ההון אשר אספתם בגזל הלא לא ישאר לא כן ולא כה: (ד) בלתי כרע. במקום אשר לא כרע כריעה המרכבן שם באותו המקום יהיה אסיר ר"ל חוץ מארלכם תאסרו: ותחת. ובאותו מקום יפלו הרוגים: ועוד ידו נטויה. להכות בהם בהיותם בארץ אויביהם: (ה) הוי אשור וגו'. יש להתאונן על כי אשור יהיה השבט לעשות בהם אפי להכות ולרדות אותם: ומטה. הזעם מה שאני זועם על ישראל הוא ביד אשור למטה כי עי"ז יכה בהם כרצונו: (ו) בגוי חנף. הם ישראל המחניפים לילדם למלאות שאלתו ופתויו: עברתי. מה שאני מלא עליו עברה וזעם: ולשומו מרמס. לרמוסו ברגל כטיט המושלך בחוצות: (ז) והוא. אבל סנחריב מלך אשור

This may also be rendered: And a staff in their place is My fury. I.e. I will send this staff into Eretz Israel to chastise My people there.—[*Redak*]

6. **Against a hypocritical nation**—*Israel.*—[*Rashi*]

the people of My anger—the people with whom I am wroth.—[*Ibn Ezra*]

and where will you leave your riches? 4. Where he never knelt,
in that place he will be a prisoner, and in that place they will fall
slain; despite all this, His anger has not turned away, and His
hand is still outstretched. 5. Woe that Assyria is the rod of My
wrath, and My fury is a staff in their hand[s]. 6. Against a
hypocritical nation I will incite them, and upon the people of
My anger will I command them, to plunder and to spoil spoils,
and to make it trodden down like the mud of the streets.

riches you are accumulating from robbery, when you go into exile?—[*Rashi*]

You will leave over neither son nor daughter.—[*Mezudath David*]

Others render: "Where will you leave your honor?" I.e., the haughtiness and arrogance with which you behave.—[*Abarbanel*]

Alternatively, where will you leave your beautiful houses?—[*Rabbi Isaiah of Trani*]

4. **Where he never knelt**—*In the place where none of you ever knelt or lay down, where there was no kneeling to lie down, in that place you shall be prisoners, i.e. to say, outside of your land you shall be imprisoned, and so did Jonathan render: Outside of your land you shall be bound as prisoners.*—[*Rashi*]

in that place—Heb. תַּחַת, *a place. Comp.* "(Exodus 16:29) *Let every man stay in his place* (תַּחְתָּיו)."—[*Rashi*]

and in that place they will fall slain—Heb. וְתַחַת הֲרוּגִים יִפֹּלוּ.—[*Rashi*]

Others render: Except those who kneel in the place of the prisoners, [feigning to be bound like them] and in the place of the slain they fall, [feigning death]. Only those shall escape.—[*Kara, Ibn Ezra*]

Redak suggests: Since they are not with Me, they will kneel at the place of the prisoners and in the place of the slain they will fall slain.

5. **Woe**—*that I made Assyria the rod of My wrath with which to chastise My people.*—[*Rashi*]

and . . . a staff—*is My fury in the hands of the people of Assyria.*—[*Rashi*]

Others render: *Oh, Assyria, the rod of My wrath*—This is the sign of the vocative. God calls to Assyria to march on Israel and attack it. He addresses them as "the rod of My wrath," for with this nation He chastised many other nations.—[*Ibn Ezra, Redak*]

and My fury is a staff in their hand[s]—I.e. in the hand of Assyria. The staff of My fury I have given into their hands to chastise Israel.

אֲמַר בִּלְבֵּיהּ וְלַאֲסָפָא עַמְמִין לָא בְּחָיָס: ח אֲרֵי יֵימַר הֲלָא כָּל שִׁלְטוֹנַי כַּחֲדָא כְּמַלְכִין חֲשִׁיבִין קֳדָמַי: ט הֲלָא כְּמָא דְכַרְכְּמִישׁ כְּבִישָׁא קֳדָמַי כֵּן כַּלְנוֹ אִם לָא כְּמָא דְאַרְפַּד מְסִירָא בִידִי כֵּן חֲמָת וּכְמָא דַעֲבָדִית לְדַמֶּשֶׂק כֵּן אַעְבֵּיד לְשָׁמְרוֹן: י כְּמָא דְאַשְׁכַּחַת יְדַי מַלְכְוָן דִפְלְחָן לְטַעֲוָתָא וְצַלְמָנֵיהוֹן מִירוּשְׁלַם

לֹא־כֵן יְדַמֶּה וּלְבָבוֹ לֹא־כֵן יַחְשֹׁב כִּי
לְהַשְׁמִיד בִּלְבָבוֹ וּלְהַכְרִית גּוֹיִם לֹא
מְעָט: ח כִּי יֹאמַר הֲלֹא שָׂרַי יַחְדָּו
מְלָכִים: ט הֲלֹא כְּכַרְכְּמִישׁ כַּלְנוֹ אִם
לֹא כְּאַרְפַּד חֲמָת אִם־לֹא כְּדַמֶּשֶׂק
שֹׁמְרוֹן: י כַּאֲשֶׁר מָצְאָה יָדִי לְמַמְלְכֹת
הָאֱלִיל וּפְסִילֵיהֶם מִירוּשָׁלִַם וּמִשֹּׁמְרוֹן:

רש"י

סנחריב: **לא כן ידמה**. שהגזרה מאתי ואני שולחו. ידמה (קווידיי"ר בלע"ז): (**ולבבו לא כן יחשוב**. שלחתיו על עסקי ממון לשלול ולבוז בז) כי בלבבו להשמיד את הכל בגאותו: (ח) **כי יאמר וגו'**. לכך גבה לבו: (ט) **הלא בכרכמיש**. כאשר בני כרכמיש שרים ושלטונים כן בני כלנו על כן אם לא כארפד אשר הוא משלטנות חמת שלקחתי מארם ואם לא כדמשק שלקחתי מיד ארם כן עשיתי לשומרון אם לא כארפד המת דבוק הוא כארפד של חמת לכך נקוד פתח: (י) **ופסיליהם**. היו מירושלים ומשומרון מכאן

מהר"י קרא

לא כן ידמה. שיהא שבט אפי אלא מתפאר לומר בכח ידי עשיתי: ולבבו לא כן יחשוב. לשלול שלל ולבוז בז: כי להשמיד בלבבו. אלא להשמיד את הכל יחשוב בלבבו כלומר אני שלחתיו על ישראל לשלול שלל ולבוז בז. והוא לא כן ידמה. אלא סביר להשמיד ולהכרית מעל פני האדמה: (ח) כי יאמר הלא שרי יחדו מלכים. והוא גרם לי לעשות את כל אלה. בכח ידי עשיתי את כל אלה: (ט) הלא ככרכמיש כלנו. מתפאר בעצמו ואומר כמו שחרבתי כרכמיש כך אחריב את כלנו: אם לא כארפד חמת. כאשר עשיתי לארפד כן אעשה לחמת. וכמו שעשיתי לדמשק כן אעשה לשומרון: (י)כאשר מצאה ידי. למלכות שעובדי אלילים כן אעשה לשומרון. ואם תאמר אם שהחריבו מלכי אשור ואת כל הגוים ואת ארצם כי לא אלהים המה כי אם מעשה ידי אדם עץ ואבן אבל אלהי ירושלם ושומרון לא אוכל בהם. דע כי אלהות אחד לכולן לפי

אבן עזרא

ידמה. כמו כאשר דמיתי והוא מגזרת דמיון והטעם לא יחשב כי להוכיח שלחתיו רק אין לו מחשבה כי אם לעקור את הכל: (ח) **כי יאמר**. בלבו הנה שבו שרי שהיו בתחלה שרים הנם מלכים על גוים: (ט) **הלא ככרכמיש כלנו**. כמו ואכד וכלנה והם שמות מקומות נקראו על שם הבונים כמו מצרים: (י) **כאשר**. עשיתי למלכות עובדי ע"ז: **מירושלים**. מסביבות ירושלם והם ערי יהודה הבצורות

רד"ק

כי מלך אשור לא יחשב כי הוא שלוחי וממטה זעמי אבל חשב כי בכח ידו עושה מה שעושה מנציחת האומות והוא אינו יודע כי הוא שלוחי וכאשר ארצה אמנענו מלהשחית והוא חושב להשחית הכל ואפי' ירושלם: לא מעט. אחר שהשחית כל הממלכות וגם רוב מלכות ישראל אמר שלא ישאר זה המעט והיא ירושלם שלא יכבוש אותם: (ח) כי יאמר. בלבבו או לעמו איך תעמד עיר או ממלכה לפני הלא כל אחד משרי הוא חשוב כמלך ויש לכל אחד מהם עם גדול וחיל רב או פי' שרי מלכים הם והם מלכי האומות שכבש: (ט) הלא ככרכמיש. אלה העיירות על נהר פרת במלכות ארם וכבשם מלך אשור לפיכך אמר הלא ככרכמיש כלומר זו כזו כי כולם היו שוות לפני ונמסרו בידי. וכן שמרון כמוהם: כלנו. הוא כלנה הוא הנזכר בספר עמוס: (י) כאשר. לממלכות האליל ופסיליהם כלומר אף על פי שיש בהם אלילים ופסילים לא היה בהם כח לחציל ארצם מידי: מירושלם ומשמרון. פי' שהיו חזקים מירושלים ומשמרון. וכיון שלהם מצאה ידי כל שכן שמרון

מצודת דוד

לא ידמה כן כמו שהיא שגזרה היא מלפני: ולבבו וגו'. בשל שדבר במ"ש: כי להשמיד בלבבו. כי חושב בלבבו להשמיד הכל ואף ירושלים כאלו נעשה הנלחון בכח זרועו: ולהכרית. חושב להכרית הכל לבל ישאיר אף מעט: (ח) יחדיו. זה כזה כ"א חשוב כמלך לפי מרבית העם שיש לכ"א: (ט) הלא ככרכמיש. הלא כמו שכבשתי את כרכמיש כן כבשתי את כלנו: אם לא וגו'. האם לא כמו שכבשתי את ארפד אשר היא משלטנות חמת האם לא שכבשתי את דמשק כן אכבש את שומרון: (י) כאשר מצאה ידי. כמו שהשיגה ידי לכבוש הממלכות האלה עובדי האליל והלא פסיליהם חזקים מפסילי ירושלים ומפסילי שומרון וכאומר א"כ כל שכן

מצודת ציון

(שמות יח): (ז) ידמה. מלשון דמיון ממחשבה:

identified with Calneh, mentioned in Amos 6:2.—[*Redak*]

10. **As my hand was able to conquer the pagan kingdoms and their graven images**—Just as I was able to conquer these kingdoms despite the power of their deities, who could not save their worshippers from my hand.—[*Redak*]

and their graven images—*were from Jerusalem and from Samaria. From here we deduce that the wicked of Israel supplied all the nations with their images, and "since the worshippers of the graven images of Samaria and Jerusalem fell into my hands, and their graven images did not save them, so will Samaria and Jerusalem not be saved."*—[*Rashi* from *Song of Songs Rabbah* on 6:3, p. 66]

7. But he does not deem it so, and his heart does not think so,
but to destroy is in his heart, and to cut off nations, not a few.
8. For he says, "Are not my princes together kings? 9. Is not
Calno like Carchemish? Is it not like Arpad of Hamath? Will
not Samaria be like Damascus? 10. As my hand was able to
[conquer] the pagan kingdoms, and their graven images were
from Jerusalem and Samaria.

7. **But he**—*Sennacherib.*—[*Rashi*]

does not deem it so—*that the decree is from Me, and that I am sending him.* יְדַמֶּה—*koujjder in O.F.*—[*Rashi*]

and his heart does not think so—*that I sent him concerning money, to take plunder and spoils.*—[*Rashi,* found in some editions]

but in his heart is the thought *to destroy everything with his haughtiness.*—[*Rashi, Kara*]

Others explain that Sennacherib was under the impression that he was conquering nations with his own power. He does not realize that he is My agent, and that whenever I wish to terminate his march of destruction, he will be powerless. He thinks he can destroy everything, even Jerusalem.—[*Redak*]

not a few—He does not believe that he has the power to destroy only a few nations, those who have incurred divine wrath. He intends to destroy many great nations.—[*Malbim*]

Others explain that Sennacherib intends to destroy the entire nation, not even to leave over a little, namely Jerusalem, a small part of the country.—[*Redak*]

8. **For he says**—to himself or to his people, "How can a city or a kingdom resist me? Is not each of my princes equivalent to a king? Each one has a huge army. Alternatively, the kings of the conquered nations are my princes.—[*Redak*]

Therefore, his heart is haughty.—[*Rashi*]

9. **Is not Calno like Carchemish**—*Just as the inhabitants of Carchemish are princes and governors, so are the inhabitants of Calno. Therefore, if not like Arpad, which is under the rule of Hamath, which I took from Aram, and if not like Damascus, that I took from Aram, so will I do to Samaria. "If not like Arpad of Hamath," is the construct state, like Arpad of Hamath. Therefore, it is voweled with a "pattach."* I.e., it reads אַרְפַּד rather than אַרְפָּד.—[*Rashi*]

Jonathan, however, renders: Is not Calno conquered before me just as Carchemish? Was not Hamath delivered into my hands just like Arpad? And just as I have done to Damascus, so will I do to Samaria. Note that he separates Arpad from Hamath. *Kara* follows this translation.

All these cities were on the Euphrates River. They had once belonged to Aram, and were since conquered by Assyria. Calno is

יא הֲלֹא כַּאֲשֶׁר עָשִׂיתִי לְשֹׁמְרוֹן
וְלֶאֱלִילֶיהָ כֵּן אֶעֱשֶׂה לִירוּשָׁלִַם
וְלַעֲצַבֶּיהָ: יב וְהָיָה כִּי־יְבַצַּע אֲדֹנָי אֶת־
כָּל־מַעֲשֵׂהוּ בְּהַר צִיּוֹן וּבִירוּשָׁלִָם
אֶפְקֹד עַל־פְּרִי־גֹדֶל לְבַב מֶלֶךְ־אַשּׁוּר
וְעַל־תִּפְאֶרֶת רוּם עֵינָיו: יג כִּי אָמַר
בְּכֹחַ יָדִי עָשִׂיתִי וּבְחָכְמָתִי כִּי נְבֻנוֹתִי

תרגום

וּמִיקָּמְתָא דְשֹׁמְרוֹן:
יא הֲלָא כְּמָא דַעֲבָדִית
לְשֹׁמְרוֹן וּלְטַעֲוָתְהָא כֵּן
אַעְבֵּיד לִירוּשְׁלֵם
וּלְצַלְמָנַיָא דִי בַהּ:
יב וִיהֵי אֲרֵי יְשֵׁיצֵי יְיָ
לְמֶעְבַּד יַת כָּל דַאֲמַר
בְּטוּרָא דְצִיוֹן וּבִירוּשְׁלֵם
אַסְעַר עַל עוֹבָדֵי רָם
לִבָּא דְמַלְכָּא דְאַתּוּר
וְעַל תּוּשְׁבְּחַת רְמוּת
עֵינוֹהִי: יג אֲרֵי אֲמַר
בִּתְקוֹף יְדִי עֲבָדִית
וּבְחוּכְמְתִי אֲרֵי סוּכְלְתָן

מהר"י קרא

שירושלם ושומרון היתה מספקת תופשי ע"ז לכל האומות על כן בטוח אני כאשר מצאה ידי לממלכות האלה. כן אעשה לירושלם ולעצביה. למדת ששניהם היו עובדין לאלילים ולעצבים: (יב) והיה כי יבצע ה' את כל מעשהו. והיה לפי מלאות דבר ה' שיבצע את כל מעשהו שיאמר להביא על הר ציון וירושלם. בעון שעובדין לעצבים. אז אפקוד על פרי גודל. פרי לשון יתירה הוא שאדם מדבר לשון שפת יתר: פרי גודל לבב. ועל תפארת רום עיניו. על שהוא משתבח בעצמו כאשר מפרש והולך: (יג) כי אמר בכח ידי עשיתי. שהחרבתי את כל הגוים:

רש"י

שרשעי ישראל היו מספיקין דמות צלמים שלהם לכל האומות ואחרי שעובדי פסילי שומרון וירושלים נפלו בידי ולא הצילום פסיליהם כך שומרון וירושלים לא תנצל: (יא) כאשר עשיתי לשומרון וגו'. זאת יאמר לאחר שיכבוש את שומרון: (יב) והיה כי יבצע וגו'. אבל לא היה כמו שדימה אלא מאחר שיגמור הקב"ה את כל מעשהו ונקמתו בישראל ובקלת ערי יהודה ומאותה יראה יכנעו בני ציון וירושלים לשוב אלי אודיע למלך אשור כי לא בכוחו גבר: אפקוד על פרי גודל לבב מלך אשור. על אשר הפרה והרבה גודל לבב מלך אשור להתהלל בכחו על שקר פרי גודל (קריישמנ"ס דגרדיי"א בלע"ז) של לב סנחריב: תפארת רום עיניו. על שנתפאר בגאותו. תפארת (ונטמל"ט בלע"ז): רום עיניו. גסות רוחו כענין שנאמר גבה עינים ורחב לבב (תהלים ק"א): (יג) כי אמר בכח ידי עשיתי. כל גבורתי לא מאת הקב"ה: נבנותי. חכמתי: ועתידותיהם. מעמד' ומצב': ואוריד. הורדתים מגדולתם: כביר יושבים.

רד"ק

וירושלים וזה אמר קידם שלכד שמרון ואחר שלכד שמרון אמר: (יא) הלא כאשר. אליליה. ועצביה. ענין אחד במלות שונות: (יב) והיה כי יבצע. כי ישלים כמו ידיו תבצענה בצע אמרתו אמר כאשר ישלים ה' את כל מעשהו בגוים ובישראל על ידי מלך אשור בהר ציון ובירושלם אפקוד עליו עונות שחשב כי בכחו עשה מה שעשה בירושלם כי שם מת מחנהו ושם נפקד עונו ומה שאמר על פרי גודל לבב מלך אשור לפי שמחשבתו הרעה עשתה פירות. שהיה מתפאר בה לבני אדם ואומר בכח ידי עשיתי ובחכמתי כי נבונתי והיה מצליח בכל דרכיו לפיכך היה חושב כי בחכמתו תלויה הצלחתו זהו שאמר על פרי וכפל הענין ואמר ועל תפארת רום עיניו כי גבהות הלב נראה בעינים וכן אמר רום עינים ורחב לב: (יג) כי אמר. גבולות עמים לפי שכבש כל הארצות כאלו הסיר כל הגבולות כי לכל עם יש גבול לארצו לפי התפשט המלכות כאמרך מלכות עם פלוני מכאן ועד כאן וכיון שהוא

אבן עזרא

שתפש: (יא) הלא. זאת הנבואה היא על סנחריב כאשר יבא להלחם על ירושלם: (יב) והיה כי יבצע. ישלים וכמוהו ידיו תבצענה: את כל מעשהו. להביא חיל סנחריב אל ציון: על פרי. כמו פרי מחשבתו: (יג) כי. עשיתי. גבורה: נבונותי. מהשניים הנראים מבנין נפעל: ואסיר. עתיד

מצודת ציון

(יב) יבצע. ענין השלמה כמו וידיו תבצענה (זכריה ד'): אפקוד. ענין השגחה כמו פקדו נא וראו (ש"א י"ד):

מצודת דוד

שאכבוש את ירושלים ואת שומרון: (יא) הלא כאשר וגו'. אחר שיכבוש שומרון בבואו על ירושלי' יאמר הלא כאשר וגו': ולאליליה. כי גם האלילים שבר ולקח עמו לאשור: (יב) כי יבצע. כאשר ישלים ה' את מעשהו להביא חיל סנחריב על ציון וירושלים: אפקוד. אז אשגיח על מה שספרה והרבה גודל לבב: ועל תפארת. על התפארות גאותו: (יג) עשיתי. כל מה שעשיתי בדבר הנלחון עשיתי בכח ידי ובחכמתי כי אני נבון: ואסיר. כי לכל עם יש גבול לארצו לפי

I.e. what I destroyed all the nations.—[*Kara*]

I am clever—*Targum Jonathan.* More exactly, *I have become clever.*—[*Rashi, Ibn Ezra*]

and I remove the boundaries—

11. Indeed, as I did to Samaria and to her idols, so will I do to
Jerusalem and to her idols." 12. And it shall be, when the Lord
completes all His work on Mount Zion and in Jerusalem, I will
visit retribution upon the increase of the arrogance of the king
of Assyria's heart and upon the boasting of the haughtiness of
his eyes. 13. For he said, "With the strength of my hand I
accomplished it, and with my wisdom, for I am clever,

Alternatively, since I was able to conquer the pagan kingdoms and their graven images, although they were *stronger than* Jerusalem and Samaria, I will surely be able to conquer Jerusalem and Samaria.—[*Redak*]

With slight variation, "although their idols are more powerful than those of Jerusalem and Samaria."—[*Abarbanel*]

Ibn Ezra renders: Around Jerusalem and Samaria.

11. **as I did to Samaria**—*He shall say this after he conquers Samaria.*—[*Rashi, Ibn Ezra, Redak*]

12. **And it shall be, when the Lord completes . . .**—*But it did not come about as he thought, but, after the Holy One, blessed be He, completes all His work and His vengeance against Israel and against some of the cities of Judea, and because of that fear, the inhabitants of Zion and Jerusalem will be humbled to return to Me, I will let the king of Assyria know that not by his power was he victorious.*—[*Rashi*]

His work—to bring Sennacherib's army to Zion.—[*Ibn Ezra*]

I will visit retribution upon the increase of the arrogance of the king of Assyria's heart—*For that which he increased the arrogance of the king of Assyria's heart, to boast of his power falsely. The fruit of the arrogance is craysement de grandeze in O.F., increase of arrogance, of Sennacherib's heart.*—[*Rashi*]

the boasting of the haughtiness of his eyes—*Since he boasted with his haughtiness. Boasting is vantance in O.F.*—[*Rashi*]

haughtiness of his eyes—*Arrogance, as the matter is stated:* "(Psalms 101:5) *One who has proud eyes and a haughty heart.*"—[*Rashi*]

Others render: the fruit of the arrogance, i.e. the results thereof, namely, his bragging to others of his power and cleverness.—[*Ibn Ezra, Redak*]

13. **For he said, "With the strength of my hand I accomplished this**—*None of my might is from the Holy One, blessed be He.*—[*Rashi*]

וְאָסִיר ׀ גְּבוּלֹת עַמִּים וַעֲתִידֹתֵיהֶם
שׁוֹשֵׂתִי וְאוֹרִיד כַּאבִּיר יוֹשְׁבִים׃
יד וַתִּמְצָא כַקֵּן ׀ יָדִי לְחֵיל הָעַמִּים וְכֶאֱסֹף
בֵּיצִים עֲזֻבוֹת כָּל־הָאָרֶץ אֲנִי אָסָפְתִּי
וְלֹא הָיָה נֹדֵד כָּנָף וּפֹצֶה פֶה וּמְצַפְצֵף׃
טו הֲיִתְפָּאֵר הַגַּרְזֶן עַל הַחֹצֵב בּוֹ אִם־

אֲנָא וְאַגְלֵיתִי עַמְמַיָא
מִמְדִינָא לִמְדִינָא וְקִרְוֵי
תּוּשְׁבַּחְתְּהוֹן בְּזֵיתִי
וַאֲחָתֵית בִּתְקוֹף יַת
יָתְבֵי כְּרַכִּין תַּקִיפִין׃
יד וְאַשְׁכָּחֵית כְּקִנָּא יְדֵי
נִכְסֵי עַמְמַיָא וּכְמִכְנַשׁ
בֵּיעִין שְׁבִיקִין כָּל דַיָרֵי
אַרְעָא אֲנָא כְנֵישִׁית וְלָא
הֲוָה נָטֵיל מִכָּא וְשָׁדֵי
כָּא וּפְתַח פּוּמָא וּמְמַלֵיל
מִלָּא׃ טו הַאֶפְשַׁר
דִישְׁתַּבַּח

ת"א ואסיר גבולות עמים. ברכות כח ידים עו: היתפאר הגרזן. עקדה שער לה עקרים מ"ב פ"ג
ועתודותיהם קרי כביר קרי

רש"י

יושבים רבים. כביר פלשור"ש: (יד) כקן. כקיני עופות הפקר: וכאסוף ביצים עזובות. וכאשר יאסוף איש ביצים עזובות, שעזבתם אמם ואין מוחה בידם לכסות עליהם: נודד כנף ופוצה פה ומצפצף. כל הל' הזה נופל בעופות לפי שדימה אותם הגולים לקן לפרים ולבצים עזובות אמר ל' זה לא לפלפו עליהם האב והאם: (טו) היתפאר הגרזן.

מהר"י קרא

ובחכמתי כי נבונותי. פת' כמו בינתי בספרים. כלומר בבינותי: ואסיר גבולות עמים. מה עשה אותו רשע. את העם העביר אותו לערים. זה בגבול זה. וזה בגבול זה. כדי שלא יתחזק אחד על (של) [שלו] וישוב וימרוד בו: ועתודותיהם שושתי. מקומות שהן עומדין מימי קדם: ואוריד כביר יושבים. תמיד נהוג בכך להוריד הווק ממלכות העמים שיושבין בחוזק ואומ' יהת עלינו: (יד) ותמצא [כקן] ידי. כקן של אפרוחים שהלכה לה האם מעליהן: וכאסוף ביצים עזובות. שהאם אינה רובצת עליהם. כענין שנאמר כל הארץ אני אספתי. ואין מי שנודד כנף האם על הבנים. שאם באדם נודדת את כנפיה ומצפצפת בפיה. על הנוטלת בניה. כלומר לא עמד אדם בפני: (טו) היתפאר הגרזן על החוצב בו. כלומר

אבן עזרא

והטעם על זמן עומד כמו יעשו עגל בחורב: ועתידותיהם שושתי. מגזרת ועתדה בשדה לך הממון שיזמן האדם שימלאהו לעתיד מימיו: ואוריד כאביר. ואם הוא באל"ף הוא נוסף והטעם אוריד היושבים בארמון כביר. ויאמר ר' משה הכהן כי האל"ף עיקר כמו אביר הרועים והטעם כגבור: (יד) ותמצא. לחיל. ממון כמו את החיל הזה: נודד כנף. פועל יוצא והנה הכנף פעול בעבור שהמשילם לבצים. והאפרוחים יולדו מהם: (טו) היתפאר הגרזן. כלי

רד"ק

כבש הכל שב הכל מלכות אחת וכאלו אין מלכיות הגוים נחלקות והנה הוא כאלו הסיר הגבולות: ועתידותיהם שושתי. כתוב ביו"ד וקרי ועתודותיהם בוי"ו ואחד הוא בענין: שושיתי. בשני שיני"ן השניה קורין סי"ן והוא כמו סמך מן שוסים את הגרנות ושוסתי מהדומה למרובע ופי' עתודותיהם אוצרותיהם לפי שממון האוצרות הוא טמון בהם לעתיד אם יצטרך לו וי"ת וקרוי תשבהתהון בזיתי: ואוריד כאביר יושבים. אל"ף כאביר נוספת או המלה נוספת מן כביר ואביר ושניהם ענין אחד וההרכבה להגדלה פי' אותם שיושבים במקום כביר וחזק אני מוריד אותם לארץ ובפסוק ואסיר ואוריד לעתיד כי הוי"ו בשו"א ושושיתי עבר והנה עבר ועתיד בפסוק והטעם כי כבש המדינות ועתיד לכבוש הארצות: (יד) ותמצא כקן ידי. כמו שהקן מופקר ונעזב לכל עובר וכ"כ גם כן כעוף נודד קן משולח. אמר חיל העמים מצאה אותו ידי. כמו שימצא האדם הקן ויקחנו ואין ממחה בידו כן אני לא מצאתי בכל העמים מי שיעמד כנגדי וכמו שיאסוף אדם בצים עזובות שאין האם עליהם כי כשהעוף עליהם נודד כנפיו ומכה בקן למנוע מלקחתם אם יוכל אבל כשהם עזובות יקחם בלא מניעה כן אני לא מצאתי מונע לכל מה שלקחתי ואספתי ולא אפי' בדבור כל שכן במעשה ולפי שהמשיל חיל עמים לקן ולבצים עזובות המשיל העמים לעוף לפיכך אמר נודד כנף ופוצה פה ומצפצף ולמ"ד לחיל כלמ"ד הרגו לאבנר ונודד הוא פעל יוצא או יהיה פעל עומד כחבריו והוא כמו נבלת עליה לפי שעליה נובלים תקרא האלה נובלת כלומר מצד עליה שהם נובלים וכן נודד כנף מצד כנפיו שהוא נודד: (טו) היתפאר. אמר הנביא אלה דברי

מצודת דוד

התפשטות המלכות באמרו ע"כ גבול מלכות זו וע"כ וגו' וכיון שכבש הכל הסיר הגבולים כי נחשב הכל כמלכות אחת: ועתודותיהם שושתי. שללתי אולרותיהם: ואוריד. הורדתי היושבים במקום חוזק והוזר על תהלת המקרא שאומר את כל אלה עשה בכח הזרוע ובחכמה נפלאה: (יד) ותמצא כקן ידי. ר"ל השיגה ידי ללכד העמים כמו שיד כל משגת קן לפור המופקר: וכאסוף וגו'. אספתי אני את כל אנשי הארץ כמו המאסף הבלים שעזבם אמם והלכה לה: ולא היה נודד כנף. לפי שדמה הגולים לקן לפור ולבילים עזובות אמר לשון הנופל בעופו' שמנדנדי' בכנפיה' ופותחי' פיהם ומלפלפי' כחושבם שבזה יונללו ורלה לומר שלא עמד מי למולו למחות בידו: (טו) היתפאר. אמר הנביא וכי מהראוי שיתפאר הגרזן על החולב

מצודת ציון

(יג) ועתודותיהם. אולרותיהם המזומן לעת הלורך. וכוא מלשון התעתדו לגלים (איוב ט"ו) שהוא ענין הזמנה: שושתי. כמו שוסתי בסמ"ך והוא ענין בזה ושלל כמו שוסי' את הגרנות (ש"א ל"ג): כביר. ענין חוזק כמו כביר כח לב (איוב ל"ו): (יד) כקן. הוא מדור העופות כמו ודרור קן לה (תהלי' פד): לחיל. ענין לבא עם: ופצה. ענין פתיחה כמו פליתי פי (שופטים י"א): ומצפצף. כן נקרא השמעת קול העופות: (טו) הגרזן. שם הכלי שהוטבים בו העלים כמו ונדחה ידו בגרזן (דברי' י"ט): החוצב. ענין חטיבה

No one even protests my conquests verbally, surely no one uses force to stop me.—[*Redak*]

15. **Shall the axe boast**—*The Holy One, blessed be He, says: "You should not have boasted about this, since you are merely like My axe, and I am hewing with you; I visit retribution upon My enemies. You are the saw, and I am He Who wields it. Now is it customary for the saw to boast over the one who wields it?*

משור *is dolodojjre in O.F.*, a small axe.—[*Rashi* according to mss.] From other commentaries, as well as *Jonathan*, it appears to be a saw.

and I remove the boundaries of peoples, and their positions
have I plundered, and I lowered many inhabitants. 14. And
my hand found the wealth of the peoples like a nest, and as one
gathers abandoned eggs, I gathered the entire world, and no
one moved a wing, or opened his mouth, or chirped." 15. Shall
the axe boast over the one who hews with it,

Grammatically, this is the future tense, but it is to be understood as the present.—[*Ibn Ezra*]

Since Sennacherib conquered all the countries, they became as one nation, as though their boundaries were removed.—[*Redak, Mezudath David*]

Others explain that Sennacherib repatriated the conquered peoples to prevent revolts, thus destroying their old boundaries.—[*Kara* from *Tractate Yadaim* 4:4]

The Rabbis deduce from this verse that those living in the lands of Ammon and Moab are not deemed to be Ammonites and Moabites. Consequently, they do not fall under the interdict of marrying within the Jewish fold.

and their positions—Heb. וַעֲתוּדֹתֵיהֶם, *their stand and their position.*—[*Rashi*] I.e., the places they inhabited from time immemorial.—[*Kara*] *Rashi* and *Kara* associate this with the Aramaic root, עתד, *to stand.*

Ibn Ezra and *Redak* render: And their treasures, explaining the word to mean: and their futures, from עָתִיד i.e., the money and wealth they had stored away for the future.

and I lowered—*I lowered them from their greatness.*—[*Rashi*]

many inhabitants—Heb. כַּאבִּיר יוֹשְׁבִים. *plousors in O.F., several.*—[*Rashi*] *Ibn Ezra* and *Redak* render: I will subdue those dwelling in strong palaces. The former quotes R. Moshe Hakohen, who explains it to mean: I will subdue, like a hero, the inhabitants. *Jonathan* renders: And I subdue with might the inhabitants of strong cities.

Redak notes that the tense changes between past and future. Sennacherib boasted of his past conquests and of his intended ones.

14. **like a nest**—*like nests of ownerless birds.*—[*Rashi*]

I.e., like a nest of birds which the mother bird has abandoned, and no one stood in my way to prevent me from pillaging it.—[*Kara, Redak*]

wealth—Heb. חַיִל, strength. *Jonathan* and *Ibn Ezra* render it as "wealth," and *Mezudath Zion* renders it as "army."

and as one gathers abandoned eggs—*And as one gathers abandoned eggs which their mother abandoned, and no one protests against him by covering them.*—[*Rashi*]

and no one moved a wing, or opened his mouth or chirped—*This entire expression is apropos to birds; since he compared those exiles to a birds' nest and to abandoned eggs, he used this expression, saying that neither the father nor the mother chirped about them.*—[*Rashi*]

יִתְגַּדֵּל הַמַּשּׂוֹר עַל־מְנִיפוֹ כְּהָנִיף שֵׁבֶט
אֶת־מְרִימָיו כְּהָרִים מַטֶּה לֹא־עֵץ׃
טז לָכֵן יְשַׁלַּח הָאָדוֹן יְהוָה צְבָאוֹת
בְּמִשְׁמַנָּיו רָזוֹן וְתַחַת כְּבֹדוֹ יֵקַד יְקֹד
כִּיקוֹד אֵשׁ׃ יז וְהָיָה אוֹר־יִשְׂרָאֵל לְאֵשׁ

ת״א ישלח האדון. סנהדרין לד לה: ותחת כבודו. שבת קיג סנהדרין לד: אור ישראל. עקרים מ״ב פכ״ט:

תרגום

דְיִשְׁתַּבַּח חוּלִילָא עַל דְחָלִיל בֵּיהּ לְמֵימַר הָא אֲנָא חֲלֵילִית אִם יִתְרַבְרַב מַסְרָא עַל דְנָגֵיר בֵּהּ לְמֵימַר הֲלָא אֲנָא נַגָרִית כַּאֲרָמָא חוּטְרָא לְמִמְחֵי לָא חוּטְרָא מָחֵי אֱלָהֵן מַן דְמָחֵי בֵיהּ׃ טז חֲלַף דְאִתְרַבְרַב מַלְכָּא דְאַתּוּר בְּכֵן יְשַׁלַּח רִבּוֹן עָלְמָא יְיָ צְבָאוֹת בְּרַבְרְבָנוֹהִי מָחָא וּתְחוֹת מָנֵי יְקָרְהוֹן מֵיקַד יֵיקְדוּן כִּיקִידַת אֶשָּׁא׃ יז וִיהֵי מָרֵי נְהוֹרֵיהּ דְיִשְׂרָאֵל

מהר״י קרא

אני הוא החוצב ולא אתם: כהניף שבט את מרימיו. כלומר שבתפאר שבט כאלו מרים עצמו. ואת מרימיו עמו. כלומר אני הוא מניף עצמי ואת האדם התופש בי: כהרים מטה לא עץ. הלא כאשר ירים אדם את מטה להכות בו אילולי שמרים לא עץ. אף סנחריב אילולי שאני מחזיק בידו לא היה כח בידו לעשות דבר זה שהוא כובש כל העולם: (טז) לכן ישלח ה׳ במשמניו רזון. שהוא משתבח בהן ואומר הלא שרי יחדו מלכים הרי הוא ישלח במשמניו רזון. במשמניו אלו השרים. שהן גבורים ושמנים: ותחת כבודו. אלו חילותיו שהוא מתכבד בהם דכתיב ברב עם הדרת מלך: יקד יקוד כיקוד אש. יכלה אותם במאכולת אש שאינו משייר אחריו כלום. כמו כן הכה המלאך במחנה אשור כדכתיב וישכימו בבוקר והנה כולם פגרים מתים: (יז) והיה אור ישראל לאש. הקב״ה שהוא אורן של ישראל כדכתיב כי אשב בחושך ה׳ אור לי. יהיה

רש״י

הקב״ה אומר לא היה לך להתהלל בזאת כי אינך אלא כגרזן שלי ואני החוצב בך נפרע על ידך מאויבי אתה המשור ואני המניפו וכי דרך המשור להתהלל על מניפו. משור. (מגיר״א בלע״ז): כהניף שבט את מרימיו. כאלו היה השבט מניף את עצמו ואת יד המרימו והלא אין שבט מניפו אלא האדם: כהרים מטה לא עץ. לא העץ הוא המרים אלא האדם הוא המרים: (טז) ותחת כבודו. תחת בגדיהם יהיו נשרפין. הבגדים הם מכבדים את האדם: יקד יקוד. ישרף שריפה כשריפת אש. ומדרש אגדה כאן פרע לבני שם הכבוד שעשה שם לאביו כשכסה ערות נח אביו שנאמר (בראשית ט״ו) ויקח שם ויפת וגו׳: (יז) אור

רד״ק

מלך אשור וזה תימה היאך יתפאר הגרזן על החוצב בו והגרזן הוא מלך אשור והחוצב בו הוא האל יתברך וכפל הענין לחזק: המשור. הוא המגרה ושרשו נשר והנו״ן נבלעה בדגש השי״ן וממנו מסככין בנסרים הנזכר במשנה: כהניף שבט. כמו שמניף זה השבט והוא מלך אשור כמו שאמר שבט אפי ועם מי הוא לא עם המטה כמוהו אלא עם מי שמרים אותו להכות העמים והוא האל יתברך ואמר מרימיו לשון רבים כמו אלהים קדושים הוא וכפל הדבר במלות שונות. ואמר כהרים מטה לחזק הענין ופי׳ לא עץ זה המטה לא יבא שיהא עץ כשאר העצים כלומר לא יגדל יותר ממה שהוא עתה ומעתה בהתפארו יסוף ויכלה: (טז) לכן ישלח האדון. בעבור זה שלא חשב הוא שיש עליון מנהיג אותו אלא אמר כי בכחו ובחכמתו היה עושה מה שהיה עושה לפיכך יראה לו האל כי הוא האדון והוא אדון צבאות מעלה וצבאות מטה והוא ישלח בצבאותיו מגפה ואמר רזון והוא המות כמו וישלח רזון בנפשם ועוד לפי שאמר במשמניו אמר גם כן רזון ופי׳ במשמניו גדולים שבהם גבורים ובריאים כמו ויכחד כל גבור חיל ונגיד וגו׳ וכן נקראו הבריאים והחזקים בלשון הזה כאמרו כל שמן וכל איש חיל וכן אמר ויהרג במשמניהם ובחורי ישראל הכריע: ותחת כבודו. ובמקום כבודו כלומר במקום שהיה שם מתכבד מחנהו הגדול והעצום שם יקד יקוד כיקוד אש תבער בו מגפה שורפת שתשרפנו כשרפת אש: (יז) והיה אור ישראל. האל שהוא

אבן עזרא

הברזל שיחתך בו והוא מגזרת נגרזתי והנה הטעם כי השם המשילו ואין למשור רע כי אם וישר במגר׳ והוא מפעלי הכפל על משקל מעוז ומשל אחר כהניף שבט ואת מרימיו והטעם כהנפת השבט ותנופת מרימיו כי עיקר התנופה למרימיו כהרים מטה ההרמה למרימים לא לעץ: (טז) לכן. טעם במשמניו מיתת גדולי אשור כי כן כת׳: יקד. כמו ויט שמים וירד: יקוד. על משקל כפור: (יז) והיה אור

מצודת ציון

ובקיעה ודומה לו וגם יקב הלב בו (לעיל ה׳): המשור. שם כלי מלאכת פצימות עשויה לחתוך בה העצים וכן וישר במגרה (דה״א כ׳): מניפו. מלשון הנפה והרמה: כהרים. מלשון הרמה והגבהה: את מרימיו. עם מרימיו: במשמניו. מלשון שמן: רזון. הוא ענין כחשות: (טז) ותחת. במקום: יקד. ענין הבער כמו על מוקדה (ויקרא ו׳):

מצודת דוד

כו לומר אני החוצב ולא אתה ר״ל הלא אשור אינו אלא כגרזן ביד האל ולא בכחו יגבר: אם יתגדל וגו׳. כפל הדבר במ״ש: כהניף שבט. כאלו השבט עם מרימיו יניף את השבט ר״ל כאלו כח שניהם עשתה ההנפה: כהרים מטה. כאלו המטה הרים וגו׳ וכפל הדבר במ״ש: לא עץ. הנה באמת לא העץ הוא המרים כ״א האדם הוא המרי׳ ור״ל הנה כן לא אשור הוא בעל הנצחון כ״א המקום שהמשילו: (טז) לכן. בעבור גודל לבבו: במשמניו רזון. יכזה את השמנים שבעמו ר״ל יאבדו מן העולם: ותחת כבודו. והמקום שהיה מתכבד בעצמו לתלות הדבר בכח זרועו במקום זה יהיה ללעג וקלס כי תבער הבערה כתבערת אש ר״ל כל אנשיו ימותו על ידי המלאך המכה בהם כאלו נשרפו באש וכן נאמר בו והיתה לשרפת מאכולת אש (לעיל ט׳): (יז) והיה אור ישראל. האל המאיר לישראל:

children of Shem for the respect Shem showed for his father, when he covered the nakedness of Noah his father, as it is said: "(Gen. 9:23) *And Shem and Japeth took the garment . . .*"—[*Rashi* from *Tanhuma, Tzav 2; Tan. Buber, Tzav 3; Exodus Rabbah 18:5; Mid. Psalms 22*, note 9]

Since Shem covered his father's nakedness with a garment, his descendants, of whom Ashur was one, (Gen. 10:22), merited that, even when they deserved destruction,

or shall the saw hold itself greater than he who wields it? It is as though the rod wields those who raise it. When the staff is raised, it is not the wood. 16. Therefore, the Master, the Lord of Hosts shall send leanness into his fat ones, and in the place of honor, a burning shall burn like the burning of fire. 17. And the light of Israel shall become fire,

Rashi should probably read משור *as* מַגֵּרָה, *a saw.*

It is as though the rod wields those who raise it—*It is as though the rod was raising [itself and] the hand of him who was raising it. Is it not so that the rod does not wield itself, but the man?*—[*Rashi*]

Rashi, as well as *Ibn Ezra,* apparently read in the text: וְאֶת־מְרִימָיו. They, therefore, render: It is as though the rod wields itself and those who raise it. Most editions, however, do not have the "vav."—[*Minchath Shai*]

When the staff is raised, it is not the wood—*It is not the wood that raises it, but it is the man who raises it.*—[*Rashi*] *Ibn Ezra,* too, explains it in this manner. *Redak,* however, renders: It is not a tree. This staff that is raised to mete out punishment, is no longer a tree; it will no longer grow bigger. Consequently, bragging will only lead to its ultimate destruction.

16. **Therefore, the Master . . . shall send**—Since Sennacherib does not recognize a leader over him, but thinks that he accomplishes everything by his own power, God will show that He is, indeed, the Master of the heavenly hosts as well as the earthly hosts, by plaguing his armies.—[*Redak*]

leanness into his fat ones—This alludes to the death of the Assyrian nobles as is recorded in 2 Chron. 32:21. The warriors are referred to elsewhere as "fat" or "lusty" men. See Jud. 3:29.—[*Ibn Ezra, Redak*]

and in the place of his honor—*Under their clothing they shall be burnt. The garments* are referred to as "his honor" since *they command respect for the man.*—[*Rashi*]

a burning shall burn—*A burning shall burn like the burning of fire.*—[*Rashi*] *Rashi* alludes to the Rabbinic account of the plague that struck the Assyrian camp as related in *San.* 94a. Rabbi Yochanan explains the verse to mean that they were burnt under their "honor," meaning under their garments. The entire body was consumed as though by fire, but the garments remained intact. Rabbi Eleazar explains "honor," as the body. Under the bodies they were burnt, meaning that their souls were burnt, leaving the entire body intact, much as Nadab and Abihu were burnt on the day of the dedication of the Tabernacle.

Redak explains that, *instead* of the honor and respect Sennacherib's camp commanded because of their military prowess, they would be burnt as if with fire.

Rashi continues: *The Midrash Aggadah* states: *Here He repaid the*

וּקְדוֹשׁוֹ לְלֶהָבָה וּבָעֲרָה וְאָכְלָה שִׁיתוֹ
וּשְׁמִירוֹ בְּיוֹם אֶחָד: יח וּכְבוֹד יַעְרוֹ
וְכַרְמִלּוֹ מִנֶּפֶשׁ וְעַד־בָּשָׂר יְכַלֶּה וְהָיָה
כִּמְסֹס נֹסֵס: יט וּשְׁאָר עֵץ יַעְרוֹ מִסְפָּר
יהיו

וְקַדִּישֵׁיהּ מֵימְרֵיהּ תַּקִּיף
כְּאֶשָּׁתָא וּפִתְגָמוֹהִי
כְּשַׁלְהוֹבִיתָא וְיִקְטוֹל
וִישֵׁיצֵי שִׁלְטוֹנוֹהִי
וְטוּרְנוֹהִי בְּיוֹמָא חַד:
יח וִיקַר סַגִּי מַשִּׁרְיָתֵיהּ
נַפְשֵׁיהוֹן עִם פִּגְרֵיהוֹן
יְשֵׁיצֵי וִיהֵי תְבִיר וַעֲרִיק:
יט וּשְׁאַר עָבְדֵי קְרָבֵיהּ

ת"א עץ יערו. סנהדרין צה:

רש"י

ישראל. התורה שעוסק בה חזקיהו תהיה לאש לסנחריב: וקדושו. הקדוש ברוך הוא. דבר אחר וקדושו לדיקים שבדור: שיתו ושמירו. שריו וגבוריו: (יח) וכבוד יערו וכרמלו. הם רבוי חיילותיו. כרמל. יער גבוה: כמסוס נוסס. לפי שדימה אותם לעצי יער דימה פורענותם לתולעת הנוסר בפיו וטוחן העץ וקוראהו סס כמו וכצמר יאכל' סס (לקמן נ"א): כמסוס נוסס. כמגור המגורר: כמסוס נוסס. כמסוס של נוסס שהוא נטחן דק דק שהתולעת טוחן כך היה האפר ושריפת גופן דק. מסוס הוא הנטחן ונופל על ידי תולעת. נוסס הוא התולעת: (יט) ושאר עץ יערו. הנותרים בחיילותיו: מספר יהיו. נוחים לספור כי מעט הם ונער יוכל לכתבם ואמרו רבותינו עשרה נשארו

מהר"י קרא

[אש] לסנחריב: ובערה ואכלה שיתו ושמירו. של ישראל הוא סנחריב ששם ארצו לשמיר ושית: (יח) וכבוד יערו וכרמלו מנפש ועד בשר יכלה. ורוב אוכלוסיו של סנחריב שהוא מתכבד בהן שמרובין כעצי יער יכלה אותן הקב"ה: והיה כמסוס נוסס. וימסו מפניו כאשר ימס דבר הנימוס מפני האש. לשמע *) כמסוס נוסס. במסות גדולות כמו נסות אתכם שפת' להגדיל אתכם. כל אלו ראשי גייסות שהוא מתכבד בהן שמרובין כעצי היער. קרא יערו וכרמילו: (יט) ושאר עץ יערו. הם הדלים יהיו מעט במספר: ונער יכתבם. פת' יספרם. כמו

*) כ"כ בכ"י ואולי הוא שם מפרש והובא ג"כ (בשמואל א' ט"ו ד')

אבן עזרא

ישראל. הוא השם והטעם על המלאך שהכחיד המחנה: שיתו ושמירו. הרשעים: (יח) וכבוד יערו וכרמלו. משל שהיו רבים כאילני היער והכרמל: מנפש ועד בשר יכלה. שהכחידם כדמות שרפה: כמסוס. שם כמו יקוד ואיננו סמוך. וטעם נוסס שיהיה זה הדבר נראה כנס: (יט) ושאר. בלא ימלטו כי אם מעטים עד שיוכל לכותבם

רד"ק

אור ישראל והאיר להם בחשכה שהיו בה כמו שאמר למעלה העם ההולכים בחשך ראו אור גדול והנה האל יתברך כמו האור המאיר והאוכל ויאיר לישראל ויאכל במחנה אשור וכפל הענין במלות שונות לחזק הענין ופי' שיתו ושמירו כתרגומו וקרא השרים הגדולים שבמחנהו קוצים לפי שבהם היה מכאיב העולם כקוץ מכאיב: (יח) וכבוד יערו וכרמלו. היער הוא מקום העצים הגדולים והארזים והכרמל הוא מקום העבוד שבו שדות וכרמים והמשיל מחנה אשור ליער ולכרמל כי היו במחנהו מלכים ושרים גדולים והיה במחנהו די לכל צרכיהם ומזון רב משלל מצרים וכוש והיה בהם עם רב עובדי אדמה וזולתם וכבוד כל המחנה כתו כולם ומה שאמר מנפש ועד בשר יכלה מראה כי הגוף גם כן נשרף ויש בזה מחלוקת בדברי רבותי' יחלקו על פסוק ותחת כבודו ולא כבודו ממש כמו שהוא בפרק חלק והנה פסוק זה מסייע למי שאומר כי הנפש עם הגוף נשרפו והפסוק שאמר וישכימו בבקר והנה כולם פגרים מתים מסייע למי שאמר נשמה נשרפ' וגוף קיים כי הפגרים היו אלה שהיו מתים ואע"פ שהם לא הביאו אלא שני פסוקים הנה מראה טעם כל אחד ואחד ונוכל לתרץ שני הפסוקים כי נשרף מקצת גופם וכן אומר למטה בפרשת הן אראלם צעקו חוצה והיו עמים משרפות סיד והיה מחנהו כמו מחנה שימם נושא הנס כי יפול כל המחנה וי"ת ויהא תביר ועריק יהיו נשברים ונסים כלומר המעטים הנותרים ינוסו: (יט) ושאר עץ יערו. לפי שהמשיל המחנה לעצי היער אמר הנשארים מעץ יערו שלא ימותו מספר יהיו כלומר מעטים כמו ואני מתי מספר: ונער יכתבם. פי' בו כי עשרה היו הנשארים והנער כשמתחיל לכתוב בלמדו הכתיבה תחילה יכתוב אות היו"ד כי היא ראשית האל"ף. ויתכן לפרש

מצודת דוד

וקדושו. הוא האל קדוש ישראל וכפל הדבר במ"ש: שיתו ושמירו. הם השלטונים והסגנים וקראם כן לפי שבהם היה מכאיב העמים כקוץ מכאיב: (יח) וכבוד יערו. מרבית אנשיו כעצי היער אשר היה מתכבד בהם: וכרמלו. ר"ל בעלי העושר ככרמל הזה שהוא מלא ברכת ה' שדות וכרמים: מנפש וגו'. כי ישרף גופם ונפשם: והיה. הטעם ההוא יהיה כהנטחן מן התולעת אשר יטחן בפיו את העצים דק דק ולפי שהמשילם לעצי היער אמר ל' הנופל בהשחתת העצים: (יט) ושאר. שאר העץ הנשאר ביערו ר"ל הנשאר במחנהו: מספר יהיו. יהיו מעט מתי מספר: ונער. אף הנער לא ילאה

מצודת ציון

(יז) שיתו ושמירו. מיני קוצי': (יח) וכרמלו. שם כרמל הונח למקום שדות וכרמים וכמ"ש והיה מדבר לכרמל (לק' ל"ב): כמסוס נוסס. שם התולעת האוכל וטוחן את העץ נקרא נוסס ודומה לו וכצמר יאכלם סס (לקמן נ"א) והנטחן עצמה נקראה

parts remained intact. He claims that there is, in reality, no dispute in the Talmud, but Rabbi Yochanan is referring to the inner parts when he says that they were burnt under their garments, and Rabbi Eleazar is referring to the outer part of the body when he says that the body was left and the soul was burnt.

as a tree eaten to powder by the worms—*Since he compared them to forest trees, he compared their retribution to the worm that saws with his mouth and grinds the tree. He called him* סָס, as: "(infra 51:8) *Like wool, the worm* (סָס) *shall devour them.*"—[*Rashi*]

as a tree eaten to powder by the worms—Heb. כִּמְסֹס נֹסֵס, lit. *as that which is sawed by the sawyer, which is pulverized very finely, which the worm grinds. So fine were the ashes*

and his holy one shall become a flame, and it shall consume his thorns and his worms in one day. 18. And the glory of his forest and his stately forest, both soul and flesh shall it destroy, and it shall be as a tree eaten to powder by the worms. 19. And the remaining trees of his forest shall be few, and a lad shall write them.

their garments were spared.

17. **the light of Israel**—*The Torah in which Hezekiah engages shall become fire for Sennacherib.*—[*Rashi*]

and his holy one—*The Holy One, blessed be He.*—[*Rashi*] I.e., in the merit of the Torah that Hezekiah learned, and through divine mercy, Jerusalem was saved from Sennacherib.—[*Abarbanel*]

Alternatively, "And his holy one," refers to the righteous of the generation.—[*Rashi*] I.e., through the merit of Hezekiah and Isaiah and the other righteous of the generation, Jerusalem was saved.—[*Abarbanel* explaining *Midrash Psalms* 22:2] Hezekiah was the light of Israel since he enlightened their eyes with the Torah. Isaiah (and the other righteous men) were the holy ones, since they admonished the people to return to the Lord.—[*K'li Paz*]

The Midrash (ibid.) tells us that when Sennacherib went to Jerusalem, Isaiah and Hezekiah were sitting in the Temple. A fire issued forth from between them and burnt him and his armies.

his thorns and his worms—They symbolize *his nobles and his heroes.*—[*Rashi*]

They caused much pain to Israel, like thorns piercing the skin.—[*Redak*]

18. **And the glory of his forest and his stately forest**—*They are his numerous armies.* כַּרְמֶל *is a tall forest.*—[*Rashi*]

Redak explains it as "his forest and his farmland," replete with fields and vineyards. The prophet compares them to a forest and a farmland, since there were many princes and dignitaries in his camp, provided with all their needs, in addition to the spoils of Egypt and Cush. They had, also, many farmers and other working people. All these people were destroyed by the angel who plagued the camp.—[*Redak*]

both the soul and the flesh it shall destroy—This verse supports the view that Sennacherib's soldiers were completely consumed by the heavenly fire; only their garments remained intact (v. 16). Those who maintain their bodies remained intact, and that only the soul was burnt out, support their view on 37:36: ". . . and behold, all of them were dead corpses." The difficulty is apparent. *Redak* attempts to reconcile the discrepancy by concluding that parts of the body were consumed and parts were not. This would reconcile the inconsistency between the two verses, but not the views of the two Rabbis. *Abarbanel* conjectures that the inner parts of the body were burnt while the outer

יִהְיוּ וְנַעַר יִכְתְּבֵם׃ כ וְהָיָה ׀ בַּיּוֹם הַהוּא
לֹא־יוֹסִיף עוֹד שְׁאָר יִשְׂרָאֵל וּפְלֵיטַת
בֵּית־יַעֲקֹב לְהִשָּׁעֵן עַל־מַכֵּהוּ וְנִשְׁעַן
עַל־יְהוָה קְדוֹשׁ יִשְׂרָאֵל בֶּאֱמֶת׃
כא שְׁאָר יָשׁוּב שְׁאָר יַעֲקֹב אֶל־אֵל גִּבּוֹר׃
כב כִּי אִם־יִהְיֶה עַמְּךָ יִשְׂרָאֵל כְּחוֹל הַיָּם
שְׁאָר יָשׁוּב בּוֹ כִּלָּיוֹן חָרוּץ שׁוֹטֵף צְדָקָה׃
כי

יְסוּפוּן לְמֶהֱוֵי עַם דְמִנְיָן וּמַלְכוּ חַלָשָׁא יִתְחַשְׁבוּן׃ כ וִיהֵי בְּעִדָּנָא הַהִיא לָא יוֹסְפוּן עוֹד שְׁאָרָא דְיִשְׂרָאֵל וְשֵׁיזָבַת בֵּית יַעֲקֹב לְאִיסְתְּמָכָא עַל עַמְמַיָא דַהֲווֹ מַפְלְחִין בְּהוֹן וְיִסְתַּמְכוּן עַל מֵימְרָא דַיְיָ קַדִּישָׁא דְיִשְׂרָאֵל בִּקְשׁוֹט׃ כא שְׁאָר דְלָא חָטוּ וּדְתָבוּ מֵחֲטָאָה שְׁאָרָא דְבֵית יַעֲקֹב יְתוּבוּן לְמִפְלַח קֳדָם אֱלָהָא גִּבָּרָא׃ כב אֲרֵי אִם יְהֵי עַמָּךְ יִשְׂרָאֵל סַגֵּי כְּחָלָא דְיַמָּא שְׁאָר דְלָא חָטוּ וּדְתָבוּ מֵחֲטָאָה יִתְעַבְדוּן לְהוֹן גְּבוּרָן דְמִתְגַּבְּרִין

מהר״י קרא

ויכתבם שמעיה שפת׳ ויספרם. כלומר כל כך יהיו מעט שיהא נער יכול לספור אותם: (כ) והיה ביום ההוא. ביום תת ה׳ את אשור בראותם את ישועת ה׳ אשר יעשה להם מאשור: לא יוסיף עוד שאר ישראל. אשר ישאר מאשור: להשען על מכהו. כאשר נשענו עליו עד היום כשם שמצינו באחז ששלח מלאכים אל תגלת פלאסר לאמר עלה והושיעני. וכמו שעשה חזקיה שקיצץ דלתות בית ה׳ ואת האומנות ושלחם למלך אשור שוחד. ויניח לו משען על סנחריב ונשען על ה׳ קדוש ישראל באמת: (כא) שאר ישוב שאר יעקב אל אל גבור. כשיראו את היד הגדולה אשר יעשה באשור ישוב שאר הנשאר שלא הגלה סנחריב אל ה׳ גבור. וגם הם עתידין לבטל הגזירה שהיתה גזורה עליהם להגלות כי כן היא המידה: (כב) אם יהיה עמך ישראל כחול הים. ורובם חטאים ושאר ישוב בו שהרי מועטים שבם חוזרים בתשובה: כליון חרוץ שוטף צדקה. אילו נגזר עליהם כליון על כולן על ידי צדקה ומעשים

רש״י

מהם שאין לך קטן שאינו כותב יו״ד קטנה: (כ) להשען על מכהו. לסמוך על מלכי מצרים שהם היו תחלת המליקים להם: (כא) שאר ישוב. השארית שבהן ישובו אל הקב״ה: אל גבור. שהראה להם גבורה בסנחריב: (כב) כי אם יהיה עמך. לחזקיהו אמר הנביא אם יהיה עמך כחול הים השאר שישוב בו למוטב תשטף את כליון

רד״ק

כי הנער לא ילאה לכתבם כי מעטים יהיו והנער יכול לספרם ולכתבם: (כ) והיה ביום ההוא. להשען על מכהו. כמו שהיה אחז נשען על מלך אשור והיה מכהו במה שהיה מכביד עליו או מכהו במלחמה כי אחר כן נלחם בו ועתה הכירו כי אין להשען באדם כי צריך לו שיעבדנו ויתן לו מס וכאשר לא יתן או הוא לא ירצה בו יכהו וילחם בו אבל ראוי להשען על ה׳ צבאות כי לא יבקש מהאדם דבר אלא שישען בו באמת ויושיענו מכל צרותיו ולפי שחזקיהו נשען על ה׳ הכה מלך אשור שהיה מכהו ונודע לכל כי ה׳ קדוש ישראל: (כא) שאר ישוב. לפי שבימי חזקיהו גלו רוב ישראל לפיכך אמר שאר כלומר מה שנשאר מישראל ישוב ובאר עוד ואמר שאר יעקב למי ישוב אל אל גבור ישוב בתשובה שלמה אל ה׳ שהראה גבורתו בגבורי האדם: (כב) כי אם יהיה. כנוי עמך כנגד חזקיהו אמר אפי׳ אם יהיו רבים כחול הים שאר יקראו מי שישוב בו כי כשהלך הרוב המעט יקרא שאר כן ישראל רובם יכלו ויעבור עליהם כליון חרוץ שישטפם בצדקה ויכלם לפי שהם פושעים והנשאר

אבן עזרא

נער שאין לו רגילו׳ בחשבון: (כ) והיה. על מכהו. הוא אשור וזה לאות כי רבים מיהודה קשרו: (כא) שאר ישוב. הוא שם בן הנביא והנה פירש כי טעם שאר ישוב על שאר יעקב והוא יהודה גם ישוב משרת עצמו ואחר עמו כמו מתן בסתר יכפה אף והנה הוא כן שאר ישוב שאר יעקב ישוב אל אל גבור וטעם גבור בעבור שהוא יוכל להושיעם: (כב) כי. הטעם אף על פי שיהיו ישראל רבים בימים ההם

מצודת ציון

מקום: (כב) חרוץ. גזור והתוך כמו כן משפטך אתה חרצת (מ״א

מצודת דוד

לכתבם ולספרם כי מעטים יהיו: (כ) ביום ההוא. כשיראו גדול הנס הזה: על מכהו. על מצרים שהם היו תחלת המליקים להם: באמת. בכל לבב: (כא) שאר ישוב. השארית ישובו ולתוספת ביאור אמר שאר יעקב וגו׳ ר״ל השארית מבני יעקב הם ישובו לה׳ שהראם גבורות באשור: (כב) כי אם וגו׳. ר״ל אע״פ שיהיו מרובים לא ישאר בהם כי אם שארית אשר ישובו לה׳ כי כליון חרוץ יבוא

remnant of them shall return to the Holy One, blessed be He.—[*Rashi*]

Since, in Hezekiah's time, the majority of Israel went into exile, the prophet tells us that the remnant, i.e. those who remain in the land, the kingdom of Judah, shall repent and return to the Almighty.—[*Ibn Ezra, Redak*]

Ibn Ezra notes that שְׁאָר יָשׁוּב, "A remnant shall return," is the name of the prophet's son. See above 7:3.

the mighty God—*Who demonstrated His might against Sennacherib.*—[*Rashi*]

22. **For if your people**—*The prophet says to Hezekiah, "If your people are like the sand of the sea, the remnant of them that return to do good, will wash away the destruction*

20. And it shall come to pass that on that day the remnant of Israel and the survivors of the house of Jacob shall not continue to lean on him that smote them; but he shall lean on the Lord, the Holy One of Israel, in truth. 21. The remnant shall return, the remnant of Jacob, to the mighty God. 22. For if your people Israel shall be like the sand of the sea, the remnant of them that shall return, shall wash away with righteousness the decreed destruction.

of their burnt bodies. מְסֹס *is that which is ground and falls off because of the worm.* נֹסֵס *is the worm.*—[*Rashi*]

Others explain: *And it will be as a camp whose standard bearer melts,* i.e. falls. Consequently, the entire camp falls. *Jonathan* renders: *And it shall be broken and fleeing.* I.e., the vast majority will be broken, and the survivors will flee.—[*Redak*]

19. **And the remaining trees of his forest**—*The survivors of his armies.*—[*Rashi*]

shall be few—lit. a number, i.e. *easy to count, for they will be few, and a lad will be able to write them, and our Rabbis said that ten remained of them, for there is no small child who cannot write a small "yud."*—[*Rashi* from *Sanhedrin* 95b] Since a drop of ink forms a sort of "yud," even a young child can write it.—[*Rashi* ad loc.] *Redak* explains that when a child learns to write, he begins with "aleph." The first part of the "aleph" is a small "yud." Others explain that if a child throws a stone at a wall and makes a mark, it resembles a "yud."—[*Tos. Men.* 29a]

20. **And it shall come to pass that on that day**—On the day the Lord delivers Assyria into their hands, when they see the great salvation He will wreak for them against Assyria.—[*Kara*]

to lean on him that smote them—I.e., *to lean on the kings of Egypt, who were the first to oppress them.*—[*Rashi, Mezudath David*]

Others see this as Assyria, for many had conspired to surrender the city to them. See above 8:6.—[*Ibn Ezra*]

Alternatively, Ahaz depended on Assyria, who smote him by exacting heavy tribute from him, and later engaged him in war. See II Chron. 28:20, 21.—[*Redak*]

but he shall lean on the Lord, the Holy One of Israel—Now they have learned that one must not depend on man, for man needs him for his servitude or his tribute. When he does not pay him tribute, he wages war with him. One must, therefore, trust only in the Lord, for He demands nothing but sincere trust. Since Hezekiah trusted in the Lord, He destroyed Assyria, and all learned that He is the Holy One of Israel.—[*Redak*]

21. **A remnant shall return**—*The*

כג כִּי כָלָה וְנֶחֱרָצָה אֲדֹנָי יֱהֹוִה צְבָאוֹת
עֹשֶׂה בְּקֶרֶב כָּל־הָאָרֶץ׃ כד לָכֵן כֹּה־
אָמַר אֲדֹנָי יֱהֹוִה צְבָאוֹת אַל־תִּירָא עַמִּי
יֹשֵׁב צִיּוֹן מֵאַשּׁוּר בַּשֵּׁבֶט יַכֶּכָּה וּמַטֵּהוּ
יִשָּׂא־עָלֶיךָ בְּדֶרֶךְ מִצְרָיִם׃ כה כִּי־עוֹד
מְעַט מִזְעָר וְכָלָה זַעַם וְאַפִּי עַל־

תרגום

זְמַדְבְּרָן בִּזְכוּ׃ כג אֲרֵי
גְמִירָא וְשֵׁיצָאָה יְיָ
אֱלֹהִים צְבָאוֹת עָבֵד עִם
כָּל רַשִׁיעֵי בְּגוֹ אַרְעָא׃
כד בְּכֵן כִּדְנַן אֲמַר יְיָ
אֱלֹהִים צְבָאוֹת לָא
תִדְחַל עַמִּי יָתֵיב צִיּוֹן
מֵאַתּוּרָא בְּשׁוּלְטָנֵיהּ
יִמְחִינָךְ וּמַרְוָתֵיהּ יַרְמֵי
עֲלָךְ כִּדְבְאוֹרַח מִצְרָיִם׃
כה אֲרֵי עוֹד צִבְחַר כִּזְעֵיר
וִיסוּפוּן לְוָטַיָּא מִנְכוֹן

רש"י

החרון לבא עליהם ויעכבנו מלבא בלדקה שיתנהג בה: (כג) כי כלה ונחרצה. תראו שהקב"ה עושה (דין) ברשעי' יתכנעו ותשובו אליו: (כד) לכן. לפי שידעתי שתשובו אליו חזקיה וסיעתו (ד"א לכן ל' שבועה לכן באמת): כה אמר ה' אל תירא מאשור בשבט יככה. בשבט פיו יחרף ויגדף אתכם על ידי רבשקה: ומטהו ישא עליך. לאיים כדרך שעשה למצרים ועוד יש לפר' בשבט יככה אשר עד הנה הכך בשבט והורגל לשאת עליך מטהו ואימתו כדרך המצריים משום ר' מנחם אמר לי רבי יוסף: (כה) כי עוד. ימים מעט: מזער וכלה. הזעם שלי שניתן למטה ביד אשור כמו שאמר למעלה ומטה הוא בידם זעמי: ואפי. שהיה לשבט ישוב: על תבליתם. לשון תבל עשו (ויקרא כ')

מהר"י קרא

טובים שישובו המועטים שבהן יבטל כליון (שחרון) [שחרוץ] על כולן לכן אל בני עמך אל שאר הנשאר שלא הגלם סנחריב. מי יודע ישוב ונחם האלהים נדעו איפוא אתם חוזרים בכם: (כג) כי כלה ונחרצה ה' אלהים [צבאות] עשה בקרב [כל] הארץ. לכן שובו מדרכיכם פן תספו בעונותיכם: (כד) לכן כה אמר ה' [אלהים] צבאות אל תירא עמי יושבי ציון מאשור. שהיה רגיל להכותך בשבט ומטהו ישא עליך בדרך מצרים. ומטהו (היה) [שהיה] רגיל [לשאת] עליך. עכשיו הריני נפרע מהם כדרך שנפרעתי מן המצריים: (כה) כי עוד מעט מזער וכלה

אבן עזרא

כחול הים לא ישאר מהם רק מי שישוב לשם כי כליון חרוץ גזור מהשם כמו אתה הרלת יבוא כנהל שוטף בלדק: (כג) כי. ונחרצה. נזרה נגזרת מאת השם כמו אתה חרלת: (כד) לכן. יושב ציון. בעבור שנתפשו כל ערי יהודה: יככה. במחשבתו: בדרך מצרים. כי משם עבר: (כה) כי. מעט מזער. בימים ויכלה זעמי ואפי בהם על

רד"ק

בו שהוא המעט ישוב לאל וזה אומר על עשרת השבטים שגלו והשאר יהודה ובנימן שבו לאל בימי חזקיהו והושיעם האל מיד מלך אשור: וכליון חרוץ. פי' כליון גמור: (כג) כי כלה ונחרצה. כמו שאמר כליון חרוץ וכפל ונחרצה לחזק כלומר כי הכלה תהיה גמורה אמר כלה אני עושה והכלה תהיה נחרצה: (כד) לכן. אמר יושב ציון לפי שכבש מלך אשור כל ארץ יהודה כמ"ש ויחן על כל ערי יהודה הבצורות ויתפשם ולא נשארה אלא ירושלם ואמר ציון שהיא ראש הממלכה בשבט יככה לא יכלה אותך ככל וכל אלא כמי שמכה בשבט שמכאיב האדם המוכה ואינו ממיתו כן יעשה מלך אשור ביהודה: ומטהו ישא עליך. זה המס שהטיל על יושבי ירושלם שלש מאות ככר כסף ושלשים ככר זהב: בדרך מצרים. באותו דרך ובאותו ענין שעשו המצריים בישראל שנאמר וישימו עליו שרי מסים למען ענותו בסבלותם ענו אותם במסים ובעבודה קשה אבל לא כלו אותם כן עשה מלך אשור בישראל: (כה) כי עוד מעט מזער. הכפיל להמעיט הזמן אמר עוד מעט זמן יהיה שיכלה זעמי על מלך אשור כי הוא היה עד כה שבט אפי ומטה זעמי להכות העמים

מצודת דוד

כנחל שוטף במשפט לדק ואמת כי יהיו ראוים לכליון: (כג) כי כלת ונחרצה. ר"ל הכל תהיה נחרלה מה שיעשה ה' בקרב הארץ ולזה ישארו מעט מהרבה: (כד) לכן. לפי שידעתי אשר חזקיה וסיעתו המה ישובו אלי: בשבט יככה. ר"ל לא יעשה בך כלה רק יכה אותך בשבט המכאוב וישא עליך מטהו לאיים ולהפחיד: בדרך. כענין שעשה במצרים שהכאיבו לישראל ואיימו עליהם ולא כלו אותם: (כה) וכלה זעם. הזעם שלי הנתון ביד אשור להיות לו למטה כמ"ש למעלה ומטה הוא בידם זעמי הנה במעט זמן יכלה הזעם: ואפי.

מצודת ציון

כ'): (כג) ונחרצה. נגזרה ונחתכה: (כה) מזער. ענינו כמו מעט וכן זעיר שם (לקמן כ"ח) וכפל בשמות נרדפים להמעטת הזמן: תבליתם. ענינו דבר מגונה שאין ראוי לעשותה כמו תבל הוא (ויק'

above, "And My fury is a staff in his hands (v. 5)."—[*Rashi*]

and My wrath—*that became a rod, shall return.*—[*Rashi*]

because of their blasphemy—Heb. עַל־תַּבְלִיתָם. *Comp.* (Lev. 20:12) *they have committed a disgrace* (תֶּבֶל), i.e., *because of the insults and blasphemies which the servants of the king of Assyria blasphemed Me.*—[*Rashi*]

Ibn Ezra suggests "until they wither," meaning that My fury and My wrath will be spent on the king of Assyria until they are completely spent. Whereas the king of Assyria was heretofore "the rod of My wrath and the staff of My fury," My wrath and fury shall be turned against him until they are spent.—[*Redak*]

23. For destruction and annihilation the Lord God of Hosts
performs in the midst of all the land. 24. Therefore, so said the
Lord God of Hosts, "Fear not, my people who dwell in Zion,
Assyria; with a rod may he smite you, and his staff may he bear
over you in the way of Egypt." 25. For [in] yet a very little
[while] the fury shall be over, and My wrath, because of their
blasphemy.

sentenced to come upon them, and prevent it from coming, through the righteousness with which they will behave.—[*Rashi*]

Redak renders: For, even if your people Israel are as numerous as the sand of the sea, only a remnant of them shall return; as for the majority of them, a total destruction shall flood them with justice. The prophet says to Hezekiah: Even if your people are as numerous as the sand of the sea, only a remnant shall return, for the vast majority shall be destroyed; an absolute destruction shall flood them justly since they are transgressors.

23. **For destruction and annihilation**—*you shall see that the Holy One, blessed be He, executes upon the wicked, and you shall humble yourselves and return to Him.*—[*Rashi*]

destruction and annihilation—*Jonathan.* Alternatively, absolute destruction.

in the midst of all the land—Therefore, few will remain.—[*Mezudath David*]

24. **Therefore**—*Since I know that Hezekiah and his company will return to Him.* [*Alternatively,* לָכֵן *is an expression of an oath.* לָכֵן *indeed.*]—[*Rashi*]

so said the Lord . . . "Fear not, . . . Assyria; with a rod may he smite you—*With the "rod" of his mouth will he insult and deride you through Rabshakeh.*—[*Rashi*] See 2 Kings 18:18 to the end of the chapter, Isaiah 36:2 to the end of the chapter.

and his staff may he bear over you—*to frighten you, the way he did to Egypt. It may alternatively be explained: With a rod does he smite you*—i.e., *who has smitten you until now with a rod and has become accustomed to bearing his staff and his fright over you as the Egyptians did. Rabbi Joseph told me this in the name of Rabbi Menahem.*—[*Rashi*] *Rashi* refers to Rabbi Joseph Kara, in whose commentary we, indeed, find this interpretation. It differs slightly, in that he explains "in the way of Egypt," Now I will punish them in the manner I punished the Egyptians. Rabbi Menahem is Rabbi Menahem ben Helbo, a famed Biblical exegete who lived before *Rashi.*

The prophet refers to the people of Judah as "who dwell in Zion," because the rest of Judah has already been captured by the Assyrians.—[*Ibn Ezra*]

25. **For [in] yet**—*very few days, My fury, which was given as a staff into the hand of Assyria, as he said*

תרגום

תַּבְלִיתָם: כו וְעוֹרֵר עָלָיו יְהוָה צְבָאוֹת
שׁוֹט כְּמַכַּת מִדְיָן בְּצוּר עוֹרֵב וּמַטֵּהוּ
עַל־הַיָּם וּנְשָׂאוֹ בְּדֶרֶךְ מִצְרָיִם: כז וְהָיָה
בַּיּוֹם הַהוּא יָסוּר סֻבֳּלוֹ מֵעַל שִׁכְמֶךָ
ועלו

דְבֵית יַעֲקֹב וְרוּגְזֵי עַל עַמְמַיָא עָבְדֵי תִּבְלָא לְשֵׁיצָיוּתְהוֹן: כו וְיַיְתֵי עֲלוֹהִי יְיָ צְבָאוֹת מְחָא כְּמָחַת מִדְיָן בְּשְׁקִיף עוֹרֵב וּמַרְוָתֵיהּ תֶּעְדֵי מִנְכוֹן כְּמָא דַעֲדַת מָרְוַת פַּרְעֹה עַל יַמָא וְיִתְעַבְדָן לְכוֹן גְבוּרָן כִּדְבְאוֹרַח מִצְרָיִם: כז וִיהֵי בְּעִדָנָא הַהִיא תֶּעְדֵי מַרְוָתֵיהּ מִנָךְ וְנִירֵיהּ מֵעַל צַוְרָךְ וְיִתְּבְרוּן עַמְמַיָא מִן

מהר"י קרא

זעם ואפי על תבליתם. וכלה אשור שקראתיו מטה זעמי ושבט אפי על תבליתם של ישראל. כמו תבל עשו: (כו) ועורר עליו ה׳ צבאות. אותו שבט שהיה מניף על ישראל: כמכת מדין בצור עורב. שלא נשאר אלא עורב בצור עורב וזאב ביקב זאב וכל מחנה מדין נפל. וגם כל מחנה אשור נפל והוא לבדו נשאר. וסוף ויהי הוא משתחוה בית נסרוך אלהיו ואדרמלך ושראצר בניו הכוהו בחרב: ומטהו על הים (ונשאו בדרך מצרים. ועל שהיה מניפו על ירושלם). ומטהו שהיה רגיל להרים על ישראל יבטל מהם ויעשה להם נס כמו שנעשה על הים: ונשאו בדרך

רש"י

על חירופי׳ וגידופים אשר גדפו נערי מלך אשור אותי: (כו) ועורר עליו. ולעורר עליו: שוט. מכת יסורין: כמכת מדין. שנהרגו בלילה אחת והמלכים שברחו מהם ונמלטו נהרג עורב בצור עורב כדמפורש בספר שופטים אף זה לאחר שישוב לארצו ימות שם בחרב: ומטהו על הים. ועוד יעורר עלי את מטהו אשר היה על הים בפרעה ובחילו: ונשאו. וטילטלו מן העולם כדרך שנשא את מצרים:

רד"ק

ועתה יכלה זעמי ואפי עליו עד שיכלה וזה הוא ואפי על תבליתם. תבליתם בשקל תכליתם: (כו) ועורר עליו. שוט הוא קשה משבט ומטה אמר הוא הכך בשבט והקב"ה יכהו בשוט ותהיה המכה שיכהו כמכת מדין בצור עורב שהכה מחנה מדין ושרי מדין שברחו רדפו אחריהם והרגו את עורב בצור עורב ואת זאב ביקב זאב וזכר צור עורב לבד כמי שמזכיר ראשי הדברים כי ידוע הוא הענין וכתוב בספר שופטים כן הכה מחנה מלך אשור והמלך שברח הכוהו בניו בחרב: ומטהו על הים. ומטהו שהיה נושא עליך יהיה סופו כמו שהיה סוף מטה פרעה על הים כי שם כלה זעם ה׳ עליו ונשא הקב"ה מטהו עליו: בדרך מצרים. באותו דרך שעשה במצרים שטבעם בים כן כלה מחנה אשור בירושלם וכ"ף כמכת במקום שנים ופי׳ מטהו על הים כלומר כמו שהיה על הים: (כז) והיה ביום ההוא. וחובל עול מפני שמן. עול סנחריב ישחת מפני שמן חזקיהו והנה הוא בהפך כי שמן צואר השור ישחת מהעול אשר עליו תמיד כן הוא דרך העולם וכן היה ראוי שישחת שמנו של ישראל מפני עול סנחריב

אבן עזרא

רוב שהשחיתו. ויש מפרש תבליתם מן אחרי בלותי על משקל תכליתם: (כו) ועורר. וכמכת מטהו על הים בשוב המים על מצרים: ונשאו. רמז לסנחריב בשובו בבושת: (כז) והיה. יסור סבלו. של מלך אשור וכ"ף לוארך

מצודת ציון

יח): (כו) ועורר. מלשון התעוררות: שוט. ענינו כמו שבט וכן שוט לסוס (משלי כ"ו): ונשאו. מלשון משא וטלטול: בדרך. בענין: (כז) סבלו. ענין משא כבד כמו נושא סבל (מלכים א׳ ה׳): שכמך. כתפך: ועולו. היא ההושם בצואר הבהמה כשהיא

מצודת דוד

חמתי תשוב על התבל שעשו הם החרופין והגדופין אשר גדפו נערי מלך אשור ור"ל החמה תחול עליהם לגמול התבל: (כו) ועורר. ה׳ יעורר עליו שוט המכה דוגמת מכת מדין בימי גדעון שנפלו בלילה אחד והמלכים שברחו נהרגו עורב בצור עורב וכן כולם כמו שכתב בשופטים ולקצר לא זכר אלא אחד מהם ור"ל כמוהם יהיה סנחריב אחר שישוב לארצו ימות שם בחרב: ומטהו. חוזר על מלת ועורר לומר שיעורר עליו מטהו אשר היה על הים בפרעה ובחילו: ונשאו. יטלטלו מן העולם כדרך בבואו את מצרים: (כז) סבלו. המשא שהטעים סנחריב על שכם ישראל יוסר אז: ועולו. העול שנתן על

halls, for he persuaded them to engage in Torah, after the matter that is written: "(Proverbs 25:1) *Which the men of Hezekiah strengthened.*"—[*Rashi* from *Sanhedrin* 94b] The *Gemara* continues by relating that Hezekiah thrust a sword at the entrance of the studyhall, and announced that anyone who would not engage in the study of the Torah, would be stabbed with the sword. Later, a survey was taken from Dan to Beersheba and no one ignorant of the Torah was found; from Gebeth to Antifros, and neither a boy nor a girl, a man nor a woman unversed in the laws of ritual purity, could be found.

The expression of the oil destroying the yoke originates from the plowing ox, whose neck the owner anoints with oil to prevent the yoke from bruising it. In this case, not only will the yoke not rub off the oil, but the oil will destroy the yoke.—[*Kara*]

Others render: And the yoke shall be destroyed by the fatness, meaning, that, instead of the yoke destroying the fatness of the ox, the fatness of the ox will destroy the yoke. This symbolizes that the

26. And the Lord of Hosts shall stir up a scourge against him,
like the smiting of Midian at the Rock of Oreb, and His staff on
the sea, and He shall carry him off after the manner of Egypt.
27. And it shall come to pass on that day, that his burden shall
be removed from upon your shoulder.

26. **And . . . shall stir up against him**—*And to stir up.*—[*Rashi*] *Rashi's* intention here is unclear.

a scourge—*A tortuous blow.*—[*Rashi*]

God will stir up against Assyria, the same scourge he wielded against Israel.—[*Kara*]

Redak points out that Assyria is depicted as smiting with a rod and a staff. They will, however, receive their punishment with a scourge, a more formidable implement of torture.

like the smiting of Midian—*who were slain in one night, and as for the kings who fled from them and escaped, Oreb was slain at the Rock of Oreb, and is related in the Book of Judges* (7:25). *This one, too, after he returns to his land, will die there by the sword.* See Isaiah 37:38f., II Kings 19:36f.—[*Rashi, Redak*] Scripture compares Sennacherib's fate to that of Oreb, the first to be slain, omitting Zeeb, who later met with a similar fate at the Winepress of Zeeb.—[*Redak*]

and his staff on the sea—*And furthermore, He shall stir up against him, His staff, which was on the sea against Pharaoh and his army.*—[*Rashi*]

Alternatively, the staff that he, Sennacherib, raised up against you, will end up much as Pharaoh's staff, which he raised against your forefathers, ended up in the sea, i.e. against himself.—[*Redak*]

and He shall carry him off—*And He shall carry him away from the world after the manner that He carried off Egypt.*—[*Rashi*]

In the same manner that He did to the Egyptians, namely, that He drowned them in the sea, so did He destroy the Assyrian camp outside Jerusalem.

Ibn Ezra explains that this alludes to Sennacherib's return to his land in disgrace.

The expression of stirring up, or arousing the scourge, is used in connection with Sennacherib, Midian, and Egypt. In each of these instances, the "scourge," so to speak, was dormant. For some time, it had not been used to wreak vengeance upon the adversaries of Israel.—[*K'li Paz*]

27. **his burden**—I.e., the burden of the king of Assyria.—[*Ibn Ezra*]

your neck—addressing Judah.—[*Ibn Ezra*]

and the yoke shall be destroyed—The yoke *of Sennacherib shall be destroyed because of Hezekiah, who was mild to his generation, as oil. Our Rabbis, however, explained* that Sennacherib's yoke would be destroyed *because of Hezekiah's oil which burnt in the synagogues and in the study-*

וְעֻלּוֹ מֵעַל צַוָּארֶךָ וְחֻבַּל עֹל מִפְּנֵי־שָׁמֶן׃
כח בָּא עַל־עַיַּת עָבַר בְּמִגְרוֹן לְמִכְמָשׂ
יַפְקִיד כֵּלָיו׃ כט עָבְרוּ מַעְבָּרָה גֶּבַע מָלוֹן
לָנוּ חָרְדָה הָרָמָה גִּבְעַת שָׁאוּל נָסָה׃
ל צַהֲלִי קוֹלֵךְ בַּת־גַּלִּים הַקְשִׁיבִי לַיְשָׁה

קדם משיחא׃ כח אתא
על עית עבר במגרון
למכמש ימני רבני
משריתיה׃ כט גזו עברו
ירדנא בגבע בתו להון
אתברו יתבי רמתא
אנש גבעת שאול ערקו׃
ל ארימו קליכון אנש בת
גלים אציתו דיהבין

ת"א צהלי קולך. זוהר נח ויחי׃

רש"י

(כז) **וחובל עול**. סנחריב מפני חזקיה שהיה נוח לדורו כשמן. ורבותינו פירשו מפני שמנו של חזקיהו שהיה דולק בבתי כנסיות ובבתי מדרשות שהשיאם לעסוק בתורה כענין שנאמר אשר העתיקו אנשי חזקיהו וגו׳ (משלי כ"ה)׃ (כח) **בא על עית**. מונה והולך מסעות שנסע סנחריב ובא על ערי יהודה לבא ירושלים ביום מפלתו. עית מגרון ומכמש רמה גבעת שאול בת גלים לישה ענתות מדמנה גבים. כולן מקומות הן׃ (כט) **לנו**. לשון לינה׃ **נסה**. ברחה. ברחו כולן מפני חיילותיו׃ (ל) **צהלי קולך**. להזהיר לעם׃ **הקשיבי לישה**. את קול השופר וברחו לכם וכן עניה

מהר"י קרא

מצרים. ועל שהיה מניפו על ירושלם יארע לו כמו שאירע על מצרים׃ (כז) והיה ביום ההוא יסור סובלו מעל שכמך. **ונשחת** עולו של סנחריב מפני סיכת שמן שעל הצואר הנושא את העול. בנוהג שבעולם. מי שיש לו שור חורש בשדה סך את צוארו בשמן שלא ישחית העול את צואר השור. ומדרש רבותינו. וחובל עולו של סנחריב מפני שמנו של חזקיה שהיה דולק בבתי כנסיות ובבתי מדרשו׳׃ (כח) בא על עית עבר במגרון למכמש יפקיד כליו. הוא יעבר עליה כדרך הרודפים שמניחים כליהם שכבדים עליהם כשקרובים אל העיר להלחם עליה שלא יכבידו עליהם ברוצם במרוצה׃ (כט) עברו מעברה. כענין זה יהא מזרזן חיילותיו עברו מעברה גבע מלון לנו. אנו יכולין לעבור את המעבר של נהר וללון בגבעה׃ חרדה הרמה. יחרדו יושבי הרמה לקראתו. וגם יושבי גבעת שאול נסים לקראתו׃ (ל) בת

אבן עזרא

ליהודה׃ **וחבל**. כמו השחתה וכן וחבל את מעשה ידיך וטעמו וישחת העול כאשר יושם שמן בצואר והטעם שיתגבר יהודה׃ (כה) **בא**. הזכיר מסעי מלך אשור בבואו אל ציון׃ **יפקיד כליו**. עם קלת מהגהו לבא אל ציון במהרה׃ (כט) **עברו מעברה**. הנהר או שם מקום׃ **לנו**. מגזרת ללון׃ (ל) **צהלי**. הרמת קול וכן צהלת הסוס׃ **בת גלים**. שם

רד"ק

כי הם היו מעטים וסנחריב עם רב והקב"ה ברחמיו הפך את הדבר והיה השמן קשה מן העול וחובל עול סנחריב מפני שמן ישראל וי"ת ויתברון עממיא מן קדם משיחא פי׳ חזקיהו שנמשח בשמן המשחה ואע"פ שלא נמשח כי אין מושחין מלך בן מלך ראוי היה להמשח אלא שלא היה צריך ובדרש מפני שמנו של חזקיהו שהיה מדליק בבתי כנסיות ובבתי מדרשות׃ (כח) בא על עית. עתה מספר כשבא סנחריב עם מחנהו על ירושלם וזוכר המסעות שעבר בארץ בנימן וביהודה והיה בהבטחת להשחית ירושלם כל אלה שמות הערים לא נזכרו רובם בספר יהושע כי לעיר אחת שני שמות׃ למכמש יפקיד כליו. הלמ"ד במקום בי"ת כמו הרגתי לפצעי לפניכם לחרב והדומים להם כמו שכתבנו בספר מכלל בשמוש האותיות והפקיד במכמש רוב כלי מלחמתו כדי שילך לו במהרה לירושלם כי היה חושב בלבו לא היה צריך לרוב כלי מלחמה כי היה נקל בעיניו לכבשה׃ (כט) עברו מעברה. ת"י מעברא דירדנא׃ גבע מלון. אמר כשעברו הירדן באו ללון בגבע שהיא עיר לבנימן וכיון שראו כן יושבי הרמה חרדו׃ תרדה הרמה. פי׳ יושבי הרמה חרדו. וכן גבעת שאול נסה. פי׳ יושבי גבעת שאול נסו כי כן דרך המקרא במקומות רבים וגבע וגבעה שתי עיירות הן בארץ בנימן כמ"ש בספר יהושע ואפשר כי גבעת שאול היא גבעת בנימן שזכר בספר שמואל וסמכה אל שאול לפי שהיה מלך והיה משבט בנימן או בנה הוא שם ארמון לשבתו לפיכך נקראת על שמו וכן בספר שמואל ושאול עלה אל ביתו גבעת שאול ואפשר ג"כ כי גבעת שאול היתה זולתי גבעת בנימן ושאול בנה אותה הגבעה ונקראת על שמו׃ (ל) צהלי קולך. הרימי קולך כשופר

מצודת דוד

לואכך יוסר וכפל הדבר במ"ש׃ וחבל עול. הוא מאמר הגלגיי על כי הדרך אשר שומן הצואר נשחת מפני העול אמר שיהיה בהפך שתשחת העול מפני השומן ר"ל סנחריב המטיל העול יאבד על ידי חזקיהו׃ (כח) בא על עית. התחיל הנביא להגיע על סנחריב על בבא במהירות נמרץ לכבוש ירושלים עד שהלך מסעות רבות ביום אחד ואמר שבא על עית ומשם עבר במגרון ובמכמש הניח רוב כלי המלחמה להקל המשא ובחושבו שלא יצטרך לכולם׃ (כט) עברו. אנשיו עברו מעבר הירדן׃ גבע. בעיר גבע לנו כתלון בטוחים מבלי פחד ולא חנו בשדה כדרך אנשי המלחמה׃ חרדה. אז אנשי הרמה חרדה אחזתם ואנשי גבעת שאול נסו מפחדם׃ (ל) צהלי קולך. ר"ל המקומות ההם שלחו לאנשי בת גלים לומר אליהם הרימו קול

מצודת ציון

חורשת׃ וחובל. ענין השחתה כמו וחבל את מעשה ידיך (קהלת י"ב)׃ (כח) למכמש. במכמש ובא הלמ"ד במקום בית וכן ישבת לכסא (תהלים ט׳) ומשפטו בכסא וכמוהו רבים׃ יפקוד. מלשון פקדון וגניזה׃ (כט) נסה. ענין בריחה׃ (ל) צהלי. ענין השמעת

jamin is uncertain. It is possible that Saul made it his capital and called it on his name, or did so because he built a palace for his residence there. It is also possible that they were two different places. The one built by Saul was called on his name.—[*Redak*]

Rashi, apparently, counts them as one place, since he does not count Geba in his list of Sennacherib's stations.

30. **Raise your voice**—*to warn the people.*—[*Rashi*]

Hearken, Laishah—*to the sound of the shofar and flee, and so, Aniah Anathoth.*—[*Rashi*]

Bath-Gallim—*Jonathan* takes this as a place name. *Kara* interprets it as "daughter of Gallim," i.e., inhabi-

and his yoke from upon your neck, and the yoke shall be destroyed because of oil. 28. He came upon Aiath; he passed through Migron; at Michmas he deposits his luggage. 29. They crossed the ford; at Geba they lodged; Ramah quaked; Gib'ath Saul fled. 30. Raise your voice, Bath-gallim; hearken, Laishah, Aniah Anathoth.

mighty forces of Sennacherib should have easily captured Jerusalem and defeated the meager troops of Hezekiah, symbolized by fatness. Instead, the Holy One, blessed be He, turned the tables upon him, and his mighty army was completely destroyed; thus the fatness, so to speak, destroyed the yoke. *Jonathan* renders: And the nations shall be broken because of the anointed one. The anointed one is Hezekiah, who should have been anointed with the anointing oil, were it not for the fact that he was the son of a king, and his claim to the throne was not contested. The anointment was, therefore, unnecessary.—[*Redak*]

28. **He came upon Aiath**—*He goes on to enumerate the travels which Sennacherib traveled when he came upon the cities of Judah, to come to Jerusalem, on the day of his downfall: Aiath, Migron, Michmas, Ramah, Gib'ath Saul, Bath-galim, Laishah, Anathoth, Madmenah, and Gebim. They are all places.*—[*Rashi*]

Although most of these cities are not mentioned in the Book of Joshua, possibly some of them were known by two names.—[*Redak*]

he deposits his luggage—He left over most of his army and most of his weaponry in Michmas, in order to lighten his load, to enable him to reach Jerusalem quicker. He was certain that he could defeat Jerusalem with a fraction of the forces and the weaponry he had brought with him.—[*Ibn Ezra, Redak*] Rabbi Joseph Kara explains that it is customary for the attacking army, when it draws near the city it intends to attack, to leave its luggage in a nearby city, so as not to hinder its progress when it charges the enemy.

29. **They crossed the ford**—I.e., the ford of the Jordan.—[*Redak* from *Targum Jonathan*] *Ibn Ezra* suggests that, perhaps Ma'barah is a place name. Since *Rashi* (v. 28) does not count it among the stations, he apparently concurs with *Jonathan* and *Redak*.

they lodged—Heb. לָנוּ, *an expression of lodging.*—[*Rashi*]

Kara renders the verse as Sennacherib's urging his troops on. "Cross the ford! Geba will be our lodging!"

Ramah quaked—When they heard that Sennacherib was lodging in Geba, they quaked in fear.—[*Redak*]

Gib'ath Saul fled—*Fled, they all fled because of his armies.*—[*Rashi*]

I.e., the inhabitants of Gib'ath Saul fled. It appears that Geba and Gib'ath Saul were two distinct places in the tribe of Benjamin. See Jos. 18:24, 18:28. Whether Gib'ath Saul is identical with Gib'ath Ben-

עֲנִיָּה עֲנָתוֹת׃ לא נָדְדָה מַדְמֵנָה יֹשְׁבֵי
הַגֵּבִים הֵעִיזוּ׃ לב עוֹד הַיּוֹם בְּנֹב לַעֲמֹד
יְנֹפֵף יָדוֹ הַר בֵּית־צִיּוֹן גִּבְעַת יְרוּשָׁלִָם׃

הנה · בת קרי · ת"א בנוב לעמוד. מגלה לא סנהדרין לד לה זוהר בשלח:

תרגום

בְּלַיִשׁ דְּדַיְרִין בַּעֲנִיָה עֲנָתוֹת: לא אִתְבַּרוּ אֱנָשׁ מַדְמֵנָה יָתְבֵי גִיבִים גְלוֹ: לב עַד כְּעַן יוֹמָא רַב וְסַגִּי עִדָּן לֵיהּ לְמֵיעַל הָא סַנְחֵרִיב (מַלְכָּא דְאַתּוּר נְטַל וַעֲבַר תְּלַת אוֹנִין וּדְבַר עִמֵּיהּ אַרְבְּעִין אַלְפִין גוּסְפְּנִין דִדְהַב דִבְנֵי מַלְכִין קְטִירֵי תָגָא יָתְבִין בְּהוֹן וּדְבַר עִמֵּיהּ מָאתָן אַלְפִין אֲחִידֵי סַיְפִין וְרוּמְחִין וּדְבַר עִמֵּיהּ מָאתָן וְשִׁיתִּין אַלְפִין מְחַצְצֵי גִירִין גוּבְרִין דְרָהֲטִין קֳדָמוֹהִי מְאָה אַלְפִין אוּרְכָּא דְמַשִׁרְיָתֵיהּ אַרְבַּע מְאָה פַּרְסִין צַוָאר סוּסְוָתֵיהּ אַרְבְּעִין פַּרְסִין מִנְיָן מַשִׁרְיָתֵיהּ מָאתָן וְשִׁתִּין אַלְפִין רִיבּוֹא חָסֵר חַד וְכֵן אֲתוֹ עַל אַבְרָהָם כַּד רְמוֹ יָתֵיהּ לְגוֹ נוּרָא יָקִדְתָּא וְכֵן עֲתִידִין לְמֵיתֵי עִם גוֹג וּמָגוֹג כַּד יִשְׁלַם עָלְמָא קִצֵּי לְמִתְפַּרְקָא מַשִׁרְיָתָא קַדְמֵיתָא כַּד עֲבַרוּ בְּיַרְדְנָא שָׁתוּ מַיָא דַהֲווֹ בְּיַרְדְנָא מַשִׁרְיָתָא תִנְיֵתָא כַּד עֲבַרוּ בְּיַרְדְנָא דָלוּ עִקְבֵי סוּסְוָתָא וְשָׁתוּ מַיָא מַשִׁרְיָתָא תְלִיתָאָה כַּד עֲבַרוּ בְּיַרְדְנָא חֲפַרוּ בֵירִין וְשָׁתוּ מַיָא) אֲתָא וְקָם בְּנוֹב קִרְיַת כַּהֲנַיָא לָקֳבֵיל שׁוּרָא דִירוּשְׁלֵם וַעֲנֵי וַאֲמַר לְחֵילוֹתֵיהּ הֲלָא דָא הִיא קַרְתָּא יְרוּשְׁלֵם דַעֲלָהּ אַרְגֵישִׁית כָּל מַשִׁרְיָתִי וַעֲלָהּ כְּבֵשִׁית כָּל מְדִינָתִי הָא הִיא זְעֵירָא וַחֲלָשָׁא מִכָּל כְּרַכֵּי עַמְמַיָא דִכְבֵישִׁית בִּתְקוֹף יְדִי עֲלַהּ קָם מָנִיד בְּרֵישֵׁיהּ מוֹבִיל וּמַיְתֵי בִידֵיהּ עַל טוּר בֵּית מַקְדְשָׁא דִי בְצִיוֹן וְעַל עֲזָרָתָא דִבִירוּשְׁלֵם׃

מהר"י קרא

גלים. שם מקום הוא. כמו לפלטי בן ליש אשר מגלים. וכן פתר דונש אותם יושבי גלים העבירו קול לבת גלים. הנה סנחריב בא צאו וברחו לכם מפניו שלא יקח [אתכם] מדי עברו: הקשיבי לישה. שסנחריב בא עליהם: עניה ענתות. יושבי ענתות (גור) [גורו] לכם מפניו ועל שם שהלשון נופל על הענתות לשון עניה. כמו שהוא אומר בצדו: (לא) נדדה מדמנה. כלומר מדמנה שמה נדדו מפניו וכמו עקרון תעקר. וכמו כי מי דימון מלאו דם: יושבי הגבים העיזו. יושבי העמק העיזו. האספו ונבואה אל ערי המבצר: (לב) עוד היום בנב לעמוד ינופף ידו הר בת ציון גבעת ירושלם. כשנסע אותו רשע ביום אחד עשר מסעות למהר לבוא לירושלם בו ביום ויגיע בנוב כשהוא קרוב וכבר פנה לו היום לעבור ויראה משם גבעת ירושלם. ויאמר לחיילותיו הרי אנו רואין אותו לפנינו נמהר לבוא שם. הן עוד היום גדול בנוב לעמוד. ינופף ידו הר בת ציון כאדם שמניף בסודר ומראה לרבים ינופף לשון תנופה שאדם מוליך ומביא: נחזור לדברי רבותינו. והיה ביום ההוא יסור סובלו מעל שכמך [וגו׳] מפני שמן. מפני שומנו של חזקיה שהיה דולק בבתי כנסיות ובבתי מדרשות. מה עשה חזקיה נעץ חרב בבית (המקדש) [המדרש] ואמר כל מי שאינו עוסק בתורה ידקר בחרב. בדקו מדן ועד באר שבע [ולא מצאו עם הארץ] מגבת ועד אנטופרס ולא מצאו איש ואשה תינוק ותינוקת שלא היו בקיאין בהלכות טומאה וטהרה ובהלכות איסור והיתר. ועל אותו הדור הוא אומר והיה כל מקום אשר יהיה שם אלף גפן באלף כסף לפי שהיו עוסקין בתורה אע״פ שאלף גפן באלף כסף לשמיר ולשית יהיה: בא על עית עבר במגרון. [אמר רב הונא עשר מסעות נסע אותו רשע באותו יום ואלו הם בא על עית עבר במגרון וגו׳ עד]

רש"י

ענתות: (לא) העיזו. נאספו לברוח ורבותינו דרשו אהלי קולך וכל המקרא במדרש אחר באגדת חלק והעמידו המסעות על עשר אבל יונתן תירגם את כולן שמות מקומות: (לב) עוד היום בנוב לעמוד. כל הדרך הזה נתלבט כדי לעמוד בעוד היום בנוב לפי שאמרו לו איצטגניניו אם תלחם בה היום תכבשנה וכשעמד בנוב וראה את ירושלים קטנה לא חש לדברי איצטגניניו והתחיל להניף ידו בגאוה

רד"ק

כדי שישמעו אנשי ליש ויברחו ומחנה אשור היה בדרכו פוגע בעיר שמה בת גלים תחילה ואחר כך בליש: (לא) נדדה מדמנה. זאת העיר מצאנוה בערי מואב שמה מדמנה. אבל בערי ישראל לא מצאנו זה השם והוא כמו שכתבנו שיש לעיר שני שמות ואפשר שהיא העיר הנזכרת בערי יהודה וצקלג מדמנה וסנסנה אע״פ שאין נקודם שוה אותיותיהם שוות וכן הגבים שם העיר והעיזו ל׳ אסיפה כמו שלח העז את מקנך: (לב) עוד היום בנוב. דרך הדרש כי ביום אחד הלך כל המסעות הנזכרים ודחק עצמו שיהיה באותו היום בנוב כי משם יראה ירושלם וכיון שראה אותה משם: ינופף ידו. על ירושלם כאדם המבזה הדבר אמר אין זו נחשבת בעיני כי כמה עיירות בצורות ממנה כבשתי וא״א ז״ל פירש הפסוק כן עוד היום שישובו לנוב לעמוד

אבן עזרא

מדינה ויתכן היותו בת כמו בת ציון: (לא) נדדה. הגבים. שם מקום או בורות מתרגום ארמית: העיזו. הבריחו נפשם או אחרים מישראל כי הוא פועל יוצא משלח העז: (לב) עוד. יבוא היום שיעמוד בנוב:

מצודת ציון

קול גדול וכן צהלי מים (לקמן כ״ד): (לא) העיזו. ענין אסיפה כמו שלח העז (שמות ט׳): (לב) ינופף. ענין הרמה:

מצודת דוד

להזהיר להעם למהר לברוח ואתם בני ליש הקשיבו הקול ומהרו לברוח וכן ישמעו סמדה העניה אשר בענתות ויברחו גם המה: (לא) נדדה. עדת מדמנה נדדה ממקומה וברחה: העיזו. נאספו יחד לברוח: (לב) עוד היום. כ״כ מיהר בהליכתו למען יעמוד בנוב בעוד יום כי משם יכול הרואה לראות את ירושלים: ינופף כשראה את ירושלים היה מניף ידו עליה בדרך בזיון ולעג כאומר הלא בנקל אכבשנה: הר וגו׳ גבעת וגו׳. כפל הדבר במלות שונות:

hilated, and he returned home in shame.

Jonathan paraphrases the verse in a very interesting manner, part of which is quoted verbatim in the Talmud: Until now, the day is long, and there is enough time for him to enter. [Sennacherib, king of Assyria, traveled and passed three stations, and took with him forty thousand *guspanim* (probably coaches?) of gold, of princes wearing crowns, sitting in them, and he took with him 200,000 sword and spear bearers,

31. Madmenah wandered; the inhabitants of Gebim gathered.
32. Still today, [he intends] to stand in Nob; he waves his hand
toward the mount of the daughter of Zion, the hill of Jerusalem.

tants of Gallim, a place mentioned in I Sam. 25:44, a Benjamite city.

31. **Madmenah wandered**—I.e., the inhabitants fled.—[*Kara, Mezudath David*]

This name is nowhere found as an Israelite city. It is, however, found as a Moabite city. See Jer. 48:2. It is possibly identical with Medmannah in Jos. 15:31.—[*Redak*] [This seems unlikely, however, since that is in Judean territory, south of Jerusalem, whereas, all the other cities mentioned are in the territory of Benjamin, north of Jerusalem. It is unlikely that Sennacherib should pass Jerusalem and go southward, when he was so close to it. It is, most likely, a Benjamite city, perhaps mentioned elsewhere by another name.]

gathered—*Assembled to flee. Our Rabbis, however, expounded, "Raise your voice, Bath-Gallim," and the entire verse in a different manner in the Aggadah of "Chelek," and they set the number of travels at ten. But, Jonathan rendered them all as place names.*—[*Rashi*] *Rashi* refers to the *Aggadah* in *Sanhedrin* 94b, which explains this verse as follows: Raise your voice, daughter of the waves (בַּת גַּלִּים), daughter of Abraham, Isaac, and Jacob, who performed mitzvoth before Me as numerous as the waves of the sea. Hearken, Laishah! Do not fear this one (Sennacherib); fear only the one compared to a lion (לַיִשׁ), i.e. Nebuchadnezzar. Aniah Anathoth. Jeremiah, who comes from Anathoth will prophesy concerning this.

inhabitants of Gebim—According to *Rashi* and *Targum*, this is a place name. *Ibn Ezra* suggests: Those who dwell in pits. Perhaps they hid there to escape the invaders.

32. **Still today, [he intends] to stand in Nob**—*All this way he hastened, in order to stand in Nob while it is still day, since his star-gazers told him, "If you attack it today, you will conquer it." And, when he stood in Nob and saw that Jerusalem was small, he did not heed the words of his star-gazers and began to wave his hand arrogantly. "For a city like this have I mustered all these armies? Stay here overnight, and tomorrow, each one will cast his stone upon it.*—[*Rashi*] *Rashi* in *Sanhedrin* explains that each one would bring a piece of a broken wall and throw it on the wall of Jerusalem, thereby breaking it. Comp. II Kings 3:25.

Rabbi Joseph Kara quotes the entire Talmudic passage, which interprets "Nob" as an allusion to the sin of Saul's slaying the priests of that city. Although Saul was the perpetrator of that crime, since the populace did not protest, they had their share of the guilt. They were to be punished until that very day. Had Sennacherib attacked the day before, he would have been able to conquer the city. By postponing the attack, he lost his chance. Not only that, but his entire army was anni-

לג הִנֵּ֤ה הָֽאָדוֹן֙ יְהוָ֣ה צְבָא֔וֹת מְסָעֵ֥ף
פֻּארָ֖ה בְּמַעֲרָצָ֑ה וְרָמֵ֤י הַקּוֹמָה֙ גְּדֻעִ֔ים
וְהַגְּבֹהִ֖ים יִשְׁפָּֽלוּ׃ לד וְנִקַּ֛ף סִבְכֵ֥י הַיַּ֖עַר
בַּבַּרְזֶ֑ל

לג הָא רִבּוֹן עָלְמָא יְיָ צְבָאוֹת רָמֵי קְטוֹל בְּמַשִׁרְיָתֵיהּ כִּבְעוּט דְמִתְבְּעֵיט בְּמַעְצַרְתָּא וְרָמֵי קוֹמָא יִתְקַטְּפוּן וְתַקִּיפַיָּא יִמְאֲכוּן׃
לד וְיִקְטֵיל גִּבָּרֵי

ת״א ורמי הקומה סוטה ס:

רש״י

וכי על עיר כזו הרגשתי כל החיילות הללו לינו פה הלילה ולמחר ישליך בה איש אבנו: **הר בית ציון.** להר בת ציון: (לג) **הנה האדון.** בלילה ההוא: **מסעף פארה במערצה.** יפסק פארות עיקר ענפי אילנותיו: **במערצה.** במשור המקצץ הענפים אין פארה זו לשון גת שהרי לא נכתב בוי״ו כמו פורה דרכתי (לקמן ס״ג) וכמו לחשוף חמשים פורה (חגי ב׳) אלא באל״ף כמו ותארכנ׳ פארותיו (יחזקאל ל״א) ומסעף הוא לשון מקצץ ענפים (אישברנקיי״ר בלע״ז) כמו וכלה סעיפיה (לקמן כ״ז) וכן בסעיפיה פוריה (לקמן י״ז): **במערצה.** בכלי משחית העורץ ושובר אותם: **ורמי הקומה.** הגבורים: **גדועים.** אין לשון גידוע נופל אלא באילנות ודבר קשה: (לד) **ונקף.** אף זה לשון קציצה כמו כנוקף זית. ונקף לשון נפעל: **סבכי היער.** הענפים החשובים והגבורים: **והלבנון.** עודי יערו וכרמילו הם הנקהלים עליו:

מהר״י קרא

עוד היום בנוב לעמוד ינופף ידו וגו׳. (הנה מה טובו) [הני] טובי הוו. צהלי קולך בת גלים לא מחשבינן. נביא הוא דקאמר לישראל צהלי קולך בת גלים. בתו של אברהם יצחק ויעקב שעשו מצות כגלי הים. אמר להו לא תסתפי מסנחריב אלא תיסתפי מנבוכדנצר דמתיל לאריה דכתיב עליה עלה אריה מסובכו. עניה ענתות. הרי ירמיה ענתותי בא ומתנבא עליך: עוד היום בנוב לעמוד. אמרו ליה [כלדאי] דאי עיילת לה יומא [האידנא] יכלת (ליה) [להו וכו׳] כי אתא. [וכו׳] אמר דא היא קרתא דירשלם דעלה ארגישית כל משירייתי. ודעלה כבישית כל מדינתי. הוא זעירא מכל כרכי עממיא דכבישית בתקוף ידי וקאי מניד ברישיה וכו׳. אמר לחילותיו ננוח בלילה ונקום למחר לכובשה: (לג) הנה האדון ה׳ צבאות מסעף פארה. תיבה המשמשת עיקר ועוקר כמו שורש שהוא עיקר. ועוקר ושרשך מארץ חיים. אף כאן מסעף מן תיבת בסעפותיו קננו כל עוף השמים. שהוא לשון ענף. וכן בסעיפיה פוריה. ופורה גם הוא לשון ענף. כמו ותחת פארותיו (ישכבו) [ילדו] כל חית השדה. וכשהנביא מבקש לקצוץ את הענפי׳ מן אילן הוא אומר ה׳ צבאות מסעף פוארה במערצה. בכח ופת׳ מסעף פארה במערצה כלומר. יקצוף הענפים מן האילן כדי שיהרוג כל חיל סנחריב: (לד) ונקף סבכי היער בברזל. חיילותיו של סנחריב המשולים לסבכי היער הרגו בחרבות של ברזל: והלבנון (באדיר יפול). דימה חילותיו של סנחריב ללבנון: באדיר יפול. שיפול ביד גבריאל:

אבן עזרא

(לג) הנה. מסעף. יכרית הסעיפים כמו לא תפאר אחריך ושרשך מארץ חיים: **פארה.** כמו סעיף וככה ותשלח פארות: **במערצה.** בגבורה מגזרת עריץ: **ורמי הקומה.** בעבור כי השרים נכחדו: **(לד) ונקף.** לשון הכרתה: **סבכי היער.** האילנים המסובכים: **בברזל.** משל למלאך והשרים הדומים לאילני הלבנון יפלו בברזל אדיר והנה בברזל מושך עצמו ואחר עמו:

רד״ק

שם אותם שברחו משם מפני סנחריב: ינופף ידו הר בת ציון. אמר על דרך משל כי עוד ינופף ידו הר בת ציון על מחנה אשור במפלתו וכן גבעת ירושלם והוא כפל הענין במלות שונות ובא הפסוק הזה כענין שאמר בזה לך לעגה לך בתולת בת ציון אחריך ראש הניעה בת ירושלם: (לג) הנה האדון. סנחריב חשב כי אין עליו אדון כמו שאמר בכח ידי עשיתי ובחכמתי כי נבונותי. אמר הנביא הנה האדון ה׳ צבאות הוא אדון צבאות מעלה ומטה והוא יפיל צבא מלך אשור והמשיל מחנהו ליער מלא עצים גבוהים ואמר כי האדון מסעף. פי׳ כורת הפארות: במערצה. פי׳ ביד חזקה יערצם וישברם: ורמי הקומה. כלומר העצים רמי הקומה יהיו גדועים והוא משל על השרים הגדולים שהיו עמו: (לד) ונקף. מבנין הדגוש והוא ענין כריתה כמו חגים ינקופו ותרגם וערפתו ותנקפיה: וסבכי. משל על השרים הגדולים שבאו בעצה אחת עם סנחריב והסתבכו זה עם זה בעצה אחת ובלב אחד כמו ענפי העצים המסתבכים זה עם זה: בברזל. כמו העץ שהענפים נכרתים בברזל כן יהיו הם נכרתים

מצודת דוד

(לג) הנה האדון. כלומר הבל לא היה כמו שחשב כי הנה האדון ה׳ כורת ענפיו בכלי המשחית ר״ל בלא המלאך והכה בהם: **ורמי הקומה.** האילנות גבהי הקומה נעשו כרותים ר״ל מתו הגבורים: **(לד) ונקף.** הענפים המסובכים זה בזה יכרתו בברזל ר״ל חילו הרב

מצודת ציון

(לג) מסעף. ענין ענפים כמו וכלה סעיפיה (לקמן כ״ז) ור״ל יסיר הסעיפים וכן ויסקלהו (לעיל ה׳) ור״ל הסיר האבנים: **פארה.** גם הוא ענין ענף כמו ותארכנה פארותיו (יחזקאל ל״א) ועם כי אמר מסעף אמר גם פארה לתוספת באור וכן לתקו בזקים (נחום ג׳): **במערצה.** כן שם הכלי המשחית ומשבר והוא מלשון בקומו לערוץ הארץ (לעיל ב׳): **רמי הקומה.** ענין רוממות וגבהות: **גדועים.** ענין כריתה כמו שקמים גדעו (לעיל ט׳): **(לד) ונקף.** ענין כריתה כמו כנוקף זית (לקמן י״ז). **סבכי.** ענין התאחזות כמו עד סירים סבוכים (נחום א׳): **והלבנון.** כן שם יער בארץ ישראל:

the verse, and to explain it in simple language.

Others render: With might.—[*Ibn Ezra, Redak*]

Jonathan, indeed, renders the verse as an allegory to a winepress, as follows: Behold the Master of the world, the Lord of Hosts, casts death in his camp, as one trods a winepress, and the tall ones shall be plucked and the mighty ones humbled.

and those of lofty height—This alludes to *the heroes.*—[*Rashi*] or the princes.—[*Ibn Ezra, Redak*]

are hewn down—*The expression of hewing in apropos only to trees and hard things.*—[*Rashi*]

and the tall ones shall be humbled—This alludes to the heaveny princes of Assyria and its allies.—[*Kli Paz*]

34. **And . . . shall be cut off**—Heb. ונקף. *This, too, is an expression of cut-*

33. Behold the Master, the Lord of Hosts lops off the branches with a saw, and those of lofty height are hewn down, and the tall one shall be humbled. 34. And the thickets of the forests shall be cut off with iron,

and he took with him 260,000 archers, men running before him 100,000. The length of the camp was four hundred parasangs. The necks of his horses were forty parasangs. The number of his camp was 260,000,000, less one. Such a camp came upon Abraham when he was thrown into the furnace, and so are destined to come with Gog and Magog, when the world reaches the end, to be redeemed. The first camp, when they crossed the Jordan, drank up the water that was in the Jordan. The second camp, when they crossed the Jordan, picked up the feet of their horses and drank water (in the footsteps of the horses). The third camp, when they crossed the Jordan, dug wells and drank water.] He came and stood in Nob, the priestly city, opposite the wall of Jerusalem, called out and said to his armies, "So, this is the city of Jerusalem for which I mustered all my armies, and for which I conquered all my country. Why, it is smaller and weaker than all the cities of the nations that I have conquered with the strength of my hand!" He stood and shook his head and waved his hand toward the Temple Mount, which is in Zion, and toward the forecourts that are in Jerusalem.

33. **Behold the Master**—Sennacherib considered himself independent of any master or overlord. He felt that all his conquests were due to his own strength and intellect, as the prophet depicts him stating above (v. 13). The prophet, therefore, states that the Master, the Lord of the heavenly and the earthly hosts, will overthrow this braggart and bring about his downfall with the annihilation of his forces.—[*Redak*]

lops off the branches with a saw—*Shall lop off its branches, the root of the branches of his trees.*—[*Rashi*] Mss. read: *Uproots the branches of his trees.* Other mss. read: *Cuts off the branches of his trees.* See below.

with a saw—Heb. בְּמַעֲרָצָה. *With a saw that cuts the boughs. This* word פָּארָה *is not an expression denoting a winepress, for it is not spelled with a "vav," like* "(infra 63:3) *A winepress* (פּוּרָה) *I trod," and like* "(Haggai 2:16) *To draw off fifty measures from the winepress* (פּוּרָה), *but with an "aleph," like* "(Ezekiel 31:5) *And its boughs became long* (פֹּארֹתָיו)." *is an expression of cutting off branches (esbranchier in O.F.), like* "(infra 27:10) *And he will destroy its branches* (סְעִיפֶיהָ), and "(infra 17:6) *On its branches* (בִּסְעִיפֶיהָ) *the fruitful one."*—[*Rashi*] *Rashi* explains that the word מְסָעֵף originates from סְעִיף, *a branch,* hence bearing two opposite meanings: "a branch," and "to cut off branches." Cf. *Rashi,* Lev. 25:3; *Baba Metziah* 38a, s.v. והדביש.

with a saw—Heb. בְּמַעֲרָצָה, *with an implement of destruction, which breaks them.*—[*Rashi*] *Rashi* uses two synonyms, עוֹרֵץ וְשׁוֹבֵר, to illustrate the connection to the word in

בְּבַרְזֶל וְהַלְּבָנוֹן בְּאַדִּיר יִפּוֹל: יא א וְיָצָא
חֹטֶר מִגֵּזַע יִשָׁי וְנֵצֶר מִשָּׁרָשָׁיו יִפְרֶה:
ב וְנָחָה עָלָיו רוּחַ יְהוָה רוּחַ חָכְמָה
וּבִינָה רוּחַ עֵצָה וּגְבוּרָה רוּחַ דַּעַת
וְיִרְאַת יְהוָה: ג וַהֲרִיחוֹ בְּיִרְאַת יְהוָה

ת״א והלבנון. גטין נו (ברכות ה): ונלה משרשיו. סנהדרין מג: רוח ה׳. שם לג:

תרגום

מַשִׁרְיָתֵיהּ דְמִתְגַבְּרִין
כְּבַרְזְלָא וְעָבְדֵי קְרָבָא
עַל אַרְעָא דְיִשְׂרָאֵל
יִתְרְמוֹן: א וְיִפּוֹק מַלְכָּא
מִבְּנוֹהִי דְיִשַׁי וּמְשִׁיחָא
מִבְּנֵי בְנוֹהִי יִתְרַבֵּי:
ב וְתִשְׁרֵי עֲלוֹהִי רוּחַ
נְבוּאָה מִן קֳדָם יְיָ רוּחַ
חוּכְמָא וְסוּכְלְתָנוּ רוּחַ
מְלַךְ וּגְבוּרָא רוּחַ מַדַע
וּדְחַלְתָּא דַיְיָ:
ג וִיקָרְבִינֵיהּ לְדַחַלְתֵּיהּ יְיָ לָא לְחֵיזוּ עֵינוֹהִי יְהֵי דָאֵן וְלָא לְמִשְׁמַע אוּדְנוֹהִי יְהֵי מוֹכַח:

מהר״י קרא

יא (א) ויצא חוטר מגזע ישי. מכאן ואילך מדבר במלך המשיח. כלומר האומות שמשולין לסבכי היער ולעצי לבנון. רמי הקומה ורעננים בפארותיהן ודליותיהן. ולמבחר פרידעתיד חוטר אחד לעמוד מבית ישי והוא ישא ענף ויעשה פרי והיה לאדיר. ונצר משרשיו יפרה. ותנוח עליו רוח ה׳ וגו׳: (ג) והריחו ביראת ה׳.

רש״י

מרבית חיילותיו: **באדיר יפול.** על ידי מלאך יפלו. ד״א באדיר בזכות חזקיהו שהוא אדירס ומושלס של ישראל כמה שנאמר והיה אדירו ממנו (ירמיה ל׳):
יא (א) ויצא חוטר מגזע ישי. ואם תאמרו הרי תנחומין לחזקיהו ועמו שלא יפלו בידו ומה תהא על הגולה אשר הגלה בחלח וחבור שמא אבד סברס לא אבד סוף שיבא מלך המשיח ויגאלם: **חוטר.** שבט מלוכה: **ונצר.** ל׳ יונק אילן: **ונצר משרשיו יפרה.** וכל הענין ובסופו והיה ביום ההוא יוסיף ה׳ שנית ידו. הרי שנאמרה נבואה זו לנחמת הגולים מאשור. (אמר המעתיק בימי חורפי הקשיתי לשאול לכמה גאונים על שכתב א״מ זקני מהרמ״א בהגה״ה בהלכות ר״ה שאגוז בגי׳ ח״ט והלא הוא גם גימטריא טו״ב. ותרלתי על פי הזוהר מה שהקשה רבי אלעזר את אביו רשב״י על שאמרו חז״ל ולא קם נביא בישראל אבל באומ״ה קם ומנו בלעם וכו׳ והשיב לו מפסוק גם זה לעומת זה וכו׳. שאפילו שיש קדושה בטומאה אסור ללמוד אותה שנאמר ומעץ הדעת טו״ב ור״ע לא תאכל. ויובן אף שאגוז גי׳ טוב הואיל ויש בה קליפה גי׳ ח״ט אין אוכלין אותה בר״ה ונענעו לי ראשיהם הגאונים ההם): **(ג) והריחו ביראת ה׳.**

רד״ק

בחזק מהם: והלבנון. כלל כל עצי היער. ואמר לבנון שהוא שם יער בארץ ישראל ודבר הכתוב על ההוה: באדיר. הוא המלאך המכה אותם: (א) ויצא חטר. סמך פרשה זו שהיא עתידה לימות המשיח להבטחה שהיתה בימי חזקיהו. אמר אל תתמהו על פלא גדול כזה שיעשה בימי חזקיהו במפלת מחנה אשור ברגע אחד כי עוד יעשה לישראל פלא גדול מזה בימות המשיח שיהיה לישראל בקבוץ גליות וזה יחיה ממשפחת המלך חזקיהו וזכר ישי לפי שממנו יצא מלך הראשון ופי׳ חטר מטה כתרגומו. ואמר מגזע משרשיו לפי שהעץ הנכרת יחליף ויוציא יונקות מגזעו ומשרשיו ופי׳ גזע מה שנשאר מן העץ על הארץ ומצדי הגזע יעלו הנצרים וכן מן השרשים שהם תחת הארץ יפרחו גם כן ולפי שישראל גלו מארצם זה כמה שנים ונפסקה מלכותם כאלו נכרת העץ אבל הגזע והשרשים נשארו אמר כי עוד יש תקוה שיחליף הגזע ואמר הנביא כי משרשי ישי ומגזעו יצא עוד חטר נצר ויהיה עוד מלך על ישראל כבתחילה ויותר ממה שהיה ואמר: (ב) ונחה עליו רוח ה׳. כי מה׳ יהיה כל זה. אמר בתחילה רוח ה׳ ואחר כך פי׳ רוח חכמה ובינה רוח עצה וגבורה רוח דעת ויראת ה׳ וחכמה הוא הדבר שילמדנו אדם וידענו ויהיה מזומן בכל עת ובינה התבוננות האדם במה שלא למד ממה שלמד: ועצה. היא הידיעה והרגילות במוסרים ודרכי בני העולם זה עם זה ודעת ויראת ה׳ שניהם סמוכין על השם. ר״ל שידע ה׳ ויירא ממני: (ג) והריחו ביראת ה׳. לפי שהרית

אבן עזרא

יא (א) **ויצא.** רובי המפרשים אמרו כי זה המשיח והטעם שימות מחנה אשור הצר על ירושלם ועוד יבא עת גאולת ירושלם השלימה ולפי דעת רבי משה הכהן שעל חזקיהו רמז כי הוא דבק עם הפרשה: **חוטר.** מגזרת תרגום מטה: **גזע.** כמו זרע: **ונצר.** כמו סעיף כאשר כתוב. וטעם ויצא כי קטן היה כאשר היה זאת הנבואה: (ב) **ונחה.** על משכל ושבה אל בית אביה מהשכיי׳ הנראים והנה פרש כי רוח ה׳ היא רוח חכמה ובינה וכן כתוב על יהושע בתורה: **וגבורה.** כי גבור היה חזקיה כי כן כתוב: (ג) **והריחו.** פעמים תטעה הרגשת האוזן שתשמע ואין קול

מצודת ציון

יא (א) חוטר. ענינו כמו מטה וכן חוטר גאוה (משלי י״ד) ר״ל שבט מלוכה: מגזע. משורש וכדרז״ל גזעו מחליף (תענית כ״ה) וכן אף בל שורש בארץ גזעם (לקמן מ׳): ונצר. ענף כמו ככלר נתעב (לקמן י״ד): יפרה. יעשה פרי: (ג) והריחו. מלשון ריח:

מצודת דוד

יומתו על ידי המלאך: והלבנון. עלי הלבנון יפלו על ידי אדיר וחזק והוא המלאך וכפל הדבר במ״ש לחזוק הענין ולתפארת המליצה:
יא (א) ויצא חוטר. כאומר אל תתמהו מפלא הגדול הזה כי יבוא זמן שיפליא לעשות עוד יותר מזה כי יצא שבט מלוכה משורש ישי מזרע דוד והוא מלך המשיח: ונצר וגו׳. כפל הדבר במ״ש:
(ב) רוח ה׳. רוח נבואה: רוח חכמה וגו׳. כל אלה ינוחו עליו וכן ימלאו: (ג) והריחו. לפי שהריח הוא הרגשה קלה מאד לכן

and to fear Him.—[*Redak*]

Ibn Ezra claims that this refers to Hezekiah, who was both strong and acuitous.

He seems to follow R. Moshe Hakohen, who interprets this section as regarding Hezekiah.

3. **And he shall be animated by the fear of the Lord**—*He shall be filled with the fear of the Lord.* (*ed enos mera il luy in O.F. and He shall be enlivened.*)—[*Rashi*]

Others render: And he shall sense with the fear of the Lord; i.e.

and the Lebanon shall fall through a mighty one.

11

1. And a shoot shall spring forth from the stem of Jesse, and a
twig shall sprout from his roots. 2. And the spirit of the Lord
shall rest upon him, a spirit of wisdom and understanding, a
spirit of counsel and heroism, a spirit of knowledge and fear of
the Lord. 3. And he shall be animated by the fear of the Lord.

ting, as "(ibid.) *Like one who cuts off olives* (כְּנֹקֶף). וְנִקַּף *is in the passive voice.*—[*Rashi*]*

1. **And a shoot shall spring forth from the stem of Jesse**—*And if you say, "Here are consolations for Hezekiah and his people, that they shall not fall into his hands. Now what will be with the exile that was exiled to Halah and Habor, is their hope lost?" It is not lost! Eventually, the King Messiah shall come and redeem them.*—[*Rashi*]*

a shoot—This is symbolic of *the royal scepter.*—[*Rashi*]

This king will be the seed of Hezekiah, consequently descending from Jesse, the forebear of the Davidic dynasty, the father of King David, the first king of that line. The shoot alludes to the King Messiah, as *Jonathan* paraphrases. He will spring forth from the stem, or stump, of Jesse. When a tree is cut down, only the stump remains, and twigs spring up around it. Since Israel was exiled, and the kingdom ceased to exist, it was as though the tree was cut down. The prophet, therefore, announces that there is still hope for the House of David, and that from its roots and its stump, a new shoot will spring, a new king over Israel.—[*Redak*]

and a twig—*an expression of a sapling.*—[*Rashi*]

and a twig shall sprout from its roots—*and the entire section, and at the end*: "(v. 11) *And it shall come to pass, that on that day, the Lord shall apply His hand again* . . . from Assyria . . . *Hence,* it is obvious *that this prophecy was said to console those exiled to Assyria.*—[*Rashi* mss.] Our reading, *those exiled from Assyria,* although found in *K'li Paz,* appears to be an error.

2. **the spirit of the Lord**—which embodies: a spirit of wisdom and understanding, a spirit of counsel and heroism, and a spirit of knowledge and fear of the Lord.—[*Ibn Ezra, Redak*]

wisdom—Knowing clearly what one learned, remembering it at any time.

understanding—The ability to make deductions from material learned.

counsel—Knowledge and fluency in matters of ethics and social behavior.

knowledge and the fear of the Lord—knowledge of the Lord and fear of the Lord, i.e. to know Him

וְלֹא־לְמַרְאֵה עֵינָיו יִשְׁפּוֹט וְלֹא־
לְמִשְׁמַע אָזְנָיו יוֹכִיחַ׃ ד וְשָׁפַט בְּצֶדֶק
דַּלִּים וְהוֹכִיחַ בְּמִישׁוֹר לְעַנְוֵי־אָרֶץ
וְהִכָּה־אֶרֶץ בְּשֵׁבֶט פִּיו וּבְרוּחַ שְׂפָתָיו
יָמִית רָשָׁע׃ ה וְהָיָה צֶדֶק אֵזוֹר מָתְנָיו

ד וְיִדִין בְּקוּשְׁטָא
מִסְכֵּינִין וְיוֹכַח
בְּהֵימְנוּתָא מַחְשִׁיבֵי
עַמָּא דְאַרְעָא וְיִמְחֵי
חַיָּבֵי אַרְעָא בְּמֵימַר
פּוּמֵיהּ וּבְמַמְלַל
סִפְוָתֵיהּ יְהֵי מְמִית
אַרְמִילוֹס רַשִׁיעָא׃
ה וִיהוֹן צַדִּיקַיָּא סְחוֹר
סְחוֹר לֵיהּ וְעָבְדֵי
הֵמְנוּתָא

ת"א והיה צדק. עקידה שער פד זוהר בלק:

רש"י

ימלא רוח יראת ה' (אירא‎נומירלו"י בלע"ז): ולא למראה עיניו ישפוט. כי בחכמת הקב"ה בקרבו ידע ויבין מי זכאי ומי חייב: (ד) במישור. לשון נוח ורך: והכה ארץ בשבט פיו. כתרגומו וימחי חייבי ארעא: וברוח שפתיו. ובממלל סיפוותיה: (ה) והיה צדק אזור מתניו. ויהון צדיקיא סחור סחור ליה דבקים בו כאזור:

מהר"י קרא

רוח שלו. ודוגמתו דוגמת בוראו היא ולא דוגמת ב"ו. כי האדם יראה לעינים וה' יראה ללבב. וזה לא למראה עיניו ישפוט ולא למשמע אזניו יוכית. (אע"פ) [אעפ"כ] ושפט בצדק דלים. מה שאי אפשר לבשר ודם שיהא דן צדק בלא ראות וזה בלא מראה עיניו ולא במשמע אזניו ישפוט בצדק דלים ויוכיח במישור ענוי ארץ: (ד) והכה ארץ בשבט פיו. ולא כמלחמות בשר ודם שמקבץ חילותיו ויוצא למלחמה ספק נוצח. אבל מלך המשיח אמרין לו מדינת פל' מרדה בך. יבא גובאי ויאכל אותה: (ה) והיה צדק אזור מתניו. והיו אנשי צדק דבוקים בו. ואנשי

אבן עזרא

גם העין תטעה שיראה לה הנח שהוא נע רק הרגשת הריח לא תטעה והריחו כאילו יריח הדבר ביראת השם שים לו לא ישפוט כאשר יראה לעיניו ולא כאשר ישמע כי יתכן להיות עדות העדים שקר ואלה התוכחות והמשפטים הם כמשפט המלוכה: (ד) ושפט בצדק דלים. כמשפטי התורה שלא יהדר פני דל: והוכיח במישור. ביושר לטובים: והכה ארץ. בפיו כאילו הוא שבט לרשעים: (ה) והיה. והנה הצדק לא יסור ממנו כל ימיו בכל מעשיו:

רד"ק

היא הרגשה קלה אומר לדבר קל שבהרגשה ריח וכן מרחוק יריח מלחמה כאשר ינתק פתיל הנעורת בהריחו אש וכן אמר והריחו ביראת ה' כלומר במעט הבנה ירגיש בני אדם הטובים והרעים ולא יצטרך לראיית עינים ולמשמע אזן בשפטו בני אדם ולהוכיח אותם כי מדעתו ובתבונתו יבין מעשיהם במעט התבוננות וא"א ז"ל פירש והריחו ודבורו ר"ל רוח פיו וכן לרוחתי לשועתי ר"ל כי דבורו תמיד יהיה ביראת ה': (ד) ושפט בצדק. אמר דלים וענוי ארץ ואע"פ שהוא ישפוט כל האדם בצדק דלים ועשירים לפי שדרך העולם להדר פני הגדולים והעשירים אומר כי הוא לא יעשה כן אלא בצדק יקח משפט הדלים מן העשירים ויוכיח החזקים במישור בעבור ענוי ארץ שלא יגזלום ולא יעשקום בעבור שהם רפים וחלשים ולמ"ד לענוי ארץ במקום בעבור כלמ"ד אמרי לי אחי הוא וזולתו: והכה ארץ בשבט פיו. ר"ל רשעי ארץ ולפי שזכר ענוי ארץ שהן הפכם סמך על המבין גם סוף הפסוק מוכיח שאמר ימית רשע וגם בלא חסרון יובן הענין שיכה בני ארץ מי שראוי להכות שהרי אמר והוכיח במישור לענוי ארץ ופי' בשבט פיו וברוח שפתיו כי יקללם וימותו כמ"ש בצדיקים ותגזר אומר ויקם לך ואמר בשמואל הנביא כל אשר ידבר בא יבא ונאמר באלישע הנביא ויקללם בשם ה' ותצאנה שתים דובים מן היער ותבקענה מהם ארבעים ושתים ילדים: (ה) והיה צדק. הצדק והאמונה שיחזיק בהם יהיו לו חוזק שלא ימעדו מתניו והפסוק כפול במלות שונות:

מצודת דוד

קורא להרגשה קלה בשם ריח ור"ל במעט הבנה והתבוננות ירגיש ויבחין בבני אדם הטובים המה אם רעים: ביראת ה'. שהרגשה הזאת תהיה לו בעבור היראה מה': ולא למראה וגו'. כהשפטו בני אדם לא יצטרך לראות הדברים בעיניו ולשמוע באזניו כי בלבבו יבין מדעתו: (ד) ושפט בצדק דלים. יקח משפט הדלים בצדק מן העשירים ולא יהדר פני הגדולים ואת החזקים יוכיח במישור כפי הראוי בעבור ענוי הארץ שלא יגזלום עוד מעתה: והכה ארץ. רשעי הארץ יכה בקללת פיו והרי היא כשבט המכה: וברוח וגו'. כפל הדבר במ"ש: (ה) והיה צדק וגו'. הצדק והאמונה שיחזיק בהן יהיו לו לחוזק כאדם החגור אזור במתניו שהוא מזורז ומחוזק:

מצודת ציון

יוכיח. ענין ברור דבר: (ד) והוכיח. מל' תוכחה ומוסר: במישור. מלשון יושר: לענוי. הלמ"ד היא במקום בעבור כמו פתח פיך לאלם (משלי ל"א): וברוח. הוא הדבור הבאה בהפחת רוח הפה: (ה) אזור. חגורה: מתניו. חלציו. פתרון אחד להם:

speech of his lips.—[*Rashi*]

I.e., the Messiah will have but to curse the wicked, and they will die, as Elisha cursed the children, and bears came out and killed them (II Kings 2:23f). Concerning Samuel, too, Scripture states: "(I. Sam. 9:6) Everything which he speaks surely comes to pass." In fact, it is stated concerning all righteous men: "(Job 22:28) And if you decree a thing, it will surely be fulfilled for you."—[*Redak*]

If a land rebels against him, the Messiah will not require an army to put down the rebellion, but will smite them with the "rod of his mouth." The Midrash states: They will say to the Messiah, "Such and such a province has revolted against

and neither with the sight of his eyes shall he judge, nor with the hearing of his ears shall he chastise. 4. And he shall judge the poor justly, and he shall chastise with equity the humble of the earth, and he shall smite the earth with the rod of his mouth and with the breath of his lips he shall put the wicked to death.

5. And righteousness shall be the girdle of his loins.

through his fear of the Lord, he will be endowed with acute senses, to perceive things unperceivable by others. The sense of smell is mentioned, since it is the most delicate of the senses and cannot be misled as can the senses of sight and hearing. It will be as though he smells the matter with his piety.—[*Ibn Ezra, Redak*]

Abarbanel interprets this to mean that, not only will he not engage in gratifying the senses of taste and touch, the two most earthly senses, but even in the sense of smell, which is a more refined and less coarse sense, he will indulge only for the sake of the fear of the Lord.

Rabbi Joseph Kimchi renders: And his speech shall be in the fear of the Lord; i.e., he will always speak of the fear of the Lord.—[*Redak*]

For the lack of this talent, i.e. the talent of "smelling" and judging, Bar Kuziva, also known as Bar Kochba, who claimed to be Messiah, was branded an imposter.—[*Sanhedrin* 93b]

and neither with the sight of his eyes shall he judge—*For, with the wisdom of the Holy One, blessed be He, which is within him, will he know and understand who is innocent and who is guilty.*—[*Rashi*]

I.e., he will not judge according to appearances, or according to the testimony of witnesses, who may be lying.—[*Ibn Ezra*]

nor with the hearing of his ears shall he chastise—Sometimes, even pious men will scold a person because of rumors spread about him, although they do not know the truth. The Messiah, however, will not accept these rumors, but will know the whole truth through his divine spirit.—[*Abarbanel*]

4. **And he shall judge the poor justly**—according to the laws of the Torah, not to be partial to the poor, but to judge them fairly.—[*Ibn Ezra*]

with equity—*This is an expression of mildness and tenderness.*—[*Rashi*]

Redak explains: And he shall judge the poor justly, not as people tend to mistreat and exploit them, and he shall chastise with equity the wicked and powerful who exploit the humble of the earth.

and he shall smite the earth with the rod of his mouth—*As the Targum states: And he shall smite the sinful of the earth.*—[*Rashi*]

Since he mentioned the humble of the earth, it is obvious that this passage refers to the sinners, who are their opposite.—[*Redak*]

with the rod of his mouth—With his mouth, which is like a rod to the wicked.—[*Ibn Ezra*]

and with the breath of his lips—*Jonathan* renders: *And with the*

והאמונה אזור חלציו: ו וגר זאב עם־
כבש ונמר עם־גדי ירבץ ועגל וכפיר
ומריא יחדו ונער קטן נהג בם: ז ופרה
ודב תרעינה יחדו ירבצו ילדיהן
ואריה

ת"א וגר זאב. עקדה שער מח:

המנותא מקרבין ליה:
ו ביומוהי דמשיחא
דישראל יסגי שלמא
בארעא וידור דיבא עם
אמרא ונמרא עם גדיא
ישרי ועגלא ואריא
ופטים כחדא ויניק זעיר
יהי מדבר להון:
ז ותורתא ודיבא ירעון

מהר"י קרא

אמונה נלוים אליו: (ו) [וגר זאב] ותרב השלום בארץ שהזאב

רש"י

(ו) ומריא. שור פטים:

רד"ק

(ו) וגר זאב. י"מ כי בימות המשיח יתחלפו טבעי החיות והבהמות וישוב לכמה שהיה בתחילת הבריאה ובתיבת נח כי בתחלת הבריאה אלו היה אוכל האריה השה הנה נשחתה הבריאה ומה אכל האריה או זולתו מן הטורפים אוכלי בשר כי אם אכל בשר משאר החיות והבהמות הנה היה חסר העולם אותה בריה כי כולם נולדו זכר ונקבה לא יותר ולא המתינו מלאכול עד שפרו ורבו הנטרפים אלא בודאי אכלו עשב השדה עד שפרו ורבו הנטרפים והיה טבעם מאותו היום ואילך לאכול בשר וכן בתיבת נח אלו אכלו הטורפים הנטרפים הנה חסרה אותה הנטרפת מן העולם כי שנים שנים נכנסו ולא יותר אלא אם כן נאמר כי שבעה שבעה שהכנים מן הטהורה היו לצורך הטורפים ויש מפרשים כי כל זה משל כי הזאב והנמר והדוב והאריה הם משל לרשעים העושקים והגוזלים שהם לחלשים כמו החיות הטורפים לנטרפים והכבש והפרה והעגל והגדי הם משל לענוי ארץ ואמר כי בימות המשיח יהיה שלום בארץ ולא ירעו איש את חבירו ולא יתכן זה הפי' לפי שאמר לא ירעו ולא ישחיתו בכל הר קדשי ובימות המשיח בכל העולם יהיה שלום כמ"ש וכתתו חרבותם לאתים וחניתותיהם למזמרות ולא ישא גוי אל גוי חרב ולא ילמדו עוד מלחמה ואמר ונכרתה קשת מלחמה ואמר במשיח ודבר שלום לגוים והנכון כי טבע החיות לא תתחלף ויטרפו ויאכלו בשר כמו שהם עושים עתה אלא הבטיח את ישראל שהחיות הרעות לא יזיקו בכל ארץ ישראל זהו שנאמר לא ירעו ולא ישחיתו בכל הר קדשי והטעם כי מלאה הארץ דעה את ה' כיון שהם טובים ושמרו דרך ה' לא תשלוט בהם חיה רעה ולא בבהמתם ובכל אשר להם כמו שהבטיח על ידי משרע"ה והשבתי חיה רעה מן הארץ. ואפי' אם יעברו בארץ לא יזיקו: (ז) ופרה ודוב תרענה וגו'. וכן אמר בהושע הנביא וכרתי להם ברית ביום ההוא עם חית השדה ועם עוף השמים וגו' ומה שאמר ואריה כבקר יאכל תבן כאלו יאכל תבן כמו הבקר שלא יטרוף בשר הבהמה בארץ ישראל אם לא ימצא נבלה ויש לפרש עוד הענין דרך משל והארי והדוב והנחש הם משל לאמונות הרעות ופירוש ופרה ודוב תרענה כי כל עסק הבהמה לא יהיה אלא לעסוק בעבודת האל לא להבלי העולם וזהו שאמר כי מלאה הארץ דעה את ה': ומריא. יש אומרים שהוא מין ממיני הבקר הגדולים ויש מפרשים המפוטמים שבבהמות יקראו מריאים וכן

אבן עזרא

(ו) וגר זאב. דרך משל מהשלום שיהיה בימיו: ומריא. פירשתיו שהוא מין ממיני השור והלבו אסור: (ז) ופרה. היא גדולה כי העגל קטן ויש אומרים כי הנקבה חזקה

מצודת ציון

(ו) וגר. ידור: ונמר. שם חיה: ירבץ. ענין השכיבה לנוח: וכפיר. שם משמות האריה: ומריא. בהמה פטומה וכן וחלב מריאים (לעיל

מצודת דוד

(ו) וגר זאב. אף החיות לא יטרפו טרף והזאב ידור יחד עם הכבש לא יטרפנו: יחדיו. ירבצו יחדיו ולא יבעטו זה מזה: נוהג בם. ולא יזיקו את הנער: (ז) תרענה. כל אחת תרענה במקום מרעה ואף הדוב לא יטרף טרף: יחדיו. במקום אחד ירבצו ילדיהן ולא יתגדו זה מזה: כבקר. כמו הבקר אוכל תבן כן יאכל האריה:

theory from the passage in Leviticus. *Radbaz* concludes in a manner like that of *Redak*. *Abarbanel*, too, subscribes to the school of thought that differentiates between the Holy Land and elsewhere.

and a fatling—*a fattened ox.*—[*Rashi* after *Jonathan*] *Ibn Ezra* interprets מְרִיא as a species of cattle, larger than the ox. See above 1:11.

7. **And a cow**—This refers to the mature member of the species. Its young is called עֵגֶל, a *calf*, mentioned above in verse 6. The female is used here to represent the species, rather than the male. Some theorize that the female is stronger than the male.—[*Ibn Ezra*]

and a bear—This, too, refers to the female of the species, as in II Kings 2:23.—[*Redak*]

Hoshea, too, writes: "(2:20) And I will make a covenant on that day, with the beasts of the field and with the fowl of the heavens . . .—[*Redak*]

and faith the girdle of his loins. 6. And a wolf shall live with a
lamb, and a leopard shall lie with a kid; and a calf and a lion
cub and a fatling [shall lie] together, and a small child shall lead
them. 7. And a cow and a bear shall graze together, their chil-
dren shall lie;

you." He will say, "Let a locust plague come and destroy it."—[*Abarbanel* from unknown Midrash]

5. **And righteousness shall be the girdle of his loins**—*Jonathan* renders: *And the righteous shall surround him; i.e., they will cleave to him like a girdle.*—[*Rashi*]

The verse is elliptical. It is as though it reads: And *men of* righteousness shall be the girdle of his loins.—[*Kara*]

Alternatively, righteousness will not leave him all the days of his life.—[*Ibn Ezra*]

Others explain: The righteousness and the faith he practices will afford him strength like a girdle around his loins.—[*Redak*]

and faith the girdle of his loins—And people of faith shall attach themselves to him.—[*Jonathan, Kara*]

6. **And a wolf shall live**—Some explain that in the Messianic age, the natures of the beasts and cattle will become similar to what it was at the beginning of Creation and in Noah's, for, in those times, if the carnovores had eaten other animals, the Creation would be missing a species. It is, therefore, certain that they became herbivorous until the species multiplied sufficiently to maintain its existence. It is, however, possible that the seven pairs of the clean animals taken into Noah's ark were to feed the carnivores.

Others explain this passage allegorically. The wolf, the leopard, and the lion cub, represent the wicked, who oppress and rob the weak, just as those beasts prey on weaker ones. The lamb, the cow, the calf, and the kid, represent the humble of the earth. In the Messianic age, there will be peace throughout the world. This theory, however, cannot be reconciled with verse 9, which limits the peace to "My holy mount." There will, in fact, be peace throughout the world, as in 2:4. It, therefore, appears that carnivorous beasts will indeed prey on other animals for food as in the world today. Only in the Holy Land will there be no destruction, as the Scripture concludes: "For the land will be full of the knowledge of the Lord." Since the people will observe the law of the Almighty, they will be protected from any harm inflicted by wild beasts, as Moses prophesied: "(Lev. 26:6) And I will remove wild beasts from the land."—[*Redak*]

Ibn Ezra and *Maimonides, Kings* 12:1, explain this passage allegorically. *Raabad* ad loc. questions that

וְאַרְיֵה כַּבָּקָר יֹאכַל־תֶּבֶן: ח וְשִׁעֲשַׁע
יוֹנֵק עַל־חֻר פָּתֶן וְעַל מְאוּרַת צִפְעוֹנִי
גָּמוּל יָדוֹ הָדָה: ט לֹא־יָרֵעוּ וְלֹא־יַשְׁחִיתוּ
בְּכָל־הַר קָדְשִׁי כִּי־מָלְאָה הָאָרֶץ דֵּעָה
אֶת־יְהוָה כַּמַּיִם לַיָּם מְכַסִּים: י וְהָיָה
ביום

ת״א לא ירעו. כ״ב עד: דעה. (סוטה יז):

תרגום

כַּחֲדָא יִשְׁרוֹן בְּנֵיהוֹן וְאַרְיָא כְּתוֹרָא יֵיכוֹל תִּבְנָא: ח וִיהַךְ יַנְקָא עַל חוֹר חִוֵי פֶתֶן וְעַל חֵיזוּ גַלְגַלֵי עֵינֵי חִוֵי חוּרְמָן חֲסִילָא יְדוֹהִי יוֹשִׁיט: ט לָא יְבְאֲשׁוּן וְלָא יְחַבְּלוּן בְּכָל טוּרָא דְקוּדְשִׁי אֲרֵי תִתְמְלֵי אַרְעָא לְמִידַע יַת דַחַלְתָּא דַיְיָ כְּמַיָא דְלְיַמָא חָפַן: י וִיהֵי בְּעִדָּנָא הַהִיא בַּר בְּרֵיהּ דְיִשַׁי עֲתִיד דִיקוּם אָת לְעַמְמַיָא לֵיהּ מַלְכְּוָן

רש״י

(ח)ושעשע. וסוחק: על חר פתן. על חור עפר שהנחש מקנן בתוכו (קרו״ט בלע״ז): פתן. נחש משהזקין נעש׳ חרש ונקרא פתן ושוב אין לו לחש שנא׳ (תהלים י״ח) אשר לא ישמע לקול מלחשים: ועל מאורת צפעוני. יונתן תירגם היזו גלגלי עיני חוי. חורמן ומנחם פתר בו ל׳ נקב וחורי עפר וכן אור כשדים (בראשית י״א) וכן באורים כבדו ה׳ (לקמן כ״ד): גמול. תינוק הגמול משדי אמו: ידו הדה. ת״י ידוהי יושיט כמו הד הרים (יחזקאל ז׳) וכמו הידד (לקמן ט״ז) שהוא ל׳ הרמת קול אף זה לשון הרמה וה״א אחרונה באה בתוכה יסוד נופל כמו עשה בנה קנה: (ט) דעה את ה׳.

אבן עזרא •)בכ״י נכתב זה אחר פסוק י׳ ואנחנו הדפסנוהו על מקומו לעבות רצון המחבר.

מהזכר: יאכל התבן. כאילו יסור מנהג תולדתו ולא יזיק לטרוף: (ח) ושעשע. לעולם תמלא בטעם הזה כפולה: חור. הפה או האף: מאורת. העין שהיא בעלת האור. יתכן היות ה״א הדה תחת יו״ד ידו אליה והטעם ישלח ידו או אין לה אחות: (ט) לא ירעו. הפתן והצפעוני כאילו כל ארץ ישראל מלאה דעת ה׳ כי ידוע הוא כי יודע השם לא ישחית לעולם רק יבנה ויתכן: כמים. תחסר מלת אשר וכן הוא כי הדעות תרבינה כמי אשר יכסו המים על ים שלא יפסיקו רק תוספנה: (י) והיה. אם על המשיח שכל העולם כלו תחת רשותו ועל דעת ר׳ משה הכהן הנזכר על אות

מהר״י קרא

יגור עם כבש וגו׳: (ח) מפר״ש. ושעשע. וישחוק: על חור פתן. על חור עפר שהיה מקנן לתוכו פתן חרש כשיזקין נעשה חרש ונקרא פתן ושוב אין לו לחש כענין שנאמר אשר לא ישמע לקול מלחשים: ועל מאורת צפעוני. ת״י חיזו גלגלי עינוהי הוי חורמן. ומנחם חברו לשון נקב וחורי עפר. וכן אור כשדים. וכן באורים כבדו ה׳: גמול. תינוק הגמול: ידו הדה. ידוהי יושיט. הדה. כמו הד הרים. וכמו הידד שהוא לשון הרמת קול. ואף זה לשון הרמת יד. כ״ל ז״ה מפר״ש. וז״ה רצית״י לכתו״ב למעל״ה *): (ט) לא ירעו ולא ישחיתו בכל הר קדשי כי מלאה הארץ [דעה]. כמו כן ידעו ויכירו כח אלהינו כל יושבי תבל: (י) והיה ביום ההוא שרש ישי. שיעשה שורש בארץ. אותו גזע האמור למעלה: אשר עומד לנס עמים. שאני עתיד להעמידו לניסן של ישראל לקבץ את ישראל מכל המקומות

רד״ק

ת״י ופטים: ופרה ודוב. ודוב היא הנקבה וכן ותצאנה שתים דובים וכן עז עזים רחלים. וכן ילדיהן ירבצו יחדיו: (ח) ושעשע. מאורת. כמו חור נקרא כן לפי שיכנס ממנו למקום שהנחש בו וכן המנהרות אשר בהרים שפירשנו המערות ויש להם חור שתכנס ממנו האורה לפיכך נקראו כן והפסוק כפול בענין במלות שונות. ופירש גמול כמו יונק אלא שגמול נקרא בעת השלמת יניקתו ואמר יונק וגמול לענין הנחש לפי שהנחשים נמצאים פעמים בחורי הבית והקטנים ממשמשים בקרקע הבית ובחורי הקירות ופי׳ הדה כמו ידה ר״ל שלח ידו והנה איבת הנחש הנגזרה בימי בראשית עם האדם תסלק בימות המשיח בכל ארץ ישראל ולעם ישראל בכל מקום שילכו לא יזיקם נחש ולא חיות רעות וי״ת מאורת צפעוני חיזו גלגלי עייני חיון חורמן פי׳ כי הנחש כשהוא בחורו והוא מקום חשך וגלגל עינו מאיר והיונק רואה את האורה מבחוץ וסבור אבן מאירה היא או זכוכית ומושיט ידו לקחת אותו הדבר שסבור נוגע בצפעוני ולא יזיקנו הצפעוני וזכר פתן וצפעוני לפי שהם רעים שבמיני הנחש ואע״פ כן לא יזיקו כל שכן שאר הנחשים: (ט) לא ירעו. כל ארץ ישראל קרא הר קדשי וטעם הר לפי שהיא גבוה מכל הארצות והטעם למה לא ירעו כי מלאה הארץ דעה את ה׳: הארץ. ר״ל ארץ ישראל כמ״ש ירמיהו הנביא כי כלם ידעו אותי מקטנם ועד גדולם וגו׳: כמים לים מכסים. מקום המים יקרא ים המים ממלאים אותו המקום עד שמכסים אותו שלא יראה קרקע הים: (י) והיה

מצודת דוד

(ח) ושעשע. תינוק היונק יתעסק לשמוח בהושטת ידו על הנקב אשר הפתן יושב שם ולא יזיקינו: ועל מאורת. על הנקב אשר הצפעוני יושב שם: גמול. תינוק הנגמל משדי אמו יושיט שם ידו ולא יוזק: (ט) לא ירעו. הנחשים הרעים לא ירעו עוד ולא ישחיתו את מי: כי מלאה וגו׳. ובעבור זה יהיה הטובה הזאת: כמים לים מכסים. מקו׳ המי׳ קרוי ים והמים ממלאים אותו המקום עד שלא יראה הקרקע ואמר כמו שכל הים מכוסה במים כן יהיו

מצודת ציון

א׳): נוהג בם. יוליך אותם: (ח) ושעשע. ענין התעסקות לשמחה כמו אני סורחך שעשעתי (תהלים קי״ט): חור. נקב כמו והנה חור אחד בקיר (יחזקאל ח׳): פתן. מין נחש רע: מאורת. ענינו נקוב וחלון כמו באורים כבדו ה׳ (לקמן כ״ד): צפעוני. מין נחש רע: גמול. תינוק הנעתק מקרוב משדי אמו נקרא גמול כמו ביום הגמל את יצחק (בראשית כ״א): הדה. ענין הרמת היד להושיט והוא קרוב מלשון הידד השכתי (לק׳ ט״ז) אשר יאמר על ענין הרמת קול:

מְאוּרַת from אור.—[*Redak*]

In Messianic times, the hatred of snakes to man, inculcated in them because of sin of the primeval serpent, will be eradicated.—[*Redak*]

9. **on all My holy mount**—All Eretz Israel is known as "My holy mount," since it is higher than other lands. This interpretation is evidenced by the conclusion of the verse, "for the land shall become full of knowledge of the Lord."—[*Redak*]

knowledge of the Lord—lit. *to know the Lord.*—[*Rashi*]

Since all creatures will know the

and a lion, like cattle, shall eat straw. 8. And an infant shall
play over the hole of an old snake and over the eyeball of an
adder, a weaned child shall stretch forth his hand. 9. They shall
neither harm nor destroy on all My holy mount, for the land
shall be full of knowledge of the Lord as water covers the sea
bed.

and a lion, like cattle, shall eat straw—It will be as though the lion eats straw, since he will not prey on any living creature, but will eat meat only if he finds a carcass.—[*Redak*]

Some maintain that the lion will, indeed, become herbivorous and condemn flesh of any kind, as he was in the beginning of Creation. The instinct to prey commenced only when Eve sinned by eating of the fruit of the Tree of Knowledge and by giving it to Adam and to all creatures of the world. In the Messianic Era, the world will return to its pristine state, and this instinct will be completely eradicated. Thus, the lion, like cattle, shall eat straw. Just as the cattle eat straw as their normal diet, so will the lion.—[*K'li Paz*, also *Ramban* Lev. 26:6] The latter adds that this prophecy was intended for the days of Hezekiah, whom God wished to make the Messiah. Since, however, they did not merit the Messianic Era at that time, it will be fulfilled in the future.

K'li Paz adds that the passage may be interpreted: And the lion, as he would eat cattle, will eat straw.

8. **shall play**—Heb. וְשִׁעֲשַׁע.—[*Rashi*]

over the hole of an old snake—*over a hole in the ground in which the snake makes its nest (krot in O.F.),* a cave.—[*Rashi*]

Redak interprets this as a hole leading into the snake's den.

The nose or the mouth.—[*Ibn Ezra*]

an old snake—Heb. פֶּתֶן. *A snake, when it ages, becomes deaf and is called* פֶּתֶן. *From then on, it cannot be charmed, as it is said*: "(Psalms 58:6) *Who will not hearken to the voice of charmers.*—[*Rashi*]

and over the eyeball of a venomous snake—*Jonathan renders: the eyeballs of venomous snakes* (מְאוּרַת from אוּר, light). (see *Sifra Behukothai* 1:2) *Menahem* (Machbereth Menachem p. 32) *interpreted it as an expression of a hole, namely holes in the ground. Comp.* "(Gen. 11:28) *The valley of the Chaldees* (אוּר)," "(infra 24:15) *In the valleys* (בָּאוּרִים) *honor the Lord.*"—[*Rashi*]

a weaned child—*a child weaned from his mother's breasts.*—[*Rashi*]

shall stretch forth his hand—Heb. הָדָה. *Jonathan renders: shall stretch forth his hands* (sic.) *Comp.* "(Ezekiel 7:7) *The joyful call* (הֵד) *of the mountains, also* "(infra 16:9) *The cry* (הֵידָד)," *which is an expression of raising the voice. This, too, is an expression of raising, and the final "he" appears in it as a radical which sometimes falls out, like* עָשָׂה, (made), בָּנָה (built), קָנָה (bought).—[*Rashi*]

Alternatively, since the hole allows the light to enter, it is called

ביום ההוא שרש ישי אשר עמד לנס
עמים אליו גוים ידרשו והיתה מנחתו
כבוד: יא והיה ביום ההוא יוסיף אדני
שנית ידו לקנות את־שאר עמו אשר
ישאר מאשור וממצרים ומפתרום
ומכוש ומעילם ומשנער ומחמת ומאיי

תרגום

וישתמעון ויהי אתר בית מישרוהי ביקר: יא ויהי בעדנא ההיא יוסיף יי תנינות גבורתיה למפרוק ית שארא דעמיה דאשתאר מאתור וממצרים ומפתרוס מהודו ומעילם ומבבל ומחמת ומנגות

ת"א שורש ישי: זוהר פקודי עקרים מ"ח פ"ח:

מהר"י קרא

אשר נפוצו שם: אליו גוים ידרשו. לא נשאר ממלכות גוים שישא גוי אל גוי חרב מתוך כח יד אוסף כל הגוים. אבל זה לא יצעק ולא ישא ולא ישמיע בחוץ קולו אלא יושב במנוחה. וכל הגוים אליו ידרשו: (יא) והיה ביום ההוא יוסיף ה' שנית ידו לקנות את שאר עמו. שגלו בהגלות סנחריב את עשרת השבטים ולא חזרו ביום מפלתו. שהרבה חזרו להם מן השבי כששמעו שנפל סנחריב ביד חזקיה. ואף בימי יאשיה הלך ירמיה להשיבם דכתיב הלוך וקראת את הדברים האלה צפונה ואמרת שובה משבה ישראל נאם ה' לא אפיל פני בכם. והרבה נשארו שלא חזרו. והיה ביום ההוא שישא נס שרש ישי יוסיף ה' שנית עמו לקנות וגו': אשר ישאר מאשור. שלא חזרו בימי חזקיה יוסיף עוד לקנות בימי מלך המשיח. ולפי שאותם שגלו לאשור עתידין לחזור בימי מלך המשיח. חיבר למעלה יום צמיחת מלכות דוד למפלתו של סנחריב. ומפתרון זה אל תט ימין ושמאל:

רש"י

לדעת את ה': (י) לנס עמים. להיות עמים מרימים נס להקבץ אליו: (יא) שנית. כמו שקנאם ממצרים שהיתה גאולתם ברורה אין שיעבוד אבל גאולת בית שני אינה מן המניין שהרי משועבדים היו לכורש: ומאיי הים. הן איי

רד"ק

שרש ישי. פי' היוצא משרש ישי כמ"ש ונצר משרשיו יפרה כי ישי הוא השרש וכן תרגם יונתן בר בריה דישי: אשר עומד. פי' אשר יהיה עומד ביום ההוא שהוא יום קבוץ גליות ויהיה הוא לכל העמים כמו הנס בחיל שילכו אחר נושא הנס כל החיל כן ידרשו כל הגוים אל המשיח וילכו אחריו לעשות מה שיצוה. כולם יהיו נשמעים אליו לפיכך יהיה בכבוד שלא יהיה לו מלחמה ויהיה במנוחה ובכבוד כי כל הגוים יכבדוהו ויעבדוהו: (יא) והיה. שנית. כי ראשונה קנה אותם מבית עבדים ממצרים וביום קבוץ גליות יוסיף ה' שנית ידו לקנותם מכל הגוים אשר נפוצו שם ועל גלות בבל לא נאמר זה כי לא יצאו אלא יהודה ובנימן שהיו בגלות בבל ולא נקבצו עשרת השבטים לפיכך לא נוכל לומר על אותו הקבוץ שנית כי ממצרים יצאו כל ישראל לא נשאר אחד ולא יאמר שנית אלא שתדמה לראשונה וקבוץ זה הגלות תהיה שנית למצרים שיצאו כולם וכן יצאו כולם בהקבוץ זה הגלות לפיכך אמר מאשור וממצרים ומפתרום ומכוש ומעילם ומשנער ומחמת ומאיי הים ומה שאמר את שאר עמו אשר ישאר לפי שרבים מהם כלו בגלות: ומאיי הים. גם אשר בארצות אדום

אבן עזרא

השמש כי כן כתב לדרוש המופת: והיתה מנוחתו. ככבוד וכן הנמלא בית ה': (יא) והיה. שנית. כנגד גאולת מצרים והנה לאות כי על ימי המשיח ידבר כי גאולת בית שני לא היתה גאולתו שלימה כי כל השבטים גם כל יהודה לא שבו אל ארצם והמפ' על חזקיהו שהתקבצו למלכותו כאשר ראו כי נמלטה ירושלם ומת סנחריב אחרי מות רובי מחנהו:

מצודת ציון

(י) לנס. הוא כלונס ארוך ובראשו בגד ועשוי להוליכו לפני אנשי החיל וכולם הולכים אחריו: (יא) לקנות. מלינו לשון קנין בלא מחיר ואף אם אין מוכר וכן קונה שמים וארץ (בראשית י"ד):

מצודת דוד

כולם מכוסים וממולאים בדעה: (י) שורש ישי. משיח היוצא משורש ישי אשר יהיה עומד ביום ההוא הוא יום קבוץ גליות: לנס עמים. יהיה הוא לכל העמים כמו נושא הנס אשר הדרך הוא שכל אנשי החיל הולכים אחריו כן ידרשו כל העכו"ם אל המשיח ואחריו ילכו לעשות מה שילוה: והיתה מנוחתו כבוד. לפי שהמנוחה למלכים היא לו לבושת ולכלימה כי מקולר יד בוחר במנוחה ולא יתגרה במי אבל מנוחת המשיח תהיה לו לכבוד כי כולם יהיו נשמעין אליו: (יא) יוסיף ה' וגו'. כי מאז קנה אותם מבית עבדים מיד מלרים ועתה יוסיף שנית ידו לקנות את הנשארים בגולה אשר לא מתו: מאשור וגו'. חוזר על מלת לקנות לומר לקנות אותם מאשור

Ibn Ezra and *Redak* note that the redemption from Babylonia was incomplete, since only Judah and Benjamin returned, and even they did not return in their entirety. The future redemption will resemble the redemption from Egypt, when no Israelite was left in that land. So will it be when the exiles are gathered in the days of the Messiah. He refers to the exiles as "the rest of His people," since many perished in the exile.

from Assyria—who went into exile when Sennacherib exiled the ten tribes and did not return when he was defeated. Many of them did return, however, and were governed by Josiah. See II Kings 23:19. He, therefore, refers to the exiles as "the rest of His people," i.e. those who remained in exile. Since those who were exiled to Assyria will return with the advent of the Messiah, the prophet juxtaposed this prophecy with that of the downfall of Sennacherib.—[*Rabbi Joseph Kara*]

10. And it shall come to pass on that day, that the root of Jesse, which stands as a banner for peoples, to him shall the nations inquire, and his peace shall be [with] honor. 11. And it shall come to pass that on that day, the Lord shall continue to apply His hand a second time to acquire the rest of His people, that will remain from Assyria and from Egypt and from Pathros and from Cush and from Elam and from Sumeria and from Hamath and from the islands of the sea.

Lord, they will neither harm nor destroy, since one who knows the Lord always builds and constructs.—[*Ibn Ezra*]

Alternatively, since everyone will know the Lord, the destructive creatures will not be needed as executors of divine retribution. Consequently, they will do no harm.—[*Abarbanel*]

as water covers the seabed—[*Redak*]. *Ibn Ezra* explains that, just as the water of the sea never stops but is constantly increasing, so will the knowledge of God never stop, but constantly increase.

10. **the root of Jesse**—I.e. he who emanates from the root of Jesse, as above "(verse 1) And a twig shall sprout from his roots." *Jonathan*, too, renders: a descendant of Jesse.—[*Redak*]

Rabbi Joseph Kara explains that the descendant of Jesse will strike roots in the ground, i.e. establish his kingdom.

which stands—I.e., which will stand at that time as a banner for peoples, on the day of the ingathering of the exiles, and the Messiah will be like the banner borne in battle, which all the soldiers seek, in order to follow it. So will all nations seek the Messiah to heed all his commands.—[*Redak*]

According to Rabbi Moshe Hakohen, it alludes to Hezekiah, to whom all nations will come to pay homage after the miracle of the sun reversing its path. Comp. "(II Chron. 32:21) to enquire of the wonder."—[*Ibn Ezra*]

as a banner for peoples—*that peoples should raise a banner to gather to him.*—[*Rashi*]

and his peace shall be [with] honor—lit. shall be honor.—[*Ibn Ezra*]

Since all nations will pay homage to him and obey him, he will not wage war but will live in tranquility and honor.—[*Redak*]

Although peace is often a sign of weakness, i.e., the inability to defeat other countries, in this case, peace will be an honor.—[*Mezudath David*]

Jonathan renders: And his dwelling shall be in honor.

11. **a second time**—*Just as he acquired them from Egypt, when their redemption was absolute, without subjugation, but the redemption* preceding the building *of the Second Temple is not counted, since they were subjugated to Cyrus.*—[*Rashi*]

הַיָּם׃ יב וְנָשָׂא נֵס לַגּוֹיִם וְאָסַף נִדְחֵי
יִשְׂרָאֵל וּנְפֻצוֹת יְהוּדָה יְקַבֵּץ מֵאַרְבַּע
כַּנְפוֹת הָאָרֶץ׃ יג וְסָרָה קִנְאַת אֶפְרַיִם
וְצֹרְרֵי יְהוּדָה יִכָּרֵתוּ אֶפְרַיִם לֹא־יְקַנֵּא
אֶת־יְהוּדָה וִיהוּדָה לֹא־יָצֹר אֶת־
אֶפְרָיִם׃ יד וְעָפוּ בְכָתֵף פְּלִשְׁתִּים יָמָּה
יַחְדָּו יָבֹזּוּ אֶת־בְּנֵי־קֶדֶם אֱדוֹם וּמוֹאָב

משלוח

תרגום

וּמִנְּגָוַת יַמָּא׃ יב וְיִזְקוֹף אָת לְעַמְמַיָּא וִיכַנֵּישׁ מְבַדְּרֵי יִשְׂרָאֵל וְגָלְוַת יְהוּדָה יְקָרֵב מֵאַרְבַּע רוּחֵי אַרְעָא׃ יג וְתֶעְדֵּי קִנְאֲתָא דְבֵית אֶפְרַיִם וּדְמְעִיקִין לִדְבֵית יְהוּדָה יִשְׁתֵּיצוּן דְבֵית אֶפְרַיִם לָא יְקַנּוּן בִּדְבֵית יְהוּדָה וּדְבֵית יְהוּדָה לָא יְעִיקוּן לִדְבֵית אֶפְרָיִם׃ יד וְיִתְחַבְּרוּן כְּתַף חַד לְמִמְחֵי פְּלִשְׁתָּאֵי דִּי בְמַעַרְבָא כַּחֲדָא יְבוּזוּן יָת בְּנֵי מַדִּינְחָא בֶּאֱדוֹם

ת"א ונשא נס. עקידה שער פב:

רש"י

כתים יוונים: (יב) ונשא נס. פרק' בלע"ז והיה לאות לקבץ אליו ולהביא את גליות ישראל מנחה לו: (יג) אפרים לא יקנא את יהודה. משיח בן יוסף ומשיח בן דוד לא יקנאו זה בזה: (יד) ועפו בכתף פלשתים ימה. יעופו וירוצו ישראל שכם אחד על הפלשתים אשר הם במערב' של א"י פלשתים ימה. פת' ויתחברו שכם אחד יהודה ואפרים ויצבאו על פלשתים היושבים במערב ומשפשטו להן על פלשתים

מהר"י קרא

(יג) וסרה קנאת אפרים. ובימיו תסור קנאת אפרים שמתקנאים באחיהם בני יהודה: וצוררי יהודה. שצוררים לבני אפרים גם הם יכרתו שתפסוק מהם. לא כענין שנא' מנשה את אפרים ואפרים את מנשה יחדו המה על יהודה. ומ' שחכה למעלה חוזר ומרפת עכשיו: (יד) ועפו בכתף פלשתים ימה וגו' לפי שהיו ההמה ארם מקדם ופלשתים מאחור ויאכלו את ישראל בכל פה. ואתה נהפך אשר ישלטו המה בארם ופלשתים. הה"ד ועפו בכתף

אבן עזרא

(יב) ונשא. כאילו השם ישא נס לכל הגוים שיראוהו ישראל וישובו אל ארצם והנה ישראל עשרת השבטים גם הזכיר יהודה: (יג) וסרה. שלא יקנא אפרים בעבור שהמשיח הוא ממשפחת יהודה ואם חזקיהו בעבור עמוד מלכותו: וצוררי יהודה. שונאיהם ואם על חזקיהו על ארם והנה לא יצור את אפרים להשיב להם גמולם בימי פקח: (יד) ועפו. יש אומר כמו מגילה עפה פרושה ורבי משה הכהן אמר כי אין רע לו והטעם כמו ינוחו ויחסר מקום ארץ: ימה. שהם מערב ארץ ישראל: בני קדם. הם ארמים:

רד"ק

וישמעאל אשר מארץ ישראל והנה שהם איי הים: (יב) ונשא נס. כאלו הקב"ה ירים נס לגוים שיחרדו לבוא אל מקום הנס כן ישלחו ביום ההוא כל הגוים את ישראל אשר בארצם שילכו להם בכבוד: (יג) וסרה. כשיקבצו בני ישראל בארצם תסור הקנאה שהיתה ביניהם בגלותם מארצם שהיתה בהם חלוק מלכיות מקנאתם במלכות בית דוד: וצוררי יהודה יכרתו. כי מקדם היו ביהודה צוררים לאפרים: ואפרים. ר"ל כל ישראל לבד מיהודה ומפני שהיו ישראל מקנאים במלכות בית דוד היו יהודה צוררים ואויבים להם וכן ראינו שעכבו המלכות שבע שנים שלא מלך דוד אלא על יהודה וכן בשוב דוד אל המלכות אחר שברח מפני אבשלום אמר מדוע גנבוך אחינו וגו' ואומר ויקש דבר איש יהודה מדבר איש ישראל ויתקע שבע בן בכרי בשופר וגו' וכן עד שנחלקה המלכות במלוך רחבעם שאמר אני אוסיף על עלכם ומה שאמר יכרתו ר"ל שלא יהיו וכן ונכרתה קשת מלחמה והפסוק כפול בענין במלות שונות: (יד) ועפו. ינועון אל עבר פלשתים למערבה של ארץ ישראל וכת"י ואנחנו מפרשים ועפו ענין עופפת שהיא התנועה המהירה. ואמר בלשון עופפות למהירות תנועתם אל מקום פלשתים להכותם ולבוז אותם ויש מפרשים ועפו ענין עיף ויגע כלומר יהיו עיפים מהכות ומלת בכתף פלשתים סמוך ובא על דרך במוכרת כי על דרך הסמיכות משפטו בשש נקודות וכתב בן אשר כי בא כן בהיותו מלרע לתקן קריאת הפ"א מפני פ"א פלשתים: אדום ומואב. אע"פ שאין נכרים היום באומות לבד ישראל שהם נבדלים מן העכו"ם בתורתם ושלא התערבו עם האומות אבל שאר האומות

מצודת דוד

וגו': (יב) ונשא נס. ר"ל יעורר לב האומות לשלוח את ישראל מן סגולה וכאלו נשא להם נס לרמז על הדבר: ואסף. וכזה יאסף נדחי ישראל וגו': (יג) וסרה קנאת אפרים. לא יתקנאו ביהודה על כי יהיה המשיח ממשפחתם לא כמו שהיה לשעבר בעת נחלק המלכות בימי רחבעם: וצוררי יהודה. הם בני אפרים שזכר וכפל הדבר במלות שונות: יכרתו. ר"ל לא יהיו עוד צוררים כי השנאה תכרת ואינה: אפרים וגו'. ר"ל משיח בן יוסף הבא מאפרים ומשיח בן דוד לא יתקנאו זה בזה ולא יצורו זה לזה: (יד) ועפו. ימהרו כעוף הפורח ללכת בלד פלשתים היושב במערבה של ארץ ישראל: יחדיו יבוזו. יהודה ואפרים: משלוח ידם. יהיו משלוח ידם ר"ל ישלחו ידם בהם לבוזזם: משמעתם. ישמעו אל משמעתם ר"ל יהיו נשמעים להם לקבל

מצודת ציון

(יב) ונפוצות. ענין פזור: כנפות. קצות: (יג) יצור. מל' צרה: (יד) ועפו. מלשון עפיפה: בכתף. בצד ועבר: יבוזו. מלשון בזה

on the way in unison (שְׁכְמָה).” “(Zeph. 3:9) *One accord* (שְׁכֶם אֶחָד).” *And so did Jonathan render it: And they shall join in one accord to smite the Philistines who are in the west.*—[*Rashi*]*

the children of the East—They are the Arameans.—[*Ibn Ezra*]

After uniting to raid the Philistines in the west, Judah and Ephraim will plunder the children of the East.—[*Kara*]

Edom and Moab—Although none of these nations is recognizable today, except Israel because of their adherence to the Torah, whereas all

12. And He shall raise a banner to the nations, and He shall gather the lost of Israel, and the scattered ones of Judah He shall gather from the four corners of the earth.
13. And the envy of Ephraim shall cease, and the adversaries of Judah shall be cut off; Ephraim shall not envy Judah, nor shall Judah vex Ephraim.
14. And they shall fly of one accord against the Philistines in the west, together they shall plunder the children of the East; upon Edom and Moab

Those who explain this chapter as referring to Hezekiah, explain that all those who fled to other countries because of the invasion by Sennacherib, returned after hearing that Jerusalem was untouched, and that Sennacherib died after losing the overwhelming majority of his camp.—[*Ibn Ezra*]

and from the islands of the sea—*the islands of the Kittim, the Romans, the descendants of Esau.*—[*Rashi* mss.] The printed editions state that the Kittim are the Greeks. See *Rashi,* Num. 24:23. See also below 23:1.

12. **And he shall raise a banner**—*Perka, perche in O.F.* I.e., the verse is literally referring to the pole upon which the banner is attached. *And it shall be for a sign to gather to him and to bring the exiles of Israel to Him as a present.*—[*Rashi*] *Rashi* alludes to 66:20.

It will be as though the Lord will raise a banner for all the nations, so that Israel will see it and return to their land. *Israel* refers to the ten tribes, since Judah is mentioned later.—[*Ibn Ezra*]

13. **And the envy of Ephraim shall cease**—When the exiles gather in their land, the envy that existed between them, the rift between the two kingdoms, because of the envy of the Davidic dynasty, shall cease to exist.—[*Redak*]

Ibn Ezra explains that the tribe of Ephraim will not envy Judah, the tribe to which the Messiah belongs. If we interpret this chapter as referring to Hezekiah, they will not envy him because of the strength of his kingdom.—[*Ibn Ezra*]

and the adversaries of Judah shall be cut off—I.e., the adversaries of Judah from among the ten tribes shall cease to be.—[*Redak*]

Ibn Ezra remarks that if it refers to Hezekiah, the adversaries are the Arameans.

Ephraim shall not envy Judah—*The Messiah, the son of David, and the Messiah, the son of Joseph, shall not envy each other.*—[*Rashi* from *Shir Hashirim Zuta* 4:11]*

14. **And they shall fly of one accord against the Philistines in the west**—Heb. בְּכָתֵף *Israel will fly and run of one accord against the Philistines who are in the west of Eretz Israel and conquer their land.* כָּתֵף, lit. *a shoulder,* is used in this case to denote unity. The word שְׁכֶם, also lit. *a shoulder,* is used in a similar sense. *Comp.* "(Hoshea 6:9) *They murder*

מִשְׁלוֹחַ יָדָם וּבְנֵי עַמּוֹן מִשְׁמַעְתָּם׃
טו וְהֶחֱרִים יְהוָה אֵת לְשׁוֹן יָם־מִצְרַיִם
וְהֵנִיף יָדוֹ עַל־הַנָּהָר בַּעְיָם רוּחוֹ וְהִכָּהוּ
לְשִׁבְעָה נְחָלִים וְהִדְרִיךְ בַּנְּעָלִים׃
טז וְהָיְתָה מְסִלָּה לִשְׁאָר עַמּוֹ אֲשֶׁר
יִשָּׁאֵר מֵאַשּׁוּר כַּאֲשֶׁר הָיְתָה לְיִשְׂרָאֵל

תרגום

ומואב יושיטון ידיהון ובני עמון ישתמעון להון: טו ויבש יי ית לישן ימא דמצרים ויריים מחת גבורתיה על פרת במימר נביוהי וימחיניה לשבעא נחלין ויהכון ביה בסנדלין: טז ותהי אורח כבישא לשארא דעמיה דישתאר מאתוראה כמא דהות לישראל ביום מסקיהון

מהר"י קרא

יחזרו ויבוזו את בני קדם. ולכך נקוד את כ"ף (בשל כתף) [של בכתף] בקמץ גדול לפי שהוא עומד לבד. ופת' שכם אחד: (טו) והחרים ה' את לשון ים מצרים והניף ידו על [הנהר]. נהר פרת: בעים רוחו. ברוח גדולה וחזקה. בעים מגזירת לעי השדה שהוא לשון קיבוץ. וכן שמו את ירושלים לעיים. ויונתן תרגם במימר נביוהי. הוה למימר למקרא בבעים רוחו: (טז) והיתה מסלה וגו' ואמרת ביום ההוא. בשוב ה' את עמו אשר ישאר:

רש"י

ויכבשו את ארצם כמו דרך ירצחו שכמה (הושע ו') שכם א' (צפניה ג') וכן ת"י ויתחברון כתף חד למימחי פלישתאי די במערבא: **ובני עמון משמעתם**. כתרגומו ישתמעון להון מקבלין מצותם עליהם: (טו) **והחרים**. ליבשו כדי שיעברו בו גליות ישראל ממצרים: **על הנהר**. נהר פרת לעבור בו גליות אשור: **בעים רוחו**. אין לו דמיון במקרא ולפי הענין יפתר בחוזק רוחו: **לשבעה נחלים**. לשבעה גזרים לעבור בו שבע גליות האמורות למעלה מאשור וממצרים וגו'. ומאיי הים אינו מאותו לד: **והדריך**. בתוכו את הגליות: **בנעלים**. ביבשה: (טז) **והיתה מסלה**. בתוך המים לשאר עמו:

רד"ק

התערבו רובם והנה הם בין דת ישמעאלי' וביקדת עכו"ם כשזוכר אדום ומואב ובני עמון ר"ל ארצותם והיושבים בהם היום וכן מה שאמר בנבואת דניאל העתידה ואלה ימלטו מידו אדום ומואב וראשית בני עמון כן פירושו: משלוח ידם. שישלחו בהם ישראל ידיהם לכל אשר ירצו: משמעתם. שיהיו נשמעים לכל אשר יצוו אותם וזכר אלה המקומות לפי שהם קרובים לארץ ישראל אב גם כל העכו"ם יהיו תחת ידי ישראל: (טו) והחרים. ענין כריתה כי כל לשון חרם כריתה והשחתה וכן והחרים ענין כריתה ונזרה ובא בענין הזה בים שאמר לגוזר ים סוף לגזרים: את לשון ים מצרים. הוא נהר מצרים הנקרא שיחור ויבא ברצון האל שיעור דרך שיעברו בו גאולים: והניף ידו על הנהר. הנהר הזה הוא נהר פרת וכן תרגום יונתן ופי' והניף ידו שינהג רוח חזק שייבשהו כמו שעשה בים סוף ביציאת מצרים כמו שאמר והיתה מסלה לשאר עמו וגו': בעים רוחו. בחוזק רוחו שיוליך הנהר ויבשהו. ומלת בעים תתפרש לפי הענין ואין לה חבר במקרא ורבי אחי רבי משה פירש עים מן לעי השדה שפירושו גל ופירש בעים כמו בגלים כלומר בגלי הים והנהר יניף ידו ורוחו להשקיטם וליבשם והכהו לשבעה נחלים. יכה הקב"ה נהר פרת וינהגהו ברוח עזה עד שישוב לשבעה נחלים ויהיה דרך בין נחל לנחל: והדריך. העוברים אותם הדרכים בנעלים שתהיה הדרך חרבה כאלו לא היה שם מים ויעברו בהם בנעליהם ברגליהם והדריך פעל יוצא והאל הוא המדריך והעובר היא הדורך ומה שאמר לשבעה אפשר שיהיו שבעה דרכים ולא יותר ואפשר ג"כ שיהיה שבעה ענין רבוי כלומר לדרכים רבים כי כן הוא דרך הלשון כמו שבע כחטאותיכם שבע יפול צדיק וקם: (טז) והיתה. בזה הנהר תהיה מסלה לשאר עמו כלומר שתהיה דרך סלולה כאלו זמן רב היתה דרך ומה שאמר לשאר פירשנוהו

אבן עזרא

משלוח ידם. שישלחו ידם לבוזזם: **ובני עמון משמעתם**. יסורו אל משמעתם או תחת משמעתם: (טו) **והחרים**. יכרית כמו כל חרם שיעברו בו ישראל ביבשה ולא יעכבם הים שישובו מהרה: **בעים**. אין לו אח והמ"ם שורש וטעמו כמו בכח והמפר' אותו מגזרת אם תבעיון בעיו לא ידעו הדקדוק: **הנהר**. הוא היאר: **והדריך**. פועל יוצא לב' פעולים: (טז) **והיתה**. והנה פירש הטעם ההרס והמכה כאשר היתה רמז לבקיעת ים סוף:

מצודת ציון

ושלל: (טו) והחרים. ענין כריתה ואבוד: לשון ים מצרים. הוא הנילוס ולפי שהוא מתדבק אל הים נראה כאלו הוא לשון הים וע"ש שהוא נמשך כלשון נקרא לשון: והניף. ענין הרמה: בעים. ענין חזק ואין לו דומה: והדריך. מלשון דרך והלוך: (טז) מסלה. דרך סלולה וכבושה:

מצודת דוד

מצותם: (טו) והחרים. יכרית מי נהר מצרים להיות בו דרך לעבור בו גאולים: על הנהר. זה נהר פרת: והכהו. את כל אחד יכה להיות נחלק לשבעה נחלים ויהיה שביל והדרך בין נחל לנחל: והדריך. דרך השבילים ההם ידריך בני הגולה לדרוך בנעלים אשר ברגליהם כי תשוב להיות יבשה: (טז) והיתה מסלה. תהיה דרך מסולה כאלו היה שם דרך מעולם: אשר ישאר. שלא מתו בגולה: מאשור. מוסב על מלת מסלה לומר המסלה בדרך ישר יהיה מאשור: כאשר וגו'. כמו שהיתה מסלה בים סוף ביום עלותו וגו' כן תהיה מסלה בנהר פרת ונהר מצרים:

streams, making paths between the streams.—[*Redak*]

and He shall lead—*the exiles within it.*—[*Rashi*]

with shoes—*on dry land.*—[*Rashi*]

He will lead those passing through those paths with shoes, for the road will be as dry as if no water had ever passed through it. The number seven may be taken literally, and it may also be symbolic of a large number, not necessarily seven. This is common in Scripture.—[*Redak*]

16. **And there shall be a highway**—*in the midst of the water for the remnant of His people.*—[*Rashi*]

It will be a beaten road, as though

shall they stretch forth their hand, and the children of Ammon shall obey them. 15. And the Lord shall dry up the tongue of the Egyptian Sea, and He shall lift His hand over the river with the strength of His wind, and He shall beat it into seven streams, and He shall lead [the exiles] with shoes. 16. And there shall be a highway for the remnant of His people who remain from Assyria, as there was for Israel on the day they went up from the land of Egypt.

other ancient nations have assimilated, and follow either Islam or Christianity, Scripture means the *lands* of Edom and Moab and the children of Ammon, whoever lives there today. This is true as well as the prophecies of Daniel.—[*Redak*]

shall they stretch forth their hand—to plunder them.—[*Ibn Ezra*]

Alternatively, they will be subservient to them.—[*Redak*]

and the children of Ammon shall obey them—*As the Targum states: Will hearken to them. They will accept their commandments over them.*—[*Rashi*]

These places are mentioned because of their proximity to Eretz Israel. Other nations, as well, will be subservient to Israel.—[*Redak*]

15. **And ... shall dry up**—lit. shall cut off *to dry it, so that the exiles of Israel will pass through it from Egypt.*—[*Rashi*]

Ibn Ezra and *Redak*, too, interpret it as an expression of cutting off and destroying.

the tongue of the Egyptian Sea—This is the river of Egypt, known as Shihor. [See Jos. 13:3 for the identity of this river.]—[*Redak*]

Abarbanel identifies it with the Nile, as does *Rashi* on Jos. ad loc. The portion of the seas which indents the coastline in the form of a tongue, and whose water is salty, is called "the tongue of the Egyptian sea." The rest of the river, whose waters are fresh, is referred to as "the river." This is in accordance with *Ibn Ezra. Rashi, Kara,* and *Redak,* however, follow *Jonathan* in rendering:

over the river—*The Euphrates River, for the exiles from Assyria to cross.*—[*Rashi*]

with the strength of His wind—Heb. בַּעְיָם. *This is hapax legomenon in Scriptures, and according to the context it can be interpreted as "with the strength of His wind."*—[*Rashi, Ibn Ezra, Redak*]

and He shall lift His hand—I.e., He will guide the wind over the river to dry it up.—[*Redak*]

into seven streams—*into seven segments, for the aforementioned seven exiles: from Assyria and from Egypt, etc. Those from the islands of the sea are not from that side.*—[*Rashi*]

I.e., God will beat the Euphrates River and guide it with a strong wind until it is split into seven

בְּיוֹם עֲלֹתוֹ מֵאֶרֶץ מִצְרָיִם׃ יב א וְאָמַרְתָּ
בַּיּוֹם הַהוּא אוֹדְךָ יְהוָה כִּי אָנַפְתָּ בִּי
יָשֹׁב אַפְּךָ וּתְנַחֲמֵנִי׃ ב הִנֵּה אֵל יְשׁוּעָתִי
אֶבְטַח וְלֹא אֶפְחָד כִּי עָזִּי וְזִמְרָת יָהּ
יְהוָה וַיְהִי־לִי לִישׁוּעָה׃ ג וּשְׁאַבְתֶּם־מַיִם

ת"א אודך ה'. נדה לא: כי עזי. עקידה שער מ: ושאבתם מים. סוכה מח כ זוהר בלק (סוכה נב)

מֵאַרְעָא דְמִצְרָיִם׃
א וְתֵימַר בְּעִדָנָא הַהִיא
אוֹדֵי קֳדָמָךְ יְיָ אֲרֵי עַל
דְחָבֵית קֳדָמָךְ הֲוָה רוּגְזָךְ
עֲלַי וּכְדוּ דְתָבֵית
לְאוֹרַיְתָא יְתוּב רוּגְזָךְ
מִנִי וּתְרַחֵם עֲלָי׃ ב הָא
עַל מֵימַר אֱלָהָא פּוּרְקָנִי
אֲנָא רָחִיץ וְלָא אִזְדַעְזָע
אֲרֵי תוּקְפִּי וְתוּשְׁבַּחְתִּי
דְחִילָא יְיָ אֲמַר בְּמֵימְרֵיהּ
וַהֲוָה לִי לְפָרִיק ג וּתְקַבְּלוּן אוּלְפַן חֲדַת בְּחֶדְוָא מִבְּחִירֵי צַדִּיקַיָא׃ ותימרון

רש"י

יב (א) ואמרת. ברואתך אותם שנדונין לחרפות ולדראון: אודך ה' כי אנפת בי. והגליתני וכפר גלותי עלי ועתה נרצה עוני וישוב אפך ותנחמני ויונתן תירגם אודך ה' כי הטאתי לך ועל כן אנפת בי ולולי רחמיך לא הייתי כדאי לשוב אפך ולנחמני והנה שב אפך ממני: (ב) עזי וזמרת יה ה'. עוז ושבח של הקב"ה ברוך הוא. הוא היה לי לישוע'. ואין לפרש עוזי עוז שלי שלא מצינו במקרא עזי נקוד חטף קמץ אלא שורק עזי חוץ משלשה מקומות שהוא סמוך אצל וזמרת ולא וזמרת כמו וזמרתי אלא על כרחך וזמרת דבוק הוא לתיבה של אחריו לכך אני אומר שאין יו"ד של עזי אלא כמו יו"ד של שוכני סנה (דברים ל"ג): יה ה'. עד הנה היה שמו חלוק ובמפלתו של עמלק נעשה שלם וכן הוא אומר כי יד על כס יה (שמות י"ז) אין הכסא שלם ואין השם שלם עד שתהא מלחמה לה' בעמלק: ויהי לי לישועה. כמו היה לי לישוע' ודרך מקראות לדבר כן כמו ואשר לא שם לבו (שם ט') וגו' ויעזוב את עבדיו ואת מקנהו ועוד בד"ה (ב' י') ובני ישראל היושבים בערי יהודה וימלוך עליהם רחבעם היה לו לומר מלך עליהם רחבעם: (ג) ושאבתם. ותקבלון אולפן חדת: ממעיני הישועה.

מהר"י קרא

יב (א) אודך ה'. שאם אנפת בי שחזרתה והשבתה אפך ותנחמני: (ב) כי עזי וזמרת יה ה'. כחו ושבחו של הקב"ה היה לי לישועה. והרבה ווי"ן משמשים בלשון זה כמו ובני ישראל

אבן עזרא

יב (א) ואמרת. התי"ו לנוכח ישראל הם השבים אל ארצם: כי אנפת בי. אע"פ שאנפת בי כמו רפאה נפשי כי חטאתי לך: (ב) הנה. אחר שעמי אל ישועתי: אבטח. אשכון בטח. פירוש אלי השם בספר תהלים: וזמרת. מפו' בתורה: (ג) ושאבת' מים. משל

רד"ק

ומה שאמר מאשור כי אותם שהם באשור הוא דרך ישרת לעבור בנהר פרת של א"י: וכאשר היתה. פי' כאשר היתה מסלה בים סוף כן תהיה מסלה בנהר פרת: (א) ואמרת. כי אנפת בי. פי' לפי שאנפת בי והגליתני ועתה שב אפך ונחמתני לפיכך צריך אני להודות לך ששב אפך ממני ולא הנחתני בגלות כמו שהייתי חייב לפי עונותי: (ב) הנה אל ישועתי. כי עזי העין בקמץ חטף: וזמרת. כמו וזמרתי והראיה כי הרי"ש קמוצה ואלו היה סמוך היה פתח וכן אשר נתנך היום ביד כמו בידי: (ג) ושאבתם מים בששון. דרך משל כמו השואב מים מן המעיין שלא יפסקו מימיו כי בכל עת ימצא בו לשאוב כי הוא מקור תמידי כן לא תפסוק מהם הברכה והישועה ויהיו בששון כל

מצודת דוד

יב (א) כי אנפת בי. והגליתנו כפר גלותי עלי ועתה נרצה עוני וישוב מעלי אפך ותנחמני בהבאת הטובה: (ב) הנה אל ישועתי. הואיל ועמי אל ישועתי אשכון בטח ולא אפחד עוד: כי עזי וגו'. הטוב והשבח של המקום היה לי לישועה ר"ל התשועה היתה למען הראות חזקו ולמען אומר בשבחו: (ג) ושאבתם מים בששון, ר"ל כמו השואב מים מן המעין הנובע הנה שואב הוא בששון כי לא ידאג פן יכלה המים כן תשאבו בששון את הישועה

מצודת ציון

יב (א) אנפת. כעסת כמו פן יאנף (תהלים ב'): (ב) עזי. ענין חוזק והיו"ד יתירה: וזמרת. מלשון זמר ושבח: ויהי לי. כמו היה לי וכן ויעזב את עבדיו (שמות ט') ומשפטו עזב: (ג) ושאבתם. לקיחת המים נקראת שאיבה:

ing עָזִּי, *with the exception of three places where it is accompanied by* וְזִמְרָת. *Also,* וְזִמְרָת *cannot be explained like* וְזִמְרָתִי, *my praise, but we are forced to say that* וְזִמְרָת *is connected to the word following it. Therefore, I say that the "yud" of* עָזִּי is merely like the "yud" of "(Deut. 33:16) שֹׁכְנִי סְנֶה, *He Who dwells in the thorn-bush.*"—[*Rashi*]

Rashi alludes to *Targum Jonathan,* also *Targum Onkelos* (Exodus 15:2), both of whom render: *My strength and my praise is the fear of God, and He spoke with His word, and was my salvation. Rashi* objects to this interpretation on the grounds that, according to the rule, the vowel under the "ayin" should be a "shuruk," reading עֻזִּי rather than עָזִּי. Moreover, this form is never found except when accompanied by וְזִמְרָת, unlike עֻזִּי, which is found independently. *Rashi,* therefore, concludes that עָזִּי is identical with עֹז, the "yud" being a poetic suffix, with no meaning.

12

1. And you shall say on that day, "I will thank You, O Lord,
for You were wroth with me; may Your wrath turn away and
may You comfort me. 2. Here is the God of my salvation, I
shall trust and not fear; for the strength and praise of the Eter-
nal the Lord was my salvation." 3. And you shall draw water

it had existed for many years and had been trodden by travelers.—[*Redak*]

for the remnant of His people—Just as many Israelites did not wish to leave Egypt with the Exodus, and they perished there, so will many refuse to leave Assyria and will perish there as well. Only the "remnant of His people" will tread on this highway.—[*K'li Paz*]

from Assyria—For they will have a straight route through the Euphrates to the Holy Land.—[*Redak*]

on the day they went up from the land of Egypt—Just as there was a highway through the Red Sea to allow the Israelites to cross, so will there be a highway through the Euphrates.—[*Redak*]

1. **And you shall say**—*when you see the nations being sentenced to disgrace and abhorrence.*—[*Rashi*]

This is addressed to the Israelites returning to their land.—[*Ibn Ezra*]

I will thank You, O Lord, for you were wroth with me—*and You exiled me, and my exile atoned for me, and now, amends have been made for my iniquity. May Your wrath turn away and may You comfort me. Jonathan renders: I will confess before You, O Lord, that I sinned before You, and, therefore, You were wroth with me, and were it not for Your mercy, I would not be worthy to have Your wrath turn away and comfort me, and behold, Your wrath has turned away from me.*—[*Rashi*]

Our editions of *Targum Jonathan* read as follows: I will confess before You, O Lord, that, because I sinned before You, may Your wrath turn away from me and may You have mercy on me.

Ibn Ezra renders: I will thank You, O Lord, *although* You were wroth with me.

Kara renders: I will thank You, O Lord, for, although You were wroth with me, Your wrath has turned away and You comfort me.

Redak: I will thank You, O Lord, for You were wroth with me [to exile me], and because now Your wrath has turned away and You have comforted me.

2. **Here is the God of my salvation**—I.e., since the God of my salvation is with me, I will trust and I will not fear.—[*Ibn Ezra*]

I will trust—I will dwell in safety.—[*Ibn Ezra*]

for the strength and the praise of the Eternal the Lord—*The strength and the praise of the Holy One, blessed be He, that was my salvation. We cannot, however, explain* עָזְּי, *like* עָזְּי, *my strength, for we do not find in Scripture* עָזְּי *vowelized with a short "kamatz," but with a "shuruk," read-*

בְּשָׂשׂוֹן מִמַּעַיְנֵי הַיְשׁוּעָה: ד וַאֲמַרְתֶּם
בַּיּוֹם הַהוּא הוֹדוּ לַיהוָה קִרְאוּ בִשְׁמוֹ
הוֹדִיעוּ בָעַמִּים עֲלִילֹתָיו הַזְכִּירוּ כִּי
נִשְׂגָּב שְׁמוֹ: ה זַמְּרוּ יְהוָה כִּי גֵאוּת
עָשָׂה מוּדַעַת זֹאת בְּכָל־הָאָרֶץ: ו צַהֲלִי
וָרֹנִּי יוֹשֶׁבֶת צִיּוֹן כִּי־גָדוֹל בְּקִרְבֵּךְ:

תרגום

ד וְתֵימְרוּן בְּעִדָּנָא הַהִיא אוֹדוּ קֳדָם יְיָ צַלּוֹ בִשְׁמֵיהּ חַוּוֹ בְּעַמְמַיָּא עוֹבָדוֹהִי אַדְכַּרוּ אֲרֵי תַקִּיף שְׁמֵיהּ: ה שַׁבַּחוּ קֳדָם יְיָ אֲרֵי גְבוּרָן עֲבַד גַּלְיָא דָא בְּכָל אַרְעָא: ו בּוּעִי וְשַׁבַּחִי כְּנִשְׁתָּא דְצִיּוֹן אֲרֵי רַבָּא אֲמַר לְאַשְׁרָאָה שְׁכִינְתֵּיהּ בְּגַוָּךְ קַדִּישָׁא דְיִשְׂרָאֵל:
מטל

ת"א ביום ההוא. תהו"ס כד : זמרו ה׳. מקידה שער לט : צהלי ורוני . (ברכות ג תענית כה) : מודעת קרי

מהר"י קרא

חיושבים בערי יהודה וימלוך עליהם: (ה) זמרו ה׳ כי גאות עשה. על שעשה לו נסים וגבורות בסנחריב. כמו שעשה לאבותינו על ים סוף כששרו לו שירה אשירה לה׳ כי גאה גאה. אמר לו חזקיה איני צריך שהרי מודעת זאת בכל הארץ. הריתרהקה

רש"י

כי ירחיב לבם על ידי ישועה הבאה להם ויתגלו להם רזי התורה שנשתכחו בגלות ע"י הצרות: (ד) עלילותיו מעלליו: הזכירו. לשבח כי נשגב הוא:

רד"ק

ימיהם וי"ת הפסוק במשל למוד החכמה כי החכמה נמשלת למים והמלמדים הם כמו המעין והתלמידים הם השואבים וכת"י ויתקבלון אולפן חדת ואמר חדת לפי שאותו הלמוד יהיה חדש וכן ילמדו אז דעת את ה׳ מה שלא למד אדם עד אותו היום כמו שאמר כמים לים מכסים: (ד) ואמרתם. תאמרו זה אל זה דרך זרוז: קראו בשמו. קראו לעמים בשמו כמו ויקרא שם אברם בשם ה׳ וזהו טעם הודיעו הזכירו או פי׳ קראו בשמו כשתתפללו לו וכן ואני אקרא בשם אלהי כת"י צלו בשמיה: (ה) זמרו ה׳ כי גאות עשה. כמו שאמרו על ים סוף כי גאה גאה וזאת הגאות תהיה מודעת בכל הארץ שיוציא עם דל מבין עמים הרבים והעצומים ומגפת גוג ומגוג גם כן תהיה מודעת בכל הארץ. ועל כל זה ראוי לכם לזמר לה׳: (ו) צהלי. הרימי קולך בשירה ובשבח האל כי קדוש ישראל היה גדול בקרבך כלומר

אבן עזרא

שיחעננו כלמא בשואבו מים: (ד) ואמרתם. זה לזה: קראו. קול גדול בשמו: עלילותיו. מעשיו: (ה) זמרו. מזמרת הארץ הטעם תנו זמרה ודבר משובח לשם: מודעת. פעול מהבנין הכבד הנוסף: כי גאות. לשון נקבה והתי"ו לעדה: (ו) צהלי. דין הוא שתגביהי קולך בת ציון כי השכינה בקרבך:

מצודת ציון

עלילותיו. מעשיו: נשגב. חזק: (ו) צהלי. ענין הרמת קול וכן הצהלי קולך בת גלים (לעיל י׳):

מצודת דוד

ממעיני הישועה כי לא תופסק התשועה כי יד ה׳ לא תקצר: (ד) ואמרתם. תאמרו זה לזה דרך זרוז: הודיעו. לפרסם הנס: הזכירו. היו מזכירים זה את זה שבחו המקום כי נשגב שמו ומהראוי א"כ להזכיר שבחיו: (ה) זמרו ה׳. זמרו אל ה׳ כי עשה דבר הראוי להתגאות בו: מודעת זאת. הגאות ההיא נודעת ומפורסמת בכל הארץ: (ו) צהלי. הרימי קולך ברנן כי קדוש ישראל גדול בקרבך ר"ל ע"י הנפלאות שעשה בקרבך נתגדל שמו והוא מקרא מסורס:

ham, who spread the doctrine of monotheism throughout the countries of the Middle East. Alternatively, *pray to Him,* as *Jonathan* renders.—[*Redak*]

His deeds—Heb. עֲלִילֹתָיו, similar to מַעֲלָלָיו.—[*Rashi, Ibn Ezra, Targum*]

keep it in remembrance—*to praise [His Name,] for it is exalted.*—[*Rashi* mss. Bracketed words omitted in the printed editions.]

Abarbanel understands this to mean: Recite the Psalms in which these words are mentioned, since His Name is exalted in this Psalm. That is Psalm 105, which the Levites recited when they bore the Ark to Jerusalem.

5. **Sing [to] the Lord**—Heb. זַמְּרוּ ה׳.—[*Mezudath David*]

Ibn Ezra renders: Praise the Lord.

for He has performed mighty deeds—This is reminiscent of the Song of the Sea, in which Moses and the children of Israel sang: I will sing to the Lord for He has performed mighty deeds. These mighty deeds are known throughout the land, that a poor, weak nation was extricated from all the world powers, in addition to the plague of Gog and Magog.—[*Redak*]

6. **Shout and praise**—Raise your

with joy from the fountains of the salvation. 4. And you shall
say on that day, "Thank the Lord, call in His Name, publicize
His deeds among the peoples; keep it in remembrance, for His
Name is exalted. 5. Sing to the Lord for He has performed
mighty deeds; this is known throughout the land. 6. Shout and
praise, O dwellers of Zion, for great in your midst is the Holy
One of Israel.

Redak, however, favors the *Targumim* on the grounds that the "kamatz" of וְזִמְרָת would be irregular according to *Rashi.* It should be a "pattah," reading וְזִמְרַת. He, therefore, interprets it like וְזִמְרָתִי, *and my praise.*

the Eternal the Lord—*Until now His Name was divided, and with the downfall of Amalek, it became whole, and so Scripture states:* "(Exodus 17:16) *For the hand is on the throne of the Eternal* (כֵּס יָהּ), *implying that the throne is incomplete and the Name is incomplete until the Lord wages war against Amalek.*—[*Rashi* from *Pesikta Rabbathi* 12:9 and *Tanhuma, Ki Thetze* 11]*

was my salvation.—Heb. וַיְהִי לִי לִישׁוּעָה. *Like* הָיָה לִי לִישׁוּעָה, *was to me for a salvation, and it is customary for Scripture to speak in this manner. Comp.* "(Exodus 9:21) *And he who did not heed the word of the Lord, left* (וַיַּעֲזֹב) *his slaves and his cattle,"* also in II Chronicles (10:17): *"And the children of Israel who dwelt in the cities of Judah, Rehoboam reigned* (וַיִּמְלֹךְ) *over them." It should say,* מָלַךְ עֲלֵיהֶם.—[*Rashi*] According to *Rashi's* interpretation of this verse, the word וַיְהִי seems irregular, since the form of the *vav consecutive* is usually a variation of *vav copulative,* it cannot appear after the subject but before it, connecting it to the preceding clause. *Rashi,* therefore, cites instances in which the *vav consecutive* is not connected to a preceding clause, but appears after the subject as the ordinary past tense.

3. **And you shall draw water**—*You shall receive a new teaching.*—[*Rashi* from *Targum*]

from the fountains of the salvation—*For their heart will be dilated through the salvation that came to them, and secrets of the Torah that have been forgotten during the exile, because of the troubles, will be revealed to them.*—[*Rashi*] I.e., the joy and cheer that will permeate the atmosphere, will make them receptive of the profound teachings forgotten during the long exile because of their depressed mood. Hence, the salvation will serve as fountains from which to draw the Torah, likened to water, as below 55:1.*

4. **And you shall say**—to one another.—[*Ibn Ezra*] I.e., urge one another.—[*Redak*]

call in His Name—Call aloud in His Name.—[*Ibn Ezra*]

Tell the peoples of the world about the Lord, as the verse continues: publicize His deeds among the peoples. Emulate our father Abra-

קְדוֹשׁ יִשְׂרָאֵל: יג א מַשָּׂא בָּבֶל אֲשֶׁר
חָזָה יְשַׁעְיָהוּ בֶּן־אָמוֹץ: ב עַל הַר־נִשְׁפֶּה
שְׂאוּ־נֵס הָרִימוּ קוֹל לָהֶם הָנִיפוּ יָד
וְיָבֹאוּ פִּתְחֵי נְדִיבִים: ג אֲנִי צִוֵּיתִי
לִמְקֻדָּשָׁי גַּם קָרָאתִי גִבּוֹרַי לְאַפִּי
עַלִּיזֵי

ת"א אני צויתי. ברכות ט:

א מַטַל כָּס דִי לְוָט לְאַשְׁקָאָה יַת בָּבֶל דְאִתְנַבֵּי יְשַׁעְיָה בַּר אָמוֹץ: ב עַל כְּרַכָּא דְיַתְבָא שְׁלֵיוָא זְקוּפוּ אָתָא אֲרִימוּ קָלָא לְהוֹן אֲנִיפוּ יַד וְיֵיעֲלוּן בְּתַרְעָהָא מִתְנַדְבִין: ג אֲנָא פַקֵדִית לִמְזַמְנֵי אַף עַרְעִית גִבָּרֵי וְיִתְפָּרְעוּן מִנְהוֹן רוּגְזִי

רש"י

יג (א) משא בבל. משא פורענות שעל בבל: (ב) על הר נשפה שאו נס. להקבץ על הר שקט ובוטח בשופי שאו נס לגוים והרימו קול לנקבצים שיבואו עליו: הניפו יד. הניפו להם יד לרחוקים שאין יכולים לשמוע ויראו אות הנפת היד ויבאו בפתחי נדיבים של שרי בבל: פתחי. כמו בפתחי כמו ותשב בית אביה (בראשית ל"ח) הנפתר בבית אביה ומנחם בן סרוק פתר הרבות כמו והמה פתיחות (תהלים נ"ה): (ג) אני צויתי למקודשי. שיבאו ויתחילו להתגרות בם והם פרס ומדי אנשי כורש ודריוש שזמנתים לכך: קראתי גבורי לאפי. לעשות חרון אפי

מהר"י קרא

מלך כוש וסבאים שראו את הנס והם יודיעו את הנס בכל העולם: יג (ב) על הר נשפה. על הר שיושב בשופי לבטח. זה מלכות בבל. וחזרנו על כל המקרא ולא מצינו שיהא מלכות בבל יושבת בהר כי אם בעמק. ואחי אבא ר' מנחם פירש על הר נשפה. על הר חושך. הם הרים של בבל שהם חשוכים מרוב גובהם. אף לפי דבר הלכד מענינו אומר אני על הר נשפה שאו נס. כל דבר גבוה קרוי שיפוי כובע. גובהו של כובע. וזה פת' אותם נביאי ישראל על הר גבוה שאו נס בו על ראש ההר כאדם שמניף בסודר ומוליך ומביא להראות למרחוק. כמו כן עלו אל הר גבוה ושאו. פיריי"א בלע"ז: הרימו קול. הכריזו: [הניפו יד. נותן]. סודר בראש הכלונס ומוליך ומביא הכלונס כדי שיראו הרחוקים ויבואו קורא הנפה: ויבאו פתחי נדיבים. יבאו לפתחי בבל: (ג) אני צויתי למקודשי. למזומני שזימנתי ליפרע מבבל: גם קראתי גבורי לאפי עליזי גאותי. שמחים לעשות שליחותי ולנקום נקמתי כורש ודריוש ששמחים מבבל בשעה שהנביאים נבאים להם וקוראים להם שיבואו מיד והם נכונים לבא. הוא שכת'

אבן עזרא

יג (א) משא בבל. הזכיר מפולת בבל אחר מפולת אשור כי בבל השחית אשור: (ב) על הר נשפה. יש אומרים מגזרת נשף כמו שחרות והנכון שהוא מגזרת שפיים והנו"ן לבנין נפעל וטעמו גבוה או אין לה אח: להם. לבאים על בבל להלחם עליה: ויבאו. ומיד יבואו ויכנסו למדינה כי יתפשוה: (ג) אני. דברי השם: למקודשי. הם המזמנים: עליזי. שהם שמחים להראות גבורתי או שמחתים

רד"ק

גדול שמו בקרבך בנפלאות שעשה כמו שאמר בנבואת גוג ומגוג ביחזקאל והתגדלתי והתקדשתי וגו': (א) משא בבל וגו'. אמר אשר חזה להודיע כי נתנבא גם על אומות העולם ובראשון אמר אשר חזה ולא הוצרך לומר על האחרים: (ב) על הר נשפה. נשא וגבוה כמו וילך שפי אפתח על שפיים קינה. וי"ת על כרכא דיתיב שליוא ר"ל בבל שהיתה שלוה ושקטה פי' מלי' רבותי' והוא שאכלום בעליהם שלש שנים בשופי אמר שאו נס הניפו יד על דרך משל כאלו קראו להם ונשאו להם נס על הר גבוה והניפו להם יד שיבאו מהרה אל בבל להשחיתה והבאים אליה הם מדי ופרס ותנופת היד הוא כאדם הקורא והוא רחוק לו שאינו שומע ומניף לו בידו שיבא: ויבאו פתחי נדיבים. כמו בפתחי חסר בי"ת השמוש כמו לזנות בית אביה ואחרים רבים ושרי בבל קורא נדיבים שהיו גדולים בעושר ובמעלה והם הנקראים נדיבים כי ברוב אנשים גדולים ואנשי שם רוח נדיבת בהם ויש מפרשים נדיבים על מדי ופרס ויפרשו פתחי כמו חרבות וכן ואת ארץ נמרד בפתחיה: (ג) אני צויתי למקדשי.

מצודת דוד

יג (א) משא בבל. זהו הנבואה על בבל: (ב) על הר נשפה. הרימו נס על הר גבוה שיהא נראה למרחוק וקראו בקול רם לאנשי פרס ומדי: הניפו יד. לרמז להם שימהרו ללכת ויבואו בפתחי נדיבי בבל: (ג) צויתי. הערתי להם: למקודשי. הם פרס ומדי שזמנתים לכך: לאפי. לעשות בבבל חרון אפי: עליזי גאותי.

מצודת ציון

יג (א) משא. כן נקראת הנבואה ע"ש שהיא נשאת בפי האדם: חזה. ראה במראה הנבואה: (ב) נשפה. ענין גבהות כמו אפתח אל שפיים נהרות (לק' מ"א): פתחי. בפתחי: נדיבים. כן יקראו בעלי העושר כי ע"פ רוב המה נדיבי לב: (ג) למקודשי. ענין הזמנה כמו התקדשו למחר (במדבר י"א): עליזי. ענין שמחה

The rebels will signal the invaders and inform them of the entrance to the city.—[*Malbim*]

the gates—Heb. פִּתְחֵי. *As though it would say,* בְּפִתְחֵי, *into the gates. Comp.* "(Gen. 38:11) *Stay as a widow in your father's house,*" בֵּית אָבִיךְ, *interpreted as* בְּבֵית אָבִיךְ. *Menachem ben Seruk* (*Machbereth Menachem* p. 147) *interpreted it as "swords." Comp.* "(Psalms 55:22) *And they are drawn swords* (פְּתִיחוֹת).—[*Rashi*] According to Menachem, we render: And let the swords of the nobles come. *Redak*, too, quotes both interpretations.

3. **I commanded My appointed ones**—*that they come and commence to incite them, and they are Persia and Media, the men of Cyrus and Darius, whom I appointed for this.*—[*Rashi*]

13

1. The harsh prophecy of Babylon which Isaiah son of Amoz
prophesied. 2. On a tranquil mountain raise a banner, raise
your voice to them; wave your hand that they may enter the
gates of the nobles. 3. I commanded My prepared ones; I summoned My heroes to [execute] My wrath, those who rejoice in
My pride.

voice in song and praise to the Almighty, for the Name of the Holy One of Israel is great in your midst, because of the wonders He performed, as it is stated in the prophecy of Gog and Magog: "(Ezekiel 38:23) And I will be magnified and sanctified to the eyes of many nations."—[*Redak*]

1. **The harsh prophecy of Babylon**—*The prophecy of the retribution which* will fall *upon Babylon.*—[*Rashi*]

After mentioning the fate of Assyria, the prophet proceeds to the fate of Babylon, who conquered Assyria.—[*Ibn Ezra*]

It is known that the downfall of Babylon was brought about by Belshazzar's officers who rebelled against him on the night of the vision of the handwriting on the wall. These rebels contacted the army of Persia and Media, who then attacked Babylon and conquered it. Concerning this coup, the prophet pronounces this prophecy, for he sees how the Almighty has prepared mighty and cruel warriors to destroy Babylon, viz. Persia and Media. Since they were unfamiliar with the location of the entrance to the capital city, He prepared Babylonians to signal them, to direct them into the city, and to instruct them how to conquer the kingdom.[*Malbim.* See *Yalkut Shimoni,* Isaiah 288 (420); *Shir Hashirim Rabbah* 3:4; *Yosipon* ch. 3.]

which Isaiah son of Amoz prophesied—Since this is the first prophecy to the other nations, it required this introduction. The following prophecies do not require it.—[*Redak*]

2. **On a tranquil mountain raise a banner**—*to gather. On a tranquil, trusting, undisturbed mountain, raise a banner to the nations and raise your voice to those gathering, that they come upon it.*—[*Rashi, Redak, Ibn Ezra, from Jonathan*]

Others render: On a dark mountain. On a high mountain. Prophets of Israel, ascend a high mountain, raise a banner, and announce.—[*Rabbi Joseph Kara*]

wave your hand—*Wave your hand to the distant ones who cannot hear, and let them see the waving of the hand and enter the gates of the nobles, of the princes of Babylon.*—[*Rashi*]

and let them come—and immediately they will come and enter the country, for they will undoubtedly conquer it.—[*Ibn Ezra*]

עַלִּיזֵי גַּאֲוָתִי: ד קוֹל הָמוֹן בֶּהָרִים דְּמוּת
עַם־רָב קוֹל שְׁאוֹן מַמְלְכוֹת גּוֹיִם
נֶאֱסָפִים יְהוָה צְבָאוֹת מְפַקֵּד צְבָא
מִלְחָמָה: ה בָּאִים מֵאֶרֶץ מֶרְחָק מִקְצֵה
הַשָּׁמָיִם יְהוָה וּכְלֵי זַעְמוֹ לְחַבֵּל כָּל־
הָאָרֶץ: ו הֵילִילוּ כִּי קָרוֹב יוֹם יְהוָה

תרגום

תּוּקְפִּי וְתוּשְׁבַּחְתִּי:
ד קָל הֲמוֹן בְּטוּרַיָא
דְמוּת עַם סַגִּי קָל
אִתְרְגוּשַׁת מַלְכְוָן
עַמְמַיָא דְמִתְכַּנְשִׁין יְיָ
צְבָאוֹת מְמַנֵי מַשִׁרְיָן
בִּקְרָבָא: ה אָתַן מֵאַרְעָא
רְחִיקָא מִסְיָפֵי אַרְעָא יְיָ
וּמָנֵי כָם דִלְוָט קֳדָמוֹהִי
לְחַבָּלָא כָּל רַשִׁיעֵי
אַרְעָא: ו אֵילִילוּ אֲרֵי
קָרִיב יוֹמָא דַעֲתִיד

מהר"י קרא

בסמוך. קול המון בהרים דמות עם רב קול שאון ממלכות גוים נאספים: (ה) באים מארץ מרחק. מארץ פרס שהוא רחוק מבבל להפרע מהם: וכלי זעמו לחבל כל הארץ. כל ארץ בבל. ומי הם כלי זעמו כורש ודריוש: (ו) הלילו. אנשי בבל: כי קרוב. ליפרע

רש"י

בהם שהם עליזי גאותי שאני מתפאר בהם: (ה) וכלי זעמו. הם גבורי מדי ופרס: לחבל כל הארץ. של בבל: (ו) כשוד. כיום ביזה מאת הקב"ה יבא:

רד"ק

והם מדי ופרס ואמר צויתי ואמר למקודשי ר"ל שהעיר את רוחם לבא אל בבל והרי הם כאלו צוה וקדש וזמן אותם לבא: לאפי. קראתי אותם לעשות בבבל אפי וחמתי ויהיו עליזים ושמחים בגאותי. שאני מתגאה על בבל על ידם: (ד) קול המון. אמר הנביא כי שמע בנבואה קול המון בהרים דמות עם רב כאלו היו עם רב בהרים מדברים ונשמע קול המון ההרים בו ושמע קול שאון ממלכות גוים נאספים ורב הצבא הזה היה ה' צבאות והוא היה מפקדם כלומר מונה אותם כענין שנאמר תפקדו אותם לצבאותם כי כן דרך העולם בבא צבא למלחמה מונה אותם האדון הכושל עליהם לדעת מנינם בבאם למלחמה ויש לפרש ענין מנוי כלומר הוא היה משים פקידים עליהם וכן ת"י: (ה) באים. מקצה השמים ממזרח. אבל מקצה השמים על דרך הפלגה לרחוק הקצה כאלו נגע לשמים מן הצד ההוא: ה' וכלי זעמו. הוא המנהיג הצבא ועם הצבא הם כלי זעמו ובהם יחבל ארץ בבל: (ו) הלילו. אמר כנגד אנשי בבל: כשוד משדי יבא.

אבן עזרא

בגבורה ששמתי בהם: (ד) קול. מנהג תולדת ההר כאשר ידבר איש להשיב הקול וזה הוא טעם קול המון מגזר' הומה והנה פירש למה זה קול שאון בממלכות גוים כי מלך פרס שהוא כורש ומלך מדי שהוא דריוש שניהם התחברו על בבל וזה מפורש בספר דניאל: מפקד. ישים פקידים או מפקדים והוא פועל יוצא לשנים פעולים: (ה) באים. כי מפאת עילם באו כאילו הם מקצה השמים רמז למרחוק: יי'. והנה באו גזירות השם וכלי־זעמו שהם פרס ומדי: (ו) הלילו. כשוד

מצודת ציון

כמו יעלוז שדי (תהלים ל"ו): (ד) דמות. מלשון דמיון: שאון. המייה: מפקד. ענין מספר ומנין כמו ויפקדם בטלאים (ש"א י"ג): (ה) לחבל. להשחית כמו וחובל עול (לעיל י'): (ו) הלילו. מלשון

מצודת דוד

להיות שמחים בגאותי בהתגאה על בבל על ידם: (ד) קול המון. קול המון נשמע בהרים דמות קול עם רב והוא קול שאון ממלכות פרס ומדי הנאספים יחד: מפקד. המקום ילוה לספור אנשי לבא המלחמה כדרך שעשה אוסר המלחמה ר"ל ילליתו במלחמה כאלו המקום יהיה אוסר המלחמה: (ה) מקצה השמים. אמר דרך הפלגה: ה' וכלי זעמו. כאלו יבוא ה' להיות אוסר המלחמה וכלי זעמו עמו והם חיל פרס ומדי: לחבל. להשחית כל ארץ בבל: (ו) הלילו. כאלו לבבל יאמר שיעשו יללה כי קרוב יום הפורעניות

lon. [*Kara, Redak, Mezudath David*]

like a raid—*Like a day of plunder, from the Holy One, blessed be He, it shall come.*—[*Rashi*]

Lament your fate, for this raid comes from the Almighty, and no one can nullify it.—[*Ibn Ezra*]

it shall come—upon Babylon.—[*Kara*]

7. **all hands**—*of the Babylonians.*—[*Rashi, Ibn Ezra, Abarbanel*]

Redak elaborates: Since they will

4. The sound of a multitude in the mountains, the likeness of a numerous people, the sound of the stirring of kingdoms of nations gathering; the Lord of Hosts appoints officers over the warring host. 5. They come from a distant land, from the end of the heavens; the Lord and the weapons of His fury, to destroy all the land. 6. Lament, for the day of the Lord is near;

I summoned My heroes to [execute] My wrath—*To execute My wrath upon them, for they rejoice in My pride that I boast of them.*—[*Rashi*]

Alternatively: They rejoice in the fact that I am exalted over Babylon through them.—[*Redak*]

4. **The sound of a multitude**—The prophet says that he heard in his prophecy the sound of a multitude in the mountains, a sound resembling that of a numerous people talking, and he heard the sound of the stirring of the kingdoms of nations gathering, and their general was the Lord of Hosts Who was *counting* them to know their number before they enter the battle. Alternatively, "appoints officers."—[*Redak*; second interpretation follows *Ibn Ezra, Targum Jonathan*]

As explained above, this alludes to the two nations of Persia and Media, and their kings, respectively, Cyrus and Darius.—[*Ibn Ezra*]

Azulai explains that the Lord of Hosts appoints officers of the army of the Heavenly princes. He explains verse 3, as follows: I commanded My hallowed ones, i.e. the heavenly princes of the nations; I summoned My heroes, i.e. the earthly armies of Persia and Media. All this originates from the Lord of Hosts, Who appoints the heavenly princes over the warring host. Although God metes out retribution upon Babylon, the Tetragrammaton, denoting the Divine trait of mercy, is used. The Rabbis tell us that the wicked turn the Divine trait of mercy into that of Judgment.

5. **They come from a distant land**—They come from the direction of Elam, which is quite a distance away.—[*Ibn Ezra*] For location of Elam, see Friedlander.

from the end of the heavens—They come from the distant East. It is as though they come from the end of the heavens. They will come from beyond the horizon, the spot that seems to touch the sky.—[*Redak*]

and the weapons of His fury—*They are the mighty men of Media and Persia.*—[*Rashi*]

to destroy all the land—*of Babylonia.*—[*Rashi*]

Jonathan paraphrases: to destroy all the wicked of the land.

6. **Lament**—you people of Baby-

כשד משדי יבוא: ז על־כן כל־ידים
תרפינה וכל־לבב אנוש ימס: ח ונבהלו
צירים וחבלים יאחזון כיולדה יחילון
איש אל־רעהו יתמהו פני להבים
פניהם: ט הנה יום־יהוה בא אכזרי
ועברה וחרון אף לשום הארץ לשמה
וחטאיה ישמיד ממנה: י כי־כוכבי
השמים וכסיליהם לא יהלו אורם

לְמֵיתֵי מִן קֳדָם יְיָ כְּבִיזָא
מִן קֳדָם שַׁדַּי יֵיתֵי: ז עַל
כֵּן כָּל יְדַיָּא יִתְרַשְׁלָן
וְכָל לְבַב אֱנָשָׁא
יִתְמְסֵי: ח וְיִתְבַּהֲלוּן
עָקָא וְחֶבְלִין יְחַדוּנוּנוּן
זִיעַ כְּלֵידְתָא יְזוּעוּן גְּבַר
לְחַבְרֵיהּ יִתְמְהוּן אַפֵּי
שַׁלְהוֹבִין אַפֵּיהוֹן: ט הָא
יוֹמָא מִן קֳדָם יְיָ עָתִיד
לְמֵיתֵי אַכְזָרִי וְתַעֲבוּר
וּתְקוֹף רְגַז לְשַׁוָאָה
אַרְעָא לְצָדוּ וְחַיָבָהָא
יְשֵׁיצֵי מִנַהּ: י אֲרֵי כוֹכְבֵי
שְׁמַיָא וּכְסִילֵיהוֹן לָא
יַזְהֲרוּן נְהוֹרֵיהוֹן וּקְבֵל

רש״י

(ז) כל ידים. של בבל: (ח) צירים וחבלים. הם לשון יסורי אשה הכורעת לילד שצירי דלתי בטנה מתפרקים להפתח: יחילון. היל וחלחלה ל׳ רתת הם: איש אל רעהו יתמהו. בני בבל על הלוחמים עליהם כי משונים הם: פני להבים פניהם. אומה שפניהם להובים ומאויימין מאד או י״ל שהם עם חושבי מחשבות ואת בני בבל דימה להם על שם התמהון: (ט) וחטאיה. חוטאיה: (י) וכסיליהם.

אבן עזרא

משדי יבא. כי זה השוד בא מהשם ומי יוכל לבטלו ויש אומרי׳ כי שדי כגבור שודד והראשון הוא הנכון: (ז) על כן כל ידי׳. מאנשי בבל: (ח) ונבהלו. פני להבים פניהם. כמו שרופים מרוב הצער ויש אומרים כי להבים גוי ככושים: (ט) הנה. יו״ד אכזרי נוסף כיו״ד פנימי: לשום. ארץ כשדים: (י) כי. וכסיליהם. יש אומרים כי כסיל הוא

מהר״י קרא

קמץ בז״ק

מכם: כשוד משדי יבוא. על בבל: (ז) על כן [כל] ידים תרפינה. כל ידי יושבי תבל: (ח) איש אל רעהו יתמהו. יושבי תבל יתמהו. ויאמרו איש אל רעהו אומה שהיתה אימתה מוטלת על כל העולם. יושבי בבל אשר נתנו אימתם על כל העולם אשר סביבותם איך היה ששני אנשים ככורש ודריוש [נאספים] לבא מארץ מרחק מקצה הארץ ולהשחית את יושבי (תבל) [בבל]: פני להבים פניהם. באים בחימה להנקם מבבל לשום ארץ בבל לשמה: (י) כי כוכבי השמים וכסיליהם לא יהלו אורם כאשר יגעו עליהם הרעות בכל העולם ידמה להם לחושך:

רד״ק

כשוד שיבא מחזק שאין דרך להנצל ממנו וכן כקול שדי כקול חזק. וכן ת״י: (ז) על כן. כי אין להם תחבולה להנצל כיון שבא להם זה להנצל מאת ה׳: תרפינה. הידים מלהלחם כנגד אויביהם והלב ימס שלא ימצא בעצמו שום גבורה ואומץ כי הגבורה היא בלב. כמו שאמר ואמיץ לבו בגבורים: (ח) ונבהלו. בקמץ מפני השלשלת כי יש לה משפט ההפסק ופי׳ יושבי בבל יהיו נבהלים ולא יוכלו להשיב יד: יאחזון. בצר״י מפני ההפסק ופי׳ הם יאחזום צירים וזה הענין משמש בשני פנים כי הצירים יאחזון האדם הנבהל כמו חיל אחז יושבי פלשת הלא חבלים יאחזון צירים אחזונו ובהתחזק מצירים על האדם תמיד כאלו האדם יאחז הצירים שלא יפרדו ממנו. לפיכך אמר צירים וחבלים יאחזון ודעת יונתן יהיה נו״ן יאחזון נו״ן הכנוי והוא כמו יאחזום ויהיה בענין כמו חבריו וטוב הוא פירושו לכן תרגם יחדונונון: יתמהו. לפי שבא להם הרעה פתאם יתמהו איש אל רעהו איך היה זה: פני להבים פניהם. כאדם שיש לו בשת שישובו פניו אדומים: (ט) הנה יום ה׳ בא אכזרי ועברה. יהיה אכזרי ועברה וחרון אף עמו: הארץ. פי׳ ארץ בבל: וחטאיה. יושבי בבל שהם חטאים ורשעים ישמידם מבבל עד שתשאר שממה בעונותיהם מאנשיה: (י) כי כוכבי. הנביאים מדברים דרך משל ואומרים

מצודת דוד

הבא מה׳ לא במקרה: כשוד משדי יבוא. ר״ל תהיה גדולה וקשה כדרך השוד הבא משדי בעל היכולת: (ז) כל ידים. כל ידי אנשי בבל יהיו רפויים מרוב חימה וכל לבב אנשיהם ימס: (ח) ונבהלו. יהיו בהולים ופחודים: יאחזון. יאחז אותם צירים וחבלים וכאשת לידה יחילון: איש אל רעהו. בני בבל יתמהו זה מול זה על הלוחמים עליהם כי יהיו פניהם להובים כלהבת אש: (ט) אכזרי. היום ההוא יהיה יום אכזרי ויהיה עוד עמו עברה וחרון אף: הארץ. ארץ בבל: וחטאיה. אנשים החוטאים: (י) לא יהלו אורם מרוב

מצודת ציון

יללה: כשוד. מלשון שדידה ועושק הנפש וכן מקטב ישוד צהרים (תהלים צ״א): (ז) תרפינה. מלשון רפיון: (ח) צירים. הם יסורי אשה הכורעת לילד שצירי דלתי בטנה מתפרקין להתפתח וכן כי נהפכו עליה ציריה (ש״א ד׳): וחבלים. גם הוא ענין מכאובי לידה כמו חבלי יולדה (הושע י״ג): יחילון. מל׳ היל וחלחלה: וכסיליה׳.

is the star called "Kanopus," nearest the South Pole. He, however, believes it to be the heart of the "Scorpion." He conjectures that perhaps the plural form of this noun indicates that it does refer to the stars near the poles. The word resembles כְּסָלִים, *flanks*. See Friedlander on *Ibn Ezra*.

illuminate—Heb. יָהֵלּוּ. *They shall illuminate, and so,* "(*Job 29:3*) *When his lamp shone,*" (בְּהִלּוֹ) "(ibid. 31:26) *The light when it shone brightly* (יָהֵל)."—[*Rashi*]

like a raid from the Almighty it shall come. 7. Therefore, all
hands shall grow feeble, and the heart of every mortal shall
melt. 8. And they shall panic; pangs and throes shall seize
them; like a woman in confinement they shall writhe; each man
shall be amazed at his fellow; their faces are faces of flames.
9. Behold, the day of the Lord is coming, cruel with wrath and
burning anger, to make the land desolate, and its sinners He
shall destroy from it. 10. For the stars of the heavens and its
constellations shall not allow their light to illuminate,

have no means of saving themselves from the calamity visited upon them by the Almighty, all hands will become feeble, unable to bear arms against their foes.

and the heart of every mortal shall melt—Everyone will lose courage and not be able to defend himself against the invaders.—[*Redak*]

8. **And they shall panic**—and be unable to return a blow.—[*Redak*]

pangs and throes—Heb. צִירִים וַחֲבָלִים. *These are expressions of pains of a woman who kneels to give birth, for the hinges* (צִירִים) *of her womb break apart to open.*—[*Rashi*]

they shall writhe—Heb. יְחִילוּן. חִיל, חַלְחָלָה *are expressions of shivering.*—[*Rashi*]

each man shall be amazed at his fellow—*The Babylonians will be amazed at those who advanced against them, for they are peculiar.*—[*Rashi*]

their faces are faces of flames—*A nation whose faces are red and very frightful, [or alternatively, because they are a pensive people, and he compares the Babylonians to them because of the amazement.]*—[*Rashi*] The bracketed words do not appear in certain manuscripts of *Rashi.* This appears to be true of *Abarbanel's* edition. *K'li Paz* quotes *Rashi* in its entirety, adding the words, "called "Lehavim." Apparently, *Rashi's* second interpretation attributes the "faces of flames" or the "faces of Lehavim," to the Babylonians. The Babylonians are compared to the nation called Lehavim (See Gen. 10:13). Because of their pensiveness and amazement, the Babylonians are compared to these people.

9. **the land**—of Babylonia.—[*Ibn Ezra, Redak*]

and its sinners—Heb. וְחַטָּאֶיהָ, similar to חוֹטְאֶיהָ.—[*Rashi*]

This refers to the sinful people of Babylon.—[*Redak*]

10. **and its constellations**—*Similar to* מַזָּלוֹתֵיהֶם.—[*Rashi*]

Ibn Ezra identifies כְּסִיל with one particular star. Some claim that this

השך השמש בצאתו וירח לא־יגיה
אורו: יא ופקדתי על־תבל רעה ועל־
רשעים עונם והשבתי גאון זדים וגאות
עריצים אשפיל: יב אוקיר אנוש מפז
ואדם מכתם אופיר: יג על־כן שמים
ארגיז ותרעש הארץ ממקומה בעברת

תרגום

שמשא במפקיה וסיהרא לא מזהר נהוריה: יא ואסער על דדיירין בתבל בישתא ועל רשיעיא חוביהון ואבטיל רבות רשיעין ותקוף תקיפין אמאיך: יב אחבב דחלי מדהבא דמתיקרין מניה בני אנשא ועבדי אוריתא ממסננא דאופיר: יג על כן שמיא אזיע ותזוע

מהר"י קרא

(יב) אוקיר אנוש מפז. ואז אוקיר דניאל וחביריו מכתם ומפז. וכן מצינו בספר דניאל בעת שפתר לו המראה (אם) לבלטשצאר. שהוסיפו לו כבוד גדול. באדין אמר בלטשאצר והלבישו לדניאל

רש"י

מזלותיהם: **יהלו**. יאירו וכן בהלו נרו (איוב כ"ט) וכן אור כי יהל (שם ל"א): **חשך השמש**. מתוך צרתם נדמה להם כאלו חשך השמש: **(יא) על תבל**. על ארצם: **(יב) אוקיר אנוש מפז**. בו בלילה אכבד את דניאל מפז. כשהביאוהו לקרות מכתב מנא מנא תקל ופרסין (דניאל ה׳) באדין אמר בלשצר והלבישו ית דניאל ארגונא וגו׳: **מכתם אופיר**. קבול׳ זהב אופיר: **(יג) שמים ארגיז**. כל צבאם ירגז כשאפיל שרה של בבל שאין הקב"ה נפרע מן האומות עד שנפרע משריהם תחלה שנאמר יפקוד ה׳ על צבא מרום במרום (לקמן כ"ד) ואח"כ על מלכי האדמה באדמה ואומר איך נפלת משמים הילל בן שחר (לקמן י"ד) ואחר כך נגדעת

רד"ק

על מי שתבא לו צרה כי הוא יושב בחשך ולא יזרח לו השמש ולא יאירו לו הכוכבים ולא שום אורה כמו שאמר ידעך נרו באשון השך וכן זה הפסוק ואחרים רבים בזה הענין ופי׳ וכסיליהם כתב רבי יונה כי כסיל הוא כוכב גדול נקרא בערבי סוא״ל והכוכבים המתחברים אליו נקראים על שמו כסילים: יהלו אורם. ענין נוגה שרשו הלל מבנין הפעיל ויהלו כמו יגיהו כמ״ש וירח לא יגיה אורו. כאילו אמר לא יתנו אורם והפעלה על הככבים אם אראה אור כי יהל הפעלה על האומר בצאתו שיקוו אורו: (יא) ופקדתי על תבל. ר״ל על ארץ בבל אפקוד עליהם רעה שעשו לישראל: ועל רשעים. כשדים שהם רשעים והרעו לישראל יותר מדאי כמו שאמר אני קצפתי מעט והם עזרו לי לרעה: גאון זדים. שהיו גאים ואנשי זדון אשבית זדונם: (יב) אוקיר. אשים בני תבל יקרים יותר מפז כלומר אם ירצה אדם לפדותם שלא יהרגום לא יקחו מדי ופרס בהם משקלם זהב שלא יהרגו אותם: מכתם אופיר. מזהב אופיר והפסוק כפול בענין במלות שונות וי״ת הפסוק בענין אחר אמר אחבב דחלי וגו׳ ר״ל על ישראל שהיו בבבל שלא יומתו בין המומתים מאנשי בבל כי יהיו יקרים בעיני מדי ופרס יותר מפז וישמרו אותם שלא יהרגו: (יג) על כן שמים. דרך משל כאלו ירגזו השמים ותרעש

אבן עזרא

הכוכב שהוא קרוב מהסדן הדרומי שימותו הגמלים אם יראוהו ולפי דעתי שהוא לב עקרב ויתכן להיות הכסילים מגזרת הכסלים שהם קרובים אל הסדנים ויאמר רבי יונה כי כסיל הוא אחד וחבר כוכבים אחריו אליו וכמוהו בתי הסן: **יהלו**. כמו יאלו מהפעלים של הכפל והנה הוא פועל יוצא וככה בהלו נרו גם כן יגיה והעד יגיה חשכי: **(יא) ופקדתי על תבל רעה**. כי ממלכות רבות תפש כורש וכן אמר כל ממלכות הארץ נתן לי ה׳ אלהי השמים: **(יב) אוקיר**. פועל יוצא מהבנין הכבד הנוסף וכן הוקר רגלך וטעם אנוש הזכרים שימותו במלחמה: **(יג) על כן שמים ארגיז**. דרך משל שלא ימלא הבורח מנוחה:

מצודת ציון

מזלות השמים וכן ככיל וכימה (איוב ט׳): יהלו. יזהירו כמו בהלו נרו (שם כ"ט): יגיה. ענין הארה כמו וה׳ יגיה חשכי (ש"ב כ"ב): (יא) ופקדתי. ענין זכרון כמו וה׳ פקד את שרה (בראשית כ"א): תבל. כן נקרא הארץ: והשבתי. ענין בטול כמו שבת נוגש (לקמן י"ד): גאון. ענינו כמו גאוה: זדים. רשעים: עריצים. חזקים כמו כגבור עריץ (ירמיה כ׳): (יב) אוקיר. מלשון יקר וחשוב: מפז. הוא זהב הטוב: מכתם אופיר. מזהב טוב הבא מאופיר: (יג) ארגיז. ענין רעדה כמו רגזו ואל תחטאו (תהלים ד׳): בעברת.

מצודת דוד.

הלרה ידמה להם שאין אורם מזהיר: בצאתו. עם כי אז נרגש ביותר הבהקת אורו: (יא) ופקדתי על תבל רעה. אזכור על ארץ בבל את הרעה שעשו לישראל ואשלם להם גמול: ועל רשעים. על אנשי בבל אזכיר עונם: (יב) אוקיר. אז אשים בן אנוש יותר יקר מפז כי האויב לא יקח פז מחירו לבל יהרגנו: ואדם וגו׳. כפל הדבר במ"ש: (יג) על כן. בעבור הרעה הבאה על בבל ארגיז צבא השמים בהפילי שרה של בבל שאין הקדוש ב"ה נפרע מן האומה עד שמפיל שרה תחלה כמ"ש יפקוד ה׳ על צבא מרום במרום ואח"כ על

render, "I will honor mortal man through fine gold and man through a collection of the gold of Ophir." (For the location of Ophir, see I Kings 9:28), Commentary Digest.

Redak renders: I will make the people of Babylon dearer than fine gold; i.e., if one would desire to redeem those sentenced by God to die by the hands of the Persians, he could not do so even with fine gold or gold of Ophir.

13. **I will make heaven quake**—*All their host will quake when I cast down the prince of Babylon, for the Holy One, blessed be He, does not punish the nations until He punishes their heavenly princes first, as Scripture states*: "(infra 24:21) *The Lord shall visit upon the heavenly host on high,*"

the sun has become dark in its going forth, and the moon shall not shine its light. 11. And I will visit evil upon the earth, and upon the wicked their iniquity; and I will cut off the pride of the presumptuous, and the arrogance of the tyrants I will humble. 12. I will make mortal man dearer than fine gold, and man [dearer] than the collection of the gold of Ophir. 13. Therefore, I will make heaven quake, and the earth will quake out of its place,

the sun has become dark—*Because of their distress, it seems to them as though the sun has become dark.*—[*Rashi*]

Redak, too, explains the entire passage figuratively. The prophets speak of one in distress as sitting in the dark, and that the sun does not shine for him, nor do the stars. This is found in many places in the Scriptures.

Others explain this passage allegorically, as alluding to the king and his court, for the prophets compare the earthly kings to the heavenly bodies, and when they experience a downfall, as though the heavenly bodies cease to shine.[*Guide to the Perplexed* vol. 2, ch. 29] The Christian exegetes, too, explain in this manner, that the sun symbolizes Belshazzar, who died in the beginning of the year of his reign, the moon, his queen, and the stars, his courtiers. *Abarbanel* explains that the heavenly bodies, which usually have effect over the people on earth, will have no effect on Babylon. It will be as though the sun, the moon, and the stars do not shine for them.

11. **upon the earth**—*On their land.*—[*Rashi*] *Rashi* interprets it as referring to the land of Babylon alone, as does *Redak,* who explains: I will visit upon the land of Babylon the evil they have done to Israel.

Ibn Ezra, however, explains this expression literally, for Cyrus conquered many lands, as he says: "(Ezra 1:2) All the kingdoms of the earth, the Lord, the God of heaven has given me."

upon the wicked—The Chaldees who harmed the Jews more than the prophecy called for, as Scripture states: "(Zech. 1:15) For I was but a little angry, and they helped to do harm."

I will cut off the pride of the presumptuous—For they were presumptuous and arrogant.—[*Redak*]

12. **I will make mortal man dearer than fine gold**—*On that night I will honor Daniel more than fine gold. When they brought him to read the writing*: "(Dan. 5:25) *Mene mene tekel ufarsin,*" (ibid. 5:25) *Then Belshazzar ordered, and they dressed Daniel in purple . . .*—[*Rashi*]

more than a collection of the gold of Ophir—Heb. מִכֶּתֶם אוֹפִיר, *a collection of the gold of Ophir.*—[*Rashi*]

Perhaps *Rashi* alludes to the end of the verse, "with a golden chain on his neck," that Daniel was adorned with gold. In that case, we should

יְהוָה צְבָאוֹת וּבְיוֹם חֲרוֹן אַפּוֹ: יד וְהָיָה
כִּצְבִי מֻדָּח וּכְצֹאן וְאֵין מְקַבֵּץ אִישׁ אֶל־
עַמּוֹ יִפְנוּ וְאִישׁ אֶל־אַרְצוֹ יָנוּסוּ: טו כָּל־
הַנִּמְצָא יִדָּקֵר וְכָל־הַנִּסְפֶּה יִפּוֹל בֶּחָרֶב:
טז וְעֹלְלֵיהֶם יְרֻטְּשׁוּ לְעֵינֵיהֶם יִשַּׁסּוּ
בָּתֵּיהֶם וּנְשֵׁיהֶם תִּשָּׁגַלְנָה: יז הִנְנִי מֵעִיר
עֲלֵיהֶם אֶת־מָדָי אֲשֶׁר־כֶּסֶף לֹא יַחְשֹׁבוּ

תשכבנה קרי

אַרְעָא מֵאַתְרָהָא מִן
קֳדָם יְיָ צְבָאוֹת וּבְיוֹם
תְּקוֹף רוּגְזֵיהּ: יד וִיהֵי
כְּטַבְיָא מְפָרֵד וּכְעָאן
וְלֵית דִּמְכְנֵישׁ גְּבַר
לְעַמֵּיהּ יִתְפְּנוּן וּגְבַר
לְאַרְעֵיהּ יַעַרְקוּן: טו כָּל
דְּיִשְׁתְּכַח בָּהּ יִתְקְטֵל
וְכָל דְּיֵעוֹל לִכְרַכֵּי צִיָרָא
יִתְקְטֵל בְּחַרְבָּא:
טז וְעוּלֵימֵיהוֹן יִטְּרְפוּן
לְעֵינֵיהוֹן יִתְבְּזִיזוּן
בָּתֵּיהוֹן וּנְשֵׁיהוֹן
יִשְׁתַּכְּבָן: יז הָא אֲנָא

רש"י

לארץ הולש על גוים אף כאן תחלה שמים ארגיז ואח"כ ותרעש הארץ ירעשו יושביה לקול מפלתה שיתמהו בדבר: (יד) והיה. יושב בבל: כצבי מודח. ממקומו: (טו) כל הנמצא. בחוץ ידקר: וכל הנספה. על בני העיר להיות נקלט עמהם במצור יפול בחרב כשהלכד העיר. נספה לשון ספות הרוה (דברים כ"ד) ספו שנה על שנה (לקמן כ"ט) ספו על זבחיכם (ירמיה ז') (ארקויילי"ר בלע"ז): (טז) ירטשו. יתבקעו וכן נערים תרטשנה: (יז) הנני מעיר עליהם את מדי. דריוש המדי הרג את בלשאצר וכן הוא אומר ביה בליליא קטיל בלשאצר (דניאל ה') ודריוש

מהר"י קרא

ארגוונא והמניכא דדהבא על צואריה: (יד) והיה כצבי מודח. כל הנאסף מעם אחר אל בבל ביום מפולת בבל. איש אל עמו יפנו ואיש אל ארצו ינוסו: (טו) וכל הנספה. ואם אל עיר יאסף להמלט נפשו מפני כורש ודריוש אף הוא יפול בחרב:

אבן עזרא

(יד) והיה. המון כשדים: כצבי. שידיחו אותו הרודפים והוא פועל מהבנין הכבד הנוסף על משקל מוקטר מוגש מולד ארלה: (טו) כל. ידקר. שלא יחמול עליו: וכל הנספה. שם התאר מבנין נפעל: (טז) ועולליהם. תשגלנה. כנוי לשכיבה ויקרא תשכבנה דרך כבוד: (יז) הנני. הזכיר מדי כי הם יותר אכזרים: לא יחשובו. למאומה רק יהרגו:

רד"ק

הארץ מרוב הרעה הבאה על בבל כי לא יוכלו להנצל מן החרב בשום ממון. לפיכך אמר על כן: (יד) והיה. העם הנכרי אשר בבבל יהיה בבא הרעה על בבל כצבי מודח שידחוהו וירדפו אחריו ללכדו שהוא רץ בכל כחו כן כל אשר בבבל מעם אחר יצאו בחפזון מתוכו איש אל עמו יפנו ואיש אל ארצו ינוסו: (טו) כל הנמצא. כל הנמצא בתוכו מעם אחר ידקר כמו אנשי העיר וכפל הענין במלות שונות ואמר כל הנספה יפול בחרב ופי' הנספה כמו נוסף שהוא מעם אחר ונוסף אל אנשי העיר והוא משרש ספו שנה על שנה למען ספות הרוה ויסף וספת בענין אחד ובענין זה ת"י וענין ידקר הוא מכת החרב ויש מפרשים כל הנספה כמו ויש נספה בלא משפט ואמר כל מי שיגיע זמנו למות לא ימות על מטתו אלא יפול בחרב: (טז) ועולליהם ירטשו. הבנים בעיני האבות ישסו בתיהם ונשיהם תשכבנה לעיניהם ואחר כן יהרגו אותם וכל זה הוא דרך אכזריות וענין ירוטשו הוא הפלת העוללים בקרקע או אל הקירות דרך אכזריות וישסו ענין בזה והוא מפעלי הכפל מבנין נפעל: ותשכבנה. כתיב ותשגלנה קרי: (יז) הנני מעיר. אעיר את רוחם לבא אל

מצודת דוד

מלכי האדמה באדמה (לקמן כ"ד): ותרעש הארץ. מחרדת מפלת בבל ירעשו יושבי הארץ ביום בוא עברת ה' וחרון אפו: (יד) והיה וגו'. בבוא הרעה על בבל אז העם הנכרי אשר בבבל יהיה כלבי סמודח ממקומו ע"י רודפים שהוא רץ מפניהם בכל כוחו כן אשר בבבל מעם אחר ילאו בחפזון מתוכה איש על עמו וגו' ולא ישובו עוד כלאן הנדחה מהעדר ואין מי מקבלם: (טו) כל הנמצא. כי כל הנמלא בתוכם ידקר בחרב ואם הוא מעם נכרי: וכל הנספה. וכל הנוסף על בני העיר להיות עמהם יפול בחרב והוא כפל ענין במ"ש: (טז) ועולליהם. קטניהם יתבקעו לעיניהם ואין לאל ידם למחות: ישסו בתיהם. יבוזו וישללו בתיהם ויאנסו נשיהם: (יז) את מדי. לפי שהוא אכזר ביותר לזה הזכיר אותו לבדו: לא יחשובו. לקחת

מצודת ציון

מלשון עברה וזעם: (טו) ידקר. ענין נעילה ותחיבת חרב בגוף כמו והביטו אלי את אשר דקרו (זכריה י"ב): (טז) ירטשו. ענין בקיעה וכן אם על בנים רטשה (הושע י'): ישסו. ענין בזה ושלל: תשגלנה. מלשון משגל ומשכב: (יז) מעיר. מלשון התעוררות:

of their owners and the wives ravished before the eyes of their husbands, only to be killed afterwards. All this is indicative of the cruelty of the Medes.—[*Redak*]

shall be ravished—This is written תִּשָּׁגַלְנָה, but read תִּשָּׁכַבְנָה. The *k're* is the more euphemistic of the two.—[*Redak, Ibn Ezra* from *Meg. 25b*].

17. **Behold I stir up Media against them**—*Darius the Mede assassinated Belshazzar. So Scripture states:* "(Dan. 5:30) *On that very night, Belshazzar . . . was slain.*" "(ibid. 6:1) *And Darius the Mede acquired the kingdom.*"—[*Rashi*]

Cyrus, king of Persia, and Darius, king of Media, were Belshazzar's doormen. When they heard of the writing on the wall, i.e., Daniel's interpretation thereof, that the kingdom was to be given over to the Per-

because of the anger of the Lord of Hosts, and on the day of His
burning wrath. 14. And he shall be like a roving deer, and like
sheep who have no one to gather [them]; each man shall turn to
his people, and each man shall flee to his land. 15. Everyone
who is found shall be stabbed, and anyone who takes refuge
shall fall by the sword. 16. And their babes shall be dashed
before their eyes; their houses pillaged, and their wives
ravished. 17. Behold I stir up Media against them, who do not
value silver,

and afterwards, "on the kings of the earth on the earth." Scripture states further: "(infra 14:12) *How have you fallen from heaven, Lucifer, the morning star?" And then, "You have been cut down to the ground, you who cast lots on nations." Here too, first, "I will make heaven quake," and afterwards, "the earth will quake." Its inhabitants shall quake at the news of its downfall, for they shall be astonished at the event.*—[*Rashi*]

Others interpret this passage figuratively: Babylon will be sorely distressed, with no place to flee and no possibility of ransoming themselves. Conditions were so tragic that it seemed as though the heaven and the earth had quaked and shaken.—[*Ibn Ezra, Redak*]

14. **And he shall be**—I.e., *every inhabitant of Babylon.*—[*Rashi*]

The army of the Chaldees.—[*Ibn Ezra*]

All foreign peoples abiding in Babylon.—[*Redak*]

like a roving deer—I.e., like a deer roving *from its place.*—[*Rashi*]

The pursuers would drive them away.—[*Ibn Ezra*]

All foreign nationals shall be chased and pursued. Everyone shall, therefore, turn to his own country and flee.—[*Redak*]

15. **Everyone who is found**—outside, shall be stabbed, just like the inhabitants of the city.—[*Redak*]

and anyone who takes refuge—*with the people of the city to be included with them in the siege, shall fall by the sword when the city capitulates.* נִסְפָּה *is an expression similar to* "(Deut. 29:18) *To add the unintentional sins to the lustful ones* (סְפוֹת)," "(infra 29:1) *Add year upon year* (סְפוּ)," "(Jer. 7:21) *Add* (סְפוּ) *to your sacrifices." (akojjlir in O.F.), to join.*—[*Rashi*]

Others render: And everyone who is to perish, shall fall by the sword. I.e., all those destined to die at that time, will not die a natural death, but will fall by the sword.—[*Redak*]

16. **shall be dashed**—Heb. יְרֻטְּשׁוּ. *Comp.* "(verse 18) *Shall dash* (תְּרַטַּשְׁנָה) *youths."*—[*Rashi*]

before their eyes—The children will be dashed to pieces before the eyes of the parents. They will be cast to the ground or dashed against the walls out of cruelty. So will the houses be plundered before the eyes

וְזָהָב לֹא־יַחְפְּצוּ־בוֹ׃ יח וּקְשָׁתוֹת נְעָרִים
תְּרַטַּשְׁנָה וּפְרִי־בֶטֶן לֹא יְרַחֵמוּ עַל־
בָּנִים לֹא־תָחוּס עֵינָם׃ יט וְהָיְתָה בָבֶל
צְבִי מַמְלָכוֹת תִּפְאֶרֶת גְּאוֹן כַּשְׂדִּים
כְּמַהְפֵּכַת אֱלֹהִים אֶת־סְדֹם וְאֶת־
עֲמֹרָה׃ כ לֹא־תֵשֵׁב לָנֶצַח וְלֹא תִשְׁכֹּן
עַד־דּוֹר וָדוֹר וְלֹא־יַהֵל שָׁם עֲרָבִי וְרֹעִים

תרגום

מַיְתֵי עֲלֵיהוֹן יַת מָדַי דִי בְּכַסְפָּא לָא מִטַקְסִין וְדַהֲבָא לָא מִתְרָעִין בֵּיהּ׃ יח וְקַשְׁתָּתְהוֹן עוּלֵימִין יְבַזְעָן וְעַל וְלַד מְעִין לָא יְרַחֲמוּן עַל בְּנַיָא לָא תָחוּס עֵינֵיהוֹן׃ יט וּתְהֵי בָבֶל דַהֲוַת מִלְקַדְמִין חֶדְוַת מַלְכְּוָן תּוּשְׁבַּחַת רְבוּת כַּסְדָאֵי כַּהֲפֵיכְתָא דַהֲפַךְ יְיָ יַת סְדוֹם וְיַת עֲמוֹרָה׃ כ לָא תִתַּב לַעֲלַם וְלָא תִשְׁרֵי עַד דָר וְדָר לָא יִפְרוֹס תַּמָן

רש"י

מדאה קביל מלכותא (סס ו'): וזהב לא יחפצו בו. אין חוששים כי אם להרוג ולהנקם על כל הרעה אשר עשו מלכי בבל לכל העמים: (יח) וקשתות. של בני מדי: נערים. של בבל: תרטשנה. תבקענה בחציהם אשר יורו בקשתותיהם: ופרי בטן. עוללים דקים: (יט) והיתה בבל. שתי פורעניות באו לה בשתי שנים דריוש הרג בלשאצר ומלך שנה ולשנה השניה נהפכה כמהפכת סדום מן השמים וכן שנינו בסדר עולם (ירמי' נ"א) ובא בשנה השמוע' הזאת של דריוש ואחריו בשנה השמועה והיתה בבל צבי ממלכות וגו' שהיתה מלב וראש הממלכות ושהיתה תפארת גאון כשדים עתה והיתה כמהפכת סדום: (כ) ולא יהל

מהר"י קרא

(יח) וקשתות נערים תרטשנה. וקשתות של מדי תרטשנה נערי בבל: (יט) והיתה בבל צבי ממלכות. שהיתה עד עכשיו צבי ממלכות תפארת גאון כשדים. מיכן ואילך תהיה כמהפכת אלהים את סדום ואת עמורה: (כ) ולא יהל שם ערבי. לא יטה שם תגר אהלו ללון שם. ועוד בלילה רועים לא ירביצו. שתהא חריבה מאדם ועד בהמה כמידת פעולתה שהחריבה ארץ ישראל שלא עבר

אבן עזרא

(יח) וקשתות. תרטשנה. תבקענה: (יט) והיתה בבל. שהיתה צבי ממלכות וכמוהו הבית הזה יהיה עליון אשר היה: (כ) לא תשב. והטעם לא תהיה נושבת: יהל. חסר אל"ף כמו שקר מזין: ערבי. הם בני קדר וכן מלכי

רד"ק

בבל להלחם עליה וזה מדי כי דריוש המדי הוא שכבש בבל ובמותו מלך עליהם כורש הפרסי וזה העם לא יחשבו כלום כסף וזהב לפדיון אנשי בבל אלא יהרגו אותם ולא יהיה להם פדיון כמו שאמר אוקיר אנוש מפז: (יח) וקשתות. פי' עם קשתותיהם ירוטשו הנערים כי הנה הקשתות תרטשנה הנערים ופי' בו כי היו משימים הנערים בקשתות מקום חצים ומורים אותם על הקרקע ואל הקירות: ופרי בטן. ובנים ר"ל בעודם קטנים וכן ואכל פרי בטנך. אם בנים ואם בנות יציל. או בקינח או בת יגח: לא תחוס עינם. בשורק והוא לבדו בשור"ק כי כל השאר בחולם: (יט) והיתה בבל. פירוש בבל שהיתה צבי ממלכות תפארת גאון כשדים תהיה עתה כמהפכת אלהים את סדום ואת עמורה ופי' צבי חפץ שכל הממלכות היו הפצים בה והכשדים שהיתה להם היו מתפארים ומתגאים בה עתה תהיה כמהפכה שהפך אלהים את סדום ואת עמורה שתהיה חרבה ולא יהיה בה יישוב לעד והעיר בבל שמלכו עליה דריוש וכורש ושהיא היום אינה בבל הקדומה כי אותה החריב דריוש ובנה עיר אחרת באותה הבקעה היא שמה בבל עד היום. ובסדר עולם אומר כי כשכבש אותה דריוש והרג בלשצר ומלך עליה שנה ובשנה השניה הפכה אלהים כמהפכת סדום ועמורה וזהו שאמר הכתוב ובא בשנה השמועה שמועה זו של דריוש ואחריו בשנה השנית השמועה זאת כמהפכה שהפכה אלהים כסדום ועמורה: (כ) לא תשב. פי' תשב ותשכון על העיר כנגד היושבים והשוכנים בה כמו העיר היוצאת אלף ר"ל על אנשים היוצאים ממנה: לא יהל. משפטו לא יאהל ר"ל לא יטה אהלו ואמר ערבי לפי שהערביים הם השוכנים באהלים: ורועים. ואפי' רועים לא ירביצו שם צאנם כי אמר תחלה לא תשב כלומר לא תהיה

מצודת דוד

כפדיון נפש: וזהב. ואף זהב לא יחפצו בו: (יח) וקשתות. הקשתות של אנשי פרס ומדי תבקענה את נערי בבל בחיציהם אשר יורו עליהם: ופרי בטן. עוללים דקים: על בנים. רצה לומר בנים קטנים: (יט) צבי ממלכות. אשר היא פאר כל הממלכות: תפארת. אשר היא תפארת לבני כשדים אנשיה כי היו מתפארים ומתגאים בה: כמהפכת. בבוא עתה תהיה כמהפכת אשר הפך ה' את סדום וגו': (כ) לא תשב. לא תהיה מיושבת עד עולם: ולא תשכון. לא תהיה שכונה מבני אדם עד סוף ימי הדורות וכפל הדבר במ"ש: ולא יהל.

מצודת ציון

(יח) תחום. ענין חמלה כמו יחוס על דל (תהלים ע"ב): (יט) צבי. ענין הדר ופאר כמו נחלת צבי צבאות גוים (ירמיה ג'): גאון. מל' גאוה: (כ) יהל. כמו יאהל ונפלה האל"ף וכן ולעמשא תומשו (ש"ב

[*Rashi* from *Seder Olam*, based on Jer. 51:45]

the beauty of the kingdoms—or: the desired of the kingdoms.—[*Redak*]

20. **and no Arab shall pitch his tent there**—Heb. יַהֵל. *Like* יַאֲהֵל. *Even Arabs, who customarily dwell in tents and move their livestock from place to place, will not be pleased with Babylon, to set up their tents there, for it will not even be fit for pasture for flocks. And do not wonder about* לֹא יַהֵל, *which is explained like* לֹא יַאֲהֵל,

and do not desire gold. 18. And the bows shall dash youths,
and on the newborn they shall not have mercy; on children
their eye shall not look with pity. 19. And Babylon, the beauty
of the kingdoms, the glory of the pride of the Chaldees, shall be
like God's overturning of Sodom and Gemorrah. 20. It shall
not be settled forever, and it shall not be occupied from generation to generation, and no Arab shall pitch his tent there,
neither shall shepherds rest their flocks there.

sians and the Medes, Belshazzar gave them strict instructions, "Whoever appears here tonight, even if he says, 'I am the king,' behead him." It was not proper for kings to have their privies within the palace grounds but outside them. Now, Belshazzar suffered from diarrhea all that night from fright. When he left the palace grounds, no one noticed him. When he returned, however, he was noticed. They asked him, "Who are you?" He replied, "I am the king." They retorted, "But didn't the king say that anyone who appears here tonight, even if he says that he is the king, must be put to death?" What did they do? They took the flower of the menorah and crushed his skull.—[*Shir Hashirim Rabbah* 3:2]

and do not desire gold—*They do not care* for anything, *but to kill and to avenge the harm the kings of Babylon did to all the peoples.*—[*Rashi*]

As mentioned before, the prophet refers to Darius and his army, who conquered Babylon and would not accept ransom from anyone, as in verse 12. The Lord stirred them to attack Babylon and destroy it ruthlessly.—[*Redak*]

18. **And the bows**—of the peoples of Media.—[*Rashi*]

youths—*of Babylon.*—[*Rashi*]

shall split with their arrows that they shoot with their bows.—[*Rashi*]

Others explain that they would place the youths in the bows in lieu of arrows and shoot them on the grounds and on the walls.—[*Redak*]

newborn—lit. fruit of the womb—*Frail infants.*—[*Rashi*]

children—small children.—[*Redak*]

19. **And Babylon . . . shall be**—*Two calamities befell her in two years. Darius assassinated Belshazzar and ruled a year, and in the second year it was turned over like Sodom from heaven. And so we learned in Seder Olam* (ch. 28). *And in that year the news came concerning Darius, and after him, in the year, the news, and Babylon that was the beauty of the kingdoms . . . that was the leader and the head of the kingdoms and that was the glory of the pride of the Chaldees now, shall be like the overturning of Sodom.*—

לא ירבצו שם: כא ורבצו שם ציים
ומלאו בתיהם אחים ושכנו שם בנות
יענה ושעירים ירקדו שם: כב וענה
איים באלמנותיו ותנים בהיכלי ענג
וקרוב לבוא עתה וימיה לא ימשכו:

ערבי משכניה ורעון
לא ישרון תמן:
כא וישרון תמן תמון
ויתמלון בתיהון אוחין
וישרין תמן בנת נעמין
ושידין יחיכון תמן:
כב וינפצון חתולין
בברניתהון וירודון
בבית מישרי תפנוקיהון
וקריב למיתי עדן

רש"י ת"א בנות יענה. חולין סד: ושעירים. ב"ב קמט:

שם ערבי. כמו לא יאהל לא יפרש שם אהל אפי' ערביים שדרכם לישב באהלים ולהסיע מקניהם ממקום למקום לא תמלא חן בעיניהם לקבוע שם אהליהם כי אף למרעה לאן לא תהיה ראויה ואל תתמה על לא יהל הנבאר כאלו היתה בו אל"ף כי הרבה מקומות יש שהברת קול האות במקום אות וכן (איוב ל"ה) מלפנו מבהמות ארץ כמו מאלפנו וכן (משלי י"ז) שקר מזין על לשון הות כמו שקר מאזין: (כא) ציים. ת"י תמון הם נמיות. (מרטריג"ש בלע"ז): אוחים. לא ידעתי מה מין חיה הם. [אוחים לשון קולים וחוחים ודרדר ס]: ושעירים. שדים: (כב) וענה איים באלמנותיו. ויגורו חתולים בארמנותיו: וענה. כמו וענתה שמה (הושע ב') ומעונותיו טרפה (נחום ג') ויש לפרש עוד וענה ל' עניית קול: ותנים. יענו בהיכלי עונג שלהם: וימיה. ימי טובתה לא ימשכו כי כבר הובטחו ישראל (ירמיה כ"ט) לפי מלאת לבבל שבעים שנה אפקד אתכם ואותה פקידה על ידי כורש מלך פרס שיטול המלוכה מבבל אחר דריוש המדי כי שניהם מדי ופרס נתחברו עליהם והתנו ביניהם אי מינן מלכי מנייכו אפרכי:

מהר"י קרא

בה רגל איש מעוף ועד בהמה חמשים ושתים שנה כמנין בהמה: (כא) ורבצו שם ציים. הם קופים: ומלאו בתיהם אוחים. יצפצפו חתולים בבירנייתהון: (כב) וענה איים באלמנותיו. ותשרנה איים בארמנותיו: ותנים. בהיכלם שהן מתעדנין בהם עכשיו: וקרוב. יום אידם לא תמשך עוד הפורענות שנגזר עליהם כלבוא. ובעת שתשמד בבל יפקוד ה' את עמו וינחם על אדמתם שהרי לפי מלאת לבבל שבעים שנה נהרג בלשצר ומלך כורש ובשנה אחת למלך כורש למלאות דבר ה' מפי ירמיהו הנביא העיר ה'

אבן עזרא

הערב משא בערב והטעם כי אפילו ערבי שמנהגם להתגודד ממקום למקום לא יתקעו בהם אהליהם: (כא) ורבצו. ציים. הם חיות דרות בארץ ציה: אוחים. אין לו אח והם חיות שמשתוממם כל רואם: בנות יענה. ידועות והם עופות: ושעירים. כדמות שדים והם שעירים בריס ויתכן היות אוחים עופות והוא הנכון: (כב) וענה איים. לשון רבים מן איה וענה טעמו נגון או דירה מגזרת מעון: באלמנותיו. יש אומר כי פירושו כמו בארמנותיו כמו וידע אלמנותיו ולא יתכן שיתחלף אות באות לבד מאותיות אהו"י וכן פירושו וענה שם כל אחד מהאיים עם אלמנותיו ותנים כמו אח הייתי לתנים:

רד"ק

בנוית עד שישבו בה אנשים ולא אפי' אהל לא יטה אדם שם דרך עראי ואין צ"ל אלא אפי' הצאן לא ירביצו שם שלא ירבצו אותה שם הרועים כי משכן החיות רעות תהיה כמו המדבר: (כא) ורבצו. הצאן לא ירביצו שם אלא מי ירבץ שם חיות המדבר ירבצו שם ופי' ציים חיות השוכנות במקום ציים לפיכך נקראו ציים ויש מפרשים ששם נמיות הנזכר בדברי רבותי' כדי שלא תקפוץ הנמיה מרטרי"נא בלע"ז: בתיהם. החרבים: אוחים. חיה שקורין בלע"ז פרו"ן: בנות יענה. הם הקטנים מן היענים והאמות מעופפים בעולם ויניחו קטניהם ויתאבלו לחוסר מזונותם לפיכך אמר ואבל כבנות יענה ודרך היענים לשכן במדבר ובמקומות החרבים: ושעירים. הם השדים כמו לשעירים אשר הם זונים אחריהם ונקראו כן לפי שהם נראים כדמות שעירים למאמין בהם וכן ת"י ושידין יחייכון תמן: (כב) וענה. פי' ויצעק כמו ענו לה ותען להם וענתה שמה והדומים להם ענין הגבהת קול וכן דרך האיים והתנים להגביה קולם והוא כקול אבל: איים. שם חיה מחיות המדבר וי"ת וינפצון חתולין בבירניתהון. נ"א וינצפון צד"י קודם לפ"א: באלמנותיו. כמו בארמנותיו. כתרגומו: ותנין בהיכלי ענג. וכן התנין יענו בהיכלי ענג שהיו ועתה יהיו חרבים מדור החיות: וקרוב לבא עתה. עת חרבן

מצודת דוד

אף הערבי השוכן באהלים ע"פ השדה לא יטה שם אהלו לגודל השממון: לא ירביצו שם. את מקניהם: (כא) ורבצו שם. לגודל השממון ירבצו שם חיות היער: (כב) וענה. כ"א מהאיים תצעק בהארמונות והתנים יצעקו גם המה בהיכליהם שהיו מתענגים בהם (דרך האיים והתנים לצעוק בתמידות): וקרוב. הזמן קרוב לבוא עליה עת הפורענות וימי בלותה לא יהיו נמשכין לזמן מרובה וכפל הדבר כמ"ש לחזוק הענין:

מצודת ציון

י"ב) ומבטו תאמרו: ירביצו. ענין השכיבה לנוח: (כא) ציים אוחים. שמות מיני חיות: יענה. שם עוף בת היענה: ושעירים. הם השדים הנראים בדמות שעירים למי שמאמין בהם וכן ושעיר על רעהו יקרא (לקמן ל"ד): ירקדו. ענין קפילה ודלוג: (כב) וענה. ענין הרמת קול כמו וענו הלוים וגו' קול רם (דברים כ"ז): איים שם חיה: באלמנותיו. כמו בארמנותיו או הוא מל' אולם: ותנים. מין נחש: עתה. מלשון עת:

lon is soon coming.—[*Redak*]

and her days—*The days of her flourishing shall not be extended, for Israel was promised*: "(Jer. 29:10) *When seventy years of Babylon are over, I will remember you. And that remembering will be through Cyrus king of Persia, who will take the kingdom from Babylon after Darius the Mede, for they both, Media and Persia, joined over it*, i.e. over Babylon, *and stipulated between themselves, if the kings are from us, the governors are from you.*—[*Rashi* from *Meg.* 12a]

21. And martens shall dwell there, and their houses shall be filled with ferrets, and ostriches shall dwell there, and satyrs shall dance there. 22. And cats shall dwell in his palaces, and serpents in the temples of pleasure, and her time is soon coming, and her days shall not be extended.

for there are many places in which the sound of the letter is substituted for the letter, and so, "(Job 35:11) *He teaches us* (מַלְּפֵנוּ) *from the beasts of the earth," like* מְאַלְּפֵנוּ, *and so,* "(Prov. 17:4) *A liar hearkens* (מֵזִין) *to a destructive tongue," like* מֵאֲזִין.—[*Rashi*]

21. **martens**—Heb. צִיִּים. *Jonathan translates*: תַּמְוָן, *identical with* נְמִיּוֹת found in the Talmud. (*martrines in O.F.*), martens. *Ibn Ganah* and *Ibn Ezra* derive its meaning from צִיָּה, *desolation,* hence, desert animals. *Kara* renders: monkeys.

ferrets—Heb. אֹחִים *I do not know what kind of animal they are.* [אֹחִים *is an expression of thorns, thistles, and briars.*]—[*Rashi*] *Parshandatha* comments that this passage is found only in a few manuscripts, in all of which it is bracketed indicating that it is a later addition.

Redak, in his commentary, and in *Sefer Hashorashim,* suggests that it is called *fuiron,* or *fuiret* in Provencal, a ferret.

Ibn Ganah identifies this with the marten.

Ibn Ezra comments that it is hapax legomenon. He conjectures that it may be a creature whose sight is terrifying, or a kind of bird. He gives no basis for either interpretation.

and satyrs—*demons.*—[*Rashi, Jonathan*] They would appear as goats to those who claimed to see them.—[*Redak*] See Leviticus 17:7.

22. **And cats shall dwell in his palaces**—Heb. וְעָנָה אִיִּים בְּאַלְמְנוֹתָיו. *And cats shall dwell in his palaces.* וְעָנָה *is similar to* "(Hosea 2:17) *And she shall dwell* (וְעָנְתָה) *there." Also* "(Nahum 2:13) And his dens (וּמְעוֹנוֹתָיו) *with what he had torn."* וְעָנָה *may also be interpreted as an expression of raising the voice.*—[*Rashi*] According to the second interpretation, we render: And cats shall howl in his palaces. *Ibn Ezra,* too, quotes both interpretations, *Redak* only the second one. *Jonathan,* too, explains it as singing.

Redak claims this is a beast of the desert. *Ibn Ezra* identifies it with אַיָּה, Leviticus 11:14, a kind of bird. *Redak* in *Shorashim* concurs with Ibn Ezra, identifying it as the magpie. *Ibn Ganah* derives it from אִי, an island, rendering: island creatures.

in his palaces—Heb. בְּאַלְמְנוֹתָיו. *Redak* in *Shorashim* interprets this as *his widows.* The desolate cities are referred to as widows, just as an inhabited land is compared to a married woman. Perhaps *Ibn Ezra* follows this interpretation.

and serpents—*shall dwell [or howl] in their temples of pleasure.*—[*Rashi*]

I.e., since the city will be desolate, it will become the habitat of beasts and birds.—[*Redak*]

and her time is coming—The time destined for the destruction of Baby-

יד א כִּי יְרַחֵם יְהוָה אֶת־יַעֲקֹב וּבָחַר עוֹד
בְּיִשְׂרָאֵל וְהִנִּיחָם עַל־אַדְמָתָם וְנִלְוָה
הַגֵּר עֲלֵיהֶם וְנִסְפְּחוּ עַל־בֵּית יַעֲקֹב:
ב וּלְקָחוּם עַמִּים וֶהֱבִיאוּם אֶל־מְקוֹמָם
וְהִתְנַחֲלוּם בֵּית־יִשְׂרָאֵל עַל אַדְמַת
יְהוָה לַעֲבָדִים וְלִשְׁפָחוֹת וְהָיוּ שֹׁבִים
לְשֹׁבֵיהֶם וְרָדוּ בְּנֹגְשֵׂיהֶם: ג וְהָיָה בְּיוֹם
הָנִיחַ יְהוָה לְךָ מֵעָצְבְּךָ וּמֵרָגְזֶךָ וּמִן

ת״א ונלוה הגר. יבמות מז קידושין ע: הממים בחירק

תרגום

תברה דבבל ויומהא לא
יתרחקון: א ארי ירחם
יי על דבית יעקב
ויתרעי עוד בישראל
וישרינון על ארעהון
ויתוספון גיורין עליהון
ויסתמכון על בית
יעקב: ב וידברינון
עממין ויובלונון
לארעהון ויחסנון בית
ישראל על ארע שכנתא
דיי לעבדין ולאמהן
ויהון שבין לשוביהון
ויפלחון במשעבדיהון:
ג ויהי ביומא דיניח יי
לך מצערך וממרותך
ומן

מהר״י קרא

את רוח כורש מלך פרס ויעבר קול במלכותו וגם במכתב לאמר מי בכם מכל עמו יהי ה׳ אלהיו עמו ויעל בירושלים: יד (ג) והיה ביום הניח ה׳ לך. בשוב ה׳ את שבית עמו מבבל:

רש״י

יד (א) כי ירחם ה׳ את יעקב. לשמור להם הבטחת גאולתם מיד בבל: ובחר עוד בישראל. לעתיד יגאלם גאולה שלימה: ונספחו. יתוספו וכן ספחני נא (שמואל א׳ ב׳) וכן מהסתפח בנחלת ה׳: (ב) והתנחלום. יהיו נוחלים מהם וכן והתנחלתם אותם (ויקרא כ״ה): ורדו. לשון רידוי ונגישה כמו לא תרדה בו (שם): (ג) ביום הניח ה׳ לך. לישראל הכתוב מדבר: מעצבך ומרגזך.

רד״ק

בבל קרוב לבא: וימיה. ימי שלותה לא ימשכו כי קצרים יהיו: (א) כי ירחם ה׳. בעבור שירחם ה׳ את יעקב יבא בקרוב עת חרבן בבל כי בחרבנה תהיה תשועת ישראל: והניחם. כתרגומו וישרינון: ונלוה הגר עליהם. יתחברו גרים אליהם לראותם כי בחרבן בבל תהיה תשועתם יודו כי בסבתם היה החרבן ההוא לפי שהרעו לישראל יותר מדאי כמו שאמר קצפתי על עמי וגו׳ לא שמת להם רחמים ומלך מדי ופרס שלקח בבל הודה כי מה׳ היתה לו כמו שאמר כל ממלכות הארץ נתן אלהים בידי וגו׳ ואמר מי בכם בכל עמו ויעל וגרים שנתגיירו אז בעלותם מבבל לא ראינו זה בכתוב ולא לקחום עמים וגו׳ אבל מצאנו שהיו להם שוטנים רבים בבנין ירושלים לפיכך הנכון בעיני בזה כי זה הפסוק יתפרש לשני פנים כי ירחם ה׳ את יעקב. עתה בגלות בבל ירחם עליהם ויוציאם מגלותם ובחר עוד בישראל בימי המשיח ואז ונלוה הגר עמם כמ״ש ונלוו גוים רבים אל ה׳ ביום ההוא וכמה פסוקים מורים על זה הענין ביאת המשיח בדברי הנביאים וכן ולקחום עמים כמ״ש והביאו את כל אחיכם מנחה לה׳ וכמה פסוקים מורים על זה: ונספחו. ויתחברו כמו ספחני נא אל אחת הכהונות: (ב) ולקחום. והתנחלום. יתנחלו מהם הנחילם לבניהם אחריהם להיות להם לעבדים ו שפחות. כמ״ש ועמדו זרים ורעו צאנכם ובני נכר אכריכם וכורמיכם: (ג) והיה. אמר כנגד ישראל היושבים בגלות בבל ביום שהניח ה׳ מעצבך תשא המשל הזה והוא יום חרבן בבל: מעצבך. מצער הגלות: ומרגזך. המ״ם בחירק וכן מאחרי דוד מרדף אחרי ישראל: אשר עבד בך. אע״פ שמלת העבודה לשון נקבת

אבן עזרא

יד (א) כי. כאשר נלכדה בבל אז שלח כורש הגולה: ונספחו. ונתחברו כמו ספחני נא: (ב) ולקחום. הטעם כאשר יראו העמים שכורש יכבד לישראל יבקשו להיותם עבדים לישראל: (ג) והיה. כ״ף מעלבך עם יהודה

מצודת ציון

יד (א) והניחם. תרגומו וישרינון: ונלוה. ענין חבור כמו כי לוית חן (משלי א׳): ונספחו. ענין אסיפה וקבוץ כמו תחת חרול יספחו (איוב ל׳): (ב) והתנחלום. כמו ונחלו: שובים. מלשון שבי: ורדו. ענין ממשלה כמו וירד מיעקב (במדבר כ״ד): (ג) ומרגזך. ענין תנועת החרדה כמו ותחתי ארגז (חבקוק ג׳):

מצודת דוד

יד (א) כי ירחם ה׳. חוזר למעלה לומר לזה יקרב עת קץ בבל כי ירחם וגו׳ ובחורבן בבל תהיה תשועה לישראל: ובחר עוד. כלומר ותקטן עוד זאת בעיני ה׳ כי עוד יבחר בכל ישראל בימי המשיח ותהיה גאולה שלימה ואת כולם יניח על אדמתם: ונלוה. יתחברו גרים עליהם: ונספחו וגו׳. כפל הדבר במ״ש: (ב) ולקחום. העמים יקחו את ישראל והביאום אל מקומם: והתנחלום. בית ישראל ינחלו מהם בהיותם על אדמתם להיות להם לעבדים ולשפחו׳: והיו שובים. הם ישבו את האומות אשר שבו אותם מאז: ורדו. ימשלו באותם שעבדו אתם לעבודה: (ג) והיה ביום. חוזר הוא על מפלת בבל: הניח ה׳. שיתן לך מנוחה ממה שהיית עד הנה בעלב

on. Comp. "(I Sam. 2:36) *Take me now into . . .* (סְפָחֵנִי)" *and also*: "(ibid. 27:19) *From cleaving to the Lord's heritage* (מֵהִסְתַּפֵּחַ)." — [*Rashi*]

and rule—Heb. וְרָדוּ, *an expression of ruling and dominating, as*: "(ibid. *You shall not rule over him* (תִרְדֶּה)." — [*Rashi*]

Redak points out that this passage and the preceding one have parallels in Scripture, dealing with Messianic times, e.g. (Zech. 2:15) And many nations shall join the Lord on that day, and they shall be to Me as a people." Also, "(Isa. 61:5) And strangers shall stand and pasture

14

1. For the Lord shall have mercy on Jacob and again choose
Israel, and He shall place them on their soil, and the strangers
shall accompany them and join the House of Jacob. 2. And
peoples shall take them and bring them to their place, and the
House of Israel shall inherit them on the soil of the Lord, for
slaves and maidservants, and they shall be captors to their
captors and rule over those who dominate over them. 3. And it
shall come to pass on the day the Lord allows you to rest from
your sorrow and from your shuddering, and from

1. **For the Lord shall have mercy on Jacob**—*to keep for them the promise of their redemption from Babylonia.* [*Rashi*]

Since the Lord will have mercy on Jacob, the destruction of Babylon will soon come about, for with her destruction, will come the salvation of Israel. [*Redak*]

and again choose Israel—*in the future, He shall redeem them with a complete redemption.* [*Rashi*]

Redak, too, explains this verse as alluding to the two redemptions, the redemption from Babylonian exile, and the ultimate Messianic redemption from the exile of Edom. Those passages that were not fulfilled in the Second Commonwealth, will be fulfilled in the Messianic era. *Abarbanel* maintains that this chapter deals only with the downfall of Babylonia and is not connected to the future redemption. As we will see, he explains the entire chapter in this context. *Malbim* explains that, indeed, this chapter was intended for the return from Babylonian exile, which was to be the final redemption. Because the people did not merit the complete redemption at the time, it was postponed for later times, as our Sages teach us in *Ber.* 4a, that the redemption from Babylonia should have been equal to the redemption from Egypt. Since the people did not merit it, however, they were again subjugated, this time to the kings of Persia and Media.

He explains the repetition as alluding to two types of redemptions, one to a people unworthy of being redeemed, but receiving God's mercy and grace, and one for a people worthy of redemption, who do not require God's mercy. As it is known, the simple people are called Jacob, whereas the pious and scholarly are called Israel. The prophet states: For the Lord shall have mercy on Jacob; i.e., He shall redeem the unworthy with mercy, and again choose Israel; i.e., choose the worthy who are to be redeemed because of their own merit, without God's mercy and grace.

and join—*And they shall be added*

הָעֲבֹדָה הַקָּשָׁה אֲשֶׁר עֻבַּד־בָּךְ׃
ד וְנָשָׂאתָ הַמָּשָׁל הַזֶּה עַל־מֶלֶךְ בָּבֶל
וְאָמָרְתָּ אֵיךְ שָׁבַת נֹגֵשׂ שָׁבְתָה
מַדְהֵבָה׃ ה שָׁבַר יְהוָה מַטֵּה רְשָׁעִים
שֵׁבֶט מֹשְׁלִים׃ ו מַכֶּה עַמִּים בְּעֶבְרָה
מַכַּת בִּלְתִּי סָרָה רֹדֶה בָאַף גּוֹיִם מֻרְדָּף
בְּלִי חָשָׂךְ׃ ז נָחָה שָׁקְטָה כָּל־הָאָרֶץ

וּמִן פּוּלְחָנָא קַשְׁיָא
דְאִתְפְּלַח בָּךְ׃ ד וְתִטּוֹל
מַתְלָא הָדֵין עַל מַלְכָּא
דְבָבֶל וְתֵימַר אֵיכְדֵין
בְּטֵילַת מָרְוַת מְשַׁעְבְּדָנָא
סָף תְּקוֹף חַיָּבָא׃ ה תְּבַר
יְיָ תְּקוֹף רַשִׁיעִין שׁוּלְטַן
חַיָּבִין׃ ו דַהֲוָה מָחֵי
עַמְמִין בִּתְקוֹף מְחָא דִי
לָא פְסִיק מַפְלַח בִּתְקוֹף
עַמְמִין מַפְלַח וְלָא מְנָע׃
ז נְחַת שְׁדוֹכַת כָּל אַרְעָא
יבעו

ת"א שבת נוגש. שבת קמט: שבר ה'. שבת קלט (מגלה יב):

רש"י

שעילבך והרגיזך מלך בבל וכרחותך מפלתו ינוח לך כי תלא הפשי: (ד) מדהבה. ל' מרבית גאוה ומשא ככד ורבותינו דרשו האומרים מדוד והבא: (ה) שבר ה' מטה רשעים. שהיה מכה עמים בעברה: (ו) מורדף בלי חשך. מורדף כל גוי וגוי על ידו בלי השך עצמו מרדוף ומדלוק אחר כל אומה ואומה: (ז) פצחו רנה. זאת הרנה

מהר"י קרא

(ד) ונשאת המשל הזה על מלך בבל ואמרת איך שבת נוגש שבתה מדהבה. מלכית שראה אותה דניאל ראשה של זהב. הה"ד רישיה דדהבא. ד"א אומה האומרת מדוד והבא: (ו) מכה עמים בעברה מכת בלתי סרה. אין לך רפואה למי שהית

אבן עזרא

ידכר: מעצבך. בגוף: ומרגזך. בלב: (ד) ונשאת. מדהבה. תרגום זהב וכן בלשון קדר והטעם זהב המ"ס: (ה) שבר. מטה רשעים. רמז למלכות וכן שבט כי המלך כרועה והעם כלאן: (ו) מכה. מכת. סמוך ויחסר יד וכמוהו השותים במזרקי יין: מרדף. פעול מהבנין הכבד הנוסף וטעם מורדף רודה במורדף בלי חשך ויתכן היות מורדף פעול בטעם: (ז) נחה. כמות מלך בבל:

רד"ק

אמר עבד ל' זכר. ר"ל על ענין עבודה וכן יעשה מלאכת והדומים להם: (ד) ונשאת המשל. משל הוא הדבר שאינו מובן כמשמעו וכן בזה: מדהבה. כמה שבט גם ברושים ארזי לבנון ופי' מדהבה מתרגם זהב דהבא והוא תאר לבבל שהיתה בעלת הזהב שהיתה לוקחת מס מכל הארצות וי"ת סף תקוף חיבא: (ה) שבר. מטה ושבט משל על החוזק והממשלה. רשעים מושלים אמר על נבוכדנצר ועל אויל מרודך ועל בלשצר: (ו) מכה. אומר על נבוכדנצר ולפי שהוא היה תחלת הממשלת והוא כבש כל הארצות אמר זה הענין עליו כי בניו אף על פי שאבדו אותם כל הגוים הם לא לקחו להם דבר אלא מה שהניח להם אביהם בעברה שלא היה לו חמלה עליהם: מכת בלתי סרה. התי"ו במקום ה"א כי אינו סמוך וכן חכמת ודעת שפעת אני רואה והדומים להם כמו שכתבנו בס' מכלל. אמר כי אני רואה מכל מכתו לא היתה סרה מכל העמים אלא תמיד היה מכה אותם: רודה באף. והיה רודה בהם באף ובחימה. ובי"ת באף קמוצה מורה על ה"א הידיעה. ר"ל האף הידוע לי למלך בבל: מורדף בלי חשך. כל גוי וגוי מורדף מפניו בלי חשך ולא מנע מלרדפו אלא תמיד הוא מורדף מפניו לא יתן לו מנוחה: (ז) נחה. ועתה במות בן בנו וסרה ממשלת הרשע נבוכדנצר נחה שקטה כל הארץ ופצחו רנה ואמר דברים כנגד

מצודת דוד

וברוגז: ומן העבודה. ויהיה לך מנוחה מן העבודה הקשה אשר מלך בבל עבד בך: (ד) ונשאת. תרים קול לדבר המשל הזה וגו': שבת נוגש. נתבטל הנוגש לעבוד עבודה: שבתה. נתבטלה העדה המוזהבת ר"ל העשירות בעלת מרבית הזהב: (ה) מטה רשעים. ר"ל העם שהיו מכים בעכו"ם כמטה הזה: שבט וגו'. כפל הדבר במ"ש: (ו) בעברה. בחרון אף: מכת בלתי סרה. הכה מכה מתמדת שלא תסור מן המוכה: רודה באף גוים וגו'. ר"ל על כי הוא משל על העכו"ם באף ובחימה שפוכה לכן היה הוא מורדף מבלי מניעה כי היה מורדף עד לכלה: (ז) נחה. הנה עתה במפלתו

מצודת ציון

(ד) שבתה. ענין בטול כמו יהם הם שבת (לקמן ל'): מדהבה. תרגום של זהב הוא דהבא וכן נאמר ביה אנת ראשה די דהבא (דניאל ב'): (ו) רודה. ענין ממשלה: חשך. ענין מניעה כמו ולא חשכת (בראשית כ"ב): (ז) נחה שקטה. פתרון אחד להם וכפל המלה בשמות נרדפים כמו אדמת עפר (דניאל י"ב) והדומים: פצחו. ענין פתחון פה והרמת קול שמחה וכן פצחי רנה וצהלי (לק' כ"ד):

tian exegetes follow *Ibn Ezra* in their translation of this verse. He suggests further that the dominator is Nebuchadnezzar, and the *madhebah* is the golden kingdom of Babylon, given this appellation because of its fabulous wealth. *Redak* combines both interpretations: Babylon became the golden kingdom because it exacted gold from all the nations.

5. **The Lord has broken the staff of the wicked**—*For he would smite peoples with wrath.* — [*Rashi*]

the staff—Symbolic of the kingdom. So is the rod. The king is like a shepherd and the people like the flock.—[*Ibn Ezra*]

Alternatively, the rod and the staff symbolize power and dominion.—[*Redak*]

the hard work that you were made to serve. 4. And you shall bear this parable against the king of Babylon, and you shall say, "How has the dominator ceased, has ceased the haughty one!
5. The Lord has broken the staff of the wicked, the rod of the rulers. 6. Who would smite peoples with wrath, incessant blows, ruling nations with anger, pursued without relenting.
7. 'All the land rested, became tranquil,' they opened [their mouth] in song.

your flocks, and foreigners shall be your farmers and your vine-dressers." — [*Redak*]

Malbim explains that prior to the redemption, many gentiles will convert to Judaism. After the redemption, however, no more proselytes will be accepted. Then the gentiles will become subservient to Israel and become their slaves.

Abarbanel claims that the entire prophecy deals with Babylonia, and that many of them were slaves during the Second Commonwealth. Also, it is known that Hyrcanus the king of Judea converted many Idumeans to Judaism and circumcized them.

Ibn Ezra, too, subscribes to that theory, explaining that, when the peoples see that Cyrus honors Israel, they will yearn to become slaves of the Jews.

3. **on the day the Lord allows you to rest**—*Scripture is addressing Israel.* [*Rashi*]

Redak is more explicit: He is addressing the Jews living in the Babylonian exile.

from your sorrow and from your shuddering — *which the king of Babylon saddened you and caused you to shudder, and when you see his downfall, you will be eased, since you will go out free.* [*Rashi*]

Ibn Ezra explains it as meaning the hardship inflicted on the body and the shuddering of the heart.

4. **parable**—A statement not to be understood in its simple sense. Here too, the haughty one, the staff and the rod, the sycamores, and the cedars of Lebanaon. — [*Redak*]

the haughty one—Heb. מַדְהֵבָה. *An expression of an excess of haughtiness and a heavy burden. Our Rabbis, however, expound it as: those who say, "Measure and bring."* [*Rashi* from *Shab.* 149b]

Rashi explains it according to the context without etymological basis. — [*Abarbanel*] The Rabbis explain it as the kingdom of Babylon, which demanded tribute from all nations. מַדְהֵבָה is a contradiction of מְדֹד וְהָבֵא.

Other exegetes adopt the Rabbinic interpretation, that the prophet scorns Babylon, who, previously forced all the nations to pay tribute. They derive the word differently, however. The root of the word is דְהַב, the Aramaic and Arabic form of זָהָב, gold. They, therefore, render: the exactress of gold. — [*Ibn Ezra*]

Abarbanel relates that the Chris-

פִּצְחוּ רִנָּה׃ ח גַּם־בְּרוֹשִׁים שָׂמְחוּ לְךָ
אַרְזֵי לְבָנוֹן מֵאָז שָׁכַבְתָּ לֹא־יַעֲלֶה
הַכֹּרֵת עָלֵינוּ׃ ט שְׁאוֹל מִתַּחַת רָגְזָה לְךָ
לִקְרַאת בּוֹאֶךָ עוֹרֵר לְךָ רְפָאִים כָּל־
עַתּוּדֵי אָרֶץ* הֵקִים מִכִּסְאוֹתָם כֹּל מַלְכֵי
גוֹיִם׃ י כֻּלָּם יַעֲנוּ וְיֹאמְרוּ אֵלֶיךָ גַּם־אַתָּה

* קמץ בז״ק

תרגום

יַבְעוּ תּוּשְׁבְּחָא: ח אַף שִׁלְטוֹנִין חֲדִיאוּ עֲלָךְ עַתִּירֵי נִכְסַיָא אָמְרִין מֵעִידָן דִשְׁכֵיבְתָּא לָא סְלִיק מְחַבְּלָא עֲלָנָא: ט שְׁאוֹל מִלְרַע זָעַת לָךְ לְקָדָמוּת מֵיתָךְ אֲעִירַת לָךְ גִּבָּרִין כָּל עַתִּירֵי נִכְסַיָא אֲקִימוּ מִכּוּרְסְוָתְהוֹן כָּל מַלְכֵי עַמְמַיָא: י כּוּלְהוֹן יְתִיבוּן וְיֵימְרוּן לָךְ אַף

רש״י

פלחו נחה שקטה כל הארץ: (ח) גם ברושים שמחו. אף שלטונין חדיאו שמחו על מפלתך: (ט) לקראת בואך. כשתרד לגיהנם ומה היא הרגזה לעורר לקראתך: רפאים. ענקים השוכבים שם: כל עתודי ארץ. כל מלכי העכו״ם השרים והשרות הכתוב מושלם לפרים ולפרות ולעתודים כמו (תהלים כ״ב) כי סבבוני פרים וכמו (עמוס ד׳) פרות הבשן אשר בשומרון וכאן מושלם לעתודים: הקים. השליך: מכסאותם. שבגיהנם כל מלכי גוים: (י) גם אתה חלית כמוני. תמיהים אנו איך באת עליך רעה שגם אתה

מהר״י קרא

מכה לא נמצא שחוק בפי כל בריה דכתיב נחה שקטה [כל] הארץ פצחו רינה מיכלל דעד השתא לא הוה רינה: (ח) גם ברושים שמחו לך. בתחילה לא היה ארזים בבבל אלא בארץ ישראל עד שפקדן אותו רשע ושתלן בבבל. ולפי פשוטו ברושים אלו השרים והשלטונים: ארזי לבנון. הם מלכי ארץ: מאז שכבת. מיום שמת ולא נשא גוי אל גוי חרב: (ט) שאול מתחת רגזה לך. כל עתודי ארץ. הם אבירי ארץ שמטילין חרב בכל מקום כמו לאלים ולעתודים כמד״א חרב לה׳ מלאה דם הודשנה מחלב מדם כרים ועתודים מחלב כליות אילים: (י) כולם יענו. אמר רב יהודה אמר רב בשעה שירד אותו רשע לגיהנם רעשו כל יושבי גיהנם לקראתו. אמרו לו חולית כמונו ירדת או למשול עלינו. שנאמר גם אתה חולית כמונו אלינו נמשלת בל יעלו יורדי שאול כשתרד גם אתה ותשכבה את ער׳ יורדי שאול. אתה שאתה מרגיז הארץ ומרעיש ממלכות. אתה שנתת חתיתך בארח החיים. עכשיו אני

אבן עזרא

פצחו׳. בלשון קדר דבר לחות: (ח) גם. הטעם שהיה מלוה לכרות הברושים והארזים לבנות מגור וסוללה: (ט) שאול. לשון זכר ונקבה והנה רגזה גם עורר: רפאים. הם המתים. ויתכן היות האל״ף תחת ה״א רפה: עתודי ארץ. הם המלכים כטעם או תיש: הקים מכסאותם. היו קמים כאילו היו חיים ויתכן היות מנהג הבבליים לשום כסאות בקברי המלכי׳: (י) כלם. אילו יכלו לדבר היו אומרי׳

רד״ק

נבוכדנצר כאלו מת הוא ביום ההוא: (ח) גם ברושים. לפי שאמר נחה שקטה כל הארץ והוא אומר על עם הארץ שהיו תחת עבודתו והיו בצרה לפיכך אמר גם ברושים והוא משל על המלכים וכן ארזי הלבנון אמר שגם המלכים שמחו באבוד מלכותו וממשלתו. כלומר אפי׳ המלכים והשרים שאין נותנים עליהם עבודה כמו על עם הארץ אפי׳ הם שמחו לו באבודו כי במות בן בנו אבדה ממשלתו: לא יעלה הכורת עלינו. לפי שהמשיל הגדולים לברושים ולארזים אמר גם כן הכורת דרך משל. ואמר מאז שכבת. כלומר מעת שבת נבוכדנצר כי אע״פ שעבדו העכו״ם את בנו ואת בן בנו לא היו מצירין להם אלא שהיו נותנים להם מס. אבל נבוכדנצר היה הורגם ונותנם בבית האסורים ומעבידן עבודות קשות: (ט) שאול מתחת. החיים שמתו והמתים רגזו ופחדו על דרך משל לפי שהיה מחריד כל העולם בחייו אמר כי המתים יפחדו שלא יחרידם במותו והוא על דרך משל מרוב החרידו כל העולם אמר בדרך הפלגה כי המתים חרדו ופחדו בבואו אליהם ושאול בזה הפסוק זכר ונקבה כמו שאמר רגזה ואמר עורר אמר עד״מ כי השאול העיר המתים הגדולים לצאת לקראתך במותך וכאלו המלכים בקברם בכסאותם כמו בחייהם והשאול הקים אותם לקראתך: רפאים. מתים וכן רפאים בל יקומו. אם רפאים יקומו. וי״ת גברין כלומר הגדולים והגבורים המתים: עורר לך. עתודי ארץ. המלכים נקראים עתידים דרך משל כמו שהעתודים מנהיגים הצאן והולכים לפניהם כמו שאמר כעתודים לפני צאן כן המלכים מנהיגים העם: (י) כלם יענו. יענו התחלת הדיבור כמו וענית ואמרת ויען איוב הראשון: גם אתה. ואע״פ שבחיים היית מושל על כולנו עתה נראה שגם אתה חלית כמונו וקרך מקרה המות

מצודת דוד

שקטה הארץ ואנשיה פצחו רנה: (ח) גם ברושים וגו׳. הוא משל על השרים והשלטונים: מאז. יאמרו בשמחתם הנה מאז שמת נ״נ לא יעלה עוד הכורת עלינו ולפי שהמשיל אותם לברושים וארזים אמר לשון הנופל בהם: (ט) שאול מתחת. בני שאול אשר מתחת לארץ חרדו לקראת בואך שמה והוא ענין מליצה והפלגה כאלו יפחדו ממנו גם שמה: עורר לך. השאול הקיץ בעבורך את המתים מן העתודים הם השרים המנהיגים את העם כעתודים ההולכים בראש העדר: הקים. השאול הקים כל המלכים מכסאותם לצאת לקראתך וענין מליצה הוא: (י) כולם יענו. כולם ירימו קול ויאמרו אליך גם אתה עם רוב ממשלתך הנה נעשית חולה במכאובי המיתה ויסורי

מצודת ציון

(ט) שאול. גיהנם: רגזה. ענין תנועת החרדה: עורר. מלשון התעוררות והקיצה: רפאים. כן נקראים המתים כי נרפו ונחלשו על ידי המיתה: (י) יענו. ענין הרמת קול כמו וענו הלוים וגו׳

Alternatively, heroes. — [*Jonathan*]

all the chiefs of the earth—lit. the he-goats—*All the kings of the nations, the princes, and the princesses, are compared by Scripture, to bulls, to cows, and to he-goats. Comp.* "(Psalms 22:13) *Bulls surrounded me." Also:* "(Amos 4:1) *The cows of the Bashan that were on Mt. Shomron," and here he compares them to he-goats.* — [*Rashi, Ibn Ezra*]

Redak points out that these are the he-goats that lead the flock. Hence, those of royal status.

8. Box trees, too, rejoiced at you, the cedars of the Lebanon;
'Since you were laid low, the cutter will not come upon us.'
9. Gehinnom from beneath quaked for you, toward your
arrival; it aroused for you the giants, all the chiefs of the earth;
it caused all the kings of the nations to rise from their thrones.
10. All of them shall speak up and say to you, 'Have you too

Wicked—Nebuchadnezzar, Evil-merodach, and Belshazzar. —[*Redak*]

6. **pursued without relenting**—*Every nation was pursued by him without his relenting from pursuing and chasing each nation.* — [*Rashi*]

7. **opened [their mouth] in song**—*This is the song they recited, "All the land rested, became tranquil.* —[*Rashi*]

Others explain: Now that the grandson of Nebuchadnezzar has died, and the dominion of the wicked Nebuchadnezzar has been abolished, all the land has rested and become tranquil, and its inhabitants have opened their mouths in song. He speaks of Nebuchadnezzar as if he died on that day. — [*Redak*]

8. **Box trees**—According to *Redak, Shorashim. Ibn Ganah* regards it as a species of cedar.

This may be taken literally. Now that Nebuchadnezzar has died, the trees will be spared from being felled for military purposes. — [*Ibn Ezra*]

Rabbi Joseph Kara explains that Nebuchadnezzar introduced cedars into Babylon. They had heretofore been planted only in the Holy Land. Other exegetes explain this passage figuratively. *Rashi,* explaining *Jonathan,* comments: *Rulers, too, rejoiced; i.e., they rejoiced at your downfall.* — [*Rashi*]

the cedars of the Lebanon—Those wealthy with property. — [*Jonathan*]

Kara suggests that the box trees were the minor potentates and the cedars the kings.

Even the kings and the rulers who did no manual labor, rejoiced at his death, for when his grandson would die, the dynasty would terminate. — [*Redak*]

since you were laid low—Since Nebuchadnezzar died, the kings rejoiced. Even though they still paid tribute to his son and grandson, these two did not oppress them like Nebuchadnezzar, who would kill them, or imprison them and force them to perform hard labor. — [*Redak*]

9. **Gehinnom from beneath quaked for you**—The prophet states figuratively, that, just as the kings lived in dread of Nebuchadnezzar during his lifetime, those who died before him, quaked at his arrival in the nether world, fearing his oppression there as well. — [*Redak*]

toward your arrival—*When you decend to Gehinnom, and what is the quaking? To arouse toward you . . .* [*Rashi*]

giants—Heb. רְפָאִים, *the giants lying there.* — [*Rashi*]

Others render: the dead. — [*Ibn Ezra, Redak*]

חֻלֵּיתָ כָמוֹנוּ אֵלֵינוּ נִמְשָׁלְתָּ׃ יא הוּרַד
שְׁאוֹל גְּאוֹנֶךָ הֶמְיַת נְבָלֶיךָ תַּחְתֶּיךָ
יֻצַּע רִמָּה וּמְכַסֶּיךָ תּוֹלֵעָה׃ יב אֵיךְ
נָפַלְתָּ מִשָּׁמַיִם הֵילֵל בֶּן־שָׁחַר נִגְדַּעְתָּ
לָאָרֶץ חוֹלֵשׁ עַל־גּוֹיִם׃ יג וְאַתָּה אָמַרְתָּ
בִלְבָבְךָ הַשָּׁמַיִם אֶעֱלֶה מִמַּעַל לְכוֹכְבֵי־

אַתְּ מְרַעֲתָא כְוָתַנָא לָנָא
דְמִיתָא : יא אִתְּחֲתַת
לִשְׁאוֹל יְקָרָךְ אִתְרְגוּשַׁת
תּוּשְׁבְּחַת זְמָרָךְ תְּחוֹתָךְ
יְשׁוּוֹן רִמָּה וְעִיל מִנָּךְ
רִיחֲשָׁא : יב אֵיכְדֵין
אִתְרְכֵינְתָּא מִן רוּמָא
דַהֲוֵיתָא זִיוְתָן בְּגוֹ בְּנֵי
אֱנָשָׁא כְּכוֹכַב נוֹגְהָא
בֵּין כּוֹכְבַיָא אִתְרַמֵישְׁתָּא
לְאַרְעָא דַהֲוֵיתָא קְטוֹל
בְּעַמְמַיָא : יג וְאַתְּ

רש"י

נחלית להיות כמונו למות: (יא) המית נבליך. נבלים וכנורות שהיו מזמרים לפניך ויש לפתור המית נבליך המית בני נבל עושה נבלה שבחיילותיך ומדומה אני שבמסור' הגדול' היכר את זה ואת זמרת נבליך (עמוס ה') באל"ף בית של ב' לשונות: (יב) הילל בן שחר. כוכב הנוגה המאיר אור ככוכב הבוקר זו הקינה על שרה של בבל נאמרה שיפול משמים: נגדעת לארץ. אתה נבוכדנצר שהיית חולש על גוים. מטיל גורל עליהם על המלכים מי מהם ישרתך ביום פלוני ומי ביום פלוני ורבותינו דרשוהו שהיה מטיל גורל על המלכים למשכב זכור: (יג) ממעל לכוכבי אל. ישראל:

מהר"י קרא

רואים שחולית כמונו. לשון חולי נעשית חולה: (יא) הורד שאול גאונך המית. שאון: נבליך. כמו נבל וכנור: (יב) איך נפלת משמים הילל בן שחר. כמו בן בליעל בן מות בן שמן. וזה פת' איך נפלת משמים שהיית נאה בין בני אדם ככוכב הנוגה בין הכוכבים. חולש אתה על גוים. כמו ויחלוש יהושע. ויש פיתרין המפיל גורלות על הגוים איזה מהם ילך לכבוש: (יג) ואתה אמרת בלבך השמים אעלה [וגו'] ואשב בהר. שעולים בו

אבן עזרא

כן: **חלית.** מגזרת מחלה: (יא) **הורד. יצע.** יתכן היותו פועל עבר כמו אשר ילד לו ויתכן היותו עתיד תחת עבר ובא על דרך לשון זכר כמו ולוקח מהם קללה והיא דרך להות וככה בלשון קדר וכן ומכסך והוא פועל: (יב) **איך. הילל.** הקרוב אל הדעת שהוא כוכב נוגה והעד בן שחר שהוא נראה קרוב מעלות השחר בימים ידועים ואין בכוכבי' ובצבא השמים כולו כוכב מאיר למראה העין כמוהו על כן נקרא הילל מגזרת לא יהלו אורם: **חולש.** כמו ויחלש יהושע ויש אומר מפיל גורלות כטעם קלקל בחצים: (יג) **ואתה. השמים אעלה.** רמז לגבהות הלב: **ואשב**

רד"ק

כמו שקרה לנו. וחלית מבנין שלא נזכר שם פעלו כמו אשר חלה ה' בה: (יא) הורד שאול גאונך. שהיית מתגאה ומדכת בעצמך שאתה כמו אל לפי שהיית מושל על כל העמים ועתה נראה שהורד שאול אותו הגאון והנך מת כאחד העם: המית נבליך. שהיה נשמע בביתך קול המיית נבלים וכנורות ועתה הורד שאול עמך. כי פסקו אותם השמחות: תחתיך. ועתה הנה תחת המצעים היקרים והמכסים הנכבדים שהיו לך בחייך עתה במותך הם רמה ותולעה ואמר יצע ומכסיך שהוא לשון זכר ואע"פ שרמה ותולעה לשון נקבה לפי שרמה ותולעה הוא דרך כלל על רבים מן התולעים וכשידבר דרך כלל ידבר פעמים לשון זכר ופעמים לשון נקבה כמו ומכסך תולע לשון זכר ורמה תכסה על ידם לשון נקבה וכן ותהיה הכנם ותעל הצפרדע: (יב) איך נפלת. כי היית בחייך כמו ככב השמים ולא כל ככב אלא ככב המגיה אורו הרבה והוא ככב השחר והוא הנקרא הילל מענין בהלו נרו עלי ראשי ועתה איך נפלת משמים לארץ ונגדעת והנה בחייך היית חולש על גוים ועתה נחלשת ונגדעת: חולש. כמו ויחלש יהושע ועל במקום בי"ת השמוש כאלו אמר חולש בגוים וכת"י וכמו זה ועל חרבך תחיה כמו בחרבך ונתת אותם על סל אחד כמו בסל ורז"ל פי' כי חולש מפיל גורל כמו שאמר מטילים חלשים על הקדשים בי"ט אבל לא על המנות ואמר מאי משמע דהאי חלשים לישנא דפוריא היא דכתיב חולש על גוים והוא שאמר כי עמד מלך בבל על אם הדרך וגו' ואמר קלקל בחצים שאל בתרפים ראה בכבד. ואמר בימינו היה הקסם בירושלם הנה שהיה מפיל גורלות באיזה עם ילחם כי כלם היו לפניו לעשות בהם כרצונו ובבואו ירושלים הטיל גורל אם ילך לרבת בני עמון או לירושלם: (יג) ואתה אמרת. בחייך היית חושב בלבבך מרוב הצלחה שיהיה לך היית חושב השמים אעלה דרך משל כלומר למעלה מכל בני אדם. וכת"י לרומא אסק: ממעל לכוכבי אל. ועוד ארים יותר גבוהה מכל הככבים על דרך משל. דמת

מצודת דוד

גיהנם כמונו: (יא) הורד. מה שהיית מתגאה עודך חי הנה הורד הגאוה אל השאול כי הנך כאחד העם: המית נבליך. קול המיית נבלים וכלי נגון שהיה נשמע בביתך הנה גם היא ירדה שאולה כי פסקו אותן השמחות: תחתיך. הרמה היה לך למצע והתולעה למכסה ממעל: (יב) משמים. ר"ל מרום המעלה והממשלה: הילל בן שחר. אתה כ"כ אשר היית דומה לכוכב הבוקר שמאיר ביותר: נגדעת. נכרתה לנפול בארץ אתה המטיל גורלות על האומות על מי ילך להלחם כמ"ש כי עמד מלך בבל וגו' לקסם קסם וגו' (יחזקאל כ"א): (יג) השמים אעלה. ר"ל אעלה במעלה רמה למשול על כולם עד ימי עולם: ממעל וגו'. כפל הדבר במ"ש: בהר מועד. הוא הר ציון כי שם היו נועדים כל ישראל והשכינה עמהם: בירכתי

מצודת ציון

קול רם (דברים כ"ז): חלית. מלשון חולה: נמשלת. ענין דמיון והשואה: (יא) הורד. מלשון ירידה: המית. מל' המיה ושאון: נבליך. שם כלי זמר נבל: יצע. מלשון מצע המשכב: (יב) הילל. ענין אורה ונוגה כמו בהלו נרו (איוב כ"ט) ויקרא כן הכוכב השחר על כי הוא המאיר ביותר: נגדעת. ענין כריתה כמו שקמים גודעו (לעיל ט'): חולש. ענין גורל וכדרז"ל ומטילין חלשים על הקדשים

them would serve you on such and such a day, and who on such and such a day. Our Rabbis, however, expounded this to mean that he would cast lots on the kings for purposes of pederasty. — [*Rashi* from *Shab.* 149b]

Others interpret: who would slay among the nations. [*Jonathan,* also quoted by *Ibn Ezra* and *Redak*]

become weak like us? Have you become like us?' 11. Your
pride has been lowered into Gehinnom, the stirring of your
psalteries. Maggots are spread under you, and worms cover
you. 12. How have you fallen from heaven, Lucifer, the morn-
ing star? You have been cut down to earth, You who cast lots
on nations. 13. And you said to yourself, 'To the heavens will I
ascend, above God's stars

he caused to rise—I.e. *the messenger of Gehinnom* caused *all the kings of the nations* to rise *from their thrones.* [*Rashi* according to mss. and *Shem Ephraim*]

By announcing the arrival of Nebuchadnezzar, the messenger caused them to rise from their thrones. — [*Shem Ephraim*]

Perhaps *Rashi* inserts "the messenger" here to account for the masculine gender of the verb הֵקִים, unlike רָגְזָה at the beginning of the verse, which is in the feminine gender.

The prophet speaks figuratively, as though they were alive and were rising from their thrones. Perhaps the Babylonians were accustomed to place thrones in the tombs of their monarchs. — [*Ibn Ezra*]

10. **All of them**—were they able to speak, would say the following. — [*Ibn Ezra*]

Have you too become weak like us—*We are amazed how the misfortune has fallen upon you, that you too have become weak, to be like us, to die.* — [*Rashi*]

Although, during your lifetime, you ruled over all of us, now, it is apparent that you too have become weak like us and have experienced death as we have. — [*Redak*]

11. **Your pride has been lowered**—During your lifetime, you were very haughty. You even regarded yourself as a god. Now, that pride has been lowered to the grave, and you are like everyone. — [*Redak*]

the stirring of your psalteries—*The psalteries and harps that used to play before you. It is also possible to interpret,* "הֶמְיַת נְבָלֶיךָ" *as, the stirring of the wanton ones, who commit wanton acts, of your armies, and it seems to me that in the great Masorah, this was combined with* "(Amos 5:21) *The song of your psalteries," in the alephbeth of two meanings.* [*Rashi*] This supports the second interpretation, which distinguishes it from the passage in Amos. In certain mss., the second interpretation is absent.

under you—Instead of your luxurious bedding, which was spread under you and covered you, maggots are spread under you, and worms cover you. — [*Redak*]

12. **Lucifer, the morning star**—*This is Venus, which gives light as the morning star,* הֵילֵל being derived from יהל, to shed light. *This is the lamentation over the heavenly prince of Babylon, who will fall from heaven.* — [*Rashi*] See *Rashi* above 13:13.

You have been cut down to earth—*You, Nebuchadnezzar, who would cast lots on nations. You would cast lots on them, on the kings, who of*

אֵל אָרִים כִּסְאִי וְאֵשֵׁב בְּהַר־מוֹעֵד
בְּיַרְכְּתֵי צָפוֹן: יד אֶעֱלֶה עַל־בָּמֳתֵי עָב
אֶדַּמֶּה לְעֶלְיוֹן: טו אַךְ אֶל־שְׁאוֹל תּוּרָד
אֶל־יַרְכְּתֵי־בוֹר: טז רֹאֶיךָ אֵלֶיךָ יַשְׁגִּיחוּ
אֵלֶיךָ יִתְבּוֹנָנוּ הֲזֶה הָאִישׁ מַרְגִּיז הָאָרֶץ
מַרְעִישׁ מַמְלָכוֹת: יז שָׂם תֵּבֵל כַּמִּדְבָּר
ועריו

ת"א אדמה לעליון. פסחים לד חגיגה יג חולין פט:

תרגום

אמרת בלבך לרומא
אסק עיל מן עמיה
דאלהא אשוי כורסי
מלכותי ואתיב בטור
זמן בסיפי צפונא:
יד אסק עלוי כל עמא
אהי עילאי מכולהון:
טו ברם לשאול תתחת
לסיפי גוב בית אבדנא:
טז חזך עלך ידוקון בך
יסתכלון ויימרון הדין
גברא אזיע ארעא אצדי
מלכותא: יז שוי תבל

מהר"י קרא

ברגלים ובמועדות: בירכתי צפון. בבית המקדש ששוחטין את העולה בצפון: (יד) אעלה על במתי עב אדמה לעליון. על כולם. אמר רבן יוחנן בן זכאי מה תשובה השיבו בת קול לאותו רשע בשעה שאמר [אעלה] על במתי עב. אמר לו רשע בן בנו של נמרוד הרשע שהמריד כל העולם כולו עלי. כמה שנותיו של אדם שבעים שנה. והלא מן הארץ ועד הרקיע מהלך חמש מאות שנה וכן כל רקיע ורקיע ובין כל רקיע ורקיע כול'. ואתה אמרת אעלה על במתי עב: (טו) אך אל שאול. שמעמיק מכל גיהנם תורד: (טז) רואיך אליך ישגיחו. מי שראו אותך בעולם הזה בגדולתך ישגיחו כשתורד לשאול: אליך יתבוננו. כאדם שמשתומם על חבירו האתה זה. ישומו עליך לומר הזה האיש

רש"י

בהר מועד. הר שהכל מתועדים שם הוא הר ציון: **בירכתי צפון.** בעזרה מקום שנשחט בו ירך הצפוני כענין שנאמר (ויקרא א') על ירך המזבח צפונה: (יד) **אעלה על במתי עב.** איני כדאי לדור עם בני אדם אעשה לי עב קטנה באויר ואשב בה וי"ת אסיק עלוי כל עמא: (טז) **ישגיחו.** יביטו דרך חורין והרכין (אבוע"ר בלע"ז):

רד"ק

ישראל לכוכבי אל. ויפה פי': ואשב בהר מועד בירכתי צפון, הר מועד הוא הר ציון לפי שהיו נועדים שם כל ישראל תמיד נקרא הר מועד ואמר ירכתי צפון כי ציון לצפון ירושלים וכן אמר הר ציון ירכתי צפון. כלומר התפאר בעצמי שיכבוש ירושלים וישים כסאו בה וא"א ז"ל פי' הר מועד בירכתי צפון בבל. אמר כשאשב הר מועד בירכתי צפון אני חושב בעצמי כי ממעל לכוכבי אל ארים כסאי. וקורא בבל הר מועד לפי שכל העולם היו נועדים שם אל מלך בבל. וקראה הר לפי שהיתה עיר חזקה. וכן קראה ירכתי צפון כי היא צפונית מזרחית לישוב העולם: (יד) אעלה. כפל הענין לחזק ובמתי עב ר"ל השמים שהם ממעל לעבים: אדמה. מבנין התפעל ומשפטו אתדמה: (טו) אך אל שאול. תחת ממעל לכוכבי אל שהיית חושב תורד אל שאול. ותחת ירכתי צפון תורד אל ירכתי בור ובור הוא הקבר: (טז) רואיך. במותך אליך ישגיחו וההשגחה היא דקות הראות: (יז) שם תבל. גם זהו מדברי המתבוננים

אבן עזרא

בהר מועד. הוא הר ציון ונקרא כן שהוא מועד השם כמו שרפו כל מועדי אל והעד ירכתי צפון כי היתה ציון: (יד) **אעלה.** זה הפסוק דבק בבא אחריו אתה אמרת אעלה על במתי עב: **אדמה.** מבנין התפעל והתי"ו מבולע והעד דגושת המ"ם: (טז) **ראיך. ישגיחו.** כמו יביטו: **יתבוננו.** שילמדו בינה בעבורך: (יז) **שם תבל.** מקום

מצודת ציון

בי"ט (שבת קמ"ח): (יג) מועד. מלשון וועד ואסיפה כמו הנה המלכים נועדו (תהלים מ"ח): בירכתי. ענינו צד ועבר וכן ירך המזבח (ויקרא א'): (יד) במתי. גבהי וכן על במותימו תדרוך (דברים ל"ג): עב. ענן: אדמה. מלשון דמיון: (טו) ירכתי. ענינו סוף ותחתית וכן וירכתו על צידון (בראשית מ"ט): (טז) ישגיחו. ענין הבטה בכוונת הלב: יתבוננו. ענין הסתכלות בעיון רב כמו והתבונן אליו בבוקר (מ"א ג'): מרגיז. ענין תנועת הרעדה: (יז) תבל.

מצודת דוד

צפון. היא ציון שעומדת בצד צפון ירושלים וכפל הדבר במלות שונות: (יד) על במתי עב. על גבהי העב: אדמה לעליון. להיות כמוהו לשבת מופרד מבני אדם והוא ענין מליצה על מרבית הגאוה שהיה לו: (טו) אך. כלפי שאמר אעלה על במתי עב אמר לא כן יהיה אך תורד לשאול ולתחתית הבור: (טז) רואך. הרואים אותך בשאול יביטו אליך ויתבוננו להסתכל אליך בכוונת הלב ויאמרו היתכן שזהו האיש אשר היה מרגיז הארץ בחייו: (יז) שם תבל. מקום המיושבת שמם

humans and lived in the fields like the wild beasts for seven years, as in Daniel 4. Hence, the prophet predicts that, instead of elevating himself above all peoples, Nebuchadnezzar will be degraded and be driven away from people, to live among the beasts. He is described symbolically as being brought down to the nether world, to the bottom of the pit. He pictures everyone gazing at the "beast" who was once a king and who caused the earth to quake and wrought havoc among the kingdoms.

17. **Who made the land like a desert**—Heb. תֵּבֵל. This refers to the inhabited part of the earth. — [*Ibn Ezra*]

and his cities—His own cities he

will I raise my throne, and I will sit on the mount of the assem-
bly, in the farthest end of the north. 14. I will ascend above the
heights of the clouds; I will liken myself to the Most High.'
15. But into the nether world shall you be brought down, to the
bottom of the pit. 16. Those who see you shall look at you;
shall gaze earnestly at you, 'Is this the man who caused the
earth to quake, who wrought havoc among the kingdoms?
17. Who made the land like a desert,

You, Nebuchadnezzar, who, in your lifetime, were like a shining star in the heavens, how have you fallen? You, who would slay among the nations, how have you been cut down? — [*Redak*]

13. **To the heavens I will ascend**— This is an allusion to his arrogance. — [*Ibn Ezra*]

above the stars of God—*Israel.* — [*Rashi* from *Jonathan*]

on the mount of the assembly—*The mount where all assemble, i.e. Mount Zion.* — [*Rashi*]

in the farthest end of the north—*In the forecourt, the chosen place, the north side, as the matter is stated*: "(Lev. 1:11) *On the side of the altar to the north.*" — [*Rashi*]

Alternatively, he wished to place his throne in Zion, which is the northernmost part of Jerusalem. — [*Redak*]

Rabbi Joseph Kimchi explains that Nebuchadnezzar wished to place his throne in Babylon, which he calls the mount of assembly, since all peoples gathered there to do homage to the king of Babylon. He calls it a mountain because of its strength. It is called north because it was at the northeastern extremity of the civilized world. He imagined that when he would sit on his throne in Babylon, it would be as though he were sitting above the stars. — [*Redak*]

14. **I will ascend above the heights of the clouds**—*I am not fit to dwell with mortals. I will make myself a small cloud in the air and I will dwell there. Jonathan renders: I will ascend over all nations.* — [*Rashi*]

Alternatively, I will ascend into the heavens, *higher* than the clouds. — [*Redak*]

15. **But into the nether world shall you be brought down**—Instead of ascending above the stars, you will be brought down into the nether world. Instead of setting up your throne at the farthest end of the north, you will be brought down to the deepest end of the pit. — [*Redak*]

16. **shall look at you**—*They will look through holes and cracks, (aboater in O.F.)* — [*Rashi*]

Those who see you in death will scrutinize you. — [*Redak*]

shall gaze earnestly—*(Por panser in O.F.) To think of oneself.* — [*Rashi*]

Abarbanel interprets this passage as referring to Nebuchadnezzar when he was driven away from

וְעָרָיו הָרָס אֲסִירָיו לֹא־פָתַח בָּיְתָה׃
יח כָּל־מַלְכֵי גוֹיִם כֻּלָּם שָׁכְבוּ בְכָבוֹד
אִישׁ בְּבֵיתוֹ׃ יט וְאַתָּה הָשְׁלַכְתָּ מִקִּבְרְךָ
כְּנֵצֶר נִתְעָב לְבֻשׁ הֲרֻגִים מְטֹעֲנֵי חָרֶב

יורדי

כְּמַדְבְּרָא וְקִרְווֹהִי פַּגַּר
לַאֲסִירוֹהִי לָא פְּתַח
תַּרְעָא׃ יח כָּל מַלְכֵי
עַמְמַיָּא כּוּלְהוֹן שָׁכְבִין
בִּיקָר גְּבַר בְּבֵית
עָלְמֵיהּ׃ יט וְאַתְּ
אִתְרְכִיתְּנָא מִקִּבְרָךְ
כְּחֻטְּ טְמִיר חֲפֵי קְטִילִין

מטעני

ת"א מלכי גוים. שבת קמט: כנצר נתעב. סנהדרין מג:

רש"י

יתבוננו. (פורופנס"יר בלע"ז): (יז) **לא פתח ביתה.** לא פתח להם בית אסיריהם להוציאם כל ימי חייהם לפוטרם ללכת לביתם. כל תיבה שצריכה למ"ד בתחלתה הטיל לה ה"א בסופה: (יח) **איש בביתו.** בקברו וכן ת"י בבית עלמיה: (יט) **כנצר נתעב.** כיונק אילן הנתעב בעיני בעליו שחופר ומשרש ומוציאו כך השלכת מקברך. אמרו חכמים כשנעשה בהמה והיה ז' שנים המליכו עם הארץ את אויל מרודך וכשחזר למלכותו נטלו וחבשו בבית האסורין עד יום מותו כשמת הוציאו אויל מרודך מבית הסוהר להמליכו ולא קבל עליו אמר אם ישוב למלכותו יהרגני אמרו לו מת ונקבר ולא האמין עד שהוציאוהו מקברו וגיררוהו: **לבוש הרוגים מטועני חרב.** בלבוש מלוכלך כמו לבוש הרוגים: **מטועני חרב.** מדוקרי רמחים מדוקר בל' ערבי מוטען: **יורדי אל אבני בור.** אל עמקי בור מקום

מהר"י קרא

שירד עמנו לשאול אותו האיש שהיה מרגיז הארץ: (יז) אסיריו לא פתח ביתה. לא פתח הכלא: (יח) כל מלכי גוים [כולם] שכבו בכבוד איש בביתו. גבר בבית עלמיה: (יט) ואתה השלכת מקברך. שבתחילה כשנטרד מבני אדם שבע שנים נבוכדנצר. נטלו בלטשאצר בנו. והמליכו תחתיו. לסוף שבע שנים כשחזר נטל את בנו וחבש אותו בבית האסורין ולא היה יוצא משם לעולם. כשמת רצו להוציא את בנו מבית האסורין ולא קיבל. כי לא האמין שמת אביו עד שהוציאוהו מקבר וגררוהו לפניו כפגר מובס: לבוש הרוגים. כאדם שנהרג ונקבר בלבוש שנהרג וגופו מובס ומתגולל בדם שכן משפטי הגוים בלבוש שנהרג בו נקבר: מטעני חרב. פתר דונש מדוקרים בחרב. לא מצא לו דומה. אך לפי הענין פתר לו כן. וכן בלשון ערב שקורין

אבן עזרא

היישוב ולעולם זאת המלה בלשון נקבה רק במקום הזה ויש אומרים כי וי"ו ועריו שב אל מדבר או כי הרס ערי עמו: **לא פתח.** בית מאסרם: (יח) **כל. איש בביתו.** שהכין לעצמו והוא הקבר וכן אל בית עולמו: (יט) **ואתה.** הקדמונים אמרו כי אחרי מות נבוכדנצר נסחב מקברו כי היו אומרים אנשי ממלכתו שמא לא מת ועוד ישוב כאשר שב בראשונה גם זה נכון והאמת כי זה הפסוק על נבוכדנצר הוא כי הוא תחל' מלכות בבל על ישראל והעד הכינו לבניו מטבח: **כנצר.** סעיף: **מטועני חרב.** בלשון קדר כמו מדוקרים

רד"ק

בו. ויאמרו הזה הוא ששם תבל כמדבר. ותבל הוא שם לארץ המיושבת: לא פתח ביתה. לא פתח להם בית הסהר לעולם כיון שנתנם בבית האסורים לא הוציאם עוד משם: (יח) כל מלכי. איש בביתו. פי' איש בקברו וכן ת"י: (יט) ואתה השלכת מקברך. אמרו בשעה שנטרד נבוכדנצר והיה עם החיות שבעה שנים ועם הארץ המליכו אויל מרודך בנו. וכאשר שב נבוכדנצר לדעתו ושב אל היכלו אל בבל ומצא בנו יושב על כסאו נתנו בבית האסורים ולא יצא משם עד שמת נבוכדנצר והוציאוהו העם להמליכו והוא לא רצה למלוך אמר איני מאמין שמת ואם יבוא כמו שבא בפעם אחרת וימצאני יהרגני הוציאו אותו מקברו והראו לו שמת. על זה נאמר ואתה השלכת מקברך. נ"א בתרגום שתרגם שכבו בכבוד איש בביתו אתכנשו ביקר גבר בביתיה ותרגם ואתה השלכת מקברך ואת אתרכינת מאתרך וזה נוטה לדרך הפשט יותר ויתפרש איש בביתו כמשמעו. כלומר כל המלכים נחו בביתם בהיכליהם ואתה השלכת מקברך מביתך שהיית חושב שתהיה בו לזמן רב כמו שאדם בקבר והשלכת מתוכו כלומר שרוח רעה שעברה עליך מאת האל השליכה אותך מביתך והלכת לדור בין החיות: נצר נתעב. כשנוטע אדם נטועים ויש ביניהם שאינו מצליח עוקר אותו משרשיו ומשליכו וכן לבוש הרוגים שהוא מלוכלך בדם משליך אדם אותו כי כיון שהיא לבוש הרוג אין אדם חושש בו לרחצו וללבשו כי אין דרך בני אדם ללבשו כיון שהוא מהרוג ועוד שהוא מנוקב מדקרות החרב: מטועני חרב. הוא הרוגים וכפל הענין במ"ש לחזק

מצודת דוד

לשממה כמדבר: ועריו. אף ערי עמו הרס בעברתו: לא פתח ביתה. לא התיר אסיריו ללכת לביתו: (יח) איש בביתו. כל אחד שכב בכבוד בקברו: (יט) ואתה. אבל אתה נשלכת מקברך כמו שעוקרין ענף המתועב לזרקו להלן כי אחז"ל בשעה שנטרד נבוכדנצר לשבת שבעה שנים עם החיות המליכו עם הארץ את אויל מרודך בנו וכשחזר למלכותו נטלו וחבשו בבית האסורים עד יום מותו וכשמת הוציאו את אויל מרודך להמליכו ולא קבל אמר אם ישוב למלכותו יהרגני ולא האמין שמת עד שהוציאוהו מקברו וגררוהו: **לבוש הרוגים.** בלבוש מלוכלך כמו לבוש ההרוגים מדוקרי חרב מרוב סלכלוך: **יורדי אל אבני בור.** ר"ל אשר מרוב הלכלוך יורדים

מצודת ציון

כן נקרא מקום הישוב: ביתה. הה"א בסופה במקום למ"ד בתחלתה: (יט) כנצר. כענף וכן ונצר משרשיו יפרה (לעיל י"א): מטעני חרב. מדוקרי חרב והוא לשון ערבי: אבני בור

took Evil-Merodach out of prison to crown him king, but he did not accept it upon himself. He said, "If he returns to his kingdom, he will kill me." They said to him, "He is dead and buried." But he did not believe them until they took him out of his grave and dragged him. — [*Rashi*] Our editions of *Lev. Rabbah*, do not mention that Nebuchadnezzar became a beast, neither does it appear in *Yalkut Machiri*. *Kara*, as well as *Redak*, II Kings 25:27, quote a Midrash that states that when Nebuchadnezzar was driven away, another son became king. He was executed by his father upon his return to the kingdom. Evil-Merodach feared his brother's fate. *Rashi* in II Kings quoted *Seder Olam*, ch. 28, that they

and his cities he demolished; for his prisoners he did not open the house. 18. All kings of nations, all of them, lay in honor, each in his house. 19. But you were cast from your grave like a discarded sapling, [in] the garb of the slain, of those pierced by the sword,

demolished. It is possible that the antecedent is "the earth." In that case, this would be exceptional, since תֵּבֵל is always feminine, and here it would be masculine. — [*Ibn Ezra*]

he did not open the house—Heb. בָּיְתָה. *He did not open their house of imprisonment to release them all the days of their lives,* [*to allow them to go to their home. Every word that requires a "lammed" at the beginning — Scripture placed a "he" to it at the end.*] — [*Rashi*] *Rashi* apparently explains the verse as being elliptical. He did not open [their prison to let them go] to the house. *Redak* renders as in our translation of the text. *Targum,* too, seems to interpret it in this manner. In some mss. of *Rashi,* the bracketed words do not appear. Hence, *Rashi,* concurs with *Redak* that בָּיְתָה refers to the house of imprisonment. Ibn Ezra's stand is ambiguous.

18. **each in his house**—*In his grave, and so did Jonathan render: In his eternal house.* — [*Rashi*] *Ibn Ezra, Redak, Kara,* and *Mezudath David* all follow this interpretation. *Abarbanel,* however, differs. He claims that the grave is never referred to as a house. He follows his interpretation of the preceding verses as referring to the time of Nebuchadnezzar's seclusion from human company. The prophet contrasts him with other sovereigns. All kings, when they are ill, lie in honor, each in his own house. Nebuchadnezzar, however, was driven away in disgrace during the seven years of his illness. He further conjectures that, the kings of ancient times were buried in their palaces. Thus, the house is indeed the grave.

19. **But you were cast**—In contrast to the other kings, who were buried with honors and lay undisturbed in their graves, you were cast from your grave. This will be discussed below. — [*Redak*]

According to all exegetes, this verse refers to Nebuchadnezzar's exhumation. *Redak,* however, suggests a novel interpretation: All kings of nations, all of them, lay in honor, each in his house. I.e., all kings are allowed to rest in their palaces without being disturbed. You, however, were cast out of your palace, which you considered as permanent as the grave. When you became ill, you were driven out of your palace.

like a despised sapling—*Like a sapling of a tree, which is despised by its owner, who digs it up and uproots it and takes it out. So were you cast out of your grave. The Sages stated: (Lev. Rabbah 18:2) When he became an animal and a wild beast for seven years, the populace crowned Evil-Merodach, and when he was restored to his kingdom, he took him and imprisoned him in the dungeon until the day of his death. When he died, they*

יוֹרְדֵי אֶל־אַבְנֵי־בוֹר כְּפֶגֶר מוּבָס׃
כ לֹא־תֵחַד אִתָּם בִּקְבוּרָה כִּי־אַרְצְךָ שִׁחַתָּ עַמְּךָ הָרָגְתָּ לֹא־יִקָּרֵא לְעוֹלָם זֶרַע מְרֵעִים׃
כא הָכִינוּ לְבָנָיו מַטְבֵּחַ בַּעֲוֺן אֲבוֹתָם בַּל־יָקֻמוּ וְיָרְשׁוּ אָרֶץ וּמָלְאוּ

תרגום

מטעני חרב נחתין לגוב אבני בית אבדנא כפגר מדשדש: כ לא תהי כחד מנהון בקבורה ארי ארעך חבילתא ועמך קטילתא לא יתקיים לעלם זרע מבאשין: כא אתקינו לבניהון קטול בחובי אבהתהון דלמא יקומון

מהר"י קרא

למדוקר אלמוטען: (כ) לא תחד אתם בקבורה. לא תמנה עמם בקבורה: כי ארצך שחת עמך הרגת. ראיתי בו במדרש אגדה. כשצר על ירושלם שלש שנים שהשביע לגיונותיו שיעברו משער לשער במחנה שיהרגו איש את אחיו ואיש את רעהו ואיש את קרובו. קרבו אל ה'. כדי שיהיו מוציאין ניצחין וקיימו וקיבלו לעשות כן. הוא שהנביא מקנתרו ואומר לו כי ארצך שחת עמך הרגת. אבל לפי פשוטו ארצך שחת עמך הרגת. עונך גורמת לך ארצך לשחת ועמך ליהרג שיהיו נמסרין ביד כורש ודריוש: לא יקרא לעולם זרע מרעים. לא יתקיים לעולם. וכן ויקרא ושמה במה עד היום הזה. שעד עתה אין אתם מושכין ידיכם ממנה. וכן ויקרא שמה דרות. פת' ויתקיים שמו בישראל: (כא) הכינו לבניו מטבח בעון אבותם [וגו'] ומלאו פני תבל ערים. עד שהיה מלכות בבל קיים. שם תבל כמדבר ועריו

רש"י

שהאבנים גוללים שם ירדת: כפגר מובס. ת"י מדשדש כמו נבוס קמינו (תהלים מ"ד) ועל הרי אבוסנו (כאן פכ"ה) מתבוססת בדמיך (יחזקאל ט"ז) הנדוש כטיט חוצות: (כ) לא תחד אתם בקבורה. לא תבוא לשאר מלכים לנוח בקברך: כי ארצך שחת. ברוב עבוד' ועמך הרגת חנם כמו שמפורש בדניאל ואמר להובד' לכל חכימי בבל לכך שנאוך והגו בך בזיון להשליכך מקברך: לא יקרא לעולם זרע מרעים. ואף בניך ילקו בעונך ולא יתקיימו אחריך ימים רבים כי יתחברו עליהם שונאיך וישחיתום ויאמרו זה לזה: (כא) הכינו לבניו מטבח. לבל יקומו וירשו ארץ. ותמלא הארץ שונאים ומציקים וכן תירגם יונתן בעלי דבבין כמו (שמואל א' כ"ח) ויהי ערך. ועוד יש לפתור ומלאו פני תבל ערים כלפי שאמרנו למעלה שם תבל

רד"ק

הענין ופי' מטועני מדוקרים וכן פי' א"א ז"ל טענו את בעירכם ודמהו ללשון הערב: יורדי אל אבני בור. אמר על המלבושים ואע"פ שאמר לבוש בל' יחיד הרבה כמהו במקרא. אמר כי מלבושי ההרוגים מושלכים ויורדים אל אבני בור כמו ההרוג והוא פגר מובס ונרמס בין הרוגים וכן השלכת אתה כמו אותם הלבושים ואמר אבני בור בעבור הקבר שבונין בתוכו באבנים סביב הנקבר והוא הנקרא בלשון משנה דופק: (כ) לא תחד אתם. לא תתיחד עם מלכי גוים בקבורה כלומר לא תהיה שוה להם במותך ובקברך כי לשאר מלכים יעשו כבוד גדול בקברם אותם ושורפים עליהם וחונטים אותם. אבל לך לא יעשו עמך כבוד אלא שתקבר כאחד העם ולמה: כי ארצך שחת. פי' בכובד המס שהיית מטיל עליהם עמך הרגת מרוב אימה שהיה מטיל עליהם עד שבחטא קל היה הורג אנשיו כי הנה חכמי ארצו הרג על שלא ידעו להגיד לו חלומו ופתרונו וזה אכזריות גדולה. לפיכך שמחו כל עמו במותו ולא עשו לו כבוד בקבורתו כמו שעושים לשאר מלכים: לא יקרא לעולם זרע מרעים. בניו שהם זרע מרעים לא יקרא לזמן רב בן פלוני. כי במהרה יכרת זרעו כי במות בלשצר בן בנו נכרת זרעו מכל וכל: (כא) הכינו לבניו. שיהרגו אותם וזה בעון אבותם. ויש לכם לירא שיהיו הבנים כמו האבות רעים לפיכך הרגו אותם שלא יקומו וירשו ארץ: ומלאו פני תבל ערים. אם הם יקומו ימלאו פני תבל שונאים וערים לפי' השמרו שלא יקומו: ערים.

אבן עזרא

ויש אומר מגזרת טענו בדרך רחוקה כמו מלאים: מובס. פועל מהשניים הנראים: (כ) לא תחד. חסר אל"ף השורש כמו אוהבי אהב ורבי יהודה המדקדק אומר שהוא חסר יו"ד מגזרת יחד: כי ארצך שחת. אפילו ארצך שחת ואף כי ארצות אחרות והנה פירשו ועריו הרס: (כא) הכינו לבניו. בלשצר וכל ביתו: בעון אבותם. אויל מרודך אביו ונבוכדנצר אבי אביו: ערים. אויבי' כמו ויהי עריך והטעם

מצודת ציון

עומק הבור מקום שהאבנים גוללים ויורדים: כפגר. כן נקרא גוף ההרוג וכן רב הפגר (עמוס ח'): מובס. נרמס ונדרס כמו יבוס צרינו (תהלים ס'): (כ) תחד. מלשון חד ואחד: (כא) מטבח.

מצודת דוד

במלבושים כאלה בעמקי הבור כגוף הפגר הנרמס כי לגודל המאוס לא יפשיטו המלבושים מעליהם ואמר שבמלבוש כזה יגררו פגר נ"נ ללעג ולקלס: (כ) לא תחד. לא תהיה לאחד להיות שוה למלכי העכו"ם בדבר הקבורה לנוח בכבוד: כי ארצך שחת. ולזה פחד מאד ממנו עד בהוציאו מקברו: עמך הרגת. כמ"ש ואמר להובדא לכל חכימי בבל (דניאל ב'): לא יקרא וגו'. בניו שהם זרע מרעים לא יקרא לזמן רב לומר אלו מזרע נ"נ כי במהרה יכרת זרעו: (כא) הכינו. האומות יאמרו זו לזו הכינו מטבח לבני נ"נ: בל יקומו. לבל יקומו לרשת הארץ: ומלאו. ואז כשיוכרת זרעו ימלאו פני תבל ערים ולפי שאמר למעלה ועריו הרס לכן אמר שמעתה

they shall not endure long after you, for their enemies will unite against them and destroy them, and they shall say to each other, —

21. **Prepare a slaughter for his sons**—*lest they rise and inherit the land, and the land will be filled with enemies and oppressors. So did Jonathan render* עָרִים, *enemies. Comp.* "(I Sam. 28:16) *And has become your adversary* (עָרֶךָ). [*It can also be interpreted: And fill the surface of the earth with cities. In contrast with what he said before:* "*(verse 17) Who made the land like a desert and demolished his cities,*" *he says further: His seed shall perish, and the inhabitants of the cities shall return to their place, and the surface of the earth shall be filled with cities.*] —

who descend to the stones of the pit, like a trampled corpse.
20. You shall not join them in burial, for you have destroyed your land, you have slain your people; the seed of evil-doers shall not be named forever.
21. Prepare a slaughter for his sons because of the iniquity of their forefathers, lest they rise and inherit the land, and fill the surface of the earth with enemies."

dragged Nebuchadnezzar's body in order to nullify his decrees.

Abarbanel conjectures that, when the Persians conquered Babylon, they found Nebuchadnezzar's tomb, in which he was buried with honor and pomp. In order to avenge the wrongs he had inflicted upon them, they exhumed his body and dragged it through the streets, running swords through it, and inflicting all sorts of indignities and disgraces upon him.

[in] the garb of the slain—*With filthy apparel, like that of the slain.* — [*Rashi*]

Redak explains that, when a person plants saplings, and one does not flourish, he uproots it and discards it. Also, a garment worn by a slain person, bloodstained and torn, is discarded. So was Nebuchadnezzar thrown out of his grave and discarded. Thus, we render: a garment of the slain.

of those pierced by the sword—Heb. מְטֹעֲנֵי, *pierced by spears* (sic). *"Pierced" in Arabic is "mut'an."* — [*Rashi*]

Ibn Ezra suggests: Loaded or filled with swords.

who descend to the stones of the pit—*to the depths of the pit, the place where stones sink there, you have descended.* — [*Rashi*]

like a trampled corpse—Heb. מוּבָס. *Jonathan rendered: trampled, like:* "(Ps. 44:6) *We will trample those who rise up against us,"* (נָבוּס) "(infra verse 25) *And on my mountains I will trample him* (אֲבוּסֶנּוּ), "(Ezekiel 16:6) *Trampled in your blood* (מִתְבּוֹסֶסֶת)," *trampled like the mud of the streets.* — [*Rashi*]

Redak explains that the apparel of the slain will descend into the pit like a trampled corpse.

20. **You shall not join them in burial**—*You shall not be equal to other kings, to rest in your grave.* — [*Rashi*]

Other kings are afforded great honor when they are interred; they are embalmed, and their personal articles are burned. You, however, will have none of this, but be buried like one of the peasantry. — [*Redak*]

for you have destroyed your land—*with excessive labor, and you have slain your people groundlessly, as it is related in Daniel*: "(2:12) *And he said to destroy all the wise men of Babylon." Therefore, they hated you and treated you with contempt to throw you out of your grave.* — [*Rashi*]

Alternatively, your iniquity caused the country to fall into the hands of Cyrus and Darius, who killed many of your subjects. — [*Kara*]

the seed of evil-doers shall not be named forever—*Even your children shall suffer for your iniquities, and*

פני־תבל ערים: כב וקמתי עליהם נאם
יהוה צבאות והכרתי לבבל שם ושאר
ונין ונכד נאם־יהוה: כג ושמתיה
למורש קפד ואגמי־מים וטאטאתיה
במטאטא השמד נאם יהוה צבאות:
כד נשבע יהוה צבאות לאמר אם־לא

כאשר

ה"א שם ושאר. מגלה י: למורש קפוד. ברכות נה:

ויחסנון ארעא ויתמלון
אפי תבל בעיל דבבו:
כב ואתגלי לאתפרעא
מנהון אמר יי צבאות
ואשיצי לבבל שום
ושאר בר ובר בר אמר
יי: כג ואשוינה לירותת
קופדין בית צדו ביצין
דמין ואהממינה כמא
דמהממין במבינא
ואתבבינה לשיצאה
אמר יי צבאות: כד קים
יי צבאות למימר אם

רש"י

כמדבר ועריו הרס הזר ואמר יכלה זרעו ויחזרו יושבי הערים למקומן ומלאו פני תבל עיירות: (כב) ושאר. שארית: ונין. בן מושל במלכות אביו: ונכד. בן הבן. נין זה בלשאצר. ונכד זו ושתי: (כג) קפוד. (הריצ"ן בלע"ז): וטאטאתי. לשון כיבוד (אשקובי"ר בלע"ז) כמו שאמרו רבותינו לא הוו ידעי רבנן מאי וטאטאתיה עד דשמעי כו':

מהר"י קרא

הרס כשתסלק מלכות בבל ישובו וימלאו פני תבל ערים. שלא ימלאו פני תבל שונאים. כמו ופרשיה לערך. דע כי טעות בידם: (כב) שם ושאר. בבבל. שם. זה מטבע. ושאר זה בלשצר. ונכד זה ושתי: (כג) למורש קיפוד. וטאטאתיה במטאטא

אבן עזרא

כי יעורר שנאה בכל העולם והנה הטעם ומלאו שלא ימלאו וי"א אחר שלא ירשו הם הארץ יתיישב העולם: (כב) וקמתי. שם. הוא עלם: ושאר. כמו שאר בשרו והוא האב: ונין. בן ונכד. בן הבן: (כג) ושמתיה. קפוד. ידוע יש אומרים שהוא מגזרת קפדתי כאורג חיי בעבור הקפידו: וטאטאתיה. כל המפרשים אמרו כי אין למלה הזאת אחות והטעם העץ שיסירו בו הדומן: (כד) נשבע. שבועת

רד"ק

שונאים כמו ויהי ערך וכן בלשון ארמי ופשריה לערך וכן ת"י ויש לפרש ערים כמשמעו ויתפרש כך אם הם לא יקומו ויירשו ימלא פני תבל ערים וירבה הישוב כי הם היו כובשים הערים ומחריבים הישוב: (כב) וקמתי עליהם. כלומר אתעורר עליהם להכריתם: לבבל. פי' למלך בבל. ואמר לבבל כי בהכרת זרעו של מלך נכרתה ונחרבה בבל או פי' לבבל ליושבי בבל כי כולם ימותו בחרב אבות ובנים יחדיו: שם ושאר. הכרתת השם הוא שלא ישאר לו דבר שיזכר שמו עליו או יהיה ושאר קרוב כמו איש איש אל כל שאר בשרו ואם זה בקמץ וזה בציר"י: נין. הוא הבן. ונכד הוא בן הבן וכן ת"י בר ובר בר: (כג) ושמתיה למורש קפוד. כמו שאמר בחרבן אדום וירשוה קאת וקפוד. וקפוד הוא הנקרא בערבי קנאפד ובלע"ז טרטת והיא נמצאת תמיד במקום המים: וטאטתיה במטאטא השמד. ענין מכבדות שמכבדין את הבית בלשון משנה והוא הנקרא בלשון מקרא יעים ויעה ברד אמר כמו שמכבדין הבית וישאר קרקע הבית נקי כן תהיה בבל נקיה מאנשיה ומכבודות ומהרכוש ומכל דבר ואותו הכבוד יהיה כבוד השמד והשחתה וכן בדברי רבותי' ז"ל לא הוו ידעי רבנן מאי וטאטאתיה עד דשמעוה לאמתיה דרבי דקאמרה להניא אתתא שקלי טאטיתך וטאטי ביתא והנה נשלמת נבואת בבל ופרשה זאת אחריה על מלך אשור: (כד) נשבע. דברו הוא שבועתו כי דברו קיים כמו השבועה לפיכך אמר אם לא שהוא כענין שבועה כאדם שאומר אם יהיה כך לא יהיה כך וכן אם לא בתים רבים לשמה יהיו אם לא שויתי ודוממתי כאשר דמיתי כמו שחשבתי על מלך

מצודת דוד

ימלאו ערים: (כב) וקמתי. אקום להפרע מהם: שם ושאר וגו'. לא ישאר מה משלו להיות שמו נזכר עליו ולא ישאר מי משאר בשרו לא בן ולא בן הבן: (כג) ושמתיה. אשים את בבל להיות למורשה לקפוד ולאגמי מים כי שמה תדור הקפוד ושם יהיו אגמי מים כדרך המקומות החריבות: וטאטאתיה. אכבד ואנקה אותה במכבדות של השמדה כי תתרוקן מכל טוב ולא ישאר מאומה: (כד) אם לא. הוא ענין שבועה וגזם ולא אמר והרי הוא כאדם האומר אם לא כן הוא יהיה ענשו כך וכך וכן אם לא בתים רבים (לעיל ה'): כאשר דמיתי. כמו אשר חשבתי באשור כן היתה וכן כאשר יעצתי בבבל

מצודת ציון

מקום טבחה: (כב) ושאר. ענינו קרוב כמו שאר בשרו (ויקרא י"ח): ונין. הוא בן: ונכד. הוא בן הבן וכן אם תשקר לי ולניני ולנכדי (בראשית כ"א): (כג) למורש. מלשון ירושה: קפוד. שם עוף מדברי: ואגמי מים. כן נקרא מקוה קבוצת המים וכן לאגם מים (תהלים ק"ז): וטאטאתיה במטאטא. ענין נקוי וכבוד במכבדות העשוי לכבד את הבית ובדרז"ל שקילי טאטיתא וטאטי

for donkeys to carry away earth from Babylon for building material. *Rashi* (*Berachoth* 57b) tells us that there was a certain place in Babylon from which no beast would leave without a load of earth. He quotes Rabbi Isaac as stating that it was used for building purposes. The Talmud tells us that when Rava would see donkeys carrying earth from Babylon, he would slap them on the back and say, "Run, ye righteous, to perform the will of your Master!" Mar the son of Rabina, when he would come to Babylon, would gather earth in his head kerchief and throw it out, in order to fulfill the prophecy of: "And I will sweep it away with a broom of destruction.

24. **swore**—The Lord's oath is a decree. — [*Ibn Ezra*]

as I thought—*concerning Assyria,*

22. "And I will rise against them," says the Lord of Hosts, "and I will cut off from Babylon a name and a remnant, a son and a grandson," says the Lord. 23. "And I will make it for a heritage of hedgehogs and pools of water, and I shall sweep it away with a broom of destruction," says the Lord of Hosts. 24. The Lord of Hosts swore saying,

[*Rashi, Ibn Ezra, Redak*] The second interpretation does not appear in certain mss. of *Rashi.* Although the first interpretation is found in *Targum Jonathan* and *Machbereth Menachem,* Rabbi Joseph Kara regards it as an error and prefers the second interpretation.

The slaughter mentioned is for Belshazzar and his household. — [*Ibn Ezra*]

22. **And I will rise against them**—I will be aroused against them to destroy them. — [*Redak*]

from Babylon—This may refer to the king of Babylon, for, by cutting off his seed, Babylon fell. It may also refer to the dwellers of Babylon, who were slain with their children by the Persians and the Medes. — [*Redak*]

and a remnant—Heb. שְׁאָר, *a remnant.* — [*Rashi*]

Ibn Ezra explains it as שְׁאֵר, *a close relative,* meaning the father.

and a son—Heb. נִין, *a son ruling in the kingdom of his father.* — [*Rashi*]

and a grandson—*The son of the son. The son is Belshazzar, and the grandson* (or granddaughter in this case) *was Vashti.* — [*Rashi*]

Rabbi Joseph Kara quotes a Midrash which reads: *A name* refers to a coin; i.e., they would no longer mint coins. *A remnant* refers to Belshazzar. *A grandson* alludes to Vashti. The Talmud explains that *a name* refers to the script of Babylon. *A remnant* alludes to the language. In the introduction to *Esther Rabbah,* we find that *a name* alludes to Nebuchadnezzar. *A remnant* alludes to Evil-Merodach. *A son* alludes to Belshazzar. *A granddaughter* is Vashti. In any case, the royal dynasty of Babylon would be completely annihilated.

23. **hedgehog**—Heb. קִפֹּד, (*hriçon* or *heriçon* in O.F.) In Modern French it is spelled *hérisson.* — [Rashi] *Redak* identifies it with the turtle, whose habitat is near water. In *Shorashim,* he cites this view in his father's name. He, personally, believes it to be a species of desert bird.

and I will sweep—Heb. וְטֵאטֵאתִיהָ, *an expression of sweeping (eskober in O.F.), as our Rabbis stated: The Rabbis did not know the meaning of* וְטֵאטֵאתִיהָ בְּמַטְאֲטֵא הַשְׁמֵד, *until they heard* Rabbi's (R. Judah Hanasi's) maidservant say to her friend, "Take a broom (מַטְאֲטֵא) and sweep (וְטַאטְאִי) the house. — [*Rashi* from *Meg.* 18a]

Just as the broom sweeps the house clean, so will Babylon be swept clean of its inhabitants. — [*Redak*]

The Rabbis interpret this as a prophecy that the earth itself will be dug out and carried away. During the Amoraic era, it was customary

כַּאֲשֶׁר דִּמִּיתִי כֵּן הָיָתָה וְכַאֲשֶׁר יָעַצְתִּי
הִיא תָקוּם׃ כה לִשְׁבֹּר אַשּׁוּר בְּאַרְצִי
וְעַל־הָרַי אֲבוּסֶנּוּ וְסָר מֵעֲלֵיהֶם עֻלּוֹ
וְסֻבֳּלוֹ מֵעַל שִׁכְמוֹ יָסוּר׃ כו זֹאת הָעֵצָה
הַיְּעוּצָה עַל־כָּל־הָאָרֶץ וְזֹאת הַיָּד
הַנְּטוּיָה עַל־כָּל־הַגּוֹיִם׃ כז כִּי־יְהוָה
צְבָאוֹת יָעָץ וּמִי יָפֵר וְיָדוֹ הַנְּטוּיָה וּמִי
יְשִׁיבֶנָּה׃ כח בִּשְׁנַת־מוֹת הַמֶּלֶךְ אָחָז

לָא כְּמָא דַחֲשֵׁיבִית כֵּן
הֲוָה וּכְמָא דְיַעֲצִית הִיא
תְקוּם׃ כה לְמִתְבַּר
אַתּוּרָאָה בְּאַרְעִי וְעַל
טוּרֵי עַמִּי אֲדוּשְׁשִׁינֵיהּ
וְתֶעְדֵי מִנְהוֹן מַרְוָתֵיהּ
וְנִירֵיהּ מֵעַל צַוְרֵיהוֹן
יִתְפְּסַק׃ כו דָא מַלְכָּא דִי
מְלִיךְ עַל כָּל יָתְבֵי אַרְעָא
וְדָא גְבוּרְתָּא דִי מְרַמְּמָא
דְשַׁלִּיט עַל כָּל מַלְכְוָתָא׃
כז אֲרֵי יְיָ צְבָאוֹת מְלַךְ
וּמַן יַעְדֵּיהּ וּגְבוּרְתֵּיהּ
מְרַמְּמָא וְלֵית
דִיתִיבִינֵּיהּ׃ כח בְּשַׁתָּא
דְמִית מַלְכָּא אָחָז הֲוָה

קמץ בז"ק קמץ בטרחא

מהר"י קרא

השמד. ובערתיה במבער של שמד: (כד) וכאשר יעצתי היא תקום. כאשר יעצתי על אשור שיעשה אבוס לחזקיה ראיתם שכן קמה. בשבועה נשבעתי שזאת העצה היעוצה על כל הארץ. שכשם שסנחריב שהרע לישראל לסוף שנטל את שלו מתחת ידם בשבועה שזאת היעוצה על כל [הארץ] (הזאת) היא הנטויה יד על כל הגוים: מדרש רבותינו. נשבע ה' [צבאות] לאמר אם לא כאשר דמיתי וגו'. אמר [רבינא] לאחר שקפץ הקב"ה ונשבע ואמר אי אמינא ליה לחזקיה דמייתנא ליה לסנחריב ומסרנא ליה בידך אמר (ליה) [לין] לא איהו בעינא ולא אגריה בעינא. מיד קפץ הקב"ה ונשבע דמייתיה ליה דכתיב נשבע ה' צבאות לאמר: (כה) ועל הרי אבוסנו. אמר ר' יוחנן אמר הקב"ה יבא סנחריב וסיעתו ויעשה אבוס לחזקיה.

רש"י

(כד) כאשר דמיתי. כאשר כן היתה אתה נבוכדנצר ראית שנתקיימו דברי נביאי ישראל בסנחריב. לשבור אשור בארצי. ובזאת תדע כי את אשר יעצתי עליך גם היא תקום: (כה) לשבור וגו'. מוסב על כאשר דמיתי כן היתה: אבוסנו. אשר אמרתי לרומסו ולבוססו: (כו) על כל הגוים. על אשור בשעתו ועל בבל בשעתה: (כח) בשנת מות המלך אחז. ומלך חזקיהו בנו היה

רד"ק

אשור: כן היתה. עבר במקום עתיד וכן ת"י כן תהא: וכאשר יעצתי. היא הגזרה תקום כמו שיעצתי עליו. ועצה הוא תקון הדבר וברורו: (כה) לשבור אשור. ומה היא העצה לשבור אשור בארצי והיא ארץ ישראל כי שם קרוב לירושלם נפל אשור. כי יצא מלאך ה' והכה מחנהו כמ"ש ואמר ועל הרי כי ירושלים הרים סביב לה ושם היה מחנה אשור: וסר מעליהם עולו. שהיה מטיל עליהם מס גם כבש כל הארץ לבד ירושלם כמ"ש: (כו) זאת העצה. אמר על כל הארץ ואמר על כל הגוים כי מלך אשור כבש כל אלו הארצות והיה פחדו ואימתו על כל הגוים וכיון שהיתה יד ה' נטויה עליו והכהו חרדו כל הגוים ויראו מה' ואנשי כוש ומצרים שהיו במחנה וראו מפלת מלך אשור עבדו את ה' ויראו ממנו כמ"ש יהיה מזבח לה' בארץ מצרים: (כז) כי ה'. כיון שהוא רוצה אין מי שיפר עצתו אם כן דברו קיים כמ"ש על יד נביאיו כן יהיה וכן יקום: (כח) בשנת מות המלך אחז. נבואה זו על פלשתים נאמרה בשמת אחז ומלך חזקיהו אמר הנביא כנגד פלשתים

אבן עזרא

השם היא הגזרה שנגזרה: דמיתי. חשבתי והטעם כל מה שחשבתי בכל מה שעבר כן היה וכן יהיה לעתיד: (כה) לשבור. כאשר חשבתי לשבור אשור בהרי שהיא ירושלם כי שם הכבוד: וסר מעליהם. מהרי והרי: (כו) זאת. כן תהיה זאת העצה שיעצתי על בבל: על כל הגוים. על אשור ועל בבל בעתם: (כז) כי. אחר שהשם גזר מי יוכל להפר: (כח) בשנת. המשא. נבואה א:

מצודת ציון

ביתא (ר"ה כ"ו): (כד) דמיתי. ענין מחשבה כמו אותי דימו להרוג (שופטי' כ'): תקום. תתקיים: (כה) אבוסנו. ענין רמיסה ודריסה: עולו. אמר בלשון שאלה מהעול המושם על צואר הפרה לחרוש כבדה ר"ל הכבדת העבודה: וסבלו. ענין טעינת משא וכן יסור סובלו (לעיל י'): שכמו. כתפו: (כז) יפר. ענין בטול

מצודת דוד

היא תקום: (כה) לשבור. חוזר על כאשר דמיתי וגו' לומר מחשבת היא לשבור את אשור בהרי כי סביב ירושלים נפל: וסר. ואז יסור מישראל העול מה ששם אשור עליו: וסבלו. המשא שהטעים אשור על שכמו יסיר אז: (כו) זאת העצה. כן תהיה העצה הזאת היעוצה על כל הארץ על אשור בשעתו ועל בבל בשעתה: היד הנטויה. להכות בהם בכ"א בשעתה וכפל הדבר במ"ש: (כז) ומי יפר. וכי ימלא מי יפר עצתו: וידו הנטויה. ר"ל ידו הלא הוא נטויה להכות וכי ימלא מי ישיב ידו:

Egypt who were in the Assyrian camp and witnessed Sennacherib's downfall, began to fear God and worship Him. There was even an altar built in Egypt in God's name. Hence, His hand was outstretched over all the nations.

28. **In the year of King Ahaz' death**—*and his son Hezekiah reigned, was this harsh prophecy con-*

if not as I thought, so it was, and as I planned, so it shall remain. 25. To break Assyria in My land, and on My mountains will I trample him, and his yoke shall be removed from upon them, and his burden shall be removed from upon his shoulder. 26. This is the plan that is planned over the entire land, and this is the outstretched hand over all the nations. 27. For the Lord of Hosts planned, and who will frustrate [it]? And it is His hand that is outstretched, and who will return it?

28. In the year of King Ahaz' death,

so it was. You, Nebuchadnezzar, saw that the words of the prophets of Israel about Sennacherib were fulfilled. —[*Rashi*]

The prophet is speaking as though Sennacherib's downfall was already a reality. This was actually stated prior to his downfall, with the past tense used instead of the future. —[*Redak*] As is explained below, the prophet tells Nebuchadnezzar that, just as he will witness Sennacherib's downfall as prophesied, so will his own be realized.

Ibn Ezra explains literally: Just as all that I have thought in the past, was realized, so shall it be in the future. This is very similar to *Tanhuma, Shofetim* 16: As I did to Abraham, so will I do to you, referring to Abraham's victory over the kings.

25. **To break Assyria in My land**—*And with this you shall know that what I planned about you will remain as well: "To break . . ." is connected to "As I thought, so it was.* —[*Rashi*]

will I trample him—*Heb.* (אֲבוּסֶנּוּ) *which I said to tread upon him and trample him.* — [*Rashi*]

The Rabbis explain this homiletically as an expression denoting a manger (אֵבוּס): Let Sennacherib and his company come, and I will make them a manger for Hezekiah and his company. — [*Kara, Yalkut Machiri* from *Sanhedrin* 94b]. This alludes to the spoils of the Assyrian camp that were available for the people without effort, just as the donkey is given his food in a manger, and he need not exert any effort in acquiring it. This was the reward for the people who neglected their work to sit and study the Torah under the guidance of King Hezekiah. — [*Maharsha* ad loc.]

26. **over all the nations**—*Over Assyria in its time and over Babylon in its time.* — [*Rashi, Ibn Ezra*]

Redak explains that the king of Assyria had conquered many lands, and cast his fear over all of them. When God's hand was outstretched over him and smote him, all began to fear God. The people of Cush and

הָיָה הַמַּשָּׂא הַזֶּה: כט אַל־תִּשְׂמְחִי
פְלֶשֶׁת כֻּלֵּךְ כִּי נִשְׁבַּר שֵׁבֶט מַכֵּךְ כִּי־
מִשֹּׁרֶשׁ נָחָשׁ יֵצֵא צֶפַע וּפִרְיוֹ שָׂרָף
מְעוֹפֵף: ל וְרָעוּ בְּכוֹרֵי דַלִּים וְאֶבְיוֹנִים
לָבֶטַח יִרְבָּצוּ וְהֵמַתִּי בָרָעָב שָׁרְשֵׁךְ:
ושאריתך

מְטַל נְבוּאֲתָא הָדָא:
כט לָא תֶיחֱדוּן פְּלִשְׁתָּאֵי
כּוּלְכוֹן אֲרֵי אִתְּבַר
שׁוּלְטָן דַּהֲוָה מְפַלַּח בְּכוֹן
אֲרֵי מִבְּנֵי בְנוֹהִי דְיִשַׁי
יִפּוֹק מְשִׁיחָא וִיהוֹן
עוֹבָדוֹהִי בְּכוֹן כְּחִיוֵי
מְפָרְיָא: ל וְיִתְפַּרְנְסוּן
חֲשִׁיבֵי עַמָּא וְעַנְוְתָנַיָּא
בְּיוֹמוֹהִי לְרוֹחֲצָן יִשְׁרוֹן
וְיֵמִית בְּכַפְנָא בְּנַיִךְ:

רש"י

המשא הזה על פלשתים: (כט) **אל תשמחו פלשת כלך.** שהרימות ראש בימי אחז שהיה רשע שגרס לו רשעו שנמסר בידכם כענין שנאמר (דברי הימים ב׳ כ"ח) ופלשתים פשטו בערי השפלה וגו׳: **כי נשבר שבט מכך.** כי נחלשה ונשפלה מלכות בית דוד שהיו למודים להכות בכם כמו שמצינו בדוד וכן עוזיהו מלך יהודה שהכה אתכם כענין שנאמר (ד"ה ב׳ כ"ו) ויצא וילחם בפלשתים ויפרוץ את חומת גת: **כי משרש נחש.** משורש אותו נחש יצא צפע שהיא קשה מנחש ומי היה זה זה חזקיה שנאמר בו (מלכים ב׳ י"ח) הוא הכה את הפלשתים ואת עזה ואת גבוליה ממגדל נוצרים עד עיר מבצר: **ופריו שרף מעופף.** ת"י ויהון עובדוהי בכון כחיוי: (ל) **ורעו בכורי דלים.** ורעו בימיו שרי ישראל שהן עכשיו דלים מפניכם. בכורי לשון שרים כמו (תהלים פ"ט) אף אני בכור אתנהו:

מהר"י קרא

ולפי פת׳ אבוסנו. ארמסנו. כמו יבוס קמינו. צרים בוססו. קו קו ומבוסה: (כח) בשנת מות המלך אחז. אותה שנה נאמרה נבואה זו על פלשתים. הרבה לשונות שלה משל ומליצה חידה ומשא חזון ודבר: (כט) אל תשמחי פלשת. שמת דוד שהיה מכניע אתכם דכתיב ויך דוד את פלשתים. כי משרש נחש יצא צפע. משל הוא כלומר מזרע דוד יצא חזקיה שמעשיו יהיו קשים לכם כשרף. שכן מצינו בסדר עולם מיום שנפלו פלשתים בימי חזקיה לא זקפו ראשם שכן כתוב בחזקיה הוא הכה את פלשתים עד עזה ואת גבוליה ממגדל נוצרים עד עיר מבצר. אע"פ שהוא משל ודימוי אל הפלשתים דרך הנחש כך הוא כשמוסיף ימים מוסיף גבורה ונקרא צפע וכשמזקין עוד מוסיף גבורה ונקרא פתן ולא יועיל כאשר ילחשו עליו החברים לפי שהוא מרוב ימים ונקרא פתן דכתיב פתן חרש יאטם אזנו. ואחר כך נקרא שרף שקורין דרקון: (ל) ורעו בכורי דלים. במקומם. הם בני ישראל שהם דלים ואביונים בגלות.

אבן עזרא

משל בדרך נבואה והעד כי משורש נחש: (כט) **אל. צפע.** הוא לפעוני והוא קשה מהנחש והטעם כי חזקיהו יהיה גבור מאביו והוא יזיק פלשתים כי כן כתוב במלכים הוא הכה את פלשתים את עזה ואת גבולה ממגדל נוצרים ועד עיר מבצר והפרי שיתן שרף מעופף והמעופף הוא קשה בשרפים: (ל) **ורעו בכורי דלים.** הם ישראל שהתדלדלו קודם כל אומה והטעם כי יהיה לישראל שובע וישכנו לבטח ואת פלשת להפך: **שרשך.** האבות: **ואחריתך.** הם

רד"ק

עוד: (כט) אל תשמחי פלשת כלך. כמו ששמחת עד עתה משמת עזיהו והוא שבט מכך כמו שהוא אומר בדברי הימים ויצא וילחם בפלשתים ויפרץ את חומת גת ואת חומת יבנה ואת חומת אשדוד ויבנה ערים באשדוד ובפלשתים וכשמת עוזיהו שמחו פלשתים ולחצו את ישראל בימי אחז כמ"ש שם ופלשתים פשטו בערי השפלה והנגב ליהודה וילכדו בית שמש ואת אילון ואת הגדרות ואת שוכו ובנותיה ואת תמנת ובנותיה ואת גמזו ואת בנותיה וישבו שם וכשמת אחז ומלך חזקיה אמר הנביא אל תשמחי פלשת כי הנה קם מי שיכך והוא מזרע מי שהכך בתחילה: נחש. משל על עזיהו שהכהו כמו שנחש מכה וממית וי"ת ארי מבני בנוהי דישי יפוק משיחא אמר נחש על ישי כי כן נקרא כמ"ש אשר בא אל אביגיל בת נחש: צפע. ושרף מעופף. נאמר על חזקיהו כלומר זה יהיה קשה לך מעזיהו כמו שהצפע והשרף קשים מהנחש ופי׳ מעופף מדלג ממקום למקום וי"ת ויהון עובדוהי בכון כחויי מפריח ואמר כלך לרוב השמחה שהיו שמחים כולם במות עזיהו. וחזקיהו הכה בפלשתים כמ"ש בספר מלכים הוא הכה את פלשתים עד עזה ואת גבוליה ממגדל נוצרים עד עיר מבצר: (ל) ורעו בכורי דלים. ישראל שהיה להם עד עתה בכורה וחלק גדול בדלות עתה ירעו הנה והנה שלא יהיה להם פחד מאויביהם ולבטח ירבצו. דמה אותם לצאן שרועים במדבר בלא פחד. כי בעוד שהיו אויביהם שולטים בהם לא היו יוצאים מעריהם הבצורות והיו רעבים ועתה יצאו לכל מקום בלי פחד וישבעו מטוב העמים: והמתי ברעב שרשך. הם ירעו ואתם תמותו ברעב ואמר שרשך על הנאספים בערי

מצודת דוד

(כט) פלשת כולך. כל ארץ פלשתים: כי נשבר. כי המלכים שמלכו קודם אחז היו מכים בך וכימי אחז נחלשה המלכות: כי משרש נחש. ר"ל מגזע המלכים המכים בך מאז יצא מלך הדומה לצפע והוא חזקיה בירבה להכות בך: ופריו. פרי השורש יהיה שרף הדולג למהירות כעפיפת העוף וגם זה יאמר על חזקיה וכפל הדבר כמ"ש: (ל) ורעו בכורי דלים. בימיו ירעו מלעה שמן הרחבים בישראל אשר המה עתה עם דל ואביון: ואביונים. כל

מצודת ציון

ומניעה: (כט) **צפע.** שרף. מיני נחשים רעים: (ל) **בכורי.** ענין גדולים והשובים וכן בכור אתנהו (תהלים פ"ט): **ירבצו.** ענין

king to this very day. — [*Rabbi Joseph Kara* from *Seder Olam*, ch. 20]

30. **And the first born of the poor shall graze**—*In his days, the princes of Israel, who are now poor because of you, shall graze. "Firstborn," is an expression of princes. Comp.* "(Ps. 89:28) *Also, I will appoint him My firstborn."* — [*Rashi*]

Alternatively, Israel, who was poor before all other nations, shall graze, whereas the Philistines, who were wealthy, shall die of hunger. — [*Ibn Ezra*]

was this harsh prophecy. 29. Rejoice not, Philistia, all of you, that the rod that smote you has been broken, for, from the root of a snake shall emanate a venomous serpent, and his offspring is a fiery flying serpent. 30. And the firstborn of the poor shall graze, and the paupers shall lie in safety, and I will put your root to death through hunger,

cerning the Philistines given. — [*Rashi*]

29. **Rejoice not, Philistia, all of you**—*for you have lifted your head during the days of Ahaz, who was wicked, whose wickedness brought about that he was delivered into your hands, as the matter is stated in* II Chron. 28:18: "*And the Philistines raided the cities of the lowlands . . .* — [*Rashi*]

that the rod that smote you has been broken—*that the kingdom of the House of David, which was wont to smite you, has been weakened and humbled, as we find concerning David, and so, concerning Uzziah, king of Judah, who smote you, as the matter is stated:* "(II Chron. 26:6) *And he went out and fought against the Philistines and breached the wall of Gath.*" — [*Rashi*]

I.e., do not continue to rejoice as you have since Uzziah's death until now. — [*Rashi*]

for, from the root of a snake—*From the root of that snake, shall emanate a venomous serpent, which is more formidable than a snake. Now who was this? This was Hezekiah, concerning whom it is stated*: "(II Kings 18:8) *He slew the Philistines up to Gaza and its boundaries, from watchtower to fortified city.* — [*Rashi*]

and his offspring is a fiery flying serpent—*Jonathan renders*: *And his deeds against you will be like flying snakes.* — [*Rashi*]

A flying snake is one that jumps from place to place. — [*Redak*]

Some see Ahaz as the snake and Hezekiah as the venomous serpent emanating from him. — [*Ibn Ezra*] Others identify Uzziah as the snake, since he, too, inflicted harm upon the Philistines. Hezekiah, his great grandson, was the venomous serpent. — [*Redak*] Rabbi Joseph Kara goes back even further, to King David, since he was the father of the dynasty, and inflicted many casualties upon the Philistines. *Rashi,* probably, concurs on this point. According to certain manuscripts, *Rashi* does not mention David at all, only Uzziah. Accordingly, the *snake* would be Uzziah, as *Redak* interprets it.

Rabbi Joseph Kara delineates the stages of a snake's growth. First it is called נָחָשׁ, *a snake.* When it grows older, it gains strength and is called צֶפַע. When it grows still older, it becomes deaf and cannot be charmed. Then it is called פֶּתֶן. The next stage, when it is most formidable, is the stage of שָׂרָף.

Since the Philistines fell before Hezekiah, they did not appoint a

וּשְׁאֵרִיתֵךְ יַהֲרֹג׃ לא הֵילִילִי שַׁעַר זַעֲקִי־
עִיר נָמוֹג פְּלֶשֶׁת כֻּלֵּךְ כִּי מִצָּפוֹן עָשָׁן
בָּא וְאֵין בּוֹדֵד בְּמוֹעָדָיו׃ לב וּמַה־יַּעֲנֶה
מַלְאֲכֵי־גוֹי כִּי יְהוָה יִסַּד צִיּוֹן וּבָהּ יֶחֱסוּ
עניי

תרגום

וּשְׁאָר עַמִּיךְ יִקְטוֹל׃
לא אֲלִילִי עַל תַּרְעִיךְ
צְוַחִי עַל קַרְתִּיךְ אִתְּבַרְתּוּן
פְּלִשְׁתָּאֵי כּוּלְכוֹן אֲרֵי
מִצִּפּוּנָא פּוּרְעֲנוּתָא אָתֵי
וְלֵית דִּמְאַחַר בִּזְמְנוֹהִי׃
לב וּמָה יְבַסְּרוּן אִזְגַּדֵּי
עַמְמַיָּא אֲרֵי יְיָ שַׁכְלֵיל
צִיוֹן וּבַהּ יִתְרַחֲצוּן

מהר"י קרא

בכורי. כמו בכרי מדין. וכמו בכרה קלה: והמתי ברעב שרשך. אלו האבות: ושאריתך. אלו הבנים שנשארים תחת האבות. וכן הוא אומר בדניאל ותחץ (מלכותו) [לארבע רוחות השמים] ולא לאחריתו. כלומר ולא לבניו: (לא) הלילי שער. מקום דלתות העמים. שכל שם מדינות שם שסביבותיהן נקבצים שם בסחורה ובלע"ז נקרא פור"ם: כי מצפון עשן בא. כי נבוכדנצר מצפון בא עליכם: ואין בודד במועדיו. מכל קרואיו. שכן לבדוד מחבירו קרוי בדוד לפי שנשאר לבד והולך בדד: (לב) ומה יענה מלאכי גוי. ולבד מפורענות זה האמור כאן שיבא עליהן מלך בבל איכה יעשה כשיבואו מלאכי גוי. האומה המכונה גוי אחד מי הם מלאכי גוי הוא מלך המשיח ואליהו כשיגיע זמן שתוסד ציון:

רש"י

(לא) כי מצפון עשן בא. פורעניות קשה כעשן תבא אליהם מצפון. עזה וגבוליה שהכה חזקיה היו בדרומה של א"י במקצוע דרומית מערבית נמצאת א"י לה מצפון וכן מצינו בספרי כשהאזינו בקשו לברוח כלפי דרום היו מסגירין אותן שנ' (עמוס ב') על ג' פשעי עזה למדנו שעזה בדרום: ואין בודד במועדיו. ת"י ולית דמאחר בזמנוהי בגדודי' שיעד לבא עליכם ואין מאחר פעמיו להיות בודד ובא בודד לבדו אלא כלם כאחד יבואו בחזקה: (לב) ומה יענה מלאכי גוי. ומה יגידו בימי חזקיהו מלאכי ישראל ההולכים לבשר בשורות כן יגידו ה' יסד בציון הקים בה מלך הגון וחזק ה' עמו: ובה יחסו עניי עמו. אף מעשרת השבטים באים שם כמו שמפורש בד"ה (ב' ל') ששלח חזקיהו מלאכים בכל גבול ישראל לשוב להקב"ה:

רד"ק

המבצר: ושאריתך. והנשארים מן הרעב שלא ימותו ברעב יהרוג. חזקיהו ואמר והמתי שהוא מאמר האל ואמר יהרוג כי מה שיעשה חזקיהו הוא מעשה האל כי בעזרתו עשה מה שעשה: (לא) הלילי שער זעקי עיר. הלילי על שער זעקי על עיר על השבר הגדול הבא עליך וכן ת"י הלילי על תרעך צווחי על קריך: נמוג פלשת כלך. נמוג ונשבר את פלשת כלך ואמר נמוג לשון זכר ואמר הלילי זעקי לשון נקבה ל' זכר הוא כנגד העם ול' נקבה כנגד העדה: כי מצפון עשן בא. הפורענות שהוא כעשן ואמר מצפון ארץ ישראל שהיא צפונית לארץ פלשתים: ואין בודד במועדיו. במועדים שיתן חזקיהו ללכת להלחם על פלשתים אין בישראל שיהיה בודד בעצמו שלא ילך עם החיל כי כלם ילכו בשמחה וכן ת"י ולית דמאחר בזמנוהי: (לב) ומה יענה מלאכי גוי. כל אחד ממלאכי העכו"ם ההולכים בשליחות מארץ אל ארץ כשישאלו אותו חדשות מה יאמר. יאמר כי ה' יסד ציון במלוך חזקיהו כי היה לציון כמו יסוד לבנין. כי חשב מלך אשור להחריבה והתפלל חזקיהו וענהו האל על ידי ישעיה הנביא. ואמר לא יורה שם חץ ולא יקדמנה מגן ולא ישפך עליה סוללה. ואמר וגנותי על העיר הזאת להושיעה: ובה יחסו עניי עמי. כל ערי יהודה הבצורות נתפשו והיא

אבן עזרא

הבנים וכן ולא לאחריתו: (לא) הלילו. הטעם שירומו קול בפרהסיא: כי מצפון עשן בא. הוא מלך אשור והנכון שהוא נבוכדנצר והעד כי ה' יסד ציון: ואין בודד. מגזרת בדד: במועדיו. בארמוניו בא העשן ולא יוכל אדם לשבת אפילו לבדו בביתו: (לב) ומה יענה. כל מלאך ממלאכי גוי זה יענה כי ה' יסד ציון ולא יוכל מלך אשור לה וטעם ומה יענה שישאלו הגוים מה היה לירושלם וכן יענו המלאכים לשולחיהם:

מצודת ציון

שהכיכה לגוח: (לא) הלילי. מלשון יללה: נמוג. ענין המסה והמקה: בודד. מלשון בדד ויחידי: במועדיו. מל' מועד וזמן: (לב) יענה. ענין תשובה: מלאכי. שלוחים:

מצודת דוד

הפס בכללם: שרשך. היסוד והעיקר של פלשתים: ושאריתך. הנשארים מן הרעב יהרוג חזקיה: (לא) הלילי שער. עשי יללה על חורבן השער וזעקי מרה על שוממות העיר: נמוג. נמס ונחרב כל פלשת: כי מצפון. מא"י היושבת לצפון מזרח פלשת בא עליה פורעניות הקשה כעשן: ואין בודד במועדיו. אין מי באנשי חזקיה יבוא בדד בזמן המועד שקבע להלחם בו כי כולם יחד יבואו: (לב) ומה יענה מלאכי גוי. כל אחד ממלאכי האומות ההולכים בשליחו' מארץ לארץ כשישאלו אותו חדשות מה יענה לשואלים: כי ה' וגו'. כאומר את זה יענה לומר דעו אשר ה' יסד את ציון ולא גבר עליה סנחריב: ובה יחסו. בציון יחסו להסתתר מפני סנחריב כי לא כבשה:

messengers of Israel, who go to bring news, announce in the days of Hezekiah? This is what they shall announce: The Lord has founded in Zion; He has set up therein a fitting and powerful king; the Lord is with him. — [*Rashi*]

Others render: Now what shall the messengers of a nation reply? The messengers of the nations surrounding Eretz Israel, who are sent out to bring news—what shall they reply to those who sent them? The reply shall be: The Lord has founded Zion; i.e., He has made Hezekiah like the foundation of the building. When Sennacherib planned to destroy Zion, Hezekiah prayed for its safety, and the Lord replied through Isaiah the prophet: "(infra

and he shall slay your remnant. 31. Howl [for the] gate, cry out
[for the city]; Philistia has melted, all of you, for from the
North smoke has come, and there is no straggler in his ranks.
32. Now what shall the messenger of a nation announce? That
the Lord has founded Zion, and therein shall the poor of His
people shelter themselves.

Others explain: Israel, who has the firstborn share of poverty, shall graze, i.e. they shall have plenty. He likens them to sheep, who go out into the pastures to graze. They, too, will leave their fortified cities without fear of enemies, and they will be sated from the spoils of the nations. — [*Redak*]

and I will put your root to death—They shall enjoy plenty, while you perish from hunger. "The root" denotes those assembling in the fortified cities for refuge. — [*Redak*]

your remnant—Those who survive the hunger. — [*Redak*]

Alternatively, the children who survive the parents. — [*Kara*] *Ibn Ezra* explains the passage similarly. It appears, however, that he read: אַחֲרִיתֵךְ instead of שְׁאֵרִיתֵךְ.

31. **Howl [for the] gate**—Raise your voice and lament the destruction of the gate of the city, where the people would congregate to buy and sell merchandise. — [*Kara*]

for from the North smoke has come—*Retribution harsh as smoke, shall come upon them from the north. Gaza and its boundaries, which Hezekiah smote, were in the south of Eretz Israel in the southwestern corner. Eretz Israel is found to be north of it. And so we find in Sifre in Ha'azinu* 322: *They attempted to flee through the south, and they turned them over, as it is stated:* "(Amos 1:6) *For three transgressions of Gaza* . . . because of their exiling a complete exile to deliver to Edom." *Hence, we learn that Gaza is on the south.* — [*Rashi*] At the time of the destruction of the Second Temple, when Jews attempted to escape from the Romans, their neighbors on all sides would turn them over to the adversaries. On the south was Gaza, who made sure that the exile was complete, and that no one who fled to the south would escape. *Redak* concurs with *Rashi*. *Ibn Ezra* quotes those who explain this as referring to the king of Assyria. He, however, sees in it a reference to Nebuchadnezzar.

and there is no straggler in his ranks—*Jonathan renders: And there is no straggler among his appointed ones, i.e., in his ranks whom he appointed to come upon them, and no one delays his steps to be secluded and to come in seclusion alone, but all of them shall come as one, with strength.* — [*Rashi*] As mentioned before, this refers to Hezekiah's army advancing to attack the Philistines. — [*Redak*]

Ibn Ezra renders: And no one will be secluded in his palaces; i.e., because of the smoke, no one will even be able to sit in his house alone.

32. **And what shall the messengers of a nation announce**—*What shall the*

עֲנִיֵּי עַמּוֹ: טו א מַשָּׂא מוֹאָב כִּי בְּלֵיל
שֻׁדַּד עָר מוֹאָב נִדְמָה כִּי בְּלֵיל שֻׁדַּד
קִיר־מוֹאָב נִדְמָה: ב עָלָה הַבַּיִת וְדִיבֹן
הַבָּמוֹת לְבֶכִי עַל־נְבוֹ וְעַל מֵידְבָא
מוֹאָב יְיֵלִיל בְּכָל־רֹאשָׁיו קָרְחָה כָּל־

תרגום

חֲשִׁיכֵי עַמָּא: א מַטַּל כָּס דְּלְוָט לְאַשְׁקָאָה יַת מוֹאָב. אֲרֵי בְּלֵילְיָא אִתְבְּזִיזַת לְחַיַת מוֹאָב וְאִינוּן דְּמִיכִין וּבְלֵילְיָא אִתְכְּבֵישׁ כְּרַכָּא דְמוֹאָב וְאִינוּן דְּדִימִין: ב סְלִיקוּ לְבָתַּיָא דְּדִיבוֹן לְבָמָתָא לְמִבְכֵּי עַל נְבוֹ וְעַל מֵידְבָא מוֹאֲבָאֵי מְיַלְלִין

רש״י

טו (א) **משא מואב**. נתנבא ישעיה שיבא סנחריב על מואב ויגלם כמו שנאמר (לקמן ט״ז) בשלש שנים כשני שכיר ונקלה כבוד מואב: **כי בליל שודד ער מואב נדמה**. נדמה מואב כאלו ישן דומם ואין יכול להלחם ובליל אחר אשר שודד בו קיר מואב נדמה ת״י ואינון דמיכין. ער וקיר שתי מדינות מואב הם: (ב) **עלה הבית ודיבון**. עלה מואב הבית ואנשי דיבון על הבמות: **לבכי**. אלו בוכים בבית ואלו בוכים בראשי במותיהם:

מהר״י קרא

טו (א) משא מואב כי בליל שודד ער מואב. ער שם מקום הוא משל מואב. גם קיר מואב שם מקום הוא משל מואב. לא נודע לי השוד הזה מאין הוא. וצא ולמד ממקום אחר שאומר בחזון עובדיה אם גנבים באו לך אם שודדי לילה איך נדמיתה. למדנו שאין נדמה לא מפני גנב ולא מפני שודדי לילה שכיון שירא לעשות יומם וישדוד לילה אינו בא לחפש מטמונות אלא הנמצא לוקח והולך. הא למדת שאין אדם נדמה מפני שודדי לילה. וכן במואב נדמה כאילו מפני שודדי יום שמחפשין כל הבית. ועד עכשיו לא הגעת לסוף דבר מה שנתתה (להיפר) [להיפרע] ממואב בלשון חזה. מה שלא תמצא בכל הגוים שנתנבאו עליהם נביאי ישראל. צא ולמד מהם אומר הענין הביאי עצה עשי פלילה שיתי כליל צילך. כשהיו פליטי ישראל הפליטים מחרב בורחים אצלכם ביום היה לכם לעשות צל שלכם ביום ולהסתירם כצל של לילה שאין בריה מכרת בו. ולא הצלתם אותם אלא כשהיו בורחים אצלכם הייתם (מרגלים) [מגלים] אותם. לכן הנני אליכם גם אני וגיליתי מצפונכם בלילה כאילו ביום שלא יהא נעלם דבר מן האויב הבא לשדוד את מואב. בליל שודד קיר שהוא של מואב. מפני שודדי לילה. כאדם שנדמה מפני שודדי יום. נדמה. לשון נשחת כמו הדמין תתעבדון. ומדרש חכמים. כי בליל שודד. מידה כנגד מידה בשכר שלנו שלוחי מואב אצל בלעם שתי לילות לקלל את ישראל. יפרע מהן בלילה: (ב) עלה הבית

אבן עזרא

טו (א) **משא. בליל**. סמוך והטעם בליל כך מהשבוע: **שודד ער מואב**. והנה הוא חסר בי״ת במואב: **נדמה**. נכרת כמו ודמיתי אמך: **קיר מואב**. מדינה כמו וארם מקיר: (ב) **עלה**. הטעם עלה יושב: **הבית**. שם מדינה: **הבמות**. לע״ז: **בכל ראשיו**. של מואב: **כל זקן גדועה**. שם כמו והכולתו הוב ובי״ת בראשיו ימשך אחר

רד״ק

נשארה ובה חסו ישראל: (א) משא מואב. נבואה זו על פירענות מואב ואמר הנביא כי בלילה יבא להם השודד בעודם ישנים שלא יהיו נשמרים ממנו ואמר בליל בדרך הסמיכות אולי יחסר הנסמך ר״ל בליל פלוני או בא סמיך במקום מוכרת כמו אל חזקיהו בחיל כבד ופי׳ נדמה נכרת ושדד ונדמה מלות שונות והענין אחד ואמר שדד ונדמה ועלה עבר במקום עתיד כדרך הנבואות: ער מואב. הוא עיר מיאב ששמה ער ונסמכה אל מואב אולי היתה עיר אחרת ששמה כך ותרגומה לחית ואולי ער היא ערוער כי היא למואב וכן תרגם ירושלמי מערוער על שפת נחל ארנון מלחית די על כיף נחלא דארנונא. ויש מפרשים ער כמו עיר. ת״י ואינון דמיכין פירושו בענין דממה כי כשהאדם ישן הוא דומם: וקיר. הוא עיר למואב ששמה קיר וכ״כ וארם מקיר וגלו עם ארם קירה וזה היה למואב לפיכך אמר קיר מואב וי״ת כרכא דמואב: (ב) עלה הבית ודיבון. עלה מואב אל הבית והוא בית עכו״ם ודיבון הוא שם המשגב שהיה שם בית עכו״ם: הבמות. וכן היו שם במות לבד בית עכו״ם. וכאשר יבאו האויבים עליהם פתאום יעלו עליהם לבכי ולבכות שם לפני עכו״ם שלהם ולספוד ולקרוע בגדיהם כדי שירחם עליהם כמוש אלהיהם לפי דעתם: על נבו ועל מידבא יילל. שכבשו אותם האויבים ויקרחו ראשיהם עליהם ויגדעו זקניהם ואמר לשון גדועה על הזקן ולשון קרחה

מצודת דוד

טו (א) משא מואב. נבואה זו על מואב אשר בליל בעת השינה בא השודד ושדד את העיר ער העומדת במואב ונכרת עמה: קיר מואב. העיר קיר העומדת במואב גם היא נשדדה בליל ונכרת עמה: (ב) עלה הבית. מואב עלה לבית העכו״ם ואנשי דיבון עלו על הבמות לבכות שמה כחושבם שהעכו״ם תרחם עליהם ותצילם: על נבו. על חורבן נבו ומידבא יילל מואב: קרחה. כי ימרטו שערות לאשם וישאר קרח: גדועה. תלש השערות ונחסר מהם:

מצודת ציון

טו (א) שדד. ענין עושק ואבדון: נדמה. ענין שתיקה כמו וידום אהרן (ויקרא י׳) ויאמר כן על האבדון והכריתה על כי הוא מושתק מעתה ולא נשמע קולו וכן אוי לי כי נדמתי (לעיל ו׳): (ב) קרחה. מי שאין לו שער בראש יקרא קרח: גרועה. מלשון

Midrashically, these two nights in which Moab was laid waste, correspond to the two nights in which the elders of Moab lodged with Balaam, hoping to persuade him to go with them to curse Israel. — [*Rabbi Joseph Kara, Yalkut Shimoni* from *Midrash Yelamedenu*]

2. **They went up to the temple, and Dibon**—*Moab went up to the temple, and the people of Dibon to the high places.* — [*Rashi*]

to weep—*These would weep in the temple, and these would weep atop their high places.* — [*Rashi*]

Redak explains: They went up to the temple of Chemosh, and to Dibon, the fortress where the temple was located, and to the high places when the enemies attacked, to weep

15

1. The harsh prophecy concerning Moab, for on the night that Ar of Moab was pillaged, it was as though they were sleeping silently, for on the night that Kir of Moab was pillaged, it was as though they were sleeping silently. 2. They went up to the temple, and Dibon to the high places to weep; for Nebo and for Medeba shall Moab lament; on all their heads is baldness; every beard is shaven.

37:33–35, II Kings 19:32–34) He shall not enter this city, neither shall he shoot there an arrow, nor shall he advance upon it with a shield, nor shall he pile up a siege mound against it . . . And I will protect this city to save it." — [*Redak*] According to *Redak,* and *Ibn Ezra* as well, this verse is not related to the preceding verses of this chapter, but to the threat of Sennacherib's conquest of Jerusalem.

and therein shall the poor of His people shelter themselves—*Even from the ten tribes they would come there, as is related in II Chron.* 30:6, *Hezekiah sent messengers throughout the border of Israel, to return to the Holy One, blessed be He.* — [*Rashi*]

1. **The harsh prophecy concerning Moab**—*Isaiah prophesied that Sennacherib would come upon Moab and exile them, as it is said*: "(infra 16:14) *In three years, like the years of a hireling, shall the glory of Moab be debased.*" — [*Rashi*]

for on the night that Ar of Moab was pillaged, it was as though they were sleeping silently—*Moab was silent as though they were sleeping silently and were unable to wage war, and on another night when Kir of Moab was pillaged, it was as though they were sleeping silently. Jonathan renders: And they were sleeping. Ar and Kir were two provinces of Moab.*—[*Rashi*]

Redak renders: For at night Ar of Moab was pillaged, it was laid waste; for at night Kir of Moab was pillaged, it was laid waste. The fact that it was pillaged at night denotes that the inhabitants were asleep and were unable to defend themselves. He conjectures that Ar is to be identified with Aroer. He bases this view on *Targum Yerushalmi,* Deut. 4:48, in which Aroer is represented by the same Aramaic name as Ar in our verse. He conjectures further that Ar is synonymous with Ir, meaning *a city,* thus making it a generic term. *Jonathan,* however, renders it as a place name, but renders: Kir Moab as *the fortified city of Moab.* He renders the entire verse as follows: The burden of the cup of curse to give Moab to drink, for at night, Ar (Lehayath) of Moab was pillaged, and they were sleeping, and at night, the fortified city of Moab was conquered, and they were sleeping soundly.

זָקָן גְּרוּעָה׃ ג בְּחוּצֹתָיו חָגְרוּ שָׂק עַל
גַּגּוֹתֶיהָ וּבִרְחֹבֹתֶיהָ כֻּלֹּה יְיֵלִיל יֹרֵד
בַּבֶּכִי׃ ד וַתִּזְעַק חֶשְׁבּוֹן וְאֶלְעָלֵה עַד־
יַהַץ נִשְׁמַע קוֹלָם עַל־כֵּן חֲלֻצֵי מוֹאָב
יָרִיעוּ נַפְשׁוֹ יָרְעָה לוֹ׃ ה לִבִּי לְמוֹאָב
יִזְעָק בְּרִיחֶהָ עַד־צֹעַר עֶגְלַת שְׁלִשִׁיָּה

בכל רישיהון מרטא ובכל
דקן גלוח: ג בשוקיהון
יסרון סקין על אינגריהון
וברחוביהון כולהון
מיללין מצווחין ובכן:
ד וצווחו יתבי חשבון
ואלעלה עד יהץ
אשתמע קלהון על כן
מזרזי מואב מיללין ועל
נפשיהון מצווחין:
ה בלבהון מואבאי יימרון
למעבק עד צוער עגלת

ג"אגדועה קמץ בז"ק

מהר"י קרא

ודיבון. יכנס האויב לתוך עירו להכות במסתרים. הבית. כמו ומבית ומחוץ: (ד) יריעו. פת' יצעקו: נפשו ירעה לו. והוא בנפשו אבל על עצמו: (ה) לבי למואב יזעק. פותר' בו אנשי פתר'. לב מואב יצעק. ותירגם יונתן בליביהון דמואבאי ימרון. נוטה אליכם פת'. שהיו"ד אינה מן העיקר והביאו לתיבה זו דמיון הרבה. כמו תלמי שדי. וקרע לו חלוני. היושבי בשמים. אך לא הדוכה שדימו ולא הפתרון כאשר יזמו. כי היו"ד זה עיקר ושורש היא בתיבה כמו תעה לבבי פלצות. את נשף חשקי שם לי להרדה. שכל יודי"ן שורש ועיקר הן בתיבה. כי כה משפט הנביאים כי כל פורענות שמתנבאים על האומות מרגיש היא בעצמות הנביא ואומר לו אתה הנביא דע כי מופת נתתיך לעם פלוני. כאשר תעה לבבך כן עתידין לתעות בבא אליהן צרה וצוקה. כאשר אחזתך פלצות כמו כן יבעתום. ראה הקב"ה לבלשאצר שעתיד לצאת עם אלף גבורים להלחם עם כורש. ובשובו מהכות את חיל כורש הצובאים עליו שמח שמחה גדולה ועשה משתה עם אלף

רש"י

(ג) ירד בבכי. גונח ונוהם בבכי כמו (שופטים י"א) וירדתי על ההרים וכן (איכה ג') זכור עניי ומרודי: (ד) על כן חלוצי מואב יריעו. על אשר מזויני מואב יריעו לקראת המלחמה ונפשו של מואב ירעה לו מתרועעת כאבל על עצמו: (ה) לבי למואב יזעק. נביאי ישראל אינם כנביאי אומות העולם בלעם היה מבקש לעקור את ישראל על לא דבר ונביאי ישראל מתאוננים על פורענות הבאה על האומות: בריחיה עד צוער. על כל חזקה של מואב יזעק לבי עד צוער שהיא עגלה שלישיה עיקר החוזק שלהם כעגלה שהיא שלישית לבטן. ל"א שלישיה גברתנית ויונתן

רד"ק

על הראש כי כן המנהג לתלוש שער הראש על צער הגדול ועל אבל לגדוע הזקן כלומר לגלח הזקן. כי הזקן המגודל הוא תפארת הפנים ומפני האבל יסירו התפארת וכן אמר מגלחי זקן וקרועי בגדים ולא אמר הנה מגלחת ואמר גדועה לגנאי: בכל ראשיו קרחה. זה לבדו בא בחולם הרי"ש בלשון רבים: (ג) בחציתיו. בשוקים וברחובות ועל הגגות כלומר בגלוי יחגרו שק וייללו ויבכו וכשמדבר בל' יחיד הוא על הכלל ובל' רבים הוא על הפרט. ופי' יורד בבכי כאילו כל גופו יורד ניתך בבכי. והוא דרך הפלגה מרוב הבכי. ויונתן תרגם יורד מצווחין. מענין אריד בשיחי ואף על פי שאינו משרשו: (ד) ותזעק חשבון ואלעלה. ערי מואב. וכן יהץ. והיא יהצה הנזכר בתורה. והיא בגבול מואב לפיכך אמר עד: על כן חלוצי מואב. אותם חלוצי צבא שהיו במואב כשראו כל העם בוכים. גם הם הריעו תרועת הבכי והיללה עמהם ולא שמו לבם להלחם כנגד אויביהם: נפשו ירעה לו. ירעה מענין תרועה ואע"פ שאינו משרשו ופי' נפש מואב ירעה בעבור עצמו. כלומר על הרעה שבא לו: (ה) לבי למואב. מדבר הנביא על לשון העם שיאמר כל אחד מהם כך ואמר זעקה ללב על דרך משל מרוב המייתו וי"ת בלבהון מואבאי יימרון למעריק עד צוער: בריחיה.

אבן עזרא

עמו כמ"ס מאל אביך: (ג) בחוצותיו. בתולות מואב: על גגותיה. רמז למדינה: ייליל. כמו ייטיב והנה העתיד בבנין הפעיל נע והס זרות: (ד) ותזעק. נפש של מואב: ירעה לו. והנכון שכל אחד יזעק ויאמר: (ה) לבי למואב. בעבור מואב: בריחיה. בריחי המדינה צועקים כמו הילילי שער או בריחיה הובאו אל מצרים כי משם בא מלך אשור

מצודת ציון

גרעון והסרון: (ג) יורד. ענין נהימה וגניחה כמו אריד בשיחי ותהלים נ"ה): (ד) חשבון ואלעלה יהץ. שמות מקומות: חלוצי. מזוין בכלי קרב: יריעו. ירעה. מלשון תרועה: (ה) בריחה. מל'

מצודת דוד

(ג) בחוצותיו. בפרסום חגרו שקים לאבל ולצער: כלה ייליל. בכל מקום מהמקומות האלה ישמע קול יללה ונהימה בבכי: (ד) ותזעק חשבון. עדת חשבון: קולם. קול זעקתם: על כן. בעבור זעקה העם גם חלוצי הצבא שבמואב ירעו גם המה תרועת הבכי והיללה ולא שתו לבם להלחם עוד: נפשו ירעה לו. נפשו של מואב ירעה תרועה אבל על עצמו: (ה) לבי למואב יזעק. הנביא מדבר כן על לשון העם שיאמר כל אחד ואחד לבי למואב יזעק ר"ל יזעק ממרידות לב ולא לפנים: בריחה וגו'. ר"ל הנה מעולם היתה מואב

Isaiah cried for Moab as a sign of the grief that was to befall that country. — [*Rabbi Joseph Kara*]

Alternatively, every *Moabite* shall say, "My heart shall cry out for Moab." This expression denotes the deep emotion involved in the cries. *Jonathan* renders: In their hearts, the Moabites shall say. — [*Redak*]

its bars (בְּרִיחֶהָ) as far as Zoar— *For the entire strength of Moab shall my heart cry, as far as Zoar, which is a third born heifer; it is their main strength, like a heifer born third to its mother. Alternatively,* שְׁלִשִׁיָּה *means a strong heifer. Jonathan, however, renders* בְּרִיחֶהָ *like* בּוֹרְחֶיהָ, *those of her who flee. Those who flee shall flee*

3. In its streets they girded themselves with sackcloth; on its
roofs and in its city squares they all wail, sighing with weeping.
4. And Heshbon and Elealeh cried out; as far as Jahaz, their
voice was heard; therefore, the armed men of Moab shall cry in
alarm; their soul shall cry for them. 5. My heart shall cry out
for Moab; its bars as far as Zoar as a third-born heifer;

and lament before Chemosh to save them.

Ibn Ezra explains: The inhabitants of Bayith (a Moabite city) and Dibon went up to the high places.

on all their heads—I.e. on all the heads of the Moabites. — [*Ibn Ezra*]

for Nebo and for Medeba shall Moab lament—for the enemies had conquered them, and they shall tear out their hair and shave their beards as a token of mourning for the lost cities. It was, indeed, customary to tear out the hair and to shave off the beard as a token of grave anguish, for the full beard enhances the beauty of the face, and because of mourning, they would remove this beauty. Comp. Jer. 41:5. — [*Redak*]

shaven—According to Jonathan. Lit. *cut off*, according to the reading גְּדוּעָה. This term is used to debase the Moabites. [Other editions read גְּרוּעָה, which means *made less*.] — [*Redak*]

3. **In its streets**—in the streets of Moab. — [*Ibn Ezra*]

I.e., in public. — [*Redak*]

on its roofs—Lit. on her roofs. The antecedent is הַמְּדִינָה, the province. —[*Ibn Ezra*]

sighing—Heb. יֹרֵד, *sighing and roaring with weeping. Comp.* "(Judges 11:37) *And I will cry,* (וְיָרַדְתִּי) *on the mountains,"* and "(Lam. 3:19) *Remember my affliction and my cry* (וּמְרוּדִי)." — [*Rashi*]

Redak suggests: going down with weeping. I.e., it will be as though the entire body is melting and going down with weeping.

because the armed men of Moab shall cry in alarm—*Since the armed men of Moab shall cry out towards the battle, and the soul of Moab shall cry out for itself, like one mourning for himself.* — [*Rashi*]

Redak renders: Therefore, those armed men of Moab, upon seeing the people wailing, will lose courage, and, instead of engaging the enemy in battle, will join the civilians in their wailing. — [*Redak*]

Heshbon, Elealah—Moabite cities. — [*Redak*]

Jahaz—This is the place where the Israelites fought Sihon. It is at the boundary of Moab, hence the expression: as far as Jahaz.—[*Redak*]

5. **My heart shall cry out for Moab**—*The Jewish prophets are not like the gentile prophets. Balaam sought to uproot Israel for no reason, whereas the prophets of Israel bewail the calamity that befalls the nations.* — [*Rashi*]

Alternatively, the prophet, as the vehicle of the prophecy, feels the sorrow and grief destined for those against whom it is directed. Hence,

כִּי ׀ מַעֲלֵה הַלּוּחִית בִּבְכִי יַעֲלֶה־בּוֹ כִּי
דֶּרֶךְ חוֹרֹנַיִם זַעֲקַת־שֶׁבֶר יְעֹעֵרוּ׃ ו כִּי־
מֵי נִמְרִים מְשַׁמּוֹת יִהְיוּ כִּי־יָבֵשׁ חָצִיר

תְּלָתוּת רַבְּתָא אֲרֵי
בְמַסּוּקִית לוּחִית בִּדְבָכִן
יִסְקוּן בֵּיהּ אֲרֵי
בְמַחוּתִית חוֹרְנַיִם צְוָחַת
תְּבִירֵי קְרָב יְבַסְרוּן׃
ו אֲרֵי מֵי נִמְרִים לְצָדוּ

רש"י

תירגם בריחיה כמו בורחיה הבורחים יברחו מהם להמלט עד צוער כמו שעשה לוט אביהם שברח לצוער: **מעלה הלוחית**. מקום מעלות הר ששמו מעלה הלוחית וכן מורד הורנים (ירמיה י"ח) יבכו הבורחים דרך שם וכל המקומות האלה ממואב הם: **יעערו**. ילעקו ול' ארמי הוא שת"י לא ידרוך הדורך הידד לא יעוערון בקלהון: (ו) **מי נמרים**. נהר של אותו מקום: משמות יהיו. מדם חלל המתערב ונופל בהם: **כי יבש חציר וגו'**. כלומר גבוריהם ומלכיהם ושליטיהם ולפי שסבהה של ארץ מואב הוא מרעה הטוב שבה כמו ששנינו אלים ממואב לפיכך משל את פורענותה

מהר"י קרא

גבורים שנצח בהם חיל כורש ואמר במשתה היין להוציא כלי בית ה׳ ושתה הוא ושריו ופילגשו. ובו בלילה שהוא שמחתו פרע הקב"ה. והקב"ה שהוא מגיד אחרית מראשית הראה לנביא דוגמתו מאז בטרם יבא לילה אחר הנביא ראהו שליו בביתו ושמח. ועד שהוא יושב בביתו שליו והנה חשיכה גדולה נופלת עליו. ביום ההוא הראהו הקב"ה לנביא נקמת בבל ונקמת היכלו. ואמר כשם ששמתי לך נשף חשקך לחרדה שבילבלתי לב שמחתך. אות הוא לבן בנו של נבוכדנצר בבוא עת פקודתו גם הוא לשום נשף חשקו לחרדה ולגבות נקמתו. ויהי כראות הנביא את פשר החזון ויספר אל עמו ויאמר. הראני הקב"ה פורענות שעתידה לבוא על בבל. ראיתי הלילה ואני יושב בביתי שליו ורוח על פני יחלוף תסמר שערת בשרי. תעה לבבי פלצות ביעתתני את נשף חשקי שם לי לחרדה. ואחרדה לקראת החזון. ואשתומם על המראה. ויעוד שאני יושב ותמיה. והנה נצב עלי. ויאמר הנה אות היא לבלטשאצר לשום נשף לחרדה ולשוממות עולם בבוא פקידתו. ואף כאן בפורענות מואב הראהו הקב"ה לישעי׳ כי לימים רבים יזעק לב מואב בבוא עליהם צרה וצוקה כשיהיו נפוצים בגוים ויזרו בארצות. והזעיק הקב"ה לב הנביא עליו אות היא למואב שכמו כן יצעק לבם: בריחה עד צוער עגלת שלשיה. נברחים שלה יברחו עד צוער שנקראת עגלה שלישיה. גברתנית כמו דמתרגם ושלישים על כולו. יש לומר כעגלה השלישית לבטן אף צוער מקום [חזק] שבארץ מואב: כי מעלה הלוחית בבכי יעלה בו. לשון נופל על הלשון היא נקראת מעלה הלוחית לכן העולה בבכי יעלה בו: כי דרך חרנים זעקת שבר. בספר ירמיה אתה קורא מורד חורונים. למדנו כי המורד מורד בית חורון. קורא אליהם לצעוק צעקת שבר. כשירדפום האויבים ויכום במורד כענין שנאמר במלחמת יהושע. (ויכום) [וירדפום] לפני שער השברים ויכום במורד. תרג׳ עד דתברינון: (ו) כי מי נמרים משמות יהיו. המקום נקרא נמרים. השם גורם לו שיבש מקורו ויחרב מעיינו. שמי נמרים לשון תמרים לכך מימיו מתחלפים ועוברים ומשיבשו מימיו מיד יבש חציר כלה דשא ירק לא היה. ושים לבך מה נשתנה מואב שלא הקדישו ליום הריגה. וכולם בשם יקרא. מה שלא עשה לכל הממלכות. מפני שלא נעש׳ להם סתר לישראל מפני שודד. לכן לא יותר להם מקום להסתר שם ולא השאיר הנביא מקום שלא חיפש אחריו ושמהו

אבן עזרא

או צוער של סדום ויהיה עגלת שלישיה שיש לה ג׳ שנים תואר צוער ויתכן היות בריחיה שם התואר כטעם בורחיה אך ברוחיה לא יתכן לאמרו כי איך יהיה פועל וי"ו לפועל עומד: **יעוערו**. העי"ן השני כפול והטעם כמו יעוררו והיא מלה זרה: (ו) **כי. נמרים**. שם מקום: **משמות**.

רד"ק

אמר בכנוי חנקבה לפי שהמשיל מואב לעגלה שלישיה ופי׳ עגלה גדולה בת שלשה שנים כי היא הטובה. וכן היתה מואב מלאה כל טוב כשבא אליה הרעה ואמר כי הנמלטים ממואב יברחו עד צוער. ואמר עגלת בתי"ו כמו בה"א כמו ותועבת לאדם לץ אף גילת ורנן. אל תתני פוגת לך והדומים להם שכתבנו בספר מכלל וי"ת עגלת תלתות רבתא: **הלוחית**. שם מקום גבוה אמר כאשר יברחו ילכו הלוך ובכה ויזעקו זעקת שבר הבא עליהם פתאום: **חורונים**. שנים הם חורון העליון וחורון התחתון פי׳ יעוערו כמו יעורו ונכפלה הפ"א. וי"מ שהוא הפוך כמו ירועעו מענין תרועה ולפי דעתי שהוא מענין שבר ומדברי רבותי׳ נמחקת המגלה ואמרה איני שותה מערערין אותה. פי׳ משברין ומכין אותה עד שתשתה אע"פ שביעוערו לא נכפלה בו כי אם הפ"א בלבד שניהם ענין אחד ופי׳ יעוערו ישברו עצמם בזעקם על שברם ויכו כף אל כף וכף אל ירך כמנהג הצועקים הבוכים: (ו) **כי מי נמרים**. נמרים שם נהר או שם מקום בארץ מואב ואמר משמות יהיו כיון שאין שם יושבים כאילו אין שם מים ואין שם רק ירק ועשב כי יושבי

מצודת דוד

מדינה הטובה כעגל השלישי לבטן המעולה ביותר ועתה ברחו מפני המלחמה ובאו הבורחים עד צוער וסרס המקרא: **כי מעלה הלוחית**. כי בעת יברחו דרך מעלה הר הלוחית הנה יעלו שם בבכי: **דרך חורונים**. בדרך חורונים יעירו זעקת שבר: (ו) **מי נמרים**. מי נהר נמרים יהיה שממה ר"ל יחרב מימיה: **יבש חציר**. לפי שכל שבח ארץ מואב במרעה שמן ודשן לכן אמר בהורבנה ביחרב מימיהם ותכלה המרעה: **ירק לא היה**. כ"כ תחרב כאלו לא היה שם ירק מעולם:

מצודת ציון

הבריחה וניסה: **יעוערו**. כמו ירועו ונכפלה הפ"א הפעל:

87a) *Rams from Moab," he therefore compared its retribution to the destruction of its pastureland.* — [*Rashi*]

Because of the many things they did—*Because they did many things, this retribution shall come upon them, for they were unappreciative, for in*

for the ascent of Haluhith, amidst weeping shall they ascend it, for in the way of Horonaim, a cry of destruction they shall raise. 6. For the waters of Nimrim shall be a waste, for the grass has dried out,

from them to escape to Zoar, as Lot, their forebear, fled to Zoar. — [*Rashi*]

Alternatively, עֶגְלַת שְׁלִשִׁיָּה is a three-year old heifer. — [*Ibn Ezra*]

According to *Rashi,* the bars are symbolic of the strength of Moab. Hence, the prophet bewails the loss of Moab's strength, sapped from all its cities, as far as Zoar, its strongest city, likened to a third born heifer. *Ibn Ezra* explains this passage literally, that the bolts, or bars of the country were taken away to Zoan of Egypt, which he identifies with Zoar. Since the king of Assyria came from there, he returned there with his spoils. It is also possible that they were taken to Zoar neighboring on Sodom. The city of Zoar is likened to a three-year old heifer. He suggests also that the prophet depicts the bolts of the province, as far as Zoar, crying out for Moab.

the ascent of Haluhith—*A place on the ascents of the mountain, named "the ascent of Haluhith," and similarly,* "(Jer. 48:5) *The descent of Horonaim." Those who flee through them shall weep. All these locations are from Moab.* — [*Rashi*]

Horonaim—The structure of this word denotes the dual form, including the upper Horon and the lower Horon. — [*Redak*]

they shall raise—Heb. יְעֹעֵרוּ, *they shall cry, and this is an Aramaic expression, for Jonathan renders:* "(infra 16:10) *The treader shall not tread; I have abolished the cry," as: They shall not cry* (יְעוֹעֲרוּן) *with their voice."* — [*Rashi*] In our editions of *Targum Jonathan,* this does not appear.

Redak suggests that it may be either an expression of shouting or an expression of breaking; i.e., they clap their hands and strike their thighs in anguish, as though they were breaking themselves.

6. **the waters of Nimrim**—*The river of that place.* — [*Rashi, Ibn Ezra*] I.e., the place was called Nimrim; the river was called "the waters of Nimrim."

Redak conjectures that, perhaps, Nimrim is the name of a river, not the name of the place.

shall be a waste—*from the blood of the fallen that was mixed and fell into it.* — [*Rashi*]

Redak interprets it to mean that the inhabitants left, leaving the river desolate, as though the water had dried up.

for the grass has dried up—*meaning their heroes and their kings and their rulers, and since the land of Moab is noted for its good pastureland, as we learned:* "(*Menachoth*

כָּלָה דֶשֶׁא יֶרֶק לֹא הָיָה׃ ז עַל־כֵּן יִתְרָה
עָשָׂה וּפְקֻדָּתָם עַל נַחַל הָעֲרָבִים
יִשָּׂאוּם׃ ח כִּי־הִקִּיפָה הַזְּעָקָה אֶת־גְּבוּל
מוֹאָב עַד־אֶגְלַיִם יִלְלָתָהּ וּבְאֵר אֵילִים
יִלְלָתָהּ׃ ט כִּי מֵי דִימוֹן מָלְאוּ דָם כִּי־
אָשִׁית עַל־דִּימוֹן נוֹסָפוֹת לִפְלֵיטַת

תרגום

יְהוֹן אֲרֵי יָבֵשׁ עִסְבָּא
סַף דִּתְאָה יְרוֹק לָא
הֲוָה׃ ז עַל כֵּן שְׁאָר
נִכְסֵיהוֹן יִתְבַּזְזוּן
וּתְחוּמְהוֹן דְּעַל יַמָּא
מַעַרְבָא יִתְנְסֵיב מִנְהוֹן׃
ח אֲרֵי אַקְפַת צְוָחְתָא
יַת תְּחוּם מוֹאָב עַד
אֶגְלַיִם מְיַלְלִין וּבְאֵר
אֵלִים מְצַוְחִין׃ ט אֲרֵי מֵי
דִימוֹן אִתְמְלִיאוּ דַם
קְטוֹלִין אֲרֵי אֲמַנֵי עַל

מהר"י קרא

שממה. הוא שקינתרן בסוף הענין יגורו בך נדחי מואב הוי סתר למו מפני שודד: (ז) על כן יתרה עשה. זאת להם על אשר יתרה עשה: ופקודתם. היא ממונם: (ח) אגלים ובאר אלים. שם מקומות הן. המקום נקרא באר אלים לכן כלונו אנשים: (ט) כי מי דימון מלאו דם. לשון נופל על הלשון על כן מימיה נמלאה הרוגיה: אשית על דימון נוספות. חיילים מתוספים ובאים עליהן. ותרגומו כנשת משריין: לפליטת

רש"י

בחורבן מרעה שלה: (ז) על כן יתרה עשה. על אשר יתרה עשה תבא עליו הפורענות הזה שהיו כפויי טובה שהרי בכמה מקומות עמד אברהם ללוט בלכתו מחרן ובלכתו למצרים ובזכותו שולח מתוך ההפכה ונלחם עליו עם אמרפל וחבריו והיה להם לגמול טובה לזרעו והם היו מונים אותם כשהגלה סנחריב לראובני ולגדי והיו ישראל בוכים ומתאוננים והיו אומרים להם על מה אתם מתאוננים והלא לבית אביכם אתם הולכים אברהם אביכם לא מעבר הנהר בא וזהו שנאמר (צפניה ב') שמעתי חרפת מואב וגדופי בני עמון ועוד שסייעו את סנחריב שלש שנים שאר על שומרון הוא שנאמר (לקמן ט"ז) בשלש שנים כשני שכיר ונקלה כל כבוד מואב: ופקדתם. ת"י ותחומיהון דעל ימא מערבא יתנסיב והוא ל' מינוי כמו (במדבר ד') ופקודת אלעזר בן אהרן הכהן כלומר ארצם שפקדתם עליה תלקח מהם: על נחל הערבים ישאום. יקחו האויבים אותם את הגבולין ועוד יש לפרש ופקדתם שאביא עליהם זה תהיה על נחל הערבים ישאום האויבים יגלו אותם אל ארץ בבל שהוא נחל הערבים שנאמר (תהלים קל"ז) על ערבים בתוכה תלינו כנורותינו: (ח) אגלים. ובאר אלים. מקומות הם בגבול מואב: יללתה. של מואב באר אלים. כמו ולבאר אלים: (ט) מי דימון. שם הנהר: מלאו דם. כשם הנהר: כי אשית על דימון נוספות. דם שמו ודם חללים אוסיף למלאותו וי"ת נוספות כנישת משריין מהגות הנוספות יחד. והוא ל' ספו שנה על שנה (לקמן כ"ט) ספות הרוה (דברים כ"ט): לפליטת מואב אריה. פליטה שישאיר סנחריב יבא נ"נ בעתו וישחיתם והוא נקרא אריה כענין שנ' (ירמי' ד') עלה

רד"ק

הארץ מהם נהרגו ומהם ברחו: (ז) על כן יתרה עשה. חסר מלת אשר ומשפטו אשר עשה וכן לעם עליה אשר עליה את הדרך ילכו בה אשר ילכו בה בעבור זה עשה ה' לי בעבור זה אשר ה' עשה לי ופי' על כן ייליל מואב ויבכה כי יתר ההמון שכבש ופקודתם הכל ישאו האויבים על נחל הערבים: נחל הערבים. נחל סמוך לעיר מואב שהיו בו ערבים כמו ערבי נחל ומה שיוציאו מן העיר ישאו על שפת הנחל ההוא ושם יקבצו הכל ואחר כך יחלקו ביניהם השלל ופי' פקודתם ממונם נקרא הממון פקודה לפי שהאדם פקיד ונגיד עליו. וכפל הענין במלות שונות: (ח) כי הקיפה. בכל גבול מואב סביב יזעקו ויילילו וכן עד אגלים ובאר אלים וכן ערי מואב על הגבול או סמוכות לגבול: (ט) כי מי דימון. דימון שם נהר בערי מואב ואמר כי מדם החללים מלאו מי הנהר דם כי אשית מאמר האל אמר אשית על דימון: נוספות. שיהיה הדם נוסף על מי הנהר ופי' נוספות בל' נקבות תעלות או גלית מדם נוספות על הנהר

אבן עזרא

שם ואילו היה פועל מהכפולים תחת השי"ן הירק: (ז) על. יתרה. שם ממון: עשה. קנה כמו עשה לי את החיל הזה: ופקדתם. מגזרת פקדון והנה הממון ישאום אל ערבי הנחל והנכון שממונם ישאוהו על הנחל הידוע בארצם שהוא על ערבים והטעם שיוליכו ממונם למקום אחר אולי ישאר להם: (ח) כי. עד. מושך אחר וכן ועד באר אלים: (ט) כי. מלאו דם. חללי מואב: נוספות. הטעם רעות נוספות וכן עשיר יענה עזות והטעם מלות: כי אשית.

מצודת ציון

(ז) יתרה. מלשון יתרון והוא ענין רבוי: עשה. ענין הקנין והאסיפה וכן וישראל עושה חיל (במדבר כ"ד): ופקודתם. מל' פקדון וגניזה: (ח) הקיפה. ענין סבוב: (ט) אשית. אשים: לפליט'. ענ' שארית:

מצודת דוד

(ז) על כן. בעבור כובד המלחמה: יתרה עשה. יתרון העושר ומרבית ההון שקנו והממון הפקוד והגנוז אללם את הכל ישאום על הנחל הגדלים שם ערבים להטמינם מעיני השודד תוך ענפי הערבים: (ח) כי הקיפה. בכל הגבול מסביב ישמע קול זעקה: עד אגלים יללתה. יללת מואב יהיה נשמע עד אגלים ועד באר אלים שעמדו בסוף גבול ארצם: (ט) מי דימון. שם נהר: מלאו דם. מדם הרוגיהם: כי אשית על דימון נוספות. שמו דימון מלשון דם ואוסיף עליו דם חללים והוא ענין מליצה ל' נופל על לשון: לפליטת

8. **For the cry has surrounded the border of Moab**—Throughout the border of Moab, they shall cry and wail. — [*Redak*]

Eglaim . . . Beer-elim—*They are places on the border of Moab.* — [*Rashi*]

Redak conjectures that, perhaps, they were *near* the border.

her wail—*the wail of Moab.* — [*Rashi*]

and Beer-elim—*and to Beer-elim.* —[*Rashi*] Note the deviation from the punctuation of *Nach Lublin.* Our

herbage has vanished; vegetation is no more. 7. Because of the
many things they did, and their appointed territory by the west-
ern sea, they shall take them. 8. For the cry has surrounded the
border of Moab; as far as Eglaim is her wail and [to] Beer-elim
is her wail. 9. For the waters of Dimon are full of blood, for I
will place upon Dimon additions; for the survivors of

many places Abraham stood up for Lot: when he left Haran, and when he went to Egypt, and in his merit he was sent out of the overturning of Sodom, and he fought for him with Amraphel and his allies. For this, they should have repaid his descendants with favors. Yet they taunted them when Sennacherib exiled the Reubenites and the Gadites, and the Israelites were weeping and lamenting, and they would say to them, "Why are you lamenting? Aren't you going to your father's house? Didn't your father Abraham come from the other side of the river?" And this is what is stated: "(Zephaniah 2:8) *I heard the insults of Moab and the jeers of the children of Ammon." Moreover, they aided Sennacherib for three years when he besieged Samaria. This is what is stated:* "(infra 16:14) *In three years, like the years of a hireling, the glory of Moab shall be debased."* — [*Rashi* and *Abarbanel* (16:14) from unknown Midrashic source]

and their appointed territory— Heb. וּפְקֻדָּתָם. *Jonathan renders: and their boundaries that are on the western sea, shall be taken. This is an expression of appointment. Comp.* "(Num. 4:16) *And the appointment of Eleazar the son of Aaron the priest." The land over which they were appointed, shall be taken from them.* — [*Rashi*]

by the western sea, they shall take them—*The enemies shall take them, namely the boundaries. Alternatively, it may be interpreted as: and their visitation. I.e., their visitation that I will bring upon them will be, that to the valley of the willows they shall carry them off. The enemies shall exile them to the land of Babylon, which is the valley of the willows, as it is said:* "(Ps. 137:2) *On willows in its midst we hung our harps."* — [*Rashi*]

Redak explains: Therefore, Moab shall wail, because of the huge multitudes that they had conquered, and their treasures, which they have laid away; the enemy shall carry them away to the brook of the willows. This was a brook outside the capital of Moab. Here the enemies would gather the spoils and divide them among themselves. We, therefore, render the verse as follows: Because of this, for the multitude that they had acquired and their laid away treasures, beside the brook of the willows, they shall carry them off.

Ibn Ezra renders: Because the possessions that they acquired and their treasure, they shall carry them to the willows of the brook. I.e., the enemies shall carry them away. More likely, the Moabites will carry away their treasures to a hiding place in their land, perhaps they will be overlooked by the enemies.

מוֹאָב אַרְיֵה וְלִשְׁאֵרִית אֲדָמָה׃
טז א שִׁלְחוּ־כַר מֹשֵׁל־אֶרֶץ מִסֶּלַע
מִדְבָּרָה אֶל־הַר בַּת־צִיּוֹן׃ ב וְהָיָה
כְעוֹף־נוֹדֵד קֵן מְשֻׁלָּח תִּהְיֶינָה בְּנוֹת
מוֹאָב

ת״א שלחו כר. סנהדרין לו נדס לא׃

תרגום

דִימוֹן כְּנִישַׁת מַשִׁירְיָן
לְשֵׁיזָבַת מוֹאָב מֶלֶךְ
בְּמַשִׁרְיָתֵיהּ יִסַק וּלְמִבְזַ
שְׁאָרָא דְאַרְעֲהוֹן׃ א יְהוֹן
מַסְקֵי מִסִין לִמְשִׁיחָא
דְיִשְׂרָאֵל דִיתְקוֹף עַל
דַהֲווֹ בְּמַדְבְּרָא טוּר
כְּנִשְׁתָּא דְצִיוֹן׃ ב וִיהֵי
כְּעוֹפָא דְאַפְרְחוּהִי

רש״י

אריה מסובכו: ולשארית. ישראל: אדמה. אדמתכם: **טז** (א) שלחו כר מושל ארץ. אל תתגאו בגאותכם אלא ידעתם שמושל ארץ שלכם מישע מלך מואב (במלכים ב׳ ג׳) היה נוקד והשיב למלך ישראל מאה אלף כרים שלח אותו כר המושל שלכם מסלע מדברה אל הר בת ציון: (ב) כעוף נודד. מקינו: קן משולח. כאפרוחים

מהר״י קרא

מואב אריה. מלך חזק כאריה: ולשארית אדמה. תרג׳ ולמבז שארא דארעהון: **טז** (א) שלחו כר מושל ארץ מסלע מדברה אל הר בת ציון. פתרונות רבות ראיתי למקרא זה ואינן מתישבין על הלב. אבן כה פת׳. כשיראו פני מואב צרתם. עזבו עריהם ושכנו בסלע מדבר להמלט מפני האויבים. כשם שאומר בספר ירמיה עזבו [ערים] ושכנו בסלע יושבי מואב. ומשם יהיו משלחים שליח מסלע מדברה שברחו (משם) [לשם] למושל ארץ (על) [אל] הר בת ציון. למלכי בית דוד. שיבואו להם לעזור ולא יועיל כלום. וזהו עיקרו ולא תסור ממנו. אבל שמעתי. אבל שלחו כר מושל ארץ. למושל ארץ היה לך לחוק ולמשפט להשיב מנחה ותקרובת למלכי ישראל כשם שכת׳ ומישע מלך מואב היה נוקד והשיב למלך ישראל מאת אלף כרים. ויהי כמות אחאב ויפשע מלך מואב במלך ישראל. ויאמר לו הנביא למה לא שיגרת המס מדי שנה. מעתה שלח כרים למושל הארץ. ויונתן פירשו על העתיד שעתידין להביא מנחה למלך המשיח: (ב) והיה כעוף נודד. מקן משולח כן

אבן עזרא

מוסף גם אני וכן הוא כי אשית לפליטת מואב אריה והוא מלך אשור: **טז** (א) שלחו כר. מין ממיני הגמל שירוץ מגזרת הכרי והרלים. יש אומרים כי מושל ארץ יתואר הכר בעבור שפסיעתו בארץ גדולה מכל פסע והנכון להיות כר סמוך כי לא ימצא רק אצל המושלים: (ב) והיה. מואב כעוף נודד: בנות מואב. הם הכפרים כמו וילכדו

רד״ק

שילכו מזה ומזה לנהר פלגים יבלי דם: לפלטת מואב אריה. הפלטים מן האויבים יבא להם אריה שימיתם: ולשארית אדמה. כפל ענין במלות שונות: אדמה. אדמת מואב ויש מפרשים אריה נבוכדנצר שהיה נמשל לאריה כמו שאמר עלה אריה מסבכו ר״ל כי זה החרבן הראשון הוא שיחריבם סנחריב מלך אשור ומה שישאר מהם יחריבם נבוכדנצר וכן ת״י מלך במשריתיה יסק: (א) שלחו כר. כתוב במלכים ומישע מלך מואב היה נוקד והשיב למלך ישראל מאה אלף כרים ומאה אלף אלים צמר ויהי במות אחאב ויפשע מלך מואב במלך ישראל לפיכך אמר הנביא שלחו כר כלומר אותן כרים ואלים שהייתם שולחים למלך ישראל למס ומרדתם בו היה לכם לשלוח אותו מס ולא בא אליכם זאת הרעה אם תעשון כן ואמר מסלע מדברה שהוא עיר ראש מלכות מואב ואמר על הר בת ציון שהיא ראש ממלכת ישראל ואחר שלא היה מלך בשמרון היה לכם לשלוח לציון אל מלך יהודה ואפשר שיהיה פי׳ שלחו לעתיד כלומר עתה שתשפל מלכותם שיחריב אתכם מלך אשור וסרה גאותכם תשלחו המס שהייתם שולחים מתחלה למלך ישראל תשלחו עתה אל הר בת ציון לחזקיהו מלך יהודה שיהיה מלך צדיק וחזק במלכותו ותכנעו לפניו ותעלו לו מס: (ב) והיה כעוף נודד. כן יהיה מואב כמו העוף הנודד מקנו וכמו קן האפרוחים משלחים מקנם שאין להם מקום לנוח כן תהיינה בנות מואב והם הכפרים כמו בחשבון ובכל בנותיה

מצודת דוד

מואב אריה. על הפליטים ממואב יבוא האריה וחיות הטורפות ולא ישאירו שארית: ולשארית אדמה. על הנשארים באדמת מואב יבוא האריה והיתה יער וכפל הדבר במ״ש לחזוק הענין: **טז** (א) שלחו כר. אמר הנביא אותם הכרים שהייתם רגילים לשלוח מאז למס למלך ישראל כמ״ש ומישע מלך מואב וגו׳ והשיב למלך ישראל מאה אלף כרים (מ״ב ג׳) ובמות אחאב פשע ואמר הנביא היה לך לשלוח אותם הכרים למלך יהודה אל הר בת ציון שהיה מלך כשר ואם כן עשית לא קרה לך כזאת: מושל ארץ. אתה המושל בארץ מואב היה לך לשלוח הכרים מסלע מדברה היא העיר המלוכה שבמואב: (ב) והיה כעוף נודד. ובעבור שלא כן עשית לכן תהיה ארץ מואב כעוף הנודד ממדורו: קן משולח. כאפרוחי הקן המבולהים ממנה ונעזבים ללון עלמם והולכים מטולטלים נעים ונדים: תהיינה. כן בנות מואב משולחות מפה לפה כי השבאים

מצודת ציון

טז (א) כר. קבולת כרים והם הכבשים השמנים: (ב) קן. הוא מדור האפרוחים: משולה. נעזב ללון עלמו כמו ונעל

sent to the king of Israel, now send to Hezekiah, king of Judah, since the kingdom of Israel has terminated.

Redak explains that the prophet castigates Moab for rebelling against Israel and failing to pay the tribute levied on them, as is related in II Kings 3:5, that Mesha rebelled after the death of Ahab. "You should have continued to pay that tribute. Had you done so, you would not meet your doom at the hands of the king of Assyria." He uses the name of the city Sela Midbarah, the capital of Moab, whence the tribute should have been sent. Since the kingdom of Israel would soon be exiled, the prophet states that they should have sent the tribute to Judah instead.

Alternatively, after Moab is subdued by Assyria, and its pride humbled, it should send tribute to Heze-

Moab is the lion, and for the remnant is the land.

16

1. Send lambs of the ruler of the land from Sela Midbarah to the mountain of the community of Zion. 2. And it shall be like a wandering bird, driven from the nest; shall the villages of Moab be

punctuation follows *Kli Paz,* also *Parshandatha.*

Ibn Ezra explains that the expression, "as far as" is to be repeated: as far as Eglaim is her wail, and as far as Beer-elim is her wail.

9. ***The waters of Dimon****—the name of the river.* — [*Rashi*]

I.e., Dimon is the name of the river in the cities of Moab, and the prophet says that the waters of the river have become full of the blood of the fallen, for God said: "I will place on Dimon . . ." — [*Redak*]

have been filled with blood—*like the name of the river.* — [*Rashi*] The name דִּימוֹן resembles דָּם, *blood.*

for I will place upon Dimon additions—*Its name is blood, and I will add the blood of the fallen, to fill it. Jonathan renders, however:* כְּנִישַׁת מַשִׁירְיָן*, the gathering of the camps, the camps joined together. This is an expression of* "(infra 21:1) *Join* (סְפוּ) *year to year,*" "(*Deut. 29:18*) *to add the inadvertent sins* (סְפוֹת)." — [*Rashi*]

for the survivors of Moab is the lion—*The survivors which Sennacherib will leave over, Nebuchadnezzar will carry away in his time, and he will destroy them. And he is called "the lion," as the matter is stated:* "(Jer. 4:7) *The lion has come up out of his thicket.*" — [*Rashi*]

and for the remnant—*of Israel.* — [*Rashi*]

is the land—i.e, *your land.* — [*Rashi*]

Ibn Ezra renders this verse as follows: For the waters of Dimon have become filled with blood, [i.e. the blood of the fallen of Moab,] for I will place upon Dimon additional [misfortunes]; for the survivors of Moab [I will place] the lion, [the king of Assyria], and for those who remain on the soil.

Redak renders: For the survivors of Moab is the lion; i.e. the survivors of the battle with the invaders, will be devoured by lions, and for those left on the land of Moab. Some explain that Nebuchadnezzar is likened to a lion. Hence, we explain that those surviving the invasion of Sennacherib, will be slain by the "lion," namely Nebuchadnezzar.

1. **Send lambs of the ruler of the land**—*Be not proud. Do you not know that the ruler of your land, Mesha, king of Moab,* (II Kings 3:4) *was a sheepman; and he would repeatedly pay tribute to the king of Israel one hundred thousand lambs. Send those lambs of your ruler from Sela Midbarah to the mountain of the community of Zion.* — [*Rashi*]

I.e., the tribute that Mesha once

מוֹאָב מַעְבָּרוֹת לְאַרְנוֹן: ג הָבִיאוּ עֵצָה
עֲשׂוּ פְלִילָה שִׁיתִי כַלַּיִל צִלֵּךְ בְּתוֹךְ
צָהֳרָיִם סַתְּרִי נִדָּחִים נֹדֵד אַל־תְּגַלִּי:
ד יָגוּרוּ בָךְ נִדָּחַי מוֹאָב הֱוִי־סֵתֶר לָמוֹ

תרגום

מִקְנֵיהּ וִיטַלְטֵיל יִתְפְּקַן וִיהוֹן בְּנַת מוֹאָב מְגִיזַן לְהוֹן לְאַרְנוֹן: ג אִתְמְלִיכוּ מְלַךְ עֲבִידוּ עֵצָה שַׁוִיאוּ כְּלֵילְיָא טוּלֵיךְ בִּימָמָא בְּגוֹ טִיהֲרָא טַמְּרִי מְטַלְטְלַיָּא וּמְבַדְּרַיָּא לָא תִקַרְבוּן: ד יִתְיַתְּבוּן בִּיךְ

הביאי קרי עשו קרי

מהר"י קרא

תהיינה בנות מואב העוברות ובורחות במעברות נהר ארנון: (ג) הביאי עצה (עשי פלילה). ולא היה הפירענות ראוי לבוא אלא שהיה לכם לתת עצה לישראל שיהיו בורחים אצליכם מפני חרב של נבוכדנצר: עשי פלילה. היה לכם לעשות כדין: שיתי כליל צלך בתוך צהרים. היה לך להשית עליהם צלך להיות להם למחסה ולמסתור וצל כלילה זה שצלו מגין על כל העולם והיה [לך] להסתיר נדחי ולא היה לך לגלות שהם נודדים ובורחים אצלך: (ד) יגורו בך נדחי. היה לך לעשות אכסניא להם. ארבעה טובות היו ללוט בשביל אברהם ואלו הן וגם ללוט ההולך את אברם היה צאן ובקר וגו׳. וישב את כל הרכוש וגם את לוט אחיו ורכושו השיב. ויהי בשחת אלהים את ערי הככר ויזכור אלהים את אברהם וישלח את לוט. וכנגדן היו צריכין לפרוע לבניו טובות ולא דיים שלא פרעו להם טובות אלא רעות. הה״ד וישלח מלאכים אל בלעם בן בעור. ועתה לכה נא ארה לי את העם הזה. ויאסוף אליו את בני עמון ועמלק. ויהי אחרי כן באו בני (עמון) [מואב] ובני (מואב) [עמון] ועמהם וגו׳. והדין ידו פרש צר על כל מחמדיה ׳ ונכתבה [חטא] שלהם בשליש*) מקומות לא יבוא עמוני ומואבי. על דבר אשר לא קדמו אתכם בלחם ובמים בדרך. (ובדברי הימים) **) כי לא קדמו את [בני] ישראל (בצאתם ממצרים). עמי זכר נא מה יעץ. עמדו ארבעה נביאים וסתמו גזרדינם ואלו הן ישעיה ויחזקאל וירמיה וצפניה. ישעיה אמר משא מואב. בבראשית רבא. בפרשת לך לך: כי אפס המץ.

*) בברא״ר פמ״א איתא בד׳ מקומות. **) פסוק הוא בנחמיה (י״ג ב׳).

רש"י

משולחים מקין׳ שהולכים מטולטלין כן תהיינ׳ בנות מואב למעברות ארנון: (ג) עשי פלילה. הוא ל׳ ויכוח משפט לבחור לך את הטוב כמו (איוב ל״ד) משפט נבחרה לנו: שיתי כליל צלך. שיתי לך צל בצהרים שיחשיך צלך כלילה להסתיר בו מפני אויביך: סתרי נדחים. אם יברחו עוד נדחי עמי דרך עליכם בימי נבוכדנצר אל תסגירום אלא תסתירם: (ד) יגורו בך נדחי. בני ישראל הבורחים: הוי סתר למו. כי גם את תדעי נפש הנודדים מה היא צרתם:

רד"ק

כולם יעבירו לארנון ויוליכום בגולה. וארנון היא גבול מואב: (ג) הביאו עצה עשי פלילה. הביאו כתיב בוי״ו וקרי ביו״ד עשי כתיב ביו״ד וקרי בוי״ו. והענין אחד. כי כשמדבר בל׳ נקבה ידבר כנגד הכנסה וכשידבר ל׳ רבים כנגד העם. ואמר היה לך להביא עצה לעשות משפט בעצמך להצלת ישראל. כי אברהם עשה כמה ענינים להצלת לוט והיה לך לשמור החסד לבניו והיה לך לשית צלך כליל בתוך צהרים. והיא דרך משל שהיה להם להסתיר אותם מישראל שהיו בורחים מפני האויב דרך ארצם. ודמה צרת האויב לחום הצהרים שמצר לאדם כשיעמד לחום השמש בצהרים שהחום בצהרים בתקפו וההצלה ממנו היא הצל ואמר כליל לפי שכלו צל כלומר צל גדול כצל הלילה היה לך לפרוש עליו. כלומר הסתר גדול שתכסי ותסתירי אותם מפני האויב שלא ימצאם: סתרי נדחים אל תגלי. כפל הענין לחזק: (ד) יגורו בך נדחי. הכנוי כנגד האל כשהיו ישראל נדחים מארצם ועוברים דרך ארצך היה מן הדין שיגורו וישכנו בך ושתהיה להם סתר מפני שודד והיא סנחריב ומואב הוא ל׳ קריאה כמו משה משה: כי אפס המץ. היה לך להסתירם כי הנה עתה אפס השודד שלהם והמוצץ כל טובה והרומס ארצם כולם תמו. וזה אמרו על מפלת סנחריב בירושלים

אבן עזרא

בנותיה: (ג) הביאי. דברי הנביא למואב קודם שתבא לך זאת הצרה הביאי לנפשך עצה: פלילה. שם על משקל הכילה מגזרת פלילים: צלך. שתסתירי ישראל בברחם אליך נדחים ממקומם: נודד. אליך אל תגלי: (ד) יגורו. נדחי. דברי הנביא או השם בעבור כבוד ישראל: מפני

מצודת ציון

משולח (משלי כ״ט): (ג) פלילה. ענין משפט כמו פקו פליליה (לקמן כ״ח): (ד) יגורו. ידורו: הוי. היה: אפס. הוא כענין

מצודת דוד

יעברו אותן לארנון שהוא גבול מואב לחלקם שמה ביניהם ומשם יעבירון בגולה: (ג) הביאי עצה. אמר הנביא היה לך להביא עצה ולעשות משפט בעצמך להצלת ישראל כי אברהם אביהם עשה הרבה להצלת לוט: שיתי. היה לך להשים צלך להיות חשוך כחשכת הלילה להסתיר בו את ישראל שהיו בורחים מפני האויב דרך ארצם: בתוך צהרים. שהוא עת תוקף החמימות ר״ל בעת שהיו ישראל בצרה היה לך להסתירם: סתרי נדחים. היה לך להסתיר הנדחים מארצם ולא היה לך לגלות איה הטמין הנודד את עצמו: (ד) יגורו וגו׳. אתה מואב הלא הנכון היה אשר נדחי עמי יגורו בארצך ותהיה

Israelites from the hot, noonday sun, i.e. to conceal them from their pursuers.

4. **May My exiles sojourn among you**—*The fleeing children of Israel.* — [*Rashi*]

become a hiding place for them—*for you too shall know the soul of the wanderers, what their distress is.* — [*Rashi*]

The antecedent is "the Lord," who calls them "My exiles" in honor of Israel, or, perhaps the prophet calls them "my exiles." — [*Ibn Ezra*]

Redak continues to explain this passage in the past: My exiles should have sojourned among you, Moab. You should have been a hiding place for them from before the plunderer, meaning Sennacherib.

at the fords of Arnon. 3. Bring counsel, deliberate judgment,
make like the night your shadow at noon; conceal the exiles,
reveal not the wanderer. 4. May My exiles sojourn among you,
Moab. Become a hiding place for them

kiah, king of Judah, who will be a righteous king. To him, they should pay homage and subordinate themselves.

Jonathan explains that in the future they will pay tribute to the king Messiah. — [*Rabbi Joseph Kara*]

2. **like a wandering bird**—*from its nest.* — [*Rashi*]

I.e., Moab shall be like a wandering bird. — [*Ibn Ezra*]

driven from the nest—*like young birds driven from their nest, who roam and wander, so shall the villages of Moab wander to the fords of the Arnon.* — [*Rashi*]

I.e., just as birds driven from their nest have no place to rest, so shall the villages of Moab, e.g. Heshbon and its villages, wander to the fords of the Arnon River, whence they shall proceed into exile. As delineated in Num. 21:13, Arnon was the boundary of Moab.

deliberate judgment—*This is an expression of a debate of judgment, to choose for yourself what is good. Comp.* "(Job 34:4) *Let us choose for ourselves what is just." [derajjsnement in O.F., discernment]* — [*Rashi.* The French appears in mss. and in *K'li Paz*]

make like the night your shadow—*Make yourself a shadow at noon that will darken your shadow like night, to hide therein from before your enemies.* — [*Rashi*]

conceal the exiles—*If the exiles of My people flee again through your land in the days of Nebuchadnezzar, do not turn them over to the Chaldees but conceal them.* — [*Rashi*]

That is to say that the way for you to create a shadow in which to hide from your enemies, is to conceal the Jews when they flee from Nebuchadnezzar.

Ibn Ezra, too, explains that the prophet is admonishing Moab to shelter the Israelites who seek to escape through their land. He differs from *Rashi* only in that he explains: "make like the night your shadow at noon," to mean that they should conceal the Israelites fleeing through their land. According to *Rashi,* it means that they should make shelter for themselves by hiding the Israelites.

Redak appears to explain it in the past tense. You should have brought counsel to perform justice by rescuing the Israelites. Since Abraham made all efforts to save Lot, the progenitor of Moab, you should have done the same for his posterity. You should have created a shadow for them at noon. This is an allegory, comparing the pursuit of the enemy to the hot sun at noon, which causes suffering to anyone exposed to it. He compares the rescue to the shade, which protects one from the burning sun. The prophet castigates them for not spreading out a large shade like the night to protect the fleeing

מטלטלי מלכות מואב
דהוי סהרא להון מן קדם
בזוזין ארי סף מעיקא
אשתיצי בזזא ספו כל
דהוו דישין מן ארעא :
ה בכן משיחא דישראל
יתקן בטוב כורסוהי
ויתיב עלוהי בקשוט
בקרתא דדוד דאין
ותבע דין ועבד קשוט :
ו שמענא רברבי מואב

מפני שודד כי־אפס המץ כלה שד
תמו רמס מן־הארץ: ה והוכן בחסד
כסא וישב עליו באמת באהל דוד
שפט ודרש משפט ומהר צדק:
ו שמענו גאון־מואב גא מאד גאותו

ת"א והוכן בחסד כסא . זוהר פקודי :

רש"י

כי אפס המץ. המץ שלך עשרך וכבודך שהיה לך על ידי לאכך וכקרך שאת מוללת מהם הלב וחמאה : **כלה שד**. ל' שדים המספיקין הלב כמו (לקמן ס') ושד מלכים תינקי: **תמו רמס**. הבהמות שלך הרומסות בארצך : (ה) **והוכן בחסד כסא**. כשיבא עליך השבר הזה אז יכון כסא דוד ויגדל שבאותו הפרק יפול סנחריב ע"י חזקיהו ויהיה נכון כסאו בחסד שיעשה כמו שמצינו שהיה גומל חסד שנאמר בדברי הימים (ב' ל') כי חזקיהו מלך יהודה הרים לקהל אלף פרים ושבעת אלפי צאן : **וישב עליו וגו' שופט ודורש משפט ומהיר צדק**. ת"י ועביד קשוט : (ו) **גא מאוד**. נתגאה מאוד : **גאותו וגאונו**. שלא כדין הוא כי עיקר גידולי בניו ע"י ממזרות וניאוף הבנות מאביהן : **ועברתו**. עיבורו והריון שלו ד"א עברתו המתו שאמר לישראל : **לא כן**. גבוריו עשו שהיו כפוי טובה :

מהר"י קרא

לפיכך היה לך להטמינם שהמציק היה מכלה אותם. **והיו** תמים וכלים מפני האויב שהי' רומס אותם בארצם. מץ לשון נוגש ודוחק. כמו וימץ טל מן הגזה. לשון סחיטה : (ה) והוכן בחסד כסא וגו'. ומה גם עתה נגזר פורענות על מואב לכשיבוא מלך המשיח שיתכן מלכותו בחסד יחרב עם מואב מהיות עם והוא ישמיד את מואב דכתיב אדום ומואב משלוח ידם וגו'. אמר הקב"ה יבוא דוד שזכה למלכות בחסד שעשתה זקנתו דכתיב היטבת חסדך האחרון מן הראשון. ויפרע מן מואב שהיה להם לגמול חסד עם ישראל ולא גמלו. הה"ד והוכן בחסד כסא וישב עליו וגו'. אתם בני מואב המתינו לכם לכשיבוא אותו שכתוב בו והכינותי את כסא ממלכתו עד עולם וחסדי לא יסור ממנו. הוא יהא שופט. ודורש משפט מכם. וממהר ליפרע מכם בצדק. [צדק]. לשון דין הוא : (ו) גא. לשון גאה : לא כן בדיו. לא כדין וכשורה נהגו

אבן עזרא

שודד. שסדד שומרון והוא מלך אשור : **כי**. עוד יבוא עת שיאבד זה הנוגש ויכלה השוד : **המץ**. תאר השם והוא יוצא למטן תמולו כמותו : **תמו**. מחנות : **רומס**. הוא מלך אשור : (ה) **והוכן**. בעבור החסד כסא המלוכה : **באהל דוד**. היא ירושלם : **שופט**. זה חזקיהו : **ומהיר צדק**. תאר השם מגזרת מהרה : (ו) **שמענו**. ידבר הנביא על לשון ישראל או הגוים : **גא**. חסר ה"א והיא מלה זרה : **לא כן בדיו**. לא יהיה כן בדיו כמו ותעש בדים ויש אומרים מחשבותיו ולא כן כמו כן בנות צלפחד ובדיו כמו בדיך

רד"ק

וישוד תאר והוא כמו שודד וכן המבליג שוד על עז אמר הם ינצלו מן השודד : והוכן בחסד כסא. למלך חזקיה. ומואב יכלה ויבא עליו עוד שודד אחר שודד וישפלו מגאותם. וזה שאמר אחריו שמענו גאון מואב וגו' : (ה) והוכן בחסד כסא. של חזקיהו יהיה נכון בחסד שיעשה וכן וישב עליו באמת שיעשה. כמ"ש ויעש הטוב והישר והאמת לפני ה' אלהיו. או פי' באותו חסד ואמת שהבטיח האל את דוד. כמו שאמר וחסדי לא אסיר ממנו. ואמר וחסדי לא אפר מעמו ולא אשקר באמונתו : באהל דוד. ר"ל בית המלכות אשר לדוד ויהיה זה המלך שופט ודורש משפט: ומהיר צדק. פי' שופט שהיה שופט משפט צדק בביתו לכל הבא לפניו וגם היה דורש וחוקר על אשר לא יבא לפניו והיה דורש משפט העניים והעשוקים אע"פ שלא יזעקו אליו : ומהיר צדק. זריז ומהיר לעשות מעשה היושר והצדק : (ו) שמענו. מאמר הנביא בלשון האומות שיאמרו כן על מואב שמענו שהיה מתגא' מאד מואב בעודו בשלותו. וכפל ל' הגאוה כמה פעמים לרוב הגאוה : גא מאד. כמו גאה אלא שנפל מבנו למ"ד הפעל : ועברתו. שהיה מתקצף ומתעבר ללא דבר על הגוים שכניו מרוב גאותו : לא כן בדיו. לא אמת כזביו כלומר דבריו שהיה מדבר בגאותו לא נתקיימו עתה שבאה אליו הרעה. כמו כן בנות צלפחד

מצודת דוד

סתר להם מפני השודד וכפל הדבר פעמים רבות לתפארת המליצה ולגודל התלעומות : **כי אפס המץ**. ר"ל אם היית מסתירם היו יכולים עתה לחזור למקומם כי עתה אפס המולץ דמם וכלה השודד אותם והרומס אותם ספו תמו כי סנחריב ועמו נפלו סביב ירושלים : (ה) **והוכן בחסד**. המקום הכין כסא המלוכה בירושלים : **וישב עליו באמת**. המלך היושב על הכסא והוא חזקיה הנה ישב עליו באמת ומתקיים : **באהל דוד**. בבית המלכות : **שופט**. לכל הבא למשפט : **ודורש**. יחקור מעצמו לעשות משפט העשוקים ואף אם לא יצעקו לפניו : **ומהיר צדק**. יהיה ממהר וזריז לעשות צדק ומוסב למעלה לומר הואיל ונפל סנחריב והוכן כסא חזקיה א"כ יכולים היו לחזור למקומם אם היית מסתירם : (ו) **שמענו**. מאמר הנביא בשם האומות שיאמרו הנה מעולם שמענו גאות מואב שהיה מתגאה מאד : **גאותו**. הוזר על מלת שמענו לומר שמענו גאותו וגאונו וכפל הדבר פעמים

מצודת ציון

כליון : **המץ**. מלשון מלילה : **שוד**. כמו שודד וכן המבליג שוד (עמוס ה') : **תמו**. מלשון תם והשלמה : **רומס**. ענין דריכת הרגל : (ה) **באמת**. ענינו דבר המתקיים : (ו) **גאון**. מלשון גאוה : **גא**. כמו גאה : **ועברתו**. מלשון עברה וזעם : **כן**. ענינו כמו אמת כמו

tice for the poor from their oppressors, even if they did not bring charges before him. — [*Redak*]

and performs justice—*Rashi* after *Jonathan*. *Redak* renders: Eager to perform just and righteous deeds.

6. **We heard**—The prophet speaks for Israel or the other nations. — [*Ibn Ezra*]

they have become very proud—Heb. גָא מְאֹד. Lit. *he has become very proud*. — [*Rashi*]

from before the plunderer, for the milking has come to an end; the udders have vanished; the tramplers have ceased from the earth. 5. And the throne shall be established through lovingkindness, and there shall sit thereon in truth in the tent of David, one who judges and demands justice and performs righteousness. 6. We heard the pride of Moab, they have become very proud; their pride

for the milking has come to an end—*Your squeezing, your wealth and your glory, which you had through your flocks and your cattle, from which you would squeeze milk and cream.* — [*Rashi*]

the udders have vanished—*Heb.* כָּלָה שֹׁד *an expression of breasts that supply milk. Comp.*" (infra 60:16) *And the breast of* (וְשֹׁד) *the kings you shall suck.*" — [*Rashi*]

the tramplers have ceased—*Your animals that trample* the earth *in your land.* — [*Rashi*]

Others explain: For the time shall come that this oppressor shall come to an end; this plunderer shall vanish; the camps of the trampler shall cease from the earth. This refers to the king of Assyria with his armies, who will shortly meet their downfall. *Redak,* as before, projects the scene into the future, where the prophet is castigating Moab for not having saved the fleeing Israelites from the Assyrian conquerors. He states: You should have saved them, for the oppressor, the one who squeezed all good out of the people has already terminated and vanished. He refers to Sennacherib, who met his downfall before the siege against Jerusalem.

5. **And the throne shall be established through lovingkindness**—*When this destruction comes upon you, then the throne of David shall be established and magnified, for at that time, Sennacherib shall meet his downfall through Hezekiah, whose throne shall be established through the lovingkindness that he shall perform, as we find that he bestowed lovingkindness, as it is stated in* II *Chron.* (30:24): *"For Hezekiah, king of Judah provided for the assembly a thousand bulls and seven thousand sheep."* — [*Rashi*]

Redak suggests that "lovingkindness" may allude to the kindness that God promised David, as it is said: "(Ps. 89:34) And My kindness I will not break off from him."

in the tent of David—I.e. Jerusalem. — [*Ibn Ezra*]

Alternatively, in David's royal palace. — [*Redak*]

one who judges—I.e. he judges all who come before him. — [*Redak*]

and demands justice—He would investigate cases that did not come before him; he would demand jus-

וּגְאוֹנוֹ וְעֶבְרָתוֹ לֹא־כֵן בַּדָּיו׃ ז לָכֵן יְיֵלִיל
מוֹאָב לְמוֹאָב כֻּלֹּה יְיֵלִיל לַאֲשִׁישֵׁי קִיר־
חֲרֶשֶׂת תֶּהְגּוּ אַךְ־נְכָאִים׃ ח כִּי שַׁדְמוֹת
חֶשְׁבּוֹן אֻמְלָל גֶּפֶן שִׂבְמָה בַּעֲלֵי גוֹיִם
הָלְמוּ שְׂרוּקֶּיהָ עַד־יַעְזֵר נָגָעוּ תָּעוּ
מִדְבָּר שְׁלֻחוֹתֶיהָ נִטְּשׁוּ עָבְרוּ יָם׃

דגש אחר שורק קמץ בטרחא מלעיל

תרגום

דְמִתְגָאַן לַחֲדָא יְקִירֵיהוֹן וּמְפַנְקֵיהוֹן וְגֵוְתָנוּתְהוֹן לָקֳבֵל פּוּרְעָנוּתְהוֹן לָא
שָׁוֵי לְהוֹן׃ ז בְּכֵן מְיַלְלִין מוֹאֲבָאֵי עַל מוֹאֲבָאֵי
כּוּלְהוֹן מְצַוְחִין וּמְיַלְלִין עַל אֱנָשׁ כְּרַךְ תּוּקְפְהוֹן דְּהֲוָן יַמְרוּן בְּרַם כְּבִישִׁין׃
ח אֲרֵי אִתְבְּזִיזָא מַשְׁרְיַת חֶשְׁבּוֹן אִתְקְטְלָא סִיַעַת שִׂבְמָה מַלְכֵי עַמְמַיָא
קְטִילוּ שִׁלְטוֹנֵיהוֹן עַד

רש"י

(ז) יילי׳ מואב למואב. על מואב: לאשישי קיר חרשת. על חומות קיר הרשת: אשישי. כמו (ירמיה מ׳) נפלו אשיותי׳: תהגו אך נכאים. שבורים: תהגו. תקוננו: (ח) שדמות. שדות תבואה: גפן שבמה. יש ללמד שחשבון היתה מקום שדות ושבמה מקום כרמים ואם תאמר כל אלה ערי עבר הירדן הם וישראל לקחום מיד סיחון ואימתי חזרו ליד מואב כשהגלה סנהריב לראובני ולגדי באו המואבים הסמוכים להם וישבו בהם: אומלל. חרב: שרוקיה. נטיעות שורק שלה: עד יעזר נגעו. שדמות הגפן ושורק הנזכרים כאן אינם אלא משל והם מהכות וסיעות ושלטונים וכת"י: עד יעזר נגעו. הלכו בגולה: תעו מדבר. למדבר: שלוחותיה. זמורותי׳ והם משל גליותיה: נטשו. נפלו כמו ונטשתיך המדבר׳

מהר"י קרא

גבוריו. ודומה לו כן בנות צלפחד: (ז) ייליל מואב למואב [כלה] ייליל. זה על זה: לאשישי קיר חרשת. פת׳ לאבירי אנשי קיר חרשת. היכן מצינו שאשישי לשון אבירים הם. דדריש בבראשית רבא. אחי יהי לך אשר לך שעד עכשיו היו הברכות מפוקפקות בידו והיכן נתאששו בידו כאן דכתיב אחי יהי לך אשר לך. פת׳ היכן נתחזקו בידו. וכן הוא אומר זכרו זאת והתאוששו. פתרון והתחזקו: תהגו אך נכאים. יש הגיון של שמחה כדכתיב עלי הגיון בכנור. הגיון של אבל. קינים והגה והי. ואלו אמר לאשישי קיר חרשת תהגו. ושותק. יש לומר הגה של שמחה. ויש לומר הגה של צער. כשהוא אומר תהגו אך נכאים למדתה שכך עלה בדעתו לומר תהגו לשון צער הוא ואבילות: (ח) כי שדמות חשבון אומלל. זה שדה לבן שגדל בו התבואה: גפן שבמה. הוא מקום כרמים: בעלי גוים הלמו שרוקיה. הרגו שריה. ענפיה הם השרים: תעו מדבר שלוחותיה. אותם שהיו שולחין ארץ אחרת מעל אדמתן. ודומה לו שלח מעל פני ויצאו. שהגולים ממנה יהיו תועים במדבר: נטשו עברו ים. יהיו מפוזרין בכל הארצות

אבן עזרא

מתים יחריש: (ז) לכן. לאשישי. יש אומרים ליסודי והטעם שיהגו והם נכאים כאשר יספרו מעלת אשישי קיר חרשת וכן בתרגום ארמית ואושיא יהיטו והנכון בעיני שהוא כמו אשישי ענבי׳ והעד גפן שבמה והטעם שתהגו ואתם נכאים כאשר תזכרו ימי השמחה הפך היללה: (ח) כי שדמות. כמו ומשדמות עמורה כמו גפנים: אמלל. כל אחד: בעלי גוים. כמו אדני יוסף כסף ישיב לבעליו והם מלכי אשור: הלמו שרוקיה. הכו כמו והלמה סיסרא: עד יעזר נגעו. כל כך היו רחבים: תעו מדבר.

רד"ק

דברות: בדיו. כמו חרב על הבדים ונואלו: (ז) לכן ייליל. המואבים הנשארים יבכו ויילילו על הנהרגים: לאשישי קיר חרשת. אשישי הם היסודות כמו נפלו אשיותיה וכן בארמית ואושאי יחיטו והוא משל על אצילי מואב וגדוליה: תהגו אך נכאים. אתם נכאים הנשארים תהגו כמו אהגה כיונה: נכאים. כמו נכאי לבב: קיר חרשת. שם מערי מואב: (ח) כי שדמות. פירש גפנים וכן ומשדמות עמרה כל הפסוק הוא על הגפן: בעלי גוים. מלכי גוים: שרוקיה. כמו נטעתיך שורק והוא הטוב מן הגפנים ומלת שרוקיה נכתבה בו״ו עם הדגש: שלוחותיה. הם הפארות הגפן המתפשטות: נטשו. התפשטו עד שעברו ים וכן והנם נטושים מתפשטים והפסוק הזה הוא

שרחבו עד מקום שאין שם ישוב: שלוחותיה. אילניה כמו שלחיך פרדס רימונים: נטשו. כמו והנם נטושי׳ פרושי׳:

מצודת דוד

רבות לפי רוב הגאוה: ועברתו. גם שמענו עברתו שהיה מתעבר ומתקלף ללא דבר מרוב הגאוה: לא כן בדיו. לא היה אמת הדבר שבדה מלבו כי לפי רוב הגאוה בדה מלבו מה שעלה בדעתו: (ז)לכן. הואיל והתגאה על כולם לא ימלא מי שיצטער בצרתו ורק מואב עצמו ייליל על מואב ולא זולת: כלה ייליל. ר"ל כל היללה ייליל הוא ולא אחר עליו: לאשישי קיר חרשת. על עקירת היסודות של קיר חרשת תהמו אך הנשברים הם אנשי מואב ולא יהמה מי זולתם: (ח) כי שדמות חשבון. השדות של חשבון נכרת והגפנים של שבמה הכה שרי העכו"ם שבלו הזמורות היפות שבהם: עד יעזר נגעו. היו מנוגעים ונגפים עד יעזר: תעו מדבר. תעו מדרך הישר לברוח המדברה: שליחותיה. התפשטות ענפיה פשטו

מצודת ציון

כן בנות צלפחד דוברות (במדבר כ"ז): בדיו. ענין דבר כזב הבדוי מן הלב כמו בדיך מתים יחרישו (איוב י"א): (ז) לאשישי. הם היסודות כמו נפלו אשיותיה (ירמיה נ׳): קיר חרשת. שם מקום: תהגו. ענין המיה כמו המצפצפים והמהגים (לעיל ח׳): נכאים. ענין שבירה כמו נאספו עלי נכים (תהלים ל"ה): (ח) שדמות. שדות תבואה כמו ושדמות לא עשה אוכל (חבקוק ג׳): אמלל. ענין כריתה כמו ימולל ויבש (תהלים צ׳): בעלי. ענין אדון ושר כמו אם בעליו עמו (שמות כ"ב): הלמו. ענין שבירה כמו והלמה סיסרא (שופטים ה׳): שרוקיה. זמורות נבחרים כמו ויטעהו שורק (לעיל ה׳): נגעו. מלשון נגע ור"ל נגפו וכן ויגנעו יהושע וכל ישראל (יהושע ח׳): שלוחותיה. ענין התפשטות הענפים וכן שלחיך

broken-hearted. — [*Ibn Ezra*]

shall you lament—Heb. תֶּהְגּוּ. — [*Rashi*] *Redak* renders: shall you moan, comparing it to Isa. 38:14: "I will moan like a dove."

8. **grain fields**—Heb. שַׁדְמוֹת. — [Rashi] *Ibn Ezra* and *Redak* render: vines, since the entire verse deals with vines.

the vine of Sibmah—*We can deduce that Heshbon was a place of fields and Sibmah a place of vineyards. Now if you ask, "All these are cities of the east side of the Jordan,*

and their haughtiness and their conception are improper, [as are] their branches. 7. Therefore, Moab shall wail for Moab; they shall all wail; for the walls of Kir-hareseth shall you lament, but brokenhearted. 8. For the grain fields of Heshbon have become desolate; the vine of Sibmah, the chiefs of nations have broken its saplings; they reached as far as Jazer; they strayed to the desert; its tendrils spread out, crossed the sea.

their pride and their haughtiness—*are improper, for the source of the nurturing of their branches was through illegitimacy and the incest of the daughters from their father.* — [*Rashi*]

and their conception—Heb. וְעֶבְרָתוֹ, *their conception,* lit. his conception. — [*Rashi* from *Gen. Rabbah* 51:10, *Ruth Rabbah* 5:14] These Midrashic sources, as well as *Tan. Buber, Balak* 26, are of the opinion that Lot's daughters were intimate with their father for purposes of incest, not to preserve the world's population. Consequently, this trait was inculcated into the "branches" of the vine, i.e. the later generations, such as those who caused the Israelites to go astray after Balaam's plot to bring about their destruction.

Alternatively, עֶבְרָתוֹ means *"his anger," the anger they bore for Israel.* — [*Rashi*]

improper—*Their heroes acted improperly, for they were unappreciative.* — [*Rashi*] According to this explanation, we render בַּדָּיו as "his heroes," the strong branches of the vine. See *Rashi,* Jer. 48:30. Accordingly, we render the entire passage as follows: Their pride and their haughtiness and their anger; their heroes dealt improperly. *Rabbi Joseph Kara* follows *Rashi*'s second interpretation.

Ibn Ezra suggests: His branches shall not be so; i.e., his children will not be as proud as their father. Alternatively: His thoughts are not proper.

Alternatively, his lies are not true. I.e., his lies, the words he said in his haughtiness, were not realized. — [*Redak*]

7. **Therefore, Moab shall wail for Moab**—Lit. to Moab. — [*Rashi*]

I.e., the survivors shall lament the casualties. — [*Redak*] *for the walls* of Kir-hareseth—Heb. לַאֲשִׁישֵׁי, *for the walls of Kir hareseth. Comp*: "(Jer. 50:15) *Her walls* (אָשְׁיוֹתֶיהָ) *fell.*" — [*Rashi*]

Others render: the foundations of Kir-hareseth. — [*Redak, Ibn Ezra*]

Ibn Ezra suggests: the flagons of Kir-hareseth, since the cities of Moab are likened to vines in verses 8–10.

Kir-hareseth was a Moabite city, mentioned in II Kings 3:25.

shall you lament, but brokenhearted—Heb. נְכָאִים, broken. — [*Rashi*]

Redak compares this to נִכְאֵי לֵבָב, *broken-hearted.*

When you remember the joyful days of the past, you will lament,

ט עַל־כֵּן אֶבְכֶּה בִּבְכִי יַעְזֵר גֶּפֶן שִׂבְמָה
אֲרַיָּוֶךְ דִּמְעָתִי חֶשְׁבּוֹן וְאֶלְעָלֵה כִּי עַל־
קֵיצֵךְ וְעַל־קְצִירֵךְ הֵידָד נָפָל׃ י וְנֶאֱסַף
שִׂמְחָה וָגִיל מִן־הַכַּרְמֶל וּבַכְּרָמִים לֹא־
יְרֻנָּן לֹא יְרֹעָע יַיִן בַּיְקָבִים לֹא־יִדְרֹךְ׃

מלעיל הדורך

יַעְזֵר מְטוֹ טָעוּ לְמַדְבְּרָא מְטַלְטְלֵיהוֹן גָּזוּ עֲבָרוּ יַמָּא׃ ט עַל כֵּן כְּמָא דְּאַיְתֵיתִי מַשִׁרְיָן עַל יַעְזֵר כֵּן אַיְתֵי קְטוֹלִין עַל שִׂבְמָא אֲרַוֵּינָךְ דִּמְעָתָא חֶשְׁבּוֹן וְאֶלְעָלֵה אֲרֵי עַל חֲצָדִיךְ וְעַל קִיטְפִיךְ בָּזוֹזִין נְפָלוּ׃ י וְהִתְכְּנֵישׁ בִּיעַ וְחֶדְוָה מִן כַּרְמְלָא וּבְבַרְמַיָּא לָא יְדוּצוּן וְלָא

רש"י

(יחזקאל כ"ט) והנס נטושים (שמואל א' ל') וינטשו בעמק רפאים (שם כ"ה): (ט) אבכה בבכי יעזר. ת"י כמא דאיתיתי משריין על יעזר כן אייתי קטילין על שבמה ול' המקרא הנביא אומר כענין קינות יעזר יש לי עליך לקונן את הגפן שבמה: אריוך דמעתי. אתרוי עליך דמעה. יש תיבה משמשת כשתי תיבות כמו בני יצאוני (ירמיה י') ארץ הנגב נתתני (יהושע ט"ו) דברו לשלום (בראשית ל"ז): קיצך. תאנים שמייבשין בקיץ: הידד. קול שודדים ובוזזים: (י) מן הכרמל. הוא מקום יער ושדות תבואה: לא ירועע. ל' תרועת שמחה: הידד השבתי. קול

מהר"י קרא

ויעברו ים: (ט) על כן אבכה בבכי יעזר גפן שבמה אריוך דמעתי. אשביעך: כי על קיצך ועל קצירך הידד נפל. שאון קול שודדים נפל. כשם שעונת התבואה נקרא קציר כמו כן עונת (הבדים שיצונת׳ בישול התאנים נקרא קיץ. לפי שאין מתבשלות ביחד אלא בזה אחר זה הראשונות נקראות תאנים הבכורות והמאוחרות נקרא קייצים. לפי שהם מתבשלים לבסוף. וזהו שאמר הנביא כי על קיצך ועל קצירך הידד נפל: (י) ונאסף שמחה וגיל מן הכרמל. מן המישור שלהם שהיה מלא תבואה. שהיו שמחים לשעבר בשעת הקציר שהיו מוציאין את השדה מלא תבואה. כרמל. כר מלא: ובכרמים. לא יתרועעו ולא ישירו. כשם שהיו שמחים לשעבר שהיו הבוצרים שמחים ורוננים ומשמיעים קול בתרועה: יין ביקבים לא ידרוך הדורך הידד השבתי. אותו המון שיר וקול צהלה שהיו עושים ביקבים

אבן עזרא

(ט) על כן אבכה. יאמר כל אחד ואחד ממואב: גפן שבמה. שם מקום ויחסר על: אריוך. מלה זרה כי היו"ד תחת הוי"ו והוי"ו תחת ה"א והיא מלה זרה והכ"ף לנוכח השכון והיא מדינ׳ מואב הגדולה: על קיציך. פרי הקיץ: הידד. זאת המלה ידברו בה הרומסים והדורכים והוא ישחית הפרי והקציר בעודנו רטוב: (י) ונאסף. יאסף הגיל אל אחרים מהם והטעם יסור מהם הכרמל כי גם למואב חלק בו: ירועע. מגזרת תרועה מהפעלים השניים כפולי האות האחרון: הידד. ביקב להוציא היין

רד"ק

משל על בני מואב שיהרגו מקצתם וילכו בגולה מקצתם ושדמות משל על המון העם וכן גפן שרוקיה על השרים וכן ת"י שדמות משריית גפן וגו׳: (ט) על כן אבכה. מאמר הנביא בלשון מואב: גפן שבמה. בבכי גפן שבמה. ובבכי שזכר עומד במקום שנים: אריוך דמעתי. כנגד חשבון ואלעלה הוא מדבר ואומר ארוה אותך דמעתי והוא דרך הפלגה כאלו הדמע׳ כמטר שמרוה הארץ ומלת אריוך מן הדגוש היו"ד עי"ן הפעל והוי"ו למ"ד הפעל: כי על קיצך ועל קצירך הידד נפל. בזמן הקציר באו עליהם האויבים והידד הוא לשון קריאה והוא שצועקים השוללים כשיבאו על העיר פתאום. וכן הוא לשון הדורכים כמ"ש הידד כדורכים יענה: וקיצך. הוא פירות הקיץ לחים ויבשים: (י) ונאסף. כלו יאסף מן המקום ההוא אל מקום אחר השמחה והגיל ומה שאמר ונאסף שמחה הסמוך אליו הוא ל׳ נקבה פי׳ בחסרון מלת דבר כלומר כל דבר שמחה יהיה נאסף מן הכרמל ופי׳ כרמל מקום שדות זריעה ועצי פרי ויש לפרש ונאסף ענין כליון מן אסף אסיפם והדומים לו: לא ירנן ולא ירועע. כי מנהג הוא לשמוח ולרנן ולהריע בשמחה בבציר ובקציר ובאסיפת הפירות. וכן כתוב כשמחת בקציר. ובכרמי מואב לא יעשו בהם שמחה והלולים כי יגלו מארצם והיה ארצם שממה: לא ידרך. אמר על היין לא

מצודת דוד

למרחוק ועברו את הים ר"ל הגולים גלו למרחוק: (ט) על כן. אמר הנביא בלשון מואב על כן בענין הבכי שבכיתי על יעזר בזה הענין עצמו אבכה על אבדן גפן שבמה: אריוך וגו׳. אתם חשבון ואלעלה ארוה את כל אחת מכם בדמעות עיני ואחז במשל כאלו הוא מטר המרוה הארץ: על קיצך. על תלישת פירות הקיץ ועל קציר שדך הנה קול הידד והיא קריאת צעקת השוללים הבאים פתאום: (י) ונאסף. מעתה כלה שמחה מן הכרמל כי לא תגדל שם מאומה: לא ירנן. לא ישמע שם קול רנה וקול תרועת שמחה: יין ביקבים. להוציא יין להמשיך ביקבים לא ידרוך. מי שהיה רגיל לדרוך כי האויב יכלה הכל: הידד השבתי. בטלתי את קול צעקת הידד כי גם היא לשון קריאת צעקת דורכי היין לזרז זה את זה וכן נאמר

מצודת ציון

פרדס רמונים (שה"ש ד׳): נטשו. ענין פזור והתפשטו׳ כמו ויטשו פלשתי (שופטים ט"ו): (ט) אריוך. ענין שביעה כמו כגן רוה (לק׳ נ"ח): קיצך. פירות הקיץ: הידד. ענין קריאת קול שמחה: נפל. ענין חניה כמו על פני כל אחיו נפל (בראשית כ"ה): (י) ונאסף. ענין כליון כמו אסוף אסיפם (ירמיה ח׳): הכרמל. הוא מקום שדות וכרמים כמו והיה מדבר ככרמל (לקמן ל"ב): ירונן. מלשון רינה: ירועע. מלשון תרועה: ביקבים. הוא הבור שלפני הגת והיין יורד בו: ידרוך הדורך. הדרך לדרוך ברגל על

given to me (נְתַתָּנִי)," "(Gen. 37:4) *To speak to him* (דַּבְּרוֹ) *peacefully.*" — [*Rashi*] I.e., the verb with the suffix that serves as a prepositional phrase, rather than a direct object.

Others render: I will water you with my tears, as though tears were water and one could water the fields with them. — [*Redak*]

your figs—Heb. קֵיצֵךְ, *the figs that are dried out in the summer.* — [*Rashi*]

Ibn Ezra renders: Your summer fruit. *Redak* adds: Both fresh and

9. Therefore, I will weep with the weeping of Jazer, for the vine of Sibmah; I will be sated over you with my tears, Heshbon and Elealeh, for over your figs and over your harvest a shout has fallen. 10. And joy and gladness shall be terminated from the fruitful field, and in the vineyards there shall be neither song nor shout; no treader shall tread wine into the pits; the shout have I abolished.

and Israel took them from the hands of Sihon. Now when did they return to the hands of Moab?" When Sennacherib exiled the Reubenites and the Gadites, the neighboring Moabites came and settled in them. — [*Rashi*]

has become desolate—Heb. אֻמְלַל. —[*Rashi*]

chiefs of nations—kings of nations. — [*Redak*]

According to *Ibn Ezra,* this may be a singular noun, meaning "a chief of nations," referring to the king of Assyria. The plural form is common for nouns denoting ownership or lordship. Since there is definitely an error in *Ibn Ezra*'s commentary on this verse, it is difficult to determine his view on this matter. See Friedlander, Hebrew and English.

its saplings—*its choice saplings.* — [*Rashi*]

they reached as far as Jazer—*The grain fields and the vine and the saplings mentioned here are merely an allegory. They represent camps, companies, and rulers [in the days of these peoples]. So did Jonathan paraphrase it.* — [*Rashi*] In some editions, this entire comment does not appear. In most editions, the bracketed words do not appear.

they reached as far as Jazer—*they went into exile.* — [*Rashi*]

they strayed to the desert—*lit. they strayed the desert.* — [*Rashi*]

its tendrils—*its branches, and they are the symbol of its exiles.* — [*Rashi*]

spread out—Heb. נִטְּשׁוּ, *scattered. Comp.* "(Ezekiel 29:5) *And I will scatter you* (וּנְטַשְׁתִּיךָ) *in the desert,*" "(I Sam. 30:16) *And behold, they were scattered,* (נְטוּשִׁים)" "(II Sam. 5:22) *And spread out* (וַיִּנָּטְשׁוּ) *in the valley of Rephaim.*" — [*Rashi*]

This verse is an allegory concerning the Moabites, denoting that some will be killed and the rest will be exiled. — [*Redak*]

9. **I will weep with the weeping of Jazer**—*Jonathan paraphrases: As I brought camps upon Jazer, so will I bring killers upon Sibmah, and, according to the wording of the verse, the prophet states: Similar to the lamentations of Jazer, I have to lament over you, the vine of Sibmah.* —[*Rashi*]

The prophet depicts the Moabites lamenting their cities. — [*Ibn Ezra, Redak*]

I will be sated over you with my tears—Heb. אֲרַיָּוֶךְ, *I will be sated over you. There are some words that serve as two words. Comp.* "(Jer. 10:20) *My children went out of me* (יְצָאוּנִי)," "(Jos. 15:19) *A dry land you have*

הַדֹּרֵךְ הֵידָד הִשְׁבַּתִּי׃ יא עַל־כֵּן מֵעַי
לְמוֹאָב כַּכִּנּוֹר יֶהֱמוּ וְקִרְבִּי לְקִיר חָרֶשׂ׃
יב וְהָיָה כִי־נִרְאָה כִּי־נִלְאָה מוֹאָב עַל־
הַבָּמָה וּבָא אֶל־מִקְדָּשׁוֹ לְהִתְפַּלֵּל וְלֹא
יוּכָל׃ יג זֶה הַדָּבָר אֲשֶׁר דִּבֶּר יְהוָה אֶל־
מוֹאָב מֵאָז׃ יד וְעַתָּה דִּבֶּר יְהוָה לֵאמֹר
בְּשָׁלֹשׁ שָׁנִים כִּשְׁנֵי שָׂכִיר וְנִקְלָה כְּבוֹד

תרגום

יְחַיְכוּן וַחֲמַר בְּמַעְצְרַיָא
לָא יַעְצְרוּן עָצוֹרִין עֲצוּר
אַבְטֵלִית׃ יא עַל כֵּן
מְעֵיהוֹן דְמוֹאֲבָאֵי
כְּכִנָּרַיָא הָמָן וְלִבְּהוֹן עַל
אֱנָשׁ כְּרַךְ תּוּקְפֵיהוֹן דָוָן׃
יב וִיהֵי אֲרֵי יֶחֱזֵי אֲרֵי
יִלְאָה מוֹאָב עַל בָּמְתָא
וְיֵעוּל לְבֵית טַעֲוָתֵיהּ
לְמִבְעֵי וְלָא יִכּוֹל׃ יג דֵּין
פִּתְגָמָא דִי מַלֵּיל יְיָ עַל
מוֹאֲבָאֵי מִבְּכֵן׃ יד וּכְעַן
מַלֵּיל יְיָ לְמֵימַר בִּתְלַת
שְׁנִין כִּשְׁנֵי אֲגִירָא וְיֵסוּף

מהר"י קרא פתח באתנח

לשעבר הריני מבטלו: (יא) על כן מעי למואב ככנור יהמו. מה שמעי הומים לי עלי אות היא למואב שיהמו מעיו ולבו: (יב) ובא אל מקדשו. אל ע"ז שלו ולא יוכל להציל את נפשו: (יג) זה הדבר אשר דבר ה' אל מואב מאז. מימים רבים נגזרה גזירה עליו. אך לא עדיין קרב הקץ ולא הגיע היום להיפרע מהם אבל עכשיו לא תמשך עוד גזירתך שגזרתי עליהם: (יד) ועתה דבר [ה'] לאמר [וגו'] ונקלה כבוד מואב. פת' חיל מואב. בכל מקום קורא חילו של מלך כבודו. כשם שנאמר באשור. את

רש"י

המתאספים להטיל הקורה לעצור הענבים: (יא) יהמו. בקינה: (יב) כי נלאה מואב. להלחם על במות המגדלים: ובא אל מקדשו. אל מקום אשר הם מתקדשים שם ומזדמנים שם להתפלל: (יג) זה הדבר. סוף כלייתו של מואב ביד נבוכדנצר: אשר דבר ה' אל מואב מאז. מימים רבים לפני בא הרעה עליו ניבא לו ישעיה את זאת. ד"א מאז מעת אשר שכר בלק את בלעם: (יד) ועתה דבר ה'. לקרב את הפרענות להם: בשלש שנים כשני שכיר. בשביל שלש שנים שסייעו את סנחריב כשצר על שומרון ועזרוהו בלי בצע כאלו היו לו שכירי' לפיכך ונקלה כבוד מואב בין שאר כל המונו של סנחריב ששטפ' בשבי מתוך אותו החיל וילך לו וכן מפורש בסדר עולם שטף עמוני' ומואבים שהיו מסייעין אותם כשצר על שומרון שלש שנים לקיים מה שנאמר שלש שנים כשני שכיר וגו'. ועוד יש לפרש שלש שנים כשני שכיר שלש שנים נגזרו עליכם לאורך זמן אבל מלומלמין יהיו ולא תאחר עוד הפורענות כאשר ידקדק השכיר בשני שכירותו למלאם: ונקלה כבוד מואב.

רד"ק

ידרך על שם סופו כמו וטחני קמח אפיתי על גחליו לחם והידד הוא קריאת הדורכים בשמחה: (יא) על כן. מאמר הנביא בלשון מואב: מעי וקרבי. הוא כפל ענין במלות שונות כי הקרב הוא המעים וי"ת קרבי ולבהון וכן הוא הלב בכלל הקרב: לקיר חרש. הוא קיר חרשת הנזכר למעלה: (יב) והיה כי נראה כי נלאה. כאשר יהיה נראה לעם כי נלאה מלבכות בבמה כמו שאמר למעלה בבמות לבכי וכאשר יהיה נראה שהוא נלאה מהבכי יבוש לעמוד שם בבמה: ובא אל מקדשו. ירצה לבא אל בית מקדשו והוא בית אלהיו ירצה לבא שם ולהתפלל אולי יועילנו ולא יוכל ללכת מתוך לאותו מן הבכי. ות"י אל מקדשו לבית טעותיה: (יג) זה הדבר. נבואה זו נאמרה על מואב מאז זה שנים ולא קבע לה זמן ועתה הוסיף לאומרה וקבע לה זמן: (יד) בשלש שנים כשני שכיר ונקלה כבוד מואב. כלומר עד שלש שנים מצומצמות כימי שכיר שהוא מדקדק בזמנו ולא יוסיף עליו כן תבא הרעה על מואב עד שלש שנים מצומצמות וכבודו ישוב לקלון. כבודו שהוא עתה

אבן עזרא

לשבח הפך הקיץ והקציר: (יא) על כן מעי. איננו דברי הנביא רק ידבר על לשון איש מואב: (יב) והיה כי נראה כי נלאה מואב. עלה על הבמה לע"ז או נלאה על הבמה כטעם ולא יוכל והוא הנכון: (יג) זה. אשר דבר ה'. דברו היא גזרה שגזר כמלך שיאמר למשרתיו עשו כן על דרך משל להבין השומעי': (יד) ועתה דבר. השם גלה זה הסוד כי שלש שנים נשארו והטעם כשני שכיר שכל יום יבשר נפשו מתי יגיע הקץ כן הנביא היה שמח בגעת קץ אידם: ונקלה. כבודו שהוא המון רב וישאר מעט מזער:

מצודת ציון

הענבים להוציא היין: השבתי. ענין בטול כמו שבת נוגש (לעיל י"ד): (יא) מעי וקרבי. פתרון אחד להם: (יב) נלאה. ענין עייפות כמו המעט מכם הלאות אנשים (לעיל ו'): הבמה. ענינו מקום גבוה ורמה כמו במתי עב (לעיל י"ד): מקדשו. מקו' המזומן לו: (יד) ונקלה. מלשון קלות: ההמון. ענין עם רב ולתוספות

מצודת דוד

הידד כדורכים יענה (ירמיה כ"ה): (יא) על כן. בעבור גודל החורבן ואמר בלשון מואב: מעי למואב. בני מעי יהמו ככנור על חורבן מואב: וקרבי וגו'. הוא כפל ענין במ"ש: (יב) כי נראה. כאשר יראה מואב אשר הוא נלאה ועיף לעמוד על הבמה להלחם שמה מול האויב: אל מקדשו. לבית העכו"ם שלו להתפלל לפניו לעזור לו: ולא יוכל. ע"ז לא יוכל להתחזק כי אין בידו לעזור: (יג) מאז. מימים הרבה נגזרה עליו: (יד) ועתה דבר ה'. עתה הוסיף לקבוע זמן: כשני שכיר. ר"ל מלומלמות כשכיר הזה

had been given long ago without specifying the time of its realization, but now, God was revealing the time of its realization.

"In three years like the years of a hireling—*Because of three years that they aided Sennacherib when he besieged Samaria, and they aided him without compensation, as though they were his hirelings, the glory of Moab shall, therefore, be debased among the rest of Sennacherib's multitudes, for he swept them away into captivity from the midst of that army and went*

11. Therefore, my bowels shall moan for Moab like a harp,
and my innards for Kir-heres. 12. And it shall come to pass,
when it shall appear that Moab has wearied [of waging war] on
the high place, and he shall enter his sanctuary to pray and he
shall not be able. 13. This is the word that the Lord spoke con-
cerning Moab long ago. 14. And now, the Lord has spoken
saying, "In three years like the years of a hireling, the glory of
Moab shall be debased,

dry. Apparently, the word קַיִץ, denoting dried figs or summer fruit, is derived from קַיִץ, meaning summer. *Rashi,* Gen. 8:22, however, states that the dried figs are called קַיִץ, and the summer is called קַיִץ because it is the time to dry the figs.

a shout—*the noise of robbers and spoilers.* — [*Rashi*]

Ibn Ezra interprets it as the cry of the spoilers: *Hedad!* This is the cry of those who tread and trample the fruit while it is still fresh and easily destroyed.

10. **shall be terminated**—lit. gathered. I.e., it will be gathered from Moab to be given to others. — [*Ibn Ezra*] It may also be an expression of termination and destruction. — [*Redak*]

from the fruitful field—Heb. כַּרְמֶל. *That is a place of a forest and grain fields.* — [*Rashi*]

Ibn Ezra, apparently explains this as a place name, stating that Moab had a portion of the Carmel. He, apparently, believes that, in addition to the Mt. Carmel in the west, on the Mediterranean Sea, there is also a Carmel on the east, of which Moab has a portion. See Friedlander.

no shout—Heb. יְרֹעָע, *an expression of a shout of* (תְּרוּעָה) *joy.* — [*Rashi*]

the shout have I abolished—*the voice of those assembled to lay the beam to press the grapes.* — [*Rashi*]*

11. **shall moan**—*in lamentation.* — [*Rashi*]

In this, too, the prophet pictures the Moabites lamenting the fall of their country. — [*Ibn Ezra, Redak*]

12. **that Moab has wearied on the high place**—*to wage war on the high places of the towers.* — [*Rashi*]

and he shall enter his sanctuary—*to the place where they prepare themselves and ready themselves there to pray.* — [*Rashi.* See *Rashi,* infra 66:17.]*

13. **This is the word**—*the end of Moab's destruction at the hands of Nebuchadnezzar.* — [*Rashi*]

that the Lord spoke concerning Moab long ago—*Many days before the calamity came upon it, Isaiah prophesied this about it. Alternatively, "Long ago," denotes the time when Balak hired Balaam.* — [*Rashi* from unknown Midrashic source]

14. **And now, the Lord has spoken**—*to bring the retribution near to them.* — [*Rashi*]

Redak explains that the prophecy

יְקָרְהוֹן דְמוֹאֲבָאֵי בְּכָל הֲמוֹן סַגְיָא וּשְׁאָר צִבְחַר כִּזְעֵיר יְסוּף כָּל יְקָרֵיהוֹן:
א מַטַל כַּס דִלְוָט לְאַשְׁקָאָה יַת דַמֶשֶׂק הָא דַמֶשֶׂק מִתְעַדְיָא מִמַלְכוּ וּתְהֵי לִכְרַךְ מְחַמְרָא:
ב שְׁבִיקָן קִרְוֵיהוֹן חָרְבוּ

מוֹאָב בְּכֹל הֶהָמוֹן הָרָב וּשְׁאָר מְעַט
מִזְעָר לוֹא כַבִּיר: יז א מַשָּׂא דַּמָּשֶׂק
הִנֵּה דַמֶּשֶׂק מוּסָר מֵעִיר וְהָיְתָה מְעִי
מַפָּלָה: ב עֲזֻבוֹת עָרֵי עֲרֹעֵר לַעֲדָרִים

רש"י

בעיני כל המון סנחריב הרב: ושאר. פליטה הנשאר למואב: מעט מזעיר. תהיה: לוא כביר. ל' רוב:
יז (א) מוסר מעיר. לשון הסרה: מעיר. מהיות עיר: מעי. ל' שפלות ועומק כמו מעוט ימים:
(ב) עזובות ערי ערוער. י"ת ל' חורבן כמו ערער תתערער ופירושו על ערי ארם. ומדרש אגדה מתמיה לפי שערוער מארץ ישראל היתה שנא'(במדבר ל"ב)ואת ערוער ועומד בדמשק ומכריז בערוער אלא שהיו בדמשק שווקים כמנין ימות החמה וכל אחת יש בה עבודת כו"ס ועובדי' לה יום אחת בשנה וישראל עשו את כולן קיבוץ אחת והיו עובדין את כלם בכל יום לכך הזכיר מפלת ערוער אצל דמשק. ואני מפרשו לפי פשט המקרא על שנתחברו רצין ופקח בן רמליהו יחד והנביא היה מתנבא על מפלת דמשק ואומר הנה דמשק מוסר מעיר ערי ערוער שהיו של פקח כבר היו עזובות שגלו הראובני והגדי כבר והרי תמיד לעדרי צאן הם נתונים ורובצים שם צאן מואב ואין מחריד עוד תהי מלכות

מהר"י קרא

מלך אשור ואת כל כבודו: בכל ההמון. לשעבר שהיה המלך מואב רגיל לצאת בעם כבד וביד חזקה. מעתה יותר בו מעט ולא כביר. מהו בשלש שנים כשני שכיר שכן דרך שכיר להשכיר עצמו אינו משכיר ליותר משלש שנים. ואל תשיבני יאמר בעוד שנה כשני שכיר *). אלא המרבה להשכיר עצמו אינו מרבה יותר על שלש שנים. והממעיט אינו פוחת משנה. ומדרש חכמים. זה הדבר אשר דבר ה' אל מואב מאז. מהו מאז לפי שהזכיר בענין של מעלה על כן מעי למואב וגו'. בא וראה מה בין נביאי ישראל לנביאי אומות העולם. נביאי ישראל מזהירין על עבירות דכתיב בן אדם צופה נתתיך לבית ישראל. ובלעם הרשע העמיד פירצה לאבד הבריות שכן אמר בישעי' לבי למואב יזעק. וכן הוא אומר ביחזקאל בן אדם שא אל צור קינה. ובלעם ובלק [עמדו לעקור] אומה שלימה על לא דבר. והנביא כה אמר במליצת נבואתו אתם מואבים מה לכם אצל ישראל אשר שכרת את בלעם [בן] בעור לקללו. ובראותך לא הועיל כי הקב"ה הפליא רחמיו וחסדיו כמו שנאמר עמי זכר נא מה יעץ בלק מלך מואב וגו'. על כן אמר הנביא. מאז אשר עשית זאת אשר נגזרו כל הפורענויות היו עליך. ועתה דבר ה' לאמר. בעוד שלש שנים כשני שכיר. למדנו שכל מדותיו של הקב"ה מידה כנגד מידה לפי שכתיב אשר שכר עליך את בלעם וגו' לכך נאמר כשני שכיר: לא כביר. לא הרבה ישארו מהם:
יז (א) משא דמשק: (ב) עזובות ערי ערער. כל כך תהיינה עזובות שאפילו כשירבצו שם עדרים אין אחד מהם מכל אותם שגרו שם תחילה מעכב לומר לרועים אל תרעו כאן שבזמן שהמקום חרב ויש **) בדעתם של אנשי המקום שגרו שם

*) ראה לקמן (כ"א ט"ז). **) אולי צ"ל ואין.

אבן עזרא

לא כביר. לא עם גדול במספר ידוע כבירים או טעמו לא ישאר מהם אדם גדול כמו הן אל כביר:
יז (א) משא דמשק. מוסר. מגזרת הסיר מהיותה עיר ואם הוא לשון זכר והנכון שהוא על עם דמשק והעד והיתה מעי כמו לעיים והמ"ם נוסף: (ב) עזובות. זה היה

רד"ק

וגאותו בכל ההמון הרב שיש לו עם רב וממון רב הכל יסוף: ושאר מעט מזער. ומה שישאר מהם יהיה מעט מזער והכפל למעט: לוא כביר. לא יהיה עוד כביר חזק כמו שהיה ובדרש אשר דבר ה' אל מואב מאז כששכר בלק את בלעם נגזרה גזרה זו על מואב ובסדר עולם בשנת בא תרתן אשדודה בשלוח אותו סרגון מלך אשור שטף עמונים ומואבים שהיו מסייעים אותו כשצר על שמרון שלש שנים לקיים מה שנאמר כשלש שנים כשני שכיר ונקלה כבוד מואב כלומר לפי שהם סייעו מלך אשור שלש שנים על שמרון כאילו היו שכירים לפיכך יפלו בידו ונקלה כבוד מואב ביד מלך אשור: (א) משא. נבואה זו על דמשק שתחרב כי מלך אשור החריבה כמו שכתוב. וכן החריב שמרון אחר כן וזכר חרבן ישראל בזאת הנבואה כי שני המלכים רצין מלך ארם ופקח בן רמליהו מלך ישראל נועדו על ירושלם להלחם לפיכך זכר חרבן ישראל שהיא מלכות אפרים בנבואה זו: מוסר מעיר. מוסר מהיות עיר: והיתה מעי מפלה. שישפלנה ותהיה גל אבנים וזכר דמשק לפי שהיתה ראש הממלכה כמו שאמר כי ראש ארם דמשק: (ב) עזובות ערי ערוער. אפשר שהיתה בארם עיר ששמה ערוער והיתה עיר גדולה לפיכך סמך אליה הערים הקטנות ואמר ערי ערוער ואע"פ שהיתה בערי מואב ערוער והוא שכבשוה בני ישראל היתה גם כן בערי דמשק עיר ששמה ערוער כמ"ש עד ערוער אשר על פני רבה. ובמדרש עומד בדמשק ומכריז בערוער אלא שהיו בדמשק שוקים כמנין ימות

מצודת דוד

כשלמים בשני שכירתו: ונקלה. כבודו יהיה נקלה ונבזה עם כל ההמון הרב שיש לו כי לא יועילו לו: ושאר. השארית שיהיה לו הנה יהיו מעט מזער לא הרבה ישארו וכפל הדבר להמתיק:
יז (א) מוסר מעיר. יהיה כר מהיות עיר: מעי מפלה. ימלא תלים מן מפולת הבתים: (ב) עזובות. הנה הערים הסמוכי' לערוער כבר עזובות המה כי גלו מהם הראובני והגדי: לעדרים.

מצודת ציון

ביאור אמר הרב: מזער. ענינו כמו מעט כמו כתר לי זעיר (איוב ל"ו): כביר. ענין רבוי כמו יתן אוכל למכביר (שם):
יז (א) מעי. תל וגדור כמו לעי השדה (מיכה א'):

gether, and the prophet prophesying about the downfall of Damascus, and saying, "Behold, Damascus shall be removed from [being] a city," and the cities of Aroer which belonged to Pekah were already abandoned, for the Reubenites and the Gadites had already been exiled, and they were always given to the flocks of sheep, and the sheep of Moab would lie there undisturbed, he continues to say that the kingdom of Pekah shall continue to be gradually terminated, and that Samaria, too, shall be captured in the days of Hoshea, and then—

And a fortress shall cease from

among all the great multitude, and the remnant shall be very few, not many.

17

1. The harsh prophecy concerning Damascus: Behold Damascus shall be removed from [being] a city, and it shall be depth of ruins. 2. The cities of Aroer shall be abandoned; for the flocks

away. And so it is related in Seder Olam (ch. 23): *He swept away the Ammonites and the Moabites who aided him when he besieged Samaria three years, to fulfill what is said: "Three years like the years of a hireling, etc." It can further be explained as follows: "Three years like the years of a hireling." Three years were decreed upon you as a reprieve, but they will be exact, and the retribution will not be delayed further, as a hireling is exact with the years of his hire, to limit them.* — [*Rashi*]

the glory of Moab shall be debased—*in the eyes of all the great multitude of Sennacherib.* — [*Rashi*]

Alternatively, the glory of Moab, which it derived from its numerous multitude, shall be debased, for the remnant shall be very few. — [*Redak*]

and the remnant—*The survivors left to Moab.* — [*Rashi*]

not many—Heb. לוֹא כַבִּיר, *an expression of a large number.* — [*Rashi*] I.e. כַּבִּיר is an expression of a large number.

Alternatively, no great man. — [*Ibn Ezra*] Others: no strength. — [*Redak*]

1. **removed from a city**—*from being a city.* — [*Rashi, Redak*]

a depth—Heb. מְעִי, *an expression of lowness and depth, like the depth of the seas* (כִּמְעוֹת). — [*Rashi*] This expression is taken from below 48:19.

Others explain: a heap of ruins. —[*Ibn Ezra*]

Alternatively, humbled to a heap of stones. — [*Redak*]

2. **The cities of Aroer are abandoned**—*Jonathan renders this as an expression of destruction. Comp.* "(Jer. 51:58) *shall be destroyed* (עַרְעֵר תִּתְעַרְעָר), *and he explained it in reference to the cities of Aram.* I.e., *Jonathan* renders it: Their cities are abandoned, they are destroyed. *The Midrash Aggadah (Introduction to Lam. Rabbah 10* with variations, *Yalkut Machiri) asks in amazement, since Aroer was* part *of Eretz Israel, as it is said*: "(Num. 32:34) *and Aroer: He is dealing with Damascus and he announces matters concerning Aroer? But, since in Damascus there were streets as numerous as the days of the solar year, and in each one was a pagan deity, which they would worship one day in the year, and the Israelites made them all into one group and worshipped all of them every day, he, therefore, mentioned the downfall of Aroer juxtaposed to Damascus. I explain it, however, according to the simple meaning of the verse, as follows: Since Rezin and Pekah son of Remaliah joined to-*

תהיינה ורבצו ואין מחריד: ג ונשבת
מבצר מאפרים וממלכה מדמשק
ושאר ארם ככבוד בני־ישראל יהיו
נאם יהוה צבאות: ד והיה ביום ההוא
ידל כבוד יעקב ומשמן בשרו ירזה:
ה והיה כאסף קציר קמה וזרעו שבלים

תרגום

לבית משרי עדרין דהען
יהון וישרון ולית דמניד:
ג ויבטיל שולטן
מאפרים ומלכו מדמשק
ושאר יחידאין מארם
ויקרהון כיקר בני
ישראל יהון אמר יי
צבאות: ד ויהי בעדנא
ההיא ימאך יקר יעקב
ועותר יקריה יגלי:
ה ויהי כמכנש חצד
קמה ודרעיה שובלין

רש"י

פקח הולכת וכלה ותלכד גם שומרון בימי הושע ואז נשבת מבצר מאפרים וממלכה מדמשק שיהרג רצין: (ג) ככבוד. עשרת השבטים יהיו גם אלו. אלו גלו לחלח וחבור ואלו יגלו לקיר שנאמר ויגלה קירה ואת רצין המית (מלכים ב' ט"ז): (ד) ומשמן בשרו ירזה. ועות' יקריה יגלי: (ה) והיה כאסוף קציר קמה. כמו שבעת קצירת קמה אוסף הקוצר לבת הקמה בידו אח' וזרועו השני' שבלים יקצור במגל כן

מהר"י קרא

תחילת לחזור ולבנותו אז תהיינה המקומות מרובים לעדרים. ואין אחד מאנשי העיר מחריד: (ג) ונשבת מבצר [מאפרים] וממלכה מדמשק. מיום שנתחבר ארם על אפרים יחדיו הכה על יהודה באותה שעה ואילך כל מקום שאתה מגיע לפורענות דמשק אתה מוצא בצדו עשרת השבטים. ואף כאן לפי שתפש הכתוב בפורענות דמשק דכתיב משא דמשק ונמצא בצדו פורענות אפרים דכתיב ונשבת מבצר מאפרים. ואומר עזובות ערי ערוער. הם היו של ישראל בכל מקום שלקו עם ארם לקו ישראל עמם. וכיון שנשבת ממלכה מדמשק יהיה שאר ארם ככבוד בני ישראל. ומה אירע בכבוד בני ישראל. כמו שמפורש בצדו. ביום ההוא ידל כבוד יעקב: (ה) והיה כאסוף קציר קמה וזרועו שבלים יקצור. בסוף הוא אומר והיה כמלקט שבלים

אבן עזרא

על ידי מלך אשור: (ג) ונשבת. כי בבוא סנחריב תפש דמשק גם שומרון ומבצריה: ושאר ארם. כי דמשק היא עיר ארם יהי להם כבוד ככבוד בני ישראל שכתב אחריו ידל כבוד יעקב. ויש אומרים ושאר ארם כל כך יהיו בחרפה עד שיהיה ככבוד לישראל כנגד אחור' רעם: (ד) והיה. ידל כבוד יעקב. על מות החללים והגולים מהשבטים: (ה) והיה. בתחלה: כאסוף. הקוצר קציר הקמה: והיה

רד"ק

החמה וכל אחד יש בו עכו"ם והיו עובדים כל אחת ביומה וישראל היו עובדים כולם ביום א' לכך הזכיר מפלת ערוער שהיתה בישראל אצל מפלת דמשק: לעדרים תהיינה. שיהיו חרבות ויהיו למדבר צאן: (ג) ונשבת מבצר. היא שמרון שהיה מבצר אפרים וראש ממלכתם וממלכה מדמשק כי מלך אשור הכית רצין מלך ארם והחריב דמשק: ושאר ארם. לפי שזכר דמשק אמר לא דמשק לבדה כי גם שאר ארם יגלו כמו כבוד בני ישראל כן יגלה כבודם כי שניהם גלו בזמן אחד ע"י מלך אשור: (ד) והיה ביום ההוא. בזמן ההוא שגלו עשרת השבטים שהיו כבוד יעקב: ידל. ענין דלות ועניות והוא הפך הכבוד כי עם העושר הוא הכבוד: ומשמן בשרו ירזה. דרך משל על עשרם וכבודם שגלה והרזון הפך המשמן: (ה) והיה כאסוף קציר. כמו שהקוצר יאסוף הקמה ויקצרנה יחד לא ישאר אלא שבלים מעטים אחת הנה ואחת הנה כן יעשה מלך אשור בישראל שיגלה אותם לא נשארו בעשרת שבטים אלא מעטים מפוזרים בארץ וגם מהם יקחו וילקטו אותם אשר ימצא: קציר. שם תאר בפלס שריד ופליט: וזרעו שבלים יקצור. כפל הענין במלות שונות: והיה כמלקט

מצודת ציון

(ג) ונשבת. ענין בטול: ככבוד. העושר נקרא כבוד כמו ומאשר

מצודת דוד

והרי הם נתונות לעדרי צאן והמה רובצים שם ואין מי מחרידם כי בשממה המה ואין מי בא שמה: (ג) ונשבת. כן ישבת כל ערי מבצר מאפרים וכן ישבת הממלכה מדמשק ולפי שרצין מלך ארם ופקח מלך ישראל התחברו להלחם על ירושלים לכן אמר שהמה שניהם יפלו ביד סנחריב וירושלים תנצל: ושאר ארם. הפליטה הנשארת מארם יהיו ככבוד בני ישראל כי גם כבודם ידל: (ד) ידל כבוד יעקב. יהיה דל וכש כי יוקח עשרו: ומשמן. שמנונית בשרו יהיה רז וכחוש ר"ל לא ישאירו בידו מאומה: (ה) והיה כאסוף קציר.

And a fortress—I.e. Samaria, which served as the fortification of the northern kingdom, and its capital. —[*Redak*]

and a kingdom from Damascus—I.e. Rezin will be killed and the city destroyed. — [*Redak*]

and the remnant of Aram—I.e., not only will Damascus be exiled, but also the rest of Aram, just as the ten tribes of Israel will be exiled. —[*Redak*]

Jonathan renders: and the remaining individuals from Aram.

like the glory of—*the ten tribes, shall these also be [var. Aram, too, shall be]. These shall be exiled to Halah and Habor, and these shall be exiled to Kir, as it is stated*: "(II Kings 16:9) *And exiled its inhabitants to Kir, and he slew Rezin.*" —[*Rashi*]

Moreover, they will be exiled at the same time as the ten tribes of Israel. — [*Redak*]

Alternatively, Israel's condition

shall they be, and they shall lie undisturbed. 3. And a fortress shall cease from Ephraim and a kingdom from Damascus, and the remnant of Aram; like the glory of the children of Israel shall they be, says the Lord of Hosts. 4. And it shall come to pass on that day, that the glory of Jacob shall become impoverished and the fatness of his flesh shall become emaciated.
5. And it shall be like gathering the harvest of the standing grain, and his arm reaps ears,

Ephraim and a kingdom from Damascus—for Rezin shall be killed. — [*Rashi*]

Redak, too, questions the connections between Damascus and Aroer. As mentioned earlier, Aroer was originally a Moabite city. Later, it was captured by Sihon, who, in turn, lost it to Israel, when they conquered his land in Moses' time. He conjectures that the prophet is referring to another city named Aroer, which belonged to Aram. He bases this view on Jos. 13:25. That verse, however, mentions "Aroer that is before Rabbah," which makes it a city of Ammon, not Aram. Aram was much farther north. If we accept his view, we have three cities named Aroer: one on the River Arnon, which belonged to Moab, one east of Rabbah, which belonged to Ammon and fell to Reuben, and one belonging to Aram, mentioned nowhere else in Scriptures. *Abarbanel,* indeed, states that there were three such cities, one belonging to Moab, one to Ammon, and one to Aram. *K'li Paz* explains that *Redak* does not cite the verse as proof, but states that just as Ammon had a city named Aroer, so did Aram.

Redak then quotes the *Midrash* quoted by *Rashi,* that, since the Israelites worshipped all the gods of Damascus, the fall of Aroer, an Israelitish city, is juxtaposed to the fall of Damascus.

Our editions of *Midrash Rabbah,* however, state that Aroer was a city of Moab, without mentioning Israel. See also *Yalkut Machiri.* According to this reading, the connection between Aroer and Damascus is obscure.

Rashi's second explanation places this prophecy after the exile of the Reubenites and the Gadites. At that time, the cities of Aroer, i.e., Aroer and its neighboring towns, were already abandoned to the Moabite flocks, and the prophet predicts the downfall of Damascus and Samaria as well. *Abarbanel* questions the importance of Aroer, that it should represent all the cities of the Reubenites and the Gadites. Judging from Num. 32:34, where it is listed last among the cities built by the Gadites, it would seem quite unimportant. He, therefore, concludes in the manner of *Redak,* that Aroer was an Aramean city, and an important one at that, to which all the neighboring towns belonged. Hence, the expression, "the cities of Aroer."

יַחְצוֹד וִיהֵי כִּמְלַקֵּט
שׁוּבְלִין בְּמֵישַׁר גִּבָּרַיָּא׃
ו וְיִשְׁתַּאֲרוּן בֵּיהּ עוֹלְלִין
כְּבִיעוּר זֵיתָא תְּרֵין
תְּלָתָא גַּרְגְּרִין בְּרֵישׁ
עַנְפָּא אַרְבְּעָא חַמְשָׁא
בְּסוֹכָא מַרְדָּא כֵּן
יִשְׁתַּאֲרוּן יְחִידָאִין
צַדִּיקַיָּא בְּגוֹ עָלְמָא בְּנֵי

יִקְצוֹר וְהָיָה כִּמְלַקֵּט שִׁבֳּלִים בְּעֵמֶק
רְפָאִים׃ ו וְנִשְׁאַר־בּוֹ עוֹלֵלֹת כְּנֹקֶף זַיִת
שְׁנַיִם שְׁלֹשָׁה גַּרְגְּרִים בְּרֹאשׁ אָמִיר
אַרְבָּעָה חֲמִשָּׁה בִּסְעִפֶיהָ פֹּרִיָּה נְאֻם־
יְהוָה

ת"א כנוקף זית. סנהדרין לה:

רש"י

יעקר סנחריב ויגל' הכל ואף לקט הגוש' בשעת קצירה ילקט וישאנו כלומר אף הבורחים לא ימלטו מידו וילקטום (כמו שמלקט שבלים סא"א): **בעמק רפאים**. הוא הגיא אשר על פני ירושלים בספר יהושע תמצא שעמק רפאים סמוכה לירושלים: (ו) **ונשאר בו**. חזקיהו וסייעתו שהם תוך ירושלים אנשים מעט כעוללות כרם וכנוקף זית המשאיר שנים שלשה גרגרים: **כנוקף זית**. כקוצץ זיתים ללוקטן מן האילן וכן ונקף סבכי היער [לעיל י'] ור"ד ונשאר בו בהמון סנחריב אנשים מעט כנוקף זית כדאיתא באגדת חלק: **בראש אמיר**. בראש הענף: **בסעפיה**. בענפיה

מהר"י קרא

בעמק רפאים. **כך** בתחילה גלות ראשינה שהגלה סנחריב מעשרת השבטים מצאן לערי ישראל יושבות על מלאת. (והזה [היה] דומה לזה שיוצא לקצור ומוצא את השדה בקומתו. הה"ד והיה כאסוף קציר קמה. זה מעשה היה בימי · **פקח** בשנת ארבע לאחז *) היה דומה לזה שמלקט בשדה. **ומאסף** אחרי הקוצרים שכבר נשארו בו מתי מעט. הה"ד וזרועו **שבלים** יקצור. ועדיין דומה להמלקט שקוצר בשבלים שמוצא **לקצור** הרבה. שלישית בהגלם בשנת שש לחזקיה הוא **שנת תשע** להושע שלא נותר בם אלא מעט מזעיר לא כביר לפי **שכבר גלו** כולם. הוא דומה לזה המלקט שבלים בעמק רפאים. זה **שהולך** ומלקט בשבלים אחרי הקוצרים שמוצא אחד הנה ואחד **הנה**. ועמק רפאים מקום תבואה הוא: (ו) ונשאר בו. **בישראל:** עוללות כנקף זית. כאלו זית זה שקטפוהו כבר **שלא השאירו** בו כי אם עוללות מעט. כך לא נשאר בימי חזקיה **זולתי שבט**

יהודה ובנימן לבדו: נרגרים. גרעינין: **אמיר**. צמרת האילן שקורין בלע"ז צימ"א: **ארבעה חמשה בסעפיה פוריה. בזמן**

*) נראה שצ"ל כשהגלם שנית בשנת י"ב לאחז היה דומה וכו' עיין ברש"י (ישעיה ח' כ"ג).

אבן עזרא

כמלקט שבלים. בהרוגה כי פעמים בא מלך אשור על ארץ ישראל: **בעמק רפאים**. מקום היה וקצירו רע ומעט ורזה: (ו) **ונשאר**. **כנוקף זית**. מגזרת ונקף סבכי היער וכן חגים ינקופו: **אמיר**. הוא המעולה בזית מגזרת וה'

רד"ק

שבלים בעמק רפאים. יהיה זה האויב מלקט ישראל **הבורחים** כמו שמלקט שבלים אחת הנה ואחת הנה כן ילקטם **האויב מה** שנמצא מהם בורחים ואנה ילקטם בעמק רפאים **ובשאר** המקומות אבל זכר עמק רפאים כי הוא סמוך לירושלם **ומלך** אשור תפש הכל מה שלכד שהיה חוץ לירושלים **ועמק רפאים** נזכר בספר יהושע אשר בקצה עמק רפאים צפונה נקרא **כן**

העמק ההוא אולי היה לענקים: (ו) ונשאר. **אמר זה על** יושבי ירושלם שהיו כעוללות כנגד שאר ישראל שהיו רבים **והם** מעטים כעוללות להם: וכנוקף זית. **כמו אחר נקיפת זית** שנשארים בזית גרגרים מעטים שלא נשרו בעת הנקיפה **והם**

מצודת דוד

הדבר יהיה דומה כמו הקוצר אשר בידו האחת אוסף שבלי הקמה ובזרועו השנית יקצרם כן האויב יקצצם ויכלם מן העולם: והיה כמלקט. ר"ל אף הבורחים לא ימלטו מידו כי ילקטם אחד אחד כהמלקט שבלים בעמק רפאים והוא הגיא הסמוך לירושלים כמ"ש ביהושע והמקום הוא רז וכחוש ומעט תבואות נמצא שם אחת הנה

מצודת ציון

לאבינו עשה את כל הכבוד הזה (בראשית ל"א): (ו) **עוללות**. הם **העגבים** הקטנים הנשארים באילן ואין מי חושש עליהם והוא מלשון **עולל** ויונק: **כנוקף**. ענין כריתה כמו ונקף סבכי היער (לעיל י'): גרגרים. כן יקראו פירות דקים יחידים: **אמיר**. הוא **נוף העליון**

ואחת הנה ונלקטים אחת אחת: (ו) ונשאר בו עוללות. זה חזקיהו וסיעתו שהיו תוך ירושלים והמה המעט כעוללות הכרם: **כנוקף**

finish its branches (סְעִיפֶיהָ). *Also,* "(supra 10:33) *Lops off the branches* (מְסָעֵף). — [*Rashi*]

when it produces fruit—*Jonathan* explains this in reference to the remaining righteous men, who will survive the Assyrian conquest. From them, the kingdom of Judah will produce fruit and return to its former status. *Abarbanel* prefers to interpret this in reference to the kingdom of Judah, Hezekiah and his people who remained in Jerusalem, or to the refugees from the other

Redak renders: like the cutting of an olive tree; i.e., after the cutting of an olive tree, when only a few olives remain, namely those on the uppermost bough, which are inaccessible to the cutter.

at the end of the uppermost bough—*at the end of the bough.* — [*Rashi*]

This is the uppermost bough, which symbolizes Jerusalem. — [*Redak*]

on its branches—Heb. בִּסְעִפֶיהָ. Comp. infra "(27:10) *And he shall*

and he shall be as one who gathers ears of grain in the valley of Rephaim. 6. And gleanings shall be left in it like the cutting of an olive tree, two or three berries at the end of the uppermost bough; four or five on its branches when it produces fruit, says the Lord, God of Israel.

will be regarded as glory as compared to the wretched condition of Aram, when the latter will be exiled by Assyria. — [*Ibn Ezra*]

4. **And the fatness of his flesh shall become emaciated**—*Jonathan* renders: *And the wealth of his glory shall be exiled.* — [*Rashi*]

5. **And it shall be like gathering the harvest of the standing grain**—*Just as at the time of the harvest, the reaper gathers the bundle of the standing grain in his one hand and with his other arm he reaps the ears, so will Sennacherib uproot and exile everyone, and even the gleanings that fall at the time of harvest he will gather and carry it off. That is to say that even those who flee will not escape his hand, and they will gather them* [var. *and he will gather them*] *[like one who gathers ears].* — [*Rashi*] The last bracketed phrase does not appear in all editions.

in the valley of Rephaim—*That is the valley that is before Jerusalem. In the Book of Joshua* (15:8, 18:16) *you will find that the valley of Rephaim adjoins Jerusalem.* — [*Rashi*]

Ibn Ezra explains that the valley of Rephaim was a place where the harvest was poor, little, and lean. Perhaps this symbolizes the fleeing refugees, who were as sparse as the scanty harvest.

Redak explains that the king of Assyria will gather the refugees wherever they flee. The prophet mentions the valley of Rephaim since this was outside Jerusalem and had already been invaded by the king of Assyria.

6. **And . . . shall be left in it**—*Hezekiah and his company, who are inside Jerusalem. They are few people like the gleanings of a vineyard and like the cutter of an olive tree, who leaves over two or three berries.* — [*Rashi*]

like the cutter of an olive tree—Heb. כְּנֹקֶף, *like the one who cuts olives to pick them from the tree Comp. "(infra 10:34) And the thickets of the forest shall be cut off* (וְנִקַּף). *Our Rabbis expounded "And . . . shall be left in it," as referring to Sennacherib's army*; i.e., *there shall be left in the multitude of Sennacherib a few people like the cutter of an olive tree, as it is stated in the Aggadah of "Helek* (95b)." — [*Rashi*] Some say that nine were left, basing it on the numbers four and five, and some say that fourteen were left, basing their view on all the numbers in this verse: two and three, four and five, which total fourteen.

Some explain the remnant as the two tribes of Judah and Benjamin, who remained after the exile of the ten tribes of Israel. — [*Kara*] Others explain it as the inhabitants of Jerusalem, who remained after the entire land had been conquered by Sennacherib. — [*Redak*]

This is similar to *Rashi.*

יְהוָה אֱלֹהֵי יִשְׂרָאֵל׃ ז בַּיּוֹם הַהוּא
יִשְׁעֶה הָאָדָם עַל־עֹשֵׂהוּ וְעֵינָיו אֶל־
קְדוֹשׁ יִשְׂרָאֵל תִּרְאֶינָה׃ ח וְלֹא יִשְׁעֶה
אֶל־הַמִּזְבְּחוֹת מַעֲשֵׂה יָדָיו וַאֲשֶׁר עָשׂוּ
אֶצְבְּעֹתָיו לֹא יִרְאֶה וְהָאֲשֵׁרִים
וְהַחַמָּנִים׃ ט בַּיּוֹם הַהוּא יִהְיוּ ׀ עָרֵי
מָעֻזּוֹ כַּעֲזוּבַת הַחֹרֶשׁ וְהָאָמִיר אֲשֶׁר

תרגום

סַלְכְּוָתָא אֲמַר יְיָ אֱלָהָא
דְיִשְׂרָאֵל׃ ז בְּעִדָּנָא
הַהִיא יִסְתְּמֵיךְ אֱנָשָׁא
לְפוּלְחַן עָבְדֵיהּ וְעֵינוֹהִי
לְמֵימַר קַדִּישָׁא דְיִשְׂרָאֵל
יִסְבְּרוּן׃ ח וְלָא יִסְתְּמֵיךְ
עַל אֱגוֹרַיָּא עוֹבַד יְדוֹהִי
וּדְאַתְקְנָא אֶצְבְּעָתֵיהּ
לָא יִתְקַיֵּים וַאֲשֵׁרַיָּא
נַחֲנִיסְנְסַיָּא׃ ט בְּעִדָּנָא
הַהִיא יְהוֹן קִרְוֵי
תוּקְפֵיהוֹן כִּכְרַךְ דַּחֲרִיב
וְאִתְחַמַּר דִּי אִשְׁתְּבֵיק
מִן קֳדָם בְּנֵי יִשְׂרָאֵל

מהר"י קרא

שעושה פירות: (ז) ביום ההוא. לאחר גלות עשרת השבטים. שאר הנשאר בו. ישעה אל עושיהו. הוא דורו של חזקיה שנאמר בה' אלהי ישראל בטח: (ח) ולא ישעה אל המזבחות מעשה ידיו. כשם שעשו אחיהם בית ישראל שבטחו להם בעגלי הזהב: (ט) ביום [ההוא] יהיו ערי מעוזו. כאשר יעזוב איש תרישת השדה כאשר יראה חרב על הארץ ויבוא וינוס על נפשו. והאמיר הוא מלאכת האילן. כך תהיינה הערים הבצורות שבישראל מפני חיל סנחריב: והיתה שממה. כי יגלו מעל אדמתם אשורה. והארץ תשאה שממה. ומי גרם

רש"י

וכן וכלה סעיפיה (לקמן כ"ז) וכן מסעף פארה (לעיל י'): (ז) ישעה. יפנה אל עושהו כמו וישע אל הבל (בראשית ד'): האדם. צדיקים שנשארו בה: (ח) לא יראה. לא יחשבו בעיניו: (ט) ערי מעוזו. של ישראל: כעזובת החורש והאמיר. עזובות כיער הזה חריבות מאין אדם: חורש.

רד"ק

אשר בראש אמיר שלא תשיג יד המנקף להסירם ואמיר נקרא הסעיף העליון כן היא ירושלם שהיא גבוהה ומעולה שבארץ ישראל ואשר יהיו בתוכה לא תשיגם יד מלך אשור: (ז) ביום ההוא ישעה. פי' יפנה או יבטח ועל כמו אל פי' יפנה והוא כי חזקיה החזיר למוטב ישראל ובער עכו"ם מבית המקדש ומן הארץ והבין והורה אותם כי ה' הוא אלהים ולו ראוי לעבוד ולבטוח בו וזהו שאמר על עושהו שיבינו כי אלהים הוא עושה את האדם ויוצרו והוא קדוש ישראל שקדש ישראל והבדילם מן העמים להיות לו ולעובדו לבדו: (ח) ולא ישעה אל המזבחות מעשה ידיו. לא אמר על המזבחות מעשה ידיו כי כל מזבחות מעשה ידי אדם אלא המזבחות סמך למעשה ידיו ומעשה ידיו הם האלילים והוא עושה המזבחות להם ועובד עליהם לשמים. ואע"פ שבא הסמיכות בה"א הידיעה כן בא כמוהו המזבח בית אל ואחרים כמוהו כמו שכתבנו בספר מכלל: ואשר עשו. כפל הענין במלות שונות: (ט) ביום ההוא. כעזובת החרש והאמיר שם דבר כמו ורבה העזובה בשקל מלוכה אמר כי ערי מעוזו יהיו עזובות מפני האויב כעזובת החרש והאמיר שעוזב מלקט הפירות העוזב אותם לגבהם ולמעוטם כמו שאמר למעלה שנים שלשה גרגרים בראש אמיר: אשר עזבו מפני בני ישראל. פי' כעזובה שעזבו

אבן עזרא

האמירך וכן בלשון קדר: ארבעה חמשה. גרגרים: בסעיפיה. של אותה שהיתה פוריה: (ז) ביום ההוא ישעה. ירפה אדם עצמו על השם וזהו הבטחון וכמוהו ישעו ואין מושיע. טעם תראנה שלא תראנה עוד עבודה זרה כי לא ילך כי אם אל מקום הכבוד: (ח) ולא. החמנים. הנו"ן נוסף כנו"ן רחמניות והם צלמים עשויות כדמות מרכבות לשמש ככתוב במעשה מנשה: (ט) ביום. ערי מעוזו. של ישראל: אשר עזבו. הכנענים: החורש. האילן כמו חורש מצל: והאמיר. שהוא למעלה והנה הוא השורש

מצודת ציון

וכן כעזובת החורש והאמיר האמור למטה: בסעפיה. בענפיה כמו בסעפותיו קננו (יחזקאל ל"א): (ז) ישעה. יפנה כמו וישע ה' אל הבל ואל מנחתו (בראשית ד'): על. כמו אל: (ח) והאשרים. הוא אילן הנעבד: והחמנים. צלם מה עשוי לחמה: (ט) מעוזו. ענין חוזק: החורש. ענינו יער בעל סעיפים כמו וחורש מצל (יחזק'

מצודת דוד

זית. כורת זתים מן האילן אשר ישארו שנים או שלשה זתים יחידים בראש הנוף העליון לפי שקשה לכרתם שמה: ארבעה חמשה. וישארו ארבעה או חמשה גרגרים בענפים בכל אותה הזית שהיתה בעלת פרי ר"ל כמו כן מעט ישארו שלא יכבשם סנחריב: (ז) ישעת האדם. יפנה האדם אל ה' שעשה אותו ובו יבטח: ועיניו וגו'. כפל הדבר במ"ש: (ח) אל המזבחות מעשה ידיו. אל המזבחות הנעשים לעכו"ם שהמה מעשה ידיו: ואשר וגו'. לא יסתכל עוד אל העכו"ם אשר עשו אצבעותיו וגם האשרים והחמנים לא יראה עוד: (ט) ערי מעוזו. ערי המבצר שהיו לו למעוז ומחזק: כעזובת החורש והאמיר. עזובות תהיינה מיושביהן כמו היער שהוא עזוב

tion in the days of Joshua like the forest and the many branched trees and fled because of the children of Israel, and the land of Israel was desolate.—[Rashi]

Redak renders both הַחֹרֶשׁ and הָאָמִיר as branches. See *Shorashim.* He renders the verse as follows: On that day, the cities of his strength shall be like the abandonment of the branches; [i.e. the branches that have few fruits to pick and the branches that are too high to reach, as mentioned above in verse 6.] And like the abandonment that the Canaanites abandoned because of the children of Israel. Many Canaanites fled and left their cities when the Israelites entered the Holy Land. The Midrash tells us that the

7. On that day, man shall turn to his Maker, and his eyes shall look to the Holy One of Israel. 8. And he shall not turn to the altar of the work of his hands, and what his fingers made he shall not regard, neither the *asherim* nor the sun-images. 9. On that day, the cities of his strength shall be like the abandonment of the forest and the many branched trees which

tribes who fled to Jerusalem for refuge and took shelter there after the exile of Samaria.

7. **On that day**—after the exile of the ten tribes. — [*Kara*]

shall turn—Heb. יִשְׁעֶה, *shall turn to his Maker. Comp.* "(Gen. 4:4) *And the Lord turned* (וַיִּשַׁע) *to Abel.*" —[*Rashi*]

Others explain: shall rely, or trust. — [*Jonathan, Redak, Ibn Ezra*]

man—*the righteous men remaining among them.* — [*Rashi*]

Hezekiah influenced the people to repent. He removed the idols from the Temple and from the entire land. He taught the people that the Lord is the only God, and that it is proper to worship Him and to trust in Him. —[*Redak*]

to his Maker—Hezekiah taught them that the Lord is their Maker. —[*Redak*]

to the Holy One of Israel—He taught them that the Lord is the Holy One of Israel, that He hallowed Israel and separated them from the nations of the world to be His and to worship Him exclusively. — [*Redak*]

8. **And he shall not turn**—as his brethren turned to the calves in Bethel and in Dan. — [*Kara*]

to the altars of the work of his hands—We cannot render: the altars, the work of his hands, since all altars are man-made. We must, necessarily, render this as the construct state, namely, the altars *of* the work of his hands, alluding to the pagan images for whose worship the altars were constructed. — [*Redak*]

he shall not regard—lit. he shall not see. *They shall not be important in his eyes.* — [*Rashi*]

asherim—Trees planted for worship. Originally they were planted near the shrines to guide the worshippers there. See *Ramban,* Deut. 16:21.

sun-images—These were images made like chariots in honor of the sun, as stated in the history of King Manasseh (II Kings 21:3) — [*Ibn Ezra*]

9. **the cities of his strength**—The antecedent is *Israel.* — [*Rashi, Ibn Ezra*]

like the abandonment of the forest and the many branched trees—*Forsaken like this forest, desolate without people.* — [*Rashi*]

forest—Heb. הַחֹרֶשׁ. *This is a forest, as* Onkelos *translates*: בְּיַעַר, בְּחָרְשָׁא *in the forest,* (Deut. 19:8) — [*Rashi*]

and the many branched trees—*This, too, is a forest, a place of trees. Like the abandoned cities of the Amorites, which they left in desola-*

עָזְבוּ מִפְּנֵי בְּנֵי יִשְׂרָאֵל וְהָיְתָה שְׁמָמָה׃
י כִּי שָׁכַחַתְּ אֱלֹהֵי יִשְׁעֵךְ וְצוּר מָעֻזֵּךְ
לֹא זָכָרְתְּ עַל־כֵּן תִּטְּעִי נִטְעֵי נַעֲמָנִים
וּזְמֹרַת זָר תִּזְרָעֶנּוּ׃ יא בְּיוֹם נִטְעֵךְ
תְּשַׂגְשֵׂגִי וּבַבֹּקֶר זַרְעֵךְ תַּפְרִיחִי נֵד

וִיהֵי לְצָדוּ׃ י אֲרֵי
שְׁבַקְתְּ אֱלָהָא דְפוּרְקָנִיךְ
וְדַחֲלַת תַּקִּיפָא דִי
מֵימְרֵיהּ בְּסַעֲדָךְ לָא
אִדְכַּרְתְּ בְּדִיל דַּאֲתְּ
נְצִיבָא נִצְבָא בְחִירָא
וְעוֹבָדַיִן מְקַלְקְלִין
אַסְגֵית׃ יא בַּאֲתַר
דְּאִתְקַדַּשְׁתּוּן לְמֶהֱוֵי עַם
תַּמָּן קַלְקַלְתּוּן עוֹבָדֵיכוֹן

רש"י

הוא יער כמתרגם ביער בהורשא: **והאמיר.** אף הוא יער מקום אילנות כעזובת ערי האמורי שהניחום חריבות בימי יהושע כחורש והאמיר וברחו להם מפני בני ישראל והיתה ארץ ישראל שממה: **(י) על כן תטעי וגו'.** על כן כאשר נטעתיך מתחלה נטעת נטע' נעמנים שנים עשר בני יעקב ובהעלות נטעיך לזמורות נתנו זרע שאינו הגון כזמורות זרות שאינם ממין גפן אלא דומים לגפן: **תזרענו.** תתני זרעך באותו נטע ועוד י"ל וזמורות זר תזרענו תתחתן בעם נכרי ונתערבו בכם: **(יא) ביום נטעך תשגשגי.** ל' סכסוך נתגבנו זמורותיך במיני דשאים וערבובים המקלקלים ענפי הגפן כלומר במקום שנטעתיך לי לכרם שם קילקלת במעשיך הוא שאמר להם (יחזקאל כ') ביום בחרי בישראל ואשא ידי לזרע בית יעקב ואודע להם בארץ מצרים ונאמר (שם) וימרו בי ולא אבו לשמוע וגו' ואף כאן תגבגבי נתערבת בתועבות המצרים: **ובבקר זרעך תפריחי.** וליום המהרת כשהוצאתיך משם

מהר"י קרא

שתהיינה שממה עזובות ערי מעוזו. על ידי ששכחת **אלהי** מעוזך וישעך: (י) וצור מעוזך לא זכרת. על כן לא יצילום **שהם** בוטחים בהם: על כן תטעי נטעי נעמנים וזמורת זר תזרענו. כשתטע נטע יפה לצורך זרים תטע והזרע שיבואו זרים **ויזכרו** את כרמך: (יא) ביום נטעך תשגשגי. ביום שנטעתיך לי **שנתתי** [לך] את תורתי. נהייתה לסייג. כמו סיגים מכסף היו. **היך** עלובה כלה שזינתה בתוך חופתה: ובבקר זרעך תפריחי. **ביום** בוקרו של מתן תורה שהיה לך להפריח מצות ומעשים טובים: נד קציר. ר' חמא בשם ר' חנינא ור' שמואל בר' נחמן. ר' **חמא** אמר [לאחד שהיתה לו ערוגה ירק והיתה מלאה והשכים **בבוקר** ומצאה ריקה. ר' שמואל בר נחמן אמר] משל לאחד **שהיתה** לו ערוגה מליאה פשתן והשכים ומצאה גבעולין. נד קציר. נדדתם עליכם קצירן של מלכיות קצירן של יסורין קצירו **של** מלאך המות. דאמר ר' יוחנן משום ר' אלעזר **בנו** של ר' **יוסי**

אבן עזרא

והסעיף. בבורחם מפני ישראל בבואם אל ארץ כנען: **והיתה.** שומרון: **שממה.** כי היא עיר המלוכה: **(י) כי.** והנה שב הנביא להוכיח אנשי שומרון: **נעמנים.** כמשמעו בלשון קדר והוא צמח שילמה מהרה וכן וזמורת זר והטעם שורק **זר:** **(יא) ביום. תשגשגי.** מגזרת שגיא תגדלי אותו מהרה וכמוהו ובבקר זרעך תפריחי והנה אומר לך כלל בדברי נביאי

רד"ק

הכנענים **מפני** בני ישראל וכעזובת שזכר **עומד** במקום שנים כי משבעה **אומות** רבים מהם ברחו ועזבו עריהם **כשבאו** ישראל **לארץ**. ובדרש אומר כי הכנעני פנה לפניהם **והלך** לאפריקי ויש אומרים כי הפריזי פנה כן ישראל עזבו **אפי'** ערי המעוז **מפני** מלך אשור ואפשר שעליהם נאמר ויעל על כל ערי יהודה **הבצורות ויתפשם** ולא הוצרך להלחם עליהם **כי מצאן** עזובות ולא **הניחו** בהם אלא הנשים והטף וזהו שאמר **ויאמר** לבקעם **אליו** כלומר חשב לבקעם בדיק ומהי קביל ולא **הוצרך** כי **מצאם עזובות:** והיתה שממה. והיתה הארץ **שממה מאין** יושב: (י) כי שכחת. **אמר** כנגד כנסת ישראל למה קרה לך כל זה **אפי'** ערי **מעוזך** עזובות לפי שאת עזבת צור **מעוזך** ואלהי ישעך שהיה לך מגדל עוז ומושיעך מן האויב ואת שכחת אותו ולא **זכרת** אותו בעת צרתך לפיכך הניחך ביד אויב: **על** כן תטעי נטעי נעמנים. על כן בא לך זה **לפי** שהיית מתחילה **נוטעת נטעי** נעמנים. ועתה זמורת זר תזרענו **אותו** הנעימות הפכת לזרות והוא משל כי עבודת האל הגדול הפכת לעבודת **אל זר:** (יא) ביום נטעך. מתחילה בעוד **שהיית**

מצודת דוד

שבני אדם וכמו הענף העליון מן האילן שלרוב גבהה עזובה היא **מה**כבים כי אין מי עולה שמה: אשר עזבו. הוזר על מלת **כעזובת** גומר וכעזובה אשר עזבו הכנעני' מפני בני ישראל כי רבי' **מהכנעני'** עזבו עריהם והלכו להם מפני בני ישראל **בעלותם** ממצרים: **והיתה** שממה. ותהיה הארץ שממה מאין יושב: (י) כי שכחת. **בעון** אשר שכחת וגו': וצור מעוזך וגו'. כפל הדבר במ"ש **על כן על** אשר מתחלה נטעת נטעי נעמנים ועריבים ועתה תזרע הארץ זמור' זר שאינו ממין הגפנים ר"ל הפכת עבודת האל לעבודת האליל: (יא) ביום נטעך. לכן היית מצלחת בתחלה כי ביום שנטעו אותך

מצודת ציון

ל"א): **והאמיר.** הוא הענף העליון: (י) **וצור.** ענין חוזק: **נעמנים.** מלשון נעים ויופי: **וזמורת.** כן נקרא ענף הגפן וכן **ויכרתו** משם זמורה (במדבר י"ג): (יא) **תשגשגי.** ענין גדול למעלה למעלה **כמו** כארז בלבנון ישגא (תהלים צ"ב) ונכפלו הפ"א ועין הפעל ויו"ד

sense of this comment of *Rashi, Parshandatha* prefers the reading of most mss.: **a heap of harvest on a day of sickness**—*a heap of bad harvest, as "on a day of sickness" proves, that harvest reached a day of distress.* —[*Rashi*] This means: A heap of bad harvest has reached a day of distress and mortal pain. This is the result of the sins and shortcomings of the people of Israel. The expression, "on a day of sickness" proves that it is a heap of bad harvest.

a heap—Heb. נֵד *This is an expression of a tall heap. Comp.* "(Exodus 15:8) *Running water stood erect like a heap* (נֵד)." *Also,* "(Ps. 33:3) *He gathers like a heap* (כַּנֵּד)." The words:

they abandoned from before the children of Israel, and it
became a waste. 10. For you forgot the God of your salvation,
and the Rock of your strength you did not remember; because I
planted you with pleasant saplings, and with the branch of a
stranger you sow it. 11. On the day of your planting you
mingled, and in the morning you cause your seed to blossom;

Canaanites fled to Africa, and some say that the Perizzites fled. In this same manner, the Israelites abandoned their cities in fear of the king of Assyria. Perhaps Scripture alludes to this in II Kings 18:13: "And in the fourteenth year of King Hezekiah, Sennacherib the king of Assyria came up against all the fortified cities of Judah and seized them." No mention is made of war, since he found them deserted, with only the women and children. He, therefore, seized them unopposed. — [*Redak*]

and it became a waste.—I.e., the land was deserted by its inhabitants.

10. **For you forgot the God of your salvation**—Why did this happen to you, that even the fortified cities were deserted? Because you forgot the God of your salvation, Who was your Protector and your Savior from your enemies, yet you forgot Him and did not remember Him in your time of distress. He, therefore, delivered your cities into the hands of the enemies. — [*Redak*]

because I planted you—*Because, when I planted you in the beginning, I planted a pleasant planting, twelve sons of Jacob, and when your saplings raised branches, they gave forth improper seed, like strange branches which are not of the species of the vine but resemble the vine.* — [*Rashi*]

you sow it—*You give your seed into that sapling. [It is also possible to say that "and with the branch of a stranger you sow it," means that you intermarry with the nations and they mingled with you.]* — [*Rashi*]

11. **On the day of your planting you mingled**—Heb. תְּשַׂגְשֵׂגִי, *an expression of mingling. Your branches became mingled with sorts of grasses and mixtures that spoil the branches of the vine. That is to say that in the place where I planted you for Me as a vineyard, there you corrupted your deeds. That is what Ezekiel said to them: "(20:5) On the day I chose Israel, and I lifted My hand to the seed of the house of Jacob, and I became known to them in the land of Egypt." And it says further:* "(verse 8) *And they rebelled against Me and they refused to obey . . ." Here, too,* תְּשַׂגְשֵׂגִי, *you became mingled with the abominations of Egypt.* — [*Rashi*]

and in the morning you cause your seed to blossom—*And on the morrow, when I took you out of there, and I brought you into the land, there, too, your evil seed you caused to blossom.* — [*Rashi*]

a heap of harvest on a day of sickness—*a heap of bad harvest that lies by day and by night, that harvest is stricken ill, it has reached a day of distress.* — [*Rashi* in printed editions.] Since it is difficult to make

קָצִיר בְּיוֹם נַחֲלָה וּכְאֵב אָנוּשׁ: יב הוֹי
הֲמוֹן עַמִּים רַבִּים כַּהֲמוֹת יַמִּים יֶהֱמָיוּן
וּשְׁאוֹן לְאֻמִּים כִּשְׁאוֹן מַיִם כַּבִּירִים
ישאון

וְאַף כַּד עַלְתּוּן לַאֲרַע בֵּית שְׁכִנְתִּי תַּמָּן הֲוָה חֲזֵי לְכוֹן לְמִפְלַח שְׁבַקְתּוּן פּוּלְחָנִי וּפְלַחְתּוּן לְטַעֲוָתָא אַרְחֵיקְתּוּן תְּיוּבְתָּא עַד דִּמְטָא יוֹם תְּבָרְכוֹן בְּכֵן הֲוָה כִּיבְכוֹן לְמַפְּחַת נְפַשׁ: יב וַי הֲמוֹן עַמְמִין סַגִיאִין דִּי כְמֶהֱמֵי יַמָּא הֲמָן וְאִתְרְגוּשַׁת מַלְכְּוָן

מהר"י קרא

דצלילי (אומר) בשעה שעמדו ישראל על הר סיני ואמרו נעשה ונשמע. קרא הקב"ה למלאך המות ואמר לו אע"פ שעשיתיך קוזמוקרטור על בריותי אין לך עסק באומה זו בשביל שהם בני. הה"ד בנים אתם לה' אלהיכם. וכתיב כשמעכם את הקול מתוך החושך. וכי יש חושך למעלה והכתיב ונהורא עימיה שרי. אלא זה מלאך המות שקרוי חושך. הה"ד חרות על הלוחות. אל תקרי חרות אלא חירות. ור' יהודה ור' נחמיה ורבנן. ר' יהודה אומר חירות ממלאך המות. ר' נחמיה אומר חירות מן המלכיות. ורבנן אמרו חירות מן (האירוסין) [היסורין]. ביום נחלה. ביום שהנחלתי אתכם את התורה. וכאב אנוש. ר' יוחנן ורבנן אמר ר' יוחנן הבאתם עלי מכה מנדה*) ומתשת. ורבנן אמרי הבאתם עלי מכה גברתנית ומתשת. ואיזה זו זו זיבה. כך מצאתי במדרש ויקרא רבא. אבל לפי פשוטו הייתי מפרש תשגשגי לשון גידול. וכה פתרונו ביום שנטעתיך והייתי סבור שתגדלי נטעך. ובבקר. זרע בוקר. שהייתי סבור שזרעך תפריחי. נד קציר. יתנדד כיום נחלה מכתך שנפל על קצירך יום שמלקה את הקציר והקציר אבד. כלומר ביום שנטעתי אתכם לי לעם והייתי סבור שיתכנו מעשיכם ודרכיכם לפני. קלקלתם מעשיכם וגרמתם עליכם שיעבוד מלכיות. ומדרש חכמים. ביום נטעך תשגשגי ביום שנטעתי אתכם לי לעם נעשת לי סיגים כסף. הה"ד כסף סיגים מצופה על חרש (שר"*) בשירים על לב ר"ע). תשגשגי. שנשתון. הה"ד ויפתוהו בפיהם ובלשונם יכזבו לו ולבם לא נכון עמו. ובבקר זרעך תפריחי. ד"א נד קציר. נתנודדו ונגלו מעשיך. ביום נחלה. ביום שהיה רצונו להנחילם תורתו. וכאב החזיק: ומדרש חכמים משא דמשק. הנה דמשק. עומד בדמשק ומתנבא בערוער. מה ענין זה [אצל זה והלא אין ערוער אלא בתחום מואב] אלא עומד בדמשק בפורענות דמשק על שהיו עובדי ע"ז כמנין ימות השנה. ויושבי ערוער היו עובדין ע"ז יום אחד מספר כולם. על אחת כמה וכמה יעזבו ערי ערוער בעונם ושאר בני ארם ככבוד בני ישראל (ילכו) יהיו. שילכו בגלות כישראל: והיה כאסוף קציר קמה. לפי שעלה סנחריב חמציק להם לא ינקה כי לא ישאר מחילותיו אלא כזה החובט בזיתיו ומשייר שנים או שלשה גרגרים כמו כן אשאיר בהם פליטים שיגידו את כבודי בגוים: ביום ההוא. כשיראו את ישועת ה' שיעשה בסנחריב ישעה אל עושהו: (יב) הוי המון עמים. ראה הנביא

*) במדרש (ויקרא פי"א) איתא מגדת **) נ"ל שפתים דולקים ולב רע (משלי כ"ו כ"ג).

רש"י

הכנסתיך לארץ גם שם זרעך הרע הפרחת: נד קציר ביום נחלה. גדיש של קציר רע אשר הוכה ביום ובלילה נחלה אותו קציר הגיע ליום צרה. נד הוא לשון גובה וכן נצבו כמו נד נוזלים (שמות ט"ו) וכן כונס כנד (תלים ל"ג) ואין נד ונוד שוים: וכאב אנוש. שנשלמת שכרך: אנוש. נעכר בחולי רע וכן ויאנש (שמואל ב' י"ב) וכן כי אנושה מכותיה (מיכה א'). ד"א ובבקר זרעך תפריחי עד שלא בא השרב הפרחתם ודרך הכרם לפרוח בבא השרב והמפריח בבקר אינו הגון. זה במדרש רבי תנחומא: (יב) הוי המון עמים רבים. מדה מהלכת על פני כל הדורות שוע שישראל לוקים בו סופו ללקות לפיכך הנביאים הנבאים פורענות ישראל על ידי האומות סומכין אחריו פורענות האומה שלקה ישראל על ידה: המון עמים. אוכלוסי

רד"ק

הולכת אחרי האל הגדול היית מצלחת במעשיך. כמו על דרך משל אם יטע אדם נטע וישגא ביום הנטיעה ובבקר יוציא פרח ויציץ ציץ כן היו כל מעשי ידיך באים על הנכונה והיתה בהם ברכה מרובה ועתה בהשחיתך דרכך נד קציר ינוד הנטע והקציר: ביום נחלה וכאב אנוש. ביום שבאה לך המכה הגדולה והכאב האנוש: קציר. כמו ועשה קציר כמו נטע ואמר תטעי ואמר תזרענו ואמר נטעך ואמר זרעך כי הצומח צומח בשני דרכים בנטיעה ובזריעה ואמר תטעי בלשון נקבה ואמר תזרענו ל' זכר כי כן דרך הפסוק כשידבר לעם פעם בל' זכר ופעם בלשון נקבה כשידבר לשון נקבה הוא כנגד הכנסה וכשידבר לשון זכר הוא כנגד העם: (יב) הוי המון עמים. הוי כמו אוי או הוא לשון קריאה אמר על מחנה אשור הבא בירושלם בחיל כבד והמון ושאון ענין אחד ושנה הענין ושילש לחזק הענין ודמה החיל הכבד למים רבים ששוטפים הארץ כן מחנה אשור שטף כל ישראל עד ירושלים וכשבא בירושלים גער בו האל: ונס. זאת היא המליצה גם כן במים כמו שתרגם ויגער בים סוף ויחרב וכן אמר מה לך הים כי תנוס וכן גער האל במחנה אשור והמית רבים מהם בגערתו והנשארים נסו והמלך ג"כ נס לו ובאמרו ממרחק והיה לומר למרחק אלא ר"ל כי הוא נס מירושלים נס עדין מאותו מקום רחוק כי לא היה בוטח בעצמו

אבן עזרא

התוכחות כי מחלי הפסוק נלמוד על סליו ברוב: נד קציר. והנה ינוד הקציר כמו וטל ילין בקצירי: ביום נחלה. תחסר מכה והנה נחלה תאר למכה וככה מאכלו בריאה והעד וכאב אנוש מגזרת ויאנש והנה הטעם כי הרבית בנים ויבא יום האיד ויסופו: (יב) הוי המון עמים רבים. מלך אשור

מצודת ציון

על ההפלגה וכן להפור פירות (לעיל כ') שפירוש הפירות עמוקות ביותר: נד. מלשון נדידה: קציר. ענינו ענף כמו תשלח קציריה (תהלים פ'): נחלה. מלשון חולי: אנוש. כאוב ביותר וכן אנוש חלי בלי פשע (איוב ל"ד): (יב) המון ושאון. פתרון אחד להם:

מצודת דוד

נתגדל למעלה ובבקר שאחריו הוצא פרחי הזרע ר"ל במהירות רב בא לך הגדולה: נד קציר. אבל עתה בהשחיתך דרכך הנה תנוד הענף ממך ביום בוא עליך נחלה ומכאוב אנוש ור"ל ביום בוא האויב יכלה הכל מבלי שארית: (יב) הוי. הנביא מתאונן על רב הבלבול

armies of Sennacherib — [*Rashi*]

they rush—*an expression of rushing and roaring.* — [*Rashi*]

Others explain הוי as the vocative: Ho, multitude of many peoples! The prophet compares the armies of Sennacherib to the rushing waters, since they swept away all the cities of Judea with the exception of Jerusalem, and when he reached Jerusalem, he left after God's rebuke. — [*Redak*]

a heap of harvest on a day of sickness and mortal pain.
12. Woe to a multitude of many peoples, like the roaring of seas they roar; and a rushing of nations, like the rushing of mighty waters they rush.

נֵד *and* נוֹד *are not the same.* I.e., נֵד is a heap or a stack, and נוֹד is a flask. — [*Rashi*]

and mortal pain—*that you were paid your reward.* — [*Rashi*]

mortal—Heb. אָנוּשׁ, *distressed by severe illness. Comp.* "(II Sam. 12:15) *And he became mortally ill* (וַיֵּאָנַשׁ)," *also* "(Micah 1:9) *For her wounds are mortal* (אֲנוּשָׁה)."

Alternatively—

and in the morning you cause your seed to blossom—*Before the heat comes, you have blossomed, and it is customary for the vineyard to blossom when the heat comes, and the one that blossoms in the morning does not thrive. This is in the Midrash of Rabbi Tanhuma* (*Sh'lach* 12) — [*Rashi*]

This Midrash appears also in *Num. Rabbah, Sh'lach* 16:20. The meaning of the blossoming before the heat is obscure. It appears from the context, however, that the prophet is castigating the people for the sin of the spies. As the Midrash expounds, Israel sinned by weeping in vain upon hearing the discouraging report of the spies. It goes on to expound: On the day of your planting, i.e. on the day I wished to plant you in your land, you became dross (סִיגִים), and in the morning you caused your seed to blossom, i.e. before the heat, before there was actually any calamity, you reacted by crying bitterly. Therefore, when I passed by to give you your inheritance, and to cut off the kings of Canaan, you received a mortal pain, i.e. the decree that the Temple would be destroyed on the ninth of Ab and that you would have weeping throughout the generations. It is surprising that *Rashi* does not quote the entire passage and does not explain the Midrash according to its context.

Redak explains: On the day of your planting you will flourish, and in the morning, you will make your seed blossom; yet the saplings move away on the day of sickness and mortal pain. This is the symbol of the Lord's preparation of Israel to follow His commandments, and how they did not fulfill their mission.

Similarly, *Abarbanel* and *Ibn Ezra*: . . . The harvest moves away on the day of a sore wound and a mortal pain. This, too, denotes the disappointment of the flourishing grain vanishing before the harvest.

12. **Woe to a multitude of many peoples**—*This is a principle followed throughout all generations; the scourge by which Israel is punished, shall eventually suffer. Therefore, the prophets who prophesy Israel's retribution through the nations, juxtapose after it the retribution of the nation by which Israel was punished.* —[*Rashi*]

a multitude of many peoples—*The*

יִשָּׁאוּן׃ יג לְאֻמִּים כִּשְׁאוֹן מַיִם רַבִּים
יִשָּׁאוּן וְגָעַר בּוֹ וְנָס מִמֶּרְחָק וְרֻדַּף כְּמֹץ
הָרִים לִפְנֵי־רוּחַ וּכְגַלְגַּל לִפְנֵי סוּפָה׃
יד לְעֵת עֶרֶב וְהִנֵּה בַלָּהָה בְּטֶרֶם בֹּקֶר
אֵינֶנּוּ זֶה חֵלֶק שׁוֹסֵינוּ וְגוֹרָל לְבֹזְזֵינוּ׃
יח א הוֹי אֶרֶץ צִלְצַל כְּנָפָיִם אֲשֶׁר מֵעֵבֶר

ת"א צלצל כנפים . זוכר קרוטים :

דכאתרגושת מיין
תקיפין מתרגשין :
יג מלכון דכאתרגושת
מיין סגיאין מתרגשין
ויזוף ביה ויערוק מרחיק
ויתרדף כמוץ טוריא
קדם רוחא וכגלגלא
קדם עלעולא : יד לעדן
כמשא והא כדלא הוה
עד דלא צפרא והא
בדליתוהי דין חולק
לאסננא ועדב לבוזנא :
א וי ארעא דאתן לה

רש"י

סנחריב : ישאון . לשון תשואה והומה : (יג) וגער בו . הקב"ה באותו שאון : כמוץ הרים . משל את הרשעים במקולקל שבמינים ובמקולקל שבאותו המין מוץ הרים יבש משל עמקים : וכגלגל . הוא מפרח של קוצים שקורין (קרדונ"ש בלע"ז) הדומים לאותו שגוררין בהן בגדי צמר ואינן קשין וכהגיע סמוך לסוף הקיץ הם מתנפלין מאליהן והרוח מפזרן ואותו הנפוץ עשוי כמין גלגל עגולה כמין הטין באמצע וחמש זרועותיו סביב לה : (יד) והנה בלהה. שדים באים על האויב ומבהלין אותו : בטרם בקר איננו . והאויב אין בעולם : זה חלק שוסינו . חלק סנחריב וחלק גוג ומגוג כשיבאו לבזזינו :
יח (א) הוי ארץ צלצל כנפים . ת"י דאתן לה בספינן

מהר"י קרא

שמגלה את [ישראל] וסוף שנוטל את שלו מתחת ידם . התחיל מתנבא ואומר . הוי על מלכיות המשעבדות בישראל : (יג) [לאומים .] אמר הנביא האומות הללו דומין לשאון מים רבים ישאון : וגער בו [ונס] ממרחק . הואיל והם הומים על ישראל כהמות מים . הרי אני עושה בהם שכשם שאני עושה מן הים כשהומים גליו ומבקש להציף את העולם מיד נוער אני בו . והוא חוזר ובורח מלפני ושב למקומו . כענין שאמר דוד תהום כלבוש כסיתו על הרים יעמדו מים מן גערתך ינוסון מן קול רעמך יחפזון . ואף הקב"ה עושה כן לסנחריב (שיברח) [שיגער] עליו ותוזר לו לנינוה . דכתיב ויסע וילך וישב סנחריב [מלך אשור] וישב בנינוה : ורודף כמוץ הרים . שהרוח שולטת בו שאינו עומד אלא לשעה . כמו כן : (יד) לעת ערב והנה בלהה בטרם בוקר איננו . ויצא מלאך ה' ויך במחנה אשור וישכימו בבוקר והנה כולם פגרים מתים : זה חלק . ראוי להגיע לסנחריב שהוא שוסינו :
יח (א) הוי ארץ צלצל כנפים . הוי על אותה אומה השוטחת

אבן עזרא

ומחנהו בבואו על ציון : ישאון . מגזרת שאון והנה הנו"ן איננו שרש והנו כמו זדון : (יג) לאמים . וגער בו . השם במלך אשור : ממרחק . כנגד ארצו : ורודף . הנשאר מהמונו : (יד) לעת . בערב היו אנשי ירושלם יראים ממנו : בלהה. כמו בלהות אתנך וטעם בלהות בהלות הפוך כמו כשב וכבש : בטרם בקר איננו . בלאת המלאך והכהיד רוב המחנה : זה חלק שוסינו . דברי הנביא והוא שמח :
יח (א) הוי ארץ . הוי לשון קריאה כמו הוי הוי ונוסו מארץ

רד"ק

וכן אמר וסלעו ממגור יעבר : ורדף . ינוס כאלו רודפים אחריו ומלאך ה' היה רודפו . ובאמרו כמוץ הרים לפי שהרוח נושבת בהרים בחזקה יותר מאשר נושבת במישור ר"ל כי רודפו היה חזק : (יג) לאומים . מפורש הוא : (יד) לעת ערב . כמו שכתוב ויצא מלאך ה' ויכה במחנה אשור מאה ושמונים וחמשה אלף : בטרם בקר איננו . כמו שכתוב וישכימו בבקר והנה כולם פגרים מתים: זה חלק שוסינו . מאמר הנביא זה החלק והגורל ראוי לשוסינו ולבוזזינו והם מחנה אשור ששסו ובזזו את ישראל: (א) הוי ארץ צלצל כנפים. אחר שזכר הישועה אשר היתה בימי חזקיהו סמך אליה הישועה הגדולה העתידה להיות

מצודת דוד

שיעשה סנחריב : המון עמי' רבים . הם אוכלוסי סנחריב : כהמות . כהמיית הימים יהמו : כשאון וגו'. כפל הדבר במ"ש : (יג) לאומים וגו'. כפל עוד לחזוק הענין : וגער בו . אבל סוף הדבר אשר המקו' יגער בו וינוס מפני הקול הבא ממרחק מן השמים ר"ל הנשארים ינוסו מפני הכאת המלאך שהכה במחנה : ורדף . יהיה נרדף כמוץ אשר בהרים הנרדף מפני רוח כי לפי שהמוץ הוא דבר קל והרוח שולט הרבה בהרים נרדף הוא ביותר : וכגלגל וגו'. כפל הדבר במ"ש : (יד) לעת ערב. כי המלאך הכה בהם בלילה במכה המבהיל: איננו. אינו בעולם כמ"ש וישכימו בבוקר והנה כולם פגרים מתים (לקמן ל"ז): זה חלק . אמר הנביא זהו החלק הנחלק לאשור אשר שסה אותנו : וגורל לבוזזינו . כפל הדבר במ"ש : יח (א) הוי ארץ .

מצודת ציון

כבירים . חזקים או מרובים : (יג) כמוץ . הוא פסולת התבואה כמו כמוץ אשר תדפנו רוח (תהלים א') : וכגלגל . הוא פרח הקוצים העשוי כגלגל : סופה. רוח סערה : (יד) בלהה. הוא הפוך מן בהלה וכן בלהות היית (יחזקאל כ"ז) : שוסינו . ענין בזה ושלל : וגורל . הוא כמו חלק ע"ש שדרך לחלוק על פי גורל : יח (א) הוי . הוא ענין קריאה : צלצל . מלשון צל :

tion fit for our plunderers and our spoilers, viz. the camp of Assyria that plundered the entire land of Israel and Judah.

1. **Woe to the land shaded by wings**—*Jonathan renders: to which they come in ships from a distant land, and their sails are spread out like an eagle that flies with its wings. I say, however, that because they live in the east, and the land is hot, birds assemble there, and it is shaded by the birds' wings. Now this prophecy concerns the armies of Gog and Magog, as the matter is stated in Ezekiel* (38:5) *Persia, Cush, and Put with them.* — [*Rashi*]

13. Nations, like the rushing of many waters, they rush, and He
shall rebuke them, and he shall flee from afar, and he shall be
pursued like the chaff of the mountains before the wind, and
like the thistle blossoms before the tempest. 14. At eventide,
behold there is fright; before morning he is no more. This is the
portion of our plunderers and the lot of our spoilers.

18

1. Woe to the land shaded by wings, which is on the other side
of the rivers of Cush.

13. **and He shall rebuke them**—lit. *him.* I.e. the *Holy One, blessed be He,* shall rebuke *that rushing* (or *that throng*). — [*Rashi*]

Ibn Ezra explains: And the Lord shall rebuke *him,* i.e. the king of Assyria.

and he shall flee from afar—Just as the flood is spoken of as fleeing, as in Psalms 114:3: "The sea saw and fled," so shall the king of Assyria flee from the land and return home. —[*Redak*]

like the chaff of the mountains—*He likens the wicked to the most inferior of all species and the most inferior of that species. The chaff of the mountains is drier than that of the valleys.* — [*Rashi*]

Alternatively, the wind blows harder in the mountains that it does in the valleys. The intention is that the angel pursuing him will be very powerful. — [*Redak*]

and like the thistle blossoms—Heb. (וּכְגַלְגַּל)*That is from the blossom of the thistles called "kardouns" in O.F.,* (*chardons* in modern French) *similar to those with which they pull woolen garments, and they are not hard. When the end of the summer arrives, they burst open by themselves and the wind scatters them. Now that bursting is made like a round wheel* (גַלְגַל) [var. *like a wagon wheel*] *like a sort of eye in the center with five spokes around it.* —[*Rashi*]

14. **and behold there is fright**—*Demons come upon the enemy and frighten him.* — [*Rashi*]

Alternatively, this alludes to the angel's smiting the camp. — [*Redak*]

Alternatively, on the evening before the plague, the people of Jerusalem were frightened by the Assyrian armies waiting to attack them. — [*Ibn Ezra*]

before morning he is no more—*The enemy is not in the world.* — [*Rashi*]

I.e., when the angel came and destroyed the camp. — [*Ibn Ezra*]

As Scripture relates: "(infra 37:36) And they arose in the morning, and behold they were all dead corpses." — [*Redak, Kara*]

this is the portion of our plunderers—*The portion of Sennacherib and the portion of Gog and Magog, when they come to plunder us.* — [*Rashi*]

Redak explains: This is the por-

לְנַהֲרֵי־כֽוּשׁ׃
ב הַשֹּׁלֵחַ בַּיָּם צִירִים
וּבִכְלֵי־גֹמֶא עַל־פְּנֵי־מַיִם לְכוּ מַלְאָכִים
קַלִּים אֶל־גּוֹי מְמֻשָּׁךְ וּמוֹרָט אֶל־עַם
נוֹרָא מִן־הוּא וָהָלְאָה גּוֹי קַו־קָו וּמְבוּסָה

תרגום

בִּסְפִינָן מֵאַרְעָא רְחִיקָא וְקִלְעֵיהוֹן פְּרִיסָן כְּנִשְׁרָא דְטָאֵים בְּכַנְפוֹהִי דְמֵעֵבַר לְנַהֲרֵי הוֹדוּ׃
ב דִּמְשַׁלַּח בְּיַמָּא אִזְגַדִּין וּבִדְגוּגִין עַל אַפֵּי מַיָּא אֱזִילוּ אִזְגַדִּין קַלִּילִין לְוַת עַמָּא אֲנִיסָא וּבְזִיזָא לְוַת

רש"י

מארע רחיקא וקילעיהון פריסן כנשרא דטאים בכנפוהי ואני אומר לפי שהן שרוין במזרח והארץ המה העופות נאספים שם והיא מצוללת בכנפי עופות ונבואה זו על אוכלוסי גוג ומגוג כענין שנאמר (ביחזקאל ל"ח) פרס כוש ופוט אתם: (ב) לכו מלאכים קלים. לראות אם אמת הוא שחזרו ישראל למקומם אשר הוא גוי ממושך וממורט אל עם אשר הוא נורא בחזקתו: מן הוא והלאה. מן היום אשר נבחר לעם והלאה: גוי קו קו. שנפרע בו

מהר"י קרא

קלעיה ופורסת נסיה ותורני ספינותיה כנשר זה המציל בכנפיו ומגין. הוא העם היושב מעבר לנהרי כוש: (ב) ובכלי גומא. הם ספינות קטנות העשויות מגומא כדי שילכו מהרה: לכו מלאכים קלים. אל ישראל שהוא ממושך וממורט ונתגורר בין האומות: אל עם נורא. אל עם שדתיהם שונות מכל עם מיום שבא לעולם והלאה ודבר זה גורם להם שאין להם אהבה עם כל אומה ולשון. לא תגורו שיבואו להם לעזור מעיר אחרת: קו קו (ומבוסה). גוי נתריקן ומטולטל: ומבוסה. נידש. גוי שעשוי דיש למלכיות: אשר בזאו נהרים. שאין לך אומה שלא שיעבדו בישראל. אף אתם אם תלכו עליהם יכול (אם) תוכלו להם. וכן דרך המלך הוא ששלח חיילותיו מארץ רחוקה לכובשה. מבטיחם לומר לא תיראו כי הגוי הזה יפה ונות לכובשה. אבל חפותרים אל עם נורא אומה שעשו לה נוראות מיום שבא לעולם והלאה טועים הם. כי אין דרך המשלח לגיותתיו לארץ רחוקה. לאמר להם לכו אל עם שאלהיו עושה

אבן עזרא

לפון: צלצל כנפים. כפול מגל שהיא ארץ רחבה: מעבר לנהרי כוש. שם מלכות אשור: (ב) השולח. מי שהוא מנהגו לשלוח בים שלוחים: לכו. אתם מלאכים קלים ובשרו ישראל שברחו וגלו והם מעבר לנהרי כוש ובעבור נהרי אמר ובכלי גמא: ממושך. הם ישראל שנמשכו ממקומם ככבשים עד שמורטו ממושך: אל עם נורא. הם הכושיים מן אותו העם או הוא רמז לנהרי: גוי. היתה דעתו כדעת

רד"ק

בימות המשיח ואמר הוי והוא לשון קריאה קרא כנגד הארץ ההוא אשר מעבר לנהרי כוש וקראה צלצל כנפים לרוב הספינות אשר בה כי בפרש הקלעים בהם ידמו לכנפים וילכו בהם כמו העוף שיעופף בכנפיו והקלעים יעשו צל וכן ת"י ווי ארעא דאתן וגו': (ב) השולח בים צירים. הוא המלך אשר מעבר לנהרי כוש ישלח מלאכים דרך ים: ובכלי גמא. ישלחם. פירושו ספינות עשויות מהגומא והם קלות ללכת על פני המים. ורבי' סעדיה ז"ל כתב כן בספר האמונות ומי שיהיה מהם בארץ כוש ישאו אותם בעריבות של גומא עד שיגיעו למצרים כי במקום הגבוה מהנהר הר יוצא במים לא יוכלו הדוגיות לעבור שלא ישברו אך עריבות הגומא העשויות בשעוה אם יגעו בהר יפלו ולא ישברו וענין צלצל כנפים שארצותם מסובכים ונפתרים מהרבה בני אדם ואלה המלאכים ישלחם עם מנחה וגם בני ישראל אשר בארצו ישלחם למנחה כמ"ש בנבואת צפניה מעבר לנהרי כוש עתרי בת פוצי יובילון מנחתי ויאמר למלאכים לכו מלאכים קלים כלומר שהם בספינות קלות כמ"ש ובכלי גמא לכו אל ישראל שהיו עד עתה גוי ממושך וממורט שמשכו אותו העובדי כוכבים אלה מזה ואלה מזה ומרטו אותו כלומר משיכתם אותו היתה במריטת שערם ובשרם כלומר שהשחיתו גופם וארצם: אל עם נורא מן הוא והלאה. מהיום אשר היה לעם היה עם נורא ר"ל שהיה אדם רואה בהם נפלאות ונוראות שהיה עושה עמהם האל בטובתם וברעתם כי בטובתם היו מצליחם על כל גוי וברעתם היה מכה אותם דרך מוסר לא לכלותם כי בכל אשר משכום הגוים ומרטו אותם לא היה כח בידם להכריתם מנוי: גוי קו קו ומבוסה. מעט מעט בססוהו הגוים וענין קו קו דרך משל כמו שהבנאי נוטה הקו

מצודת דוד

כאלו קורא אליהם ואומר אתה ארץ אשר הצל רב בך מקלעי הספינות הפרושים ככנפי העופות: אשר מעבר. אשר הארץ היא יושבת מעבר נהרי כוש: (ב) השולח. אשר ישלח שלוחים דרך הים ללכת בספינות מעצי גומא הקלים לשוט ע"פ המים: לכו. וכה יאמר אתם מלאכים ההולכים בקלות ובמרוצה לכו אל גוי ממשך וגו' וזה יהיה בימי המשיח כשישמעו שחזרו ישראל לארצם ישלחו שלוחיהם אליהם לדעת אם האמת כן הוא: ממשך ומורט. אשר מאז היו נמשכים בידי האומות ומרטו שער ראשם וזקנם במשכם: אל עם נורא. אשר נראה בהם מעשים מראים: מן הוא והלאה. מן היום אשר היה לעם והלאה: גוי קו

מצודת ציון

(ב) צירים. שלוחים כמו וציר בגוים שולח (עובדיה א'): גומא. מין עץ הקלה לשוט על מים וכן תיבת גומא (שמות ב'): מלאכים. שלוחים: ממושך. מלשון משיכה: ומורט. ענין תלישת השער כמו ואמרטה משער ראשי (עזרא ט'): והלאה. ולהלן: קו. מלשון תקוה: ומבוסה, ענין רמיסה ודריסה כמו יבוס צרינו (תהלים

awesome nation. People saw in them wonders and marvels, for God was with them in their success and in their distress. When they were good, they were more prosperous than any other nation. When they were disobedient to His word and were punished, He would punish them only to chastise them, not to destroy them, for, no matter how much the nations pull and tear them, they are unable to annihilate them. — [*Redak*]

a nation punished in kind—Heb. קו קָו, lit. a line for a line, i.e., *when he is punished for his sin, he is punished in kind and given to be trampled. Alternatively,* קָו קו is an expression of vomit (קִיא) "(Lamentations 3:45) *Loathsome and rejected.*" — [*Rashi*]

Alternatively, a nation trampled little by little. — [*Redak*]

2. Who sends emissaries in the sea and in boats of bulrushes on the surface of the water, "Go, swift messengers, to a nation, pulled and torn, to an awesome nation from their beginning onward, a nation punished in kind and trampled,

Redak, too, understands this chapter as referring to the war of Gog and Magog, which will take place in the days of the Messiah. After prophesying the downfall of Assyria and the salvation that took place during Hezekiah's reign, the prophet proceeds to depict the great salvation destined to take place in Messianic times. He calls, "Ho! Land shaded by wings . . ." alluding to the sails of the ships, as Jonathan paraphrases.

which is on the other side of the rivers of Cush—There the kingdom of Assyria is located. — [*Ibn Ezra*]

Others explain the appellation, "shaded by wings," to denote that Gog and Magog are hidden by mountains that are within its borders, through which no one can enter or leave that land. — [*Abarbanel*]

2. **Who sends emissaries in the sea**—The king of the land on the other side of the rivers of Cush, will send emissaries by way of the sea. —[*Redak*]

and in boats of bulrushes—Some render: cork, and some papyrus. See *Redak, Shorashim*; *Aruch Completum.*

These boats are light and float easily on the water. — [*Redak*]

"Go swift messengers—*to see whether it is true that the Israelites have returned to their place, a nation which is pulled and torn, to a people that is awesome from its inception.* — [*Rashi*]

from their beginning and onward—*from the day it was chosen as a people and onward.* — [*Rashi*]

Redak cites Rav Saadiah Gaon, who states in his opus magnus, *Emunoth Vedeoth* 8:6 that the Cushites will transport the Jews in their country in light boats until they reach Egypt. There is a place where a mountain juts out of the water. In that spot, it is impossible for conventional boats to pass without being broken. The light boats, however, are able to do so without capsizing. This land is called "land shaded by wings," because it is hidden from most people. These messengers will bring a gift; also the Jews in their country will be sent as a gift, as is depicted in the prophecy of Zephaniah: "(3:10) From beyond the rivers of Cush, shall they bring those who pray to Me, the daughter of My dispersed, as My offering." The messengers are called swift because of the swift boats in which they travel. They are instructed to go to Israel, which is heretofore a nation pulled by the gentile nations from all sides, and torn. I.e., by pulling them, they tore their hair and their flesh. This is figurative of the destruction of their bodies and their land.

to an awesome people—From the time of their inception, they were an

אֲשֶׁר־בָּזְאוּ נְהָרִים אַרְצוֹ: ג כָּל־יֹשְׁבֵי
תֵבֵל וְשֹׁכְנֵי אָרֶץ כִּנְשֹׂא־נֵס הָרִים
תִּרְאוּ וְכִתְקֹעַ שׁוֹפָר תִּשְׁמָעוּ: ד כִּי כֹה
אָמַר יְהוָה אֵלַי אֶשְׁקוֹטָה וְאַבִּיטָה

יתיר ואו — במכוני

עַמָא דִתְקִיף מְבַזֵין
וְלָהֲלָא עַמָא אֲנִיסָא
וּבְזִיזָא דְבָזוּ עַמְמַיָא
אַרְעֵיהּ: ג כָּל דְיָתְבִין
בְּתֵבֵל וּדְשָׁרָן בְּאַרְעָא
כְּמִזְקַף אָתָא עַל טוּרַיָא
תֶחֱזוּן אָתָא וּכְמִתְקַע
שׁוֹפָרָא תִשְׁמְעוּן פּוּרְקָן:
ד אֲרֵי כִדְנַן אֲמַר יְיָ לִי
אֲנִיחַ לְעַמִי יִשְׂרָאֵל וְאַשְׁקֵיט לְהוֹן וְאֶתְרְעֵי מִמְדוֹר קוּדְשִׁי לְאוֹטָבָא לְהוֹן בִּרְכָן וְנֶחָמָן אַיְתֵי

רש"י

בפוסו מדה במדה וניתן למבוסה. דבר אחר קו קו ל' קיא צחי ומאוס (איכה ג') : נהרים. מלכים : (ג) **כל יושבי תבל וגו'**. אינכם צריכים לשלוח צירים על כך כי כנשוא נס הרים תיראו בהקבץ הגליות וכתקוע שופר תשמעו : (ד) **אשקטה**. מתשלום שכרו של עשו אפנה מכל עסקי ואביטה במכוני להטיב לו : **כחום צח עלי אור**. יאיר

מהר"י קרא

לו נוראות. אם כן היה משבר את לב חיילותיו לאמר אם כן לא נצא עליהם. ד"א קו קו. גוי שאין לך אומה שאלהיה פוקד עליה עונותיה מידה במידה כמ: אומה זו שאני משלח אתכם עליה, כי כשהם חוטאין מיד מעורר עליהם האומות למלחמה, כדי ליפרע מהם : (ג) כל יושבי תבל ושוכני ארץ כנשא נס הרים. לראות מרחוק תראו : וכתקוע שופר תשמעו. בניסים שאני עושה לסנחריב תראו ותשמעו כנס על ההרים וכקול שופר : (ד) כה אמר ה' אלי אשקוטה. (ומנוח) [ואניח] לעמי ישראל : ואביטה. להיטב ונחמות אביא להם מהרה ויזהירו ויתענגו בטובי : כחום צח עלי אור. בהיר בתקופת תמוז כזוהר הרקיע בטהרתו. עלי אור. זה השמש. ד"א אשקוטה ואביטה במכוני. וש"ה למען ציון לא אחשה ולמען ירושלים לא אשקוט עד יצא כנוגה צדקה. כי כה אמר ה' אשקוטה (ומנוח) [ואניח]

אבן עזרא

הנער כאשר ילומד קו לקו על כן היתה מבוסה. ואל"ף בזאו לחסרון אות הכפל וכמוהו דליו שוקים על דעת ר' משה הכהן נ"ע. וטעם נהרים מלכים כמו את מי הנהר : (ג) **כל**. הטעם כאילו נס נושא על כל הארץ : **וכתקוע שופר**. לדעת מעשה השם במחנה סנחריב : (ד) **כי**. טעם אשקטה על

רד"ק

ועשה נדבך אחד ונוטה אותו למעלה מזה לעשות נדבך אחר וכן מעט מעט עד כלותו הקיר כן כל עושה דבר עתה עושה מעט ועוד מעט עד שיעשה הדבר וכן מה שאמר קו לקו צו לצו זעיר שם זעיר שם: אשר בזאו נהרים ארצו. בזאו כמו בזזו האלף תמורת הכפל : נהרים. הוא משל על מלכי העכו"ם: (ג) כל יושבי תבל. כמו שיעשה זה אשר מעבר לנהרי כוש כן תעשו כולכם: כנשא נס הרים. כמ"ש ונשא נס לגוים ואסף נדחי ישראל : וכתקוע שופר. כמ"ש והיה ביום ההוא יתקע בשופר גדול וזה דרך משל כי כשירצה אדם לקבץ עם ישא נס בהרים כדי שיראו הנס למרחוק ויבאו וכן יתקע בשופר וישמעו הקול למרחוק ויבאו כן יקבצו בני ישראל אל ארצם מפה ומפה בעת הישועה וכן הגוים יביאו אותם ויקבצו אותם כאלו נשאו להם נס ותקעו בשופר : (ד) כי כה אמר ה' אשקטה. כתוב ביו"ד וקרי בלא וי"ו בחטף קמץ הקוף ואחת היא אמר הנביא אז בבא הגואל אנוח ואשקוט מהמייתי עליהם כמו שאמר למען ציון לא

מצודת דוד

קו ומבוסה. בכל זמן גלותם היה מקוה לה' וחוזר ומקוה ועם כי היה נדרס ונרמס ברגלי האומות : אשר בזאו. אשר העכו"ם בזזו את ארצו ורמסוהו ברגליהם : (ג) כל יושבי תבל. כאלו יאמר להם מה לכם לשלוח ולדעת אם האמת כן הוא הלא כל יושבי תבל בעיניכם תראו החזרת ישראל כאשר יראה נשיאת הנס על ההרים ובאזניכם תשמעו הדבר כאשר ישמע תקיעת השופר : (ד) אשקטה. לפי שנאמר למען ציון וגו' לא אשקוט עד יצא כנוגה צדקה (לקמן ס"ב) לזה אמר כשיצא כנוגה צדקה ויגאלו אז אשקטה ואביטה בבה"מ

מצודת ציון

ס') : בזאו. בזזו ובא האל"ף במקום אות הכפל וכן ימאסו כמו מים (שם נ"ח) ומשפטו ימססו : (ג) נס. כלונס ארוך : (ד) אשקטה. ענין מנוחה : ואביטה. מלשון הבטה והשגחה : במכוני. מלשון

widely known, as though a banner were raised in the mountains for everyone to see from afar and a shofar were sounded for everyone to hear.

Redak explains this verse in conjunction with (infra 62:1): "For the sake of Zion I will not be silent and for the sake of Jerusalem I will not rest, until its righteousness emanates like the brightness [of light] and its salvation burns like a torch." Here too, the Lord says to the prophet, "I will not rest from My moaning for them until the salvation is realized. Then I will rest from My moaning and look with favor upon My dwelling-place, the Temple in Jerusalem.

whose land the rivers have plundered. 3. All inhabitants of the
world and dwellers of the earth, when a standard of the moun-
tains is raised you shall see, and when a shofar is sounded you
shall hear. 4. For so has the Lord said to me, "I will rest, and I
will look down

Ibn Ezra renders: **"Go, swift messengers,**—bring tidings to the Israelites driven into exile, who are beyond the rivers of Cush.

A nation pulled—out of their place like sheep, until they are flayed from being pulled.

They are exiled to **a terrible nation,** the Cushites.

From thence,—i.e. from that nation, or from those rivers. That is a nation whose intellect is like that of a child, who learns **line by line,** little by little. Therefore, it has been trodden down.

river—figurative for *kings.* — [*Rashi*] *Ibn Ezra* refers to 8:7, where the king of Assyria is likened to a river inundating the land. *Redak* too explains the rivers as symbolic of the kings of the gentile nations.

3. **All inhabitants of the world, etc.**—*You need not send messengers for this, for when a standard of the mountains is raised, you shall see the ingathering of the exiles, and when a shofar is sounded you shall hear.* — [*Rashi*]

Redak explains: Just as the nation beyond the rivers of Cush will do, so shall all you nations follow suit.

when a standard of the mountains is raised—Comp. 11:12: And He shall raise a banner to the nations, and He shall gather the lost of Israel. —[*Redak*]

and when a shofar is sounded—Comp. 27:13: "And it shall come to pass on that day, that a great shofar shall be sounded . . . "All this is figurative, for when a person wishes to gather a large throng, he raises a standard on the mountains so that they will see it from afar and come. He also sounds a shofar so that they hear the sound from afar and come. So will the Israelites be gathered from all countries at the time of the salvation, and the nations will bring them and gather them as though the standard was raised and the shofar sounded. — [*Redak*]

Redak, apparently, renders: As though a standard in the mountains was raised, you shall see, and as though a shofar is sounded, you shall hear. See below 27:13 Commentary Digest.

4. **I will rest**—*from paying Esau his just deserts; I will turn away from all My affairs and I will look down upon My dwelling-place to do good to it.* — [*Rashi*]

Ibn Ezra understands this as referring to the destruction of the Assyrian camp, which will become

בִּמְכוֹנִי כְּחֹם צַח עֲלֵי־אוֹר כְּעָב טַל
בְּחֹם קָצִיר׃ ה כִּי־לִפְנֵי קָצִיר כְּתָם־
פֶּרַח וּבֹסֶר גֹּמֵל יִהְיֶה נִצָּה וְכָרַת
הַזַּלְזַלִּים בַּמַּזְמֵרוֹת וְאֶת־הַנְּטִישׁוֹת

תרגום

לְהוֹן בְּפִרְיַע כְּשְׁחִין
פָּצִיחַ עַל שֶׁמֶשׁ כַּעֲנַן
טַל בְּשְׁחִין חֲצָר׃ ה אֲרֵי
עַד לָא יִמְטֵי זְמַן חַצְדָא
אִלָנָא לְאַפְרָחָא וּבִסְרָא
מִנֵה סְמָדַר וְיִקְטוֹל
שִׁלְטוֹנֵי עַמְמַיָא בְּחַרְבָּא
וְיַת תַּקִּיפֵיהוֹן יַעְדֵי
ויעבר

ת"א וכרם הזלזלים . שם לח: הה' רפה

מהר"י קרא

לעמי ישראל ואביטה להטיב ונחמות אביא להם מהרה ויזהירו ויתענגו בטובי כחום צח עלי אור בהיר בתקופת תמוז בהביטי במכוני שהוא חרב לא אשקוט עד יצא אורי כחום צח עלי אור ויתענגו בו ישראל כאשר יתענג האדם בעב טל שהחמה בחוקתה בשעת קציר: [כחום צח]. כחמה צלולה הזורחת לאחר ירידת הגשם ומבשלת את הפירות. אור הוא הגשם כמו דאמר ועתה לא ראו אור. וכן כי טל אורות טליך: כעב טל ביום קציר. כשמחמם השמש את הקוצרים ובא עליה עב טל ומצננים הם שמחים. כן אהיה לישראל בעשותי שפטים בסנחריב ונקמתי בהם: (ה) כי לפני קציר כתם פרח. כתם פרח התבואה סמוך לקציר. ולפני שבוסר גומל יהיה נצה. קודם שבוסר גומל הנצה שמה שהוא עכשיו יעשה בוסר גומל הוא לשאמרו רבותינו הוא בוסר הוא גירוע הוא פול הלבן. ובארץ ישראל כבר נעשים הענבים קודם הפסח בוסר גומל. ואז הייתה מפלתו של סנחריב קודם שיגיע זמן קציר. כתם פרח. כשכלה הפרח מן הפרי קודם שהבוסר יגמל וקודם שיהא

רש"י

ויבהיק לו כחם השמש לח על ירק כמו ללקט אורות (מלכים ב' ד'): כעב טל. שהקוצרים מתאוים לו להשיב נפש בחם קציר: (ה) כי לפני. בישול קצירו של עמלק ושל גוג טרם תמלא תאותו וסברו שהוא זומם לכלות את אחיו: כתם פרח. שלו ויתקרב להתבשל תבואה במלילות' ולהיות פני גלה של גפנה בוסר וגומל נגמל להיות גסים כפול הלבן הוא בוסר הוא גירוע: וכרת. הכורת את זלזלי הגפן הם הזמורות והשריגים: במזמרות. (שרפ"ש בלע"ז): ואת הנטישות. הם עיקרי הגפנים שקורין (ליפ"ש בלע"ז): התז. כרת וקצץ. כלומר יהרוג השרים והשליטים של

רד"ק

אחשה ולמען ירושלים לא אשקוט עד יצא כנוגה צדקה ואז כשיצא כנוגה צדקה אשקוט ואביטה במכוני והוא בית המקדש אביט בו לטובה: כחום צח עלי אור. כמו שיהיה לטובה חם צח ובהיר עלי אור והוא המטר כמו יפיץ ענן אורו כי כשיהיה השמש בהיר על הארץ אחר המטר הוא יפה וטוב לצמחים כמ"ש מנוגה ממטר דשא מארץ וכן עב טל בחום קציר הוא טוב כי בעת הקציר יהיה החום הגדול וכשתעבור עב טל יהיה טוב לבני אדם לקרר האויר ואמר טל ולא אמר מטר כי המטר יזיק לקציר אבל הטל ייטיב ולא יזיק: (ה) כי לפני קציר. המשיל גוג ומגוג והגוים הבאים עמו על ירושלים אחר הישועה לגפן פורחת וכשהשליך הפרח יהיה הנץ והנץ יהיה בוסר והבוסר גומל מעט מעט עד שיהיו ענבים בשולות וזה משל על גוג ומגוג שיבא בעם רב סוסים ופרשים לבושי מכלול כולם קהל רב צנה ומגן תופשי חרבות וירבו בכל יום כמו שאמר פרס כוש ופוט אתם כלם מגן וכובע ופי' לפני קציר לפני השלמת זמן קציר כי חצי ניסן אייר וחצי סיון יקרא עת הקציר מארבע עתי השנה ובחצי סיון יהיה פרי הגפנים בוסר בארץ ישראל ברוב וזהו שאמר יהיה נצה ששב הנץ להיות בוסר. והבוסר גומל ומתבשל והטעם כי כמו שבוסר גומל יהיה קרוב לבישלו כן גוג ומגוג כשיהיו קרובים לגמור הצלחתם עד שיכבשו

אבן עזרא

השכינה שעמדה: ואביטה. ואראה: מכוני. היא ירושלם: כחם. אויר: צח עלי אור. אחר הגשם כמו יפיץ ענן אורו כי השמש הנקרא אור גם כן הירח כי כן כתב לעושה אורים גדולים הם סבת הגשם במאמר השם: (ה) כי לפני קציר כתם פרח ובוסר גומל. כמו ויגמל שקדים עודנו יהיה בגלתו: וכרת. השם: הזלזלים. הם הדבקים עם השרש ואין למלה הזאת אחות: ואת הנטישות. אותם

מצודת ציון

הכנה: צח. ענין זוהר ובהירות כמו לחו מחלב (איכה ד'): אור. ענינו מטר כמו יפיץ ענן אורו (איוב ל"ז): (ה) כתם. ענין השלמה: ובוסר. כן נקרא הפרי שלא נגמר בשולו כמו אבות אכלו בוסר (ירמיה ל"א): גומל. ר"ל תגדל מעט מעט והושאל מלשון הילד הנגמל משדי אמו שמרגילין אותו לאכול מעט מעט: נצה. הוא כענין פרח וגדול ממנו וכן נאמר והוא כפורחת עלתה נצה (בראשית מ'): הזלזלים. הם יונקות הגפנים הרכים: במזמרות. שם הכלי שכורתים בו הזמורות וכן ומזמרותיכם לרמחים (יואל ד'): הנטישות.

מצודת דוד

המכון לשבתי להטיב לה: כחום צח. כמו החום לח ובהור שהוא לטובה כשבא על המטר וסמוך לה כי אז תצמח האדמה וכמ"ש מנוגה ממטר דשא מארץ (ש"ב כ"ג): כעב טל. כעב המביא טל בחום הקציר כי בעבור החום שבעת הקציר יתאוו הקוצרים להקר נפשם בקרירות הטל שאינו מזיק לקציר כמו המטר: (ה) כי לפני קציר. לפני בוא עת הקציר: כתם פרח. כשיתום הפרח ויהיה קרוב להתבשל: ובוסר גומל יהיה נצה. ר"ל כשיהיה הנץ בוסר הנגמל מעט מעט עד שיתבשלו הענבים מכל וכל: וכרת. אז יכרות הכורת את יונקות הגפנים הרכים במזמרות את הענפים הגדולים יסיר בהכרתה וזה משל על גוג ומגוג לומר כשיהו קרובים לגמור הלחמם עד שיכבשו ירושלים ויצא חצי העיר בגולה אז יצא ה' ונלחם בגוים

Land, the grapes are ripening. This is the symbol of the success of Gog and Magog. They will almost succeed in defeating the people of Israel. Half the city of Jerusalem will be sent into exile, and before the exile of the other half, God will reveal Himself and wage war with these nations, as mentioned in Zechariah 14. The defeat and the destruction of the armies of Gog and Magog are represented by the cutting off of the saplings and the tendrils. — [*Redak*]

upon My dwelling-place, like a clear heat upon herbs, like a cloud of dew in the heat of harvest. 5. For behold the harvest when the blossom is past, and the buds turn into ripening grapes, and he shall cut off the tendrils with pruning-hooks, and the roots he removed, he cut [them] off.

like a clear heat upon herbs—*It will illuminate it and cause to shine like the clear heat of the sun on herbs. Comp.* "(II Kings 4:39) *To gather herbs* (אוֹרוֹת)." —[*Rashi*]

Others render: It will be beneficial like the clear heat of the sun upon the rain that has just fallen. When the sun shines after the rain, it is beneficial for the growing plants. — [*Redak, Ibn Ezra*]

like a cloud of dew—*for which the reapers long, to refresh themselves during the heat of the harvest.* — [*Rashi*]

He compares God's grace to a cloud of dew, which is beneficial, not to a rain cloud, detrimental to the harvest. — [*Redak*]

5. **For before**—*the ripening of the harvest of Amalek and of Gog, when he has not yet filled his desire and his hope, that he plans to destroy his brothers.* — [*Rashi*]

when the blossom is past—*I.e., when its blossom is past and the grain is close to becoming ripe in its ears and before the buds of his vine become ripening grapes, ripened to the extent of being* בֹּסֶר, *i.e. when the grapes become as big as a white bean. This is called* בֹּסֶר *and also* גֵּרוּעַ. —[*Rashi*]

and he shall cut off—*I.e., the cutter shall cut off the tendrils; these are the branches and the boughs.* — [*Rashi*]

Others explain: And God shall cut off. — [*Ibn Ezra*]

with pruning-hooks—(*sarpes in O.F., serpes* in Modern French)

and the roots—*These are the roots of the vines, called "ceps" in O.F.* — [*Rashi*]

he cut [them] off—Heb. הֵתַז. *I.e. to say that He shall slay the officers and the rulers of Esau and of Gog and his armies and his allies.* — [*Rashi*]

The prophet likens Gog and Magog and his allies, who shall march on Jerusalem after the redemption, to a blossoming vine. When the vine drops its blossoms, buds form. The buds turn into grapes, which ripen slowly into mature grapes. This symbolizes the armies of Gog and Magog, which will come with a tremendous throng, with infantry and cavalry, armed with swords and spears, attired with armor and shields of all sorts. Their number will increase daily. They will come before the completion of the harvest, which lasts from the middle of Nissan until the middle of Sivan. In the middle of Sivan, in the Holy

ו וְיִעֲבַר: ו יִשְׁתַּבְקוּן כַּחֲדָא לְעוֹפָא דְטוּרַיָא וְלִבְעִירָא דְאַרְעָא בְּקֵיטָא יְהֵי שָׁרֵי עֲלוֹהִי כָּל עוֹפָא דִשְׁמַיָא וְכָל בְּעִירָא דְאַרְעָא עֲלוֹהִי יַעַבְרוּן סִתְוָא: ז בְּעִדָנָא הַהִיא יַיְתִינֵיהּ בְּתוּקְרַבְתָּא לָקֳדָם יְיָ צְבָאוֹת לְעַמָא אֲנִיסָא וּבְזִיזָא וּלְוָת עַמָא דְיִתְקַף מִבְּכֵן וּלְהָלָא עַמָא אֲנִיסָא וּבְזִיזָא דְבַזּוּ עַמְמַיָא אַרְעֵהּ לְאַתְרָא דְאִתְקְרֵי שְׁמָא דַיְיָ

הַסִּיר הֵתַז: ו יֵעָזְבוּ יַחְדָּו לְעֵיט הָרִים
וּלְבֶהֱמַת הָאָרֶץ וְקָץ עָלָיו הָעַיִט וְכָל־
בֶּהֱמַת הָאָרֶץ עָלָיו תֶּחֱרָף: ז בָּעֵת
הַהִיא יוּבַל־שַׁי לַיהוָה צְבָאוֹת עַם
מְמֻשָּׁךְ וּמוֹרָט וּמֵעַם נוֹרָא מִן־הוּא
וָהָלְאָה גּוֹי קַו־קָו וּמְבוּסָה אֲשֶׁר בָּזְאוּ
נְהָרִים אַרְצוֹ אֶל־מְקוֹם שֵׁם־יְהוָה
צְבָאוֹת

ת"א בעת ההיא. פס: פתח בס"פ

רש"י

עמו ושל גוג וחיילותיו ועוזריו: (ו) **יעזבו יחדיו.** פגריהם: **לעיט הרים.** לעוף הרים: **וקץ עליו.** כל ימות הקיץ: **תחרף.** כל ימות החורף מכאן אמרו משפט גוג לעתיד לבא שנים עשר חדש:

מהר"י קרא

נצה סמדר: וכרת הזלזלים. הם פאורות הגפן: **הסיר התז.** יכרית ה' אוכלסי סנחריב הראשונים. ודלת העם **יעזבו יחדו** לעיט הרים ולבהמת הארץ: (ו) וקץ עליו. בימי הקיץ. עליו תחרף. בימי החורף: (ז) בעת ההוא יובל שי. באיזה מקום אל מקום ה' צבאות הוא הר ציון. והבן המקרא הזה על הצדק. למעלה הוא אומר שסנחריב מצוה על עבדיו לכו מלאכים קלים **אל** גוי ממושך ומורט וכו'. מה הקב"ה משיבו. **לא** תאמר שבט יהודה ובנימין שנשארו שלא הגליתם כשהגלית לעשרת השבטים אלא אף אותם שהגלית יחזרו בהם ויובילו שי כשאתן קהלך לחית השדה ולעוף השמים: יובל שי **לה'** צבאות. עם שהיה ממושך וממורט בידיך הם יחזרו ביום מפלתך שהרבה חזרו להם מעשרת השבטים ביום מפלתו **של** סנחריב ונספחו על בית דוד:

אבן עזרא

הבדים הגדולים שנטשו: **התז.** כמו כרת ובלשון קדמונינו ז"ל ימלא וכא פועל עבר אחרי עבר בלא וי"ו דבק כמו המק עבר וטעם הפסוק קודם שימלא פרי מהשבותם יכחדו: (ו) **יעזבו.** זה מחנה אשור הנכהד ביד המלאך: **לעיט.** כמו וירד העיט על משקל שם גם שים: **וקץ.** מגזרת קין: **תחרף.** מחורף לאכול נבלות המתים: (ז) **בעת. שי.** דורון הטעם יובילו שי: עם ממושך ומורט. הם ישראל הגולים והנה יובאו לכבוד השם אל מקומו שהוא בהר ציון ולפי דעת רבי משה זה פי' יוסיף ה' שנית ידו:

רד"ק

ירושלים ויצא חצי העיר בגולה אז יצא ה' ונלחם בגוים ההם זהו וכרת הזלזלים במזמרות והזלזלים הם יניקות הגפנים הרכים והם קרובים להשחת והנטישות הם הענפים המתפשטים יקראו שליחות ויקראו כמ"ש שלוחותיה נטשו עברו ים: התז. ענינו כרת והוא מפעלי הכפל שרשו תזז מדברי רבותי' ז"ל רוח תזזית: ונצה. רפה הה"א עלתה נצה מפיק ה"א ואפשר כי נצה הרפה הה"א לנקבה לא לכנוי וממנו וישלך כזית נצתו: (ו) יעזבו. **זהו** מחנה גוג ומגוג וכן אמר בנבואת יחזקאל אמר לצפור כל כנף ולחית השדה הקבצו ובאו האספו מסביב על זבחי אשר אני זובח לכם וגו' ואמר כי הנה קיץ ותרף יהיו הפגרים מושלכים ובאמרו העוף בקיץ והבהמה בחורף כי העוף יעופף ברוב בימי הקיץ והחיות ילכו בימי החורף ברוב והנה אמר בנבואת יחזקאל וקברום בית ישראל למען טהר את הארץ שבעה חדשים ואיך אמר יעזבו יחדיו לעיט ההרים ולבהמת הארץ זה יהיה בעוד שיתעסקו בקבורתם אע"פ כן לא יוכלו לקברם כולם ויאכלו מהם החיות והעופות בקיץ ובחורף: (ז) בעת ההיא יובל שי. אומות העולם יובילו שי עם ישראל לה' מנחה כמ"ש והביאו את כל אחיכם מכל הגוים מנחה לה' וגו': אל מקום שם ה' צבאות.

מצודת דוד

כהם ויאבדם בשלף קלף: (ו) יעזבו יחדיו. כולם יחדיו יהיו נעזבים לעופות המצויים בהרים וגו': וקץ. העופות ישכנו עליהם בימי הקיץ והבהמות בימי החורף ויאכלו מבשרם וישתו מדמם: (ז) יובל שי. יובא דורון את עם ישראל שהיה עם ממושך ומורט כי היו נמשכים בידי העכו"ם ותלשו שערם במשכם: ומעם נורא. יובא דורון מהעם אשר נראה בהם מעשים נוראים מן היום אשר הי' לעם והלאה וכפל הדבר במ"ש: גוי קו. אשר בכל ימי גלותם היה מקוה לה' והוזר ומקוה ועם כי היה נרמס ברגלי העכו"ם אשר בזזו את ארצו ומסוהו ברגליהם: אל מקום. ההבאה תהיה אל המקום אשר נקרא שמה שם ה' צבאות והוא הר ציון וכן נאמר והביאו וגו' מנחה לה' וגו' על הר קדשי (לקמן ס"ו):

מצודת ציון

כן יקראו הענפים הגדולים המתפשטים אנה ואנה והוא מלשון וינטשו בלחי (שופטים ט"ו) וכן הסירו נטישותיה (ירמיה ה'): הסיר. מלשון הסרה: התז. ענין כריתה והתוך ובדרז"ל התיז את הראש (חולין ל'): (ו)לעיט. שם עוף דורס וכן וירד העיט (בראשית ט"ו): וקץ. מלשון קיץ: תחרוף. מלשון חורף: (ז) יובל. יובא: שי. מנחה ודורון כמו יובילו שי למורא (תהלים ע"ו):

world will bring the Jewish people to God as a gift, as the prophet states: "(infra 66:20) And they shall bring all your brethren from all the nations as a gift to the Lord . . ."

to the place of the name of the Lord of Hosts—To the place where God's name is called, namely Mount Zion. — [*Redak*]

Malbim explains this entire chapter as alluding to the defeat of Sennacherib in the time of Hezekiah. In his time, many of the exiled of the ten tribes returned from

6. They shall be left together to the birds of the mountains and to the beasts of the earth, and the birds shall spend the summer upon them and the beasts of the earth shall spend the winter upon them. 7. At that time, there shall be brought a gift to the Lord of Hosts, a people pulled and torn, and from an awesome people from its beginning and onward, a nation punished in kind and trampled, whose land the rivers have plundered, to the place of the name of the Lord of Hosts, Mount Zion.

6. They shall be left—I.e., *their corpses.* — [*Redak*]

to the birds of the mountains—Heb. לְעֵיט הָרִים, *to the birds of the mountains.* — [*Rashi*] *Redak* in *Shorashim* defines it as a bird of prey. *Mezudath Zion* defines it as a particular species of birds of prey.

shall spend the summer upon them—*All the days of the summer.* —[*Rashi*]

shall spend the winter—*All the days of the winter. From there they deduced that the judgment of Gog in the future shall be twelve months.* — [*Rashi* from *Mid. Psalms* 150:1, *Eduyoth* 2:9]

Isaiah prophesies that the corpses of the armies of Gog and Magog will be cast to the birds of the mountains and to the beasts of the earth. Comp. Ezekiel's prophecy (39:17): *And you, son of man, so has the Lord God said: Say to all winged fowl and to all the beasts of the field, "Gather and come, assemble from around upon My slaughter, which I am slaughtering for you, a great slaughter on the mountains of Israel, and you shall eat flesh and drink blood."* He proceeds to state that they will be cast to the fowl and to the beasts over the summer and the winter, in summer to the fowl, who habitually fly around during the summer, and in the winter to the beasts, who habitually prowl the fields in the winter. This verse apparently contradicts Ezekiel 39:12: *"And the house of Israel shall bury them in order to purify the land, seven months."* The answer is that while they are burying the corpses of the camp of Gog, the fowl and the beasts will devour them before they are able to bury them all. — [*Redak*] Perhaps the fowl and the beasts will commence to devour them five months before the Jews commence to bury them. Otherwise, we cannot reconcile the difference between the seven months of burial and the twelve months of devouring. — Ed. note

Abarbanel renders: And the fowl shall abhor them, and the beast of the earth shall look upon them with disdain. That is to say that the corpses will lie so long that they will deteriorate to such a state that the birds and the beasts will refuse to eat them. Then they will be buried.

7. **At that time, there shall be brought a gift**—The nations of the

צְבָאוֹת הַר־צִיּוֹן: יט א מַשָּׂא מִצְרָיִם
הִנֵּה יְהוָה רֹכֵב עַל־עָב קַל וּבָא מִצְרַיִם
וְנָעוּ אֱלִילֵי מִצְרַיִם מִפָּנָיו וּלְבַב מִצְרַיִם
יִמַּס בְּקִרְבּוֹ: ב וְסִכְסַכְתִּי מִצְרַיִם
בְּמִצְרַיִם וְנִלְחֲמוּ אִישׁ־בְּאָחִיו וְאִישׁ
בְּרֵעֵהוּ עִיר בְּעִיר מַמְלָכָה בְּמַמְלָכָה:
ג וְנָבְקָה רוּחַ־מִצְרַיִם בְּקִרְבּוֹ וַעֲצָתוֹ
אֲבַלֵּעַ וְדָרְשׁוּ אֶל־הָאֱלִילִים וְאֶל־

תרגום

צְבָאוֹת דִשְׁכִנְתֵּהּ
בְּטוּרָא דְצִיוֹן: א מְטַל
כַּס דְלוּט לְאַשְׁקָאָה יַת
מִצְרָאֵי הָא יְיָ מִתְגְּלֵי
בַּעֲנָן יְקָרֵהּ לְאִתְפְּרָעָא
מִמִצְרַיִם וְיִתַּבְּרוּ טַעֲוַת
מִצְרָאֵי מִן קֳדָמוֹהִי
וְלִבָּא דְמִצְרָאֵי יִתְמְסֵי
בִּמְעֵיהוֹן: ב וְאֶגְרֵי
מִצְרָאֵי בְּמִצְרָאֵי וִיגִיחוּן
קְרָב גְּבַר בַּאֲחוּהִי
וּגְבַר בְּחַבְרֵהּ קְרֵי בִּקְרֵי
וּמַלְכוּ בְּמַלְכוּ:
ג וְתִתְמְסֵי רוּחָא
דְמִצְרָאֵי בִּמְעֵיהוֹן
וְחַכִּימֵהוֹן אֲסַלְעֵם

רש"י

יט (א) רוכב על עב קל. מהרה לשלוח קל מהרה גזרת דברו ליפרע ממצרים: ונעו אלילי מצרים מפניו. לא יהיה להם כח להציל את עמם מיד שלוחיו של אשור וזה שאמר הנביא פורענות מצרים בלשון הזה מה שלא אמר כל' הזה לשאר אומות מפני שהם למודים ללקות במדה הזאת ועברתי בארץ מצרים (שמות י"ב) ובכל אלהי מצרים (שם) ודרך ארץ מיראין את האדם במכה שכבר לקה בה: (ב) וסכסכתי מצרים במצרים. סופו מפרש את תחלתו ונלחמו איש באחיו: (ג) ונבקה רוח. תתרוקן חכמתו.

מהר"י קרא

יט (א) משא מצרים הנה ה' רוכב על עב קל וגו'. שבמכה זו לקו המצריים כבר בימי משה כדכתיב ועברתי בארץ מצרים. לפיכך הוא מבהלם ומיראם במכה זו דכתיב וירכב על כרוב ויעוף וידא על כנפי רוח: ונעו אלילי מצרים מפניו. שלא יעשה בהם כדרך שעשה לשעבר דכתיב ובכל אלהי מצרים אעשה שפטים אני ה': (ג) ונבקה רוח מצרים בקרבו. פת' נתרוקן חכמת מצרים שבקרבו. תדע לך שרוח הוא חכמה שכן הוא אומר באליהוא אכן רוח היא באנוש ונשמת שדי תבינם. וכן קח לך את יהושע בן נון איש אשר רוח בו. ולפי שכל מעשה מצרים אינן עסוקים כי אם לחזות בכוכבים ובלהטים ובכשפים והיא גבורה שלהם. לפיכך בשלהם היא בא להם: ועצתו אבלע. אכסה שלא יהא אחד בהם שידע ליתן עצה ולשון בילוע נופל על החכמה כמו וכל חכמתם תתבלע: ודרשו אל האלילים. לשון אין כמו רופאי אליל כולכם. פת

אבן עזרא

יט (א) משא מצרים. רוכב על עב קל. רמז לגזירו' הבאות מהרה: (ב) וסכסכתי. כטעם בלבול ואת אויביו יסכסך: (ג) ונבקה. מגזרת בוקק כטעם מריק. ונבקה מבנין נפעל מפעלי הכפל כמו ונסבה ורחבה:

רד"ק

אל מקום אשר יקרא שם שם ה' צבאות והוא הר ציון: (א) משא מצרים. אמר רוכב על עב קל דרך משל לרוב מהירות הגזירה עליהם: ונעו אלילי מצרים. אליליהם שהיו בוטחים בהם ינועו מפניו לא יושיעום בעת צרתם ואמר ונעו אלילי מצרים ידמה כי אלילים רבים היו להם וכן אמר ובכל אלהי מצרים אעשה שפטים ות"י ונעו ויתברו: (ב) וסכסכתי. ענין בלבול. וכן ואת אויביו יסכסך. אמר יבלבל אותם ביניהם לבד מהאויבים שיבאו עליהם תהיה ביניהם בלבולים ונלחמו איש באחיו ממלכה בממלכה אע"פ שמצרים כולו מלכות אחת והיו בהם שרים תחת המלך הגדול זה מולך במדינה אחת וזה מולך במדינה אחרת כמו מלכי כנען: (ג) ונבקה. מבנין נפעל מענין נפן בוקק והוא ענין רקות כלומר לא תשאר ברוחם חכמה ובינה ולא ידעו לקחת עצה לעצמם: ועצתו אבלע. כפל ענין במ"ש. אבלע ענין השחתה ואמר זה הענין במצרים לפי שהיו בהם חרטומים וחכמים

מצודת דוד

יט (א) רוכב וגו'. ר"ל מהרה ישלח דברו להפרע מהם: ונעו. תנוע' החרדה והרתת: בקרבו. בתוך הגוף: (ב) וסכסכתי. אעשה בלבול ותגר ביניהם ונלחמו זה בזה: ממלכה בממלכה. ממלכות רבות היו בארץ מצרים: (ג) ונבקה. תתרוקן רוח השכלי אשר בקרבו והשחית עלתו ולא ייעצו בחכמה והוא כפל הענין במ"ש:

מצודת ציון

יט (ב) וסכסכתי. ענין בלבול וערוי כמו ואת אויביו יסכסך (לעיל ט'): (ג) ונבקה. ענין רקות כמו הבוק תבוק

Perhaps there were many kings in Egypt, each of whom ruled a seperate province, much as the kings of Canaan ruled over city-states. — [*Redak*]

3. And the spirit of Egypt shall empty out—Heb. וְנָבְקָה. *His wisdom shall be emptied out. Comp.* (infra 24:1) *"Empties out* (בּוֹקֵק) *the land."*—[*Rashi*]

I.e.—the Egyptians will become completely bereft of their wisdom and will be at a loss for counsel.—[*Redak*]

We find *spirit* used in this sense in Job 32:8: "Indeed it is a spirit in man," meaning wisdom. Also in Num. 27:18: "A man in whom there is spirit." In both these cases, wisdom is meant.—[*Kara*]

19

1. The harsh prophecy of Egypt: Behold the Lord is riding on a light cloud and He shall come to Egypt, and the idols of Egypt shall quake from before Him and the heart of the Egyptians shall melt in their midst. 2. And I will stir up Egyptians against Egyptians, and they shall war one man against his brother, and a man against his friend, a city against a city and a province against a province. 3. And the spirit of Egypt shall empty out in its midst, and I will thwart its counsel, and they shall turn to the idols and to

Assyria to take shelter under Hezekiah's wings. Thus, the Assyrians will bring a gift to the Lord of Hosts, i.e., they will release many of the exiles to return to Judah.

1. **The harsh prophecy of Egypt**—Ezekiel too prophesied the doom of Egypt in the future. See Ezekiel 29, also Daniel 11. After the prophet relates how the Israelites will return from beyond the rivers of Cush and how that nation will recognize the power of the Almighty and bring the Jews as a gift to Him, he proceeds to prophesy concerning the destruction of Egypt, through which they too will recognize God's power and return to Him. — [*Abarbanel*]

is riding on a light cloud—*quickly to send easily and quickly the decree of His word to punish Egypt.* — [*Rashi*] Some editions read: He hastens to send . . . I.e., the light cloud is symbolic of the speed and ease of the decree coming upon them. — [*Redak*]

God's revealing Himself in Egypt is reminiscent of the Exodus and the ten plagues preceding it. — [*Kara*]

and the idols of Egypt shall quake from before Him—*They will have no power to save their people from the messengers of the king of Assyria. The prophet presented the retribution of Egypt in this manner, unlike the way he presented it to other nations, because they are accustomed to being punished in this manner. "Exodus 12:12) And I will pass through the land of Egypt . . . and upon all the gods of Egypt will I execute punishment, and it is customary to frighten a person with a misfortune from which he has already suffered.* — [*Rashi*]

2. **And I will stir up Egyptians against Egyptians**—*The end of the verse explains its beginning: And they shall war one man against his brother* — [*Rashi*]

In addition to the threats of the other nations, there will be internal strife in Egypt. — [*Redak*]

a province against a province—

וְיִתְבְּעוּן מִן טַעֲוָן וּמִן
חָרָשִׁין וּמִן בִּידִין וּמִן
זְכוּרוּ׃ ד וְאֶמְסַר יַת
מִצְרָאֵי בְּיַד רִבּוֹן קְשֵׁי
וּמַלְכָּא תַּקִּיף יִשְׁלוֹט בְּהוֹן
אֲמַר רִבּוֹן עָלְמָא יְיָ
צְבָאוֹת׃ ה וְיִצְדוּן מַיָּא
מִיַּמָּא וְנַהֲרְהוֹן יֶחֱרוּב
וְיִיבַשׁ׃ ו וְיִצְדוּן
נַהֲרָוָתְהוֹן וְיִבְשׁוּן
וְיֶחֶרְבוּן נַהֲרֵיהוֹן

הָאִטִּים וְאֶל־הָאֹבוֹת וְאֶל־הַיִּדְּעֹנִים׃
ד וְסִכַּרְתִּי אֶת־מִצְרַיִם בְּיַד אֲדֹנִים קָשֶׁה
וּמֶלֶךְ עַז יִמְשָׁל־בָּם נְאֻם הָאָדוֹן יְהוָה
צְבָאוֹת׃ ה וְנִשְּׁתוּ־מַיִם מֵהַיָּם וְנָהָר
יֶחֱרַב וְיָבֵשׁ׃ ו וְהֶאֶזְנִיחוּ נְהָרוֹת דָּלְלוּ
וחרבו

רש"י

כמו (לקמן כ"ד) בוקק הארץ: **האטים.** אחד מן השמות של עכו"ם: **(ד) וסכרתי.** כמו וסגרתי ויש עוד לפרש ל' ויסכרו מעיינות תהום (בראשית ח') אסתמנו ואתכבשנו: **ביד אדונים קשה.** כל ל' אדנות קרוי בל' רבים ואפי' יחיד כמו (שם ל"ט) אדני יוסף. עד בא אדוניו (שם): **ומלך עז.** מלך אשור: **(ה) ונשתו מים מהים.** ויחרבו מים מן הים: **ונשתו** ל' השאת והשבר (איכה ג') לפי שכל שבח ארץ מצרים ע"י נילוס הוא שאין גשמים יורדים שם אלא נילוס עולה ומשקה אותה דרך יאורים העשויים בידי אדם לפיכך הוא מדמה פורענות שלה ליובש יאורים: **ונשתו מים מהים.** ולא יחזיר הים את נילוס לתוכו ולא יעלה וישקה את מצרים: **ונהר.** זה נילוס: **(ו) והאזניחו.** כשהמים מתמעטין הטיט ניכר בהם ונעשין רפש וזנחין: **דללו.** במחברת אם דל הוא (ויקרא י"ד):

מהר"י קרא

רופאי אין. ויישם לאל אמרתו*): ואל האיטים. לשון סתום ואטום: (ד) אדונים קשה. כי אדונות לשון רבים: (ה) ונשתו מים מהים ונהר יחרב ויבש. ונשתו לשון יבש כמו נשתה גבורתם. וכן הוא אומר לשונם בצמא נשתה. ולפי שארץ מצרים לא למטר השמים תשתה. אלא מן היאורים ומן הנהרות. כשמבקש לאובדן יבא רוח קדים ממדבר עולה ויבש מקורו ויחרב מעיינו: (ו) והאזניחו נהרות דללו וחרבו יאורי מצור.

*) אולי צ"ל מלתי ופסוק הוא באיוב (כ"ד כ"ה) והובא גם הוא לדוגמא.

אבן עזרא

האיטים מגזרת ויהלך אט המעשים שעשו בסתר: **(ד) וסכרתי.** יש מחליפין הכ"ף בגימ"ל ולא יתחלפו באמת כי אם אותיות הנוח והנכון שהוא מגזרת ויסכרו מעינות תהום: **אדונים קשה.** דקדוקו מפורש בתורה: **ומלך עז.** הוא מלך אשור: **(ה) ונשתו.** מגזרת לשונם בצמא נשתה כטעם יבושת: **(ו) והאזניחו.** האל"ף נוסף והטעם יזנחום בני אדם: **דללו.** מגזרת דל: **יאורי מצור.** היאורים

רד"ק

כשראו שאבדה עצתם ידרשו אל האלילים ואל האטים ות"י ומן חרשין ותרגם מכשפה לא תחיה חרשא לא תחי: (ד) וסכרתי. כמו וסגרתי מן יסגרך ה' בידי וכן ת"י ואמסר: אדנים קשה. ומלך עז כפל הענין במ"ש ואדונים ל' תפארת ליחיד וכן אם אדניו יתן לו אשה וזולתו: ומלך עז. הוא מלך אשור: (ה) ונשתו. מה שאמר בנבואה זו מיובש הנהר ומהפסק בחיתם כמנו הכל הוא דרך משל לפי שנהר נילוס הוא משקה הארץ עד שלא יצטרכו לגשמים ומהנהר יבא להם רוב הדגים כמ"ש זכרנו את הדגה אשר נאכל במצרים חנם ולולי היאור לא היה ישוב במצרים והיתה הרבה מאין אדם כי לא ירדו שם גשמים לפיכך המשיל חורבנה על יד מלך אשור כאלו פסק מהם הנהר וכן הים הסמוך לנהר שלא יוכל לבא להם דרך ים שום מחיה: ונשתו. מבנין נפעל מענין נשתה גבורתם ענין הפסק הדבר ואבודו: (ו) והאזניחו נהרות. נחלקו במלה הזאת יש אומרים כי הה"א לבנין הפעיל כה"א הפקידו השמידו והאל"ף נוספת וי"א כי נהגו באל"ף על ל' ארמי אשתיו חמרא אתכריאת רוחי וכתבו הה"א על ל' עברית והאל"ף על ל' ארמית ור' אחי ר' משה פירש כי האל"ף במקום ה"א הבנין כאל"ף וכל מלבושי אגאלתי והה"א כה"א ההשב אשיב את בנך במקום אם כאלו אמר ואם האזניחו ופירושו כן ונהר יחרב ויבש ואם הנהרות יחרבו ויבש דללו וחרבו יאורי מצור כי היאורים יהיו מהנהרות כו' כשיצא הנהר ימלאו היאורים מים וכן קנה וסוף שהם על שפת היאורים קמלו אחר שאין שם מים ופי' האזניחו רחקו כמו ותזנח משלום נפשי וכשיבשו הנהרות הנה רחקו ופי' דללו

מצודת דוד

ידרשו וגו'. כראותם שכלתה עליהם הרעה ידרשו אל האלילים וגו' וכאומר הנה יהיו עסוקים בדברי הבאי: (ד) וסכרתי. אמסרם ביד אדון קשה והוא מלך אשור: ומלך עז. כפל הענין במ"ש: (ה) ונשתו. מי הים יסור ויעתק ממקומו ולא יוכלו להביא לה בר ומזון דרך אניה בלב ים: ונהר. הנילוס יחרב מימיו ולא ישקה שדותם והאדמה לא תצמח ויכלו ברעב ולפי שכל שבח מצרים הוא מה שהנילוס עולה ומשקה שדותם המשיל חורבנה אל יבושת המים: (ו) והאזניחו נהרות. נהרות מצרים יעזבו מימיהם: דללו וגו'.

מצודת ציון

הארץ (לקמן כ"ד): אבלע. אשחית: האטים. שם ממיני הכשוף הנעשה בלאט ובחשאי והוא מלשון ויהלך אט (מ"א כ"א): האובות. הידעונים. מיני כשוף: (ד) וסכרתי. כמו וסגרתי כי גיכ"ק מתחלף והוא ענין מסירה כמו הסגרוני בעלי קעילה (ש"א כ"ו): אדונים. זהו ענין לשון תפארת ליחיד לומר עליו בלשון רבים וכן אדוני יוסף (בראשית ל"ט): עז. חזק: (ה) ונשתו. ענין העתקה והסרה וכן גיד הנשה (שם ל"ב): יחרב. ענין יבשות: (ו) והאזניחו. האל"ף נוספת כי הוא ענין עזיבה כמו כי לא יזנח (איכה ג'): דללו. ענין הרמה כמו דלו מאנוש נעו (איוב כ"ח): מצור. מלשון צור וחוזק כי הרילי המים הסביב לעיר הם לה לחוזק וכן ואהריב בכף פעמי כל יאורי מצור (לקמן ל"ז): קנה וסוף. מיני דשאים

of the Nile will cause the canals to dry up and the reeds and rushes to die and wither.

the deep canals—Heb. יְאֹרֵי מָצוֹר. *The deep canals, like the ditches of the sieges of cities.*—[*Rashi* according to *Parshandatha*] Printed editions read: *In the ditches of the sieges of cities.* The first version seems more correct. *Rashi* explains מָצוֹר as *a siege,* thus explaining יְאֹרֵי מָצוֹר as *ditches of siege,* i.e. deep ditches dug by the inhabitants of a city under siege to prevent the attackers from

the sorcerers and to the necromancers and to those who divine by the *jidoa* bone. 4. And I will deliver the Egyptians into the hands of a harsh master, and a mighty king shall rule over them; so says the Master, the Lord of Hosts. 5. And water from the sea shall dry up, and the river shall dry up and become arid. 6. And they shall abandon the rivers; the deep canals shall become impoverished and dried up;

and I will thwart its counsel—This is a repetition of the preceding expression.—[*Redak*]

This expression is commonly used as regards wisdom, as in Psalms 107:27: "And all their wisdom shall be thwarted."

Egypt, noted for its wise men, will be devoid of wisdom, and will, in desperation, turn to sorcerers and necromancers.—[*Redak*]

sorcerers—Heb. הָאִטִּים. The translation follows *Jonathan. Ibn Ezra* compares it to (I Kings 21:27): "And he walked secretly (אַט). "They shall resort to clandestine acts of sorcery.

Rashi interprets it *one of the names of the idols.*

In many manuscripts we find: *One of the pejoratives for idols.* Its etymology is unknown.

4. **And I will deliver**—Heb. וְסִכַּרְתִּי, *And I will deliver. Alternatively, it can be interpreted as an expression like (Gen. 8:2): "And the fountains of the deep were stopped up (וַיִּסָּכְרוּ)." I will stop him up and bind him.*—[*Rashi*]

into the hands of a harsh master—Heb. אֲדֹנִים קָשֶׁה. *Any expression of lordship is used in the plural, even for a singular. Comp.* (ibid. 39:20) "*Joseph's master* (אֲדֹנֵי)"; (ibid. 16) *"Until his master (אֲדֹנָיו) came."*—[*Rashi*]

and a mighty king—*The king of Assyria.*—[*Rashi, Ibn Ezra, Redak*]

5. **And water from the sea shall dry up**—*Heb.* וְנִשְּׁתוּ.—*an expression like*: (Lamentations 3:47) *"The desolation (הַשֵּׁאת) and the breach." Since the entire productivity of Egypt is due to the Nile, since no rain falls there, but the Nile rises and waters it through its man-made canals, he, therefore, compares its retribution to the drying up of canals.* Some manuscripts read: *Rivers and canals.*—[*Rashi*]

And water from the sea shall dry up—*And the sea shall not return the Nile to its source, but the Nile will descend into it and will not ascend to water Egypt.*—[*Rashi*]

and the river—*This is the Nile.*—[*Rashi*]

6. **And they shall abandon**—*When the water decreases, the mud is noticeable in it, and it becomes a mire and is abandoned.*—[*Rashi*]

Redak quotes his brother Moshe as rendering: "And *if* they abandon the rivers, the surrounding canals shall become impoverished and dried up, and the reeds and rushes shall be cut off." Since the canals fill up only from the Nile, the drying up

וְהֶחֱרִבוּ יְאֹרֵי מָצוֹר קָנֶה וָסוּף קָמֵלוּ׃
ז עָרוֹת עַל־יְאוֹר עַל־פִּי יְאוֹר וְכֹל מִזְרַע
יְאוֹר יִיבַשׁ נִדַּף וְאֵינֶנּוּ׃ ח וְאָנוּ הַדַּיָּגִים
וְאָבְלוּ כָּל־מַשְׁלִיכֵי בַיְאוֹר חַכָּה וּפֹרְשֵׂי
מִכְמֹרֶת עַל־פְּנֵי־מַיִם אֻמְלָלוּ׃ ט וּבֹשׁוּ

ת"א קנה וסוף. סוטה יב: ואנו הדייגים. (פסחים לו סנהדרין כ):

תרגום

עֲמִיקַיָא קָנֵי וְגוּמָא
לָא יִסְקוּן׃ ז וְיִיבַשׁ
רוּבֵּהּ דְנַהֲרָא וִיהֵי
בְכֵיפֵי וְכָל בֵּית מִזְרַע
נַהֲרֵיהוֹן יִיבַשׁ וְיֶחֱרַב
וְלָא יִצְמַח׃ ח וְיִצְדּוּן
צַיָּדֵי נוּנַיָא וְיִתְאַבְּלוּן
כָּל דַהֲווֹ רָמַן בְּנַהֲרָא
חַכְּתָא וּפָרְסֵי מְצָדָן עַל
אַפֵּי מַיָא יִצְדוּן׃
ט וְיִבְהֲתוּן פָּלְחֵי כִתָּנָא

מהר"י קרא

לפי שכל חוזק שלהם אינם אלא במים המקיפים אותם: קנה וסוף קמלו. לפי שכל הנהרות שלהם נהפכו לרקק יהיו עכשיו קוצצים שם קנה וסוף. ד"א קנה וסוף הגדילים ביאורים ובנהרים ובאגמים מליחלוח המים כשיבש המים יבשו הקנים: קמלו. יכרתו כמו החפיר לבנון קמל: (ז) ערות על יאור על פי יאור. וחפרו כל מצרים סביבות היאור מים לשתות. כי כל מקום שהיה יאור מתפזר קודם לכן שהיה עולה לפרקים ומשקה כל ארץ מצרים. עתה כל בצאתיו וגבאיו יבש ואיננו. ערות. כמו ערו ערו עד היסוד בה. פת' שזה שגור בפי כל וכסבורים שהוא עיקר. ודונש פתרו על העיקר פת' ערות לשון ענפים כמו ראיתי רשע עריץ ומתערה כאזרח רענן. פת' נענף בבדים ובפאירות אף כאן ערות על יאור. פת' כל הענפים הגדילים על יאור על פי יאור וכן כל זריעה שזורעין על שפת היאור יבש נדף ואיננו: (ח) ואנו הדיגים. ואז ינהגו הדייגים אנינות ואבילות וכן עסוקים במלאכת פשתים יבושו הסורקים אותו. תה"ד

רש"י

יאורי מצור. יאורים עמוקים בחרילי מצורי עיירות: קנה וסוף. שהיו גדלים שם מרוב מימיהם: קמלו. כשיבשו היאורים עמדו הקנים מלגדל עוד והם מתיבשים ונופלים תירגם יונתן קמלו לא יסקון ובמקום אחר תירגם החפיר לבנון קמל נתר ואומר אני שהוא ל' קמילה שנקמלים מאליהן מחמת יובשן ונופלין: (ז) ערות על יאור על פי יאור וכל מזרע יאור וגו'. ערות ל' דבר המעורה ונשרש יפה יפה ודומה לו (תהלים ל"ז) רשע עריץ ומתערה כאזרח רענן וכן חברו מנחם במחברתו זרעים הנשרשים על נילוס ואפי' על פי שפתו וכל הנזרעים עליו הכל יבש ונדף: (ח) ואנו. ל' אוני ואבל: הדייגים. הם מצרים שצדין דגים מנילוס שהוא מתפשט ועולה ביאורים רבים העשויין על שפתו על

רד"ק

כמו חרבו פמו דלו מאנוש נעו ופי' מצור מצרים ופי' קמלו נכרתו כמו החפיר לבנון קמל וי"ת יאורי מצור נהריהון עמיקיא: (ז) ערות על יאור. ערות תאר לירקות ולדשאים הלחים וכן ומתערה כאזרח רענן מתלחלח ואמר הירקות שהיו סמוך ליאור וע"פ יאור כלומר על שפת היאור יבש נדף ואיננו: (ח) ואנו הדיגים. הפסוק כפול בענין במ"ש הדיגים הם צדי הדגים והם צדים אותן בשני דרכים כשמשליכים חכה והוא כמין מחט שראשו כפוף ונכנס בפי הדגים ומושכין אותן בה ופורשין ג"כ מכמורת והיא הרשת ונתפשים שם הדגים: ואנו. כמו ואבלו וכן תאניה ואניה: (ט) ובשו עבדי פשתים. פי' עושי. מתרגמין

אבן עזרא

שלא יוכל האויב להכריתם בבוא במדינה במצור: קנה וסוף. צמח על שפת היאור: קמלו. נכרתו וחברו בספר בעלמו: (ז) ערות. יש אומרים כמו מתערה כאזרח וטעמו רטוב והטעם כי כל ערות שהוא על יאור ועל פיו וכל מזרע יאור הכל ייבש ויש אומרים נחשף כל מה שהיה על היאור ועל פיו כי הצמח הוא כמכסה: (ח) ואנו. כמו ואבלו: הדייגים. שם התאר כמו גנבים: חכה. כמו בחכה הועלה שבה ילקחו הדגים ורבים גזרו המלה מחיך והם בדרך רחוקה: מכמורת. רשת: (ט) ובשו. שריקות. יש אומר מגזרת משרק והנכון שהוא ענין השורק וכן שרוקים: חורי. הלבנים

מצודת ציון

הגדלים על שפת הנהר כמו כאשר יגוד הקנה במים (מ"א י"ד) וכמו ותשם בסוף (שמות ב'): קמלו. ענין כריתה כמו החפיר לבנון קמל (לקמן ל"ג): (ז) ערות. ענינו דבר המעורב ונשרש יפה כמו ומתערה כאזרח רענן (תהלים ל"ז): נדף. ענין כתישה כמו אל ידפנו (איוב ל"ג): ואיננו. ואין לו: (ח) ואנו. מלשון אנינות: הדיגים. הצדים את הדגים: ואבלו. מלשון אבלות: חכה. שם כלי הצידה עשויה כמחט כפוף וכן תמשוך לויתן בחכה (שם מ'): מכמורת. רשת כמו ויאספהו במכמרתו (חבקוק א'): אומללו.

מצודת דוד

המים אשר ביאורים העמוקים הנקווים בחרילי מצורי העיירות הורמו ממקומם ונסתלקו ונשאר מקומם יבש: קנה וסוף. הגדלים על שפתי היאורים יכרתו מהסרון המים: (ז) ערות. העשבים הנשרשים ונאחזים על היאור וחוזר ומפרש על פי יאור ר"ל על שפת היאור: וכל מזרע יאור. הזרעים הנזרעים בידי אדם על שפת היאור: יבש. כל אחד יתייבש ויכתש ולא יהיה בעולם: (ח) ואנו הדיגים. הרגילים לצוד את הדגים יתאוננו כי כשיחרב המים לא ימלאו דגים: כל משליכי. כל הרגילים להשליך ביאור כלי לצוד לצוד הדגים יתאבלו והפורשים רשתות ע"פ המים יכרתו וכפל הענין במ"ש: (ע) ובושו וגו'. העושים מלאכתם בפשתים לסרקו במסרק ואורגים רשתות העשויים חורים יהפרו ויבושו כי לא יהיה

face of all the land of Egypt, unlike other rivers.—[*Rashi*]

Since the Nile will dry up, there will be no fish to catch.—[*Abarbanel, Mezudath David*]

fishhooks—*ajjm in O.F.*—[*Rashi*]

reeds and rushes shall be cut off. 7. The well-rooted plants by
the stream, by the brink of the stream, and all that is planted by
the stream shall dry up, be driven away, and be no more.
8. And the fisherman shall lament and mourn, all who cast
fishhooks into the stream; and those who spread nets on the
surface of the water shall be cut off.

entering the city. Such ditches were perforce deep. Thus he reconciles the concept of the siege ditches with *Jonathan's* translation of *deep canals.*—[*Parshandatha*]

Ibn Ezra interprets it as *siege ponds,* dug by the inhabitants of a city to prevent the besiegers from cutting off their water supply.

Redak explains מָצוֹר as another form of מִצְרַיִם, thus rendering: the streams of Egypt.

reeds and rushes—*that grew there because of their abundant water.*—[*Rashi*]

These plants grow on the banks of the Nile.—[*Ibn Ezra*]

shall be cut off—*When the canals dry up, the reeds stop growing, and they dry up and fall. Jonathan renders: Shall not come up. Elsewhere* (infra 33:9) *he renders: "The Lebanon was dried up, cut off* (קָמַל)," *as "fell." I say, however, that it is an expression of cutting off, that they are cut off by themselves because of their dryness, and they fall.*—[*Rashi, Ibn Ezra,* and *Rabbenu Joseph Kara*].

7. **The well-rooted plants by the stream, by the brink of the stream**—Heb. עָרוֹת, *an expression denoting something rooted very well. Comp.* (Psalms 37:35) *"The wicked, terrible in power, striking roots* (מִתְעָרֶה) *like a green tree in its native soil." Menachem, too, equated it in this manner in his lexicon.* [*Menachem,* however, explains both terms as an expression of growing and of freshness.] *Seeds, well-rooted by the Nile, and even on its brink, and all those planted thereby, everything shall dry up and be driven away.*—[*Rashi*]

Ibn Ezra suggests that this is an expression of baring, thus rendering: "There shall be bareness on the stream, on the brink of the stream. I.e. the banks of the Nile shall be stripped of all vegetation.

He and *Redak,* also cite commentators who explain like *Menachem*: Green plants by the stream . . .

8. **And . . . shall lament**—Heb. וְאָנוּ, *an expression of lamentation and mourning.*—[*Rashi, Ibn Ezra, Redak*]

the fishermen—*They are the Egyptians who catch fish from the Nile, which spreads and goes up into many canals made on its banks over the sur-*

דסְרִיקִין וּמְחָן מִנֵהּ
מְצְדָן: י וִיהֵי אֲתַר בֵּית
שְׁתֵי מְחָא כְבִישִׁין אֲתַר
דַהֲווֹ עָבְדִין סִכְרָא
וְכָנְשִׁין מַיָא גְבַר
לְנַפְשֵׁהּ: יא בְּרַם
אִטְפָּשׁוּ רַבְרְבֵי טָאנִס
חַכִּימַיָא דְמַלְכוּהִי
לְפַרְעֹה מְלַךְ דְטָעוּ
אֵיכְדֵין תֵּימְרוּן לְפַרְעֹה

עֹבְדֵי פִּשְׁתִּים שְׂרִיקוֹת וְאֹרְגִים חוֹרָי:
י וְהָיוּ שָׁתֹתֶיהָ מְדֻכָּאִים כָּל־עֹשֵׂי שֶׂכֶר
אַגְמֵי־נָפֶשׁ: יא אַךְ־אֱוִלִים שָׂרֵי צֹעַן
חַכְמֵי יֹעֲצֵי פַרְעֹה עֵצָה נִבְעָרָה אֵיךְ
תֹּאמְרוּ אֶל־פַּרְעֹה בֶּן־חֲכָמִים אֲנִי בֶּן־

רש"י

פני ארץ מצרים כולה מה שאין כן בכל הנהרות: חכה. (אמ"ו בלע"ז): (ט) עובדי פשתים. זורעי פשתים על הנהר: שריקות. פשתים שסורקין אותן ואורגין מהם מצודות דגים שהן עשויות חורין חורין: חורי. כמו בהמות שדי (שם ח') וקרע לו חלוני (ירמיה כ"ב): (י) והיו שתותיה מדוכאים כל עושי שכר. (אישלקוש"א בלע"ז) כמו (בראשית ח') ויסכרו מעיינות תהום שסוכרים שמים היוצאין חוץ לשפת הנהר ומתפשטים ונעשים אגם מים הנקוים ועומדין במקומן ורבים שם דגים ואמר הנביא שיהו יסודות חפירותיהן מדוכאים ויפלו אגמי השכר שעשו: אגמי נפש. לשון שבת וינפש (שמות ל"ב) שמי האגמים נוחים ועומדים במקום אחד ויונתן תירגם דהוי עבדין סיכרא וכנשין מיא גבר לנפשיה: (יא) איך תאמרו. מעתה לפרעה כל איש מכס על עצמו בן חכמים אני ומאחר

מהר"י קרא

ובושו עבדי פשתים שריקות שפשתן אינו גדל אלא על המים: (ט) וארגים חורי. אורגי בגד חירות. הם בגדים מעולים כמו חור כרפס ותכלת: ד"א ואורגים חורי. תרג' ומחן מיניה מצדן. הם הרשתות העשויים חורים חורים ועשויות מחוטי פשתן: (י) והיו שתותיה מדוכאים. כל יסודי נהרות יהיו מדוכאים ומנוקים ממים ויעשו מסילה לבני אדם: כל עשי שכר אגמי נפש. פותרים אותו כל המקואות שהיו סבורין אותן לאסוף בהם הדגים בני אדם שהיו נוהגים בכך. כשיבשו נהרות יהא להם אגמת נפש. אבל דונש פירשו על אפניו כל עושה [שכר] באגמי נפש לצוד בהם נפש הם הדגים שהם בעלי חיים. ותירג' יונתן אגמי נפש. גבר לנפשיה כל עושי שכר לצוד בהם נפש כל אחד ואחד לעצמו: (יא) אך אוילים. מעתה איך תאמרו אל פרעה כל אחד ואחד מכם: בן חכמים [אני]. איש חכמים אני וראוי אני להיות מרואי פני המלך וליתן עצה למלכות. בן חכמים כמו בן בליעל. איש בליעל. וכן בן חכם

אבן עזרא

והוא שם התאר או היו"ד סימן הרבים והיה ראוי להיותו חורים וכמוהו חורי יהודה: (י) והיו שתותיה. כמו כי השתות יהרסון השתות שיבנו לקחת הדגים: כל עושי שכר. כמו ויסכרו מעינות תהום ואם הוא בשי"ן וכמוהו בשורי מהם: אגמי נפש. האגמים שם נפשות הדגים: (יא) אך. חכמי יועצי. הדקדוק כן הוא חכמי פרעה יועצי פרעה והוא דרך קצרה וכמוהו נהרי נחלי דבש: נבערה. מגזרת ואני בער: בן חכמים אני. כמו בן

רד"ק

מעשה עובדא וכן יכיר מעבדיהם כמו מעשיהם ואמר כי יבושו עובדי פשתן: שריקות. כלומר שמסרקין הפשתן במסרק והטוב והיפה שבו עושים ממנו הרשתות. וזהו שאמר ואורגים חורי כי הרשתות הן עשויות נקבים נקבים: חורי. כמו חורים וכן וחשופי שת כמו חשופים וקרע לו חלוני כמו חלונים ואחר שיבש הנהר יבשו עושי הרשתות לצוד הדגים ויש מפרשים שריקות הטוב שבפשתן וכן נקרא בערבי שרק וכן מפרשים חורי לבנים: (י) והיה שתותיה. כמו רשתותיה וכן כי השתות יהרסון וכן בדברי רבותי' ההוא שותא דהוו מנצו עלה בי תרי. פי' רשת: מדוכאים. נשברים כאלו הם נכרתים שלא יצודו בהם כי אין נהר ואין יאור: כל עושי שכר. וכן כל עשי שכר היו: אגמי נפש. והוא כמו עגמי מן עגמה נפשי ושכר כמו ויסכרו מעינות ר"ל שסוגרים בפני המים כדי שיקוו המים ויצודו בהם דגים כמו שאמרו בתלמוד הסוכר אמת המים מערב י"ט ולמחר השכים ומצא בה דגים אמר אותם שהיו עושים שכר עתה יהיו מדוכאים ואגמי נפש וי"מ אגמי נפש האגמים שיש בהם דגים וקרא הדגים נפש וי"ת ויהא אתר בית שתי מחא כבישין אתר דהוו עבדין סכרא וכנשין מיא גבר לנפשיה: (יא) אך אוילים. חכמי יועצי פרעה. בא סמוך על סמוך כמו נהרי נחלי דבש וחמאה את מספר מפקד העם: אל פרעה. בעבור פרעה איך תאמרו בעבור פרעה שהוא אומר בן חכמים אני בן מלכי קדם ואיה חכמתו ומלכותו ואיה חכמתכם גם כן שלא תוכלו לתת לו עצה להנצל מרעתו וי"מ שכל אחד מחכמיו היה אומר

מצודת דוד

עוד לורך במלאכתם: (י) והיו שתותיה מדוכאים. דרך ליידי דגים לסתום בפני המים המתפשטים ויוצאים משפת הנהר שלא ישובו למקומם והמים המתפשטים נעשים אגמים נחים ועומדים במקומם ובהם לדים הדגים ולזה אמר כשתחרב היאור ידוכאו יסודי הסתימות של כל העושים סתימה להיות אגמי נפש כי הואיל ואין מים אין עוד לורך בהסתימות ההם: (יא) אך אוילים. החכמה הלכה משרי לוען ונשארו אך אוילים: חכמי יועצי פרעה. החכמים אשר ביועצי פרעה ייעצו עלה נבערה וכסילות כי לא הועילו בעלתם להציל עצמם: איך תאמרו. כל אחד מהם היה משתבח עצמו לפני פרעה

מצודת ציון

נכרתו כמו ימולל ויבש (תהלים צ'): (ט) עובדי פשתים. עושי פשתים וכן יכיר מעבדיהם (איוב ל"ד): שריקות. מלשון מסרק והוא שם כלי עשוי לסרוק הפשתן להפרידו ולהשליך הקסמין ממנו: חורי. נקבים וכן סלי חורי (בראשית מ'): (י) שתותיה. ענין יסודות כמו כי השתות יהרסון (תהלים י"א): מדוכאים. ענין כתיתה כמו דכא לארץ חיתו (שם קמ"ג): שכר. ענין סתימה כמו ויסכרו מעיינות תהום (בראשית ח'): אגמי. כן יקראו מים מכונסים כמו לאגם מים (תהלים ק"ז): נפש. ענין מנוחה והשקט כמו שבת וינפש (שמות ל"ב): (יא) נבערה. ענין כסילות כמו איש

water, each one for himself.—[*Rashi*]

Jonathan, obviously, explains אַגְמֵי נֶפֶשׁ as ponds for oneself.

Alternatively, it is rendered as *pools for livestock*, נֶפֶשׁ meaning *living creatures.*—[*Ibn Ezra*]

Others explain this as: Those who make sluices shall be grieved in soul.—[*Redak*] This is the usually accepted translation.

11. **the wise advisors of Pharaoh**—Lit. the wisest of the advisors of

9. And those who work at flax to be combed and those who weave nets shall be ashamed. 10. And its foundations shall be crushed, all who make dams for still ponds. 11. Indeed, the princes of Zoan are fools, the wise advisors of Pharaoh have foolish counsel; how do you say to Pharaoh, "I am a son of the wise, a son of the kings of old."

9. **Those who work at flax**—*Who sow flax by the river.*—[*Rashi*]

Others render: Those who make linen.—[*Redak, Mezudath Zion*]

to be combed—*Flax that they comb and from which they weave fishnets, which are made with many holes.*—[*Rashi*]

nets—lit. Holes. Since the suffix is irregular, ordinarily חוֹרִים, *Rashi* enumerates similar instances, e.g. (Psalms 8:5) "*The beasts of the field* (שָׂדָי)" (Jer. 22:14) "*And he will cut out for himself windows* (חַלּוֹנָי)."—[*Rashi*]

Others explain: Makers of linen, those who comb it and weave nets. They comb it to sort out the best and strongest linen to make fishnets. According to both interpretations, חוֹרָי is derived from חוֹר, meaning *a hole,* since the nets are composed of holes. Others explain it as fine, white linen, deriving חוֹרָי from חָוַר, *white.*—[*Redak*]

Since there will be no fish, the flax workers will be embarrassed, because their craft will no longer be needed.—[*Abarbanel, Mezudath David*] Others render: Those who work at red flax, deriving the word from שׂוֹרֵק, a vine branch, i.e. flax that has the color of the vine branch.—[*Ibn Ezra*]

He renders אוֹרְגִים חוֹרָי: *Those who weave fine linen,* deriving this from חוֹר, *a noble,* who wears garments of this expensive fabric.

10. **And its foundations shall be crushed**—I.e. the foundations of the dams made to catch the fish in the dammed up area.—[*Mezudath David*]

Others explain *foundations* as symbolizing the leaders.—[*Abarbanel*] He prefers, however, to translate it as *drinking-places,* watering places for the cattle, deriving the word from שתה, *to drink.*

Redak explains שָׁתֹתֶיהָ as *its nets,* short for רְשָׁתֹתֶיהָ.

And its foundations shall be crushed, all who make dams—*Eklusa in O.F., a sluice. Comp.* (Gen. 8:2) "*And the fountains of the deep were stopped up* (וַיִּסָּכְרוּ)," *for they would stop up the water that went out of the banks of the river and spread out, forming a pond of still water, standing in its place, where fish would spawn. The prophet says that the foundations of their diggings shall be crushed, and the dammed up pools that they made.*—[*Rashi*]

still ponds—*An expression like*: (Ex. 31:17) *He rested and was refreshed* (וַיִּנָּפַשׁ), *for the water of the ponds rests and stands in one place. Jonathan, however, renders: Who would make the dams and gather the*

מַלְכֵי־קֶדֶם: יב אַיָּם אֵפוֹא חֲכָמֶיךָ וְיַגִּידוּ
נָא לָךְ וְיֵדְעוּ מַה־יָּעַץ יְהוָֹה צְבָאוֹת עַל־
מִצְרָיִם: יג נוֹאֲלוּ שָׂרֵי צֹעַן נִשְּׁאוּ שָׂרֵי
נֹף הִתְעוּ אֶת־מִצְרַיִם פִּנַּת שְׁבָטֶיהָ:
יד יְהוָֹה מָסַךְ בְּקִרְבָּהּ רוּחַ עִוְעִים וְהִתְעוּ
אֶת־מִצְרַיִם בְּכָל־מַעֲשֵׂהוּ כְּהִתָּעוֹת
שִׁכּוֹר בְּקִיאוֹ: טו וְלֹא־יִהְיֶה לְמִצְרַיִם

בְּנֵי חַכִּימִין אֲנַחְנָא וְאַתְּ
בַּר מַלְכִין דְּמַלְקַדְמִין:
יב אָן אִינּוּן חַכִּימַךְ
וִיחַווּן כְּעַן לָךְ וְיִדְעוּן
מָה מְלַךְ יְיָ צְבָאוֹת עַל
מִצְרָיִם: יג אִטַּפְּשׁוּ
רַבְרְבֵי טָאנִס טְעוֹ אֱנָשׁ
מְפִיס אַטְעִיוּ יַת מִצְרָאֵי
רַבְּנֵי פַּלְכָּהָא: יד יְיָ
רְמָא בֵינֵיהוֹן רוּחַ דִּטְעוּ
וְאַטְעִיאוּ יַת מִצְרַיִם
בְּכָל עוֹבָדֵיהוֹן כְּמָא
דְּטָעֵי רַוְיָא וּמְדַשְׁדֵּשׁ
בְּתִיוּבֵהּ: טו וְלָא יְהֵי

ת"א נואלו שרי צוען. ברכות סג תענית ז מכות י:

סהר"י קרא

ישמח אב. איש חכם. (בן מלכי צדק): (יב) [אים]. אית הם איפוא חכמיך ויגידו נא לך: (יג) נשאו. לשון נתעו. כמו הנחש השיאני: (יד) כהתעות שכור. אילך ואילך כשיין נופל

רש"י

שיכשל בעצתכם איך תתהללו לפניו לאמר בני חכמים אנחנו אתה בן מלכי קדם: (יג) **נואלו.** ל' אוילי': **נשאו.** נתעו כמו הנחש השיאני (בראשית ג'): (יד) **מסך בקרבה.** משקה מזג להם בתוכה שטיוה את רוחם ל' מסכה ייגה (משלי ט"ז) עירוב משקה בחבית עד שמעמידו בטעמו קרוי

רד"ק

בן חכמים אני כלומר אני חכם ובן חכם ויודע לתת עצה טובה לכל דבר ואיך נואלתם בפעם הזאת ועל דרך הזה ת"י איכדין תימרון לפרעה בני חכימין אנחנא ואת בר מלכין דמלקדמין: (יב) איה איפה חכמיך. כפל הענין במ"ש אמר בכל חכמתכם לא יוכל להגיד מה יעץ ה' צבאות על מצרים הפורענות שעתידה לבא עליהם ואמר יעץ כאלו יעץ האויב לבא עליהם: (יג) נואלו. נשאו. מבנין נפעל מענין השא השאת כאלו הטעו אותם ואבדה חכמתם: התעו את מצרים. הם השרים והחכמים התעו את מצרים שהיא פנת שבטיה כלומר ראש הממלכה והם התעו אותה שהיו מבטיחים אותה בחכמתם שלא יוכל לבא לה רעה שלא ידעו הם בחכמתם והנה זאת הרעה לא ידעו אותה: (יד) ה' מסך בקרבה. כלומר מאת האל יתברך בא להם זה שבלבל עצתם והשחית חכמתם: מסך. ענין ערוב ובלבול כמו ביין מסכתי שהוא ענין ערוב המים ביין: עועים. שרשו עוה והוא כפל הפ"א מענין ונעוה לב: והתעו. פי' השרים והגדולים פי' השרים שזכר כלומר השרים הגדולים שדרכם ליעץ אותה הם התעו אותה שהאל בלבל עצתם וכנה מצרים בל' נקבה שאמר פנת שבטיה ובל' זכר באמרו אל כל מעשהו כן מנהג הלשון במקומות רבים כי כשידבר בל' נקבה ידבר כנגד הכנסה. וכשידבר בל' זכר ידבר כנגד העם: כהתעות שכור בקיאו. ת"י כמא דטעי רויא ומדשדש בתיוביה פי' כמו שהשכור נתעה ולא ידע מה יעשה ויקיא ויתגלגל אחר כן בקיאו: (טו) ולא

אבן עזרא

חורים כל אחד יהלל עצמו כי אבי חכם היה גם היו אבותי מלכים בימים הקדמונים: (יב) **אים.** אם הוא בן חכם היה גם מלך שידע דברי העולם למה לא ידעו מה יעץ השם עליהם: (יג) **נואלו.** כמו אשר נואלנו כטעם אולת: **נשאו.** מגזרת הנחש השיאני מבנין נפעל: **פנת שבטיה.** הם הגדולים כמו פנות כל העם וטעם שבטיה המשפחות: (יד) **ה' מסך.** גם נסך שניהם שרשים והטעם אחד כמו ערב: **עועים.** מלה זרה והוא מגזרת עוה: (טו) **ולא.** אפילו למה שיש לו ראש וזנב לא יהי לו ויש אומרים שהוא

מצודת ציון

בטר לא ידע (תהלים ל"ב): מלכי קדם. מלכי מזרח: (יג) **נואלו.** ענין אוילות ושטות כמו אשר נואלנו (במדבר י"ב): **נשאו.** ענין הסתה כמו הנחש השיאני (בראשית ג'): התעו. מי ששוגה בדעתו קרוי תועה והושאל מהתועה בדרך: פנת. דבר החשוב נקרא בלשון שאלה פנה על כי הדרך לשום האבן המובחרת בפנת הבנין להיות נראה משתי הצדדים וכמ"ש אבן וכו' היתה לראש פנה (תהלים קי"ח): שבטיה. מלשון שבט ומשפחה: (יד) מסך. ענין ערבוב ובלבול כמו מסכה יינה (משלי ט') שהוא ערבוב המים ביין: עועים. מל'

מצודת דוד

ואמר אני בן חכמים והחכמה מוחזקת בידי מאבותי: בן מלכי קדם. אבותי היו מלכי קדם אשר שם נמצא הכשוף וידיעת שמות הטומאה: (יב) אים איפוא. כאלו לפרעה יאמר איה הם ואיפה הם חכמיך ויגידו לך עתה במה תנצל: וידעו. יתחכמו לדעת מה יעץ ה' וגו' להיות נשמר מהעצה היעוצה: (יג) נואלו שרי צוען. נעשו אוילים ושרי נוף נפתו בהסתת החכמים והיועצים בעצתם הנבערה: התעו. השרים התעו את העם היושב במצרים אשר היא ראש הממלכה כי השרים הבטיחו את העם בדברי היועצים לאמר שהם יהיו המנצחים במלחמה: (יד) ה' מסך. המקום ערבב ובלבל בהם רוח עוות ועקום ר"ל בלבל דעתם בענין טכסיסי המלחמה: והתעו. היועצים והשרים התעו את מצרים בכל הדברים כמו השכור אשר יהיה נתעה בעת יקיא מאכלו ובעבור רוב השכרות אשר לא ידע אז מה לעשות: (טו) ולא יהיה. לא יהיה לו שום תועלת בכל

a beverage in a cask until he blends it to its proper flavor is called מֶסֶךְ.—[*Rashi*]

and they have misled Egypt—The aforementioned princes and advisers have been stricken with confusion and have therefore misled Egypt.—[*Redak*]

perverseness—Heb. עִוְעִים, *the name of a malady of confusion.*—[*Rashi*]

as a drunkard strays in its vomit—They will be as confused as drunkards, even as confused as drunkards who wander about, straying in their vomit.—[*Abarbanel*]

12. Where then are your wise men who will tell you now, and who will know what the Lord of Hosts planned concerning Egypt? 13. The princes of Zoan have become foolish; the princes of Noph have been misled; they have misled Egypt, the cornerstone of its tribes. 14. The Lord has poured into its midst a spirit of perverseness, and they have misled Egypt in all its deeds as a drunkard strays in his vomit. 15. And Egypt shall not have

Pharaoh.—[*Redak*] Or: the wise men of Pharaoh, the advisors of Pharaoh.—[*Ibn Ezra*]

How will you say—*from now on to Pharaoh, each one of you about himself, "I am a son of the wise"? Since he will fail because of your counsel, how will you boast before him to say, "We are sons of the wise, O you who are a son of the kings of old."*—[*Rashi*]

Others explain: How will you say in the name of Pharaoh, "I am the son of wise men, a son of kings of old"? Where is his wisdom and his sovereignty and where is your wisdom as well, since you were unable to advise him how to extricate himself from his predicament?—[*Redak*]

Ibn Ezra explains that the counselors are depicted as making the entire statement. Each one boasts that he is the son of wise men, the son of ancient kings.

Alternatively, each one of Pharaoh's advisers boasted to be a descendant of the wise men, of the kings of the East, noted for their erudition in the occult.—[*Mezudath Zion* and *Mezudath David*]

12. **Where then are your wise men**—If they are indeed sons of the wise and sons of kings, why do they not advise you what God has planned against Egypt?—[*Ibn Ezra*]

13. **Zoan**—As in verse 11, Zoan represents Egypt. This city is identified as Tanis.—[*Jonathan*] This was the capital of the Hyksos kings. [Biberfeld, *Universal Jewish History*, vol. 1, p. 30]

have become foolish—Heb. נוֹאֲלוּ, *an expression related to* אֱוִילִים, *fools.*—[*Rashi*]

Noph—Identified as Memphis.—[*Jonathan*] This was a city in lower Egypt. —[Biberfeld, *Universal Jewish History*, vol. 1, p. 175]

have been misled—Heb. נִשְּׁאוּ, *have been misled. Comp.* (Gen. 3:13) *"The snake misled me* (הִשִּׁיאַנִי) *and I ate."*—[*Rashi, Ibn Ezra*]

they have misled Egypt—I.e. the princes and the wise men have misled Egypt.—[*Redak*]

the cornerstone of its tribes—The capital of Egypt, which was the cornerstone of all its tribes. They misled the rulers of Egypt by assuring them that no harm would befall their country.—[*Redak, Mezudath David*]

14. **The Lord has poured into its midst**—*He mixed a drink for them in its midst, which perverted their spirit, an expression similar to* (Prov. 9:2) *"She mixed* (מָסְכָה) *her wine." Mixing*

מַעֲשֶׂה אֲשֶׁר יַעֲשֶׂה רֹאשׁ וְזָנָב כִּפָּה
וְאַגְמוֹן: טז בַּיּוֹם הַהוּא יִהְיֶה מִצְרַיִם
כַּנָּשִׁים וְחָרַד ׀ וּפָחַד מִפְּנֵי תְּנוּפַת יַד־
יְהוָה צְבָאוֹת אֲשֶׁר־הוּא מֵנִיף עָלָיו:
יז וְהָיְתָה אַדְמַת יְהוּדָה לְמִצְרַיִם לְחָגָּא
כֹּל אֲשֶׁר יַזְכִּיר אֹתָהּ אֵלָיו יִפְחָד מִפְּנֵי
עֲצַת יְהוָה צְבָאוֹת אֲשֶׁר־הוּא יוֹעֵץ

לְמִצְרַיִם מַלְכָּא דְמַלֵּךְ
בִּישׁ וְהֶגְמוֹן שִׁלְטוֹן
וְאִטְרוֹן: טז בְּעִדָּנָא
הַהִיא יְהוֹן מִצְרָאֵי
חַלָּשִׁין כִּנְשִׁין וִיזוּעוּן
וְיִתַּבְרוּן מִן קֳדָם אֲרָמוּת
גְבוּרְתָא דַיְיָ צְבָאוֹת
דְהוּא מָרִים עֲלֵיהוֹן:
יז וּתְהֵי אַרְעָא דְבֵית
יְהוּדָה לְמִצְרַיִם לְדַחֲלָא
כֹּל דְיִדְכַּר יְתַהּ לֵיהּ
יְזוּעַ מִן קֳדָם מַלְכָּא
דַיְיָ צְבָאוֹת דְהוּא מְלִיךְ
עֲלֵיהוֹן

רש"י

מסך: עועים. שם חולי של טירוף הדעת: (טו) אשר יעשה ראש וזנב כפה ואגמון. הם החרטומי' והאיצטגניני' ההוזים בכוכבים שיש ברקיע מזלות וכוכבים המכונים כן ועשויין דוגמת ראש וזנב והם נתוני' בטל' ויש לפרש כתרגומו ראש והגמון שלטון ואיטרון: (יז) והיתה אדמת יהודה למצרים לחגא. כשישמעו הנותרים במצרים משבי' סנחריב את מפלתו שיפול בארץ יהודה בלא שום מלחמות זרוע בשר ידעו כי יש שכינה בישראל ומושיעם חזק וירא' ויפחדו מפני אדמת יהודה: חגא. ל' שבר ואימה ופחד ל' יחוגו וינועו כשכור (תלים ק"ז) וכן חגוי הסלע (ש"ש ב'): מפני עצת ה' צבאות אשר הוא יועץ עליו. להפילו ביד סנחריב ויהודה ימלט מידו:

מהר"י קרא

לו על לבו ומקיאו: (טו) כפה ואגמון. כבר מפורש: (יז) והיתה אדמת יהודה למצרים לחגא. לשבר: כל אשר יזכיר אותה אליו. לומר נעלה ביהודה ונקיצנה ונבקיענה אלינו: יפחד. שלא יארע לו כמו שאירע לסנחריב כשהוליך חיל מצרים זקוקים בשלשאות

אבן עזרא

דרך משל כי הוא תועה ולא ידע מה יעשה והנה לא יעשה מעשה ראש שהוא זקן ונשוא פנים: זנב. הוא אחר ההמון זככה כפה ואגמון: (טז) ביום. אחר שישמע בתחלה אלה הגזירות שגזר השם עליו ואז יפחד מהשם: (יז) והיתה. לחגא. כמו יחוגו וינועו כשכור ומגזרת ובמחוגה יתארהו ושעם אדמת יהודה בעבור השכינה השוכנת פה:

רד"ק

יהיה. למעשה אשר יעשה פירש לא ישאר למצרים שום מעשה שיעשה ולא יועילנו: ראש וזנב. כלומר כל חכמת חכמיו וחרטומיו הכל ינסה להנצל מרעתו ולא יועילנו: ראש וזנב כפה ואגמון. הן משל על חכמי מצרים החכמים והגדולים הם ראש והפחותים זנב וכן כפה ואגמון כי כפה הם החזקים בחכמה ואגמון הם החלושים והוא כפל הענין במ"ש ר"ל לכם יעשו חכמתם ולא תועילם וי"ת מעשה כמו עצה אמר מלכא דימלוך ריש ואגמון שלטון ואמרון וי"מ ראש וזנב ראש התלי וזנבו המתעסקים בחכמת הכוכבים ולא ידעו הרעה תבאה עליהם: (טז) ביום ההוא. אמר ביום ההוא לפי שבזמן אחד היה שהחריב מלך אשור מצרים וכוש ואחר כן בא לירושלם ונגף שם לפיכך אמר ביום ההוא כי בזמן אחד היה זה הכל: כנשים. חלשים כנשים: מפני תנופת יד ה' צבאות. כלומר מאת ה' צבאות באה להם זאת הרעה לפיכך לא יהיה להם כח להלחם כנגד אויביהם ויהיו כנשים: (יז) והיתה. כשישמעו מצרים הנותרים בארצם מפלת סנחריב בירושלים תהיה להם אדמת יהודה לפחד ורגזו וחלו כמנה: לחגא. פי' תנועות הפחד ורעדה וכן יחוגו וינועו כשכור: מפני עצת ה' צבאות. מפני שראו תחלת מפלתן ביד מלך אשור ואחר כך מפלת מלך אשור בארץ יהודה ידעו כי עצת ה' צבאות היתה מפלתם כמו שהיתה מפלת אשור ביד ה' שהרי היו כלם פגרים מתים בלא חרב ידעו כי

מצודת דוד

מעשה אשר יעשה הן הראש הן הזנב ר"ל לא ילליחו לא במעשה הראשים ולא במעשה הפחותים: כפה ואגמון. ר"ל לא במעשה החזק ולא במעשה חלש וכפל הענין במ"ש: (טז) כנשים. תשושי כח ורכי לבב כנשים: מניף עליו. להכותו בו: (יז) אדמת יהודה. ר"ל השכינה השורה באדמת יהודה תהיה למצרים לשבר רוח ופחד לבב: כל אשר. ר"ל כל זמן אשר המזכיר יזכיר אותה אליו יפחד: מפני עצת. כי בעת שכבש סנחריב את מצרים חשב שבמקרה בא אבל כשיראה שנפל סנחריב סביב ירושלים ע"י המלאך שמכה בהם יוכל לדעת שהיתה בעלת ה' אשר יען עליו להפילו ביד סנחריב:

מצודת ציון

עוות ועקמימות: בקיאו. ענינו החזרת המאכל אל החוץ כמו וספק מואב בקיאו (ירמיה מ"ח): (טו) וזנב. תחתיות הדבר קרוי זנב ויורה על השפלות: כפה. ענינו ענף כמו כפות תמרים (ויקרא כ"ג): ואגמון. הוא למח רך והוא הסוף מן גומא וכן הלכוף כאגמון ראשו (לקמן נ"ח): (טז) וחרד. ענין רעדה: תנופת. ענין הרמה: (יז) לחגא. ענין בקוע ושבר כמו יונתי בחגוי הסלע

They reeled to and fro and staggered like a drunkard.—[*Ibn Ezra and Redak*]

because of the plan of the Lord of Hosts which he planned against him—*to cause him to fall into the hands of Sennacherib, and Judah will escape from his hand.*—[*Rashi*]

frightened (יָחוֹגּוּ) *and wander like a drunkard,*" *similarly,* "(Song 2:14) *In the cracks of* (בְּחַגְוֵי) *the rock,*". —[*Rashi*]

Others explain it as a *shudder*, the word חָגָּא denoting the motion of the frightened person, explaining *Rashi's* quotation from Psalms, as:

any deed that either the head or the tail, the branch or the rush
shall do. 16. On that day, Egypt shall be like women, and it
shall quake and dread the raising of the hand of the Lord of
Hosts, which He shall raise over it. 17. And the land of Judah
shall be to Egypt for a dread; anyone who mentions it to him,
he will dread, because of the plan of the Lord of Hosts, which
He is planting against him.

15. **that either the head or the tail, the branch or the reed shall do**—*These are the sorcerers and the astrologers who see in the stars that in the sky are heavenly bodies called by these names, formed in the pattern of a head and a tail, and they are placed in Aries.* [Other editions read: *In Draco.* See above on 9:13; *The Bahir,* Aryeh Kaplan, pp. 195f.] *Alternatively, it can be interpreted like the Targum: a head and a lower dignitary, a prince and a governor.*—[*Rashi*]

Thus, the prophet predicts that neither the astrologers nor the dignitaries will be able to avail Egypt against the conquering armies of Assyria. *Jonathan* renders *reed* as counsel, thus rendering: Egypt shall have no counsel which a head or a lower dignitary . . . will advise.

Redak explains these expressions as denoting the various levels of wisdom possessed by the wise men of Egypt. The *head* and the *branch* denote the superior wise men, whereas the *tail* and the *reed* denote the wise men of lower caliber. None of them will have advice for Egypt to save it from its impending catastrophe.

16. **On that day**—On that very day that Sennacherib destroyed Cush, he marched on Egypt and destroyed it. Then he marched on Jerusalem, where he met his downfall. The prophet, therefore, states, "On that day," since the incidents took place in rapid succession.—[*Redak*]

Ibn Ezra interprets it as referring to the day Egypt learns of God's decree against it, when it will be filled with terror.

like women—as weak as women.—[*Redak*]

the raising of the hand of the Lord of Hosts—Since this defeat will come upon them from the Almighty Himself, they will be helpless to defend themselves against it and they will become as weak as women, unable to fight.—[*Redak*]

17. **And the land of Judah shall be to Egypt for a dread**—*When those remaining in Egypt from the captivity of Sennacherib hear of his downfall, that he will fall in the land of Judah without any physical warfare, they will know that the Divine Presence is manifest in Israel and that their Savior is mighty, and they will fear and be frightened of the land of Judah.*—[*Rashi, Redak, Ibn Ezra*]

a dread—Heb. לְחָגָּא, *an expression of a breach and fear and fright, similar to* "(Psalms 107:27) *They were*

עליו: יח ביום ההוא יהיו חמש ערים
בארץ מצרים מדברות שפת כנען
ונשבעות ליהוה צבאות עיר ההרס
יאמר לאחת: יט ביום ההוא יהיה
מזבח ליהוה בתוך ארץ מצרים
ומצבה אצל־גבולה ליהוה: כ והיה
לאות

עליהון: יח בעדנא
ההיא יהוין חמש קרוין
בארעא דמצרים
ממללן ממלל כנענאה
וקימן בשמא דיי
צבאות קרתא בית
שמש דעתידא למחרב
יתאמר היא חדא
מנהון: יט בעדנא ההיא
יהי מדבחא מתקן
קדם יי בגו ארעא
דמצרים וקמתא בסטר
תחומה קדם יי: כ ויהי

ת"א חמש ערים. מנחות קט: מזבח לה׳ (יומא מג):

מהר"י קרא

לפני ירושלם: (יח) ביום ההוא [וגו׳] מדברות שפת כנען. לשון הקודש. תהא לאחר מפלתו של סנחריב. יצא חזקיה ומצא בני מלכים יושבות בקרונות של זהב הדיר׳ שלא לעבוד ע"ז. והוא שאמר ונשבעות לה׳ צבאות. והלכו לאלכסנדריא של מצרים ובנו מזבח והעלו [קרבן] לשם שמים. שנאמר ביום ההוא יהיה מזבח לה׳ בתוך ארץ מצרים. מאי עיר ההרס. כמתרגם רב יוסף קרתא בית שמש דעתידא למיחרב יתאמר לחדא מנהון. מאי משמע דהאי חרס לישנא דשמש הוא כמה דאמר האומר לחרס ולא יזרח. ושנינו בסדר עולם ביום ההוא יהיו חמש ערים וגו׳ זה היה אחר מפלתו של סנחריב שבאו עמו בקולרון. וש"ה כה אמר ה׳ יגיע מצרים זה פרעה מלך מצרים. וסחר כוש. זה תרהקה מלך כוש. וסבאים אנשי מידה. אלו חיילות שלהם. עליך יעבורו. זו ירושלם. ולך. (יהודה מושלים יהיו [יהיו מושלמים לך] *). אחריך ילכו. זה חזקיה. בזקים יעבורו. זה ברביריא ומנקיא. [אליך ישתחוו]. שהם מתנים שבחו של מקום. ואומ׳ אך בך אל ואין [עוד] אפס אלהים. כשפטרן חזקיה קיבלו עליהם מלכות שמים והלכו למקומם ובנו מזבח ומקריבין קרבן ומקטירין עליו לשמים. שנאמר ביום ההוא יהיה מזבח לה׳ בתוך ארץ מצרים: עיר ההרס יאמר לאחת. קרית בית שמש יכנו לאחת מהן: (כ) והיה לאות ולעד לה׳

*) כן הוא בילקוט רמז רל"ו

רש"י

(יח) ביום ההוא יהיה חמש ערים וגו׳. שנינו בסדר עולם אחר מפלתו של סנחריב עמד חזקיהו ופטר את האוכלוסין שהביא עמו ממצרים ומכוש בקולרין לפני ירושלים וקבלו עליהם מלכות שמים וחזרו למקומן שנא׳ ביום ההוא יהיו חמש ערים וגו׳ הלכו ובנו מזבח לה׳ בארץ מצרים ומקריבין עליו קרבן לשמים לקיים מה שנא׳ ביום ההוא יהיה מזבח לה׳ בארץ מצרים ויש מרבותינו שדרשוהו במסכת מנחות על מזבח בית חוניו בנו של שמעון הצדיק שברח לו למצרים ועשה שם מזבח: מדברות שפת כנען. כישראל שבארץ כנען: עיר ההרס יאמר לאחת. (ת"י קרתא דבית שמש דעתיד׳ למיחרב יתאמר דהיא חדא מנהון) ההרס ת"י לשני פנים ל׳ האומר לחרס ולא יזרח (איוב ט׳) ולשון הריסה וחורבן ומהיכן למדה יונתן מנבואתו של ירמיה שנבאת בהתפנחס ושבר את מצבות בית השמש אשר בארץ מצרים (ירמיה מ"ג) למדנו שבית שמש שבארץ מצרים עתיד׳ ליחרב ומצבות האמורות שם היא ומצבה אצל גבולה לה׳ החמורה כאן ויש לומר שהיתה בית שמש יושבת בגבול מצרים על הספר לכך נאמר אצל גבולה: (כ) והיה. המזבח

אבן עזרא

(יח) ביום. שפת כנען. מזה נלמוד כי הכנענים בלשון הקדש היו מדברים: עיר ההרס. שם עיר והתמה מהמחליף ה"א בחי"ת: (יט) ביום. דרך הדרש ידוע כי המזבח רמז להריגת מצרים ועל דרך הפשט שהוא כן והעד ועבדו זבח ומנחה: (כ) והיה. מי שהוא בצער יבא לזבוח שם: ורב.

רד"ק

הכל מאת ה׳ הוא: (יח) ביום ההוא. כשיראו מפלת אשור שבי מצרים וכוש שהיו שם במחנה אשור בשלשלאות של ברזל כמו שאומר יגיע מצרים וסחר כוש וגו׳ ואומר בזיקים יעברו וגו׳ ויאמרו אך בך אל וגו׳ יכירו וידעו כי אין אלהים כי אם אלהי ישראל וישובו לאמונת ישראל כי חזקיהו התיר כל השבוים שהיו במחנה ממצרים ומכוש ולקח כל הבזה והתיר השבוים ושבו לארצם והגידו נפלאות הבורא והיו חמש ערים במצרים ששבו לאמונת האל ובנו מזבח והעלו עולות לה׳ ועל זה נאמר יהיו חמש ערים בארץ מצרים מדברות שפת כנען ר"ל שפת ארץ ישראל שהוא לשון עברי לפי שהיו הולכים ושבים לא"י ולומדים מעשיהם ולשונם ואמר כנען לפי שמצרים וכנען היו אחים בני חם ונפלת ארץ כנען לישראל לנחלה ושבה ארץ כנען כנכרים למצרים ועתה ישובו אליה כאלו היא לכנען אחיהם כי יחשבו ישראל אחים: ונשבעות לה׳ צבאות. כי בו יאמינו ובו ישבעו לא באלילים שהיו מאמינים מתחילה: עיר ההרס יאמר לאחת. כל כך יהיו דבקים באמונת האל עד שיסכימו ביניהם שאם תשוב מעבודת האל אחת מחמש ערים יאמר לה עיר ההרס כלומר שיעמדו עליה ויהרסוה. וי"ת כמו החרס בחי"ת מן האומר לחרס ות"י קרתא בית שמש דעתיד ליחרב יתאמר היא חדא מנהון: (יט) ביום ההוא. פירשנוהו: (כ) והיה

מצודת ציון

(שיר השירים כ׳): (יח) ההרס. מלשון הריסה ונפילה: (כ) לאות.

מצודת דוד

(יח) שפת כנען. לשון הקדש: ונשבעות וגו׳. כי מעתה יאמינו בה׳ ויקבלוהו לאלוה: עיר ההרס. ר"ל יסכימו ביניהם שאם אחת מהערים ההם תשוב מאחרי המקום שיאמר עליה עיר ההרס ר"ל שיעמדו עליה ויהרסוה: (יט) מזבח וגו׳. כי מצרים יקריבו קרבנו׳

Ibn Ezra quotes an obscure Midrashic explanation that מִזְבֵּחַ was not an altar but a slaughter, or a massacre of the people of Egypt, decreed by the Lord of Hosts.

speaking the language of Canaan—*like the Israelites in the land of*

coaches. He adjured them not to practice idolatry, as it is said: On that day . . . and swearing to the Lord of Hosts. They went to Alexandria, Egypt, where they built an altar and offered up sacrifices in the name of heaven. — [*ibid. 109b, 110a*]

18. On that day there shall be five cities in the land of Egypt speaking the language of Canaan and swearing to the Lord of Hosts, one of which will be called "the city of Heres." 19. On that day there shall be an altar to the Lord in the midst of the land of Egypt, and a monument beside its border, to the Lord.

18. **On that day there shall be five cities, etc.**—*We learned in Seder Olam* (ch. 23): *Following Sennacherib's defeat, Hezekiah stood up and released the armies he had brought with him from Egypt and from Cush in chains before Jerusalem, and they imposed upon themselves the kingdom of heaven, and returned to their place, and it is said: "On that day there shall be five cities, etc." They went and built an altar to the Lord in the land of Egypt and they would sacrifice on it to heaven, to fulfill what was said: On that day there shall be an altar to the Lord in the land of Egypt.* [*Rashi*]

When the Egyptian and Cushite captives witness the miraculous destruction of Sennacherib's camp, they will be greatly impressed by it and will recognize that there is no God but in Israel, as the prophet relates below 45:14. When Hezekiah releases them, they will return to their native land of Egypt, where they will establish five cities in which the Hebrew language will be spoken and the inhabitants of which will swear in the name of the Lord of Hosts. Their union will be so strong that they will draw up a pact that, should any of the cities revert to idolatry, that city would be destroyed. That is the implication of עִיר הַהֶרֶס, *the city of destruction.* — [*Redak*]

Some of our Sages expounded it in the tractate Menahoth (109b) as referring to the altar of the temple of Onias the son of Simon the Just, who fled to Egypt and built an altar there. — [*Rashi*]

Rashi alludes to the following account in tractate *Menahoth*: When he [Simon the Just] died, he said, "Onias my son shall serve in my place. . . . Onias did not accept [the position] because his brother Shimei was two and a half years his senior. Nevertheless, Onias envied Shimei his brother. He said to him, "Come and let me teach you the order of the sacrificial service." He dressed him with a leather garment, girded him with a belt, and stood him beside the altar. He said to the other priests, "Look what this fellow promised his wife and fulfilled, that he would officiate as high priest wearing her leather garment and her belt." The other priests wanted to kill him. When he told them the whole story, they wanted to kill Onias. He fled, but they pursued him. He ran to the king's palace and they pursued him. Anyone who saw him, said, "That's he! That's he!" He went to Alexandria, Egypt, built an altar there, and offered up burnt offerings in the name of heaven, as it is said . . .

Others explain that after Sennacherib's defeat, Hezekiah went out and found princes sitting in golden

לְאוֹת וּלְעֵד לַיהוָה צְבָאוֹת בְּאֶרֶץ
מִצְרָיִם כִּי־יִצְעֲקוּ אֶל־יְהוָה מִפְּנֵי
לֹחֲצִים וְיִשְׁלַח לָהֶם מוֹשִׁיעַ וָרָב
וְהִצִּילָם׃ כא וְנוֹדַע יְהוָה לְמִצְרַיִם וְיָדְעוּ
מִצְרַיִם אֶת־יְהוָה בַּיּוֹם הַהוּא וְעָבְדוּ
זֶבַח וּמִנְחָה וְנָדְרוּ־נֵדֶר לַיהוָה וְשִׁלֵּמוּ׃
כב וְנָגַף יְהוָה אֶת־מִצְרַיִם נָגֹף וְרָפוֹא
וְשָׁבוּ עַד־יְהוָה וְנֶעְתַּר לָהֶם וּרְפָאָם׃

ת"א נגוף ורפוא. מגלה יג:

לְאָת וּלְסָהִיד קֳדָם יְיָ
צְבָאוֹת בְּאַרְעָא
דְמִצְרַיִם אֲרֵי יְצַלוֹן
קֳדָם יְיָ מִן קֳדָם
דְחָקֵיהוֹן וִישַׁלַח לְהוֹן
פָרִיק וְדַיָן וִישֵׁיזְבִינוּן׃
כא וְתִתְגְלֵי גְבוּרְתָא
דַיְיָ לְאוֹטָבָא לְמִצְרָאֵי
וְיִדְעוּן מִצְרָאֵי לְמִדְחַל
מִן קֳדָם יְיָ בְּעִדָנָא
הַהִיא וְיִפְלְחוּן בְּנִכְסַת
קוּדְשִׁין וּבְקוּרְבָּנִין
וְיִנְדְרוּן נִדְרִין קֳדָם יְיָ
וִישַׁלְמוּן׃ כב וְיִמְחֵי יְיָ
יַת מִצְרַיִם מְחָא וְיַסְנוּן
וִיתוּבוּן לְפוּלְחָנָא דַיְיָ
וִיקַבֵּל צְלוֹתְהוֹן וְיַסֵי

ביום

רש"י

לאות ולעד בינס ובין המקוס: מושיע ורב. מושיע ושר: (כא) ונודע ה'. יהיה כח גבורתו ניכר להם: (כב) ונגף. ל' מכה הוא: נגוף ורפוא. ואחר המכה יברא להם רפואה:

מהר"י קרא

צבאות בארץ מצרים. יהיו מעידין בהקב"ה גבורתו שנעשת בסנחריב: (כב) ונגף ה' את מצרים נגף ורפוא. מתוך מכתם יבוא להם רפואה כשהוליכם סנחריב בקולרין לפני ירושלם ויצא מלאך ה' ויך במחנה אשור. והניח פרעה מלך מצרים וחילו

אבן עזרא

גדול כמו על כל רב ביתו: (כא) ונודע. ועבדו. בזבח ומנחה: (כב) ונגף. ורפוא. הטעם ורפאם רפוא: ונעתר.

רד"ק

לאות ולעד. זה יהיה למצרים לאות ולעד כי כל זמן שיחזיקו באמונת האל יקראו אל ה' והוא יושיעם מיד כל נוגשיהם וזה יהיה להם לאות כי האל ישמרם כשיחזקו באמונתו: מושיע ורב. גדול כמו על כל רב ביתו. כלומר גדול יהיה המושיע שישלח להם והוא מלאך ה' שיכה בשונאיהם והם נצולים וי"ת ורב דיין וזה ר"ל שישפוט בשונאיהם: (כא) ונודע ה'. כי בזה ידעוהו עוד ויכירוהו מלבד מה שידעוהו מתחילה במגפת מלך אשור גם בעצמם ידעוהו ויכירוהו שיצילם בכל אשר יקראוהו: ועבדו זבח ומנחה. ועבדו כמו ועשו מתרגמינן מעשה עובדא. וכן ועבדת הצדקה והדומים לו או פירושו כמשמעו ופי' ועבדו לה' בזבח ומנחה וכת"י יפלחון בנכסת קדישין ובקרבנין: ונדרו נדר לה'. בעת צרתם ידרו נדרים וישלמו לא שידרו ולא ישלמו אחר שינצלו אלא שישלמו מה שידרו כי יכירו כי ה' הוא המושיעם: (כב) ונגף ה'. יכם וירפאם כדי שיכירו כי הוא המוחץ והרופא כי בשובם אל ה' ובצעקם אליו יעתר להם

מצודת דוד

לשמים: ומצבה. מזבח מאבן אחת: (כ) לאות ולעד. המזבח יהיה לאות ולעד באבן מצרים שהמה עובדים לה' ואם יצעקו לה' וגו' ישלח להם מושיע והמושיע יהיה גדול ונכבד והוא יצילם מיד הלוחצים: (כא) ונודע ה'. יהיה ניכר למצרים: וידעו. הם יתנו לב לדעת: זבח ומנחה. בזבח ובמנחה: ושלמו. את נדרם: (כב) ונגף. כאשר יחטאו לו ונגף אותם אבל לא תתמיד כי מיד אחר הנגיפה ירפאם ר"ל לא יאריך להם עד שתתמלא סאתם ויגנזו מבלי תקומה כי לטובתם יפרע מהם מעט מעט: ושבו. כאשר יעשו תשובה יתרצה להם ויקבל עתר תפלתם וירפאם:

מצודת ציון

לסימן: לוחצים. ענין דחק כמו וגר לא תלחץ (שמות כ"ג): ורב. ענינו גדול וחשוב כמו ורבי המלך (ירמיה מ"א): (כב) ונגף. ענין הכאה כמו ונגפו אשה הרה (שמות כ"א): ונעתר. הוא ענין רבוי כמו ועתר ענן הקטורת (יחזקאל ה') ור"ל יקבל מרבית תפלתם

Alternatively, a savior who is great, i.e. the Lord will send an angel to plague their enemies. *Jonathan* renders: A savior and a judge. I.e. a judge who will condemn their enemies. — [*Redak*]

21. **And the Lord shall be known to the Egyptians**—*The strength of His might shall be recognized by them.* — [*Rashi*] *Parshandatha* omits: *The strength of.* In addition to their redundance, they do not appear in *Targum Jonathan,* upon which *Rashi*'s paraphrase is based.

In addition to their recognition of God at the time of Sennacherib's downfall, their recognition of His power will be intensified when He delivers them from their attackers and oppressors.

and the Egyptians shall know the Lord—shall know to fear the Lord. — [*Jonathan*]

and they shall serve [with] sacrifices and meal offerings—They will serve God by offering up sacrifices and meal offerings. — [*Jonathan*] According to this translation, the

20. And it shall be for a sign and for a witness to the Lord of Hosts in the land of Egypt, for they shall cry out to the Lord because of oppressors, and He shall send them a savior and a prince, and he shall save them. 21. And the Lord shall be known to the Egyptians, and the Egyptians shall know the Lord on that day, and they shall serve [with] a sacrifice and a meal offering, and they shall make vows to the Lord and they shall fulfill [them]. 22. And the Lord shall plague Egypt, plaguing and healing, and they shall return to the Lord, and He shall accept their prayer and heal them.

Canaan. — [*Rashi*] I.e. they spoke Hebrew like the Israelites in the land of Canaan. The Canaanites themselves, however, did not speak Hebrew, but the Canaanite language. — [*Abarbanel*] *Ibn Ezra,* however, writes; From here we deduce that the Canaanites spoke the holy tongue. See also *Ramban* on Genesis 45:12, who agrees with *Ibn Ezra.*

one of which will be called "the city of Heres."—*Jonathan paraphrases: The city of Beth-shemesh which is destined to be destroyed will be said to be one of them. Jonathan renders "heres" in two ways: an expression related to* "(Job 9:7) *Who says to the sun* (לַחֶרֶס) *and it will not shine,"* הֶרֶס and חֶרֶס being interchangeable since *he* and *heth* are both gutterals, *and an expression of demolition and destruction.* [Some editions add: *And whence did Jonathan derive this? From Jeremiah's prophecy, which he prophesied in Tahpanhes* (43:13): *"He shall also break the monuments of Beth-shemesh which is in the land of Egypt. We learn* from here *that Beth-shemesh that was in the land of Egypt [and the monument] was destined to be destroyed, and the monuments mentioned there are identical with the monument beside its border, to the Lord," mentioned here, and it may be said that Beth-shemesh was situated in the border of Egypt on the boundary. Therefore it is stated: Beside its border.]* — [*Rashi*]

Salomon Buber identifies these five cities as: Alexandria, Memphis, Daphne or Thebes, Cairo or Takkara (This is עִיר הֶרֶס), and Heliopolis (this is עִיר הַשֶּׁמֶשׁ, *the sun city,* where a temple was built to the sun). This is according to *Pesikta d'Rav Kahana,* pp. 63b, 64a. According to Jonathan and Talmud, however, עִיר הֶרֶס is identified with בֵּית שֶׁמֶשׁ.

20. **And it shall be**—*The altar* shall be *for a sign and for a witness between them and the Omnipresent.* — [*Rashi*]

This will be a sign and a witness for the Egyptians that, as long as they maintain their faith in God, they will be saved from all their oppressors. — [*Redak*]

a savior and a prince—Heb. מוֹשִׁיעַ וָרָב. — [*Rashi*]

כג בַּיּוֹם הַהוּא תִּהְיֶה מְסִלָּה מִמִּצְרַיִם
אַשּׁוּרָה וּבָא־אַשּׁוּר בְּמִצְרַיִם וּמִצְרַיִם
בְּאַשּׁוּר וְעָבְדוּ מִצְרַיִם אֶת־אַשּׁוּר׃
כד בַּיּוֹם הַהוּא יִהְיֶה יִשְׂרָאֵל שְׁלִישִׁיָּה
לְמִצְרַיִם וּלְאַשּׁוּר בְּרָכָה בְּקֶרֶב הָאָרֶץ׃
כה אֲשֶׁר בֵּרְכוֹ יְהוָה צְבָאוֹת לֵאמֹר

תרגום

יַתְהוֹן: כג בְּעִדָּנָא הַהִיא
תְּהֵי אוֹרַח כְּבִישָׁא
מִמִּצְרַיִם לְאַתּוּר
וִינוּחוּן אֲתוּרָאֵי לְמִצְרָאֵי
וּמִצְרָאֵי בְּאַתוּרָאֵי
וְיִפְלְחוּן מִצְרָאֵי יַת
אַתוּרָאֵי: כד בְּעִדָּנָא
הַהִיא יְהֵי יִשְׂרָאֵל
תְּלִיתָאָה לְמִצְרָאֵי
וּלְאַתוּרָאֵי בִּרְכָא בְּגוֹ
דְאַרְעָא: כה דְבָרְכֵהּ יְיָ
צְבָאוֹת לְמֵימַר בְּרִיךְ

מהר"י קרא

שבאו עמו לפני ירושלים בקולרין. ולמחר יצא חזקיה ותתירן. נמצאת למד שמתוך מכתם באת להם רפואה: (כג) ביום ההוא תהיה מסילה [ממצרים] אשורה. אחר מפלתו של סנחריב שיצא חזקיה והתיר את חיל פרעה והם השלימו עמו. מן היום ההוא והלאה תהיה מסילה ממצרים אשורה: ובא אשור במצרים ומצרים באשור. דרך ארץ ישראל: ועבדו מצרים את אשור. פת׳ ועבדו ארץ מצרים עם אשור שניהם יעבדו את ישראל: (כד) ביום ההוא יהיה ישראל שלישיה. כמו שליש ביניהם לפי שארץ ישראל ממוצעת בין שתי הממלכות האלה.

רש"י

ונעתר להם. ירצה להם: (כג) תהיה מסלה. ותהיה דרך כבושה שיהלכו בה תמיד ממצרים לאשור: ובא אשור במצרים. ת"י ויגיחון אתוראי במצראי: (כד) יהיה ישראל שלישיה למצרים ולאשור. לשלום ולברכה לפי שלא היתה אומה חשובה בעולם באותו הזמן כמצרי׳ וכאשור וישראל היו שפלים בימי אחז ובימי הושע בן אלה ואמר הנביא על ידי הנס שיעשה לחזקיהו יגדל שם של ישראל למעלה ויהיו חשובים כאחת מאלו הממלכות לברכה ולגדולה: (כה) אשר ברכו. לישראל: ברוך עמי. ישראל אשר בחרתי לי לעם בהיותם במצרים: ומעשה ידי. הראיתי להם בגבורו׳

רד"ק

וירפאם מיד: (כג) ביום ההוא. לפי שמתחילה היו מתגרים זה בזה מצרים ואשור ועתה הנותרים ממגפת מחנה אשור וראו יד ה׳ שהיתה בהם ידעו כי ה׳ הוא האלהים ותהיה להם חברה ואחוה ואהבה עם מצרים שידעו גם כן את ה׳ ותהית מסלה ממצרים לאשור ומאשור למצרים: ועבדו מצרים את אשור. ופי׳ עם אשור שניהם יעבדו את ה׳ וישראל תהי׳ להם שלישיה: (כד) ביום ההוא. שלישיה. שלישית תהיה להם באמונת האל ויהיו ברכה בקרב הארץ שתהיה להם ברכה על שאר האומות כל זמן שיחזיקו באמונת האל: (כה) אשר ברכו ה׳. כל אחת

אבן עזרא

יתרצה להם: (כג) ביום. אשורה. אל אשור ויהיו בשלום אחרי שבות קצתם ויהיו עבדי מלך אשור: (כד) ביום. רובי המפרשים אמרו כי שלישיה מגזרת ושלישים והם צריכין למשנה קודם השליש ועל הפשט מגזרת שלשה כי יהיו באשור אנשים שיכירו השם וכן במצרים יותר והנה ישראל יהיו ברכה כי יתברכו בם מצרים ואנשים מאשור יכירו השם: (כה) אשר. כי השם ברך ישראל על כן יהיה ברכה

מצודת ציון

ויתרצה להם וכן ונעתו׳ להם (דברי הימים א׳ ה׳): (כד) שלישיה. מלשון שלש או יתכן שהוא מענין ממשלה ונסיכות כמו ומבחר שלישיו (שמות ט"ו):

מצודת דוד

(כג) תהיה מסילה. דרך כבושה תהיה מזה לזה כי מרוב אהבה ואחוה ירצו לבוא אלה באלה: את אשור. מצרים יעבדו עבודת המקום עם אשור כי המה הכירו עוד יותר מפלאות ה׳ כשהכה בהם מלאך ה׳: (כד) שלישיה. שלישית תהיה להם באמונת האל. או שתהיה מושלת על מצרים ועל אשור: ברכה. כל השלשה יהיו ברכה בקרב הארץ שתהיה להם ברכה יותר מכל האומות: (כה) אשר ברכו. אשר כל אחד משלשתן ברכו ה׳ ויאמר ברוך עמי מצרים ר"ל ברוך הוא על ששבו להיות עמי להאמין בי: ומעשה ידי. חוזר על מלת ברוך

zeal to worship God. The prophet, therefore, states: And Egypt shall serve with Assyria. — [*K'li Paz*]

24. **Israel shall be a third to Egypt and to Assyria**—*for a blessing, since there was no prominent nation in the world at that time like Egypt and like Assyria, and the Jews were humble in the days of Ahaz and in the days of Hoshea the son of Elah. And the prophet states that, through the miracle that will be performed for Hezekiah, Israel's name will be greatly magnified, and they will be as prominent as one of these kingdoms in regards to blessing and greatness.* — [*Rashi*]

Redak explains that Israel will be in third rank to Egypt and Assyria in their faith in God.

Ibn Ezra explains that among the Assyrians were people who recognized the Creator, and among the Egyptians even more. Counting from the lower ranks to the higher, Israel was in the third rank, for they were superior even to Egypt, and were a blessing in the midst of the land. Perhaps, *Redak*, too explains in this manner.

23. On that day there shall be a highway from Egypt to Assyria, and Assyria shall come upon Egypt, and Egypt shall come upon Assyria, and Egypt shall serve with Assyria. 24. On that day, Israel shall be a third to Egypt and to Assyria; a blessing in the midst of the land. 25. Which the Lord of Hosts blessed them, saying,

verse is elliptical, omitting the word *with.* *Redak,* however, interprets וְעָבְדוּ as the Aramaic, *and they shall make,* rendering: *And they shall make sacrifices and meal offerings.*

and they shall make vows—In their time of distress, they will make vows to the Lord, and they will fulfill them, since they will recognize that the Lord is their Savior. — [*Redak*]

fulfill—Lit. *pay.*

22. **And . . . shall plague**—Heb. נָגֹף. *This is an expression of smiting.* — [*Rashi*]

plaguing and healing—*And after the plague, He will create a cure for them.* — [*Rashi*]

He will smite them and heal them, so that they recognize Him as both the smiter and the healer, for, when they repent and cry out to Him, He hearkens to their prayers. — [*Redak*]

Alternatively, through the plague, he brings about the cure. When Sennacherib led them in chains to Jerusalem, and the angel of God smote the Assyrian camp and spared the Egyptian captives, they were immediately released by Hezekiah. Hence, their captivity led to their release. — [*Kara*]

and He shall accept their prayer—Lit. *and He shall be reconciled with them.* — [*Rashi*]

23. **there shall be a highway**—*And there shall be a paved road by which they will always go from Egypt to Assyria.* — [*Rashi*]

I.e. after Sennacherib's defeat, when everyone will recognize the hand of God, and Hezekiah will free the Egyptian captives. — [*Redak, Kara*]

and Assyria shall come upon Egypt—*Jonathan rendered*: *And the Assyrians shall wage war with the Egyptians.* — [*Rashi*]

Redak, Kara, and *Abarbanel,* however, explain that at that time there will be peace, and there will be a highway joining both nations, who will live in peace, harmony, and brotherhood.

and Egypt shall serve with Assyria—I.e. Egypt shall serve the Lord with Assyria. — [*Redak*]

The order of the verse is apparently inconsistent with the preceding narrative. Since Egypt will have an altar to the Lord and five cities speaking Hebrew, they are obviously the initiators of the Divine service among the nations. Consequently, the verse should read: And Assyria shall serve with Egypt. It is possible, however, that, although the Egyptians were the first to accept the kingdom of heaven, the Assyrians, because of the retribution visited upon them, surpassed them in their

בָּרוּךְ עַמִּי מִצְרַיִם וּמַעֲשֵׂה יָדַי אַשּׁוּר
וְנַחֲלָתִי יִשְׂרָאֵל׃ כ א בִּשְׁנַת בֹּא תַרְתָּן
אַשְׁדּוֹדָה בִּשְׁלֹחַ אֹתוֹ סַרְגוֹן מֶלֶךְ אַשּׁוּר
וַיִּלָּחֶם בְּאַשְׁדּוֹד וַיִּלְכְּדָהּ׃ ב בָּעֵת הַהִיא
דִּבֶּר יְהוָה בְּיַד יְשַׁעְיָהוּ בֶן־אָמוֹץ
לֵאמֹר

תרגום

עַמִי דְאַפֵּקִית מִמִּצְרַיִם
דְעַל דְחָבוּ קֳדָמַי
אַגְלֵיתִי יַתְהוֹן לְאַתּוּר
יְכַדוּ דְתָבוּ מִתְקְרָן עַמִי
וְאַחְסַנְתִּי יִשְׂרָאֵל׃
א בְּשַׁתָּא דַאֲתָא תַרְתָּן
לְאַשְׁדּוֹד כַּד שְׁלַח יָתֵהּ
סַרְגוֹן מַלְכָּא דְאַתּוּר
וַאֲגִיחַ קְרָבָא בְאַשְׁדּוֹד
וּכְבַשַׁהּ׃ ב בְּעִדָּנָא
ההיא

ת״א הפק. יומא חז:

רש״י

שהפלאתי באשור וע״י אותם ניסים ישובו ויהיו כאלו עתה עשיתים מחדש והם יהיו נחלתי ישראל ודוגמא זו ת״י:

מהר״י קרא

אשור יושב לה בצפון. ומצרים בדרום וכל זמן שלא השלימו מלכי מצרים עם אשור לא היתה מסילה ביניהם. אבל מיכן ואילך תהא ישראל שלישיה ביניהן שיהיו נושאין ונותנין ביניהן מזו לזו סחורה:

כ (א) בשנת בא תרתן אשדודה. אמר ר׳ יוסי טעות גדול טעה סנחריב. [שנאמר] אחרי הדברים והאמת האלה בא סנחריב מלך אשור ויבא ביהודה ויחן על (כל) הערים הבצורות ויאמר לבקעם אליו. אותה שעה שלח תרתן לאשדוד. [שנאמר] בשנת בא תרתן אשדודה. ושטף עמונים ומואבים שהיו מסייעין אותו כשצר ע שומרון שלש שנים לקיים מה שנאמר ועתה דבר ה׳ לאמר בשלש שנים כשני שכיר ונקלה כבוד מואב. ואותה שעה וישלח מלך אשור את רבשקה מלכיש ירושלימה וגו׳ ויצא אליו אליקים בן חלקיה ויבואו עבדי המלך יחזקיהו אל ישעיהו ויאמר אליהם ישעיהו הנני נותן בו רוח ושמע שמועה ושב לארצו. ומה היה השמועה שנאמר וישמע אל תרהקה מלך כוש לאמר וגו׳ שטף שבנא הסופר וסיעתו והוליכן (זקוקים) [בזיקים] והלך לו לכוש ונטל [כל] חמדת האוצרות ובא לו

אבן עזרא

או יברך כל אחד מאלה השלשה: ברוך עמי. בעבור שיעשו מזבח לשם בפרהסיא קראם עמי: ומעשה ידי. שיש בהם אנשים מעט שיכירו מעשה השם: ונחלתי. שהם לעולם נחלתו כי אשור ומצרים כמו מקרה הם כנגדם והמתרגם אמ׳ ברוך עמי אשר במצרים:

כ (א) בשלוח. סרגון. יתכן היותו סנחריב או אחר ואשדוד היתה לפלשתים: (ב) בעת. ופתחת

רד״ק

משלשתם ברכו ה׳ צבאות ויאמר ברוך עמי מצרים ששבו להיות עמי: ומעשה ידי אשור. שהכירו שהם מעשה ידי ואני האל ואין עוד: ונחלתי ישראל. ישראל הם נחלתי מקדם. וי״ת הפסוק כלו על ישראל בריך עמי וגו׳: (א) בשנת בא תרתן. זה הענין היה בשנת ארבע עשרה שנה לחזקיהו מלך יהודה שבא על ירושלים ושמע על תרהקה מלך כוש שיצא להלחם עמו ונסע משם ונלחם עם מצרים ועם כוש וכבשם ובא עם השבי וחזר לירושלים וקודם לכן באותה שנה שלח תרתן לאשדוד ולכדה ואז נאמרה נבואה זו לישעיה כי כמו שלכד מלך אשור אשדוד כן ילכד מצרים וכוש וי״מ כי שלש שנים קודם שבא לירושלם מלך אשור היה זה שבא תרתן לאשדוד ולכדה ואז נאמרה נבואה זו לישעיה כי לסוף שלש שנים ינהג מלך אשור את שבות מצרים ואת גלות כוש כמו שאמר שלש שנים אות ומופת על מצרים ועל כוש. ולפירושינו שלש שנים ידבק עם הלך עבדי ישעיהו ערום ויחף אמר כי שלש שנים הלך וזה אות ומופת על מצרים ועל כוש כי כן ילכו הם: סרגון. הוא סנחריב ורבותי׳ ז״ל אמרו ח׳ שמות יש לו: (ב) בעת ההיא. ביד ישעיהו הנביא פורענות מצרים וכוש דבר בידו ואמר לו שיעשה האות בעצמו שיהיה סימן להם וילך ערום ויחף ומה שאמר לו ופתחת השק לפי שהיה לובש שק על גלות השבטים וכתאבל עליהם ואמר לו שיפתח אותו השק שהיה חגור על בשרו ועל מתניו ויחלוץ נעליו וילך ערום ויחף: ויעש כן. הלוך ערום ויחף הדבר הזה אין לפרשו כמשמעו שצוה האל את הנביא שילך ערום ויחף חלילה וכן מה שאמר האל להושע קח לך אשת זנונים. וכן מה שאמר ליחזקאל והעברת על ראשך ועל זקנך תער וכן מה שאמר לו שיאכל עוגת שעורים אפויה בצפיעי הבקר וכל אלו והדומים להם אינם דברים שיצוה האל לנביאיו לעשותם אלא הכל היה במראה הנבואה

מצודת דוד

לומר ברוך מעשה ידי אשור ר״ל ברוך הוא על אשר הכיר שמה שעלתה בהם היה מעשה ידי ולא במקרה: ונחלתי ישראל. גם זה מוסב על מלת ברוך לומר ברוך נחלתי ישראל ר״ל ב״ה על אשר מעולם הוא נחלתי ומאמין בי: כ (א) בשנת וגו׳. אז התחיל אשר לעשות

מצודת ציון

כ (א) סרגון. הוא סנחריב כן אמרו רבותינו ז״ל: (ב) לך. הוא ענין

captives from Egypt and Cush to Jerusalem. See below verse 3. — [*Redak*]

Sargon—According to the Talmud (San. 94a), this was another name for Sennacherib. — [*Redak*] See on II Kings 18:10.

Archeological excavations reveal that *Tartan* is the Assyrian word for general. [Aaron Marcus, *Antiquities*, p. 167. See II Kings 18:17.]

2. **through Isaiah son of Amoz**—I.e. He commanded Isaiah to be the symbol of the defeat of Egypt and Cush, as will be explained below. — [*Redak*]

"Blessed is My people Egypt, and the work of My hands Assyria, and My heritage Israel.

20

1. During the year that Tartan came to Ashdod, when Sargon the king of Assyria sent him, and he waged war with Ashdod and captured it. 2. At that time, the Lord spoke through Isaiah son of Amoz, saying:

Alternatively, Israel will be an *intermediary* between Egypt and Assyria, since it is located between them. The highway mentioned in the preceding verse would go through the land of Israel. — [*Kara*]

It may also be rendered: A governor to Egypt and Assyria; i.e. these two nations will be subservient to Israel. — [*Mezudoth*]

25. **Which . . . blessed them**—lit. him, i.e. *Israel.* — [*Rashi*]

Blessed is My people—*Israel, whom I chose for Myself as a people when they were in Egypt.* — [*Rashi*]

and the work of My hands—*I showed them with the mighty deeds I performed wondrously against Assyria, and through those miracles they will repent and be as though I just made them anew, and they will be My heritage, Israel. Jonathan paraphrased this in a similar manner.* — [*Rashi*]

Jonathan renders: And because they sinned I exiled them to Assyria, referring to the Ten Tribes.

Others explain simply: Blessed is My people Egypt, i.e. Egypt who became My people. — [*Redak*] Since they built an altar in public, they are called, *My people.* — [*Ibn Ezra*]

and the work of My hands Assyria—who recognized that they are the work of My hands and that I am God, and there is no other. — [*Redak*]

For there are a few people among them who recognize My deeds. — [*Ibn Ezra*]

and My heritage Israel—who were always My heritage. — [*Redak, Ibn Ezra*]*

1. **During the year that Tartan came**—This took place during the fourteenth year of Hezekiah's reign, when Sennacherib marched on Jerusalem, but abandoned the siege to combat Tirhakah king of Cush, who attacked Assyria. From there, he waged war with both Egypt and Cush, and then returned to Jerusalem with all his captives. Prior to his return, in that same year, he sent Tartan to the Philistine city Ashdod, which he conquered. At that time, this prophecy was conveyed to the prophet, telling him that, just as the king of Assyria had conquered Ashdod, so would he conquer Egypt and Cush. Some maintain that this prophecy came three years prior to Sennacherib's return to Jerusalem, predicting that in three years the king of Assyria would bring all the

לֵאמֹר לֵךְ וּפִתַּחְתָּ הַשַּׂק מֵעַל מָתְנֶיךָ
וְנַעַלְךָ תַחֲלֹץ מֵעַל רַגְלֶךָ וַיַּעַשׂ כֵּן
הָלֹךְ עָרוֹם וְיָחֵף׃ ג וַיֹּאמֶר יְהוָה כַּאֲשֶׁר
הָלַךְ עַבְדִּי יְשַׁעְיָהוּ עָרוֹם וְיָחֵף שָׁלֹשׁ
שָׁנִים אוֹת וּמוֹפֵת עַל־מִצְרַיִם וְעַל־
כּוּשׁ׃ ד כֵּן יִנְהַג מֶלֶךְ־אַשּׁוּר אֶת־שְׁבִי
מִצְרַיִם וְאֶת־גָּלוּת כּוּשׁ נְעָרִים וּזְקֵנִים
עָרוֹם וְיָחֵף וַחֲשׂוּפַי שֵׁת עֶרְוַת מִצְרָיִם׃

תרגום

הַהִיא גְּזַר יְיָ בְּיַד
יְשַׁעְיָה בַר אָמוֹץ
לְמֵימַר אֱזֵיל וְתֵיסַר
סַקָּא בְּחַרְצָךְ וּמְסָנָךְ
תִּשְׁלוֹף מֵעַל רַגְלָךְ וַעֲבַד
כֵּן אֲזַל פְּחֵיחַ וְיָחֵף׃
ג וַאֲמַר יְיָ כְּמָא דַהֲלִיךְ
עַבְדִּי יְשַׁעְיָהוּ פְּחֵיחַ
וִיחֵיף תְּלָת שְׁנִין אָת
וּמוֹפֵת עַל מִצְרָאֵי וְעַל
כּוּשָׁאֵי׃ ד כֵּן יְדַבַּר
מַלְכָּא דְאַתּוּר יָת שְׁבִי
מִצְרַיִם וְיָת גָּלוּת כּוּשׁ
עוּלֵימִין וְסָבִין פְּחִיחִין
וִיחֵיפִין וּגְלַן עֶרְיַת קְלָן

ת"א עבדי ישעיהו. שבת קיט:

הפ' בפתח

מהר"י קרא

לירושלם לקיים מה שנאמר כה אמר ה' יגיע מצרים וסחר כוש וגו' וכולו כמו שפרשתי למעלה בסמוך: (ב) ופתחת השק מעל מתניך. מלמד שהיה הולך בלבוש שק וכן אתה מוצא שכל הנביאים שהיו רואין פורעניות ומשתמשות ובאות על [האומות] היו נותנין שק על מתניהן: (ד) וחשופי שת. מגולי יסוד:

רש"י

כ (ב) ופתחת השק מעל מתניך. ת"י ותיסר סקא בחרצך והדברי' מוכיחים שהרי עד עכשיו לא ליווהו לחגור שק שהוא אומר לו להסירו ועוד שהוא אומר ונעלך תחלוץ זהו סי' לאבלות ופי' ופתחת כמו (שמות ל"ט) מפותחות פתוחי חותם להגור שק בדוחק על בשרו כדי שתראה חקוק' בבשרו: מעל מתניך. למעלה ממתניך: ערום. ת"י פחיח בבגדים קרועים ובלואים ולא ערום ממש: (ג) שלש שנים. ילך כן לאות ולמופת למצרים ולכוש שלסוף שלש שנים ינהג מלך אשור את שבי מצרים וגו' למדנו שכבש תרתן את אשדוד שלש שנים לפני מפלתו של סנחריב שהרי מפלתו היתה כשהביא את שבי מצרים ותרהקה מלך כוש לפני ירושלים בקולרין כשבא לצור על חזקיהו: (ד) וחשופי שת. כמו חשף שת והיו"ד יתירה כיו"ד

רד"ק

שהיה רואה הנביא במראה הנבואה שהיה מצוה אותו האל שיעשה כך והיה עושה כך במראה הנבואה ההיא ואע"פ שיאריך הזמן כמו בזאת הנבואה שלש שנים ובנבואת הושע וילך ויקח ותהר ותלד בן ואחר כך ותהר ותלד בת כל זה במראה הנבואה יאע"פ שיראה שהיה זמן רב הכל היה במראה הנבואה בפעם אחת: ונעלך. אמר ל' יחיד דרך כלל וי"ת ופתחת השק בהפך הענין ותיסר סקא בחרצך: (ג) ויאמר. כן שמע במראה הנבואה אחר שהלך ערום ויחף שהיה ה' קורא אותו ואומר כאשר הלך עבדי ישעיהו אות ומופת מה שעשה עבדי ישעיהו זה כאשר צויתיו לאות ולמופת על מצרים ועל כוש עשה כן להודיע כי כן ילכו הם לפני שוביהם: (ד) כן ינהג. אמר וחשופי שת אחר שאמר ערום ויחף כי הגנות בלכתם ערומים הוא שילכו חשופי ערוה כמו שעשה מלך עמון במלאכי דוד לגנות ויכרות את מדויהם בחצי עד שתותיהם: וחשופי.

אבן עזרא

השק. לאות כי הנביא היה לובש שק וזאת שאלה קשה איך ילך הנביא ערום להיות לאות על מצרים ואני אפרשנ' בתחלת תרי עשר בעזרת השם: (ג) אות ומופת. כמו והיה יחזקאל לכם לאות. וטעם שלש שנים. לשלש שנים מהיום או שלש שנים יהיה מצרים ברעה: (ד) כן. גלות כוש. שבאו לעזרם: וחשופי. בעבור שהנביא הלך ערום או שהשם חשפם: שת. הוא האחור מגזרת עד

מצודת ציון

זירוז: ופתחת. ענין התרה כמו יתרי פתח (איוב ל'): מתניך. חלציך: תחליץ. ענין שליפה כמו חלוץ הנעל (דברים כ"ה): ויחף. ענין הוסר מנעלים כמו מנעי רגלך מיחף (ירמיה ב'): (ג) שלש שנים. כמו לשלש שנים ותחסר הלמ"ד: אות ומופת. פתרון אחד להם והם ענין סימן וכפל המלה בשמות נרדפי' כמו אדמת עפר (דניאל י"ב) והדומים: (ד) וחשופי. ענינו מגולה כמו מחשוף הלבן (בראשית ל'): שת. ענין יסוד כמו שתותיה

מצודת דוד

גבורות ולכבוש ארצות העמים: (ב) ופתחת השק. כי ישעיה היה מתאבל על גלות עשרת השבטים ולבש השק על מתניו לצער ולאבל ואמר לו המקום שיתיר השק מעל מתניו ויבא ערום כי אותו לבד לבש: חלוך. היה מהלך ערום ויחף: (ג) שלש שנים. זהו סימן מה שיהיה בסוף שלש שנים על מצרים ועל כוש: (ד) כן ינהג. כמו שהלך ישעיה כן ינהג וכו': וחשופי שת. מגולה עגבות וערום מצרים וכן כוש כי כבר זכר שניהם ואמר מצרים לרוב גנותן שאמר

Cush, however, was completely exiled by Assyria. — [*Malbim*]

with bare buttocks—*Heb.* וַחֲשׂוּפַי, *like* חֲשׂוּף, *and the yud is superfluous, like the yud of* חַלּוֹנֵי (the window), חוֹרֵי (nets), שָׂדָי (the field). — [*Rashi*]

Redak views the *yud* as the sign of the plural, instead of וַחֲשׂוּפִים.

Ibn Ezra explains it as the first person possessive, *uncovered by me.* The antecedent is either the prophet, who went naked and barefoot, or the Almighty, Who uncovered them.

buttocks—*Near the anus. Comp.* (II Sam. 10:4): *And he cut off their garments in half, up to their buttocks* (*שְׁתוֹתֵיהֶם*). *This retribution was due them because of Ham their ancestor,*

"Go, and you shall gird a sackcloth over your loins and you shall remove your shoes from your feet." And he did so, going naked and barefoot. 3. And the Lord said, "As My servant Isaiah has gone naked and barefoot for three years, as a sign and a symbol for Egypt and for Cush, 4. So shall the king of Assyria lead the captivity of Egypt and the exile of Cush, youths and old men, naked and barefoot, with bare buttocks, the shame of Egypt.

2. **and you shall gird sackcloth over your loins**—Heb. וּפִתַּחְתָּ, the simple meaning of which is, "And you shall loose the sackcloth from upon your loins. *Rashi,* however, explains as follows: *Jonathan renders: "And you shall gird the sackcloth over your loins." And his interpretation is evidenced* by the fact *that until now He had not commanded him to gird himself with sackcloth, that He should tell him to remove it. Moreover, when He tells him, "And you shall remove your shoes from upon your feet," this is a sign of mourning.* It is, therefore, likely that He commanded him to gird himself with sackcloth, also a sign of mourning. *And the meaning of* וּפִתַּחְתָּ *is like*: "(Exodus 39:6) *Engraved like the engravings of a seal* (מְפֻתָּחוֹת פִּתּוּחֵי חוֹתָם), *"to gird himself with sackcloth tightly on his flesh, so that it appears to be engraved in his flesh.* — [*Rashi*]

over your loins—*above your loins.* — [*Rashi*]

naked—Heb. עָרוֹם. *Jonathan renders*: פְּחֵיח, *with torn and worn out clothing, but not actually naked.* — [*Rashi*]

Others explain the verse simply, that the Lord commanded Isaiah, "Go, and you shall loose the sackcloth from upon your loins." Isaiah had worn sackcloth in mourning for the exiled ten tribes. God now commands him to loose the sackcloth and remove his shoes, going naked and barefoot as a sign of the fate of Egypt and Cush. Not that Isaiah actually went naked, but he saw himself in a prophetic vision, removing the sackcloth from his loins and the shoes from his feet, and going naked and barefoot for three years. Cf. Hosea 1, where the Lord commands Hosea to take a wife of harlotry. That, too, was a prophetic vision. — [*Ibn Ezra, Redak*]

3. **three years**—*shall he go in this manner as a sign and a symbol for Egypt and for Cush, that, at the end of three years the king of Assyria shall lead the captivity of Egypt . . . We learn that Tartan conquered Ashdod three years prior to the downfall of Sennacherib, for his downfall was when he brought the captives of Egypt and Tirhakah the king of Cush before Jerusalem in chains, when he came to besiege Hezekiah.* — [*Rashi*]

4. **the captivity of Egypt and the exile of Cush**—Egypt was not completely exiled. some of its population was captured and led away, while the rest remained in their place.

ה וְחַתּוּ וָבֹשׁוּ מִכּוּשׁ מַבָּטָם וּמִן־מִצְרַיִם
תִּפְאַרְתָּם: ו וְאָמַר יֹשֵׁב הָאִי הַזֶּה בַּיּוֹם
הַהוּא הִנֵּה־כֹה מַבָּטֵנוּ אֲשֶׁר נַסְנוּ שָׁם
לְעֶזְרָה לְהִנָּצֵל מִפְּנֵי מֶלֶךְ אַשּׁוּר וְאֵיךְ
נִמָּלֵט אֲנָחְנוּ: כא א מַשָּׂא מִדְבַּר־יָם

כסופות

תרגום

מִצְרָיִם: ה וְיִתַּבְּרוּן וְיִבְהֲתוּן מִכּוּשׁ בֵּית רוּחְצָנֵיהוֹן וּמִן מִצְרַיִם תּוּשְׁבַּחְתְּהוֹן: ו וְיֵימַר יָתֵיב נְסָא הָדֵין בְּעִדָּנָא הַהִיא הָכְדֵין הֲוָה בֵּית רוּחְצָנָא דַהֲוֵינָא סְבִירִין לְמֶערוֹק לְתַמָּן לְסָעִיד לְאִשְׁתֵּיזָבָא מִן קֳדָם מַלְכָּא דְאַתּוּר עַד כְּדוּן נַפְשֵׁהוֹן לָא שֵׁיזִיבוּ וְאֵיכְדֵין נִשְׁתֵּיזֵיב אֲנַחְנָא: א מַטַּל מַשִׁרְיָן דְּאָתְיָן מִמַּדְבְּרָא כְּמֵי יַמָּא דְנָגְדִין בְּעַלְעוֹלִין

רש"י

חלוני וחוריוסדי: שת. בית מולא הרעי וכן (שמואל ב׳ י׳) ויכרות את מדויהם עד שתותיהם וגמול זה היה להם תחת חם אביהם אשר ראה ערות אביו ולא כסה אותה מדה כנגד מדה: (ה) וחתו ובושו. כל המביטים ומלפים על עזרת כוש והמתפארים במשען מצרים: תפארתם. (ונטיי"ש בלע"ז): (ו) יושב האי הזה. ארץ ישראל שהיו נשענים על פרעה לעזרה: האי. לשון איי הים:

כא (א) משא מדבר ים. הנבואה הזאת על בבל כמו שמפורש בה ואם תאמר הרי כבר ניבא עליה (לעיל י"ג) על הר נשפה שאו נס וכל הפרשה כולה פעמים שהנבואה באה בפיו היום בסיגנון אחד ולאחר זמן בסיגנון

מהר"י קרא

(ה) וחתו ובושו מכוש מבטם. כמו הושע בן אלה שמרד במלך [אשור] ושלח מלאכים אל סוא מלך מצרים להצילו:

כא (א) משא מדבר [וגו׳]. משא אל הנגב היא ירושלים היושבת בדרומה של ארץ ישראל שיבואו עליה דרך

אבן עזרא

שתותיהם: ערות מצרים. זאת ערות מצרים. או מלת וחשופי שת מוסכת עלמה ואחרת עמה: (ה) וחתו. ישראל הבורחים אל מצרים: מכוש מבטם. שעיניהם תלויות אליהם: תפארתם. שהיו מתפארין בם: (ו) ואמר. היושב באיי הים סביבות מצרים מיש׳: הנה. כן אירע לאלה שנסנו אליהם:

כא (א) משא מדבר ים. הוא בבל כי זה המשא עליה

רד"ק

כמו וחשופים וכן וקרע לו חלוני כמו חלונים והדומים להם. ושת. הוא כנוי לעגבות ולערות וכן עד שתותיהם ואמר ערות מצרים והוא הדין לכוש כי כבר זכר שניהם ומה ששנה הענין במצרים לרוב גנותם כמ"ש עליהם גדלי בשר אשר בשר חמורים בשרם: (ה) וחתו ובשו. על ישראל אמר שהיה בטחונם בכוש ובמצרים לפי שהיו בעלי מלחמה למלך אשור. כמו שאמר על תרהקה מלך כוש יצא להלחם אתך ועל יהודה ובנימן אמר ועל השרידים שנשארו מעטים בארץ כי עשרת השבטים בכלל כבר גלו בשנת שש לחזקיהו וכאשר נהג מלך אשור את שבות מצרים וגלות כוש היה בשנת ארבע עשרה לחזקיהו והיו מביטים לכוש שילחמו למלך אשור ומתוך כך ימלטו מידו וכן היו מתפארים להנצל על ידם ממלך אשור. וכאשר יראו מפלת כוש ומצרים ביד מלך אשור יחתו ויבשו: (ו) ואמר. האי. ארץ ישראל כי היא על גבול הים: אשר נסנו שם לעזרה. בתרגומו דהוינא סבירין למערק לתמן לסעיד לאשתזבא מן קדם מלכא דאתור עד כען נפשיהון לא שזיבו ואיכדין נשתזיב אנחנא: (א) משא מדבר ים. נבואה זו נאמרה על בבל ואע"פ שכבר נתנבא עליה באמרו משא בבל שנה ושלש עליה לפי

מצודת דוד

בהם גדלי בשר (יחזקאל ט"ז): (ה) וחתו. ישראל שהיו מביטים לעזרת כוש והיו מתפארים בבטחון ממצרים בבוא מפלתם יחתו ויבושו ממבטם ומפארתם: (ו) יושב האי הזה. זהו א"י שהוא בגבול הים: כה מבטנו. כזאת עלתה להאומות אשר היינו מביטים אליהם לעזרה אשר הסבנו לנוס אליהם להנצל ממלך אשור: ואיך נמלט אנחנו. אם כך עלתה בהם ולא יכלו למלט את עצמם איך נמלט אנחנו בעזרתם: כא (א) מדבר ים. ר"ל על בבל שיושבת אחר המדבר במערכה של פרס ומדי הבאים עליה למלחמה: כסופות. כרוח

מצודת ציון

מדוכאים (לעיל י"ט) והוא כינוי לעגבות שהוא מקום החוק שבאדם כמו סיסוד הבנין וכן עד שתותיהם (שמואל ב׳ י׳): (ה) וחתו. ענין שבר: (ו) כה. כמו כן: נסנו. מלשון ניסה ובריחה:

paraphrases: where we expected to flee for help to escape the king of Assyria. Until now, they did not save themselves; now how will we be saved? — [*Redak*]

1. **The harsh prophecy of the western desert**—*This prophecy refers to Babylonia, as is delineated therein. If you ask, "Did he not already prophesy about it* (supra 13): *'On a tranquil mountain raise a banner,' and the entire chapter?" sometimes the prophecy comes into his mouth today in one manner, and later in another manner.* — [*Rashi*]

Babylonia is situated west of Persia and Media, her attackers, who were situated northeast of Babylon. It is called a desert because there is a desert between Babylon and Persia and Media. — [*Redak* and *Ibn Ezra*]

Ibn Ezra suggests further that מִדְבַּר

5. And they shall be broken and ashamed because of Cush, their expectation, and because of Egypt, their boasting. 6. And the inhabitants of this isle shall say on that day, "Behold, so is our expectation where we fled for aid because of the king of Assyria, and how will we escape?

21

1. The harsh prophecy of the western desert:

who saw his father's nakedness and did not cover it, payment in kind. — [*Rashi* from *Gen. Rabbah* 36:6]

the shame of Egypt—This will be the shame of Egypt. Alternatively, join וַחֲשׂוּפַי also to עֶרְוַת, explaining: With buttocks uncovered, with the nakedness of Egypt uncovered. — [*Ibn Ezra*]

Although Scripture mentions only the shame of Egypt, it means the shame of Cush as well, as mentioned above. It repeats the shame of Egypt in order to intensify their disgrace, as in Ezekiel 23:20. — [*Redak*]

5. **shall be broken and ashamed**—*All those who look in expectation upon the aid of Cush and boast of the support of Egypt.* — [*Rashi*]

their boasting—*vantance in O.F.* — [*Rashi*]

The prophet refers to Israel, who relied on Cush and Egypt because they were waging war against Assyria, as (below 37:9): "And he heard concerning Tirhakah king of Cush saying, 'He went out to wage war with you." He is referring only to Judah and Benjamin, since the ten tribes had already been exiled in the sixth year of Hezekiah, and when the king of Assyria led away the captivity of Egypt and the exile of Cush, it was already the fourteenth year of Hezekiah. They were looking with expectation to Cush to wage war with Assyria and permit them to escape. They also boasted that they would escape Assyria through Egypt's aid. When they see the defeat of Cush and Egypt, they will be dismayed and ashamed. — [*Redak*]

6. **the inhabitants of this isle**—*The land of Israel, who relied on Pharoah for aid.* — [*Rashi*]

isle—*like the islands of the sea.* — [*Rashi*]

The land of Israel is likened to an island because it is situated on the Mediterranean Sea. — [*Redak*]

Alternatively, just as an island is surrounded by the sea, which rages and storms around it, so was Israel surrounded by hostile neighbors, who were ready to attack it. When Cush and Egypt were defeated by Assyria, the Jews realized that, short of a miracle, they would not be able to defend themselves against the mighty armies of Assyria. The moral of this story is that one must not rely on mortal man, who cannot save even himself, but only on the Almighty. — [*Abarbanel*]

where we fled for aid—*Jonathan*

כְּסוּפוֹת בַּנֶּגֶב לַחֲלֹף מִמִּדְבָּר בָּא
מֵאֶרֶץ נוֹרָאָה: ב חָזוּת קָשָׁה הֻגַּד־לִי
הַבּוֹגֵד ׀ בּוֹגֵד וְהַשּׁוֹדֵד ׀ שׁוֹדֵד עֲלִי עֵילָם
צורי

תרגום

דְאָתְיָן בְּאוֹרַח דָּרוֹמָא
מַדְבְּרָא וְאָתְיָן מִמַּדְבְּרָא
מֵאַרְעָא דְאִתְעֲבִידָא
בָּהּ חֲסִינָן: ב אֲמַר
נְבִיָּא נְבוּאָה קַשְׁיָא
אִתְחֲוָאָה לִי אֲנִיסַיָּא
מִתְאַנְסִין וּבָזְזַיָּא

מהר"י קרא

המדבר ובדרך חים: ממדבר בא. הגוי המציק לה: מארץ נוראה. ממדבר הגדול והנורא יבא על ירושלם: (ב) חזות קשה הוגד לי. על בבל בבוא עת פקודתו גם הוא: הבוגד בוגד והשודד שודד. אותו רשע נבוכדנצר שניתן לו רשות לבגוד בבריות סוף יבוא עליו בוגד ויבגוד בו. וסוף בכלותו לשדוד יבא כורש מלך פרס ויפרע ממנו: עלי. את עילם בבל ואת מלכי מדי תעורי על בבל אף את: כל אנחתה. לאמפיק ה"א לפיכך הוא שם דבר. והפתרון כשאנקום נקמתי בבבל מן היום ההוא והלאה השבתי כל אנחתה בעולם שכל ימיו היו הבריות נאנחים

רש"י

אחר: **משא מדבר ים.** תירגם יונתן מטל משריין דאתין ממדברא כמי ימא: **כסופות בנגב לחלוף.** כרוח סופה המתהפך בארץ יבשה שהיא מעלה אבק רב: **לחלוף.** כך יחליפו לבא מחנות רבות על בבל: **ממדבר.** יבואו לה: **מארץ נוראה.** תירגם יונתן מארעא דאיתעבידא בה חסינין ויש לפרש שהוא מקום נחש ועקרב כמו שנאמר (דברים ח') המדבר הגדול והנורא: (ב) **חזות קשה.** הנביא אומר נבואה זו קשה על בבל הוגד לי: **הבוגד בוגד.** ת"י אניסיא מתאנסין ובוזזיא מתבזזין ולשון העברית לפי התרגום כך פירושו אתה הבוגד בא אחר ובוגד אותו ואת השודד בא אחר ושודד אותו אלו פרס ומדי שבוזזין ושודדין את בבל ששדד' ובזזה עד עתה את כל המדינות: **עלי עילם.** ובואי עליה: **צורי מדי.** על בבל במצור. אלהי צורי (שמואל ב' כ"ב) הטעם למטה ברי"ש וזה טעמו למעלה בצדי כמו שובי: **כל אנחתה השבתי.** לא מפיק ה"א לפי שהוא כמו כל אנחות שבעול' והוא לשון אנחה מרובה של אנשים רבים (שופטי"ש בלע"ז) כל אנחות השבתי שהיה העולם נאנח מפני עולה של מלכות בבל עתה השבתי

רד"ק

שהרעו לישראל יותר מדאי וכן נתנבא על מפלת מלך אשור כמה פעמים וקרא בבל מדבר ים לפי שמדי ופרס היו במזרחית צפונית של בבל כמו שאמר העירותי מצפון ויאת ממזרח שמש והנה בבל מערב למדי ופרס והמערב יקרא ים ואמר מדבר כי מדבר יש בין בבל למדי ופרס וי"ת מטלן משרין דאתו ממדברא כמי ימא: כסופות בנגב. כמו רוח סערה בנגב במדבר' במקום יבש שהוא שם תמיד הרוח כן יצאו מדי ופרס להלוך אל בבל וי"ת בנגב דרום ואתן בארח דרומא מדברן ואתין ממדברא והוא מה שפי' שארץ מדי ופרס מזרחית צפונית לבבל אם כן בבל לה מערבית דרומית ים ונגב: מארץ נוראה. מארץ רחוקה והוא מדי ופרס שהם רחוקים מבבל והרחוק יקרא נורא לפי שהאדם ירא הרחוק שלא ידע גבורתו ומנהגו יותר מן הקרוב שידע גבורתו ומנהגו ויונתן תרגם מארע דאתעבידו בה חסינין: (ב) חזות קשה. אמר הנביא נבואה קשה לבבל נאמר לי מאת השם ומה היא הנבואה הבוגד בוגד מי שהיה בוגד יבא בוגד שיבגוד בו ומי שהיה שודד יבא שודד שישדדנו ומי הוא הבוגד והשודד זה מלך בבל שהיה בוגד באומות שהיו בשלום עמו ושודדן כי היא הבגידה שהיה שודד אותם ולא היה שומר להם ברית כן יבא לו בוגד שיבגוד בו ושודד שישדדנו והוא כורש: עלי עילם צורי מדי ופרס. ואמר כל הנבואה כנגד עילם ומדי שיעלו לבבל ויצורו עליה: צורי. טעמו מלרע: כל אנחתה השבתי. פירש אנחת בבל ר"ל מה שהיו נאנחים מפחדה כי הכנוים בשמות יפלו על הפעל ועל הפעול כמו מנגד נגעי יעמודו הסר מעלי נגעך בבית תפלתי שמעתי את תפלתך נסכתי מלכי ואלהי מלכי מקדם וה"א אנחתה רפה ומשפטה במפיק וכמוהו רבים כמו ושערה לא הפך לבן ורחמה הרת עולם

אבן עזרא

והוא מערב כנגד פרס ומדי או פירושו יש כמשמעו: **להלוף.** כמו לעבור: **ממדבר בא.** האויב ולא מהים ומארץ נוראה ארץ מדי ופרס: (ב) **חזות.** נבואה: **קשה** על בבל: **הוגד לי.** דברי הנביא מי שירצה למרוד ולבגוד יוכל והרוצה להיות שודד יוכל לשוד: **עלי עילם.** היא מדינת פרס: **צורי.** כמו וצרת עליה ובאה המלה מלרע כמו שובי נפשי: **כל אנחתה השבתי.** יש אומר אין מי שיאנח על בבל ויש אומרים נשבתה כל אנחתה שעשתה ולפי דעתי כי מתחלת כל אנחתה עד סוף הפרשה הם דברי הנביא על לשון בלשצר המלך כי הכל ידע שהנביא ישמח במפלת בבל ואיך יאמר על כן מלאו והנה ככה ידבק הטעם אמר המלך כאשר שמעתי קול עלי עילם כמנהג אנשי המלחמה להזכיר שם ארצם כל אנחתה של בבל השבתיה במיני השיר שהובאו

מצודת ציון

כא (א) כסופות. רוח סופה וסערה: בנגב. ענין יובש כמו כאפיקים בנגב (תהלים קכ"ו): לחלוף. לעבור כמו וחלף ביהודה (לעיל ח'): (ב) חזות. מראה נבואה: הבוגד. ענ' מרד: והשודד. ענין עושק: עילם. הוא ממדינת מדי: צורי.

מצודת דוד

סופה המתהפך בארץ נגובה ויבשה שמעלה אבק רב: לחלוף. כן יהיה מרבית האבק לעת יחלוף לבא רב להלחם על בבל: ממדבר בא. מדרך המדבר יבוא: מארץ נוראה. כן יקרא המדבר שהוא מקום נחשים ועקרבים המייראים את העובר בו וכמ"ש המדבר הגדול והנורא (דברים ח') וכפל הדבר במ"ש: (ב) חזות. נבואה קשה נאמר לי על בבל: הבוגד בוגד. כל הרוצה לבגוד בוגד בו וכל הרוצה לשדד משדד אותו: עלי עילם. אתה עילם עלי למלחמ' ואתה מדי שים עליה מצור: כל אנחתה. כל האנחות שהיתה בבל מאנחת את העכו"ם במה שהטילה עליהם עול כבד הנה עתה בבוא

besiege Babylon with a siege. Comp. (II Sam. 22:3) *"God is my rock* (צוּרִי)*" The accent is on the latter syllable, on the "resh," whereas, in this case, the accent is on the first syllable, like "rise* (קוּמִי)*," "return* (שׁוּבִי)." — [*Rashi*] The rule is that in verbs whose middle letter is a silent *vav* or *yud,* in the imperative with afformatives the tone is on the stem syllable. — [*Gesenius* 72s] In the possessive of nouns, however, the tone is on the latter syllable. *Ibn Ezra* and *Redak,* however, place the

like tempests in an arid land, to pass, coming from the desert, from an awesome land. 2. A harsh prophecy was told to me: The traitor shall be betrayed and the plunderer shall be plundered; march, O Elam,

יָם should be rendered: desert of the sea; the Euphrates, because of its width, is called "sea."

Jonathan paraphrases: *A harsh prophecy concerning the armies that come from the desert, as numerous as the waters of the sea.* — [*Rashi, Redak*] *Jonathan*, obviously, understands מִדְבַּר יָם as referring to the attackers rather than to the nation doomed to be attacked.

like tempests in arid land, to pass—*Like a tempest that whirls in an arid land, that raises much dust.* — [*Rashi*]

Alternatively, like tempests in an arid land, where tempests are often found. — [*Redak*]

Jonathan renders: Like tempests coming on the road toward the south. He explains נֶגֶב as *south*, i.e. the Persians would march southward toward Babylon and overwhelm them like a tempest. — [*Redak*]

to pass—*So will many camps pass to come upon Babylon.* — [*Rashi*]

from the desert—*they shall come to them* (lit. to her). — [*Rashi*]

from an awesome land—*Jonathan renders*: *From a land where mighty deeds have been performed. It is also possible to explain that it is a place of snakes and scorpions, as it is said*: "(Deut. 8:15) *The great and awesome desert.*" — [*Rashi*]

Alternatively, the distance of the Persians and the Medes made them awesome, since the Babylonians did not know their might and had no idea what to expect. — [*Redak*]

2. **A harsh prophecy**—*The prophet says, "This harsh prophecy concerning Babylon was told to me."* — [*Rashi*]

the traitor shall be betrayed—*Jonathan renders*: *The robbers are robbed and the plunderers are plundered. The Hebrew wording, according to the Targum, is to be explained thus*: *The traitor—another will come and betray him*; *and the plunderer—another will come and plunder him. These are Persia and Media, who rob and plunder Babylon, who, until now plundered and robbed all the countries.* — [*Rashi, Redak*] It is, however, difficult to reconcile the Scripture's *traitor* with Jonathan's *robber*. *Redak* explains that one who does not keep a pact is known as בּוֹגֵד, *a traitor*. This was Babylon, who formed treaties with all nations and then betrayed them and plundered them.

march, Elam—*and come upon them* (lit. her). — [*Rashi*]

Elam is mentioned in Daniel 8:2, as the province in which Shushan was located. Elam was undoubtedly named after Elam the son of Shem (Gen. 10:22). Although it was part of Persia, Elamite inscriptions were written in Babylonian, indicating that early Elam was peopled by Semites. — [Biberfeld, *Universal Jewish History*, vol. 1, p. 91]

besiege, O Media—Heb. צוּרִי. I.e.

צורי מדי כל-אנחתה השבתי: ג על-
כן מלאו מתני חלחלה צירים אחזוני
כצירי יולדה נעויתי משמע נבהלתי
מראות: ד תעה לבבי פלצות בעתתני
את נשף חשקי שם לי לחרדה:
ה ערך השלחן צפה הצפית אכול

מתבזזין סקו עילמאי
תקיפו מדאי כל דהוו
מתאנחין מן קדם
מלכא דבבל אנחית
להון: ג על כן
אתמליאו חרציהון
זיעא דחלא אחדתינון
הא כחבלין ליולדתא
אטפשו מלמשמע טעו
מלמחזי: ד טעה לבהון
עקא וביעותין אחדונון
אתר בית רוחצניהון
הוה להון לתבר: ה סדרו פתורין אקימו סכואין אכולו שתו קומו רברביא מריקו

הה' רפה פתח בס"פ

רש"י

אותה: (ג) מלאו מתני חלחלה. הנביא הוא רחמני ומתאונן על פורעניות האומות זו מדרש אגדה ולפי פשוטו הנביא אומר הקינה והאניות כאלו זו בבל מתאוננת: צירים. לשון חיל וחבלים ורבותינו אמרו יש דלתות ולירים לאשה כמו שיש צירים לדלתות הבית: נעויתי. חולי הוא הקרוי עוית בלשון חכמים: (ד) פלצות. בהלה: את נשף חשקי. לילה שהייתי חושק בה לשמחה ולמשתה בספר יוסיפון מצינו שהיה שמח על שנצחו גדודיו את חיל פרס אותו לילה שם לי לחרדה שנאמר (דניאל ה׳) בלשאצר מלכא עבד לחם רב וגו׳ אישתיו חמרא וגו׳ ביה בליליא קטיל וגו׳ ודריוש מדאה קביל מלכותא (שם ו׳): (ה) צפה הצפית. זקוף המנורה בבראשית רבה נווחין למנרתא לפיתא: אכול שתה. ומתוך האכילה והשתיה לעקו קומו

מהר"י קרא

מיראתם: (ג) על כן מלאו מתני חלחלה. כל מה שעתיד לבא על בבל הרגיש הקב"ה בעצמות הנביא קודם לכן. לכן: (ד) תעה לבבי פלצות ביעתתני. אות ומופת אני על בבל. שכמו כך תעו ופלצות יבעיתוהו: את נשף חשקי. אות היא לבלשצר לשום לו נשף חשקו לחרדה. שיבוא כורש ויחריד אותו: (ה) ערוך השולחן צפה הצפית. כדרך השרים היושבים על השולחן ומעמידין הצופה שאם יבוא חרב ויתקע בשופר ויזהיר. אות היא לבבל שעד שהם יושבין על השולחן בטוב לב

אבן עזרא

כלו בית ה׳ ושתה בהם ובבל במצור ובמצוק: (ג) על. שב אל עלי עילם כאשר שמעתי כן לא אשמע ולא אראה מרוב הפחד: (ד) תעה. פלצות. מן ויכרות אסא את מפלצתה כדמות תפארת זה שהיו הפרשיים מתפארים על כן נבעתי או רעדה כמו יתפלצון: את נשף חשקי. הלילה ששתה בכלים ופחד כאשר קרא לו דניאל הכתב: (ה) ערוך. צפה הצפית. לפי דעתי אין ריע לו וטעמו נגונים וטעם קומו

רד"ק

ראמה בתה עונה בת ויאמר לה בעז והדומים להם: (ג) על כן. הנביא מדבר בלשון כל אחד מבני בבל או בלשון בלשצר המלך: נעויתי משמוע. משמוע הפורענות הבא לבבל כל שכן שאבהל כשאראנה: (ד) תעה. חשקי. בחיריק החי"ת הנביא מדבר בלשון בלשצר שעשה משתה רב בלילה והיה אותו הלילה נשף חפצו וחשקו ותאותו שהוקם מלך והיה שמח עם עבדיו ושם לו הקב"ה אותו הנשף בחרדה בכתב שכתב המלאך בכותל ההיכל חרד מאד על הכתב ההוא כמו שכתוב אדין מלכא זיוהי שנוהי ורעיונוהי יבהלוניה וקטרי חרציה משתריין וארכובתיה דא לדא נקשן: פלצות. ענין רעדה כמו שכתוב דא לדא נקשן: (ה) ערוך השולחן. בעת שהיו עורכים השלחנות היו אומרין צפה הצפית שיצפה הצופה כי היו מפחדים מעם מדי ופרס

מצודת דוד

מפלתה בטלתי כל האנחות: (ג) על כן. בעבור גודל הלרה: מלאו מתני חלחלה. הנביא אומר בלשון בבל: צירים אחזוני. אחזו אותי כמו באבי יולדה: נעויתי משמוע. נתעקם גופי מקול השמועה: נבהלתי מראות. ונבהלתי מראיית פלאי האבדון: (ד) תעה לבבי. לא ידעה לבבי מה לעשות מרוב לער: פלצות בעתתני. חרדה הבעית והפחיד אותי וכפל הדבר במ"ש לגודל החרדה והפחד: את נשף חשקי. הלילה שהייתי חושק ומתאוה לה לעשות משתה ושמחה על אשר נלחו את חיל פרס כמ"ש ביוסיפון: שם לי לחרדה. מי שבידו להשים שם לי הלילה ההיא לחרדה כי בה נהרג בלשאצר ונכבשה בבל ומלך בה דריוש כמפורש בדניאל: (ה) ערוד השלחן. בעת שהיו עורכים השלחן על המשתה אמרו

מצודת ציון

מלשון מצור והוא היקף גייסות סביב העיר לכבשה: (ג) חלחלה. ענין רעדה ורתת: צירים. ענין כאב כמו לירים וחבלים יאחזון (לעיל י"ג): נעויתי. מל׳ עוות ועקום: (ד) תעה. מי שאינו יודע מה לעשות נקרא תועה והושאל מהתועה בדרך ואינו יודע להיכן ילך: פלצות. ענין חרדה כמו ועמודיה יתפלצון (איוב ט׳): בעתתני. מלשון בעתה ופחד: נשף. ערב כמו קדמתי בנשף (תהלים קי"ט): חשקי. ענין תאוה כמו חשק שלמה (מ"א ט׳): (ה) ערוך. ענינו סדור המאכל: צפה. ענין ראיה כמו יצף ה׳ (בראשית ל"א):

ing of the Persians terrified me. See notes by Friedlander.

the evening of my desire—*The night that I longed for, for rejoicing and for a banquet. In the Book of Josipon we find that he was happy since his troops had defeated the army of Persia.* (Book 1, ch. 5) *That night He made for me into trembling, as it is said*: "(Dan. 5:1) *King Belshazzar made a great feast . . . They drank wine* . . . (verse 4). *On that very night, King Belshazzar was slain* . . . (verse 30). (6:1) *And Darius the Mede received the kingdom.* — [*Rashi*]

On that night, Belshazzar was terrified by Daniel's reading of the miraculous writing on the wall, as is described in Dan. 5. — [*Ibn Ezra, Redak*]

Besiege, O Media! All sighs have I brought to an end. 3. Therefore, my loins are filled with trembling; pangs have seized me like the pangs of a woman in labor; I have become confused from hearing; I have become frightened from hearing. 4. My heart has strayed; fright has terrified me; the evening of my desire He has made for me into trembling. 5. Setting the table, setting up the lamp, eating, drinking;

tone on the latter syllable, as do our printed editions. This is found in a number of instances, but is not the general rule.

all sighs have I brought to an end—Heb. אַנְחָתָה This is *not* spelled with a "*Mappiq he,*" which would mean "her sigh," *for this is like "all sighs in the world," and it is an expression denoting a great sigh of many people (sospiradic in O.F.). All sighs have I brought to an end, for the world was sighing because of the yoke of the kingdom of Babylon; now I have brought it to an end.* — [*Rashi*]

Ibn Ezra and *Redak,* however, interpret the word as though spelled with a *Mappiq he, her sigh.* They suggest that it be interpreted as "the sigh that she caused." I have brought an end to the sigh that Babylon caused all nations she had conquered. *Ibn Ezra* suggests also, "I have put a stop to those sighing for Babylon." I.e., no one will sympathize with Babylon upon its defeat. He prefers still a third interpretation which will be quoted further.

3. **my loins are filled with trembling**—*The prophet is merciful and sighs over the retribution meted out to the nations. This is the Midrash Aggadah (Tan.,* beginning of *Balak). According to its simple meaning, however, the prophet is reciting the lamentation and the mourning as though this were Babylonia lamenting.* — [*Rashi*] *Redak,* too, suggests that, either the prophet is speaking for each individual Babylonian, or for King Belshazzar. *Ibn Ezra,* too, explains this entire chapter from the middle of verse 2, as being recited by Belshazzar. He maintains that the prophet would not grieve over the downfall of Babylon, but would rejoice. He, therefore, pictures Belshazzar saying, "I heard the soldiers shouting, 'March, Elam! Besiege, Media.' Then I brought an end to the sighs of Babylon by playing music and reveling."

pangs—Heb. צִירִים, *an expression denoting trembling and pains. And our Rabbis said: A woman has doors and hinges* (צִירִים) *on her womb just as the doors of a house have hinges* (*Bechoroth* 45a). — [*Rashi*]

I became confused—*This is a malady known as* צָרִית, *convulsions, in the language of the Sages.* — [*Rashi*]

4. **My heart has gone astray**—I know not what to do because of my uncontrollable fright. — [*Mezudath David*]

fright—Heb. פַּלָּצוּת. — [*Rashi*] *Ibn Ezra* suggests: boasting. The boast-

שָׁתֹה קוּמוּ הַשָּׂרִים מִשְׁחוּ מָגֵן׃ ו כִּי
כֹה אָמַר אֵלַי אֲדֹנָי לֵךְ הַעֲמֵד הַמְצַפֶּה
אֲשֶׁר יִרְאֶה יַגִּיד׃ ז וְרָאָה רֶכֶב צֶמֶד
פָּרָשִׁים רֶכֶב חֲמוֹר רֶכֶב גָּמָל וְהִקְשִׁיב

תרגום

וְצַחְצָחוּ זֵינָא׃ ו אֲרֵי
כִדְנַן אֲמַר לִי יְיָ אֱזֵיל
אֲקִים סַכְוָאָה דִיהֱוֵי חָזֵי׃
ז וְיֶחֱזֵי רְתֵיךְ אֱנָשׁ וְעִמֵּהּ
זוּג פָּרָשִׁים רָכֵב עַל
חֲמַר רָכֵב עַל גַּמְלָא
אֲמַר נְבִיָּא אֲצֵיצִית
אֲצָתָא וַחֲזֵית וְהָא מַשִּׁרְיָן

מהר"י קרא

בלשצר במשתה היין עם אלף גבורים. בה שעתא נפקו אצבען [די] יד אנש וכתבן לקבל נברשתא על גירא די כתל היכלא די מלכא ומלכא חזה פס ידא די כתבא. אדין מלכא זיוהי שנוהי ורעינהי יבהלונה וקטרי חרצה משתרין וארכובתה דא לדא נקשן. ועד שהן יושבין הרי כורש ודריוש צרין על העיר. והציפה קורא (אל) [על] מצפה. קומו השרים משחו מגן שיחליק חרב מעליו וצאו לקראת כורש ודריוש הצרים עליכם: (ו) כי כה אמר אלי ה׳ לך העמד המצפה. כאדם שמעמיד צופה על המגדל להגיד מה שיראה ויזהיר את העם. וכאשר הצופה עומד: (ז) וראה רכב צמד פרשים רכב חמור רכב גמל. כאשר הצבא הצובאים על העיר ובקרבם אל העיר לתפשה משלחין לפניהן רכב פרשים שני פרשים לחקור את העיר ואת מבוא העיר ואחר כך העם הולך ורב. בתחילה נראה רכב צמד פרשים עם רכב חמור רכב גמל. שלא יכירו אנשי העיר. ואחר כך יקשיב קשב עם רב משמשין ובאין אחריהם להלחם אל העיר:

רד"ק

ובעת שהיו אוכלים ושותים היו אומרים קומו השרים משחו מגן כלומר צחצחו המגינים למלחמה וכן ת״י צפה הצפית אקימו סכואין ותרגם משחו מגן מריקו וצחצחו זיינא ת״י מגן זיינא ר״ל כלי זיין כגון השריונות והכובעים כי גם הם מגן על האדם במלחמה וי״מ משחו מגן משחו המלך כי המלך מגן העם לפי שבאותו הלילה מת בלשצר כמ״ש ביה בליליא אתקטיל בלשצר מלכא אמר הנה מת מלככם משחו אחר תחתיו ובב״ר צפה הצפית סדר מנרתא אית אתרא דקרייא מנרתא צפיתא: (ו) כי כה אמר. כאלו הנביא בבבל ואמר על לשון שרי בבל שיאמרו זה לזה שיעמידו המצפה לראות אם בא חיל מדי ופרס ויגיד אשר יראה: (ז) וראה רכב. וראה המצפה רכב צמד פרשים רכב שרוכבים עליו זוג פרשים. וראה גם כן רכב חמור רכב גמל: והקשיב קשב רב קשב. יקשיב אם הם קרובים אם ישמע קול פרסותם וי״ת ויחזו רתך אינש ועמיה זוג פרשים וגו׳:

רש"י

השרים: משחו מגן. מגיני עור שלוק הן ומושחין אותן בשמן כדי שיחלוק את הזיין וכך נאמר בשאול כי שם נגעל מגן גבורים פלט את משיחתו ולא קיבלה ונעשה מגן שאול כאלו לא נמשח בשמן: (ו) לך העמד המצפה. עתיד אחד מתלמידך לקרא תגר על מדתי על ארך שלוותה של בבל והוא חבקוק שעג עוגה ועמד בתוכה ואמר (חבקוק ב׳) על משמרתי אעמוד׳ ואצפה לראות מה ידבר בי אמר הקב״ה לישעיה העמידהו לאותו מצפה והבטיחהו מאתי שיעמד על מצפהו ואשר יראה במפלתה של בבל יגיד: (ז) וראה רכב. ואני אראנו שם כמין רכב צמד פרשים אחד רוכב חמור ואחד רוכב גמל וסימן הוא לפרס ומדי: והקשיב קשב. ושם ישמע בנבואתו כמין רוב הומיות תשואות חיילות:

אבן עזרא

השרים שנהרג בלשצר באותו הלילה ומשחו דריוש הזקן למלך ונקרא המלך מגן כי הוא יגן על העם וכן מגיננו ראה אלהים: (ו) כי. אלה דברי הנביא: העמד המצפה. בדרך נבואה: (ז) וראה. הטעם אם ראה רכב צמד פרשים או רכב חמור או רכב גמל יקשיב וירבה להקשיב מה

מצודת ציון

הצפית. שעומד ורואה אם גייסות באים נקרא צופה: משחו מגן. יש מגן עשוי מעור שלוק ומושחין אותו בשמן להחליק מעליו מכת חרב וחנית וכן מגן שאול בלי משוח בשמן (ש״ב א׳): (ו) המצפה. כמו הצופה: (ז) צמד. זוג כמו צמד בקר (איוב א׳): פרשים. כן יקראו רוכבי הסוס המלומדים בכך וכן פרש מעלה (נחום ג׳):

מצודת דוד

אלו לאלו צפה הצפית ר״ל יעמוד הצופה על המצפה לראות אם באי׳ חיל פרס ומדי: אכול שתה. בעוד שהיו אוכלים ושותים אמרו אלו לאלו קומו השרים ומשחו המגן לרדת אל המלחמה: (ו) לך העמד המצפה. הנביא יאמר על לשון שרי בבל שיאמרו זה לזה לך העמד המצפה שיגיד את אשר יראה: (ז) וראה. כאלו העומד על המצפה ראה רכב שרוכבים עליו זוג פרשים וראה גם כן רכב חמור וכו׳ ר״ל אחד רוכב על חמור ואחד רוכב על גמל ר״ל ראה הרבה מיני בעלי מלחמה: והקשיב קשב. הקשיב באזניו אשר רב הקשב ר״ל קול המון העם היה נשמע מאד ויורה שיש המון רב:

rumbling and stirring of armies. — [*Rashi*]

Alternatively, he will listen attentively to hear whether they are already close to the city and their hoofbeats are audible. — [*Redak*]

Ibn Ezra explains that he will listen to hear whether they bring any message.

Rabbi Joseph Kara explains that, before an army attacks, they send out a chariot with several riders to determine the vulnerability of the city and the location of its entrances. The entire army then comes in the wake of this chariot, which is expected to mislead the inhabitants of the city by leading them to believe that the few riders are alone. In this case, the lookout will see the chariot and listen attentively for the sound of the approaching army in its wake.

"Arise, princes, anoint a shield!" 6. For so has the Lord said to me, "Go, set up the lookout; what he sees he will tell. 7. And he shall see a chariot with a pair of riders: one riding a horse and one riding a camel, and he shall listen attentively.

5. **setting up the lamp**—Heb. הַצָּפִית *Set up the lamp. In Gen. Rabbah* (63:14) we learn *that people call a lamp* צָפִיתָא. — [*Rashi*]

Alternatively, set up the lookout. — [*Kara, Redak*]

Play music — [*Ibn Ezra*]

eating, drinking—*And in the midst of the eating and the drinking, they cried, "Arise, princes!"* — [*Rashi*]

anoint a shield—*They were shields of boiled leather, and they would anoint them with oil so that the weapons would glide off. The same is mentioned concerning Saul*: "(II Sam. 1:21) *For there the shield of the mighty was rejected." It rejected its anointment and did not absorb it, and Saul's shield became as though it was not anointed with oil.* — [*Rashi*] Note spelling of נמשח in Nach Lublin is erroneous.

Alternatively, "Anoint the weapons," i.e. polish the weapons, such as the armor and the helmets, for they protect their wearers. — [*Redak* from *Jonathan*]

Alternatively, "Anoint the new king, Darius, the protector of the country." — [*Ibn Ezra, Redak*]

6. **"Go set up the lookout**—*One of your disciples is destined to complain about My attribute, concerning the long prosperity of Babylon, and that was Habakkuk who made a circle and stood inside it, and said,* "(Habakkuk 2:1) *On my watch will I stand, and I will look out to see what He will speak within me." Said the Holy One, blessed be He, "Put up that lookout and promise him in My Name that he will stand on his watch and what he sees in the downfall of Babylon he will tell."* — [*Rashi* from unknown Midrashic source. See *Mid. Psalms* 7:17] See also *Rashi* below 45:9.

Others explain that it is as though the prophet is standing in Babylon and is speaking for the princes of Babylon, who exhort each other to set up a lookout to keep them informed of the progress of the enemy. — [*Redak*]

And he shall see a chariot—and I will show him there a sort of chariot with a pair of riders, one riding a donkey and one riding a camel, and that is a sign of Persia and Media. — [*Rashi*]

Redak renders: And he shall see a chariot with a pair of riders, and also a chariot of donkeys and a chariot of camels.

Ibn Ezra renders: And if he sees a chariot with a pair of riders, a chariot of donkeys, or a chariot of camels . . .

and he shall listen attentively—*And there he shall hear in his prophecy a representation of the mighty*

קשב רב־קשב: ח ויקרא אריה על־
מצפה ׀ אדני אנכי עמד תמיד יומם
ועל־משמרתי אנכי נצב כל־הלילות:
ט והנה־זה בא רכב איש צמד פרשים
ויען ויאמר נפלה נפלה בבל וכל־
פסילי

לחדא: ח אמר נביא
קל משרין דאתין
בסיטוגיהון כאריא
ועל סכותא קדם יי
אנא קאים תדירא
ביממא ועל מטרתי
אנא מעתד כל ליליא:
ט והא דין אתא רתך
אנש ועמה זוג פרשין
ואתיב ואמר נפלת ואף
עתידא למפל בבל וכל

רש"י

(ח) ויקרא אריה. הוא חבקוק אריה בגימטרי' כמנין חבקוק ישעיה נתנבא שעתיד חבקוק להתפלל על זאת ולומר כן: על מצפה ה'. ה' אלהי על מצפה אנכי עומד תמיד יומם להודיעני על זאת: (ט) והנה זה בא. כשיתפלל על כך יראה כמין רכב אדם וגו': נפלה נפלה בבל. ת"י נפלת ואף עתידה למיפל ב' נפילות שנה אחר שנה תחלה על ידי מדי ופרס ובשנה השניה על ידי שמים והיתה בבל צבי ממלכות כמהפכת סדום וכן מצינו בסדר עולם ובא בשנה השמועה זו של דריוש. ואחריו בשנה השמועה והיתה בבל

מהר"י קרא

(ח) ויקרא אריה על מצפה. אריה הוא הצופה חשומר על העיר. ולפי שהוא חוזק העיר. שעליו נשמרים ונשענים אנשי העיר נקרא אריה. וכן הוא אומר ויכהו וימיתהו את הארגוב ואת האריה. הוא צופה השומר על המגדל. ומה קרא השומר. דבר זה שמפרש והולך: ה' אנכי עומד תמיד [יומם]. יום ביום: ועל משמרתי אנכי נצב כל הלילות. עד אשר אראה מה יהיה בעיר: (ט) והנה זה בא רכב איש צמד פרשים ויען ויאמר נפלה [נפלה] בבל. מי הוא המצפה שאמר הקב"ה לנביא לך העמד המצפה. ומי הוא האריה שקרא על מצפה ואמר ה' אנכי עומד תמיד יומם וגו'. עד שהוא נצב על משמרתו. והנה רכב איש צמד פרשים. זה כורש ודריוש שנעשו ריעים זה עם זה שבאו להשחית את בבל. המצפה שהקב"ה מצוה לישעיה להעמידו. זה חבקוק. וכה אמר הקב"ה לישעיה: העמיד נביא תחתיך שינבא על בבל. וראה צמד פרשים. ולו אראה רכב איש [צמד] פרשים הבאים להשחית את בבל. זה כורש ודריוש. ויקרא אריה על מצפה ה' אנכי עומד תמיד יומם. לראות מה יהיה בסוף מלכות בבל. שהחריב את ביתך והגלה את בניך. ולמה נמשלה גלות בבל ליום לפי שלא משכה גלותן אלא שבעים שנה. ועל משמרתי אנכי נצב כל הלילות. זה חבקוק שאמר על משמרתי אעמודה ואתיצבה. על משמרתי כאשר היושב. על מצור. ואצפה לראות מה ידבר בי. על בבל. אמר לפניו נשבע אני בשמך הגדול שאיני זז מכאן עד שתודיעני עד מתי תימשך מלכות בבל. ויקרא אריה. הוא חבקוק. כי מנין אריה הוא אותיות חבקוק. ועד שהוא עומד על משמרתו ומצפה מה יענה לו. ויענהו ה' ויאמר כתב חזון ובאר על הלוחות למען ירוץ קורא בו. כי לפי מלאות לבבל שבעים שנה אפקוד על מלכות בבל. כורש ודריוש. את (עמים) [עונם] ושמתי אותו

אבן עזרא

שמועה בפיהם: (ח) ויקרא. בדרש כי אריה הוא חבקוק בגימטריא והנכון בעיני שהוא חסר כ"ף כמו אש אוכלה הוא והטעם ויקרא המצפה כאריה בקול גדול: על מצפה אדני אנכי עומד תמיד. והטעם לבקש החזון: (ט) והנה זה בא. והנה רכב איש עם צמד פרשים: ויען. כל אחד: ויאמר נפלה נפלה. פעמים שלא נשארה לה פליטה:

רד"ק

(ח) ויקרא. וקרא המצפה אריה על המצפה המשיל מדי ופרס לאריה העומד על המצפה ומביט אילך ואילך אנה יטרוף אמר הנביא בל' קריאה בראותו זה: אדני אנכי עומד תמיד. יומם ולילה על משמרתי אנכי נצב כל הלילות כלומר ביום ובלילה אני עומד ומצפה מתי יהיה זה שיבא חיל מדי ופרס ויחריבו בבל לפי שהרעו לישראל. ובדרש כי אריה אמר על חבקוק הנביא. אמר ישעיהו כי חבקוק עתיד לומר זה אנכי עומד תמיד יומם ולילה שעג עוגה ועמד בתוכה כמו שמפרש בתרגם תפלה לחבקוק וקרא חבקוק אריה כי כן הוא בגמטריא חשבון חבקוק כחשבון אריה וי"ת הפסוק כן אמר ישעיה נבואה קל משרין וגו': (ט) והנה זה. בעוד שהיה המצפה מקשיב הנה בא החיל כמו שהיה רואה קרבו אל העיר: ויען. המצפה: ויאמר נפלה נפלה בבל. הכפל לחזק: שבר. פי' המשבר וי"ת נפלה נפלת אף עתידה לביפל בבל ר"ל שתי נפילות ראשונה על ידי מדי ופרס ושניה על ידי שמים שנאמר והיתה בבל צבי ממלכות תפארת גאון כשדים כמהפכת אלהים את סדום ואת עמורה וזה היתה לעולם כי אותה בבל לא נתישבה עוד

מצודת דוד

(ח) ויקרא אריה על מצפה. ר"ל העומד על המצפה קרא לאמר הנה בא האריה והמשיל פרס ומדי לאריה הטורף או שקרא לאמר הנה האריה על מצפה והמשיל פרס ומדי לאריה העומד על מצפה ומביט אילך ואילך אנה יטרוף: ה' אנכי עומד וגו'. כשראה הנביא את כל זה במראה הנבואה אמר אתה ה' הנה אנכי עומד תמיד בכל יום ומצפה מתי תחרב בבל על שהרעו לישראל: ועל משמרתי. ר"ל כאדם היושב ומשמר שאינו זז ממקומו כן לא זזתי מלצפות: (ט) והנה זה בא. ר"ל זמן רב הייתי מצפה לה ועתה הנה זה בא רכב המיוחד לאיש ועליו זוג פרשים ר"ל באו פרס ומדי המחריבים את בבל: ויען ויאמר. המלאך הדובר בי אמר עתה נפלה בבל וכפל המלה לחזק הענין: שבר. המשבר שבר אותה והפילה לארץ:

מצודת ציון

והקשיב. מנין שמיעה: (ח) מצפה. כן נקרא המקום שעומד עליו הצופה: (ט) פסילי. כן יקראו הגלולים כי המה נפסלים

extent that there will be no survivors. — [*Ibn Ezra*]

he has dashed to the earth—The subject is indeterminate. The one who dashed them to the earth. — [*Ibn Ezra, Redak*]

8. And the lion called, "On the watchtower, O Lord, I always
stand by day, and on my watch I stand all the nights. 9. And
behold this is coming, a chariot of men, a pair of riders." And
he called out and said, "Babylon has fallen, yea, it has fallen,
and all

8. **And the lion called**—*That is Habakkuk.* אַרְיֵה (lion) *has the same numerical value as Habakkuk. Isaiah prophesied that Habakkuk was destined to pray for this and say the following.* — [*Rashi*]

א = 1	ח = 8
ר = 200	ב = 2
י = 10	ק = 100
ה = 5	ו = 6
216	ק = 100
	216

on the watchtower, O Lord—*O Lord, my God, I always stand on the watchtower to inform me about this.* — [*Rashi*]

9. **And behold this is coming**—*When he prays concerning this, he will see sort of a chariot of men, etc.* — [*Rashi*]

Babylon has fallen, yea, it has fallen—*Jonathan renders*: *Has fallen and is also destined to fall. This denotes two downfalls in two consecutive years, first through Media and Persia, and in the second year, through Heaven,* as it is stated (supra 13:19): *"And Babylon, the beauty of the kingdoms, the glory of the pride of the Chaldees, shall be like God's overturning of Sodom . . ." And so we find in Seder Olam* (ch. 28): *And in that year the news came concerning Darius, and after him, in the year, the news, "And Babylon, the beauty of the kingdoms . . . shall be like the overturning, etc.* (supra 13:19). — [*Rashi*]

Redak pictures the Babylonian lookout standing on the watchtower, listening attentively for the hoofbeats of the Persian and Median troops. And he called, "A lion is on the watchtower!" The prophet compares the hosts of Persia and Media to a lion looking on all sides for prey. The prophet injects his own feelings: "O Lord, I always stand by day, and on my watchtower I stand all the nights," anxiously awaiting the downfall of Babylon, for the harm they dealt to Israel.

He continues his prophecy in the name of the lookout. When he was still listening for the approach of the armies, "And behold this came, a chariot of men, a pair of riders." This indicates the invasion by Persia and Media.

And he called out—I.e. the lookout called out. — [*Redak*]

Babylon has fallen, yea, it has fallen—The repetition is for emphasis. Alternatively, see Targum. —[*Redak*]

Others explain: It has fallen to the

פְּסִילֵי אֱלֹהֶיהָ שִׁבַּר לָאָרֶץ׃ י מְדֻשָׁתִי
וּבֶן־גָּרְנִי אֲשֶׁר שָׁמַעְתִּי מֵאֵת יְהוָה
צְבָאוֹת אֱלֹהֵי יִשְׂרָאֵל הִגַּדְתִּי לָכֶם׃
יא מַשָּׂא דּוּמָה אֵלַי קֹרֵא מִשֵּׂעִיר שֹׁמֵר
מַה־מִּלַּיְלָה שֹׁמֵר מַה־מִּלֵּיל׃ יב אָמַר

ת"א משא דומה. סנהדרין לד זהר תרומה ופ' ויקרא (תענית כד) : אמר שומר. ב"ק ג :

צַלְמֵי טַעֲוָתְהָא יְדַקְדְקוּן
לְאַרְעָא : י מַלְכְוָן
דְאוּמְנִין לְאַנָחָא קְרָבָא
יֵיתוּן עֲלָהּ לְמִבְזְהָא
כְּאִכָּרָא דְאוּמָן לְמֵידַשׁ
יַת אִדְּרָא אֲמַר נְבִיָא
דִשְׁמָעִית יַת קָל מֵימְרָא
דַיְיָ צְבָאוֹת אֱלָהָא
דְיִשְׂרָאֵל חַוֵיתִי לְכוֹן :
יא מַטַל כָּס דִלְוָט
לְאַשְׁקָאָה יַת דוּמָה עֲלַי
אַכְלֵי מִן שְׁמַיָא נְבִיָא פְּרֵישׁ לְהוֹן יַת נְבוּאֲתָא נְבִיָא פְּרֵישׁ לְהוֹן מָה דַעֲתִיד לְמֵיתֵי : יב אֲמַר

מהר"י קרא

לשממות עולם: (י) מדושתי ובן גרני אשר שמעתי וגו'. בת בבל שעתיד הקב"ה לדוש אותה ביד כורש כגורן עת הדריכה. כשיגיע עת הקציר לה: אשר שמעתי מאת ה' צבאות. ממנה מה יהיה בסופה. הגדתי לכם. עד כאן השיבו הקב"ה על גלות [בבל] שדומה ליום. מיכן ואילך משיב תשובה על משמרתו שהוא נוצר כל הלילות על גלות אדום שדומה ללילה ומשיבו מה יהא בסופה. הה"ד משא דומה [וגו']: (יא) אלי קרא משעיר. אמר הנביא ישראל קוראין אלי מגלות אדום ושואלין אותי שומר מה מלילה. מה יהיה באחריתנו בגלות אדום שדומה ללילה. כציפה זה שעומד על משמרתו ושומר הבריות שואלין אותו עתה אמור לנו כמה חלקים עברו מן לילה. וכמה משמרות עתידין לבא עדיין עד היום כך שואלין לנביא הלא תגיד לנו מה השיבך הקב"ה על גלות אדום: שומר מה מלילה. הקב"ה שהוא שומר ישראל: שומר מה מליל. על גלות אדום. עד מתי תימשך הודיעני מה קיצו. והנביא משיבן:

רש"י

לבי ממלכות כמהפכת וגו' (לעיל י"ג): (י) מדושתי ובן גרני. תבואת קדש שלי ערימת חטי' אשר נלטיתי מפי רוח הקדש לתקן אתכם בדרך הישרה כאדם הדש וזורה תבואתו בגורן: אשר שמעתי. אותו הגדתי לכם: (יא) דומה. הוא אדום וכן הוא אומר מי כצור כדומה בתוך הים (יחזקאל כ"ז): אלי קורא משעיר. אמר הקב"ה אלי קורא הנביא או המלאך מעול מלכות שעיר: שומר מה מלילה. שומר ישראל מה תהא מן הלילה והחשכה הזאת: (יב) אמר

רד"ק

לעולם כמו שפירשנו למעלה במשא בבל: (י) מדשתי ובן גרני. יאמר הנביא בל' האל בבל היא מדשתי שאדוש אותה בחיל מדי ופרס כמו שדשין התבואה ובן גרני כפל ענין במ"ש כי הבר והתבן יקרא בן גרן לפי שיודש בגורן: אשר שמעתי. אמר הנביא זאת הנבואה אשר שמעתי על בבל הגדתי לכם כמו ששמעתיה ואמר אלהי ישראל לפי שבעבור ישראל יביא האל הפורעניות לבבל: (יא) משא דומה. דומה היא מבני ישמעאל כמ"ש ומשמע ודומה ומשא אמר הנביא אלי קורא קול הנבואה כי משעיר יבא להם המחריב ארצם ובקרוב תבא אליהם הרעה וישימו שומרים בחומות העיר אומר שיקימו בני אדם מרוב פחדם ויסובבו בעיר וישאלו לשומרים מה מלילה וכפל הדבר כדרך השואלים: מה מליל. בא על דרך הסמיכות וכמוהו בא אל חזקיהו בחיל כבד: (יב) אמר. ענה להם השומר אתא בקר כלומר הבקר יבא אבל מה תועילו כי גם הלילה יבא אחריו

אבן עזרא

שבר. המשבר לארץ כמו אשר ילדה אותה ללוי: (י) מדושתי. והנה בבל מדושה והיו"ד סימן השם או הנביא או דבר רכב איש כי גם אני דשתיה והיתה כבן גרן ויתכן היות בן הגורן הבר שישאר וזה רמז לישראל: (יא) משא דומה. כמו ומשמע ודומה ומשא: אלי קורא משעיר. ידבר על לשון דומה כאילו הוא בא מרגל משעיר לחקור ארץ דומה והוא שואל לשומרים אמור לי אתה שומר מה מליל מה מלילה והטעם כאילו השואל הוא מאנשי דומה ויש לו צורך לקו' בלילה ללכת לדרך או להתעסק בשד' כמנהג רוב המקומות וטעם פעמים שישאל לרבים והנכון בעיני שזאת המלה לראות אם השומרים ישנים: מה מליל. ראוי להיות סמוך וכמוהו ביין חלבון כיין הטוב שיחסר שם מקום ויאמר הגאון שומר מה עבר מהלילה שומר מה נשאר ולפי דעתי שהוא כמו בליל שודד ער מואב והטעם בליל כך מהשבוע: (יב) אמר

מצודת ציון

ונהלכים והוא מלשון ויפסלו בוני שלמה (מ"א ה'): (י) מדושתי.

מצודת דוד

(י) מדושתי. גם אלה דברי המלאך באמר שבבל תהיה מדושתי ר"ל אני אדוש אותה כמו שדשים התבואה: ובן גרני. התבואה נקרא בן גורן לפי שמונח ונדש בגורן וכפל הדבר במ"ש: אשר שמעתי, אמר הנביא הדבר אשר שמעתי מאת ה' וגו' אותה הגדתי לכם: (יא) דומה. הוא מבני ישמעאל כמ"ש ומשמע ודומה ומשא (בראשית כ"ה): אלי קורא משעיר. אמר הנביא אלי קורא קול הנבואה כי משעיר יצא המחריב אליהם: שומר מה מלילה. ר"ל בעת יבוא האויב וישימו שומרים בעיר ובני העיר יקומו ויסובבו בעיר וישאלו לשומר ויאמרו אתה שומר מה היה בלילה אם בא האויב: שומר מה מליל. דרך השואלים ומתפחדים לכפול אמריהם: (יב) אמר שומר. השומ'

Holy One, blessed be He. — [*Rashi*]

Morning has come—*I have the ability to make the morning shine for you.* —[*Rashi*]

and also night—*is prepared for the wicked at the time of the end.* — [*Rashi*]

if you will request, request—*If you*

its graven idols he has dashed to the earth." 10. My threshed
grain and the product of my threshing floor. What I heard from
the Lord of Hosts, the God of Israel, I have related to you.
11. The harsh prophecy of Dumah: To me one calls from Seir,
"Watchman, what will be of the night? Watchman, what will be
of the night?"

10. **My threshed grain and the product of my threshing floor**—*My hallowed grain, the stack of wheat which I was commanded by the Holy Spirit to rectify you and lead you on the straight path, like a man who threshes and winnows his grain on the threshing floor.* — [*Rashi*]

Alternatively, the prophet alludes to Babylon, whom "I will thresh by means of Persia and Media." — [*Redak*]

The first person may refer to the Almighty, the prophet, or the riders. It is possible that the product of the threshing floor is the remaining grain after the chaff has been removed. This may allude to Israel. — [*Ibn Ezra*]

What I heard—*from Him I have related to you.* — [*Rashi*]

I.e., I have related it to you just as I heard it. The Lord is called "the God of Israel" because Israel is involved in the fate of Babylon. — [*Redak*]

11. **The harsh prophecy of Dumah**—*That is Edom, and so does Scripture say*: "(Ezekiel 27:32) *Who is like Tyre, like Dumah in the midst of the sea?"* — [*Rashi*]

Rashi on Ezekiel adds that Dumah was the name of the heads of Edom. This alludes to Rome, as the Rabbis tell us, that in R. Meir's Bible, it was written, "The harsh prophecy of Rome (*Yerushalmi Taanith* 1:1). Accordingly, the passage deals with the exile by Edom, the present exile, perpetrated by Rome, who destroyed the Second Temple.

To Me one calls from Seir—*Said the Holy One, blessed be He*: *"To Me the prophet or the angel calls from the yoke of the kingdom of Seir.* — [*Rashi*]

As above, Seir represents Edom, who conquered the land of Seir (Genesis, ch. 36). As mentioned above, Edom represents the Roman Empire.

Watchman, what will be of the night?—*Watcher of Israel, what will be of this night and this darkness?* — [*Rashi*] I.e. what will result from this exile?

12. **Said the watchman**—*The*

שֹׁמֵר אָתָא בֹקֶר וְגַם־לָיְלָה אִם־תִּבְעָיוּן
בְּעָיוּ שֻׁבוּ אֵתָיוּ: יג מַשָּׂא בַּעְרָב בַּיַּעַר
בַּעְרַב תָּלִינוּ אֹרְחוֹת דְּדָנִים:
יד לִקְרַאת צָמֵא הֵתָיוּ מָיִם יֹשְׁבֵי אֶרֶץ
תֵּימָא

נְבִיָּא אִית אֲגַר לְצַדִּיקַיָּא
וְאִית פּוּרְעָנוּת לְרַשִׁיעַיָּא
אִם תְּתִיבִין אַתּוּן תּוּבוּ
עַד דְּאַתּוּן יָכְלִין לְמֵיתַב:
יג מַטַּל כָּס דְּלוּט
לְאַשְׁקָאָה יַת עַרְבָאֵי
בְּחוּרְשָׁא בְּרַמְשָׁא
יְבִיתִין שְׁיָרַת בְּנֵי דְדָן:
יד לְאַפֵּי צַחְיָא פּוּקוּ

ת"א משא בערב. (תענית כט): לקראת צמא. תענית ז:

רש"י

שומר. הקב"ה: אתא בוקר. יש לפני להזריח לעשות בקר לכם: וגם לילה. מתוקן לרשעים לעת קץ: אם תבעיון בעיו. אם תבקשו בקשתכם למהר הקץ: שובו אתיו. בתשובה: (יג) משא בערב. על ערביים: ביער בערב תלינו. ראיתי מה עשיתם בהגלות אשור את עמי והיו מבקשים לשבאים שלהם להוליכם דרך עליכם לפי שאתם בני דודיהם אולי תרחמו עליהם ואתם הייתם יוצאים ולנים ביער דרך העברת שיירות: אורחות דדנים. בני דודכן: (יד) לקראת צמא. דרך להביא מים ואתם יושבי ארץ תימא לא עשיתם כן אלא בלחמו קדמו נודד הביאו להם מיני מאכלים מלוחים ונודות נפוחים מליאי רוח והיה אוכל

מהר"י קרא

(יב) אתא בוקר. על שאתם שואלין על מידות לילה הריני משיבכם קרוב בוקר. כלומר קרובה היא הישועה לבוא וכבר חלף והלך לו גלות אדום: וגם לילה. ואף פורענות של אומות קרובה לבוא. ד"א אתא בוקר וגם לילה. כבר עבר גלות בבל שדומה ליום. וגם לילה. גלות אדום שדומה ללילה כבר עברו שניהם. מי מעכב שאין אנו נגאלין מן הגלות: אם תבעיון בעיו. אם רצונכם שתהיו נגאלים בקשו רחמים מלפני ושובו מן הגלות ואתיו לכם ושובו בגבולכם: (יג) משא בערב. (יד) לקראת צמא התיו מים. אמר ר' יוחנן שמונים אלף פירחי כהונה ובידן שמונים אלף מגיני זהב בקעו לתוך חיילותיו של נבוכדנצר והלכו להם אצל בני ישמעאל. [אמרו להם בני דודנו אתם השקונו מים] אמרו להם אכלו תחילה ואחר כך תשתו הוציאו להם מיני מלוחים ואחר כך הוציאו להם נודות תפוחים והיה [אחד מהם] מתירה ונותנה לתוך פיו והיה הרוח נכנס לתוך מיעיו והיה מפרפר ומת. הוא שהנביא מתנבא עליהן משא בערב. מטול רב בערביא. ולמה. בעד ביער מהלכם ביער הלבנון *). ארחות דודנים. מנהג דודנים הייתם נוהגים בבני. שמעתי כי מנהג דודנים. אנשי מקנה הם. ודרים ביערות וטורח להם לגדל רוב בנים. אלא כשהנשים מניקות את בניהם עד שהדד לתוך פיו עוקרה מתוך פיו ומעצמו הוא מתחנק: לקראת צמא התיו מים. לקראת שצמא היה לכם להביא מים: יושבי

*) עיין ברבה איכה ב' ובילקוט רמז רפ"ט

אבן עזרא

שומר. כמה בקר ולילה עברו ואתם בן שעיר שאתם מהם לא באתם למלחמה עלינו: אם תבעיון. מתרגום ארמית ובא למ"ד הפועל שלם כי היו"ד תמורת ה"א גם בעיו כמו ויאמר שלחו אם תבקשו לבא בקשו: שובו. לשולחים אתכם ובאו כולכם ובאה מלת אתיו זרה ויתכן שנקמץ האל"ף בעבור שהוא מהגרון ויתכן להיות השומר השליט על הארץ כי כמה שליטים לא יוכלו לסבול רעות וימסרו מקום שלטונם: (יג) משא בערב. כמו מלכי הערב ממשפחות קדר וכן ביער בערב: דדנים. כמו שבא ודדן והטעם שארצם חמה ויבשה והיא נחסרת מים והנה הנביא יוכיחם שיעשו חסד עם הארחות להשקותם מים כאשר הוכיח מואב: (יד) לקראת

רד"ק

שתצטרכו לשמור עוד מפחד האויב: אם תבעיון בעיו. אם תשאלו שאלו: שובו אתיו. לשאול כלומר עוד הלילות תשאלו בזה כי אין לכם בטח מן האויב וא"א ז"ל פירש כי עתידים בני שעיר להחריב דומה וקורא הנביא שומר וצופת והנביא מדבר כאלו בני שעיר קוראים אליו ושואלים לו מה מלילה כלומר מה מלילותם וימותם של דומה כלומר אם הגיע זמן קיצן עדין ונלך עליהם והנביא משיב להם כבר נשלטו הימים והלילות ובא בקר כפלתם שובו עתה עליה ותצליחו ות"י כן מטל כס דלוט וגו' ובדברי רבותי' ז"ל בספרו של רבי מאיר מצאו כתוב משא דומה משא רומי: אלי קורא משעיר. אמר רבי יוחנן אלי קורא מפני שעיר: שומר מה מלילה. אמרו לישעיה רבינו ישעיה וכי מה יוצא לנו מתוך הלילה זה אמר להם המתינו לי עד שאשאל כיון ששאל חוזר אצלם אמרו לו שומר מה מליל שומר העולמים. אמר להם לא כשאתם סבירין אלא בקר לצדיקים ולילה לרשעים בקר לישראל ולילה לאו"ה אמרו לו אימתי אימת דאתון בען הוא בעי אם תבעיון בעיו ואומרים להם ומי מעכב אמר להם תשובה שובו אתיו: (יג) משא בערב. נבואה זו נאמרה על ערב והם בני קדר ובי"ת בערב במקום על כמו כן ינתן בו כי אם הבהמה אשר אני רוכב בה כמו עליה: ביער בערב תלינו ארחות דדנים. אומר כנגד שיירות בני דדן שהיו עוברים ושבים בערב אמר עתה בחרבן ערב תלינו ביער כי לא תמצאו אהלים ללון שם כי חרבו אהלי קדר וי"ת בחורשא ברמשא תביתון תרגם בערב כמו בערב: (יד) לקראת צמא התיו מים. התיו כמו אתיו אומר דרך משל למים שיבאו לקראת הצמא כי בני קדר יהיו גולים ונודדים

מצודת דוד

ישיב לאמר אף אם בא הבוקר ואין פחד מהאויב אבל גם הליל' תבוא ומהלורך לשמור עוד מפחד האויב: אם תבעיון בעיו. אם תשאלון לדרוש שאלה כזאת שובו ובאו למחר ולמחרתו כי בכל הלילות מהלורך לשמור ותוכלו לשאול בכולם: (יג) בערב. על ערב והם בני קדר: ביער בערב וגו'. אתם שיירות בני דדן שהייתם רגילים ללון באהלי אנשי ערב הנה עתה שחרבו אהליהם תלינו ביער אשר בערב: (יד) לקראת צמא. לקרא' ערב הלמא בלכתו הביאו לו מים לשתו':

מצודת ציון

מלשון דישה: (יב) אתא. ענין ביאה כמו ואתה מרבבות קדש (דברים ל"ג): תבעיון בעיו. ענין שאלה ודרישה ובדרז"ל נבעי מיניה וגו' ודומה לו נבעו מצפוניו (עובדיה א') שהוא ענין דרישת החפוש וכמו שמלת בקשה הונח לדרישת שאלה ולדרישת החפוש כן מלת בעיו הונח לשניהם: אתיו. בואו: (יג) בערב. הבי"ת היא במקום על כמו כן ינתן בו (ויקרא כ"ד) ומשפטו עליו: תלינו. מל' לינה: ארחות. שיירות הולכי אורח: (יד) התיו. הביאו: קדמו.

children of your uncle. — [*Rashi*]

14. **Toward the thirsty**—*it is customary to bring water, but you, the inhabitants of the land of Tema, did not do so, but with his bread they came before the wanderer; they brought them sorts of salty foods and blown up flasks full of air, and he would eat and ask to drink, and he would put the opening of the flask into his mouth, and the air would go into his innards, and he would die. Another explanation of "Toward the thirsty they bring water," is as fol-*

12. Said the watchman, "Morning has come, and also night. If you will request, request. Return and come." 13. The harsh prophecy concerning Arabia: In the forest in Arabia did you lodge, on the roads of your cousins. 14. Toward the thirsty they bring water; the inhabitants of the land of Tema

make your request to hasten the end of the exile — [*Rashi*]

return and come—*in repentance.* — [*Rashi*]

Redak quotes the complete passage from *Yerushalmi*: They said to Isaiah, "Our master, Isaiah, what will come to us from this night?" He replied, "Wait until I ask." After he asked, he returned to them. They said to him, "Watchman, what did the everlasting Watchman say?" He replied, "Not as you think, but there will be morning for the righteous and night for the wicked, morning for Israel and night for the heathens. They said to him, "When?" He replied, "Whenever you want, He wants." They asked, "Who is detaining [the redemption]?" He replied, "Repentance. Return and come." —[*Redak* according to Midrashic interpretation]

Redak, himself, interprets this prophecy as referring to Dumah the son of Ishmael, mentioned in Gen. 25:14. The prophet says: "The voice of prophecy calls to me, saying that from Seir will emanate the destroyer of Dumah, and, out of fear of the attackers, they will appoint watchmen on the walls of the city." He says further that people will rise at night for fear of the impending invasion and ask the watchman, "Watchman, what is new of the night?" The watchman will reply, "Indeed, morning will come, but to no avail, for also night will follow again, and we will have to watch again out of fear of the enemy. If you wish to ask, ask. Come back again tomorrow night, for we are not safe from the attack of the enemy."

He quotes his father, Rabbi Joseph Kimchi, who interprets the passage as referring to the prophet. The prophet represents himself as a watchman. The people of Seir, the eventual destroyers of Dumah, approach the prophet and ask him of the future of Dumah. "Watchman, what of the night?" What is the nature of the nights and days of the people of Dumah? Have they reached their end? The prophet replies, "The days and the nights of Dumah have ended. The dawn of their downfall has arrived. Return again to attack them and you shall succeed."

13. **The harsh prophecy concerning Arabia**—*About the Arabs.* — [*Rashi*]

In the forest in Arabia did you lodge—*I saw what you did when Assyria exiled my people, and they begged their captors to lead them through your land, since you are the descendants of their uncles, perhaps you would have mercy on them, and you were going out and lodging in the forest, the road where the caravans pass.* — [*Rashi*]

the roads of your cousins—*the*

תֵּימָא בְּלַחְמוֹ קִדְּמוּ נֹדֵד׃ טו כִּי־מִפְּנֵי
חֲרָבוֹת נָדָדוּ מִפְּנֵי ׀ חֶרֶב נְטוּשָׁה וּמִפְּנֵי
קֶשֶׁת דְּרוּכָה וּמִפְּנֵי כֹּבֶד מִלְחָמָה׃
טז כִּי־כֹה אָמַר אֲדֹנָי אֵלָי בְּעוֹד שָׁנָה
כִּשְׁנֵי שָׂכִיר וְכָלָה כָּל־כְּבוֹד קֵדָר׃
יז וּשְׁאָר מִסְפַּר־קֶשֶׁת גִּבּוֹרֵי בְנֵי־קֵדָר
יִמְעָטוּ כִּי יְהוָה אֱלֹהֵי־יִשְׂרָאֵל דִּבֵּר׃

ת"א מפני חרבות. סנהדרין לה:

תרגום

נַגְדִין דְמַיָא דְיָתְבֵי
בְּאַרְעָא דְרוֹמָא לַחְמָא
דְאַתּוּן אָכְלִין זַמִינוּ
לִמְעַרְקַיָא׃ טו אֲרֵי מִן
קֳדָם קְטוֹל עֲרָקוּ מִן
קֳדָם חַרְבָּא שְׁלִיפָא
וּמִן קֳדָם קֶשֶׁת מְתִיחָא
וּמִן קֳדָם תְּקוֹף קְרָבָא׃
טז אֲרֵי כִדְנַן אֲמַר יְיָ
לִי בְּסוֹף שְׁנַיָא כִּשְׁנֵי
אֲגִירָא וְיָסוּף כָּל
יְקָרְהוֹן דַעֲרָבָאֵי׃
יז וְתִתְקוֹף עָבְדֵי קְרָב
גִּבָּרֵי בְּנֵי עֲרָבָאֵי יִזְעֲרוּן
ארי

מהר"י קרא

ארץ תימא. אתם יושבי ארץ תימא היה לכם לקדם את ישראל שהיו נודדים אצליכם איש בלחמו: (טו) מפני חרבות נדדו. אצלכם: מפני חרב נטושה. מפוזרת כד"א (והנם) [והנה] נטושים על פני כל הארץ: ומפני קשת דרוכה. כשם שמספר והולך כל קציניך נדדו יחד מקשת אוסרו. ומדרש אגדה. באיכה לקראת צמא אתיומים. כך עבדית לישמעאל אבוכון לא לקראת צימאו פתחתי עיני אמו להשקותו. דכתיב ויפקח אלהים את עיניה וגו' כך היה להם כמו כן להקדים את בני בלחם ובמים: כי מפני חרבות נדדו מפני חרב נטושה. [על ידי שלא שמרו שמיטה וכו' מפני קשת דרוכה] *). על ידי שהיו דורכין גיתות בשבת: ומפני כובד מלחמה. על ידי שלא נהעסקו במלחמתה של תורה כדא"מ על כן יאמר בספר מלחמות ה': (טז) בעוד שנה כשני שכיר. כשישלם למלכות ישמעאל שנים שלימים אז תכלה ותסוף כבוד מלכותם:

*) כ"ה בילקוט רמז רפ"ס ובאיכה רבתי ב'

רש"י

ומבקש לשתות ונותן פי הנוד לתוך פיו והרוח נכנס במעיו והוא מת. ד"א לקראת צמא התיו מים לא כן עשיתי לאביכם כשהיה צמא גליתי לו באר מים: (טו) כי מפני חרבות נדדו. עמי: חרב נטושה. פשוטה על פני הארץ כמו (שמואל א' ל') והנם נטושים על פני כל הארץ (שם כ"ה) וינטשו בעמק רפאים. ד"א נטושה כמו לטושה כל אותיות אשר מוצאיהם קרובים להיות ממקום אחד מתחלפות זו בזו נון בלמ"ד כענין שנאמר (נחמיה י"ג) לעשות לו נשכה כמו לשכה: (טז) כשני שכיר. מדקדק בה לצמצם המועד כשכיר הנשכר לשנים שמדקדק במועד תשלום שנתו: (יז) ושאר. שארית: קשת גבורי בני קדר. בעלי רובי

רד"ק

במדבר ולא ימצאו מים לשתות ויושבי ארץ תימא כשימצאם גולים ונודדים צריך שיקדמום בלחם: (טו) כי מפני חרבות. ואם תשאלום מפני מה הם נודדים מפני חרבות שפשטו בארצם מפני חרב נטושה שפשטו בארצם וכן וינטשו בלחי כמו ויפשטו ויש מפרשים כמו לטושה וי"ת שליפא: (טז) כי כה אמר ה' אלי בעוד שנה. שנאמרה אלי נבואה זו וכלה כל כבוד קדר כשני שכיר שהם מצומצמים ומדקדק בזמנו לצאת כמו שאומר כעבד ישאף צל וכשכיר יקוה פעלו וכן זאת השנה תהיה מצומצמת: (יז) ושאר מספר קשת. מה שישארו מהם רובי קשת שיברחו ויהיו מתי מספר: ימעטו. יהיו הולכים ומתמעטים: כי ה' אלהי ישראל דבר. לפי שהרעו לישראל

אבן עזרא

צמא. ה"א התיו תחת אל"ף: תימא. כמו חדד ותימא: בלחמו. שב אל צמא והטעם עשו חסד עמו כי מנהגו היה להאכיל כל נודד אליו וטעם קדמו הוא ואנשיו או חבריו: (טו) כי. אלה הנודדים והם שברחו מפני מלך אשור: נטושה. יש אומרים כי הנו"ן תחת הלמ"ד ואיננו נכון רק הוא כמו והנם נטושים: (טז) כי. בעבור זה העון שלא עשו חסד כטעם על דבר אשר לא קדמו אתכם: בעוד שנה. וכלה כי כבוד קדר. וזאת השנה השובה היא שהיא ארוכה כשני שכיר: (יז) ושאר. טעם ושאר לאות כי הרוב יאבד:

מצודת ציון

סביאו לפניו וכן אשר לא קדמו (דברים כ"ג): (טו) חרבות. מל' חרב: נטושה. ענין התפשטות כמו ויטשו בלחי (שופטים ט"ו): (טז) כבוד. ענין רבוי:

מצודת דוד

יושבי וגו'. אתם היושבים בארץ תימא קדמו כל אחד בלחמו לקראת ערב הנודד ממקומו: (טו) כי מפני וגו'. כאומר ואם תשאלו למה נדדו ממקומם אשיב לומר שנדדו מפני חרבות האויב: חרב נטושה. אשר פשטה בארצם: קשת דרוכה. הדרך לדרוך ברגל על הקשת למותחו היטב לירות למרחוק: כובד מלחמה. חוזק מלחמה: (טז) בעוד שנה. בעת תשלום שנה מהיום: כשני שכיר. ר"ל מלומלם כשכיר המדקדק בשני שכירתו: כל כבוד קדר. מרבית המון עם ערב בני קדר: (יז) ושאר. השארית של מספר רובי קשת מגבורי בני קדר יהיו הולכים ומתמעטים: כי ה' וגו' דבר. ובידו לקיים:

ers. He enjoins the inhabitants of the land of Tema, of the sons of Ishmael, to greet the wanderers with their bread.

(15.) **For, because of the swords they wandered, because of the outstretched sword and because of the bent bow, and because of the pressure of war.**—If you ask why the Dedanites are wandering, I will answer that they are wandering because of the swords that were outstretched in their land, which forced them to wander. — [*Redak*]

Ibn Ezra explains that the prophet admonishes the Arabians for failing to give water to the wandering Dedanites. He renders as follows:

with his bread they came before the wanderer. 15. For, because of the swords they wandered; because of the outstretched sword, because of the bent bow, and because of the pressure of war. 16. For so has the Lord said to me: "In another year, like the days of a hireling, all the glory of Kedar shall terminate. 17. And the rest of the number of the bows of the heroes of the children of Kedar shall decrease, for the Lord, the God of Israel has spoken.

lows. I did not do so to your forefather, Ishmael; *when he was thirsty, I revealed to him a well of water.* — [*Rashi* from *Tanḥuma Yithro* 5, *Midrash Tehillim* 5:8]

Since because of the swords they wandered—I.e. *my people* wandered. — [*Rashi*]

the outstretched sword—Heb. נְטוּשָׁה, *spread over the surface of the earth, as* "(I Sam. 30: *And behold, they were scattered* (נְטוּשִׁים) *over the entire landscape,*" "(II Sam. 5:18) *And spread out* (וַיִּנָּטְשׁוּ) *in the Valley of Rephaim." Another explanation* is that נְטוּשָׁה *is like* לְטוּשָׁה, *sharp. All letters whose sources are close to being from one place,* i.e. from one speech organ, *are interchangeable with one another, the 'nun' with the 'lamed,' as in the case stated* (in Nehemiah 13:7): *"To make him a chamber* (נִשְׁכָּה)*" like* לִשְׁכָּה. — [*Rashi*]

16. **like the year of a hireling**—*I will be exact with them to limit the time like a hireling, hired by years, who is exact with the time of the completion of his year.* — [*Rashi*]

17. **And the rest**—*the remnant.* — [*Rashi*]

the bows of the heroes of the children of Kedar—*Archers, for they are like their forefather,* Ishmael, *about whom it is stated*: "(Gen. 21:2) *And he was an archer."* — [*Rashi*]

Others explain that Arabia is of the family of Kedar, mentioned in Gen. 25:13. The prophet is predicting their doom because of their mistreatment of Israel; perhaps they accompanied the king of Assyria and harmed Israel when they were being led away in captivity, or perhaps Israel passed through their land and the Arabians harmed them. He is prophesying the end of Arabia and sympathizing with the Dedanites, who, in their travels in the desert, will find no one to bring them water.

(13.) **The harsh prophecy concerning Arabia: In the forest in Arabia shall you lodge, you caravans of Dedanites.**—I.e., now that the land of Arabia has been destroyed, you caravans of Dedanites will be forced to stay overnight in the forests, for you will find no settlements in which to lodge.

(14.) **Toward the thirsty come forth, ye waters, the inhabitants of the land of Tema, with his bread greet the wanderer.**—It is as though the prophet addresses the water, admonishing it to come forth to slake the thirst of the thirsty travel-

כב א מַשָּׂא גֵּיא חִזָּיוֹן מַה־לָּךְ אֵפוֹא
כִּי־עָלִית כֻּלָּךְ לַגַּגּוֹת׃ ב תְּשֻׁאוֹת
מְלֵאָה עִיר הוֹמִיָּה קִרְיָה עַלִּיזָה חֲלָלַיִךְ
לֹא חַלְלֵי־חֶרֶב וְלֹא מֵתֵי מִלְחָמָה׃
ג כָּל־קְצִינַיִךְ נָדְדוּ־יַחַד מִקֶּשֶׁת אֻסָּרוּ
כל

ת"א גיאחזיון. תענית כט זוהר מקץ (שקלים ג):

אֲרֵי בְּמֵימְרָא דַיְיָ אֱלָהָא דְיִשְׂרָאֵל גְּזִיר כֵּן׃
א מַטַּל נְבוּאֲתָא עַל קַרְתָּא דְיָתְבָא בְחֵילְתָא דְאִתְנַבִּיאוּ עֲלַהּ נְבִיַּיָא מָה לְכוֹן כְּדֵין אֲרֵי סְלֶקְתּוּן כּוּלְכוֹן לְאִגָּרַיָּא׃
ב מִן קֳדָם אִתְרְגוּשָׁא דְאִתְמְלִיאַת קַרְתָּא מְשַׁבַּחְתָּא כְּרַכָּא חֲדָאָה קְטִילַיִךְ לָא אִתְקְטִילוּ בְּחַרְבָּא וְאַף בִּקְרָבָא לָא מִיתוּ׃
ג כָּל שִׁלְטוֹנַיִךְ אִטַּלְטַלוּ כַּחֲדָא מִן קֳדָם מְתַח

רש"י

קשת שהם כאביהם שנא' בו (בראשית כ"א) ויהי רובה קשת:

כב (א) גיא חזיון. היא ירושלים גיא שנתנבאו עליה רוב נבואות: כי עלית כולך לגגות. כשבא עליהם חיל עולים על גגותיהם לראות החיל ולהלחם ורבותינו פירשו על כהנים שעלו על גגו של היכל ומפתחות העזרה בידם כדאיתא במס' תענית. ומ"א אומר שהיו גסי הרוח באיכה רבתי: (ב) תשואות מליאה. עיר שהיתה מליאה תשואות קול רוב אדם הומיה ועליזה עכשיו מה לך מתאבלת: חלליך לא חללי חרב. טובים היו אילו חללי חרב היו מעכשיו שהם חללי רעב: (ג) כל קציניך נדדו יחד. צדקיהו ושריו שילאו לברוח בלילה: מקשת אוסרו. אשר מאימת המורים הלים בקשת היו נאסרים להסג' בתוך העיר וכל הנמלאים בו אוסרו יחד בזיקים ורוכן מרחוק

מהר"י קרא

כב (א) משא גיא חזיון. ראה הנביא בחזיונו שעתידין לעלות על גגותיהן כשיצור עליהן נבוכדנצר כסבורין לעמוד ולהלחם כנגדו. והנביא רואה שלא יהיו יכולין לעמוד לפניו ואמר להם מה לך איפוא כי עלית [כלך] לגגות: (ב) [תשואות מלאה]. עיר ההוללה שהיה תשואות מלאה מלאה המון (הרים) [ערים]: עיר הומיה. מרוב אדם ובהמה בתוכה: קריה עליזה. שהיתה משוש כל הארץ: חלליך לא חללי חרב. מה מועיל לעלות לכם על גגותיהן להלחם כנגד נבוכדנצר דעו כי תלחמו את הכשדים לא תצליחו. וחלליכם לא חללי חרב כבני אדם היוצאין להלחם ונופלין מאלה ומאלה. ולא מתי מלחמה. ואתם לא כן שלא קמה עוד רוח באיש מישראל להלחם בפניהם כשעה שנכנסו אויבים לירושלם. אלא: (ג) כל קציניך נדדו יחד. ברחו יחדיו ואיש לא עמד מפניהם: מקשת אסרו. כיון

אבן עזרא

כב (א) משא גיא חזיון. ירושלים שהיא מקום הנבואה. יש אומרים כי טעם עלית לגגות לקטר למלאכת השמים ולפי דעתי שהטעם עלותם לראות המחנות הצרות על ירושלם כי כן מנהג המדינות: (ב) תשואות. מגזרת שאון: עליזה. שמחה והטעם כי היתה מליאה אנשים ונלכדו בשביה וברעב ולא יכלו להלחם: (ג) כל. מקשת. שראו

רד"ק

כשהגלם מלך אשור אולי באו בני קדר עם מלך אשור והרעו לישראל בעת שהיו מוליכים אותם בשביה או שעברו ישראל דרך ארצם בגלותם והרעו להם: (א) משא גיא חזיון. נבואה זו נאמרה על ירושלים וקראה גיא חזיון לפי שהיא מקום הנבואה ומה שקראה גיא והיא הר לכנותה לרעה לפי שהפילוה יושביה לרעתם והשיבוה מהר אל בקעה ואינה ראויה שתקרא עתת הר אלא גיא: מה לך איפה כי עלית כלך לגגות. דרך בני העיר לעלות לגגות ולמגדלים בעת שיבאו להם האויבים ויכנסו בעיר בחזקה יעלו לגגם להשגב בהם או להלחם בהם אל נפשותם אם יוכלו אמר הנביא כנגד ירושלים מה לך והלא היית אתמול תשואות מלאה עיר הומיה מה לך עתה שנאספת אל הבתים ועלית אל הגגות מפני מה היה זה מפני עונך: (ב) תשואת מלאה. הארץ תשואת פי' קול המון העיר מרוב העם אשר בתוכה וכן תשאות חן חן לה: חלליך לא חללי חרב. כי לא יצאו חוץ לעיר להלחם עם אויביהם אלא נאספו אל העיר ומתו בתוכה ברעב והנה אינם חללי חרב אלא חללי רעב: (ג) כל קציניך נדדו. קציניך וראשיך שנדדו וברחו:

מצודת דוד

כב (א) גיא חזיון. זה ירושלים שהיתה מקום הנבואה ועם כי עמד' בהר קראה גיא לכנותה לרעה ולומר שהשפלוה האוידים בחטאתיה ומהר נעשה גיא: מה לך איפוא. מה נעשה לך עתה אשר עלית על הגגות כי כן הדרך כשבא העיר במצור עולים על הגגות לראות כמה יש המון עם הצרים: (ב) תשואות. עד הנה היית מלאה המיית אנשים: עיר הומיה. כפל הדבר במ"ש: קריה עליזה. ככך מלאה שמחה במרבית הממשלה והעושר: חלליך. עתה איך עלתה בך אשר חלליך לא חללי חרב המה כי ברעב מתו הקשה ממיתת הרב: (ג) כל קציניך. צדקיה ושריו אשר נדדו יחד וברחו הנה נאסרו מרובי הקשת כי כאשר ברחו דרך המערה הזמין הקב"ה צבי אחד רץ על המער' ממעל ורדפו אחריו רובי קשת וכשבאו

מצודת ציון

כב (א) גיא. עמק: חזיון. ענין נבואה: איפוא. כמו עתה וכן עשה זאת איפוא בני (משלי ו'): כלך. מלשון כל: (ב) תשואות. ענין הומיה כמו תשואות נוגש (איוב ט'): קריה. ככך כמו תעלן קריה(משלי י"א): עליזה. ענ' שמחה: (ג) קציניך.

They did not leave the city to defend it against the attackers, but gathered inside, where they died of hunger during the siege. — [*Redak*]

nor have they died in war—I.e., they were not put to death by the enemy, nor did they fall in battle. — [*Malbim*]

3. **All your officers wandered together**—*Zedekiah and his officers, who went out to flee at night* (II Kings 25:4) — [*Rashi*]

because of the bow they were bound—*who, because of fear of the archers, were bound to be confined within the city, and all those found*

22

1. The harsh prophecy of the Valley of Vision: What ails you then that all of you have gone up to the rooftops? 2. Full of clamor, a tumultuous city, a happy city, your fallen have not fallen by the sword, nor have they died in war. 3. All your officers wandered together, because of the bow they were bound;

(13.) **The harsh prophecy concerning Arabia: In the forest in Arabia shall the caravans of the Dedanites lodge.**—The fleeing Dedanites will lodge in the forests of Arabia, an arid country.

(14.) **Toward the thirsty bring forth water; the inhabitants of the land of Tema, with their bread, greeted the wanderer.**—The prophet calls upon the Arabians to bring forth water to the inhabitants of Tema, who were accustomed to greeting wanderers with bread. Now that they themselves are wanderers, others must be kind to them and give them bread and water. This reprimand resembles that of the Torah against Ammon and Moab, who failed to great the children of Israel with bread and water. — [*Ibn Ezra*]

1. **the Valley of Vision**—*This is Jerusalem, the valley concerning which most prophecies were prophesied.* — [*Rashi, Ibn Ezra, Redak* from *Introduction to Lam. Rabbah* 24]*

that all of you have gone up to the rooftops—*When an army comes upon them, they go up to their roofs to see the army and to fight. Our Rabbis, however, explained this concerning the priests who went up to the roof of the Temple with the keys of the forecourt in their hands, as is stated in the Tractate Taanith* (29a). The Talmud continues: They said before Him, "Lord of the Universe! Since we have not merited to be trusted treasurers, we are returning the keys to You." Thereupon, they cast them aloft, and something resembling the palm of a hand appeared, and accepted them from them. Then, they sprang into the fire. *The Midrash Aggadah, however, states that they, the people of Jerusalem, were haughty.* This is found *in Lamentations Rabbah* (Int. 24). — [*Rashi*]

The Midrash interprets the expression of going up to the rooftops as figurative of haughtiness. — [*Mattenoth Kehunnah* ad loc.]

2. **full of clamor**—*A city that was full of clamor, the voice of many people, tumultuous and happy, now, what ails you that you mourn?* — [*Rashi, Redak, Ibn Ezra,* from *Lamentations Rabbah* ibid.]*

your fallen have not fallen by the sword—*It would have been better had they fallen by the sword than now that they have perished by hunger.* — [*Rashi*]

כָּל־נִמְצָאַיִךְ אֻסְּרוּ יַחְדָּו מֵרָחוֹק בָּרָחוּ׃
ד עַל־כֵּן אָמַרְתִּי שְׁעוּ מִנִּי אֲמָרֵר בַּבֶּכִי
אַל־תָּאִיצוּ לְנַחֲמֵנִי עַל־שֹׁד בַּת־עַמִּי׃
ה כִּי יוֹם מְהוּמָה וּמְבוּסָה וּמְבוּכָה
לַאדֹנָי יֱהֹוִה צְבָאוֹת בְּגֵי חִזָּיוֹן מְקַרְקַר
קִר וְשׁוֹעַ אֶל־הָהָר׃ ו וְעֵילָם נָשָׂא

תרגום

קַשְׁתָּא גְלוֹ כֹּל דְאִשְׁתְּכַח בִּיךְ אִתְקְטָלוּ כַּחֲדָא מְרַחִיק עֲרַקוּ׃ ד עַל כֵּן אֲמָרִית שְׁבוּקוּ מִנִּי אֶבְכֵּי בְּמָרָר לָא תִתְבָּעִיתוּ לְנַחֲמוּתִי עַל תְּבַר כְּנִשְׁתָּא דְעַמִּי׃ ה אֲרֵי יוֹם רְגוֹשׁ וְאִתְדְּשָׁא וּקְטוֹל קֳדָם יְיָ אֱלֹהִים צְבָאוֹת עַל קַרְתָּא דְיַתְבָא בְּחֵילְתָא דְאִתְנַבִּיאוּ עֲלַהּ נְבִיַּיָא מְבַלְשִׁין בָּתַּיָא מַקְפִין מִגְדְּלַיָא בְּרֵישֵׁי טוּרַיָא׃ ו וְעֵילָמָאֵי נְטָלוּ זֵין בִּרְתַק אֱנָשׁ וְעִמְהּ זוג

מהר"י קרא

שהפכו עורף לפני איביהם היו מורין אחריהם חצים. והבורח כיון שמרגיש החץ בגופו מיד עומד לו כאילו אסור. הה"ד כל קציניך נדדו יחד מקשת אוסרו. כיון שהפכו: כל נמצאיך אוסרו יחדו. כל העם הנמצא יהיו האויבין אוסרין אותן בזיקים ומוליכין אותן בבלה: מרחוק ברחו. אותם שהיו עומדין ברחוק מן המלחמה לא באו לעזור אל אחיהם אלא ברחו להם: (ד) על כן אמרתי שעו מני אמרר בבכי. הנביא שקונן. על שבר בת עמי. אל תאיצו לנחמני: (ה) כי יום מהומה [ומבוסה] ומבוכה. פת' מעורבב כמו נבוכו עדרי בקר וכן נבוכים הם בארץ: מקרקר קיר ושוע אל ההר. האויבים משברים בחומות ירושלם. מקרקר. משבר. ושוע אל ההר יש שפותרין שוע לשון קצין. ואמר המלך ישים את עצמו להלחם אל הר ציון ולא תאבה להם. כי שוע שם אומה היא כמו שמצינו ביחזקאל פקוד ושוע וקוע. ובירמיה הוא אומר (על) [ואל] יושבי פקוד. אף כאן מזכיר הנביא האומות שנשתתפו בחורבן הבית ואומר ויושבי שוע שמו פניהם להלחם אל הר הבית שנאמר ושוע אל ההר: (ו) ועילם נשא אשפה ברכב אדם פרשים וקיר ערה מגן. ערה

רש"י

ברחו קודם לכן: (ד) שעו מני. חדלו ממני כך הקב"ה אומר למלאכי השרת: (ה) ומבוסה. מרמס כמו בוססו את חלקתי (ירמיה י"ב) וכמו כגבורים בוסים בטיט חוצות (זכריה י'): מקרקר קיר. יום קירקור קיר החומה: ושוע אל ההר. וקול שוועה לנוס אל ההרים להמלט: (ו) נשא אשפה. אשפות חצים (קייבר"ן בלע"ז): וקיר

רד"ק

מקשת אסרו. כלומר רובי קשת שרדפו אחריהם השיגום ואסרו אותם והם צדקיהו ושריו שברחו ויצאו מירושלים לילה ורדפו אחריהם הכשדים ותפשום: כל נמצאיך. פי' כל הנמצאים בתוך העיר אסרו וכן אשר מרחוק ברחו שחשבו להמלט אסרו גם כן: (ד) על כן אמרתי. דברי הנביא אמר כנגד המנחמים: שעו מני. כלומר הרפו ממני אל תנחמוני כי אמרר נפשי בבכי שאבכה: אל תאיצו לנחמני. כפל ענין במ"ש אמר אל תדחקו לנחמני על שד בת עמי כי רב הוא מלהנחם עליו: (ה) כי יום מהומה. ענין שבר כמו והמם מהומה גדולה: מבוסה. ענין הרמיסה והגאול כמו כפגר מובס בוסס. כטיט חוצות: מבוכה. ענין בלבול כמו נבוכים הם בארץ: מקרקר קיר. הורס הקיר כמו משרש עוקר השורש ומה שאמר קיר תוספת ביאור כי די לו במקרקר וכן לצבא צבא ותשרש שרשית ויקסמו קסמים וענין מקרקר קיר שהרסו הכשדים חומת ירושלים כמ"ש ותבקע העיר ואומר וינתצו את חומת ירושלים: ושוע אל ההר. היוצאים מן העיר הולכים וצועקים מהר אל הר ומגבעה אל גבעה וי"ת מבלשין בתיא מקפין מגדליא ברישי טוריא: (ו) ועילם.

אבן עזרא

מרוב הפחד מסרו עצמם ואוסרו: מרחוק ברחו. אשר מרחוק ברחו כמו עם לבבם שלם: (ד) על. אלה דברי הנביא: שעו מני. הרפו ממני כמו לא תשעה ממני: אמרר. השומעים בבכי: (ה) כי. ומבוכה. מגזרת נבוכים הם: מקרקר. מהפך או הורס והנה הוא הפך הקיר כמו ושרשך מארץ חיים: ושוע אל ההר. יש אומרים כמו ישעו ואין מושיע ויש אומרים כי השועה תגיע אל ההר: (ו) ועילם. זאת הנבואה על ביאת נבוכדנצר וטעם עילם

מצודת ציון

שריך כמו קצין תהיה לנו (לעיל ג'): (ד) שעו. ענין מניעה והסרה כמו שעה מעלי (איוב י"ד): מני. ממני: אמרר. מלשון מרירות: תאיצו. ענין דחק כמו ואני לא אצתי (ירמיה י"ז): שוד. עושק: בת. כנסיה: (ה) מהומה. ענין שברון כמו והמם גלגל עגלתו (לקמן כ"ח): מבוסה. ענין רמיסה ודריסה כמו יבוס צרינו (תהלים ס'): ומבוכה. ענין בלבול כמו נבוכים הם בארץ (שמות י"ד): מקרקר. מלשון קיר וכותל ר"ל הורס את הקיר ולתוספת ביאור אמר קיר וכן מסתף פארה (לעיל י'): ושוע. ענין צעקה כמו שועתי קולי (יונה ב'): (ו) אשפה. הוא נרתק החצים

מצודת דוד

לפתח המערה מלאו את צדקיהו ושריו יוצאים ותפשום ואסרום: כל נמצאיך. את כל הנמצאים כולם יחדיו אסרו: מרחוק ברחו. אשר ברחו למרחוק מצאום האויב ואסרום: (ד) שעו מני. הדלו ממני ואל תנחמני: אמרר בבכי. אמרר לב השומעים במרבי' הבכי: אל תאיצו. אל תדחקו לנחמני על העושק של בת עמי כי רב' הוא להנחם עליו וכפל הדבר במ"ש כדרך המקונן: (ה) כי יום וגו' לה' וגו'. מוכן לה' להביא על ירושלים יום מהומה וגו': מקרקר קיר. האויב יהרוס קירות החומות: ושוע אל ההר. האויב ילעק עלו להר ציון וכבשוה: (ו) ועילם. בני עילם שהוא ממדינת מדי באו

the city will *cry* to their comrades to take refuge on the mountain, in the fortress of Zion, and others explain this as the *shouts* of the enemies to attack Mount Zion. — [*Abarbanel*]

Shoa may also be the name of a nation allied with Babylon, that assisted in the conquest of the city and attacked the Temple Mount. See Ezekiel 23:23. — [*Kara*]

6. **And Elam**—Not only will the Chaldees attack the city, but other nations as well. — [*Abarbanel*]

Even Elam, conquered by Nebu-

all those found of you were bound together; from afar they fled. 4. Therefore, I said, "Leave Me alone; let Me cry bitterly; do not hasten to console Me concerning the pillaging of the daughter of My people." 5. For it is a day of breaking and trampling and confusion to the Lord God of Hosts in the Valley of Vision, destroying the wall and shouting, "To the mountain!" 6. And Elam carried a quiver

therein were bound together with chains, and the majority of them fled from afar prior to this. — [*Rashi*]

Redak interprets thus: All your officers wandered together—I.e., Zedekiah and his officers fled together.

Because of the bow they were bound—The archers apprehended them and bound them in chains. Concerning the rest of the populace,—

all those found of you—i.e. all those found within the city, as well as those who fled afar, were bound together by the enemy. — [*Redak*]

4. **Leave Me alone**—Heb. שְׁעוּ מִנִּי. *Leave Me alone. So says the Holy One, blessed be He, to the ministering angels.* — [*Rashi* from aforementioned passage in *Lam. Rabbah*]

Others explain that the *prophet* is saying, "Leave me alone, etc." — [*Ibn Ezra, Redak*] He is addressing his friends. — [*Abarbanel*]

concerning the pillaging of the daughter of my people—*Jonathan* renders: Concerning the breach of the congregation of my people.

Do not hasten to console me because the catastrophe is too great for consolation. — [*Redak*]

5. **breaking and trampling and confusion**—[*Redak*] Jonathan renders: clamor, trampling, and slaughter before the Lord God of Hosts.

trampling—Heb. מְבוּסָה, *trampling.* Comp. "(Jer. 12:10) *They trampled* (בּוֹסְסוּ) *My heritage.*" *Comp.* also: "(Zech. 10:5) *And they shall be like heroes, trampling* (בּוֹסִים) *in the mire of the streets.*" — [*Rashi*]

destroying the wall—*a day of destroying the wall.* — [*Rashi*]

Heb. מְקַרְקַר. This means overturning or demolishing the wall. The root is used in a negative sense. I.e., the word קִיר and מְקַרְקַר are derived from the same root. It is used negatively to denote destruction of the wall. — [*Ibn Ezra*]

Here the prophet predicts the destruction of the wall of Jerusalem by the armies of Nebuchadnezzar. — [*Redak*] See II Kings 25:4.

and shouting, "To the mountain!"—Heb. וְשׁוֹעַ. *And the voice of a shout to flee to the mountains to escape.* — [*Rashi*]

Some explain: They *look* to the mountains, and others: Their *cry* reaches the mountains. — [*Ibn Ezra*]

Redak explains that those who leave the city will go and *cry* from mountain to mountain and from hill to hill.

Others explain that those within

אשפה ברכב אדם פרשים וקיר ערה
מגן: ז ויהי מבחר עמקיך מלאו רכב
והפרשים שת שתו השערה: ח ויגל
את מסך יהודה ותבט ביום ההוא אל
נשק בית היער: ט ואת בקיעי עיר

תרגום

פרשין ועל שור דבקו
תריסין: ז והוה שפר
משרך אתמליאו
רתיכין ופרשין סמכן
על תרעין: ח וגלי ית
מטמורית בית יהודה
ואסתכי בעדנא ההיא
על זין בית גנזי
מקדשא: ט וית פלוגת
קרתא דדויד חזיתון ארי

רש"י

ערה מגן. ת"י ועל שור דבקו תריסין והוא כמו ערות על יאור (לעיל י"ט) ומתערה כאזרח רענן (תהלים ל"ז) ויש לפרש וקיר ערה מגן קיר שם העיר כמו (מלכים ב' ט') ויגלה קירה בני אותה מדינה גלו מגיניהם על ירושלים: (ז) שת שתו השערה. שמו מצור על השערים ודוגמתו יש במלכים במלחמת בן הדד שימו על העיר (שם א' כ'): (ח) ויגל. ל' גילוי: מסך יהודה. הוא בית המקדש שהיה מגין ומיסך ומסכך עליהם: ותבט ביום ההוא. תחבולות להלחם בה: אל נשק בית היער. הם המגיני' שלש מאות ומאתים שעשה שלמה ויתנם המלך בית יער הלבנון (שם א' ז'): (ט) בקיעי עיר דוד. בקיעי

מהר"י קרא

ארידש"ש כמו ומתערה כאזרח רענן. ותרג' על שור דבקו תריסידון. ואנשי קיר עליה כלי מלחמתן: (ז) ויהי מבחר עמקיך. (מרווא) (*). מלאו קרונות ומרכבות של גייסות: והפרשים שת שתו השערה. שמו פניהם להלחם עד פתח השער. לפי שאין יכולין אנשי הרכב לבוא שם שהוא מקום צר: (ח) ויגל את מסך יהודה. מסך השבת אשר בנו מלכי יהודה. אכסדרא שהיתה מבית המלך לבית המקדש. שבה המלך היה הולך מביתו לעזרת מדי שבת בשבתו: ותבט ביום ההוא אל נשק בית היער. אל שלטי הזהב שעשה המלך ויתנם בית יער הלבנון. בספר מלכים. כסבורים תהיו להלחם כנגדו: (ט) ואת בקיעי עיר דוד ראיתם כי רבו. כי הנה פרצות העמידו

(* אולי צ"ל שכוא מקום מרווח

אבן עזרא

אפילו עילם שהתגבר עליהם נבוכדנצר הוא ישא אשפה ויבוא על ירושלם: וקיר. שאפילו שהם בעלי מדינות קיר כמו והרס מקיר יגלה מגניו על ישראל סביבות ירושלם: (ז) ויהי. כ"ף עמקיך לנכח ירושלם: שות שתו. הדייק והסוללה וכל המלחמה: (ח) ויגל. וכבר נגלה מסך יהודה והטעם כי ראו בבוא האויב כי אין להן כח לסבול ויתכן היות ויגל השם: ותבט. שב אל יהודה שהסתכלו בכלי הנשק

רד"ק

פירוש בני עילם: נשא אשפה. בחצים וקשת להלחם על ירושלם וכן קיר והיא עיר למלך אשור כמו שאמר ויגלהו קירה וכן בני קיר גלו המגינים לבא למלחמת על ירושלים: ערה. ענין גלוי כמו את מקורה הערה ויש לפרש קיר כמשמעו כותל וערה ענין דבוק וכן בדברי רז"ל מעורה בפרשים פי' דבוקה ופי' הפסוק עילם נשא אשפה לירות החצים אל ירושלם וכן דבק אל החומה המגינים לתתור החומה תחתיה להפילה וכן ת"י ועל שוריא דבקו תריסין: ברכב אדם פרשים. ת"י ברתך אנש ועמיה זוג פרשין: (ז) ויהי מבחר עמקיך. אומר כנגד ירושלם מבחר ארצך ימלא ברכבי האויבים ואמר עמקיך כי הרכב לא ילך בהרים אלא בעמקים: שות שתו. שמו פניהם לשערי ירושלים להלחם ויש מפרשים נלחמו וכן ופה ישית בגאון גליך ילחם וי"ת עמקיך משרייך ושות שתו סמכן על תרען וכן וישימו על העיר ר"ל הפרשים שמו עסקם וכלי מפצם לכבוש העיר: שות שתו. שמו כלי המצור אל השער: (ח) ויגל את מסך יהודה. גלה האויב את מסך יהודה שהיו סבורים שהיו כסוככין שלא תבא עליהם רעת האויב מפני בית המקדש שהיה בנחלתם והנה בא האויב בעונותם וגלה המסך שלהם: ותבט. אומר כנגד עם ירושלם או כנגד המלך. אמר כשראית את האויב שבא עליך הבטת אל נשק בית יער הלבנון שנתן שם שלמה מגינים ותתת עיניך בהם להביאם אל ירושלם כלומר הכינות עצמך למלחמה ולא לתשובה ומעשים טובים כלומר הבטחך היתה אל הנשק ולא אל האל כמו שאמר ולא הבטתם אל עושיהו וי"ת אל נשק בית יער על זיין בית גנזי מקדשא: (ט) ואת בקיעי עיר דוד היא ציון ועשיתם הכנה לבנות פרצות שהיו בחומות עיר דוד ראיתם.

מצודת דוד

גם המה לעזרת בבל ונשאו אשפות מלאים חצים ובאו עם רכב המיוחד לאדם ועליו פרשים: וקיר. אנשי קיר גלו המגינים לקראת המלחמה: (ז) מבחר עמקיך. העמקים הנבחרים מלאו מרכב תאנשי המלחמה: שות שתו. שמו פניהם לשערי ירושלים להלחם: (ח) ויגל. האויב גלה את מסך יהודה כי היו סבורים שיהיו מסוככין מרעת האויב לפי שבהמ"ק היה בנחלתם ובא האויב וגלה המסך ר"ל לא הועיל להם סכך המקדש: ותבט. אל מול יהודה יאמר כשראית אשר בא האויב הבטת אל הנשק אשר בבית יער הלבנון שנתן שם שלמה מגינים ולנות כמ"ש ויעש המלך שלמה מאתים לנה וגו' ושלש מאות מגינים וגו' ויתנם המלך בית יער הלבנון (מלכים א' י') ונתת עיניך בהם להלחם עמהם וכאומר הכינות עצמך למלחמה ולא לתשובה: (ט) בקיעי עיר דוד ראיתם. שנתרבו בקיעות וסדקים

מצודת ציון

כמו עליו תרנה אשפה (איוב ל"ט): וקיר. שם מקום כמו ויגלה קירה (מ"ב ט"ו): ערה. ענין הגלות הדבר כמו מקורה הערה (ויקרא כ'): מגן. כעין מלבוש ברזל עשוי ללבוש במלחמה להגן ממכת חרב וחנית: (ז) שות שתו. ענין שימה כמו שתו עלי (תהלים ג'): (ח) מסך. מלשון סכך ומכסה: נשק. כלי מלחמה

of Jerusalem, seeing the enemy upon you, looked for weapons with which to defend yourselves. — [*Redak*]

Or, you, Judah. — [*Ibn Ezra*]

to the weapons of the house of the forest—*They are the three hundred shields and two hundred body shields that Solomon made, and the king placed them in the house of the forest of Lebanon* (I Kings 10:16f.)—[*Rashi*]

You looked to these shields to bring them to Jerusalem. You prepared yourself for war, but not for repentance and the performance of good deeds. Your hope was in weapons rather than in the Holy One, blessed be He. — [*Redak*]

Kara identifies this *masach* with

with a chariot of men, riders, and to the wall they attached their shields. 7. And it came to pass that the choice of your valleys were filled with chariots and the riders laid [siege] to the gate. 8. And he bared the covert of Judah, and you looked on that day to the weapons of the house of the forest. 9. And the cracks of the city of David

chadnezzar, will take up arms against Jerusalem. — [*Ibn Ezra.* See Friedlander.]

and to the wall they attached their shields—Heb. עֵרָה. *Comp.* "(above 19:7) *The well-rooted plants* (עָרוֹת) *by the stream,*" (Psalms 37:35) *Striking roots* (מִתְעָרֶה) *like a green tree in its native soil. It is also possible to explain*: וְקִיר עֵרָה מָגֵן as follows: *Kir is the name of the city. Comp.* "(II Kings 16:9) *And exiled [its inhabitants] to Kir.*" *The people of that province exposed their shields toward Jerusalem.* — [*Rashi*] I.e. even the inhabitants of distant Kir will join the Chaldees in their attack on Judah. — [*Ibn Ezra*] *Redak,* too, mentions both explanations. He explains, according to the first, that the soldiers would attach their shields to the wall when they were digging under it to knock it down. Apparently, they attached their shields there to protect themselves from the archers standing on the wall.

Malbim adopts the second explanation, adding that the Elamites would shoot the arrows while the people of Kir, as armor bearers, would stand in front of them with shields to protect them. Thus, many nations joined Babylon in its attack on Jerusalem.

7. **the choice of your valleys**—The prophet addresses Jerusalem, saying that the chariots of the enemies have filled the choicest parts of your land. Since chariots go in the valleys, rather than in the mountainous regions, he says, "the choice of your valleys." — [*Redak*]

laid [siege] to the gate—Lit. laid to the gate. *They laid siege to the gates. There is a similar expression in Kings* (II 20:12) *in the war with Ben-Hadad, "Lay on!" And they laid siege to the city.* — [*Rashi*]

Alternatively, they laid on the siege mound and the implements of war. — [*Ibn Ezra*]

8. **And he bared**—Heb. וַיְגַל, *an expression of uncovering.* — [*Rashi, Ibn Ezra, Redak*]

the covert of Judah — *That is the Temple, which shielded, protected, and covered them.* — [*Rashi*]

I.e., the enemy destroyed the Temple, upon which they relied to protect them from the enemy. Now, because of their sins, that protection has been removed. — [*Redak*]

Alternatively, the enemy, or perhaps God, removed the veil from their eyes, and they realized that the enemy was coming and that they were powerless against him. — [*Ibn Ezra*]

and you looked on that day—*for means of waging war.* — [*Rashi*]

You, the king, or, you, the people

דָּוִד רְאִיתֶם כִּי־רָבּוּ וַתְּקַבְּצוּ אֶת־מֵי
הַבְּרֵכָה הַתַּחְתּוֹנָה: י וְאֶת־בָּתֵּי
יְרוּשָׁלִַם סְפַרְתֶּם וַתִּתְצוּ הַבָּתִּים לְבַצֵּר
הַחוֹמָה: יא וּמִקְוָה ׀ עֲשִׂיתֶם בֵּין
הַחֹמֹתַיִם לְמֵי הַבְּרֵכָה הַיְשָׁנָה וְלֹא
הִבַּטְתֶּם אֶל־עֹשֶׂיהָ וְיֹצְרָהּ מֵרָחוֹק

הת' רפה

תרגום

סגיאת וכנישתון ית עמא למי בריכתא ארעיתא: י וית בתי ירושלם מניתון ותרעתון בתיא לתקפא שורא: יא ומקויא עבדתון בין שוריא למי בריכתא עתיקתא ולא אסתכלתון בדעבדה ודי בראה מלקדמין לא חזיתון

מהר"י קרא

בה האויבים: ותקבצו את מי הברכה התחתונה. לאסוף המים העירה שלא ימצאו הצרים על העיר מים לשתות: (י) ואת בתי ירושלם ספרתם. מי שיש לו בית של אבנים. ותהיו נותצים הבתים לבצר החומה ולחזקה: (יא) [ומקוה] עשיתם בין החומותים לכי הברכה הישנה. פת' כמי הבריכה. כמו (ואתה) [ואמר] פרעה לבני ישראל. פת' מבני ישראל. וכל זה לחזק העיר: ולא הבטתם אל עושיה. לחזור אצלו בתשובה: ויוצרה מרחוק. מששת ימי בראשית: לא ראיתם. לשוב אצלו בתשובה:

רש"י

החומה ראיתם כי רבו: ותקבצו את מי הברכה. י"ת וכנישתון ית עמא למי בריכתא ארעיתא שהוא אצל בקיעי עיר דוד להלחם שם לפי שראיתם שיש שם תורפה לירושלים ונוחה ליכבש משם: (י) ואת בתי ירושלים ספרתם. כמה בתים יש לכל אחד שיתנו מהם לפי השבון כדי לקחת האבנים והעצים לבצר את החומה: לבצר. לחזק ל' ערים בצורות (מדבר י"ג): (יא) ומקוה עשיתם. אגם מים להיות חוזק לעיר: בין החמותים. החומות כפילות חיל וחומה ובין מי הברכה הישנה: ולא הבטתם אל עושיה. ואם תאמרו אף חזקיה עשה כן שנא' (ד"ה ב' ל"ה) ויתחזק ויבן את כל החומה הפרוצה ויעל על המגדלים ולחוצה החומה האחרת ויחזק את המלא עיר דוד. חזקיהו בי"י אלהי ישראל בטח וגו' (מלכים ב' י"ח) אבל אתם בימי יהויקים וצדקיה לא הבטתם אל עושיה: ויוצרה מרחוק. מאז שברא את העולם עלתה ירושלים ובית המקדש

רד"ק

אותם פרצות: ותקבצו את מי הברכה התחתונה. מי הברכה שהיו מתפזרים ממנה ולחוץ קבצתם אותם לתוכה להיות המים מזומנים לעשות בהם חמר לבנין הפרצות ובריכה היא חריץ בנוי באבנים מתקבצים בה מי גשמים: (י) ואת בתי. הנה הכינותם המים וכן הכינותם האבנים שספרתם הבתים ומי שהיה לו בית יתר נתצתם אותו לבנות פרצות החוכה מאותם האבנים: ותתצו. תי"ו השרש רפה ומשפטה להדגש כי שרשו נתץ: לבצר. ענינו לחזק כן ערים בצורות: (יא) ומקוה. בקמץ בשקל משרת עוד עשיתם הכנה למים בין שתי החומות סמוך למי הברכה הישנה עשיתם שם חריץ שיקוו בו מי גשמים כל אלה ההכנות עשיתם מפני האויב כדי להציל ירושלם מידו: ולא הבטתם אל עושיה. ולא הבטתם אל הבורא אשר עשת אותה ותקנה עד הנה ושמרה מיד האויב לא הבטתם לשוב אליו וללכת בדרכיו כי הוא היה מציל אתכם אם שבתם אליו יותר מכל ההכנות שעשיתם: ויוצרה מרחוק לא ראיתם. מי שיצר לירושלם זמן רב ורחוק להשרות שכינתו בה ובחר אותה מכל הארצות לא ראיתם אותו לשוב אליו ובדרש ויוצרה מרחוק לא ראיתם. מי שברא אותה קודם שנברא העולם כמו שאמרו רז"ל שבעה דברים נבראו קודם שנברא העולם ואלו הן גן עדן ותורה וצדיקים וישראל וכסא הכבוד וירושלים ומשיח בן דוד ואין משמעות הדרש הזה כמו שמבינים אותו המון התלמידים אלא פי' שעמדו בכח להבראות קודם שנברא העולם לפי שהדברים

אבן עזרא

וראו בקיעי עיר דוד כי רבו והוצרכו לקבץ את מי הבריכה להיות כמו חומה סביב למקום: (י) ואת. והוצרכו לספר הבתים לדעת מספר אנשי המלחמה: ותתצו הבתים. הסמוכים לחומה מחוץ: (יא) ומקוה. כמו מקוה מים: ולא הבטתם אל עושיה. שהוא השם כי הוא עושה זאת הגזרה להביא נבוכדנצר: ויוצרה. הטעם על הגזרה ויתכן היות מרחוק דבק עם מלת ויוצרה ויתכן היותו דבק עם לא

מצודת ציון

כמו ועיר מצלר והגבק (מלכים ב'): (ט) הברכה. הוא מקום בנוי באבנים ובכיד ושם מתכנסים המים הברכה כמו תעלת הברכה (לעיל י"ז): (י) ותתצו. מלשון נתילה והריסה: לבצר. מל' מבצר ור"ל לחזק: (יא) ומקוה. מקום כנוס המים כמו ומקוה המים (בראשית א'):

מצודת דוד

בחומת ציון והיתה נוחה לכבוש משם: ותקבצו. ולזה קבלתם את המים המפוזרים להיות מוכן לגבל הטיט לבנות פרצות החומה: התחתונה. כי היא היתה סמוכה אל החומה: (י) ספרתם. לקחת לפי הערך להרוס לחזק באבניהם את החומה: (יא) ומקוה. עשיתם הרין להקוות מים בין החומות הכפולות להיות כמבך למי הברכה הישנה להיות לחוזק להעיר מול האויב: ולא הבטתם. ר"ל הנה עשיתם הכנות אנושית אבל לא הבטתם אל ה' העושה ותקנה עד הנה כי לא באלתם עזר ממנו: ויוצרה. היוצר את ירושלים מזמן רחוק להיות למשכן לו אותו לא ראיתם לשוב אליו בתשובה:

Alternatively, the antecedent of 'its Maker' is the decree. You failed to look to Him Who passed this decree against you, to bring the armies of Nebuchadnezzar upon Jerusalem. — [*Ibn Ezra*]

and Him Who fashioned it from afar—*From the time He created the* established it, and protected it until now from the enemies. You did not look to return to Him and to follow His ways, for He would have saved you had you returned to Him. This would have been more effective than all the military preparations you made. — [*Redak*]

you saw that they had increased, and you gathered the water of the lower pool. 10. And the houses of Jerusalem you counted, and you demolished the houses to fortify the wall. 11. And a ditch you made between the two walls and the water of the old pool, but you did not look to its Maker, and Him Who fashioned it from afar,

the Sabbath canopy, built by the kings of Judah, a porch extending from the palace to the Temple, under which the king would go every Sabbath to the Temple. See II Kings 17:18.

9. **the cracks of the city of David**—*The cracks of the wall you saw that they had increased.* — [*Rashi*]

and you gathered the water of the lower pool—*Jonathan renders: And you gathered the people to the waters of the lower pool, which is near the cracks of the city of David, to fight there, because you saw that Jerusalem had a weak spot there and was vulnerable to conquest from there.* — [*Rashi*]

Others explain this passage literally. *Ibn Ezra* explains: You found it necessary to gather the water to serve as a wall around the place.

Redak explains: The water that flowed outside the wall, you gathered within it so that the water would be ready to use for making clay for the repairs of the wall.

10. **And the houses of Jerusalem you counted**—*how many houses each one had, that they give of them proportionally, to take the stones and the wood to fortify the wall.* — [*Ràshi*]

to fortify—Heb. לְבַצֵּר, *to strengthen, an expression similar to "fortified cities"* (בְּצוּרוֹת) (Num. 13:28). —[*Rashi*]

Ibn Ezra explains that the houses were counted in order to determine how many soldiers could be quartered in the city. Then the houses outside the wall were demolished.

11. **And a ditch you made**—*A pool of water, to be a defense (lit. strength) for the city.* — [*Rashi*]

between the two walls—*the double walls, the low wall and the high wall, and the water of the old pool.* — [*Rashi*]

Redak explains: You made a preparation for the water between the two walls, near the old pool. You made a ditch to gather the rain water.

but you did not look to its Maker—*Now, if you ask, "Hezekiah, too, did so, as it is stated* in II Chron. 32:5: *'And he strengthened himself, and he built up all the broken down wall, and he went up on the towers and outside the other wall, and he strengthened the Millo of the city of David,'"* the answer is that *Hezekiah "trusted in the Lord God of Israel," etc.* (II Kings 18:5), *"but you, in the days of Jehoiakim and Zedekiah did not look to its Maker."* — [*Rashi*]

I.e., you did not look toward the Creator, Who made Jerusalem and

לֹא רְאִיתֶם׃ יב וַיִּקְרָא אֲדֹנָי יֱהוִה
צְבָאוֹת בַּיּוֹם הַהוּא לִבְכִי וּלְמִסְפֵּד
וּלְקָרְחָה וְלַחֲגֹר שָׂק׃ יג וְהִנֵּה ׀ שָׂשׂוֹן
וְשִׂמְחָה הָרֹג ׀ בָּקָר וְשָׁחֹט צֹאן אָכֹל
בָּשָׂר וְשָׁתוֹת יָיִן אָכוֹל וְשָׁתוֹ כִּי מָחָר
נָמוּת׃ יד וְנִגְלָה בְאָזְנָי יְהוָה צְבָאוֹת
אִם־יְכֻפַּר הֶעָוֺן הַזֶּה לָכֶם עַד־תְּמֻתוּן

תרגום

חזיתון: יב ואכלי נביא
דיי אלהים צבאות
ביומא ההוא למבכי
ולמספד ולגזוז ריש
ולמיסר סקין: יג והא
ביע וחדוה אמרין
נקטול תורין ונכס
עאן ניכול בסר ונשתי
חמר ניכול ונשתי
מדנמות לא נחי:
יד אמר נביא באודני
הויתי שמע כד
אתגזר דא מן קדם יי
צבאות אם ישתבק
חובא הדין לכון עד די

ת"א לבכי ולמספד. חגיגה ה ע"ג ג: הרוג בקר. תענית יא: ונגלה באזני. יומא ח תענית כט: ה' לבאות. חגיגה טו ב: יכפר העון. (יומא מח סנהדרין כז שבועות לג): קמץ בטרחא

רש"י

במחשבה: לא ראיתם. לא השגת': (יג) והנה ששון ושמחה. הקב"ה כביכול אבל לפניו ואתם אוכלי' ושמחים: כי מחר נמות. בעולם הבא הנביאים אומרים לנו מאת הקדוש ברוך הוא שלא יהיה לנו חלק לעולם הבא נעשה לנו הנאה בהיינו: (יד) עד תמותון. ת"י מותא תנינא לעול'

מהר"י קרא

(יב) ויקרא ה' צבאות ביום ההוא. פת' ויגזור כמו כי קרא ה' לרעב [וגו'] שבע שנים. וכן וקראתי אל הדגן. בעון מי. בעון שנוהגים עצמן בשמחה ומושכין עצמן אל בית המשתה ואומ' הנה ששון ושמחה. הנה העת שתנהוג בששון ובשמחה. ובשון כך קרא ה' לבכי ולמספד. משל בני אדם כשרואה את בנו שוחק הרבה אומר לו. שחוק יביאך לידי בכי: (יד) ונגלה באזני ה' צבאות אם יכופר העון הזה לכם. שכפרתם בתחיית המתים:

מדרש חכמים. משא גיא חזיון. ר' יוחנן פתח משא גיא חזיון מטול רב בחילתא דנבואתא. גיא חזיון שכל חוזים נתנבאו עליה. גיא שכל חוזים ממנה דאמר ר' יוחנן כל נביא (שנתפרש) [שלא נתפרש] שמו ושם עירו בידוע שירושלמי הוא. גיא

אבן עזרא

ראיתם: (יב) ויקרא. כנוי לגזרה והנכון שהקריאה היא נבואת הנביאים: (יג) והנה. הריגה יאות הרוח והפך זה וישחט במדבר: אכול ושתה. ידבר הנביא מה שיהיו אומרים: (יד) ונגלה. זה הדבר ותחסר מלת אני כמו ה' במראה אליו אתודע ויש אומרים כי הם דברי הנביא והראשון הוא הנכון: עד תמותון. ביד האויב הגר עליכם:

רד"ק

האלה הם תכלית בריאת העולם: (יב) ויקרא. קרא ה' ע"י הנביאים נבואה זו טרם היות הפורענות כדי שיבכו ויספדו ויקרחו ויחגרו שק וישובו בתשובה שלימה לפני האל יתברך וינחם על הרעה והם לא עשו כן אלא והנה ששון ושמחה: (יג) והנה ששון ושמחה. לא דאגו ולא פחדו לדברי האל אלא לעגו ושמחו ואמרו הואיל וסופנו למות מעתה נעשה ששון ושמחה ונהרג בקר ונשחוט צאן ונאכל בשר ונשתה יין כי מחר נמות ונשמח בעודנו בחיים וכל זה ללעג ולשחוק לדברי האל וזהו חלול ה': (יד) ונגלה. מה שהם אומרים נגלה באזני

וידוע לפני אני ה' צבאות לפיכך אני נשבע: אם יכופר העון הזה לכם עד תמותון. כי קשה עון זה הדבר מהעונות שקדמו

מצודת דוד

(יב) ויקרא ה'. ע"י הנביא קודם בוא הפורעניות קרא ה' להזהיר להעם למען יספדו ויבכו ויקרחו קרחה לשוב מעונותיהם: (יג) והנה ששון ושמחה. והם לא עשו כן כי הנה לפניהם היה ששון ושמחה: הרוג בקר. שהטו בהמות ואכלו בשר ושתו יין ואמרו זה לזה דרך לעג אכול ונשתה בעודנו חי כי מחר נמות ביד האויב ואם לא עכשיו אימתי: (יד) ונגלה באזני ה' צבאות. מאמר הנביא בשם ה' שאמר כל' דבריכם נגלה באזני אני ה' צבאו' ותחסר מלת אני: אם יכופר. ר"ל לכן הריני נשבע אם העון הזה יכופר לכם בגלות כל אחד עד

מצודת ציון

הישנה. הנעשה מזמן רחוק: ויוצרה. ענין בריאה: (יב) ולקרחה. ענין תלישת השער על כי מקומה נשאר קרח וכן ואיש כי ימרט ראשו קרח הוא (ויקרא י"ג): (יג) הרוג. ענין שחיטה ואמל

they said was revealed in My ears. —[*Ibn Ezra, Redak*]

the Lord of Hosts—This verse is elliptical. *Ibn Ezra* inserts: the ears of the Lord of Hosts. — [*Ibn Ezra* according to Friedlander. Comp. *Ibn Ezra* on Num. 12:6.]

Redak inserts: I, the Lord of Hosts.

Jonathan paraphrases: Said the prophet, "In my ears I heard when this was decreed by the Lord of Hosts.

until you die—*Jonathan paraphrases a second death in the World to Come.* — [*Rashi*]

Others explain: until you die at the hands of the enemy. This is in accordance with the Talmud (*Yoma* 86a): If one is guilty of desecrating the Holy Name, repentance has no power to suspend, neither has Yom Kippur the power to atone, nor suffering to cleanse but they all suspend punishment, and death cleanses completely. — [*Redak*] See *Gates of*

you did not see. 12. And the Lord God of Hosts called on that day, for weeping, and for lamenting and for baldness, and for girding with sackcloth. 13. And behold, joy and happiness, slaying cattle and slaughtering sheep, eating meat and drinking wine; "Let us eat and drink, for tomorrow we will die."
14. "And it was revealed in My ears, the Lord of Hosts; [I, therefore, swear] that this iniquity shall not be atoned for you until you die,

world, Jerusalem and the Temple were His intention. — [*Rashi*]

Redak explains simply that the Jews did not turn to the Almighty Who had created the city of Jerusalem long before their time and had established it as the quarters for the Shechinah, and had chosen it from all lands. You did not look to Him to return to Him. In Rabbinic teachings, however, we find, "And Him Who fashioned it from afar, you did not see," means that you did not see Him Who fashioned Jerusalem *before* the creation of the world, as the Rabbis teach us: Seven things were created before the world, namely: Paradise, Torah, the righteous, Israel, the throne of glory, Jerusalem and Messiah the son of David (source unknown). This is not to be understood [literally] as many students understand it, but the intention is that these seven things had the potentiality of being created, before the creation of the world, since their existence is very basic to the creation of the world. — [*Redak*. See *Pesachim* 54a, *Nedarim* 39b, *Gen. Rabbah* 1:4, *Midrash Tehillim* 90:12.]

you did not see—*You did not think of Him.* — [*Rashi*]

12. **And the Lord God of Hosts called**—The Lord announced this catastrophe through His prophets long before its time, so that the Jews would repent, lament, tear the hair from their heads, and don sackcloth, thus sincerely repenting of their sins. They, however, did not do so, but, on the contrary, behold, joy and happiness. — [*Redak*]

13. **And behold, joy and happiness**—*The Holy One, blessed be He, so to speak, is mourning, and you are eating and rejoicing.* — [*Rashi*]

for tomorrow we will die—*in the World to Come. The prophets tell us in the name of the Holy One, blessed be He, that we will have no share in the World to Come. Let us, therefore, enjoy ourselves during our lifetime.* — [*Rashi*]

Instead of worrying about their fate and fearing God's word, they mocked the prophets and rejoiced. They rejoiced and said, "Since we will eventually die, let us make merry and slaughter cattle and sheep. Let us eat meat and drink wine, for tomorrow we will die. Let us rejoice as long as we are alive. This ridicule of God's word is חִלּוּל הַשֵּׁם, desecration of the Holy Name. —[*Redak*]

14. **And it was revealed**—What

אֲמַר אֲדֹנָי יֱהֹוִה צְבָאוֹת׃ טו כֹּה אָמַר
אֲדֹנָי יֱהֹוִה צְבָאוֹת לֶךְ־בֹּא אֶל־הַסֹּכֵן
הַזֶּה עַל־שֶׁבְנָא אֲשֶׁר עַל־הַבָּיִת׃ טז מַה־
לְּךָ פֹה וּמִי־לְךָ פֹה כִּי־חָצַבְתָּ לְּךָ פֹּה
קָבֶר

ת״א הסוכן הזה. סנהדרין כו:

תרגום

תְּמוּתוּן מוֹתָא תִנְיָנָא
אֲמַר יְיָ אֱלֹהִים צְבָאוֹת׃
טו כִּדְנַן אֲמַר יְיָ אֱלֹהִים
צְבָאוֹת אֱתָא אֱזֵיל לְוַת
פַּרְנָסָא הָדֵין לְוַת
שֶׁבְנָא דִי מְמַנָא עַל
בֵּיתָא׃ טז וְתֵימַר לֵיהּ
מַה לָךְ כָּא מַה לָךְ כְּדֵין
אֲרֵי אַתְקֵנִית לָךְ כָּא

מהר״י קרא

שהשליכה כל דברי חוזים לארץ: מה לך איפוא כי עלית כלך לגגות. ולאיגרא סלקין כולהון. אמר ר׳ יוחנן אלו גסי הרוח: תשואות (מלאות) [מלאה]. אמר ר׳ אליעזר בן יעקב הלשון הזה משמש בשלש לשונות. לשון צרה לשון הרגש לשון אפילה. לשון צרה דכתיב תשואות [נוגש] לא ישמע. לשון הרגש דכתיב תשואות כליאה. לשון אפילה דכתיב שואה ומשואה: חלליך לא חללי הרב ולא מתי מלחמה. ומה הן מזי רעב: כל קציניך נדדו יחד (מקום אוסרן) [מקשת אוסרו]. מפני האויבים היו אוסרין וכלואין שהיו יראים לצאת ולבוא. ד״א שהיו מתירין גירי קשתותיהם ואוסרין אותן: כל נמצאיך אוסרו יחדו מרחוק ברחו. מרחיקים עצמן משמוע דברי תורה. כמה דאמ׳ מרחוק ה׳ נראה לי: על כן אמרתי שעו מני. אמר ר׳ שמעון בן אלעזר בשלשה מקומות בקשו מלאכי השרת לומר שירה [לפני הקב״ה] ולא הניחן ואלו הן. בדור המבול. בים. ובחורבן בית המקדש. בדור המבול דכתיב לא ידין רוחי באדם לעולם. בים דכתיב ולא קרב זה אל זה. בחורבן הבית דכתיב [על כן] אמרתי שעו מני: אל תאיצו לנחמני. באו מלאכי השרת ורצו לנחמו אמר להם כלום בשר ודם [אני] שאני צריך הנחומין. התנחומין הללו ניאוצין הן: (טו) לך בא אל הסוכן הזה וגו׳. מתוך הענין שמדבר בבעלי גסות מדבר בשבנא. דאמר ר׳ אלעזר שבנא בעל הנאות היה. כתיב הכא אל הסוכן. וכתיב התם ותהי לו סוכנת. סוכן פת׳ אדון: על שבנא אשר על הבית. שהיו מפתחות בית דוד נתונים על שכמו והיה ממונה על האוצרות: (טז) [מה לך פה]. בא אל שבנא ואמרת לו מה לך פה ומי לך פה. מה לך פה. איזה כותל בנית כאן. ואי זה עמוד העמדת כאן. ואיזה מסמר קבעת כאן. ומי לך פה. מי מקרוביך תוכל להשיב (שנתרצה) [שנתמנה] כאן כמותך כי חצבת לך פה קבר: חוצבי מרום קברו. כאילו הוא מדבר על ידי אחר. עתה מפרש תחילת

רש״י

הבא: (טו) הסוכן. בעל הנאות היה וכן (שם א׳ א׳) ותהי לו סוכנת ומדרש אגדה אומר מן סכני היה ובא לו לירושלי׳ בויקרא רבה: אשר על הבית. ממונה היה על בית המקדש יש אומרים כהן גדול וי״א אמרכל: (טז) מה לך פה. הכתוב מגנהו לפי שרצה להסגיר את חזקיהו למלך אשור כדאמרינן בסנהדרין כתב פיתקא ושדא בגירא שבנא וסיעתו השלימו חזקיה וסיעתו לא השלימו: ומי לך פה.

רד״ק

לכם ולא יכופר העון הזה בגלות אלא עד תמותון אבל המיתה שתמותו בחרב אותה תכפר עליכם וי״ת עד תמותון מותא תנינא ר״ל מיתת הנפש בעה״ב ותרגם ונגלה באזני אמר נביא באדני הויתי שמע כד אתגזר דא מן קדם ה׳ צבאות ואמרו רז״ל כל מי שיש בידו חלול השם אין כח בתשובה לתלות וביה״כ לכפר ולא ביסורין למרק אלא כולן תולין ומיתה ממרקת שנא׳ אם יכפר העון הזה לכם עד תמותון: (טו) כה אמר ה׳ וגו׳. הסוכן פי׳ אוצר מן ערי מסכנות לפרעה וכן ת״י פרנסא ושבנא היה פקיד ואוצר בבית המלך חזקיהו ונטה דעתו אל מלך אשור להסגיר לו העיר וקשר קשר עם קצת אנשי העיר ועליו נאמר ולא תאמרו קשר לכל אשר יאמר העם הזה קשר כמו שפירשנו במקומו: על שבנא. כמו אל שבנא וכן ותתפלל על ה׳ כמו אל ה׳: ואשר על הבית. ר״ל שממונה על בית המלך: (טז) מה לך פה. כאלו אמר ואמרת אליו מה לך פה שהרי אמר לו לך בא אל הסוכן הזה וכת״י ותימר ליה כה לך כא ונראה כי שבנא לא היה מבני ירושלם אלא שבא לגור שם ונעשה פקיד בבית המלך ובדרש כי מעיר ששמה סכני היה לפיכך קראו סוכן ובא לו לירושלם ולפי שלא היה מתושבי העיר ונשאו לבו לקשור קשר להסגיר העיר למלך אשור אמר לו כה לך פה מה עסק יש לך בעיר הזאת ואינה ארץ מולדתך ומי לך פה אי זה אח או קרוב יש לך בעיר שאתה עושה דברים כאלה בעיר: כי חצבת לך פה קבר. את מדמה בעצמך כאלו חצבת לך פה קבר

אבן עזרא

(טו) כה. וטעם ה׳ צבאות בעבור הסוכן שהוא ממונה על בית המלכות וכאילו הוא פקיד על הממון שהוא אוצר. הסוכן כמו ערי מסכנות כמו אוצרות. וטעם על שיתנבא עליו ויאמר לו מה לך לשבת פה ומי לך פה ממשפחה שיוכלו לעזור לך: (טז) כי חצבת לך פה קבר. כמו כרית וכורות אבנים והטעם שתחשוב בלבך כי לעולם תהיה סוכן ובירושלם תמות וכבר תקנת לך שם קבר והאומר שפי׳ קבר כמו ארמון

מצודת ציון

בלשון בזיון: (טו) הסוכן. ממונה על האוצרות כמו ערי מסכנות (שמות א׳): על שבנא. אל שבנא: (טז) פה. הוא כמו כאן: חצבת. חפירה באבנים נקרא בלשון חציבה: מרום. מלשון רם

מצודת דוד

תמותון בחרב: (טו) אל הסוכן. אל הממונה על האוצר וחזר ופי׳ אל שבנא אשר הוא פקיד על בית המלך: (טז) מה לך פה. כאלו אמר ואמרת אליו מה לך פה וגו׳ ולפי שחשב למסור את ירושלים ביד סנחריב אמר לו מה לך חלק בהעיר הזאת למסרה ביד סנחריב: ומי לך פה. ר״ל וכי יש לך פה משפחה מחשובי העיר לעשות בה דבר כזה: כי חצבת לך פה קבר. ר״ל אשר תדמה בנפשך להאוב

Redak explains this verse figuratively: You consider yourself as though you have hewn for yourself a grave here, that you are certain that you will be buried here. The truth is, however, that you will be made to wander.

he hews his grave on high—You are like one who hews his grave in a high place, unafraid that it will be taken down, and like one who hews his habitation in a rock, certain of his permanence in the city and of his position there. For this reason, you conspired with the king of Assyria. Your plans, however, shall not be realized, for your position shall be given over to Eliakim son of Hilkiah. *Jonathan* renders: You have fixed for yourself here a place; he

said the Lord God of Hosts. 15. So said the Lord God of
Hosts: Go, come to this voluptuary, to Shebna, who is appoint-
ed over the Temple. 16. What have you here, and whom have
you here, that you have hewn for yourself here a grave?

Repentance by Rabbenu Yonah, Fourth Gate: 4, 5, 16, 20.

15. **voluptuary**—Heb. סוֹכֵן, *he was lustful of pleasures. Comp.*: (I Kings 1:2) *And she shall be to him a warmer* (סוֹכֶנֶת) (*San.* 26b, where *Rashi* cites exegetes who claim that Shebna had homosexual tendencies.) *Midrash Aggadah states*: *He was from Sichni, and he came to Jerusalem.* This is in *Lev. Rabbah* (5:5). — [*Rashi*]

Others explain סוֹכֵן as 'treasurer.' Shebna was appointed over the royal treasuries during Hezekiah's reign. — [*Ibn Ezra, Redak*]

appointed over the Temple—lit. the house. *He was appointed over the entire Temple. Some say he was the High Priest and some say he was a Temple trustee.* — [*Rashi* from *Lev. Rabbah* ibid.]

Others explain that he was appointed over the royal palace. — [*Ibn Ezra, Redak*] The keys of the House of David were on his shoulder, and he was appointed over the treasuries. — [*Kara*]

Abarbanel conjectures that, since this section deals with Shebna's betrayal, he was no longer appointed over the Temple or the palace, since his position was given over to Eliakim, as in v. 20. Therefore, the verse should be understood as follows: Go, come to this treasurer [and testify before him] concerning Shebna, also to the one appointed over the house.

16. **What have you here**—*Scripture denigrates him because he wished to surrender Hezekiah to the king of Assyria, as is stated in San.* (26a): *He wrote a note and shot it on an arrow, "Shebna and his company wish to make peace; Hezekiah and his company do not wish to make peace."* — [*Rashi*]

For alternate explanations, see Commentary Digest on v. 20. See also above 8:11–15; below 36:3; II Kings 18:18, Commentary Digest.

The prophet castigates him by saying, "What are you doing here? You, who are not even a native of Jerusalem, have the arrogance and the audacity to conspire to surrender the city to the king of Assyria? Whom do you have here? What relatives do you have in this city, that you feel free to do what you are doing?" — [*Redak*]

and whom do you have here—*Who of your family is buried here?* — [*Rashi*]

he hews his grave on high—*For he hewed a grave for himself among the graves of the House of David, to be buried among the kings. Therefore, he says to him, "What right of heritage do you have in these graves?"* — [*Rashi* from *San.* ibid.]

he hews—Heb. חֹצְבִי. *The 'yud' is superfluous. Comp.* "(Deut. 33:16): *Who dwells* (שׁוֹכְנִי) *in the thornbush,*" "(Psalms 113:7) *He raises up* (מְקִימִי) *the poor man from the dust.*" — [*Rashi* according to certain editions.]

קֶבֶר חֹצְבִי מָרוֹם קִבְרוֹ חֹקְקִי בַסֶּלַע
מִשְׁכָּן לוֹ: יז הִנֵּה יְהוָה מְטַלְטֶלְךָ טַלְטֵלָה
גָּבֶר וְעֹטְךָ עָטֹה: יח צָנוֹף יִצְנָפְךָ צְנֵפָה
כַּדּוּר אֶל־אֶרֶץ רַחֲבַת יָדָיִם שָׁמָּה

תמות

אֲתַר אַתְקֵין בְּרוּמָא
אַתְרֵהּ שַׁוֵּי בְּכֵיפָא
בֵּית מְדוֹרֵהּ: יז הָא יְיָ
מְטַלְטֵל לָךְ טַלְטוּל
דְגַבְרָא וְתַחֲפִינָךְ
בְּהִתָּא: יח יַעְדֵי מִנָּךְ
יַת מִצְנֶפְתָּא וְיַקִּיפוּנָךְ
בַּעֲלֵי דְבָבָךְ כְּשׁוּר
מַקַּף וְיַגְלוּנָךְ לְאַרְעָא

ת"א טלטלה גבר. כתובות כח סנהדרין כו:

רש"י

מי ממשפחתך קבור כאן: חצבי מרום קברו. שחצב לו קבר בקברי בית דוד ליקב' בין המלכים לכך הוא אומר לו מה ירושה לך בקברות הללו: חצבי חקקי. יו"ד יתירה כמו שוכני סנה (דברי' ל"ג) מקימי מעפר דל: (יז) טלטלה גבר. כהדין תרנגולא דמטלטל מאתר לאתר ורבותינו אמרו טלטולא דגברא קשה מדאיתתא: ועוטך עטה. כמו (שמואל א' כ"ה) ויעט בהם לשון עיט יפריחך כעוף בגלות ורבותינו אמרו לרעת פרחה בו כד"א (ויקרא י"ג) על שפם יעטה: (יח) צנוף יצנפך. כמצנפת המקפת את הראש יקיפוך אויבים ומציקים: כדור. כשור מקף ורבותינו פירשו לשון כדור שקורין (פלוט"א בלע"ז) שזורקין אותו ומקבלין מיד ליד: אל ארץ רחבת ידים. בכסיפיא שם המקום: שמה תמות. ולא כאן שחצבת פה לך קבר: ושמה מרכבות כבודך. ולא כאן שנתמנית אמרכל: קלון בית אדוניך. לפי

מהר"י קרא

דבריו. מה לך פה ומי לך פה ולא פירש. ואחר כך פירש שניהם. מה לך פה כי קבעת יישובך כאן כאילו רוצה לומר איני זז מכאן לעולם כי פה אמות. ומי לך אחד מקרוביך כאן שהיה הוצב (מקום) [מרום] קברו. כלומר שהיה הוצב מקום כמותך כאן שהוא ברומו של עולם שתוכל להשיבני והלא פלוני קרובי נתמנה כאן על הבית אף אתה אל תתמה עלי אם אני ממונה כאן על הבית: (יז) הנה ה' מטלטלך טלטלה [גבר]. דע לך שאע"פ שקבעת כאן יישובך. הנה ה' מטלטלך טלטלה חזקה וגברתנית: ועוטך עטה. וסבבך סבב. ודומה [לו] ויעטה את ארץ מצרים. פת' וסבב את ארץ מצרים. וכן שלמה אהיה כעטיה. פת' כמסבבת ושואלת אחריך: (יח) צנוף יצנפך צנפה. סבב יסבבך סבוב כמצנפת שמקיף את הראש: כדור. שעושין בני אדם כשירה שיחזיקו איש ביד רעהו. במקום ארץ רחבת ידים. כי אז יהיה ההקף גדול. ולא תטעה (לו) [לומר] כדור לשון פילוט"ה בלע"ז. לפי שהכ"ף של כדור שימוש הוא בתיבה. וכידור שהוא פילוט"ה כ"ף שלו הוא עיקר בתיבה:

אבן עזרא

איננו נכון והעד שמה תמות: (יז) הנה יי' מטלטלך. כפול מן ויטילו הכלים: טלטלה. אתה שתחשוב כי אתה גבור כטעם והיית לאיש והנה הוא כדמות קריאה או טלטלה כטלטול גבר והראשון קרוב אלי: (יח) צנוף. מגזרת מצנפת שיקהנו עם כל ממונו וכל כבודו. כ"ף כדור לדמות וזאת הלשון ידוע' מדברי קדמונינו ז"ל גם מטעם המקום: ארץ רחבת ידים. היא בבל: מרכבות כבודך. הטעם שם ימות

רד"ק

שאתה בוטח שתמות כאן לא יהיה זה אלא הנה ה' מטלטלך: חצבי מרום קברו. ואתה כמי שהוצב במקום גבוה קברו שלא יפחד שיורידוהו משם וכמו שחקק משכנו בסלע שאתה בוטח שתהיה לעולם בעיר הזאת בשררה שאתה בה היום שלא יהיה אדם שיורידך ממנו לפיכך קשרת עם מלך אשור לא יהיה זה כי אחר יבא תחתיך שיורידך מן שררתך כמו שאמר וקראתי לעבדי לאליקים בן חלקיהו וי"ת קבר קברו אתר אתריה ורז"ל פירשו חצבי מרום קברו שחצב לו קבר בקברי בית דוד לפיכך אמר מה לך פה ומי לך פה כי קביר כאן ממשפחת אבותיך ויו"ד חצבי חקקי נוספת על הפעל כיו"ד היושבי בשמים וה"א

דרך צחות: (יז) הנה ה' מטלטלך טלטלה גבר. פירש א"א ז"ל טלטול גדול וכבוד וגבר שם תאר לטלטול וה"א טלטלה נוספת ואינה לנקבה ורז"ל פי' טלטלת איש ואמרו טלטולא דגברא קשה כדאתתא וזה לפי שהאשה תמצא יותר מרחמים בגלותה מן האיש. כלומר תגלה למקום שלא תמצא מרחמים וכן ת"י טלטול דגבר ולפי דעתי כי מלת גבר הוא ל' קריאה כלומר אתה הגבר הנה ה' מטלטלך טלטלה וקראו גבר לפי שהיה מתגאה ומתגבר ובדרש טלטלה גבר כהדין תרנגולא דמטלטל מאתר לאתר: ועטך עטה. כמו שאומר צנף יצנפך צנפה כדור כמו שאדם עוטה הבגד וצונפו וכורכו כמו כדור ומשליכו למקום רחוק ויש שמפרשו ענין עיט כלומר מפריחך אבל אינו משרשו ובדברי רז"ל עטך מלמד שפרחה בו צרעת כמו על שפם יעטה וי"ת ותחפינך בהתא פי' תכסך בושה כמו האדם המתבייש שמכסה פניו: (יח) צנוף. צנוף מקור צנפה שם ופי' כמה שפירשנו. ועטך עטה. כמו שכורך אדם המצנפת ומשליכה למקום רחוק ואמר עוד כדור אל ארץ רחבת ידים כמי שמשליך אדם הכדור בארץ רחבת ידים שאין שם גדר או דבר מעכבו שהוא מתגלגל והולך עד שימצא דבר שיעכבנו וכדור הוא הנקרא פלוט"א והכ"ף שרש וכן במשנה הכדור והאמים ותחסר ממנו במקום הזה כ"ף הדמיון יצנפך ככדור וכן לב

מצודת דוד

לך פה קבר. כאלו פה תמות ופה הקבר כאחד מחשובי העיר אבל בעבור כן נאה לך לדבר כזה: חצבי מרום קברו. אתה כמי שחוצב קברו במקום גבוה שלא יפחד שיורידוהו משם וכמי שחוקק בסלע מקום שכנו שהוא לו למשגב ר"ל סבור אתה שתהיה לעולם בעיר הזאת בשררה שאתה בה היום ולא יורידך מי ממנה ולזה מלאך לבך להסגיר העיר ביד סנחריב: (יז) הנה ה' מטלטלך. ר"ל לא כן יהיה כמו שחשבת כי ה' יטלטל ויגלה אותך מכאן: טלטלה גבר. טלטול גדול וחזק: ועוטך עטה. יפריחך כעוף בגלות: (יח) צנוף יצנפך צנפה. ר"ל יהיה מסובב באויבים ומציקים כמצנפת המסבבת את הראש מסביב: כדור אל ארץ רחבת ידים. תהיה מושלך בגולה למרחוק ככדור המושלך אל ארץ רחבת ידים

מצודת ציון

ונודם: (יז) גבר. ר"ל גדול וחזק: ועוטך עטה. ענין עפיפה והפרחה כמו ותעט אל השלל (שמואל א' י"ד): (יח) צנף יצנפך צנפה. מלשון מצנפת: כדור. כמו ככדור ותחסר כ"ף השמוש כמו לב שמח ייטיב גהה (משלי י"ז) ומכפשו כגהה וכדור הוא דבר עגול מה שזורקין מיד ליד ומקבלים אותו וכן עתיד לכידור (איוב ט"ו): ידים. ענין מקום כמו והארץ רחבת ידים (שופטים י"ח):

exile to the tossing of a ball, which is not allowed to fall to the ground. So would Shebna be driven from place to place, without being allowed to rest.

Ibn Ezra and *Redak,* too, concur with the Midrash as the simple meaning of the verse, although, ordinarily, the word should be, כְּכַדּוּר, *like a ball.* Rabbi Joseph Kara, however, objects to this explanation on just these grounds, and

He hews his grave on high; he hews a habitation for himself in the rock. 17. Behold, the Lord shall cast you about with a mighty toss, and cause you to fly. 18. He shall wind you around like a turban, like a surrounding wall, to a land of ample space; there

has fixed his place on high, he has placed his habitation in the rock. — [*Redak*]

Malbim explains that it was customary to dig a large cave for a burial place. In this cave, they would hew sepulchral chambers in which the coffin containing the remains of the dead would be enclosed. Shebna dug his grave in a high mountain as a sign of his greatness. The term "habitation" denotes that Shebna intended the grave to be the symbol of his ruling over Jerusalem.

17. **Shall cast you about with a mighty toss**—Heb. גָּבֶר, *like a rooster that wanders from place to place* (*Lev. Rabbah* ibid.) The Midrash explains גֶּבֶר as a rooster. *Our Rabbis, however, stated that the wandering of a man is more trying than that of a woman* (*San.* 26a). — [*Rashi*] The Rabbis of the Talmud, apparently explain גֶּבֶר as a man, i.e. the Lord shall cast you about like a rooster or like a man, denoting either the impermanence of the rooster's habitation or the difficulty involved in the man's wandering as opposed to that of a woman. *Redak* notes that a wandering woman will more readily find sympathetic people who will take her in, than a man. Hence, the prophet predicts that the Lord will cast him to a place where no one will take pity on him. Alternatively, it may be simply explained as: 'a mighty toss,' or as the vocative: 'Behold, the Lord shall cast you about, O man!' You who think yourself mighty. — [*Redak, Ibn Ezra*]

and cause you to fly—Heb. וְעֹטְךָ עָטֹה. *Comp.* "(I Sam. 25:14) *And he drove them away* (וַיָּעַט)," *an expression of* עַיִט, *a bird. He will make you fly away like a bird, in exile. Our Rabbis, however, stated that 'zaraath' broke out upon him, as is stated*: "(Leviticus 13:45) *And on his upper lip he shall enwrap himself* (יַעְטֶה)." — [*Rashi* from Lev. Rabbah ibid.]

Alternatively, it is similar to צָנֹף in the following verse; He shall wind you around, like one who winds up a turban and then casts it to a distant place. *Jonathan,* too, interprets it as winding, rendering: Shame will cover you. I.e. you will be enwrapped with shame. — [*Redak*]

18. **He shall wind you around**—*like a turban that surrounds the head, the enemies and oppressors shall surround you.* — [*Rashi*]

Redak explains as in the preceding verse. *Ibn Ezra* explains: He will bind you together. This means that He will take him, together with all his money and his glory.

like a surrounding wall.—Heb. כַּדּוּר. *Our Rabbis, however, explained it as an expression of a ball, which they call 'pelote' in French, which is tossed and caught from hand to hand.* — [*Rashi* from *Lev. Rabbah* ibid.]

The Midrash compares Shebna's

תָּמוּת וְשָׁמָּה מַרְכְּבוֹת כְּבוֹדֶךָ קְלוֹן
בֵּית אֲדֹנֶיךָ׃ יט וַהֲדַפְתִּיךָ מִמַּצָּבֶךָ
וּמִמַּעֲמָדְךָ יֶהֶרְסֶךָ׃ כ וְהָיָה בַּיּוֹם הַהוּא
וְקָרָאתִי לְעַבְדִּי לְאֶלְיָקִים בֶּן חִלְקִיָּהוּ׃
כא וְהִלְבַּשְׁתִּיו כֻּתָּנְתֶּךָ וְאַבְנֵטְךָ
אֲחַזְּקֶנּוּ וּמֶמְשַׁלְתְּךָ אֶתֵּן בְּיָדוֹ וְהָיָה
לְאָב לְיוֹשֵׁב יְרוּשָׁלִַם וּלְבֵית יְהוּדָה׃

תרגום

פְּתַיוּת יְדַיִין תַּמָּן תְּמוּת
וּלְתַמָּן רְתִיכֵי יְקָרָךְ
יְתוּבוּן בִּקְלָן עַל דְּלָא
נְטַרְתָּא יְקָר בֵּית רִבּוֹנָךְ׃
יט וְאַדְחֵינָךְ מִמְּקוֹמָךְ
וּמִשַּׁמּוּשָׁךְ יִמְגְּרִינָךְ׃
כ וִיהֵי בְּעִדָּנָא הַהִיא
וְאֶרְבֵּי לְעַבְדִּי לְאֶלְיָקִים
בַּר חִלְקִיָּהוּ׃
כא וְאַלְבְּשִׁנֵּהּ כִּתּוּנָךְ
וְהֶמְיָנָךְ אַזְרְזִנֵּהּ
וְשׁוּלְטָנָךְ אֶתֵּן בִּידֵהּ
וִיהֵי לְאַב לְיָתְבֵי
יְרוּשְׁלֵם וּלְבֵית יְהוּדָה׃

מהר"י קרא

שבקשת קלון בית אדוניך שרצית להשלים עם סנחריב: (כ) והיה ביום ההוא וקראתי לעבדי. ויושיבנו במקומו. וכן אתה מוצא כששטף סנחריב את שבנא (מקצת) [וסיעתו] והלך לו להלחם עם תרהקה והזר לו לירושלם. ואותו הפרק נתמנה אל רבשקה וגלה לו שבנא וסיעתו וגררהו בזנבות סוסיהם

רש"י

שמה תמות. ולא תקבר בקבר בית דוד ושמה יהיו מרכבות כבודיך נהפכים לקלון בית אדוניך שבקשת: (יט) וממעמדך. ומשימושך במקדש יהרסך: (כ) לאליקי'. הוא היה על הבית כשנטלו סנחריב כמו שמצינו כשילאו כדאיתא בסנהדרין כשהלך סנחרי' אל תרהק' מלך כוש שטף

רד"ק

שמה ייטיב גהה כגהה וגו': שמה תמות. לא כמו שחשבת שחצבתה לך פה קבר: ושמה מרכבות כבודך קלון בית אדונך. פי' אדוני אבי ז"ל שמה באותו מקום שתהיה שם מטולטל הרכב מרכבה שתחשב אותה לנפשך לכבוד גדול ובכאן היה לך בה קלון אם תרכב אותה אך שם תהיה מכובד בה כלומר הכבוד שיש לך בעיר הזאת יהפך שם לקלון לך ורבותי' פירשו בקש קלון בית אדוניו נהפך כבודו לקלון כי כשיצא למלך אשור שאלו אותו איה העם שקשרת עמהם אמר להם חזרו בהם נקבוהו בעקביו וקשרוהו בזנבות סוסיהם והיו מגררין אותו על הקוצים ועל הברקנים וזהו מרכבות כבודך המרכבות שהיית חושב שיתנו לך מרכבות לכבוד נתנו אותם לך לקלון שקשרו אותך בזנבי סוסיהן וי"ת תמן תמות וגו': (יט) והדפתיך. אמר והדפתיך כאלו האל מדבר. ואמר יהרסך דבר הנביא על האל וכן מנהג ל' הקדש במקומות רבים כמו שמעו עמים כלם. כולם תשובו ובאו נא לכלם ולסרניכם והדומים להם והמצב והמעמד הוא הפקידות שהיה בה: (כ) והיה ביום ההוא. ביום שתגלה ממקומך זה אתן במקומך אליקים בן חלקיהו ופי' ביום בזמן ההוא כמו והיה ביום ההוא שרש ישי אשר עומד לנס והדומים לו פירושם בזמן ההוא ופי' וקראתי שיתן בלב חזקיהו למנות פקיד אליקים במקום שבנא וכאלו האל יקראהו שיבא ויקח הפקידות וי"ת וקראתי וארבי כלומר אגדלהו ואמנהו על בית דוד וכן תרגם אונקלוס ראה קראתי בשם חזי דרביתי בשום וטוב הוא פירושו וכן שלישים וקרואים ר"ל גדולים וכן קרואי עדה גדולי העדה שהם נקראים לכל עצה והנה מצאנו בספר מלכים ובספר זה כי אליקים היה על הבית ושבנא היה סופר כמו שאמר ויצא אליו אליקים אשר על הבית ושבנא הסופר וזה היה כשבא סנחריב לירושלם. ואפשר כי קודם לכן מרד והיו דבריו עם מלך אשור והיה מכסה עצמו והאל גלהו ע"י הנביא ואמר לו לך בא אל הסוכן הזה והנביא אמר לחזקיהו והורידוהו מגדולתו ושם תחתיו אליקים וכשבא סנחריב לירושלם היה אליקים על הבית ושבנא נשאר סופר ואעפ"כ היה שבנא מכסה עצמו וקרע בגדיו על דברי רבשקה כמו האחרים כאילו היה הדבר קשה בעיניו: (כא) והלבשתיו כתנתך ואבנטך. דרך משל כי הכתנת מלבוש הוד ותפארת לגדולה והאבנט היא חגורת על המתנים. והוא משל לחוזק שלא ימעד מגדולתו:

אבן עזרא

הוא וכל מרכבותיך כי אתה קלון לבית אדוניך או אז תהיה והקרוב שזה היה בגלות יהויקים או יהויכין בעבור וקראתי לעבדי והלבשתיו כתנתך: (כ) והיה. טעם לעבדי שהיה עבד השם ולא כן שבנא: (כא) והלבשתיו כתנתך. יש לכל ממונה כתונת ידועה והבנט כאשר היו חוגרים אבנט ידוע הכמי אטונס: והיה לאב. מלמד טוב ואוהב כאב:

מצודת ציון

קלון. ענין הרפה: (יט) והדפתיך. ענין דחיפה כמו אשר הדפנו רוח (תהלי' א'): ממצבך. מל' מלב ומעמד: (כא) כתנתך. מין מלבוש מפואר: ואבנטך. כמו ובאבנטך והוא חגורה כמו ועשית להם אבנטים (שמות כ"ח): לאב. למנהיג טוב ויועץ נאמן

מצודת דוד

ר"ל במקום שלא ימלא דבר המעכבו שאז מתגלגל והולך למרחוק: שמה תמות. במקום שתגלה תמות ולא פה כמה שחשבת: ושמה מרכבות כבודך קלון בית אדניך. במקום שתהיה מטולטל תרכב במרכבת שתחשוב אותה לנפשך כבוד גדול ואם היית רוכב בה בבית אדוניך ר"ל בעוד היותך אדון היה לך בה קלון ר"ל מה שיהיה נחשב לך בגולה לכבוד היו נחשב לך במקומך לקלון: (יט) והדפתיך. במקום האל אהדוף אותך מן המלב שלך ר"ל לא תהיה עוד בהממשל' אשר אתה עתה בה: וממעמדך יהרסך. זה מאמר הנביא לומר שהאל יהרוס אותו ממעמדו והיא כפל ענין במ"ש: (כ) וקראתי וגו'. להיות פקיד וממונה במקומך: (כא) והלבשתיו כתנתך. הוא דרך משל לפי שהכתונת הוא מלבוש הוד ותפארת לגדולה ר"ל אלבישו בהוד הגדולה שיש לך עתה: ואבנטך אחזקנו. אחזק אותו כחגורת אבנטך להיות חזק ומזורז כמוך עתה: וממשלתך וגו'.

19. **And I will cast you off . . . and . . . He shall tear you down**—In the beginning of the verse, it is as though the Almighty Himself is speaking. It, therefore, appears in first person. In the second part of the verse, the prophet is speaking about God. It, therefore, appears in third person. This is not unusual in Scripture. — [*Redak*]

and from your station—Lit. your stand. The Temple service was per-

you shall die, and there shall the chariots of your glory become the shame of the house of your master. 19. And I will cast you off your position, and from your station He shall tear you down. 20. And it shall come to pass on that day, that I will call My servant, Eliakim son of Hilkiah. 21. And I will dress him [with] your tunic, and [with] your girdle I will gird him, and your authority will I place into his hand, and he shall become a father to the inhabitants of Jerusalem and to the house of Judah.

explains it: as a circle of people who join hands. I.e,, he will be surrounded. This is similar to *Rashi*'s first interpretation.

to a land of ample space—in *Casiphia, the name of a place.* — [*Rashi* from *Lev. Rabbah* ibid.] This place is mentioned in Ezra 8:17 as a Babylonian city, where many Jews settled in their exile.

The prophet compares him to a ball that is thrown in an unfenced area, with nothing to stop it. — [*Redak*]

there you shall die—*And you shall not be buried in the sepulchre of the House of David, and there the chariots of your glory shall be converted into the shame of the house of your master which you sought.* — [*Rashi* from *San.* 26b]

The Talmud explains that, when Shebna defected to the king of Assyria, the angel Gabriel locked the gate behind him, in front of his company. When he was asked where his company was, he replied, "They have recanted." They punctured his heels, tied him to their horses' tails, and dragged him on the thorns and thistles. This is the meaning of 'your chariots of glory.' The chariots you expected to be given for your glory and honor, were given you for disgrace, for they tied you to the horses' tails. *Jonathan* renders: There you shall die, and there the chariots of your glory shall return in shame since you did not protect the honor of the house of your master. — [*Redak*]

Rabbi Joseph Kimchi renders: And there the chariots considered glorious to you would be considered disgraceful in the house of your master.

The Midrash explains that, according to the Sages who hold that Shebna was the High Priest, we are to explain these words as: the shame of the House of your Lord, meaning the Temple, the house of God, which he disgraced by using the sacrificial flesh for his own benefit. According to those who hold that he was a Temple trustee, he used the hallowed property of the Temple for his own benefit. He disgraced his *masters,* Hezekiah and Isaiah by informing Sennacherib that all Israel was willing to surrender except Isaiah and Hezekiah. — [*Lev Rabbah* ibid.]

כב וְאֶתֵּן מַפְתַּח בֵּית מַקְדְּשָׁא וְשׁוּלְטַן בֵּית דָּוִד וְיִפְתַּח וְלֵית דְּאָחִיד וְיֵיחוּד וְלֵית דְּפָתַח׃
כג וְאֶמַנְנֵיהּ אֲמַרְכָּל מְהֵימָן מְשַׁמֵּשׁ בַּאֲתַר קַיָּם וִיהֵי לְכוּרְסֵי יְקָר לְבֵית אֲבוּהִי׃
כד וְיִסְתַּמְכוּן עֲלוֹהִי כָּל יַקִּירֵי בֵּית אֲבוּהִי בְּנַיָּא וּבְנֵי בְנַיָּא מֵרַבְרְבַיָּא וְעַד דַּעְדְּקַיָּא מִכַּהֲנַיָּא

כב וְנָתַתִּי מַפְתֵּחַ בֵּית־דָּוִד עַל־שִׁכְמוֹ
וּפָתַח וְאֵין סֹגֵר וְסָגַר וְאֵין פֹּתֵחַ׃
כג וּתְקַעְתִּיו יָתֵד בְּמָקוֹם נֶאֱמָן וְהָיָה
לְכִסֵּא כָבוֹד לְבֵית אָבִיו׃ כד וְתָלוּ עָלָיו
כֹּל ׀ כְּבוֹד בֵּית־אָבִיו הַצֶּאֱצָאִים
וְהַצְּפִעוֹת כֹּל כְּלֵי הַקָּטָן מִכְּלֵי הָאַגָּנוֹת

רש"י

שבנא וסיעתו והלך לו כך שנינו בסדר עולם: (כב) **מפתח בית דוד**. ת"י מפתח בית מקדשא ושולטן בית דוד: (כג) **ותקעתיו יתד במקום נאמן**. ואמנניה אמרכל מהימן משמש באתר קיים ת"י נאמן ל' קיום מקום שהוא נאמן לנשענים עליו כי לא ימוט ד"א סרס את המקרא ותקעתיו יתד נאמן במקום: (כד) **הצאצאים והצפיעות**. ת"י בניא ובני בנייא ומנחם חברו עם צפיעי הבקר (יחזקאל ד') לימד שהוא ל' עוללים דקים היוצאים ממעי אמו ויהי' צפיעי לשון יציא' דבר היוצא: **כל כלי הקטן**. הקטנים שבמשפחותם יהיו מתפארין בו ונסמכין עליו: **מכלי** והצפיעות. אלו הבנות. ואין בידי להביא דומה. אלא כך שמעתי: האגנות. מן הכהנים המשמשים בכלי האגנות: ועד כל

מהר"י קרא

אליקים בן חלקיהו אשר על הבית: (כב) ונתתי מפתח בית דוד על שכמו. שיהיה פקיד על אוצרות בית המלך: ופתח ואין סוגר. ואין מעכב על ידו: וסגר ואין פותח. בלי רשותו: (כג) ותקעתיו יתד במקום נאמן. שיהא המקום שהיתד תקוע בו מחזיק את היתד. ואף היתד יהא חזק לתלות עליו כל כלי. משל הוא שיגן ה' בעד יושבי ירושלם שתעמוד ירושלם במקומה ולא יניד ממנה רגל המושל בה. חס ושלום אילו חרבה ירושלם בימי (יהויקים) [אליקים] בן חלקיה שנמסרה ביד מלך אשור בעוד שאליקים מושל בה אף כי עוד בחיים חיותו היה כניח והולך לו: והיה לכסא כבוד לבית אביו. כלפי שנתנבא למעלה בקלונו של שבנא. והולך לקלון כבודו שאמר שמה מרכבות כבודך קלון בית אדוניך. כל מקום שאתה מוצא פורענותן של רשעים אתה מוצא דוגמות פורענותן נחמה לצדיקים. ולכאן אומר לכסא כבוד לבית אביו: (כד) הצאצאים (והצפיעות). בנים ובני בנים.

אבן עזרא

(כב) **ונתתי**. מזה הפסוק נלמוד כי על הבית הוא בית המלכות: (כג) **והקעתיו יתד**. כיתד וכמוהו ועיר פרא אדם יולד: (כד) **ותלו**. אחר שהמשילו ליתד אמר ותלו עליו: **הצאצאי'**. הם הבנים שהם יוצאי מעים: **והצפיעות**. אולי הם הבנות מגזרת יצא צפע ואחר שאמר שהוא לאב הנה איש יהודה כבניו והנשים כבנותיו שהם נמשלים אל כלים קטנים וטעם מכלי האגנות כמו ויפם באגנות אולי שם

רד"ק

והיה לאב. ליועץ נאמן ולמנהיג טוב כמו וישימני לאב לפרעה יועץ ומנהיג מדינתו: (כב) ונתתי מפתח. דרך משל כי הוא יהיה יועץ של מלך יהודה ועל פיו יעשה לסגור ולפתוח ואמר על שכמו והמפתח לא ישא אדם אותו על שכמו אמר הענין בשני משלים אמר מפתח כי בידו יהיה ענין בית המלכות לפתוח ולנעול. ואמר על שכמו שהוא כמו משא שישא אדם על שכמו ר"ל כי הוא ישא ויסבול ויכלכל דברי המלכות ואפשר שהיה אליקים בן חלקיהו כהן ומצאנו חלקיהו ביחס ד"ה ושלום הוליד את חלקיה וחלקיה הוליד את עזריהו ועזריהו זה אפשר שהוא אליקים ושני שבות היו לו ומצאנו עזריה שהיה נגיד בית האלהים בימי חזקיהו: (כג) ותקעתיו יתד במקום נאמן. הוסיף עוד למשול משל על הגדולה ועל השררה שתהיה לו עד שיהיה לכבוד לכל בני משפחתו וכולם יהיו נתלים בו כמו הקטן שהוא נתלה בגדול ונסמך עליו והמשילו ליתד שהיא תקועה במקום נאמן חזק וקיים שהיא ראויה לתלות בה כל דבר ולא יראו שתשבר ותזוז ממקומה: (כד) ותלו עליו. לפי שהיתד תולין עליה אמר דרך משל כי כל בני משפחתו יהיו מתכבדים בו ונתלים עליו ופירש הצאצאים והצפיעות הבנים והבנות ות"י בניא ובני בניא: כל כלי הקטן. אמר אפי' הקטנים יהיו מתכבדים ומתפארים בו כי כל כך תהיה גדולתו מפירסמת.

מצודת דוד

מפרש המשל לתוספת ביאור: והיה לאב. ולא כמו אתה שרצית למסור העיר ביד האויב: (כב) מפתח בית דוד. ר"ל הוא יסבול טורח צורך בית המלכות: ופתח. כשיפתח שערי הבית אין מי יסגור וגו' ר"ל הכל יהא נעשה על ידו: (כג) ותקעתיו יתד במקום נאמן. ר"ל לא יהיה נעתק ממשלתו כיתד התקועה במקום חזק ומתקיים: והיה לכסא כבוד וגו'. ר"ל כל משפחת בית אביו יתכבדו בו: (כד) ותלו עליו. לפי שהמשילו ליתד אמ' ותלו עליו ל' הנופל ביתד ור"ל כולם יהיו סמוכים עליו: כל כבוד וגו'. לכבוד בית אביו יהיה סמוך עליו ונשען בו: הצאצאים והצפיעות. הבנים והבנו': כלי הקטן. כלי התשמיש הקטן בנין ולפי שהמשילו ליתד אמר לש' הנופל ביתד שתולין בו כלים הגדולים עם הקטנים ור"ל אף הקטנים יהיו מתכבדים ומתפארים בו כי תהיה גדולתו מפורסמת מאד:

מצודת ציון

כמו וישימני לאב לפרעה (בראשית מ"ה): (כב) מפתח. שם הכלי שפותחין בו המנעול: שכמו. כתפו: (כג) ותקעתיו. ענין תחיבה כמו ותתקע את היתד (שופטים ד'): יתד. מסמר: נאמן. ענינו מתקיים כמו ונאמן ביתך (שמואל ב' ז'): (כד) ותלו. מלשון תליה: הצאצאים. הבנים היוצאים מרחם אמן: הצפיעות. ענינו היוצאים מן הגוף וכן צפיעי בקר (יחזקאל ד') שהוא דבר היוצא מן הגוף ועל הבנות יאמר כאלו אמר הצאצאים והצאצאות: האגנות.

'hanging upon him.' — [*Ibn Ezra*]

the children and the grandchildren—Heb. צֶאֱצָאִים וּצְפִיעוֹת. *Jonathan renders*: *the children and the children's children. Menachem* (*Machbereth* p. 151) *associates it with*: "(Ezekiel 4:15) *Cattle dung* (צְפִיעֵי)." *This teaches us that it is an expression of tiny infants that issue forth from their mother's womb, making* צפיעות *an expression of coming out, i.e. a thing that comes out.* — [*Rashi*]

Others render: the sons and the

22. And I will give the key of the House of David on his shoulder, and he shall open and no one shall close; and he shall close and no one shall open. 23. And I will thrust him like a peg in a sure place, and it shall become a throne of glory for his father's house. 24. And they shall hang upon him all the honor of his father's house, the children and the grandchildren, all the small vessels, from the vessels of basins.

formed in a standing position. *And from your service in the Temple He shall tear you down.* — [*Rashi*]

20. **On that day**—I.e. when Shebna is exiled. This does not mean exactly on that very day, but at that time, as we find many such instances in this book. — [*Redak*]

to Eliakim—*He was appointed over the house when Sennacherib took him,* i.e. Shebna, *as we find, when they went out to Rabshakeh, and he revealed to him Shebna and his company, and they dragged him with their horses' tails, as is related in San.* 26b. *When Sennacherib went to Tirhakah, king of Cush, he swept away Shebna and his company and went away. We learned this in Seder Olam* ch. 23 —[*Rashi*]*

21. **And I will dress him [with] your tunic**—the symbol of beauty. — [*Redak*]

and [with] your girdle I will gird him—the symbol of strength, that he will not lose his power. — [*Redak*]

a father—an adviser and a leader. — [*Redak*]

Alternatively, he was kind to the people as a father to his children, unlike Shebna, who sought to surrender the city to Assyria. — [*Abarbanel*]

the key of the House of David—*Jonathan paraphrases: The key of the Temple and the government of the House of David.* — [*Rashi*]

Redak understands this passage figuratively: Eliakim will be the king's adviser; his word will be final in all government matters. This is symbolized by the key, with which "he shall open and no one shall close; and he shall close and no one shall open." The phrase, "on his shoulder," alludes to the burdens of the kingdom, which will also lie "on his shoulder." It is possible that Eliakim the son of Hilkiah was a priest. We find in I Chron. 5:39: "And Shallum begot Hilkiah, and Hilkiah begot Azariah." Perhaps Eliakim is identical with Azariah. Indeed, we find that in Hezekiah's time, "Azariah was the ruler of the house of God (II Chron. 31:13)." — [*Redak*]

23. **And I will thrust him like a peg in a sure place**—*Jonathan* renders: *And I will appoint him a faithful trustee, serving in a sure place. Jonathan renders* נֶאֱמָן *as sure, i.e. a place that is faithful to those who lean on it, for it shall not move. Another explanation is to reverse the* word order of the *verse*: *And I will thrust him a sure peg in a place.* — [*Rashi*]*

24. **And they shall hang upon him**—Since he is likened to a peg, Scripture uses the expression of

וְעַד כָּל־כְּלֵי הַנְּבָלִים׃ כה בַּיּוֹם הַהוּא
נְאֻם יְהוָה צְבָאוֹת תָּמוּשׁ הַיָּתֵד
הַתְּקוּעָה בְּמָקוֹם נֶאֱמָן וְנִגְדְּעָה וְנָפְלָה
וְנִכְרַת הַמַּשָּׂא אֲשֶׁר־עָלֶיהָ כִּי יְהוָה
דבר

תרגום

לְבָשֵׁי אֵפוֹדָא וְעַד בְּנֵי
לֵוִי אָחֲדֵי נִבְלַיָא׃
כה בְּעִדָנָא הַהִיא אֲמַר
יְיָ צְבָאוֹת יַעְדֵי אַמַרְכָּל
מְהֵימַן דִי מְשַׁמֵשׁ
בַּאֲתַר קַיָם וְיִתְקְטֵף
וְיִפּוֹל וְתִתְבְּטַל מַטַל
נְבוּאֲתָא דִי עֲלוֹהִי
אֲרֵי בְּמֵימְרָא דַיְיָ גְזַר

מהר"י קרא

כלי הנבלים. עד הלוים המשמשים בכלי שיר: (כה) ביום ההוא [וגו'] תמוש היתד. כשאקח אליקים בן חלקיהו ותקעתיו במקום נאמן. ימוש שבנא שהי' עד עכשיו תקוע במקו' נאמן. והיאך תמוש היתד מאחר שהיא תקועה במקום נאמן וחזק. ומודיעך היאך תמוש. לא בפני שיחרב המקום אלא שהיתה גרועה מלמעלה. אבל המקום יעמוד בחזקתו. הה"ד ונגדעה ונפלה. כלומר ירושלם תעמוד בשלותה. אבל שבנא יבקש לצאת ולהשלים ומניח ירושלם, ואמרו רבותינו כשביקש שבנא לצאת מירושלם עם תלמודיו והוא עבר לפניהם כיון שיצא לו מירושלם אתא מלאכא ואחד דשא אבתריה. אמר ליה סנחריב משירייתך (איכא) [היכא] אמר ליה בירושלם. אמר חייכא קא מחייכת בי. רצוה וגררוהו על הקוצים ועל הברקנים. והוא שאמר הנביא תמוש היתד התקועה במקום נאמן: ונכרת המשא אשר עליה. הם הסמוכין עליו אחיו ואחיותיו ויודעיו לפנים: ומדרש רבותינו. לך בא אל הסוכן. אמר ר' אליעזר כהן גדול היה. ר' יהודה בר' אמי [אמר] אמרכל היה. על דעתיה דר' אליעזר והלבשתיו כתנתך על דעתיה דר' יהודה וממשלתך אתן בידו. תנא ר' חייא למה קורא אותו אמרכל שהוא גוזר לכל. אמר ר' ברכיה מן הדא דסכנין הות. ועלה ונתמנה קוזוו קיסורין בבית המקדש. הוא שהנביא מקנתרו ואומר לו מה לך פה. איזה כותל בנית כאן. איזה עמוד העמדת כאן. איזה בסמר קבעת כאן. אמר ר' אלעזר צריך [אדם] שיהא [לו] מסמר קבוע או יתד בבית הכנסת*) [כדי שיזכה] ויקבר באותו מקום. כי חצבת לך פה קבר. עשה כמין שובך ונתן קברו עליו: חצבי מרום קברו. ר' שמעון משום מר עוקבא אמר ממרום נהצב עליו שלא יקבר בארץ ישראל. שנאמר חוקקי בסלע משכן לו: כדור אל ארץ רחבת ידים. כדור זה שמקלעין אותו בידים ואין מגיע לארץ. [וכו'. קלון בית אדוניך] על דעתיה דר' אליעזר שהיה מבזה את הקרבנות. על דעתיה דר' יהודה [שהיה מבזה] לשני אדוניו חזקיה וישעיה. ר' ברכיה בשם ר' אבא בר כהנא מה עשו שבנא וסיעתו ויואח כתבו אגרת יתחביה (בחוץ) [בחץ] וזרקוהו בעד החלון שבנא וסיעתו וכל בני המדינה מבקשים להשלים לך. ישעיה וחזקיה אין מבקשים להשלים לך. היא שצפה דויד ואמר ברוח הקודש. כי הנה הרשעים ידרכון קשת כוננו חצם על יתר לירות במו אפל לישרי לב לשני ישרי לב חזקיה וישעיה:

*) ובילקוט רמז ר"ל איתא בבית הקברות.

רש"י

האגנות ועד כל כלי הנבלים. ת"י מכהניא לבושי אפודא ועד בני לוי אחדי נבליא ויהיה אגנות לשון כלי שרת שמשרתין בהם הכהנים בבית המקדש: **הנבלי'.** שאומרים בני לוי בהן השיר: (כה) **תמוש היתד.** גדולתו של שבנא: **ונכרת המשא אשר עליה.** בני משפחתו וסיעתו הנסמכין עליו והתולים בו כלי תפארתם ולפי שדימהו ליתד דימה המתפארי' בו ונשענים עליו למשא שמטעיני' על היתד ויש פותרים אותו ותתקיים הנבואה שנתנבאה עליו:

רד"ק

ואמר כלי דרך משל לפי שהמשילו ליתד יהיו תולין עליה גדולים וקטנים לפי חוזקה של יתד. ופי' כלי קטן כלי התשמיש הקטן כי בכל התשמישים תולין על היתד. לפיכך אמר מכלי האגנות עד כל כלי הנבלים וסמוכות כלי האגנות וכלי הנבלים לפי שהאגנות יש בהם גדולות וקטנות ומוכנות לתשמישים משונים זה מזה וכן הנבלים יש בהם זה משונה מזה ביתדותיו או במיתריו וכלם יקראו נבלים ות"י כלי הקטן מרברביא ועד דעדקיא ותרגם מכלי האגנות עד כל כלי הנבלים מכהניא לבושי אפודא ועד בני לוי אחדי נבליא: (כה) ביום ההוא. היתד התקועה במקום נאמן. וזה משל על שבנא שהיה סבור שיהיה בכבודו קיים עד יום מותו כמ"ש חוצבי מרום קברו ונכרת המשא אשר עליה כמו היתד כשתשבר ותפול ישתברו ויפלו ויכרתו הכלים התלוים והנשואים עליה שיפלו עמה כן כשישבר שבנא

אבן עזרא

הזהב: **ועד כל כלי הנבלים.** כלי הנגונים והטעם שלא ישאר דבר בבית המלכות שלא יהיה תחת רשותו: (כה) **ביום. תמוש היתד.** רמז לשבנא שהיה חושב שהוא כיתד תקועה במקום נאמן: **ונכרת המשא אשר עליה.** הם אנשי ממשלתו:

מצודת ציון

הספלים כמו אגן הסהר (ש"ה ז'): הנבלים. שם כלי נגון: (כה) תמוש. תסור כמו לא ימוש עמוד הענן (שמות י"ג): ונגדעה. ענין כריתה כמו בקמים גדעו (לעיל ט'):

מצודת דוד

מכלי האגנות. בין כלי אגנות בין כל מין כלי נבלים ור"ל כולם יתכבדו בו איש לא נעדר: (כה) תמוש היתד. ר"ל שבנא שחשב להיות קבוע בממשלתו כיתד התקועה במקום המתקיים הנה ביום ההוא תסיר ממשלתו: ונגדעה. תהיה נכרתת ממקומו ותפול לארץ ר"ל יבוטל הממשלה ויושפל מעלתו: ונכרת המשא. בנפול היתד ישבר ויוכרת משא הכלים התלוים בה ור"ל במפלת שבנא יושפל משפחתו ואנשיו המתכבדים בו ונשענים עליו: כי ה' דבר. וכידו לקיים:

referring, and why it should be nullified. If he is referring to the prophecy concerning Eliakim, as it would appear from the context, we find no reason for the prophecy to become null. No warning is given, neither is any evil attributed to him. Moreover, the word משא is used for harsh prophecy, not favorable prophecy, as we have seen throughout this book. Perhaps *Jonathan* means that the prophecy will be fulfilled quickly and will need no more fulfillment, as *K'li Paz* explains the passage.

There is, however, a difficulty in this explanation. We mentioned above that Shebna first lost his position of treasurer and was demoted to

to all the vessels of the lyres. 25. On that day, says the Lord of Hosts, shall the peg, thrust in a permanent place, move, and it shall be cut off and fall, and the burden which is upon it shall be cut off, for the Lord has spoken.

daughters. — [*Redak, Ibn Ezra*]

Since he is called "a father to the inhabitants of Jerusalem and to the house of Judah," all the men are regarded his sons and the women his daughters. — [*Ibn Ezra*]

all the small vessels—*the smallest of their families shall take pride in him and rely on him.* — [*Rashi*]

Redak adds: So famous will his greatness be.

from the vessels of basins to the vessels of the lyres—*Jonathan paraphrases: From the priests who wear the ephod to the Levites who hold the lyres. Accordingly, it is an expression of the ministration vessels with which the priests perform the service in the Temple.* — [*Rashi*]

the lyres—*with which the Levites recite the song during the offering of the sacrifices.* — [*Rashi,* in printed editions, but absent in all manuscripts]

Alternatively, the basins were used for keeping gold, and the נְבָלִים were musical instruments. This denotes that all functions were performed by Eliakim. — [*Ibn Ezra*]

25. **On that day**—At that time. — [*Jonathan*]

shall the peg . . . move—This alludes to *the greatness of Shebna.* — [*Rashi*]

Shebna, who was so sure of the permanence of his position, to the extent that he hewed for himself a sepulchre among those of the House of David, will fall from his greatness when Eliakim is elevated. — [*Redak*]

and the burden which is upon it shall be cut off—*His family members and his company who depend on him and who hang upon him the vessels of their glory. And since he likened him to a peg, he likened those who boast about him and rely on him, to a burden loaded on the peg. Some interpret it: And the prophecy prophesied about him shall be fulfilled.* — [*Rashi*]

All other exegetes follow the former interpretation. The latter obviously interprets מַשָּׂא as *prophecy,* and וְנִכְרַת, *shall be cut off,* as an indication of finality.

Alternatively, וְנִכְרַת denotes the sudden fulfillment of the prophecy. Shebna will be given no respite. He will be punished quickly and suddenly, for, on that very day that the peg will move away from its permanent place, i.e. that Shebna will lose his high position, it will be cut off and fall. He will be killed, as the Rabbis tell us, that the Assyrians dragged him, tied to the tails of their horses. Thus, the entire prophecy will be quickly and suddenly fulfilled, making it a thing of the past, which needs no more fulfillment. All this befell Shebna because he had no trust in the Lord. — [*K'li Paz*]

Jonathan, however, renders: And the prophecy concerning him shall be nullified, for with the word of the Lord did He decree this. It is not clear to what prophecy Jonathan is

דָּבֵֽר׃ כג א מַשָּׂ֖א צֹ֑ר הֵילִ֣ילוּ ׀ אֳנִיּ֣וֹת
תַּרְשִׁ֗ישׁ כִּֽי־שֻׁדַּ֤ד מִבַּ֙יִת֙ מִבּ֔וֹא מֵאֶ֥רֶץ
כִּתִּ֖ים נִגְלָה־לָֽמוֹ׃ ב דֹּ֖מּוּ יֹ֣שְׁבֵי אִ֑י סֹחֵ֥ר
צִיד֛וֹן עֹבֵ֥ר יָ֖ם מִלְאֽוּךְ׃ ג וּבְמַ֤יִם רַבִּים֙
זֶ֣רַע שִׁחֹ֔ר קְצִ֥יר יְא֖וֹר תְּבוּאָתָ֑הּ וַתְּהִ֕י

תרגום

כֵּן׃ א מַטַל כָּס בִּלְוָט
לְאַשְׁקָאָה יָת צוֹר
אֵילִילוּ נָחֲתֵי סְפִינֵי יַמָּא
אֲרֵי אִתְבְּזִיזוּ מֵחוֹזֵיהוֹן
מִלְמֵיתֵי מֵאַרְעָא כִתָּאֵי
אָתֵי עֲלֵיהוֹן׃ ב אִתְּבָּרוּ
יָתְבֵי נִיסָא תַּגָּרֵי צִידוֹן
דַהֲווֹ עָדָן בְּיַמָּא מַלּוּךְ׃
ג דַהֲוַת מְסַפְּקָא סְחוֹרָא
לְעַמְמִין סַגִיאִין דְּבְחָצַד

רש״י

כג (א) הילילו אניות תרשיש. שהיו מתעשרים על ידי סוחרי צור שהיו מביאים אניות תרשיש סחורה לצור. תרשיש שם הים: כי שודד מבית מבוא. כי שודד מבפנים מקום שהיית׳ רגילים לפונדק מלבוא עוד לתוכו ולא יהיה עוד לכם מקום בצור ללון שם: מארץ כתים. הם הרומיי׳: נגלה למו. השודד לאנשי צור. ד״א מארץ כתי׳ נגלה לאנשי תרשיש סוד של צור שברחו בני צור אל כתים ומשם נשמעה השמועה: (ב) דומו יושבי אי. התאבלו ושבו דומים יושבי אי הים למה סוחרי צידון עוברי ימים היו רגילים למלאותך כל סחורה עכשיו כשתפול צור תיפול צידון עמה שסמוכות היו זו לזו בתוך מהלך יום: (ג) ובמים רבים. היה בא זרע ממצרים היושבת על נהר שיחור אל צור: קציר יאור. מצרים היה תבואה של צור: שיחור.

מהר״י קרא

כג (א) משא צר הלילו אניות תרשיש כי שדד מבית מבוא. (בהיכנס) [מהכנס] לתוכה שום אדם. מבית הת׳ מבפנים: מארץ כתים נגלה למו. מעיר אני עליהם את הגוי כתים שהוא נגלה (להלחם למו) [למו להלחם] עמם. ושבאום אל ארץ רחוקה: (ב) דמו יושבי אי. כי שודד צר שהייתם מביאים לו סחורה. אלי סוחר צידון עובר ים מלאוך. ברוב רכולותם דומו. כי שודד ער מואב נדמה. וכן נדמה שומרון מלכה. וכן הדמין תתעבדון כולם לשון שממה: (ג) ובמים רבים זרע שיחור. על ידי מים רבים היו מביאין (החמה) [סחורה] אל צור וצידון: קציר יאור היא היתה תבואתה של צור וצידון. ותהי עד היום סחר גוים. ולפי (שכך) [שכל]

אבן עזרא

כג (א) משא צור. צור היא על הים ונבוכדנצר תפשה: כי שדד. כל בית בצור שלא יבא שום סוחר: מארץ כתים. אפילו מארץ כתים שהיא רחוקה נגלה להם זה השוד והזכיר כתים בעבור האניות והעד וצים מיד כתים: (ב) דמו. רמז לצור אף על פי שהיתה מלאה מסוחרי צידון גם היא על הים והעד וירכתו על צידון: (ג) ובמים רבים. הסוחרים היו מביאים לצור זרע מי שיחור ותבואתה היה קציר יאור מצרים: ותהי סחר גוים. שם ויחסר מלת

רד״ק

תשבר משפחתו וכל סיעתו: (א) משא צור. נתנבא על צור שתחרב והיתה עיר סחורה כמ״ש לפיכך קרא כנגד תרשיש שהיא על הים והיא היתה עיר סחורה גם כן והיו באות הספינות תמיד מתרשיש לציר לפיכך אמר הלילו אניות תרשיש כלומר ספדו כי אין לכם מקום שתלכו שם שצור תחרב וזהו שאמר שדד מבית מבוא שדד בתיכם ומקומכם שהיה באכם שם עתה שדד מבוא שם כל סוחר. ופי׳ מבית מהיות בית ומקום וכן והשבתיך מזונה מהיות זונה וימאסך ממלך מהיות מלך ויסירה מגבירה מהיות גבירה: מארץ כתים נגלה למו. ת״י מארע כתאי אתי עליהון ואנו רואים כי נבוכדנצר החריבת כמו שמפורש ביחזקאל וכתים הם מבני יון אם כן איך אמר מארץ כתים נגלה. ופי׳ א״א ז״ל כי כתים היו סוחרים הולכים לבבל ואמרו להם שיבאו לצור ויוכלו לתפיש אותם והם יעזרום ויבאו להם דרך הים: (ב) דמו יושבי אי. היושבים באיים אשר על הים שהם סוחרים והולכים באניות עתה דמו כלומר שתקו והעצבו כי עיר סחורתכם נחרבה וי״ת דמו אתברו וצידון היה על הים גם כן: סוחר צידון עובר ים מלאוך. ל׳ יחיד דרך כלל כמו ויהי לי שור וחמור כי אם הסוס אסור והחמור אסור. כה תאמרו לאיש יבש גלעד וחדומים להם: מלאיך. כנגד צור. ופי׳ מלאו אותך בסחורה ומלאוך קל הלמ״ד וראוי להדגש כי הוא מהדגוש: (ג) ובמים רבים. הפסוק כמו הפוך אמר וזרע שיחור שהוא בכים וקציר יאור הוא תבואת צור כלומר כי ממצרים היה בא לה צרכה מתבואה לפי שמצרים רבת תבואות

מצודת דוד

כג (א) הילילו אניות תרשיש. אנשי הספינות ההולכים על ים תרשיש להביא סחורה לצור הילילו מעתה על חורבן צור: כי שדד. כי צור שודד מהיות בה בית ומהיות מי בא בה: מארץ כיתים. שוד צור נתגלה לאנשי האניות מארץ כיתים כי שמה ברחו בני צור: (ב) דומו ישבי אי. יושבי כל אי מהאיים סביבות צור שבו דומו והתעצבו כי עיר סחורתכם נחרבה: סוחר צידון. ר״ל וכן כל סוחר מסוחרי צידון: עובר ים מלאוך. כי כל מי שהיה עובר ים בספינות היה ממלא אותך צור בהרבה סחורות ומזה היה לסוחר צידון ריוח גדול ועתה שבת המסחר: (ג) ובמים רבים. בדרך מים רבים היה בא לצור זרעים ממצרים היושבת על שיחור: קציר יאור תבואתה. התבואה הבאה אל צור היה מקציר יאור ר״ל הנקצרות

מצודת ציון

כג (א) הילילו. מלשון יללה: שודד. נעשק: מבית. מהיות בית וכן מבוא ודוגמתו וימאסך ממלך (שמואל א׳ ט״ו) ופירוש מהיות מלך: למו. להם: (ב) דומו. ענין שתיקה כמו וידום אהרן (ויקרא י׳) ור״ל התעצבו כי דרך המתעצב לשבת דומם: (ג) שיחור.

of the island of the sea. Why? The seafaring merchants of Zidon were wont to replenish you with all merchandise. Now, when Tyre falls, Zidon will fall with it, for they were within a day's journey from one another.—[*Rashi*]

3. **And on great waters**—*the seed would come from Egypt, that is situated on the river Shihor, to Tyre.*—[*Rashi*]

the harvest of the Nile—*Egypt was the revenue of Tyre.*—[*Rashi*]

Shihor—*This is the Nile, as it is said:* "(Jos. 13:3) *From the Shihor, which is before Egypt." And they would bring the produce to Tyre in Egyptian ships.*—[*Rashi*]

23

1. The harsh prophecy concerning Tyre: Wail, ye ships of Tarshish, for it has been pillaged from within, from coming; from the land of the Kittim he appeared to them. 2. Be silent, ye island dwellers; the merchants of Zidon, the seafarers replenished you. 3. And on great waters, the seed of Shihor, the harvest of the Nile was her revenue, and she became the mart of the nations.

that of scribe, when his betrayal was revealed to the prophet. When he defected to Assyria, he was dragged through the dust hanging by the tails of their horses. Hence, his fall was gradual.

1. **The harsh prophecy concerning Tyre**—Tyre was situated by the sea, and Nebuchadnezzar conquered it.—[*Ibn Ezra*]

The prophet announces that Tyre will be destroyed. Tyre was a commercial city as is obvious from the following verses.—[*Redak*]

Wail, ye ships of Tarshish—*who became wealthy through the merchants of Tyre, for the ships of Tarshish would bring merchandise to Tyre. Tarshish is the name of the sea.*—[*Rashi*]*

Redak explains that Tarshish was another commercial city, whose ships constantly came to Tyre to trade. [See Commentary Digest on I Kings 10:22, where the identity of Tarshish is discussed at length, whether it was Carthage on the coast of North Africa, known today as Tunis, or whether it was Tartessus, the oldest Phoenician colony in Spain. See also *Ibn Ezra,* Jonah 1:3. The prophet calls to the ships of Tarshish, "Wail, ye ships of Tarshish!" You will have nowhere to go to trade, for Tyre, your partner in commerce shall be destroyed.

for it has been pillaged from within—*For it has been pillaged from within, the place you were wont to lodge, from coming anymore into his midst, and you will no longer have a place in Tyre to lodge there.*—[*Rashi*]

Others render: For it has been pillaged of a house, i.e. it has become devoid of houses.—[*Redak, Ibn Ezra*]

from the land of Kittim—***They are the Romans.***—[*Rashi*] See Appendix.

he appeared to them—*The marauder appeared to the people of Tyre. Another explanation is that from the land of Kittim, the plunder of Tyre was revealed to the people of Tarshish, for the people of Tyre fled to Kittim and from there the news was heard.* — [*Rashi*] According to *Rashi's* second interpretation, we render: From the land of Kittim it was revealed to them.*

2. **Be silent, ye island dwellers**—*Mourn and sit silently, you dwellers*

סְחַר גּוֹיִם׃ ד בּוֹשִׁי צִידוֹן כִּי אָמַר יָם
מָעוֹז הַיָּם לֵאמֹר לֹא־חַלְתִּי וְלֹא־יָלַדְתִּי
וְלֹא גִדַּלְתִּי בַחוּרִים רוֹמַמְתִּי בְתוּלוֹת׃
ה כַּאֲשֶׁר שֵׁמַע לְמִצְרָיִם יָחִילוּ כְּשֵׁמַע
צֹר

תרגום

כְּגִישַׁת נַהֲרָא עֲלַלְתַּהּ וַהֲוַת סְחוֹרָא לְעַמְמַיָא׃
ד בְּהִיתוּ צִידוֹנָאֵי אֲרֵי אֲמַר מַעַרְבָאָה דִי יָתֵיב בִּתְקוֹף יַמָא לְמֵימַר לְוַי לָא מַרְעִית לָא אַעְדֵיתִי וְלָא רַבֵּיתִי עוּלֵמִין פַּנְקִית בְּתוּלָן׃
ה כְּמָא דִי שְׁמָעוּ

מהר"י קרא

תבואת מצרים אינה גדילה על כי גשמים. לא למטר השמים. אלא היאור עולה ממקומו ומשקה אותה נקראת על שם היאור: ותהי סחר גוים. שנקראת (דלתות)[רכלת] העמים אל איים רבים: (ד) בושי צידון כי אמר ים מעוז הים לאמר לא חלתי ולא ילדתי. בושו לכם אנשי צידון הקרובים אל צור. כי אמר ים. כי מעתה יוכל לומר ים מה [הוא] הים הוא צור שהיא מעוז הים. מעוז יושבי הים שהיא יושבת על מבואות ותפארת יושבי הים ומלואו איים ויושביהם. זה צור מה היא אומרת ומיללת ומקוננת לא חלתי ולא ילדתי ולא גדלתי בחורים. וכן לא רוממתי בתולות. כי בני יצאוני ואינם. ותרא צידון ותבוש. כי הוביש מבטה צור. זהו פשוטו. ומדרש רבותינו. (כי) בושי צידון כי אמר ים. בושו לכם אנשי צידון על שמתפאר הים. כמו אמרו צדיק כי טוב. ומה [אני] (שאני) [שאיני] מתיירא שמא אחיל ושמא אוליד [וכו'] מה כתיב [בי] האותי לא תיראו נאם ה' אם מפני לא תחילו אשר שמתי חול גבול לים. [וכו'] והריני הולך לעשות רצון קוני. (ואם) [ואתם] יושבי צידון שיש לכם בנים ובנות אם זכיתם אתם מקבלים [שכר ואם חטאתם אתם מקבלים] פורענות על אחת כמה וכמה שאתם צריכים שלא להטוא*): (ה) כאשר שמע למצרים יחילו כשמע צר. כאשר שמענו שעשה הקב"ה נקמה למצרים יחילו אנשי צור באותו שמע. וזה פתר'. כאשר נזדעזעו האומות משמע מצרים כמו כן יזדעזעו משמע צר. והיא רומי הרשעה:

רש"י

הוא נילוס שנאמר (יהושע י"ג) מן השיחור אשר על פני מצרים והיה מביאים התבואה לצור באניות מצרים: ותהי. צור: סחר גוים. מעם רב שהיה בה כל הגרים מביאין לה סחורה: (ד) בושי צידון. שטפלה לצור: כי אמר ים. כי אמר' צור היושבת במעוז הים שהיא עיקר ראש המלכות הריני כמו שלא חלתי ולא ילדתי בחורים כי כולם נהרגו והרי כמו שלא רוממתי בתולות וכן ת"י ורבותינו אמרו באגדה בושי צידון כי אמר ים מה אני שאין לי בנים ובנות לדאג עליהם שלא יתפשו בעוני איני משנה מצות קוני לעבו' גבול חול אשר שם לי על אחת כמה וכמה בושי צידון שיש לך לדאג בכל אלה: (ה) כאשר שמע למצרים. אשר שמעו על מצרים שהבאתי עליהם עשר מכות וסוף טבעו בים: יחילו. יבהלו: כשמע. השומעי' כשילא שמע צור כי גם מכותיה של צור יהיו דוגמת אותן מכות דם ואש דוגמת מכת דם. קול שאון מעיר (לקמן ס"ו) זו קרקרו' הצפרדעים. ונהפכו נחליה לזפת ועפרה לגפרי' (לקמן ל"ד) דוגמת מכת כנים. וירשוה קאת וקפוד דוגמת מכת ערוב. ונשפטתי אתו בדבר (יחזקאל ל"ח) דוגמת מכת דבר. המק בשרו (זכריה י"ד) דוגמת מכת שחין. וכרת הזלזלים (לעיל י"ח) דוגמת הברד והארבה. וטבח גדול בארץ אדום (לקמן ל"ד) כנגד מכת

רד"ק

*) עיין כל זה בילקוט ישעיה רמז ר"ל ובירמיה רע"ו.

כי לא תצטרך לגשמים כי הנהר שנקרא שיחור משקה את הארץ ההיא וז"ש במים רבים: ותהי סחר גוים. צור היתה סחורת גוים כי כלם היו סוחרים בה: (ד) בושי צידון. כיון שנחרב מקום סחורתך בושי והכלמי כי הנה אמר ים והיא צר לפי שהיתה סחורתה דרך ים והיא היתה מעוז הים כלומר מעוז כל הערים שהם לחוף הים. אמרה כשראתה בחורבנה הנני היום כאלו לא חליתי ולא ילדתי ולא גדלתי בחורים ולא רוממתי בתולות כי אני היום חרבה ושכולה והוא דרך משל להמשיל העיר כאשה חלה ויולדת בנים ומגדלת אותם ומרוממת אותם וכן אמר כי חלה גם ילדה ציון את בניה וי"ת כי אמר ים ארי אמר מערבאה דיתיב בתקוף ימא ותרגם לא חליתי ולא ילדתי לוי לא מרעית ולא אעדיתי ולא רבתי עולמין פנקית בתולין כלומר הלואי שלא היה לי כל הכבוד כי מה יועיל אחר שסופו להיות חרבה: (ה) כאשר שמע למצרים. כאשר ישמעו מצרים חרבן צר יפחדו ויחילו בעבור עצמם כמו כשחלו יושבי צר כששמעו כי נבוכדנצר בא עליהם להלחם כי קודם החריב נבוכדנצר צור ואחר כך החריב מצרים כמו שמפורש בספר

אבן עזרא

בעלת כמו וחסרון לא יוכל להמנות: (ד) בושי. כי אמר ים. זה הוא התקיף בכל הים והטעם על צור כאילו לא היה באי צור עם וזה טעם לא חלתי: (ה) כאשר. נשמע

מצודת ציון

הוא הנילוס: יאור. הנילוס נקרא יאור: (ד) מעוז. ענין חוזק: חלתי. כן יקראו חבלי הלידה וכן חלנו כמו ילדנו (לקמן כ"ו): רוממתי. ענינו כמו גדלתי: (ה) יחילו. מלשון חיל ורעד:

מצודת דוד

משדות מצרים הגדל ע"י השקאת היאור והיתה רבת התבואה ועוד למאכל והוא כ"פל ענין במ"ש: ותהי סחר גוים. צור היתה סחר גוים כולם היו סוחרים עמה: (ד) בושי צידון. כיון שהרבה מקום סחורתך בושי והכלמי: כי אמר ים. כי הים המקיף את צור אמר ומקונן בעד צור וכה יאמר אתה צור מעוז כל הערים היושבים לחוף הים יש לך לומר ולקונן הריני כאלו לא חלתי וכאלו לא ילדתי וגו' כי נשארתי שממה מבלי בנים ובנות והוא"ל וכן בושי צידון כי נהיכן תוליך סחורתך: רוממתי. חוזר על מלת ולא כאלו אמר ולא רוממתי בתולות: (ה) כאשר שמע למצרים. כאשר יהיה שמע למצרים אבדן צור יחילו מפחד האויב שלא יבוא גם עליהם וימלאו רעדה כמו

I will hold judgment over him with pestilence and with blood," a pattern *of the plague of murrain.* "(Zechariah 14:12) *His flesh shall consume away," after the pattern of the plague of boils.* "(Supra 18:5) *And he shall cut off the tendrils," after the pattern of the hail and locusts*; "(infra 34:6) *And a great massacre in the land of Edom," corresponding to the plague of the first-born. This system is true if his* צור *is another city (Edom, Rome—Parshandatha). If it is actually Tyre, because the sea inundated it, the prophet says about it, "Like the report concerning Egypt," and I*

4. Be ashamed, for the sea said, the stronghold of the sea, saying, "I have not travailed, nor have I borne, neither have I reared young men nor have I raised virgins." 5. Like the report
concerning Egypt, shall they quake at the report of Tyre.

and she became—I.e. *Tyre.*—[*Rashi*]

the mart of the nations—*from the multitude of people that were therein. All the nations brought merchandise to her.*—[*Rashi*] Some editions read: *All the strangers.* The former is probably more correct because it matches the wording of the verse.

4. **Be ashamed, Zidon**—*which was secondary to Tyre.*—[*Rashi*]

for the sea said—*For Tyre, that was situated in the stronghold of the sea, who was the main head of the kingdom, said, "I am as though I have not travailed, nor have I borne young men, for they all were slain, and I am as though I have not raised virgins. And so did Jonathan render it.*—[*Rashi*] *Rashi's* version of *Jonathan* does not coincide with our edition or with *Redak*. According to our reading, *Jonathan* renders: If only I had not travailed and not borne, and I had not reared young men and raised virgins! I wish I had not received all that honor, because it is of no avail to me since I will be destroyed.—[*Redak*, according to *Jonathan*] *Redak,* himself, explains as *Rashi. Rashi* continues: *And our Sages said in the Aggadah: Be ashamed, Zidon, for the sea has spoken, "If I, who have no sons and daughters about whom to worry that they not be seized for my iniquity, do not deviate from the commandment of my Maker, by crossing the boundary of sand which He placed for me, how much more should you be ashamed, Zidon, since you have to worry about all these!*—[*Rashi* from *Sifre Nasso* 42] See also *Rabbi Joseph Kara, Yalkut Shimoni.*

Malbim explains: **If only I had not travailed**—at all, since all my children perished.

and I had not borne—but the babies should have died in the womb.

and I had not reared young men—If I did give birth, I wish I had not reared young men.

nor raised virgins—nor raised virgins to an exalted status. — [*Malbim*]

5. **Like the report concerning Egypt**—*which they heard about the Egyptians, that I had brought ten plagues upon them, and that they finally drowned in the sea.* — [*Rashi*]

shall they quake—*They shall be frightened.* — [*Rashi*]

at the report—*When the listeners hear that the report concerning Tyre has been announced, for also the plagues of Tyre shall be in the same pattern as those plagues: "Blood and fire* (Joel 3:3)"; "(Isaiah 66:6) *A voice of tumult from the city," like the croaking of the frogs. "(infra 34:9) And its brooks shall be turned to pitch and its dust into sulphur," on the pattern of the plague of lice.* "(ibid. 11) *but the pelican and hedgehog shall take possession of it," after the pattern of the plague of a mixture of noxious beasts.* "(Ezekiel 38:22) *And*

צֹר: ו עִבְרוּ תַּרְשִׁישָׁה הֵילִילוּ יֹשְׁבֵי
אִי: ז הֲזֹאת לָכֶם עַלִּיזָה מִימֵי־קֶדֶם
קַדְמָתָהּ יֹבִלוּהָ רַגְלֶיהָ מֵרָחוֹק לָגוּר:
ח מִי יָעַץ זֹאת עַל־צֹר הַמַּעֲטִירָה אֲשֶׁר
סֹחֲרֶיהָ שָׂרִים כִּנְעָנֶיהָ נִכְבַּדֵּי־אָרֶץ:
ט יְהוָה צְבָאוֹת יְעָצָהּ לְחַלֵּל גְּאוֹן כָּל־
צְבִי

ת״א סוחרים שרים. פסחים י״ג ב״ג ע״ה:

לְמַחְתָּא דִלְקוֹ מִצְרָאֵי זָעוּ כַּד שְׁמַעוּ צוֹרָאֵי: ו גְּלוֹ לִמְדִינַת יַמָּא אֵילִילוּ יָתְבֵי נִיסָא: ז הֲהָדָא לְכוֹן תַּקִּיפְתָּא צוֹר מִיוֹמֵי קֳדָם מִלְּקַדְמִין הֲווֹ מַיְתַן לַהּ תַּקְרוּבְתָּא מֵאֲרַע רְחִיקָא כְּדוּ לְאִתּוֹתָבָא הָא גַּלְיָא: ח מַן מְלִיךְ דָּא עַל צוֹר דַּהֲוָת מְמַלְּכָא מַלְכִין דִּי תַגָּרָהָא רַבְרְבִין שִׁלְטוֹנָאָה יַקִּירֵי אַרְעָא: ט יְיָ צְבָאוֹת מַלְכֵהּ לְאַפָּסָא יְקַר כָּל חֶדְוָתָא לְאַקְלָאָה כָּל יַקִּירֵי

רש״י

בכורות השיטה הזאת אם צור זו היא עיר אחרת ואם צור ממש לפי שכסה אותה הים הוא אומר עליה כאשר שמע למצרים ואני אומר שכל הענין מדבר בצו׳ העיר שהרי סמוך לה צידון: (ו) **עברו**. אנשי צור לברוח לתרשישה: (ז) **הזאת לכם עליזה**. הרי נפלה לפניכם ויאמר לכם הזאת העיר שהיתה עליזה בעיניכ׳ אשר מימי קדם קדמתה היתה עליזה עכשיו יובילוה רגליה מרחוק לבקש לה מנוח: (ח) **כנעניה**. תגריה כמו (הושע י״ב) כנען בידו מאזני מרמה. ולא יהיה כנעני עוד. (זכריה י״ד): (ט) **כל צבי**.

מהר״י קרא

(ו) **עברו תרשישה**. עברו הים לגור בארץ רחוקה: **הילילו. יושבי איים**: (ז) **הזאת לכם**. קריה שהייתה עליזה מימי קדם קדמתה עתה יובילוה רגליה מרחוק: (ח) **על צר המעטירה**. הממליכה מלכים שכל כך היתה חשובה שכל מלך שלא נכתר בצר לא היתה מלכותו חשובה לכלום: **כנעניה נכבדי ארץ**. הם סוחריה: (ט) **ה׳ צבאות יעצה לחלל** [וגו׳] **כל נכבדי**

אבן עזרא

סוד מצרים ויתחלל השומע כן יחילו כשמע צור: (ו) **עברו תרשישה**. בה״א כמו אל תרשיש: **יושבי**. כל אי: (ז) **הזאת**. היא צור שהיתה עליזה לכם כטעם משוש לכל הארץ והנה היא קדומה ואיך עתה הלכה בשביה לרחוק: (ח) **מי**. **המעטירה**. שהייתה עטרת לאיים: **כנעניה**. כמו סוחריה כמו כנען בידו: (ט) **ה׳**. השם שהוא מלך

רד״ק

יחזקאל: (ו) **עברו תרשישה**. אמר כנגד הסוחרים אשר בצור עברו לכם תרשישה כי צור תחרב ותרשיש גם כן על הים והיו סוחרים באים אליה אבל לא כמו אל צור. ועתה אין לכם עוד מסחר אל צור ועברו לכם תרשישה: **הלילו יושבי אי**. יושבי איי הים הלילו כי חרבה עיר סחורתכם. ולדעת יונתן אומר כנגד אנשי העיר שתרגם עברו גלו למדינת ימא: (ז) **הזאת לכם**. אמר כנגד אנשי העיר הזאת חשבתם שתהיה לכם צור שהיתה עליזה מרוב כבודה והיתה מימי קדם ועתה יובילוה רגליה לגור למרחוק כלומר לגלות מארצם ולגור בארץ שהיא מרחוק ואמר רגליה כלומר כי על כרחה יוליכוה רגליה ללכת בגלות וזהו על דרך שאמר רגלוהי דבר אינש אינון ערבין ביה לאתר דמתבעי תמן מובילין יתיה. וקדמתה. שם כמו שקדמת שלף יבש והה״א לנקבה והיא במפיק כלומר קדמת העיר היא מימי קדם וי״ת מיומי קדם מלקדמין וגו׳: (ח) **מי יעץ**. מי היה יועץ להחריב צור שתקום עצתו לולי כי האל יתברך יעץ ועצתו תקום כי צור היתה עיר גדולה ומעטירה כלומר נותנת עטרה למלכה ולעמה מרוב עשרה וכבודה ולמי היה עולה בלב להחריבה כי סוחריה היו שרים היו נחשבים כמו שרים וכנעניה כמו נכבדי ארץ והענין כפול במ״ש: **כנעניה**. פי׳ סוחריה וכן כנען בידו מאזני מרמה אלא שהוא משקל אחר וי״ת שלטונאה: (ט) **ה׳ צבאות יעצה לחלל גאון כל צבי להקל כל נכבדי ארץ**. כפל ענין במ״ש ופי׳ הפסוק השם צבאות יעץ זאת לפי שהיתה מתגאה ברוב עשרה והיתה נותנת העטרה לעצמה ולא לאל לפיכך צוה להחריבה: **לחלל גאון כל צבי**. כלומר כל ארץ צבי וחפץ ישפיל גאונם ויהולל כשיראו חרבן צור יעשו ק״ו בעצמם ויהיו

מצודת דוד

שחרדו אנשי צור בשמעם אבד האויב בא עליהם: (ו) **עברו תרשישה**. אתם הסוחרים המסתחרים אל צור מעתה עברו לארץ תרשיש להסתחר שמה והיא גם היא יושבת בחוף הים ויש מקום להסתחר שמה בשעת הדחק: **יושבי אי**. יושבי כל אי מהאיים סביבות צור עתו יללה כי מעתה לא הלכו שמה להסתחר: (ז) **הזאת לכם**. אמר כנגד אנשי צור וכי זאת חשבתם שתהיה לכם צור שהיתה קריה עליזה מרוב העושר והכבוד: **מימי קדם קדמתה**. קדמת העיר וראשית בניני׳ היא מימי קדם ר״ל משנים מרובות: **יובילוה**. הוזר לתחלת המקרא לומר וכי חשבתם באנשי עיר כזאת יוליך אותם רגליהם לארץ מרחק לגור שמה ר״ל לברוח מפני האויב וללכת רגלי׳ למרחוק: (ח) **מי יעץ זאת**. כאילו הנביא מתמה ואומר מי יען עלה כזאת על צור המעוטרת בעושר וכבוד אשר סוחריה המה שרים ומכובדים ר״ל על דעת מי עלה להחריב עיר כזאת: (ט) **ה׳ צבאות יעצה**. כאילו משיב לעצמו לומר ה׳ יען העלה ההיא ולא בא במקרה כ״א בהשגחה לוה להחריבה על מרבית גאותה בעשרה: **לחלל גאון כל צבי**. למען השפיל כל גאון כל ארץ חמדה ולהתבזות דעת

מצודת ציון

(ז) **הזאת**. בה״א התימה: **עליזה**. ענין שמחה: **יובילוה**. ענין הבאה כמו יובל שי (לעיל י״ח): **מרחוק**. כמו למרחוק: **לגור**. לדור: (ח) **המעטירה**. מלשון עטרה ור״ל המפוארה: **כנעניה**. ענין תגר וסוחר כמו והגור נתנה לכנעני (משלי ל״א) וכפל הדבר במ״ש: (ט) **לחלל**. מלשון חלול והשפלה: **גאון**. מלשון גאוה:

have an idea to destroy such a wealthy city, whose merchants were princes and whose traffickers were the most honored of the earth?—[*Redak*]*

whose traffickers—Heb. כִּנְעָנֶיהָ traffickers. *Comp.* "(Hosea 12:8) *As for the trafficker* (כְּנַעַן)— *in his hand are the balances of deceit*"; "(Zech. 14:21) *And there shall no longer be a trafficker* (כְּנַעֲנִי)."—[*Rashi, Redak, Ibn Ezra*]

6. Proceed to Tarshish, wail, ye island dwellers! 7. Is this your joyful [city] from ancient times, whose feet carry her afar to sojourn? 8. Who planned this on the royal Tyre, whose merchants were princes, whose traffickers were the honored of the earth? 9. The Lord of Hosts planned it, to profane the pride of every position,

say that the entire section, indeed, is talking about Tyre, because Zidon is near it.—[*Rashi*] Other editions read: *And I say that the entire section is, indeed, talking about Tyre. Because Zidon is near it, he juxtaposes Zidon to it.*—[*Parshandatha*] I.e., because Zidon is near Tyre, the prophet juxtaposes its fate to that of Tyre.

Rashi refers here to the midrashic view that the entire section deals with Rome. Since the word צֹר is spelled defectively, it alludes to צַר, an adversary. The greatest and most formidable adversary of the Jewish people is Edom, in ancient times represented by Rome. See *Tanhuma, Bo* 4; Buber 6; *Pesikta d'Rav Kahana* 67b, 68a; *Pesikta Rabbathi* p. 158, for slight variations. This view is stated briefly in *Gen. Rabbah* 61:7, as well. *Rashi* contends that, according to the simple meaning of the chapter, the juxtaposition of Zidon to Tyre indicates that the Phoenician city is meant. *Abarbanel,* too, concurs with this view that Tyre of Phoenicia is meant. For details, see below.*

6. **Proceed**—*you inhabitants of Tyre, to flee to Tarshish.*—[*Rashi*]

Alternatively, you merchants who dealt previously with Tyre, now that Tyre is destroyed, proceed to Tarshish, a commercial city of secondary rank to Tyre. In the absence of Tyre, you will have to be satisfied with Tarshish. Jonathan, however, explains it as being addressed to the inhabitants of Tyre, and renders: Go in exile to the province of the sea. [As above, v. 1, *Jonathan* interprets *Tarshish* as a generic term for the sea.]—[*Redak*]

Kara, too, follows this view, and renders: Cross the sea—to sojourn in a faraway land.

ye island dwellers—ye dwellers of every island.—[*Ibn Ezra*]

wail, ye island dwellers—for your merchant city has been destroyed. —[*Redak*]

7. **Is this your joyful [city]**—*It has fallen before you, and he will say to you, "Is this the city that was joyful in your eyes, that from ancient times was joyful; whose feet now carry her afar to seek for herself a resting place?*—[*Rashi*]

Alternatively: Is this your joyful [city]; its origin was from ancient times; her feet carry her afar to sojourn.—[*Redak*]

8. **Who planned this on the royal Tyre**—Who could have planned to destroy Tyre and succeed with his plan, except God, whose plan must be accomplished, for Tyre was a large royal city, bestowing honor upon its king and its people, because of its fabulous wealth. Who would

צבי להקל כל-נכבדי-ארץ: י עברי
ארצך כיאר בת-תרשיש אין מזח
עוד: יא ידו נטה על-הים הרגיז
ממלכות יהוה צוה אל-כנען לשמד
מעזניה: יב ויאמר לא-תוסיפי עוד
לעלוז המעשקה בתולת בת-צידון

תרגום

ארעא: י גלא מארעיך
כמי נהרא ערוקי
למדינת ימא לית תקוף
עוד: יא גבורתה
מרממא על ימא לאזעא
מלכותא יי פקיד על
כנען לשיצאה
תוקפאה: יב ואמר לא
תוספון עוד למתקף
דהויתון אנסין לעמא
די בצידון לכתים קומו
גלו אף לתמן לא יהי

מהר"י קרא

ארץ. וצר אחת היא מנכבדי ארץ כשם שאמר למעלה כנעניה נכבדי ארץ: (י) עברי ארצך כיאור. עברו לכם מן ארצכם והיו מפוזרים בשאר ארצות כיאור זה שמתפזר בכל: בת תרשיש אין מזח עוד. אומה היושבת בתרשיש אל תשאי כתר עוד. לצור קורא תרשיש על שיושבת על מבואת ים: (יב) ויאמר לא תוסיפי עוד לעלוז המעושקה בתולת בת צידון. צידון שהיתה יושבת שליוה ועריה סביבותיה כבתולה זו שלא נסתה כף רגלה הצג על הארץ. עתה כתים עבורי. זה שאמר

רש"י

מלב חזק: (י) עברי ארצך. לגולה: כיאור. כיאור הזה שעולה ומתפשט: בת תרשיש. צור היושבת בים תרשיש: אין מזח. אין לך עוד חוזק ואזור לשנס מתנים. מזח לשון אזור כמו (תהלים ק"ט) ולמזח תמיד יחגרה וכל אזור לשון חוזק: (יא) ידו נטה. הנוטה: ה' צוה אל כנען. זה את קרואיו על כנען: לשמיד. כמו להשמיד וכן ללכת לגיד ביזרעאל (מלכים כ"ט) כמו להגיד וכן לשמיע קול תודה (תהלים כ"ו) כמו להשמיע: מעזניה. צור וצידון משל כנען היו כמו שנאמר את צידון בכורו: (יב) כתים. אל ארץ כתים קומו

רד"ק

בעיניהם נקלים ומחוללים: (י) עברי ארצך. מהרה וגלו משם: כיאור. יש מפרשים כיאור מצרים שיוצא ממקומו ומתפשט כן תצאי ממקומך אנה ואנה או יהיה פירושו כמו היאור שעובר במהרה ועל הדרך הזה המשיל במקום אחר כי יבא כנהר צר ואנה תעברי לבת תרשיש כלומר לעדת תרשיש כמו בת ציון ותרשיש גם כן על הים סמוך לצור ואומר שתעבור אל תרשיש כי אין מזח עוד כלומר אין לך עוד חוזק בארצך ובת תרשיש הסר למ"ד השמוש כמו ויבא ירושלם וכמוהו רבים: (יא) ידו נטה. הקב"ה נטה ידו על הים ר"ל על צור שהיא על הים וכל עושרה מהים וכאלו הקב"ה נטה ידו על הים שלא יבוא לצור עוד דרך ים כל עובר ים כי הרגיז הממלכות אל צור שהיא כנען כלומר שהיא עיר סחורה כמו שפי' כנעניה: צוה. לנבוכדנצר שיבא עליה לשמיד מעזניה. או יהיה פי' הפסוק כן והוא שב למה שאמר למעלה השם צבאות יעצה אמר לא יהיה זה פלא בעיניכם אם ה' צוה להחריב צור כי כן צוה ונטה ידו על הים בטביעת פרעה ומצרים וכן הרגיז ממלכות רבות כסיחון ועוג וזולתם והוא שצוה על ארץ כנען לשמיד מעזניה אע"פ שהיתה ארצם ערים גדולות ובצורות בשמים הוא צוה להשמיד כל המעוזים ההם וישראל במצותו וברצונו כבשו הכל לא היתה קריה אשר שגבה מהם: לשמיד. כמו להשמיד וכן בחסרון הה"א ולנפיל ירך ולשבית עניי ארץ והדומים להם: מעזניה. הנו"ן במקום אות הכפל שהיה משפטו מעוזיה ולהקל הקריאה החליפו אות הכפל בנו"ן וכן כי לא תמנו כמו תממו: (יב) ויאמר. האל אמר כנגד צור ומה שאמר לא תוסיפי עוד לעלוז לא אמר עוד לעולם שהרי לשבעים שנה חזרה לאיתנה אלא פי' עד לזמן רב וכן ולא יספו עוד גדודי ארם. ועמלו לא יזכר עוד: המעושקה. אמר ואת בת צידון גם כן קומי עברי לך לארץ כתיים כי חרבה צור שהיא בא אליך

אבן עזרא

לבאות יעץ זאת: (י) עברו. אל ארצך בת תרשיש והטעם ברחי אל מקומך מהרה כרוץ היאור או עברי ארצך כמעבר היאור: אין מזח. כמו ולמזח תמיד יחגרה דמות אזור מחזק החלצים: (יא) ידו. השם והטעם מכה: מעוזניה. רמז לצור והנו"ן תחת בלוע הדגש גם כנען סוחר ויש אומרים כי תחסר מלת ארחת כנען בעבור מעוזניה שהוא לשון נקבה: (יב) ויאמר. השם: המעשקה. הטעם כי הון סוחריה

מצודת ציון

צבי. ענין חמדה כמו נחלת צבי צבאות גוים (ירמיה ג'): להקל. מלשון קלות ובזיון: (י) בת תרשיש. עדת תרשיש: מזח. ענין אזור וגבורה כמו ומזיח אפיקים רפה (איוב י"ב) ור"ל חוזק וזרוז כי החגור במתניו הוא מזורז ביותר: (יא) הרגיז. ענין תנועת החרדה והמהירות וכן ואת התרגזך אלי (לקמן ל"ז): אל. כמו על: כנען. ענין תגר וסוחר וכן כנען בידו מאזני מרמה (הושע י"ב): לשמיד. כמו להשמיד וכן לנפיל ירך (במדבר ה') ומשפטו להנפיל: מעזניה. מלשון עוז וחוזק ומשפטו מעוזיה ולהקל הקריאה החליפו אות הכפל בנו"ן וכן כי לא תמנו (איכה ג') ומשפטו תממו: (יב) לעלוז. לשמוח: המעשקה. הגזולה: בתולת. לפי שלא

מצודת דוד

הנכבדים כי הכל יקחו מהם מוסר ולא יוסיפו להתגאות: (י) עברי ארצך כיאור בת תרשיש. אתה עדת תרשיש המנאצים בצור להסתחר עברו מהר מארצך כמו היאור השוטף מהר כי פן תדבקך הרעה: אין מזח עוד. אין עוד לצור חוזק ואזור להיות מזורז מול האויב לעזור לעצמו וכ"ש לזולת: (יא) ידו נטה. כאלו המקום נטה ידו על הים לעכב על עוברי הים לבלי הביא עוד סחורה לצור: הרגיז ממלכות. העיר לב הממלכות לבא עליה בחרדה ומהירות רב: ה' צוה. לא במקרה באו אבל ה' צוה לבא על צור עיר המסחר להשמיד כל חזקה: (יב) ויאמר וגו' המעשקה וגו'. ה' אמר עתה עדת צידון הנעשקה מבודדי צור בהיות סחורתו משם הנה

of Tyre by Nebuchadnezzar. He points out, God stretched out His hand over the sea. When Israel departed from Egypt, God stretched out His hand over the Red Sea and split it before them. He aroused kingdoms, the kingdoms of Sihon and Og, to attack Israel. He commanded Israel to attack Canaan and to destroy their strongholds, although their cities were fortified up to heaven, and with His will they conquered the land of Sihon and Og without resistance.—[*Redak*]

to bring contempt upon all the honored of the earth. 10. Cross
your land like a river, O daughter of Tarshish; there is no more
strength. 11. He stretched His hand over the sea; He aroused
kingdoms; the Lord commanded upon Canaan, to destroy its
strongholds. 12. And He said, "You shall no longer continue
to rejoice, O plundered one, O virgin daughter of Zidon;

Jonathan renders: whose rulers.

every position—every *strong position.*—[*Rashi*]

10. **Cross your land**—*into exile.* —[*Rashi*]

Redak elaborates: Cross your land hurriedly and go in exile from there.

O daughter of Tarshish—*Tyre, which is situated on the Sea of Tarshish.*—[*Rashi*] Hence, the Sea of Tarshish is the Mediterranean. See above v. 1.

there is no more strength—Heb. אֵין מֵזַח עוֹד. *You have no more strength or girdle to gird your loins.* מֵזַח *is an expression of a girdle. Comp.* "(Psalms 109:19) *And for a girdle* (וּלְמֵזַח) *he shall always gird himself with it." And every 'girdle' is an expression of strength.*—[*Rashi*]

Redak, too, explains this verse as being addressed to the inhabitants of Tyre. He renders it differently, however, He interprets it as follows: Cross your land like the Nile, *to* the daughter of Tarshish. I.e., spread out like the Nile, from your place, each one where he wishes to flee, or, as *quickly* as the Nile flows, cross the land, *to* the community of Tarshish. *Redak* explains that Tarshish was a neighboring city, which would serve as a refuge for the fleeing Tyrians.

11. **He stretched His hand**—*He who stretched out.*—[*Rashi*] *Rashi* explains this expression as elliptical, the subject being indefinite.

Others render: The Lord stretched out His hand.—[*Ibn Ezra, Redak*]

over the sea—over Tyre, situated on the sea, and whose entire wealth was derived from the sea. It was as though the Lord had stretched out His hand over the sea, to prevent the seafaring ships from entering Tyre, for He aroused the kingdoms to attack her.—[*Redak*]

the Lord commanded upon Canaan—*He commanded His summoned ones upon Canaan.*—[*Rashi*]

to destroy—Heb. לַשְׁמִד, *like* לְהַשְׁמִיד. *Comp.* "(II Kings 9:15) *To go and tell* (לַגִּיד) *in Jezreel," like* לְהַגִּיד. *And so,* "(Psalms 26:7) *To make heard* (לַשְׁמִיעַ) *with a voice of thanksgiving," like* לְהַשְׁמִיעַ.—[*Rashi*]

its strongholds—*Tyre and Zidon were of Canaan, as it is stated:* "(Gen. 10:15) *Zidon his first born.*—[*Rashi*]

Others explain כְּנַעַן as 'the merchant city.' See above v. 8. This refers to the city of Tyre.

I.e. God commanded Nebuchadnezzar to come upon Tyre to destroy its strongholds.

Alternatively, this refers back to verse 8. Who planned this on the royal Tyre? The prophet tells us not to be astonished by the destruction

כתיים קומי עברי גם־שם לא־ינוח לך׃
יג הן ׀ ארץ כשדים זה העם לא היה
אשור יסדה לציים הקימו בחיניו*
עוררו ארמנותיה שמה למפלה׃

לכון ניח׃ יג הא ארעא כסדאי דין עמא כד לא הוה אתוראה שכללה לנגון אקימו חזותהא פגרו ברניתהא שויוהא לדמחמרא׃

אילילו

ת"א ארץ כשדים. סוכה נב (תענית כו):

כתים קרי בחיניו קרי

רש"י

עבורי גם שם לא ינוח לך למה אני אומר קומי עבורי: (יג) הן ארץ כשדים זה העם לא היה. אשר לא כדי הוא להיות עם שהרי נקראו הגוי המר והנמה' (חבקוק א') עם שוטה הוא מן הבריות שהקב"ה מתחרט עליהן על שבראם כמו ששנינו שלשה הקב"ה מתחרט עליהם במסכת סוכה: אשור יסדה. להשכין בה ציים שלו ספינותיו בירניות גדולות כמו (לקמן ל"ג) צי אדיר: הקימו בחוניו. הם יקימו מגדלותיהם על צור. בחוניו ל' עופל ובחן (לקמן ל"ב) (בירפריי"ן בלע"ז) שעושין למצור על הכרכים: עוררו ארמנותיה. יחריבו לשון ערו ערו (תהלים קל"ז) לשון

מהר"י קרא

בתחילת הענין מארץ כתים נגלה למו: (יג) הן ארץ כשדים. זה העם לא היה ראוי לבוא לעולם שהרי אשור יסדה לציים. לא שנבנית מעצמה אלא עם אחר בנאה. דכתיב מן הארץ ההיא יצא אשור. ותהי ראשית ממלכתו בבל. כי מצינו למידין שלא עמדה ארץ כשדים אלא שבנאה אשור שיצא מאשור ובנה ארץ כשדים. ומצאתי בפתרוני הקראים הן זאת ארץ כשדים. זה העם כשדים לא היו יושבים בה מקודם. אשור יסדה והושיב בה את ציים ובאו כשדים והלחימו בחוריהם. (וצוררו אלמנותיה) [ועוררו ארמנותיה] והרהבוה*) וישבו תחתיהם. כאן הוא נרמז. וצים מיד כתים. ציים אבדו מידי כתים. פת' אחר. הן ארץ כשדים אם תלכי גם זה לא היה כי נשמד. אשור אם תלכי יסדה נבוכדנצר להיות (לציים לשתות ההם) [ציים ישבו תחתיהם] כמה דאמר ורבצו שם ציים. פת' אחר. אשור הוא פרס. שנאמר בעזרא וזהב [לב] מלך אשור עליהם (לטוב). לשם אם תלך לא ינוח לך: חקימו בחוניו עוררו ארמנותיה שמה למפלה. אתם כשדים אע"פ ששפלים אתם גוזרני עליכם שתעוררו את ארמנות צר ושמו אותה למפלה. פר"ש. הקימו בחוניו. הם הקימו

*) אולי צ"ל והחריבוה

אבן עזרא

ילקה בצור. וטעם כתים לכי אל כתים לסחור: (יג) הן. הנה ארץ כשדים והטעם על יושביה זה העם שהוא עם כשדים לא היה כמוהו וכמוהו לא היה פחד ויש אומרים מי יתן ולא היה כי הנה ממלכת אשור יסדה הטעם שהושימה והיתה נוה לציים הם היו' קטני' שהם בארץ אף על פי שאשור הקימו המקימים בחוניו להלחם כמו עופל ובוחן והוא בנין גבוה והנכון שוי"ו בחוניו שב אל עם כשדים כאשר הקים בחוניו: עוררו. פועל יוצא כאילו הבחונים עוררו הארמונים

רד"ק

הסחורה שהיתה שבנה לך ואין לך עוד מעמד ואת מעושקת מצד צור. גם אפשר כי צידון גם כן החריב נבוכדנצר כשהחריב צור כי סמוכות היו ואמר המעושקה שעשקיה עם צור. וכן נבא על שתיהן יואל. ואמר וגם מה את לי צור וצידון וגו'. קל מהרה אשיב גמולכם בראשיכם. אבל צור היא העיק' ולפי' נאמרה הנבואה על צור ואמר בתולת לפי שלא נכבשה עד היום וכן בתולת בת ציון בתולת בת יהודה קורא העיר בתולה קודם שיכבשוה ותהיה ברשות אחר כי היא כבתולה קודם בואה לרשות בעל: כתיים. בשני יודי"ן כתוב ולא קרי כי החיר"ק בתי"ו ולא ביו"ד ואחד הוא כמו עבריים ועברים (יג) הן ארץ. הנה בבל ונינוה וכל שאר הארץ שהיא ארץ כשדים היום זה העם לא היה שם מקדם כי אשור יסדה לציים. כמ"ש בתורה מן הארץ ההיא יצא אשור ויבן את ננוה ואת רחובת עיר ואת כלח וכשדים היו בני כשד בן נחור וכבשו הארץ הזאת והיא נקראת היום ארץ כשדים ואשור יסדה מקדם על כן נקרא הארץ ההיא בכלל אשור והמולכים עליה נקראים מלכי אשור אבל היא היום לבבל ולכשדים כי הם כבשוה והם הקימו בחוניו שם היום ועוררו ארמנותיה שהיו בה מתחלה ושמוה למפלה ואמרו שבה ל' יחיד הוא אומר על כלה ובכלל על הגוים ופי' לציים כמו לפניו יכרעו ציים לעם לציים והם השוכנים במדבר בארץ ציה ואמר כי אשור יסד זאת הארץ שיהיו שוכנים בה אותם שהיו יושבי אהלים בציה קודם זה ואמר ענין הפסוק על צור כלומר אל יהי הדבר הזה פלא בעיניכם אם תחרב צור כי הנה חיל כשדים שבאים להחריב ארצם גם כן היתה לאחר מתחילה ואחר כך לקחוה הם מהראשונים והם עוד יקחוה אחרים מהם כי כן מנהג העולם זה עולה וזה יורד להודיע כי האל הוא אדון כל הארץ. ופי' בחיניו מגדליו. כמו עפל ובחן. ופי' עוררו שברו. כמו ערער תתערער ויש מפרשים הן ארץ כשדים על צור כלומר זאת העיר ארץ כשדים היא כי זה העם לא כנה אותה אלא אשור יסדה לספינותיו: ציים. ספינות כמו וצי אדיר והם ערי אשור הקימו מגדליו ועתה באו כשדים עם נבוכדנצר ועוררו ארמנותיה ישמה למפלה ויש מפרשים הן ארץ כשדים גדולים הם ממך והבירא עתיד להחריבה על ידי פרס ומדי והוא עתיד להחריבה ולשמה עד שיאמרו רואיה זה העם לא היה. וכן אשור יחריב האל ארצו ותהיה מיוסדת לציים

מצודת דוד

מעתה לא תוסיפו עוד לשמוח על כי מקום שמוכתך היה קרוב לך: כתים קומי עבורי. לפי שאנשי צור ברחו לארץ כתים אמר עבורי לארץ כתים ועשה שם עסקיך בסחורה: גם שם. אבל גם שם עם כי תמלא אנשי סחורתך מ"מ לא תמלא שם הנחת רוח כי לא תמלא ידך להתעסק בסחורה כמאז: (יג) הן ארץ כשדים. הנה זאת העיר לור מארץ כשדים היא כי זה העם היושב בה עתה לא היה בה מאז ולא בנה אותה: אשור יסדה. אשור בהיותה ראש הממלכה לכשדים הוא יסדה להשכין בו אנשי ספינות עובי מלאכה במים רבים והנה אנשים פקוחים ונבונים: הקימו בחוניו. ר"ל הנה אנשי אשור הם בנוה והקימו מגדלות העיר והם החריבו ארמנותיה ושמה את העיר

מצודת ציון

נכבשה עדיין קראה בתולה כי לא באה ברשות אחר כבתולה שלא באה ברשות הבעל וכן בתולת בת ציון (מלכים ב' י"ט): בת צידון. עדת צידון: כתים. אל כתים: ינוח. מלשון הנחת רוח: (יג) לציים. לאנשי ציים ר"ל לבעלי ספינות כמו וצי אדיר (לקמן ל"ג): בחוניו. ענין מגדל ומבצר כמו עופל ובוחן (לקמן ל"ב): עוררו. ענין הורקן והשחתה כמו ערו ערו (תהלים קל"ז): ארמנותיה. מלשון ארמון ופלטרין:

for a siege against walled cities.—[Rashi]

destroyed its palaces—Heb. עוררו. *They shall destroy.* This is *an expression like*: "(Psalms 137:7) *Raze it, raze it* (ערו ערו)," *an expression of demolition until the very foundation.*—[*Rashi*]*

arise, cross over to Kittim; even there you shall have no rest.
13. Behold the land of the Chaldees, this people has never
been; Assyria established it for fleets; they erected its towers,
destroyed its palaces, made it for a ruin.

12. **And He said**—And God said to Tyre.—[*Redak, Ibn Ezra*]

You shall no longer continue to rejoice—He does not say, "You shall never continue to rejoice," because Tyre will indeed, be reinstated seventy years later, as in v. 17. He means, "You shall no longer continue to rejoice for a long time."—[*Redak*]

O plundered one, O virgin daughter of Zidon—You, too, the plundered one, the virgin daughter of Zidon, arise . . .—[*Redak*]

virgin daughter of Zidon—Zidon, unconquered, like a virgin never possessed by a man.—[*Redak*]

to Kittim—*to the land of Kittim, arise and cross; even there you shall have no rest. Why do I say, "Arise and cross over"?*—[*Rashi*]*

According to our reading, that of the printed editions, we find no answer to this question. According to some manuscripts, however, the reading is as follows:

to Kittim—*to the land of Kittim, arise and cross, even there you shall have no rest. Why?*

Behold the land of the Chaldees—*They shall exile you from there.*—[*Rashi*]

The prophet now addresses Zidon, admonishing them to flee to the land of Kittim, since its sister city, Tyre, who brought it merchandise, has been destroyed. Perhaps, Zidon too was plundered by Nebuchadnezzar. For either reason, Zidon is called 'plundered one.' Joel, too, prophesied concerning the fall of both cities. "(4:4–8) And what are you to me, Tyre and Zidon and all the regions of Philistia . . . easily and swiftly I will return your recompense upon your head . . ." Tyre, however, was the center and the more important city, hence the prophecy was directed to Tyre.—[*Redak*]

13. **Behold the land of the Chaldees, this people has never been**—*It was not fit to be a people, for they are called,* "(Habakkuk 1:6) *bitter, impetuous nation." They are a foolish nation, of the creatures that the Holy One, blessed be He,* so to speak, *regrets* creating *them.*—[*Rashi* from *Talmud Bavli Sukkah* 52b or *Yerushalmi Taanith* 3:4]

Assyria established it—*to station his fleets therein, his ships, huge battle ships, as*: "(infra 33:21) *A mighty fleet* (צִי)."—[*Rashi*]

they erected its towers—*They shall erect their fortifications* (var. *their siege towers*) *upon Tyre.* Heb. בְּחוּנָיו, *an expression similar to*: "(infra 32:14) *tower and bastion* (בֹּחַן)," *bajjpred in O.F., which they erect*

יד הֵילִילוּ אֳנִיּוֹת תַּרְשִׁישׁ כִּי שֻׁדַּד
מָעֻזְּכֶן: טו וְהָיָה בַּיּוֹם הַהוּא וְנִשְׁכַּחַת
צֹר שִׁבְעִים שָׁנָה כִּימֵי מֶלֶךְ אֶחָד
מִקֵּץ שִׁבְעִים שָׁנָה יִהְיֶה לְצֹר כְּשִׁירַת
הַזּוֹנָה: טז קְחִי כִנּוֹר סֹבִּי עִיר זוֹנָה

תרגום

יד אֵילִילוּ נָחֲתֵי סְפִינֵי
יַמָּא אֲרֵי אִתְבְּזִיזוּ מְחוֹזֵי
תוּקְפְּכוֹן: טו וִיהֵי
בְּעִדָּנָא הַהִיא וְתִתְרְחֵיק
צוֹר שַׁבְעִין שְׁנִין כְּיוֹמֵי
מַלְכָּא חַד מְסוֹף שַׁבְעִין
שְׁנִין יְהֵי לְצוֹר
כְּתוּשְׁבַּחַת נַפְּקַת בָּרָא:
טז אִתְחַלֵּיף יְקָרִיךְ

ת"א ונשכחת צר. סנהדרין לט:

רש"י

נתילה עד היסוד: (טו) ונשכחת צור. לפי שמזכירה בלשון גנאי לשון זונה אמר ונשכחת כזונה ששכחוה אוהביה אף היא תשכח מאין סוחרים ותגרים פונים אליה לפי שתהיה חריבה: כימי מלך אחד. ימי דוד שבעים שנה היו ואיני יודע מה הסימן הזה הניתן כאן: יהיה לצור. זכרון מעט שתתנער משפלותה ותחזור לאותן שהיו רגילין אצלה לחזור אליה לשוב לקדמותה: כשירת הזונה. שרואה שאין פונה אליה ונושאת קול ערב ונעים בשיר אולי תערב

מהר"י קרא

(מצורריהם) [מצידותיהם] על צור. בחוניו כמו עופל ובחן. עוררו. לשון ערו ערו עד היסוד בה: (יד) הילילו אניות תרשיש כי שודד מעוזכן. צור שנקרא מעוז הים כמו שאמר למעלה בושי צידון כי אמר [ים] מעוז הים: (טו) ונשכחת צור שבעים שנה. לפי מלאות לבבל שבעים שנה: יהיה לצור כשירת הזונה. ששכחוה מאהביה והיא מנגנת בכנור להטיב נגן ולהרבות שיר למען ישמעוה מאהביה ויזכרו אותה ויבואו

אבן עזרא

עד שהתעוררו שמה למפלה: (יד) הלילו אניות תרשיש. ההולכת בסחורה אל צור: (טו) והיה. ונשכחת צור. כמו ונשכחה וכמוהו ושבת לנשיא: מלך אחד. הטעם מלכות נבוכדנצר ובנו ובן בנו כי כאחד יחשבו: כשירת הזונה. יהיה לה דיבור ומעשה: (טז) קחי. כי הזונה הנשכחה תסובב העיר והיא מנגנת אולי תזכר וכן צור תשלח ספרים אל כל סביבותיה אולי יבאו הסוחרים אליה כאשר בראשונה:

רד"ק

ולחיות והם הקימו מגדלים והוא שמה למפלה: (יד) הילילו. שהייתם באים בספינות לסחורה לצור או לצידון עתה הלילו כי שדד מעוזכם שהוא צור כי רוב האניות הם בתרשיש והסוחרים היו באים שם באניות ללכת לצור או לצידון וכיון שנחרבו הלילו כי אבד שכרכם כי צור היה מעוז לכם שהייתם באים שם עם הסוחרים: (טו) והיה ביום ההוא. ביום שתחרב צור יהיה נגזר עליה שתהיה נשכחת שבעים שנה שלא תבנה: כימי מלך אחד. ופי' המפרשים כימי מלך דוד ולא פירשו למה נתן הסימן הזה והנראה בעיני כי אמר כימי מלך אחד לפי שימי האדם הם שבעים שנה ברוב כמו שאמר ימי שנותינו בהם שבעים שנה ואמר כי זמן זה תשבת ממלוכה. ולפי שהיתה לה מלוכה גדולה וכבוד גדול כלומר כמו שיוכל לחיות מלכה ומלכותה כן תהיה מאין מלוכה ולדברי. המפרשים שפירשו כימי מלך דוד נראה לי הטעם לפי שמלך דוד היה לו ברית עם חירום מלך צור ואחרי מות דוד ושלמה לא שברו הברית והרעו לישראל כפי יכולתם יאמר כי זמן זה תשבת מלכותם כדי שיזכרו ברית דוד שהיה לו עם מלכם והם לא שמרו הברית וידעו כי באותו עון בא להם הגזרה הזאת: מקץ שבעים שנה יהיה לצור כשירת הזונה. לפי שהיתה צור רבת הסחורה ומכל הגוים והממלכות יוצאים לה ובאים לה בסחורה דמה אותה לזונה שיבאו אליה בני אדם רבים ופעמים תשכח ולא יבא אליה אחד. כן תהיה צור שתשכח מן הזונים אחריה והם הסוחרים ובסוף שבעים שנה יהיה לה פקידה כמו שירת הזונה כי הזונה אחרי שתהיה נשכחת זמן רב וראה הזונים עוברים ולא יפנו אליה היא מרימה קולה בשיר כדי שיבאו אליה כן צור לסוף שבעים שנה תבנה וישובו הסוחרים אליה כאלו היא הרימה קולה בשיר כדי שיפנו אליה וישובו אליה: (טז) קחי כנור. אמר לה דרך משל שתעשה כמו שעושה הזונה הנשכחת שתקח הכנור בידה ותסובב העיר אחרי שנגנזה

מצודת דוד

למפלה כאדם העושה בבלו: (יד) הילילו אניות תרשיש. אנשי הספינות ההולכות על ים תרשיש להביא סחורה לצור הילילו מעתה כי שודד צור שהיתה מעוז וחוזק לכל הערים היושבים לחוף הים: (טו) ונשכחת צור. ר"ל לא ילכו עוד אליה לסחורה: כימי מלך אחד. כימי דוד שהיה מלך מיוחד (ולפי שהיה לדוד ברית ושבועה עם חירם מלך צור והם לא שמרו את הברית הרעו לישראל ולזה נגזר עליהם שבעים שנה שממון מול שנות דוד להכיר שמהאל נעשה ולא במקרה): יהיה לצור כשירת הזונה. כי דרך הזונה שבאים רבים אליה ולפעמים תשכח מאהוביה ולא יוסיפו לבוא ודרכה להרים קול בשיר ערב לעורר לב הזונים וכן יקרה לצור שהיו רבים באים לה לסחורה ונשכחה במפלתה ותלטך לעורר לב הסוחרים לבוא אליה: (טז) קחי כנור. לפי שהמשילה לזונה אמר לשון הנופל

מצודת ציון

(יד) שודד. נעשק: מעזכן. מלשון עוז וחוזק: (טו) מקץ. מסוף:

I.e. Tyre will again be gradually remembered by her former customers.—[*Redak*]

like the song of the harlot—*who sees that no one turns to her and raises a sweet and melodious voice in song, perhaps she will please her lovers.*—[*Rashi*]

So the merchants of all nations who came to trade with Tyre are compared to the patrons of the harlot. After being forgotten for seventy years, Tyre makes an attempt to be reinstated as the chief commercial city of that region by appealing to her former customers to return to her.—[*Redak*]

16. **Take a harp**—The prophet speaks figuratively, that, just as the harlot who has been forgotten, takes up a harp and walks around the city, in an attempt to retrieve her former

14. Wail, o ships of Tarshish for your stronghold has been spoiled. 15. And it shall come to pass on that day, that Tyre shall be forgotten for seventy years, like the days of one king; at the end of seventy years, it shall fare with Tyre like the song of the harlot. 16. Take a harp, go around the city, O forgotten harlot;

14. **Wail**—since you were wont to come in ships to Tyre or to Zidon to trade. Now, that they are destroyed, wail.—[*Ibn Ezra, Redak*]

for your stronghold has been spoiled—Tyre, the source of your income, which strengthened you economically, has been spoiled.—[*Redak*]

15. **And it shall be on that day**—On the day of the destruction of Tyre, that it will be decreed upon her to be forgotten for seventy years, that she will not be rebuilt.—[*Redak*]

that Tyre shall be forgotten—*Since the prophet refers to her with an expression of degradation, with an expression comparing her to a harlot, he says, "shall be forgotten," like a harlot whose lovers have forgotten her. She, too, shall be forgotten for want of merchants and traffickers turning to her, because she shall be destroyed.*—[*Rashi*]

like the days of one king—*The days of David were seventy years, but I do not know why this sign is given here.*—[*Rashi*]

Redak conjectures that David's lifetime is mentioned here because Hiram, king of Tyre, had entered into a treaty of friendship with David. This treaty was kept throughout this reign and that of Solomon. After Solomon's demise, the Phoenicians abrogated the treaty and harmed the Israelites. The prophet reminds them of their treaty by prophesying their state of ruin which will last for seventy years, the lifespan of King David, whose treaty they abrogated.

Ibn Ezra interprets this in reference to the reign of Nebuchadnezzar, his son, Evil-Merodach, and his grandson, Belshazzar, whose reigns combined equal seventy years. Scripture regards them as one.—[*Ibn Ezra*] Indeed the Talmud (*Megillah* 11b), based on *Seder Olam,* states that Nebuchadnezzar reigned forty-five years, Evil-Merodach twenty-three, and Belshazzar two years. After the fall of Babylon, when Persia came into power, Tyre commenced to prosper and to flourish again.

Redak explains that the average lifespan of a king is intended here. The great kingdom of Tyre and Zidon, which could have had a king ruling for seventy years, will be ruined and desolate for that period of time.

it shall fare with Tyre—*a slight remembrance, that she shall shake herself from her humble state and appeal to those who were wont to trade with her, to return to her so that she return to her original state.*—[*Rashi*]

נִשְׁכָּחָה הֵיטִיבִי נַגֵּן הַרְבִּי־שִׁיר לְמַעַן
תִּזָּכֵרִי׃ יז וְהָיָה מִקֵּץ ׀ שִׁבְעִים שָׁנָה
יִפְקֹד יְהוָה אֶת־צֹר וְשָׁבָה לְאֶתְנַנָּה
וְזָנְתָה אֶת־כָּל־מַמְלְכוֹת הָאָרֶץ עַל־
פְּנֵי הָאֲדָמָה׃ יח וְהָיָה סַחְרָהּ וְאֶתְנַנָּהּ
קֹדֶשׁ לַיהוָה לֹא יֵאָצֵר וְלֹא יֵחָסֵן כִּי
לַיֹּשְׁבִים לִפְנֵי יְהוָה יִהְיֶה סַחְרָהּ לֶאֱכֹל

לשבעה

לא מפיק ה׳ מפיק ה׳ ת״א כחרה. פסחים קיח:

אטלטל למדינא קרתא
די הות כנפקת ברא
אתרחקת הפוכי כנריך
לאבלא וזמריך לאליא
מאים יעול דכרניך:
יז ויהי מסוף שבעין שנין
יעול דכרנה דצור קדם
יי ותתוב לאתרה ותהי
מספקא סחורא לכל
מלכות עממיא די על
אפי ארעא: יח ויהי
סחורתה ואגרה קודשא
קדם יי לא יתאצר ולא
יתגנז ארי לדמשמשין

קדם

רש״י

על מאהביה: (טז) הרבי שיר. כלומר אף הרבי תחנונים והשפילי גאוותך: (יז) לאתננה. לקדמותה ולעושרה ע״י סחורתה ומכנה אותה בלשון גנאי: וזנתה. ותספיק סחורה אך כל׳. גנאי כינה אותה: (יח) קדש לה׳. עתידים לדיקים לבוז אותה כשיבא מלך המשיח: לא יאצר. להיות אוצר למלכיה: ולא יחסן. לא ינחילוה לבניהם: ולמכסה

אבן עזרא

(יז) והיה. הטעם בגעת זה הזמן: ושבה לאתננה. כמו אתנן זונה דמים על הזנות: וזנתה את כל ממלכות. הטעם שיבואו אליה לסחורה: (יח) והיה. מאשר תרויח תקדיש ממנו לשם: לא. יושם באוצר ולא במקום חוסן: כי ליושבים לפני ה׳. הם גלות ירושלם בבוכם בימי כורש: לאכל לשבעה. הגולה תשבע: ולמכסה. מכסה: עתיק. תקיף כמו יצא עתק מפיכם. ויש שואלים והלא התורה אסרה אתנן זונה ואיך אמר הנביא כי אתנן צור הזונה יהיה קודש התשובה הכתוב בתורה הוא

מהר״י קרא

אליה. אף אתם במלאות לכם הרבו שיר למען תזכרי: (יז) ושבה לאתננה. לפי שדומה אותה לזונה. דימה למסחר שלה לאתנן זונה: וזנתה [את] כל ממלכות הארץ. תהא מספקת סחורה לכל ממלכות הארץ: (יח) והיה סחרה ואתננה קודש לה׳. אע״פ שכתבתי לך במקום אחר לא תבוא אתנן זונה וגו׳ וזה התרתיו לך והקדשתים ליושבים לפני ה׳ למכסה עתיק. לכיסוי טוב. כמו והדברים עתיקים. ללבוש תלמידי חכמים להתנאות בו.

רד״ק

בביתה וראתה שאין פונה אליה תקח הכנור ותסובב העיר אולי יראה אותה וישמע אותה אדם ויערב לו קולה ויבא אליה לפיכך אמר סבי עיר זונה נשכחה וגו׳: (יז) והיה מקץ. יפקד ה׳. הוא החריבה והוא יפקדנה למען תדע כי מה׳ היתה לה כי הנביא נבא עליה בשם ה׳ טרם שתחרב נבא על חרבנה ועל פקודתה: וזנתה. תסחר כמו שפירשנו וכן ת״י ותהא מספקא סחורה לכל מלכות עממיא די על אפי ארעא: (יח) והיה סחרה. זה הפסוק היא נבואה העתידה בימי המשיח או אולי היתה

מצודת דוד

כזונה נשכחה הלוקחת כנור בידה ומסבבת בעיר ומנגנת בטוב ובנעימות ומרבית בשיר ערב למען תהיה זכורה למאהביה ור״ל ראוי לעורר לב הסוחרים לבוא אליך כמאז: (יז) יפקוד ה׳. יעלה זכרונה לפני המקום: ושבה וגו׳. תקח אתנן כבראשונה ולפי שהמשילה לזונה אמר לשון אתנן ור״ל תקנה סחורה מן המביאים: וזנתה וגו׳. ר״ל היא תספיק סחורה לכל העמים: (יח) סחרה ואתננה. הוא כפל ענין במ״ש: קדש לה׳. מאשר תרויח תקדיש ממנו לשם ה׳: לא יאצר. לא יונח הריוח בבית האוצר: ולא יחסן. כפל הדבר במ״ש: כי ליושבים וגו׳ סחרה. ריוח סחרה תקדיש לכהנים היושבים לפני ה׳ בבית המקדש: לאכול לשבעה. להיות להם למאכל עד כדי שביעה ולכסות הזק וחשוב:

מצודת ציון

(יז) יפקוד. ענין זכרון והשגחה: לאתננה. כן יקרא מתן הזונה כמו לא תביא אתנן זונה (דברים כ״ג): (יח) יחסן. ענינו כמו

ecy of the downfall appears in Ezekiel 27, 28 as well. The difference between the two accounts is striking. Whereas Ezekiel predicts the attack by Nebuchadnezzar (27) and the inundation of the city (27:27), Isaiah mentions none of this. Moreover, Isaiah lumps Tyre and Zidon together, whereas Ezekiel dedicates a separate prophecy to Zidon. He, therefore, concludes that the two prophecies are not identical. Isaiah's is the earliest one, referring to the pillaging of Tyre and Zidon by the troops of Sennacherib, who will humble them and destroy their status as a world power, which they enjoyed at that time. Seventy years later, they will again flourish and regain their former status. This took place during the reign of Hezekiah, when the Phoenicians were friendly with the Jews and traded with them. They sent gifts to the Temple and to the righteous "who sat before the Lord." After the destruction of Jeru-

play well, sing many songs, so that you shall be remembered.
17. And it shall be at the end of seventy years, that the Lord
shall remember Tyre, and she shall return to her hire, and she
shall have commerce with all the kingdoms of the earth upon
the surface of the earth. 18. And her commerce and her hire
shall be holy to the Lord, it shall not be stored nor shall it be
inherited, but those who sit before the Lord shall have her commerce to eat their fill and for stately clothing.

lovers, so will Tyre appeal to her former customers to return.—[*Redak*]

She will send letters to all the surrounding countries to advertise her wares.—[*Ibn Ezra*]

Jonathan explains this verse as a prophetic exhortation to practice humility. He paraphrases: Put away your glory, go in exile to another state, a city that was like a harlot, go far away, turn your harps into mourning, and your songs into a dirge, perhaps your remembrance will come.

sing many songs—*That is to say, also make many supplications and humble your haughtiness.*—[*Rashi*]

17. **And it shall be at the end of seventy years**—the seventy years mentioned above in v. 15.—[*Ibn Ezra*]

to her hire—*To her original state and to her wealth through her commerce. He denigrates her with a degrading expression.*—[*Rashi*]

I.e., the prophet compares her wealth to the hire of a harlot, as in Deut. 23:19.—[*Ibn Ezra*]

and she shall have commerce—Lit. and she shall prostitute. *She shall supply merchandise. But he denigrates her with a shameful expression.*—[*Rashi*]

18. **holy to the Lord**—*The righteous are destined to plunder her when the king Messiah comes.*—[*Rashi*]

Redak conjectures that perhaps this prophecy was fulfilled during the Second Commonwealth, but prefers *Rashi's* interpretation.

it shall not be stored—*to be a treasure for her kings.*—[*Rashi*]

and it shall not be inherited—*They will not leave it over as an inheritance to their children.*—[*Rashi*]

Rashi apparently explains יֵחָסֵן from the Aramaic אַחֲסַנְתָּא, *an inheritance. Ibn Ezra,* however, renders: It shall not be laid up in a strong place, deriving it from חֹסֶן, *strength.*

but those who sit before the Lord—They are the exile of Jerusalem when they return in the days of Cyrus.—[*Ibn Ezra*]

and for stately clothing—Heb. וְלִמְכַסֶּה עָתִיק. *for beautiful clothing means laudable, as*: "(Psalms 94:4) *They speak with haughtiness* (עָתָק)."—[*Rashi*]

Ibn Ezra explains it as *durable clothing,* explaining עָתִיק as *strong.*

Abarbanel notes that the proph-

לְשָׂבְעָה וְלִמְכַסֶּה עָתִיק׃ כד א הִנֵּה
יְהוָה בּוֹקֵק הָאָרֶץ וּבוֹלְקָהּ וְעִוָּה פָנֶיהָ
וְהֵפִיץ יֹשְׁבֶיהָ׃ ב וְהָיָה כָעָם כַּכֹּהֵן
כַּעֶבֶד כַּאדֹנָיו כַּשִּׁפְחָה כַּגְּבִרְתָּהּ
כַּקּוֹנֶה כַּמּוֹכֵר כַּמַּלְוֶה כַּלֹּוֶה כַּנֹּשֶׁה

תרגום

קֳדָם יְיָ יְהֵי אַגְרָהּ לְמֵיכַל לְמִסְבַּע וְלִכְסוּ דִיקָר׃ א הָא יְיָ מַבֵּיז אַרְעָא וּמְסַר לָהּ לְסַנְאָהּ וְתַחְפֵּי בַהֲתָא אַפֵּי רַבְרְבָהָא עַל דַעֲבַרוּ עַל אוֹרַיְתָא וִיבַדַר יַת דְיָתְבִין בָּהּ׃ ב וִיהֵי חִילוֹנָאָה כְּכַהֲנָא עַבְדָא כְּרִיבוֹנֵהּ אַמְתָא

ת"א כעם ככהן. שבת קיט:

מהר"י קרא

כד (א) בוקק הארץ. מריק הארץ מטובה ומפריה. משים פרי הארץ למלחה מרעת יישבי בה: ובולקה. כן המוכר. בוקק את המלוה. ובולק מן הלוה: ועוה פניה. והגלה עשיריה. שעושין פנים לאדמה. ועוה פת' והגלה. כמו הנע ועות: (ב) והיה כעם ככהן. כשישבום שוביהם אל ארץ

רש"י

עתיק. למלבושי נוי. עתיק מזובח כמו ידברו עתק (תהלים ל"ד):

כד (א) הנה ה' בוקק הארץ ובולקה. הרי נבואה זו פורענות לישראל לפי שניבא להם נחמה זו והם עתידים לראות לפניה צרה רבה לכך אמר להם לא לכם אני אומר שתירשוה כי הנה הקב"ה בוקק ובולק אתכם והנותרי' מכם ליום הגאולה המה ישאו קולם וירונו זהו סוף הענין ולהם נבאתי הנבואה הטובה: בוקק. מרוקן: ובולקה. מהריבה: ועוה פניה. והשהיל חשוביה. עוה לשון נעויתי משמע (לעיל כ"א): (ב) (תוספות) והיה כעם ככהן. לא כשאר הולכי דרכים שהאדון מוליכו עבדו והגבירה מוליכ' שפחתה האדון נכבד והעבד נקלה הגבירה נכבדת והשפחה נקלית אבל כשהשבאי מוליך השבוים הכל שוין לפניו: כקונה כמוכר. בזמן שהעם יושב על נחלתו לבטח הקונה שמח והמוכ' עצב שלא ישוב לממכרו אבל כשהשבאי מוליכם הקונה אל ישמח והמוכ' אל יתאבל וכן כמלוה כלוה שניהם שוים שהלוה אין לו לפרוע והמלוה אם לא הלוה לזה היה השבאי נוטלו כמו כן כנושה כאשר נושה בו. לוה נופל בכסף ונושה נופל בכל שאר דברים כגון יין ושמן ותבואה ודגש

רד"ק

בבית שני אך הקרוב כי היא עתידה וכן הפרשה הבאה אחריה: (א) הנה ה' בוקק. המפרשים פירשו פרשה זו על גלות עשרת השבטים וכן נראה מדברי רז"ל וכן דעת יונתן. והנכון בעיני כי היא עתידה. וכן מבואר בסוף הפרשה: בוקק. מריק כלומר אני אריק אותה שתהיה ריקה מאנשיה אבל גפן בוקק הוא פעל עומד וזה יוצא: ובולקה. גוזר אותה מן הישוב וכן ומבוקה ומבולקה וכזה הענין בדברי רבותינו ז"ל לא חילק ידענא ולא בילק ידענא פי' שתבלק המבעת וכורתה וא"א ז"ל פירש ענין פתיחה מן הערבי בלקת אלבאב. ר"ל פתיחת השער ופי' בולקה פותח אותה שיצאו אנשים ממנה וזוה נטה דעת המתרגם שתרגם ובלקה ומסר לה לסנאה: ועוה פניה. על דרך משל יעוה פני הארץ שלא ימצא בה כל חי וי"ת ותחפיה בהתא אפי רברבהא על דעברו על אורייתא וכל אלו המלות אשר זכר בזה הפסוק הם כפל ענין בהשחתת הארץ וכפל הענין במלות שונות כמו שהוא דרך המקרא כדי לחזק הענין: (ב) והיה כעם. אלה הם כפי הדמיון וכל אחד נושא ונשוי לפיכך תבא הכ"ף עם שניהם ר"ל זה כזה וזה כזה וכן כמוך כמוהם כמוך כפרעה ובאמרו כעם ככהן כעבד כאדוניו וכן כולם ר"ל כי בהשחתת הארץ לא יכירו בה המשחיתים הנכבד ולא יראו פני גדול אלא כולם יהיו שוים בגזרה ויהיו הגדול כקטן והקטן כגדול וכל אלה שזכר הם זה למעלה מזה כי הכהן אדון לעם כמו יתרו כהן מדין והקונה למעלה מן המוכר כי המוכר נהלתו מפני עניו מוכר והקונה עשיר והעשיר כאדון לעני וכן אמר הכתוב עשיר ברשים ימשול וכן המלוה כאדון ללוה וכן אמר הכ' עבד לוה לאיש מלוה ומה שאמר כנושה כאשר נושה בו אחר שאמר כמלוה כלוה לפי שהאחד משאת כסף והאחד

אבן עזרא

האמת וזה שאמר שנביא הוא על דרך משל ואיננה זונה כלל:

כד (א) הנה. בוקק. כמו מריק וכמוהו גפן בוקק: ובולקה. כטעם מהריבה ואהות זאת המלה בספר הזה: ועוה. יהפך פניה: (ב) והיה. כל האדם יהיו שוים ברעה הזאת וכאשר יתחברו שנים כפי"ן היא דרך קלרה וכן הוא האדון כעבד והעבד כאדוניו: כמלוה. הוא הנותן משלו הנכ: כנושה. הוא בעל ההמון ואשר

מצודת ציון

אולר וכן הוסן ויקר יקחו (יחזקאל כ"ב): ולמכסה. ולכסות: עתיק. ענינו חוזק וחשוב וכן הון עתק (משלי ח'):

כד (א) בוקק. ענין רקות כמו גפן בוקק ישראל (הושע י'): ובולקה. ענין כריתה וכן בוקה ומבוקה ומבולקה (נחום ב') ובדרז"ל לא חילק ידענא ולא בילק ידענא (חולין י"ט): ועוה. מלשון עוות ועקום: פניה. ר"ל החשובים: והפיץ. ענין פזור: (ב) כעם ככהן. כפל הכפי"ן להורות על דמיון גמור: כגברתה. כאדונית: כנשה. ענין הלואת דברים זולת הכסף כיין ושמן ותבואה

מצודת דוד

כד (א) הנה ה' בוקק וגו'. יריק את א"י מיושביה כי יגלו ממנה: ובולקה. גוזר אותה מן הישוב: ועוה פניה. יעות ויעקם חשובי הארץ: והפיץ. יפילם ע"פ הארץ: (ב) כעם ככהן וגו'. המשחיתים את הארץ לא ישאו פני גדול אלא כולם יהיו שוין בגזרה כקטן כגדול: כקונה כמוכר. בזמן שהעם יושב בטח על נחלתו הקונה שמח והמוכר עצב בעת ימכר מה מאחוזתו אבל בעת ילכו בגולה לא ישמח הקונה והמוכר לא יתאבל על הממכר': כמלוה כלוה. דרך המלוה לגבול בלוה כמ"ש עבד לוה לאיש מלוה (משלי כ"ב) אבל כיון שהשבאי יקח הכל כאלו אין לזה על זה כלום כי הלוה

אין לו מה לגבות ולא הפסיד למלוה כ"א היה נכאר בידו היה השבאי נוטל ממנו: כנשה. הוא הלוה בדבר זולת הכסף: כאשר נשא בו.

seller—*When the people lives in its land securely, the buyer is happy and the seller is unhappy, since he will not return to the land he sold, but when the captor leads them, the buyer will not rejoice and the seller will not mourn, and so, as with the lender, so with the borrower, both are equal, for the borrower has nothing to pay, and the lender, had he not lent to this one, the captor would have taken it. Likewise, as with the creditor, so with the*

24

1. Behold the Lord empties the land and lays it waste, and He shall turn over its face and scatter its inhabitants. 2. And it shall be, as with the people, so with the priest, as with the slave, so with his master, as with the maidservant, so with her mistress, as with the buyer, so with the seller, as with the lender, so with the borrower, as with the creditor, so with the one who owes him.

salem and the exile of Judah, Tyre rejoiced. Because of this, Ezekiel prophesied their utter destruction, first, the invasion by Nebuchadnezzar, and then their inundation by the sea. He quotes the Christian scholars who wrote that Tyre was destroyed twice, once by Nebuchadnezzar and once by Alexander the Great. The two prophecies allude to these two destructions.

1. **Behold the Lord empties the land and lays it waste**—*This prophecy represents retribution for Israel. Since he prophesied for them this consolation, and they are destined to see great distress before it, he, therefore, said to them, "Not to you do I say that you will inherit it, for, behold, the Holy One, blessed be He, empties you out and lays you waste, but those of you who survive until the day of redemption, they shall raise their voice and sing; this is the end of the passage* (v. 14), *and for them have I prophesied the favorable prophecy.*—[*Rashi*]

empties—Heb. בּוֹקֵק.—[*Rashi, Ibn Ezra, Redak*]

and lays it waste—Heb. וּבוֹלְקָהּ.—[*Rashi, Ibn Ezra*]

Redak renders: Cuts it off from its inhabitance. His father renders: Opens it.

and He shall turn over its face—*And He shall confuse its esteemed men.* עִוָּה *is an expression related to*: "(supra 21:3) *I have become confused* (נַעֲוֵיתִי) *from hearing.*—[*Rashi*]*

and He shall turn over its face—As mentioned above, *Rashi* explains it as an expression of confusion. *Redak* explains it as: He will make crooked the face of the earth, i.e. there will be no living creature found on it. *Jonathan* paraphrases: And shame will cover the face of its great ones because they transgressed the Torah.

2. (**Addendum**) **And it shall be, as with the people, so with the priest**—*Not like other travelers, that the master is led by his slave, and the mistress is led by her maidservant; the master is esteemed and the slave is held in low esteem, the mistress is esteemed and the maidservant is held in low esteem, but when the captor leads the captives, all are equal before him.*—[Addendum to *Rashi*]

Alternatively, this is elliptical for: And the people shall be like the priest and the priest like the people, etc.—[*Ibn Ezra, Redak*]

as with the buyer, so with the

כַּאֲשֶׁר נֹשֶׁא בוֹ׃ ג הִבּוֹק ׀ תִּבּוֹק הָאָרֶץ
וְהִבּוֹז ׀ תִּבּוֹז כִּי יְהוָה דִּבֶּר אֶת־הַדָּבָר
הַזֶּה׃ ד אָבְלָה נָבְלָה הָאָרֶץ אֻמְלְלָה
נָבְלָה תֵּבֵל אֻמְלָלוּ מְרוֹם עַם־הָאָרֶץ׃
ה וְהָאָרֶץ חָנְפָה תַּחַת יֹשְׁבֶיהָ כִּי־עָבְרוּ
תוֹרֹת חָלְפוּ חֹק הֵפֵרוּ בְּרִית עוֹלָם׃

כצ״ל

על

כמרתה זבנא כמזבנא
יזפא כמוזפא רשא
כמן דרשי ביה:
ג אתבזזא תתבזז ארעא
ואתדשא תתדש ארי יי
מליל ית פתגמא הדין:
ד אתאבדת חרובת
ארעא צדיאת חרובת
תבל ספו תקוף עמא
דארעא: ה וארעא חבת
תחות יתבהא ארי
עברו על אוריתא
אבטילו מועדיא

רש״י

כדכתיב (דברים כ״ד) כי תשה ברעך משאת מאומה ע״כ: (ג) **הבוק תבוק**. תתרוקן: **והבוז תבוז**. לשון בזה ושלל: (ד) **נבלה**. כמו (ירמיה ה׳) והעלה נבל לשון כמש ותשות כח: **אומללה**. לשון שפלות כמו היהודים האמללים (נחמיה ג׳ כ״ג): **תבל**. היא ארץ ישראל שהיא מתובלת במלות הרבה: **מרום עם הארץ**. גאון עם הארץ: (ה) **והארץ חנפה**. כמין חניפות עושה עשב ואינו עושה קמה מראה קמה ואין חטין בקשין: **תחת יושביה**. בשביל

מהר״י קרא

אויביהם עשו כל הפנים שוות: (ג) הבוק. מן העם: תבוק. מן הכהן: הבוז. מן האדון: תבוז. מן הקונה. תבוז מן המוכר: (ד) נבלה הארץ. כאלה נובלת עלה: אומללה. פת׳ הדלה ליתן פרי שהיתה נהוגה ליתן. וכן ופרח לבנון אומלל. פסק. אוכלל מרוב עם אומלל גבהות האדם ושפל רום אנשים: (ה)והארץ חנפה תחת יושביה. אמר ר׳ יצחק את(סבר כחנפא לך) [כבר מחנף לה]. והיא מחנפא. לך מראה לך קמה [וכו׳] ואינה מראה לך עריכה. למה כי עברו (את תורתי) [תורות]. עברו שתי תורות תורה שבכתב ותורה שבעל פה. חלפו חק. הלפו חוקו של מעשרות. הפרו ברית עולם. בריתן של אבות. ולפי פשוטו כי עברו (את תורתי) [תורות]. תורות התלויות בארץ כגון לקט שכחה ופאה תרומות ומעשרות שמיטין ויבלות: חלפו חק. שמיטות הארץ שכתב בה אם בחקותי

אבן עזרא

הנושה בו הוא הלוקח ממון על משכונו: (ג) **הבוק**. מגזרת בוקק והוא גם הפיעל מהפעלים הכפולים: **תבוק**. כמו יסוב וככה הבוז תבוז ואחר שהשם גזר זאת לא תשאר תפארת לאדם על הגיריו: (ד) **אבלה**. הטעם על מלך אשור שהשחית ממלכות רבות: **נבלה**. מבנין נפעל כמו ונבקה רוח ונשמה ויתכן היות נבלה השני כמו נבול תבול מהבנין הקל: **אומללו**. יושבי מרום הארץ: (ה) **והארץ חנפה**. **תורות**. שקיל הדעת שכל בני אדם משתוי׳ בו: **חלפו חוק**.

רד״ק

משאת אוכל ופי׳ כנושה הוא הלוה ונושא בו הוא המלות וקשר הב׳ מפריד ביניהם: (ג) הבוק. כי ה׳ צבאות דבר. וכיון שהוא דבר לא יוכל אדם לגזור עליו כי באמת יהיה שתבוק הארץ ותבוז: (ד) אבלה. ענין השחתה וכן אבל התירוש: נבלה. כמו נפלה וכן כנבול עלה מגפן וכפל הענין לחזק: מרום עם הארץ. גדולי כל עם ועם יסופו: (ה) והארץ חנפה. כאלו הראתה השעה שהיתה שממה ולא נתנה פירותיה. ולמה היתה זה לה בעון יושביה וזהו פי׳ תחת בעונש. כמו תחת אשר לא עבדת: כי עברו תורות. אם על השבטים אמר כמו שפירשו המפרשים הוא כפשוטו כי לרוב רשעתם גלו ולפי שהיא עתידה על העכו״ם יהיה פי׳ כי עברו תורות על השעבוד ששעבדו בישראל יותר מדאי כמו שאמר הקב״ה אני קצפתי מעט והמה עזרו לרעה הנה כי עברו תורות וחלפי חוק בשעבוד ישראל: הפרו ברית עולם. כמ״ש באדום ולא זכר ברית אחים וכן עמון ומואב וישמעאל אחים היו לישראל וכולם

מצודת דוד

שהוא המלוה את הלוה: (ג) הבוק תבוק וגו׳. ר״ל בודאי כן יהיה כי ה׳ דבר וכו׳ ומי יפר דברו: (ד) אבלה נבלה. נשחתה ונכמשה הארץ: אומללה נבלה. נכרתה ונכמשה ארץ ישראל שהיא העיקר למקומות המיושבות: אמללו. נכרתו גדולי עם הארץ: (ה) והארץ חנפה. ר״ל כמו המחניף בשפתיו ולבו בל עמו כן הארץ עושה עשב ואינו עושה קמה מראה קמה ואין חטים בקשיה: תחת יושביה. בעבור עון יושביה: כי עברו תורות. עברו תורה שבכתב ותורה

מצודת ציון

כמ״ש משאת מאומה (דברים כ״ד): (ג) הבוק תבוק. רקנות תתרוקן: והבוז תבוז. מלשון בזה ושלל: (ד) אבלה. ענין השחתה כמו תאבל הארץ (הושע ד׳): נבלה. ענין כמישה כמו ועלהו לא יבול (תהלים א׳): אומללה. ענין כריתה כמו ימולל ויבש (שם צ׳): תבל. כן נקראת הארץ המיושבת: מרום. ענין גבהות וגדלות: (ה) תחת. ר״ל בעונש וכן תחת אשר לא עבדת (דברים כ״ח): חלפו. ענין העברה כמו וחלף ביהודה (לעיל ח׳): חוק. ענין גזרה: הפרו.

divine revelation. We find instances of divine retribution for transgression of the dictates of common sense, such as Cain's reprimand for his inferior sacrifice. At no time was he commanded to bring a sacrifice to God. His offering was completely voluntary. Yet he brought divine dissatisfaction upon himself by bringing products regarded as inferior for sacrifice to the Creator, such as flaxseed and beans, legumes and the like, rather than fruit of the trees. See *Sefer Ha-ikarim*, part 3, chapter 7.

Similarly, even among those commandments transmitted by divine revelation, those dictated by common sense warrant a quicker and more severe penalty, as evidenced by the punishment of the generation of the flood. Although they were guilty

3. The land shall be emptied and it shall be pillaged, for the Lord has spoken this thing. 4. The land has mourned, it has withered, the land has been humbled and withered, the highest of the people of the land have been humbled. 5. And the land has deceived because of its inhabitants, for they transgressed instructions, infracted statutes, broke the everlasting covenant.

one who owes him. The word לֹוֶה *applies to money and* נֹשֶׁה *applies to other commodities, such as wine, oil, grain, and honey, as it is written*: "(Deut. 24:10) *When you lend your brother anything as a loan."*—[Addendum to *Rashi*]

3. **shall be emptied**—Heb. הִבּוֹק תִּבּוֹק.—[*Rashi*]

and it shall be pillaged.—Heb. וְהִבּוֹז תִּבּוֹז, *an expression of pillage and spoils.*—[*Rashi*] *Rashi's* commentary on this verse does not appear in many manuscripts.

for the Lord has spoken this thing—Since God has spoken, no one can revoke His decree, but the land will indeed be emptied and pillaged.—[*Redak*]*

4. **has mourned**—An expression of destruction and waste. — [*Redak*]

This alludes to the destruction wrought by the king of Assyria, who laid waste many countries.—[*Ibn Ezra*]

it has withered—Heb. נָבְלָה. *Comp.* "(Jeremiah 8:13) *And the leaf has withered* (נָבֵל)." *An expression of withering and languishing.*—[*Rashi*]

has been humbled—Heb. אֻמְלְלָה, *an expression of humility.* Comp. "(Neh. 3:34) *humble Jews"* (אֲמֵלָלִים) — [*Rashi*]

The land—Heb. תֵּבֵל, *This is the land of Israel, which is spiced* (מְתֻבֶּלֶת) *with many commandments.*—[*Rashi*]

I.e. there are many commandments, such as separating tithes and bringing the first fruits, that are to be practiced only in the Holy Land. *Rashi's* source is unknown. *Sifre*, Deut. 7:12, accounts for this appellation in various other manners. The Holy Land is called תֵּבֵל because it is spiced with all resources and does not need to rely on any other country. Alternatively, the Holy Land is spiced with Torah. *Rashi's* version has not been found in any midrash.

the highest of the people of the land—*the pride of the people of the land.*—[*Rashi*]

The greatest of every people will perish.—[*Redak*]

5. **And the land has deceived**—*This is a sort of deceit; it produces grass but does not produce growing grain; it shows growing grain, but there are no wheat kernels in its stalks* (lit. in its straws).—[*Rashi*]

because of its inhabitants—Heb. תַּחַת יֹשְׁבֶיהָ, lit. under its inhabitants.—[*Rashi*]

I.e. as a penalty for the sin of the inhabitants of the land.—[*Redak*]

instructions—Heb. תּוֹרֹת, common sense, in which all agree.—[*Ibn Ezra*] Since Ibn Ezra interprets this as referring to all the nations plundered by the Assyrians, he explains that they transgressed laws dictated by common sense, not requiring

ו עַל־כֵּן אָלָה אָכְלָה אֶרֶץ וַיֶּאְשְׁמוּ
יֹשְׁבֵי בָהּ עַל־כֵּן חָרוּ יֹשְׁבֵי אֶרֶץ וְנִשְׁאַר
אֱנוֹשׁ מִזְעָר: ז אָבַל תִּירוֹשׁ אֻמְלְלָה־
גָפֶן נֶאֶנְחוּ כָּל־שִׂמְחֵי־לֵב: ח שָׁבַת
מְשׂוֹשׂ תֻּפִּים חָדַל שְׁאוֹן עַלִּיזִים שָׁבַת
משוש

תרגום

אִשְׁנִיאוּ קְיָמָא דִי מִן עָלְמָא: ו עַל כֵּן מִן קֳדָם מוֹמֵי דִשְׁקַר חֲרִיבַת אַרְעָא וְצַדִיאוּ דְיָתְבִין בַּהּ עַל כֵּן סָפוּ יָתְבֵי אַרְעָא וְאִשְׁתְּאַר אֱנָשָׁא כִּזְעֵיר: ז אִתְאַבַּלוּ כָּל שָׁתֵי חֲמַר אִתְבְּרִיכוּ גוּפְנַיָא אִתְאֲנַחוּ כָּל חָדֵי לִבָּא: ח בְּטֵלַת חֶדְוַת תוּפִין

רש"י

יושביה: **ברית עולם**. היא התורה שקיבלו בברית: (ו) **על כן אלה**. בעון שבועת שוא: **חרו**. לשון יבש וצמא בחום חורב כמו נחר מפוח (ירמיה ו'): (ח) **משוש תפים**.

מהר"י קרא

תלכו: הפרו ברית עולם. זה שכתב [בו] לדורותם ברית עולם. הפרו (בריתן של אבות) [בריתו של שבת]: (ו) על כן. על כי עברו את תורותי: ויאשמו יושבי בה. כמו והאדמה לא תשם שתרגומו לא תבור: על כן חרו. נשרפו כמו וחרה נחושתה: (ז) אבל תירוש אימללה גפן [וגו']. כי ביין ישמח אנוש לבב: (ח) שבת משוש תופים וגו'. שהיין גורם לכולם:

אבן עזרא

כרתו כמו כליל יחלוף והחק הם חוקי השם כפי התולדת וזה הוא טעם ברית עולם: (ו) **על כן אלה**. חסר בי"ת כמו כי ששת ימים ויש אומרים כי תהכר מלת תחת כמו ונשלמה פרים שפתינו: **חרו**. כמו וחרה נחשתה כמו נשרפו: (ז) **אבל תירוש אמללה גפן**. כי אין זומר ועודר: **שמחי לב**. כי היין ישמח לב: (ח) **שבת משוש תופים**.

רד"ק

הרעו להם והרעות שבאו להם בעונש ישראל באו להם וכן לעתיד לגוג ומגוג ולשאר האומות בעונש ישראל יבא להם מה שיבא מהרעה: (ו) על כן. אע"פ שיש שאר עבירות שבעבורם נענשו ישראל ושאר האומות האלה הוא על כולם שנשבעים בשם האל לשקר ועליה היא חרבן הארץ ברוב וכן ארז"ל כל עבירות שבתורה נפרעין ממנו וכאן ממנו ומכל העולם כולו שנאמר אלה וכחש וגו' ונאמר מפני אלה אבלה ארץ: אכלה ארץ. בכ"ף: ויאשמו. בשו"א האל"ף והשי"ן והוא לשון שממה: חרו. ענין יובש ושרפה ר"ל ענין כליון: (ז) אבל. חרבן הארץ היא בכלות פירותיה שלא תתן הדגן והתירוש והיצהר ואם אין עובדי האדמה אין פירות. אבל. ענין שממה וכן על כן תאבל הארץ: נאנחו כל **שמחי לב**. טעם הדגן והתירוש כי ברבותם ישמח האדם ובכליתם יאנח: (ח) שבת משוש

מצודת דוד

שבע"פ: **חלפו חוק**. עברו להסן מחוק התורה ולא קיימוהו: ברית עולם. הוא התורה שקבלו בברית לקיימה עד עולם וכפל הדבר פעמים ובלשון כדרך המליצה: (ו) על כן אלה. בעבור האלה אשר היתה נשוא לכן לקחה הארץ ושממו יושביה: על כן וגו'. בעבור עון האלה נשרפו יושבי הארץ ונשאר מהם מעט האנשים: (ז) אבל תירוש. נשחת ענבי היין כי אין זומר ועודר: אומללת גפן. כפל הדבר במ"ש: נאנחו כל שמחי לב. אף הרגילים בשמחה יאנחו כי נאבד היין המשמח את הלב כמו שכתוב ויין ישמח לבב אנוש (תהלים ק"ד): (ח) שבת משוש תפים. בטל השמחה בשמחו

מצודת ציון

בטלו: (ו) אלה. ענין שבועה וכן ושמעה קול אלה (ויקרא ה'): אכלה. ענין השחתה וכליון: ויאשמו. מלשון שממה וכן גם עדרי הצאן נאשמו (יואל א'): חרו. ענין יובש ושרפה וכן נחר מפוח (ירמיה ו'): אנוש. הוא שם משמות האדם: מזער. מעט כמו ושאר מעט מזער (לעיל ט"ז): (ז) אבל. ענין השחתה: תירוש. ענבי היין: אומללה. נכרתה: נאנחו. מלשון אנחה: (ח) שבת. בטל כמו שבת נוגש (לעיל י"ד): משוש. ענין שמחה: תופים. מין כלי נגון: חדל. ענין מניעה: שאון. ענין המייה: עליזים. ענין שמחה:

ing. *Redak*, however, states explicitly that the word is to be spelled with a *chaf*, meaning *consumed*.

were dried up—Heb. חָרוּ, *an expression of dryness and thirst through the heat of dryness. Comp.* "(Jer 6:29) *The bellows are dried* (נָחַר)."—[*Rashi*]

Alternatively, an expression of burning. The intention is destruction.—[*Redak*]

7. **Wine mourns, the vine is humbled**—for there is no one to prune and hoe.—[*Ibn Ezra*]

Jonathan paraphrases: All wine drinkers mourn, for the vines are broken.

Redak explains that the mourning of the land denotes its being laid waste. Since there are no workers to tend the vines, there will be no produce.

all joyful hearted sigh—because wine causes the heart to rejoice, as in Psalms 104:15.—[*Ibn Ezra*]

Redak explains that because of the lack of wine and grain, they will sigh.

The joy of the drums—*that you said,* "(supra 22:13) *And behold, joy and happiness.*"—[*Rashi*]

They would rejoice at banquets with song and musical instruments. Now, all this will stop.—[*Ibn Ezra, Redak*]

6. Therefore, an oath has consumed the land, and the inhabitants thereof were wasted; therefore, the inhabitants of the land were dried up, and few people remained. 7. Wine mourns, the vine is humbled, all joyful hearted sigh. 8. The joy of the drums has stopped, the stirring of merrymakers has ceased, the joy of the harp has stopped.

of immorality as well as robbery and violence, their verdict was sealed because of robbery. This is because a person's nature tells him that he has no right to take others' property. Immorality, however, although abhorred by cultured people, is sometimes accepted by corrupt societies. See *Ramban,* Gen. 6:13.

Redak explains that the nations transgressed instructions by overly oppressing the Jews, as the prophet states: "(Zech. 1:15) For I was but a little angry and they helped to do harm." *They infracted statutes,* also refers to their oppression of Israel.

Abarbanel explains this to mean that they infracted the seven Noachic commandments.

Should this passage refer to the exile of Judah or Israel, it is to be interpreted as: they transgressed the *toroth,* the bodies of law, meaning the Written Law, as embodied in the Pentateuch, and the Oral Law, its interpretation, as later embodied in the Mishnah.—[*Mezudath David*]

the everlasting covenant—*That is the Torah that they received with a covenant.*—[*Rashi*]

Those who take this as a reference to the nations exiled by Sennacherib, explain that the nations broke their covenant with Israel, viz. Edom, Ammon, and Moab, all related to Israel, as the prophet castigates Tyre: "(Amos 1:9) For they delivered a full exile to Edom and did not remember the brotherly covenant."—[*Redak, Abarbanel*]

6. **Therefore, an oath**—*For the sin of vain oaths.*—[*Rashi*] Manuscripts read: *Because of the sin of false oaths.* This follows *Jonathan.*

Although there were other sins for which Israel and the nations were punished, the sin of swearing falsely in the name of God is graver than they, and because of it the land was laid waste, as the Rabbis state: All sins in the Torah—a person is punished for them, but here, he and the whole world . . . And so it says: Therefore, an oath has consumed the land. See *Tanhuma Vayeshev* 2.—[*Redak*]

Swearing falsely in the name of God, in effect, constitutes denial of His existence. It is, therefore, deemed a profanation of the Name, as in Lev. 19:28. See *Sifra* ad loc.

Ibn Ezra appears to have followed the reading: אָבְלָה, *mourns,* or, as *Jonathan* renders: *was laid waste.* He renders: Therefore, with a curse, the land was laid waste, or: Therefore, because of an oath the land was laid waste. Since he inserts a preposition before אָלָה, אָכְלָה or אָבְלָה must be an intransitive verb. See *Minchath Shai,* Friedlander on *Ibn Ezra.* As noted, *Jonathan* appears to have that read-

משוש כנור: ט בשיר לא ישתו־יין ימר
שכר לשתיו: י נשברה קרית־תהו
סגר כל־בית מבוא: יא צוחה על־היין
בחוצות ערבה כל־שמחה גלה משוש
הארץ: יב נשאר בעיר שמה ושאיה

ת"א בשיר. סוטה מח גיטין ז: ושאיה. סוטה מח ב"ק כא לו:

תרגום

אתמנעת אתרגושת תקיפין פסקת חדות כנרא: ט על ידי זמר לא ישתון חמר יימר עתיקא לשתוהי: י אתברת קרתהון צדיאת אחידו כל בתיא מלמעל: יא מצוחין על חמרא בשוקיא שלימת כל חדותא גלא ביע מן ארעא: יב אשתאר

רש"י

שהייתם אומרים הנה ששון ושמחה (לעיל כ"ב): (י) **קרית תהו**. כשתשבר נקראת קרית תהו: **מבוא**. מלבוא לתוכה איש: (יא) **ערבה**. החשיכה: **משוש הארץ**. היא ירושלים: (יב) **ושאיה יוכת שער**. על ידי שאיית גלמוד שיהו הבתים שואין מאין יושב יוכתו השערים על ידי

מהר"י קרא

(ט) **ימר שכר לשותיו**. שבמקום שהיו שותין יין ישתו מימיהם בשממון: (י) **נשברה קרית תהו**. ירושלים שנקרא קריה עליזה תשבר ותעשה תוהו: **סוגר כל בית מבוא**. מהיכנס בו: (יא) **צוחה על היין בחוצות**. במקום שהיו שותין יין בחוצות תהיה צוחה: **ערבה כל שמחה**. מעורבבת: **גלה משוש הארץ**. ירושלים שאמרו כלילת יופי משוש לכל הארץ: (יב) **נשאר בעיר שמה**. הם הם הנשארים בעיר: **ושאיה יכת שער**. שער קורא למדינה שהיא רוכלת עמים. שכל האומות צריכין לה ובאין לה (סחורה)

אבן עזרא

מבית המשתה: **שאון עליזים**. כאשר ישתכרו: (ט) **בשיר לא ישתו יין**. בניגון כי אם לגורך כי ימר השכר ולפי דעתי שמלת ימור מפעלי הכפל כמו יקל והוא מבנין נפעל: (י) **נשברה**. הטעם כל קריה שהולכים יושביה אחרי התוהו: **סוגר כל בית מבוא**. כי יגא כל אדם למסלות מרוב הצער: (יא) **צוחה**. כמו לעקה: **על**. מקום היין: **בחוצות**. בפרהסיא: **ערבה**. מגזרת ערב כמו חשכה: (יב) **נשאר**. **ושאיה**. שם מגזרת שואה והגביא אמר נשאר על דרך בן אדם להבין השומעים וכן טוב משגיהם:

רד"ק

תפים. כי בתפים ובכנורות היו שמחים בבית המשתה שהיו עליזים ושמחים ועתה שבת וחדל: (ט) **בשיר**. כמו שהוא דרך השמחים ששותים על השיר והזמירות והם יהיו נאנחים ואין בפיהם שיר וגם אותו המעט שכר שישתו ימר להם יהיה כמו מר בפיהם מרוב הצרות: (י) **נשברה קרית תהו**. אחר שנשברה היא קרית תהו וכן אפיתי על נחליו לחם והדומים להם: **סגר כל בית מבוא**. באמרו כל ר"ל רוב כמו וכל הארץ באו מצרימה. כי חרבים יהיו רוב הבתים ואין בהם ענין להכנס בהם: (יא) **צוחה על היין**. בשוקים צועקים על היין מי שיש לו יין למכור יבא ויסכור. והצועקים הם עוברי דרך או המעט שישארו בעיר או פי' צוחה ויללה תהיה על היין בחצות כי חסר מהם: **ערבה כל שמחה**. חשכה כל שמחה כי השמחה ביין כמו שאמר ויין ישמח לבב אנוש. וערבה מן ערב שהוא חשך והשמחה אורה והפכה חשך: **גלה משוש הארץ**. גלה והלך המשוש מארצם: (יב) **נשאר**. המשוש גלה מן העיר ולא נשאר בה אלא שמה ושאיה ופי' בעיר בכל עיר ועיר מערי עכו"ם ופי' שאיה ובשאיה יוכת שער העיר כי אין יוצא ואין בא ושאיה אחו' שמה כמו אם שאו ערים מאין יושב וכל הפורענות הגדול הזה שזכר יהיה בימי המשיח בגוג ומגוג ובשאר העכו"ם ואלה השלשה פסוקים אשר זכר בסוף פרשה זו מעידים על פירושינו כי עתידה היא זו הנבואה בימי גוג ומגוג ובשאר העכו"ם שיסופו רוב העכו"ם וישאר המעט כמ"ש ונשאר אנוש מזער ובפסוק אחר זה גם כן אמר כנוקף זית

מצודת דוד

בקול תופים: **שאון עליזים**. המיית השמחים: (ט) **בשיר וגו'**. לא ישתו לשמחת משתה ששותים בשיר אלא השכר יהי' מר להשותים כי ישתוהו להפג האבל והצער: (י) **נשברה קרית תוהו**. כל עיר תהיה שבורה וקראה קרית תוהו על שם סופה כשתהיה נשברה תהיה תוהו וכן אפיתי על גחליו להם (לקמן מ"ד) שקוראהו לחם על שם סופו: **סוגר כל בית מבוא**. הבתים יהיו נתוצים ואין מי יבא בהם כאלו סוגר הבית מבלי מה בא בו: (יא) **צוחה על היין**. ילעקו ויללו בחוצות על היין שחסר מהם ולזה חשכה כל שמחה כי היין ישמח לבב ואין להם במה ישמח (ולפי שהשמחה קרוי אור לזה אמר בהתעדרו ענין חושך): **גלה משוש הארץ**. השמחה הלכה מהם: (יב) **נשאר בעיר שמה**. ר"ל המשוש הלכה ונשאר השממה: **ושאיה**. ובעבור השאיה יוכת שער כל עיר כי כן דרך עיר שוממה שעריה כתותים ונתולים כי אין מי משגיח בתקנתה:

מצודת ציון

(ט) **ימר**. מלשון מרירות: **שכר**. יין ישן: (י) **קרית**. עיר: **תהו**. ענין שממון וכן והארץ היתה תוהו ובוהו (בראשית א'): (יא) **ערבה**. מלשון ערב ור"ל חשכה כערב: **גלה**. מלשון גלות: (יב) **שמה**. שממה: **ושאיה**. כמו ובשאיה והוא מענין שממה כמו שאו ערים

Baba Kamma 21a] The Talmud states that unoccupied houses become the haunts of demons, who destroy them.

Redak interprets this verse as a prophecy for the future, for the Messianic era, when Gog and Magog, as well as all sinful nations, will meet with divine retribution, and very few people will survive, as the prophet relates in the following verses.

9. In song they shall not drink wine; strong drink shall become bitter to those who drink it. 10. The wasted city is broken; every house is closed from entering. 11. A cry for wine is in the streets; all joy is darkened; the joy of the land is exiled. 12. In the city there remains ruin; through desolation the gate is battered.

9. **In song they shall not drink**—as is the custom of joyful people. Instead, they will sigh; even the little strong drink of which they partake, will be bitter to them; it will leave a bitter taste in their mouth because of their troubles.—[*Redak*]

Mezudath David adds that the wine will be drunk to assuage their pain and grief. It will, therefore, be wine of bitterness, rather than wine of joy.

10. **The wasted city is broken**—*When it is broken, it will be called the wasted city.*—[*Rashi, Redak*]

Ibn Ezra renders: the city of vanity, every city whose inhabitants go after vain things.

This is Jerusalem, formerly called 'joyous city,' will now be called 'wasted city.'—[*Kara*]

from entering—*for anyone to enter.*—[*Rashi*]

I.e., most houses will be deserted, and there will be no reason for anyone to enter.—[*Redak, Ibn Ezra*]

11. **A cry for wine.**—A cry of the few survivors or travelers, "Whoever has wine, come and sell it!"—[*Redak* according to our editions.] *Kli Paz* quotes *Redak,* as follows: A cry of the venders for customers to buy wine. These venders are the few survivors in the city or travelers passing through the city. Alternatively, it is the plaintive wail of the people who thirst for wine and have none.—[*Redak*]

is darkened—Heb. עָרְבָה.—[*Rashi, Ibn Ezra, Redak*]

This word is related to עֶרֶב, *evening,* hence the translation, *is darkened.* Since wine brings joy to the heart, its absence leaves place for grief.—[*Redak*]

Rabbi Joseph Kara renders: All joy is confused. The two interpretations are closely related, since darkness leads to impairment or confusion of perception. See *Ramban,* Gen. 1:5, where he explains that the word עֶרֶב, *evening,* is the time that images are confused.

the joy of the land—*That is Jerusalem.*—[*Rashi*] Comp. Lamentations 2:15.—[*Kara*] Apparently, this was a name given to Jerusalem, since it was the most joyous city, where all Jews came to celebrate the joyous pilgrimage festivals and to participate in the Temple service.

Redak interprets this literally, that the joy has left the land, and only ruin and desolation remain.

12. **Through desolation, the gate is battered**—*Through the desolation of loneliness, that the houses are desolate, without an occupant, the gates shall become battered by demons and destructive creatures.* —[*Rashi* from

יְכַּת־שַׁ֫עַר׃ יג כִּ֣י־כֹ֤ה יִהְיֶה֙ בְּקֶ֣רֶב
הָאָ֔רֶץ בְּת֖וֹךְ הָעַמִּ֑ים כְּנֹ֣קֶף זַ֔יִת
כְּעוֹלֵלֹ֖ת אִם־כָּלָ֥ה בָצִֽיר׃ יד הֵ֛מָּה יִשְׂא֥וּ
קוֹלָ֖ם יָרֹ֑נּוּ בִּגְא֣וֹן יְהוָ֔ה צָהֲל֖וּ מִיָּֽם׃
טו עַל־כֵּ֥ן בָּאֻרִ֖ים כַּבְּד֣וּ יְהוָ֑ה בְּאִיֵּ֣י הַיָּ֔ם

ה"א בגאון ה'. ערכין יא: שם

תרגום: בְּקַרְתָּא צְדוּ וְאִתְרְגוּשְׁתָּא בְּפִגּוּר תַּרְעִין׃ יג אֲרֵי כְּדֵין יִשְׁתְּאֲרוּן יְחִידָאִין צַדִּיקַיָּא בְּגוֹ אַרְעָא בֵּינֵי מַלְכְּוָתָא כְּבִיעוּר זֵיתָא כְּעוּלָלָן בָּתַר קְטָף׃ יד אִנּוּן יְרִמוּן קָלֵיהוֹן יְשַׁבְּחוּן בְּמֵימְרָא דַיְיָ יִבְעוּן כְּמָא דִבְעוּ עַל גְּבוּרָן דְאִתְעֲבִידָא לְהוֹן עַל יַמָּא׃ טו עַל כֵּן בְּמֵיתֵי נְהוֹרָא לְצַדִּיקַיָּא יְקָרוּן קֳדָם יְיָ בְּנִיסֵי יַמָּא יְהוֹן מוֹדָן

מהר"י קרא

[לסתורה]. וקורין לה בלע"ז פורט: (יג) כי כה יהיה. ישראל: בקרב הארץ בתוך העמים [וגו']. כך ישאירו. כנוקף זית אשר ישאיר הנוקף עוללות: כעוללות (בציר) אם כלה בציר. כעוללות הכרם כשהבציר כלה: (יד) המה ישאו קולם ירונו בגאון ה'. בנסים וגבורות שיעשה להם הקב"ה. וכן מנהג כל הנביאים. כשאתה מוצא מכה שם אתה מוצא רפואתה בצדה. כלפי שאמר למעלה נאנחו כל שמחי לב. שבת משוש תופים. חדל שאון עליזים. חזר ואמר והנשארים בהם המה יחזרו לשמחתם וישאו קולם וירונו. בגאון ה'. בתשועת ה'. כי גאות עשה: צהלו מים. צהלו יותר מיורדי הים שאמרו שירה על הים: (טו) על כן באורים כבדו ה'. פירוש דונש

רש"י

שדים ומזיקין: (יג) כי כה. ישארו ישראל בקרב העמים אחד בעיר ושני' במשפחה: כנוקף זית. המשאי' גרגרים בראש אמיר: (יד) המה ישאו קולם. לאותן המעט הנשאר' תבא הטובה שכתבתי למעלה: צהלו מים. יותר ממה שצהלו על הים בגאולת מצרים: (טו) על כן באורים. ת"י במיתי נהורא לצדיקיא על שתי בשורות של גאולה בבל

רד"ק

(יג) כיכה יהיה. כל הנזכר יהיה בקרב הארץ: בתוך עמים. עד שיהיו הנשארים כנוקף זית או כעוללות אם כלה בציר ופי' כנוקף זית כחביטת עץ זיתים כשאדם חובט ונוקף אותו ישארו מעט זיתים שלא יפלו בחביטתו אחת הנה ואחת הנה וכן אחר שיבצר אדם כרמו ישארו בו עוללות מעט כן יהיו העמים כי רובם יסופו והמעט ישארו והנשארים יודו באל וביכולתו כי הוא אדון הכל ובידו הכל כשיראו מפלת גוג ומגוג ועליהם נאמר לקרא כולם בשם ה' ולעבדו שכם אחד וכן הנשארים ממחנה אשור כשראו מפלתו שבו לעבוד את ה' כמ"ש וכמו שפירשנו למעלה בפרשת נבואת מצרים: אם כלה. כאשר כלה וכן אם יהיה היובל לבני ישראל. ואם מזבח אבנים תעשה לי והדומים להם: (יד) הנה ישאו קולם. בשבח האל וירונו בגאון ה' שראו שגאה על כל העמים בהפילו אותם בבואם על ירושלים: צהלי מים. כמו יצהלו עבר במקום עתיד וכמהו רבים.ובנבואות ברוב. ופי' מים ממערב. כלומר אותם שהם רחוקים מירושלים בארץ מערב ירונו ויצהלו בגאון ה': (טו) על כן באורים. בעמקים כמו מאור כשדים ומה שאמר באורים כי רוב הערים הם בעמקים לא בהרים ואמר על כן ר"ל כשתראו ותשמעו ביכולת האל וגאונו על העמים כבדוהו בדברי שבח וכן באיי הים הרחוקים כבדו לה' אלהי ישראל כי בעבורם עשה מה שעשה בעמים:

אבן עזרא

(יג) כי. כנוקף זית. כנוער וקרוב מטעם ונקף סבכי היער: כעוללות. והטעם מעט כי אם כלה בציר ישארו עוללות: (יד) המה. כל המפרשים הסכימה דעתם כי מפרשת הנה ה' בוקק הארץ הוא לעתיד על מלחמת גוג ומגוג ולדעת רבי משה הכהן שידבר על מלך אשור ולמשתה שמני' על מות מחנה סנחריב ועדיו הוי עטרת גאות: המה. הנמלטים: ירונו. הרמת קול ומגזרת ותעבר הרנה: מים. ההולכים בים וכן מלת צהלו והעד צהלת הסוס: (טו) על. באורים. יש אומר' גבולות וכמוהו מאור כשדים ויש אומר בבקעים והראשון הוא הנכון: באיי הים. כבדו את ה' כי

מצודת ציון

(לעיל ו'): יוכת. מלשון כתיתה: (יג) כה. כן: כנוקף. ענין כריתה וכן ונקף סבכי היער (לעיל י'): כעוללות. הם הענבים הקטנים הנשארים באילן ואין מי חושש עליהם והוא מל' עולל ויונק: כלה. כלם: בציר. כן יקרא אסיפת הענבים כמו כי הבצור כרמך (דברים כ"ד): (יד) ישאו. ענין הרמה: בגאון. ענין ממשל רב: צהלי. ענין השמעת קול גדול וכן צהלי קולך בת גלים (לעיל י'): (טו) באורים. ענין בקוע והרין וכן מאורה צפעוני (לעיל י"א):

מצודת דוד

(יג) כי כה יהיה. כי כן יהיה מספר הנשארים בין הנשארים בא"י בין הנשארים בגולה בתוך העמים: כנוקף זית. הוזר לתחלת המקרא לומר מספר הנשארים יהיו כמספר פרי אילן זית אשר מעט ישאיר אחריו וכמספר העוללות הנשארים בגפנים כאשר כלה הבציר והמה מעט וכן מעטים יהיו הנשארים מבני ישראל: (יד) המה ישאו קולם. המה יזכו לגאולה וישאו קולם ברנה: בגאון ה'. בעבור גאון ה' ילהלו בקול יותר ממה שצהלו בקול בשמחה על הים כאשר שקעו מצרים בעומק הים: (טו) על כן. הואיל ומובטחים הם על הגאולה לכן אותם הנשארים בבקיעי הארץ מפחד האויב כבדו את ה': באיי הים. מלת כבדו משמשת בשתים לומר אותם שגלו לאיי הים

Alternatively: In the valleys. Since cities are usually built in valleys rather than on mountains, the prophet calls to the valley dwellers, i.e., the inhabitants of cities the world over, who will hear of God's power, which He exerted over the nations, to honor Him. Likewise, those living on the distant islands of the sea, honor the Name of the Lord God of Israel, because, for Israel's sake all this has transpired.—[*Redak*]

Ibn Ezra renders: In the countries.

13. For so shall it be in the midst of the land among the peo-
ples, like the cutting of the olive tree, like the gleanings when
the vintage is over. 14. They shall raise their voice, they shall
sing; of the pride of Lord they shall shout for joy more than
[by the] sea. 15. Therefore, for the lights honor the Lord; in the
islands of the sea,

13. **For so**—*shall Israel remain in the midst of the peoples, one in a city and two in a family.*—[*Rashi*]

like the cutting of the olive tree—*that leaves over berries at the tip of the uppermost bough.*—[*Rashi*]

Others render: like the shaking of the olive tree. When one shakes an olive tree, most of the olives fall off. Only a few at the top of the tree remain.—[*Redak*]

Redak interprets this passage in reference to the nations that will survive the war of Gog and Magog. When they witness God's mighty deeds, they will rejoice, and unite to serve Him with one accord. So did those who witnessed the downfall of Sennacherib and his armies rejoice in God's salvation and to unite to worship Him, as is related above 19:18.

Ibn Ezra quotes Rabbi Moshe Hakohen, who, indeed, interprets it as referring to the latter event.

14. **They shall raise their voice**—*For those few survivors shall come the good that I prophesied above.*—[*Rashi*]

of the pride of the Lord—When they witness the miraculous downfall of Gog and Magog, in which God will demonstrate His might over the nations of the world.—[*Redak*]

they shall shout for joy more than [by the] sea—Lit. they shall shout for joy from the sea. *More than they shouted for joy by the sea during the redemption from Egypt.*—[*Rashi, Kara,* following *Jonathan*]

Alternatively, *they shall shout with joy from the west.* Those who live in the west, far from Jerusalem, will rejoice when they hear of the salvation.—[*Redak*]

15. **Therefore, for the lights**—Heb. בָּאֻרִים. *Jonathan paraphrases: When lights comes to the righteous, concerning the two good tidings, both that of the redemption from Babylon and that of Edom.*—[*Rashi*] *Rashi* wishes to account for the plural form used here. He, therefore, explains that this alludes to the two redemptions, symbolized by light. In each case, the righteous shall honor God for His salvation. Most manuscripts read: *Jonathan paraphrases: When lights come to the righteous, concerning the two lights, etc.* This seems more correct. *Rashi* continues: *And Menachem stated* (*Machbereth,* p. 32) *that* אֻרִים *is an expression of holes and crevices where they were fleeing, and so*: "(Gen. 11:28) אוּר, *the valley of the Chaldees," and so*: "(supra 11:8) *And on the hole* (מְאוּרַת) *of an adder," the hole of its dwelling.* [See *Rashi* ad loc.]—[*Rashi*] Thus, we render: In the holes honor the Lord.

וּסְבַרְכִּין שְׁמָא דַיְיָ
אֱלָהָא דְיִשְׂרָאֵל׃
טז מִבֵּית מַקְדְּשָׁא
דְמִתַּמָּן עֲתִיד לְמִפַּק
חֶדְוָא לְכָל יָתְבֵי אַרְעָא
תּוּשְׁבְּחָא שְׁמַעְנָא
לְצַדִּיקַיָא אֲמַר נְבִיָא רָז
אֲגַר לְצַדִּיקַיָא אִתְחֲזֵי
לִי רָז פּוּרְעָנוּת לְרַשִׁיעַיָא
אִתְגְּלֵי לִי וַי לַאֲנוּסַיָא דְמִתְאַנְסִין וְלִבְזוּז בָּזְזִין דְהָא מִתְבְּזִין׃ יז דַחֲלָא וְכוּמְצָא וּמְצָדָא עֲלָךְ

שֵׁם יְהוָה אֱלֹהֵי יִשְׂרָאֵל׃ טז מִכְּנַף
הָאָרֶץ זְמִרֹת שָׁמַעְנוּ צְבִי לַצַּדִּיק וָאֹמַר
רָזִי־לִי רָזִי־לִי אוֹי לִי בֹּגְדִים בָּגָדוּ וּבֶגֶד
בּוֹגְדִים בָּגָדוּ׃ יז פַּחַד וָפַחַת וָפָח עָלֶיךָ

ת״א מכנף הארץ. סנהדרין לז זוהר ויגש: קמץ בז״ק י ושב

רש״י

ושל אדום ומגחם אמ׳ אורים ל׳ נקיעים וסעיפים שהיו בורחים שם וכן אור כשדים (בראשית י״א) בקעת כשדים. וכן מאורת צפעוני (לעיל י״א) נקע חור מעונתו: (טז) מכנף הארץ. ת״י מבית מקדשא שהוא בסוף א״י במזרחה כמו ששנינו לוד מן המערב וירדן מן המזרח כמלא מירושלים לירדן מהלך יום. ואני אומר לפי פשוטו ששמענו מאחורי הפרגוד שעתידין להעלות זמירות מכנף הארץ ומה הן הזמירות צבי לצדיק עתיד להיות מצב ותקומה לצדיקים: ואומר רזי לי וגו׳. או לי שנגלו לי שני רזי׳ רז פורענות ורז ישועה והרי תרחק הישועה עד שיבאו אויבי׳ בוזזים אחר בוזזים אחרי׳ ושודדים אחר שודדים ה׳ בגידות אמורות כאן כנגד בבל ומדי פרס ויון וכותי׳ שישעבדו בישראל לפני גאולתם. ואחרי הביזות האלה: (יז) פחד ופחת ופח עליך. על העמים יושבי הארץ: פחת. גומא ליפול בה

מהר״י קרא

בארץ המישור: באיי [הים]. יורדי הים יכבדוהו: (טז) מכנף הארץ זמירות שמענו. שיעלו זמירות הגליות כשהן מתקבצות ובאות מארבע כנפות הארץ ואומ׳ זמירות להקב״ה שנ׳[צדיק]. צבי לצדיק. (שברו) [שבח] לצדיק: ואמר רזי לי רזי לי. ראה הנביא רז המוכמן והנסמן ישועות הנאות ונחמות. ומחמת פורענותן של רשעים ושל כל האומות. ושמח כה רב טובך אשר צפנת ליראיך. ומה יום נקם אשר כמוס עמך כאשר גלית לי אבל אוי לי שבוגדי ישראל מעכבין כל אלו הטובות וגורמין בעונם שאומות העולם הבוגדים בהקב״ה משעבדין בהם: (יז) פחד ופחת ופח. נגזר עליך בת אדום שאתה יושב הארץ שאין לך אומה בעולם שיושבת בשלוה כמוה. ועתה חולך ומפרש מה הרז הנגלה לו ושמח. זהו יום נקם להנקם ה׳

אבן עזרא

כבדו מוסף אחר עמו: (טז) מכנף. יתכן היות טעם המה הצדיקים. ובעבור שהארץ היא עגולה אמרה מכנף הארץ והטעם ממקום רחוק: צבי. פאר או מתרגום ארמית ומלת זאומר דבר כל גוי וכן שמענו: רזי. מגזרת וישלח רזון בנפשם וטעם פעמים בכל רגע: בוגדים בגדו. כי כל האדם בוגדים בגד אחר בגד: (יז) פחד. ובעבור זה בא הרע לכל

רד״ק

(טז) מכנף הארץ. גם זו הפרשה עתידה כמו אשר לפניה אמר הנביא מכנף הארץ זמירות שמענו צבי לצדיק מכנף הארץ פי׳ קצה הארץ וכן לאחוז בכנפות הארץ בקצות הארץ כלומר מרחוק בא לנו השמועה והבשורה הזאת ואמר שמענו כי גם הנביאים שהיו בימיו נבאו על עתידה זו כמ״ש בנבואתם: צבי לצדיק. פי׳ צבי חפץ ופאר וכן צבי היא לכל הארצות והדומים להם כלומר אלו הזמירות ששמענו למי הם לצדיק כי הצדיק ראוי לשמוח בהם והם לו לזמירות כמו שאמר הוא בתחלת הספר ביום ההוא יהיה צמח ה׳ לצבי ולכבוד ולמי יהיה לפלטת ישראל והם הצדיקים כמו שאמר הנה לצדיק. ואמר והיה הנשאר בציון והנותר בירושלים ואמר רזי לי רזי לי כאלו אמר הנביא כשראיתי זה הפורענות העתידה לבא בישראל בימי הגאולה שיצרפו ולא ישארו אלא הצדיקים: רזי לי. כלומר רזון לי כאלו אמר משמן בשרי ירזה על זה ואוי לי על זה כי כמה בוגדים יש בהם וכולם יכלו או פי׳ כמה בוגדים יבגדו בהם או פי׳ שהוא רמז על ארבע מלכיות בבל בוגדים. מדי ופרס בגדו בהם ובגד בוגדים על מדי ופרס יבגדו יון ועל יון רומי וכולם נשתעבדו בישראל ובגדו בהם בגלותם ביניהם ורז״ל דרשו ואמרו יצתה בת קול ואמרה רזי לי רזי לי אמר הנביא עד מתי יצתה בת קול ואמרה בוגדים בגדו וגו׳ עד דאתו בזוזי ובזוזי דבזוזי ויו״ד רזי למד הפעל כיו״ד נקי ורזי מלעיל כפני מלת לי שהיא בצדה שהיא מלה זעירא וי״ת רזי ענין סוד כמו וכל רז לא אניס לך וכן תרגום הפסוק מבית מקדשא דמתמן וגו׳: (יז) פחד. זה אמר כנגד אדום וישמעאל זולתם שהיו יושבי הארץ ואדונים עליה וישראל בגלות ביניהם אמר אל

מצודת דוד

כבדו את שם ה׳ וכו׳: (טז) מכנף הארץ זמירות שמענו. ר״ל אני וחברי הנביאים שמענו בנבואה אשר בעת הגאולה תהיה כריתה והשמחה מקלה הארץ עד קלהו ואחריה יהיה ההדר לכל צדיק וצדיק: ואומר. כשומעי הדבר הזה אמרתי הסוד האמור לי מביא רזון לי ואוי לי על התשועה כי הבוגדים יבגדו בישראל וירעו להם: ובגד בוגדים בגדו. ר״ל קבוצת בוגדים אשר יבגדו בהבוגדים ההם יבגדו גם המה בישראל ר״ל יהיה תגר ומלחמה בין האומות וכולם יבגדו בישראל: (יז) פחד וגו׳. ר״ל צרות משונות ותכופות: עליך.

מצודת ציון

(טז) מכנף. מקצה כמו לאחוז בכנפות הארץ (איוב ל״ח): זמירות. ענין כריתה כמו זמיר עריצים יענה (לקמן כ״ה): צבי. ענין הדר כמו לעטרת צבי (לקמן כ״ח): רזי. קדמאה ענין סוד כמו וכל רז לא אנס לך (דניאל ד׳) ותניינא ענין רזון וכחושות: (יז) ופחת. חפירת עמוקה כמו באחת הפחתים (שמואל ב׳ י״ז) ופח. רשת:

[shall come] upon you—*upon the peoples dwelling in the land.*—[*Rashi*]

He directs this toward Edom, Ishmael, and others, who dwelt in the land and became its masters, causing Israel to be in exile among them. The prophet states, "Think not that these troubles will befall Israel alone, for all of you, who consider yourselves the lords of the land, as well as other nations, will be driven into exile. The Jews will be saved from these troubles, but you will not escape.—[*Redak*]

a pit—*a hole in which to fall, as he goes on to state.*—[*Rashi*]

the Name of the Lord God of Israel. 16. From the end of the
earth we heard songs, "The righteous shall be upraised." And I
said, "I have my secret; woe is to me! the treacherous have dealt
treacherously; yea, the treacherous have dealt very treacher-
ously." 17. Fright and a pit and a trap [shall come] upon you,
inhabitant of the land.

16. **From the end of the earth**—*Jonathan paraphrases: From the Temple, which is at the edge of the land of Israel in the east, as we learned*: (*Maaser Sheni* 5:2) [According to Lev. 19:23–25, the produce of the vineyards produced during the first three years of its growth may neither be eaten nor may any benefit be derived therefrom. The produce of the fourth year must be taken to Jerusalem and eaten there. If this is inconvenient, the owner may redeem the produce and take the redemption money to Jerusalem, where he must buy food to eat with the sanctity of כֶּרֶם רְבָעִי, *the fourth-year vineyard.* The Rabbis decreed, however, that within a day's journey from Jerusalem, all produce must be brought to Jerusalem, and the owner has no option to redeem it. The following Mishnah delineates the boundaries of this area.] *Lod from the west, and the Jordan from the east. It is found that from Jerusalem to the Jordan is a day's journey. But I say according to the simple meaning, that we heard from behind the heavenly Curtain that they are destined to raise their voices in song from the edge of the earth. Now what are the songs? "The righteous shall be upraised." There shall be a position and an upraising for the righteous.*—[*Rashi*]

Redak, too, interprets this prophecy as referring to the future. From the end of the earth, i.e. from far off, we heard the tidings. "We" includes the other prophets of his time, who also were endowed with this prophecy. These songs will constitute praise and a gratification of the desire of the righteous, for, who but the righteous will survive the pre-messianic purge and purification? Isaiah already states above (4:3): "And it shall come to pass that every survivor shall be in Zion, and everyone who is left, in Jerusalem; "holy" shall be said of him, everyone inscribed for life in Jerusalem.—[*Redak*]

And I said, "I have my secret; I have my secret; woe is to me!— *Woe is to me that these two secrets have been revealed to me, the secret of retribution and the secret of salvation, for the salvation will be far off until enemies come, plunderers after plunderers, and marauders after marauders* (*San.* 94a). *Five instances of treachery are stated here, corresponding to Babylon, Media, Persia, Greece, and Edom, who will enslave Israel before their redemption, and after these plunderings*—fright and a pit and a trap [shall come] upon you.—[*Rashi* from unknown midrashic source]

17. **Fright and a pit and a trap**

יוֹשֵׁב הָאָרֶץ: יח וְהָיָה הַנָּס מִקּוֹל הַפַּחַד
יִפֹּל אֶל־הַפַּחַת וְהָעוֹלֶה מִתּוֹךְ הַפַּחַת
יִלָּכֵד בַּפָּח כִּי־אֲרֻבּוֹת מִמָּרוֹם נִפְתָּחוּ
וַיִּרְעֲשׁוּ מוֹסְדֵי אָרֶץ: יט רֹעָה הִתְרֹעֲעָה
הָאָרֶץ פּוֹר הִתְפּוֹרְרָה אֶרֶץ מוֹט
הִתְמוֹטְטָה אָרֶץ: כ נוֹעַ תָּנוּעַ אֶרֶץ
כַּשִּׁכּוֹר וְהִתְנוֹדְדָה כַּמְּלוּנָה וְכָבַד

תרגום

יָתֵיב אַרְעָא: יח וִיהֵי
דְיֵעֲרוּק מִן קֳדָם דַחֲלָא
יִפּוֹל לְגוֹ כוּמְצָא וְדִיסַק
מִגוֹ כוּמְצָא יִתְאַחַד
בִּסְרִיגְתָא אֲרֵי גְבוֹרָן
בִּשְׁמַיָא אִתְעֲבִידָא וְזָעוּ
יְסוֹדֵי אַרְעָא: יט מִזָע
תְזוּעַ אַרְעָא מְנָד תָנוּד
אַרְעָא פְּרוֹק תִתְפְּרַק
אַרְעָא: כ אִשְׁתְּדָאָה
תִשְׁתְּדֵי אַרְעָא כְּרַוְיָא
וּתְהֵי אֲזָלָא וְאָתְיָא
כְּעַרְסְלָא וְיִתְקְפוּן עֲלָהּ
חוֹבָהָא וְתִפּוֹל וְלָא

מהר"י קרא

מאו יביו הוא אדום. הנה יום בא לה' פחד ופח עליך בת אדום מיושב ושוקט בארץ: (יח) והיה הנס מקול הפחד יפול אל הפחת וגו'. כי ארובות השמים נפתחו לפקוד על אומה היושבת בשלוה: וירעשו מוסדי ארץ. אומות המוסדים בארץ: (יט) רועה התרועעה הארץ. ישבר כח האומות. רועה לשון שבר. כמו תרועם בשבט ברזל: פור התפוררה ארץ. לשון פירורין: מוט התמוטטה. כמו בל נמוטו פעמי: (כ) והתנודדה

קמץ בז"ק

רש"י

כמו שמפרש ואומר: (יח) הנס מקול הפחד יפול אל הפחת וגו'. הנמלט מחרב משיח בן יוסף יפול אל חרב משיח בן דוד והנמלט משם ילכד בפח במלחמות גוג: (יט) רועה התרועעה. ל' שבר כמו (תהלים ב') תרועם בשבט ברזל: פור התפוררה. ל' פירורין: (כ) כמלונה.

רד"ק

תחשבו כי לישראל לבד תהיה הצרה כי גם לכולכם שתחשבו שתהיו אדונים ויושבי הארץ תנוע מתוכה וכל אומה ואומה תנוע ממקומה וישראל ינצלו מהצרה והצדיקים ההם יכתבו לחיים אבל אתם לא תמלטו: (יח) והיה. זה הפסוק פי' לאשר לפניו: והפחת. היא החפירה הגדולה: כי ארבות ממרום נפתחו. לפי שהגזירות יורדות מן השמים אמר כאילו הוא מטר עבר כמו שאמר במבול וארובות השמים נפתחו וכן תהיינה הגזרות יורדות מן השמים לרוב מאוד כמו חמבול ומפני זה וירעשו מוסדי ארץ שלא תהא עמידה ליושביה: (יט) רעה התרועעה. ענין שבר וכן פור התפוררה כמו אתה פוררת בעזך ים וכל הכפל לחזק הצרות הגדולות שתהיינה בעת ההיא על כל הארץ: (כ) נוע תנוע ארץ. כמלונה סכת שומר הכרמים שעושה סכתו בהר ושומר משם כל הכרמים ואותה הסוכה היא עשויה מעצים קלים כי אין לה קבע כי אין יושב בה השומר אלא כל זמן שהענבים בכרמים לשומרם ואותה הסכה נקראת מלונה לפי שגם בלילה לן שם השומר וכשהרוח מכה באותה מלונה היא מתנודדת אילך ואילך ומפני קלותה היא עומדת בהתנודדה שלא תפול לארץ ואם יש בראשה דבר שיכבד עליה תפול כן תהיה הארץ ינודו יושביה אילך ואילך ולא תהיה להם עמידה כי פשעיהם יכבדו עליהם ויפלו לארץ

אבן עזרא

עם והנה כאשר תפחד הנפש והפחת שהיא כמו בור קרובה ונלכדה רגלו בפח מיד יפול: (יח) והיה. כי ארובות. כמו חלונות והטעם גזרות שמים: (יט) רעה. מגזרת תרועם וזאת הלשון ידועה בארמית: פור התפוררה. כטעם שבר כמו שלו הייתי ויפרפרני וככה אתה פוררת בעזך ים: (כ) נוע. הטעם על יושבי הארץ שינוסו ממקום למקום ויתנודדו כמלונה כי השומר יחליף מקום מלונו. וטעם וכבד

מצודת ציון

(יח) הנס. ענין בריחה: ארבות. חלונות כמו וארבות השמים (בראשית ז'): ממרום. מן השמים הרמים: מוסדי. מלשון יסוד: (יט) רעה התרועעה. ענין שבירה כמו ורעו דליותיו (ירמיה י"א): פור התפוררה. ענין הרצון להתיכות דבות כמו אתה פוררת (תהלי' ע"ד): מוט התמוטטה. מלשון נטיה ונפילה: (כ) נוע ונוע. מלשון הנעה והנדה: והתנודדה. מלשון נדידה: כמלונה. כן יקרא סוכת שומר הקשואין על כי אינה עשויה אלא ללינת לילה כמ"ש והתנודדה. תהיה נדה ונעה כסוכת שומר הקשואין הנדה ברוח:

מצודת דוד

יבא אליך ישראל יושב הארץ ההיא: (יח) והיה הנס. מי שיברח ממקומו מקול הפחד יפול וכו' ר"ל מי שינצל מצרה אחת יפול באחרת: כי ארובות. אמר במשל כאלו נפתחו חלוני שמים ויורידים דרך בם צרות מרובות: וירעשו וגו'. ר"ל אף החזקים ירעדו מפחד הצרות המרובות: (יט) רעה וגו'. כאומר אבל סוף הדבר תהפך הצרות על האומות והארץ תשבר ותפרד לפרורים ותהיה נוטה לפול והוא משל על מרבית הצרות וכפל הדבר לחזק: (כ) נוע וגו'. הארץ תתנועע כשכור המתנועע ולא יוכל לעמוד ביושר מבלי הנעה: וכבד עליה פשעה. הפשע אשר פשע בישראל להלך לגס יכבד על

ing. Comp.: "(Ps. 2:9) *You shall break them* (תְּרֹעֵם) *with an iron rod*."—[*Rashi*]

has crumbled—Heb. פּוֹר הִתְפּוֹרְרָה, *an expression of crumbs.*—[*Rashi*]

Comp. "(Ps. 74:13) You crumbled (פּוֹרַרְתָּ) the sea with Your strength."—[*Ibn Ezra, Redak*] The repetition is for emphasis of the grave troubles destined to befall the nations at the onset of the Messianic era.—[*Redak*]

20. **The earth sways**—I.e. the inhabitants of the earth will flee and wander like a lodge, since the watchman who occupies the lodge, frequently changes his place.—[*Ibn Ezra*]

like a lodge—*a booth of the watchmen at the top of a tree.*—[*Rashi*]*

18. And it shall come to pass, that he who flees from the sound
of the fright shall fall into the pit, and he who ascends from
within the pit shall be snared in the trap, for windows from
above have been opened and the foundations of the earth have
trembled. 19. The earth has broken; the earth has crumbled;
the earth totters. 20. The earth sways like a drunken man, and
it sways like a lodge,

18. **he who flees from the sound of the fright shall fall into the pit. etc.**—*Whoever escapes the sword of the Messiah the son of Joseph shall fall into the sword of the Messiah the son of David, and whoever escapes from there shall be snared in the trap of the wars of Gog.*—[*Rashi*] This is based on the tradition of the two messiahs, Messiah the son of David, and his precursor, Messiah the son of Joseph. See *Sukkah* 52b, where Messiah the son of Joseph is listed among the four carpenters of Zechariah's vision (2:3). *Rashi* explains that the two messiahs will build the Temple. This is discussed in *Agadath Mashiach, Otzar Midrashim* p. 389. Said Rav Huna in the name of R. Levi: The Jews will gather in the Upper Galilee, and Messiah the son of Joseph will look out upon them from Galilee, and they will go up from there and all Israel with him to Jerusalem . . . and he will go up and build the Temple and offer up sacrifices and fire will come down from heaven, and he will wound all the nations of the world. He will come upon the land of Moab and slay half of them, and the survivors he will capture and they will pay tribute to him. At the end, he will make peace with Moab, as it is said: "(Jer. 48:47) And I will return the captivity of Moab," and they will dwell securely for forty years, eating and drinking, and the heathens will be their farmers and their vinedressers. "And he shall destroy all the children of Seth." He will destroy all the nations of the world, who are called the children of Seth, as it is said . . . And thereafter, Gog and Magog will hear and ascend upon them, as it is said: "(Ps. 2:2) Kings of the earth shall stand and rulers shall take counsel together against the Lord and against His anointed." And he (i.e. Gog) shall enter and slay him in the streets of Jerusalem . . . See also Responsum of Rav Hai Gaon *"Concerning the Matter of the Salvation," Otzar Midrashim* p. 387. For further information about the Messiah, the son of Joseph, see ibid. p. 386.

for windows from above have been opened—Since the decrees descend from heaven in great quantity, it is as though the rain that caused the flood in Noah's time is descending from heaven. This expression is used in that context. Therefore, the foundations of the earth trembled.—[*Redak*]

19. **The earth has broken**—Heb. רֹעָה הִתְרֹעֲעָה, *an expression of break-*

עָלֶיהָ פִּשְׁעָהּ וְנָפְלָה וְלֹא־תֹסִיף קוּם׃
כא וְהָיָה בַּיּוֹם הַהוּא יִפְקֹד יְהוָה עַל־
צְבָא הַמָּרוֹם בַּמָּרוֹם וְעַל־מַלְכֵי
הָאֲדָמָה עַל־הָאֲדָמָה׃ כב וְאֻסְּפוּ אֲסֵפָה
אַסִּיר עַל־בּוֹר וְסֻגְּרוּ עַל־מַסְגֵּר וּמֵרֹב
יָמִים יִפָּקֵדוּ׃ כג וְחָפְרָה הַלְּבָנָה וּבוֹשָׁה

תוסיף לְמְקָם׃ כא וִיהֵי
בְּעִדָּנָא הַהִיא יַסְעַר יְיָ
עַל חֵילְוָתָא תוּקְפָּא
דְיָתְבִין בְּתוּקְפָּא וְעַל
מַלְכֵי בְּנֵי אֱנָשָׁא דְדָיְרִין
עַל אַרְעָא׃ כב וְיִכְנְשׁוּנוּן
מִכְנַשׁ לְבֵית אֲסִירֵי
וְיַעַנְגוּנוּן לְבֵית עֲגָנָה
וּמִסְגֵי יוֹמִין
יַעוֹל דְּכְרָנֵיהוֹן׃
כג וְיִבְהֲתוּן דְפָלְחִין
לְסִיהֲרָא וְיִתְכַּנְעוּן
דסגדין

ת״א וחפרה הלבנה. פסחים סח נדרים ל סוטה לד סנהדרין לא פ״ג יז אבות יג:

רש״י

סוכת נוטרים שבראש האילן: (כא) צבא המרום. יפיל שרי עכו״ם תחלה: (כב) ואוספו. אסיפה שהיא לרעתם להכניס אסיר על בור המוכן לו מחוייב גיהנם לגיהנם: וסוגרו על מסגר. הם שבעה מדורי גיהנם: ומרוב ימים יפקדו. עונות ימים רבים יפקדו עליהם וזה שיסד הקלירי (בסילוק של יוצר דפרשת זכור) לרוב ימים להמנות להשוב להם חשבונות: (כג) וחפרה הלבנה וגו׳. ת״י אומות העובדין לחמה ולבנה:

מהר״י קרא

כמלונה. שאין עובר ואורח לן בה. הרשעה הזאת לא תוסיף קום: (כא) והיה ביום ההוא יפקוד ה׳ על צבא המרום במרום. על שרי האומות. שאין לך גוי וממלכה שאין לו מלאך שר למעלה: (כב) ואספו אספה. כענין שנאמר ואספתי את כל הגוים אל ירושלים למלחמה. ומשיהיו נאספים שם והמה לא ידעו מחשבות ה׳ ולא הביטו לעצתו כי לרעתן יהיו נקבצים שיהיו שם אסורים כאילו אסורים בבור וסוגרו על מסגר: ומרוב ימים יפקדו. למעלה הוא אומר והיה ביום ההיא יפקוד ה׳ על צבא המרום וגו׳ למדנו שהוא פוקד על יושבי הארץ את עונם אבל עדיין אינו [אלא] על עון שחטאו מקרוב הוא פוקד עליהם. אבל על מה שחטאו מימים קדמונים נמחל להם. ומרוב ימים יפקדו. ולא על עונות שחטאו עכשיו בלבד הוא פוקד עליהם אלא אפילו על עון שחטאו מרוב ימים. אף הוא עמדי חתום באוצרותי. ועל כולם אני פוקד עליהם. וכן יסד רבי אליעזר בפיוטו. לחשב עליהם כל העונות. מרוב ימים להימנות: (כג) וחפרה הלבנה. אומות העובדין לחמה ולבנה:

אבן עזרא

כי יבקשו להתנועע ולברוח ויכבד פשעם עליהם ויפלו: קום. שם הפעל וככה ומלך אלהים עמו: (כא) והיה. יש רבים פירשו זה על קדרות המאורות והנכון שהן המלאכים שהן עומדים לעזור לגוי ולהיות לגוי אחד לשטנם וזה מבואר בספר דניאל על כן אמר ועל מלכי אדמה באדמה כי מלכות המלכים דבקה עם מלכות המלאכים: (כב) ואספו אספה. כאסיר. כאשר יובא המון האסירים אל הבור לסגור עליהם ויעזבום ימים רבים וכן יפקדו לתת להם מחיה והטעם כי תמשך זאת הרעה ויתכן היותו כמו ומימי׳ רבי׳ תפקד וזאת הפקידה לרעה: (כג) וחפרה. טעם הלבנה והשמש כי הם

רד״ק

ולא יוספו לקום עליה עוד: (כא) והיה ביום ההוא יפקד ה׳ על צבא המרום במרום. יש מפרשים זה על קדרות המאורות כי הוא סימן ואות לרעת האומות לפיכך אמר על מלכי האדמה. והחכם רבי אברהם בן עזרא ז״ל פירש כי צבא המרום הם המלאכים שהם עומדים לעזור לגוי אחד ולהסטין לגוי אחר כאשר הוא מפורש בספר דניאל ועל כן אמר ועל מלכי האדמה כי מלכות הגוים דבק עם מלכות המלאכים: (כב) ואספו אספה אסיר. חסר כ״ף הדמיון ופי׳ כאסיר כמו שמאספים האסירים בלילה אל הבור וסוגרים אותם במסגר עד הבקר שיוציאום לעבודתם כן יאספו העכו״ז ר״ל שיהיו כאסירים מפני ישראל שלא יהיה להם רשות להרים יד ורגל עד שישפלו לפניהם בתכלית השפלות: ומרוב ימים. ר״ל לימים רבים יפקדו ויהיו כל גוי וגוי במכלתו כי אחר שהורגלו ימים רבים בשפלות לא יריעו עוד וישובו גוי וגוי במכלתו. וא״א ז״ל פי׳ הפסוק על ישראל שיהיו בגלות ימים רבים וסגרו על מסגר בין עשו ובין ישמעאל ומרוב ימים יפקדו כל גוי וגוי ואחר שיהיו ימים רבים בגלות ירחם עליהם האל ויפקדו: (כג) וחפרה הלבנה. פי׳ וחפרה להם לעעו״ם הלבנה ובושה

מצודת דוד

כאכן ותפול למטה ולא תוכל לקום עוד ר״ל העון הזה יקטרג על האומות ויאבדו עדי עד: (כא) יפקוד ה׳. יפקוד פורעניות על צבא וגו׳ ר״ל יפיל שרי מעלה של האומות אשר המה במרום בגבהי המעלה ואחר זה יפקוד על מלכי האדמה אשר המה על האדמה כי אין המקום נפרע מהאומה עד שמפיל שרה תחילה: (כב) ואספו וגו׳. יהיו מאוספים לקבל תשלומים כדרך שמאספין בלילה את כל האסירי׳ אל בור בית הסוהר וסוגרין אותם במסגר עד הבוקר שיוציאין אים איש לעבודתו ר״ל האסיפה שיתאספו יחד עליה׳ ועל מביאו האסיפ׳ הסיא תהיה לרעתם כאסיפת האסורים: ומרוב ימים יפקדו. אז יפקד עליהם פורעניות על העונות שעשו מימים רבים: (כג) וחפרה הלבנה. אל מול האומות תחפיר הלבנה והחמה ר״ל יהבך מאורם

מצודת ציון

כמלונה במקשה (לעיל א׳): (כא) יפקוד. ילוה כמו והוא פקד עלי (עזרא א׳): (כב) אסיר. כאסיר ותחסר כ״ף הדמיון: על בור. אל בור: על מסגר. כמו במסגר על בנקום בית וכן על הרכב׳ (יחזקאל כ״ג) ור״ל במנעול המסגר: (כג) וחפרה. ענין בושה ור״ל הכהה

God and released from their prison.

23. **And the moon shall be ashamed, etc.**—*Jonathan paraphrases: And the worshippers of the moon shall be ashamed, and the worshippers of the sun shall be humbled.*—[*Rashi*]

Ibn Ezra regards this interpretation as being out of context. He explains it literally, that, when the earthly kings are ashamed and confounded, the moon and the sun will become dark, and then God's kingdom will be manifest on Mount Zion. Then, His elders, those who cleave to Him, will be glorified.*

and its transgression shall weigh down upon it, and it shall fall
and not continue to rise.
21. And it shall come to pass on that
day, that the Lord shall visit punishment upon the host of
heaven on high and upon the kings of the earth on the earth.
22. And they shall be gathered a gathering [as] prisoners into a
dungeon, and they shall be shut up in the prison, and [sins] of
many days shall be visited [upon them].
23. And the moon
shall be ashamed and the sun shall be abashed,

21. **the host of heaven**—*He shall cast down the heavenly princes of the nations first.*—[*Rashi* from *Mechilta d'shirah, parshah* 2, on Exodus 15:1]

The Rabbis state that the Holy One, blessed be He, will not punish the nations in the future, until He first punishes their heavenly princes. This has already been alluded to above (14:12), where Babylon is called "Lucifer, the morning star." *Ibn Ezra,* too, supports this interpretation, and states that the correct interpretation of this verse is that 'the host of heaven' refers to the angels who stand to help one nation and harm another. This is explained in the Book of Daniel. The prophet, therefore, says: "And upon the kings of the earth on the earth," because the kingdom of the kings is dependent upon the kingdom of the angels.

22. **And they shall be gathered**—*a gathering that is to their detriment, i.e. to bring a prisoner into a dungeon prepared for him, those sentenced to Gehinnom* to be brought *into Gehinnom.*—[*Rashi*]

and they shall be shut up in the prison—*They are the seven compartments of Gehinnom.*—[*Rashi*] Traditionally, there are seven compartments, or levels, in Gehinnom, each designated for the wicked of a different degree of sin. See *Midrash Tehillim* 11:5, 6; *Sotah* 10b; *Tractate Gehinnom,* ch. 4.*

and [sins] of many days shall be visited [upon them]—*Sins of many days shall be visited upon them. This is what the Kalir* (R. Eleazar son of R. Kalir in his final liturgical poem for *Parshath Zachor*) *established: "From many days to be counted, to reckon their reckonings.*—[*Rashi*]

Not only will they be held accountable for their recent sins, but even those committed long before the day of reckoning will not be forgotten.—[*Kara*]

Redak renders: And after many days they shall be remembered. After being subjected to degradation for a long period, the nations will no longer commit any evil. They will, therefore, be permitted to return to their native lands.

Rabbi Joseph Kimchi explains this verse as referring to Israel in exile. They will be exiled amidst the descendants of Esau and Ishmael, as prisoners in a dungeon. After many days they will be remembered by

הַחַמָּה כִּי־מָלַךְ יְהוָה צְבָאוֹת בְּהַר צִיּוֹן
וּבִירוּשָׁלִַם וְנֶגֶד זְקֵנָיו כָּבוֹד׃ כה א יְהוָה
אֱלֹהַי אַתָּה אֲרוֹמִמְךָ אוֹדֶה שִׁמְךָ
כִּי עָשִׂיתָ פֶּלֶא עֵצוֹת מֵרָחוֹק אֱמוּנָה
אֹמֶן׃ ב כִּי שַׂמְתָּ מֵעִיר לַגָּל קִרְיָה
בְצוּרָה לְמַפֵּלָה אַרְמוֹן זָרִים מֵעִיר
לְעוֹלָם

ת״א ונגד זקניו. ב״ב ח׳ (סנהדרין כט ע״ב פד) : ה׳ אלהי. זוהר פ׳ לו ופ׳ בלק :

תרגום

דִסָגְדִין לְשִׁמְשָׁא אֲרֵי אִתְגְלֵי גְבוּרְתָּא דַיְיָ צְבָאוֹת בְּטוּרָא דְצִיוֹן וּבִירוּשְׁלֵם וּקְדָם סָבֵי עַמֵיהּ בִּיקָר׃ א יְיָ אֱלָהַי אַתְּ אֲרוֹמְמִינָךְ אוֹדֵי שְׁמָךְ אֲרֵי עֲבַדְתָּא פְרִישָׁן מִלְכִין דַאֲמַרְתָּא לְאַיְתָאָה מִלְקַדְמִין כְּבַן אַיְתֵיתָא וְקַיֵמְתָּא׃ ב אֲרֵי שַׁוִיתָא קִרְוֵי פַצְחִין לְגַלִין כְּרַךְ תַּקִיף לְדִמְחַמְרָא בֵּית

מהר״י קרא

ונגד זקניו כבוד. כשיבישו אוה״ע המאמינים בעכו״ם יתכבדו ישראל שהאמינו בהקב״ה. ואז יאמר ישראל ה׳ אלהי אתה וגו׳: כה (א) [עצות מרחוק]. עצות שיעצת מרחוק וסודך אשר גלית לעבדיך הנביאים שאתה עתיד לגאול את ישראל משעבוד מלכיות. כאותה אמנה אתה נאמן. הרי קיימת הבטחתו : (ב) כי שמת מעיר לגל. (מרוי) המדינה לגל : ארמון

רש״י

ויבהתון דפלחין לסיהרא ויתכנעון דסגדין לשמשא: כה (א) עצות מרחוק אמונה אומן. עצות שיעצת מרחוק לאברהם בברית בין הבתרים: אמונה אומן. אמונה נאמנת. אומן כמו אוהל אוכל ואינו ל׳ פועל אלא לשון מפעל (אבויירמינ״ט בלע״ז) : (ב) כי שמת. הר שעיר מעיר לגל: ארמון זרים מעיר. מעון שעשו בעירך שההריבוה התן ארמנותיה חורבן אשר לעולם לא

רד״ק

להם ההכה כלומר יחשוך העולם עליהם מרוב הצרות וזה יהיה במלחמות גוג ומגוג ואז תראה מלכות ה׳ צבאות בהר ציון ובירושלם כי שם יחנו על ירושלם גם יכבשו חצי העיר ויצא השם ונלחם בגוים ההם ואז יכירו כל הנשארים מכל הגוים כי לה׳ המלוכה ויהיה נגד זקני עמו לכבוד ולתפארת כמו שאמר בראש הספר יהיה צמח ה׳ לצבי ולכבוד וגו׳ ואמר והיה הנשאר בציון וגו׳ והם זקניו הנזכרים הנה : (א) יהוה אלהי. ואז יאמר בימים ההם כל אחד מהזקנים שזכר ונגד זקניו כבוד לאמר ה׳ אלהי אתה כלומר אתה שופטי כי לקחת משפטי מהעכו״ם עתה אני מכיר שאתה אלהי באמת על כן ארוממך אודה שמך כלומר אתן לך בתהלתי רוממות לפי שהתרוממת ונשאת על כל הגוים. ואמר ארוממך ואמר שמך, כי הוא שמו ושמו הוא : כי עשית. עמנו פלא דבר נפלא בעינינו כי לקחתנו מבין הגוים שהיינו נפזרים ביניהם ועובדים להם ועוד אחרי קבוץ גליות שיתקבצו עלינו גוג ומגוג ועמים רבים אשר אהו יפילם על הרי ישראל כולם כמ״ש בנבואת יחזקאל ובנבואת זכריה פלא גדול יהיה זה : עצות מרחוק אמונה אומן. העצות שאמרת מזמן רחוק על ידי נביאיך נתקייכו קיום חזק זהו אמונת אומן כמו רעים ונאמנים שפירושו חזקים וקיימים וכן במקום נאמן חזק וקיים : (ב) כי שמת מעיר. כאותו מקום שהיה עיר עשית גל כלומר שמת גל אבנים כי רבים מערי הגוים יהרסו באותן הימים. וכפל הדבר במלות שונות לחזק הענין ואמר קריה בצורה למפלה בצ״רי הפ״א : ארמון זרים מעיר. יהיה נשבת מעיר כי לעולם לא יבנה וארמון זרים אמר על בבל

אבן עזרא

מושלים והנה מלכי אדמה יבושו גם תקדר השמש והלבנה אז הראה מלכות השם בהר ציון אז יהיה כבוד לצדקים בשם ויש אומרים כי הטעם על עובדי המאורות ואיננו דבק בטעמי הפרשה : כה (א) ה׳ אלהי. דברי הנביא או כל אחד מהזקנים : עצות מרחוק. מימים קדמונים והטעם דבק עם עצית והנה נבאו באמונה ובאה מלת אמונה אומן כמו ה׳ עזי ומעוזי כי הטעם כמה ערים ישאתו בבוא גוג ומגוג וכדברי רבי משה הכהן על ימי סנחריב : (ב) לגל. כמו עד הגל הזה : ארמון זרים. הם הגוים : מעיר. מכל

מצודת ציון

מאורה כי המתביים יכסה מאור פניו : כי. כאשר : כה (א) אומן. ענינו דבר המתקיים כמו יתד במקום נאמן (לעיל כ״ב) : (ב) לגל. תל ודגור : ארמון. היכל ופלטרין : זרים. נכרים וכן יקראו האומות כמ״ש וגם אל הנכרי (מ״א ח׳) :

מצודת דוד

בעיני האומות לפי רוב הצרות הבאות עליהם וכן נאמר כמפלת בבל כי כוכבי השמים וכסיליהם לא יהלו אורם (לעיל י״ג) : כי מלך וגו׳. ר״ל כאשר תגלה מלכותו בעשות נקם באנשי גוג והמלכים אשר אתו אשר יכשלו ויאבדו סביבות הר ציון וירושלים : ונגד זקניו כבוד. ולנגד זקני עמו יהיה לכבוד ולתפארת מה שהשכילו לדעת מאז כי ה׳ הוא האלהים : כה (א) ה׳ אלהי אתה. בראות הנביא הנבואה הזאת התחיל לקלס למקום ואמר ה׳ אלהי אתה וגו׳ : עצות מרחוק. העצה שיעצת מזמן רחוק אשר הבטחת על ידי הנביאים היא אמונה אמתית וקיימת כי כן נעשה : (ב) מעיר לגל. אותו מקום שהיה עיר שמתו להיות גל אבנים כדרך החורבה : קריה בצורה. עיר מבצר שמת להיותמפלה : ארמון זרים. מקום הארמונות של הנכרים יהיה

As explained above, most exegetes interpret this prophecy in reference to the war of Gog and Magog, when many cities will be destroyed, as in the following verse. R. Moshe Hakohen, however, interprets it as referring to the time of Sennacherib.—[*Ibn Ezra*]

2. **For You have made**—*Mount Seir from a city into a heap.*—[*Rashi*]

As related in Gen. 36, Mount Seir was the home of Esau, or Edom. This represents the capital of the gentiles who exiled Israel and subjugated them for the duration of this long exile.

for the Lord of Hosts has reigned in Mount Zion and in Jerusalem, and before His elders will be glory.

25

1. You are the Lord, my God; I will exalt You, I will praise
Your name, for You have dealt wondrously; counsels from
long ago in true faith. 2. For You made from a city a heap, a
fortified city into a ruin; a palace of strangers, because of the
city,

1. **You are the Lord, my God**— After experiencing the vision of the above prophecy, the prophet commences to praise the Lord.—[*Mezudath David* after *Ibn Ezra*]

Ibn Ezra suggests further that the prophet may be speaking in the name of any of the elders mentioned at the end of the preceding chapter.

Redak elaborates on this interpretation: In those times, when the elders will merit the honor mentioned above, each one will say, "You are the Lord, my God." I.e. You have executed judgment against my adversaries. Now I recognize that You are indeed my God. Therefore, I will exalt You; I will ascribe exaltation to You, since You have shown Your power over the heathen nations. The prophet uses the expressions, 'You' and 'Your name' interchangeably because they are synonymous.—[*Redak*]

for You have dealt wondrously— You have performed a wonder for us, for You have taken us from among the nations among whom we were scattered and whom we served. Moreover, after the ingathering of the exiles, when Gog and Magog and their allies attacked us, You caused them to fall on all the mountains of Israel. This prophecy is mentioned in Ezekiel and in Zechariah.—[*Redak*]

counsels from long ago in true faith—*Counsels that You advised from long ago to Abraham in the Covenant between the Parts.*—[*Rashi*]

Abarbanel elaborates on this point, explaining that the Covenant between the parts (Gen. 15:7–21) alludes to the four exiles Israel was destined to experience, and the final redemption, which is true faith, i.e. an irrevocable promise. Other commentators associate this with the prophecies of other prophets who predicted the final redemption.—[*Redak, Abarbanel*]

from long ago—Lit. from afar. Here the concept of time is meant, rather than the concept of distance.—[*Ibn Ezra*]

true faith—Heb. אֱמוּנָה אֹמֶן. אֹמֶן *is like* אֹהֶל, *tent,* אֹכֶל, *food, and it is not a verb in present tense but an expression of a noun, obremént (truth) in O.F.*—[*Rashi*]

I.e. the prophecies You conveyed to the prophets long ago have been truly realized today.—[*Redak*]

לְעוֹלָם לֹא יִבָּנֶה׃ ג עַל־כֵּן יְכַבְּדוּךָ עַם־
עָז קִרְיַת גּוֹיִם עָרִיצִים יִירָאוּךָ׃ ד כִּי־
הָיִיתָ מָעוֹז לַדָּל מָעוֹז לָאֶבְיוֹן בַּצַּר־לוֹ
מַחְסֶה מִזֶּרֶם צֵל מֵחֹרֶב כִּי רוּחַ עָרִיצִים
כְּזֶרֶם קִיר׃ ה כְּחֹרֶב בְּצָיוֹן שְׁאוֹן זָרִים
תַּכְנִיעַ

דַּחֲלַת עַמְמַיָּא בְּקַרְתָּא יְרוּשְׁלֵם לְעָלַם לָא יִתְבְּנֵי׃ ג עַל כֵּן יְקָרוּן קֳדָמָךְ עַם תַּקִּיף קִרְיַת עַמְמִין חֲסִינִין יִדְחֲלוּן מִן קֳדָמָךְ׃ ד אֲרֵי הֲוֵיתָא תְּקוֹף לְמִסְכֵּן סְעֵיד לַחֲשִׁיךְ בְּעִדַּן עָקָא כְּבָא דְמִטַּמְרִין מִן קֳדָם זַרְמִית כְּטַלָּל מִשְּׁרָב כֵּן מִלֵּי רַשִׁיעַיָּא לְצַדִּיקַיָּא כְּזַרְמִית בְּשׁוּקְפָא בְּכוֹתָל׃ ה כִּשְׁרָב בְּאַרְעָא צַחְיָא אִתְרְגוֹשַׁת תַּקִּיפִין

רש"י

יבנה: (ד) מחסה מזרם. כיסוי אוהל להציל מזרם וצל להגין מחורב ומהו אותו זרם הוא רוח עריצים כי רוחם דומה לזרם השוטף בקיר ומפילו: (ה) כחורב בציון. בעת יובש שמתייבשים הזרעים להתמולל כן תכניע שאון זרים:

מהר"י קרא

זרים מעיר. להיות עיר: (ג) על כן יכבדוך עם עז. שלא כבדוך עד היום הזה: קרית גוים עריצים. שלא ייראוך עד עכשיו מעתה ייראוך: (ד) כי היית מעוז לדל וגו' מחסה. לשון כסוי שבכל מקום שאתה מוצא מחסה אתה מוצא בצדו צל. כמו באת לחסות תחת כנפיו. באו חסו בצלי. תחת כנפיו תחסה. בני אדם בצל כנפיך יחסיון: מחסה מזרם. ולא פירש כאיזה זרם. צל מחורב. ולא פירש מאיזה חורב. ופירש בצידו כרוח עריצים שהוא כזרם קיר. כזרם מים כבירים המכה את קיר ומפילו. ומאי חורב היה להם צל משאון זרים שהוא דומה לחורב שהוא בארץ ציה וצמאה ומיבש זרעית הה"ד כחורב בציון שאון זרים תכניע. כחירב שהוא בא בארץ ציה כך שאון זרים שאתה עתיד להכניע: (ה) חורב בצל עב. כצל עב שבא הנאה לעולם בימי החורב [כן יהיה] כשזמיר עריצים יענה. פת' ישפיל. כמו לענות מפני. ותרגומ

אבן עזרא

מיר: (ג) על. עם עז. הנמלטים או הרחוקים כאשר ישמעו: (ד) כי. התמה כי כל קרית בצורה נלכדה ומקום הדלים נמלט וזאת ירושלם מהסה מזרם כי האויב נמשל למים: כי רוח עריצים. פי' מזרם: (ה) כחורב בציון. כמו בארץ ציה: שאון זרים תכניע. והנה חורב בצל עב כפול בטעם והנה בצל עב כאשר יסתר העב ואיננו נראה

רד"ק

שהיא כמו ארמון לכל ערי העכו"ם והם יקראו זרים ונכרים: (ג) על כן. אפילו העזים והעריצים שבעכו"ם ייראוך ויכבדוך כשיראו מה שעשית בגוג ומגוג ומחנהו: (ד) כי היית מעוז לדל. מחסה דל ואביון הם ישראל. ודמה הצרות והגלות לזרם מים ולחורב השמש והאל היה מחסה וצל להם שלא כלו בגלות. ופירש המשל ואמר כי רוח עריצים כזרם קיר. רוצה לומר כעס עריצי הגוים על ישראל היה להם כזרם מים המפיל הקיר. ולולי רחמי האל לא היה לנו תקומה: ורוח. כעס כמו אל תבהל ברוחך לכעוס. כל רוחו יוציא כסיל. הניהו את רוחי: (ה) כחורב בציון. כי החורב והשרב במקום ציה ואין לאדם בעבורו מחסה ומפלט כן הכנעת אתה אותם שאון זרים

מצודת דוד

נעשה מעיר ולעולם לא יבנה עוד לשוב לקדמותו: (ג) על כן. בראות ממשלתך יכבדוך כל עם חזק ואנשי ערי האומות החזקים יפחדו ממך: (ד) כי היית. כי בעת זרועך היית למעוז בעת צר לישראל עם דל ואביון: מחסה. היית להם למחסה מזרם מים ולצל מחום השמש ר"ל הצלתם מיד האומות המצירים לישראל: כי רוח. המקרא מפרש מהו הזרם ואמר בטעם העריצי' דומה הוא לזרם מים השוטפי' בחוזק להפיל הקיר: (ה) כחורב בציון. כענין החורב והחום אשר היא במקום ציה מבלי מלוא מחסה שהיא מצירה עד מאוד כן מאוד תכניע גאון הזרים המשמיעים קול שאון: חורב בצל עב. כמו

מצודת ציון

מעיר. מהיות עיר וכן כי שודד מעיר (לעיל כ"ג): (ג) עריצים. חזקים כמו כגבור עריץ (ירמיה כ'): (ד) מעוז. חוזק: מזרם. ענין שטיפת המים כמו כזרם מים (לקמן כ"ח): מחורב. ענין יובש החמימות כמו בחרבוני קיץ (תהלים ל"ב): רוח. ענין כעס כמו אל תבהל ברוחך (קהלת ז'): קיר. כותל: (ה) בציון. מלשון ציה ושממה: שאון. ענין המייה: זרים. נכרים והם האומות: עב.

be protected by God from all its enemies.—[*Ibn Ezra*]

for the spirit of the tyrants is like a flood against a wall—Scripture explains the allegory to mean that the spirit, or the wrath of the tyrants is compared to a flood against a wall, and, were it not for God's mercies, the Jewish people would have been unable to survive.—[*Redak*]

5. **Like heat in the dry season**—*In the dry season, when the seeds dry out to be cut off, so shall You humble the multitude of the strangers.*—[*Rashi*] Alternatively, like heat in a dry place, where no one has shelter to protect himself from the heat, so shall You humble the multitude of

it shall never be rebuilt. 3. Therefore, shall a strong people
honor You; a city of tyrannical nations shall fear You. 4. For
You were a fortress for the poor, a fortress for the pauper in
time of his distress, a shelter from pouring rain, a shade from
heat, for the spirit of the tyrants is like a flood against a wall.
5. Like heat in the dry season, a multitude of strangers

Redak explains: From a city, i.e. from a place that was a city, You made a heap of stones, for many of the gentile cities will be destroyed in those times.

Directly from a city You made a heap, without any intermediate steps. The city did not gradually become smaller, first becoming a village and then deteriorating completely, but You destroyed it completely in one step, rendering a large city into a heap of stones.—[*Kli Paz*]

a fortified city into a ruin—I.e. into a place where the stones have fallen. It is a repetition of the preceding passage, meant for emphasis. — [*Redak*]

a palace of strangers, because of the city—*Because of the iniquity they committed in Your city, that they destroyed it, You shall make its palaces a ruin, which shall never be rebuilt.*—[*Rashi*]

Redak explains simply: A palace of strangers will be cut off from a city, for it shall never be rebuilt. This refers to Rome (printed ed. Babylon, probably censored), the capital of the gentile cities.

Abarbanel explains the repetition as follows: The prophet predicts the destruction of three types of settlements: large unwalled cities, walled cities, and palaces standing alone, far from cities. Hence, the prophet states: From an unwalled city You made a heap; from a walled, fortified city You made a ruin; a palace estranged from a city You destroyed that it never be rebuilt.

3. **Therefore, a strong people shall honor You**—I.e. a strong people that succeeds in escaping the war, or a strong people that is far from the scene of battle.—[*Ibn Ezra*]

Even those strong and tyrannical nations that did not worship You heretofore, shall honor You and fear You when they witness Your power over Gog and Magog.—[*Redak, Kara*]

4. **For You were a fortress for the poor**—This refers to Israel.—[*Redak*]

a shelter from pouring rain—*a covering of a tent to save from pouring rain and a shade to protect from heat. Now, what is that pouring rain? A spirit of tyrants, for their spirit is like a stream that floods the wall and causes it to fall.*—[*Rashi*]

God was a shelter for the Jews throughout the years of exile.—[*Redak*]

Alternatively, although all fortified cities will be destroyed, the city of the poor, namely Jerusalem, will

תַּכְנִיעַ חֹרֶב בְּצֵל עָב זְמִיר עָרִיצִים
יַעֲנֶה׃ ו וְעָשָׂה יְהוָה צְבָאוֹת לְכָל־
הָעַמִּים בָּהָר הַזֶּה מִשְׁתֵּה שְׁמָנִים
מִשְׁתֵּה שְׁמָרִים שְׁמָנִים מְמֻחָיִם שְׁמָרִים
מזוקקים

תרגום

תְּמָאֵיךְ בִּטְלַל כֵּיף מְקַר בְּאַרְעָא מְשַׁלְהַיָא כֵּן נְיַח רוּחָא לְצַדִּיקַיָא כַּד יִמְאֲכוּן רַשִׁיעַיָא : ו וְיַעְבֵּד יְיָ צְבָאוֹת לְכָל עַמְמַיָא בְּטוּרָא הָדֵין שֵׁירוּ וְזִמְנָא מְדַמַּן דְּהִיא דִיקָר וּתְהֵי לְהוֹן לִקְלָן מְחָן

רש"י

חורב בצל עב. כשהשמים מתקשרים בענן עב בימי השרב שהכל שמחים בו כן יענה שיר הצדיקים על זמיר עריצים ומפלתן: **זמיר.** ל' לא תזמור (ויקרא כ"ה): **(ו) ועשה ה' צבאות לכל העמים.** כשיבאו לצבא על ירושלים: **מישתה שמנים.** שהם סבורים שיהא נוח להם כשמן יהפוך להם למשתה שמרים: **שמנים ממוחים.** נוחי' ושמנים כמוח עצמות יהיה שמרים מזוקקין מכל משקה שמן יין שלא יהא שם אלא שמרים לבדם וכל זה במלחמות גוג

מהר"י קרא

לאיתכנעא כן קדמי: (ו) ועשה [ה' צבאות] לכל העמים בהר הזה כמשתה שמנים משתה שמרים [שמנים] ממוחים. כמו והמחה את החלב ונמעי. כלומר שמנים יהיו ממוחים: מזוקקים. שאין בהם אלא פורענות כשמרים הללו שאין בהם

רד"ק

והמונם שלא יהיה להם מפלט ומקלט: חורב בצל עב. ואותו החורב יהיה לגוים כחורב בציון ויהיה לישראל כחורב בצל עב כלומר כי צרות גדולות יהיו באלו הימים לעכו"ם ולישראל כמו שכתבנו למעלה בפסוק וחפרה הלבנה וישראל ימלטו מאותה הצרה כמ"ש כל הנמצא כתוב בספר ויהיה להם אותו החורב כמו ההורב שיבא עליו צל ויקרר אותו אבל עכו"ם יהיה כריתה שיכניע אותם: זמיר. ענין כריתה כמו וכרמך לא תזמור: יענה. ענין כניעה כמו לענות מפני והעריצים הם העכו"ם: (ו) ועשה ה'. בהר הזה בהר ציון כי שם יהיו נקבצים כל הגוים על ירושלם: משתה שמנים. מענין שומן והוא דרך משל על הכוס שישתו שם כמ"ש כי כאשר שתיתם על הר קדשי ישתו כל הגוים. וכל זה דרך משל כמו שאמר גם כן אתן התירוש סף רעל לכל העמים. ואמר שהמשתה ההוא שיעשה יהיה משתה שמנים: ממחים. כלומר שמנים הרבה מענין מוח ואם אינו משרשו והמשתה השמן ביותר כשישתה אדם ממנו הרבה מכביד הלב ושורדו וכל שכן משתה שמרים שיהיו מזוקקים מן היין וכל זה משל למהומות ה' שתהיינה בהם הם עצמם יהרגו אחד את חברו כמו שאמר ועלתה ידו על יד רעהו וי"ת בטורא הדין שרו וגו' ופי' שרו סעודה ופי' זמן שיזמינם לבוא לסעודה זאת וזהו ענין שאמר והעליתיך מירכתי צפון והביאותך על הרי ישראל:

אבן עזרא

והנה זמיר עריצים כמו שאון זרים מגזרת זמירות: **יענה.** מגזרת עני והוא פועל עומד ומגזרת לענות מפני: **(ו) ועשה. בהר הזה.** היא ציון: **משתה שמנים.** הטעם שיאכילם מאכלים שמנים: **ממוחים.** מגזרת ומוח עצמותיו ישוקה והוא מהבניין הכבד הדגוש ואחר כן ישקם שמרים מזוקקים והנה ישתכרו כטעם כי כאשר שתיתם על הר קדשי:

מצודת דוד

החורב תהיה נכנעת ותתקרר כבוא צל העבים כן הכריתה תכניע את העריצים: (ו) לכל העמים. הבאים למלחמה עם גוג: בהר הזה. הר בת ציון: משתה שמנים. ר"ל הם יחשבו שיהיה נוח להם לכבוש את ירושלים כשמן שהיא נוח ויהפך להם למשתה שמרים הקשה לגוף ר"ל שם יפלו מבלי תקומה: שמנים ממוחים. שמנים הנוחים ושמנים כמוח עצמות יהפוך לשמרים מזוקקים מן המשקה שבוא בלתי שמרים לבדם והוא כפל ענין במ"ש ולומר שיהפך

מצודת ציון

פנן: זמיר. ענין כריתה כמו וכרמך לא תזמור (ויקרא כ"ה): יענה. ענין הכנעה כמו מאנת לענות מפני (שמות י'): (ו) משתה. כן נקרא סעודת שמחה וכן עשה משתה (אסתר א'): שמנים. מלשון שמן: שמרים. פסולת המשקה השוקעים בתחתית הכלי וכן אך שמריה ימצו (תהלים ע"ה): ממוחים. מלשון מוח העצמות: מזקקים. ענין צרוף להסיר הסיג ואמר בלשון שאלה על הסרת המשקה:

Mount Zion, when they themselves will slay, each one, his fellow, as in Zech. 14:13.

Ibn Ezra explains that God will first feed them fat foods and then give them dregs to drink. [That implies that first they will be strong and hope to conquer Israel, but later they will meet their downfall.]

7. **And He shall destroy**—Heb. וּבִלַּע.—[*Redak*] *Ibn Ezra* renders: And He shall uncover.

and the kingdom—Heb. וְהַמַּסֵּכָה. *An expression of kingdom and ruling.*—[*Rashi*]

Others explain it as an expression

You shall humble; like heat with a thick cloud, so shall the downfall of the tyrants be sung. 6. And the Lord of Hosts shall make for all the peoples on this mount, a feast of fat things, a feast of dregs; fat things full of marrow, dregs well refined.

the strangers, of those foreign to Israel, so that they will have no shelter or refuge.—[*Redak*]

like heat with a thick cloud—*When the heavens thicken with thick clouds in the hot season, with which everyone rejoices, so will the song of the righteous be sung concerning the cutting down of the tyrants and their downfall.*—[*Rashi*]

the downfall of—lit. the cutting down of. Heb. זְמִיר. *An expression related to*: "(Lev. 25:4) *You shall not prune* (תִזְמֹר)."—[*Rashi*]

Redak renders: Like heat in a dry place, the multitude of the strangers You shall subdue; like heat in the shade of a cloud, the cutting of the tyrants He shall subdue. To the strangers, i.e. the heathen nations, the future will bring heat in a dry land where there is no shelter. For Israel, it will be like heat in the shade of a cloud, which will be refreshingly cool. For the tyrants, however, it will mean their downfall, their being cut down.

6. **And the Lord of Hosts shall make for all the peoples**—when they come to mobilize against Jerusalem.—[*Rashi*]

on this mount—on Mount Zion where all the nations will gather.—[*Redak*]

a feast of fat things—*which they think that it will be easy for them like fat,* which is smooth and soft, *will be converted for them to a feast of dregs.*—[*Rashi*]

fat things full of marrow—soft and fat like the marrow of bones, will be dregs well refined from any liquid of wine or oil, for there will be there only the dregs. All this will be in the war of Gog and Magog.—[*Rashi*]

Redak explains this in a slightly different manner. The prophet refers to the ultimate defeat and downfall of the nations gathered around Jerusalem to attack Israel. This downfall is compared by the prophets to drinking the dregs of the poisoned cup. See Obadiah 12:2, ibid. ch. 16. Isaiah reasons that if a person eats much fat, although pleasant at first, it will ultimately impair his health by making his heart heavy. Surely, a feast of dregs, completely refined of wine, will be bitter to those who drink it. This alludes to the confusion the Almighty will bring upon the nations attacking Israel on

מזקקים: ז ובלע בהר הזה פני־הלוט
הלוט על־כל־העמים והמסכה
הנסוכה על־כל־הגוים: ח בלע המות
לנצח ומחה אדני יהוה דמעה מעל
כל־פנים וחרפת עמו יסיר מעל כל־
הארץ כי יהוה דבר: ט ואמר ביום
ההוא הנה אלהינו זה קוינו לו ויושיענו

חילא קמח דלא ישתיזבון מנהון קמח דיסופון בהין: ז ויסתלעמון בטורא הדין אפי רבא דרב על כל עממיא ואפי מלכא דשליט על כל מלכותא: ח יתנשון מותא לעלמין וימחי יי אלהים דמעתא מעל כל אפיא וחסודי עמיה יעדי מעל כל ארעא ארי במימרא דיי גזיר כן: ט ויימר בעדנא ההיא הא אלהנא דין די סברנא

ת״א בלע המות. פסחים סח סנהדרין לא: וחרפת עמו. זוהר חיי שרה: ביום הכול. תענית לא:

רש״י

ומגוג: (ז) הלוט. הכסוי הלוט על כל העמים. המכסה את כל העמים. הלוט כמו וילט פניו (מלכים א׳ י״ט) הנה היא לוטה בשמלה (שמואל א׳ כ״א): והמסכה. ל׳ נסיכות ושררה: (ח) בלע המות. יכסנו ויעלימנו עולמית מישראל: (ט) ואמר. עמו ביום ההוא הנה וגו׳: קוינו לו ויושיענו.

מהר״י קרא

יין אלא שמרים בלבד: (ז) ובלע בהר הזה פני הלוט [הלוט] על כל העמים. פנים שהולכות כרוכות על מותיהן. וגזירה זו נגזרה על כל העמים שימותו כולם. לא ישא אלהים נפש. פני הלוט. פנים כרוכות מחמת אבל. כמו וילט פניו. וכן הנה [היא] לוטה בשמלה. והמסכה הנסוכה על כל (העמים) [הגוים]. זו המיתה. הה״ד: (ח) בלע המות לנצח ומחה ה׳ אלהים דמעה מעל כל פנים. ומחה. פת׳ וקינח ודומה כאשר ימחה [את] הצלחת מחה והפך על פניה. פת׳ כשאדם שמקנח הקערה ואחר כך הופכה על פניה שלא תלכלך. אמר ר׳ חנינא אין מיתה לעולם הבא אלא בבני נח בלבד. ר׳ יהושע בן לוי אמר לא בישראל ולא באומות העולם. דכתיב ומחה ה׳ אלהים דמעה מעל כל פנים וגו׳. מאי עביד ליה ר׳ חנינא (אמר) [מעל כל פנים] מעל פניהם של ישראל. והכתיב כי הנער בן מאה שנה ימות. ודא מסייע ליה לר׳ חנינא. ומאי עביד ליה לר׳ יהושע בן לוי ראוי לכלל עונשין. והכתיב כצאן לשאול שתו מות ירעם וגו׳ מסייע ליה לר׳ יהושע בן לוי (לפני) [לפי שבעולם הזה] פרעה לשעתו. וסיסרא כשעתו וסנחריב בשעתו. אבל (להבא) [לעתיד לבא] הקב״ה עושה למלאך המות (מיעטור) [ספטיינר] שלהם הה״ד וירדו [בם] ישרים לבוקר וצורם לבלות שאול מזבול [לו] מה זבול [מלמד ששאול] כלה וגופן אינו כלה. כל כך למה מזבול לו. על שפששו ידיהן בזבול. זה בית המקדש דכתיב בנה בניתי בית זבול לך: (ט) ואמר. ישראל ביום ההוא. ביום שיסיר ה׳ את חרפת עמו מעל כל הארץ: הנה אלהינו זה קוינו לו ויושיענו. אלהינו זה שקוינו כמה שנים בגלותנו יפה קוינו לו יפה הוחלנו שהרי עכשיו אני רואין אותו שהושיע אותנו משיעבוד מלכות. ויושיענו. לשון הוה הוא: זה ה׳. כמו כי

אבן עזרא

(ז) ובלע. כמו כבלע את הקודש כטעם גלוי: הלוט. כמו וילט פניו באדרתו והנה טעמו כמו מסכה והוא כמו מכסה כמו והמסכ׳ צרה בהתכנס: (ח) בלע המות. יבלע אותם: מעל כל פנים. כי רעות גדולות עשו לכל: (ט) ואמר.

רד״ק

(ז) ובלע. ענין השחתה כמו כבלע רשע צדיק ממנו והדומים להם: הלוט הלוט. הראשון שם והשני פעול כמו והמסכה הנסוכת ואע״פ שהוא בחולם או הוא תאר והפסוק כפול במ״ש כי ענין הלוט הלוט כענין המסכה הנסוכה ופי׳ הפסוק ההסתר והכסוי שנסתרו בו הגוים עד היום ההוא שהיו כולם בשלוה ובשרדה ישחית האל אותו הכסוי ויהיו מגולים ומוכנים לרעה הבאה עליהם ולא יהיה לזם מכסה ומחסה ממנה ופי׳ פני כי עד היום ההוא היו מכוסים כאלו לא היו פניהם נראים כענין שכת בעדו אשר דרכו נסתרה וא״א ז״ל פי׳ הלוט הלוט רמז לאומה שמכסים את פניהם: (ח) בלע המות. ישחית ויבטל המות. ר״ל מיתה מקרית לא מיתה טבעית. ר״ל ההריגה שהיו הורגים אותם הגוים בגלות אז תבטל אות׳ המיתה והדמעה שהיתה על כל פנים ר״ל על כל פני עם ישראל שהיו בוכים בגלות תמיד מהרעות שהיו עושים להם הגוים אז ימחה האל אותה הדמעה מעל פניהם כי לא תהיה להם צרה עוד וחרפת עמו יסיר מעל כל הארץ שהיו מפוזרים בכל הארץ והיה להם חרפה בכל מקום האל יסיר אותה חרפה: כי ה׳ דבר. באמת יהיה זה כי ה׳ דבר ומה שהוא מדבר יקיים על כל פנים: (ט) ואמר. עמו שזכר יאמר ביום ההוא כשיראו התשועה הגדולה הנה אלהינו זה קוינו לו בגלות שיושיענו הנה הוא

מצודת דוד

מחשבתם מן הקלה אל הקלה: (ז) ובלע. המקום ישחית בהר הזה את חשיבי המכסה וחוזר ומפרש המכסה ומגין על כל העמים ועל גוג יאמר: והמסכה. המסך המכסה על כל האומות וכפל הדבר במ״ש: (ח) בלע. אז ישחית ויבטל המיתה לעולם: ומחה וגו׳. ר״ל ישבית דמעת הבכי: וחרפת עמו יסיר. לא ימלא עוד מי יחרף את ישראל כי לא יהיו עוד גולים בין האומות: מעל כל הארץ. כי כולם ישובו איש לא נעדר ולא ימלא גולה מהם בכל הארץ ולא יחרפו למו: כי ה׳ דבר. וכידו לאמת דברו: (ט) ואמר. אז יאמר ישראל

מצודת ציון

(ז) ובלע. ענין השחתה כמו בלע ה׳ (איכה ב׳): פני. ר״ל החשובים וכן ונוה פניה (לעיל כ״ד): הלוט. ענין מכסה כמו לוטה בשמלה (שמואל א׳ כ״א): והמסכה. גם הוא ענין מכסה כמו קשות הנסך אשר יסך בהן (במדבר ד׳): (ח) בלע. ענין השחתה: ומחה. ענין מחיקה וקנוח כמו הכלה ומחתה פיה (משלי ל׳):

the mount to smite the nations. *Ibn Ezra* takes *the hand of the Lord* as the blow itself.

and Moab shall be trampled in its place—Although all the ancient nations have intermingled, and it is not discernable who stems from Ammon, Moab, Edom, or any other nation of Biblical times, there may be families that have preserved their

7. And He shall destroy on this mountain the face of the cover-
ing that covers all the peoples and the kingdom that rules over
all the nations. 8. He has concealed death forever, and the
Lord God shall wipe the tears off every face, and the shame of
His people He shall remove from upon the entire earth, for the
Lord has spoken. 9. And they shall say on that day, "Behold,
this is our God; we hoped for Him that He would save us;

of covering, a repetition of the first part of the verse.—[*Ibn Ezra, Redak*]

God will remove the shelter and protection of the nations, under whose ruling they dwelt securely, namely Gog. Hence, they will be vulnerable to the punishment destined for them.—[*Redak, Mezudath David*]

Rabbi Joseph Kimchi interprets this as an allusion to a nation that cover their faces.

9. **He has concealed death**—*He will cover it and hide it forever from Israel.*—[*Rashi*]

Redak renders: He shall destroy death forever. I.e. death due to an incident, not natural death. The death caused by the nations during the exile will terminate and be discontinued forever.

and the Lord God shall wipe the tears off every face—This alludes to Israel's unhappiness in the Diaspora, caused by the harm done to them by the gentile nations. The Lord will wipe away the tears caused by these troubles, remove the disgrace of His people.—[*Redak*]

for the Lord has spoken—Indeed, this will be fulfilled, for the Lord has spoken, and what He decrees must be fulfilled in any case.—[*Redak*]

9. **And they shall say**—Lit. and he shall say, i.e. *His people* shall say on that day, "Behold etc."—[*Rashi*]

on that day—On the day God removes the disgrace of His people.—[*Rabbi Joseph Kara*]

we hoped for Him that he would save us—*We were hoping for Him that He would save us.*—[*Rashi*]

Alternatively, behold this is our God in Whom we hoped many years during the exile. We did well to hope for Him, for now we see that He saved us from the enslavement of the nations.—[*Kara*]

Ibn Ezra renders: And He saves us, i.e. He always saves us in our exile.

this is the Lord for Whom we hoped—This is a repetition of the foregoing. This is the Lord for Whom we hoped during our years of exile; now let us rejoice and be happy with His salvation.—[*Redak*]

10. **For the hand of the Lord shall rest**—*The might of the Omnipresent.*—[*Rashi*] *Rashi* follows *Jonathan,* who paraphrases this passage as: For the might of the Lord shall be revealed on this mount. Hence the prophet speaks anthropomorphically. *Redak* elaborates that it is as though God's hand shall rest on

זֶה יְהוָה קִוִּינוּ לוֹ נָגִילָה וְנִשְׂמְחָה
בִּישׁוּעָתוֹ׃ י כִּי־תָנוּחַ יַד־יְהוָה בָּהָר
הַזֶּה וְנָדוֹשׁ מוֹאָב תַּחְתָּיו כְּהִדּוּשׁ
מַתְבֵּן בְּמֵי מַדְמֵנָה׃ יא וּפֵרַשׂ יָדָיו
בְּקִרְבּוֹ כַּאֲשֶׁר יְפָרֵשׂ הַשֹּׂחֶה לִשְׂחוֹת
וְהִשְׁפִּיל גַּאֲוָתוֹ עִם אָרְבּוֹת יָדָיו׃
יב וּמִבְצַר מִשְׂגַּב חוֹמֹתֶיךָ הֵשַׁח

בְּמוֹ קרי

תרגום

לֵיהּ וְיִפְרְקִינָנָא דֵין יְיָ
דַהֲוֵינָא מְסַבְּרִין לְמֵימְרֵהּ
נְבוּעַ וְנֶחְדֵי בְּפוּרְקָנֵהּ:
י אֲרֵי תִתְגְּלֵי גְבוּרְתָּא
דַיְיָ בְּטוּרָא הָדֵין
וְיִתְדָּשׁוּן מוֹאֲבָאֵי
בְּאַתְרֵיהוֹן כְּמָא דְמִתְּדָשׁ
תִּבְנָא בְּטִינָא: יא וְיִפְרֵס
מְחַת גְּבוּרְתֵּהּ בֵּינֵיהוֹן
כְּמָא דִמְפָרֵס שָׁיְטָא
לְמִישַׁט וְיַמְאִיךְ יְקָרֵהּ
עִם אֲשָׁנַת יְדוֹהִי:
יב וּכְרַךְ תְּקוֹף כְּרַכֵּי
עַמְמַיָא יְמַגַּר יִרְמֵי יְמַטֵּי

מהר"י קרא

זה משה האיש. אע"פ שלא בפניו היו מדברים. וכן ודוד בן איש אפרתי הזה. אף כאן הנה אלהינו זה. זה ה' קוינו לו. (לו) [לא] שיהיו מסתכלים בו: (י) כהדוש מתבן במו מדמנה. בתוך החומר כאשר ילוש הנחתום את המתבן בתוך הטיט כשרוצה לגוף את התנור. מדמנה. כמו לדומן על פני האדמה: (יא) ופרש ידיו בקרבו. פת' ויספוק את כפיו כמו פרשה ציון בידיה: כאשר יפרש השוחה לשחות. כאשר יפרוש לאם ידיו השם בנהר אשר מכאן ומכאן: ארבות ידיו. פר"ש מקום ששם

רש"י

היינו מקוים לו שיושיענו: (י) כי תנוח יד ה'. גבורתו של מקום: ונדוש. יהא נידש: תחתיו. במקומו ונדוש כמו ונדוש הגלגל (קהלת י"ד): מתבן. תבן: מדמנה. טיט וכן לדומן על פני האדמה (ירמיה ט"ו): (יא) ופרש ידיו. ישבר ידיו וזרועותיו בספוק כפים בבכי: השוחה. השט במים: לשחות. לשוט וכן מי שחו (יחזקאל מ"ז י'): והשפיל. המשפיל את גאותו: עם ארבות ידיו. לשון וארב לו (דברים י"ט) ותירגם יונתן אשוות ידוהי מקום שהוא שם לו ידים לארוב והם מגדלים גבוהים אשוות חומות ומגדלים כמו (ירמיה נ') נפלו אשיותיה: (יב) משגב חומותיך. למואב הוא אומר:

רד"ק

שיושיענו וכפל הענין ואמר זה ה' קוינו לו עתה שיושיענו נגילה ונשמחה בישועתו: (י) כי תנוח יד ה'. להכות בגיים: ונדוש מואב. אע"פ שהאומות נתבלבלו ולא נכר היום איזהו עמון ואיזהו מואב ואיזה אדום וכן שאר האומות וכן באותן הימים גם כן לא יהיו נכרים העמים וכ"כ בנבואת דניאל ואלה ימלטו מיד אדום ומואב וראשי בני עמון פי' מיד מלך הצפון אבל אם ימלטו מיד מלך הצפון לא ימלטו מיד האל בכלהבת גוג ומגוג והענין כי אף על פי שאינם נכרים והם מעורבים זה עם זה אפשר שיהיו בהם משפחות ידועות או אפשר שקורא אדום האומה השוכנת בארץ אדום וקורא מואב לשוכנת בארץ מואב וכן לכולם וזכר הנה מואב כי יהיה לעזר לגוים הבאים מארץ צפון לירושלם עם גוג ומגוג ולפי שמואב הם שכנים לא"י וקרובים להם יכינו להם לבאים דרכים ויהיו עמהם לפיכך זכר מואב בפרט ואמר נדוש מואב תחתיו ופירושו במקומו וכן ת"י באתריהון ויהיה נדוש כמו שהוא נדוש התבן באשפה: מתבן. כמו תבן: מדמנה. הוא האשפה כי הזבל שבאשפה יקרא דמן היו דומן לאדמה כדמן על פני השדה. וא"א ז"ל פירש מדמנה שם עיר מערי מואב כמ"ש בנבואת מואב גם מדמן תדמי. ופי' הפסוק כן ונדוש מואב במקומו שהיא מדמנה כהדוש מתבן כמו שדשין התבן: (יא) ופרש. האל יפרש ידיו בקרב מואב כאשר יפרוש השוחה לשחות כי האדם השט במים יפרש ידיו בכל כחו והאל ישפיל גאות מואב: עם ארבות ידיו. והם אצילי הידים כי השוחה ישפיל כל דבר שיזדמן לו במים בשחותו תחת אצילי ידיו בפושטו אותם כן האל ישפיל כל גאות מואב ובמקום אחר זכר גם כן מואב בגאות כמ"ש שמענו גאון מואב גאה מאד וגו': (יב) ומבצר משגב. סמוך על סמוך.

אבן עזרא

דבק עם מלת עמו: ויושיענו. והוא יושיענו תמיד והנה הוא כזמן עומד: (י) כי. יד ה'. מכתו: ונדוש מואב. שבאו לעזור הגרים על ציון ונדוש מבנין נפעל מהפעלים השניים הנראים או מפעלי הכפל: כהדוש. שם הפעל מבנין נפעל ובא שורק תחת חולם כי יתחלפו: מדמנה. מקום הדומן: (יא) ופרש. השם ידיו בקרב מואב: השוחה. כמו מי שחו: והשפיל. גאות מואב: עם ארבות ידיו. אין לו אח וטעמו לפי מקומו ומפרשים הוליאוהו מגזרת עושה ארבות בדרך רחוקה: (יב) ומבצר.

מצודת ציון

(י) תנוח. מלשון הנחה: ונדוש. מלשון דישה וכתישה: תחתיו. במקומו: כתבן. מלשון תבן: במו. בתוך כמו כי תלך במו אש (לקמן מ"ג): מדמנה. ענין אשפה כמו כדומן על פני השדה (ירמיה ט'): (יא) ופרש. ענין שטיחה: השוחה לשחות. ענין השטיה במים כמו מי שחו (יחזקאל מ"ז): ארבות. מלשון מארב: ידיו. ענין מקום כמו יד אבשלום (שמואל ב' י"ח): (יב) ומבצר

מצודת דוד

הנה זהו אלהינו אשר קוינו לו והוא יושיענו: זה ה' וגו'. כפל הדבר במ"ש: נגילה. עתה נגילה ונשמחה בהישועה הבאה ממנו: (י) כי תנוח יד ה'. להכות בעמים אשר באו על ירושלים: ונדוש מואב תחתיו. מואב יהיה נדוש וכתוש במקומו על שעזרו את הבאים למלחמה על ירושלים: כהדוש כתבן. כמו שנדוש התבן בתוך האשפה כי הדרך להשליך תבן במקום האשפה להיות נדוש ברגלי אדם ובהמה להיות זבל לזבל בהם את השדות: (יא) ופרש ידיו בקרבו. האל יפרש ידיו בקרב מואב להכותו: כאשר וגו'. כי השט במים יפרש ידיו בכל כחו: והשפיל. הוא ישפיל גאות מואב עם המקומות שהיה לו לארוב בהם והם המגדלים הגבוהים ר"ל לא יועילו לו המגדלים: (יב) חומותיך. אל מול מואב יאמר: עד עפר.

"(Deut. 19:11) *And he lay in wait for him* (וְאָרַב)." *Jonathan renders: The layings of His hands. The place where he lays His hands to lie in wait. These are the high towers.* אַשְׁוַת *is an expression of walls and towers, as:* "(Jer. 50:15) *Her walls fell* (אָשְׁיוֹתֶיהָ)."—[*Rashi*] The last sentence is omitted in most manuscripts.

Rashi's interpretation is very vague and confusing. The ms. version is somewhat clearer. *Mezudath*

this is the Lord for Whom we hoped; let us rejoice and be happy with His salvation. 10. For the hand of the Lord shall rest on this mount, and Moab shall be trampled in its place as the straw is trampled in the mire. 11. And he shall spread out his hands in his midst as the swimmer spreads out [his hands] to swim, and He shall humble his haughtiness [together] with the cunning of His hands. 12. And the fortress of the strength of your walls He humbled.

lineage and who rightly claim descent from these nations. Alternatively, the prophet may be referring to those living in the land of Moab, although they were not Moabites. The prophet mentions Moab, for they will be allied with the nations coming from the land of the North with Gog and Magog to attack Israel. Since their land neighbors upon the Holy Land, they will prepare the roads for the attackers. Therefore, Moab is mentioned in particular.

shall be trampled.—Heb. וְנָדוֹשׁ.—[*Rashi*]

in its place—Heb. תַּחְתָּיו, lit. under him. וְנָדוֹשׁ *is of the same structure as* "(Eccl. 12:6) *And the wheel is crushed* (וְנָרוֹץ)," the "nun" indicating the passive voice.

straw—Heb. מַתְבֵּן, derived from תֶּבֶן.—[*Rashi*]

mire—Heb. מַדְמֵנָה. *Comp.* "(Jer. 8:2) *For dung* (לְדֹמֶן) *on the face of the earth.*"—[*Rashi*]*

11. **And he shall spread out his hands**—Heb. וּפֵרַשׂ. *He shall break his hands and his arms by clapping his hands in weeping.*—[*Rashi*] *Rashi* explains וּפֵרַשׂ, as related to breaking. This is in accordance with the first definition of the root in *Machbereth Menachem.* This presents a difficulty in interpreting the second half of the verse in which the swimmer "breaks his hands." *Rashi* on Lam. 1:17 explains our verse differently. He explains thus: **Zion spread out** (פֵּרְשָׂה) **with her hands**—*Comp. "(Isa. 25:11) And he shall spread out his hands in his midst, like a person who moves his hands to and fro and demonstrates his pain with them. Another explanation is:*—Zion broke, *an expression of breaking . . . So did Menachem classify it . . . And it means* that Zion was *like a person who is in pain, who clasps his hands and breaks them.* Hence *Rashi* explains our verse as: *And he shall spread out his hands in his midst as the swimmer spreads out [his hands] to swim.**

the swimmer—Heb. הַשֹּׂחֶה *the one who floats upon the water.*—[*Rashi, Redak*]

to swim—Heb. לִשְׂחוֹת, *to float, as:* "(Ezekiel 47:5) *Water fit to swim in* (מֵי שָׂחוּ).—[*Rashi, Ibn Ezra*]

and He shall humble—*the One Who humbles his haughtiness.*—[*Rashi*] I.e. this is elliptical, leaving the subject to be understood.

with the cunning of His hands—Heb. אָרְבּוֹת, *an expression similar to:*

הִשְׁפִּיל הִגִּיעַ לָאָרֶץ עַד־עָפָר: כו א בַּיּוֹם
הַהוּא יוּשַׁר הַשִּׁיר־הַזֶּה בְּאֶרֶץ יְהוּדָה
עִיר עָז־לָנוּ יְשׁוּעָה יָשִׁית חוֹמוֹת וָחֵל:
ב פִּתְחוּ שְׁעָרִים וְיָבֹא גוֹי־צַדִּיק שֹׁמֵר
אֱמֻנִים: ג יֵצֶר סָמוּךְ תִּצֹּר שָׁלוֹם ׀ שָׁלוֹם
כי

ת״א גוי צדיק. ״שבת קיט. סנהדרין קי זוהר ויקר (שביעים לה):

לְאַרְעָא עַד עַפְרָא:
א בְּעִדָּנָא הַהִיא יִשְׁתַּבְּחוּן
תּוּשְׁבַּחְתָּא חַדְתָּא
בְּאַרְעָא דְבֵית יְהוּדָה
קַרְיַת תּוּקְפָּא לָנָא פּוּרְקָן
יִתְּשָׁם עַל שׁוּרָהָא
וְרַחֲמִין: ב פְּתַחוּ תַּרְעַיָּא
וְיֵעוּל עַמָּא זַכָּאָה דִּי
נְטַרוּ אוֹרַיְתָא בְּלִבָּב
שְׁלֵם: ג בְּלִבָּב שְׁלֵם
נְטַרוּ שְׁלָמָא שְׁלָמָא

רש״י

כו (א) עיר עז לנו ישועה ישית. העיר ירושלים שהיה מאז תמיד לנו לעוז ישועה ישית המושיע את חומותיה ואת חילה: וחל. חומה נמוכה שלפני החומה הגבוה: (ב) פתחי שערים. שלה ויבא לתוכה גוי צדיק שומר שמר ולפה בגלותו ימים רבים לאמונתו של הקב״ה שיקיים הבטחתו שהבטיח על פי נביאיו לגאלם: שומר. ממתין. וכן (בראשית ל״ז) ואביו שמר את הדבר וכן (דברים ו׳) ושמר ה׳ אלהיך לך: (ג) יצר. שהיה סמך על הקב״ה ונשען עליו בחזקה שלא זז מאמונתו בשביל שום אימה ויסורין: תצור. שיהא שלום כי בך היה בוטח לפיכך הגון

מהר״י קרא

לו ידים לארוב והם מגדלים גדולים יהיו לאורב. וכן פירש יונתן שמתרגם משוות ידוהי. ושמעתי ארובות ידיו. כשאדם מתאווה*) משים תחת מרפיקו יעושה אותן כמין ארובות: כו (א) ביום ההוא. ביום שהושח והושפל משגב חומת מואב יושר השיר בארץ יהודה: עיר עז לנו ישועה וגו׳. שם הקב״ה בחומות וחיל של ירושלם: חומות וחיל. (שירה וכח שירה) [שורא ובר שורא]: (ב) שומר אמונים. אומ׳ ישראל ששמרו הבטחתו של הקב״ה בגלותם שהוא גואלם כן הגליות: שומר. ממתין. כמו לא תשמור על חטאתי. וכן ואביו שמר את הדבר: (ג) יצר סמוך. שהוא שמור ונשען בחזקת שלא חילף אומנותו בשביל שום אימה ויסורין. תהא הצור שלום שלום. לפיכך נוצר להם הקב״ה שלום מן המלכיות. כלומר אף אתה הקב״ה לא קיפחת שכרם. שנצרת להם שלום.

*) אולי צ״ל מתאנח משים ידיו תחת וכו׳.

אבן עזרא

כ״ף הומותיך כנגד מואב: השח השפיל. בלא דגש וי״ו כמו כרע שכב נפל. וטעם נשח כי כבר השח גבוא סנחריב:

כו (א) ביום. עיר עז לנו. זאת ירושלם שהיא עוז לנו השם ישית החומות וחיל החומה: (ב) פתחו. אין ראוי לפתוח שערי זאת המדינה שיבוא בה וידור בה כי אם לדיקים כישראל: (ג) יצר. מי שילרו סמוך עליך אתה השם תצרנו בשלום ויש אומרים שיתכן להיות מלה שלום זכר

רד״ק

וכן כספר מפקד העם והדומים להם: עד עפר. שלא תהיה לו עוד תקומה: (א) ביום ההוא. כל זה בזמן הישועה. והשיר שיושר הם אלו הפסוקים שאו׳ והולך. ואמר בארץ יהודה כי שם תהיה המלחמה והתשועה יאמרו על ירושלם שהיא עיר עז לנו והשית הקב״ה חומותיה וחילה ישועה וכן אומר וקראת ישועה חומתיך. וחיל היא החומה הקטנה שלפני החומה הגדולה ובדבדי רז״ל מאי חיל וחומה שורא ובר שורא ופי׳ חיל החפירה שסביב החומה. מתרגמינן גיא חילתא: (ב) פתחו. דרך משל שארץ ישראל תפתח להם שהיא היום כאלו סגורה בפניהם: שומר אמונים. ששמרו בגלות אמונת האל ולא עבדו ע״ג כמו שאמר אם שכחנו שם אלהינו ונפרש כפינו לאל זר: (ג) יצר סמוך. אומר כנגד האל היצר שהוא סמוך ונשען עליך הצור אותו כי בך בטוח לפי שבטח בך נצרת אותו ינתת לו שלום שלום והכפל לחזק השלום: בטוח. שם תאר בשקל פעול:

מצודת דוד

וכפל הדבר פעמים רבות להורות על גודל ההשפלה וההאבדון:

כו (א) ביום ההוא. ביום מפלת גוג: עיר עז לנו. ירושלים שהיתה לנו למעוז מעולם הנה גם עתה ישים האל ישועה בחומתה והמלה ולא תשלוט בהם יד האויב: (ב) פתחו שערים. פתחו שערי ירושלים ולא תפחדו מן האויב: ויבא. בפתחי השערים יבוא ישראל שהיה שומר ומלפה להאמנת הבטחת האל: (ג) יצר סמוך. המחשבה שהיא נשען על האל השלום תצור אותו לכל יחכה

מצודת ציון

משגב. פתרון אחד להם מענין חוזק וכפל המלה בשמות נרדפים וכן הדמת עפר (דניאל י״ב) והדומים: השח. ענין השפלה כמו ושח רום אנשים (לעיל ב׳) וכפל המלה בשמות נרדפים ואמר השפיל וכדרך המקרא:

כו (א) ישית. ענין שימה כמו שתו בשמים פיהם (תהלים ע״ג): חומות. כמו כחומות: וחל. הוא החומה הנמוכה שלפני הגבוה כמו ויאבל חל וחומה (איכה ב׳): (ב) שומר. ענין המתנה ותקוה כמו ואביו שמר את הדבר (בראשית ל״ז): (ג) יצר. ענין פעולת המחשבה כמו וכל יצר מחשבות לבו (שם ו׳): סמוך. ענין השענה: תצור. ענין שמירה כמו יצרנהו כאישון עינו (דברים ל״ב):

shall be opened. *Yalkut,* from *Letters of Rabbi Akiva,* presents a narrative of God's expounding the Torah in the Messianic era. When He reaches the topic of homiletics, Zerubabel will recite the Kaddish, and all the righteous gentiles, as well as all sinful Jews will respond with a thunderous 'amen.' Then the gates of Gehinnom will be opened and they will be released. 'Amen' is a confirmation of the faith and an acceptance of divine retribution. When they pronounce this acceptance of faith, they deserve to be released from Gehinnom and admitted to the World to Come.

3. **The creature**—*that relied on the Holy One, blessed be He, and depended on Him steadfastly, that did not deviate from his faith because of any fear or torture.*—[*Rashi*]

He brought it low; it reached the earth down to the dust.

26

1. On that day, this song shall be sung in the land of Judah:—
"The city that was our strength—salvation shall He place [for]
walls and a bulwark. 2. Open the gates, so that a righteous
nation, awaiting the realization [of God's promise], may enter.
3. The creature that relied, You shall guard, [that there be]
peace, peace, for they trusted in You.

David renders: with his places of ambush. I.e. the towers used by Moab to lie in wait to attack its enemies, will be humbled, and will consequently be of no avail.

12. **the strength of your walls**—*He addresses Moab.*—[*Rashi, Ibn Ezra*]

1. **On that day**—on the day of the downfall of Gog.—[*Mezudath David*]

Alternatively, on the day that Moab is humbled.—[*Kara*]

Others explain: On the day of the salvation.—[*Redak*]

this song shall be sung—The following verses.—[*Redak*]

in the land of Judah—the site of the war and the salvation.—[*Redak*]

The city that was our strength, salvation shall He place—*The city of Jerusalem, which was always our strength from time immemorial, the Savior shall place salvation for its walls and its bulwark.*—[*Rashi*]

and a bulwark—*a low wall before the high wall.*—[*Rashi, Redak*]

Redak quotes a Rabbinic interpretation as *walls and a moat.*

I.e., God's salvation will serve as a wall and a bulwark, which will no longer be needed. See below 60:18.

Mezudath Zion and *Mezudath David* explain that God will place salvation in its walls so that the enemies will no longer pose a threat to its safety.

2. **Open the gates**—I.e. open *her* gates, *and let a righteous nation, awaiting, that waited and longed in its exile many days for the faith of the Holy One, blessed be He, that He fulfill His promise through His prophets, to redeem them.*—[*Rashi*]

awaiting—Heb. שֹׁמֵר, *waiting. Comp.* "(Gen. 37:11) *And his father awaited the matter* (שָׁמַר)." *Similarly,* "(Deut. 7:12) *And the Lord, your God, shall await the covenant for you* (וְשָׁמַר).—[*Rashi*]

Redak explains this figuratively, that the gates of the land of Israel which were closed to the people of Israel during their exile, would now be opened for the nation that kept God's faith and did not adopt the faith of its neighbors in the Diaspora.

The Rabbis (*San.* 110b) interpret the word אֱמֻנִים, as related to 'amen,' that for any child who died in early childhood, as long as he once recited the response of 'amen' to any blessing or prayer, the doors of Paradise

כי בך בטוח: ד בטחו ביהוה עדי־עד
כי ביה יהוה צור עולמים: ה כי השח
ישבי מרום קריה נשגבה ישפילנה
ישפילה עד־ארץ יגיענה עד־עפר:
ו תרמסנה רגל רגלי עני פעמי דלים:
ז ארח לצדיק מישרים ישר מעגל

ה"א בטחו בה'. מנחות כט: ביה ה' (חגיגה טז): כי השח. ר"ה לא: תרמסנה. חגיגה ג:

תרגום

יתעביד להון ארי במימרך אתרחיצו: ד אתרחיצו על מימרא דיי לעלם ולעלמי עלמיא בכן תתפרקון במימר דחילא דיי תקיף עלמיא: ה ארי אמאיך יתבי רומא קריא תקיפא ימאכינא ויזמינה עד ארעא ימטינה עד עפרא: ו ידושונה רגלין רגלי צדיקיא פרסת ענותניא חשיבי עמא: ז אורחת צדיקיא

מהר"י קרא

תצור כמו נוצר חסד לאלפים. כל כך למה: כי בך בטוח. שבטחו בך בגלותם שאתה גואלם: (ד) כי בי' ה' צור עולמים. כי יש לסמוך עליו שהוא דחילא דה' סלע וצור מחסה עולמים: (ה) השח יושבי מרום קרית נשגבה. העיר(מרוי) שהיא נשגבה ישפילנה עד ארץ יגיענה עד עפר. ומיד נוחה היא למרום: (ו) רגלי עני פעמי דלים. אלו ישראל שהם דלים ואביונים בגלות: (ז) אורח לצדיק מישרים. אורח מישור תיעשה עיר רומי מסלה לישראל שיהא שם מסלול לרגלי עני פעמי

רש"י

לך לנצרו: (ד) **כי ביה ה'**. כי יש לסמוך עליו שהוא דחילא ה' סלע וצור מחסה עולמים: (ה) **יושבי מרום**. צור ושאר ארצות: (ו) **רגלי עני**. מלך המשיח שנא' בו עני ורוכב על חמור (זכריה ט' ט'): **פעמי דלים**. ישראל שהיו דלים עד הנה: (ז) **אורח לצדיק מישרים**. אורח שתהא מישור לקיבול שכרו של צדיק אתה ה' שאתה אל ישר תפלס מעגל צדיק להוליכו באותו אורח שיקבל שכרו והצדיק הוא יעקב וזרעו וכה פתרונו אורח צדיק ליטול שכר מישרים שנוהג בהן: **ישר**. אתה הקב"ה מעגל רגלי הצדיק תפלס לו לאותו

רד"ק

(ד) בטחו בה' עדי עד. עד עולם או יהיה עדי גם כן עולם ויהיה כפול כלומר בכל העולמים בטחו בו וכת"י לעלם ולעלמי עלמיא: כי ביה ה' צור עולמים. כי בו ראוי לבטוח כי הוא צור עולמים פי' חוזק הזמנים כולם וצור תאר וכן הצור תמים פעלו ויש לפרש צור שם ופירושו כי הוא חוזק העולמים ועל דרך זה חי העולמים ופי' ביה ה' הראשון שם תאר מורה על היות העולם כאתו והשני יו"ד ה"א וי"ו ה"א שם העצם: (ה) כי השח. בזה הראו כי טוב לחסות ולבטוח בו לפי שאתם בית ישראל בטחתם בו כי השח והשפיל שונאיכם שהיו יושבי מרום קריה נשגבה וכל קריה נשגבה מהם השפיל או אמר על קריה מיוחדת מהם והיא ישפילנה וגו' הכפל לחזק הענין: (ו) תרמסנה. אחר שהפול לארץ תרמסנה רגל ואיזה רגל רגלי עני והם ישראל: פעמי דלים. כפל הענין במ"ש כמנהג ר"ל שירמסו ישראל גאותם וגאונם ויהיו אדונים עליהם תחת אשר היו עבדים תחתיהם: (ז) ארח לצדיק. כמו ארח מישרים לצדיק ופירושו אתה תתן לצדיק ותכונן לפניו ארח מישרים ותפלס מעגלו:

אבן עזרא

גם לשון נקבה: (ד) **בטחו**. על כן יאמרו אבות לבניס בטחו בשם. בי"ת ביה משרת כמשפט: **צור**. חזוק לעולם כי יש בספרים שמרכיבים אל"ף בי"ת עם השם שהוא אלי השם במספר האותיות ובספר תהלות אפרש זה בפסוק סולו לרוכב בערבות: (ה) **כי השח**. מפעלי הכפל כמו הקל ארצה זבולון והטעם על מדינות הגוים: **ישפילנה ישפילה**. כמו עזי ומעזי והטעם תמיד: (ו) **תרמסנה**. כל כך ישפילנה עד שתרמסנה רגל ולא רגל שר כי אם רגלי עני: **פעמי**. כמו רגלי כי שלש פעמים כמו רגלים: (ז) **אורח**. ולמה זה בעבור שאין אורח לצדיק רק אורח מישרים: **ישר**.

מצודת ציון

(ד) עדי עד. עד עולם וכן שוכן עד (לקמן נ"ז): צור. ענין חוזק: (ה) השח. ענין השפלה: מרום. מלשון רום וגובה: קריה. עיר: נשגבה. חזקה: (ו) תרמסנה. ענין דריסה: פעמי. רגלים שפוסעים בהם כמו הרימה פעמיך (תהלים ע"ד): (ז) אורח. דרך: מעגל. שביל ומסילה וכן הדרכתיך במעגלי

מצודת דוד

וכפל מלת שלום לחזק הדבר: כי בך בטוח. ר"ל כן ראוי הדבר הואיל ובטח בך: (ד) בטחו בה'. כאלו מזרזים אלה לאלה ואומרים בטחו בה' עד עולם כי בו תלוי חוזק עולם הזה ועולם הבא והכל בא ממנו יתברך: (ה) כי השח. הוא השפיל האומות אשר ישבו ברום המעלה: קריה. וכן השפיל כל קריה חזקה: ישפילנה. וכן ישפיל אות' עוד עד הארץ ועד העפר וכפל במ"ש לפי מרבית ההשפלה: (ו) תרמסנה רגל. הרגל תרמוס אותה והוא ופירש לומר רגלי עני תרמוס והם ישראל שהמה מוכנעים כעני ואביון: פעמי דלים. כפל

way, that he receive his reward. The righteous man is Jacob and his descendants. We must render in this manner: the straight way for the righteous man.—[*Rashi*] Printed editions read: *The way for the righteous man to receive the reward for the upright deeds he performed.* In view of *Rashi's* interpretation above of מֵישָׁרִים, this reading does not appear accurate.

O Upright One—*You, the Holy One, blessed be He, the path of the feet of the righteous man, You shall weigh that way for him. This weighing is an expression of kontrepajjs in O.F., You counterbalance, equalize. Like a king who sits and thinks and*

4. Trust in the Lord forever, for in Yah the Lord, is the Rock of
eternity. 5. For He humbled the inhabitants of the high places,
the fortified city; He brings it low, he brings it low even to the
earth, he makes it reach even to the dust. 6. A foot shall tram-
ple it, the feet of a poor man, the soles of the impoverished.
7. The way of the righteous that is straight—Oh Upright One,
the path of the righteous, You shall weigh.

You shall guard—This is addressed to God.—[*Redak*]

You shall guard—*that there be peace, for he trusted in You. It is, therefore, fitting for You to guard him.*—[*Rashi*]

4. **Trust in the Lord**—Therefore, the fathers will say to their sons, "Trust in the Lord."—[*Ibn Ezra*]

forever—Heb. עֲדֵי עַד. This is a double expression, for emphasis, as Jonathan paraphrases: forever and to all eternity.—[*Redak*]

for in Yah, the Lord—*For we must rely on Him for He is the fear of God, the rock and everlasting shelter.*—[*Rashi* and *Kara* from *Targum Jonathan*]

Redak explains the two forms of the Divine Name, the short form and the complete tetragrammaton. The first form indicates His function as Creator of the World. The second form is His proper Name.

the Rock of eternity—the strength of all times. Alternatively, the strength of all worlds.—[*Redak*]

The prophet exhorts the people to trust solely in the Lord, not to rely on the nations' love for Israel, or on the walls of Jerusalem, as they had done heretofore, but only in the Almighty Himself, for He is the strength of the worlds.—[*Abarbanel*]

5. **For He humbled**—Through this you will see how good it is to trust in the Lord, since you trusted in the Lord and He humbled your enemies who were dwelling in high places, in fortified cities. He humbled every city among them. Alternatively, the prophet is referring to one particular fortified city.—[*Redak*]

the inhabitants of the high places—*Tyre and other lands.*—[*Rashi*] Manuscripts yield: *Tyre and Rome and Italy.*—[*Parshandatha*]

6. **the feet of a poor man**—*The King Messiah, who is referred to as a poor man riding on a donkey* (Zech. 9:9).—[*Rashi*]

the soles of the impoverished—*Israel, who were heretofore impoverished.*—[*Rashi*]

After the enemies are humbled, they will be trampled by the people of Israel, who were heretofore humble and poor. At this time, they will become the masters over those who had previously enslaved them.—[*Redak*]

7. **The way of the righteous that is straight**—*A way that is straight for the reception of the reward of the righteous—You, O God, Who are an upright God, shall weigh the path of the righteous man, to lead him in that*

צַדִּ֖יק תְּפַלֵּֽס׃ ח אַ֣ף אֹ֧רַח מִשְׁפָּטֶ֛יךָ
יְהוָ֖ה קִוִּינ֑וּךָ לְשִׁמְךָ֥ וּלְזִכְרְךָ֖ תַּאֲוַת־
נָֽפֶשׁ׃ ט נַפְשִׁ֤י אִוִּיתִ֙ךָ֙ בַּלַּ֔יְלָה אַף־רוּחִ֥י
בְקִרְבִּ֖י אֲשַׁחֲרֶ֑ךָּ כִּ֞י כַּאֲשֶׁ֤ר מִשְׁפָּטֶ֙יךָ֙
לָאָ֔רֶץ

ת"א אייסיד. זוהר לך ואחרי:

כְּוָוֹן אַף עֲבָדוֹ אוֹרְחַת צַדִּיקַיָא תְּתַקֵּן: ח אַף לְאוֹרַח דִּינָךְ יְיָ סְבַרְנָא לִשְׁמָךְ וּלְדִכְרָנָךְ חֶמְדַת נַפְשָׁנָא: ט נַפְשִׁי מְחַמְדָא לְצַלָּאָה קֳדָמָךְ בְּלֵילְיָא אַף רוּחִי בִּמְעַי מְבָרְכָא לָךְ אֲרֵי כְּמָא דְדִינָךְ תַּקִּין לְאַרְעָא קוּשְׁטָא

רש"י

אורח פילוס זה לשון (קונטרפיו"ש בלע"ז) כמלך היושב ומחשב ושוקל בלבו איזה יכשר הזה או זה כך הישר בלבו להוליכו בדרך קיבול שכר על כל אשר הנהיג מעשיו לפניך בכשרון: (ח) אף אורח משפטיך ה' קויניך. כאשר לפינו לקיבול הטובה מאתך אף כך קוינו להראותנו אורח משפטי נקמתיך ברשעים: לשמך ולזכרך תאות נפש. אותה נפשנו לראות שם שילא לך מאז לעשות נקמה בצריך: (ט) נפשי אויתיך. בגלותי שדומה ללילה לעשות את אלה: אף רוחי בקרבך אשחרך. אתהכן לך לכל זה

מהר"י קרא

דלים: ישר מעגל צדיק תפלס. צדיק תדרך להם לישראל שתיעשה העיר רומי מסילה ודרך כבושה לישראל: תפלס. כמו פלס מעגל רגלך. ודומה לפי הענין שהיא מדרך כף רגל. אבל שמעתי שפירש רבינו שלמה ביר' יצחק מקרא זה אורח לצדיק מישרים. אורח שיהא מישור לצדיק וקיבול שכר. ישר נקוד בזקף גדול ועומד לבד והניקוד מלמדנו פת'. וכה פת' את אשר ישר תפלס מעגל צדיק להליכו באותו אורח שיקבל שכר. כלומר אורח לצדיק של מישרים. ישר הקב"ה מעגל רגלי הצדיק תפלס. כלומר שמרה (לבבכם) [לבבם] ליצר מחשבות לבב עמך והכן לבבינו אליך ותן בלבנו שנעזוב דרך רשע ונלך בחוקיך: (ח) אף אורח משפטיך ה' קוינוך. אף כשהראתנו צרות רבות וקשות ארחות משפטיך. ואעפ"כ לא נסוג אחור לבנו. אלא קוינוך לגאלנו: לשמך ולזכרך תאות נפש. אויתה נפשינו: (ט) נפשי אויתיך בלילה. בגלור אדוב

אבן עזרא

ואתה השם ישר ומעגל צדיק תפלס כמו תשקול: (ח) אף. אלה דברי צדיקים שיקוו השם להראות משפטו בעולם כי הנפש מתאוה לשמך ויחסר אות למ"ד כאילו אמר לאורח משפטיך: (ט) נפשי. רעיון נפשי שאויתיך בלילה: אף רוחי בקרבי אשחרך. והנה יש לאדם נפש ורוח כאשר

רד"ק

וישר. הוא ל' קריאה כנגד האל יתברך אמר אתה האל וישר ותישר מעגל צדיק והוא על דרך שאמרו בא לטמא פותחין לו בא ליטהר מסייעין אותו: תפלס. ענין יושר וכן פלס מעגל רגליך ולזה נקרא מטה המאזנים פלס לפי שהוא מישר המשקל וכן ושקל בפלס הרים: (ח) אף ארח. אף בדרך משפטיך ה' קוינוך. כלומר אפי' בעת שהגיעו משפטיך עלינו שהיית מיסר אותנו בגלות בחטאתינו אע"פ כן קוינו לך ולא היינו מתיאשים מן הגאולה ולשמך ולזכרך היתה תאות נפשנו ופי' ולשמך ולזכרך שהיינו מתאוים לנביא שיזכור לנו שמך ויאמר לנו בגלות דבר מאתך: (ט) נפשי אויתיך. כשמדבר על לשון ישראל פעמים מדבר בלשון רבים על דרך פרט ופעמים בלשון יחיד אמר בנפשי אויתיך כליכר בכל כחי ורצוני אויתיך: אף רוחי בקרבי. כל עוד שיהיה רוחי בקרבי אשחרך ואקדמך בתפלתי: כי כאשר משפטיך לארץ. אע"פ שמשפטיך תבא עלינו לא אמנע בעבור זה מרדף אחריך ומהתאוות אליך כי

מצודת דוד

הדבר כמ"ש: (ז) אורח לצדיק מישרים. ר"ל כל זה הגדולה והממשלה תהיה להצדיקים בעבור כי אין אורח לכל צדיק וצדיק כ"א ללכת בדרך ישר ולא יטה ממנה: ישר. אתה האל הישר הנה תפלס ותשקל מעגל כל צדיק וצדיק ותדע שכן הוא: (ח) אף אורח משפטיך. אף בבוא לנו אורח משפטיך. לייסר אותנו ביסורי הגולה עכ"ז קוינו לך ולא היינו מתיאשים מן הגאולה: לשמך ולזכרך. היא היא כי בשם יזכר וכפל בשמות נרדפים: תאות נפש. תאות כל נפש היתה להזכיר לנו שמך ולומר לנו דבר מאתך: (ט) נפשי אויתיך. נפשי תתאוה לך בלילה היא עת שמחשבת האדם פנויה ממחשבות הטורדות: אף רוחי בקרבי. ר"ל כל עוד שרוחי בקרבי אשחר ואדרש לך: כי כאשר וגו'. ר"ל כי אמרתי גם המשפט לטובה היא כי כאשר תבוא משפט בארץ אז יושבי תבל למדו צדק ועזבו הרשע

מצודת ציון

יושר (משלי ד'): תפלס. תשקול בפלס והוא שם הכלי ששוקלין בו כמו ושקל בפלס הרים (לקמן מ'): (ט) אויתיך. מלשון תאוה: אשחרך. ענין דרישה כמו שוחר טוב (משלי י"א): תבל. כן נקרא

justification—*They learn to justify Your judgment and to acknowledge Your standards for they see the sinner punished and the righteous receiving a good reward.*—[*Rashi*]

Redak derives אֲשַׁחֲרֶךָּ from שַׁחַר, *dawn.* As long as my spirit is within me, I will come early to beseech You. Anyone sincere in his prayers, does not delay them but prays early.—[*Redak Comm., Shorashim*]

for, when Your judgments [come] to the earth—Although Your judgments are visited upon us, I will not be deterred from pursuing You and longing for you, for I see that Your judgments are good, for when Your judgments are visited upon the earth, the inhabitants of the world learn to perform righteousness, for they witness Divine retribution visited upon the sinners.—[*Redak*]

8. Even [for] the way of Your judgments, O Lord, have we hoped for You; for Your Name and for Your remembrance was the desire of [our] soul. 9. [With] my soul I longed for you at night; even [with] my spirit within me I beseeched You, for when Your judgments [come]

weighs in his mind, which way is better, this one or that one. So, judge with equity to lead him in the way of receiving the reward for performing his deeds before You with propriety.—[*Rashi*]

Rabbi Joseph Kara explains *Rashi's* commentary as meaning that the prophet entreats the Almighty to weigh the path of righteousness, i.e. to guard their thoughts and to insRapire them to follow the straight path and to forsake wicked ways.

Perhaps he explains תְּפַלֵּס as *You shall straighten,* as *Redak* indeed explains it.

Rabbi Joseph Kara himself explains the verse as a continuation of the previous verse, which predicts that the poor nation, Israel, will tread on the mighty city of Rome. The prophet continues to supplicate the Lord. Let that city be a straight road for the righteous of Israel; O upright One, the path of the righteous You shall make them tread. I.e. the mighty city of Rome shall be made into a paved road for the righteous of Israel.

8. **Even [for] the way of Your judgments, O Lord, have we hoped for You**—*When we looked forward to receiving benefit from You, likewise we hoped that You would show us the way of the judgments of Your revenge upon the wicked.*—[*Rashi*] Manuscripts read: *Upon the wicked Esau.*

for Your Name and Your remembrance was the desire of [our] soul—*Our soul longed to see the name You will gain from them, by wreaking vengeance upon Your adversaries.* —[*Rashi,* see also *Ibn Ezra*]

Redak interprets this verse in a different manner, as follows:

Even [in] the way of Your judgments, O Lord, we hoped for You—Even when You visited judgments upon us, when You punished us during the exile, for our sins, we, nevertheless, hoped for You and did not despair of being redeemed.

for Your Name and for Your mention was the desire of [our] soul—We longed for a prophet who would come to us and mention Your name, bringing us a message from you.

9. **[With] my soul I longed for You**—*in my exile, which resembles night, to perform these.*—[*Rashi*]

Redak interprets this to mean: With all my strength and my will I longed for You.

With the thought of my soul I longed for You.—[*Ibn Ezra*]

even [with] my spirit within me—As long as my spirit is within me.—[*Redak*]

even [with] my spirit within me I beseeched you—*I beseeched You for all this. Why? Because, when Your judgments come to the earth, when you execute justice upon the wicked*—

the inhabitants of the world learn

לָאָרֶץ צֶדֶק לָמְדוּ יֹשְׁבֵי תֵבֵל׃ י יֻחַן
רָשָׁע בַּל־לָמַד צֶדֶק בְּאֶרֶץ נְכֹחוֹת
יְעַוֵּל וּבַל־יִרְאֶה גֵּאוּת יְהוָה׃ יא יְהוָה
רמה

ת"א יוחן רשע. מגלה:

יִתְאַלְפוּן לְמֶעְבַּד דְּדָיְרִין בְּתֵבֵל: יְיִתְהֲבָתָא לְהוֹן אַרְכָּא לְרַשִׁיעַיָא אִם יְתוּבוּן לְאוֹרַיְתָךְ וְלָא תָבוּ כָּל יוֹמִין דַּהֲווֹ קַיָמִין יַעְבְּדוּן קְשׁוֹט עַל אַרְעָא חֲווֹ שַׁקְרִין אַף אִינוּן לָא לִדְחַלְתָּךְ לָא יִנְהַר יְחֱזוּן בְּתוּשְׁבְּחַת יְקָרָךְ יְיָ: יא יְיָ כַּד תִּתְגְּלֵי בִגְבוּרְתָּךְ לְאוֹטָבָא

מהר"י קרא

שריכוהו נביאים ללילה. דכתיב שומר מה מלילה: כי כאשר משפטיך לארץ. כשתעביר ממלכת זדון מן הארץ אותה שעה צדק למדו יושבי תבל: (י) יוחן רשע בל למד צדק בארץ נכוחות יעול. במקום המשפט היא ירושלם שם יעול. שהחריבה: ובל יראה גאות ה'. מי גרם לו שהחריב את ביתך והגלה את בניך. שלא ראה גאות ה' לא ראה שנפרעת ממנו. שאילו נפרע' ממנו לא היה מוסיף עוד להרע לבניך. גאות ה'. שנפרע מן הרשעים. שכן הוא אומר במצרים. אשירה לה' כי גאה גאה. וכן בסנחריב הוא אומר זמרו ה' כי גאות עשה: (יא) ה'

רש"י

למה כי כאשר משפיך באים לארץ שאתה עושה משפט ברשעים: צדק למדו יושבי תבל. למודים להצדיק את דיניך ולהודות על מדותיך שרואי' החוטא לוקה והצדיק מקבל שכר טוב: (י) יוחן רשע בל למד צדק. וכי יש לך לחון את עשו הרשע אשר דר בין שני צדיקים ולא למד צדק בארץ נכוחות וירושלים ובית המקדש יעול לשלול ולבוז ולהשחית: ובל יראה גאות ה'. לא חשב בעיניו גדלך וגאותך וכל יראה לשון רגילות ותמידות לא ראה לא חשב כמו ככה יעשה איוב (איוב א'): (יא) ה' רמה ידך וגו'. ראיתי מדרש אגדה רבים למקראות של פ' זו עליונה ותחתונה ואינם מיושבים או על דקדוק הלשון או על סדר המקראות והוצרכתי לבאר אותה על אופני סדרה ומדרש יש שמבקש הנביא שלא יראו עובדי כו"ם בטובתו של הקב"ה בהטיבו לישראל אמר לו מוטב שיחזו ויבושו ואין זה אחר הלשון שאין כתוב כאן הרימה ידך ועוד שאף התיבה חלוקה מתיבה כיולא בה כל יד רמה שבמקרא טעמו למטה וזה טעמו למעלה כמו (בראשית ל"ז) הנה קמה אלומתי וכמו (רות א') הנה שבה יבמתך שכולו לשון עבר אף זה ה' נסתלקה יד גבורתך מעל צריך בל יראו גבורתך כי ראו דרכם צלחה בבקשה ממך יחזו ויבושו קנאת עם בטובה

רד"ק

אני ראה כי משפטיך טובים כי כאשר משפטיך יבאו לארץ הם נוסרו ולמדו לעשות צדק יושבי תבל והם אשר נגע אלהים בלבם שבעבורם מתקיימת התבל אבל הרשעים לא יוחנו וז"ש: (י) יוחן רשע. ופירושו בתמיה אמר יוחן רשע יהוא לא למד צדק בעבור משפטיך. כי אמר אינה למוסר אלא מקרה הוא בעולם לית דין ולית דיין: בארץ נכוחות יעול. בארץ ששבו לעשות נכחות ונוסרו בעבור משפטיך שנגעו בהם הוא לא כן יעשה אלא יעול יעשה עול במשפטו: ובל יראה גאות ה'. יש מפרשים אותו דרך תפלה לאל שלא יראה הרשע גאות ה'. כלומר שלא יראה בטובה והנכון שהוא על דרך הוה כמו שאמר יעול ולמה שאינו רואה בגאות ה' ולא יחשוב שהאל משגיח בעניני בני אדם ויגאה עליהם לגמלם כרשעם: (יא) ה' רמה ידך בל יחזיון. הם הרשעים אינם רואים כשרמה ידך כלומר אינם חושבים בבא הפורענות על הרשעים כי מידך הוא: יחזו ויבושו קנאת עם. יראו בעת הישועה כשתקנא לעמך

אבן עזרא

פירשתי בקהלת: כי כאשר. יראו משפטיך לארץ ילמדו צדק: יושבי תבל. שם מקום הישוב: (י) יחן. מפעלי הכפל כמו על כמון יוסב והנה הטעם כי השם יחן על הרשע והוא לא ילמד צדק והטעם שיאריך לו אולי ילמוד: בארץ נכוחות. במקום שיש שם יושר יעשו עולה נכיחות מגזרת נכח כמו טובים ונכוחים ולא ישים לב לראות גאות השם: (יא) ה'. הטעם אחר שידך רמה והם לא יחזיון יחזו שיקנאו לעמך ויבושו ותאכל האש צריך ויש אומר יחזו

מצודת ציון

מקום המיושב: (י) יוחן. מלשון חנינה וחסד: נכחות. ענין ישרות כמו נכוחים למבין (שם ח'): יעול. מלשון עול: (יא) יחזיון.

מצודת דוד

מפחד המשפט הבא: (י) יוחן רשע. ר"ל וכי מהדין שיוחן הרשע הלא בל למד לדק אף מיראת משפט: בארץ נכחות יעול. עם כי הוא בארץ שבאו לעשות נכחות ונוסרו בעבור המשפט הבא הנה הרשע הזה לא כן יעשה כי יאחז דרכו לעול עוד: ובל יראה. ואינו מסתכל בגאות ה' ר"ל חושב שבא במקרה ולא מעשה ה' המה

also "(Ruth 1:9) *Behold your sister-in-law has returned* (שָׁבָה)." *All of these are in the past tense. This too is to be explained: The hand of Your might has been taken away from upon Your enemies so that they see not Your might for they have seen that their way has prospered. I beg of You, let them see and be ashamed.*—[*Rashi*]

the envy of a people—Let them see *the bounty that You shall lavish upon Your people, Even they themselves shall see the judgment of Your vengeance, that the fire* of envy *shall consume them.*—[*Rashi*]

to the earth, the inhabitants of the world learn justification.
10. Shall the wicked be favored—who did not learn righteousness? In the land of uprightness he deals unjustly, and he does not see the pride of the Lord.

Redak, apparently renders: The inhabitants of the world learn righteousness.

10. **Shall the wicked be favored who did not learn righteousness**—*Should you favor the wicked Esau, who lived between two righteous men and did not learn righteousness?*—[*Rashi*, based on *San.* 39b]

in the land of uprightness—*Jerusalem and the Temple, he will deal unjustly, to pillage and spoil and to destroy.*—[*Rashi* from *Megillah* 6a]

and he does not see the pride of the Lord—*He did not regard Your pride and greatness. The expression,* וּבַל יִרְאֶה, lit. he shall not see, *is an expression of a habitual act, meaning: he did not see, he did not regard. Comp.* "(Job 1:5) *In this manner, Job was wont to do* (יַעֲשֶׂה).—[*Rashi*]

Alternatively, in the land of uprightness he deals unjustly—In a land where the people have repented and learned their lesson from God's retribution, the wicked continue to commit acts of injustice and wickedness, and he does not regard the pride of the Lord. He does not believe that the calamities that befall the populace are due to Divine retribution, but attributes everything to chance. Some explain this as a prayer: Let him not see the pride of the Lord. The former, however, is more correct.—[*Redak*]

11. **O Lord, Your hand has been taken away**—*I have seen many Aggadic Midrashim on the verses of the above section and the following, but they are not appropriate, either because of the grammatical forms of the language or because of the context of the verses. I had to explain it according to its order. There is an Aggadic Midrash that* states that *the prophet begs that the nations not see the bounty of the Holy One, blessed be He, when He lavishes good upon Israel. The Holy One, blessed be He, replied, "It is better that they see and be ashamed* (*Eliyahu Zuta* ch. 21). The Midrash explains the verse as follows: O Lord, take away Your hand, so that they see not. I.e., the prophet begs that God conceal His might from the nations that they see it not. Thereupon, God replies, "Let them see and be ashamed . . ." *This does not fit with the language, however, since it does not say, "Raise Your hand." Moreover, this word differs from all similar words. Every* יָד רָמָה *is accented on the final syllable, whereas this one is accented on the first syllable. Comp.* "(Gen. 37:7) *Behold, my sheaf rose* (קָמָה)." *Comp.*

רמה ידך בל־יחזיון יחזו ויבשו קנאת־
עם אף־אש צריך תאכלם: יב יהוה
תשפת שלום לנו כי גם־כל־מעשינו
פעלת לנו: יג יהוה אלהינו בעלונו
אדנים זולתך לבד־בך נזכיר שמך:
יד מתים בל־יחיו רפאים בל־יקמו לכן

לסנאי עמך יחזון
רשיעיא ויבהתון
פורענות עמא תחפינון
אף אשתא לבעלי דבבך
תשיצי: יב יי תתקין
שלמא לנא ארי בכל
עדן חסיכנא מחובנא
את עביד עמנא: יג יי
אלהנא שליטו בנא
עממיא למהוי עלנא
רבונין בר מנך ברם
במימרך אנחנא רחיצין
בשמך אנחנא מודן:
יד אינון פלחין למתין דלא יחון לגבריהון דלא יקומון בכן כד תסער עליהון חוביהון

ת״א שלום לנו. ברכות כו: בעלונו. זוהר שמות: רפאים. זוהר בראשית:

רש״י

שתיטיב לעמך אף בעלמן יראו משפט נקמתך שתאכלם האש: (יב) תשפות. תכין וכן שפות הסיר (מלכים ב׳ ד׳) וכן לעפר מות תשפתני (תהלים כ״ב) ויש לפתור את כולן ל׳ שימה תשית שלום לנו: כי גם כל מעשינו. הרעים: פעלת לנו. כנגדם לקחנו מידך בכל חטאותינו: (יג) בעלונו. נעשו לנו אדונים ונגשונו: זולתך. בדבר שלא כרצונך דרוש לאלהים אחרים לעבו׳ על תורתך ואנחנו לבד בך הזכרנו ולא נזכי׳ שם אלהותו באל אחר אלא בו לבדו: שמך. שם אלהותך נזכי׳ לאמר כי אלהינו לבד הוא אלהים: (יד) מתים בל יחיו. יהי רצון מלפניך שלא יחיו הרשעים האלה לעולם הבא והרפאים האלה שריפו ידיהם

מהר״י קרא

רמה ידך בל יחזיון. פת׳ לשון ציווי לשון תחינה. כלומר תרם ידך בל יחזיון. עכשיו שהטעם בריש פתר׳ לשעבר. וזה פת׳ מי גרם לאומות העולם [שהרעו] לבניך שנסתלקה נקמתך מהם. שלא ניתפרע מהם. בל יחזיון. בשביל שלא ראו נקמתך. לשון הוה כמו ככה יעשה איוב. ועכשיו בבקשה ממך: יחזו. נקמתך: ויבושו קנאת עם. הטובות שתעשה להם לישראל ויהיו מקנאין בהן: (יב) ה׳ תשפת שלום לנו. ובדין הוא שהרי גם כל מעשינו. כל הצרות שעברו עלינו. מידך נגזרו לנו: (יג) בעלונו אדונים זולתך. ואע״פ [כן] לבד בך נזכיר שמך. ואין אנו משתפין עמך שום אלוה: (יד) מתים. של עכו״ם בל יחיו: לכן פקדת ותשמידם. אם פקדתם להעלותם מקבריהם.

אבן עזרא

קנאתך בכלם והוא דבק בטעם אף אש צריך: (יב) ה׳ תשפות. תערוך כמו שפות הסיר שפות: כי. תמיד אתה עשית לנו מה שלא נדע אנחנו לעשותו: (יג) ה׳. כי גם אנחנו עבדנוך כאשר בעלונו היו אדונינו כמו כסף ישיב לבעליו ואעפ״כ היינו מזכירים שמך. וטעם לבד בך כי אתה עזרתנו כאילו אמר אין עזר כי אם בך על כן יכולנו להזכירך: (יד) מתים. ואלה האדונים שבעלונו הנם מתים:

רד״ק

ותושיעם יראו הם ויבושו כמו שאמר קנאתי לירושלים קנאה גדולה כי אז לא יוכלו לומר מקרה הוא כי יראו כעם עם נושעים מעמים רבים ואז יבשו ויכלמו: אף אש צריך תאכלם. אותה האש תאכל צריך כי כשיבוש האדם יהפכו פניו לאש. כמו שאומר פני להבים פניהם: (יב) יהוה תשפת. הערך כן שפות הסיר אמר תערוך שלום לנו כי בידך לעשות כמו שפעלת ועשית לנו כל מעשינו מה שקרה לנו ממעשה העולם הן טוב הן רע אתה פעלת הכל ולא היה בדרך מקרה והואיל ובידך הכל ערוך לנו השלום כי כמה ימים היינו בצער בגלות ומכאן ואילך תן לנו שלום וא״א ז״ל פירוש תעריך לנו השלום כי כשתתן לנו השלום כל מעשינו פעלת לנו הכל תלוי בשלום: (יג) יהוה אלהינו. זכור לנו מה שתחזקני עבך בגלות כי אע״פ שהיו האומות בעלים ואדונים לנו והיו עובדים בנו בפרך אע״פ כן לבד בך נזכיר שמך ואלו היינו זוכרים שם אלהים אחרים כאויבינו אשר היינו תחתיהם היינו נצולים מידם והיינו במעלה ובגדולה כמוהם ולא רצינו וסבלנו העני וזכרנו את שמך לאויבינו ואמרנו כי בך בטחוננו ולא נמיר אותך באחר: (יד) מתים בל יחיו. ואלהי העמים ההם שלא פנינו אליהם

מצודת דוד

שמתגאה לשלם גמול: (יא) רמה ידך. כשרמה ידך להכות ברשעים הללו אינם מסתכלין ברמה ידך כי יחשבו למקרה: יחזו. לכן יראו תשועת ישראל ויבושו אז בראותם הקנאה שיקנא ה׳ לעמו כי אז לא יוכלו לחשוב שבא במקרה כי יראו מעט עם נושעים מעמים רבים: אף איש. ר״ל אף יראו משפט נקמתך שהאש תאכל צריך והם הצרים לישראל וכאלו צרו למקום: (יב) ה׳ תשפות וגו׳. ר״ל אתה ה׳ תעריך לנו שלום כי גם כל המעשים הבאים עלינו בין טוב בין רע הלא הכל אתה פעלת לנו ולא באו במקרה ואם כן הואיל והכל בידך ערוך לנו שלום: (יג) ה׳ אלהינו וגו׳. הוא דרך רצוי לומר ראויים אנו לשלום כי הלא אדונים רצו למשול בנו בדבר שהוא זולתך ר״ל שלא כרצונך כי רצו לכוף אותנו על העכו״ם: לבד בך. אבל לא שמענו אליהם כי בך לבד נזכיר שמך לומר שאתה לבדך נקרא אלהים ואין מי לשתף עמך: (יד) מתים. כי אמרנו הלא העכו״ם המה כמתים ואין בהם היות: בל יקומו. לא יוכלו לקום על רגליהם: לכן פקדת. אתה ה׳ פקדת על עובדיהם ותשמידם

מצודת ציון

ענין הסתכלות כמו ואתה תחזה (שמות י״ח): קנאת. ענין נקמה: (יב) תשפות. ענין עריכה וסדור כמו שפות הסיר (יחזקאל כ״ד): (יג) בעלונו. ענין אדון ומושל כמו אם בעליו עמו (שמות כ״ב): זולתך. כמו בלעדיך: (יד) רפאים. הם המתים שנרפו ונחלשו ע״י

other deities, we would have been saved from their persecution and we would have been esteemed like them. Nonetheless, we refused to acquiesce to their wishes, and we told our enemies that our trust was in You alone, and that we would not exchange You for another god.—[*Redak*]

14. **The dead shall not live**—*May it be Your will that these wicked men shall not live in the World to Come*

11. O Lord, Your hand has been taken away that they not see;
let them see and be ashamed. The envy of a people, even the fire
that shall consume Your enemies. 12. O Lord, You shall pre-
pare peace for us, for also the recompense for all our deeds
have You dealt to us. 13. O Lord, our God, masters other than
You have possessed us. Only concerning You will we mention
Your name. 14. The dead shall not live, slackers shall not rise;
therefore,

Redak renders: **O Lord, Your hand has been raised up, yet they do not see**—Your hand has been raised up to deal retribution upon the wicked. Yet they do not see; they do not realize that You are punishing them.

let them see and be ashamed, the zeal of a nation—Let them see Your zeal to save Your people and be ashamed, for then they will be unable to account for it as chance, for they will see a small nation delivered from many large nations. Then, they will be ashamed.

even fire shall consume Your enemies—That fire shall consume Your enemies. Through their shame, their faces will become fiery red. I.e. they will blush.—[*Redak*]

12. **You shall prepare**—Heb. תִּשְׁפֹּת, *you shall prepare. Comp.* "(II Kings 4:38) *Prepare* (שְׁפוֹת) *the . . . pot." Also,* "(Ps. 22:16) *And for the dust of death You have prepared me* (תִּשְׁפְּתֵנִי)." All *these can* likewise *be interpreted as an expression of placing,*—or establishing. *You shall establish peace for us.*—[*Rashi*]

for also the recompense of all our deeds—our *evil* deeds.—[*Rashi*]

have You dealt to us—*commensurate punishment for them we have received from Your hand for all our sins.*—[*Rashi*]

Redak explains "all our deeds" in the sense of "all that happened to us."

All that happened to us You have done to us.—This includes both good and evil. Since everything is in Your hands, we beg You to grant us peace, since we have suffered throughout the long period of exile. Rabbi Joseph Kimchi explains it in the sense of "all deeds necessary for us." Please grant us peace, for then You will have granted us everything we need, since everything depends on peace.—[*Redak*]

13. **have possessed us**—*They have become our masters and have oppressed us.*—[*Rashi*]

other than You—*In a matter contrary to Your will, to seek other gods, to transgress Your Torah, but we—only concerning You have we mentioned Godliness, and we will not ascribe the name of His Godliness to another god, only to Him alone.*—[*Rashi*]

Your name—*The name of Your Godliness we will mention, saying that our God alone is God.*—[*Rashi*]

Had we mentioned the names of

פָּקַדְתָּ וַתַּשְׁמִידֵם וַתְּאַבֵּד כָּל־זֵכֶר לָמוֹ׃
טו יָסַפְתָּ לַגּוֹי יְהוָה יָסַפְתָּ לַגּוֹי נִכְבָּדְתָּ
רִחַקְתָּ כָּל־קַצְוֵי־אָרֶץ׃ טז יְהוָה בַּצַּר
פְּקָדוּךָ צָקוּן לַחַשׁ מוּסָרְךָ לָמוֹ׃ יז כְּמוֹ
הָרָה תַּקְרִיב לָלֶדֶת תָּחִיל תִּזְעַק בחבליה

ת"א כמו הרה. זוהר תשא:

ותשיצנון ותוביד כל דכרנהון: טו אתגליתא לכנשא מבדרי עמך יי אף עתיד את לקרבא גלותהון לאתגלאה בגבורתך לרחקא כל רשיעיא לגהנם: טז יי בעקא הוו דכירין לדחלתך בעקתהון הוו מלפין אולפן אוריתך בחשי:
יז כמעדיא דמטא דבעדן מילדה נעא ומצוחא בחבלהא כן הוינא מן קדם דחבנא

מהר"י קרא

לשעה הוא (כדין) [כדי] שיתנו את הדין ומשיתנו דין וחשבון תשוב ותשמידם: (טו) יספת לגוי ה'. לעכו"ם אתה עתיד לחיותן לפי שעה כדי שיתנו דין וחשבון וחוזרין לעפרן. אבל ישראל שנקראו גוי אחד אתה מוסיף שנות חיים שאין להם קצבה משאתה מעלה אותן מקבריהן. ונותן בהן רוח: יספת לגוי נכבדת. מי שאתה מוסיף להם חיים ארוכים. גוי שאתה מתכבד בהן והם ישראל. רחקת ממך כל קצוי ארץ: ומדרש רבותינו. כשאתה מוסיף להם לישראל טובה הם מכבדין אותך. אתה נותן לו בן ומהלו לח' ימים. בית נותן בו מזוזה: רחקת כל קצוי ארץ. הם עכו"ם כשאתה משפיע להם טובה והם מכעיסין אותך. נותן לו בן מגדלו בלורית. נותן לו בית מעמיד בו צלם: (טז) ה' בצר פקדוך. כשישראל בצרה הם פוקדין אותך בצום ובכי: צקון לחש. כשהוא צקון ששמו צוקה מתפלל בלחישה. על מוסרך שאתה מטיל עלינו: (יז) כמו הרה תקריב

רש"י

ממלותיך כל תהיה להם תקומה: לכן פקדת ותשמידם. הלא פקדת עליהם ככר ותשמידם באמרי פיך כענין שנאמר כי מחה אמחה את זכר עמלק (שמות י"ז): (טו) יספת לגוי. לישראל יספת להם תורה וגדולה וכבוד וכל כמה שיספת להם נכבדת שהם מודין ומשבחין לפניך על כל הטובה מה שלא היה כן מנהג עכו"ם ועל כן ריחקת מלפניך כל שאר קצוי ארץ הרי בטובתם כך עושים ישראל לפניך קילוס וכבוד וצער להם: (טז) ה' בצר פקדוך. איכם מהרהרים אחר מדותיך: צקון לחש. שפך שיח ותפלה: מוסרך למו. בהיות מוסר יסוריך בא על עליהם וכך הוא תפלתם: (יז) כמו הרה תקריב ללדת וגו'. כך היינו

רד"ק

בגלות כי הם מתים ואין בהם ממש ופי' לא יחיו אין בהם חיות והם כמו המתים שלא יקומו כמ"ש ממקומו לא ימיש: לכן פקדת. אתה אליהם ועל עובדיהם והשמדת אותם מן העולם עד שלא נשאר זכר להם: כל זכר. פי' שום זכר כמו כל מלאכה לא תעשו: (טו) יספת לגוי ה'. אותם השמות השמדת ואבדת אבל הגוי שהוא לך יספת והגדלת להם כל טובה יספת להם לפי שנכבדת עמהם ולא עם הגוים האחרים לפיכך רחקת אותם עד קצוי ארץ כלומר טלטלתם הנה והנה והגליתם מארצם עד קצוי ארץ: (טז) ה' בצר פקדוך. כשהיו ישראל בגלות בצרה פקדוך כלומר אותך לבד פקדו בעת צרתם לא אחר: צקון לחש מוסרך למו. בעת שהיה מוסרך להם היו שופכים לפניך תפלה כי יודעים היו כי הצרה הבאה להם בגלות מוסרך היה ולא בדרך מקרה אלא שהיית מיסר אותם על עונם והם היו מתודים ומתפללים לפניך כן היו דרכם וחקם כל זמן שהיו בגלות: צקון. הנו"ן נוספת כנו"ן אשר לא ידעון אבותיך והוא חסר פ"א הפעל ושרשו יצק ולחש פי' תפלה. נקראת כן לפי שהיא נאמרת בלחש וי"ת ה' בעקא וגו'. ר"ל בעתות השמד בגלות בשעה שהיו גוזרים עליהם שלא ללמוד תורה ושלא לעשות מצות והם היו לומדים ועושים בחשאי: (יז) כמו הרה. פירש א"א ז"ל דבק עם הפסוק שלמעלה צקון לחש מוסרך

אבן עזרא

(טו) יספת. כל מה שיספת ליסר עמך פעם אחר פעם הודו כבודך ואם הרחקתם ממקומם: (טז) ה'. בצרתם פקדוך לקון לחש הנו"ן נוסף כנו"ן אשר לא ידעון והיא מלה זרה והיתה ראויה להיותה יצקו לכן באה הסרת פ"א הפעל כמו והיום רד מאד והטעם כמו ולפני ה' ישפך שיחו והטעם מוסרך שהיו אומרים בלחש המוסר שהיית מייסר אותם: (יז) כמו הרה. פי' מוסרך: תקריב.

מצודת ציון

המיתה וכפל הדבר במ"ש: פקדת. ענין לוואת הפורעניות כמו יפקוד ה' על צבא המרום (לעיל כ"ד): ותשמידם. ענין כליון: כל זכר. שום זכר וכן לא תעשה כל מלאכה (שמות כ') ור"ל שום מלאכה: למו. להם: (טו) יספת. מלשון הוספה: כל. כמו בכל ותחסר הבי"ת: (טז) פקדוך. ענין זכרון כמו וה' פקד את שרה (בראשית כ"א): צקון. מלשון יציקה ושפיכה ויאמר כן על הרבות הפלל וכן ישפוך שיחו (תהלים ק"ב): לחש. ר"ל תפלה הנאמרה בלחש ובקול נמוך: מוסרך. מלשון יסורין: למו. להם: (יז) תחיל.

מצודת דוד

ותאבדם מבלי היות להם שום זכרון: (טו) יספת לגוי ה'. כל מה שיספת לייסר עמך פעם אחר פעם עכ"ז הודו כבודך ולא מרו בך ואף כי הרחקתם ממקומם ללכת גולה בכל קצות הארץ לא זזו ממך: (טז) בצר. בעת בוא צרה עליהם זכרו בך ודורשים אליך בתפלה: צקון לחש. שפיכת תפלה מלויה ביניהם כאשר בא להם מוסרך: (יז) כמו הרה. ר"ל וכה יאמרו בתפלתם הנה כמו אשה הרה אשר תקריב ללדת שאז תתחזק חלחלה ותזעק בעבור ייסורי חבלי הלידה כן היינו גם אנחנו חלים ורועדים מפני זעמך:

gent on this bounty. E.g. if a son is born to an Israelite, he performs the rite of circumcision upon him. A gentile leaves his son uncircumcised and lets his hair grow long in honor of the pagan deities. If an Israelite builds a house, he affixes a mezuzah to each doorpost and builds a rail around the roof to prevent mishap. A gentile erects an idol in his new house. Thus, God is honored through the bounty He bestows upon Israel. See *Rabbi Joseph Kara; Pesikta d'Rav Kahana* 194f.; *Otzar Midrashim* p. 75.

17. **As a pregnant woman comes near to give birth, etc.**—*So were we because of You; we see troubles being*

You visited [upon them] and You destroyed them; You have put an end to any memory of them.
15. You have added to the nation, O Lord; You have added to the nation and have been honored; You have rejected all the ends of the earth.
16. O Lord, in their straits they remembered You; they pour out prayer when Your chastening is upon them.
17. As a pregnant woman comes near to give birth, she shudders, she screams

and that these slackers who slackened their hands from Your commandments shall not have restoration.—[*Rashi*]

Alternatively, *they are dead, they do not live; they are departed, they do not rise.* This refers to the heathen deities, who have no life or power of any kind.—[*Redak, Mezudoth*]

Accordingly, מֵתִים is synonymous with רְפָאִים. *Ibn Ezra* interprets it as referring to the masters who had ruled over the Jews and are now dead.

therefore, You visited [upon them] and You destroyed them—*Have You not already visited upon them and destroyed them with the words of Your mouth, like the matter that is stated*: "(Exodus 17:14) *For I will surely erase the memory of Amalek.*"—[*Rashi*]

Rabbi Joseph Kara renders: If You remembered them [to resurrect them], You subsequently destroyed them. I.e. as soon as they were judged and called to account for all their crimes, they were immediately destroyed.

15. **You have added to the nation**—*to Israel* (*Tan. Pinchas* 16) *You added to them Torah and greatness and honor, and the more that You added to them, the more You were honored, for they thank You and praise You for all the bounty, unlike the custom of the heathens* (var. *of Esau*). *Therefore, You rejected from before You all other ends of the earth,* i.e. all distant nations. *Behold, in their bounty, in this manner the Israelites bestow praise and honor upon You, and in their straits*—

16. **O Lord, in their straits they remembered You**—*They do not question Your retributions.*—[*Rashi*]

they pour out prayer—*the pouring of speech and prayer.*—[*Rashi*]

when Your chastening is upon them—*When they are chastened, when Your chastening comes upon them; and so is their prayer*—[*Rashi*]

I.e. the following verses constitute the prayers the Jews recite before the Lord in times of distress.

Verse 15 is expounded upon in various Midrashim to illustrate the difference between Israel and other nations. When Israel is given festivals to celebrate, they do so in a serious vein, by offering up sacrifices and by attending the synagogue for prayer. The gentiles, however, celebrate their festivals with revelry and drunkenness. Similarly, Israelites show their appreciation of God's bounty by praising Him and fulfilling those commandments contin-

בְּחֶבָלֶיהָ כֵּן הָיִינוּ מִפָּנֶיךָ יְהוָה׃
יח הָרִינוּ חַלְנוּ כְּמוֹ יָלַדְנוּ רוּחַ יְשׁוּעֹת בַּל־
נַעֲשֶׂה אֶרֶץ וּבַל־יִפְּלוּ יֹשְׁבֵי תֵבֵל׃
יט יִחְיוּ מֵתֶיךָ נְבֵלָתִי יְקוּמוּן הָקִיצוּ

קדמך יי׃ יח אחדתנא עקא כמעדיא דמטת עדן מילדה קליל כרוחא פורקן לא איתיאו ארעא לא עבדו אף פרישן לא יכלין למעבד דדיירין בתבל׃ יט את הוא מחיי מיתין גרמי נבלתהון את מקים יחון וישבחון

ת״א הרינו. מה ח׳ (יבמות ו): יחיו מתיך. כתובות קיט סנהדרין ל זוהר חיי ברה תרומה ויקהל (ברכות ט תענית כג) הקיצו. סוטה ח:

רש״י

מפניך רואין אנו צרות מתחדשות וסבורים אנו שהם מיני סימני ישועה וגאולה לפי שאנו מובטחים ליגאל מתוך צוקה וצרה כיולדה זו: מפניך. מפני גזרותיך: (יח) הרינו חלנו. חיל כיולדה כאלו ילדנו כאלו קרובים אנו להגאל והוא רוח ואין ישועה: ישועות בל נעשה ארץ. הכל סבלנו וצרותינו אין אנו מבינים לנו ישועה: ובל יפלו. ואין נופלין העמים שהם יושבי תבל שכבשו ומלאו את הארץ ויונתן תירגם בל יפלו ל׳ ונפלינו אני ועמך (שמות ל״ג) אין יושבי תבל יכולין לעשות פלא: (יט) יחיו מתיך. למעלה התפלל שלא יחיו הרשעים וכאן התפלל שיחיו הצדיקים בבקשה ממך יהיו אותן שמומתין עליך יצא דבר מלכות מלפניך לומר נבלתי יקומון נבלות עמי שנבלו עצמן עלי להם תהי תקומה זו הילוף למה שכתוב למעלה רפאים בל יקומו אבל אלו יקומון: הקיצו ורננו. כל זה יאמר להם

מהר״י קרא

ללדת. בשעה שתחיל תזעק בחבליה. חבלים וצירים לאשה הרה. גם הגה סימני לידה לאשה. צירים וחבלים. כמו כן סימני גאולה לישראל צרות וגזירות רעות: (יח) הרינו חלנו. כמו שילדנו רוח. הגזירות אנו רואין כמשמשות ובאות וכאשר אנו מצפין לישועה אחריהן והנה הכל הבל: ישועות בל נעשה ארץ. אין אנו עושין מעשים טובים [להיות] ישועה על ידינו. ודבר זה גורם שלא יפלו יושבי תבל זו אומות אדום הרשעה הנזכרת למעלה בענין. פחד ופחת ופח עליך יושב הארץ: (יט) יחיו מתיך לפי שנתנבא למעלה על עכו״ם מתים בל יחיו. אמר על ישראל יחיו מתיך וגו׳. שמתי ישראל עתידין לעלות מקבריהן כיבש חציר שהוא מתחדש ועולה בפני הטל. אורות זה לשון גשים כמד״א ועתה לא ראו אור: וארץ רפאים. ורפאים

אבן עזרא

עלמה ללדת: (יח) הרינו חלנו. ורוח וכן ילדנו והטעם כי לא היה בנו כח להגלל וזה הוא ישועות לא נוכל לעשות: ארץ. חסר בי״ת כמו כי ששת ימים: ובל יפלו. יש אומר שהוא חסר אל״ף ואמרו ויפלו מאד בעיניהם ואין ויפלו שם כי אם כמשמעו כאשר אפרש ולפי דעתי שלא נוכל שלא יפלו: (יט) יחיו. רק מתיך הכ״ף לנוכח השם הם יחיו ולפי דעת הכל שזה רמז לתחיית המתים ויש אומרים שהוא הפך מתים בל יחיו כי הנה אדונינו מתו ואנחנו שהיינו חשובים כמתים היינו חיים: נבלתי. היו״ד סימן הנביא כי הוא מישראל וכן הוא יחיו מתיך ומתי נבלתי יקומון כאילו קול

רד״ק

למו אמר כל כמה שתכם ותיסרם הם בכל עת שבים אליך ויאהבוך כמו הרה תקריב ללדת כי בעת שהיא קרובה ללדת חבליה יותר חזקים ואע״פ שהיא יודעת כי בעלה גרם לה זה אינה שונאה אותו ובאותה שעה שחבליה חזקים היא תאהבנו וכן היינו מפניך כי בעת שתכנו ותיסרנו אנו אוהבים אותך יותר ושבים אליך בכל לב: (יח) הרינו חלנו כמו ילדנו רוח. פי׳ א״א ז״ל היולדת כאשר ילדה ידעה כי כבר נמלטה אך ענינו כמו האשה שתקריב ללדת בלא עתה ולא ילדה זהו כמו רוח ואינה שמחה בהפסק החבלים כי יודעת היא כי בקרוב תעמד עוד במשבר בנים כן היינו אנחנו בגלות כי בעת שהיינו נמלטים מצרה לא היינו שמחים כי ידענו כי אחרת תכופה ועתידה לבא אחריה כן בענין זה היינו בכל ימי הגלות כי דבר הישועות אשר הבטחתנו לא היה נעשה בארץ: ובל יפלו יושבי תבל. לא היו נופלים ממלכות העכו״ם כי אותו דבר הוא סימן לישועתינו כשיפלו הם נקום אנחנו ובכל עת שהיינו נצולים מצרה לא היינו שמחים בזה כי היינו יודעים כי לא הגיע עת הישועה ולא היינו רואים שהיו נופלים יושבי תבל: נעשה. נפעל עומד: (יט) יחיו מתיך. אמר אז בעת הישועה יחיו מתיך כי עתיד הקב״ה להחיות מתים בעת הישועה וכן אמר בנבואת דניאל ורבים מישיני אדמת עפר יקיצו וכבר כתבנו בתחילת פרשה זו שהיא ביום ההוא יושר השיר הזה והשיר הוא ענין הפרשה הזאת עד זה הפסוק ואמר הנביא אז יחיו מתיך והכנוי הוא כנגד האל ר״ל הצדיקים שהם לאל כמו שאמרו רבותי׳ ז״ל כי תחית המתים לצדיקים ולא לרשעים וכן נראה בזה הפסוק שאמר מתיך וכן בנבואת דניאל שאמר ורבי׳ ואמר נבלתי יקומון וחסר עם או כ״ף כנבלתי או עם נבלתי אומר כשתקום נבלתי מן העפר יקומו ג״כ שאר הצדיקים והוא היה בוטח באמת שיקום שהיה יודע בעצמו שהוא צדיק: הקיצו ורננו. ויאמר כל א׳ לחברו הקיצו ורננו שוכני עפר.

מצודת דוד

(יח) הרינו חלנו. לפי שאנו מובטחים להגאל מתוך קושי השעבוד לכן אחז במשל מאשת לידה שיש לה צער הריון וחיל הלידה ויולדת רוח בעלמא שאין לה במה להתנחם על הצער שסבלה ור״ל יאמרו בתפלתם הלא דמינו לאשת לידה כזאת כי סבלנו קושי השעבוד ואין במה להתנחם כי עדיין לא נעשה ישועה בארץ ועדיין לא נפלו האומות שכבשו ומלאו פני תבל: (יט) יחיו מתיך. אמר דרך תפלה ובקשה קרב יום יעמדו בתחיה אלו המומתים על קדוש שמך: נבלתי יקומון. יצא דבר מלכות מלפניך לומר נבלתי יקומון ר״ל נבלת עמי

מצודת ציון

מלשון חיל והלחלה: בחבליה. הם מכאובי הלידה כמו שמה חבלתך אמך (שיר השירים ח׳): מפניך. ענין כעס וזעם כמו פני ה׳ חלקם (איכה ד׳): (יח) הרינו. מלשון הריון: חלנו. מלשון חיל וחלחלה: (יט) נבלתי. אף גוף הצדיק המומת יקרא נבלה כמו את נבלת איש האלהים (מלכים א׳ י״ג): הקיצו. ענין הערה

tion is not being wrought [in] the land. I.e. the promise of salvation is not yet being fulfilled.

neither do the inhabitants of the world fall—*The nations* (var. *the children of Esau*), *who are the inhabitants of the world, since they conquered and filled the earth, do not fall.*—[*Rashi*] The latter reading is found also in Rabbi Joseph Kara's commentary. See above v. 10.

Since the gentile nations are not falling, we understand that the ultimate redemption is not yet at

in her pangs, so were we because of You, O Lord. 18. We con-
ceived, we shuddered, as though we bore wind; we wreak no
salvations [in] the land, neither do the inhabitants of the world
fall. 19. May Your dead live, 'My corpses shall rise; awaken

renewed, and we think that they are sorts of indications of salvation and redemption, for we are promised to be redeemed out of straits, as a woman giving birth.—[*Rashi*]

I.e. the redemption will come when the troubles are at their worst much like a woman, who suffers the worst pains immediately preceding childbirth.

Alternatively, this verse is connected to the preceding one, which tells us that the Jews pour out their prayer, "when Your chastening comes upon them." The prophet continues to elaborate on this idea by comparing them to a pregnant woman, whose pains increase before she gives birth. Yet, although knowing full well that her husband was the cause of her pains, she returns to live with him after the birth and loves him just as she did previously. So it is with Israel; although knowing full well that their afflictions are due to the decrees of the Almighty, they return to Him and love Him all the more.—[*Redak* quoting his father]

because of You—*Because of Your decrees.*—[*Rashi*]

18. **We conceived, we shuddered**—*a shudder like a woman giving birth, as though we had given birth, as though we were close to being redeemed, yet it was wind and no salvation.*—[*Rashi*]

Rabbi Joseph Kimchi interprets the allegory as comparing the Jews to a woman who gives into false labor. When her labor pains cease, she is fully aware that when the time comes, she will again suffer the same pains. (This condition the prophet calls 'bearing wind' since the fetus was not yet expelled from the womb.) *So is the case with Israel. When they are delivered from one distressful situation, they are aware that another will follow in its wake.*—[*Redak*]

we wreak no salvation [in] the land—I.e. we are doing no deeds that can bring about salvation in the land.—[*Kara*]

Ibn Ezra notes that the preposition is missing. This structure is not unusual in Scripture.

Rashi explains—*We have suffered everything, and our troubles* (sic) *we do not understand for ourselves a salvation.*—[*Rashi* in *Nach Lublin*] Warsaw edition reads: *With all our suffering and our trouble, we do not prepare salvation for ourselves. K'li Paz* reads: *with all our pains and our troubles, we do not bring salvation for ourselves.* Some manuscripts read: *Throughout our troubles we do not see any salvation.* Others read: *We do not recognize any salvation.* Others read: *We cannot prepare for ourselves any salvation.* All these versions seem superior to *Nach Lublin.*

Redak explains the passage in the passive voice: [The matter of] salva-

תרגום

קֳדָמָךְ כָּל דַהֲווּ רְמַן
בְּעַפְרָא אֲרֵי טַל נְהוֹר
טַלָךְ לְעָבְדֵי אוֹרַיְתָךְ
וְרַשִׁיעַיָא דִי יְהַבְתָּא לְהוֹן
גְבוּרָא וְאִינוּן עֲבָרוּ עַל
מֵימְרָךְ לְגֵהִנָם תִּמְסַר׃
כ אֱזֵיל עַמִּי עֲבֵיד לָךְ
עוֹבָדִין טָבִין דְיַגְנוּן עֲלָךְ
בְּעִדָן עָקָא אִטְמַר כִּזְעֵיר
זְמַן עַד דְיֶעְדֵי לְוָט׃
כא אֲרֵי הָא יְיָ מִתְגְלֵי
מֵאֲתַר שְׁכִנְתֵּהּ לְאַסְעָרָא חוֹב יָתֵיב אַרְעָא עֲלוֹהִי וּתְגַלֵּי אַרְעָא עַל דַם זַכַּאי דְאִתְּשֵׁיד בָּהּ וְלָא

וְרַנְּנוּ שֹׁכְנֵי עָפָר כִּי טַל אוֹרֹת טַלֶּךָ
וָאָרֶץ רְפָאִים תַּפִּיל׃ כ לֵךְ עַמִּי בֹּא
בַחֲדָרֶיךָ וּסְגֹר דְּלָתְךָ בַּעֲדֶךָ חֲבִי
כִמְעַט־רֶגַע עַד־יַעֲבָור־זָעַם׃ כא כִּי־הִנֵּה
יְהוָה יֹצֵא מִמְּקוֹמוֹ לִפְקֹד עֲוֹן יֹשֵׁב־

ת"א טל אורות. כתובות קיא: לך עמי. במא קמא ס' סנהדרין כה לם ע"ז יד זוכר וישב: כמעט רגע. ברכות ז' (ברכות יא): יתיר י' יתיר ו'

מהר"י קרא

הנזכרים למעלה הם הם מתי עכו"ם לארץ אתה עתיד להפיל אותם שמשמתים אינם עומדים לעלות: (כ) לך עמי בא בחדריך וגו': (כא) כי הנה ה' יצא ממקומו. לפקוד עון עשו הרשע

רש"י

הקב"ה הקיצו ורננו לשון ליווי הוא זה: **כי טל אורות טלך**. כי נאה לך לעשות כן שיהא טל תורתיך ומצותיך להם טל של אור: **וארץ רפאים הפיל**. ולארץ ולעפר תפיל את ארץ רפאים שריפו ידיהם מתורתך: **רפאים תפיל**. לפי שאמר וכל יפלו יושבי תבל חוזר ואומר אתה הפילם כי אין בצדקותינו כדי להפילם: **(כ) לך עמי בא בחדריך**. תשובה זו השיבוהו לנביא לך עמי בא בחדריך בבתי כנסיות ובבתי מדרשות. ד"א התבונן על מעשיך בחדרי לבך. כך דרש רבי תנחומא: **וסגור דלתך בעדך**. תירגם יונתן עביד לך עובדין טבין דיגנון עלך ור' תנחומא דרש סגור דלתי פיך שלא תהרהר אחר מדת הדין: **חבי**. התחבאי מעט עד יעבר זעם כי אמת אפקוד על שונאיך: **(כא) כי הנה ה' יוצא וגו'**. ממדת הרחמים למדת הדין:

רד"ק

או יצא קול מן השמים ויאמר להם זה: **כי טל אורות טלך**. אורות הם ירקות כמו ללקוט אורות אמר על דרך משל טל הראוי לירקות הוא טלך כמו שהטל מחיה הירקות ומצמיחם כן טלך אמר כנגד השם שיחיה המתים: **וארץ רפאים תפיל**. הארץ תשליך המתים ממנה ולחוץ לשון האשה המפלת וארץ כמו והארץ נעדרה ממנו ה"א הידיעה או יהיה תי"ו תפיל כנגד האל אמר תחיה מתיך אבל הרשעים והם הרפאים תפיל אותם לארץ עד שלא תחיה אותם: (כ) לך עמי. זה הפסוק אמר במלחמת גוג ומגוג שתהיה צרה לישראל מעט זמן אמר דרך משל לך עמי בא בחדריך וסגור דלתך בעדך וזה משל להסתר במעשים טובים ובתשובה שלמה כי כמעט רגע יהיה הזעם ויעבור והטובים ימלטו כמו שאמר כל הנמצא כתוב בספר: חבי. אמר לשון נקבה כנגד עמי שוכר כי עם מצאנו בלשון נקבה כמו מדוע שובבה העם הזה וחטאת עמך אבל ברוב הוא ל' זכר ויש מפרשים אותו שם בפלס שבי צבי ודלתיך כתיב ביו"ד לשון רבים וקרי דלתך לשון יחיד על דרך כלל ואינו ממשקל דלת בסגול כי היחיד אומר דלתיך כמו ויקוב חור בדלתו: יעבור. כתוב בוי"ו וקרי בלא וי"ו בקמץ חטף מפני המקף: (כא) כי הנה ה' יוצא ממקומו. על דרך משל כמו שאמר גם כן ויצא ה' ונלחם בגוים ההם וכל עונם שקדם יפקד עליהם בעת ההיא וכל דם נקי ששפכו יפקד עליהם וכאשר לא ינקם

אבן עזרא

ישמעו לאמר הקיצו: **כי טל אורות**. טל עם אורה הוא טלך והכ"ף לנוכח השם ויש אומרים כי אורות צמחים כמו ללקט אורות והם צמחים יסבו כנגד השמש והירח: **וארץ**. נפתח הוי"ו להורות על ה"א הדעת הנעדר והארץ תפיל הרפאים ממנה כנפל אשת ויש אומרים אתה לבדך החיית מתיך כי תולדת הארץ להפיל המתים בתוכה: **(כ) לך עמי בוא בחדריך**. על דעת רבי משה הכהן שיסגרו בירושלם מפני סנהריב: **חבי**. יש אומרים כי בא כדרך בעלי הה"א באחרונה כי ימלא עם לשון נקבה כמו וחטאת עמך ורבי יהודה המדקדק נ"ע אמר כי חבי שם על משקל שבי והראשון הוא האמת: (כא) **כי. יוצא ממקומו**.

מצודת ציון

כמו לא הקיץ הנער (מלכים ב' ד'): אורות. הוא שם לצמח מה כמו ללקט אורות (שם): רפאים. כן יקראו המתים על כי נרפו ונחלשו על ידי המיתה: (כ) בעדך. כנגדך: חבי. מלשון מחבואה ומכתורה: זעם. כעס: (כא) לפקוד. ענין זכרון: וגלתה. מלשון גלוי:

מצודת דוד

שנגלו עלמן עלי יקימון בתחיה ואתם שוכני עפר הקיצו משינת המיתה ושבחו לה': כי טל. כי טל התחיה שתוריד עליך יהיה כטל סיורד על הצמחים שמגדל אותם כן יחיו המתים על ידי טל תחיה: וארץ וגו'. הארץ תפיל ותשליך לחוץ את המתים הקבורים בה: (כ) לך עמי. מאמר הנביא בדרך משל בוא בחדרך וסגור הדלת בעדך שלא יוכל לבוא מי אשר לעשות עמך רעה וסתרי כשיעור רגע מועטת עד אשר יעבור הזעם ותלך לו ור"ל סתרי עלמך במסתר התשובה ומעשים טובים להגן עליך מזעם הצרות שיבואו קודם בוא הגאולה: (כא) יוצא ממקומו. הוא ענין משל וכמ"ש ויצא ה' ונלחם בגוים (זכריה י"ד): לפקוד. לזכור עון יושב הארץ על היושב בה לשלם גמול המפעל: וגלתה. דמי הרוגי ישראל הנבלעים

people, come into your chambers,'' into the synagogues and the study-houses. Alternatively, think about your deeds, in the chambers of your heart. In this manner Rabbi Tanhuma expounded it.—[Rashi from *Tan. Buber,* p. 74b with variations. See *Yalkut Shimoni,* which agrees with *Rashi.*]

close your door about you— *Jonathan renders: Do good deeds that will protect you. Rabbi Tanhuma, however, expounded: Close the doors of your mouth so as not to question the divine standard of justice.—*[*Rashi* from aforementioned Midrashic source]

hide—*Hide a little until the wrath*

and sing, you who dwell in the dust, for a dew of lights is your
dew, and [to the] earth You shall cast the slackers. 20. God,
My people, come into your chambers and close your door
about you; hide for but a moment, until the wrath passes.
21. For behold the Lord comes forth from His place to visit the
iniquity of the dweller of

hand.—[*Redak*] *And Jonathan rendered* יִפָּלוּ *as an expression related to*: "(Ex. 33:16) *And wonders shall be wrought* (וְנִפְלֵינוּ) *for me and Your people." The inhabitants of the world cannot perform a wonder.*—[*Rashi*]

Rashi apparently interprets the verse in Exodus according to *Targum Onkelos,* unlike his own commentary, which see. It is unclear what wonders the inhabitants of the world are expected to perform.

19. **May Your dead live**—*Above* (v. 14) *he prayed that the wicked should not live, and here he prayed that the righteous should live. I beseech You that those who were slain for Your sake come to life. May a royal edict emanate from You saying, "My corpses shall rise." The corpses of My people who made themselves corpses for My sake, they shall be raised up. This is the opposite of what is written above* (v. 14): *"Slackers shall not rise." These, however, shall rise."*—[*Rashi* based on *Aggadath Bereishith* ch. 43; *Yalkut Shimoni* ad loc.] These sources explain that the verse refers to those who suffered martyrdom because of their observance of God's commandments, such as the rite of circumcision, the observance of the Sabbath, and the study of the Torah. *Etz Yosef* places this in the period of Greek domination.*

awaken and sing—*All this the Holy One, blessed be He, shall say to them. "Awaken and sing," is an imperative form.*—[*Rashi*]

Ibn Ezra explains that it is as though they would hear a voice, announcing "Awaken and sing." *Redak* explains that each one will say to his friends, "Awaken and sing."

for a dew of lights is Your dew—*For it is fitting for You to do so, that the dew of Your Torah and Your commandments shall be to them dew of light.*—[*Rashi*] I.e. the Torah in which they engaged and the commandments they scrupulously observed will be as dew of light, to enlighten their eyes.*

and [to the] earth You shall cast the slackers—*And to the earth and to the dust You shall cast the land of* (sic) *the slackers who slackened their hands from Your Torah.*—[*Rashi*] Manuscripts omit "the land of." That is obviously the correct version. See *Parshandatha.*

You shall cast the slackers—*Since he stated* (v. 18) *"Neither do the inhabitants of the world fall," he repeats, "You cast them down, for our merits do not suffice to cast them down."*—[*Rashi*]*

20. **Go, My people, come into your chambers**—*This reply they replied to the prophet. "Go, My*

הָאָרֶץ עָלָיו וְגִלְּתָה הָאָרֶץ אֶת־דָּמֶיהָ
וְלֹא־תְכַסֶּה עוֹד עַל־הֲרוּגֶיהָ׃ כז א בַּיּוֹם
הַהוּא יִפְקֹד יְהוָה בְּחַרְבּוֹ הַקָּשָׁה
וְהַגְּדוֹלָה וְהַחֲזָקָה עַל לִוְיָתָן נָחָשׁ בָּרִחַ
וְעַל לִוְיָתָן נָחָשׁ עֲקַלָּתוֹן וְהָרַג אֶת־
הַתַּנִּין אֲשֶׁר בַּיָּם׃ ב בַּיּוֹם הַהוּא כֶּרֶם

תרגום

תְכַסֵי עוֹד עַל קְטִילָהָא׃
א בְּעִדָנָא הַהִיא יַסְעַר יְיָ
בְּחַרְבֵּהּ רַבְּתָא תַקִיפְתָּא
וְחַסִנְתָּא עַל מַלְכָּא
דְאִתְרַבְרַב כְּפַרְעֹה
מַלְכָּא קַדְמָאָה וְעַל
מַלְכָּא דְאִתְגָאֵי
כְּסַנְחֵרִיב מַלְכָּא תִנְיָנָא
וְיִקְטוֹל יָת מַלְכָּא דְתַקִיף
כְּתַנִינָא דִי בְּיַמָא׃
ב בְּעִדָנָא הַהִיא כְּנִשְׁתָּא

ת"א בחרבו הקשה. ב"ב ע"ד:

רש"י

יושב הארץ. הוא הר שעיר: על הרוגיה. שהרגו בישראל: כז (א) על לויתן נחש בריח וגו'. ת"י על מלכא דאתרברב כפרעה מלכא קדמאה ועל מלכא דאתגאי כסנחריב מלכא תנינא. בריח לשון פשוט כבריח הזה לפי שהוא ראשון: עקלתון. ל' כפול לפי שהוא שני ואומר אני לפי שאלו שלש אומות חשובות מצרים ואשור ואדום לכך אמר על אלו כמו שאמר בסוף הענין ובאו האובדים בארץ אשור והנדחים בארץ מצרים וע"ש הנמשלו עכו"ם ומזלות כנחשים הנושכין: לויתן נחש בריח. הוא מצרים: לויתן נחש עקלתון. הוא אשור: והרג את התנין אשר בים. הוא צור שהוא ראש והיא יושבת בלב ימים וכן כתיים קרויים איי הים והן עכו"ם: (ב) ביום

מהר"י קרא

שהוא יושב הארץ: וגלתה הארץ את דמיה. דמם של ישראל ששפכו:
כז (א) ביום ההוא יפקוד [וגו'] על לויתן. על פרעה המושל ממשל רב. ודומה לנחש בריח שמבריח ברקיע מן הקצה אל הקצה. כמו שפירשתי באיוב: ועל לויתן נחש עקלתון. ועל סנחריב מלך אשור שהקיף את כל העולם כולו כנחש עקלתון: והרג את התנין אשר בים. שהיה משחית את הכרם הם ישראל. כדכתיב כי כרם ה' צבאות בית ישראל ואיש יהודה נטע [וגו']. אותה שעה: (ב) כרם חמר ענו לה.

אבן עזרא

הנזרות היוצאות מלפני השם: את דמיה. הם החללים הנקברים בקרבה: כז (א) ביום. באותם הימים זאת הפקידה כמו הכתובה למעלה: לויתן. הוא התלי ונקרא בריח בעבור שהוא מבריח מן הקצה אל הקצה: ועל לויתן. גם הוא בים והוא צורת נחש כי גם צורת נחש בים ועקלתון שם התאר והתנין הוא הגדול אשר בים ויש אומרים כי לויתן נחש בריח גם עקלתון הם ביבשה והטעם על מלכי הארץ והתנין הוא מלך מצרים כאשר הוא כתוב בספר יחזקאל ויש אומרים מלך צור והישר בעיני רבי משה הכהן שהוא רמז מבחר כל גיבורי חיל ונגיד ושר: (ב) ביום. חמר. תירוש כמו

רד"ק

הדם יראה כאלו הוא מכוסה תחת הארץ וכשינקם כאלו הוא מגולה. וכן אמר איוב ארץ אל תכסי דמי לפיכך אמר ולא תכסה עוד על הרוגיה וזכר הדם ולא זכר החמסים האחרים שעשו כי הדם הוא החמס הגדול וכן אמר בנבואת יואל ונקיתי דמם לא נקיתי: (א) ביום ההוא. הקשה והגדולה והחזקה. הכפל לחזק כריתת החרב בגוים שלא היתה כמוה וכל זה במלחמת גוג ומגוג כמו שפירשנו ולויתן שזכר הוא משל על מלכי העכו"ם החזקים ולויתן הוא הדג הגדול אשר בים ויקרא גם כן תנין כי כן כתוב ויברא אלהים את התנינים הגדולים לפיכך המשיל העכו"ם הגדולים בלויתן ותנין והתנין הוא הנחש. וכה שאמר בריח ואמר עקלתון כאלו היה מבריח הים מן הקצה אל הקצה מרוב גדלו ובמקומות מעקל עצמו מרוב ארכו לפיכך נקרא עקלתון. ומה שאמר לויתן לויתן תנין שלשה רמז למלכות אדום וישמעאל ומלכות ההודיי' שלישי וי"מ נחש בריח התלי שהוא מבריח מן הקצה אל הקצה גם הוא עקלתון ועליו נאמר חוללה ידו נחש בריח ולפירוש הזה גם כן הוא משל על גדולי העכו"ם וכן הוא בפרקי דרבי אליעזר התלי מנוד המאורות ונטוי מן הקצה אל הקצה כבריח נחש עקלתון: (ב) ביום ההוא

מצודת דוד

בארץ הנה הארץ תגלה את הדם היא לשיא תקטרג ותבקש דין: על הרוגיה. על ההרוגים הנקברים בה:
כז (א) יפקוד ה'. ישגיח להכות בחרבו על האומות: על לויתן נחש בריח. הוא משל על ישמעאל שהוא מבריח ברוב הישוב מקצה אל הקצה כמו הלויתן שמבריח את הים מהקצה אל הקצה: ועל לויתן נחש עקלתון. הוא משל על אדום שהוא מעוקל במעשיו כמו הלויתן שבעבור רוב ארכו מעקל עצמו במקומות מסים: התנין אשר בים. הוא משל על יתר האומות השוכנים באיי הים שאינם לא מאמונתם ולא מהמונם: (ב) כרם חמר ענו

מצודת ציון

כז (א) יפקוד. ענין השגחה: לויתן. הוא הדג הגדול שבים וכן תמשוך לויתן בחכה (איוב מ'): נחש. הלויתן הוא דומה לנחש: בריח. כעין מטה ההושם לסגור השער ומבריח מקצה השער עד קצהו ולכן יקרא הלויתן בריח כי מבריח מקצ' הים ועד קצהו: עקלתון. ענין עקום ועוות כמו ארחות עקלקלות (שופטים ה'): התנין. כן נקרא הדג הדומה למראית הנחש וכן את התנינים

are the Greeks. See above 23:1, 3, where the identity of Tzor and Kittim is discussed.

Redak too interprets this as an allegory, alluding to the mighty kings of the nations. [It seems that there is one serpent, described in three different manners to allude to three nations.] The leviathan is the largest fish in the sea, also called 'tannin' in Gen. 1:21. It is called 'the barlike serpent' and 'crooked serpent' because it would seem to stretch across the sea because of its extraordinary length, and to bend in places. These three epithets are used to allude to the three great nations: Edom, Ishmael, and the kingdom of

the land upon him; and the land shall reveal its blood and it shall no longer conceal its slain ones.

27

1. On that day, the Lord shall visit with His hard and great and strong sword on leviathan the barlike serpent, and upon leviathan the crooked serpent, and He shall slay the dragon that is in the sea. 2. On that day, "A vineyard producing wine," sing to it.

passes, for indeed I will visit upon your enemies.—[*Rashi*]*

21. **For behold the Lord comes forth**—*from the divine standard of mercy to the divine standard of justice.*—[*Rashi* from *Yerushalmi Taanith* 2:1]

the dweller of the land—*That is Mount Seir.*—[*Rashi*] Some manuscripts read: *That is Esau and Mount Seir.* Others read: *That is Esau on Mount Seir.*

its slain ones—*that they slew of Israel.*—[*Rashi*]*

1. **On that day**—To be understood as 'At that time,'—[Jonathan] or 'In those days.'—[*Ibn Ezra*]

with His hard and great and strong sword—The repetition is for emphasis, since there will be a slaughter of unprecedented proportions on the nations engaged in the war of Gog and Magog.—[*Redak*]

on leviathan the barlike serpent—*Jonathan renders: On the king who aggrandized himself like Pharaoh the first king, and upon a king who was as haughty as Sennacherib the second king.* בָּרִיחַ *is an expression of 'straight' like a bar, since he is the first.* The matter of simplicity is related to oneness. Since Pharaoh was the first great king, he is referred to as 'the barlike serpent,' a straight, penetrating serpent, that does not coil.—[*Rashi*]

crooked—*An expression of 'double,' since he is the second one.* I.e. the bend in the serpent indicates duality, thus the number two. *And I say that these are three important nations: Egypt, Assyria, and Edom. He, therefore, stated concerning these as he said at the end of the section,* "(v. 13) *And those lost in the land of Assyria shall come, as well as those lost in the land of Egypt," and since the nations are likened to serpents that bite.*—[*Rashi*]

leviathan the barlike serpent—*That is Egypt.*—[*Rashi*]

leviathan the crooked serpent—*That is Assyria.*—[*Rashi*]

and He shall slay the dragon that is in the sea—*That is Tzor that is the head of the children of Esau, and it is situated in the heart of the seas, and so Kittim are called the islands of the sea, and they are the Romans.*—[*Rashi* according to certain manuscripts] Some editions read: *They*

חמר ענו־לה: ג אני יהוה נצרה לרגעים
אשקנה פן יפקד עליה לילה ויום
אצרנה: ד חמה אין לי מי־יתנני שמיר

ת"א נלרה. (ברכות יד ע"ז מג) : חמה אין לי. נדרים לב ע"ז ד : הצ' בח"ק

דישראל דהיא ככרם נציב בארעא טבא שבחו לה: ג אנא יי נטר להון קים אבהתהון ולא אשיצינון אלא בזמן דאינון מרגזין קדמי אנא משקי להון כס פורענותהון אלולי חוביהון גרמין לאתפרע מנהון כבר ליליי ויםם מימרי מגין עליהון : ד הא גבורן סגי קדמי הלא אם ישוון בית ישראל אפיהון למעבד אוריתא אשלח רוגזי

מהר"י קרא

שבחי לה. כרם חמר. כרם שעושה יין הרבה. כלומר שירבו ויעצמו במאד מאד: (ג) (כי) אני [ה'] נוצרה. לכרם: לרגעים אשקנה. בכל עת שהיא צריכה למים. כלומר אני הוא שרועה את ישראל בגלותם בכל דור ודור שעומדין עליהן אילו הייתי פוקד עונה בכל עת שהן חוטאין אכלה אותם כרגע אבל מאריך אני אפי להם וממתינים לבדר שנכוחה זולתי אלהינו : (ד) חמה אין לי. על הכרם שכבר נשבעתי מקצוף עליהם ומגעיר בם. דכתיב כי מי נח זאת לי אשר נשבעתי: מי יתנני. שלא נשבעתי שאלמלא

רש"י

ההוא. בעת הגאולה ישירו לישראל זו היא כרם חמר הוליאה יינה הטוב. חמר (ויונוש בלע"ז): (ג) אני ה' נוצרה. בעת הגלות: לרגעים אשקנה. מעט מעט אני משקה אותם כוס פורענות הבאה עליה פן אפקוד עליה בבת אחת ואכלנה לכך לילה ויום אני מתבונן בה וי"ת אם לא שאני פוקד עליהם עונות שהם מרגילים לפני לילה ויום הייתי מגין עליהם : (ד) חמה אין לי. אין לי פה להגביר חמתי על העכו"ם לפי שאף ישראל הוטאין ומדת הדין מקטרגת: מי יתנני שמיר שית במלחמה. בבני מלחמתי והוא ישמעאל מי יתנני ואוכל לפקוד עליהם ולא תוכל מדת הדין למחות שישובו ישראל בתשובה והיא נותנת אותו שמיר ושית

רד"ק

כרם חמר ענו לה. פי' לכנסת ישראל שירו לה וענו לה כרם חמר כרם שעושה יין טוב ולפי שהנביא בתחילת נבואתו קרא לה כרם שעושה באושים ולא ענבים לפיכך אמר כי בעת ההיא שהיא עת הישועה אז יקראו לה כרם חמר שעושה ענבים טובים שיצא מהם יין חשוב אדום טוב כי חמר ענין אדמימות וכן אמר יין חמר ר"ל שאודם היין בו כי כן חשיבות היין אדמימותו כמו שאמר אל תירא יין כי יתאדם ותרגם יין חמרא והאדום יקרא בערבי אל המר: (ג) אני ה' נוצרה. הפך מה שאמר הסר משוכתו והיה לבער: לרגעים אשקנה. הפך מה שאמר ועל העבים אצוה מהמטיר עליו מטר: פן יפקד עליה. פירש אדוני אבי ז"ל עליה מן עלה זית אמר לרגעים אשקנה פן יחסר אפי' העלים שלה כל שכן הפרי או פי' פן יפקד האויב עליה לילה ויום אצרנה ופי' המשל אני ה' נוצרה שתהיה השגחתי תמידה עליה כמו שאמר ושמתי פני עליהם לטובה : לרגעים אשקנה. שאשפיע עליהם רוח דעת ורוח נבואה כמים לרוב כמו שאומר כי מלאה הארץ דעה את ה' כמים לים מכסים ונאמר אשפוך רוחי על כל בשר ואינו אומר כל בשר אלא על ישראל. כמו שאומר אחר כן ונבאו בניכם ובנותיכם וגו' : אצרנה. בקמץ חטף הצד"י במקצת ספרים : (ד) חמה אין לי. כי אינה ממדותי אלא ארך אפים. ואע"פ שכתוב נוקם ה' ובעל חמה הרי פי' אחריו נוקם הוא לצריו והם העכו"ם להם הוא נוקם ונוטר לעת יבא אידם ואע"פ שמאריך להם זמן רב עושה זה כדי להאבידם ולהשמידם מכל כמ"ש ומשלם לשונאיו אל פניו להאבידו ואומר להשמדם עדי עד אבל לישראל אינו עושה כן אלא כשהטאו מעט מעט הוא פוקד עונם ואינו שומר להם עד שיכלם כמו שאמר רק אתכם ידעתי מכל משפחות האדמה על כן אפקוד עליכם את כל עונותיכם. לפיכך אמר חמה אין לי כלומר על ישראל שאם היה לי חמה מי הוא שיתן לי שמיר ושית כלומר הכרם שנותן לי שמיר ושית במקום ענבים אם היה לי המה הייתי פוסע בה פסיעה אחת והייתי שורפה כלה כאחד במלחמה כשאני נלחם עמה על כל עונותיה כן פירש לי א"א ז"ל הפסוק והוא הטוב שבפירושים: שמיר שית. חסר

אבן עזרא

תשגה חמר והטעם שתתן פרי הרבה: ענו. כגון קול ענות: לה. לציון ומלת ענו למנגנים וכבר הזכיר הנביא שיהודה נטע שעשועי השם : (ג) אני. נוצרה. על השכינה שהיא בציון : לרגעים אשקנה. משל לנבואה שלא תפסוק: פן יפקד עליה. אמר רבי יונה המדקדק כי פן כמו לא ויו"ד יפקוד תחת אל"ף סימן המדבר וכמו ארה היים פן תפלס והטעם על כל העדים אפקד בלתי עליה. ויאמר רבי יצחק בן שאול כ"ע כי יפקד כמו לא נפקד ממנו איש והוא דבק עם לרגעים אשקנה פן יבול עליה כל אחד מעליה כמו נובלות עליה ויאמר רבי משה הכהן פן יפקד עליה האויב אצרנה לילה ויום והוא הישר בעיני : (ד) חמה. יש אומר כי גם אלה דברי השם והטעם אין לי חמה רבה: מי יתנני.

מצודת ציון

סגדולים (ברכות א') : (ב) חמר. ענינו יין משובח כמו תשתה חמר (דברים ל"ב) : ענו. ענין הרמת קול כמו וענו הלוים וגו' קול רם (שם כ"ז) : לה. עליה : (ג) נוצרה. ענין שמירה כמו נוצר הסך (שמות ל"ד) : לרגעים. מלשון רגע : יפקוד. ענין חסרון כמו כי יפקד מושבך (ש"א כ') : עליה. עלי הגפנים : אצרנה. השמרנה : (ד) חמה. ענין כעס : שמיר שית. כמו שמיר ושית

מצודת דוד

לה. כולם ירימו קול על ישראל לומר שהוא כרם המוציא יין משובח לא כמו לשעבר שנאמר בה ויקו לעשות ענבים ויעש באושים (לעיל ה') : (ג) אני ה' נוצרה. משמרה אשמרה לא כמו לשעבר שנאמר בה הסר משוכתו והיה לבער וכו' : לרגעים אשקנה. בכל רגע אשקה אותה בימי מטר לא כמו לשעבר שנאמר בה ועל העבים אצוה מהמטיר עליו מטר: פן יפקוד עליה. כי פן יהיה נחסר העלים שלה על ידי כמישה לכן אצרנה לילה ויום להשקותה בזמנה ור"ל היום אף על העלין וכ"ש על הענבים והוא דרך משל לומר אשפיע להם הרבה טובה מגדוליהם ועד קטניהם : (ד) חמה אין לי. גם מזה לא הערתי עליהם כל חמתי כי אם הייתי מעיר כל חמתי אז מי הוא שיתן לי שמיר ושית כלומר זה הכרם שנתן לי מאז שמיר ושית במקום ענבים אם היה לי חמה מרובה הייתי פוסע בה פסיעה אחת והייתי שורפה כולה כאחת במלחמה כשאני נלחם עמה להפרע

and briers against the enemies! I would tread upon the standard of justice and I would visit upon them even more and additional punishment over their iniquity, and I would ignite them together. Jonathan rendered it in this manner, as referring to the nations. Our Sages of blessed memory explained it concerning Israel, and it refers back to the vineyard, as follows:

I have no wrath—*Despite all the*

3. I, the Lord, guard it, every moment I water it; lest He visit upon it, night and day I guard it. 4. I have no wrath; would that I were thorns

the Hodiim (Indians?). *K'li Paz* reads: The kingdom of Israel, the third. According to *Ibn Ezra,* it is the imaginary line, the axis around which all heavenly bodies rotate. It is referred to as the 'barlike serpent' because it stretches from one end to the other. [See Friedlander ad loc., *the Bahir* p. 195f.] This too is allegorical for the kings of the mighty nations. The dragon may be the kingdom of Egypt, as in Ezekiel 19:3, or the king of Tyre.—[*Ibn Ezra, Redak*]

Again, *Ibn Ezra* quotes R. Moshe Hakohen, who explains this as the elite of the officers of Sennacherib's army, who were to meet their downfall when encamped outside Jerusalem.

2. **On that day**—*At the time of the redemption, they shall sing to Israel, "This is a wine-producing vineyard. It has yielded its good wine."* חֶמֶר-*vinos in O.F., winish.*—[*Rashi*]

Redak renders: a vineyard of red wine. Israel is here referred to as a vineyard producing choice wine, in contrast to ch. 5, where it is likened to a vineyard that produced wild berries. In the Bible, red wine is regarded as of the highest quality. See Proverbs 23:31.—[*Redak*]

3. **I, the Lord, guard it**—*in the time of exile.*—[*Rashi*]

every moment I water it—*Little by little I water it with the cup of retribution that comes upon it, lest I visit upon it at once and I destroy it. Therefore, night and day I ponder about it. Jonathan renders: Were it not that I visit upon them the iniquities that they are accustomed to commit before Me, I would guard it day and night.*—[*Rashi*] *Rashi's* edition apparently read אֶפְקֹד, *I visit,* rather than יִפְקֹד, *He visit.*—[*Minhath Shai*]

Redak points out the contrast between this chapter and ch. 5, where the prophet states in the name of God: I will remove its hedges and it shall be eaten up.

every moment I water it—in contrast to "I will command the clouds not to cause rain to fall upon it."—[*Redak*]

lest He visit upon it—This appears to be the third person used instead of the first. Others render thus: lest its leaves diminish, explaining יִפְקֹד in the sense of lacking or diminishing, and עָלֶיהָ as derived from עָלֶה, *a leaf.* I constantly water it lest the leaves wither. I value even the leaves, let alone the fruit.—[*Ibn Ezra, R. Joseph Kimchi*]

Alternatively, lest the enemy visit harm upon it, I give Israel My personal Providence.—[*Redak*]

4. **I have no wrath**—*I have no mouth* (var. *excuse*) *to arouse My wrath on the nations, for Israel sins as well, and the standard of justice accuses.*—[*Rashi*]

would that I were thorns and briers against [the objects of My] war—*Against those with whom I wage war, namely Ishmael* (ms. *Esau*). *Would that I could visit upon them and the standard of justice would not be able to protest, i.e. that Israel would repent, and that would give Me thorns*

שִׁית בַּמִּלְחָמָה אֶפְשְׂעָה בָהּ אֲצִיתֶנָּה
יָּחַד: ה אוֹ יַחֲזֵק בְּמָעוּזִּי יַעֲשֶׂה שָׁלוֹם
לִי שָׁלוֹם יַעֲשֶׂה־לִּי: ו הַבָּאִים יַשְׁרֵשׁ
יַעֲקֹב יָצִיץ וּפָרַח יִשְׂרָאֵל וּמָלְאוּ פְנֵי

ת״א במעזי. סנהדרין לט: שלום לי. זוהר ויקרא: הבאים ישרש. שבת קמה. חש׳ בח״ק י׳ דגושה

תרגום: נַחֲמָתִי בְּעַמְמַיָּא דְמִתְגָּרוּן בְּהוֹן וְאֶשֵׁיצִינוּן כְּמָא דִמְשֵׁיצֵי אֶשָּׁתָא הוּבָאֵי וּבוּר כַּחֲדָא: ה אִם יִתְקְפוּן בְּפִתְגָּמֵי אוֹרַיְתִי אַעֲבֵיד שְׁלָמָא לְהוֹן מִכְּעַן שְׁלָמָא יִתְעֲבֵיד לְהוֹן: ו יִתְכַּנְשׁוּן מִבֵּינֵי גָלְוָתְהוֹן וִיתוּבוּן לְאַרְעֲהוֹן תַּמָּן יִתְיְלִידוּן דְבֵית יַעֲקֹב יִפְשׁוּן וְיִסְגוּן דְבֵית יִשְׂרָאֵל וְיִמְלוּן אַפֵּי תֵבֵל בְּנֵי

רש״י

כבני מלחמה אפשע פסיעה על מדת הדין והפקוד עליהם אף יתרון וניספ׳ על עונם ואציתם יחד כן ת״י על העכו״ם. ורז״ל פי׳ על ישראל והוא מוסב על הכרם המה אין לי בכל הכעסים שהכעסתני הכרם הזאת לא אוכל לשפוך חמתי לבערה מפני השבועה שנשבעתי לאבותיהם מי יתנני כימים שעברו לולי השבועה הייתי שמיר ושית ופושע בכרם ואציתנה יחד: (ה) או יחזק במעוזי. או לשון אם כמו או נודע כי שור נגח הוא (שמות כ״א) או יחזיק עמי במעוזי שלא יבקש מעוז אחר אלא מעוזי אז יעשה שלום לי להניח דעתי ואפי׳ שמתקשקשת בי על שאיני נוקם בצרי ואנקם בהם: שלום יעשה לי. ממדת הדין שלא יוכל לקטרג ולומר מה נשתנו אלו מאלו: (ו) הבאים ישרש יעקב. הלא ידעתם מה

מהר״י קרא

שבועתי. בשעת כעסי שהן חוטאין לפני אהיה להם שמיר ושית במלחמה. כאנשי מלחמה שבוססין את הכרם ושמים אותה לשמיר ושית. אפשעה בה ואציתנה יחד: (ה) או יחזק במעוזי. בתורתי. ואז יעשה שלום לי כלומר אכרות עמם ברית שלא להשחית הכרם: (ו) הבאים ישרש יעקב יציץ ופרח ישראל וגו׳. מאותן שהיו זרין. לו עמי שומע לי בדרכי הלכו. אז ישרש הגפן ויציץ ופרח שיעשה שורש למטה:

אבן עזרא

כדרך בן אדם דבר הכתוב ויחסר בי״ת כמו כי ששת ימים וכן הוא מי יתנני בשמיר ובשית שיש בכרם והטעם על הרשעים וביום מלחמתי בכרם: אפשעה בה. כמו כי פשע: אציתנה. אבעירנה כמו למה הציתו עבדיך: (ה) אי יחזק. ישראל במעוזי אז לא אלחם עם ישראל כטעם היה השם כאויב. וטעם שלום פעמים ולא עם אומות העולם בעבורם ויאמר רבי משה הכהן כי פירושו כן. זה שאומר לא אומר אותו כחמה שיש לי. מי יתנני. כמו מי יתן לי וכמוהו כי ארץ הנגב נתתני מי יתן לי השמיר והשית בכרם והטעם אם לא יסירו ישראל הרשעים מהם אהרג הכל. או יחזק במעוזי. אז ישרש יעקב. ולפי דעתי כי חמה אין לי אינגו דברי השם ואל תתמה כי בספר הזה רבים כאלה והנה עד קרוב הריגו הלינו יהיו מתיך ואלה דברי איש יהודה אחר ששם אמר אני ה׳ נוצרה לרגעים פן יפקד עלינו אמרו אין אנחנו מדברים בחמה שאם יבוא האויב לבוס הכרם שמיר ושית הייתי הורג את עצמי כמו והיה יחזקאל לכם ואת שמואל כאשר עשה ביום הזה והנה במלחמה דבק עם מי יתנני או יחזק השם שיתן לי עוז ברית שיהיה השם בשלום עמי גם האויב. אז ישרש יעקב והוצרכתי לפירוש הזה בעבור מלת יעשה שלום לי כי השם עושה שלום לבדו: (ו) הבאים. בימים הבאים ויחסר בי״ת כאילו אמר בהבאים ויש אומרים כי טעמו הבנים: ישרש. ותאר

רד״ק

וי״ו השמוש כאלו אמר שמיר ושית כמו שמש ירח ראובן שמעון והדומים להם שמיר שית הם מיני קוצים: (ה) או יחזק במעזי. או יחזק בתורתי כלומר הייתי מכלה אותה או היה מחזיק במעוזי כלו׳ תורתי שהיא מעוז להם: יעשה שלום לי. כלומר יבא זמן עוד שיעשה שלום לי: שלום יעשה לי. הכפל לחזק השלום שלא תהיה עוד מלחמה בין האל ובין ישראל והוא זמן הישועה וזהו שאמר אחריו: (ו) הבאים. כלומר הימים הבאים והוא זמן הישועה כמו הנה ימים באים נאם ה׳ והקמותי לדוד צמח צדיק וגו׳ ואז בימים ההם ישרש יעקב

מצודת דוד

ממנה על עונותיה: (ה) אי יחזק במעוזי. ר״ל או הייתי שורפה כאחת או היה כל אחד בה מדבקו לאחוז במעוז שלי היא התורה שהיא לחוזק ועוז: יעשה שלום לי. אז היה טובה שלום עמדי ולא הייתי נלחם בו: שלום וגו׳. כפל הדבר לחזק הענין: (ו) הבאים. תחסר מלת בימים ור״ל בימים הבאים ומעלמו יובן המכוון וכאומר אם מאז לא העברתי כל חמתי כ״ש בימי הגאולה אהיה עליהם ויתן יעקב את שרשו להיות מתפשט למרחוק וישראל

מצודת ציון

ותחסר הוי״ו והם מיני קוצים וכן ועלה שמיר ושית (לעיל ה׳): אפשעה. כמו אפסעה בסמ״ך וענינו פסיעת הרגל: אציתנה. ענין הדלקה והבערה כמו ותצת בסבכי היער (לעיל ט׳): (ה) יחזיק. ענין אחיזה כמו ויחזיקו האנשים בידו (בראשית י״ט): במעוזי. מלשון עוז וחוזק וכן נקראת התורה כמ״ש ה׳ עוז לעמו יתן (תהלים כ״ט): (ו) יציץ. כענין הפרח יגדל ממנה וכן נאמר ויוצא פרח ויצץ ציץ (במדבר י״ז): תנובה. כמו כתנובה ותחסר

is the time of the redemption, as the following verse indicates. [*Redak*. See below, *Redak's* interpretation of the following verse, which differs from *Rashi's*.]

6. **Those who came, whom Jacob caused to take root**—*"Do you not know what I did at first? Those who came to Egypt which Jacob caused to take root, flourished and blossomed there until they filled the face of he world with fruitage.*—[*Rashi*]

and brier against the [objects of My] war! I would tread upon it and ignite it together. 5. If they would grasp My fortress, they would make peace for Me, they would make peace for Me.
6. Those who came, whom Jacob caused to take root, Israel flourished and blossomed and they filled the face of

angers with which this vineyard has provoked Me, I cannot pour out My wrath to destroy it because of the oath I swore to their forefathers. Would that it were like days long past! Were it not for the oath, I would be thorns and briers and I would tread upon the vineyard, and I would ignite it together.—[*Rashi* from *Avodah Zarah* 4a]

Alternatively, I have no wrath, for it is not one of My traits, for I am slow to anger. Although Scripture states: "(Nahum 1:2) The Lord is vengeful and wrathful," Scripture explains immediately thereafter "He is vengeful to His adversaries." Those are the heathens. To them He is vengeful and keeps a grudge when the time of their misfortune arrives. Even though it takes a long time for them to be punished, that is for their harm, in order to bring about their extinction. To Israel, however, He does not do so, but, when they sin, He punishes them little by little and does not wait for them to be destroyed, as Scripture states: "(Amos 3:2) Only you have I loved out of all the families of the earth. Therefore, I visit upon you all your iniquities." Therefore, God says, "I have no wrath" to mete out upon Israel, for I had wrath against Israel, the vineyard "that would give Me thorns and briers" instead of grapes—I would tread upon it with one step, and I would burn it all at once in a war, when I would wage war against her for all her iniquities.—[*Redak* quoting his father, *Rabbi Joseph Kimchi*]

5. **If they would grasp My fortress**—Heb. אוֹ, lit. or they would grasp My fortress, *an expression of 'if.' Comp.* "(Ex. 21:36) *If* (אוֹ) *it was known that he was a goring ox." If My people grasp My fortress i.e. My Torah, that they seek no other fortress but My fortress, then they shall grant Me peace, to calm My thoughts and My ire which trouble Me because I do not avenge Myself upon My adversaries, and I will, indeed, take revenge from them.*—[*Rashi*]

they would make peace for Me—*from the standard of justice, so that it will be unable to accuse and to say, "Why are these different from those?"* I.e. Why are the Jews different from the other nations?—[*Rashi*]

Alternatively, we can interpret this literally: Or they shall grasp My fortress. I.e. I would destroy them, or they would grasp the Torah, which is a fortress for them.—[*Redak*]

they would make peace for Me—There will come a time that there will be peace for Me. This is repeated to emphasize that there will come a time when there will be, so to speak, no more conflict between the Lord and His people Israel. This

תֵבֵל תְּנוּבָה: ז הַכְּמַכַּת מַכֵּהוּ הִכָּהוּ אִם־כְּהֶרֶג הֲרֻגָיו הֹרָג: ח בְּסַאסְּאָה בְּשַׁלְחָהּ תְּרִיבֶנָּה הָגָה בְּרוּחוֹ הַקָּשָׁה ביום

ת"א כסאסאה . שבת קה סוטה ח ט סנהדרין ק (סוטה יז):

תרגום

בְנִין: ז הַכְּמַחֲתָא דַהֲוָה מָחֵי מָחוֹהִי אִם כִּקְטוֹל קְטִילוֹהִי יִתְקְטֵיל: ח בִּסְאתָא דַהֲוַיתָא כָּאֵיל בָּהּ יְכִילוּן לָךְ דַהֲוַיתָא שְׁלַח וּמְעִיק לְהוֹן הֲגֵי עֲלֵיהוֹן בְּמִלָא

מהר"י קרא

(ז) הכמכת מכהו הכהו. על מה אין אתם חוזרין. שמא ראיתם מעולם שהכיתי אתכם כמכה שהכיתי את האומה שהיו מכין אתכם שהכיתים עד כלה. ואתם בני יעקב הרבה פעמים הכיתי אתכם ולא כליתים. או הרג ישראל כדרך אומה (שהיו הורגים) [שהיה הורגם] בשביל ישראל בעון שנשתעבדו בהן כגון מצרים שנהרגו בשביל ישראל: (ח) בסאסאה. בסאה דנה הקב"ה. בשלחה. בשלח פרעה את העם. הגה ברוחו הקשה. שיברח בים. רוחו הקשה ביום. שהוליך את הים ברוח קדים

רש"י

עשיתי בראשונה הבאים למצרים אשר השריש יעקב אלו ופרחו שם עד אשר מלאו פני תבל תנובה: (ז) הכמכת מכהו הכהו. הראיתם בגבורתי שכמכת המכה יעקב הכיתיו הם טבעום במים ואני טבעתים במים. יש תמיהות שהם מתקיימות כגון זו וכגון (שמואל א' ב') הנגלה נגליתי אל בית אביך (יחזקאל ח') הרואה אתה מה המה עושים: אם כהרג. ישראל שהיו הרוגין של פרעה הורג פרעה ועמו: (ח) בסאסאה. באותה מדה: בשלחה תריבנה. כששילחה מצרים את ישראל הריבנה המדה בסאה שלה: הגה ברוחו הקשה. הגה דיבר בדיבורו הקשה: ביום קדים. ביום ויולך ה' את הים ברוח קדים עזה (שמות

רד"ק

ופי' ישרש יתן שורש כמ"ש ויך שרשיו כלבנון כי עתה בגלות הוא כעץ שאין לו שרש אבל בימים ההם ישרש מלמטה ויציץ פרח מלמעלה: ומלאו פני תבל תנובה. כלומר בתנובה כמו שאמר ויציצו מעיר כעשב הארץ ותנובה חסר כ"ף הדמיון כמו לב שמח ייטיב גהה שפירושו כגהה: (ז) הכמכת מכהו הכהו. כי עתה בזמן הזה תוכלו להכיר ולדעת כי אין חמה לאל על ישראל כמו שאמר חמה אין לי כי אם כמכת מכהו הכהו ומכהו הוא מכה ישראל כמו פרעה וסנחריב וזולתם ועתה אב בכל אשר חטאו ישראל הכהו האל כמו שהכה מכה ישראל שהכה בעשר מכות: אם כהרג הרוגיו הורג. כפל הדבר אמר אם הורג ישראל כמו שנהרגו הרוגיו והם אויבי ישראל והכנוי כנגד ישראל כי הם הרוגי האל שהרגם בשביל ישראל או יהיה הכנוי לישראל ואמר הרוגיו כי בעבור ישראל הם הרוגים והרי הם כאלו הרגם: (ח) בסאסאה. ענינו סאה והוא כפול הפ"א ויהע"ן אמר לא לא עשה האל עם ישראל כמו שעשה עם אויביו ששפך חמתו לשם ואבדם מן העולם לא עשה כן לישראל אלא כשהיו חוטאים לפניו במדה נפרע מהם לא יותר מן המדה שהוא שפיכת חמה אלא במדת קו לקו הוא נפרע מהם והמדה שהוא שולח להם תריבנה כלומר תריב כנסת ישראל בשלחה והוא כלל לשדות התבואה ולעצי הפרי כלומר ששולח להם השדפון והירקון ארבה וחסיל וכיוצא בהם: הגה ברוחו הקשה. הסיר הפרי ברוחו הקשה שמשיב בהם: ביום קדים. יום שנושבת רוח קדים עזה רוחו הוא ששולח בהם להנקם מהם לאכול תבואתם ופירותיהם לא

אבן עזרא

שרשיה: תנובה. פרי: (ז) הכמכת. זאת הפרשה על גלות שמרון והעד האשרים: מכהו. הוא אשור: הרוגיו. הם הכנענים הנהרגים בקחת ישראל את ארצם והטעם כי השם לא הכה ישראל כמכות אלה הנזכרים: (ח) בסאסאה. רובי המפרשים אמרו שהוא מגזרת סאה והטעם מדה והיא מלה כפולה כמו יתקרקר מטלטלך. ה"א תריבנה על שמרון והנה אחר כן כי עיר בצורה: בשלחה. יש אומר כי היא השאיתה עצמה בכלי מלחמה כמו ובעד השלח יפלו והנכון שהוא מגזרת שלחיך והעד ביום קדים והנה הוא כן במדה שמדדה לנפשה כי מריבה עשתה אפילו עם אנשי כפריה והם

מצודת ציון

הכ"ף כמו ייטיב גהה (משלי י"ז) ומשפטו כגהה ותנובה ענינו למחי הבדה כמו מתנובות שדי (איכה ד'): (ח) בסאסאה. מלשון סאה והיא מלה כפולה כמו יקרקר אמדם: בשלחה. הוא שם כלל לשדות וגנות וכן שלחיך פרדס רמונים (שיר השירים ד'): תריבנה. מל' מריבה: הגה. ענין הסרה כמו הגו רשע לפני מלך (משלי כ"ה):

מצודת דוד

ילין ויפרח ר"ל ימשלו עד למרחוק ויגדלו עד מאוד: תנובה. כלמחי האדמה: (ז) הכמכת. ר"ל אף מאז שהכה בו ומי הכה בו באכזריות כמו שהכה לעכו"ם שהכו את ישראל: אם כהרג הרוגיו. וכי הורג הוא כמו שהרג את העכו"ם שהרגו בו והוא כפל ענין במלות שונות: (ח) בסאסאה. ר"ל במדה שהטאו במדה היא נפרע מהם ולא העיר כל חמתו: בשלחה תריבנה. כשהיה מריב עמה להפרע ממנה היה שופך חמתו על השדות והגנות לשלוח בהם שדפון וארבה ולא פגע בנפשות תהלה: הגה. הסיר הפרי ברוחו הקשה ביום שמנשבת

deed slay? Alternatively, *his slain ones* refers to Israel, i.e. the ones slain by God because of Israel.—[*Redak*, according to *K'li Paz*]

Ibn Ezra explains this passage as referring to the exile of Samaria by Assyria. The prophet asks: *Like the smiting of him who smote him did He smite him?*—Did God smite Israel as He smote Assyria who smote Israel?

like the slaying of his slain ones, was he slain?—Was Israel slain like the Canaanites whom he, Israel, smote when he conquered the land?

8. **With a measure, against their plants You strive with them**—When Israel sins, they are not punished with wrath or fury, but with a measure. God visits retribution upon Israel by destroying their fields and vegetation with locust plagues, wind-blasts and yellowing of grain, and the like.—[*Redak*]

He removes [the fruit] with His harsh wind on a day of the east wind—I.e. God removes the fruit by

the world with fruitage. 7. Like the smiting who smote him did
He smite him; like the slaying of his slain ones, was he slain?
8. In that measure, when they sent them out, it strove with it
He spoke with His harsh wind on the day of the east wind.

7. **Like the smiting of him who smote him did He smite him**—*Have you seen My might, that like the smiting of the one who smote Jacob, I smote him. They drowned them in the water, and I drowned them in the water. There are some rhetorical questions that warrant an affirmative answer, e.g.* "(I Sam. 2:27) *Did I appear to the house of your father?" Also,* "(Ezek. 8:6) *Do you see what they are doing?"*—[*Rashi*]

like the slaying of—*Israel, who were the slain ones of Pharaoh, were Pharaoh and his people slain?*—[*Rashi* based on *Pesikta d'Rav Kahana* p. 81b; *Yalkut Shimoni* ad loc.]

8. **In that measure**—Heb. בְּסַאסְּאָה.—[*Rashi*]

when they sent them out, it strove with it—*When Egypt sent Israel out, it strove with it, the s'ah of the measure with its s'ah.*—[*Rashi* from *Sotah* 8b, *Mid. Tehillim* 81:2] The Rabbis explain the word בְּסַאסְּאָה, as derived from סְאָה, a dry measure used in Biblical and Talmudic times. The doubling of the word indicates that the measure meted out by God would strive with the measure meted out to Israel by the Egyptians; i.e. the Egyptians were punished for their crime against the Israelites in a manner similar to the crime. *Rashi,* apparently, read בְּסַאסְּאָהּ with a '*mappiq he,*' denoting the feminine possessive.—[*Minhath Shai*]

He spoke with His harsh wind—Heb. הָגָה. *He spoke with His harsh speech.*—[*Rashi*]

on the day of the east wind—*On the day* concerning which Scripture states: "(Ex. 14:21) *And the Lord led the sea with a strong east wind."*—[*Rashi*]

Other exegetes interpret these two verses as referring to the future.

[In] days to come, Jacob shall take root—As long as Israel is in exile, they are as trees uprooted from their place. When they will be returned to the Holy Land, however, it will be as though they are taking root.—[*Redak, Ibn Ezra*] Alternatively, the coming generations, Jacob shall cause to take root.—[*Ibn Ezra*]

Israel shall flourish and blossom, and they shall fill the face of the world with fruitage—The prophet compares them to a plant that strikes roots below and blossoms from above.—[*Redak*]

7. **Like the smiting of him who smote him did He smite him**—Then you will be able to discern that, indeed, God did not exert His wrath upon Israel, for did He smite them as he smote them who smote them? Although Israel sinned, did the Almighty smite them as He smote Pharaoh and Sennacherib, who had smitten Israel? Did He mete out ten plagues upon Israel as He meted out upon the Egyptians?—[*Redak*]

like the slaying of His slain ones, was he slain?—Was Israel slain like their enemies, whom God did in-

בְּיוֹם קָדִים: ט לָכֵן בְּזֹאת יְכֻפַּר עֲוֺן
יַעֲקֹב וְזֶה כָּל־פְּרִי הָסִר חַטָּאתוֹ בְּשׂוּמוֹ
כָּל־אַבְנֵי מִזְבֵּחַ כְּאַבְנֵי־גִר מְנֻפָּצוֹת
לֹא־יָקֻמוּ אֲשֵׁרִים וְחַמָּנִים: י כִּי עִיר
בְּצוּרָה בָּדָד נָוֶה מְשֻׁלָּח וְנֶעֱזָב
כמדבר

תרגום

מִתְקִיף עֲלֵיהוֹן בְּיוֹם
קְטָל: ט בְּכֵן בְּדָא
יִשְׁתַּבְקוּן חוֹבֵי בֵּית
יַעֲקֹב וְדֵין כָּל עוֹבָדֵי
אַסְטְיוּת חוֹבוֹהִי
בְּשַׁוְיוּתֵהּ כָּל אַבְנֵי
אֱגוֹרָא כְּאַבְנָא גִיר
מְנַפְּצָן לָא יִתְקַיְמוּן
אֲשֵׁרַיָא וְחַנִסְנְסַיָא:
י אֲרֵי קַרְתָּא דַהֲוָת
כְּרִיכָא בִּלְחוֹדָא תְּהֵא מְטַלְטְלָא וּשְׁבִיקָא כְּמַדְבְּרָא בָּהּ יְגִיחוּן חסר י'

ת"א כאבני גיר. עכו"ס כ"ד:

רש"י

י"ד): (ט) לכן. גם עתה בזאת היה מתכפר עון יעקב לזכות להגאל כמאז: וזה כל פרי. הטוב לי להסיר הטאתו אם ישים כל אבני מזבחות במותיו כאבני גיר מנופצות מדוקדקות וכן (תהלים קל"ז) ונפץ את עולליך וכן (ירמיה י"ג) ונפצתים איש אל אחיו. גיר מין צבע הוא: לא יקומו אשרים וחמנים. למען לא יקיימו להם עכו"ם: (י) כי עיר בצורה בדד. כי בעשותם זאת עיר בצורה של ישמעאל תהיה בדד והנוה יהיה משולח מיושביו ונעזב כמדבר: שם

מהר"י קרא

עזה: (ט) לכן. כל פרי הסר חטאתו. כל פרי הטוב לו להסיר חטאתו: בשומו כל אבני מזבח. של ע"ז: כאבני גיר. קריד"א: (י) כי עיר בצורה בדד. היא ירושלם. בעוון יושביה: נוה. הוא בית המקדש: שם ירעה עגל. היא עגלה יפיפיה מצרים:

אבן עזרא

שלחה על כן הגה השם אותה כמו אשר הוגה מן המסילה והנה הה"א תחת יו"ד השורש כמו ידו הדה: ביום קדים. רוח מזרחית: (ט) לכן בזאת יכופר עון יעקב. והטעם שלא יבוא לו רע כי עון יעקב רע והנה הטעם שתהיה הגזרה בטלה אילו היו מבטלין ע"ז: הסיר. שם הפעל: מזבח. של הבעלים: גיר. כמו סיד: מנופצות. ככלי יוצר הנפצים משוברות: לא יקומו. יעמדו: (י) כי. בדד. היא

רד"ק

שישפך חמתו עליהם בלא מדה עד שיכלם זה לא יעשה האל עם ישראל. וזהו שקדם חמה אין לי אלא הכמכת מכהו. ושלחה הוא שם על הגנות ושדות התבואה כמו ברכת השלח לגן המלך שלחיך פרדס רמונים. וא"א ז"ל פי' הפסוק כן במדה שמדדת רצית לריב אתה ולשפטה ובשלחה וחרבה רצית להורגה לדון אותה באש כמדת סדום כי מעשיהם היו כמעשיהם לולי שחמל האל והנה האש הסירה ברוח קדים עזת לאחר שנזרקה על העיר כמו שמפורש ביחזקאל. הגה ענין הסרה כמו הגה סיגים מכסף הגה רשע לפני מלך: (ט) לכן בזאת יכופר עון יעקב. אע"פ שיש בם עונות אחרים זהו עיקר עונם האשרים וחמנים שהם עובדים אותם ואם יתץ המזבחות אשר עשו לבעלים יתשם וינפצם היטב כמו אבני גיר מנופצות ובתנאי שלא יקימו עוד אשרים וחמנים כי אם ינתצום עתה ויחזרו ויבנו אותה אחר זמן אין תשובתם שלמה אלא שיעקרו אמונתם מלבם וינתצום וינפצום שלא ישיבו לבנותם עוד בזה יכופר עונם. וזה יהיה כל פרי הסיר חטאתו. כי אם יסיר מה יהיה פרי ההסרה הסרת כל חטאתו כי מאחר שעקרו עכו"ם כל שכן שישובו משאר עונות כי מעט שיכחו עכו"ם ממעשה ומחשבה ישובו לאל בתשובה שלמה ויעשו מצותיו כי העכו"ם היא עיקר כל עונות. וגיר הוא סיד ובארמית על גירא די על כותל היכלא: (י) כי עיר בצורה. כי עתה שיעבדו עכו"ם העיר שהיתה בצורה היתה בעונותם בדד מאין יושב בה ואותו שהיה נוה ומשכן האדם הוא עתה הרב: משלח ונעזב כמדבר. והוא מקום מרעה הבהמות. או פי' עיר בצורה בדד. עתידה

מצודת דוד

בו רוח קדים העזה בגבורות: (ט) לכן. הואיל ורחמי עליו. העשה לו גם זאת להתכפר בדבר קל: וזה כל פרי. זה יהיה לי פרי טוב להסר ממנו הטאתו להיות נמחל לו: בשומו. כמה שיתוץ המזבחות העשויות לעכו"ס וישים אבניהם מנופצות כדרך שמנפצים אבני גיר הדק היטב: לא יקומו. ר"ל בתנאי שלא יחזרו לסורם ולא יקומו מעתה אשרים וחמנים: (י) כי עיר בצורה. כי בעשותם זאת אז העיר הבצורה היא כרך גדול וכו' תהיה בדד מיושביה והנוה שלו תהיה משולח מיושביה ונעזב מהם כמדבר הנעזב מאנשים וכתל

מצודת ציון

(ט) גיר. הוא הסיד וכן על גירא די כתל היכלא (דניאל ה'): מנופצות. ענין כליה וכתיתה כמו ונפוץ הכדים (שופטים ה'): אשרים. אילן הנעבד: וחמנים. דמות מה עשוי לעבודת החמה: (י) בצורה. מלשון מבצר וחוזק: בדד. יחידה מבלי יושביה כמו איכה ישבה בדד (איכה א'): נוה. ענין מדור כמו נוה איתן (ירמי'

that they practice idolatry, the city that was once fortified, has become solitary because of their sins, and has been deserted by humans, only to become pastureland for calves. It is, likewise, possible that the prophet is speaking in the future tense. The fortified city, either Jerusalem or Samaria—this prophecy was given before the exile of the northern kingdom—shall be solitary, and the dwelling—either the

9. Therefore, with this shall Jacob's iniquity be atoned for, and this is all the fruit of removing his sin; by making all the altar stones like crushed chalkstones; asherim and sun-images shall not rise. 10. For a fortified city is solitary, a dwelling is forsaken and abandoned like a pasture;

means of the harsh wind He causes to blow. When the east wind blows and destroys the crops, He is meting out punishment upon Israel. He punishes them in this manner, but does not pour out His wrath upon them to destroy them.—[*Redak*]

9. **Therefore**—*Now, too, with this Jacob's iniquity would be atoned for, to merit to be redeemed as then.*—[*Rashi*] I.e. they would be redeemed as at the time of the Exodus.

and this is all the fruit—*that is best for Me to remove his sin, if he makes all the altar stones of his high places, like crushed chalk-stones.* מְנֻפָּצוֹת *means crushed. Comp.* "(Ps. 137:9) *And crushes* (וְנִפֵּץ) *your babies." Comp.* "(Jer. 13:14) *And I will crush them* (וְנִפַּצְתִּים) *one against the other."* גִּיר *is a kind of dye.*—[*Rashi*]

Fruit is used in the sense of a remedy, rather than as a result. גִּיר, according to *Rashi,* is a kind of dye, more specifically, a black dye, as he explains it in Exodus 16:14. Other exegetes define it as chalk, however, which is the generally accepted translation. It appears in Dan. 5:5, as the plaster of the wall.—[*Rabbi Joseph Kara; Redak* comm. and *Shorashim; Ibn Ezra; Aruch,* first definition]

asherim and sun-images shall not rise—*So that they shall not retain their idolatry.*—[*Rashi*]

Redak explains: Their sins shall be forgiven if they crush their altars, only if they do not rebuild their asherim and sun-images. Although they were guilty of other sins as well, it was idolatry that prevented them from repenting. When they would remove the altars and the idols, this barrier to repentance would be removed. Therefore, the prophet states: And this is *all* the fruit of removing his sin.—[*Redak*]

10. **For a fortified city is solitary**—*For, when they do this, a fortified city of Ishmael* (ms. *Esau*) *will be solitary and the dwelling will be forsaken by its inhabitants and abandoned like a pasture.*—[*Rashi*]

there a calf shall graze—*Ephraim shall inherit it, for he is called a calf, as it is said:* "(Jer. 31:17) *Like an untamed calf."*—[*Rashi*]

Perhaps *Rashi* alludes to the Messiah, the son of Joseph, who stems from the tribe of Ephraim. See *Tan. Shemoth* 8.—[*Parshandatha*]

and shall consume its branches—Heb. סְעִפֶּיהָ.—[*Rashi*]

Alternatively, the prophet is referring to a fortified city of Israel. Now

כַּמִּדְבָּר שָׁם יִרְעֶה עֵגֶל וְשָׁם יִרְבָּץ וְכִלָּה
סְעִפֶיהָ: יא בִּיבֹשׁ קְצִירָהּ תִּשָּׁבַרְנָה
נָשִׁים בָּאוֹת מְאִירוֹת אוֹתָהּ כִּי לֹא עַם־
בִּינוֹת הוּא עַל־כֵּן לֹא־יְרַחֲמֶנּוּ עֹשֵׂהוּ

ויצרו קמץ בזרקא

ת"א ביבש קצירה. ב"ב י: עם בינות. סנהדרין לב:

תרגום

צַדִּיקַיָּא וְיִבְזוֹן יָת נִכְסֵיהוֹן וִיסוּפוּן מַשִׁרְיָתְהָא מִלְמִפַּק: יא יִתְקַצַּר חֵילֵיהוֹן וְיִבְהֲתוּן בְּעוֹבְדֵיהוֹן יִתַּבְּרוּן נְשַׁיָּא עָלַן לְבֵית דַּחֲלַתְהוֹן וּמַלְפַן יַתְהוֹן אֲרֵי לָא עַם סוּכְלְתָן אִינוּן עַל כֵּן לָא יְרַחֵם

מהר"י קרא

וכלה סעיפיה. של כרם הנזכרת למעלה. סעיפיה. ענפיה. כמו בסעפותיו קננו כל עוף השמים: (יא) ביבוש קצירה. גם הוא לשון ענף כמו תשלח קציריה (בן שלם) יגיע פקידתם וישברו ענפיה: נשים [באות] מאירות. פתר מנחם בן סרוק. מלקטות. כמו אריתי מורי וכן ארוה כל עוברי דרך. ועוד הביא ראיה בן המשנה כמלא אורה וסלו. השיבו דונש והלא הוא אומר ביבוש קצירה תשברנה. למדנו שדיבר הכתוב בענפים יבשים. ומתי ימצא פרי בענף יבש. ומה אדם יכול ללקום בו. אלא מה מאירות. מבערות בהן את האור. כמו ולא תאירו מזבחי חנם. כלומר שהענפים יבשים. נשים באות ונוטלות אותן להדליק מהן. כלומר שיהיו כל האומות שובים

רש"י

ירעה עגל. אפרים ירשנו שקרוי עגל שנאמר (ירמיה ל"א) כעגל לא לומד: וכלה סעיפיה. ענפיה: (יא) ביבש קצירה. קצירי שרשיה כמו תשלח קציריה (תהלים פ') ועשה קציר (איוב י"ד) כלומר כשתכלה זכות מעט שבידם את אביו אז תשברנה סעיפיה: נשים באות מאירות אותה. עם הלש כנשים ידליקום כך ת"י. מאירות כמו (מלאכי א') ולא תאירו מזבחי חנם וכן פתר דונש מחמת שהעצים יהיו יבשים יהיו נוחים להדליק אבל מנחם פתר מלקטות כמו אריתי מורי (שיר ה') וארוה כל עוברי דרך (תהלים פ') השיב לו דונש והלא כתיב ביבש קצירה ובענפים יבשים אין מלקטין פרי וכן רבותינו שאסרו לקבל מהן צדקה

רד"ק

כלו' בעונותיכם עיר שהיא בצירה עתה תהיה בדד. ויאמר זה על ירושלם או על שמרון כי כשנאמרה נבואה זו לא גלו עדין השבטים כמו שאמר הוי עטרת גאות שכורי אפרים ונוה אמר על בית המלכות או על בית המקדש אמר שיחרב בעונותם ויהיה משלח ונעזב כמדבר ושם ירעה עגל ושאר בהמות כמשמעו או על דרך משל: וכלה סעפיה. אמר סעפיה לפי שהמשיל כנסת ישראל לכרם אמר כי העגל ירעה אותה וכלה סעפיה כמ"ש בנבואה הראשונה הסר מסוכתו והיה לבער. ואאז"ל פירש עגל משל על מלך מצרים כמו שקרא עגלה יפיפיה מצרים וזה כשלקח יהואחז ופירש החכם רבי אברהם בן עזרא סעפיה כשל על ערי הפרזות ואם עגל משל על פרעה יהיה סעפיה משל על הכסף והזהב שענש פרעה את הארץ: (יא) ביבש קצירה. קציר הוא ענף העץ כמו וטל ילין בקצירי תשלח קצירה עד ים. וקצירה הוא לשון יחיד דרך כלל ואמר על הפרט דרך רבוי תשברנה רוצה לומר הסעיפים והפארות ואמר דרך משל כמו העץ כשיבש בו ענף ישבר מאליו כן ישראל בהגיע עת פורענותם ישברו מאליהם ואפילו נשים באות מאירות אותה פירוש מבעירות ומדליקות איתה כי כיון שיבש הענף אינו ראוי כי אם לשרפה פי' אותה כנסת ישראל ור"ל כי כל אומה אפי' יהיו חלשים כנשים ירעו לה וישחיתו אותם: כי לא עם בינות הוא. ישראל עתה אינו עם בינות שאלו היה עם בינות היה מתבונן בעצמו ורואה כי כל זה הרע בא לו על שעזב ה': על כן לא ירחמנו. לפי שאינו מתבונן על מעשיו ואינו שב לאל בבא עליו הרעה לא ירחמנו מי שעשה אותו וגדלו לו על כל עם: ויוצרו. להיות לעבד לו והוא לא כן עשה על כן לא ירחם עליו ולא יחננו והסתיר פניו מהם והיה לאכול ומצאוהו צרות רבות ורעות אולי אז ישוב. וי"ת

אבן עזרא

והיא שמרון: סעיפיה. כמו על שתי הסעיפים והטעם על ערי הפרזות: (יא) ביבש קצירה. כמו וטל ילין בקצירי: תשברנה. הפארות שהם קטנים מהקציר: מאירות. יש אומרים מגזרת אריתי מורי והטעם לוקטות והטעם אפילו הנשים שאין להם כח ויש אומרים שמאירות כמו מבעירות והטעם כי יהיו לעצים וזה הנכון וכמוהו ולא

מצודת ציון

מ"ע): משולח. מגורש וכן הן ישלח איש את אשתו (שם ג'): ירבץ. ענין השכיבה לנוח: וכלה. מלשון כליון: סעיפיה. ענפיה כמו בסעפותיו קננו (יחזקאל ל"א): (יא) קצירה. כן נקרא הענף כמו ועשה קציר כמו נטע (איוב י"ד): מאירות. מבערות כמו ולא תאירו מזבחי חנם (מלאכי א'): בינות. מלשון בינה: עושהו. המגדל ומרומם אותו וכן ישמח ישראל בעושיו (תהלים קמ"ט):

מצודת דוד

המדבר כמ"ש: שם. במקום העיר הבצורה ירעה עגל וירבץ שמה ויכלה ענפי האילנות אשר גדלו שמה: (יא) ביבש קצירה. כשתיבש ענפיה תשבר מעצמה ר"ל כשתתמלא סאתם ישברו מאליהם: נשים באות. נשים תבאנה ויבעירו בהם האש ור"ל עם הלש כנשים ישחיתו אותה: כי לא עם בינות הוא. להבין שכל ממשלתו באה לו מה' ולא בכח זרועו: עושהו. המקום שגדלו והמשילו: ויוצרו

to Israel. Just as a tree, when its branches dry out, can easily be broken, so shall Israel, when its time comes, fall before the enemy. Then, even women will be able to ignite them.

for it is not a people of understanding—Israel is not now a people of understanding, for were they a people of understanding, they would understand that the evil is befalling them because they have forsaken God.—[*Redak*]

therefore, its Maker shall not have compassion on it—Since it does not ponder over its deeds and does not return to God when calamity befalls it, God, Who made the nation superior over all other nations, shall not have compassion on it.—[*Redak*]

and He Who formed it shall not grant it favor—He Who formed

there a calf shall graze, and there he shall lie and consume its
branches. 11. When its branches dry out, they shall be broken;
women shall come and ignite it, for it is not a people of under-
standing; therefore, its Maker shall not have compassion on it,

Temple or the king's palace—shall be destroyed because of their sins and shall be forsaken and abandoned as pastureland, where calves and other animals shall graze. This may be taken either literally or figuratively.—[*Redak*]

and shall consume its branches—Since Israel is referred to as a vineyard, the prophet speaks of the calf lying there and consuming its branches.—[*Redak*]

Rabbi Joseph Kimchi sees the calf as figurative for the king of Egypt, as in Jer. 46:20: O fairest heifer, Egypt. The prophet alludes to Pharaoh-Neco capturing King Jehoahaz and imposing a fine on the land of Judah (II Kings 23:33). In that case, 'the branches' refers to the money exacted from the people by Pharaoh-Neco.—[*Redak*]

11. **When its branches dry out**—*The branches of its roots. Comp.* "(Ps. 80:12) *It sent forth its branches* (קְצִירֶיהָ)." *Also*: "(Job 14:9) *And produce branches* (קָצִיר)." *I.e., when the little merit that Edom has for honoring his father, is depleted, then its branches shall be broken.*—[*Rashi*]

women shall come and ignite it—*A people weak as women shall ignite them. Jonathan renders in this manner.* [מְאִירוֹת *means 'ignite.' Comp.* "(Mal. 1:10) *And you shall not light* (תָּאִירוּ) *My altar in vain. Dunash too interpreted it in this manner, for since the wood will be dry, it will be easy to ignite. Menahem, however, interpreted it to mean 'gather.' Comp.* "(Song 5:1) *I gathered* (אָרִיתִי) *my myrrh.*" Also: "(Ps. 80:13) *All passersby gathered from it* (וְאָרוּהָ)." (*Machbereth Menahem* p. 32) *Dunash replied, "Does it not say, 'When its branches dry out'? And with dry grapes, no one gathers fruit.*" (*Teshuvoth Dunash* p. 45)] Apparently, Dunash understood Menahem to mean that the women gather the fruit. He, therefore, remarks that with dry grapes there is no fruit to pick. Rabbenu Tam, however, explains Menahem to mean that the women gather the dry branches, either from the vines or from the ground where they have fallen. *Likewise, our Sages, who prohibited accepting charity from them because of this reason, for they stated in Baba Bathra ch. 1,* 10b, *"Does he not believe "When its branches dry out, they shall be broken"?*—[*Rashi*] I.e. when the merit of Edom is depleted, they will be broken. If we accept charity from them, we add to their merits and lend longevity to their rule over Israel. How this lends support to Dunash is not clear. See *Rashi* to *Baba Bathra* ad loc., Rabbenu Gershom ad loc. Perhaps it refers back to the preceding passage and is not related to the dispute between Menahem and Dunash. Indeed, many manuscripts omit this entire bracketed section.

As explained above, *Redak* interprets this entire section as referring

וְיֹצְרוֹ לֹא יְחֻנֶּנּוּ: יב וְהָיָה בַּיּוֹם הַהוּא
יַחְבֹּט יְהוָה מִשִּׁבֹּלֶת הַנָּהָר עַד־נַחַל
מִצְרָיִם וְאַתֶּם תְּלֻקְּטוּ לְאַחַד אֶחָד בְּנֵי
יִשְׂרָאֵל: יג וְהָיָה ׀ בַּיּוֹם הַהוּא יִתָּקַע
בְּשׁוֹפָר גָּדוֹל וּבָאוּ הָאֹבְדִים בְּאֶרֶץ
אַשּׁוּר וְהַנִּדָּחִים בְּאֶרֶץ מִצְרָיִם

ת"א בשופר גדול. ברכות נו ר"ה הבנה יא סנהדרין קי מכות כד זוהר ואתחנן (סנהדרין כט):

עֲלֵיהוֹן דְעַבְדִינוּן וּדְבָרְנוּן לָא יְחוּס עֲלֵיהוֹן: יב וִיהֵי בְּעִדָּנָא הַהִיא יִתְרְמוֹן קְטִילִין קֳדָם יְיָ מִכֵּיף נַהֲרָא פְרָת עַד נַחֲלָא דְמִצְרָיִם וְאַתּוּן תִּתְקָרְבוּן חַד לִסְטַר חַד בְּנֵי יִשְׂרָאֵל: יג וִיהֵי בְּעִדָּנָא הַהִיא יִתְקַע בְּשׁוֹפָרָא רַבָּא וְיֵיתוּן דִּי גְלוֹ לְאַרְעָא דְאַתּוּר וּדְאִטַּלְטַלוּ לְאַרְעָא דְמִצְרָיִם

רש"י

מפני הטעם הזה כאמרו בבבא בתרא פ"א (דף י') לית ליה בינה קצירה תשברנה: (יב) יחבט ה'. ת"י יתרמון קטילין ואני אומר כ' לשונות הללו חיבוט ולקיטה נופלין זה על זה כחובט זיתיו וחוזר ומלקטן ואח"כ מלקטין אותן מן הארץ כך הקב"ה יתחיל האסיפה כמו שנאמר יתקע בשופר גדול: משבולת הנהר. הם האובדים בארץ אשור: עד נחל מצרים. הם הנדחים בארץ מצרים: הנהר. פרת הם בני אשור היושבים על פרת: עד נחל מצרים. הם יושבי מצרים יחבוט אותם כחובט זתים: ואתם תלוקטו. מן הגליות: לאחד אחד. המוצא אחד מכם יביאהו מנחה: (יג) האובדים בארץ אשור. לפי שנפוצו בארץ רחוקה לפנים מן הנהר סמבטיון קראם אובדים:

מהר"י קרא

את ישראל מפזרין אותן בארצות: (יב) והיה ביום ההוא יחבוט ה'. כלפי למעלה שדימה פורענות של ישראל לכרם שכותש בחימה לארץ וישליכת ורוח קדים בא והוביש פריה. חזר ודימה בצידו פורענותם של אומות לזה שהוא חובט את זיתיו והכרם שנבצר ותשברנה פארותיו. וישהיתוהו גוים רבים הם בני ישראל. חוזר ומלקטם אחד אחד מן המקומות אשר נפוצו שם. הה"ד ואתם תלוקטו לאחד אחד וגו': (יג) האובדים בארץ אשור. לאותן [שגלו] למרחוק לאשור קורא אובדים. לאותן שגלו מקרוב למצרים קורא נדחים:

אבן עזרא

האירו מוצאי הגס: (יב) והיה. כאותם הימים: יחבט. כמו כי תחבט. חובט הזית על כן תלוקטו והטעם כי יפאר מעט מרוב: (יג) והיה. הטעם אז יקבצו כל בני אפרים הנדודים לבוא אל ירושלם כי ראו כי מלכותם אבדה:

רד"ק

אלה שני הפסוקים על העכו"ם כלומר אם יעשה שיסיר האשרים והחמנים תהיה עיר בצורה של העכו"ם בדד וכת"י ארי קרתא וגו': (יב) והיה ביום ההוא. בזמן הישועה: יחבט. כמו שהוא חובט חטים מן הקש וכמו שהיא חובט זיתים מהאילן כן יחבט האל יתברך את ישראל מהאומות כי הם בתוך העמים כחטים בתוך הקש וכזיתים בין אילן הזית שילקטם אדם מבני הטוב שהב הפרי ויניח הקש והעצים: משבולת הנהר. שבולת היא חוזק מרוצת הנהר כמו ושבלת שטפתני ופי' הנהר היא נהר סמבטיון כמ"ש על השבטים וזרם מעבר הנהר ואמר עד נחל מצרים כי עד מצרים יבאו ושם יתקבצו עם אחיהם בני הגלות הזה ויעלו לירושלם ואמר ואתם כנגד בני הגלות שהם יהודה ובנימן שהם מפוזרים בכל פאה. לפיכך אמר ואתם תלוקטו כאלו אמר ואתם בני ישראל אשר מעבר הלז תלוקטו לאחד אחד כמו שאמר בנבואת ירמיהו ולקחתי אתכם אחד מעיר ושנים ממשפחה והבאתי אתכם ציון ופי' לאחד אחד להבירו כלומר אחד מזה ואחד מזה יתקבצו יחד ומה שאמר עד נחל מצרים כי במצרים סוף מלכות העמים כהלחם מלך הצפון עם מלך הנגב ויבא מלך הצפון עד מצרים ומשל במכמני הזהב והכסף ובכל המידות מצרים וכו' כמ"ש בחזיון דניאל. ואמר בעת ההיא יעמד מיכאל השר הגדול העומד על בני עמך וגו': (יג) והיה ביום ההיא. כפל עוד הענין לחזק: יתקע בשופר גדול. כך יתקבצו כאלו היה נתקע בשופר גדול להשמיע הקול בכל העולם כמו שאמר ג"כ וה' אלהים בשופר יתקע כך יבאו מכל פאה כאלו תקעו להם בשופר שיבאו האובדים הם השבטים שהגלו מעבר הנהר שהגלם שם מלך אשור והוא בארץ אשור היו שם כאלו אבודים שלא יצאו עוד משם כי גלות בבל שהיו יהודה ובנימן

מצודת דוד

וגו'. כפל הדבר במ"ש: (יב) יחבוט ה'. ר"ל כמו שהחובטין את השבלים במקל להסיר התבואה מן הקשין כן יסיר את ישראל מבין העכו"ם: משבולת הנהר. ממקום אשר היושבים על נהר פרת עד נחל מצרים ר"ל מכל המקומות שבין זה לזה יפרים את ישראל מבין העכו"ם: ואתם וגו' בני ישראל. כדם המקרא ואתם בני ישראל תלוקטו וגו' ר"ל אחד אחר ההרבבה תהיו אתם הנלקטים אחד אחד והמוצא אחד מכם יביאו לירושלים: (יג) יתקע בשופר גדול. הוא ענין משל לומר כולם יתקבצו ויבואו כאלו תקעו בשופר גדול להשמיע הקול בכל העולם להתקבץ ולבוא: האובדים. לפי שהם

מצודת ציון

(יב) יחבוט. ענין הכאה במקל להפריש התבואה מהקשין כמו כי במטה יחבט קצח (לקמן כ"ח): משבולת. היא חוזק מרוצת המים כמו אל תשטפני שבולת מים (תהלים ס"ט): לאחד אחד. כמו אחד לאחד ור"ל לצרף אחד לאחד: (יג) יתקע. מלשון תקיעה:

batyon, shall be gathered, one to one, as Jeremiah prophesied: "(3:14) And I will take you, one from a city and two from a family, and I will bring you to Zion." So does Isaiah prophesy: I will gather one from here and one from there and bring you together. Egypt is mentioned here in accordance with the prophecy of Daniel (11:43) that Egypt will be the end of the kingdoms of the nations, when the king of the north will war with the king of the south.

13. **And it shall come to pass on that day**—The matter is repeated for emphasis.—[*Redak*]

and He Who formed it shall not grant it favor. 12. And it shall
come to pass on that day, that the Lord shall gather from the
flood of the river to the stream of Egypt, and you shall be
gathered one by one, O children of Israel. 13. And it shall come
to pass on that day, that a great shofar shall be sounded, and
those lost in the land of Assyria and those exiled in the land of
Egypt shall come

Israel as His servant—a mission Israel did not carry out—shall not grant it favor, but shall hide His face from them and leave them vulnerable to all sorts of calamities, as in Deut. 31:17.—[*Redak*]

12. **And it shall come to pass on that day**—at the time of the redemption.—[*Redak*]

that the Lord shall gather—Heb. יַחְבֹּט, lit. shall beat. *Jonathan renders: shall fall dead.* I.e. the nations from the banks of the Euphrates to the stream of Egypt. *I say, however, that these two expressions,* viz. *beating and gathering, coincide with one another, like one who beats his olive trees and goes back and gathers them and* (ms. *or*) *others gather them from the ground, so will the Holy One, blessed be He, commence the gathering, as it is said: A great shofar shall be sounded.*—[*Rashi*]

Redak compares it to one who threshes grain, thus removing the kernels from the chaff, or picking olives from the tree, leaving over the tree. So will God gather the Jews from among the nations among whom they are mingled.

from the flood of the river—*These are those lost in the land of Assyria.*—[*Rashi*]

to the stream of Egypt—*Those are the ones exiled in the land of Egypt.*—[*Rashi*]

the river—*Euphrates. They are those in Assyria who live by the Euphrates.*

to the stream of Egypt—*These are those who live in Egypt, He shall gather them like one who gathers olives.*—[*Rashi*]

and you shall be gathered—*from the exiles.*—[*Rashi*]

one and one—*Whoever finds one of you will bring him as an offering.*—[*Rashi*]

Redak explains that the 'flood of the river' refers to the Sambatyon,* alluded to in I Kings 14:15: "And He will scatter them on the other side of the river." From there, the ten tribes will proceed to the stream of Egypt, where they will join their brethren, the members of the tribes of Judah and Benjamin, and thence proceed to Jerusalem. Thus, the prophet refers to two distinct groups: the exiles from the ten tribes and the exiles from Judah and Benjamin. Of the former he speaks in the third person. God will gather them from the other side of the river to the stream of Egypt. To the latter group he speaks in second person: And you, Judah and Benjamin, who are exiled on this side of the Sam-

וְהִשְׁתַּחֲווּ לַיהוָה בְּהַר הַקֹּדֶשׁ
בִּירוּשָׁלִָם: כח א הוֹי עֲטֶרֶת גֵּאוּת שִׁכֹּרֵי
אֶפְרַיִם וְצִיץ נֹבֵל צְבִי תִפְאַרְתּוֹ אֲשֶׁר
עַל־רֹאשׁ גֵּיא־שְׁמָנִים הֲלוּמֵי יָיִן: ב הִנֵּה
חָזָק וְאַמִּץ לַאדֹנָי כְּזֶרֶם בָּרָד שַׁעַר

תרגום

וְיִסְגְּדוּן קֳדָם יְיָ בְּטוּרָא
דְקוּדְשָׁא בִּירוּשְׁלֵם:
א וַי דִי יָהֵיב כִּתְרָא
לְגֵיוְתָנָא טַפְשָׁא רַבָּא
דְיִשְׂרָאֵל וְיָהֵב מִצְנֶפְתָּא
לְרַשִׁיעַיָא דְבֵית מַקְדְשָׁא
תּוּשְׁבַּחְתֵּהּ דִי עַל רֵישׁ
חֵילָא שְׁמֵינָא כְּתִישֵׁי
חֲמַר: ב הָא מָחָן תַּקִּיפָן
וְחַסִּינָן אָתְיָן מִן קֳדָם יְיָ

מהר"י קרא

כח (א) הוי עטרת גאות שכורי אפרים. אוי להם לשונאיהן של ישראל הם עשרת השבטים המתעטרים ומתגאים ביינם ומשתכרים ואת פועל ה' לא הביטו: וציץ נובל צבי תפארתו. וציץ פרי שהם מתפארים בו. [נובל.] הוא הפרי כמו והעלה נבל. וכמו ששנינו על הנובלות מהו אומר שהכל נהיה בדברו: אשר על ראש גיא שמנים. זה פת' הוי לעטרת המונחת על ראש שיכורי אפרים היושבים על ים כנרת ים גניסר הבגדל פירות שמנים ומתוקים והיא קיפחה עשרת השבטים מישראל: הלומי יין. כמו והלמה סיסרא. אז הלמו עקבי סוס: (ב) הנה חזק ואמיץ לה'. הנה רוח גדולה חזק ואמיץ בא מאת ה' שהוא קשה כזרם ברד: שער. לשון סערה: קטב. לשון

רש"י

כח (א) שיכורי אפרים. שהיו משתכרין ביין טוב של מדינת פרוגיתא כדאמר מייא דדרומסקית והמרא דפרוגיתא קפחו עשרת השבטים: וציץ נובל צבי תפארתו. ומלב מטע תפארתו יהיה אין הפרח שלו: נובל. הם תאינים המקלוקלות כמו ששנינו בברכות על הנובלות ופירשו רבותינו בושלי כימרא. ואין כן כדמתרגמינן ואלך אין ואינו כן: אשר. נטועים: על ראש גיא שמנים. היא כנרת שפירותיהם מתוקים ושם הם הולמים עצמם ביין: הלומי יין. כתושי חמר. ויש עוד לפתור צבי תפארתו אשר על וגו' צבי תפארת שעל ראש עשרת השבטים המשוחין בגאות ראשי שמנים כמו שנאמר (עמוס ו') ראשי שמנים ימשחו. גיא ל' גאוה כמו (לעיל ט"ז) מואב גיא מאד (ואותו האין כאילת נובל תהיה) הלומי יין כך קורא על שם שכרותן שנאמר בהם (עמוס ו') השותים במזרקי יין: (ב) הנה. יש רוח חזק ואמיץ לה' שהוא כזרם ברד ושאר קטב מרירי:

רד"ק

שבו אחר כן לסוף שבעים שנה ואחר כן גלו פעם שניה והם נדחים בכל פאה ומפוזרים ומה שאמר בארץ מצרים כי שם יבאו כמו שפירשנו ומשם יעלו והשתחוו לה' בהר הקדש ובירושלם פי' בהר הקדש שהוא בירושלם: בהר הקדש. הוא הר המוריה והוא מקום בית המקדש: (א) הוי עטרת גאות. עתה דבר אל אנשי דורו במלכות אפרים על השבטים שלא גלו עדין והיו כתענגים בטובה שהיתה להם והיה כל עסקם במאכל ובמשתה ובתענוג בשמן המבושם עד שבאים לידי שכרות ומקיאים ויוצאים כדרך השכורים והיו נמשכים אחר הגאות העולם ושכחו האל ומצותיו כמ"ש שמנת עבית כשית ויטוש אלוה עשהו וגו' וארז"ל חמרא דפרוגיתא ומיא דדורמסקית הם קפחו עשרת השבטים מישראל ואמר הנביא עליהם הוי ואוי עטרת גאית על דרך משל כי מן הגאוה היו עושין עטרות להם והיו מתפארים בעשרם ובתענוגם ודמה חמדתם והתפארותם כציץ העשב או האילן שהוא יפה בצאתו וכשהרוח נושבת בו הוא נובל ונופל לארץ וחנה נשחת יפיו ושב עפר כן יהיה צבי תפארת אפרים ועטרת גאותם ואמר אפרים כי היא ראש מלכות ישראל וצבי פירושו חפץ וחמדה ופאר כמו צבי היא לכל הארצות ואמר אשר על ראש גיא שמנים פי' עטרת הגאות וציץ התפארת שהוא על ראש גיא השכורים האלה שהם הלומי יין כלומר מוכי היין שהיין מכה אותם לארץ שנופלים שכורים מתגוללים בקיאם ובצואתם. וקרא ראש גיא שמנים על דרך הפלגה מרוב השמן המבושם שיוצקים על ראשם כאלו היא גיא מליאה מים ועתה אומר להם מה סוף תענוגם ואמר: (ב) הנה חזק ואמיץ לה'. הנה יום חזק לה' שיבא עליהם כזרם ברד שמפיל האילנות ומשברם: שער קטב. וכשער וכ"ף כזרם עומדת במקום שנים ושער הוא אומר על רוח סערה שקוטב

אבן עזרא

כח (א) הוי. שכורי אפרים. שהיו השרים מתעסקי' ביין: צבי. כמו לצבי ולכבוד. וטעם עטרת על המלוכה: ראש גיא שמנים. ראש שמנים כמו ראשי בשמים וכל כך היו רבים עד ששב גיא כמו ונשב בגיא ויש אומר כמו גיא מאד שהוא תסר ה"א: הלומי יין. כמו הלמוני בל ידעתי: (ב) הנה חזק. תואר ליום או להיל:

מצודת ציון

כח (א) הוי. ענין קריאה לצער: וציץ. כמין פרח: נובל. כמישה כמו ועלהו לא יבול (תהלים א'): צבי. ענין הדר כמו ולצבי עדיו (יחזקאל ז'): גיא. עמק: הלומי. ענין הכאה וכתישה כמו הלמוני בל ידעתי (משלי כ"ג): (ב) כזרם. ענין שטף

מצודת דוד

חזרו לארצם מעט שגלו שמה לכן קראם אובדים: בהר הקדש בירושלים. בהר המוריה דירושלים והוא מקום המקדש:
כח (א) הוי. הנביא מתאונן על העטרת הגאוה של שכורי אפרים ר"ל על מה שהיו מתכבדים בגאותם: וציץ נובל צבי תפארתו. הדר תפארתו היא עטרת הגאוה שזכר תבלה מהר כאין השדה אשר במעט זמן יבול ויכמוש והוא כפל ענין במ"ש: אשר על ראש. חוזר על עטרת גאות לומר העטרה אשר על ראש בני אפרים שהיו מפנקים עצמם למשוח ראשם הרבה בשמן מבושם וכאלו היה הראש גיא מלא שמן: הלומי יין. אשר היו מוכים מהיין כי לפי רוב השכרות יפלו בארץ ויוכו על האבנים המושלכים על פני האדמה וכאילו היין הוא המכה: (ב) הנה חזק ואמיץ. הנה יש רוח חזק

the head of the northern kingdom, once like a blossoming tree, will wilt.—[*Redak*]

which is—*planted.*—[*Rashi*]

at the head of a valley of fatness—*That is Kinnereth, whose fruits are sweet, and there they crush themselves with wine.*

crushed with wine—Heb. הֲלוּמֵי יָיִן. *This may also be interpreted as follows:* צבי תפארתו אשר על ראש וכו׳, *his glorious beauty, which is etc. His glorious beauty, which is on the head of the ten tribes, anointed with pride with the best oils, as it is said: "*(Amos 6:6) *With the best oils they*

and they shall prostrate themselves before the Lord on the holy mount in Jerusalem.

28

1. Woe is to the crown of the pride of the drunkards of Ephraim and the young fruit of an inferior fig is the position of his glory, which is at the end of a valley of fatness, crushed by wine. 2. Behold God [has] a strong and powerful [wind], like a downpour of hail, a storm of

a great shofar shall be sounded—They will gather as though a huge shofar were sounded to announce throughout the world that the Jews are being gathered.—[*Redak*]*

those lost in the land of Assyria—*Since they were scattered in a distant land, within the Sambatyon River, he calls them, 'lost.'*—[*Rashi*]

those exiled—This refers to the two tribes scattered around the world, but not lost. As explained above, they will be gathered to the land of Egypt before returning to Jerusalem.—[*Redak*]

1. **Woe is to the crown of the pride**—The prophet turns now to the people of his generation, namely to the kingdom of Israel, not yet exiled. He castigates them for gorging themselves with food and for imbibing much wine and anointing themselves with spiced oils, until they would become intoxicated and vomit their food as drunkards do. Thus they would become entirely engrossed in physical pleasures and forget God and His commandments. The prophet, therefore, exhorts them: Woe is to the crown of the pride etc. He is speaking figuratively of the crowns which represent their pride; since their pride induced them to make crowns to wear on their heads.—[*Redak*] Alternatively, this refers to the kings.—[*Ibn Ezra*]

the drunkards of Ephraim—*who would become intoxicated with the wine of the state of Prugitha, as* the Rabbis *stated* (*Shabbath* 147b): *The water of Damascus and the wine of Prugitha robbed away the ten tribes.*—[*Rashi*]

and the young fruit of an inferior fig is the position of his glory—*And the position of the planting of his glory — the young fruit of* his *blossom shall be.*—

inferior figs—Heb. נֹבֵל. *They are the spoiled figs, as we learned in Berachoth* (40b): *For noveloth. And our Sages explained: Burned by the heat.*

young fruit—Heb. צִיץ, *synonymous with* נֵץ, as *the Targum renders*: "(Num. 27:13) וַיָּצֵץ צִיץ, *and it produced young fruit as* וְאָנֵץ נֵץ—[*Rashi*]

Others render: And a wilting blossom is the desire of its glory. The glory and the beauty of Ephraim,

קטב כזרם מים כבירים שטפים
הניח לארץ ביד: ג ברגלים תרמסנה
עטרת גאות שכורי אפרים: ד והיתה
ציצת נבל צבי תפארתו אשר על־
ראש גיא שמנים כבכורה בטרם קיץ
אשר יראה הראה אותה בעודה בכפו
יבלענה: ה ביום ההוא יהיה יהוה

כזרמית ברד כעלעול
רוח כזרמית מיין
תקיפין שטפין כן יתון
עליהון עממיא ויגלונון
מארעהון לארעא אוחרי
בחוביא די בידהון:
ג ברגלין יתדש כתרא
דגיותנא טפשא רבא
דישראל: ד ויהי דיהיב
מצנפתא לרשיעיא
דבית מקדשא
תושבחתה די על ריש
חילא שמינא כבכורא
עד לא קיטא דאם
יחזי דחזי יתה כאלו היא בידה יבלעינה: ה בעדנא ההיא יהי משיחא דיי צבאות

מפיק ה׳

רש״י

הניח לארץ ביד. יניחהו על ארצם בידו החזקה ויפיל הנובלות מן התאנים: (ד) **כבכורה בטרם קיץ.** כבישולה של תאנה אין נובל: בטרם קיץ. עת בישול שאר התאנים אשר מתוך שהיא בכירה קופץ עליה ובולעה ובעודה בכפו כך וישקד על הרעה ויביאה עלינו (דניאל ט׳): (ה) **ביום ההוא.** כהתם הפושעים: יהיה ה׳ צבאות

מהר״י קרא

כריתות: כזרם מים כבירים שוטפים הניח לארץ ביד. בעון שבידם: (ג) ברגלים תרמסנה. כיון שהעטרת מונחת לארץ יבאו האומות וירמסוה. הרי פירש על העטרת מה תהא בסופה. עכשיו חוזר ומפרש על ציץ נובל. הם פירות מתוקים שהם מתפארים בהם מה יהא עליהם: (ד) והיתה ציצת נובל צבי תפארתו אשר על ראש גיא שמנים [וגו׳] קיץ. בלשון כנען ליט״ו. קודם שיגיע זמן הבישול: אשר יראה הרואה אותה וגו׳. כך יבלעום האומות: (ה) ביום ההוא. שיפיל ה׳

אבן עזרא

שער קטב. והכ״ף הראשון מוסף אחר וכן הוא כשער קטב כמו אהי קטבך שאול: הניח לארץ. הטעם כי השם הוריד אלה הזרמים והניחם לארץ בידו החזקה: (ג) **ברגלים.** **עטרת.** באה מלת יחיד והטעם רבות וכמוהו רבים: (ד) **והיתה ציצת נובל.** כאילו אמר זה הציץ שיהיה נובל כמו בת בכל השדודה או נילת עלה נובל והוא הנכון: **כביכורה.** היא התאנה הבכורה בטרם בא פרי הקיץ: (ה) **ביום.** והנה זה הפך לצבי עטרת אפרים כי תרהה מלכות

רד״ק

וכורת הכל ועוד המשילו לזרם מים כבירים שיבאו וישטפו כל אשר יעבור עליהם ויפילו האילנות הגבוהים לארץ כן זה היום החזק והאמיץ: הניח לארץ. כמו יניח עבר במקום עתיד וכמוהו רבים אמר שזה היום החזק יניח עטרת גאותם לארץ ביד כלו׳ בחוקה: (ג) ברגלים תרמסנה. ולא די שיניח עטרת גאותם לארץ אלא שירמסנה ברגלים לאחר שתפול לארץ וזה כלו משל לרוב שפלותם ואמר תרמסנה לשון רבות ואמר עטרת יחידה ואמר עטרת דרך כלל ואמר תרמסנה דרך פרט על כל עטרותיהם ר״ל כל הדברים שהם מתגאים בהם וכן כי תקראנה מלחמה: (ד) והיתה ציצת. נזכר בל׳ זכר ציץ ובלשון נקבה ציצת וכן נץ ונצה וציצת אינו סמיך אלא התי״ו תבוא במקומות רבים במקום ה״א כמו עגלת שלשיה אל תתני פוגת לך והדומים להם כמו שכתבנו בספר מכלל ולפי שזכר הציץ בל׳ זכר ובלשון נקבה אמר והיתה ואמר נובל עוד דמה ציץ תפארתם לבכורה בטרם קיץ ואמר כבכורה בטרם קיץ כלומר התאנה הבכורה בטרם שיצאו פירות הקיץ כלומר הבכורה שתבא בתחילה בני אדם קופצין עליה לקחתה והרואה אותה בתחילה לוקח אותה: בעודה בכפו יבלענה. כלומר בזמן שתהיה בכפו תכף יבלענה מרוב חמדתו אותה כן יהיה עושר אפרים וטובה יבלעם האויב במהרה: כבכורה. מפיק ה״א ואינה לכנוי רק היא לתפארת הקריאה וכמוהו ותעלומה יוציא אור וגולה על ראשה. וא״א ז״ל פירש בכפו ענף כמו וכפתו לא רעננה כלומר כשיראה אותה בענף יבלענה מרוב תאותו לה: (ה) ביום ההוא. שיגלו עשרת השבטים כמ״ש באותו עת יהיה ה׳ צבאות לעטרת צבי ולצפירת תפאר׳ לשאר עמו והם

מצודת דוד

ואמיץ לה׳ שהוא כזרם ברד המשבר אילנות: שער קטב. כרוח סערה הכורת ומשחית: שוטפים. אשר אמת שוטפים בחזקה: הניח לארץ ביד. זה הרוח יניח עטרת גאותם לארץ בחזקת היד ובכח רב: (ג) ברגלים תרמסנה. ברגלי האויב תרמסנה עטרת הגאות של שכורי אפרים ר״ל האויב ישפיל גאותם: (ד) והיתה וגו׳. הלא תפארתו הדומה לנילת הנובל אשר היא לעטרה על ראש גיא שמנים: כבכורה. חוזר על והיתה האמור בתחלת המקרא לומר עטרת הגאות תהיה כתאנה שנתבכרה בטרם יהיה הקיץ והוא עת בשול התאנים כולם: אשר יראה. אשר מיד כשיראה אותה הרואה יבלענה מיד כשהיא עדיין תלויה על הענף ואינו ממתין עד שיתלוש ולאמר שכן ימהר האויב להשפיל גאותם: (ה) ביום ההוא.

מצודת ציון

הבא בחוזק רב וכן כזרם קיר (לעיל כ״ה): שער. רוח סערה והכ״ף של כזרם משמשת בשתים כאלו אמר כשער: קטב. ענין כריתה כמו אהי קטבך שאול (הושע י״ג): כבירים. חזקים או מרובים: שוטפים. נמשכים והולכים במרוצה: הניח. כמו יניח עבר במקום עתיד: ביד. ר״ל בכח על שם שהכח הוא ביד: (ג) תרמסנה. ענין דריכה: (ד) ציצת. מלשון ציץ: כבכורה. מל׳ בכור ור״ל הנגמר ונתבשל ראשון וכן בכורי ענבים (במדבר י״ג): קיץ. הוא זמן בישול התאנים וכן והלחם והקיץ (ש״ב ט״ז): בכפו.

hand. So, "(Dan. 9:14) *He hastened the evil and brought it upon us.*"—[*Rashi*]

So will the enemies seize the wealth of the kingdom of Israel very quickly.—[*Redak*]

Alternatively, when it is still on its branch, he will swallow it. Because of his strong desire, he will swallow it while it is still on the branch, even before picking it.—[*Rabbi Joseph Kimchi*]

5. **On that day**—*When the transgressors are destroyed.*—[*Rashi*]

destruction, like a stream of powerful, flooding water, He lays it on the land with [His] hand. 3. With the feet, they shall be trampled, the crown of the pride of the drunkards of Ephraim. 4. And his glorious beauty shall be the young fruit of an inferior fig, which is on the head of the valley of fatness; as a fig that ripens before the summer, which, if the seer sees it, he will swallow it while it is still in his hand. 5. On that day, the Lord of Hosts shall be

anoint themselves." גֵּיא *is an expression of pride, as:* "(supra 16:6) *Moab, they have become very proud." (And that blossom will be like a wilting blossom) crushed by wine. So he calls them because of their drunkenness, and it is said concerning them*: "(Amos 6:6) *Those who drink with basins of wine.*—[*Rashi*] Thus we render: And a wilting blossom is his glorious beauty, which is on the heads of those anointed proudly with the best oils, crushed by wine.

Redak renders: which is on the head of the valley of oils, those smitten by wine. The prophet refers to the Ephraimites figuratively as 'the valley of oils,' since they are anointed profusely with perfumed oils. They lie in the street in their drunken stupor as though smitten by the wine. Now what will be the end of their pleasures?

2. **Behold**—*The Lord has a strong and powerful wind, which is like a downpour of hail and a storm of* קֶטֶב מְרִירִי, *bitter destruction.* (See *Rashi* to Deut, 32:24, where he interprets this phrase as the name of a demon.)—[*Rashi*]

Others paraphrase: A strong day. A day when the Lord will come upon them like a downpour of hail and a storm of destruction, which will fell the trees and break them. The storm is the tempest which will cut down everything.—[*Redak*]

like a stream of powerful, flooding water—He compares the fall of the kingdom to flooding waters, which inundate the land and fell all the tall trees.—[*Redak*]

He lays it on the land with [His] hand—*He shall place it on their land with His strong hand and cast down the inferior figs from fig trees.*—[*Rashi*]

Alternatively, He lays it on the ground with [His] hand; i.e. God will humble the pride of the Ephraimites, which is as though He casts it down to the earth.—[*Redak*]

3. **With the feet it shall be trampled**—Not only will it be cast down to the ground, but it will be trampled under foot. This depicts the humiliation the kingdom of Israel will suffer.—[*Redak*]

4. **as a fig that ripens before the summer**—*like the ripening of the young fruits of an inferior fig.*—[*Rashi*]

before the summer—*the time of the ripening of other figs, which, because of its early ripening, he pounces on it and swallows it while it is still in his*

צְבָאוֹת לַעֲטֶרֶת צְבִי וְלִצְפִירַת
תִּפְאָרָה לִשְׁאָר עַמּוֹ: ו וּלְרוּחַ מִשְׁפָּט
לַיּוֹשֵׁב עַל־הַמִּשְׁפָּט וְלִגְבוּרָה מְשִׁיבֵי
מִלְחָמָה שָׁעְרָה: ז וְגַם־אֵלֶּה בַּיַּיִן שָׁגוּ
וּבַשֵּׁכָר תָּעוּ כֹּהֵן וְנָבִיא שָׁגוּ בַשֵּׁכָר
נבלעו

ת״א לעטרת צבי, מגלה טו סנהדרין קיא:

תרגום

לִכְלִילָא דְחֶדְוָא וּלְכָתַר דְתוּשְׁבָּחָא לִשְׁאָרָא דְעַמֵּהּ: ו לְמֵימַר קְשׁוֹט דְדִין לְדְיָתְבִין בְּבֵית דִינָא לְמִדַן דִין דִקְשׁוֹט וּלְמִתַּן נִצְחָנָא לִדְנָפְקִין בִּקְרָבָא לַאֲתָבוּתְהוֹן בִּשְׁלָם לְבָתֵּיהוֹן: ז וְאַף אִלֵּין בְּחַמְרָא רְווּ וּבַעֲתִיקָא אִסְתַּלְעָמוּ כַּהֲנָא וְסָפְרָא מִן עֲתִיק

מהר״י קרא

עטרת שבראש שיכורי אפרים לארץ יהיה ה׳ צבאות לעטרת צבי: ולצפירת וגו׳. פת׳ למלכות תפארת, כמו באה הצפירה: (ו) ולרוח משפט ליושב על המשפט. שהקב״ה יושב על המשפט: ולגבורה. הקב״ה לגבורה יהיה כנגד האויבים שהם משיבים מלחמה עד השער: (ז) וגם. אותם שהוזהרו על היין שלא לשתותו הם ישכרו וישגו בריאה ויפקו פליליה. הם כהן ונביא שהיה להם להזהיר את ישראל את החוקים ואת המשפטים דכת׳. הם הם נבלעו מן היין שאינם יודעים להוציא דין אמת לאמיתו מחמת

רש״י

לעטרת צבי. לצדיקים הנשארים בה: (ו) ולרוח משפט. יהיה הקב״ה להורות משפט: ליושב על המשפט ולגבורה. יהיה לאותן שהם משיבי מלחמה מלחמתה של תורה: (ז) וגם אלה. יושבי משפט ומשיבי מלחמה שבדור הזה

רד״ק

יהודה ובנימן שנשארו ומלך עליהם חזקיהו שעשה הישר בעיני ה׳ ובשנת שש לחזקיה גלו השבטים ואמר לעטרת צבי הפך לעטרת גאות שאמר על השבטים וכפל הענין ואמר לצפירת תפארה לחזק הענין כי עטרה וצפירה א׳ וצבי ותפארה אחד ומנהג המקרא הוא לכפול הענין במ״ש לחזק הענין וצפירה הוא ענין סבוב לפיכך נקראה העטרה או מצנפת הראש צפירה לפי שהיא סביב הראש ובמשנה הקופה משיעשה בה שתי צפירות והם מה שעושין מן הגומא סביב הקופה ואמר שהאל יהיה להם לכבוד ולתפארת בימי חזקיהו: (ו) ולרוח משפט. ויהיה האל לרוח משפט למי שיהיה יושב על המשפט והיא חזקיהו שיהיה מלך ויושב על כסא מלכות לעשות משפט ואמר כי האל יהיה לו לרוח משפט כלומר שהאל יתן לו דעת ובינה לעשות משפט אמת ואמר רוח כמו שאמר ונחה עליו רוח ה׳ רוח חכמה ובינה כי החכמה והבינה מחלקי הרוח שהיא הנשמה: ולגבורה. שיהיה להם האל לגבורה וכן יהיה להם לשלום במחנה אשור בעבורם ולא הוצרכו לגבורת אדם כי האל יהיה להם לגבורה וכן כשנלחמו אויביהם והשיבו מלחמה להם עד שער עריהם הבצורות האל היה להם לגבורה ובגבורתו נצחו אויביהם כמ״ש הוא הכה את פלשתים עד עזה ואת גבוליה ממגדל נוצרים עד עיר מבצר וי״ת שני הפסוקים כן בעדנא ההיא יהא וגו׳ וכן רז״ל פירשו הענין הזה בימי המשיח לעתיד ואמרו לעושים צביונו של הקב״ה ולצפירת תפארה למצפין תפארתו: (ז) וגם אלה. אלה אומר על יהודה ובנימן אמר כמ״ש על השבטים שכורי אפרים הלומי יין כן אמר על יהודה ובנימין כי אפי׳ הם ביין שגו ובשכר תעו וזה היה בימי אחז וכן היו אלה ראויים לגלות כמו אלה אלא שעתיד למלוך מלך עליהם שישיבם אל הדרך הטובה והוא חזקיהו: כהן ונביא. הכהן והנביא שהיה להם להורות התורה הם שגו כמוהם במשתה ובתענוג העולם ונביא אינו אומר על נביאי האמת כי אם על נביאי השקר שהיו ביניהם והם היו מתעים אותם ומתירים להם התענוג ואומרים להם שלום יהיה לכם אל תיראו עשו מה שתרצו וי״ת כהנא וספר ר״ל תלמיד: נבלעו מן היין. נשחתו מרוב שתיית היין ותעו מן הדרך הנכונה מרוב שתיית השכר: שגו ברואה פקו. רואה שם בפלס יורה ומלקוש ופי׳ שגו בנבואה בנבואת נביאי אמת שגו ולא הלכו בה וא״א ז״ל פירש אפי׳ בדבר הנראה לעין הם שגו

אבן עזרא

הטעם כליון: (ו) ולרוח. ליושב על המשפט. הם הסנהדרין והטעם שיחזיקם: משיבי מלחמה. אל השער יש אומרים משיביה מהשער ורבי משה הכהן אמר כי הטעם יחזק הבורחים והוא הנכון: (ז) וגם. יש אנשי יהודה:

מצודת ציון

ענינו ענף כמו וכפתו לא רעננה (איוב ט״ו): (ה) ולצפירת. כן יקרא העטרה או המצנפת המסבב את הראש כי צפירה הוא ענין סיבוב ובמשנה הקופה משיעשה שתי צפירות לרוחב שלה (כלים פי״ו) ור״ל הסבוב העושים לקופה: (ו) ולרוח. ענין התעוררות וכן ותחל רוח ה׳ (שופטים י״ג): (ז) שגו. מלשון שגגה ומשגה: ובשכר. יין ישן: תעו. מי שהוא מבולבל בדעתו ואינו יודע מה לעשות נקרא תועה והשאל מהתועה בדרך שאינו יודע

מצודת דוד

ביום מפלת מלכות אפרים: לעטרת צבי. ר״ל יתגלו הכבוד בגאות ה׳: ולצפירת תפארה. כפל הדבר במ״ש: לשאר עמו. הם יהודה ובנימין: (ו) ולרוח משפט. האל יהיה לרוח משפט למי שיושב על המשפט ר״ל יחונן דעת לחזקיהו לעשות משפט אמת: ולגבורה. הוא יהיה לגבורה לבני יהודה אשר שבו ממקום המלחמה להכנס אל בעד השער להבגד במה ר״ל לא יצטרכו לגבורת מלחמה כי האל ילחם להם ויכה את האויב: (ז) וגם אלה. גם יהודה ובנימין בעבור שכרות היין שגו בדעתם ובעבור השכר תעו מדרך

הישר: כהן. הוא המורה וכן נאמר כי שפתי כהן וגו׳ ותורה יבקשו מפיהו (מלאכי ב׳): ונביא. הנביא השקר אשר העמידוהו להוכיח

but to the false prophets among them. They would mislead the people and encourage them to engage in any pleasure they desired. They would tell them that they might indulge in whatever they wished, without fear of punishment. *Jonathan* renders: Priest and scribe, meaning pupil, i.e. the priests and the students of the Torah would mislead the people and encourage them to drink wine and strong drink.—[*Redak*] *Ibn Ezra,* too, points out that the priest, whose mission it is to teach the people, and the prophet, whose mission it is to exhort the

for a crown of beauty and for a diadem of glory, for the rest of
His people. 6. And for a spirit of justice to him who sits in
judgment, and for might for those who bring back the war to
the gate. 7. These, too, erred because of wine and strayed
because of strong wine; priest and prophet erred because of
strong wine,

When the ten tribes are exiled.—[*Redak*]

for a crown of beauty—*for the remaining righteous men among them.*—[*Rashi*]

These are the two remaining tribes of Judah and Benjamin, over whom the righteous King Hezekiah ruled, since the exile of Samaria occurred in the sixth year of Hezekiah's reign, as in II Kings 18:9. The prophet predicts a crown of beauty and a crown of glory for the Judeans in contrast with the crown of pride ascribed to the Israelites. The repetition is for emphasis, depicting the glory of Hezekiah's reign.—[*Redak*]

6. **And for a spirit of justice**—*will the Holy One, blessed be He, be,* i.e. *to teach justice, to him who sits in judgment.*—[*Rashi*]

and for might—*will He be for those who bring back the war, the war of Torah.*—[*Rashi*] I.e. those engaged in the give and take of the discussion of the halachah. God will grant them spiritual strength to persevere with their convictions. *Rashi's* commentary is based on the Talmudic interpretation of this passage, of which he quotes only a very small portion. Apparently, he regards the rest as *derash,* a homiletic interpretation, whereas this portion he regards as *peshat,* the simple interpretation. The Rabbinic interpretation, found in *Megillah* 15b and *Sanhedrin* 111b, will be presented in its entirety immediately after the interpretation of the classic exegetes.*

those who return the war to the gate—Some explain this as: those who repulse the war from the gate. R. Moshe Hakohen explains that God will strengthen those who flee from the battle. [Thus he explains literally, they bring back the war to the gate.] This is the correct interpretation.—[*Ibn Ezra*]

7. **These too**—*who sit in judgment and return the war in this generation, i.e. the best and most esteemed among them, erred because of wine, for now there is no good in them.*—[*Rashi*]

Alternatively, also these tribes, Judah and Benjamin, erred because of wine, just like the ten tribes, the drunkards of Ephraim. This was during the reign of Ahaz, when the kingdom of Judah deserved exile as did the kingdom of Israel. They were spared at that time because Hezekiah, who would bring them back to the way of the Torah, was destined to rule.—[*Redak*]

priest and prophet—The priests and prophets, who should have taught the Torah, themselves erred by imbibing wine and indulging in physical pleasures. This does not refer to the true prophets of the Lord,

נִבְלְעוּ מִן־הַיַּיִן תָּעוּ מִן־הַשֵּׁכָר שָׁגוּ
בָּרֹאֶה פָּקוּ פְּלִילִיָּה׃ ח כִּי כָּל־שֻׁלְחָנוֹת
מָלְאוּ קִיא צֹאָה בְּלִי מָקוֹם׃ ט אֶת־
מִי יוֹרֶה דֵעָה וְאֶת־מִי יָבִין שְׁמוּעָה
גְּמוּלֵי מֵחָלָב עַתִּיקֵי מִשָּׁדָיִם׃ י כִּי צַו

ת"א קיא צואה. הלכות ה' יוכר פרומה : יורה דעה. סוטה יב ע"ז ג (יבמות ג) :

תרגום

אִסְתַּלְעַמוּ מִן חֲמַר טְעוֹ
מִן עֲתִיק אִתְפְּנִיאוּ בָּתַר
מֵיכַל בְּסִים טְעוֹ דִינְהָא׃
ח אֲרֵי כָל פָּתוֹרֵיהוֹן מְלַן
מֵיכַל מְגָעַל וּמִשְׁקַן
לֵית לְהוֹן אֲתַר דִי נְקִי
מִן אוֹנָס׃ ט לְמַן
אִתְיְהִיבַת אוֹרַיְתָא וּמַן
אִתְפְּקַד לְמִסְבַּר חוּכְמָא
הֲלָא לְבֵית יִשְׂרָאֵל
דְרְחִימִין מִכָּל עַמְמַיָא
נַחֲבִיבִין מִכָּל מַלְכְּוָתָא׃ י אֲרֵי אִתְפַּקְדוּ לְמֶעְבַּד אוֹרַיְתָא וּמָא דְאִתְפַּקְדוּ לָא צְבִיאוּ לְמֶעְבַּד

רש"י

כלומר טובים וחביבים שבהם ביין שגו כי עתה אין טוב כם : שגו בראה. הלעיגו בדברי הנביאים וי"ת במאכל מעדנים שראוהו עינג להם : פקו פליליה. הכשילו המשפט : פקו. ל' פיק ברכים (נחום ב') פוקה (שמואל א' כ"ה) : (ח) כי כל שולחנות. שלהם כל זבחי מתים הם שהם כקיא צואה : בלי מקום. אין הדעת סובלתן : (ט) את מי יורה דעה. שמא לתינוקות שאין יודעין להבין כי הגדולים פנו לדרך רעה : גמולי מחלב. גדולי מחלב : עתיקי משדים. לשון ויעתק משם (בראשית יב). ד"א גדולי מן התורה שנקראת חלב ועתיקי מבדים מוסרים מלפני ת"ה : (י) כי צו לצו צו לצו. נביא מלוה להם מאת הקב"ה והם ים להם

מהר"י קרא

היין : תעו מן השכר. הכהנים תעו מן השכר. והנביאים שגו ברואה. שגו בנביאתן שאין דבר ה' בפיהם מחמת שמשתכרים ביינם : (ח) כי כל שולחנות מלאו קיא צואה בלי מקום. שמשתכרין בשולחן ואינם זזים משם עד שמקיאין עליו. (מעתה הואיל) בלי מקום. כלום אין מניחין מקום פנוי מעל השולחן שאין מלא קיא צואה. מעתה הואיל וגם הכהנים ביין שגו: (ט) את מי יורה דעה. את מי יורה הקב"ה דעת להזהיר ולהורות את ישראל : ואת מי. מנביאים יבין הקב"ה שמועה שעתיד להיות דבר כדי שילכו ויודיעום ויושיבום מעליהם. שמא לגמולי חלב. (ולא) [הלא] אינם יודעין להבין ולהורות: (י) כי צו לצו. שהרי כשהנביא מצוה להם ואומר

אבן עזרא

כהן. שהוא המורה וכן הנביא שהוא מוכיח: שגו בראה. בדברי הרואה מוכיחי העם : פקו פליליה. השופטים והנה פקו פועל יוצא או תחסר מלת דברי והוא הנכון והג' פועל עומד מגזרת ופיק ברכים כטעם הנתק הברכים : (ח) כי. כן מנהג המשתכרים : בלי מקום. שאיננו מלא כמו עד אפס מקום וכן מלאו קיא ומלאו צואה והנה ממעל ומתחת : (ט) את. אם בא הנביא להוכיחם אין מבין כי בעבור היין הינם בדעתם כנערים : שמועה. שם : גמולי מחלב. הוא סמוך ומוכרת כמו השכוני באהלים : עתיקי. שהסירו אותם כמו ויעתק משם והמלה תאר השם : (י) כי צו לצו.

רד"ק

בו : פקו פליליה. כשלו מן ופיק ברכים שפירושו מכשול אמר כשלו במשפט ולא שפטו דין אמת הכהן והנביא שהיה להם להורותם התורה ולשפטם המשפט משפט אמת : פליליה. מן ונתן בפלילים : (ח) כי כל שלחנות. אפי' שלחן הכהנים מלאו קיא צואה פי' קיא וצואה חסר וי"ו השמוש כמו שמש ירח ראובן שמעון אמר שהם שותים עד שמשתכרים ומקיאים כי כן דרך השכור כמו שאומר כהתעות שכור בקיאו והנה הם מקיאים דרך פיהם ויוצאים דרך נקביהם מטעל ומתחת : בלי מקום. עד שאין מקום נקי במקום משתיהם אלא הכל מלא קיא וצואה: (ט) את מי. אחר שהם משתכרים וכל עסקם במאכל ובמשתה ומשתכרים המירה שיבא להורותם למי יורה דעה ולמי יבין שמועה מה ששמע הנביא מאת האל לצותם ולהורותם ולהבינם ולמי יורה דעה ולמי יבין שמיעה והנה הם אינם בני דעת והשכל והרי הם כנערים שמתלכלכים בעצמן ואין להם דעת ללכת למקום מוקצה להפנות : גמולי מחלב עתיקי משדים. הם הנערים הקטנים אחר שנשלמה יניקתם כמו ויגדל הילד ויגמל עד יגמל הנער והנערים כשתשלם יניקתם מתחילין לדבר ואין להם עדין מתבונת האדם והבדל מן הבהמה אלא הדבור כי אין להם עדין דעת כן הם אלה הגדולים כקטנים ופי' עתיקי משדים מוסרים מן השדים כמ"ש ויעתק משם ואמר גמולי עתיקי בדרך הסמיכות על אות השמוש כמו לנביאי מלכם. האלהי מקרוב. השכוני באהלים : (י) כי צו לצו. צו הוא שם כמו מצוה ולא נאמרה המצוה בזה הל' במקום אחר ורוצה בו באמרו צו מצוה קטנה אמר כי הם כמו הנערים ולנערים

מצודת דוד

ולייפר דרכם : שגו בשכר. בעבור שתיית השכר שגו בדעתם : נבלעו. נשחתו מן השכרות : שגו ברואה. שגגו בדעתם בענין הראיה כדרך השכור שאין דעתו מסכמת לאמיתת הדבר הנראה : פקו פליליה. הכשילו את המשפט ולא דנוהו דין אמת : (ח) כי כל שלחנות. אשר הם מסיבים עליהם : קיא צואה. הקאה ולכלוך הילולה כדרך היין המביא הקאה ולכלוך מלמטה : בלי מקום. אין מקום פנוי ונקי מאלה : (ט) את מי. הואיל והגדולים פונים אל השכרות אם כן למי ילמוד הנביא דעה ולמי יבין השמועה אשר שמע מאת ה': גמולי מחלב. וכי ילמד לאלה שנגמלו מהנקת החלב : עתיקי. הנעתקים מבדי אמן וכפל הדבר במ"ש : (י) כי צו לצו. מהתענג ומרוב כל המה רחוקים ממלות ה' עד שהכלת

מצודת ציון

לסיכן ילך: נבלעו. ענין השחתה כמו ובלע בהר הזה (לעיל כ"ה): פקו. ענין הכשלה כמו ופיק ברכים (נחום ב') : פליליה. ענין משפט כמו ופללו אלהים (ש"א ב') : (ח) קיא. הוא המאכל החוזר מן הגוף דרך הפה : צואה. כמו ולואה היא לואת הגוף : (ט) יורה. ענין למוד כמו ולהורות נתן בלבו (שמות ל"ה) : גמולי מחלב. כן נקרא התינוק הנפרד מקרוב מן ההנקה כמו ויגדל הילד ויגמל (בראשית כ"א) : עתיקי. מלשון העתק והסרה וכן ויעתק משם ההרה (שם י"ב) : (י) צו לצו. מלשון לווה : קו

also to Isaiah 55:1, where the Torah is described as being better than wine and milk, see *Rashi* and *Targum* ad loc. In *Baba Bathra* 7b, 8a, Torah scholars are likened to breasts in explaining Song 8:10. The prophet asks a rhetorical question. Since the most esteemed members of the society indulge in physical pleasures until they cannot be instructed

they became corrupt because of wine; they went astray because
of strong wine, they erred against the seer, they caused justice to
stumble. 8. For all tables were filled with vomit and ordure,
without place. 9. Whom shall he teach knowledge and to
whom shall he explain the message? To those weaned from
milk, removed from breasts? 10. For a precept

people, erred through wine.

they became corrupt because of wine—They became corrupt because of drinking large quantities of wine; they went astray because of drinking large quantities of strong wine.—[*Redak*]

they erred against the seer—*They mocked the words of the prophets. Jonathan renders: with eating delicacies, which they saw as a pleasure to them.*—[*Rashi*]

Alternatively, they erred against the prophecy by not following it. R. Joseph Kimchi interprets this as meaning that they erred even in obvious matters i.e. in what could easily be seen.—[*Redak*]

they caused justice to stumble—Heb. פָּקוּ פְּלִילִיָּה. פָּקוּ *is an expression similar to*: "(Nahum 2:11) *The stumbling* (פִּיק) *of knees,*" "(I Sam. 25:31) *A stumblingblock* פוּקָה:"—[*Rashi*]

Redak renders: They stumbled in judgment. The priest and prophet, whose mission it was to teach the Torah and judge the people justly, stumbled in judgment and perverted justice.

8. **For all tables**—I.e. *all their tables are of sacrifices for the dead,* i.e. the pagan deities, *which are like vomit and ordure.*—[*Rashi*]

without a place—I.e. *the mind cannot tolerate them.*—[*Rashi*]

Alternatively, all the tables of the drunkards are filled with vomit and ordure, without a clean place. The drunkard, because of his overindulgence in wine and whiskey, vomits his food and becomes incontinent. He, therefore, soils his table until there is no clean place.—[*Redak, Ibn Ezra*]

9. **Whom shall he teach knowledge**—*Perhaps to babes who know not to understand, since the adults have turned to an evil way?*—[*Rashi*]

Since they are drunk, and indulge only in eating and drinking, the teacher who comes to instruct them—whom will he teach knowledge? Similarly, the prophet who brings them the message of God—to whom can he explain it, since they are like young children who soil themselves and have no sense to use the proper facilities?—[*Redak*]

those weaned from milk—*separated from milk.*—[*Rashi*]

removed from breasts—Heb. עַתִּיקֵי, *an expression similar to*: "(Gen. 12:8) *And he removed* (וַיַּעְתֵּק) *from there.*" *Alternatively, separated from the Torah, which is called milk, and removed from breasts, removed from before Torah scholars.*—[*Rashi*]

Rashi alludes to *Midrash Shir Hashirim Rabbah,* 4:11, also to *Taanith* 7a, where the Torah is likened to milk. Perhaps he alludes

לצו צו לצו קו לקו קו לקו זעיר שם זעיר
שם: יא כי בלעגי שפה ובלשון אחרת
ידבר אל העם הזה: יב אשר אמר
אליהם זאת המנוחה הניחו לעיף וזאת
המרגעה ולא אבוא שמוע: יג והיה

ואתנביאו עליהון נבייא דאם יתובון ישתבק להון ולמלי נביא לא קבילו הליכו ברעות נפשהון ולא חמידו למעבד אוריתי סברו דיתקיים להון פולחן טעותא ולא סברו לפולחן בית מקדשי כזער הוה בעיניהון בית מקדשי למפלח תמן כזעיר בעיניהון שכנתי תמן: יא ארי בשנוי ממלל ובלישן תולעבא הוו מלעגין לקביל נבייא דמתנבן להון עמא הדין: יב דאמרין להון נבייא דין בית מקדשא פלחו ביה ודא אחסנת בית ניחא ולא אבו לקבלא אולפן: יג דין יהי כס פורענותהון על דעברו

מהר"י קרא

להם לצווי זה הקשיבו ושמעו. הם משיבים לו ואומרים לו עד שאתה מצונו לצווי זה. כפוף לעצמך וקיים אותו: קו לקו קו לקו. כשהנביא אומר להם. אף אתה קו בקו ימדוד לך: זעיר שם זעיר שם. ימים מועטין אתם יושבין כאן לא תאריכו ימים על האדמה. באותו לשון הם משיבין ואומרים לו: (יא) כי בלעגי שפה ובלשון אחרת. כאלו ידבר בלשון אחרת אשר לא ישמעו את דבריו. כל מי שמדבר אל העם הזה: (יג) והיה להם דבר ה'

רש"י

לו של עכו"ם כנגד לו זה וחוזר הנביא ומוכיחם והם תמיד אומרים יש לנו לו לו שלנו חשוב משלך: קו לקו. יש להם קו משקולת משפטי רשע כנגד קו הצדק: זעיר שם. הנביא אומר להם עוד מעט תבוא עליכם רעה והם אומרים זעיר שם ימהר יחישה מעשהו לימים מועטין: (יא) בלעגי שפה. וכן כל לשון לעגים וכן (לקמן ל"ב) עלגים שניהם ל' דבור

הפוך שאינו מיושב להם להשמע: ידבר אל העם הזה. כל המדבר אליהם דבר נבואה ותוכחה דומה להם ללשון
נלעג שאין יכולין להבין בו: (יב) אשר אמר. הנביא להם זאת המנוחה להיותכם בשלוה הניחו לעיף שלא תגלוהו
וזאת תהיה להם המרגעה: (יג) והיה להם דבר ה' וגו'. כמדתם ימדוד להם יגזור בדברו עליה' לו של אומות

רד"ק

יצוה אדם אותם מעט מעט וילמדם כדי שיקבלו כי אין להם לב לקבל אלא דברים מעטים וכן פי' קו לקו והקו הוא קו הבנין והבנאי משה אותו עד שיעשה אותי טור אחד ואח"כ יסלקהו ויגהו לעשות טור אחר וכן יעשה מעט מעט עד שישלים הקיר וכן הוא הלמוד וההרגל לנערים וכן צריך שילמד הנביא לעם הזה כי הם מעטי הבינ' ועוד כי הם נלאים לשמוע דבר ה' בעבור שאינם חפצים בו ואחר שאמר צו לצו קו לקו וכפלה לחזק הענין ואמר זעיר שם זעיר שם כלומר יאמר להם מעט בדבר זה ומעט בדבר זה ואע"פ כן אינם מקבלים: (יא) כי בלעגי שפה. אמר הנביא שידבר אל העם הזה ידמה שידבר להם בלעגי שפה כמו הלועג בשפתותיו שלא יוכלו בני אדם להבין את דבריו היטב או כמי שידבר בלשון אחרת כן עושין עצמן שלא יבינו דברי הנביא: (יב) אשר אמר אליהם. והנביא לא יאמר להם אלא דברים טובים שינוחו בהם אם ישמעו ויאמר להם זאת המנוחה אם תשמעו אל דברי

אבן עזרא

ראוים הם לדבר עמם כאשר ידבר האב אל בנו הקטן שלא ירע עוד: צו לצו. מצוה אחר מצוה או מצוה דבקה למצוה: קו לקו. למוד הכתיבה: זעיר שם. מעט מעט פעם אחר פעם: (יא) כי בלעגי. מגזרת לעג כי כן המנהג שידבר המלמד לתינוק: ובלשון אחרת. שיבקש המלמד אותר שאינם קשות על הלשון תחת אחרות כן ראוי שידבר המוכיח אל העם הזה: (יב) אשר אמר אליהם. הנביא: זאת. ירו' היא מנוחתכם עשו מנוחה לעיף שלא יברח אל מצרים ואשור: המרגעה. מגזרת מרגוע ושניהם שמות ועל דעת המדקדק הירושלמי שהמלה פועלת. האל"ף בסוף אבא נוסף כאל"ף ההלכוא: (יג) והיה. והנה חשבו כי דבר השם

ה' ותעשו מצותיו תהיה לכם מנוחה בארצכם ולא תגלו ממנה. והיה אומר לכהניהם ונביאיהם הניחו לעיף ישראל שהוא עיף
וינע בצרות רבות שיבואהו הניחו לו והורוהו דבר ה' בו ינוח ולא תתעוהו בשקרותיכם ובפחזותיכם: ולא אבוא שמוע.
נכתב באל"ף וכן ההלכוא אתו וכן מלת הוא: (יג) והיה להם דבר ה'. שלא רצו לשמוע מעט מעט היה להם למכשול עון

מצודת ציון

לקו. ענינו חוט המשקולת של הבנאי וכן וקו ינטה (זכריה א'): זעיר. מעט כמו כתב לי זעיר (איוב ל"ו): שם. ר"ל במקום סידוע המוכן ללמוד שמה וכן על כל המעשה שם (קהלת ג') ופירוש במקום המוכן אל הדבר: (יא) בלעגי. המדבר בהפך תכונת הדבר באין נוח להבין קרוי נלעג בלשון המקרא כמו נלעג לשון אין בינה (לקמן ל"ג): (יד) המרגעה. ענין מנוחה כמו הלוך להרגיעו

מצודת דוד

לעשות להם לואה כמלות ה' ר"ל לעשות עוד סייג וגדר למלות ה' ואל הלואה והסייג הזה הסכרח לעשות עוד לה סייג ולואה אחרת: קו לקו. על שם שקו המשקולת עשויה להשמר לבל יעקמו הבנין לזה קורא למשמרת בלשון קו ור"ל הסכרח לעשות לנס משמרת למשמרת התורה ולעשות עוד משמרת למשמרת והענין כפל במ"ש: זעיר שם. ר"ל אף במקום המוכן ללמוד תורת ה' אין ללמד להם כי אם מעט מעט כי למשא יחשב להם: זעיר שם. הכפל יורה על

הלמוס: (יא) כי בלעגי שפה. כי דברי הנביא בעיניהם כאילו ידבר אליהם בלעגי שפה ובלשון אחרת שאינם מבירים בו:
(יב) אשר אמר אליהם. ר"ל הלא לטובתם ידבר כי זהו הדבר אשר אמר אליהם הניחו לעיף ותם כח ואל תגזלו אותו ובזאת
תמלאו מנוחה ומרגוע ועל"; אינם רולים לשמוע עם שהדבר הוא לטובתם: (יג) והיה להם דבר ה' וגו'. ר"ל מאד נקל להם לעבור

'the weary' as Israel. *Ibn Ezra* explains: This place, Jerusalem, is the rest. Make rest for the weary, that he should not flee to Egypt or to Assyria.

Redak explains: This is the rest; the prophetic words will bring rest to you, that you will not be exiled. To the false prophets he says, Give rest to the weary, to Israel, who is weary from many troubles. Leave them alone and teach them the word

for a precept, a precept for a precept, a line for a line, a line for
a line, a little there, a little there. 11. For with distorted speech
and in another language, does he speak to this people. 12. For
he said to them, "This is the rest; give rest to the weary, and this
is the tranquility," but they would not listen.

in God's ways, whom can the prophet teach his doctrines? To those estranged from the Torah and its scholars?

10. **For a precept for a precept, a precept for a precept**—*The prophet commands them from the Holy One, blessed be He, but they—they have a precept of the idols, equal to this precept, and the prophet repeatedly admonishes them, and they always say, "We have a precept for the precept." Ours is superior to yours.*—[*Rashi*]

a line for a line—*They have a plumb-line of wicked judgments equal to the plumb-line of justice.*—[*Rashi*] I.e.,they have distorted standards, which they claim are equal to the standards of the Torah. [Compare today's moral standards with those of the Torah.—Ed. note]

a little there, a little there—*The prophet says to them, "In a short time evil will come upon you," and they say, "A little there, let Him hurry, let Him hasten His deeds in a short time.*—[*Rashi*]

Alternatively, the prophet attempts to teach the people, who have become very much estranged from the Torah. He must teach them precept by precept, precept by precept, as one teaches young children.—[*Ibn Ezra, Redak*]

line by line—Just as a builder drops a plumb-line to lay a row of bricks, and then drops it again to lay another row, so must the people be taught slowly and gradually, since they are weary of hearing the word of God.—[*Redak*]

Alternatively, he teaches them to write line by line.—[*Ibn Ezra*]

a little there, a little there—He teaches them to accept one topic and a little of another topic, yet they do not accept it.—[*Redak*]

Alternatively, he teaches them little by little, time after time.—[*Ibn Ezra*]

11. **With distorted speech**—Heb. בְּלַעֲגֵי שָׂפָה *Similarly, every expression of* לְעָגִים *and so:* "(infra 32:4) עִלְּגִים, *are both an expression of distorted speech, which is not readily grasped.* —[*Rashi*]

he speaks to this people—*Everyone who speaks to them words of prophecy or admonition is to them like a distorted language, which they cannot understand.*—[*Rashi*, also *Redak*]

Ibn Ezra explains that it is necessary for the prophet to speak a distorted language, just as one does when teaching a very young child, and in another tongue, with letters more easily pronounced than the correct letters. So must one speak when admonishing this people.

12. **For he said**—*The prophet said to them, "This is the rest," that you should have rest, "give rest to the weary," that you shall not rob him, "and this shall be tranquility for them* (var. *for you*).—[*Rashi*]

Ibn Ezra and *Redak* both interpret

לָהֶם דְּבַר־יְהוָה צַו לָצָו צַו לָצָו קַו לָקָו
קַו לָקָו זְעֵיר שָׁם זְעֵיר שָׁם לְמַעַן יֵלְכוּ
וְכָשְׁלוּ אָחוֹר וְנִשְׁבָּרוּ וְנוֹקְשׁוּ וְנִלְכָּדוּ׃
יד לָכֵן שִׁמְעוּ דְבַר־יְהוָה אַנְשֵׁי לָצוֹן
מֹשְׁלֵי הָעָם הַזֶּה אֲשֶׁר בִּירוּשָׁלָםִ׃ טו כִּי
אֲמַרְתֶּם כָּרַתְנוּ בְרִית אֶת־מָוֶת וְעִם־

שאול — קמץ בז״ק

עַל פִּתְגָמָא דַיְיָ וְעַל דְאִתְפַּקָדוּ לְמֶעְבַּד אוֹרַיְתָא וּמָא דְאִתְפַּקָדוּ לָא צְבִיאוּ לְמֶעְבַּד בְּכֵן יִתְמַסְרוּן לְעַמְמַיָא דְלָא יְדָעוּ אוֹרַיְתָא עַל דַהֲלִיכוּ בִרְעוּת נַפְשְׁהוֹן וְלָא חֲמִידוּ לְמֶעְבַּד רְעוּתִי בְּכֵן יִסַבְּרוּן לְסָעִיד בְּעִדָן דְאַיְתִי עֲלֵיהוֹן עָקָא וְלָא יְהֵי לְהוֹן סָעִיד וְסָמִיךְ עַל דַהֲוָה זְעֵיר בְּעֵינֵיהוֹן בֵּית מַקְדְשִׁי לְמִפְלַח תַּמָן בְּכֵן יִשְׁתָאֲרוּן כִּזְעֵיר בֵּינֵי עַמְמַיָא דִיגְלוּן לְתַמָן בְּדִיל דִיהָכוּן וְיִתְקְלוּן לַאֲחוֹרָא וְיִתַּבְּרוּן וְיִתַּצְדוּן וְיִתְאַחֲדוּן׃ יד בְּכֵן קַבִּילוּ פִּתְגָמָא דַיְיָ גֻבְרִין רַשִׁיעִין שִׁלְטוֹנֵי עַמָא הָדֵין דִי בִירוּשְׁלֵם׃ טו אֲרֵי אֲמַרְתּוּן גְזַרְנָא קְיָם עִם קְטוֹלָא וְעִם מְחַבְּלָא עֲבַדְנָא שְׁלָמָא

רש״י

המשתעבדים בם על לו פקודה על פקודה עבודה על עבודה קו של פורענות כנגד קו של עבירות שבידם קו לקו תקוה הולך תקוה יקוו לאור והנה חשך: זעיר שם זעיר שם. (יד) מושלי העם הזה. האומרים לצון בל' משל כגון:

מהר״י קרא

צו לצו. למען זה ילכו אחור: (טו) עשינו חוזה. גבול שלא יעברהו. וכן מחוז חפצם. וכן מחסה. כולם לשון גבול הם. לימים מועטין תבא עליהם והם יתמעטו שם בארץ אויביהם: (טו) כרתנו ברית את מות. שלא יבא עלינו: עשינו

אבן עזרא

איננו עקר רק להרגלים למען לא יכלו אל מצרים כאשר כתב הוי היורדים מצרים לעזר' כי אחת היא: (יד) לכן. אנשי לצון. המתלוצצים לאמר כי דברי השם כמו לו לו: מושלי. י״א מגזרת ממשלה והטע' השרים והנכון שהוא כמו ע״כ יאמרו המושלים: (טו) כי כרתנו ברית. עם מות שלא נמות עתה: ועם שאול עשינו חוזה. כמו ברית ויאמר רבי משה הכהן כי חוז' דרך נבואה ומה יעשה במלת עשינו חוזה ולפי

רד״ק

מעט מעט כמדה כנגד מדה: למען ילכו וכשלו אחור. כלומר כשיחשבו ללכת לפנים יכשלו לאחור ותהיה בהם יד איביהם ונשברו ונוקשו ונלכדו: (יד) לכן שמעו. אנשי לצון שאתם מתלוצצים על דבר ה׳ ולא תחשביהו לכלום: מושלי העם הזה. אמר כנגד שרי יהודה שהם כמושלים על העם הזה כי אחז המלך לא היה עושה התועבות ההם אם השרים היו מוחים בידו אבל כשהנביא היה מוכיחם ומודיעם הפורענות העתידה לבוא עליהם היו מתלוצצים ואומרים כרתנו ברית את מות: (טו) כי אמרתם. שאתם מתיאשים מן הפורענות ואומרים דרך ליצנות כרתנו ברית את מות שלא יבא לנו וכן שוט האויב כשיעבור בעולם לא יבא אלינו: חוזה, שם כמו רואה שפירשנו כלומר מחזה עשינו עמו כאדם המתראה פנים עם בעל דינו

מצודת דוד

על דבר ה׳ כאילו לא היתה רק לואה וסייג לצואה אחת ואף האחרת היתה רק לואה וסייג למצות ה׳ שאין אדם נזהר כל כך בשמירתה לפי שהוא לואה להוקה ממצות ה׳: קו לקו. כאילו היתה רק משמרת למשמרת אחרת ואף האחרת רק משמרת למשמרת התורה שאין אדם סופנה כל כך והענין כפול במ״ש: זעיר שם. ר״ל אף במקום שלמדום נחשבת מעט ואף כי אותם שלא דרכו בנתיבותיה: זעיר שם. הכפל יורה על המעטה: למען ילכו. בעבור זאת כשילכו יכשלו לפול אחור וישברו ויפלו במוקש וילכדו בה ר״ל יפלו בצרה ולא יוכלו להמלט: (יד) אנשי לצון. המלעיגים בדברי הנביא: מושלי. המושלים על העם אשר בירושלים: (טו) כי אמרתם. אשר אמרתם בלעג הנה כרתנו ברית עם המות שלא יבא עלינו קודם הזמן ולא נירא אם כן מהפחדת הנביא: עשינו

מצודת ציון

ישראל (ירמיה ל״א): אביא. ענין ללון וחסן כמו לא אבה יבמי (דברים כ״ה) והאל״ף נוספת וכן ההלכוא אתו (יהושע י׳): (יד) לצון. מלשון לץ: מושלי. מלשון ממשלה: (טו) שאול. סוף

pretation as the correct one. Others, however, render this as: *the rulers of this people.*—[*Jonathan, Redak, Mezudoth*] The princes were regarded as the rulers, since Ahaz would have been powerless to perpetrate his abominations if the princes had protested. Instead of heeding the prophet's warning, they scorned and mocked him.—[*Redak*]

15. **We made a treaty with death**—*that it come not upon us.*—[*Rashi, Ibn Ezra, Redak*]

They said scornfully that they made a treaty with death that it would avoid them and that the enemy's scourge, when it would pass through the world, would not come upon them.—[*Redak*]

we have made a limit—*a boundary*

13. And the word of the Lord shall be for them a precept for a
precept, a precept for a precept, a line for a line, a line for a
line, a little there, a little there, in order that they go and stum-
ble backwards and be broken, and be trapped and caught.
14. Therefore, listen to the word of the Lord, men of scorn,
allegorists of this people who are in Jerusalem. 15. For you
said, "We have made a treaty with death, and with

of God, which will give them rest, and do not burden them with your falsehoods and your rashness.

13. **And the word of the Lord shall be etc.**—*According to their measure, He shall mete out to them; He shall decree upon them with His word upon them, a precept of the nations that enslave them, upon a precept, a command upon a command, labor upon labor; a line of retribution commensurate with the line of sins that they committed* (lit. *in their hand*); קַו לָקָו, derived from קִוָּה, *a hope instead of a hope; they will hope for light, and behold, there will be darkness.*—[*Rashi*]

a little there, a little there—*In a short time, it shall come upon them, and they shall become few there in the land of their enemies.*—[*Rashi*]

Redak explains that the word of the Lord, given to them little by little, which they refused, would little by little become a stumblingblock for them, and when they would attempt to go forward, they would fall backward. In this way, they would be punished in kind.

Ibn Ezra interprets it in the past tense: And the word of the Lord was to them precept by precept, etc. It was to them merely a school exercise, not obligatory.

in order that they go—to Egypt, as the prophet states below (30:2): "Those who go to descend to Egypt . . ."—[*Ibn Ezra*] See Friedlander for correct reading.

Jonathan paraphrases this verse in a lengthy manner: This shall be the cup of their retribution for transgressing the word of the Lord, and since they were commanded to perform the commandments of the Torah, and what they were commanded they would not do, then they shall be delivered to the nations who did not know the Torah; since they went with their own will and did not desire to do My will, they shall hope for salvation at the time I will bring trouble upon them, and they shall have no salvation; since My Temple was inferior in their eyes, to enter therein to worship, they shall remain inferior among the nations where they will be exiled, etc.

14. **men of scorn**—who say that the word of the Lord is merely precept by precept, as above.—[*Ibn Ezra*]

Who mock the word of God and do not regard it.—[*Redak*]

the allegorists of this people—*who express their scorn as an allegory, such as: We made a treaty with death.*—[*Rashi*]

Ibn Ezra, too, accepts this inter-

שאול עשינו חזה שיט שוטף כי יעבר
לא יבואנו כי שמנו כזב מחסנו ובשקר
נסתרנו: טז לכן כה אמר אדני יהוה
הנני יסד בציון אבן אבן בחן פנת יקרת

שוט קרי יעבור קרי מוסד

תרגום

מחת סנאה אתי תיתי עליכון כנחל מגבר דאתון אמרין לא תיתי עלנא ארי שוינא בכדיב רחצננא ובנין שקרין אטמרנא: טז בכן כדנן אמר יי אלהים הא אנא ממני בציון מלך מלך תקיף גיבר ואימתן אתקפיניה ואחסניניה אמר נביא וצדיקיא דהימנו באלין במיתי עקא לא יזדעזעון:

מהר״י קרא

וקצו של דבר: שוט שוטף כי יעבור לא יבואנו. האומות שנמשלו לשוט שוטף. שוט הוא שבט: כי שמנו כזב מחסנו. ע״ז שהנביאים הישבין אותו שקר אנו תופסין אותו שקר. ובו נסתרנו: (טז) לכן. יסד בציון. לשון עבר הוא כמו כן יסד המלך. וכן צריך לפיתרו. הנני הוא אשר יסד בציון כבר. בציון אבן. כבר נגזרה גזירה לפני: אבן בוחן. אבן הראויה לינתן בעיפל ובוחן. בוחן לשון פלטיו הוא כמו עופל ובחן. עופל הוא היכל. כמו ויבא אל העופל: מוסד. הראשון פתח לפי שהוא דביק מוסד של מוסד. כלומר מוסד שהוא מוסד גמור. ואני אומר מוסד מוסד לפי שפת׳ ליסוד. כלומר הנני מעמיד בציון מלך חזק שיבער הרשעים מקרבה. היא נבוכדנצר: המאמין לא יחיש. לא יאמר ימהר ויחישה מעשהו למען

רש״י

חוזה. גבול שלא יעברנהו וכן מחוז חפצם (תהלים ק״ז) וכן מחזה אל מחזה (מלכים א׳ ז׳) כולם לשון גבול הם וקילונו של דבר (אשמיי״ר בלע״ז): שוט שוטף. מכה המתהלכת בארץ: לא יבואנו. לא יבא עלינו: שמנו כזב. שמנו עכו״ם: מחסנו. מחסה שלנו: ובשקר נסתרנו. בעכו״ם בטחנו להסתירנו: (טז) הנני יסד. ל׳ עבר הוא כמו (אסתר א׳) יסד המלך וכן צריך לפותרו הנני הוא אשר יסד כבר (בציון אבן כבר) נגזרה הגזרה לפני והעמדתי מלך משיח שיהא בציון לאבן בוחן ל׳ מבצר וחוזק כמו (לקמן ל״ב) עופל ובחן וכמו הקימו בחוניו (לעיל כ״ג): מוסד מוסד. הראשון פתח לפי שהוא דבור מוסד של מיסד שהוא מוסד גמור: המאמין לא יחיש. המאמין דבר זה לא ימהרנה לא יאמר אם אמת

רד״ק

לעשות שלום עמו: כי שמנו כזב. והם נביאי השקר: כזב מחסנו. הם לא היו אומרים כזב ושקר אלא הנביא קורא אותי מחסה כזב והם דברי נביאי השקר שהיו מבטיחים אותם על שקר: שיט. כתוב ביו״ד וקרי שוט בוי״ו ואותיות אהו״י מתחלפות: עבור. כתוב בלא יו״ד והוא מקור וקרי יעבור ביו״ד האיתן והענין אחד: (טז) לכן כה אמר ה׳. יסד שם תאר ואע״פ שהוא פתח אמר הנני מיסד בציון אבן והוא המלך המשילו באבן גדולה שנותנין אותה ליסוד הבנין וכן פינות הבית עושים מאבנים גדולות לקיים הבנין ואמר שימלוך מלך טוב בציון שתנצל ציון על ידו מן האויב והוא חזקיהו שיחזיר העם בתשובה ויבער הרשעים ופי׳ בחן מבצר מן הקימו בחוניו עופל ובחן: יקרת. שם כמו יקר והתי״ו במקום ה״א ואיננו סמוך כמו שפי׳ בשלת ציצת: מוסד מוסד. הראשון שם והשני פעול והוא דגוש עם הוי״ו ופי׳ יסוד חזק שביסודות יהיה זה היסוד והוא חזקיהו והוא המאמין לא יחיש לפי שרובם לא היו מאמינים בדברי הנביא בימי אחז לפי׳ אמר המאמין לא יחיש המאמין שיש בכם לא יחיש וימהר לראות זאת הנבואה אבל על כל פנים יראה אות׳ ואם לא תהיה כל כך בקרוב לא תרחק:

אבן עזרא

דעתי שחוזה הוא הנביא וכן הוא ברית את מות ועם שאול עשינו ברית חוזה כברית שתעשה על ידי נבואה: שוט שוטף. על רעב והקרוב שהוא כן שוט נחל שוטף: כי שמנו. הטעם אף על פי שאמנו כזב וכן רפאה נפשי כי חטאתי לך: (טז) לכן. הנני יסד. שם התאר מהבנין הכבד על משקל אבד והנה כמוהו יולד ושבח אני את המתים: אבן בחן. כמו עופל ובחן והטעם שתהיה נשגבה ציון ממלך אשור: פנת יקרת מוסד. הראשון שם כמו היסוד ויקרת סמוך אליו והשני פועל מבנין הכבד הנוסף על משקל מוסב על כן הסמ״ך דגוש לבלוע הכפל: המאמין לא

מצודת ציון

סוף הדבר: חוזה. ענין גבול כמו מחוז חפצם (תהלים ק״ז): שוט. שבט המכה כמו שוט לסוס (משלי כ״ו): שוטף. ענינו מהירות ההליכה והושאל מלשון נחל השוטף: (טז) בוחן. ענין מבצר חזק כמו הקימו בחוניו (לעיל כ״ג): פנת. מלשון פנה וזויות: יקרת. מלשון יקר וחשוב: מוסד. מלשון יסוד: יחיש.

מצודת דוד

חוזה. ענינו גבול שלא נבוא אל השאול קודם הזמן: שוט שוטף וגו׳. כאשר יעבור מכה המתהלכת בארץ לא יבוא עלינו: כי שמנו כזב מחסנו. נחסה בצל הכזב כי נחשב לומר לפני המכה שלא לוה המקום לבוא עלינו והוא ענין ללגות: ובשקר נסתרנו. כפל הדבר במ״ש: (טז) לכן. הואיל ויש בכם אנשים מלעיגים בדברי הנבואה יבוא עת שיקבלו גמולם וכאשר מסיים והולך: הנני יסד. הנה אני הוא אשר מאז גזר ויסד להיות בציון מלך חזק כאבן ועל חזקיה יאמר: אבן בוחן. האבן הזה יהיה להם למבצר: פנת יקרת. יהיה כאבן יקר ההושם בפנת הבנין למען יהיה נראה מהעבר מזה ומהעבר מזה: מוסד מוסד. יהיה כהיסוד המיוחד שביסודות: המאמין לא יחיש. לפי שרובם לא היו מאמינים בדברי הנביא בימי אחז לכן אמר המאמין לדברי לא ימהר לראות הדבר ר״ל לא יחשוב בלבבו שעתה תהיה הדבר כי לא תהיה עד לאחר זמן:

saved from its enemies, will reign in Zion, namely King Hezekiah, who will cause the people to repent and he will destroy the wicked.—[*Redak*]

Ibn Ezra sees this merely as a prophecy that Zion will be protected against the king of Assyria.

a costly cornerstone—A costly stone is usually set in the corner of a building where it is visible from both sides.—[*Mezudath David*]

the grave we have set a limit; when an overflowing scourge passes, it shall not come upon us, for we have made lies our shelter and in falsehood have we hidden ourselves. 16. Therefore, so has the Lord God said: "Behold, I have laid as a foundation a stone in Zion, a fortress stone, a costly cornerstone,

that it should not cross. Comp. "(Ps. 117:30) *the boundary* (מְחוֹז) *of their desire,"similarly,* "(I Kings 7:4) *An edge opposite an edge* (מֶחֱזָה אֶל־מֶחֱזָה)" See Commentary Digest ad loc. *They are all an expression of a boundary and an extremity of a thing, asomajjl in O.F.*—[*Rashi*] I.e. we have set a limit that we come not to the grave before our time.—[*Mezudath David*]

Others explain it as 'a pact.' I.e. we made a peace pact with the grave.—[*Redak*]

Ibn Ezra sees this as a prophet's covenant. We made a prophet's covenant with the grave, a prophetic covenant.

an overflowing scourge—*a scourge that travels throughout the land.*—[*Rashi*]

Some interpret it as famine, but more likely it is 'the scourge of an overflowing stream.'—[*Ibn Ezra*]

it shall not come upon us—Heb. יְבוֹאֵנוּ, the usual form for a transitive verb with a direct object.—[*Rashi*]

we have made lies—*We have made idolatry.*—[*Rashi* in some editions]

our shelter—Heb. מַחְסֵנוּ.—[*Rashi*] *Rashi's* intention here is obscure, since the structure is not unusual.

and in falsehood have we hidden ourselves—*We have hoped in idols to conceal us.*—[*Rashi*]

Obviously, those who worshipped idols did not call their hope 'lies' and 'falsehood.' It is the prophet who calls it thus, and the intention is the false prophets, upon whose promises they depended.—[*Redak*]

16. **"Behold, I have laid a foundation**—*This is the past tense. Comp.* "(Esther 1:8—(*For so had the king established* (יִסַּד)." *And so must it be interpreted: Behold, I am He Who has already laid [a stone in Zion. Already] a decree has been decreed before Me, and I have set up the King-Messiah, who shall be in Zion as an* אֶבֶן בֹּחַן, *a fortress stone, an expression of a fortress and strength. Comp.* "(infra 32:14) A tower and a fortress (וּבֹחַן)." *Comp. also* "(supra 23:13) *They erected its towers* (בַּחוּנָיו)."—[*Rashi*]

Others render this in the present tense: Behold I lay as a foundation. This refers to a king whom the prophet likens to a huge stone, laid as the foundation of a building. Also, the stones in the corners are especially large stones, in order to preserve the building. The prophet states in God's name that a good king, through whom Judah will be

מוּסָד מוּסָּד הַמַּאֲמִין לֹא יָחִישׁ׃ יז וְשַׂמְתִּי
מִשְׁפָּט לְקָו וּצְדָקָה לְמִשְׁקָלֶת וְיָעָה
בָרָד מַחְסֵה כָזָב וְסֵתֶר מַיִם יִשְׁטֹפוּ׃
יח וְכֻפַּר בְּרִיתְכֶם אֶת־מָוֶת וְחָזוּתְכֶם

י וְאֶשַׁוֵי דִינָא תְקִין דְאִטְמַרְתּוּן כְּחוּט בִּנְיָנָא וּזְכוּתָא כְּאֶבֶן מַשְׁקוֹלְתָּא וְיִדְלַק רוּגְזִי בְּרוּחְצָן כְּדִבֵיכוֹן וְעַל דְאִטְמַרְתּוּן מִן קֳדָם מְעִיקָא יְהוֹן עַמְמַיָא יִגְלוֹן׃ יח וִיבַטֵל קְיָמְכוֹן דְעִם קְטוֹלָא

דגוש אחר שורק

רש"י

הוא ימהר לבא: (יז) ושמתי משפט לקו. לפני בא אותו מלך אביא עליכם גזרות להתם הפושעים שבכם ושמתי משפט יסורין להיות לקו כלו' אשים קו מדת יסורין להביא עליכם ואת צדקה אשים שתהא משקולת המיישרת בנין הבינין בהוויות כלומר שתהא צדקה מתהלכת לפניהם ומישרת דרכיהם שיכלו הפושעים ונותרו הצדיקים: ויעה ברד מחסה כזב. אותו כיסוי שאמרתם כי שמנו כזב מחסינו אביא ברד ויטאטנו ויעה לשון טיאוט כמו (מלכים ה' י') את היעים שגורפין בהם אחר הכירות: וסתר. שאמרתם עליו ובשקר נסתרנו המים ישטפוהו כלומר אביא המון שישברו מצבותיהם ופסיליהם. ולשון משפט האמור כאן (יוסטיז"א בלע"ז): (יח) וכופר בריתכם את מות. ויתבטל הברית הפר אמרתם כרתנו ברית את מות. כל

מהר"י קרא

נראה. מי בכם שמכלכל את יום בואו ומי העומד בהראותו: (יז) ושמתי משפט לקו. כשאני יסד בציון אבן הוא נבוכדנצר. ועליה משים משפט לקו למידת הדין: וצדקה. ל' יושטיצ"א. קו הוא חבל המדה. משקולת הוא ההוט של (חרס) [הרש] אבן ובראשו שמת עופרת (שמיישב) [שמיישר] בו את האבן כשהוא מסתת איתה. וכן פירושו ושמתי על נבוכדנצר: משפט לקו. כלומר שיעשה בסדין אמת: ויעה ברד מחסה כזב. כלומר יטאטא אותו. מחסה כזב. שאמרתם כי שמנו כזב מחסנו. והוא ע"ז: וסתר. שאמרתם ובשקר נסתרנו המים ישטפוהו כלומר אביא המון גוים שישברו מצבותיכם ופסיליכם: (יח) וכופר בריתכם. ויתבטל הברית שאמרתם

אבן עזרא

יחיש. כיעוד לימים רבים תהיה זאת הנבואה: (יז) ושמתי. דרך משל על קו ומשקלת הבונים בעבור שאמר הנני יסד בציון אבן. ויש אומרים כי האבן על דרך משל על חזקיהו: ויעה ברד. מגזרת היעים והנה ברד פועל כי יעה פועל יוצא וטעם ברד משל למלך אשור: ומחסה. מוסף אחר וכן הוא וסתר מחסה מים ישטופו או תחסר מלת אלה: (יח) וכפר. כמו ואיש חכם יכפרנה כטעם השחתה והסרה.

רד"ק

(יז) ושמתי. על יד זה המלך שיקים אשים משפט לקו לא כמו שהוא עתה שאין משפט ואין חסד ואין דעת אלהים בארץ אבל בימי המלך הזה יהיה המשפט במישור כמו הקו שנוטין אותו לישר הבנין וכמו המשקלת והוא אבן הבדיל או העופרת שמעבירים אותו על הבנין גם כן לראות אם הוא ישר ועל פי המשקלת ההיא מישרים הבנין כן תהיה הצדקה במישור: למשקלת. שם בפלס משמרת ומפני האתנח נקמצה הקו"ף: ויעה ברד. המשיל האויב לברד ולמים שוטפים כמו שאמר למעלה כזרם מים כבירים שוטפים ויעה מגזרת יעים שהם המנקות שמנקה אדם בהם הביח ואותו הכזב שהיו אומרים כי שמנו כזב מחסנו הברד יסיר אותו המחסה ואותו סתר שקר שאמרתם ובסתר נסתרנו אותו הסתר ישטפו אותו מים והוא רמז למחנה אשור שיבא כמים כבירים שוטפים כמ"ש למעלה את מי הנהר העצומים והרבים ואמר וחלף ביהודה שטף ועבר וגו' כמ"ש ויעל על כל ערי יהודה הבצורות ויתפשם ואז נשטפו הרשעים אשר ביהודה שהיו משימים סתרם ומחסם בשקר והכזב: (יח) וכפר. יתבטל ויוסר כמו ואיש חכם יכפרנה: וחזותכם. שאמרתם עשינו חוזה לא תקים כמו שחשבתם וכן

מצודת דוד

(יז) ושמתי משפט לקו. אז הב"ה גמול המפעל ואביא משפט יסורים להרשעים הללו כפי קו הטאתם ר"ל כדבר הנמדד בקו לא פחות ולא יותר: וצדקה למשקלת. ואל הצדיקים אעשה צדקה כפי משקל צדקתם כי בימי חזקיה יבוא סנחריב הבצורות ביהודה ויהרוג הרשעים והצדיקים יותרו ויקבלו הטובה: ויעה ברד. כלפי שאמרו כי שמנו כזב מחסנו אמר שהברד יכבד ויטאטא את המחסה הכזב ר"ל סנחריב המכה לא יפנה אל דברי הכזב: וסתר. כלפי שאמרו בשקר נסתרנו אמר שהמים השוטף את מסתור השקר ר"ל סנחריב לא יפנה אל השקר וכפל הדבר במ"ש: (יח) וכפר וגו'. כלפי שאמרו

מצודת ציון

ענין מהירות כמו ימהר יחישה מעשהו (לעיל ה'): (יז) לקו. ענינו חבל המדה: ויעה. ענין כבוד וטאטא והוא מל' ואת היעים (במות ל"ה) שהם הכלים העשוים לכבד ולהסיר את הדשן: (יח) וכופר. ענין העברה ובטול וכן ואיש חכם יכפרנה (משלי

sweep it away. **וְיָעָה** *is an expression of sweeping. Comp.* "(I Kings 7:40) *the shovels* (**הַיָּעִים**)" *with which they scoop up the ashes from the stoves.*—[*Rashi*] If the reference is indeed I Kings 7:40, it is more likely that the reading is **כִּירוֹת** *pots,* rather than **כִּירוֹת** *stoves.* See Commentary Digest ad loc.

the hiding place—*concerning which you said, "And in falsehood have we hidden ourselves," the water shall flood it, i.e. I will bring a multitude of nations that will break your monuments and your graven images. The expression of* **מִשְׁפָּט** *mentioned here is jostise* (justice) *in O.F.*—[*Rashi*]

18. **And your treaty with death shall be nullified**—*The treaty about which you said, "We have made a treaty with death," shall be nullified. Every expression of* **כַּפָּרָה**, *atonement, is* really *an expression of wiping or removing something. Compare:* "(Gen. 32:21) *I shall appease* (**אֲכַפְּרָה**)

a foundation well founded; the believer shall not hasten.
17. And I will make justice the line, and righteousness the
plummet, and hail shall sweep away the shelter of lies, and
water shall flood the hidingplace. 18. And your treaty with
death shall be nullified, and your limit

a foundation well founded—*Heb.* מוּסָד מוּסָּד. *The first one is voweled with a pathaḥ because it is in the construct state, a foundation of a foundation, which is a solid foundation.*—[*Rashi*] This reading is unlike our edition.

Ibn Ezra regards the first word as a noun and the second one as an adjective. He renders: A costly cornerstone of a well founded foundation.

Redak, too, regards the first word as a noun and the second one as an adjective. He, however, renders: A costly cornerstone, a well founded foundation, separating 'a costly cornerstone' from 'a well founded foundation.' This refers to Hezekiah.

the believer shall not hasten—*Whoever believes this word shall not hasten it. He shall not say, "If it is true, let it come quickly."*—[*Rashi*]

It will be a long time before this prophecy is fulfilled.—[*Ibn Ezra*]

This expression is used because, during Ahaz' reign, most of the people did not believe the prophets. He, therefore, states that whoever believes the prophecy will not see it fulfilled quickly, but he will see it fulfilled in the not too distant future.—[*Redak*] This interpretation follows *Redak's* theory that the prophet refers to Hezekiah. According to *Rashi,* however, since the prophet refers to the Messiah, this interpretation is not correct. *Rashi,* therefore, explains it differently. See above.

17. **And I will make justice the line**—*Before the advent of that king, I will bring decrees upon you to end the transgressors among you, and I will make the judgment of chastening to the line; i.e. I will make the line the standard of chastening* (var. *the line of My standard, chastening*), *to bring upon you, and righteousness I will make that it should be the plummet that straightens the building of walls, i.e. that righteousness shall go before them and straighten their ways, that the transgressors shall be destroyed and the righteous shall remain.*—[*Rashi*]

Through this king who will rise, I will make justice the line, i.e. the norm, not like today, (during the reign of Ahaz) when there is neither justice nor kindness nor knowledge of God throughout the land. During the reign of the new king, however, justice shall become the norm, like the line extended by the builders to straighten the structure, and like the plummet, the lead which they allow to fall near the building to straighten it.—[*Redak*]

and hail shall sweep away the shelter of lies—*That covering that you said, "For we have made lies our shelter," I will bring hail and it shall*

את־שאול לא תקום שוט שוטף כי
יעבר והייתם לו למרמס: יט מדי
עברו יקח אתכם כי־בבקר בבקר
יעבר ביום ובלילה והיה רק־זועה הבין
שמועה: כ כי־קצר המצע מהשתרע

והמסכה

ה"א מדי עברו. סנהדרין לה: קצר המצע. יומא ט סנהדרין קג:

תרגום

ושלמכון דעם מחבלא
לא יתקים מחת סנאה
ארי תיהי עליכון כנחל
מגבר ותהון להון לדיש:
יט בזמן מעדוהי יגלי
יתכון ארי בצפר בצפר
יעדי בימם ובליליא ויהי
עד לא ימטי זמן לוטא
תסתכלון במלי נביא:
כ ארי יתקצר חיליהון
משעבוד תקיף ושלטון

רש"י

כפרה לשון קנוח וסילוק דבר וכן (בראשית ל"ב) אכפרה פניו: וחזותכם. אשר אמרתם עם שאול עשינו חוזה: שוט שוטף. אשר אמרתם לא יבואנו והייתם לו למרמס: (יט) בבקר בבקר. כלומר תדיר אביא עליכם גזירות: והיה רק זועה הבין שמועה. זועה לכל השומעים להבין שמועות פורעניות הקשות שאביא עליכם כל השומעים יזועו: (כ) כי קצר המצע מהשתרע. כי אביא עליכם שונא דוחק אשר לא תוכלו להספיק עבודתי כשיגיע

מהר"י קרא

ורתנו ברית את מות. כל כופר לשון קינוח וסילוק הוא. וכן אכפרה פניו: (כ) כי קצר המצע מהשתרע. מהגדיל. כמו שרוע וקלוט. שאין המטה יכולה להכיל שישכבו עליה שני רעים. לפי שהיא קצרה. כלומר אין הקב"ה [יכול] להכיל שתכניסו

אבן עזרא

וברית חזותכם עם שאול. וי"ו והייתם כפ"א רפה בלשון ישמעאל וכמוהו ביום השלישי וישא אברהם את עיניו: (יט) מדי. עבור הנחל השוטף יקחכם: זועה. איננו כמו זעוה הפיך כאשר יפרשו רבי' רק הוא מגזרת ולא זע ממנו ובא הוי"ו באמצע כוי"ו מות והטעם כי יפחד שיבין שמועתכם מה שירע לכם: (כ) כי. המצע. שהוא למטה ביציע:

רד"ק

שוט שוטף שאמרתם לא יבאנו לא כמו שאמרתם אלא שתהיו לו למרמס: (יט) מדי עברו. מעת שיעביר אותו השוט יקח אתכם כי בבקר בבקר יעבור. כלומר בכל יום ויום כי מעת נסעו לבא לארץ ישראל לא ינוח ביום ובלילה כמו שאמר למעלה לא ינום ולא יישן ומה שאמר בבקר בבקר והמחנה היה הולך ביום ובלילה כי בלילה לא היו נראים אלא בכל בקר ובקר היו נראים בארץ שהיו באים אל ירושלם: והיה רק זועה הבין שמועה. כשיבינו שמועתי יזועו וירעדו ויפחדו ממנה כי עתה אינם מאמינים: זועה. תנועה כמו ולא קם ולא זע ממנו כי המפחד ירעד ויזוע ויניע גופו: (כ) כי קצר המצע. פעל עבר כי הציו קמץ וחציו פתח וכן צרה פעל עבר כי הוא מלעיל אמר דרך משל כאדם ששוכב על מצע והוא קצר ואינו יכול לפשוט רגליו ולהשתרע בו וכן כאדם שיתכסה בשכבו במכסה שהיא

מצודת דוד

כרתנו ברית את מות אמר הנה יוסר הברית ויבוטל כי בוא יבוא עליכם: וחזותכם וגו'. כלפי שאמרו ועם שאול עשינו חוזה אמר אז לא תקום הגבול שעשיתם עם השאול כי כן תבואו אל השאול: שוט שוטף וגו'. כלפי שאמרו שוט וגו' לא יבואנו אמר כאשר יעבור המכה המתהלכת תהיה לו למרמס כי עליכם יבוא וירמוס אתכם: (יט) מדי עברו. מתי שיעבור שוט השוטף יקח אתכם אליו: כי בבוקר. בכל בוקר יעבור אליכם ואחר זה יתמיד לבא ביום ובלילה: והיה וגו'. מי שיתן לב להבין שמועת הפורענות לא יתקומם לבבו רק יהיה מלא מרתת וחרדה: (כ) כי קצר וגו'. המצע אשר ישכב עליו יהיה קצר להשתטח עליו ולהאריך עצמו בפשוט הרגלים ר"ל אחלם

מצודת ציון

ס"ז): וחזותכם. מלשון מחזה וגבול: לא תקום. לא תתקיים: למרמס. ענין דריסה ברגל: (יט) מדי. כמו מתי וכן מדי דברי בו (ירמיה ל"א): זועה. ענין רתת וחרדה כמו ביום שיזועו שומרי הבית (קהלת י"ב): (כ) המצע. ענינו הכרים והכסתות ההושם תחת האדם בשכבו כמו ערש יצועי (תהלים קל"ב): מהשתרע.

Manasseh brought into the heichal, the Temple proper (II Chron. 33:7). *This bed is too short* מֵהִשְׂתָּרֵעַ, *for two friends to rule over it* (*Yoma* 9b; *San.* 103b; *Mid. Tanhuma, Bechukothai* 3). *I explained it according to its simple meaning, and in this manner Jonathan rendered it. The Midrashic interpretation of our Rabbis,* however, *can be reconciled with the context. I.e. why do I bring this retribution upon you? Because the bed is too narrow for Me alone to stretch out on it, as it is said*: "(I Kings 8:27) *Be-*

with the grave shall not endure; when an overflowing scourge
passes, you shall be trampled by it. 19. When it passes, it shall
take you, for every morning it shall pass, by day and by night,
and it shall be only terror to understand the message. 20. For
the bed is too short for one to stretch,

his anger," lit. I will wipe away his anger. — [*Rashi*] See *Rashi* ad loc., also Ramban. Redak and *Ibn Ezra* concur with *Rashi* and cite another instance, that of Prov. 16:14: "And a wise man removes it (יְכַפְּרֶנָּה).

and your limit—*which you said,* "With the grave we set a limit."—[*Rashi, Redak*]

an overflowing scourge—*which you said, "will not come upon us," you shall be trampled by it.*—[*Rashi, Redak*]

19. **every morning**—*I.e. I will always bring decrees upon you.*—[*Rashi*]

and it shall be sheer terror to understand the message—*Terror for all those who hear, to understand the messages of the harsh retributions that I will bring upon you. All who hear shall quake.*—[*Rashi*]

Redak explains as follows:

When it passes—When that scourge passes, it shall take you, because it shall pass every morning; i.e. the enemy shall travel every day. From the time they commence to march on Judah, they will travel both day and night, without rest, as the prophet states above (5:27): "He shall neither slumber nor sleep." The prophet mentions in particular that the enemy will pass every morning, because the night marches were invisible to onlookers. It was only in the morning that the progress of the armies became known. It then became obvious that they were drawing closer and closer to Jerusalem.

and it shall be only terror to understand the report—When they understand the message, they will only *fear* its realization. They will not yet believe that it will surely come true.—[*Redak*]

20. **For the bed is too short for one to stretch**—*When I bring the enemy upon you, he shall press you so that you will not be able to supply his work. When he spreads out his bed upon you, it will be too short for the one who lies on it to stretch.*—[*Rashi*]

to stretch—Heb. מֵהִשְׂתָּרֵעַ, *to lengthen one's limbs, estandejlejjr in O.F.*—[*Rashi*]

and the ruler—it shall be narrow—Heb. וְהַמַּסֵּכָה. *The prince who will rule over you—your place will be cramped for him when he enters it. Our Rabbis,* however, *expounded it as referring to the idol that*

וְהַמַּסֵּכָה צָרָה כְּהִתְכַּנֵּס׃ כא כִּי כְהַר־
פְּרָצִים יָקוּם יְהוָה כְּעֵמֶק בְּגִבְעוֹן יִרְגָּז
לַעֲשׂוֹת מַעֲשֵׂהוּ זָר מַעֲשֵׂהוּ וְלַעֲבֹד
עבודתו

תרגום

בבלאי מעיק יסגי
מרוא: כא ארי כמא דזעו
טוריא כד איתגלי יקרא
דיי ביומי עוזיה מלכא
וכניסין דעבד ליהושע
במישר גבעון לאתפרע
מרשיעיא דעברו על
מימרה כן יתגלי לאתפרעא מדעבדין עובדין נוכראין עובדיהון ומדפלחין פולחן טעותא

רש"י

מלעו עליכם יקלר לו מהשתרע הסוכב עליו: מהשתרע. מהשתעח להחריך חבריו (חישטנדליי"ר בלע"ז): והמסכה צרה. הנסיך שימשול עליכם יהיה מקומכם דחוק לו בהתכנסו לתוכו ורבותינו דרשוהו על עכו"ם שהכניס מנשה להיכל קלר המלע הזה מהשתרע מהשתרר עליו שני רעים. ואני פרשתיו לפי פשוטו ובדרך זה ת"י ואף מדרש רבותינו יש ליסבו על אופן הדבו' כלו' למה אני מביא עליכם פורענות זו לפי שקלר המלע מהשתרע אני לבדי עליו שנא' (מ"א ח') הנה השמים ושמי השמים לא יכלכלוך וכ"ש בהכניסכם מסכה עמי כביכול לר לני המקום: (כא) כי כהר פרצים. ת"י ארי כמא דזעו טוריא כד איתגלי יקרא דה' ביומא עוזיה מלכא וכניסין דעבד ליהושע במישר גבעון וכו' כן יתגלי לאתפרעא מדעבדין וכו': זר מעשהו. ידמה לכם לזר כי יביא עליהם פורענות קשה: ולעבוד עבודתו. לעשות מלאכתו

מהר"י קרא

ע"ז לתוך ביתו: והמסכה צרה כהתכנס. כהכניס אותה בהיכל: (כא) כי כהר פרצים יקום ה'. כשם שעשה לדוד בהר פרצים שפרץ אויביו לפניו כפרץ מים כמו כן יקום ה' על אויביכם הצוררים לכם אילו הייתם הולכים בדרכיו: כעמק [עכור] [בגבעון] ירגז. כאשר הרגיז חמשת המלכים. כשהדמים השמש ליהושע בגבעון. כן ירגז על האומות שמריעין לישראל. אלא מי מעכב. דבר זה מעכב: לעשות מעשהו זר מעשהו. כשהיא מצפה לכם שתעשו דרכיו ותשמרו מצוותיו. אתם עושין לע"ז מעשהו שהייתם ראויים לעשות למקום: ילעבוד

אבן עזרא

מהשתרע. המסך כמו שרוע וקלוט: והמסכה. כמו מכסה: כהתכנס. שם הפועל מגזרת לך כנוס וטעם כהתכנס כאשר יתחברו תחתיה רבים וזה דרך משל על העם והמושלים בם: (כא) כי כהר פרצים. הוא הנודע במלחמות דוד שנקרא בעל פרצים כי בפתע פתאום רגלו הפלשתים במעשה פלא או כעמק שהוא בגבעון שרגז רמז בעת עמוד השמש והירח כן יעשה השם מלחמה זרה על

רד"ק

צרה ולא יכול להתכנס ולהתאסף תחתיה כן יהיה ישראל מ מחנה אשור יתפשט בארצם והנה רחב ארצם תשוב צר וקצר. כמ"ש מלא רחב ארצך עמנו אל ולא נשאר להם מכל ארצם אלא ירושלם והיתה צרה וקצרה מהתכנס כולם בתוכה: מהשתרע. מענין שרוע וקלוט שהוא ענין יתרון: כהתכנס. כשירצה להתכנס תחתיה לא יוכל. התכנס ענין אסיפה. כמו נדחי ישראל יכנס: (כא) כי כהר פרצים. כמלחמה שנלחם דוד בפלשתים בבעל פרצים והיה שם הר כמ"ש ויעלו בבעל פרצים ואותו הדבר היה פלא גדול שהכה אותם דוד בעם אשר היו אתו אז ועליהם נאספו כל פלשתים ואמר דוד פרץ ה' את אויבי לפני כפרץ מים כלומר מאת ה' היתה זאת וכמו אותו המעשה שהיה גדול שקם ה' ונלחם בהם כן יקום עתה וילחם בישראל וכמו מלחמת יהושע בגבעון שהיה פלא גדול ואמר ויהומם ה' כן יהום עתה ה' את ישראל ולא יהיה בהם כח לעמוד כנגד אויביהם ומה שאמר כעמק בגבעון ר"ל כמו שעשה בעמק אילון ובגבעון: לעשות מעשהו זר מעשהו. כשיקום לעשות מעשהו זר בישראל ואמרו זר מעשהו כי לא עשה כזה מתמול שלשום וכפל הענין במ"ש כי זר ונכריה אחד ומעשהו ועבודתו אחד כתרגום מעשה עובדא ואאז"ל פי' זר כמעשהו כי בהר פרצים ובגבעון קם בעזרת ישראל להנקם מאויביהם אך עתה זה יהיה

מצודת דוד

שהיה לר מהכיל התפשטות מרבית חיל האויב הבא: והמסכה צרה כהתכנס. המסכה תהיה לרה לו כאשר יתכנס להתאסף תחתיה עם כל איבריו והוא כפל ענין במ"ש ויורה על הפלגת הדבר שיהיה רב מחנהו וכמ"ש והיה מטות כנפיו מלא רוחב ארלך (לעיל ח'): (כא) כי כהר פרצים. כמו בעת מלחמת דוד בפלשתים בבעל פרלים העומדות בהר כמ"ש ויעל בבעל פרלים (דה"א י"ד) ושם נשמדו הפלשתים פתאום ואמר כן יקום ה' להשמידם פתאום מע"פ האדמה: כעמק בגבעון. כמו בעת מלחמת יהושע בהאמורי. בהעמק אשר בגבעון. אשר מן השמים נלחמו עמהם כמ"ש וה' השליך עליהם אבנים גדולות מן השמים וגו' (יהושע י') כמו כן ירגז ה' עליהם וילחם בם: לעשות מעשהו. להפרע מהם: זר מעשהו. המעשה תהיה זרה ר"ל דבר שלא עשה עמהם מתמול שלשום: ולעבוד וגו'. הוא כפל ענין במ"ש כי עבודה הוא כמו מעשה ונכרי' הוא כמו זר ופתרון אחד לשם:

מצודת ציון

ענין עודף ויתרון האורך כמו שרוע וקלוט (ויקרא כ"ב): והמסכה. מלשון מסך ומכסה כמו והמסכה הנסוכה (לעיל כ"ה): צרה. דחוקה: כהתכנס. ענין אסיפה כמו נדחי ישראל יכנס (תהלים קמ"ז): (כא) ירגז. מלשון רוגז וכעס: ולעבוד עבודתו תרגום

strange is His deed—Just as when He performed those miracles for Israel, His deed was strange, for He was not wont to perform such miracles, so will He perform strange deeds when He delivers Israel into the hands of their enemies.—[*Redak, Ibn Ezra*]

Rabbi Joseph Kimchi explains: Unlike the miracles of Mount Perazim and the Valley of Gibeon, when God performed miracles for His people Israel, in this case, He will perform a strange deed, namely, to deliver His people into the hands of their enemies.

and the ruler—it shall be narrow when he enters. 21. For like the mountain of breaches shall the Lord arise, like the valley in Gibeon He shall be incensed; to perform His deed, strange is His deed, and to perform

hold the heaven and the heaven of heavens cannot contain You." Surely, when you bring in a molten image with Me, so to speak, the place is too narrow for us.—[*Rashi*] The Rabbis explain מֵהִשְׂתָּרֵעַ as a contraction of רֵעַ אַחֵר מֵהִשְׂתָּרֵר, *for another friend to rule.* מַסֵּכָה is rendered as 'a molten image,' as in many places in the Torah. Also, the Talmud explains צָרָה as 'a rival.' It is as though the Almighty has a rival with Him in the *heichal,* like a man who has two wives; each one is the צָרָה, *rival,* of the other. *Rashi* does not mention this because he feels that it is incompatible with *peshat.*

Others explain מַסֵּכָה as 'a cover,' rendering thus: and the cover is too narrow to gather under. I.e. it is too narrow for one to gather all his limbs under it. This alludes to Judah at the time of the Assyrian invasion. They had no place in which to gather because the Assyrians had conquered the entire land with the exception of Jerusalem.—[*Redak*]

21. **For like the mountain of breaches**—*Jonathan paraphrases: For, just as the mountains quaked when the glory of the Lord was revealed on the day of King Uzziah,* (supra. 6:4, Comm. Dig.) *and as the miracles He performed for Joshua in the valley of Gibeon* (Jos. 10:12f) to punish the wicked who transgressed His word, *so shall He be revealed to punish those who perform* strange deeds, strange are their deeds, and those who worship pagan deities, strange is their worship.—[*Rashi*]

strange is His deed—*He will seem to you as a stranger, for He will bring upon them* (all other editions: *upon you*) *harsh retribution.*—[*Rashi*]

Although *Rashi* quotes *Jonathan's* translation at the beginning of the verse, he, apparently, differs on his translation of the end of the verse. He regards his own interpretation as closer to *peshat* than *Jonathan's.*

Other exegetes render הַר פְּרָצִים as a proper noun, Mount Perazim, identified with Baal-perazim, where King David scored a miraculous victory against the Philistines, as we find in II Sam. 5:20: "And David came to Baal-perazim, and David smote them from there; and he said: 'The Lord has broken my enemies before me like the breach of waters.' Therefore, he called the name of that place Baal-perazim." Although Baal-perazim was a plain, as *Jonathan* renders there, there was, undoubtedly, a mountain in that area, as it is stated in I Chron. 14:11: "And they came *up* to Baal-perazim." Just as God performed a miracle on Mount Perazim and delivered the Philistines into David's hands, and He performed a miracle in the Valley of Gibeon, where He delivered the Canaanites into Joshua's hands, so will He confound the Jews and deliver them into the hands of the Assyrians.—[*Ibn Ezra, Redak*]

עבדתו נכריה עבדתו: כב ועתה אל-
תתלוצצו פן-יחזקו מוסריכם כי-כלה
ונחרצה שמעתי מאת אדני יהוה
צבאות על-כל-הארץ: כג האזינו
ושמעו קולי הקשיבו ושמעו אמרתי:
כד הכל היום יחרש החרש לזרע יפתח
וישדד אדמתו: כה הלא אם-שוה פניה

תרגום

פולחנהון: כב וכען לא
תתרשעון דלמא
יתקפון יסוריכון ארי
גמירא ושיצאה שמעית
מן קדם יי אלהים
צבאות על כל יתבי
ארעא: כג אמר נביא
אציתו ושמעו קלי
אתפנו וקבילו למימרי:
כד בכל עדן מתנבן
נביי לאלפא מאים
יתפתחן אודני חיביא
ויקבלון אולפן: כה הלא
אם ישוון בית ישראל

ת"א אל תתלוצצו. (ברכות ה): קמץ בז"ק והפיץ אפיהון

מהר"י קרא

עבודתו. כמו כן פירושו: (כב) ועתה אל תתלוצצו. על דברי: פן יחזקו מוסריכם. שאמר למעלה כי בלעגי שפה וגו׳ שהיו מלעיגים בדברי הנביאים. חוזר ומזהירם. ועתה אל תתלוצצו פן יחזקו. פן אוסיף להביא עליכם כל שאמור למעלה בפרשה. שוט שוטף כי יעבור והייתם לו למרמס. מדי עברו יקח אתכם. אבל עד עכשיו לא דנם לכלותם. אמר הנביא ועתה על תתלוצצו פן יחזקו מוסריכם. על תוכחה האמורה למעלה בענין: כי כלה ונחרצה שמעתי. שנגזר עליכם בעון הליצנות: (כג) האזינו ושמעו קולי וגו׳. לפי שכל פרשה זו כולה משל ודימוי הוא אומר האזינו ושמעו והקשיבו שכשל וחידה קשים להבין יותר מן המליצה: (כד) הכל היום יחרש החורש לזרוע. וכי כל החורש לזרוע לעולם הוא חורש. אם כן מה מועיל. אף הנביאים המוכיחים אתכם להחזיר אתכם למוטב. הלעולם יכיחו ולא יועילו: יפתח וישדד אדמתו. וכי לעולם לא יזרע אלא תמיד יפתח וישדד. בתחילה הוא עושה תלמים גדולים ואחר כך הוא עושה תלמים קטנים. כך מפרש תנחומא: (כה) הלא. כך (דרש) [דרך] החורש (כאן) [כיון] שחורש משוה פני האדמה. ואחר כך יזרע: והפיץ קצח. אם קצה

רש"י

כמו עבודת האדמה (לבורי"ר בלע"ז): (כב) ועתה אל תתלוצצו. לאמר כרתנו ברית את מות: מוסריכם. יסורין: (כד) הכל היום. ל׳ תמיהה הוא לכך נקוד חטף פתח: יחרוש. מי שהורש לזרוע וכי החורש כדי לזרוע לעולמים חורש אם כן מה יועיל אף הנביאים מוכיחים אתכם להחזירכם למוטב הלעולמי׳ יוכיחו ולא יועילו: יפתח וישדד אדמתו. וכי לעולם לא יזרע אלא תמיד יפתח את האדמה באתים ובכלי מחרישה. וישדד לשון עבודת שדה יפתח וישדד בתחלה הוא עושה תלמים רחבים וסוף הוא עושה תלמים קטנים. במדרש רבי תנחומא: (כה) הלא. כן

רד"ק

בהפך כי מישראל ינקם עתה וי״ת הפסוק כן ארי וגו׳: (כב) ועתה אל תתלוצצו. כמו שאמר עליהם אנשי לצון ולרוב הפעלה בפעל יבא בלשון התפעל כמו מתנקש בנפשי מתדפקים על הדלת והדומים להם יחזקו בשו״א החי״ת והזי״ן: מוסריכם. יסוריכם אמר השמרו לכם שלא תתלוצצו עוד על דברי ה׳ פן יהיו יסוריכם חזקים הכל לפי מעשיכם כי הפורענות עתידה לבא כי שמעתי מאת ה׳ כי כלה ונחרצה הכלה שתהיה נחרצה תהיה כלומר גמורה וכן כליון חרוץ כליון גמור: (כג) האזינו. אמר להם דרך משל ואמר להם שיאזנוהו וישמעוהו וכפל הענין במ״ש לחזק הענין: (כד) הכל היום יחרש החרש. דמה משפטי האל ומצותו על ידי הנביאים למשפטי ההרישה והזריעה ונפרש תחילה המליצה ואחר כך נפרש המשל אמר החורש שהוא חורש אדמתו כדי לזרעה יחרוש כל היום לא יעשה אלא כה יעשה אחר שחרש קצת היום יפתח ויתיר שוריו וישדד אדמתו כלומר יכתוש הרגבים וזהו וישדד שהולך בשדה וכותת הרגבים במקום שימצאה: (כה) הלא אם שוה פניה. אם כמו

אבן עזרא

ישראל שלא כטעם כמוה: נכריה עבודתו. כפול בטעם כמשפט: (כב) ועתה. מוסריכם. מוסרות: ונחרצה. גזרה גזורה כמו אתה חרצת: (כג) האזינו ושמעו קולי. ושמעו אמרתי. והטעם הקיל: (כד) הכל. הטעם כי החורש יתקן האדמה פעם אחרי פעם או בתים ויזרע והארץ מתולדתה תעשה התבואה: יפתח וישדד. יתקן השדה כמו ישדד לו יעקב והטעם כפול: (כה) הלא. שוה. מגזרת

מצודת ציון

של מעשה היא עובדא: (כב) תתלוצצו. מלשון לץ: מוסריכם. מלשון יסורים: כלה. מלשון כליון: ונחרצה. ענין כריתה כמו נחרצה שוממות (דניאל ט׳): (כד) יפתח. מלשון פתיחה: וישדד. ענין כתישת רגבי העפר וכן אם ישדד עמקים אחריך (איוב ל״ט) ויתכן שהוא מלשון שדה ר״ל יתקן השדה: (כה) אם. כאשר כמו ה

מצודת דוד

(כב) אל תתלוצצו. לומר דרך לעג כרתנו ברית את מות וגו׳: פן יחזקו מוסריכם. פן יתחזקו היסורים המוכנים לכם: כי כלה וגו׳. מאת ה׳ שמעתי שיבא כליון וכריתה על כל הארץ לכן אל תתלוצצו: (כג) האזינו. הטו אזן ושמעו קול דברי: הקשיבו וגו׳. כפל הדבר במ״ש: (כד) הכל היום. פתח במשל ואמר וכי כל היום יחרוש החורש לתקן השדה לזריעה: יפתח. מוסב על הכל היום לומר וכי כל היום יפתח האדמה בכלי המחרישה ויכתת רגבי העפר: (כה) הלא אם שוה פניה. הלא כאשר משוה פני האדמה

cumin, but that he heard that it is a seed cultivated in Arabia. *Aruch*, too, identifies קֶצַח with *nielle*. This is known in Latin as *nigella sativa.*

Cumin is known as *cuminum cyminum. Ibn Ezra* states that both are variations of the same species, the former being the finer of the

His work, strange is His work. 22. And now, do not scorn, lest
your pains become strong, for a complete destruction have I
heard from the Lord God of Hosts upon the entire land.
23. Give ear and listen to my voice; hearken and listen to my
saying. 24. Shall the plowman plow all day to sow? Shall he
open and harrow his soil? 25. Is it not so? When he smooths its
surface,

and to perform His work—Heb. וְלַעֲבֹד עֲבֹדָתוֹ, *like work of the soil, 'laborer' in O.F.—[Rashi]*

22. **And now, do not scorn**—*saying, "We have made a treaty with death."—[Rashi]*

Do not scorn my words.—[*Rabbi Joseph Kara, Redak*]

your pains—Heb. מוֹסְרֵיכֶם.—[*Rashi, Jonathan*] The prophet exhorts them not to scorn the words of God, lest their pains become strong, commensurate with their deeds, for divine retribution is imminent, as he proceeds to declare, "For a complete destruction have I heard from the Lord God of Hosts . . ."—[*Redak*]

The Rabbis take this verse as an indication that 'anyone who is scornful suffers from afflictions (*Avodah Zarah* 18b).'

Alternatively, *lest your bonds become strong.—[Ibn Ezra]*

24. **all day**—*This is the interrogative. Therefore, it is voweled with a ḥataf pattaḥ.—[Rashi]* In the word הֲכֹל, the *he* is voweled with *a ḥataf pattaḥ*. This is the sign of the interrogative *he*.

shall . . . plow—*One who plows to sow—does the one who plows to sow, plow forever? If so, what does he accomplish? Similarly, the prophets admonish you to bring you back to do good deeds. Shall they admonish forever and not accomplish?—[Rashi]*

Shall he open and harrow his soil?—*Shall he never sow but always open the soil with plowshares and plowing implements?* יְשַׂדֵּד *is an expression of work of the field* (Note the similarity between יְשַׂדֵּד and שָׂדֶה.—*Redak, Shorashim*) *Shall he open and harrow? First he makes wide furrows and later he makes small furrows.* This we learned *in the Midrash of Rabbi Tanhuma.*—[*Rashi*] R. Joseph Kara quotes the same *Tanhuma* as *Rashi*. This statement, however, has not been found in any known edition of the Midrash. Others explain it as crushing the clods.—[*Redak, commentary* and *Shorashim*]

25. **Is it not**—*so that the plowman, as soon as he plows, smooths the surface of the soil and afterwards sows.—[Rashi]*

he scatters the black cumin—*If he comes to sow black cumin, he sows it by scattering it, and if he comes to sow cumin, he sows it by casting it.* קצח *is a kind of food.—[Rashi] Rashi* was, apparently unfamiliar with the exact identity of the plant. In *Berachoth* 40a, he states that his teachers identify it with *nielle*, black

וְהֵפִיץ קֶצַח וְכַמֹּן יִזְרֹק וְשָׂם חִטָּה שׂוֹרָה
וּשְׂעֹרָה נִסְמָן וְכֻסֶּמֶת גְּבֻלָתוֹ׃ כו וְיִסְּרוֹ
לַמִּשְׁפָּט אֱלֹהָיו יוֹרֶנּוּ׃ כז כִּי לֹא בֶחָרוּץ
יוּדַשׁ

ת"א ויסרו למשפט. סנהדרין קס (חלה נה):

אַפֵּיהוֹן לְמֶעְבַּד אוּרְיְתָא וִיתוּב וְיִכְנֵישׁ יַתְהוֹן מִבֵּינֵי עַמְמַיָא דְאִינוּן מִבַדְרִין בֵּינֵיהוֹן הָא בְקִצְחָא וְכִכְמוּנָא דְמִזְדְרִיק וְיִקְרֵיב יַתְהוֹן זַרְעָן לְשִׁבְטֵיהוֹן הָא כְּזַרְעֵי חִטִּין עַל בֵּיר וּסְעוֹרִין עַל סוּמָנִין וְכוּנְתִין עַל תְּחוּמִין׃ כו הָא כָּל אִלֵּין אוּלְפַן דְּדִין דְיִדְעוּן דִּי אֱלָהָא מְחַוֵי לְהוֹן אוֹרְחָא דְתַקְנָא דִיהֲכוּן בַּהּ׃ כז אֲרֵי לָא בְמוֹרִיגֵי בַרְזְלָא מִדְרְכִין קִצְחָא

רש"י

ההורש כיון שהורש משוה פני האדמה ואח"כ זורע: **והפיץ קצח.** אם קצח בא לזרוע זורעה בתפוצה ואם כמון בא לזרוע זורעו בזריקה. קצה מין אוכל הוא: **ושם חטה שורה ושעורה נסמן וכוסמת גבולתו.** ואם תבואה בא לזרוע כך הוא מנהגו זורע החטין באמצע החרישה והשעורה זורע סביב לסימן והכוסמין זורעה על גבולי השדה ומצריו. שורה לשון שורה זורע באמצע ובמלאת שורה על השעורין והכוסמין: (כו) **ויסרו למשפט וגו'.** אף מי שאלהיו יורנו לא לנלח יבלה נביאים להוכיחו אחרי שאינו שומע לתוכח' הוא ייסרנו במשפטי יסורין כדי שתועיל עמל תוכחתו בהוכיח כזה שמשוה פני הארץ לזרוע כדי שתלא עמל חרישתו שחרש: (כז) **בחרוץ.** הוא עץ עשוי

מהר"י קרא

בא לזרוע זורעו [בתפוצה]. ואם כמון בא לזרוע זורעו בזריקה. קצח מין אוכל הוא: ושם חטה שורש ושעורה נסמן. **ואם** תבואה בא לזרוע כך הוא מנהגו זורע חטים באמצע **החרישה** והשעורים זורע לה סביב סימן. והכוסמת זורע לה על הגבול. ושם חטה שורה. לשון שררה וגודל. זורע באמצע ונראה שורה על השעורים והכוסמין: (כו) ויסרו למשפט אלהיו יורנו. כלומר מוסר ומטה כל מין ומין למשפטו ולכנהגו. ככאן **ואילך** אלהיו יורנו. נותן לו בעתו גשמים והולידה והצמיחה **ונתנת** זרע: (כז) כי לא בחרוץ יודש קצח. כאשר יגיע זמן **בישול**

אבן עזרא

שוה ואחת מדיגים נשתוה: **קצח.** הוא כמין כמון ודק ממנו והוא שחור: **שורה.** יש אומרים הטובה ויש אומרים במדה כמו במשורה והוא הישר: **ושעורה.** השעורה ידוע: **נסמן.** כמו סימן: **וכסמת גבולתו.** מגזרת מגלגלות תעשה אותה: (כו) **ויסרו.** והשם כבר יסר הזורע והמפיץ ולמדו איך יעשה. וטעם למשפט כמו במספרם כמשפט לעשות׳ כמנהג וכן אלהיו יורנו: (כז) **כי. בחרוץ.** כמו

רד"ק

כאשר וכן אם יהיה היובל אמר כאשר ישוה פני האדמה **שכתת** הרגבים ישוה פני הניר כדי שיפול הזרע בשוה: **והפיץ קצח** וכמון. כי לכל אחד מן הזרעים יש משפט היאך יזרע **והקצח** והכמון צריך לזרען במקום שהעפר כתות הרבה ודק **מאד:** שורה. מדה כמו במשקל ובמשורה שפירושו מדה **ושורה תאר** לדבר הנתן במדה והיא בלשון נקבה לפי שהוא תאר **לחטה** שהיא ל' נקבה. ואמר וכן ישים החטה בזריעתו במקום **שהוא** יודע מן האדמה שהוא מקום טוב לזריעת החטה יזרענה **שם** במדה לא יוסיף על המקו' ההוא ולא יגרע מן האדמה שהיא טובה. וכן שעורה גם כן נסמן שיש לו סימן במקום **זריעת השעורים** וכוסמת ג"כ ישימנה בגבולה הידוע לו וכן לכל זרע וזרע כמשפטו ובמקום הראוי לו אבל זכר אלו שהן עיקר מאכל האדם **והבהמת** וכן הקצח והכמון הם מיני תבלין צריכים למאכל האדם כן הוא משפט הזריעה ושורה ונסמן וגבולתו ענין אחד ואמר הענין **במ"ש** כמנהג. וקצח הוא זרע שחור והוא הנקרא קומי"ן בלע"ז: (כו) ויסרו למשפט. האל יסר הזורע **משפט** הזריעה והורהו כאלו אמר ואלהיו יסרו למשפט ויורנו כלומר שנתן חכמה זו לבדו בלבו ואאז"ל פי' הפסוק כן ואמר ויסרו **למשפט** על דרך משל כמו שמיסר המכה אמר שיכה הזורע הרגבים הקשים כדי לשוות **פני** הקרקע כמשפטו כמו שאמר אחר **כך אלהיו** יורנו פירש יםטירנו מענין יורה ומלקוש כלומר הזורע יזרע כמשפט ואח"כ יקוה לאל שיתן מטר ויצמחו הזרעים: (כז) **כי לא**

מצודת דוד

מניח עבודתו ועוסק בזריעה: **והפיץ קצח.** כשבא לזרוע קצח זורעה בהפלה ואם בא לזרוע כמון זורעה בזריקה כל מין כדרכו: **ושם חטה שורה.** החטים משים בשורה ר"ל באמצעית השדה במדה הראוי לו לא יוסיף ולא יגרע: **ושעורה נסמן.** השעורה סביבות החטים כמו המסמן דבר מה: **וכסמת גבולתו.** הכוסמין יזרע על גבולי השדה ומצריו כל מין במקום הראוי לו והמשל הוא לומר כמו שאין דרך החורש לחרוש כל היום כי אחר שמשוה פני האדמה יזרע בה כל מין כדרכו ובמקום הראוי כי אין תועלת בתוכחת הנביא לבד כי מה הראוי שאחר שישמעו דברי הנביא יתקנו מעשיהם ולשוב בתשובה כפי הראוי לכ"א לפי חטאו אשר יחטא ואשם: (כו) **ויסרו למשפט.** עודו מדבר במשל ואומר הנה כאשר תגדל התבוא' והזרעונים שרולה להפריש מהם הפסולת והקשין הנה דרכו להכות ולהבוט כל מין ומין במשפט הראוי כאשר למדו אלהיו ונתן חכמה בלבו לדעת משפט כל מין ומין: (כז) **כי לא**

מצודת ציון

ואם יהיה היובל (במדבר ל"ו): **שוה.** ר"ל דומה בכל **המקומות** שלא יהיה תל מזה וחרין מזה: **והפיץ.** ענין פזור: **קצח וכמון.** הם מיני זרעונים: **ושם.** מלשון שימה: **שורה.** ענין מדה **כמו** במשקל ובמשורה (ויקרא י"ט): **נסמן.** מלשון סימן: **וכסמת** מין תבואה: (כו) **ויסרו.** ענינו הכאה וחבטה כמו אני יסר **אתכם** בשוטים (מלכים א' י"ב): **למשפט.** כמו במשפט ובאה **הלמ"ד** במקום הבי"ת וכן ישבת לכסא (תהלים ט') ור"ל בכסא **ומשפט ענינו** דבר הנהוג והראוי כמו המלך עומד על העמוד כמשפט **(מ"ב י"א):** **יורנו.** ענין למוד כמו יורנו בדרך יבחר (תהלים כ"ה): (כז) **בחרוץ.**

adjective, meaning 'grooved' or 'notched.' Here the prophet uses the adjective alone.

Jonathan renders: an iron threshing-board. *Redak* describes it as a board with small stones inserted into its lower surface for threshing. Rabbi Joseph Kara explains that the stones inserted are small and sharp. A person sits on the board, which the cattle pull over the straw. The sharp stones cut the straw into strips to be used for fodder.

For not with a grooved [implement]—*do they thresh the black cumin, for its seed is easily extracted from within its straw, and, likewise, on cumin they do not turn the wheel of*

he scatters the black cumin and casts the cumin, and he places
the prominent wheat, and the barley for a sign, and the spelt on
its border. 26. And He shall chasten him justly , he whose God
directs him. 27. For not with a grooved [implement]

two. *Redak* states that קֶצַח is black and that it is a condiment. כַּמֹּן is cumin, as in our translation.

and he places the prominent wheat, and the barley for a sign, and the spelt on its borders—*And if he comes to sow grain, this is his custom. He sows the wheat in the middle of the furrow, and the barley he sows around it for a sign, and the spelt he sows on the borders of the field [and its boundaries.] שׂוֹרָה is an expression of ruling* (שְׂרָרָה). *He sows it in the center, and it appears* (printed editions—*is found*) *to rule over the barley and the spelt.*—[*Rashi* according to manuscripts, *Kara*] *Shem Ephraim* explains it as an expression of resting. *It is found to be resting over the barley and the spelt.* This is based on the reading of שׁוֹרָה. Although Scripture spells it with a 'sin,' it is interpreted as though it were spelled with a 'shin.' Since the wheat in the center is taller than the other crops, it appears to be resting upon them.

Others render: the measured wheat, from the word מְשׂוּרָה.—[*Ibn Ezra, Redak* commentary and *Shorashim, Shorashim* by Ibn Ganah] I.e. is sown with a measure, to which nothing may be added or subtracted.—[*Mezudath David*]

The prophet mentions these species because they are man's main staples, as well as that of cattle. He mentions the black cumin and the cumin because they are condiments commonly used in food. — [*Redak*]

26. **And He shall chasten him justly**—*Likewise, he whose God directs him, He shall not send prophets forever to admonish him. Since he does not heed admonition, He shall chasten him with judgments of chastening in order that the toil of His admonition will help, like the one who smooths the surface of the earth to sow, in order that the toil of his plowing that he plowed shall succeed.*—[*Rashi*]

Others interpret this as a continuation of this allegory: *And He taught him the custom, His God instructs him.* God endowed the farmer with wisdom, to understand the proper method of plowing and sowing each crop.—[*Ibn Ezra, Redak*]

Alternatively, *And he shall chasten it with justice, his God shall cause rain to fall upon it.* The farmer, so to speak, chastens the earth by breaking the hard clods. Then his God causes rain to fall upon it.—[*Rabbi Joseph Kimchi*]

27. **with a grooved [implement]**—*That is a wooden implement, made with grooves, and its name is* מוֹרַג, *a threshing-board, and one cuts the straw with it to be straw-fodder.*—[*Rashi*] *Rashi,* as well as *Ibn Ezra,* refers to מוֹרַג חָרוּץ below 41:15. It is apparent that the noun is מוֹרַג, *a threshing-board,* and that חָרוּץ is an

יֻדַּשׁ קֶצַח וְאוֹפַן עֲגָלָה עַל־כַּמֹּן יוּסָּב
כִּי בַמַּטֶּה יֵחָבֶט קֶצַח וְכַמֹּן בַּשָּׁבֶט:
כח לֶחֶם יוּדָק כִּי לֹא לָנֶצַח אָדוֹשׁ
יְדוּשֶׁנּוּ וְהָמַם גַּלְגַּל עֶגְלָתוֹ וּפָרָשָׁיו לֹא

תרגום

וְגַלְגַּלֵי עֶגְלָא עַל כַּמּוֹנָא מְחַזְרִין אֲרֵי בְחוּטְרָא חָבְטִין קִצְחָא וְכַמּוֹנָא בְמַחְבּוֹטָא: כח יַת עֲבוּרָא מְדַרְכִין אַף יָתֵהּ אֲרֵי לָא לְעָלְמָא אַדְרְכָא יַדְרְכוּנֵהּ וּמְבַלְבֵּל בְּגַלְגַּלֵי עֶגְלָתֵהּ וּמְפָרֵישׁ

דגש אחר שורק קמץ בז"ק

מהר"י קרא

התבואה שקוצרין אותה ודשין ומכניסין לגורן. לא במורג חרוץ דשין קצח. חרוץ לשון שנון הוא עץ רחב כמו קרש רחבה ומנקבין בה נקבין הרבה וממלאין את הנקבים אבנים חריפות דקות ויושב עליה האדם והבקר מושכין אותה ובאבנים החריפו' שתחתיה מתחתך הקש להיות תבן. ולא בחרוץ דשין את הקצח. לפי שזרעו נוח לצאת מתוך הקשין שלו. וכן על כמון לא יוסב האופן של עגלה לדושן. לפי שקל קצח לחבוט במטה. וכמון בשבט: (כח) לחם יודק. ואת מי דקין בדברים קשים. את הלחם של תבואה לפי שאינה נוחה ליחבט: כי לא לנצח אדוש ידושנו. לא לעולם כותשין עליו: והמם גלגל עגלתו ופרשיו. וכשמסבין עליו אופני העגלה עמו המפרישין את התבואה מקשיה. לא ידקונו. החטים אינם נידוקין להיות נטחנים. אדוש ידושנו כמו עשה יעשה. צנוף יצנפך. ואלף

רש"י

חרילים חריצים ושמו מורג ומחתך בו הקשין להיות תבן: כי לא בחרוץ. דשין את הקצח. לפי שזרעו נוח לצאת מתוך קשין שלו וכן על כמון לא יסבו אופן עגלה לדושו לפי כי קל הקצח לחובט' במטה והכמון בשבט: (כח) לחם יודק. ואת מי דקים בדברים קשין את הלחם של תבוא' לפי שאינה נוחה ליחבט: כי לא לנצח אדוש ידושנו. הרי כי זה משמש בלשון אלא לא לנצח כותשין עליו לפי שלעולם לא יכתשו גרעיני הזרע להיות נדשין ליכתת ע"י החרוץ ואופן העגלה: והמם גלגל עגלתו ופרשיו. וכשמסבבין עליו אופני עגלה לדוקו ולדושו ואפי' הגלגל הומה ומתחבר וכן שאר כלי העגלה עמו המפרישים את התבואה מקשיה לא ידוקנו והחטים אינם נידוקין להיות נטחנין: אדוש ידושנו. כמו עשה יעשה (יחזקאל ל"א) לנף ילנף (לעיל כ"ב) ואל"ף זו באה במקום ה"א כמו ואחרי כן אתחבר אף כאן הדוש ידושנו וכן חברו מנחם:

רד"ק

בחרוץ. פי' הוא לוח עץ ואבנים דקות תחובות תחתיו לדוש אמר כמו שיש חלוק בין הזרעים בעת הזריעה ומשפט זה אינו כמשפט זה כן בעת האסיפה: כי לא בחרוץ יודש קצח ואופן עגלה על כמון יוסב. יוסב בי"ו עם הדגוש ופי' ולא אופן עגלה ולא שוכר עובר במקום שנים פי' כי הקצח והכמון הם מיני זרעים דקים ולא ידושו אותם לא בחרוץ ולא בעגלה אלא במטה יחבטו ומטה ושבט אחד: (כח) לחם יודק. אבל הלחם ר"ל מה שעושין ממנו הלחם והם החיטים והשעורים והכוסמין יודק על ידי החרוץ והעגלה ומ"ש יודק כמו יודש אלא אמר יודק על התבן שעל הזרע שיודק בדישה עד שיתגלה הזרע שבתוכו: כי לא לנצח. אע"פ כן לא ידישו לעולם אלא זמן קצוב יש להם שיבין האדם הדש בחרוץ או בעגלה מה שהוא מודש ואדוש האל"ף בו נוספת וראשונה בחיר"ק ושניה בפת"ח והוא מקור: והמם גלגל עגלתו. כמו אופן עגלה שזכר כי אופן ועגלה אחד הוא כי אם יעשה זה זמן רב אופן עגלה יהום ויכתת הזרע וכן בחרוץ גם כן ישבר שלא יעבירנו על התבואה זמן רב כדי שלא ידיקו פרשי החרוץ הזרע ופרשיו הם השנים שבחרוץ שבהם נכתת התבן מעל הזרע ואם יעשה זה זמן רב אפי' הזרע יהיה שבור ומכותת ובנוי ידושנו וידוקנו על הלחם

אבן עזרא

חרוץ חדש: על כמון. לא יסב כי טעם לא ימשוך אחר עמו: (כח) לחם. ומנהג הלחם שיודק. אל"ף אדוש נוסף כאל"ף אזרוע ועת שיהמם גלגל עגלתו או פרשיו לא ידוקנו והטעם כאשר יהרוס לא ידוקנו כי כל דבר בעתו כראה השם להיותו כן על כן אחריו גם זאת הטעם כי לא ידוקנו לנצח:

מצודת ציון

שם כלי מלא חרוצים עשוי לדוש בו וכן ובחריצי הברזל (ש"ב י"ב): יודש. מלשון דישה: ואופן. גלגל ולתוספת ביאור אמר עגלה מלשון עגול: יוסב. מלשון סבוב: כי במטה. אלא במטה: יחבט. ענין הכאה ודישה כמו חובט חטים בגת (שופטים ו'): (כח) יודק. מלשון דק: כי לא. אלא לא: לנצח. ר"ל לזמן מרובה: אדוש. מלשון דישה והאל"ף נוספת: והמם. ענין כתיתה ושבירה כמו יום מהומה ומבוכה (לעיל כ"ב): גלגל. אופן ולתוספת ביאור אמר עגלתו מלשון עגול: ופרשיו. הם שיני

מצודת דוד

בחרוץ. ר"ל כי לא דישת כל המינין שוה אולם יש הפרש בין מין למין כי הקצח לא יודש בחרוץ לפי שהוא נוח וקל להפרש מהקשין ואין מהצורך לדושו בחרוץ: ואופן עגלה על כמון יוסב. מלת לא האמור בתחלת הפסוק משמשת בשתים כאלו אמר על כמון לא יוסב ר"ל אין מהצורך לסבב אופן עגלה על כמון להפרישו מהקשין כי גם הוא נוח להיפרש בדבר קל: כי במטה. אלא במטה יחבט קצח וכמון יחבט בשבט. כי גם באלה נפרשים מן הקשין: (כח) לחם יודק. התבואה שעושים ממנו הלחם שאינו נוח להיפרש מהקשין בדבר קל לכן הוא נדוש בחרוץ ובאופן עגלה לכתת את התבן דק דק עד שיתגלה הגרעין: כי לא לנצח. אלא לא לזמן מרובה ידוש בהם את התבואה רק לפי צורך הפרשת הגרעין מהקשין: והמם גלגל עגלתו. ר"ל כי אם יעשה זה זמן רב אז אופן העגלה יכתת וישבר אף את הזרע: ופרשיו לא ידקנו. ר"ל וכן החרוץ לא יעבור זמן רב על התבואה בכדי שלא יהיו שיני החרוץ מכתתים את הזרע דק דק והנמשל הוא לומר כמו שאין דרך הדש לדוש קצח וכמון בחרוץ ובאופן לפי שנוחים המה להיפרש מהקשין ודי להם בדבר קל כן אלו הייתם נוחים לקבל מוסר במעט רמז משפט יסורים לא היה המקום מכביד היסורים עליכם אבל הואיל ולא כן הוא מהצורך להכביד היסורים למען תוסרו כתבואה הזה שאינו נוח להיפרש מהקשין אבל מהצורך לדוש בחרוץ ואולם לא נגלה יריב ולא יעשה כליה כתבואה זה שאינו נידש זמן מרובה שלא

הדוש, *and Menahem classified it in this manner* (*Machbereth* p. 68).—[*Rashi*]

and its separators—Heb. וּפָרָשָׁיו.

According to *Jonathan, Rashi,* and R. *Joseph Kara,* the root is פרש, meaning 'to separate.' They, therefore, explain it as the implements

is black cumin threshed, [neither] does a wagon wheel turn around on cumin, but black cumin is beaten with a staff and cumin with a rod. 28. Bread grain is crushed but it is not threshed forever, and the wheel of his wagon shall break, and its separators, he does not crush it.

a wagon to thresh it, because the black cumin is easily beaten with a staff and the cumin with a rod.—[*Rashi*]

Redak explains that they are not threshed with a threshing-board or with a wagon wheel because the kernels are fine.

[neither] does a wagon wheel turn around—Repeat the negative appearing at the beginning of the verse before this clause.—[*Ibn Ezra*]

28. **Bread grain is crushed**—*And whom* (sic) *do they crush with harsh implements? The bread of grain* (sic), *because it is not easily beaten.*—[*Rashi*]

This is not found in certain manuscripts. It is, however, found in Kara's commentary with the identical wording. The language is difficult as is readily seen.

Redak explains as follows: But grain used for bread, viz. wheat, barley, and spelt, is crushed by means of the threshing-board and the wagon wheel. The term 'crushed' refers to the straw. In order to thresh the grain, the straw in which it is enclosed is crushed.

but it is not threshed forever—*This* כִּי *is used in the sense of 'but.'* Rashi alludes to the Talmudic maxim that כִּי has four definitions: *if, perhaps* (as a question), *but,* and *because* (*Shevuoth* 49b, *Ta'anith* 9a, *Rosh Hashanah* 3a, *Gittin* 90a). But *they do not crush it forever, [because they will not crush the seed kernels forever for them to be threshed to be crushed through the threshing-board and the wagon wheel].*—[*Rashi*] The bracketed material is not found in all manuscripts.

and the wheel of his wagon shall break and its separators—*And when they turn the wagon wheels over to crush it and thresh it, even the wheel breaks, and the remaining implements of the wagon with it, that separate the grain from its straw, he will not crush it, and the wheat is not crushed to be ground.*—[*Rashi*]

be threshed—Heb. אָדוֹשׁ יְדוּשֶׁנּוּ. The repetition is peculiar. *Comp.* "(Ezekiel 31:11) *He will deal* (עָשׂה יַעֲשֶׂה)," *also*: "(supra 22:18) *He shall wind you around* (צָנוֹף יִצְנָפְךָ)." *And this 'alef' comes instead of a 'he.' Comp.* "(II Chron. 20:35) *And afterwards Jehoshaphat joined* (אֶתְחַבַּר)," *like* הִתְחַבֵּר. *Here too,* [אָדוֹשׁ *is like*]

יַת עֲבוּרָא וּמְפָרֵחַ יַת דוּקָא: כט אַף דָא מִן קֳדָם יְיָ צְבָאוֹת נַפְקָא דְאַתְקֵין עַלְמָא בְּמַחְשָׁבַת דַעְתֵּיהּ רַבְּתָא

יְדֻקֶּנּוּ׃ כט גַּם־זֹאת מֵעִם יְהוָה צְבָאוֹת
יָצָאָה הִפְלִיא עֵצָה הִגְדִּיל תּוּשִׁיָּה׃

ת״א הפליא עלה. סנהדרין כו פכו״ס מו:

הוי

רש״י

(כט) גם זאת מעם וגו׳. גם זאת כדרך דשי תבואה וחיבטי קצח וכמון מעם הקב״ה יצא: הפליא עצה. להראותכם רמזים בדרך חידות ומשל נפלא ומכוסה כי כאשר הכמון והקצח אינם מכבידין עליהם במדושה רבה לפי שהם נחבטין בקל כך אלו הייתם ממהרין לקבל מוסר לא היה מכביד עליכם גזירות ואתם קשים לקבל תוכחות כתבואה הקשה לדוש לכך יכביד עליכם הרבה ולא לנצח לכלייה יריב וידקה כאשר לא לנצח אדיש ידושנו ויכלו חילי מכותיו ואתם לא תכלו דוגמת המימת הגלגל והעגלה והחטין לא ידוקו ואלו הייתם נוחים לכלות לא היה בודק אתכם ביסורין קשין כפשתני הזה כשהוא יודע שפשתנו יפה הוא מנקש עליה:

מהר״י קרא

של אדוש במקום כמו אתחבר יהושפט שהוא יתחבר: (כט) גם זאת מעם ה׳. גם זאת כדרך הדשין התבואה וחובט קצח וכמון מן הקב״ה יצאה: הפליא עצה. להראות בם רמזים כדרך חידוד מופלא ומכוסה. כי כאשר הכמון והקצח אין מכבידין עליהם במדושה רבה לפי שהן נחבטין נקל. כך אילו הייתם ממהרים לקבל מוסר לא היה מכביד עליכם לקבל גזירות. ואתם קשים לקבל תוכחה. כתבואה קשה לדוש לכן יכביד (על) [עליכם] האומות. הדומה למורג חרוץ שמריק ודש את הכל. לא לנצח יריב ויכה אשר לא לנצח אדוש ידושנו. ויכלו מכותיו ואתם לא הכלי:

אבן עזרא

(כט) הפליא עצה. פליאה: תושיה. חכמה ויאמר רבי משה הכהן שהוא מגזרת יש והנה הטעם כי תולדת האדמה והזרעונים טובה מתולדתם שישמעו דברי הנביא ולא יועיל והפך זה יערף כמטר לקחי כאשר פרשתיו:

רד״ק

שוכר ופעל ידושנו שהוא ל׳ יחיד על האופן וכן פעל ידיקנו על החרוץ: (כט) גם זאת. לפי שאמר בתחילת הפרשה קולי ואמרתי אמר אל תחשבו כי זה אמרתי לכם מלבי כי גם זאת החידה כמו הדברים האחרים שאני אומר לכם מעם ה׳ צבאות יצאה שהפליא בזה עצה והגדיל בו תושיה כי המשל הזה הוא נפלא וגדול ותושיה היא החכמה והתורה כי החכמה יש במשל הזה ועתה נפרש המשל החורש הוא האל יתברך והאדמה הוא ישראל וכמו שהחורש יתקן האדמה כדי שתהיה נכונה לקבל הזרע כן האל יתברך תקן ענין ישראל כדי שיהיו נכונים לקבל דבריו תחילה הוציאם ממצרים שהיו בה כשדה שאינו עבוד ומעלה קוצים כן היו הם במצרים במעשים רעים שדומים לקוצים והוא שלח להם משה נביאו אחר ששלח להם אהרן ונביאים אחרים כמ״ש בנבואת יחזקאל ואומר להם איש שקוצי עיניו השליכו ובגלולי מצרים אל תטמאו וגו׳ ואחר ששלח להם משה ועשה להם אותות ומופתים עד שהאמינו כמ״ש ויאמן העם והוציאם בכסף וזהב והכה אויביהם במכות הידועות והראה להם עמוד הענן ביום ועמוד האש לילה והעבירם בים ביבשה ונער פרעה וחילו וכל זה הוא תקון האדמה לקבל הזרע שיקבלו מצותיו וחקותיו וכן אמרו כל אשר דבר ה׳ נעשה ונשמע ותקון האדמה ושווי פניה לא יעשה אותו החורש כל היום כן האל לא יראה הנפלאות ההם בכל עת ואחר תקון האדמה התחיל לזרוע בה והוריד שכינתו לעיניהם בהר סיני בקולות וברקים ולפידים והשמיע להם דבריו עד שכולם היו במדרגת נביאים אבל לא היו כולם שוים כמו שאמרו רבותינו ז״ל משה מחיצה בפני עצמו ואהרן מחיצה בפני עצמו וכן כולם איש איש לפי שכלו והטובים בשכלם והם דקי העיון הם הנמשלים למקום שהוא מיטב האדמה דקת העפר שראוי לזרוע בה הקצח והכמון שהם זרעים דקים ואינם מאכל בפני עצמם אלא לטעם. כל זה הוא דקות הענין ומעוט ההגשמה וכן קבלו דקי העיון שבהם והשכילו הדברים הדקים הרוחניים והחטה והשעורה והכסמת גם בדברים נסים יש בהם זה דק מזה וכן במקבלין יש בהם שעיונו טוב זה מזה כמו שהחטה טובה דקת המאכל מהשעורה והכוסמת וצריך לה מקום טוב מן האדמה לזורעה בו וכן השעורה והכוסמת כל אחד לפי מה שהוא כן כל אחד מהדברים הדקים העיונים יש לו משפט בפני עצמו וכן במקבליהם ומשכיליהם כל אחד יש לו משפט וכמו שהזורע מקוה בזרעו שתוציא לו האדמה מגרגיר א׳ כמה גרגרים כן קוה האל מישראל שיוסיפו על מה שהורם וישכילו ויבינו דבר מתוך דבר כי כמו שטבע האדמה להוציא יותר על מה שנזרע בה כן טבע האדם להוציא יותר בכח הנפש המשכלת שנתנה בו להוסיף מה שילמדוהו וכן אמר שלמה תן לחכם ויחכם עוד וגו׳ ויסרו למשפט הוכיחם תמיד והמטר לאדם הוא המעורר לאדם והם הנביאים והנה האל שלח להם נביאים תמיד לעוררם ולהשכילם והם כמו המטר באדמה כמ״ש אלהיו יורנו ועוד כי הזרע יעמוד באדמה זמן קצוב עד זמן צמיחתו וגמר בשולו ואחר כך יקצור אדם אותו וידושנו להוציא המאכל וליהנות בו כן ישראל אחר שנתן הזרע בהם והם החכמה והתורה והמצות ונתקיימו בהם והורגלו בהם וזה כנגד זמן עמידת הזורע באדמה היה ראוי שימצא הזורע תוספת ויראה הטוב שבו לעיני כל כמ״ש כי היא חכמתכם ובינתכם לעיני העמים והיה להם להשכיל ולהטיב מעשיהם עד שיאמרו העמים עליהם רק עם חכם ונבון הגוי הגדול הזה והדישה הוא מאמר הנביא ואזהרתו להוציא הפרי הטוב והם המעשים הטובים והמשכילים ראוים שיספיק להם מעט האזהרה כמו הקצח והכמון שיחבטו אותו בשבט והעם ראוים לאזהרה גדולה וחזקה כמו הזרעים הגסים החטה והשעורה והכוסמת שצריך לדושם בחרוץ ואופן עגלה ואעפ״כ לא יהיה זה לנצח כן הנביאים לא

מצודת דוד

להפסיד הזרע: (כט) גם זאת וגו׳. כלומר עם שאמרתי שמעו קולי דעו שמה׳ נאמר לי המשל הזה ולא מלבי אמרתי: הפליא עצה. בזה המשל הראה עלה נפלאה: הגדיל תושיה. הראה חכמה גדולה ומוכר נפלא:

מצודת ציון

המרילים הפרושים ופרודים זה מזה: ידקנו. מלשון דק: (כט) הפליא. מלשון פלא: הגדיל. מלשון גדול: תושיה. מלשון יש וחכמת התורה נקראת כן על כי יבנה לעולם ולא תשוב לאין כשאר הדברים שבעולם:

grain, so does repeated warning render the words of the prophet useless, since they are not accepted and no benefit is derived from them. Instead of repenting their evil deeds, the people augment sin upon sin. Consequently, instead of being called a wise and understanding people, they are called a foolish people.—[*Redak*]

29. This too comes forth from the Lord of Hosts; He gave marvelous counsel, made great wisdom.

used to separate the grain from the straw. *Redak,* however, explains it as the teeth of the threshing-board. He explains the entire verse in a somewhat different manner, as follows:

for he does not thresh it forever—Even though it requires threshing implements, he does not thresh it forever, lest the wagon wheel break the kernels and so that the teeth of the threshing-board do not crush it.

29. **This too, etc.**—*This too, like the custom of threshers of grain and those who flail black cumin and cumin, comes forth from the Holy One, blessed be He.*—[*Rashi*]

He gave marvelous counsel—*to show you hints in the manner of riddles and with an allegory, marvelous and obscure, for, just as with the cumin and the black cumin, with which they do not deal harshly by overthreshing them because they are easily flailed, so, if you would hasten to accept reproof, He would not bear heavily upon you with decrees, but since you are hard to accept reproof, like the grain that is hard to thresh, therefore, He will mete out heavy punishment upon you* (printed editions—*He will make it very heavy for you*), *but He will not strive and smite forever,* (certain editions—*He will not strive and crush forever to destroy*) *just as one does not thresh forever, and His arrows and His blows shall terminate but you shall not terminate, in the manner that the wagon wheel breaks, but the wheat is not crushed. [If, however, you were easily destroyed, he would not test you with harsh afflictions, like the flax merchant, when he knows that his flax is of high quality, he beats it.*]—[*Rashi*]*

And He chastened in judgment, his God will cause rain to fall upon him—Just as rain awakens the person, so do the prophets that God sent to Israel, serve to awaken them and to teach them wisdom. Also, the seeds, after their stay in soil and their emergence as plants, are harvested, threshed, and prepared for human consumption. So, Israel, after being taught the Torah and the mitzvoth, and after being accustomed to their observance and their study, should show results by performing good deeds, so that the nations will declare, "Only a wise and understanding people is this great nation (Deut. 4:6)." The threshing represents the exhortation of the prophets to repent. The finer, more delicate elements of society require mild chastisement, much like the cumin and the black cumin. The coarser elements require harsher chastisement, like the wheat, barley, and spelt, which require threshing with the threshing-board and the wagon wheel. Nevertheless, just as this does not go on forever, so will the prophet not chastise the people forever, for, just as too much threshing destroys the

כט א הוֹי אֲרִיאֵל אֲרִיאֵל קִרְיַת חָנָה
דָוִד סְפוּ שָׁנָה עַל־שָׁנָה חַגִּים יִנְקֹפוּ׃
ב וַהֲצִיקוֹתִי לַאֲרִיאֵל וְהָיְתָה תַאֲנִיָּה
וַאֲנִיָּה

ת״א הוי אריאל. פדוס לו:

תרגום

אַסְגֵי עוֹבָדֵי בְּרֵאשִׁית בְּסַגֵי חוּכְמְתֵהּ : א וַי מַדְבְּחָא מַדְבְּחָא דִבְנֵי בְּקַרְתָּא דִי שְׁרָא בַהּ דָוִד מִן קֳדָם כְּנִישַׁת מַשִׁרְיָן דְמִתְכַּנְשִׁין עֲלַהּ שְׁנָא בִשְׁנָא בְּדַחֲגִין יִבְטְלוּן : ב וְעָאִיק לְקַרְתָּא דְמַדְבְּחָא בַהּ וּתְהֵי צַדְיָא וְרַקְנְיָא וּתְהֵי מַקְפָא קֳדָמַי דַם קְטִילִין כְּאַקָּפוּת

מהר״י קרא

כט (א) הוי אריאל. תירגם יונתן מדבחא. ואף יחזקאל קראו כן. והאריאל שתים עשרה ורבותינו פירשו על ההיכל שהיה צר מאחוריו ורחב לפניו כאריה. הבית דאיתבני בקרתא דשרא בה דוד: ספו שנה על שנה. שמוסיפין על שנה חודש אחד ועושין חג בחודש השמיני. ובענין זה חגים ינקופו. יכרתו לעשותם שלא במועדם. שכשאתה עושה סוכות במרחשון נמצאת עושה חג המצות באייר נמצאו כל המועדות מכאן ואילך מקולקלים: (ב) תאניה ואניה. לשון אנינות:

רש״י

כט (א) הוי אריאל. ת״י מדבחא דה׳ ואף יחזקאל קראו כן שנא׳ (יחזקאל מ״ג) והאריאל שתים עשרה על שם אש של מעלה שהיתה רובצת כארי על גבי המזבח כמו ששנינו בסדר יומא ורבותינו פירשוהו על ההיכל שהיה צר מאחוריו ורחב מלפניו: קרית חנה דוד. דאתבני בקרתא דשרא בה דוד: ספו שנה על שנה. ותמיד עיגותיכם הולכים והזקים עד שהגים שלכם ינקופו ויכרתו ל׳ נוקף זית (לעיל י״ז): (ב) והיתה לי כאריאל. תהא מוקפת חללי חרב כמזבח המוקף זבחי בהמה:

רד״ק

עשו אזהרתם לנצח כי כמו שהזרע יהיה נשבר ונפסד ברוב הרישה כן דברי הנביא הם נפסדים ברוב האזהרה אחר שאינם מקובלים והנה נשארו באדמה ללא תועלת. כי ישראל כל מה שיזהירם הנביא יוסיפו להשוא והנה הדברים נשחתים אחר שלא יהנו מהם ולא ישובו בעבורם מדרך הרעה והנה הם הפך המבוקש מהם והתקו׳ בהם ויאסרו העמים עליהם עם סכל ואין לב הפך מה שנאמר עליהם כשהיו שומרין דרך ה׳ רק עם חכם ונבון וי״ת כן כל היום בכל עדן מתנבין וגו׳: (א) הוי אריאל אריאל. המזבח נקרא אריאל. וכן בספר יחזקאל ומהאריאל ולמעלה קרנות ארבע וכן תרגם יונתן ווי מדבחא מדבחא דבני בקרתא דשרא בה דוד ורז״ל אמרו שההיכל צר מאחריו ורחב מלפניו ידומה לארי שנאמר הוי אריאל מה הארי הזה צר מאחריו ורחב מלפניו וכו׳ וכפל אריאל כדרך הנוהים שכופלים דבריהם כי הנביא הי׳ נוהם עליו ואמר עליו הוי. ופי׳ קרית חנה דוד כתרגומו. או יהיה אריאל השני סמוך לקרית וקרית אינו סמוך אלא התי״ו במקום ה״א במוכרת כמו חלת כצה אחת חסת למו ציצה נובל והדומים להם וטעם שזכר דוד בספור הזה לפי שלדוד נראה מקום המזבח תחל׳ בהר המוריה והיה קרבנו שם ונעתר שם באש ונעצר׳ המגפה אבל מה שמקריבים עתה שם אינו לרצון כמ״ש עולותיכם לא לרצון כיון שמעשיהם רעים גם זובחים גם כן לאלהים אחרים והשוחט שם נחשב לו כאלו נוקף ועורף וכן אמר זובח השה עורף כלב לפיכך אמר חגים ינקופו הכבשים שישחטו נחשב להם כאלו עורפים אותם תרגם ועדפתו ותנקפי׳: חגים. כמו כבשים וכן אסרו חג בעבותים ומה שאמר ספו שנה על שנה פי׳ מה שתוסיפו לבא שנה בשנה לזבוח זבחים אינם זבחים: (ב) והציקותי לאריאל. קרא שם העיר ירושלם אריאל על שם המזבח אשר בה ואמר שיציק לה וכן היה כי כל סביבותיה תפש מלך אשור: והיתה תאניה ואניה. שיבכו בעיר ירושלם על אחיהם הנהרגים בערים סביבותיהם וגם יפחדו על עצמם: והיתה לי כאריאל. ירושלם תהיה לי כמו המזבח שמוקף זבחים כן תהיה היא מוקפת הרוגים בערים אשר סביבותיה ומה שאמר לי כי כמו שזבחי המזבח הם לי שמקריבים אותן כן דם ההרוגים הוא לי כי ברצוני נעשה כמו שקרא מלך אשור שבט אפי ומטה זעמי:

אבן עזרא

כט (א) הוי אריאל. יש אומר כי נקראת ירושלם כן על שם המזבח כמו והאראל והאריאל כי אותיות יהו״א מתחלפות ויש אומר שנקראת כן בעבור שמזלה אריה וזה רחוק: קרית. סמוך ויחסר מלת אחת או הדומה לה שחנה שם דוד או כך דרך הלשון לסמוך אל פועל עבר כמו בראשית תחלת דבר ה׳: ספו שנה. הוסיפו שנה כמו לספות עוד. והגים הם העולות: ינקופו. פועל עומד והטעם שיפסקו העולות או יהיה פועל יוצא ותחסר מלת הגיקפים כמו ויאמר ליוסף: (ב) והציקותי לאריאל. לירושלם: והיתה תאניה. כמו ואנו הדייגים ויש אומר׳ מגזרת אנה שלא ישאר רק מקומה: והיתה לי כאריאל. שהמזבח שתם מהעולות או כאריאל שיזבחו כלם:

מצודת ציון

כט (א) הוי. ענין צעקת יללה: אריאל. המזבח נקרא אריאל וכן קראו יחזקאל כמ״ש והאריאל שתים עשרה אורך (יחזקאל מ״ג) ונקרא כן ע״ש שירד עליו אש מהאל מן השמים ורבצה עליו כארי וכפל המלה כדרך הנוהם ולועק כמו מעי מעי אוחילה (ירמיה ד׳): קרית. עיר: חנה. שכן: ספו. מלשון תוספת: חגים. כן יקראו הקרבנות על כי רובם באים בחג וכן אסרו חג (תהלים קי״ח): ינקופו. ענין כריתה וחתוך כמו ונקף סבכי היער (לעיל י׳): (ב) והציקותי. מלשון צוקה וצרה: לאריאל. קרא שם העיר ירושלים ע״ש המזבח העומד בה: תאניה ואניה. ענין אבל וצער כמו וירב בבת יהודה תאניה ואניה (איכה ב׳):

מצודת דוד

כט (א) הוי אריאל. אמר הנביא יש להתאונן על המזבח העומד בהעיר אשר חנה בה דוד: ספו וגו׳. כי מעולם לא לן אדם בירושלים ועון בידו כי תמיד הבוקר כפר על עונות הלילה ותמיד בין הערבים כפר על עונות היום אבל מעתה יתוספו עונות שנה זו על עונות שנה שעברה כי הקרבנות יכרתו ויגיעו להתבטל: (ב) והציקותי וגו׳. אביא מצוק וצרה על ירושלים ותהיה מלאה מצער ויללה ותהיה מוקפת הרוגים כמו המזבח המוקף זבחי בהמות:

minate. It is as *though* the sacrifices have terminated since they are unacceptable to the Almighty.

Ibn Ezra explains that the burnt offerings will indeed be discontinued. During the Assyrian siege, there was a famine, as is implied below 36:12, as well as in II Kings 18:27. Undoubtedly, there was a shortage of sacrificial animals, necessitating the suspension of the daily sacrifices.

2. **And I will oppress Ariel**—Now the prophet refers to Jerusalem as

29

1. Woe, Ariel, Ariel, the city wherein David encamped! Add
year to year, the festivals shall terminate. 2. And I will oppress
Ariel, and there shall be moaning

1. **Woe, Ariel**—*Jonathan renders: Altar of the Lord. Ezekiel, too, called it that, as it is said*: "(43:16) *And the altar* (וְהָאֲרִיאֵל)" *twelve* [cubits] in length, [*because of the heavenly fire that lay like a lion atop the altar, as we learned in Tractate Yoma* (21b)]. *Our Sages, however, explained it in reference to the heichal* (the Temple proper), *which was narrow from the rear and wide in the front.* [*Rashi* from *Middoth* 4:7] Ariel is a combination of אֲרִי, *lion,* and אֵל, *God,* — hence 'lion of God.' *Jonathan* interprets it as alluding to the fire which descended from heaven and which reposed on the altar. Since this fire was in the form of a lion, the altar upon which it reposed was called Ariel. The Mishnah interprets it as referring to the *heichal,* the main structure of the Temple, in which the inner altar, the Table, and the Menorah were situated. Its inner chamber was the Holy of Holies, which housed the Holy Ark and the cherubim. This structure measured seventy cubits by seventy cubits. Before its entrance was the *ullam,* the porch, which measured one hundred cubits in the length, by sixteen cubits in the width. The length of the *ullam* was set against the width of the *heichal,* extending fifteen cubits on each side, hence the appeance of a lion, wide in front and narrow in the rear. See *Tifereth Yisrael* ad loc.

the city wherein David encamped—The altar *that was built in the city wherein David encamped.*—[*Rashi, Redak, Kara,* from *Jonathan*]

The prophet mentions David because the site of the altar was revealed to him on Mount Moriah, during a devastating plague, and he offered up a sacrifice on that site. The sacrifice was accepted and the plague stopped. See II Sam. 24:18–24. The prophet contrasts David's sacrifices, which were acceptable to God, with those of his generation, which were not.—[*Redak*]

add year to year—*And always your sins are continuously increasing until your sacrifices are cut off* (יִנְקֹפוּ), *an expression similar to*: "(supra 17:6) *like the cutting* (כְּנֹקֶף) *of an olive tree.*"—[*Rashi*]

Rabbi Joseph Kara explains this in conjunction with the festival of Sukkoth proclaimed by Jeroboam in the eighth month instead of in the seventh month, as prescribed by the Torah. Since the festival of Sukkoth was deferred, all other festivals were likewise celebrated a month later than their proper times. Hence, the prescribed Biblical festivals terminated.

Redak and *Ibn Ezra* explain חַגִּים as 'sacrifices.' *Redak* explains: Add year to year. I.e. although you continue to come to the Temple year after year, the sacrifices shall ter-

ואניה והיתה לי כאריאל: ג והניתי
כדור עליך וצרתי עליך מצב והקימתי
עליך מצרת: ד ושפלת מארץ תדברי
ומעפר תשח אמרתך והיה כאוב
מארץ קולך ומעפר אמרתך תצפצף:
ה והיה כאבק דק המון זריך וכמץ עבר
המון

מדבחא דם נכסת
קודשיא ביומא דחגא
סחור סחור: ג ואשרי
עליך משרין ואבני
עליך כרקום ואצבור
עליך מליתא:
ד ותמאכין מארעא
תמללין ומעפרא ינצפן
מליך ויהי כאוב
מארעא קליך ומעפרא
מליך ינצפן: ה ויהי
כאבק דקיק המון
כדדיך וכמוץ דעדי

ת"א ושפלת. ר"ה לא: והיה כאוב. סנהדרין סה:

רש"י

(ג) כדור. כשורה של גייסות מקיפות: מוצב. ל' כרקו' המוצב על העיירות: מצורות. ל' מצור: (ד) מארץ תדברי. יהא כרהה כאלו דבור היוצא מפיך יוצא מתחת הקרקע: אמרתך תצפצף. להתחנן אלי ומתוך תחינתך יכמרו רחמי. לפצוף הוא ל' קול לחש כקול עופות דקים: (ה) והיה כאבק דק

מהר"י קרא

והיתה לי כאריאל. תהא מוקפת הרוגים כמזבח המוקף בזבחי בהמה: (ג) כדור. בשורה של גייסות. (והקימותי) [וצרתי] עליך מצב. כמו המצב והמשחית. מצב זה (הגוים) [הגיים] שאינו זז מן העיר לבלתי תת יוצא ובא מן העיר. והמשחית כמו ויצא המשחית ממצב הפלשתים וגו': (ד) והיה כאוב מארץ קולך. כאוב לשון נמוך שמדבר בקול נמוך. וסוף: (ה) כאבק דק. שהרוח מעלה אותו ומפזרתו. כך יהיה

אבן עזרא

(ג) והניתי כדור. פתאם כמו כדור אל ארץ רחבת ידי': מוצב. מגדל מלא: (ד) ושפלת. הטעם על דברי שלוחי חזקיהו אל רבשקה: מארץ תדברי. כאילו תדברי מתחתית הארץ: כאוב. כמו וכאובות חדשים כי כן אומנותם: (ה) והיה. כאבק דק. הוא חסר מלה כי הוא סמוך:

רד"ק

(ג) והניתי. כשיחנה מלך אשור על ירושלם אני הוא שאחנ' עלי' כי במצותי וברצוני יעשה מה שיעשה. וכן וצרתי והקימותי. ופי' כדור סבוב וכן במשנה הכדור והאבום ונקרא כן לפי שהוא עגול וחסר כ"ף או בית השמוש וחניתי עליך סביביך כמו הכדור וכן כדור אל ארץ רחבת ידים ובמשקל אחר כמלך עתיד לכדור: וצרתי. מענין כי תצור אל עיר: מוצב. מגדל עץ שמעמידים על העיר ללכדה: מצורות. מן ובנית מצור ואע"פ שלא נכתב בפרשה ההיא שבנה מלך אשור על ירושלים מצור אבל אמר הנביא לא יבא אל העיר הזאת ולא יורה שם חץ ולא יקדמנ' מגן ולא ישפוך עליה סוללה. ומה שאמר לא יבא ר"ל לא יכנס לתוך העיר שיכבשנה ומה שאמר לא יורה ולא יקדמנה ולא ישפיך לא עשה אבל הכינו אות' היום לירות ולשפוך מחר גם הקימו מגדל עץ ומצור לחלחם מחר ובלילה הכם מלאך ה' והופרה עצתם וי"ת וצרתי עליך מוצב ואבני עלך כרקום כמו שתרגם אנקלוס ובנית מצור ותבני כרכומין ותרגם והקימותי עליך מצורות ואצבור עלך מליתא כמו שתרגם ולא ישפוך עליה סוללה לא יבצר עלה מליתא: (ד) ושפלת. אז תשפילי אמר כנגד ירושלם ר"ל היושבים בה: מארץ תדברי. אמר תדברי בשפל קול כאלו יצא הקול מתחת הארץ וכן אמר גם תשח כאלו תצא מעפר וכפל הענין במ"ש כמנהג ועוד כפל ואמר והיה כאוב מארץ קולך וגו' ופי' כאוב כי בעלי האוב ישמיעו קול נמוך מתחת הארץ כמו שפירשנו בספר שמואל בפרשת בעלת אוב: תצפצף. על האמירה כמו ת"ו תשח אמר כל כך יהיה הקול נמוך עד שלא ידמה דבור אדם אלא צפצוף העופות והענין הזה אמר על אליקים ושבנא ויאח שאמר אל רבשקה דבר נא אל עבדיך ארמית ואל תדבר אלינו יהודית באזני העם הזה ואלה הדברים קול נמוך אמרו לו כדי שלא ישמעו הם ואומר ויעמד רבשקה ויקרא בקול גדול יהודית כדי שישמעו העם: (ה) והיה כאבק. כמו האבק הדק שילך בנפיחת הפה כן יהיה

מצודת דוד

(ג) וחניתי כדור עליך. אהכין עליך גייסות מסביב ככדו' הזה שהיא עגולה ועל מחנה סנחריב יאמר: וצרתי עליך מוצב. אעיר לב סנחריב לעשות מצור עליך בהעמדת מוצב הוא מגדל עץ שמעמידים סמוך לעיר לזרוק ממנו חצים ואבני בליסטראות: מצורות. אלא מיני מצור: (ד) ושפלת. תהיה מושפלת ותדברי בהכנעה בקול נמוך כאלו הקול יוצא מתחת לארץ: ומעפר תשח אמרתך. תכופף אמרתך כאלו הדבר מן העפר וכפל הדבר במ"ש להורות על גודל ההכנעה: והיה כאוב. ותדבר אלהם בהכנעה וישמע קול כקול האוב הנשמע מהארץ בבכיה קול נמוך עד שלא ידמה דבור אדם אלא לצפצוף כעופות: ומעפר. תצפצף בקול כאלו יוצא מן העפר וכפל הדבר פעמים רבות על גודל ההכנעה ומרבית התחנונים: (ה) והיה

מצודת ציון

(ג) וחניתי. מלשון חניה ושכונות: כדור. כמו ככדור והחסר כ"ף השמוש וכן כדור אל ארץ רחבת ידים (לעיל כ"ב) והוא כלי מה שזורקין מיד ליד ומקבלין אותה: וצרתי. מלשון מצור וכן יקראו הבנינים שעושין ומקיפין את העיר לכבשה ונקראו כן ע"ש שבהם מצירים ודוחקים אותם בזה: מוצב. מגדל עץ גבוה כלא הקומה: מצורות. מלשון מצור: (ד) תשח. ענין כפיפה כמו וישח אדם (לעיל ב'): כאוב. כן יקרא גוף המת המגיד עתידות ע"י כשוף כמו דרשו אל האובות (לעיל ח'): תצפצף. כן נקרא קול העופות וכן ופוצה פה ומצפצף (לעיל י'): (ה) כאבק. כן יקרא העפר הדק וכן והיה לאבק על ארץ מצרים (שמות ט') ולתוספת ביאור אמר דק: המון. ענין רבוי עם כמו כל ההמון הגדול הזה (מ"א

mancers, who emit such a voice.—[*Redak*] See I Sam. 28:19, Commentary Digest, where the validity of necromancy is discussed.

shall your speech chirp—*to supplicate to Me, and because of your supplication, My mercies shall be aroused.* **צפצוף** *is an expression of a whispering* (var. *weak*) *voice like the voice of small birds.*—[*Rashi*]

Redak, like *Ibn Ezra* above, takes this as an allusion to the reply given by Eliakim, Shebnah, and Joah to Rabshakeh: "(infra 36:11, II Kings 18:26) Please speak to your servants in Aramaic for we understand it; do

and mourning, and it shall be to Me like Ariel. 3. And I will
encamp in a circle upon you, and I will besiege you with a camp
of siege, and I will erect upon you siege works. 4. And you shall
be humble, from the earth shall you speak and from the dust
shall your speech be lowered; your voice shall be like a necro-
mancer from the earth, and from the dust shall your speech
chirp. 5. And the multitude of foreigners shall be like fine dust,
and the multitudes of tyrants like passing chaff,

Ariel because of the altar within it. God will oppress Jerusalem when all surrounding cities will be captured by the king of Assyria.—[*Redak*]

and there shall be moaning and mourning—The survivors in Jerusalem shall bemoan and bewail the fate of their brethren in the surrounding cities, as well as fear for their own fate at the hands of the Assyrians.—[*Redak*]

Others define תַּאֲנִיָּה וַאֲנִיָּה as 'a waste place,' the two words stemming from אָנָה, *where.* Only the place will be left, and the people ask, "Where is the city?"—[*Ibn Ezra*]

and it shall be to Me like Ariel—*It shall be surrounded by those slain by the sword, like the altar, which is surrounded by animal sacrifices.*—[*Rashi*]

I.e. Jerusalem shall be surrounded by the dead of the neighboring cities. The prophet includes the words, "to Me," to indicate that this slaughter shall be executed through God's command, much as the slaughter of sacrifices on the altar.—[*Redak*]

Ibn Ezra suggests that the city will be desolate of its inhabitants as the altar is devoid of its sacrifices.

3. **And I will encamp**—When the king of Assyria camps against Jerusalem, it is really I Who is encamped, for everything is done through My command and My will.—[*Redak*]

in a circle—*like a row of surrounding troops.*—[*Rashi*] Other editions, as well as Kara, read: *In a row of surrounding troops.* Some manuscripts read: *An expression of the encampment of surrounding troops.**

a camp of siege—Heb. מֻצָּב, lit. stationed, *an expression of a camp of siege stationed against the towns.*—[*Rashi*]

Others interpret it as a tower erected against the besieged city.—[*Ibn Ezra, Redak, Abarbanel*]

siege works—Heb. מְצֻרוֹת, *an expression of* מָצוֹר, *a siege.*—[*Rashi*]*

4. **And you shall be humble**—He addressed this to Jerusalem, i.e. to its inhabitants.—[*Redak*]

The prophet alludes to the reply given by Hezekiah's emmissaries to Rabshakeh, Sennacherib's emmissary. See below 36:21.—[*Ibn Ezra*]

from the earth shall you speak—*It shall appear as though the speech that comes out of your mouth comes from below the ground.*—[*Rashi*]

I.e. you will speak with a low voice as though it were coming from underground, like the necro-

הֲמוֹן עָרִיצִים וְהָיָה לְפֶתַע פִּתְאֹם:
ו מֵעִם יְהוָה צְבָאוֹת תִּפָּקֵד בְּרַעַם
וּבְרַעַשׁ וְקוֹל גָּדוֹל סוּפָה וּסְעָרָה וְלַהַב
אֵשׁ אוֹכֵלָה: ז וְהָיָה כַּחֲלוֹם חֲזוֹן לַיְלָה
הֲמוֹן כָּל־הַגּוֹיִם הַצֹּבְאִים עַל־אֲרִיאֵל
וְכָל־צֹבֶיהָ וּמְצֹדָתָהּ וְהַמְּצִיקִים לָהּ:
ח וְהָיָה כַּאֲשֶׁר יַחֲלֹם הָרָעֵב וְהִנֵּה אוֹכֵל

תרגום

אִתְרְגוּשָׁא תַקִּיפִין וִיהֵי בִתְקֵיף אִתְרְגוּשָׁא: ו מִן קֳדָם יְיָ צְבָאוֹת תִּתְפְּקֵיד בְּרַעַם וּבְזִיעַ וְקָל סַגִּי בְּעַלְעוֹל וּבְרוּחַ וְשַׁלְהוֹבֵי אֶשָּׁא דִמְשֵׁיצְיָא: ז וִיהֵי כְּמֶחֱלַם הִרְהוּר לֵילֵי הֲמוֹן כָּל עַמְמַיָּא דְמִתְכַּנְּשִׁין עַל קַרְתָּא דְמַדְבְּחָא בַהּ וְכָל מַשְׁרְיָתְהוֹן וְחֵילֵיהוֹן וּדְמְעִיקִין לְהוֹן: ח וִיהֵי כְּמָא דִי יַחֲלוֹם כַּפְנָא

רש"י

המון זריך. אוכלוסי סנחריב שיהיו למאכולת אש ויעשו אבק: **והיה.** הדבר הזה: **לפתע פתאום.** מקרה פתאום: **(ו) מעם ה' צבאות תפקד.** ואחרי שתתפלי ותאמר המרתך תפקד אריאל מאתי להושיעם ברעש וברעש וגו': **(ז) והיה כחלום.** שדומה שרואה ולא ראה כך יהיה המון וכל צוביה. המליכים עליה מצב ומשחית שקורין (לנבי"ל בלע"ז) כמו שנא' בשאול

מהר"י קרא

חיל סנחריב אשר (זיו) [זרו] אתכם: וכמוץ עובר. כן יהית המון עריצים. (שלא) יהיה אליו לפתע פתאום: (ו) מעם ה' צבאות. כי פקד סנחריב וכל אגפיו בהמון ברעש וקול גדול: (ז)(כל צבאיה) [וכל צביה]. המעמידים מצב עליך לבלתי תת יוצא ובא ליושבי ירושלים: (ח) והיה כאשר יחלום הרעב והנה אוכל וגו' כן יהיה המון כל הגוים. כשיהיו סבורים שירושלים כל הגוים ידמו לכבוש ולא תעל' בידם:

אבן עזרא

המון זריך. הם מחנה אשור וזה יהיה לפתע פתאם: **(ו) מעם ה'.** תהיה זאת הפקידה על הזרים ברעם בגלגל ברעש בארץ ובקול גדול בסופה וסערה עם להב אש הטעם על צאת המלאך על מחנה אשור להכחידו: **(ז) והיה כחלום.** שיראה אדם בלילה שיקיץ ואין כל כן היה מחנה אשור: **וכל צוביה.** חסר אל"ף. וכל אנשי מצודתה או הטעם וכל המצודות כמו המגדלים: **(ח) והיה.** לעולם אחר

רד"ק

המון זריך שיכלו במהרה ופי' זריך הזרים החונים עליך והוא מחנה אשור וכפל הענין עוד ואמר וכמוץ עובר וגו': **לפתע פתאום.** הלמ"ד לשמ"ש בית כמו בפתע פתאום וכן הרגתי לפצעי לפניכם לחרב והדומים להם כלומר יבא פתאום שברם כי בבקר מצאום כולם פגרים מתים ופתע כמו פתאום וכפל הענין במ"ש להזק: (ו) מעם. אומר איך תהיה זאת הגזרה הגדולה פתאום לפי שתבא מעם ה' צבאות והמשיל המגפה לרעם ולרעש וגו': (ז) והיה כחלום חזון לילה. מה שרואה אדם בחלומו יקרא חזון ואע"פ שאיננו נבואה. ות"י כמחלם הרהור ליל וזה מפרש בפסוק הבא לפניו: על אריאל. על העיר שהמזבח בתוכה כמו שפירשנו: צוביה. כמו צובאיה: ומצדת'. בחולם ופי' אנשי מצודתה כלומר בונין מצודות עליה ללוכדה: (ח) והיה כאשר יחלום. כמו שהאדם רעב שישן ובשנתו רואה שהוא אוכל והוא מה שהיה מהרהר בעוד שהיה ער והנח

מצודת דוד

כאבק. ובעבו' מרבית ההכנעה יכמרו רחמי עליך ויהיו המון הזרים הבאים עליך כאבק דק ההולך בנפיח' הפה כי יכלו מהרה ע"י המלאך המכה בהם: וכמוץ עובר. כמו המון בעובר בריה קימעא כך יכלו המון העריצים וכפל הדבר במ"ש: והיה לפתע פתאום הדבר הזה יהיה בפתע פתאום: (ו) מעם ה'. מאת המקום תבא עליהם הפקידה הזאת ברעם וברעש וכו' והמשיל הכאת המלאך בהם לרעם ורעש וכו': ולהב אש אוכלה. כאלו שרפה בהם להבת אש: (ז) והיה כחלום וגו'. המון העמים הבאים בצבא על ירושלם יהיו כחלום הנראה בלילה שאין בו ממש: וכל צוביה. וכן יהיו כל המעמידים מצב ומצודות וכל המציקים לה: (ח) יהיה כאשר יחלום. הדבר הזה יהיה דומה למי שהוא רעב וראה בחלומו

מצודת ציון

(כ'). זריך. מלשון זר ונכרי: וכמוץ. הוא פסולת התבואה כמו כמוץ יסוער מגורן (הושע י"ג): עריצים. חזקים כמו כגבור עריץ (ירמיה כ'): לפתע. כמו בפתע וכן ישבת לכסא (תהלים ט') ומשפטו בכסא ופתע ענינו כמו פתאום וכפל המלה בשמות נרדפים וכן אדמת עפר (דניאל י"ב): (ו) תפקד. ענין השגחת הבאת הפורעניות וכן באו ימי הפקידה (הושע ט'): סופה וסערה. רוחות חזקות: ולהב. שלהבת: אוכלה. שורפת: (ז) חזון. ענין ראיה כמו ואתה תחזה (שמות י"ח) והחלום נקרא חזון לילה: הצובאים. מלשון צבא עם: אריאל. זה ירושלים: צוביה. מל' מולב האמור למעלה והוא מגדל עץ: ומצודתה. הוא ענין חזק ובנגד וכן מצודת ציון (שמואל ב' ה'): והמציקים. מלשון מצוק

those stationed around her—*who set up against her a garrison and raiders called çenbél in O.F., as it is stated regarding Saul*: "(I Sam. 14:15) *The garrison and the raiders trembled.*" —[*Rashi*]

The garrison was set up to prevent the inhabitants of Jerusalem from entering or leaving the city.—[*Rabbi Joseph Kara*]

Others render: And all those gathered around her, from the word **צָבָא**, *an army.*—[*Ibn Ezra, Redak*]

and those who trap her—those who build traps around her to conquer her.—[*Redak*]

8. **And it shall be, as the hungry man dreams**—Like a hungry man who sleeps, and in his sleep, sees himself eating, since this is what he

and it shall be a sudden happening. 6. From the Lord of Hosts she shall be visited with thunder, with earthquake, and a great noise, storm wind and tempest, and a flame of consuming fire.
7. And shall be like a dream, a vision of [the] night, the multitude of all the nations assembled upon Ariel, and all those stationed around her and those who trap her, and those who besiege her. 8. And it shall be, as the hungry man dreams, and behold, he eats,

not speak to us in Judean within the hearing of the people who are on the wall." Obviously, they whispered so that the populace would not hear them.

5. **And the multitude of your foreigners shall be like fine dust**—*The army of Sennacherib, which will be consumed by fire and will become dust.*—[*Rashi*]

I.e. the foreigners encamped around you shall become like fine dust, easily blown away. So quickly will they be destroyed.—[*Redak*]

Jonathan renders: the multitude of those who scatter you. He derives זָרָיִךְ from זרה, *to winnow.*

and it shall be—*this thing*—[*Rashi*]

a sudden happening—Heb. לְפֶתַע פִּתְאֹם.—[*Rashi*] *Redak* renders: And it shall be sudden. The two expressions are synonymous. The destruction of Sennacherib's armies will be sudden, as the Scripture tells us, that, when they awoke in the morning, they were all dead corpses. See below 37:36, II Kings 19:35.

6. **From the Lord of Hosts shall he be visited**—*And after you become humble and your speech chirps, Ariel shall be visited by Me to save them, with thunder and with earthquake, etc.*—[*Rashi*]

The prophet proceeds to explain how the destruction of the Assyrian camp will be accomplished so suddenly. It will be a visitation by the Lord of Hosts, for Whom anything is possible. He likens it to thunder, and earthquake, a great noise, etc. and a flame of consuming fire.—[*Redak*] See *San.* 94a, that the armies of Sennacherib were indeed burnt in the same manner as Nadab and Abihu, whose souls were burnt out while their bodies remained intact. See above 10:16.

7. **And shall be like a dream**—*that one imagines that he saw, yet he did not see, so will this multitude of all the nations contemplate to conquer, but they will not succeed.*—[*Rashi*]

a vision of [the] night—What one envisions in his dream is called a vision of the night even if it is not a prophecy.—[*Redak*]

All the multitudes that will come to besiege Jerusalem will be like a dream, something of no substance. [*Ibn Ezra, Mezudath David*]

upon Ariel—upon Jerusalem, the city in which the altar is situated.—[*Redak*]

וְהֵקִיץ וְרֵקָה נַפְשׁוֹ וְכַאֲשֶׁר יַחֲלֹם
הַצָּמֵא וְהִנֵּה שֹׁתֶה וְהֵקִיץ וְהִנֵּה עָיֵף
וְנַפְשׁוֹ שׁוֹקֵקָה כֵּן יִהְיֶה הֲמוֹן כָּל־הַגּוֹיִם
הַצֹּבְאִים עַל־הַר צִיּוֹן: ט הִתְמַהְמְהוּ
וּתְמָהוּ הִשְׁתַּעַשְׁעוּ וָשֹׁעוּ שָׁכְרוּ וְלֹא־יַיִן
נָעוּ וְלֹא שֵׁכָר: י כִּי־נָסַךְ עֲלֵיכֶם יְהוָה

וְהָא אָבֵיל וּמִתְעַר
וְהַסִירָא נַפְשֵׁהּ וּכְמָא
דְיַחֲלוּם צָחֵיָא וְהָא שָׁתֵי
וּמִתְעַר וְהָא מְשַׁלְהֵי
וְנַפְשֵׁהּ מְשַׁלְהַיָא כֵּן
יְהֵי הֲמוֹן כָּל עַמְמַיָא
דְמִתְכַּנְשִׁין עַל טוּרָא
דְצִיוֹן: ט אִתְהֲרָפוּ וּשְׁחוּ
אִשְׁתְּגִישׁוּ אִיזְדַמִימוּ
וְאִשְׁתְּמָמוּ רְוִיוּ וְלָא מִן
חֲמַר טְעוּ וְלָא מִן עַתִּיק:
י אֲרֵי רְמָא בֵינֵיכוֹן יְיָ

רש"י

(שמואל א' י"ד) המלב והמשחית חרדו: (ח) שוקקה. תאבה וכן ואל אישך תשוקתך (בראשית ג): כן יהיה וגו'. לא ישיגו תאותם אשר יזמו לעשות: (ט) התמהמהו. היו מתינים להתבונן לחשוב על מעלליכם: ותמהו. ותהיו תמוהים על קלקוליכם: השתעשעו. ל' ועיניו השע (לעיל ו') היו עורים מראות: שכרו. עצמיכם ולא מיין. למה: (י) כי נסך עליכם ה' וגו'. ל' מזג כמו מסכה יינה (משלי ט') או לשון נסיכות השליט בכם רוח תרדמה על פושעי ישראל הי' ניבא שהיו הוזים בכוכבים ובקיאים להשביע השרים של מעלה כל אחד בשם הראוי להשביעו בו לכך הם אומרים מי יחת עלינו אם יבא האויב עלינו יכולנו לעשות לה חומת אש סביב או להקיפה ים הגדול אמר הקב"ה אני אחליף השרי' של מעלה הממונה על האש

מהר"י קרא

נתונת בידם. ויצא מלאך ה' ויך במחנה אשור עד תומם: (ט) השתעשעו. לשון ועיניו השע: (י) רוח תרדמה. לשון שינה הוא כמו וישכב וירדם: את הנביאים ואת ראשיהם החוזים כסה. שאין עוד נביא ואין יודע מתי יהיה הקץ. ונבואה [זו] על דורות הללו נאמרה. וכן אמר הנביא לישראל. כי נגש העם הזה עושה עצמ' כאילו אינה יודעת. כסבורין לסתיר עצה ממני ועושין במחשך מעשיהן. ואומרים מי רואנו ומי יודענו. לכן בגללכם הנה ימים באים שאעצים את עיניכם ואכסה את עיני. ואשיבם החוזים ועיני נביאיכם שתהי' לכם

אבן עזרא

חלום מלת והנה והטעם כאילו והוא שב אל הרעב: שוקקה. מבקשת משקה: (ט) התמהמהו. ידבר אל אנשי ציון שיתמהו לחפש איך יהיה זה ומה סוד זאת הנבואה והנה הנביא ידבר כאשר ידבר איש אל רעהו ולמה לא ידעו כי הם שכורים ולא מהיין: (י) כי נסך. מגזרת והמסכה צרה

רד"ק

בהקיצו רקת נפשו כמו שהיתה קודם השינ' כי כל חולם לא ימצא דבר בהקיצו מכל מה שהיה חולם וכן הצמא והנה עיף כמו הצמא לפי שהעיף מן הדרך צמא נקרא העיף צמא וכן הארץ הצמאה כצל סלע כבד בארץ עיפה: שוקקה. כתאוה מן ואל אישך תשוקתך והוא תאר מן המרובע על משקל כפרח סורחה: (ט) התמהמהו ותמהו. זאת הנבואה בימי אחז אמר התמהמהו ותמהו כנגד אנשי יהודה ופירושו התעכבו כמו ויתמהמה והעכוב הזה במחשבה אמר האריכו במחשבותיכם וחשבו בלבבכם בעכוב כדי שתתבוננו בדבר ואחר שתתבוננו בדבר תמהו בעצמכם איך נהיתה בכם הרעה הזאת שתניחו דברי אלהים חיים שאומרים לכם נביאי האמת ואתם מתפתים בדברי נביאי השקר אשר השתעשעו ושועו ופי' א"א ז"ל התעוררו ועורו אחרים מענין ועיניו השע והם נביאי השקר התעוררו ועורו אתכם מלראות הנכונה: שכרו ולא יין. הם נביאי השקר ואמר לא יין ולמעלה אמר תעו בשכר אינו אומר בזה הפסוק שאינם משתכרים אלא אומר כי גם בעת שאינם שותים הם שכורים כי לא ישכילו ולא יבינו כמו השכור יכפל הפסוק בענין במ"ש כי נעו כמו שכרו כי השכור יניע ויניד גופו הנה והנה עד שנופל: (י) כי נסך. כסה כמו והמסכ' הנסוכ' ואת קשות הנסך שהוא ענין כסוי כלומר כסה אתכם בכח תרדמה שהפיל עליכם עד שאתם חשובים כנרדמים שאין

מצודת דוד

שהיה אוכל למלא בטנו וכאשר הקיץ מלא בטנו ריק ממאכל כשהיה: והנה שותה. לרוות הצמאון: והנה עיף. שהוא צמא כשהי' ונפשו תתאוה אל השתיה: כן יהיה וגו'. כי יחשבו שילכדו העיר ולא כן יהיה: (ט) התמהמהו ותמהו. חזר להוכיחם ואמר להם התעכבו להתבונן הרבה והתמהו על עצמכם איך נהיתה הרעה הזאת לעזוב דברי הנביא האמת ולהתפתות מנביאי השקר: השתעשעו ושעו. התעסקו בצעקה וזעקו מרה על קלקוליכם: שכרו. המה שכורים ולא משתיית יין ר"ל המה מבולבלים בדעתם כשכור: נעו. המה נעים ונדים כדרך השכור שאינו יכול לעמוד כיושר כ"א מתנענע: ולא שכר. לא משתיית השכר וכפל הדבר במ"ש: (י) כי נסך עליכם ה'. המקום כסה עליכם רוח תרדמ'. להיות

מצודת ציון

ומצור: (ח) והקיץ. ענין הערה מהשינה: ורקת. מלשון ריק: נפשו. כמו גופו וכן ברזל באה נפשו (תהלים ק"ה): עיף. ענין צמאון כי העיף צמא לשתית וכן כארץ עיפה (לקמן ל"ב): שוקקה. ענין תאוה כמו ואל אישך תשוקתך (בראשית ג'): הצובאים. החונים על צבאם: (ט) התמהמהו. ענין עכבה כמו אם יתמהמה חכה לו (חבקוק ב'): השתעשעו ושועו. ענין צעקה כמו ושוע אל השר (לעיל כ"ב): ולא יין. פירוש ולא מיין: נעו. מלשון תנועה: שכר. יין ישן: (י) נסך. מלשון סכך ומכסה כמו המסכה

you, etc.—Heb. נָסַךְ, *an expression of mixing wine. Comp.* "(Prov. 9:2) *She mixed* (מָסְכָה) *her wine." It may also be an expression of princedom* (נְסִיכוּת). *He caused a spirit of deep sleep to overcome you,* (lit. *to rule over you*). *Concerning the transgressors of Israel he was prophesying, for they were stargazers and were experts in adjuring the heavenly princes, each one with the proper name for adjuring him. Therefore, they say, "Who will encamp upon us* (Jer. 21:13)? *If the enemy comes upon us, we can make for it a wall of fire around,* [Most manuscripts read: *If*

and he shall awaken, and his appetite is unsated, and as the thirsty man dreams, and behold he drinks, and he shall awaken and behold he is faint, and his soul yearns, so shall be the multitude of all the nations gathered on Mount Zion. 9. Stop and wonder; they became blind and they blinded. They were intoxicated but not from wine; they reeled but not from strong wine.
10. For the Lord has poured upon you

thought about when he was awake. But behold, when he awakens, his appetite is unsated, for one who dreams will not find what he dreams about, when he awakens.—[*Redak*]

and his appetite is unsated—lit. and his body is empty, i.e. his stomach is still empty. as it was before he slept.—[*Mezudoth*] נֶפֶשׁ may also be rendered as 'appetite' or 'desire.' See Gen. 23:8, Ex. 15:9, Ps. 27:12. Hence, our translation does not deviate from the literal meaning.

faint—Like one weary from his travels, who is usually thirsty. Hence, the word עָיֵף is used in the sense of 'thirsty.'—[*Redak*]

yearns—Heb. שׁוֹקֵקָה, *desires. Comp.* "(Gen. 3:16) *And to your husband shall be your yearning* (תְּשׁוּקָתֵךְ)."—[*Rashi*]

I.e. his soul yearns for drink.—[*Ibn Ezra*]

So shall be etc.—*They shall not achieve their desire which they planned to do*—[*Rashi*]

9. **stop**—*Be patient to reflect [to think] about your deeds.*—[*Rashi*] The bracketed words are omitted in many editions; indeed they appear superfluous.

and wonder—*And wonder about your corruption.*—[*Rashi*]

This prophecy was announced during Ahaz' reign. The prophet addresses the people of Judah. He exhorts them to reflect on their deeds and to wonder why they forsook the words of the living God, transmitted to them through His prophets, to hearken to the words of the false prophets, who enticed them to do evil.—[*Redak*]

they became blind—Heb. הִשְׁתַּעַשְׁעוּ, *an expression related to*: "(supra 6:10) *And his eyes are becoming sealed* (הָשַׁע), *they were blind, not being able to see* [lit. *from seeing*].—[*Rashi*]

The false prophets were blind, and they blinded others from seeing the truth.—[*R. Joseph Kimchi,* quoted by *Redak*]

They were intoxicated—*yourselves* (sic) *but not from wine. Why?*—[*Rashi. Parshandatha* claims that this reading is erroneous. The correct reading, according to all manuscripts is: *their wise men, but not from wine.*]

Redak explains this as referring to the false prophets. Even when they did not drink, they were intoxicated, i.e. they did not understand any more than the drunkard.

they reeled—like a drunkard who cannot keep his balance, but not from strong wine. [This is figurative.]—[*Redak*]

10. **For the Lord has poured upon**

רוח תרדמה ויעצם את־עיניכם את־
הנביאים ואת־ראשיכם החזים כסה:
יא ותהי לכם חזות הכל כדברי הספר
החתום אשר־יתנו אתו אל־יודע
הספר לאמר קרא נא־זה ואמר לא
אוכל כי חתום הוא: יב ונתן הספר על
אשר לא־ידע ספר לאמר קרא נא־זה

תרגום

רוח דטעו ואטמר מנכון
ית נביא וית ספריא
וית מלפיא דהוו מלפין
לכון אולפן אוריתא
טמר: יא והות לכון
נבואת כולא כפתגמי
ספרא דחתים דאם
יתנון יתה לדידע ספרא
למימר קרי כען דין
ויימר לית אנא יכיל ארי
חתים הוא: יב ויתיהב
ספרא לדלא ידע ספרא
למימר קרי כען דין
ויימר לית אנא ידע

מהר"י קרא ספר קרי

חזות הכל כדברי הספר החתום והסגור שדבריו סגירין וסתומין וחתומין שבמקום שגילה הקב"ה קץ הגלות לעבדיו הנביאים כגון לדניאל. שם אתה מוצא בצדו. סתום וחתום הדברים. ומעתה שקורין אותו שיודע ספר שאומר קרא נא זה ותגיד לנו עד מתי מידת קיצני. הוא משיבם לא אוכל כי חתום [הוא]. דבריו סתומין וחתומין. כל זה בעון המעמיקים מה' לסתור עצה. ואם נתן הספר לאשר לא ידע ספר כל שכן שלא ידע מה כתוב בו. אפילו שאינו סתום וחתום. וכן תהיה לכם חזות כל הנביאים שנתנבאו על קץ ועל נחמה. החכמים שבדור לא יוכלו לקרות בהן. ולהגיד להם את יום בואם לפי שהתמתי על דברי הנביאים. וכל שכן שאר העם שאינם מבינים לקרות

רש"י

נתמנה על המים כשמשביע לשר של אש להביא לו אש הוא משיבו אין זו שלי וכן שר של מים ואף גם שאתה משביעני כי איני מכיר זו היא עלוש העינים וכיסוי ראשי החוזים בכוכבים: (יא) חזות הכל. כל מה שהייתם חוזים במזלות והיה מכוסה מכם כדברי אגרת החתומ' כשעה אשר יתנוה לקרות' ליודע לקרות אגרת ואמר לא אוכל שהרי אין אני רואה כתובה לפי שהיא חתומה: (יב) ונתן הספר על אשר לא ידע ספר. וכשנוטלין ממנו ופותחין חותמה ונותנין אותה למי שאינו מכיר ל' אגרת ואומרין לו קרא נא
זה ואמר לא ידעתי ספר כך כשתשביע שר האש יאמר לא אוכל כי חתום הדבר ממני וכשתשביע את חבירו יאמר

רד"ק

אתם שישעים למי שיקרא לכם: ויעצם. ויסגור וכן מן הקל עוצם עיניו כסה עליכם וסגר עיניכם שלא תראו ולא אתכה לבדכם אלא הנביאים שהם נביאי שקר: ואת ראשיכם החוזים כסה. והם הם המעצמים את עיניכם עד שלא תראו ומה שאמר כי נסך ה' עליכם כלומר כל כך הוא הכסוי חזק עד שידמה כי מה' הוא או פירושו על דרך השמן לב העם הזה כמו שפירשנו: (יא) ותהי לכם חזות הכל. נבואת הכל כלומר נבואת כל נביאי
ה' המתנבאים לכם היא לכם כמו הספר החתום שאם יתנו האגרת ליודע לקרותם יאמר לא אוכל כי חתום הוא ימצא זאת תעילה לפי שאין רצונו לקרותה כי אם הי' רצונו לקרות' הי' אומר פתח אותו ואקראנו. כן החכמים שבכם אומרים כי יש בדברי השם דברים סתומים לפיכך לא יתנו לב להם דאם היה רצונם לשמוע ולהבינם יאמרו לנביא פרש לנו זה הדבר הסתו': (יב) ונתן הספר על אשר לא ידע ספר. ואמר לא ידעתי לקרות ספר ואפי' יהי' פתוח כי הכסילים שבכם ימצאו עילה אין אנחנו מבינים דברי אלהים אמרו לחכמינו והנה חכמיהם ונביאיהם ישעום הנה כי בין זה ובין זה הספר לא יקרא כן דברי ה' לא ישמעו ביניכם לא לחכמים ולא לכסילים ויתכן לפרש חזות הכל שלא יהיה חזות סמיך ויהי' הכל כמו לכל ופי' הנבוא' היא

אבן עזרא

כהתכנם וכ"ף עליכם לאנשי ציון: ויעצם. מגזרת עלם כאילו שם עלם על עיניכם והנה כסה לעד על מלת נסך: (יא) ותהי. כל הנבואה: כי חתום הוא. לא יוכלו להבין וכן טעם חתום תורה כאשר פירשתי: (יב) ונתן. הטעם לא יבינו זאת הנבואה החכמים המבינים ואשר אין

מצודת ציון

הנסוכה (לעיל כ"ח): תרדמה. הוא שינה עמוקה כמו ויפל תרדמה ויעף (שופטים ד'): ויעצם. ענין סתימה וסגירה כמו ועוצם עיניו (לקמן ל"ג): את הנביאים. עם הנביאים: החוזים. מל' חיזה ור"ל נביאי השקר העושים עצמם כחוזים: (יא) חזות. ענין נבואה: החתום. ענין סתימה וסגירה כמו חתום תורה (לעיל ח'): אוכל. מלשון יכולת: (יב) על אשר. כמו אל אשר:

מצודת דוד

מבולבל כמו שהתרדמה אהותו כי הנה נטמא פיתחון לו: ויעצם הוא סגר את עיניכם עד בלא תבחינו אף בדבר הנגלה לעינים: את הנביאים. עם נביאי השקר ר"ל גם עליכם נסך וגו' גם על הנביאים: ואת ראשיכם החוזי'. הם הנביאים החוזים להם יכפל הדבר במ"ש: (יא) ותהי לכם חזות הכל. לכם היו נבואות של כל נביאי ה' כמו דברי הספר החתום אשר אם יתנוהו אל היודע לקרות ויאמרו לו קרא נא זה ישיב הוא לאמר לא אוכל לקרות כי חתום
הוא יחכה מלא עילה יתירה לפי שאין רצונו לקרות כי אם היה רצונו לקרות היה מסיב פתח החותם ואקראנה וכן החכמי' שבכם אומרים שלא יש בדברי ה' דברים סתומים ולזה לא יתנו לב עליהם ואם היו חפצים בהם היו אומרי' להנביא פרש לנו זה הדבר הסתום: (יב) ונתן הספר. וכאשר נתן הספר אל אשר לא ידע ספר ישיב לאמר לא ידעתי לקרות אף אם היה פתוח וכן הכסילים שבכם

hands of their enemies. Rabbi Aivu and the Sages [disagreed on this matter]. Rabbi Aivu said: The angels would peel off the Name that was on them, and the Sages said that it could come off by itself.

The connection between the two midrashim is not clear. The former tells us that the Jews would use the names of angels and adjure them to perform their will. The latter midrash tells us that certain generations were able to defeat their enemies by using the name of God. There is no

a spirit of deep sleep, and He has closed your eyes; the prophets and your heads who stargaze, He has covered. 11. And the vision of everything has been to you like the words of a sealed book, which they give to one who can read, saying, "Now read this," and he shall say, "I cannot, for it is sealed." 12. And if the book is given to one who cannot read, saying, "Now read this," he shall say, "I cannot read."

the enemy comes upon the city, we can make for it a wall of fire around. This seems more correct, the antecedent being 'the city"] *or surround it with the Great Sea." Said the Holy One, blessed be He, "I will change the heavenly princes; the one appointed over fire, is appointed over water. When he adjures the prince of fire to bring him fire, he will reply, "This is not mine," And, likewise, the prince of water. And even the name by which you adjure him, he does not recognize. This is the closing of the eyes and the covering of the heads of the stargazers.*—[*Rashi* from *Lam. Rabbah* 2:5]

Redak explains נָסַךְ as 'covered.' The Lord has covered you by means of a spirit of deep sleep which He has cast upon you, until you are like people asleep and do not hear those who call you.

11. **the vision of everything**—*All that you used to see in the constellations shall be concealed from you like the words of a letter sealed with wax, which, if they give to read one able to read a letter, he will say, "I cannot, for I see not what is inside, for it is sealed."*—[*Rashi*]

12. **And if the book is given**—*And when they take it from him and open its seal and give it to one who does not understand the language of the letter, and they say to him, "now read this," he will say, I cannot read." Similarly, when you adjure the prince of fire, he will say, "I cannot, for the matter is sealed from me," and when you adjure his colleague, he will say, "I do not recognize this name, by which you adjure me, for this is not my name." This is what Jeremiah said*: "(Jer. 21:4) *Behold I will turn around my implements of war that are in your hands." This refers to the Explicit Name. In Midrash Tehillim* (36:8).—[*Rashi*] The Midrash commences: Said R. Abba bar Kahana: Two generations used the Explicit Name, [of God] the men of the Great Assembly, and the generation of religious persecution ... and some say that also in the generation of Hezekiah and in the generation of Zedekiah, the Explicit Name was known, as it is said: "(Jer. 21:4) So said the Lord, the God of Israel, 'Behold I will turn around the implements of war that are in your hands." What are the implements of war? This is the Explicit Name, for they would go out to battle and they would not wage war, yet the enemies would fall. Since their iniquities brought about that the Temple was destroyed, they would fall into the

ספְרָא: יג וַאֲמַר יְיָ חֲלַף דְאִתְרַבְרַב עַמָא הָדֵין בְּפוּמְהוֹן וּבְסִפְוָתְהוֹן מְיַקְרִין קֳדָמַי וְלִבְּהוֹן אִתְרְחֵק מִדַחַלְתִּי וַהֲוַת דַחַלְתְּהוֹן קֳדָמַי כְּתַפְקִידַת גֻבְרִין מַלְפִין: יד בְּכֵן הָא אֲנָא מוֹסִיף לְמִמְחֵי יַת עַמָא הָדֵין מְחָן מְפָרְשָׁן וְתֵיבַד חוּכְמְתָא מֵחַכִּימֵיהוֹן וְסָכְלְתָנְתָא מִסָכְלְתָנֵיהֹן תטמר

וְאָמַר לֹא יָדַעְתִּי סֵפֶר: יג וַיֹּאמֶר אֲדֹנָי
יַעַן כִּי נִגַּשׁ הָעָם הַזֶּה בְּפִיו וּבִשְׂפָתָיו
כִּבְּדוּנִי וְלִבּוֹ רִחַק מִמֶּנִּי וַתְּהִי יִרְאָתָם
אֹתִי מִצְוַת אֲנָשִׁים מְלֻמָּדָה: יד לָכֵן
הִנְנִי יוֹסִף לְהַפְלִיא אֶת־הָעָם־הַזֶּה
הַפְלֵא וָפֶלֶא וְאָבְדָה חָכְמַת חֲכָמָיו
ובינת

ת"א ותהי יראתם. עקידה שער נא: הנני יוסיף. שבת קלח:

רש"י

איני מכיר את השם הזה שאתה משביעני בו שאין זה שמי וזהו שאמר ירמיה הנני מיסב את כלי המלחמה אשר בידכם (ירמיה כ"א) זה השם המפורש במדרש תהלים: **(יג) יען כי נגש העם הזה.** י"ת חלף דאיתרברב עמא הדין כלומר נגשו להגביה עצמן עד לשמים הם מראין עצמן כמכבדין אותי בפה ושפה אבל את לבם הרחיקו ממני: **ותהי יראתם אותי.** לא בלב שלם כי אם במצות האנשים המלמדים אותם התראו כנכנעים מלפניו כדי לפתותו בפיכם: **(יד) לכן הנני.** הוא אשר יוסיף להפליא פלא נוסף על פלא כיסוי על כיסוי אוטם על אוטם ומהו הפלא ופלא ואבדה חכמת חכמיו קשה סילוקם של חכמי ישראל כפלים כחורבן בית

מהר"י קרא

לפי שלא למדו ספר. ומפרש אי זה עון גורם להם: **(יג) ויאמר ה' יען כי נגש העם הזה.** עושה עצמו כאילו נגש לשמוע דברי: **בפיו ובשפתיו כבדוני וגו' מצות אנשים מלומדה.** לא בלב שלם כי אם מצות אנשים הלומדים לכם. התראו מוכנעים מלפניו לפתותו בפיכם: **(יד) לכן.** הנביא אומר אשר יוסיף להפליא את העם הזה הפלא ופלא. פלא יוסיף על פלא. כסוי על כסוי. כבידה שהם באים לכסית עינים של מעלה. באותה אני אומר אני אפרע מהם. שלא תוכחה זו בלבד האמורה למעלה (שלא) [ותהי] לכם חזות הכל כדברי הספר החתום. אני עושה להם. אלא אני מוסיף להם עוד הפלא ופלא. שלא תאמ' בדברי הימים שלא נגלו להם בזאת תעצמנה עיניכם. אלא אפילו החכמה שהייתה בהם תאבד. הה"ד ואבדה חכמת חכמיו וגו'. שתהא תורה משתכחת בהם שלא ימצאו הלכה ברורה בכל מקום. וכיון שישתכח התלמוד מן החכמים שלמדוהו כבר בינת נבונים תסתתר. נבון שמבין את שמועתו מה תועיל לו בינתו כיון שאבדה חכמת רבו. חכם קורא לאדם שלמד תלמודו כבר. נבון הוא שלא למד כלום אלא אם כן ישמע ויבין. והבן שבחכמת

אבן עזרא

בינה להם: **(יג) ויאמר. כי נגש.** הגזרת והנוגשים אלים מבנין נפעל והטעם שיצער נפשו חנם להתענות: **בפיו.** כל אחד: **מצות אנשים מלומדה.** כטעם רגילות כעגל לא לומד: **(יד) לכן הנני יוסיף.** כמו ונשאר אני כי אומלל אני שהוא בעבור פתוח הלמ"ד ויש אומרים שמלת יוסיף פועל על משקל תומיך גורלי: **הפלא ופלא.** שלא

רד"ק

לכולכם בין לחכמיכם בין לכסיליכם כדברי הספר החתום: **על אשר לא ידע.** כלומר אל אשר לא ידע כמו וילך אלקנה הרמתה על ביתו וכמו ותתפלל על ה' כמו אל וי"ת הספר החתום שדבריו סתומים וחתומים: **(יג) ויאמר ה'. כי נגש.** יש מחלוקת בקריאת המלה הזאת יש קוראים אותה בשי"ן הנקוד' לצד ימין כמו נגש יוסף ורחל ענין קריבה וכן הוא לפי המסרה אשר עליו שאמר לית כוותיה בספרא ואם בשי"ן הנקודה בצד שמאל הנה אחר כמוהו נגש והוא נענה אבל י"ת בסי"ן כמו והנוגשים אצים שתרגם חלף דאתרברב וכן נמצא במקצת ספרים נגש בסי"ן יפי' הפסוק לקריאת נגש בשי"ן כן ויהי' טעם יען נמשך אל לכן שאמר בפסוק אחר אמר בעבור שעשו זה לכן הנני יוסיף **אמר הנה הם** קרובים **אלי בנראה** ומכבדים אותי בפיהם ומרחקים לבם ממני ולקריאת נגש בסי"ן יתפרש לפי דעת המתרגם בעבור שהם גדולים בעיניהם ומראים עצמם כנוגשים אל שאר העם לכבד את ה' בפיהם ולהתפלל לפניו **ואנחנו** נפרש נגש נדחק כמו **נגש והוא נענה** יאמר כי בעת שיש להם צרה יכבדוני בפיהם ומקרבים אלי פיהם ושפתותיהם ומרחקים ממני לבם ותהי **יראתם אותי מצות אנשי'** מלומדה כי מי שאינו עושה אלא מה שמצווה לבד ואינו מוסיף מעצמו אינו עושה הדבר מחפצו מרצונו: (יד) לכן הנני יוסף. פעל והוא בחירק כמו בצרי וכן הנני יוסיף על ימיך תומיך גורלי בחירק. **ואמר** יוסיף ר"ל עוד על מה שהבאתי עליכם עוד אביא רעה גדולה עליכם: להפליא. להביא רעה עליהם עד שיפלא בעיני הרואה על דרך ותרד פלאים לפיכך כפל **ואמר הפלא ופלא**: ואבדה חכמת חכמיו ובינת נבוניו. בגלות ובטלטול תאבד חכמתם שהם חכמים אבל חכמתם לרע להם ולא להטיב כמ"ש חכמים המה להרע ולהטיב לא ידעו או פי' ואבדה כי כשתבא

מצודת דוד

אומרים אין אנו מבינים את הדברים המפורשים לנו ואמרו לחכמים: **(יג) יען כי נגש.** בעבו' כי העם הזה נגש אלי להתקרב בדבר הפה וכבדוני בשפתיו ולא בלב ידברו כי לבו רחק ממני: ותהי יראתם אותי. מה שהם יראים מפני אינה באה מן הלב אלא כמצות אנשים המלמדים ואומרים התראו כאלו אתם יראים ונכנעים: (יד) לכן וגו'. בעבור זה הנני הוא אשר יוסיף להביא רעה עד אשר יפלא בעיני הרואים: הפלא ופלא. ר"ל פליאה רבה ועצומה: ואבדה. אז תהיה אבודה חכמת החכמים ותהיה לפון

מצודת ציון

(יג) נגש. מלשון הגשה וקרוב:

of their own will and desire.*

14. **Therefore, I will continue**—*I am He Who will continue to perform additional obscurity upon obscurity, concealment upon concealment, sealing upon sealing. And what is this obscurity upon obscurity? And the wisdom of their wise men shall be lost. The taking away of the sages of Israel is twice as hard as the destruction of the Temple and all the curses in Deuteronomy, for all of them are only one obscurity, as it is said*: "(Deut. 28:59) *And the Lord shall make your*

13. And the Lord said: "Because this people has come near;
with their mouth and with their lips they honor Me, but their
heart they draw far away from Me, and their fear of Me has
become a command of people, which has been taught.
14. Therefore, I will continue to perform obscurity to this
people, obscurity upon obscurity, and the wisdom of his wise
men shall be lost,

apparent connection. Although some manuscripts omit the second Midrashic reference, *K'li Paz,* as well as many manuscripts, do include it.*

13. **Because this people has come near**—*Jonathan renders: Because this people has aggrandized itself. I.e. they have come near to raise themselves up to the heavens. They show themselves as though honoring Me with mouth and lip, but their heart they have drawn far away from Me.*—[*Rashi*]

According to *Rashi,* the reading of נִגַּשׁ is with a 'shin,' meaning 'came near' or 'approached,' which he explains to mean that they raise themselves up, so to speak, as though approaching heaven. See *Minhath Shai. Redak* explains this reading to mean that they approached God; they appeared to be near God by dint of their outward observance. However, since their heart they have drawn far away . . . therefore, . . . This is the reading according to the Massorah. Some editions, however, read נִגַּשׂ with a 'sin.' This can be explained as an expression of oppression. Because, when this people is oppressed, with their mouth and with their lips they honor Me . . . When they are oppressed, they show signs of serving Me and performing My commandments. Otherwise, they do not do even this. According to *Targum Jonathan, Redak* explains, Because this people—i.e. the leaders have made themselves taskmasters over the rest of the people by honoring God through lip service.

Ibn Ezra, too, reads נִגַּשׂ with a 'sin,' explaining: Because this people has mortified itself. I.e. they mortify themselves by fasting for no reason.

and their fear of Me has become—*not wholehearted, but by the command of the people who teach them, they show themselves as humbled before Him in order to entice Him with your mouth.*—[*Rashi, Kara*] The prophet castigates the people for their lack of sincerity in their performance of the precepts. *Ibn Ezra,* too, explains the verse in this manner. He deviates, however, by explaining מְלֻמָּדָה, as 'accustomed.' And their fear of Me has become a command of people to which they have become accustomed. I.e. they perform the precepts out of force of habit, without thinking to do God's will.

Redak explains that they do only what they are taught; they do not go further than the law requires, to show that they perform the *mitzvah*

וּבִינַת נְבֹנָיו תִּסְתַּתָּר׃ טו הוֹי הַמַּעֲמִיקִים
מֵיהוָה לַסְתִּר עֵצָה וְהָיָה בְמַחְשָׁךְ
מַעֲשֵׂיהֶם וַיֹּאמְרוּ מִי רֹאֵנוּ וּמִי יֹדְעֵנוּ׃
טז הַפְכְּכֶם אִם־כְּחֹמֶר הַיֹּצֵר יֵחָשֵׁב כִּי־
יֹאמַר מַעֲשֶׂה לְעֹשֵׂהוּ לֹא עָשָׂנִי וְיֵצֶר
אמר

ת"א המעמיקים. בכל קמא עט:

תרגום

תִּטְמַר: טו וַי דִמְדַמְּן לְאַטְמָרָא עֵצָא מִן קֳדָם יְיָ וַהֲווֹ כִּדְבְקִבְלָא עוֹבָדֵיהוֹן וְאָמְרִין לֵית דְחָזֵי לָנָא וְלֵית דְיָדַע בְּעוֹבָדָנָא: טז הֲלְמֶהְפַּךְ עוֹבָדֵיכוֹן אַתּוּן בָּעָן הָא כְּמָא דְטִינָא בְּיַד פַּחָרָא בֵּן אַתּוּן חֲשִׁיבִין קֳדָמַי הַאֶפְשַׁר דְיֵימַר טִינָא לְעָבְדֵיהּ לָא עֲבַדְתָּנִי

מהר"י קרא

הכבים הוא אומר ואבדה חכמת חכמיו שאין אובד אלא דבר שהיא אצלו כבר: (טז) הפככם. הפיכה שלכם: אם כחמר היוצר יחשב. נדמה אותו להפיכת היוצר. כי הנה כחומר אשר ביד היוצר כן אתם בידי: כי יאמר מעשה לעושהו. כמו ואמר פרעה לבני ישראל. וכן פן יאמרו לי אשה הרגתהו.

רש"י

המקדש וכל קללות שבמשנה תורה שכולן אינו אלא הפלאה אחת והפלא ה' את מכותך (דברי' כ"ח) וכאן שתי הפלאות: (טו) **לסתיר עצה**. כמו להסתי' עלה: (טז) **הפככם אם כחומר היוצר יחשב**. תהפוכו' שלכם הזאת אתם יודעים שהוא כחומר היוצר כמו שאין החומר יכול לומר לעושהו לא עשאני כך אינכם יכולים לומר שאיני מבין מעשיכם: **אם כחומר וגו'**. ל' תמיה הוא ויש תמיהות המתקיימות: **לעושהו**. כמו על עושהו ודוגמתו ואמר פרעה לבני ישראל (שמות י"ד) פן יאמרו לי אשה הרגתהו (שופטים י"ד): **ויצר אמר ליוצרו לא הבין**. אמר על יוצרו לא הבין מה ביצרי והלא הוא בנה את המטמוניות והחדרים

רד"ק

להם הרעה תאבד חכמתם שלא יהיה להם עצה ותחבולה להנצל ממנה ולא תועיל להם אז חכמתם: (טו) הוי המעמיקים. מעמיקים במחשבתם להסתיר עצתם מהאל כלומר כי הם חושבים כי ה' אינו משגיח בעניני הארץ לפיכך עושים כל רצונם כי אומרים כי אין רואה ואין יודע ופי' במחשך כאלו מעשיהם במקום חשך כנגד בני אדם שאין רואים אותם כן חושבים כי כל מעשיהם בסתר ובגלוי לא יראם האל ות"י במהשך כדבקבלא: לסתיר. כמו להסתיר: (טז) **הפככם אם**. כענין אמת כמו ואם בריאה יברא ה' ואם ללצים הוא יליץ והדומים להם שפירשתי אותם כך בספר מכלל בחלק הדקדוק ממנו. **אמר באמת הפככם נקל בעיני כחומר היוצר יחשב לפני. כמו היוצר שהחומר בידו שיעשה ממנו כלי אחד ואחר כך שב לעשות כלי אחר כאשר ישר בעיני היוצר כן נקל הפככם** בידי כי אתם בידי כמו החומר ביד היוצר והיאך אתם אומרים כי אינני רואה מעשיכם: **כי יאמר מעשה לעושהו**. בתמיה וכי יאמר מעשה לעושהו לא עשאני וכזה לו להפוך אותי מכלי אל כלי וכפל הדבר במ"ש ואמר ויצר אמר ליוצרו לא הבין: ויצר.

אבן עזרא

יכינו על כן אחריו ואבדה ויש אומר שהוא כמו עושה פלא ולפי דעתי שעושה פלא כזה: (טו) **הוי המעמיקים**. בעומק לבם. נפתח למ"ד לסתיר להסרון ה"א הבנין כמו למיד: (טז) **הפככם**. והנה הפך האמת: **אם כחומר היוצר יחשב**. האדם: **ויצר**. מגזרת יוצר יאמר בעבור

מצודת ציון

(טו) המעמיקים. מל' עומק: לסתיר. כמו להסתיר: (טז) הפככם. מלשון הפוך ור"ל הפך היוצר: אם. באמת וכן אם בריאה יברא (במדבר ט"ז): כחומר. כטיט: היוצר. כן נקרא אומן הכלים: כי יאמר. שמא יאמר: לעושהו. על עושהו וכן אמרי לי אחי (בראשית י"ג) והדומים: ויצר. הכלי הנעשה

מצודת דוד

ונסתר בינת הנבונים ר"ל לא יוכלו להתחכם להמלט מהרעה הבאה: (טו) הוי המעמיקים מה'. אמר הנביא יש להתאונן על העם החושבים להסתיר עצתם מה' במעמקי הלב כי יאמרו אין האל יודע מחשבות האדם: והיה במחשך מעשיהם. כל מעשיהם הרעים יעשו בחשך להסתתר מבני אדם ויאמרו מי רואה אותנו ומי יודע מעשינו הואיל ונעשה בחושך אבל לא יראו מה': (טז) הפככם. תהפוכות שלכם באמת כמו החומ' של היוצ' ר"ל כמו שהיוצר יודע מה בחומר כן נגלה אלי כל מחשבותיכם: כי יאמר. שמא יאמר דבר הנעשה על מי שעשה אותו הנה הוא לא עשני: ויצר. וכי הכלי הנעשה מהיוצר יאמ' על היוצ' הוא לא הבין יצירת

geniuses will be hidden; i.e., without clear knowledge of the Torah, their understanding will be of no use.

15. **Woe to those who think deeply**—To those who think in the depths of their heart.—[*Ibn Ezra*]

There were people who denied that God knows everything people do and supervises the world. They, therefore, did anything they desired.—[*Redak*]

to hide counsel—Heb. לַסְתִּר, equivalent to לְהַסְתִּיר.—[*Rashi, Redak*] The 'lammed' voweled with a 'pattah,' is equivalent to the 'he' of the 'hiph'il' conjugation.—[*Ibn Ezra*]

and their deeds are in the dark—*Jonathan* renders: Their deeds are like in the dark; i.e. they believe that, just as the earthly creatures cannot see in the dark, so can the Almighty not see the deeds of human beings. —[*Redak*]

16. **Shall your perversion be regarded like the potter's clay**—Heb. הַפְכְּכֶם, *Your perversions. Do you know this, that it is like the potter's*

and the understanding of his geniuses shall be hidden. 15. Woe to those who think deeply to hide counsel from the Lord, and their deeds are in the dark. And they said, "Who sees us and who knows us?" 16. Shall your perversion be regarded like the potter's clay? Shall the thing made say of him who made it, "He did not make me," and the impulse

plagues obscure (וְהִפְלָא)," *whereas here are two obscurities.*—[*Rashi.* See *Lam. Rabbah* 1:37, *Yalkut Shimoni* ad loc. with variations]

Rashi finds difficulty in the word יוֹסִף, which is the third person future. He, therefore, inserts, "am He Who." *Redak* explains this as the present tense, יוֹסִף being the equivalent to יוֹסֵף. *Ibn Ezra,* too, quotes this view.

obscurity upon obscurity—This translation follows *Rashi. Redak,* however, renders: Behold I continue to perform marvels upon this people, a marvel upon a marvel. I will bring such catastrophes upon them that everyone will marvel about them.

and the wisdom of his wise men shall be lost—In exile and wanderings their wisdom will be lost, for all their wisdom is only to do evil. Alternatively, their wisdom will be lost because, when evil befalls them, they will not know how to extricate themselves therefrom, thus revealing their lack of wisdom.—[*Redak*]

Rabbi Joseph Kara explains the entire section from verse 9 as referring to our times, when prophecy has been sealed, and no one knows the time of the ultimate redemption. The spirit of deep sleep and the closing of the eyes of the prophets denote the obscurement of prophecy. Even Daniel, to whom the End was revealed, was admonished, "(12:4) Obscure the matters and seal the book, until the time of the end." From now on, if we ask one who is learned to tell us when the end will be, he will reply that the book is sealed. Surely, if we ask one who is unlearned, he will reply that he never learned. The prophet proceeds to delineate the reason for this obscurement. He quotes the Almighty, Who castigates the people for their insincerity in their performance of the commandments. Because of this, not only will the prophecy be sealed, but even the wisdom that was revealed to the wise men, will be lost. There will be obscurity upon obscurity, and the wisdom of the wise men, the Torah that they learned from their teachers, shall be lost. Before the Messianic era, it will be impossible to know the halachah clearly. The geniuses, who are capable of understanding matters thoroughly and drawing conclusions from their knowledge, will serve no purpose. Since they will not know the material thoroughly, their talent to draw conclusions will be of no avail. Therefore, the prophet says that the wisdom of the wise shall be lost, i.e. the wisdom they possessed, and the understanding of the

אמר ליצרו לא הבין: יז הלא־עוד מעט
מזער ושב לבנון לכרמל והכרמל ליער
יחשב: יח ושמעו ביום־ההוא החרשים
דברי־ספר ומאפל ומחשך עיני עורים

ובריתא דתימר לבריהא
לא חכימתא לי: יז הלא
עוד ציבחר כזעיר
ויתוב לבנן למהוי
כברמלא וכרמלא
קרוין סגיאין יתיב:
יח וישמעון בעדנא
ההיא דכחרשין מלי

רש"י

והמחשבות: (יז) **הלא עוד מעט.** בימים מועטין נקל בעיני אם תשובו אלי: **ושב לבנון.** שהוא יער עצים להיות כרמל וישוב שדות וכרמים: **והכרמל ליער יחשב.** ת"י קירוין סגיאין יתיב. ואגדה בבראשית רבה חורשין דבר אינש ישוב ערי' ובני אדם רצוף ומלא כיער הזה שהוא מלא עצים: (יח) **ושמעו ביום ההוא וגו'.** ותיבטל הקללה האמורה למעלה כי נסך ה' עליכם וגו' ותהי לכם חזות הכל

מהר"י קרא

וכן וישאלו אנשי המקום לאשתו: (יז) הלא עוד מעט מזער. בימים מועטים אם תשוב אלי נקל בעיני. ושב לבנון. שהוא יער עצים. להיות כרמל. יישוב שדות וכרמים. כרמל. כר מלא תבואה: והכרמל ליער יחשב. תירגם יונתן קירוין סגיאין יתיב. ואגדה דבראשית רבא. חורשין דבר אינשי יישוב של בני אדם יישוב ערים ובני אדם רצוף ומלא כיער זה שהוא מלא עצים: (יח) ושמעו ביום ההוא החרשים דברי ספר. ותיבטל הקללה הכתובה למעלה. (לכן) [ותהי לכם] חזות הכל וגו' ואבדה חכמת חכמיו וגו' כי נסך [עליכם] ה' רוח תרדמה: מדרש רבותינו. הוי המעמיקים [מה'] לסתיר עצה. [אמר ר'] לוי לארטקטקום שבנה את המדינה חדרים חדרים לאחר זמן [נעשה] גובה והיו בני המדינה מפנין בתוכם [וכו'] כך הוי המעמיקים מה' אתמהא. והיה במחשך מעשיהם. הפככם אם כחומר היוצר יחשב. מדמים צורה ליוצרה נטיעת לנוטעת. הלא עוד מעט מזער ושב לבנון לכרמל לבית מלכות. והכרמל ליער יחשב חורשין דבר אינשי. ושמעו ביום ההוא

אבן עזרא

יוצרו לא יבין והנה הלמ"ד כלמ"ד אמרי לי: (יז) **הלא.** **מעט.** בימים: **ושב לבנון.** שהוא נותן פרי יותר מהכרמל: **והכרמל.** והכרמל כיער וזה הטעם על רעבונם: (יח) **ושמעו.** אז יבינו דברי הנבואה ולא יראו אלה העורים

רד"ק

הוא שם לכלי הנוצר ביד היוצר. ולמ"ד לעושהו ליוצרו במקום בעבור כלמ"ד אמרי לי: (יז) הלא עוד. הלא עוד במעט זמן תראו התהפך שאני עושה בכם ואמר מעט מזער כפול ענין בם"ש להמעיט הזמן והנבואה נאמרה בימי אחז ואמר שזה יהיה בקרוב בימי חזקיהו: ושב לבנון לכרמל. לבנון הוא יער הלבנון שיש בו ארזים גבוהים ונשאים: והכרמל. הוא מקום שדות התבואה וכרמים ועצים שפלים וזה המשל אמר על הגאים הרמים שהיו בימי אחז שישובו שפלים בימי חזקיהו עד שלא יהיה להם רשות לדבר ישובו על כרחם לדרך הטובה והכרמל והם השפלים והענוים שהיו בימי אחז ולא היה כח בידם להוכיחם בימי חזקיהו יהיו נשאים כארזי יער הלבנון ויוסיפו בכבוד ובגדולה עד שידמו לארזי הלבנון כמו שאמר ויספו ענוים בה' שמחה: (יח) ושמעו. אותם שהיו חרשים יבואו עתה לשמוע דברי הספר והם היו עורים לראותם כמו שאמר למעלה ותהי לכם חזות הכל כדברי הספר החתום ומאפל ומחשך שיהיה להם ר"ל הצרת תראנה הנבואה שתתקיים שהיו עורים

מצודת דוד

מלאכתי ור"ל כמו שאין זאת כן אין נעלם ממני מחשבותיהם: (יז) הלא עוד מעט, כאומ' ואם תשאלו נו' אם המקום יודע כל המחשבות מדוע לא ישלם לצדיק כצדקו ולרשע רע כרשעתו לזה אמר הלא כמעט מן הזמן אשיב גמול אשר יער הלבנון תהפוך להיות כרמל והכרמל תתהפך להיות נחשב כיער ר"ל אגביה השפלים ואשפיל הגבוהים: (יח) ושמעו ביום וגו'. כאשר יראו שאני משיב גמול אז אף אלו שאטמו אזנם מלשמוע דברי ספר כאלו היו חרשים הנה אז ישמעו דברי ספר: ומאופל ומחושך וגו'. אף מתוך החושך ואף עיני העורים תראינה דברי הספר ר"ל אף אלה שלא אבו לראות דברי הספ' כאלו היו בתוך החושך ואף היו סומים בעיניה'. אז יראו:

מצודת ציון

מיוצר חרש: תבין. מלשון בינה: (יז) מזער. כמו מעט כמו ונשאר שאר מזעיר (לעיל כ"ד) ועם שאמר מעט אמר מזער להורות על המלאות: לבנון. שם יער בארץ ישראל: לכרמל. הוא מקום שדות וכרמים וכן היה מדבר לכרמל (לקמן ל"ב): (יח) דברי ספר. ר"ל ספורי דברי המקום: ומאופל. מל' אפלה

est, which is full of trees.—[*Rashi*] *Mattenoth Kehunnah* (ad loc.) explains this to mean that the land shall become like forests planted by people, laid out in an orderly fashion, not like wild forests, which grow haphazardly.

Redak explains that the Lebanon, the home of the tall and lofty cedars, symbolizes the proud and haughty people of Ahaz' time. During Hezekiah's reign, they will lose their prestige and, perforce, become 'fruitful fields,' fruitful, productive members of the kingdom. The fruitful field symbolizes the humble people in Ahaz' time, who had no power to protest against the proud and haughty. In Hezekiah's time, they will be elevated to the position of the trees of the forest. They will be honored and respected, as symbolized by the cedars of the Lebanon.

18. **And on that day . . . shall hear etc.**—*And the curse stated above* (v. 10–14): *"For the Lord has poured upon you etc. . . . And the vision of everything has been to you etc. . . . And the wisdom of his wise men shall*

say to the One Who formed it, "He does not understand"?
17. Indeed, in a short time, the Lebanon shall be turned into a
fruitful field, and the fruitful field shall be regarded as a forest.
18. And on that day the deaf shall hear the words of the book,
and out of the obscurity and out of darkness shall the eyes of
the blind see.

clay? Just as the clay cannot say of its maker, "He did not make me," so you cannot say that I do not understand your deeds.—[*Rashi*]

Shall . . . like the potter's clay etc.—*This is an expression of a question, but there are questions to be answered in the affirmative.*—[*Rashi*] Since the prophet's questions are usually rhetorical, the replies to which are negative, *Rashi* explains that this question warrants an affirmative reply.

Redak renders אִם as 'indeed,' making it a declarative sentence, and thus avoiding the rhetorical question. He renders the verse as follows: Changing you is indeed regarded as the potter's clay. Just as the potter forms a vessel out of clay and then changes it into another vessel if he so chooses, so can I change you. Now, then, can you say that I did not make you?

of him who made it—Heb. לְעֹשֵׂהוּ, lit. to him who made it. *Like* עַל עֹשֵׂהוּ. *Comp.* "(Ex. 14:3) *And Pharaoh shall say of the children of Israel* (וְלִבְנֵי יִשְׂרָאֵל)." "(Jud. 9:54) *Lest they say of me* (לִי), *'A woman killed him.'*"—[*Rashi*]

Shall the thing made say of him who made it—This is a question. Shall the thing made say of him who made it, "He did not make me and has, therefore, no power to change me from one form to another"?—[*Redak*]

and the impulse say concerning the One Who formed it, "He does not understand"?—*Did he say concerning the One Who formed it, "He does not understand what is in my impulse"? Did He not build the hidden recesses, the inner chambers, and the thoughts?*—[*Rashi*]

Others interpret this as part of the parable. Or shall the formed object say of its potter, "He does not understand"?—[*Redak*] Just as this is impossible, so are your thoughts not hidden from Me.—[*Mezudath David*]

17. **Indeed, in a short time**—*In a few days, it is easy in My eyes, if you return to Me*—

the Lebanon shall be turned—*The Lebanon, which is a forest of trees, shall be turned into a 'karmel,' a settlement of fields and vineyards.*—[*Rashi*] This is interpreted by *Gen. Rabbah* (24:1) as the royal palace. This probably alludes to the enhanced position of the kingdom in the days of Hezekiah.

and the fruitful field shall be regarded as a forest—*Jonathan renders: It shall be populated by large cities. And the Aggadah in Gen. Rabbah* (ibid.) explains it as *forests of people, a settlement of cities and people, crowded and full like this for-*

תִּרְאֶינָה׃ יט וְיָסְפוּ עֲנָוִים בַּיהוָה שִׂמְחָה
וְאֶבְיוֹנֵי אָדָם בִּקְדוֹשׁ יִשְׂרָאֵל יָגִילוּ׃
כ כִּי־אָפֵס עָרִיץ וְכָלָה לֵץ וְנִכְרְתוּ כָּל־
שֹׁקְדֵי אָוֶן׃ כא מַחֲטִיאֵי אָדָם בְּדָבָר
וְלַמּוֹכִיחַ בַּשַּׁעַר יְקֹשׁוּן וַיַּטּוּ בַתֹּהוּ
צַדִּיק׃ כב לָכֵן כֹּה־אָמַר יְהוָה אֶל־בֵּית

יעקב

ת״א בית יעקב. סנהדרין יט זוהר אחרי:

תרגום

סְפַר וּמְקַבֵּיל וּמְחַשֵּׁיךְ
עֵינֵי סָכַן יֶחֶזְיָן׃
יט וְיוֹסְפוּן מְקַבְּלֵי עוּלְבַן
בְּמֵימְרָא דַייָ חֶדְוָא
וְחַשִׁיכֵי בְּנֵי אֱנָשָׁא
בְּמֵימַר קַדִּישָׁא דְיִשְׂרָאֵל
יְבוּעוּן׃ כ אֲרֵי סָף מְעִיקָא
וְאִשְׁתֵּיצֵי בְזָזָא וְסָפוּ כָּל
דַהֲווֹ מְשַׁחֲרִין לְמֵינַס׃
כא מְחַיְבִין בְּנֵי אֱנָשָׁא
בְּמִלֵּיהוֹן וְלִדְמוֹכַח לְהוֹן
בֵּית דִּינָא בְּתַרְעָא
פִּתְגָמֵי אוֹרַיְתָא בָּעַן לֵיהּ
תַּקְלָא וְאַסְטִיאוּ בְּשִׁקַר דִּין זַכָּאִין׃ כב בְּכֵן כִּדְנַן אֲמַר יְיָ עַל בֵּית יַעֲקֹב דִּפְרִיק יָת אַבְרָהָם לָא

מהר״י קרא

החרשים [דברי ספר]. זה ספר תולדות אדם: (יט) ויספו ענוים בה׳ שמחה. ור׳ מנחם אחי אבא פירש. התמהמהו ותמהו וגו׳. כי נסך [עליכם] ה׳ רוח תרדמה ויעצם את עיניכם. כשהיה ישעיה מתנבא אליהם על ביאת נבוכדנצר שעתיד להחריב ירושלם היו חכמים שבהם מנשאים את עצמם לומר אם יבואו שונאים לירושלם יש בידינו להקיפה מי נהר גדול שלא יכנסו לה אויבים. כיון שגרמו עונות ונכנסו אויבים לירושלם מה עשה הקב״ה החליף שרים של מעלה שר שהיה ממונה תחילה על האש מנהו על המים ומי שהיה ממונה על המים מנהו על האש. כיון שהיה משביע שר שהיה ממונה על המים (עד) עכשיו היה משיב ואומר לו אינו שלי. וכן כל אחד ואחד אומנתו וזהו ואבדה חכמת חכמיו: (כ) כל שוקדי און. כל רואי און:

רש״י

ואבדה חכמת חכמיו: (יט) ענוים. הבלגים שסבלו עולו של הקב״ה וגזרותיו: (כ) כל שוקדי און. השוקדים ומתבוננים היאך יפעלו און: (כא) מחטיאי אדם בדבר. הם נביאי השקר: ולמוכיח בשער יקשון. ולדמוכח להון בען ליה תקלא ל׳ מוקש: ויטו בתהו צדיק. ואסטיאו

רד״ק

בה כשהיה מוכיחם הנביא: (יט) ויספו. הם יהיו בצרה והענוים יוסיפו לשמוח בהשם שהיו מאמינים בו קודם בא הצרה עתה יוסיפו לשמוח כשיראו שתתקיים להם הנבואה ולרשעים הצרה ולהם הרוחה והכבוד וכפל הענין במ״ש ואמר ואביוני אדם כלומר האביונים שבאדם שהיו בירושלם והם הענוים: (כ) כי אפס. ישמחו ויגילו כשיראו אפיסת העריצים והלצי׳ ושקדי און שהם לא הי׳ להם רשות לדבר לפניהם ולא להוכיחם כשיראו בפורענותם יגילו כמו שאמר באבוד רשעים רנה. פי׳ שוקדי און מתעסקים ומהירים אל האון ומתכוונים תמיד איך יעלו אותם: (כא) מחטיאי. כשאדם מוכיחם בדברים חושבים הדבר עליו לחטא כאלו הכה אותם וכן ולמוכיח בשער יקושון מי שמוכיחם בשער כלומר ברבים כדי שיוסרו ישימו לו מום ויכשילוהו בדרכיו כלומר יזמינו לו כל רע וילשינו עליו למלך ומטים הצדיק בתהו והבל ות״י ואסטיאו בשקר דין זכאין: יקושון. מנחי העי״ן והוא מענין מוקש ויהיה יקש וקוש בענין אחד וכת״י בען ליה תקלא ויש לפרש יקושון מענין קש ומשרשו שהוא שרש קשש וכן התקוששו וקושו מן לקושש קש כי כמו שמקושש עצים או קשים לוקט מכאן ומכאן ואוסף יחד כן מחרף האדם מלקט מומיו מזה ומזה ואומרן לו. כן הם עושים מי שמוכיחים אומרים לו חרפה ונדופין מלקטים ואומרים לו הלא אתה עשית כך וכך במקום פלוני או בזמן פלוני ועוד עשית כך ואיך תעשה עצמך מוכיח: (כב) לכן. אל בית יעקב אשר פדה את אברהם. פי׳ הפסוק כן ה׳ אשר פדה את אברהם

אבן עזרא

כי אם אחר שיהיו באופל: (יט) ויספו. הצדיקים ימלטו כי ערי יהודה הבצורות נתפשו כי נכרתו שופטי אחז כאשר פירשתי למעלה: (כ) כי אפס. תם כמו כי אפס כסף: כל שוקדי און. כמו לשקוד על דלתותי: (כא) מחטיאי. ישמרו דברי אדם ויחטיאוהו כדי להענישו או יהטיאו אחרים בדבריהם: יקושון. מגזרת מוקש ור׳ משה הכהן אמר כי הם יוכיחו המוכיח מגזרת התקוששו וקושו ואמר כי היה השי״ן ראוי להדגש: (כב) לכן. אשר פדה את אברהם.

מצודת ציון

ותוכן: (יט) ואביוני. מלשון אביון ודל ע״ש שתאב לכל דבר כי הכל נחסר לו: (כ) אפס. ענין כליון כמו אפס כסף (בראשית מ״ז): עריץ. חזק ר״ל חזק ברשע: שוקדי. ענין המהירות והשתדלות כמו שקדו ושמרו (עזרא ח׳): און. ענין דבר שאינו הגון: (כא) יקושון. מלשון מוקש: בתוהו. ענין דבר שאין בו ממש (דברי׳ כ״ה):

מצודת דוד

(יט) ויספו. אז יוסיפו הענוים לשמוח במה שבטחו בה׳ מאז כי יראו שלא נאבדה תקותם: ואביוני אדם. האביונים שבבני אדם יגילו במה שבטחו בקדוש ישראל וכפל הדבר במ״ש: (כ) כי אפס עריץ. כי אז יכלה כל עריץ וכלה לץ ויכרתו כל הממהרים לעשות און: (כא) מחטיאי וגו׳. חוזר על מלת ונכרתו האמור במקרא שלפניו לומר שגם יכרתו אותם שהיו מחטיאים בני אדם בדבר שפתים והם נביאי השקר: ולמוכיח. גם יכרתו אותם שהיו מכינים מוקש למי שהיה מוכיח בשער מקום מושב השופטים כמ״ש ועלתה יבמתו השערה (דברי׳ כ״ה): ויטו וגו׳. גם יכרתו אותם שהיו מתעים את הצדיק מצדקתו בדברי תוהו: (כב) לכן. הואיל ונעשה הדבר הזה: אשר

Those who hurry and give thought how they will commit violence.—[*Rashi*]

21. **Those who cause man to sin by a word**—*They are the false prophets.*—[*Rashi*] I.e. by claiming to be prophets, they mislead the public. Thus, by their speech, they cause

19. And those who suffered shall increase their joy in the Lord, and the impoverished people shall rejoice in the Holy One of Israel. 20. For the tyrants have ended and the scornful have been destroyed, and all those eager to commit violence shall be cut off. 21. Those who cause man to sin by a word, and him who reproves in the gate they trap, and they mislead the righteous through fraud. 22. Therefore, so said the Lord to the House of Jacob,

be lost," shall be repealed.—[*Rashi*]

Those who were deaf will now come to hear the words of the book; i.e. the prophecy will no longer be to them as the words of a sealed book, and out of the darkness of the troubles and exile, their eyes will witness the fulfillment of the prophecy.—[*Redak*]

Ibn Ezra explains verses 17 and 18 as referring to the famine in Judah in the time of Hezekiah, probably due to the siege. God announces that the Lebanon, which yields more fruit than the Karmel, will become like the Karmel, and the Karmel will become like a forest, yielding even less food. Then, those blind men will not see until they have already been in darkness. See next verse.

19. **And those who suffered**—*The suffering ones, who bore the yoke of the Holy One, blessed be He, and His decrees.*—[*Rashi*] *Rashi,* following *Targum Jonathan,* explains עֲנָוִים, derived from the root ענה, *to afflict,* as 'sufferers,' unlike the usual, closely related translation of 'humble.'

shall increase their joy—The wicked will be in distress, but those who bore the yoke of God, who believed in Him before the troubles, will increase their joy in Him when they see the prophecy fulfilled; for the wicked the distress and for them relief and honor. The latter half of the verse is a repetition of the former. The impoverished people were those who suffered, who bore God's yoke.—[*Redak*]

Ibn Ezra explains that the righteous will rejoice when the cities of Judah will be captured by the Assyrians and the judges of Ahaz will be no more. He refers to 1:26, where he mentions that Hezekiah will appoint upright judges instead of the wicked ones appointed by Ahaz.

impoverished people—lit. paupers of man.

20. **For the tyrants have ended**—The righteous will rejoice when the tyrants, the scornful, and those eager to commit violence have been destroyed, for they had no power to reprove them. When they see that the wicked receive their just deserts, they will rejoice.—[*Redak*]

those eager to commit violence—

יַעֲקֹב אֲשֶׁר פָּדָה אֶת־אַבְרָהָם לֹא־
עַתָּה יֵבוֹשׁ יַעֲקֹב וְלֹא עַתָּה פָּנָיו יֶחֱוָרוּ׃
כג כִּי בִרְאֹתוֹ יְלָדָיו מַעֲשֵׂה יָדַי בְּקִרְבּוֹ
יַקְדִּישׁוּ שְׁמִי וְהִקְדִּישׁוּ אֶת־קְדוֹשׁ
יַעֲקֹב וְאֶת־אֱלֹהֵי יִשְׂרָאֵל יַעֲרִיצוּ׃
כד וְיָדְעוּ תֹעֵי־רוּחַ בִּינָה וְרוֹגְנִים יִלְמְדוּ־
לֶקַח

ת"א אלהי ישראל. מגלה יז (ברכות ה):

זכון יבהתון דבית
יעקב ולא כען אפיהון
שתנון׃ כג ארי במחזוהי
גבורן דאעביד לבנוהי
טבות אברהם לזרעיה
בתרוהי על ארעהון
ביניהון יקדשון שמי
ויימרון קדיש על
קדישא דיעקב ועל
אלהא דישראל יימרון
תקיף׃ כד וידעון דלא
אליפו רוח דסוכלתנו
ודהוו אמרין לית כל

רש"י

בשקר דין זכאין: (כב) אשר פדה את אברהם. מאור כשדים: לא עתה יבוש יעקב. מאביו: ולא עתה פניו יחורו. מאבי אביו שאין נמצא פסול במטתו ומטתו שלימה: (כג) כי בראותו ילדיו. אשר יהיו מעשי ידי כלומר צדיקים בקרבו כי בראותו בקרבו אשר ילדיו מעשה ידי יקדישו שמי כגון חנניה מישאל ועזריה לכך לא יחורו פניו: (כד) ורוגנים ילמדו לקח. ל' ותרגנו באהליכם (דברים

מהר"י קרא

(כד) וידעו תועי רוח בינה. אותם הנזכרים למעלה ואבדת חכמת חכמיו: ורוגנים. כמו ותרגנו באהליכם. כלומר אתם מתרעמין על הקב"ה:

אבן עזרא

והוציאו מבין הרשעים: יחורו. ילבינו וזאת הלשון ידועה בארמית: (כג) כי בראותו ילדיו. והטוב שאני עושה עם הטובים: יקדישו שמי. יעריצו. ייראו אחרים או הוא פועל עומד אחר שהזכיר יעקב אמר על דרך משל כי אילו היה חי ויראה הילדים הטובים והפלא שאעשה עמם היה הוא עם בניו מקדשים שמי כי אני הייתי קדוש יעקב: (כד) וידעו. ורוגנים. כמו ותרגנו באהליכם והם הפך הלומדים:

רד"ק

אמר אל בית יעקב שלא יבוש יעקב. והענין כי כולם בני יעקב וכאשר יש בהם אנשים רשעים הרי יעקב אביהם כאלו בוש ממעשיהם אלו היה חי כאדם שהוא צדיק שיצא בנו לתרבות רעה שהוא בוש ונכלם ממעשיו. וטעם אשר פדה את אברהם כי כמו שהיה אברהם אבינו דר בין רשעים ופדה ה' אותו מידם והוציאו מארצם כן היו הענוים שזכר למעלה בין הרשעים ולא היה בידם יכולת להחזיק בדרכי ה' בפרהסיא אמר עתה יבא זמן וזהו בימי חזקיהו שיחזיקו בגלוי בדרכי ה'. והקדישו קדוש יעקב. והם יקראו בית יעקב באמת ולא יבוש יעקב ממעשיהם אלא ישמח ממעשה ילדיו בימי חזקיהו שישובו לדרך טובה ויכלו הרשעים במלחמות שקדמו ואותם שישארו מהם שלמדו ממעשיהם ולא היו רשעים כהם אותם שהיו תועי רוח ורעים ישובו לדרך טובה ולא יבוש יעקב ממעשיהם אלו היה חי: פניו יחורו. יתלבנו מתרגם לבן חיור והבוש יתלבנו פניו וכן בדברי רז"ל המלבין פני חברו ברבים: (כג) כי בראותו. פי' בראות יעקב. ילדיו שהם ילדיו ובניו באמת בלכתם בדרך הטובה ובראותו מעשה ידיו בקרבו והוא מה שאעשה במחנה אשור הבא בארצו ובראותו כי יקדישו ילדיו שמי על הנס הגדול: והקדישו את קדוש יעקב. שיאמרו בהקדישם שמו קדוש יעקב ואלהי ישראל שהוא אביהם אז לא יבוש יעקב אבל ישמח וכל זה דרך משל כמו שפירשנו ופי' יעריצו יתנו לו בתהלתם הכח והמערצה שהכם במחנה אשור בלילה מאה ושמונים וחמשה אלף ולא הועילה להם גבורתם וכחם ורוב חילם ומה שסמך קדושת האל ליעקב בכל מקום לא עשה כן לשאר האבות כמ"ש קדוש יעקב ואמר כי כה אמר ה' צבאות קדוש ישראל אביר יעקב ואמר קדוש ישראל מושיעך ואמר גאלך' קדוש ישראל ואמר קדוש ישראל ויוצרו ואמר גואל ישראל קדושו ואע"פ שמקצת' יש לפרש על כלל ישראל מ"מ יש בהם שאין להם דרך לפרש' אלא על יעקב עצמו. ואמר זה לפי שיעקב ראה קדושת האל במראה הנבואה במחזה סולם מוצב ארצה וראשו מגיע השמימה: (כד) וידעו. אותם שהיו תועי רוח מתחלה בראותם הנס הגדול הזה ידעו בינה כלומר יתבוננו במעשה האל וידעו כי הוא משגיח במעשה האדם וידעו כי כל אשר היו אומרים להם הנביאים נביאי השם היה אמת וכפל הענין במ"ש ואמר ורוגנים הם תועי רוח ולקח הוא

מצודת דוד

פדה. ר"ל ה' אשר פדה את אברהם מאור כשדים כשנשלך לכבשן האש: לא עתה יבוש יעקב. כי כשאין ישראל עושים רצון המקום הוא כאלו יעקב אבינו בוש בדבר ולכן אמר מעתה לא יבוש יעקב: פניו יחורו. כפל הדבר במ"ש: (כג) כי בראותו וגו'. סרס המקרא כמו כי בראותו בקרבו וגו' ר"ל לזה לא יבוש כי בראותו בקרבו ילדיו מעשה ידי ר"ל צדיקים וכשרים אשר המה יקדישו שמי: והקדישו וגו'. כפל הדבר לחזוק: יעריצו. ישבחו לומר שהחוזק בידו: (כד) תועי רוח. אפי' התועים ברוחם לבלי דעת אותי ידעו אז בינה: ורוגנים. הלומדים בתלונה ותרעומות יעזבו דרכם וילמדו

מצודת ציון

ממש כמו והארץ היתה תוהו (בראשית א'): (כב) פדה. מלשון פדיון וגאולה: יחורו. תרגום של לבן הוא חיור והוא ענין בושה כי המתביישים יתלבנו פניו: (כג) בקרבו. ר"ל בקרב זרעו: יעריצו. ענין חוזק: (כד) תועי. ענין בלבול הדעת והושאל מההולך מדרך הישר אל דרך המעוקם: ורוגנים. ענין תלונה ותרעומות כמו ותרגנו באהליכם (דברים א'):

that the pain caused by the strife between Joseph and his brothers, and the exile to Egypt were spared him. Hence, Jacob, so to speak, redeemed Abraham, who should have begotten the twelve tribes.

Therefore, Jacob need not be ashamed of Abraham, since he begot Abraham's children. [*Rif* on *Ain Yaakov San.* 19b]

23. **For, when he sees his children**—*who will be the work of My*

Who redeemed Abraham, "Now Jacob shall not be ashamed, and now his face shall not pale. 23. For, when he sees his children, the work of My hands, in his midst, who shall hallow My name, and they shall hallow the Holy One of Jacob, and the God of Israel they shall revere. 24. And those of straying spirit shall know understanding, and grumblers shall learn instruction.

people to sin. *Redak* renders: Those who make man a sinner through a word. I.e. they consider anyone who reproves them as a sinner, as though he had struck them physically.—[*Redak*]

Ibn Ezra explains that they scrutinize a person's words and accuse him of sinning, in order to see him punished.

and him who reproves in the gate they trap—Heb. יְקֹשׁוּן *Jonathan* renders: *And for the one who reproves them, they seek for him a stumbling-block,* יְקֹשׁוּן *is an expression related to* מוֹקֵשׁ, *a trap.*—[*Rashi*]

Alternatively, this can be taken to mean: And him who reproves in the gate, they reprove. In that case, it would be derived from: "(Zephaniah 2:1) Be reproved and reprove (הִתְקוֹשְׁשׁוּ וָקוֹשׁוּ)."—[*Ibn Ezra* quoting R. Moshe Hakohen]

Others explain the latter verse to mean: Assemble and gather. Here too, they explain: And for him who reproves in the gate, they gather faults. I.e. they gather all the faults they hear from everyone and humiliate him with them.—[*Redak*]

and they mislead the righteous through fraud—*And they pervert with fraud the cause of the just.*—[*Rashi* from *Jonathan*]

22. **to the House of Jacob, Who redeemed Abraham**—This should be understood as: So said the Lord, Who redeemed Abraham, to the House of Jacob.—[*Redak*]

Who redeemed Abraham—*from Ur of the Chaldees.*—[*Rashi*]

"Now Jacob shall not be ashamed—*of his father.*—[*Rashi* from *Sanhedrin* 19b

and now his face shall not pale—*because of his father's father, for no imperfection has been found in his bed, and his bed is perfect.*—[*Rashi*] I.e. Jacob will have no reason to be ashamed of his forefathers, because his children are all followers of God's word. Although Abraham and Isaac both begot children who were not Jews—Abraham begot Ishmael and the children of Keturah, and Isaac begot Esau, Jacob need not be ashamed of them, since all *his* are righteous, and they are descended from Abraham and Isaac. The Rabbis base this on their interpretation of: "who redeemed Abraham." Actually, Abraham was worthy of begetting the forebears of the twelve tribes. Jacob, however, redeemed him from the pains of rearing a family. *Rashi* explains that the task of rearing twelve sons was spared Abraham. *Tosafoth* explains

לקח:
ל א הוי בנים סוררים נאם-
יהוה לעשות עצה ולא מני ולנסך
מסכה ולא רוחי למען ספות חטאת
על-חטאת: ב ההלכים לרדת מצרים
ופי לא שאלו לעוז במעוז פרעה
ולחסות

תרגום

אלין יקבלון אולפן:
א ני בניא מרודיא אמר
יי למעבד עצה ולא
ממימרי ולאתמלכא
מלך ולא שאלין בנביי
בדיל לאוספא חובין
על חובי נפשהון:
ב דאזלין למיחת
למצרים ובפתגמי נביי
לא שאילו לאתקפא
בתקוף פרעה

רש"י

א') אותם שהיו מתאוננים ונרגנים על דברי הנביאים ילמדו לקח:

ל (א) סוררים. סרים מן הדרך: ולנסוך מסכה. להמשיל עליהם מושל ולא רוחי ודעתי בדבר ומהו הנסוך הוא פרע': (ב) ההולכים לרדת מצרים. על הושע בן אלה אשר שלח מלאכים אל סוא מלך מצרים (מלכי' ב' י"ז): לרדת מצרים. ארץ ישראל גבוהה מכל הארצות. ד"א ירידה היא להם: ולחסות. להתכסות (אבריאי"ר

מהר"י קרא

ל (א) למען ספות חטאת על חטאת. אחת שהולכין לרדת מצרים בדרך שאמרתי לא תוסיפו לראותם. ועוד שמניחים אותי ושמים בטחונם במשענת קנה הרצוץ הזה על מצרים: (ב) לרדת מצרים. זה הושע בן אלה אשר שלח

אבן עזרא

ל (א) הוי. אוי לבנים הסוררים: ולא מני. ולא ממני וכן שעו מני: ולנסוך מסכה. כמו והמסכה והטעם משל על העצה: ולא מרוחי. הטעם מנבואתי: (ב) ההולכים. והנה פירש הכתוב למעלה. לא השתנה מ"ם

רד"ק

התורה כמו כי לקח טוב נתתי לכם תורתי אל תעזובו:

(א) הוי בנים סוררים. הנה אמר בתחלת הספר שישעיהו נבא בימי עוזיהו יותם אחז ולא ראינו במלכים אלה שבקשו עזר ממצרים כמ"ש באלה הפרשיות והוכיחם בזה ואם נאמר כי נתנבא על דור צדקיהו שהיה אח"כ ואמר עליהם הוי שישלחו למצרים לעזרה וכן עשו. ולא יראה כן לענין הפרשיות שהוא אומר אחרי כן בתשועה שנעשית בימי חזקיהו לפיכך נאמר כי בימי אחז היה זה ואע"פ שלא נכתב זה בספר מלכים ולא בדברי הימים או בימי חזקיהו עצמו שלא היו שרי יהודה טובים כי בהכרח גדול השיבם חזקיהו למוטב והנה מלך אשור עלה על כל ערי יהודה הבצורות ויתפשם ואילו היו טובים לא בא להם כן. וזהו הנכון לפי ענין אלו הפרשיות הסמוכות ומה שאמר בכל פרשה מהם קדוש ישראל לפי שנקדש בישראל בדבר מחנה אשור ואמר הוי בנים סוררים אוי להם לאותם שנקראו בנים כמ"ש בנים אתם לה' אלהיכם אבל הם סוררים כפרה סוררה ונושים מדרך הטובה ועוזבים אביהם שבשמים וכשתבא אליהם צרה לא ישובו אליו ולא יבקשו ממנו עזר אלא מבקשים עזר מאויביהם ובכל אשר הם עושים לא ישאלו פי נביא לשאול את פי ה' על כל מעשיהם אלא עושים בעצת עצמם: ולא מני. והעצה אינה ממני וכפל הענין במ"ש ואמר ולנסוך מסכה: ולא רוחי. לא מרוחי ולא מדברי: ולנסוך מסכה. כמו לעצות עצה כי העצה בסוד ובסתר וכן לנסיך מסכה ענין כסוי וסתר העצה וכת"י ולאתמלכא מלך ולא שאלן בנביי או פי' ולנסוך מסכה שחושבים להתכסות בצל מצרים: למען ספות חטאת על חטאת. לא די להם בעונם ובחטאתם אלא שמוסיפין עליהם חטאת זו שישאלו על פני עזר מאחר שלא ברשותי וזהו מרד גדול העבד באדוניו שנתלה באדון אחר על פניו: (ב) ההולכים. הולכים מארצם לרדת מצרים לבקש להם עזר ואמר לרדת כי ההולך מירושלים הוא יורד:

מצודת דוד

לקח. היא התורה הקרויה לקח טוב כמ"ש כי לקח טוב (משלי ד) וכאומ' ואם כל אלה בהם מדוע אם כן יבוז יעקב מעתה:

ל (א) הוי. אמר הנביא יש להתאונן על ישראל שהמה בנים הסוררים מדרך הטוב במה שעושים עצה ואין העצה היא ממני כ"ל אין אני חפץ בה: ולנסוך מסכה. להתכסות במכסה ולחסות בצלם ואין כלוני בזה: למען ספות. כאלו מעט להם בחטאות שמאז ומפלם להוסיף עליו כי לחטאת תחשב לבקש עזר ממצרים ואת פי ה' לא שאלו: (ב) ההולכים. עתה יפרש מה עשו ואמ' אשר הלכו לרדת למצרים לבקש מהם עזר ולא שאלו פי ה':

מצודת ציון

ל (א) סוררים. ענין נטיה מדרך הישר וכן סורר ומורה (שם כ"א): מני. ממני: ולנסך מסכה. מל' סכך ומכסה כמו והמסכה הנסוכה (לעיל כ"ה): רוחי. ענין רצון כמו הנני נותן בו רוח (לקמן ל"ז): ספות. מלשון תוספת: (ב) לעוז במעוז. ענין

---

instruction—Heb. לֶקַח. This refers to the Torah, as in Prov. 4:2: "For I have given you good instruction; do not forsake My Torah."—[*Redak, Ibn Ezra*]

similar to "(Deut. 1:27) *And you grumbled* (וַתֵּרָגְנוּ) *in your tents.*" *Those who were complaining and grumbling about the words of the prophets shall learn instruction.*—[*Rashi*]

FROM THIS POINT WE WILL COMMENCE WITH ISAIAH, VOLUME TWO

hands, i.e. righteous men, in his midst, for when he sees in his midst that his children, the work of My hands, shall hallow My name, e.g. Hananiah, Mishael, and Azariah (see Dan. 3), therefore, his face shall not pale.—[*Rashi*]

Redak explains the entire passage as follows: Since all Jews are descendants of Jacob, if there are wicked among them, it is as though Jacob is ashamed, as he would be were he alive, for a father is embarrassed if his son abandons the faith.

Who redeemed Abraham—Just as Abraham lived among wicked people, and God redeemed him from among them, so were the sufferers mentioned in v. 19, living among wicked people, and they could not observe God's law in public. The prophet, therefore, announces that now a time will come, in the days of Hezekiah, when they will adhere to God's ways in public and will hallow the Holy One of Israel. Then they will rightfully be called the House of Jacob, for he will not be ashamed of them but will rejoice with them. At this time, all the wicked will perish in the wars, and those who learned from them, but were not as wicked as they, will repent and learn understanding, as in v. 24. Therefore, Jacob will not be ashamed, but, on the contrary, will rejoice with his descendants.

and now his face shall not pale—This is a common expression in the Talmud: הַמַּלְבִּין פְּנֵי חֲבֵרוֹ בָּרַבִּים, *One who embarrasses his friend in public,* lit. whitens his face.—[*Redak*]

23. **For, when he sees his children**—When Jacob sees his children, who are truly his children by following the ways of God.—[*Redak*]

the work of My hands—And when he sees the work of My hands, the destruction of the Assyrian camp.—[*Redak*]

they shall hallow My name—for this great miracle.—[*Redak*]

and they shall hallow the Holy One of Jacob—When they hallow God's name, they will call Him the Holy One of Jacob and the God of Israel. Then, Jacob will not be ashamed but will rejoice. As mentioned above, this is figurative. Jacob's name is mentioned in conjunction with God's holiness, rather than Abraham's or Isaac's, because he experienced the vision of the ladder, in which he witnessed the sanctity of God on the ladder extending from the earth to the heavens.

they shall revere—Heb. יַעֲרִיצוּ. I.e. they shall fear Him. Alternatively, they shall cause others to fear Him.—[*Ibn Ezra*]

Others explain: They shall attribute power to Him.—[*Redak*]

Incidentally, this verse is the origin of the *Kedushah* according to the Sephardic rite נַקְדִּישְׁךָ וְנַעֲרִיצְךָ, *Let us hallow You and revere You.* According to the Ashkenazic rite, it is recited in reverse order at the *Musaf* service of Sabbaths and festive days.

24. **and those of straying spirit**—Those who were previously of straying spirit, when they witness the great miracle of the extinction of the Assyrian camp, will know understanding, i.e. they will understand God's deeds and know of His Providence, that He supervises man's acts. They will realize that all the prophecies of God's prophets were true.—[*Redak*]

and grumblers shall learn instruction—Heb. וְרוֹגְנִים, *an expression*

APPENDIX

1:2

Alternatively, the heaven and earth are called upon to listen to God's admonition of Israel, since the heavens will not bestow their dew, nor the earth its produce if Israel violates the covenant. Since Moses was close to the heavens, he called upon them to give ear. Since he was far from the earth, he called upon it to hear [from a distance]. Isaiah, however, was far from the heavens and near the earth. He, therefore, reversed the expression [*Redak* from aforementioned *Sifrei*].

for the Lord has spoken—I.e. what I am saying now is a message from the Lord, Who complains about His children [*Redak*]. Therefore, hearken to my words [*Metzudath David*].

1:2

Alternatively, I raised them by giving them My Torah, and exalted them by bestowing My presence upon them.—[*Redak* quoting his father.]

1:4

Jonathan, too, renders the verse in this manner, commencing, "Woe is to those who were called a holy people and sinned, a chosen congregation who committed many sins, called beloved seed and did evil, spoken of as beloved children and corrupted their ways . . . *Rabbi Joseph Kara,* too, explains the verse in a similar manner. *Ibn Ezra,* however, explains it as the vocative, like the quotation from Zechariah. Accordingly, the verse should be rendered, Ho, sinful nation! People heavy with iniquity! Seed of evildoers! Corrupt children! It should be noted that *Ibn Ezra* differs with *Rashi* on two other points in this passage. He interprets כֶּבֶד as an adjective in the construct state, *heavy with iniquity,* whereas, according to *Rashi,* it is the substantive, literally rendered as: *a people with the weight of iniquity.* זֶרַע מְרֵעִים is rendered as *seed of evildoers,* thus labeling the fathers as evildoers as well as the children, since both generations had sinned, or it refers to Abraham's forebears, who, like Terah, were idolators.

Redak comments that this may mean that they retrogressed, in a sense, walking away backwards from His worship, or turning their backs toward Him and going away. *Jonathan* interprets this as the punishment for their sins, and renders: *And because of their evil deeds, they turned around and were sent backwards. Abarbanel* sees here an allusion to the northern kingdom, who forsook the holy temple and withdrew from worshipping there in favor of the shrines in Bethel and Dan. As mentioned before, *Abarbanel* theorizes that this prophecy was recited prior to the exile of the ten tribes.

1:5

Others interpret: With the very sins for which you are beaten, you still continue to rebel, until every head is spiritually ill, as is every heart. From the sole of the foot until the head, there is no spiritual soundness . . . Alternatively, on what limbs can you be beaten if you continue to rebel? Every head is ill and every heart is sick . . .—[*Abarbanel*] This alludes to the exile of the ten tribes during the reign of Hoshea the son of Elah. The remaining two tribes of Judah and Benjamin are severely castigated for not taking heed of their punishment and not repenting.—[*Rabbi Joseph Kara*]

1:6

Others render: *They have not been pressed, nor have they been bound* . . . I.e. the pus has not been pressed out to effect the healing, for the wound will not heal as long as pus is inside it. Binding refers to fractures, which must be set and bound in order to heal.—[*Rabbi Joseph Kara, Ibn Ezra.*]

1:7

Alternatively, some of your land will be desolate, some cities razed to the ground, and other parts will be eaten by the enemies.—[*Ibn Ezra*]

1:13

Ibn Ezra renders: *that you proclaim them holy convocations.* He mentions them in conjunction with the sacrifices because of the *musaf* offerings on the Sabbath, the New moon, and the festivals.

1:14

This interpretation is substantiated by *Midrash Tanchuma Buber* (*Pinchas* p. 78): A heathen asked Rabbi Akiva, he said to him, "Why do you keep festivals? Isn't it written, 'Your New Moons and your appointed seasons My soul hates'?" Rabbi Akiva replied, "If he would say, '*My* New Moon and *My* appointed seasons,' I would indeed say so. Scripture, however, only says, '*Your* New Moons and *your* appointed seasons,' because of those festivals instituted by Jeroboam, as it is said; And Jeroboam made a festival . . . (1 Kings 12:32), but these festivals will never be nullified, as it is said: These are My appointed seasons." It is also possible to interpret that the prophet is referring to the New Moons and festivals of the Torah, since they would convert them into revelries, to eat and drink and make merry, and not to mention God's name, but since they are free from work, they would become intoxicated and engage in quarreling.—[*Abarbanel*]

1:18

The Talmud takes this as an allusion to the practice on Yom Kippur of tying a strip of crimson wool, originally to the entrance of the Temple, and later, half on the rock at Azazel, where the goat was impaled, and half between his horns. If the sacrifices and repentance of Israel were acceptable, it would, in fact, turn white (*Shabbath* 9:3; *Yoma* 6:6, 6:8).

1:27

Redak, Rabbi Joseph Kara and *Metzudath David,* connect it with the return from exile. Accordingly, we render: and those who return to her [from exile, will merit their return] through righteousness.

1:28

Ibn Ezra understands this as referring to all the Judean cities that fell to Sennacherib. *Redak* identifies this with Malachi's final prophecy, in which he depicts the retribution in store for the wicked (3:19): *For, behold the sun is coming, burning like a furnace; and all the presumptuous and all who practice wickedness shall become as straw, and the coming sun shall set them ablaze.*

1:28
Abarbanel takes this as referring to the kingdom of Israel, which will be completely destroyed and exiled during the reign of Hoshea son of Elah.

1:29
Rabbi Joseph Kara explains as follows: Since the prophet stated above that the rebels, sinners, and those who forsook God will be destroyed, he goes on to say, "Perhaps you would like to know why they will be punished so severely? I will answer you, that they will be ashamed of the identical elms that *you,* yourselves, desired. Therefore, you too will be humiliated because of the gardens that you have chosen to worship idols.

Redak explains that these three verses (29 ff.) are referring to the destruction of the First Temple and not to the Messianic Era, since Scripture mentions the idols they would worship under the trees, and this type of idolatry was practiced only during the days of the First Temple. Since the prophet predicted the destruction of the rebels and sinners in the Messianic Era, he mentions that the idolators among the Israelites will be destroyed long before that, namely at the time of the destruction of the First Temple, when they will be ashamed to learn that their deities cannot save them from the hands of the enemies.

1:30
Redak, too, explains that since they exchanged God's worship for the trees and the gardens of the pagan deities, they will be punished like these very trees and gardens, in that they will become devoid of all moisture. By comparing them to trees and gardens who lost their moisture, the prophet is predicting that, eventually they will return to their land; just as the treeswhose leaves wilt, eventually grows fresh leaves, and the garden that is devoid of water, eventually is watered, and the roots of the vegetables commence to grow again.

3:1
Ibn Ezra equates this chapter with the preceding one, interpreting it either as an explanation of the "cedars and the mountains," or as an explanation of "the man whose breath is in his nostrils," preferring the latter.

3:1
Malbim explains that the masculine support denotes a major support, whereas the feminine support denotes a minor one. This will be elaborated upon in the following verses.

Metzudath David explains simply that God will remove all men and all women who support the population in any way.

3:1
Malbim explains that the support of bread is the major support mentioned above and the support of water is the minor support mentioned there. Targum renders this in the general sense of *"every support of*

food and every support of drink."

The Talmud (Chagigah 14a) explains "support of bread" as one well-versed in the legal aspects of the Torah. "Support of water" denotes one well-versed in homiletics, who can draw the interest of the populace as water flows from its source.

3:16

Alternatively, they would hang bells on their shoes and tinkle with their feet to arouse the attention of the youths.—[*Redak, Metzudath David*] *Ibn Ezra* varies slightly, by explaining that they would attach spurs to their feet, which they would rattle when walking.

Other Rabbinic sources describe the tactics of the daughters of Zion in a slightly different manner. They would insert perfume in their shoes, and when they would pass a group of youths, they would stamp on the ground and spatter the perfume on them and arouse their temptation like venom in an angered snake. [*Shabbath* 62b. Similar accounts are given in *Lam. Rabbah* 4:15, *Lev. Rabbah* 15, *Pesikta d'Rav Kahana* 132a]

6:1

The prophet perceived the presence of the glory of God in the form of a man, just as Ezekiel saw in his vision of the *merkavah*, or chariot. Although Ezekiel's account of the heavenly court is very elaborate and detailed, whereas Isaiah's is very brief, the Rabbis maintain that Isaiah saw all that Ezekiel saw. The difference is that Isaiah was like a city-dweller who saw the king, whereas Ezekiel was like a villager who saw the king. The city-dweller, accustomed to royalty, does not relate all the details of the king's court. The villager, however, overawed by his experience, recounts it in detail. So, Ezekiel recounted in detail the appearance of the heavenly court, because it was new to him or to those of his generation. Isaiah, however, as well as his contemporaries, were accustomed to such visions, and he reported it briefly, only mentioning the higher seraphim.—[*Redak* from *Hagigah* 13b]

10:34

Redak renders: *And He* shall cut off.

the thickets of the forests—*The prominent branches,* symbolizing *the heroes.*—[*Rashi*]

The generals who took counsel with Sennacherib and joined one another in one plan, resemble the trees of the forest, which are intertwined.—[*Redak*]

with iron—Just as the trees are cut off with axes made of iron, so will Sennacherib's armies be destroyed by a force far superior to them.—[*Redak*]

and the Lebanon—*the thickness of his forest and his stately forest. They are the multitudes of his armies.*—[*Rashi*]

shall fall through a mighty one—*Through an angel they shall fall. Alternatively, through a mighty one, in the merit of Hezekiah who is the mighty one and the rulers of Israel, as it is said*: "(Jer. 30:21) *And their leader* (אַדִּירוֹ) *shall be of themselves."*—[*Rashi*]

Ibn Ezra renders: And the thickets of the forest shall be cut off with iron, and the Lebanon shall fall with mighty iron. Thus, the word, בַּבַּרְזֶל, is to be supplied from the preceding. The trees of the Lebanon symbolize the generals.

11:1

Others explain: Do not wonder about the great miracle that will take place during the reign of Hezekiah, when the Assyrian camp will be destroyed instantaneously, for, in the future, when the exiles are gathered, a much greater miracle will transpire.—[*Redak,* cf. *Ibn Ezra*]

Other exegetes explain this chapter in reference to Hezekiah, since the preceding chapter deals with him.—[*Ibn Ezra* in the name of R. Moses Hakohen; *Ibn Kaspi*; Maimonides, *Guide to the Perplexed* 11:43]

Abarbanel agrees with the previously mentioned exegetes that the chapter alludes to the Messianic era, commencing with the last two verses of the preceding chapter. The prophet predicts the downfall of the gentile nations and their dignitaries at the end of days, when the King Messiah will appear.

He suggests, too, that these two verses refer to the inhabitants of Judah, who were destined to be exiled by Nebuchadnezzar, king of Babylonia. He prophesies concerning the destruction of the two temples, calling the first one, "the thickets of the forest," predicting that it would be cut down with iron, symbolizing Nebuchadnezzar, and the second one, "Lebanon," which was destined to be destroyed by Rome. Indeed, we find in the Talmud that Rabban Yochanan ben Zakkai predicted that the Temple would be destroyed by Vespasian, who was destined to become emperor of Rome, entitling him to the title "*addir,*" a name reserved for royalty.—[*Abarbanel,* quoting *Gittin* 56b]

11:13

According to *Redak,* this passage is reminiscent of the envy and animosity that existed between Judah and the other tribes, usually referred to as Israel, represented by Ephraim. We find this from the very beginning of David's rule, when he reigned for seven years over Judah only. Also, when the Judahites escorted him back to his palace after Absalom's death, there was much quarrelling between Judah and Israel, as in II Sam. 19:42. This animosity again manifested itself with the revolt initiated by Sheba son of Bichri (ibid. 20). It culminated with the rift between the two kingdoms, when the faithful of Judah followed Rehoboam, and the Ephraimites and their allied tribes crowned Jeroboam as their sovereign. This envy will not be reinstated in the Messianic era.

11:14

Others render: *And they shall spread out,* or *and they shall encamp.*—[*Ibn Ezra*]

Alternatively, "And they shall tire themselves from smiting the side of the Philistines."—[*Redak*]

12:2

Rashi alludes to the difference between the wording of this verse in Exodus 15:2, where the Tetragrammaton is absent, and only the half-Name appears. *Rashi,* therefore, quotes the Rabbinic maxim that, as long as Amalek is in existence, the Divine Name is incomplete, so to speak. I.e., Divine Providence is not manifest as long as forces of evil are still permitted to exist. Only when evil ceases to exist, will Divine Providence be completely manifest. Therefore, our verse, which deals with Messianic times, introduces the complete Tetragrammaton.

12:3

Redak explains the *Targum* to mean that they will learn to know the Lord, as above 11:9. This will, indeed, be a new teaching. The teachers are likened to fountains and the students to those who draw water from those fountains.

Redak himself explains the verse as alluding to the unending blessing and salvation that will be prevalent at that time. Just as a fountain is an unending source of water, so will blessing and salvation be unending.

Alternatively, they will experience pleasure like a thirsty man who draws water from a well.—[*Ibn Ezra*]

16:10

This is the opposite of the shout mentioned in verse 9. Above, we are speaking of the shout of the robbers, whereas here we are speaking of the shout of the workers pressing the grapes. The former, which causes anguish to the owners, will fall upon the drying fruit and the harvest, whereas the cry of joy that accompanies the pressing of the grapes, will be abolished. According to *Ibn Ezra,* the cry of the tramplers of the fresh fruit will fall, whereas the cry of those treading the grapes for wine, will be abolished.

16:12

Alternatively, when it appears that Moab has wearied of going up to the high place to pray, or that he was unsuccessful in his prayers on the high place, he will enter his temple to pray, but to no avail. — [*Ibn Ezra*]

Alternatively, when it appears to the people that they have wearied of crying on the high places, as mentioned above (15:2), they will be ashamed to stand in the open on the high places. Instead, they will decide to enter the pagan temples to pray, perhaps it will avail them, but they will not be able to go because of their weariness caused by the wailing. — [*Redak*]

19:25

Abarbanel points out that all the prophecies in this chapter concerning Egypt and Assyria were neither fulfilled in Hezekiah's time nor during the Second Commonwealth. We do not find that they united with Israel under the banner of the Torah at any of these times. Moreover, if Sennacherib's downfall was so influential in converting Egypt and Assyria, why did the Cushites, who were in captivity with the Egyptians, not convert along with them? He, therefore, concludes that this prophecy has not yet been realized, but will be fulfilled during the Messianic era.

20:3

Others explain that Tartan conquered Ashdod only shortly before Sennacherib marched on Jerusalem, i.e. in the same year. Scripture means that Isaiah envisioned himself going naked and barefoot for three years, but actually, the exile of Egypt and Cush occurred during the same year of the prophecy. — [According to *Redak*]

Abarbanel objects to the exegetes who explain this passage as a prophetic vision. He maintains that, as long as Scripture does not specify that it was a prophetic vision, we must explain it literally that the Lord commanded Isaiah to loose his sackcloth that he had worn as a sign of mourning for the ten tribes, and remove his shoes and go naked and barefoot for a short time, or perhaps to do this several times. This was a symbol that, after three years, the king of Assyria would lead the captivity of Egypt and the exile of Cush . . . naked and barefoot.

22:1

Alternatively, Jerusalem was the place from which many prophets arose, for every prophet whose city of origin is not mentioned, did, in fact, originate from Jerusalem. — [Ibid.]

Although Jerusalem was built on a mountain, it is given the appellation of "Valley," because its inhabitants had degraded it with their evil deeds, figuratively lowering it. — [*Redak*]

22:2

Why have all you happy, stirring people, suddenly confined yourselves to your homes and ascended to the rooftops? This is only because of your sins. — [*Redak*]

Alternatively, the city was so large that, while part of it was under siege, the other part was still clamoring and rejoicing, unaware of what was happening elsewhere in the city. This is reminiscent of the massacre of Tur Malka, destroyed by the Romans after the destruction of the Second Temple (Gittin 57a). — [*K'li Paz*]

22:20

In II Kings 18:18 and below 37:2, when Rabshakeh and Sennacherib's other emissaries were sent to Judah to persuade the people to capitulate, Scripture states that Shebna was the scribe and Eliakim was appointed over the house. This could not have taken place after Shebna's betrayal, when the position had already been given to Eliakim, since this was the first encounter with Rabshakeh, when all three officers begged him to speak Aramaic so as not to destroy the people's morale. Moreover, Shebna and his colleagues all returned to Hezekiah with rent garments.

Perhaps Shebna secretly revolted from the time Sennacherib seized the cities of Judah. No one was aware of his betrayal except the prophet Isaiah, to whom God revealed it. He, in turn, revealed it to Hezekiah, who demoted Shebna to the position of scribe and promoted Eliakim to Shebna's former position. When Rabshakeh shouted his blasphemies, Shebna, who had not yet revealed his betrayal, feigned grief and rent his garments with Eliakim and Joah his colleagues. — [*Redak*]

22:23

This is another allegory to depict the permanence of Eliakim's position, that he would become the glory of his family, all of whom would depend on him, like a peg upon which all vessels are hung. — [*Redak*]

23:1

Rashi on Jonah 1:2 explains Tarshish in the same manner, adding that the sea of Tarshish was located outside the Holy Land. *Jonathan,* however, seems to interpret it as a generic term for *sea. Ye ships of the sea.* In Jonah, too, he renders: *And he found a ship going to sea.* Onkelos, too, identifies the stone tarshish, on the High Priest's breastplate, as יַמָּא כְּרוּם, *the hue of the sea,* perhaps aquamarine (Exodus 28:20). *Targum Esther* (8:15) relates that Mordecai wore an undergarment of aquamarine. See *Aruch Completum* vol. 3, p. 331, Jastrow כְּרוּם *Aruch Completum* notes that in Sanscrit, *tarischa* means *sea.* Surprisingly, no one notes that *Targum Jonathan* on Exodus 28:20 renders *tarshish* as רַבָּא כְּרוּם יַמָּא *the hue of the Great Sea,* apparently referring to the Mediterranean, as in Num. 34:6. Consequently, the Sea of Tarshish is the Mrediterranean.

23:1

Redak questions *Jonathan's* interpretation that from the land of Kittim he came upon them, denoting that the attackers came from the land of Kittim who were descended from Javan, as in Genesis 10:4, whereas the prophet Ezekiel states explicitly (19:18) that Nebuchadnezzar conquered Tyre. This objection applries to *Rashi's* first interpretation as well. He quotes his father who explained that the Kittim were merchants who dealt with Babylon. The Babylonians persuaded theqqto accompany them in their attack on Tyre. *Abarbanel* objects on the grounds that we find no record of the Kittim assisting in the attack on Tyre. He, therefore, explains thus: Wail, ye ships of Tarshish . . . wail, ye ships that appear to them from the land of Kittim. Just as Tarshish lost its market for its merchandise, so did the ships of Kittim, also traders with Tyre.

Ibn Ezra explains: Even from the distant land of Kittim, the conquest of Tyre was revealed to them. He, too, accounts for the mention of Kittim because of their status as seafaring merchants.

23:5

Redak interprets "the report of Egypt," as the report of the destruction of Tyre heard by the Egyptians. The Egyptians will quake when they hear that Nebuchadnezzar has destroyed Tyre, because they will fear that he will soon attack them, as indeed he did.

23:8

Alternatively, the royal Tyre, lit. the crowing Tyre, Tyre which was a crown to the islands.—[*Ibn Ezra*] Or, which crowned the kings.—[*Jonathan*] No doubt, Tyre was a strong political power in its day.

23:10

Alternatively, cross to your land, O daughter of Tarshish. I.e., flee to your land quickly, as the river flows; or, spread out as the river which overflows to your country.—[*Ibn Ezra*] *Ibn Ezra* interprets the verse as being addressed to the people of Tarshish who were temporarily in Tyre for business purposes. The prophet admonishes them to flee hurriedly to their own land when

Tyre is destroyed.—[*Mezudath David*]

23:12

Rashi's interpretation of *Kittim* is based on *Targum Onkelos,* Num. 24:24. Josephus, however, identifies it with Cyprus, as does Abarbanel, Gen. 10:4. Alshich objects to *Rashi's* identification of Kittim with Rome since Rome is traditionally descended from Esau, Edom, whereas Kittim are descended from Javan, son of Japeth, as in Gen. 10:4. He relates that when he was in Adana, Asia Minor, he met an old man from Syria, who told him that he had a tradition from his forebears that the four places mentioned in the aforementioned verse of Genesis: Elisha, Tarshish, Kittim, and Dodanim, are near one another. Elisha is Mysia, a city in Asia Minor, approximately one day's journey from Adana. It is located on a large river. Tarshish is Tarsus, on the coast of the Mediterranean, also approximately one day's journey from Adana. Kittim is an island in the Mediterranean, visible from these places. It is known as Cyprus. Its inhabitants since ancient times are descended from the Greeks. Concerning them, the prophet Jeremiah (2:10) says: For pass over to the isles of Kittim. Dodanim is identified with Adana. Accordingly, we can explain these verses very aptly. In order to travel from Tarsus to Tyre or to Zidon, its sister city, one must pass Kittim (Cyprus), for these places are on one side of the island, and the coastal cities are on the other side, as all inhabitants of the Holy Land know well.

Now, we will come to explain the passage. When God's wisdom decreed to deliver Tyre into the hands of Nebuchadnezzar and to inundate the city, He transmitted this prophecy to Isaiah. He commences:

1. **Wail, ye ships of Tarshish**—who come with merchandise to Tyre, as the prophet Ezekiel (27:12) states: "Tarshish is your merchant because of abundance of wealth; with silver, with iron, with tin . . ." Tarshish wailed because they entered the harbor of Tyre while the gates were still open. When the enemies approached, the Tyrians locked the gates of the harbor, thus trapping the ships of Tarshish. Since most of Tyre was built on the sea, the ships entered within the city. See Ezekiel 27:1–3. Since the ships of Tarshish were trapped within the city, they wailed because they were caught in its destruction. Therefore, the prophet states:

It has been pillaged from within, from coming—They were hemmed in because the city was locked from within, to prevent the enemy from coming. They would not have wailed so if the calamity had suddenly befallen them, but—

From the land of Kittim it appeared to them—When they were passing through Kittim (Cyprus), the calamity of Tyre appeared to them, yet they did not take any precautions to return home, but continued their journey to Tyre, where they fell into the trap.

2. **Be silent, ye island dwellers**—The dwellers of the island of Cyprus, be silent from wailing, since the downfall of Tyre will not harm you for—

the merchants of Zidon, the seafarer replenished you—The merchandise you originally bought from Tyre can now be bought from Zidon. Also,

3. **And on the geat waters, the seed of Shihor, etc.**—Likewise, you can acquire merchandise and produce from Egypt and the neighboring lands. Therefore, you have no reason to wail for the loss of Tyre.

23:13

Redak explains this verse differently. The prophet tells the people that there is no reason to be astonished at the prospect of Tyre's destruction. He cites an example of another nation conquered by a stronger power which would in turn be conquered by still another power. He presents this case as follows:

Behold the land of the Chaldees—Behold the land now known as the land of the Chaldees.

this people was not—I.e. this people was not originally in the land.

Asshur established it for the nomads, they erected their towers—Asshur, mentioned in Gen. 10:11, built up the land for the people who had been nomads and dwelt in the desert.

they demolished its towers, made it into a ruin—The Chaldees, descended from Chesed son of Nahor, conquered the land, demolished its towers, made it into a ruin. They destroyed the buildings of the Assyrians and rebuilt them under their name. Hence, the land became known as the land of the Chaldees. The Chaldees, too, were destined to be conquered by the Persians and the Medes. It is, therefore, no wonder that Tyre and Zidon, although wielding considerable power in their time, are destined for destruction in the hands of Nebuchadnezzar, for that is customary in the history of nations, that one nation falls and another rises, since God is the Master of all the earth.

[Marcus (*Kesseth Hasofer* p. 296) contests this assertion, claiming that the Chaldees, *Kasdim* in Hebrew, originated from an earlier Chesed, whose name is found in the name Arpachad. He claims that the land of the Chaldees includes only the southern part of Sumeria. As time passed, the name changed from Kasdim to Kaldim. The name denotes a conqueror and a victor. (Indeed, we find the name mentioned before Chesed the son of Nahor. See Gen. 11:31, 15:7. We find God speaking to Abraham of Ur Kasdim before the birth of Chesed the son of Nahor.)]

He cites other exegetes who explain that the prophet is referring to Tyre and Zidon. He says:

Behold the land of the Chaldees—Tyre is really the land of the Chaldees.

This people was not originally here—The Phoenicians were not the original founders of these cities.

Asshur established it for ships—Asshur established Tyre and Zidon for his ships.

they erected their towers—The Assyrians erected their towers. But now,

they demolished its palaces, made it into a ruin—The Chaldees under Nebuchadnezzar have demolished its palaces and made it into a ruin.

Still others interpret it as follows:

Behold the land of the Chaldees—which is greater than of Phoenicia,

this people never was—It will be

destroyed so utterly that those who view the ruins will say that such a people never existed.

Assyria—also a great world power,

He established it for martins—God will destroy it, and it will become the home of desert animals.

they erected its towers—Although the Assyrians erected its towers,

they demolished its palaces—The martins demolished its palaces.

He made it into a ruin—God made the land of Assyria into a ruin. Hence, it is no wonder that Tyre and Zidon will meet the same fate.—[*Redak*]

24:1

Redak notes that many exegetes interpret this chapter as referring to the exile of the Ten Tribes, as do the Rabbis and Jonathan. He, however, takes it as referring to the future, when the Jews will return from exile in Messianic times. This will be discussed below. Abarbanel interprets it as referring to Nebuchadnezzar's conquest of all the lands of the Middle East, including Judah, Ammon, Moab, Zidon, Egypt, and other nations. Concerning them, the prophet states that the Lord will empty the land of its inhabitants, all of whom will go into exile. This is in contrast with the comparatively mild fate of Phoenicia in the preceding chapter.

24:3

Since God decreed this, no one will have any reason to exalt himself over his fellow.—[*Ibn Ezra*] *Ibn Ezra* takes this as referring back to v. 2.

24:16

Rashi explains רָזִי as 'my secret,' stemming from רָז. Others, however, explain it as 'emaciation,' synonymous with רָזוֹן. They render: I waste away! I waste away! It is as though my flesh wastes away because of this prophecy, since I know that there are many treacherous people among them, who will perish. Alternatively, I know that many treacherous nations will plunder the Jewish people before the final redemption.—[*Redak*] He continues to quote the same sources quoted by *Rashi*.

Redak describes the lodge as a hut built atop a mountain. The watchman lives there to watch the vineyards. Since he stays there overnight, it is called a lodge. Because of its temporary status—the watchman lives there only until the grapes are picked—it is constructed of light wood, easily swayed by the wind. Because of its lightness, however, it merely sways but does not fall over. Were there something heavy on it, it would fall over. So will the people of the world wander hither and thither, and, because of the weight of their sins, they will fall and will not be able to rise.

24:23

Redak interprets it figuratively. During the war of Gog and Magog, the troubles will be so intense, that it will appear as though the moon and the sun have become darkened. Then, God's kingdom will be manifest on Mt. Zion and in Jerusalem, for the nations will encamp there and even conquer half the city, but then the Lord will come out and wage war with those nations, and everyone will recognize that the kingdom is indeed the Lord's. Then the elders of His nation will be recognized and honored. This verse corresponds to 4:3. Those remaining in Zion are the elders mentioned here.

25:10

The comparison is difficult, since *Rashi* on Jer. renders דֹּמֶן as *dung,* not mire. Indeed, *Redak* renders מַדְמֵנָה as *a dungheap,* based on the verse in Jeremiah. *Ibn Ezra,* too, appears to explain it in that manner. *Redak* quotes his father, who interprets it as the name of a Moabite city, mentioned in Jeremiah 48:2, as Madmen. He renders thus: And Moab shall be trampled in its place as the straw is trampled—in Madmenah. *In Madmenah* corresponds to *in its place.*

25:11

Others render: And He shall spread out His hands in his midst, meaning that God will, so to speak, spread out His hands and deal a blow to Moab in its midst, as the swimmer spreads out his hands to swim. I.e. just as the swimmer exerts all his strength to propel himself in the water, so will God exert His full might, so to speak, to visit retribution on Moab to humble its haughtiness.—[*Redak, Ibn Ezra*]

26:19

This verse is the source of the belief in the resurrection of the dead, a fundamental of Jewish dogma. This is repeated by Daniel (12:2): "And many of those sleeping in the earth shall awaken." The song mentioned at the beginning of this chapter terminates here. The prophet tells us that at the time of the ultimate redemption the dead will be resurrected. At the time of the redemption they will sing this song and then the dead will be resurrected. Isaiah addresses the Almighty, "Your dead," meaning the righteous who served God, "shall live; [with] my corpse lthey shall rise." Isaiah knew that he was righteous and that he would merit resurrection.—[*Redak*]

26:19

Others render: For a dew of herbs is Your dew. I.e. just as the dew gives vitality to the herbs, so shall You, O Lord, give life to the dead.—[*Redak* and *Ibn Ezra*]

Ibn Ezra adds that certain herbs turn toward the sun and the moon. They are, therefore, called אוֹרֹת, *lights.* See Friedlander, who identifies it with the lupine. See also II Kings 4:39, Commentary Digest.

26:19

Alternatively, and the earth shall abort the dead.—[*Ibn Ezra, Redak*] *Redak* quotes others who render: And You shall cast the [wicked] dead to the earth. This is similar to *Rashi. Abarbanel* expounds on the topic of the resurrection. He quotes sources stating that all the dead will be resurrected, even the wicked. The latter, however, will be resurrected solely for the purpose of receiving their full measure of punishment, whereas the righteous will live on to eternity. See Daniel 12:2.

27:12

* Sambatyon is the Sabbath river, the river that sprays rocks during the six weekdays, and rests on the Sabbath. See *San.* 65b, *Gen. Rabbah* 11:5. On the other side of this river is the home of the ten lost tribes. See *Sefer Eldad Hadani* for details of the history and the lifestyle of these tribes. *Ozar Midrashim* pp. 19:4.

27:13

Abarbanel, too, understands this figuratively. The traditional interpretation of this verse, however, is that the Messiah will literally sound a shofar to effect the ingathering of the exiles. The *Talmud Yerushalmi* (quoted by *Tos. Rosh Hashanah* 16b, not found in our editions) tells us that when we sound the shofar for the first time on Rosh Hashanah, the Accuser becomes somewhat confused because he fears that the Messiah has come. When he hears it sounded the second time, he becomes completely confounded, for he believes that indeed the Messiah has come and that death has been abolished. This is a clear indication that the Rabbis understand this verse literally.—[*K'li Paz*]

There are many midrashim concerning this shofar, identifying it as the right horn of the ram sacrificed by Abraham in lieu of his son Isaac (*Pirke d'Rabbi Eliezer* ch. 31) Some exegetes interpret this literally. [Mizrahi Ex. 19:13] Others, however, interpret it figuratively, that the merit of the binding of Isaac will be instrumental in bringing about the future redemption.—[*K'li Paz.* See also Alshich Gen. 22:13f.]

28:6

Redak sees 'him who sits in judgment' as Hezekiah, who occupied the throne and judged the people justly. The prophet assures the people that the Lord of Hosts will be to him for a spirit of justice, i.e. He will grant the knowledge and understanding to judge the people of Israel. He will also be for might against the enemies of His people. When the Assyrian hosts encamped outside Jerusalem, the Jews required no human strength to defeat them, but God Himself destroyed them with His might. Even when the enemies came to the very gates of the city, they were repulsed and defeated, as in II Kings 18:8: "He slew the Philistines up to Gaza and its boundaries, from watchtower to fortified city." Thus, we render: And for might against those who bring back the war to the gate.

Jonathan explains the entire passage as referring to Messianic times. He renders: In that time, the Messiah of the Lord of Hosts shall be for a crown of joy and for a diadem of glory for the rest of his people. And for a word of true judgment for those who sit in the court to judge justly, and to give victory to those who go out in battle, to return them to their homes in peace. The Rabbis, too, interpret this passage as referring to Messianic times, as is evidenced by their interpretation of וְלִצְפִירַת תִּפְאָרָה, *for those who hope for His glory* i.e. those who hope for God's glory in Messianic times.—[*Redak*]

The complete Rabbinic interpretation (*Megillah* 15b, *Sanhedrin* 111b) reads as follows:

Said Rabbi Eleazar in the name of Rabbi Hanina: The Holy One, blessed be He, is destined to be a crown on the head of every righteous man, as it is said: On that day the Lord of Hosts shall be for a crown of beauty etc. What is the meaning of: לַעֲטֶרֶת צְבִי וְלִצְפִירַת תִּפְאָרָה? For those who do His will and for those who hope for His glory. I could think that it applies to all. Scripture, therefore, tells me: **For the rest of His people**—for those who make themselves like leftovers, i.e. those who are humble. **And for a**

spirit of justice—This refers to one who judges his evil inclination, i.e. he coerces him to repent. **For him who sits in judgment**—This refers to one who judges justly.

and for might—This refers to one who overpowers his evil inclination. I.e. he incites the good inclination to combat the evil inclination. Not only does he repent of his sins, but he performs mitzvoth.

Those who return the war—who give and take in the war of Torah.

to the gate—These are the scholars who go early and stay late in the synagogues and studyhalls.

Ibn Ezra explains: **him who sits in judgment,** as the Sanhedrin, which God will strengthen.

28:29

Redak expounds on this parable at length.

This too—Since he said at the beginning of this parable, "My voice," and "My saying," he explains that the parable was not the product of his own composition, but a message that emanated from the Lord of Hosts, whereby He gave marvelous counsel and great wisdom, for תּוּשִׁיָּה is wisdom and Torah, [derived form יֵשׁ, *substance* (*Ibn Ezra* quoting *R. Moshe Hakohen*)] and this parable, indeed, contains much wisdom. The parable is to be explained as follows:

The plowman is the Almighty, and the earth is Israel. Just as the plowman prepares the earth to receive seed, so did the Almighty prepare Israel to accept His words. First, He took them out of Egypt, where they resembled an unplowed field, overgrown with thorns. The bad deeds they committed in Egypt were likened to thorns. He sent them His prophet Moses after He had sent Aaron and other prophets, as is related in Ezekiel 20:7: "And I said to them, 'Each man, cast away the detestable things upon which his eyes gaze, and with the idols of Egypt defile not yourselves.'" Afterwards He sent Moses, who performed signs and miracles for them until they believed, as the Torah tells us: "(Ex. 4:31) And the people believed." He then took them out with much silver and gold after having smitten their enemies with ten plagues. He showed them the pillar of cloud and the pillar of fire, took them miraculously across the Red Sea, drowned Pharaoh and his army therein, and so prepared the 'soil to receive the seed,' i.e. prepared Israel to receive the Torah, embodying His commandments and statutes. Indeed, they proclaimed, "Let us do and let us hear."

However, just as the plowman does not continuously plow and smooth the surface of the soil, so does the Almighty not show these miracles at all times. After 'preparing the soil,' He brought down His Shechinah on Mount Sinai amidst thunder and lightening and fiery torches, and allowed them to hear His words, thus elevating them to the level of prophets. They were not all equal, however, as the Rabbis (*Mechilta,* Ex. 14:24) tell us, that Moses was in a compartment by himself, Aaron was in a compartment by himself, and so was each person, according to his intelligence. Those of the highest intelligences, of profound understanding, able to grasp the abstract lessons of the Torah, are compared to the best and most fertile soil, where the finest crops, cumin and black cumin can be sown, crops used as condiments, not as a solid food. This represents the abstract ideas and doctrines of the Torah. Even among the more solid foods, such as wheat, barley, and spelt, some are more delicate than others, e.g. the wheat is more delicate than barley and spelt. So are there people whose comprehension is superior to that of others. Just as wheat requires better soil than barley and spelt, and the latter two require better soil than certain other crops, so do the lessons of the Torah have different requirements according to their abstractness and profundity, and so do all those who received the Torah have different levels of comprehension. Similarly, just as one who sows seeds hopes that each seed will produce many seeds, so does God hope that every Jew will understand the teachings of the Torah to the extent that he will be able to magnify these teachings and draw conclusions from them, for just as it is the nature of the soil to produce many times what was sown in it, so is it the nature of man, through his divinely given intelligence, to derive many more teachings from the Torah. In the words of King Solomon: "(Prov. 9:9) Give to the wise and he will become wiser."

29:3

Literally, כַּדּוּר is a ball, as is found in the Mishnah (*Kelim* 23:1, 28:1, etc.), hence, anything round. It is, therefore, borrowed to describe a troop encamped in a circle to besiege a city.—[*Aruch Completum*] In our case, the preposition is missing. It is to be understood as, 'like a circle,' or 'in a circle.'—[*Redak*] See above, 22:18.

Ibn Ezra renders: And I will encamp upon you suddenly. See aforementioned reference.

29:3

Jonathan renders: And I will cause camps to encamp against you, and I will build siege works against you, and I will pile up a siege mound against you. Although the prophet prophesied: (infra 37:33, II Kings 19:32) He shall not enter this city, neither shall he shoot there an arrow, nor shall he advance upon it with a shield, nor shall he pile up a siege mound against it," he, nevertheless, was prepared to pile up a siege mound the next day, and he had already erected a tower.—[*Redak, Abarbanel*]

29:12

As mentioned above, *Redak* and *Ibn Ezra* explain this section as referring to the false prophets, who were as though a deep sleep had fallen upon them. The prophet continues:

11. **And the prophecy of everything was to you**—The prophecy of the true prophets of God was to you like a sealed book. If one is given a sealed book and he does not care to read it, he gives an excuse that the book is sealed, instead of asking that it be opened. Similarly, with the words of prophecy, since many prophecies are difficult to understand, even the wise among you do not ask the prophet to explain them, but satisfy themselves by saying that the prophecy is difficult.

12. **And if the book is given to one who cannot read**—he will say, "I cannot read," even if the book is open. He will say, "Tell the prophecy to the wise." Thus, both the wise

and the foolish will not understand God's prophecy. The foolish will excuse themselves by their inability to understand the prophecy, and the wise will mislead them. *Redak* further suggests that we render in verse 11: And the prophecy for all was to you like the words of a sealed book. I.e. the prophecy directed toward the entire population has become 'sealed' to everyone.

Abarbanel poses the question of coercion. Does God really take away free choice? If so, there is no reason to punish the people for disobeying His commands and His prophecy. He quotes commentators who explain that since the people sinned of their own freewill, their punishment was to lose that freewill and be led to sin. This idea is found in Maimonides' *Mishneh Torah,* Laws of Repentance 6:3. *Abarbanel,* however, prefers to explain verse 10 as a question: Has God poured out over you a spirit of deep sleep. . . ? On the contrary, the prophecy of everything has become to you like the words of a sealed book. I.e. you yourselves have closed your eyes to God's prophecy and have made it like the words of a sealed book.

29:13

An apt parable is offered to illustrate the fault of praying by rote, without giving thought to the contents of the prayers and the One to Whom the prayers are directed. It is as though a king orders his servants to bring him roasted meat, and he brings him a stove, charcoal, ashes, and a spit, but no meat. There is surely no excuse for omitting the main object of the king's order. So it is with prayer. The main organ involved in prayer is the heart. Yet, people bring a prayerbook, the body goes to the synagogue, the lips move, but the heart does not concentrate on the prayers. Thus, the prophet announces: Because this people has come near; i.e. they have come to the Temple or to the synagogue. With their mouth and with their lips they have honored Me; i.e. with their physical organs have they honored Me, by reciting the prayers. But their heart they have drawn far away from Me; their thoughts wander to their business transactions and all mundane matters. And their fear of Me has become the commandment of people that has been taught; i.e. the way they were taught by their parents and their teachers when they were young children, remains with them in their adulthood. They do not progress in the fear of God, but retain their childish level of fear of God.—[*Homath Anach*]

BIBLIOGRAPHY

I. Background Material

1. Bible with commentaries ("Mikraoth Gedoloth"), commonly known as "Nach Lublin," including Rashi, Ibn Ezra, Rabbi Joseph Kara, contemporary of Rashi, and Redak (R. David Kimchi).

2. Talmud Balvli or Babylonian Talmud. Corpus of Jewish law and ethics compiled by Ravina and Rav Ashi 500 C.E. All Talmudic quotations, unless otherwise specified, are from the Babylonian Talmud.

3. Talmud Yerushalmi or Palestinian Talmud. Earlier and smaller compilation of Jewish law and ethics, compiled by R. Johanan, first generation *Amora* in second century C.E.

4. Midrash Rabbah. Homiletic explanation of Pentateuch and Five Scrolls. Compiled by Rabbi Oshia Rabbah (the great), late Tannaite, or by Rabbah bar Nahmani, third generation *Amora.* Exodus Rabbah, Numbers Rabbah, and Esther Rabbah are believed to have been composed at a later date.

5. Midrash Tanhuma. A Midrash on Pentateuch, based on the teachings of R. Tanhuma bar Abba, Palestinian *Amora* of the fifth century C.E. An earlier Midrash Tanhuma was discovered by Solomon Buber. It is evident than this is the Tanhuma usually quoted by medieval scholars, e.g. Rashi, Yalkut Shimoni, and Abarbanel.

6. Pirke d'Rabbi Eliezer. Eighth century aggadic compilation, attributed to Rabbi Eliezer ben Hyrcanus, early Tannaite of first generation after destruction of second Temple. Also called Baraitha d'Rabbi Eliezer, or Haggadah d'Rabbi Eliezer. Commentary—Radal (R. David Luria) 1798–1855. Om Publishing Co., New York 1946

7. Yalkut Shimoni. Talmudic and Midrashic anthology on Bible, composed by R. Simon Ashkenazi, thirteenth century preacher of Frankfort on the Main. Earliest known edition is dated 1308, in Bodlian Library. Sources traced by Arthur B. Hyman, M.D. in "The Sources of the Yalkut Shimeoni," Mossad Harav Kook, Jerusalam 1965.

8. Pesikta d'Rav Kahana. Homiletic dissertations of special Torah readings and haftorah. Composed by Rav Kahana, early *Amora,* at time of compilation of Talmud Yerushalmi. Solomon Buber, latest edition Jerusalem 5723.

9. Pesikta Rabbathi. Later compilation similar to that of Rav Kahana. Composed 4605. Warsaw, 5673, Jerusalem—Bnei Brak 5729.

10. Yalkut Machiri on Isaiah—Talmudic and Midrashic anthology on Isaiah, by Rabbi Machir ben Abba Mari—Jerusalem, 1974.

11. Midrash Tehillim, Or Shoher Tov. Homiletic explanation of Book of Psalms. Authorship not definitely established. New York 1947

12. Mechilta. Tannaitic work on Book of Exodus. Some ascribe its authorship to Rabbi Ishmael, some to Rabbi Akiva, and others to Rav, first generation *Amora.* Printed with Malbim below text of Exodus.

13. Sifrei. Tannaitic work on Numbers and Deuteronomy. Some attribute its authorship to Rav, first generation *Amora.* Printed with Malbim below text of Numbers and Deuteronomy.

14. Seder Olam. Early Tannaitic work, recording chronology of entire Biblical era. Composed by Rabbi Jose son of Halafta. Jerusalem 5715

II. Medieval Commentaries and Source Material

1. Don Isaac Abarbanel or Abravanel. Commentary on Isaiah, by renowned scholar, onetime finance minister of Spain. 1437–1509

2. Adne Kesef, by Rabbi Joseph Ibn Kaspi, medieval exegete, London 1911

3. Ibn Ezra, critical edition and English translation by Michael Friedlander, New York

III. Modern Commentaries

1. R. Chaim Joseph David Azulai. Author of Homath Anach and other commentaries on the Bible by a famous 18th century authority on all fields of Torah study.

2. R. Meir Leibush Malbim. Commentary on Biblical literature, which combines ancient tradition with keen insight into nuances of meanings in the Hebrew language, by a leading nineteenth century scholar. 1809–1879

3. Shem Ephraim on Tanach by the renowned authority, R. Ephraim Zalman Margolis of Brodi, emendations on Rashi text, Munkacz 5673, Eretz Israel 5732

4. K'li Paz Rabbi Sh'muel Lanaido, commentary on Isaiah containing comments on early commentaries and original exegesis. Venice (5417) 1637)

5. R. Moshe Alschich, Mar'oth Hazov'oth. Biblical exegesis by renowned scholar in Safed Brooklyn, 1977

6. Mezudath David and Mezudath Zion, by Rabbi Yechiel Hillel Altschuller. Simple and concise 18th century Bible commentary

7. R. Elijah Gaon of Vilna. Commentary on Bible. Sinai Publishing, Tel-Aviv, Israel

IV. Other Sources

1. Doroth Harishonim, Y. I. Halevi, noted historian, vol. 6, period of the Bible.

2. Behold a People by Rabbi Avigdor Miller, contemporary Torah scholar, author of Rejoice O Youth, A Torah Nation, and other works. History of the first commonwealth. New York (5728) 1968

3. Sefer Hashorashim, Redak. Lexicon of Biblical roots. Berlin, 5607, New York, 5708

4. Sefer Hashorashim, R. Jona ibn Ganah, earlier lexicon of Biblical roots, Berlin (5656) 1896, Jerusalem 5726

5. Aruch, R. Nathan of Rome. Talmudic dictionary by early medieval scholar. Died 4866

6. Otzar Midrashim. Encyclopedia of all Midrashim. J.D. Eisenstein. New York, 1915, 1956

7. Methurgeman. Lexicon Chaldaicum. Aramaic lexicon, comprising all roots found in *Targumim* and in Bible. Composed by Eliia Levita, grammarian and lexicographer. 1541. No date on reprint.

8. Parshandatha. Critical edition of Rashi on Isaiah. I. Maarsen. Jerusalem, 5732

9. Awake My Glory by Rabbi Avigdor Miller, New York 5740 (1980). See above no. 2.